Vahlens Kompendium
der Wirtschaftstheorie
und Wirtschaftspolitik

Band 1

Vahlens Kompendium der Wirtschaftstheorie und Wirtschaftspolitik

Band 1

von

Professor Dr. Dieter Bender
Universität Essen

Professor Dr. Hartmut Berg
Universität Essen

Professor Dr. Dieter Cassel
Universität Duisburg

Professor Dr. Dr. Emil-Maria Claassen
Universität Paris

Professor Dr. Günter Gabisch
Fernuniversität Hagen

Professor Dr. Lothar Hübl
Universität Hannover

Professor Dr. Dietmar Kath
Universität Duisburg

Professor Dr. Rolf Peffekoven
Universität Bochum

Professor Dr. Jürgen Siebke
Universität Essen

Professor Dr. H. Jörg Thieme
Universität Bochum

Professor Dr. Manfred Willms
Universität Kiel

Verlag Franz Vahlen München 1980

CIP-Kurztitelaufnahme der Deutschen Bibliothek
Vahlens Kompendium der Wirtschaftstheorie und Wirtschaftspolitik. – München : Vahlen.
Bd. 1. / Von Dieter Bender ... – 1980.
 ISBN 3-8006-0821-9
NE: Bender, Dieter [Mitarb.]

ISBN 3 8006 0821 9

© 1980 Verlag Franz Vahlen GmbH, München
Satz und Druck: Georg Wagner, Nördlingen

Inhaltsverzeichnis

Band 1

Hinweise für den Leser	VII
A. Wirtschaftssysteme *H. Jörg Thieme*	1
B. Kreislauf und Volkswirtschaftliche Gesamtrechnung *Lothar Hübl*	49
C. Einkommen, Beschäftigung, Preisniveau *Jürgen Siebke, H. Jörg Thieme*	73
D. Geld und Kredit *Dietmar Kath*	155
E. Währung *Manfred Willms*	191
F. Inflation *Dieter Cassel*	223
G. Konjunktur und Wachstum *Günter Gabisch*	275
H. Verteilung *Jürgen Siebke*	333
I. Außenhandel *Dieter Bender*	367
J. Öffentliche Finanzen *Rolf Peffekoven*	419
Symbolverzeichnis	497
Literaturverzeichnis	501
Stichwortverzeichnis	539

Band 2

Hinweise für den Leser

K. Private Haushalte und Unternehmen
   Günter Gabisch

L. Preistheorie
   Jürgen Siebke

M. Ökonomische Analyse von Institutionen
   Emil-Maria Claassen

N. Theorie der Wirtschaftspolitik
   Hartmut Berg, Dieter Cassel, Lothar Hübl, Dietmar Kath

O. Markt und Wettbewerb
   Hartmut Berg

P. Stabilitätspolitik
   Dieter Cassel, H. Jörg Thieme

Q. Strukturpolitik
   Manfred Willms

R. Sozialpolitik
   Dietmar Kath

S. Außenwirtschaftspolitik
   Hartmut Berg

T. Entwicklungspolitik
   Dieter Bender

Symbolverzeichnis
Literaturverzeichnis
Stichwortverzeichnis

Hinweise für den Leser

1. Das vorliegende Kompendium wurde von den Autoren gemeinsam konzipiert. Die Einzelbeiträge sind nach Form und Inhalt aufeinander abgestimmt. Die in den Text aufgenommenen Verweise auf andere Beiträge (z. B.: Beitrag C-2.2) sollen durch Angabe des Buchstabens und der Abschnittsziffer die Suche nach ergänzenden oder vertiefenden Textstellen erleichtern.

2. Mathematische Darstellungen und Ableitungen beschränken sich auf das unbedingt notwendige Maß. Wichtige Gleichungen werden innerhalb eines Beitrages fortlaufend – gegebenenfalls abschnittweise – durchnumeriert. Die Verwendung der Symbole lehnt sich an den internationalen Sprachgebrauch an und erfolgt weitgehend einheitlich (s. Symbolverzeichnis).

3. Abbildungen, Tabellen und Übersichten werden innerhalb eines Beitrages fortlaufend numeriert (z. B.: *Abb. C-5; Tab. A-1; Übersicht F-2*). Der vorangestellte Buchstabe des jeweiligen Beitrages soll das Auffinden bei Querverweisen erleichtern.

4. Jeder Beitrag schließt mit kommentierten Literaturhinweisen, die der Orientierung vor allem über die deutschsprachige Studienliteratur dienen. Weitere im Text angeführte Literatur gibt Hinweise für ein vertiefendes Studium der jeweils behandelten Probleme. Dabei bezeichnet die dem Autorennamen folgende Jahreszahl die Erstauflage der zitierten Quelle. Am Schluß des Bandes sind die genauen bibliographischen Angaben aus allen Beiträgen in alphabetischer Reihenfolge vereinigt. Ihnen vorangestellt ist ein Verzeichnis ausgewählter deutschsprachiger Lehrbücher der Volkswirtschaftslehre.

5. Hinzuweisen ist schließlich auch darauf, daß ein solch umfangreicher Text nicht ohne die intensive Unterstützung der Mitarbeiter und Sekretärinnen der Autoren zustande gekommen wäre. Ihnen sei an dieser Stelle vielmals gedankt. Dank schulden die Autoren auch den Kollegen, die frühere Fassungen einzelner Beiträge gelesen und konstruktiver Kritik unterzogen haben.

A. Wirtschaftssysteme
H. Jörg Thieme

Gliederung

1. Wirtschaftssystem als Teilsystem einer Gesellschaft
   1.1. Güterknappheit, Arbeitsteilung und Herausbildung komplexer Gesellschaften
   1.2. Soziale Handlungssysteme und Interdependenz
2. Ordnungstheoretische Bestimmung von Wirtschaftssystemen
   2.1. Ansätze zur Bestimmung von Wirtschaftssystemen: Ein Überblick
   2.2. Wirtschaftsordnung, Wirtschaftsverfassung und Wirtschaftssystem
   2.3. Planungs- und Koordinationssystem
   2.4. Motivations- und Kontrollsystem
3. Dezentrale Planung bei Privateigentum: „Kapitalistische" Marktwirtschaften
   3.1. Planung und Planbereiche
   3.2. Koordination
      3.2.1. Allokation und Verteilung individueller Güter durch Marktpreise
      3.2.2. Allokation und Verteilung öffentlicher Güter durch politische Entscheidungen
   3.3. Leistungsanreize und -kontrollen
   3.4. Probleme der Wirtschaftspolitik
4. Zentrale Planung bei Staatseigentum: „Sozialistische" Planwirtschaften
   4.1. Planbereiche und Organisation zentraler Planung
   4.2. Planung und Koordination
      4.2.1. Naturale Planung und Bilanzierung
      4.2.2. Monetäre Planung
   4.3. Planerfüllung, Leistungsanreize und -kontrollen
   4.4. Probleme der Wirtschaftspolitik
5. Dezentrale Planung bei Gesellschaftseigentum: „Sozialistische" Marktwirtschaften
   5.1. Systemvarianten
   5.2. Planung und Koordination bei Arbeiterselbstverwaltung
      5.2.1. Organisationsprinzipien und Erfolgsinteressen in arbeiterselbstverwalteten Unternehmen
      5.2.2. Allokations- und Verteilungswirkungen
   5.3. Probleme der Wirtschaftspolitik

1. Wirtschaftssystem als Teilsystem einer Gesellschaft

1.1. Güterknappheit, Arbeitsteilung und Herausbildung komplexer Gesellschaften

In jeder Gesellschaft sind wirtschaftliche Probleme zu lösen, die aus der Knappheit von Gütern resultieren. Knappheit bezeichnet dabei die Diskrepanz zwischen den Bedürfnissen (Wünschen) der Menschen und den zu ihrer Befriedigung geeigneten Gütern (Waren und Dienstleistungen). Nur wenige Produkte der Natur sind unmittelbar geeignet, Ziele der Daseinserhaltung und -gestaltung zu verwirklichen. Die Produkte müssen in konsumgerechte Güter umgewandelt und auf Verwendungszwecke verteilt werden. Dieser Umwandlungs- und Verteilungsprozeß (Güterproduktion und -allokation) vollzieht sich in zahlreichen Einzelschritten, die in den gegenwärtigen Gesellschaften zu einem unüberschaubaren Netz ökonomischer Aktivitäten verknüpft sind.

Das Streben nach wirksamer Knappheitsminderung bedeutet, daß unter den technisch möglichen Verwendungen von Produktionsmitteln und Gütern jene auszuwählen sind, die es erlauben, möglichst viele Bedürfnisse entsprechend ihrer Rangordnung zu verwirklichen. Wirtschaften heißt somit immer, Entscheidungen über die Verwendung knapper Produktionsmittel (Ressourcen) und Güter zu treffen.

Diese Überlegungen gelten für jede Gesellschaft, unabhängig von ihrer Organisation. Sie prägten mittelalterliche Standeswirtschaften oder Wirtschaftsformen zur Zeit der industriellen Revolution ebenso wie die Haus- und Dorfwirtschaften lebender Naturvölker oder die komplizierten Prozesse hochindustrialisierter Volkswirtschaften der Gegenwart. Die sozioökonomische Entwicklung einer Gesellschaft, die bei historischer Betrachtungsweise sichtbar wird, kann als Ausdruck des Strebens nach besserer Knappheitsminderung begriffen werden: Immer haben Menschen neue Wege und Möglichkeiten gesucht und gefunden, knappe Ressourcen bei der Produktion von Gütern einzusparen, ergiebigere Produktionsverfahren anzuwenden und das Güterbündel quantitativ, qualitativ und zeitlich besser auf die Wünsche der Konsumenten abzustimmen. Ein besonders markantes Beispiel knappheitsmindernder Strategien ist die Herausbildung einer hochgradigen Arbeitsteilung. Ökonomische Entwicklung ist geprägt durch berufliche, betriebliche, zwischenbetriebliche, intersektorale, interregionale und nicht zuletzt internationale Spezialisierung auf besondere Tätigkeiten. Die Anhäufung und Nutzung spezieller Fähigkeiten und Fertigkeiten bei arbeitsteiliger Wirtschaftsweise ermöglicht Produktivitätssteigerungen und damit Wohlstandseffekte, auf die schon frühzeitig PLATO und ARISTOTELES sowie später besonders ADAM SMITH hingewiesen haben.

Der Prozeß zunehmender Arbeitsteilung hat daneben zahlreiche andere Konsequenzen, die von besonderer Bedeutung für gesellschaftliches Leben sind:

Erstens wird wirtschaftliche Aktivität durch Arbeitsteilung und Spezialisierung verstärkt zur gesellschaftlichen Veranstaltung, in der der einzelne in hohem Maße von anderen Menschen abhängig ist. Umgekehrt ist die Gesellschaft zunehmend auf den wirtschaftlichen Beitrag spezialisierter Individuen und Einzelwirtschaften angewiesen, wie die Wirkungen von Spezialisten-Streiks (z. B. Fluglotsen) hinreichend verdeutlichen. Arbeitsteilung heißt somit notwendigerweise Zusammenarbeit von Individuen.

Zweitens sind arbeitsteilig wirtschaftende Gesellschaften äußerst komplex und für den einzelnen nicht mehr überschaubar. Die Menschen müssen ihre Entscheidungen und Verhaltensweisen, durch die sie ihre Interessen zu verwirklichen suchen, an den für sie unmittelbar wahrnehmbaren, einzelwirtschaftlichen Rahmenbedingungen orientieren, ohne Richtung, Umfang und Struktur des wirtschaftlichen Gesamtprozesses überschauen zu können.

Drittens ist in jeder arbeitsteiligen Volkswirtschaft zu entscheiden, was, wo, wann, wie, womit, von wem und für wen produziert wird. Diese Allokations- (Lenkungs-) und Verteilungsprobleme sind in sachlicher, zeitlicher, räumlicher und personeller Hinsicht zu lösen.

Viertens zerlegt die Spezialisierung den Produktionsprozeß in zahlreiche Arbeitsakte, an denen der einzelne Mensch jeweils nur partiell beteiligt ist. Die unmittelbare Beziehung zwischen Produzenten und konsumfähigem Gut, wie sie in den Selbstversorgungswirtschaften der Vergangenheit bestand – und in den „Kommunen"-Wirtschaften der Gegenwart vereinzelt wiederentdeckt wird –, ist beseitigt bzw. gelockert. Hierdurch können die Motivationen zur Arbeitsleistung gemindert und Schranken für die Selbstverwirklichung des Menschen aufgebaut werden.

Fünftens schließlich begründet die Anhäufung von menschlichem Fähigkeitspotential (Arbeitsvermögen; Humankapital) ebenso wie von Verfügungsrechten über Produktionsmittel (Finanz- und Sachvermögen) Machtpositionen. Entstehung und Ausübung von Macht bedürfen der Kontrolle, wenn vermieden werden soll, daß sich Einzelinteressen auf Dauer zu Lasten der Interessen anderer verwirklichen können.

Diese knappe Auflistung verdeutlicht Funktions- und Gestaltungsprobleme komplexer Gesellschaften. Menschen müssen ihre Handlungen bei arbeitsteiliger Wirtschaftsweise aufeinander abstimmen, die Beziehungen zwischen Menschen und Institutionen sowie Gütern sind zu ordnen. Aus systemtheoretischer Sicht umfaßt ein Gesellschaftssystem dieses Beziehungsnetz zwischen Systemelementen (z. B. Menschen) bzw. deren Eigenschaften (z. B. Handlungen der Menschen). Dieses Beziehungsnetz muß ein Mindestmaß an interner Ordnung aufweisen. Sie kann sich spontan herausbilden oder durch Anwendung von Organisationsprinzipien (z. B. in rechtlichen Regelungen) hergestellt werden, wodurch der Freiheitsgrad der Elemente (z. B. Handlungsspielräume der Menschen) mehr oder weniger eingeschränkt wird. Zudem müssen sich Gesellschaftssysteme an ihre Umwelt (z. B. Bestand natürlicher Ressourcen) anpassen, also auf Umweltstörungen (z. B. Erschöpfung einer Ressource) reagieren können. Anpassungs- oder Reaktionsflexibilität entscheidet dabei nicht nur über die generelle Überlebensfähigkeit eines Gesellschaftssystems, sondern auch über das Entwicklungspotential seiner Elemente.

1.2. Soziale Handlungssysteme und Interdependenz

Die Herausbildung eines an bestimmten Zielen ausgerichteten Gesellschaftssystems setzt Kenntnisse über mögliche und miteinander vereinbare Organisationsprinzipien sowie deren Einflüsse auf die Verhaltensweisen von Menschen und damit auf die durch sie initiierten und geprägten Prozeßabläufe voraus. Sie zu entdecken, ist das Erkenntnisziel jeder Gesellschaftstheorie. Sie hat in der allgemeinen Systemtheorie,

wie sie seit einiger Zeit diskutiert wird, eine neue Variante gefunden (Ashby, 1956; Luhmann, 1968; Ackoff, 1972; Parsons, 1972; Hondrich, 1973; Leipold, 1976, 2. A. 1980). Gemeinsam ist den verschiedenen, durchaus kontroversen Ansätzen die Auffassung, daß nur eine umfassende Theorie gesellschaftliches Zusammenleben erklären kann, weil eine universale Interdependenz aller sozialen Phänomene existiert. Die entstandene Komplexität der Beziehungen ist jedoch in ihrer Ganzheit kaum begreifbar und erklärbar. Die notwendige Verminderung von Komplexität erfolgt durch Bildung von sozialen Teil- (Sub-)systemen, aus denen sich Gesellschaftssysteme zusammensetzen. In den sozialen Teilsystemen entscheiden und handeln die Menschen, um spezifische Bedürfnisse zu befriedigen. Soziale Teilsysteme werden deshalb auch als Entscheidungs- und Handlungssysteme begriffen. Als Kriterium der Abgrenzung sozialer Handlungssysteme können z. B. die jeweils eingesetzten Mittel der Befriedigung spezifischer Bedürfnisse verwendet werden (Hondrich, 1973). Es sind danach drei gesellschaftliche Teilsysteme zu unterscheiden, weil Bedürfnisbefriedigung möglich ist durch
– Androhung und Anwendung von legitimierter Gewalt (politisches System),
– Anwendung von psychischen Fähigkeiten (kulturelles System) sowie durch
– Produktion und Bereitstellung von Gütern (ökonomisches System oder Wirtschaftssystem).

Das politische Teilsystem umfaßt alle Handlungen physischer Gewaltandrohung oder -anwendung, die in den meisten modernen Gesellschaften in der Rechtsordnung niedergelegt und dem Staat vorbehalten sind. Staatliche Machtausübung kann nach unterschiedlichen Prinzipien geordnet und legitimiert sein. Sie kann z. B. verschiedenen politischen Institutionen übertragen sein (Institutionelle Gewaltenteilung), die sich gegenseitig kontrollieren mit dem Ziel, die in der Rechtsordnung (Verfassung) garantierten Persönlichkeitsrechte (z. B. Unverletzbarkeit der Person, freie Meinungsäußerung, Versammlungsfreiheit, Rechtssicherheit, Wahlfreiheit) allen Menschen zu gewährleisten. Daneben verteilt der Staat auch ökonomische Kollektivgüter, von deren Konsum – im Gegensatz zu Individualgütern – keine Person ausschließbar ist (s. Abschnitt 3.2.2.). Regelt die Verfassung, daß die Auswahl der politischen Entscheidungsträger in freien und geheimen Wahlen erfolgt und die Zuweisung staatlicher Macht an repräsentative Organe dem Prinzip der Gewaltenteilung unterliegt, entspricht das politische Teilsystem dem Modell einer rechtsstaatlichen, parlamentarischen Demokratie, wie sie in verschiedenen Nuancierungen in Ländern der westlichen Welt verwirklicht ist.

Die politische Willensbildung und die Instrumente politischer Machtausübung können aber auch in den Händen eines oder weniger Menschen konzentriert sein. Institutionen politischer Machtkontrolle fehlen oder üben formal gegebene Kontrollfunktionen nicht aus. Häufig werden in solchen Systemen nicht alle in der Verfassung garantierten politischen Kollektivgüter faktisch auch angeboten. Nicht freie Wahlen, sondern gewaltsame Machtergreifung – z. B. durch Putsch oder Pseudowahl im Einparteiensystem – regeln die Auswahl oberster politischer Entscheidungsträger. Ihre Beziehungen zu anderen, nachgelagerten politischen Institutionen sind durch Subordination und Anweisung geprägt. Bezieht sich der Machtanspruch in einem solchen autokratischen politischen System auf alle Lebensbereiche der Menschen, entstehen totalitäre Diktaturen, wie sie auch in der Gegenwart in zahlreichen Ländern verwirklicht sind.

Das kulturelle System umfaßt Handlungen der Menschen zur Befriedigung von Bedürfnissen, die durch Rückgriff auf psychische, auch geistige und sittliche Fähigkeiten möglich sind. Die zwischenmenschlichen Beziehungen (z. B. Kommunikationsformen, Umgang zwischen Generationen und Geschlechtern) können mehr oder weniger durch Geschichtsbewußtsein, Tradition, Toleranz, nationalen Stolz, Religion oder Weltanschauungen bestimmt sein. In der Vergangenheit, aber auch in der Gegenwart haben insbesondere Religionen auf Ethos und Moralprinzipien der Menschen erheblich eingewirkt. Das kulturelle System ist für gesellschaftliches Zusammenleben von Menschen deshalb bedeutsam, weil es die für erstrebenswert angesehenen individuellen und gesellschaftlichen Ziele der Daseinsgestaltung prägt. Wie in anderen sozialen Handlungssystemen können die Beziehungen zwischen den Menschen auch im kulturellen System verschieden gestaltet sein (z. B. Alleingültigkeitsansprüche oder friedliches Nebeneinander von Weltanschauungen oder Religionen) und unterschiedliche Chancen und Risiken individueller Entfaltung bieten. Die Erfahrung zeigt, daß die im Zeitablauf sich wandelnden Sitten und Gebräuche nicht nur intra- und interkontinental stark differieren, sondern selbst zwischen den Regionen relativ kleiner Länder (z. B. Schweiz, Bundesrepublik Deutschland).

Dem Wirtschaftssystem schließlich werden in der allgemeinen Theorie sozialer Systeme all jene auf Bedürfnisbefriedigung gerichteten Handlungen zugerechnet, die der Produktion und Bereitstellung von Gütern dienen. Alle wirtschaftlichen Handlungen unterliegen dem oben skizzierten Phänomen der Ressourcen- und Güterknappheit. Wie später zu zeigen ist, können die Beziehungen zwischen den Elementen von Wirtschaftssystemen unterschiedlich geordnet sein. Je nach den im Systemmodell angenommenen oder in der Praxis verwirklichten Gestaltungsprinzipien werden dann auch die bereits angedeuteten Planungs-, Lenkungs-, Koordinations-, Informations-, Motivations- und Kontrollprobleme bei arbeitsteiliger Wirtschaft auf verschiedene Weise gelöst.

Wie die Lebensbereiche der Menschen, sind auch die Subsysteme einer Gesellschaft interdependent. Es bestehen Entsprechungsverhältnisse und Parallelen in den Beziehungen zwischen den Elementen einzelner Subsysteme: Traditionell-religiöse Agrargesellschaften mit ausgeprägtem Gemeinschaftssinn (z. B. in Entwicklungsländern) können nicht in wenigen Jahren in funktionsfähige Industriegesellschaften verwandelt werden. Oder: Totalitäre Diktaturen müssen die politische Machtausübung ökonomisch absichern, indem sie die Entscheidungen über das Produktionsprogramm und damit die Verfügungsrechte insbesondere über die Ressourcen zentralisieren (z. B. Kriegswirtschaft im Dritten Reich, UdSSR). Diese Interdependenz wird auch sichtbar, wenn mehr oder weniger abrupte Änderungen des politischen oder kulturellen Systems auf das Wirtschaftssystem durchschlagen (z. B. Iran 1979). Umgekehrt bleiben drastische Reformen des Wirtschaftssystems nicht ohne Rückwirkung auf das politische System (z. B. ČSSR 1968).

Es ist das Verdienst der neueren Ansätze zur Entwicklung einer allgemeinen Systemtheorie komplexer Gesellschaften, diese Zusammenhänge zu betonen. Sie liefern ein einheitliches Sprachsystem, Kriterien zur Abgrenzung gesellschaftlicher Subsysteme und zeigen Parallelen zwischen ihnen auf. Ob und inwieweit mit der Suche nach Gleichartigkeiten in den Beziehungen von Subsystemen allerdings Erkenntnisfortschritte für das Verständnis von Wirtschaftssystemen erzielt wurden, ist zu bezweifeln

(HENSEL, 1975, S. 227 ff.): Jeder Lebensbereich ist auch durch Eigenheiten und spezifische Probleme (z. B. das Knappheitsphänomen) gekennzeichnet, die sich in den Handlungen der Menschen und den Beziehungen zwischen ihnen niederschlagen. Sie gilt es theoretisch zu erklären. Eine ökonomische Theorie von Wirtschaftssystemen ist also erforderlich, wenn die Leerstellen der allgemeinen Systemtheorie ausgefüllt und durch Bildung und Vergleich von Subsystemen das Verständnis komplexer Gesellschaften gefördert werden soll.

2. Ordnungstheoretische Bestimmung von Wirtschaftssystemen

2.1. Ansätze zur Bestimmung von Wirtschaftssystemen: Ein Überblick

In der Nationalökonomie hat es – gemessen an der Differenzierung und Entwicklung von anderen ökonomischen Teildisziplinen (z. B. Haushalts-, Unternehmens-, Preis-, Geld-, Verteilungs-, Wachstums-, Konjunkturtheorie) – nur relativ wenige Versuche gegeben, Wirtschaftssysteme zu bestimmen, ihr Funktionieren zu erklären und zu vergleichen. Das Interesse an Systemproblemen hat insbesondere im angelsächsischen Sprachraum erst seit einigen Jahren zugenommen, wohingegen die Systemanalyse vor allem im deutschen Sprachraum Tradition hat. Die vorhandenen Erklärungsansätze unterscheiden sich in den Fragestellungen, im methodischen Vorgehen sowie insbesondere in Auswahl und Hervorhebung von systembestimmenden Elementen.

In vielen Publikationen werden Wirtschaftsordnungen und -prozesse konkreter Länder (z. B. USA, UdSSR) lediglich in allen Details beschrieben und klassifiziert (KNIRSCH, 1969) und ihre Leistungsfähigkeit an verschiedenen Effizienzkriterien, wie z. B. der Wachstumsrate des Volkseinkommens, gemessen und verglichen (LOUCKS, 1938; GRUCHY, 1966; SCHNITZER, 1972; KUSCHPETA, 1978). Eine Theorie der Wirtschaftssysteme läßt sich durch solche vergleichenden Faktensammlungen, wie sie auch im angelsächsischen Schrifttum üblich sind (Comparative Economic Systems), unmittelbar nicht gewinnen.

In anderen Ansätzen werden einzelne wirtschaftliche Probleme – wie z. B. Verteilungs- oder Stabilitätsprobleme – aufgegriffen und systemvergleichend analysiert (GROSSMAN, 1968; CASSEL/THIEME, 1976,1; THORNTON, 1976; KYN/SCHRETTL, 1979; THIEME, 1979,3). Dabei werden die für spezifische Systembedingungen entwickelten ökonomischen Theorien auf andere Bedingungskonstellationen übertragen und ihre allgemeine Erklärungsrelevanz überprüft. Wirtschaftssysteme werden insofern nicht bestimmt, sondern bereits nach bestimmten Kriterien abgegrenzte Wirtschaftssysteme vorausgesetzt.

Marxistische Ansätze zur Erklärung sozialökonomischer Beziehungen in Gesellschaften und deren Entwicklung betrachten die Eigentumsverhältnisse an den Produktionsmitteln als Abgrenzungskriterium der Wirtschafts- und Gesellschaftssysteme. Die Entwicklung von der Sklavenhaltergesellschaft über die Feudalherrschaft hin zur privatkapitalistischen Produktionsweise wird auf den antagonistischen Widerspruch zwischen den jeweils realisierten privaten Eigentums- und Verfügungsrechten (Produktionsverhältnisse) einerseits und dem jeweiligen Entwicklungsstand der Produktivkräfte andererseits (z. B. Bestand an Rohstoffen, Arbeitskräften und technischem Wissen) zurückgeführt (MARX, 1859, 1972). Erreicht die kapitalistische Produktionsweise einen bestimmten Reifegrad (z. B. hoher Konzentrationsgrad der Produktion in wenigen privaten Großunternehmen) und haben sich die Klassengegensätze zwischen dem Proletariat und den Privatkapitalisten genügend verschärft, erfolgt zwangsläufig der revolutionäre Umschlag in ein sozialistisches Wirtschafts- und Gesellschaftssystem (MARX, 1867-1885, 1969). Es ist durch gesellschaftliches Produktionsmitteleigentum und damit annahmegemäß durch Beseitigung von Ausbeutung der Arbeitskräfte charakterisiert. Abgesehen von der Vermengung beschreibender, erklärender und wertender Aussagen in marxisitschen Denkansätzen (HELBERGER, 1974) ist die allein auf das Produktionsmitteleigentum gerichtete und damit monokausale Betrachtung nicht geeignet, die Vielfalt realer Beziehungen in ökonomischen Prozessen zu erklären. Diese Mängel zeigen sich auch und insbesondere, wenn es gilt, die erheblichen Differenzen in der Organisation ökonomischer Prozesse in den verschiedenen sozialistischen und kommunistischen Ländern der Gegenwart zu erklären.

Die neuere Theorie der Property Rights setzt im Prinzip ebenfalls an den Eigentumsformen an (FURUBOTN/PEJOVICH, 1972; ALCHIAN/DEMSETZ, 1973; NORTH/THOMAS, 1973; SCHENK, 1978). Property Rights können als Vermögens-, Handlungs- oder Verfügungsrechte interpretiert werden, die sich auf die Nutzung von Gütern (Konsum- und Vermögensgütern einschließlich human capital) beziehen. Die Grundidee besteht im Nachweis, daß wirtschaftliche Beziehungen und deren Entwicklung im wesentlichen von der rechtlich-institutionellen Organisation der Eigentums- und Verfügungsrechte abhängen. In diesem Ansatz werden die neoklassischen Gleichgewichtsmodelle der Haushalts-, Unternehmens- und Markttheorie (Beiträge K; L) um spezifische Informations- und Transaktionskosten (z. B. alle Kosten eines Vertragsabschlusses) erweitert. Sie entstehen bei arbeitsteiliger Wirtschaft, weil die Nutzung von Gütern erst durch Austausch ermöglicht wird, bei dem immer auch Verfügungsrechte übertragen werden. Der Mensch verfolgt bei ökonomischen Handlungen Eigeninteressen. Seine Initiative und ökonomische Aktivität hängen deshalb davon ab, ob er den Ertrag seiner Anstrengungen auch vollständig individuell realisieren kann. Lassen seine Aktivitäten bei anderen unentgeltliche Erträge entstehen, mindert dies seine Initiative; verursachen sie anderen hingegen Kosten, können wirtschaftliche Aktivitäten von außen unterbunden und Entwicklung gebremst werden (z. B. Einsprüche von Umweltgeschädigten). Ein Wirtschaftssystem kann sich auf Dauer nur dann effizient entwickeln und an Umweltänderungen anpassen, wenn die individuellen Erträge ökonomischer Handlungen den sozialen entsprechen, also keine sozialen Nettoeffekte (social net costs oder social net benefits) entstehen.

Wie die Theorie der Property Rights nachzuweisen versucht, ist dies bei staatlichem Produktionsmitteleigentum oder Gesellschafts- (Gemeinschafts-)eigentum in geringerem Maße der Fall als bei privatem – eine Erkenntnis, die von Vertretern der Ordnungstheorie (EUCKEN, 1940; HENSEL, 1960) schon früh betont wurde. Die Theorie der Property Rights erklärt ökonomische Entwicklung monokausal aus dem Spannungsverhältnis zwischen den Selbstinteressen der Menschen und der Verteilung von Verfügungsrechten. Wenngleich ihre Ergebnisse konträr zu jenen marxistischer Ansätze sind, zeigen beide bei der Erklärung ökonomischer Entwicklung in Abhängigkeit von den Eigentumsverhältnissen eine Ähnlichkeit im methodischen Vorgehen.

Gegenüber den beiden zuletzt beschriebenen entwicklungstheoretischen Ansätzen wird neuerdings auch versucht, die Überlegungen der allgemeinen Systemtheorie für die Bestimmung von Wirtschaftssystemen zu nutzen (KOOPMANS/MONTIAS, 1971; KORNAI, 1971; MONTIAS, 1976). Unter Zuhilfenahme kybernetischer sowie informations- und organisationstheoretischer Erkenntnisse soll zunächst eine einheitliche Terminologie für die Darstellung, die Analyse und den Vergleich von Wirtschaftssystemen gefunden werden. Komponenten eines Wirtschaftssystems sind z. B. nach JANOS KORNAI Institutionen, die sich aus Organisationen zusammensetzen. Organisationen sind reale, aus Menschen gebildete Formationen, die im Rahmen rechtlich abgegrenzter Handlungsspielräume ökonomische Funktionen erfüllen. Sie werden durch abstrakte, nicht weiter zerlegbare Einheiten abgebildet, die die Basiselemente der Organisationen und damit des Wirtschaftssystems darstellen. Das Verhalten der Einheiten – z. B. Reaktionen auf systemexogene Umweltstörungen – ist durch eine bestimmte Regelmäßigkeit geprägt. Die Einheiten erhalten pro Zeiteinheit inputs, die sie durch Veränderung ihres inneren Zustands (Prozeß) in outputs verwandeln. Ein Wirtschaftssystem existiert nur dann, wenn die Einheiten nicht unabhängig voneinander agieren, sondern durch input-output-Ströme verbunden sind. Sie fließen in zwei Sphären (Subsystemen) der Organisation, die strikt unterschieden werden: In der Realsphäre fließen Güterströme (Produktion, Konsum, Handel), die durch materiell-physikalische Variablen erfaßt werden. In der Kontrollsphäre fließen Informationsströme (z. B. Beobachtung, Informationsübertragung und -verarbeitung), die durch Kontrollvariablen zu erfassen sind. Ein Wirtschaftssystem (E) läßt sich dann in einer allgemeinen Systemfunktion umschreiben als

$$E = E(O, G, S, \Phi, \Psi),$$

wobei O die das System bildenden Organisationen symbolisiert, G die Güter, die es hervorbringt und S die verwendeten Informationstypen. Φ bzw. Ψ stehen für die Systeme von Reaktionsfunktionen, die input-output- Transformationen in der Kontroll- bzw. Realsphäre erfassen. Würden außerdem die Bestände von Gütern und Informationen zu Beginn einer Periode berücksichtigt, ließe sich auch die Gesamtleistung des Systems am Periodenende bestimmen (KORNAI, 1971, S. 217). Bereits die verkürzte Darstellung des vielbeachteten Ansatzes läßt einige Schwachstellen erkennen (WAGENER, 1979, S. 119 ff.): Abgesehen davon, daß es sich um eine geldlose Naturalbetrachtung handelt und der Einbau eines monetären Sektors schwierig sein dürfte, wird die Annahme abstrakter Real- und Kontrolleinheiten und deren strikte Trennung in zwei Subsysteme den verschiedenen Rollen nicht gerecht, die Individuen in ökonomischen Prozessen erfüllen. Auch können die wichtigen Reaktionsfunktionen, die ja die Bewegungsgesetze des Wirtschaftssystems enthalten sollen, beim gegenwärtigen Wissensstand nicht konkretisiert und in empirisch überprüfbare Form gebracht werden. Gerade dies zu leisten, ist aber Anliegen aller ökonomischen Analysen von Wirtschaftssystemen. Der Fortschritt des systemtheoretischen Ansatzes besteht insofern darin, zu betonen, daß alle bisherigen wissenschaftlichen Bemühungen zur Entdeckung ökonomischer Verhaltensweisen Partialanalysen sind, auf deren Ergebnisse die Systemtheorie jedoch dringend angewiesen ist.

Schließlich soll ein verhaltens- oder entscheidungstheoretischer Ansatz zur Bestimmung von Wirtschaftssystemen erwähnt werden (NEUBERGER/DUFFY, 1976), dessen Terminologie bereits Eingang in deutschsprachige Systemanalysen gefunden hat (LEIPOLD, 1976, 2. A. 1980; GUTMANN, 1978). Wirtschaftssysteme werden hier definiert als Mechanismen, die wirtschaftliche Entscheidungen in Produktion, Konsumtion und Verteilung von Gütern ermöglichen. Sie sind untergliedert in die drei Systeme (Strukturen) der Entscheidung, Information und Motivation.

– Das Entscheidungssystem umfaßt alle Regelungen, durch die Entscheidungsbefugnisse auf Individuen oder Wirtschaftseinheiten übertragen werden. Entscheidungen können zentralisiert oder dezentralisiert erfolgen, womit gleichzeitig Hierarchie- und Autoritätsaspekte in Gesellschaften angesprochen werden.

– Das Informationssystem umschließt alle Mechanismen und Transmissionskanäle, durch die es den Entscheidungsträgern möglich ist, ökonomisch relevante Informationen zu sammeln, zu speichern, auszuwerten und weiterzuleiten. Eine Besonderheit dieses Ansatzes besteht darin, die notwendige Abstimmung und Koordination ökonomischer Entscheidungen als Funktion des Informationssystems zu betrachten. Konsequenterweise werden deshalb die Koordinationsmechanismen „Plan und Markt" (ŠIK, 1967) dem Informationssystem zugeordnet.

– Das Motivationssystem schließlich bezeichnet alle Regelungen und Mechanismen, durch die sichergestellt wird, daß Entscheidungen in Handlungen umgesetzt und verwirklicht werden. Neben ideellen und materiellen Leistungsanreizen, Tradition, Loyalität etc. wird auch Zwang als Motivationsform angesehen.

Das Wirtschaftssystem operiert dabei immer in Abhängigkeit von der sozialökonomischen Umwelt (z. B. Bedürfnisstruktur der Menschen, quantitative und qualitative Ausstattung mit Arbeits- und Realvermögen, Bestand an natürlichen Ressourcen, politisches und soziales Teilsystem) und der staatlichen Politik, soweit sie auf wirtschaftliche Entscheidungen und Handlungen durchschlägt.

Diese Sichtweise von Wirtschaftssystemen erinnert sehr stark an die ordnungstheoretische Bestimmung und Analyse von Wirtschaftssystemen, wie sie im deutschsprachigen Raum von WALTER EUCKEN (1940; 1952), FRANZ BÖHM (1951), K. PAUL HENSEL (1954; 1972) u. a. entwickelt wurde. Der Ansatz wird – in modifizierter Form – den folgenden Analysen von Wirtschaftssystemen zugrundegelegt.

2.2. Wirtschaftsordnung, Wirtschaftsverfassung und Wirtschaftssystem

Wie in anderen Erklärungsansätzen werden auch hier die wirtschaftlichen Entscheidungen und Handlungen als abhängig von einem Bedingungsrahmen angesehen. Zu ihm gehören die Wirtschaftsordnung einerseits und die sozialökonomische Umwelt andererseits.

Die Wirtschaftsordnung umfaßt alle Regeln, Normen und Institutionen, die als meist längerfristig angelegte Rahmenbedingungen wirtschaftliche Entscheidungs- und Handlungsspielräume von Individuen und wirtschaftlichen Einheiten (Haushalte, Unternehmen) abgrenzen. Unter ordnungstheoretischem (morphologischem) Gesichtspunkt sind Wirtschaftsordnungen die Kombination einer begrenzten Zahl von

Ordnungsformen. Als Klassifikationskriterien von Wirtschaftsordnungen werden z. B. Formen der Planung und Lenkung, Eigentums-, Markt- und Preisbildungs- und Unternehmensformen sowie Formen der Geld- und Finanzwirtschaft angesehen. Jede Ordnungsform hat verschiedene Ausprägungen: Der Wirtschaftsprozeß kann zentral oder dezentral gelenkt werden; Produktionsmittel können Privat-, Staats- oder Gesellschaftseigentum sein; der Güteraustausch auf Märkten kann durch Leistungswettbewerb, aber auch durch Monopole geprägt sein; Willensbildung und -durchsetzung sowie Erfolgsrechnung von Unternehmen können verschiedenen Organisationsprinzipien folgen usw. Die Vielfalt konkreter Wirtschaftsordnungen ist Ausdruck der Fülle von Kombinationsmöglichkeiten dieser Ausprägungen von Ordnungsformen.

Diese Ordnungsformen werden in den meisten Gesellschaften der Gegenwart – mehr oder weniger umfangreich – in Verfassung, Gesetzen und Rechtsverordnungen normiert. So kann z. B. die Form der Lenkung des Wirtschaftsprozesses gesetzlich geregelt sein (Pflicht zur Aufstellung und Erfüllung von gesamtwirtschaftlichen Plänen) oder Privateigentum an Produktionsmitteln gesetzlich verboten werden. Fehlen solche rechtlichen Normierungen, bilden sich Ausprägungen von Ordnungsformen spontan heraus. Rechtlich verankerte Normen und Institutionen, durch die Entscheidungs- und Handlungsspielräume von Wirtschaftseinheiten bestimmt sind, werden als Wirtschaftsverfassung bezeichnet. Sie wird wesentlich durch das politische und kulturelle System einer Gesellschaft geprägt. Ihre Interpretation ist ein erster Ansatzpunkt, um raum-zeitbezogene Wirtschaftsordnungen zu erfassen.

Die sozialökonomische Umwelt – die zweite Säule des Bedingungsrahmens – umschließt die bereits genannten Faktoren, zu denen auch politisches und kulturelles Teilsystem einer Gesellschaft zu zählen sind. Ändert sich die Umwelt (z. B. Ressourcenerschöpfung), erfolgen Reaktionen im Wirtschaftsprozeß (z. B. Ressourcensubstitution), die selbst wieder Umweltänderungen (z. B. Veränderungen des politischen Systems, Verbesserung des Wissensstandes durch technische Fortschritte) auslösen können.

Die Anpassungsfähigkeit an die Umwelt wird wesentlich durch die Art und Weise der Beziehungen beeinflußt, die zwischen den wirtschaftlichen Entscheidungs- und Handlungseinheiten bestehen. Sie stellen in ihrer Gesamtheit das Wirtschaftssystem dar. Die Vielfalt der wirtschaftlichen Beziehungen, die die Einheiten bei Arbeitsteilung zum Zwecke der Knappheitsminderung eingehen, kann analytisch durch Bildung von Subsystemen erfaßt werden: Das Planungs- und Koordinationssystem einerseits und das Motivations- und Kontrollsystem andererseits.

Der Zusammenhang zwischen Wirtschaftsordnung, Wirtschaftsverfassung, Wirtschaftssystem und sozialökonomischer Umwelt ist in *Übersicht A-1* schematisch dargestellt.

2.3. Planungs- und Koordinationssystem

Das Planungs- und Koordinationssystem umfaßt alle Beziehungen eines Wirtschaftssystems, die Menschen eingehen, um wirtschaftliches Geschehen planvoll zu gestalten und aufeinander abzustimmen. Die eingangs beschriebenen Lenkungs- und Koordinationsprobleme in einer Welt der Güterknappheit und der Arbeitsteilung können als

Übersicht A-1: Zusammenhang zwischen Wirtschaftsordnung, Wirtschaftsverfassung, Wirtschaftssystem und sozialökonomischer Umwelt

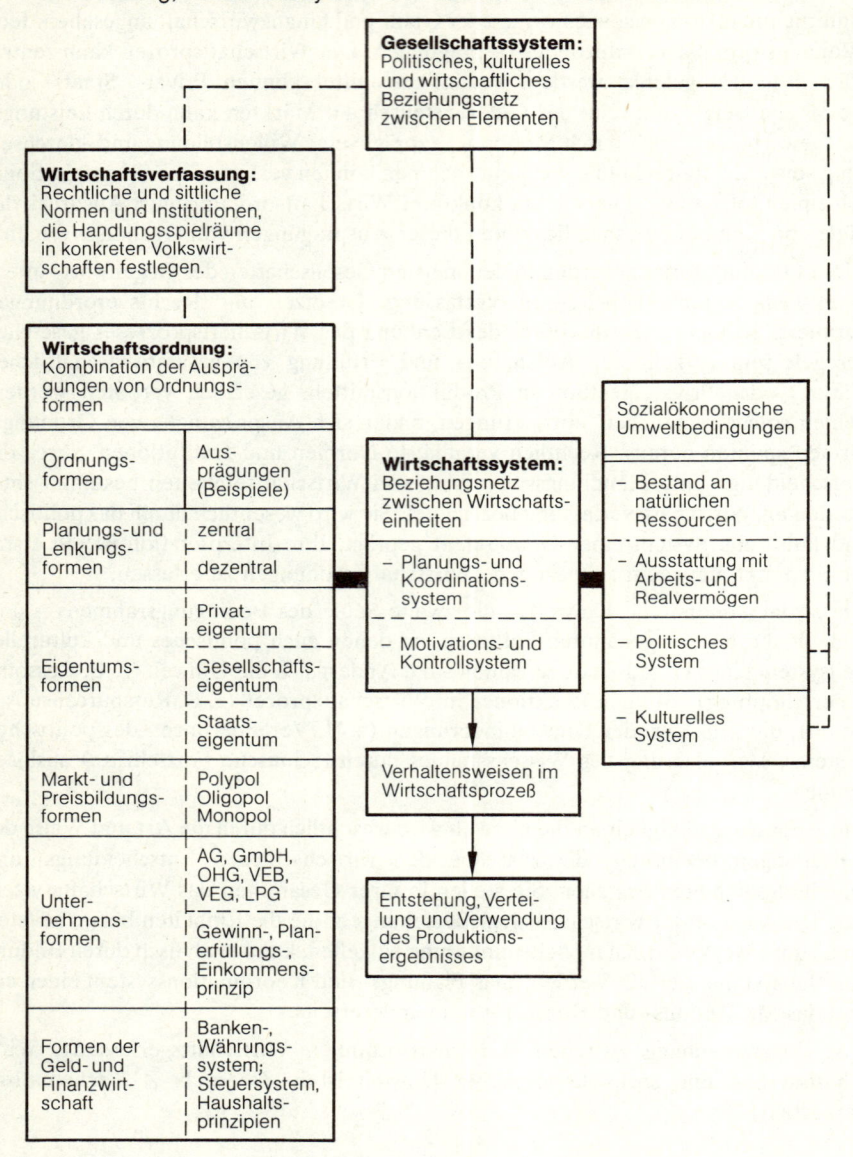

Gesellschaftssystem: Politisches, kulturelles und wirtschaftliches Beziehungsnetz zwischen Elementen

Wirtschaftsverfassung: Rechtliche und sittliche Normen und Institutionen, die Handlungsspielräume in konkreten Volkswirtschaften festlegen.

Wirtschaftsordnung: Kombination der Ausprägungen von Ordnungsformen

Ordnungsformen	Ausprägungen (Beispiele)
Planungs- und Lenkungsformen	zentral
	dezentral
Eigentumsformen	Privateigentum
	Gesellschaftseigentum
	Staatseigentum
Markt- und Preisbildungsformen	Polypol / Oligopol / Monopol
Unternehmensformen	AG, GmbH, OHG, VEB, VEG, LPG
	Gewinn-, Planerfüllungs-, Einkommensprinzip
Formen der Geld- und Finanzwirtschaft	Banken-, Währungssystem; Steuersystem, Haushaltsprinzipien

Wirtschaftssystem: Beziehungsnetz zwischen Wirtschaftseinheiten
- Planungs- und Koordinationssystem
- Motivations- und Kontrollsystem

↓

Verhaltensweisen im Wirtschaftsprozeß

↓

Entstehung, Verteilung und Verwendung des Produktionsergebnisses

Sozialökonomische Umweltbedingungen
- Bestand an natürlichen Ressourcen
- Ausstattung mit Arbeits- und Realvermögen
- Politisches System
- Kulturelles System

Ausgangspunkt der Bestimmung dieses Subsystems dienen (HENSEL, 1972, S. 18 ff.): Soll Knappheit wirksam gemindert werden, sind Einsatz und Verwendung von knappen Ressourcen und Gütern zu planen. Wirtschaftliches Geschehen ist insoweit immer „Planwirtschaft". In jeder Volkswirtschaft sind dabei die bereits erwähnten Allokations- und Verteilungsprobleme zu lösen. Dazu sind zahlreiche Entscheidungen vorzubereiten, zu treffen und in Handlungen umzusetzen. Die Verteilung von

Entscheidungs- und Handlungskompetenzen, über knappe Ressourcen und Güter verfügen zu können, ist insofern ein erstes Kriterium zur Bestimmung von Planungs- und Koordinationssystemen. Sie wird vorab, wenngleich nicht ausschließlich, durch die jeweils realisierten Formen des Eigentums geprägt.

Aus gesamtwirtschaftlicher Sicht existieren unüberschaubare Beziehungen zwischen den Bedürfnissen der Menschen und den zu ihrer Befriedigung geeigneten Konsumgütern. Konsumgüter (Güter erster Ordnung) werden aus anderen, nicht unmittelbar konsumierbaren Gütern (Güter höherer Ordnung; Vorprodukte; Produktionsgüter) und Produktionsfaktoren (Güter höchster Ordnung) hergestellt. Güter können in einem Substitutions- oder Komplementärverhältnis zueinander stehen. Die Güterbeziehungen sind für das Streben der Haushalte nach Nutzenmaximierung beim Konsum ebenso bedeutsam wie für jenes der Unternehmen nach Gewinnmaximierung oder Kostenminimierung in der Produktion. Neben diesen horizontalen bestehen auch vielfältige vertikale Verflechtungen, die als technische Produktionsbeziehungen zwischen input- und output-Größen (Produktionsfunktionen) darstellbar sind. Sollen unter der Annahme einer gegebenen gesamtwirtschaftlichen Ausstattung mit Ressourcen möglichst viele Bedürfnisse der Menschen befriedigt werden, sind unter den technisch denkbaren Produktionsbeziehungen jene auszuwählen und zu verwirklichen, bei denen knappe Ressourcen und Güter nicht verschwendet werden.

Die Interdependenz wirtschaftlichen Geschehens bei Arbeitsteilung und die Unüberschaubarkeit der vielfältigen Beziehungen läßt dies zu einem gewaltigen Informationsproblem werden, von dessen Lösung die Konsistenz und Effizienz wirtschaftlicher Beziehungen abhängt. Es müssen nicht nur Informationen über ökonomisch relevante Daten der Vergangenheit und Gegenwart gesammelt, übermittelt, gespeichert und verarbeitet werden. Da durch Planung der zukünftige Wirtschaftsprozeß gestaltet werden soll, sind ökonomisch relevante Erwartungsgrößen zu berücksichtigen. Die Bildung von Erwartungen kann unterschiedlichen Mustern folgen; sie sind immer mit Unsicherheit behaftet. Da Informationsbeschaffung und -verarbeitung Kosten verursachen, kommt es außerdem für die Planungs- und Entscheidungsträger nicht nur auf die Menge an Informationen, sondern vor allem auf deren Qualität an. Zielgerichtete Informationsbeschaffung und damit Informationsauswahl ist in einer Welt umfangreicher Informations- und Kommunikationsnetze und hoher technischer Speicherkapazitäten eine wesentliche Aufgabe für Planungs- und Entscheidungsträger, wenn entscheidungs- und handlungshemmende Informationsüberflüsse oder -defizite vermieden werden sollen.

Die Lösung des Allokations- oder Lenkungsproblems setzt einen gesamtwirtschaftlichen Rechnungszusammenhang voraus. Er muß sicherstellen, daß die Planungs- und Entscheidungsträger über ausreichende und adäquate Informationen verfügen, damit sie die Güter bewerten und ihre Produktions- und Konsumentscheidungen an den gesamtwirtschaftlichen Knappheitsgraden der Güter ausrichten können. Der Knappheitsgrad wird als Differenz (Saldo) zwischen der in einem Zeitpunkt verfügbaren Menge und der Bedarfsmenge eines Gutes definiert. Gesamtwirtschaftliche Güterknappheiten hängen letztlich von der Bedürfnisstruktur der Menschen und den Beständen an Ressourcen ab. Deren Veränderungen lösen Variationen der absoluten Knappheitsgrade einzelner Güter und damit der relativen Güterknappheiten aus, die für wirtschaftliche Entscheidungen besonders bedeutsam sind.

Ein gesamtwirtschaftliches Planungs- und Koordinationssystem erfordert also

- ein gesamtwirtschaftliches Rechenwerk, das es ermöglicht, wirtschaftliche Entscheidungen an den absoluten und relativen Güterknappheiten auszurichten,
- Kanäle und Mechanismen, über die die Planungs- und Entscheidungsträger die notwendigen Informationen beziehen können, und
- einen Koordinationsmechanismus, durch den Millionen von Einzelplänen simultan aufeinander abgestimmt und zu einem Beziehungsnetz verknüpft werden.

In der Planungstheorie sind bisher zwei Formen der Ermittlung und Anzeige gesamtwirtschaftlicher Knappheitsgrade nachgewiesen: Mengensalden in güterwirtschaftlichen Planbilanzen einerseits sowie Güter- und Faktorpreise, die sich auf Märkten bilden, andererseits.

Im ersten Fall wird der Wirtschaftsprozeß zentral geplant. Die Mengendifferenzen der Güter werden periodenbezogen in zahlreichen Aufkommens- und Verwendungsbilanzen ermittelt. Das Beziehungsnetz entsteht, indem die Mengensalden in den Bilanzen der Konsumgüter über technische Produktionskoeffizienten jeweils in Güter höherer Ordnung umgerechnet werden. Die in den Aufkommens- und Verwendungsbilanzen der Güter höchster Ordnung auf diese Weise festgestellten Mengensalden sind die wichtigsten Bewertungskriterien, an Hand derer die Planungsstrategien (z. B. Bedarfseinschränkung, Aufwandsvermehrung durch Importe) für die betreffende Planperiode zu entwickeln sind.

Im zweiten Fall werden gesamtwirtschaftliche Knappheitsgrade bzw. -verhältnisse durch absolute Preise bzw. relative Preise ausgedrückt. Sie bilden sich auf Märkten durch das Zusammenspiel zwischen angebotenen und nachgefragten Gütermengen. Diese gehen aus einzelwirtschaftlichen Plänen privater und öffentlicher Haushalte und Unternehmen hervor, deren Entscheidungen über Märkte und die dort geschlossenen Verträge aufeinander abgestimmt werden.

Das System zentraler Planung und Koordination bedingt einen hohen Grad der Organisation, eine weitgehende Zentralisierung von Verfügungsrechten sowie Informationen und darüber hinaus die für alle verbindliche Festlegung einer Einheitsplanperiode (z. B. Einjahres- oder Fünfjahrespläne). Ein System dezentraler Planung und Koordination ist hingegen durch einen niedrigen Organisationsgrad charakterisiert, wodurch Raum für spontane Handlungen geschaffen ist. Damit sind einheitlich fixierte Planperioden ebensowenig vereinbar wie weitgehend zentralisierte Verfügungsrechte und Informationsmonopole.

Schon hier sei darauf verwiesen, daß die auf diese Weise bestimmten Systeme zentraler und dezentraler Planung und Koordination ein analytisches Instrument zur Reduktion der komplexen Beziehungen in Wirtschaftsprozessen sind. Ihre Funktionsweise wird in der Literatur z. T. unter recht restriktiven Modellannahmen (z. B. vollständige Information der Planungsträger) analysiert. In den Ländern des administrativen Sozialismus (z. B. DDR, UdSSR), in denen Systeme zentraler Planung und Koordination – oder kurz: „Sozialistische" Planwirtschaften – als verwirklicht gelten, werden neben dem zentralen Volkswirtschaftsplan auch Haushalts- und Betriebspläne aufgestellt und in Ausnahmebereichen sogar über Marktpreise (z. B. auf Schwarzmärkten) koordiniert (HAFFNER, 1978). Umgekehrt gibt es in jenen Ländern, in denen Systeme dezentraler Planung und Koodination – kurz: „Kapitalistische"

Marktwirtschaften – als verwirklicht gelten (z. B. Bundesrepublik Deutschland, USA), mehr oder weniger umfangreiche „zentrale" Finanz-, Investitions- oder Strukturpläne staatlicher Instanzen sowie staatliche Preisfestsetzungen in einzelnen Wirtschaftssektoren.

Aus diesen Beobachtungen zu schließen, in jeder konkreten Volkswirtschaft seien immer beide Planungs- und Koordinationssysteme nebeneinander und gleichzeitig, also nur „Mischsysteme" (mixed economies) verwirklicht, würde allerdings weder der Logik der abgegrenzten Systemalternativen noch der Realität gerecht. Dies wird später sowohl bei der Analyse der Funktionsweise von Marktwirtschaften als auch bei der Interpretation der zahlreichen Wirtschaftsreformen deutlich, wie sie in der Vergangenheit für sozialistische Planwirtschaften diskutiert und praktiziert wurden.

2.4. Motivations- und Kontrollsystem

Durch dieses Subsystem sollen jene Mechanismen und Beziehungen erfaßt werden, durch die soziale Einheiten zu wirtschaftlichen Entscheidungen und Handlungen motiviert und die Ausübung wirtschaftlicher Macht kontrolliert werden. Es geht somit um Aktivierung von Antriebskräften, die im Fähigkeitspotential des Menschen gebunden sind, und gleichzeitig um deren Kanalisierung und Kontrolle. Die Bedeutung dieses Subsystems für die wirtschaftliche Entwicklung einer Gesellschaft liegt darin, daß beispielsweise trotz optimaler Regeln und Institutionen für das Funktionieren eines dezentralen Planungs- und Koordinationssystems und reichlicher Ressourcenausstattung die Ergebnisse des Wirtschaftens bescheiden bleiben, wenn die Menschen nicht zur Erbringung von Leistungen motiviert sind und Antriebskräfte fehlen. Bei gleicher Ressourcenausstattung ist ein ähnliches Ergebnis denkbar, wenn Sanktions- und Kontrollmechanismen fehlen oder nicht funktionieren und deshalb eine dauerhafte Interessenverwirklichung einzelner oder einer Gruppe von Menschen zu Lasten aller anderen möglich ist.

Die gegenwärtig noch wenig entwickelte Motivationstheorie hat zwei Fragen zu beantworten:
– Was veranlaßt einen Menschen, wirtschaftliche Leistungen zu erbringen?
– Wie und wodurch können Menschen veranlaßt werden, die von anderen vorgegebenen wirtschaftlichen Aufgaben plangerecht zu lösen?

In der zweiten Frage werden alle Probleme der Planerfüllung und -verwirklichung angesprochen, wie sie sich besonders in sozialistischen Planwirtschaften, aber auch innerhalb von Wirtschaftseinheiten bei dezentraler Planung und Koordination des Wirtschaftsprozesses stellen. Ein Anreizsystem zur Stimulierung gewünschter Leistungen zu installieren, setzt allerdings Antworten auf die erste Frage voraus, weil es nur dann wirkt, wenn es an den Leistungsmotiven der zu Beeinflussenden ansetzt, mit deren Zielfunktion also übereinstimmt (NEUBERGER/DUFFY, 1979, S. 69).

Während in der Sozialethik (WEBER, 1920) moralisch-religiöse Motive zu wirtschaftlichen Leistungen anspornen, werden in den motivationstheoretischen Ansätzen andere Erfolgsgrößen, an denen sich die Handlungen ausrichten, als Triebfeder wirtschaftlicher Leistungen angesehen. Der Erfolg kann an verschiedenen materiellen (z. B.

Erhöhung von Einkommen oder Gewinn) oder immateriellen Indikatoren (z. B. Verbesserung der Stellung oder des Ansehens in Betrieb und Gesellschaft) gemessen werden. Die relative Bedeutung von materiellen und immateriellen Erfolgsgrößen für die Leistungsmotivation hängt insbesondere ab vom kulturellen System, dem wirtschaftlichen Entwicklungsstand sowie den Persönlichkeitsmerkmalen von Individuen:

– Im kulturellen System manifestieren sich die für erstrebenswert gehaltenen Werte, die als Richtschnur individuellen Handelns dienen. Geistige Strömungen, wie z. B. die gegenwärtige Problematisierung und Diffamierung von „Leistungsgesellschaften", bleiben – zumindest zeitweilig – nicht ohne Auswirkungen auf die Leistungsmotivation.

– In entwickelten Volkswirtschaften mit hohem Durchschnittseinkommen wirken materielle Leistungsanreize weniger bzw. nur bei entsprechender Differenzierung stimulierend als in jenen mit mittlerem Durchschnittseinkommen. In unterentwickelten Ländern, in denen wirtschaftliche Bemühungen allein auf Existenzerhaltung gerichtet sind, wirken sie überhaupt nicht und werden deshalb durch moralische Anreize oder Zwang ersetzt.

– Schließlich prägen Persönlichkeitsmerkmale (z. B. Risikobereitschaft oder Sicherheitsstreben; Kreativität oder Nachahmungstrieb) entscheidend die Auswahl individueller Erfolgsgrößen: Risikobereite, kreative und dynamische Persönlichkeiten wird eine wirtschaftliche Aufgabe von hohem Schwierigkeitsgrad (z. B. Entwicklung und Einführung eines technischen Fortschritts) an sich stärker zu Leistungen motivieren können als hohe Einkommenssteigerungen, die sie bei Routinelösungen lediglich leichter Aufgaben im Wirtschaftsprozeß erzielen können.

Die Einflußfaktoren von Leistungsmotivationen sind bei der Installierung von Leistungsanreizsystemen zu berücksichtigen. Ebenso ist zu beachten, daß die Menschen nach aller Erfahrung dazu tendieren, ihre individuellen Erfolgsinteressen selbst dann durchzusetzen, wenn dies dauerhaft zu Lasten anderer geht. Es sind deshalb Sanktions- und Kontrollmechanismen notwendig, durch die die Gefahren asozialer Verformungen wirtschaftlicher Entscheidungen und Handlungen beseitigt bzw. gemindert werden. Reagieren einzelwirtschaftliche Erfolgsindikatoren nur dann, wenn mit der Durchsetzung eigener Interessen auch diejenigen anderer verwirklicht werden, dient die – überaus wirksame – Selbstkontrolle der Lösung des allgemeinen Kontrollproblems. Ferner können wechselseitige Kontrollen im Wirtschaftsprozeß genutzt werden, weil jeder Informations- und Güteraustausch hierzu Ansatzpunkte bietet: Informations- und Güternachfrager kontrollieren sich gegenseitig sowie besonders die Informations- und Güteranbieter und umgekehrt. Schließlich bedarf es in jeder Volkswirtschaft staatlicher Kontrollen, die die Einhaltung der Grenzen gesetzlich verankerter Handlungsspielräume zu überprüfen und bei Übertretung zu sanktionieren haben. Die Kontrollbeziehungen sind je nach den verwirklichten Ordnungsformen (besonders des Eigentums, der Unternehmen und der Märkte) unterschiedlich gestaltbar und effizient. Da Kontrollsysteme – ebenso wie Informationsaustausch und Gütertransaktionen – anderweitig verwendbare Ressourcen absorbieren, sind ihre volkswirtschaftlichen Kosten möglichst gering zu halten.

Damit sind die beiden Subsysteme des Wirtschaftssystems ordnungstheoretisch bestimmt, durch die die vielfältigen Beziehungen im wirtschaftlichen Teilbereich einer

Gesellschaft erfaßt werden können. Das Planungs- und Koordinationssystem beschreibt die Informations-, Planungs- und Entscheidungsbeziehungen im Wirtschaftssystem, die bei der Lösung des gesamtwirtschaftlichen Allokations- oder Lenkungsproblems einzugehen sind. In der Ordnungstheorie wird es als konstitutiv für die Art und Weise angesehen, wie die wirtschaftlichen Beziehungen geordnet sind (HENSEL, 1972). Vom Motivations- und Kontrollsystem hängt dagegen in besonderem Maße die Anpassungsfähigkeit des Wirtschaftssystems an Änderungen der sozialökonomischen Umwelt ab. Es umfaßt die Mechanismen und Beziehungen, durch die das in Menschen gebundene Leistungspotential aktiviert, kontrolliert und bei der Bewältigung wirtschaftlicher Aufgaben mit unterschiedlichen Schwierigkeitsgraden genutzt werden kann. Indem es Antriebskräfte der wirtschaftlichen Entwicklung beschreibt, spricht es die dynamische Komponente von Wirtschaftsbeziehungen besonders an.

Zwischen Planungs- und Koordinationssystem einerseits und Motivations- und Kontrollsystem andererseits bestehen mannigfache Beziehungen, die in der folgenden Analyse von drei unterschiedlichen Wirtschaftssystemen verdeutlicht werden sollen.

3. Dezentrale Planung bei Privateigentum: „Kapitalistische" Marktwirtschaften

3.1. Planung und Planbereiche

In Wirtschaftssystemen dezentraler Planung und Koordination wird das Wirtschaftsgeschehen in einer Vielzahl privater und öffentlicher Haushalte (ca. 24,2 Mio. in der Bundesrepublik Deutschland) und Unternehmen (ca. 1,6 Mio.) geplant. Wenn die Verteilung der Entscheidungs- und Handlungsrechte überwiegend durch die Ordnungsform des privaten Produktionsmitteleigentums geprägt ist, bezeichnet man diese Wirtschaftssysteme häufig recht vage als Verkehrs-, Markt-, Profitwirtschaft, kapitalistische Marktwirtschaft oder einfach als Kapitalismus.

Private Haushalte – und im Prinzip auch öffentliche Haushalte, die zunächst ausgeklammert werden (s. Abschnitt 3.2.2.) – planen Verwendung und Entstehung ihres Einkommens für unterschiedliche Perioden. In den Verwendungsplänen wird das für die Periode erwartete Einkommen auf verschiedene Verwendungszwecke (kurz- und langlebige Konsumgüter, Ersparnisbildung) aufgeteilt. In den Entstehungsplänen wird die Beschaffung dieses Einkommens geplant, das sich als Summe der monetären (oder auch naturalen) Gegenleistungen ergibt, die auf den Produktionsfaktormärkten für die von Haushalten angebotenen Arbeits-, Kapital- und Bodenleistungen von den Nachfragern (Unternehmen) entrichtet werden. Welchen Verhaltensmustern die Planentscheidungen unter der Zielsetzung folgen, mit gegebenen Mitteln möglichst viele Bedürfnisse zu befriedigen (Nutzenmaximierungshypothese), hat die neoklassische Haushalts- oder Konsumtheorie zumeist unter restriktiven Annahmen aufgezeigt. Hervorzuheben ist, daß die Planentscheidungen von der Art, Menge und Qualität der Informationen über entscheidungsrelevante Variablen (z. B. Qualität und Beschaffenheit der Güter, Preise auf Güter- und Faktormärkten, potentielle Tauschpartner und -orte, Tauschkonditionen) abhängen, die Such- oder Informationskosten verursachen (BERNHOLZ, 1979, S. 89 ff.). Dabei sind nicht nur gespeicherte Erfahrungswerte, sondern auch Informationen über ihre zukünftige Entwicklung erforderlich. Haushalte müssen also z. B. Preis-, Einkommens- oder Bedürfniserwartungen bilden und beziehen damit die unsichere Entwicklung ihrer Umwelt in der Zukunft in die Planüberlegungen und -entscheidungen ein. Sie leisten somit in der Planungsphase wesentliche Vorarbeiten für die Koordination der wirtschaftlichen Handlungen. Aus den Einkommensverwendungsplänen der Haushalte, die mit unterschiedlichen Preiserwartungen rechnen und Preisalternativen einkalkulieren, kann hypothetisch die gesamtwirtschaftliche Nachfrage für jedes Gut durch Summierung der zu alternativen erwarteten Preisen nachgefragten Mengen ermittelt werden. Analog sind die zu alternativen erwarteten Preisen von den Haushalten angebotenen Mengen an Faktorleistungen bestimmbar.

Private und öffentliche Unternehmen produzieren Güter, indem sie Produktionsfaktoren kombinieren. In privaten Unternehmen erfolgt die Leistungserstellung mit dem Zweck, einen Gewinn (positive Differenz zwischen Erlös und Kosten) zu erwirtschaften. Öffentliche Unternehmen können, je nach den Gütern, die sie anbieten, unterschiedliche Ziele verfolgen (z. B. Kostendeckung, bestmögliche Bedarfsdeckung, Gewinnerzielung). Private Unternehmensformen unterscheiden sich wesentlich in ihrer rechtlichen Ausgestaltung, wodurch insbesondere die Entscheidungs- und Handlungsrechte in Produktion und Verteilung bestimmt und zugeordnet werden. In den Personengesellschaften (z. B. Einzelunternehmen, Offene Handelsgesellschaft) sind die Kapitaleigner zugleich Unternehmer, die für die ökonomischen Konsequenzen ihrer Entscheidungen und Handlungen mit ihrem gesamten Vermögen haften. In den Kapitalgesellschaften (z. B. Aktiengesellschaft, Gesellschaft mit beschränkter Haftung) sind Kapitaleigner, die nur mit ihrer Kapitaleinlage haften, und Unternehmensführung rechtlich nicht identisch. Geschäftsführer (Manager), die nicht Kapitaleigner sein müssen, üben die faktischen Produktions- und Verteilungsrechte aus. Sie sind über Aus- und Abwahlmechanismen an die Interessen der Kapitaleigner gebunden und werden durch sie kontrolliert (z. B. Aufsichtsrat der Aktiengesellschaft). An der Ausübung von Produktions-, Verteilungs- und Kontrollrechten können durch besondere Rechtsvorschriften auch Vertreter der Arbeitnehmer als Nichteigentümer paritätisch beteiligt sein, wie es z. B. für Großunternehmen in der Bundesrepublik im Mitbestimmungsgesetz von 1976 vorgeschrieben ist. Es besteht dann ein Dreiecksverhältnis zwischen Kapitaleignern, Management und Arbeitnehmervertretern, deren jeweils unterschiedliche Interessen auf die ökonomischen Entscheidungen und Handlungen einwirken. Zielfunktionen und Organisation der Aktivitäten innerhalb des Unternehmens hängen wesentlich von diesen rechtlichen Regelungen ab.

Die internen Aktivitäten im Unternehmen sowie seine Beziehungen zur Umwelt (z. B. zu Güternachfragern und Anbietern von Gütern und Faktorleistungen) finden ihren Niederschlag in – je nach Größe des Unternehmens – mehr oder weniger umfangreichen und detaillierten, kurz-, mittel- und langfristigen Absatz-, Produktions-, Beschaffungs- (Investitions-) und Finanzierungsplänen. Alle Entscheidungen über Produktionsprogramme (Gütersortiment), Auswahl von Produktionsverfahren und -faktoren, Finanzierungsalternativen usw. wirken positiv oder negativ auf den Unternehmenserfolg ein und sind deshalb an Erfolgsindikatoren (z. B. Gewinn, Rentabilitätskennziffern) auszurichten (Beitrag K). Der Erfolgsnachweis wird periodenbezogen als Plan-Ist-Vergleich in der Ergebnisrechnung geführt, wie sie vereinfacht für ein privates, auf Gewinnerzielung ausgerichtetes Unternehmen in *Übersicht A-2. I.* dargestellt ist.

Übersicht A-2: Formen der Ergebnisrechnung von Unternehmen in verschiedenen Wirtschaftssystemen

I. Gewinnprinzip (Bundesrepublik Deutschland)	II. Planerfüllungsprinzip (DDR)	III. Bruttoeinkommens- prinzip (Jugoslawien)
	Besonderheit: Doppelte Rechnung Plan – Ist	
Erlös	Erlös	Erlös
./. Materialkosten	./. Materialkosten	./. Materialkosten
./. Abschreibungen	./. Abschreibungen	./. Abschreibungen
./. Lohnkosten	./. Lohnkosten	
./. Kapitalkosten	./. Sonstige Kosten	
./. Sonstige Kosten		
= Bruttogewinn	= Bruttogewinn	= „Verwirklichtes" Bruttoeinkommen
./. Steuern	./. Produktionsfondsabgabe an den Staatshaushalt (≙ Verzinsung des Kapitals)	./. Gesetzliche Verpflich- tungen (z.B. Wasser-, Bodennutzungs- gebühren)
		./. Vertragliche Verpflich- tungen (z.B. Zinsen, Versicherungs- prämien)
= Nettogewinn	= Nettogewinn	= Betriebliches (Netto-) Einkommen
	./. Nettogewinnabführung an den Staatshaushalt (≙ Gewinnsteuer)	
	= Verbleibender Netto- gewinn des Unternehmens	
Investition	Betriebs- prämienfonds / Sonstige Fonds [z.B. Reserven, Kredittilgung]	Bruttofonds der Werktätigen ./. Steuern + Sozialbeiträge
		= Nettofonds der persön- lichen Einkommen
Ausschüttung	Investitions- fonds	Betriebsfonds [Investitions-, Reserven-, Sozialfonds]
Erfolgsindikator: Tatsächliche Höhe des Nettogewinns	**Erfolgsindikator:** Differenz zwischen geplantem und tatsäch- lichem Nettogewinn	**Erfolgsindikator:** Tatsächliche Höhe des Nettoeinkommens

Wie die Haushaltsplanung setzt auch die Unternehmensplanung eine Fülle von Informationen über entscheidungsrelevante Variablen voraus, von denen die wichtigsten risikobehaftete Erwartungsgrößen sind (z. B. erwartete Entwicklung der Güternachfrage, der Preise für Faktorleistungen oder der rechtlich vorgeschriebenen Sozialleistungen). Jedes Unternehmen, das einen hohen oder gar maximalen Gewinn in der Zukunft anstrebt, muß die Planentscheidungen auf der Basis von Absatzerwartungen treffen und macht damit die erwarteten Kaufentscheidungen der Haushalte zur Grundlage der Unternehmensplanung. Daran ändert sich prinzipiell auch dann nichts, wenn die Unternehmen durch die bei arbeitsteiliger Wirtschaft notwendige Informationsvermittlung versuchen, die Kaufentscheidungen der Haushalte werbend zu ihren Gunsten zu beeinflussen. Aus den Unternehmensplänen läßt sich wiederum hypothetisch die gesamtwirtschaftliche Angebotsmenge bei alternativen erwarteten Preisen ermitteln. Entscheidend ist somit, daß in privaten Unternehmen

– die Entscheidungskompetenzen direkt oder indirekt von den Privateigentümern an den Produktionsmitteln wahrgenommen werden (Einschränkung: Paritätische Mitbestimmung in Großunternehmen);

– Umwelt und Umweltänderungen bei der Unternehmensplanung berücksichtigt werden müssen, gerade wenn sie am Ziel der Gewinnerwirtschaftung ausgerichtet ist;

– von risikobehafteten Erwartungen ausgegangen wird, die – werden sie enttäuscht – zu unverzüglichen Planrevisionen führen müssen, wenn der Unternehmenserfolg gesichert werden soll.

In den Plänen der privaten Haushalte und Unternehmen ist somit die Basis des Beziehungsnetzes wirtschaftlicher Handlungen angelegt, weil jeder einzelne Planungsträger die erwarteten Aktionen oder Reaktionen anderer berücksichtigt. In den Plänen werden deshalb schon wichtige Vorleistungen für die Koordination wirtschaftlicher Aktivitäten erbracht.

3.2. Koordination

3.2.1. Allokation und Verteilung individueller Güter durch Marktpreise

Wegen der universalen Interdependenz läßt sich nur schwer zeigen, wie die einzelwirtschaftlichen Pläne der Haushalte und Unternehmen und die aus ihnen folgenden Handlungen auf Güter- und Faktormärkten abgestimmt werden. Dies ist ein Grund dafür, daß die Koordinationsleistungen von Märkten, die allgemein als Treffpunkt von Angebot und Nachfrage oder als Orte des Austausches definiert werden, häufig verkannt oder unterschätzt und staatliche Regelungen zur Beseitigung der vermeintlichen „Anarchie des Marktes" gefordert werden. Weder die „unsichtbare Hand" noch ein vorgestellter „Auktionator" oder eine Koordinationsmechanik vollziehen in der Realität Abstimmungsprozesse, sondern agierende und reagierende Einzelwirtschaften.

Das Zusammenspiel von Angebot und Nachfrage wird an den Preis-Mengen-Diagrammen von Einzelmärkten verdeutlicht. Ihre Interpretation erlaubt es auch, anzudeuten, wie es zu einem gesamtwirtschaftlichen Beziehungsnetz einzelwirtschaftlicher Pläne und Handlungen kommt. Eine Addition der von den Haushalten bzw. Unternehmen zu alternativen erwarteten Preisen nachgefragten bzw. angebotenen Mengen eines Gutes ergibt die hypothetischen gesamtwirtschaftlichen Nachfrage- bzw. Angebotskurven; im Schnittpunkt der im Preis-Mengen-Diagramm normalerweise von links oben fallenden bzw. links unten steigenden Nachfrage- bzw. Angebotskurve ergibt sich ein Preis, bei dem jene Marktteilnehmer, die diesen Preis ihren Planungen zugrundegelegt haben, nicht enttäuscht werden, also tatsächlich zum Zuge kommen (Beitrag L). Dieser Preis ist vorläufig, weil alle anderen Nachfrager und Anbieter, deren Preiserwartungen enttäuscht werden, ihre Pläne revidieren müssen. So werden beispielsweise Nachfrager, denen der Preis zu hoch ist, auf Märkte von preisgünstigeren Substituten ausweichen, was sich – graphisch gesehen – als Verlagerung der Nachfragekurven auf *beiden* Märkten niederschlägt. Anbieter mit niedrigeren Preisforderungen können mehr als geplant von dem Gut absetzen, was aber die zusätzliche Beschaffung von Vorprodukten oder Faktorleistungen voraussetzt. Sie werden ihre Produktions-, Lager- und Beschaffungspläne revidieren und beeinflussen dadurch die Nachfrage auf den vorgelagerten Märkten. Anbieter mit höheren Preisforderungen können die geplanten Produktionsmengen nur teilweise oder gar nicht absetzen. Um der Verdrängung vom Markt (Konkurs) zu entgehen, werden sie versuchen, die Produktionskosten durch technische oder organisatorische Fortschritte zu senken, das Produktionsprogramm durch Ausweichen auf andere Güter zu verändern oder einen höheren Preis am Markt – z. B. durch Werbemaßnahmen oder Kartellabsprachen mit anderen Anbietern – durchzusetzen. Die am Ausgangsmarkt für einzelne Marktteilnehmer notwendigen Planrevisionen verändern nicht nur dort die Angebots-Nachfrage-Konstellation und die Preis-Mengen-Beziehung, sondern auch jene auf zahlreichen anderen Faktor- oder Gütermärkten, die wiederum auf den Ausgangsmarkt zurückwirken.

Dieses Zusammenspiel von Angebot und Nachfrage stellt sich als Prozeß fortwährender Informationsentstehung, -verwendung und -vernichtung über die relativen Güterknappheiten dar, die den Einzelwirtschaften über die relativen Preise signalisiert werden. Variationen der relativen Preise lösen einzelwirtschaftliche Planrevisionen und Anpassungsreaktionen aus, wodurch sich die gesamtwirtschaftliche Faktorallokation ebenso wie die Güter- und Einkommensverteilung verändert.

Über die Marktpreise werden somit die Einzelpläne aufeinander abgestimmt und über die Verknüpfung der Märkte in einen gesamtwirtschaftlichen Rechnungszusammenhang gestellt. In dem ständigen Anpassungsprozeß wird zugleich darüber entschieden, wessen Planentscheidungen auch in tatsächliche Tauschhandlungen umgesetzt werden können. Die Übertragung ausschließlicher Nutzungsrechte beendet damit die Rivalität um private Güter. Der Preis, der als Gegenleistung dafür zu zahlen ist, repräsentiert den Ressourcen- und Güteraufwand, den die Produktion und Bereitstellung des Gutes verursacht hat. Auf Märkten erfolgt somit auch die Zurechnung ökonomischer Effekte auf jene, die sie mit ihren Entscheidungen und Handlungen ausgelöst haben.

Die durch die Haushalts- und Unternehmenspläne vielfältig miteinander verflochtenen Märkte

– vermitteln laufend und in der allen Marktteilnehmern verständlichen Sprache relativer Preisänderungen gebündelte Informationen über Änderungen gesamtwirtschaftlicher Faktor- und Güterknappheiten (Informationsfunktion);

– verknüpfen einzelwirtschaftliche Teilpläne zu einem gesamtwirtschaftlichen Plansystem (Koordinationsfunktion);

– konstituieren wirksame Leistungsanreize und -kontrollen, indem leistungsfähige

Marktteilnehmer belohnt und nichtleistungswillige oder -fähige mit Sanktionen bis hin zur Marktverdrängung belegt werden (Auslesefunktion);
- lasten jenen Wirtschaftssubjekten, die Ressourcen und Güter verwenden, auch die ökonomischen Konsequenzen ihrer Entscheidungen und Handlungen an (Internalisierungsfunktion); und
- schaffen schließlich Wahlalternativen und sichern dadurch die Möglichkeiten zur freien Entfaltung (z. B. Arbeitsplatz-, Konsum-, Berufswahl) ökonomisch ab (Emanzipationsfunktion).

Ob und in welchem Ausmaß Märkte diese gesamtwirtschaftlichen Funktionen erfüllen, hängt von den Marktbedingungen und Preisbildungsformen ab. Wie die Realität zeigt, vollziehen sich die Austauschprozesse keineswegs immer und überall unter der Bedingung funktionierenden Leistungswettbewerbs um die Marktchancen: Abgestimmtes Verhalten von Anbietern oder Nachfragern, Kartellabsprachen zur Preisbeeinflussung, staatliche oder private Beschränkungen des Marktzutritts oder staatliche Preisfestsetzungen (Höchst- und Mindestpreise) sind nur Beispiele wettbewerbsmindernder Praktiken. Wie die Preis- und Wettbewerbstheorie (Beiträge L und O) bzw. Verteilungstheorie (Beitrag H) zeigen, werden dadurch die angedeuteten Verhaltensmuster von Anbietern und Nachfragern auf Güter- bzw. Faktormärkten modifiziert und die Koordinationsleistungen von Märkten gemindert: Setzt der Staat z. B. einen Mindestpreis, der über dem Marktpreis liegt, fest, löst diese falsche Information über den tatsächlichen Knappheitsgrad des Gutes Fehlplanungen aus, die zur Überschußproduktion und zur künstlichen Bindung von Produktionsfaktoren in diesem Wirtschaftssektor führen. Auch sind die Wirtschaftsrechnungen der Marktteilnehmer keineswegs so geschlossen, daß alle positiven und negativen Effekte, die aus Entscheidungen und Handlungen folgen, tatsächlich den Verursachern voll zugerechnet werden. Daß mit wettbewerbsmindernden Strategien immer zu rechnen ist, wie sie die Auslese- und Emanzipationsfunktion der Märkte beeinträchtigen und welche ordnungspolitischen Konsequenzen daraus resultieren, wird noch zu zeigen sein (s. Abschnitte 3.3. und 3.4.).

3.2.2. Allokation und Verteilung öffentlicher Güter durch politische Entscheidungen

In jeder konkreten Marktwirtschaft sind Produktion und Verwendung nicht nur privater Güter, sondern auch öffentlicher Güter zu planen, zu entscheiden und zu koordinieren.

Im Gegensatz zum privaten kann beim öffentlichen Gut selbst dann niemand von seiner Verwendung ausgeschlossen werden, wenn er freiwillig nicht bereit ist, sich an den Produktionskosten zu beteiligen. Bei den spezifisch öffentlichen Gütern gilt das Ausschlußprinzip nicht; die Produktionskosten des Gutes lassen sich nicht den eigentlichen Verursachern der Produktion, den einzelnen Konsumenten, anlasten. Wenn die Wirtschaftsrechnungen nicht geschlossen sind, weil Nutznießer des Angebots eines solchen Gutes auch Nichtleistungswillige (Trittbrettfahrer, free rider) sind, wird es wegen der fehlenden Kostendeckung nicht von privaten Unternehmen angeboten. Weil hier der Markt als Koordinationsprinzip versagt, wird ihr Angebot in den öffentlichen Haushalten des Staates (Bund-, Länder-, Gemeindehaushalte) sichergestellt, der die Produktionskosten durch Erhebung von Zwangsabgaben (Steuern, Beiträge) decken kann (Beitrag J-4.).

In der Realität fällt es schwer, öffentliche von privaten Gütern zu unterscheiden (MUSGRAVE/MUSGRAVE/KULLMER, 1975; BERNHOLZ, 1979). Viele der staatlichen Leistungen (z. B. Müllabfuhr, Verkehrsleistungen, Rundfunk und Fernsehen, Schwimmbäder, Telefon, Bildung) können im Prinzip privatwirtschaftlich angeboten werden. Neben historischen Gründen sind besonders gesellschaftspolitische Zielsetzungen (z. B. Schutz der Gesundheit, Gewährleistung gleicher Bildungschancen) die Ursache dafür, daß der Staat in Marktwirtschaften in zunehmendem Maße solche sogenannten meritorischen Güter anbietet und damit das Konsumverhalten zu beeinflussen sucht. Wird von den Verwendern ein spezielles Benutzungsentgelt (Gebühren) erhoben, ergeben sich keine wesentlichen Unterschiede zur Planung und Marktkoordination privat angebotener Güter.

Produktions-, Finanzierungs- und Verteilungsentscheidungen über öffentliche Güter (z. B. solche zur Gewährleistung äußeren und inneren Schutzes der Gesellschaftsmitglieder) und meritorische Güter werden in parlamentarischen Demokratien in verschiedenen politischen Entscheidungs- und Handlungszentren gefällt (Parteien, Parlament, Regierung, Bürokratie). Die Entscheidungen können durch Verbände, in denen Teilinteressen einer Gesellschaft mit dem Ziel ihrer besseren Durchsetzung organisiert sind, mehr oder weniger stark beeinflußt werden.

Da Märkte für spezifisch öffentliche Güter nicht existieren, erfolgt deren Angebot im Prinzip durch den Mechanismus politischer Wahlen. Parteien konkurrieren um die Regierungsgewalt. Die Politiker müssen mit den Parteiprogrammen in periodisch stattfindenden Wahlen (z. B. Bundestags-, Landtags-, Kommunalwahlen in der Bundesrepublik) um die Gunst der Wähler werben mit dem Ziel, am Wahltag möglichst viele Stimmen zu erhalten (Stimmenmaximierungskalkül), um bei absoluter Mehrheit die Regierungsgewalt übernehmen bzw. weiter ausüben zu können. Parteiprogramme und Wahlkampfthemen sind in dieser Sicht – meist stark an einzelne Politiker gebundene – Produktions- und Verteilungsangebote öffentlicher (meritorischer) Güter sowie Vorschläge zu ihrer Finanzierung. Weil mit ihnen möglichst viele Wähler angesprochen werden sollen, sind sie allerdings recht allgemein gehalten und lassen insofern Handlungsspielräume der Politiker bestehen. Je nach der Zusammensetzung des erwarteten Wählerpotentials, der Bindungsintensität einzelner Gruppen an bestimmte Parteien, der Zahl der konkurrierenden Parteien usw. sind jeweils unterschiedliche Strategien zur Erreichung des angestrebten Wahlerfolgs einzusetzen, wie die Modelle der Ökonomischen Theorie der Politik zeigen (DOWNS, 1957; HERDER-DORNEICH, 1972; BERNHOLZ, 1975, 1979).

Wenngleich der politische Wahlmechanismus als Substitut der Marktkoordination und Politiker als politische Unternehmer mit analogen Erfolgsgrößen und -rechnungen begriffen werden können, bestehen einige –bisher weitgehend ungelöste – Probleme politischer Entscheidungen und Handlungen, durch die eine optimale Allokation und Verteilung öffentlicher Güter in Marktwirtschaften beeinträchtigt wird:

– Der Einfluß von Verbänden auf die politischen Planentscheidungen geht zu Lasten jener Interessen, die sich nicht oder nicht wirksam organisieren lassen.

– Politiker sind bei der Vorbereitung und Ausführung von Entscheidungen auf

Spezialisten und umfangreiche Verwaltungseinrichtungen (Bürokratie) angewiesen. Wesentliches Erfolgskriterium von Bürokratien ist das Budgetvolumen, von dem die Zahl der Untergebenen sowie Ansehen und Macht der leitenden Bürokraten abhängen.

- Bei spezifisch öffentlichen Gütern ist es äußerst schwierig, wenn nicht unmöglich, Informationen über Menge und Qualität der nachgefragten Güter zu beschaffen, die für die Planung jedes einzelnen Güterangebots erforderlich wären.

- Die Informationsbeschaffung, wie sie z. B. durch Beteiligung unmittelbar betroffener Personen am Planungsprozeß spezieller und meist regional begrenzter Angebote an öffentlichen Gütern versucht wird (Partizipationsmodelle), verursacht besondere, zu finanzierende Informationskosten, ohne daß eine widerspruchsfreie Präferenzordnung für den betroffenen Personenkreis erwartet werden kann.

- Planung und Koordination des Angebots an öffentlichen Gütern basieren wie bei privaten Gütern auf Erwartungen, die einzelne Politiker und ihre Berater bilden. Sie unterliegen insofern auch den gleichen Risiken von Erwartungsenttäuschungen, nicht jedoch gleich wirksamen Sanktionsmechanismen, die bei Marktkoordination greifen.

Die politischen Planungen, Entscheidungen und Handlungen zur Bereitstellung öffentlicher und meritorischer Güter sind nicht isoliert vom marktkoordinierten Prozeß. Sie sind in den gesamtwirtschaftlichen Informations- und Rechnungszusammenhang schon deshalb integriert, weil das staatliche Angebot an Gütern den Einsatz solcher Güter bzw. Produktionsfaktoren voraussetzt, die selbst im marktkoordinierten Prozeß hergestellt bzw. dabei eingesetzt werden. Änderungen der relativen Preise induzieren insofern auch Anpassungsreaktionen bei politischen Entscheidungen. Umgekehrt ist das Angebot öffentlicher Güter (z. B. Infrastruktur, Rechtssicherheit) Voraussetzung für das Funktionieren der Marktkoordination. Diese notwendige Ergänzung und das Ineinandergreifen von Marktpreis- und politischen Wahlmechanismen in jedem Wirtschaftssystem dezentraler Planung und Koordination kann allerdings die angedeuteten ungelösten Planungs-, Informations-, Motivations- und Kontrollprobleme nicht beseitigen, die jedes staatliche Angebot an Gütern verursacht. Dies sind auch die wesentlichen Gründe, die in der kontroversen Diskussion die Position jener stützen, die eine Überprüfung und Einschränkung des staatlichen Güterangebots fordern (ENGELS, 1976; BONUS, 1978; GUTMANN, 1978).

3.3. Leistungsanreize und -kontrollen

Das Motivations- und Kontrollsystem in Marktwirtschaften mit privatem Produktionsmitteleigentum zeichnet sich durch weitgehende Abwesenheit von administrativbürokratischen Prozeßregelungen aus. Private Eigentums- oder Vermögensrechte und der Wettbewerb um die Ausnutzung von Marktchancen konstituieren wirksame Leistungsanreize und -kontrollen, die das Erfolgsstreben der Wirtschaftssubjekte prägen. Selbst im politischen Wahlmechanismus regelt das Wettbewerbsprinzip die Bereitstellung öffentlicher Güter, wenngleich aus den angedeuteten Gründen besonders in Bürokratien und Verbänden spezielle Motive und Interessen wirksam werden, so daß aministrative Kontrollen der Handlungen organisiert werden müssen.

Da die Verfügungsrechte nicht nur an Konsumgütern, sondern weitgehend auch an den Produktionsmitteln privatisiert und damit Personen zugeordnet sind, werden individuelle Verantwortlichkeiten abgegrenzt und Interessen aktiviert, die Verfügungsrechte im Sinne des einzelwirtschaftlichen Erfolgsstrebens auszuüben. Wenn die Ausübung von privaten Verfügungsrechten mit dem Haftungsprinzip verbunden ist, können nicht nur positive, sondern auch negative Handlungsfolgen, die anderen entstehen, den Verursachern zugerechnet werden. Der Chance, private Verfügungsrechte durch rationellen Einsatz zu vermehren und damit individuelle Handlungsspielräume zu erweitern, steht das Risiko gegenüber, sie zu verlieren – mit allen daraus resultierenden negativen Konsequenzen für die persönliche Lebensgestaltung. Sind die Eigentumsrechte in diesem Sinne exakt abgegrenzt, können sowohl positive wie negative externe Effekte weitgehend vermieden werden. Auch besteht bei den Verfügungsberechtigten das Interesse, die Informations- und Transaktionskosten von Tauschhandlungen gering zu halten, weil sie zu eigenen Lasten gehen. Schließlich sind Privateigentümer aus Eigeninteresse darum bemüht, die an wirtschaftlichen Handlungen beteiligten Nichteigentümer durch geeignete Formen des Leistungsanreizes (z. B. Leistungslöhne, Arbeitsplatzgestaltung) so zu motivieren, daß auch deren Handlungen positiv auf die Erfolgskriterien der Eigentümer einwirken. Private Eigentumsrechte begründen also dezentralisierte Verantwortlichkeiten, in den Einzelwirtschaften Strategien zur Lösung des Leistungsproblems zu entwickeln, anzuwenden und sie den Umweltänderungen anzupassen. Ob und inwieweit diese unter gesamtwirtschaftlichen Effizienzkriterien positiven Anreize und Kontrollen aus Selbstinteresse zur Geltung kommen, hängt allerdings wesentlich von der eindeutigen Abgrenzung der privaten Eigentumsrechte (und -pflichten) und damit von der Ausgestaltung der Rechtsordnung ab.

Private Eigentumsrechte an Gütern und Produktionsmitteln begründen immer Machtpositionen der Verfügungsberechtigten. Gerade wenn davon ausgegangen wird, daß sich Erfolgsstreben an Einzelinteressen ausrichtet, besteht die Gefahr der Konzentration privater Eigentumsrechte und damit der wirtschaftlichen Machtballung in den Händen weniger. Die Dezentralisierung von Entscheidungsbefugnissen durch private Eigentumsrechte ist in kapitalistischen Marktwirtschaften insoweit eine notwendige, aber nicht hinreichende Bedingung gesamtwirtschaftlich adäquater Lösungen der Anreiz- und Kontrollprobleme.

Diese hinreichende Bedingung erfüllt der Leistungswettbewerb um Marktchancen, der – neben dem privaten Produktionsmitteleigentum – die zweite Säule des marktwirtschaftlichen Motivations- und Kontrollsystems darstellt (HEUSS, 1965; VON HAYEK, 1969,1; HOPPMANN, 1977). Funktionierender Wettbewerb, der neben einer ausreichenden Anzahl von Marktteilnehmern noch weitere Bedingungen erfordert (z. B. offener Marktzutritt, spirit of competition), schafft Anreize zu Leistungsverbesserungen, erzwingt Anpassungen an veränderte Wünsche und löst Kontrollen aus, durch die dauerhafte Machtpositionen verhindert werden. Die Anreizfunktion des Wettbewerbs besteht darin, daß z. B. dynamische, innovative Unternehmer ihre Erfolgsinteressen dann besonders gut verwirklichen können, wenn sie Neues entdecken (z. B. Marktlücken, neue oder verbesserte Produkte, kostensparende Produktionsverfahren), es auch an die Abnehmer in Form direkter oder indirekter Preisnachlässe des Guts weitergeben und sich dadurch von ihren Mitbewerbern um die

Absatzchancen abheben. Für die Konkurrenten besteht dann ein Anpassungszwang, diese Verbesserungen möglichst schnell zu imitieren, wenn sie eine Abwanderung von Nachfragern verhindern oder bereits abgewanderte zurückgewinnen wollen. Da sich Anbieter und Nachfrager untereinander und gegenseitig auf der Suche nach Vorteilen ständig beobachten, wird durch Wettbewerb ein wirksames Kontrollsystem wirtschaftlichen Verhaltens begründet – und zwar ohne bürokratischen Aufwand und bei vollständiger Internalisierung der Kontrollkosten.

Das Zusammenspiel zwischen vorstoßenden und nachziehenden, agierenden und reagierenden Wettbewerbern vollzieht sich mit wechselnden Rollen; es ist – und hierin liegt seine Bedeutung – ein Prozeß ständiger Differenzierung und Nivellierung, in dem wirtschaftliche Machtpositionen auf- und abgebaut werden. Wettbewerb sichert insoweit nicht nur wirtschaftliche Freiheitsspielräume, sondern ermöglicht durch diese Anreiz- und Kontrollregeln auch positive wirtschaftliche Marktergebnisse, die im Wege von Kompromißlösungen der Interessengegensätze allen Beteiligten zugute kommen.

Ebenso wie die Konzipierung eindeutiger privater Eigentumsrechte ist auch die Entwicklung und rechtliche Verankerung allgemeiner Wettbewerbsregeln eine ordnungspolitische Gestaltungsaufgabe des Staates, der zugleich die Einhaltung dieser Regeln zu kontrollieren hat.

3.4. Probleme der Wirtschaftspolitik

Das Wirtschaftssystem dezentraler Planung und Koordination mit Privateigentum beruht somit nicht auf einer umfassenden Planung und Festlegung von Verhaltensweisen durch staatliche Institutionen. Das Beziehungsnetz zwischen den Wirtschaftseinheiten ist vielmehr charakterisiert durch eine sich im Wettbewerb herausbildende Handelsordnung (von Hayek, 1969,1) die auf allgemeinen, von den Gesellschaftsmitgliedern akzeptierten Regeln beruht und deren Ergebnis ex ante offen ist. Private Eigentumsrechte und Wettbewerb bedingen einander, wodurch eine Dezentralisierung und Aufsplitterung wirtschaftlicher Machtpotentiale erreichbar ist, die zudem dauernd gefährdet sind. Da sie letztlich nur durch Entdeckung oder Verbreitung neuen Wissens gewonnen oder verteidigt werden können, sind die Motivationen der Menschen über ihr Erfolgsstreben in den Dienst der gesamtwirtschaftlichen Entwicklung gestellt und gleichzeitig wirksamen Handlungskontrollen unterworfen.

Die Beziehungen zwischen den Wirtschaftseinheiten sind spontan in dem Sinne, daß sie nicht einer zentralisierten, bürokratischen Organisation mit Verhaltensbefehlen und -anweisungen unterliegen. Sie sind nichtsdestoweniger geplant, allerdings dezentral in den Haushalten und Unternehmen auf der Basis der in der Wirtschaftsverfassung verankerten allgemeinen Verhaltensregeln. Die Abstimmung der Einzelpläne erfolgt über Märkte, die als nicht-autoritäre Regelsysteme die beschriebenen Funktionen erfüllen.

Aus diesem ordnungstheoretischen Erklärungsansatz wirtschaftlicher Beziehungen in komplexen Gesellschaften wurden verschiedene Konzeptionen zur praktischen Ausgestaltung von Wirtschafts- und Gesellschaftsordnungen entwickelt. Eine der bekanntesten ist die „Soziale Marktwirtschaft", wie sie seit Ende des Zweiten Weltkriegs in der Bundesrepublik Deutschland als verwirklicht gilt und die – nicht zuletzt wegen der wirtschaftlichen Erfolge – auch anderen Ländern (z. B. Frankreich seit 1978) als Leitbild dient. In dieser Konzeption fallen dem Staat wichtige Aufgaben zu, die in der Realität wegen der bereits beschriebenen Funktionsprobleme politischer Wahlmechanismen mehr oder weniger gut gelöst sind (CASSEL/GUTMANN/THIEME, 1972; THIEME, 1974,1).

Erstens obliegt es dem Staat, den Bedingungsrahmen wirtschaftlicher Beziehungen in der Rechtsordnung durch verbindliche, allgemeine, eindeutige und insofern erkennbare Verhaltensregeln zu normieren. Diese ordnungpolitische Aufgabe bezieht sich vor allem auf die

- Spezifikation von privaten Verfügungsrechten und die Regeln ihrer Übertragung (Eigentums- und Vertragsrecht);
- Verankerung von Sanktionen für Handlungen, durch die Wettbewerb gemindert oder ausgeschlossen wird (Wettbewerbsrecht, Wirtschaftsstrafrecht);
- Gestaltung der Regeln, denen die Beziehungen innerhalb der Wirtschaftseinheiten unterliegen (z. B. Unternehmens- und Mitbestimmungsrecht, Familienrecht, Jugendrecht);
- Konstituierung von Regeln der Geldversorgung der Gesamtwirtschaft und der Finanzwirtschaft der öffentlichen Hand (Notenbankrecht, Steuer- und Finanzrecht).

Da diese Regeln neben Konventionen die Basis der komplexen Wirtschaftsbeziehungen darstellen, ist ihre Eindeutigkeit und Durchsetzung für das Funktionieren des Wirtschaftssystems ebenso wichtig wie die Vermeidung hektischer Änderungen dieses Bedingungsrahmens (EUCKEN, 1952; MELTZER, 1971).

Zweitens greift der Staat im Rahmen seiner verfassungsmäßig verankerten Kompetenzen auch direkt in das wirtschaftliche Beziehungsnetz dort ein, wo es aus gesellschaftspolitischen oder wirtschaftspolitischen Gründen für notwendig erachtet wird. Das Ausmaß dieser staatlichen Prozeßaktivitäten und die Art der staatlichen Einflußnahme werden ebenso wie ihre Wirkungen kontrovers diskutiert und beurteilt, wie abschließend an einigen Bereichen staatlicher Wirtschaftspolitik in Marktwirtschaften gezeigt werden soll:

- Unumstritten ist die Notwendigkeit des staatlichen Angebots öffentlicher Güter. Umstritten ist hingegen, ob die zahlreichen vom Staat bereitgestellten privaten Güter nicht effizienter im Marktsystem produziert und angeboten werden könnten (Beitrag J).
- Unumstritten ist ferner die Notwendigkeit einer umfassenden Einkommensumverteilungs- und Sozialpolitik, weil über das Marktsystem nur jene Einkommen erhalten, die tatsächlich in den Produktionsprozeß eingegliedert sind und dabei mannigfachen physischen sowie psychischen Gefahren ausgesetzt sind. Schutz und somit soziale Sicherung der Erwerbstätigen ist deshalb ebenso erforderlich wie eine aktive Politik zur Absicherung Nichterwerbstätiger (z. B. Kinder, Kranke, Rentner, Arbeitslose). Unterschiedlich beurteilt werden die Instrumente, mit denen diese Ziele verwirklicht werden sollen (Beiträge H, J, R).
- Dynamische Marktwirtschaften mit Außenwirtschaftsbeziehungen unterliegen

ständig dem Strukturwandel, weil sich das Wirtschaftssystem – über Variationen der relativen Preise – an Umweltänderungen anpaßt. Umstritten ist, ob und wie durch staatliche Strukturpolitik diese notwendigen Anpassungsprozesse beschleunigt oder gebremst bzw. ihre negativen sozialen Folgen gemindert werden sollen (Beiträge J, Q).

– Schließlich zeigt die Erfahrung, daß die wirtschaftliche Entwicklung in kapitalistischen Marktwirtschaften zyklisch verläuft und dabei aus wirtschaftlichen, sozialen und politischen Gründen unerwünschte gesamtwirtschaftliche Konstellationen (z. B. Arbeitslosigkeit, Inflation) entstehen (Beitrag F). Wenngleich Übereinstimmung in der Notwendigkeit einer Vermeidung gravierender gesamtwirtschaftlicher Instabilitäten herrscht, besteht Dissens über Konzept und Methoden staatlicher Stabilisierungspolitik, weil die Ursachen solcher Aktivitätsschwankungen kontrovers beurteilt werden (Beiträge J, P).

4. Zentrale Planung bei Staatseigentum: „Sozialistische" Planwirtschaften

4.1. Planbereiche und Organisation zentraler Planung

Wirtschaftssysteme dezentraler Planung und Koordination mit Privateigentum haben eine lange Tradition, in der sich meist schrittweise durch Veränderungen des ordnungspolitischen Bedingungsrahmens verschiedene Varianten entwickelten. Im Gegensatz dazu und in radikaler Abkehr von diesen sind bestehende Wirtschaftssysteme zentraler Planung und Koordination das Ergebnis einer bewußten und umfassenden Neuorganisation der Wirtschaftsbeziehungen. Sie erfolgte seit 1928 in der UdSSR, nachdem mit der Oktoberrevolution von 1917 die Voraussetzungen für die Vergesellschaftung der Produktionsmittel geschaffen worden waren und zunächst verschiedene Organisationsmodelle gesellschaftlicher Planung kontrovers diskutiert und teilweise auch kurzfristig angewendet wurden (BRESS, 1972). Die 1928 konstituierten Organisationsformen und -regeln zentraler Planung kennzeichnen – mit einigen Verfeinerungen – bis heute die Wirtschaftsbeziehungen in der UdSSR. Sie wurden von den meisten sozialistischen Ländern übernommen. Je nach dem Dominanzkriterium, mit dem Wirtschaftssysteme voneinander abgegrenzt werden, bezeichnet man sie in der Literatur als sozialistische Planwirtschaften, Kommando- oder Befehlswirtschaften, Zentralverwaltungswirtschaften oder einfach als Planwirtschaften.

Wirtschaftssysteme zentraler Planung und Koordination bedingen einen hohen Grad vertikaler Organisation (Planung, Leitung, Kontrolle), deren Prinzipien am Beispiel der DDR – stellvertretend für andere sozialistische Planwirtschaften – dargestellt werden.

Wie in jeder komplexen Gesellschaft setzt sich auch dieses Plansystem aus einer Vielzahl von Einzel- und Teilplänen zusammen. Von dezentraler Planung unterscheidet es sich insbesondere durch die strikte Zentralisierung von Entscheidungskompetenzen und Verfügungsrechten an den Produktionsmitteln (Volks- oder Staatseigentum) bei staatlichen Instanzen, die den Produktions- und Verteilungsprozeß leiten und kontrollieren. Hervorzuheben ist die enge Verzahnung von wirtschaftlichen und

politischen Teilsystemen, die ihre Ursache in der dominierenden Rolle hat, die die kommunistischen Parteien in sozialistischen Ländern für alle Lebensbereiche beanspruchen.
Oberste Entscheidungsinstanz aller fundamentalen wirtschaftlichen und politischen Probleme ist das Politbüro des Zentralkomitees. Das Zentralkomitee übt die Funktion eines Parteiparlaments aus, dessen Mitglieder vom Parteitag gewählt werden – einem Forum, auf dem die vom Politbüro entwickelten „Richtlinien" bekanntgegeben werden. Neben der Parteiorganisation steht der Staatsapparat, dessen Spitze sich aus Staatsrat, Volkskammer und Ministerrat zusammensetzt. Letzterer untersteht formal dem Staatsrat und ist insbesondere dafür verantwortlich, die wirtschaftlichen Direktiven des Politbüros zu konkretisieren und durchzuführen. Die Leiter von verschiedenen Industrie- und anderen Wirtschaftsministerien stellen die Mehrzahl der Mitglieder des Ministerrats. Ihm ist die oberste wirtschaftliche Planungsinstanz, die Staatliche Plankommission, zugeordnet, die die Ausarbeitung der Einzelpläne leitet, sie zu Gesamtplänen koordiniert und ihre Durchführung kontrolliert. Der Plankommission unterstehen verschiedene Wirtschaftsministerien (M) – z. B. allein 10 Industrieministerien – und diesen wiederum die nach fachlichen bzw. regionalen Kriterien organisierten mittleren Leitungsinstanzen (Vereinigung Volkseigener Betriebe = VVB; bzw. Bezirksplankommissionen und -wirtschaftsräte als Bezirksverwaltungsorgane = BVO). Die unterste Leitungsebene umfaßt schließlich alle Produktionseinheiten (B), die als Volkseigene (Industrie-)Betriebe (VEB), Volkseigene Güter (VEG), Landwirtschaftliche Produktionsgenossenschaften (LPG) u. ä. organisiert sind. Die umfassende vertikale Organisation der Leitungsinstanzen ist in *Übersicht A-3* vereinfacht dargestellt (LEIPOLD, 1976, S. 166).
Die Leiter der einzelnen Planbereiche auf den verschiedenen Ebenen werden durch den Staat (Partei) eingesetzt und entlassen. Dieses Hierarchieprinzip der „Parteilichkeit" wird durch das der „doppelten Unterstellung" ergänzt, wonach jede Planungs- und Leitungsinstanz dem jeweiligen politischen ebenso wie dem übergeordneten wirtschaftlichen Entscheidungsträger verantwortlich ist. Dabei gilt das Prinzip der „Einzelleitung und -verantwortung" durch einen Direktor (VEB) oder Generaldirektor (VVB, Kombinate), denen Fachdirektoren für einzelne Geschäftsbereiche (z. B. Planung, Verwaltung, Produktion, Finanzen) mit beratenden Funktionen untergeordnet sind (LAVIGNE, 1974, S. 39 ff.).
Innerhalb der Betriebe fällt den Betriebsgewerkschaften im wesentlichen die Aufgabe zu, mit dem Direktor soziale sowie arbeitshygienische Regeln und Strategien der Planerfüllung und des Leistungsanreizes auszuhandeln und in Betriebskollektivverträgen zu vereinbaren. Die Arbeitnehmer haben keine Mitwirkungs- und Mitbestimmungsrechte bei betrieblichen Entscheidungen, sondern üben lediglich über Produktionskomitees beratende und kontrollierende Funktionen bei der Ausarbeitung betrieblicher Planentwürfe und der Durchführung von Planauflagen aus. Solange an der allumfassenden Entscheidungskompetenz des Direktors bei der Feinstrukturierung der vorgegebenen Planauflagen festgehalten wird, dienen alle betrieblichen Plandiskussionen letztlich dazu, die Beschäftigten über die jeweiligen Planaufgaben zu informieren und zu Leistungs- und Produktionssteigerungen zu motivieren.
Trotz dieser festgefügten Planungsorganisation bestehen in jeder sozialistischen Planwirtschaft auch Entscheidungs- und Handlungsspielräume für Haushalte und Betriebe, die in den verschiedenen wirtschaftspolitischen Reformperioden jeweils

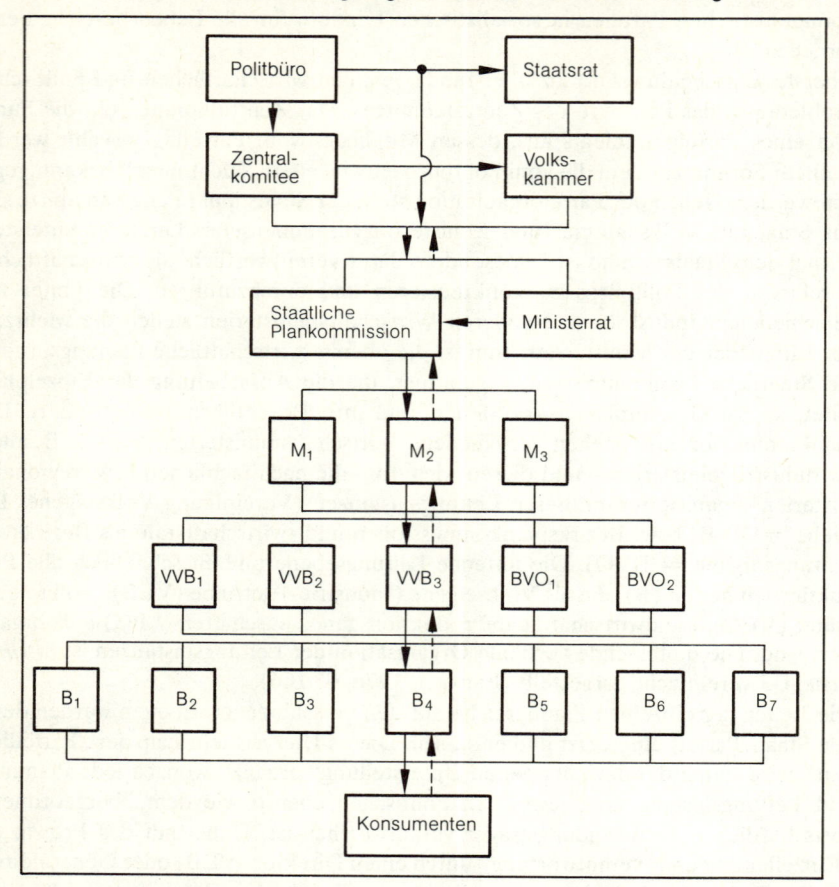

Übersicht A-3: Leitungsorganisation bei zentraler Planung

eingeschränkt oder erweitert wurden (BRESS/u. a., 1972; KNAUFF, 1977). Den staatlichen Betrieben erwachsen aus den Lücken der Planungsorganisation und des Informationssystems solche Spielräume, die sie systematisch bei der Verwirklichung betrieblicher Erfolgsinteressen nutzen (s. Abschnitt 4.3.). Die kleineren privaten Betriebe – besonders im Dienstleistungssektor – und die Genossenschaften sind wegen den Sondereigentums an den Produktionsmitteln nicht direkt in das System zentraler Planung integriert. Schließlich planen und entscheiden die privaten Haushalte die Verwendung ihrer Einkommen sowie – in gewissen Grenzen – Art und Umfang ihres Angebots an Faktorleistungen: Die Konsumgüter werden den Haushalten nicht zugewiesen; es bestehen vielmehr Wahlmöglichkeiten des Zugriffs auf vorhandene Güter, der durch monetäre Größen (Konsumgüterpreise und Geldeinkommen) vermittelt und limitiert ist. Da die zentrale Arbeitskräftelenkung über materielle und immaterielle Leistungsanreize und nur in Ausnahmefällen durch direkte Zuordnung von Personen auf Arbeitsplätze und -verrichtungen vollzogen wird, bestehen auch beim Arbeitskräfteangebot eingeschränkte Entscheidungsspielräume.

4.2. Planung und Koordination

Zentrale Planung im Rahmen dieses hierarchischen Organisationsaufbaus bedingt, daß der Ablauf der Planung (und Planverwirklichung) exakt, für einen bestimmten, einheitlichen Zeitraum festgelegt ist und die gesamtwirtschaftlichen Güterknappheiten sichtbar gemacht werden, an denen die obersten Planungsinstanzen ihre wirtschaftlichen Entscheidungen ausrichten. In den sozialistischen Planwirtschaften wird hierfür ein System volkswirtschaftlicher naturaler Bilanzen verwendet, das – da Geld als Tauschmittel, Recheneinheit und Wertaufbewahrungsmittel fungiert – durch monetäre Bilanzen ergänzt wird.

4.2.1. Naturale Planung und Bilanzierung

In den sozialistischen Planwirtschaften sind Volkswirtschaftspläne nach dem Zeitraum, auf den sie sich beziehen, und nach ihrem Inhalt zu unterscheiden:

- Perspektivpläne beziehen sich auf längere Zeiträume von 5 bis 7 Jahren. Sie enthalten die längerfristigen Entwicklungsziele (Zielprojektion), sind für die Betriebe unverbindliche Orientierungshilfen und werden häufig – wenn sie von der tatsächlichen Entwicklung überholt werden – nach kurzer Zeit revidiert oder ganz verworfen.
- Die einjährigen Volkswirtschaftspläne sind die Basis des Plansystems. In ihnen werden die detaillierten Allokationsentscheidungen gefällt. Sie sind für die Betriebe bei der Produktion und Bereitstellung von Gütern verbindlich.

Ausgangspunkt der Jahresplanung sind die Zielvorstellungen der obersten politischen Entscheidungsorgane, die – auf der Basis von Prognosen und Informationen nachgeordneter Staatsorgane – die erwarteten Bedürfnisse ermitteln, bewerten und in einer Rangskala ordnen, die dem Planungs- und Bilanzierungsprozeß zugrundezulegen ist. Die staatliche Plankommission erarbeitet einen ersten Entwurf des Volkswirtschaftsplans (Planprojekt), der über die verschiedenen Ministerien und mittleren Leitungsinstanzen bis hin zu den VEB aufgeschlüsselt und detailliert wird (Pfeilschema in *Übersicht A-3*). Auf der Basis der durch Kennziffern konkretisierten Planaufgaben erarbeiten die Betriebe – unter der verantwortlichen Leitung des Direktors – Planentwürfe. Parallel zur betriebsinternen Plandiskussion schließen die Betriebe Vorverträge mit ihren Lieferanten und Abnehmern ab, wodurch die Teilpläne auf der Betriebsebene vorkoordiniert und mögliche Leistungsreserven und -engpässe sichtbar gemacht werden sollen. In einem Rücklauf der betrieblichen Planentwürfe über die gleichen Instanzen bis hin zur Plankommission werden die Einzelpläne aggregiert, wobei die untergeordneten Instanzen ihre Pläne jeweils gegenüber den übergeordneten Leitungsgremien zu verteidigen haben. Die Plankommission koordiniert – und revidiert gegebenenfalls – die Teilpläne zum Volkswirtschaftsplan, der von der Volkskammer als Gesetz verabschiedet wird. Es beginnt schließlich ein neuer Prozeß der Aufschlüsselung bis hin zu den Betrieben, deren endgültige Planauflagen (Plankennziffern) rechtsverbindlich zu erfüllen sind. Dieser mehrmalige Instanzendurchlauf dauert mindestens ein Jahr (*Übersicht A-4;* LEIPOLD, 1976, S. 170). Unerwartete Datenänderungen in diesem Zeitraum können nur schwer oder gar nicht berücksichtigt werden, da der auch zeitlich vorgeschriebene Planungsablauf gestört würde.

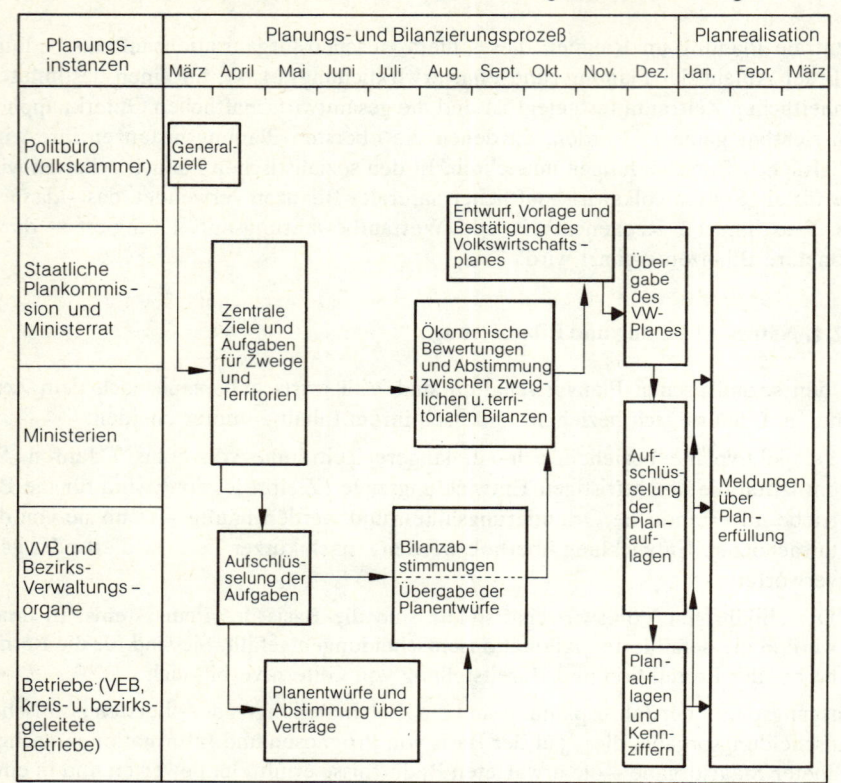

Übersicht A-4: Zeitlicher Ablauf der Planung und Bilanzierung

Planungs-instanzen	Planungs- und Bilanzierungsprozeß									Planrealisation		
	März	April	Mai	Juni	Juli	Aug.	Sept.	Okt.	Nov.	Dez.	Jan.	Febr.	März
Politbüro (Volkskammer)		Generalziele											
Staatliche Plankommission und Ministerrat			Zentrale Ziele und Aufgaben für Zweige und Territorien			Ökonomische Bewertungen und Abstimmung zwischen zweiglichen u. territorialen Bilanzen		Entwurf, Vorlage und Bestätigung des Volkswirtschaftsplanes		Übergabe des VW-Planes			
Ministerien													
VVB und Bezirks-Verwaltungsorgane				Aufschlüsselung der Aufgaben		Bilanzabstimmungen / Übergabe der Planentwürfe			Aufschlüsselung der Planauflagen		Meldungen über Planerfüllung		
Betriebe (VEB, kreis- u. bezirksgeleitete Betriebe)				Planentwürfe und Abstimmung über Verträge						Planauflagen und Kennziffern			

Der notwendige gesamtwirtschaftliche Rechnungszusammenhang ergibt sich, indem von den jeweiligen Planungsinstanzen Aufkommens- und Bedarfsmengen der Güter (-arten) in naturalen Bilanzen erfaßt und gegenübergestellt werden. An den Bilanzsalden ist erkennbar, bei welchen Produktionszielen Engpässe zu erwarten sind und wie diese sich auf die Produktion anderer Güter auswirken. Die umfassende naturale Bilanzierung ist das Hauptinstrument zentraler Planung und Grundlage der Planentscheidungen.

Zwei Arten von Bilanzen bilden den Kern der Bilanzierungsmethode: Bedarfs- (Aufkommens- und Verwendungs-)bilanzen und Produktionsbilanzen. In der für jedes Gut aufgestellten Bedarfsbilanz werden die Anfangsbestände zu Beginn der Planperiode (z. B. Lagerhaltung) den – aus der Rangskala der Bedürfnisse abgeleiteten – Bedarfsmengen gegenübergestellt. Aus den Salden dieser Bilanzen ergeben sich die Anforderungsmengen für die Planperiode. Die gesamtwirtschaftliche Bedarfsmenge eines Gutes wird als Produktionsbedarf in der Produktionsbilanz erfaßt. Er wird über technische Koeffizienten (Produktionsfunktionen) in die zur Produktion notwendigen Bedarfsmengen an einzelnen Produktionselementen (Güter höherer Ordnung) umgerechnet. Für jedes Produktionselement entstehen erneut Bedarfsmengen, die zu aggregieren und in gesamtwirtschaftlichen Bedarfsbilanzen zu erfassen sind usw. Diese Umrechnungsmethode von Gütern erster in Güter höherer und höchster Ordnung überträgt sich sukzessive auf alle Wirtschaftssektoren und -regionen, so daß ein gesamtwirtschaftliches System von Planbilanzen entsteht. Mit der Bilanzierung erfolgt somit auch eine Koordination der Teilpläne.

Soll das gesamtwirtschaftliche naturale Rechnungssystem als Voraussetzung konsistenter Bewertungen geschlossen werden, müßten solche Bilanzen für jedes Gut auf zentraler Ebene aufgestellt werden. Dies ist theoretisch vorstellbar (HENSEL, 1954), bereitet jedoch in der Praxis wegen der Vielzahl von Gütern und der Komplexität ihrer Beziehungen untereinander unlösbare Probleme. Allein die dafür notwendige Erfassung und Verarbeitung von Detailinformationen über vergangene, gegenwärtige und erwartete ökonomische Variablen und Beziehungen übersteigt die Kapazität des Planungsapparates trotz Anwendung moderner Computertechniken bei weitem. Deshalb werden in sozialistischen Planwirtschaften auf zentraler Ebene aggregierte Planbilanzen (für Gütergruppen) aufgestellt, die von den nachgeordneten Planungsinstanzen entsprechend aufzuschlüsseln sind. Das Bilanzsystem z. B. in der DDR umfaßt ca. 5000 Einzelbilanzen, von denen 300 durch die zentrale Plankommission, 500 durch die Ministerien und ca. 4000 durch VVB und VEB ermittelt werden.

Der notwendige Verzicht auf eine Detailplanung aller Güter und Beziehungen auf zentraler Ebene eröffnet den nachgeordneten Instanzen und insbesondere den Betrieben trotz fester Verzahnung im Organisationsaufbau Entscheidungs- und Handlungsspielräume. Die Betriebe erhalten ihre Planauflagen als Kennziffern, die sich u. a. auf die Produktion (in Natural- und Preisgrößen ausgedrückt), den Gewinn bzw. die Gewinnabführung an den Staat, den Arbeitskräfteeinsatz, Löhne, Materialkosten, Rohstoffverbrauch, Güterqualität usw. beziehen. Sie erfassen alle wichtigen Größen der Ergebnisrechnung eines Betriebes, wie sie in *Übersicht A-2. II.* für die DDR dargestellt ist. Vom Grad der Erfüllung bzw. Übererfüllung der Plankennziffern hängt die Höhe der Zuführungen an den Betriebsprämienfonds ab, der auf die Beschäftigten verteilt wird. Anzahl und Art der Kennziffern, die zudem noch in Haupt- und Nebenkennziffern untergliedert sind, haben sich mehrmals verändert. So wurde z. B. in der DDR im Rahmen der Wirtschaftsreform von 1963 (Neues Ökonomisches System der Planung und Leitung: NÖSPL) die naturale Hauptkennziffer Bruttoproduktion (z. B. Stückzahl, Gewicht) durch die monetäre Größe Plangewinn abgelöst. Nach verschiedenen Experimentierphasen sind seit 1976 Warenproduktion (wertmäßige Produktion) und Plangewinn die Hauptkennziffern, auch für die Höhe der Betriebsprämienfondszuführungen. Ein Betrieb erhält gegenwärtig bis zu 64 solcher Plankennziffern, die z. T. noch untergliedert sind (KNAUFF, 1977).

Die Fülle der Kennziffern darf nicht darüber hinwegtäuschen, daß sie nur – wenngleich wichtige – Ausschnitte der betrieblichen Aktivitäten erfassen. Die Auffüllung des Kennziffergerüsts in den Betriebsplänen ist eine wichtige Quelle von Disproportionen bei der Planverwirklichung, weil den verantwortlichen Planern im Betrieb selbst nur winzige Ausschnitte des Wirtschaftssystems bekannt sind und brauchbare gesamtwirtschaftliche Orientierungskennziffern als Grundlage betrieblicher Entscheidungen oft fehlen. Dieses Problem wird auch nicht durch Einplanung von Toleranzen oder faktische Planrevisionen gelöst, da sich die hierin begründeten Unsicherheiten lawinenartig auf andere Planträger auswirken. Diese mangelhafte Anpassungsflexibilität eines Wirtschaftssystems zentraler Planung ist eine wesentliche Ursache des Entstehens spontaner außerplanmäßiger Versorgungssysteme (z. B.

Beziehungen, Bestechungen, Naturaltausch, Schwarze Märkte), über die die Betriebe auftretende Engpässe zu überwinden versuchen.

4.2.2. Monetäre Planung

Die naturale Zentralplanung wird ergänzt durch ein System der monetären und finanziellen Planung und Bilanzierung. Zwar war man in der UdSSR ursprünglich in Anlehnung an MARX zunächst davon ausgegangen, daß mit der Beseitigung der kapitalistischen Produktionsweise auch die Verwendung von Geldgrößen überflüssig geworden sei und ihnen nur in der Übergangsphase eine eingeschränkte passive Bedeutung zukomme. Nach Abschluß der kontroversen *Wertgesetz-Debatte* in den fünfziger Jahren wurde die Existenz von Ware-Geld-Beziehungen und damit die Notwendigkeit von Wertkategorien (Preise, Einkommen, Gewinne, Steuern usw.) auch theoretisch in der Politischen Ökonomie des Sozialismus voll anerkannt (ZAUBERMAN, 1951; STALIN, 1952; KRONROD, 1954; GROSSMAN, 1966).

Die Notwendigkeit von in Geld ausgedrückten Wertkategorien ergibt sich aus der unvollständigen naturalen Zentralplanung: Die Betriebe benötigen Vergleichs- und Entscheidungsmaßstäbe, wenn sie z. B. die Plankennziffern durch betriebsinterne Planungen detaillieren, Wirtschaftlichkeitsrechnungen über alternative Investitionsvorhaben aufstellen oder Verträge mit Lieferanten und Abnehmern abschließen sollen. Solchen in Geld ausgedrückten Maßstäben (Gewinne, Prämien, Kosten etc.) liegen andere Wertkategorien – Güterpreise – zugrunde.

Monetäre Planung in sozialistischen Planwirtschaften bedeutet insoweit auch staatliche Preisplanung. Das System der staatlichen Preisfestsetzung basiert auf der Marxschen Arbeitswertlehre, wonach die Preise an Güterwerte anzugleichen sind (BORNSTEIN, 1962; HAFFNER, 1968; KNAUFF, 1972). Der Wert eines Gutes wird dabei durch den gesellschaftlich notwendigen Arbeitsaufwand bestimmt, der sich aus den Produktionsbedingungen, dem Durchschnittsgrad von Geschick und Intensität der Arbeit sowie der Nachfrage ergibt. In der Praxis bedeutet dies, daß die branchendurchschnittlichen Produktionskosten ermittelt und um einen Gewinnzuschlag erweitert werden, der zur Finanzierung betrieblicher Invesititionen und Abführungen an den Staatshaushalt dient. Der Verkaufspreis des Gutes schließlich setzt sich aus diesem Betriebspreis sowie der Handelsspanne und der Umsatzsteuer (produktgebundene Abgabe) zusammen. Theoretisch soll bei dieser Preisbestimmung zwar auch die Nachfrage berücksichtigt werden („Anerkennungsfunktion des Marktes"), in der Praxis werden die Preise jedoch weitgehend produktionskosten- und damit angebotsorientiert berechnet, wobei bei einzelnen Gütern von diesem Prinzip aus wirtschafts- oder sozialpolitischen Gründen abgewichen wird.

Die so bestimmten Preise ermöglichen die Bildung von Wertkategorien. Diese erlauben nicht nur betriebsinterne und -externe Leistungsmessungen durch Gegenüberstellung von Kosten und Erlösen, sondern ermöglichen auch die Zusammenfassung verschiedener Güterarten in jenen Globalbilanzen, die für Produktgruppen von den zentralen Planungsinstanzen aufgestellt werden. Wertkategorien werden in den sozialistischen Planwirtschaften insbesondere drei Funktionen zugeschrieben:

– Da Leistungen vergleichbar werden, können sie leichter bewertet und kontrolliert werden (Meß- und Kontrollfunktion). Es kann der Beitrag jedes Betriebes oder Beschäftigten an der Entstehung des Gesamtprodukts ebenso festgestellt werden wie das Ausmaß der Planerfüllung.

– Analog zur Leistungsberechnung können den Betrieben und Beschäftigten in Geld ausgedrückte Ansprüche (Gewinne, Löhne, Prämien) auf das Gesamtprodukt übertragen sowie Teile davon wieder entzogen (Gewinn- und Lohnsteuer) und umverteilt (Subventionen, Transfers) werden (Verteilungsfunktion).

– Schließlich können Wertkategorien zur Leistungsmotivation genutzt werden, wenn z. B. Lohn- und Prämienzahlungen an Leistungsmaßstäbe geknüpft sind (Stimulierungsfunktion).

Ob und inwieweit Wertkategorien diese Funktionen tatsächlich erfüllen, hängt wesentlich von der Ausgestaltung der Preis- sowie Leistungsanreiz- und Kontrollsysteme ab.

Die Übertragung von Ansprüchen auf Güter erfolgt also auch in konkreten sozialistischen Planwirtschaften in Geldform: Geld fungiert als Recheneinheit, Tauschmittel sowie Wertaufbewahrungsmittel und ermöglicht somit die zeitweilige Übertragung von Ansprüchen durch Kredite (EHLERT/HUNSTOCK/TANNERT, 1976). Die Existenz vielfältiger Geldbeziehungen erfordert ein System der monetären und finanziellen Zentralplanung, die – wenn gesamtwirtschaftliche Disproportionen, wie z. B. ein Geldüberhang, vermieden werden sollen – in Einklang mit der naturalen Zentralplanung stehen muß (Einheit von monetärer und güterwirtschaftlicher Planung). Die Finanzierung der geplanten, mit Preisen bewerteten Transaktionen erfordert eine bestimmte Geldmenge, deren Produktion, Verteilung und Vernichtung periodenbezogen zu planen und zu bilanzieren ist. Dieser Prozeß vollzieht sich in den sozialistischen Planwirtschaften über ein einstufig organisiertes Bankensystem mit einer Staatsbank und ihren Filialen. Sie stellen den Betrieben über Kredite Geld (Geldfonds) zur Finanzierung ihrer Transaktionen zur Verfügung. Durch Zahlungen an andere Betriebe, im Wege von Verrechnungen auf Depositenkonten, und an Beschäftigte (Bargeld oder bargeldlos) entstehen bei diesen Geldfonds. Sie werden bei Güterkäufen, Steuerzahlungen usw. wieder an die Betriebe oder den Staat übertragen und letztlich im Bankensystem vernichtet, wenn Betriebe aus den Erlösen ihre Kredite tilgen. Werden Geldfonds von Haushalten oder Betrieben beispielsweise gehortet, können Kredite nicht oder nicht im vollen Umfang zurückgezahlt werden. Sie verbleiben im Kreislauf und erhöhen die gesamtwirtschaftlichen Geldbestände.

Dieser vereinfacht dargestellte Prozeß wird in einem komplizierten System ineinandergreifender Bilanzen erfaßt (GUTMANN, 1965, S. 182 ff.; EHLERT/HUNSTOCK/TANNERT, 1976, S. 50 ff.), wie z. B. in der

– Finanzbilanz des Staates, die die geplanten Geldeinnahmen und -ausgaben der staatlichen Haushalte, der staatlichen Betriebe, der Versicherungsorganisationen und des Kreditsystems zusammenfaßt;

– Kreditbilanz der Staatsbank, in der die Entwicklung der gesamtwirtschaftlichen Geld- und Kreditmenge erfaßt ist;

– Bilanz der Geldeinnahmen und -ausgaben der Bevölkerung, in der von der Staatsbank die erwarteten Einnahmen- und Ausgabenströme der privaten Haushalte prognostiziert werden.

Besondere Bedeutung hat ferner der Bargeldumsatzplan, in dem die Staatsbank die Bargeldeinnahmen und -ausgaben des Bankensystems bilanziert (BUCK, 1969, S. 626 f.). Da die Transaktionen zwischen einem Betrieb und anderen bzw. dem Staatshaushalt aus Kontrollgründen bargeldlos abzuwickeln sind, die Betriebe also Bargeld nur in äußerst geringem Umfang halten dürfen, werden in diesem Plan die Bargeldströme zwischen privatem (Haushalte, private Betriebe) und staatlichem Sektor erfaßt. Die Notenbank kontrolliert mit Hilfe dieser Quartalspläne die Entwicklung der Bargeldkassenhaltung („Bargeldhorte"; „vagabundierende Bargeldbestände") im privaten Sektor. Aus Furcht, diese Bargeldbestände würden spontane Transaktionen auf Schwarzmärkten u. ä. finanzieren, entwickelt die Staatsbank bei unzureichendem Bargeldrückfluß Pläne zur Mobilisierung freier Geldmittel der Bevölkerung – z. B. durch hohe Zinsen für Einlagen auf Giro- und Sparkonten (HEDTKAMP, 1974, S. 276).

Die zentrale monetäre Planung und Bilanzierung bezieht sich – wie die naturale Bilanzierung – ebenfalls nur auf Globalpositionen. Wie die Erfahrung zeigt, hat sie ungeplante Disproportionen zwischen Geld- und Gütervolumen (Diskrepanz zwischen Kauf- und Warenfonds) in der Vergangenheit nicht verhindern können. Dies gilt vor allem für die Konsumsphäre, da die Einkommensverwendungsentscheidungen der privaten Haushalte keinen staatlichen Plananweisungen unterliegen und nur schwer zu prognostizieren sind. Aber auch und insbesondere in der Produktionssphäre werden solche Disproportionen ausgelöst, wenn z. B. Mengen- oder Qualitätsplankennziffern nicht erfüllt werden (Investruinen, Ladenhüter). Die dann entstehenden Finanzierungslücken in den staatlichen Betrieben, die nicht konkursfähig sind, zwingen die Staatsbank zur Vergabe außerplanmäßiger Kredite und damit zur ungeplanten Erhöhung der Geldbestände.

4.3. Planerfüllung, Leistungsanreiz- und Kontrollsystem

Das Ziel einer bedarfsgerechten Güterversorgung kann in sozialistischen Planwirtschaften nur dann verwirklicht werden, wenn
- die aus dem Volkswirtschaftsplan abgeleiteten Planaufgaben der Betriebe auf realistischen Informationen über deren erwartete Leistungspotentiale beruhen und
- die Plankennziffern von den Betrieben auch tatsächlich erfüllt werden.

Die Erfahrung in den sozialistischen Planwirtschaften zeigt, daß mit der Beseitigung kapitalistischer Produktionsverhältnisse keineswegs ein sozialistisches Bewußtsein der Menschen und damit eine Identität von Individual- und Gesellschaftsinteressen entstanden ist, wie aus der anthropologischen Leitidee von MARX gefolgert wurde. Auch in diesen Wirtschaftssystemen unterliegen Entscheidungen und Handlungen einzelwirtschaftlichen Erfolgsinteressen. Wirksame Knappheitsminderung in sozialistischen Planwirtschaften setzt insofern ein organisiertes System von Leistungsanreizen und -kontrollen voraus, durch das betriebliches und individuelles Erfolgsstreben auf die zentral vorgegebenen Planaufgaben orientiert werden.

Diesem Ziel dient das Prämiensystem, das mit dem Planerfüllungsprinzip kombiniert wird: Je nach dem Grad der Erfüllung oder Übererfüllung der vorgegebenen Plankennziffern werden Prämien gezahlt, die einen wesentlichen Teil der individuellen Einkommen – vor allem des leitenden Personals – ausmachen. Diese „ökonomischen Hebel" sollen – nach dem „Prinzip der materiellen Interessiertheit" – zu plangerechten Leistungen anreizen. Neben solchen materiellen werden auch immaterielle Leistungsanreize (z. B. „Sozialistischer Wettbewerb") organisiert und eingesetzt.

Planerfüllungs- und Prämienprinzip als Basiselemente des Motivations- und Kontrollsystems sozialistischer Planwirtschaften lösen das Informations- und Leistungsproblem aus verschiedenen Gründen nur sehr unvollständig:

Erstens hängen die Prämienzahlungen nicht von den tatsächlichen Leistungen der Betriebe ab, sondern von der Differenz zwischen dem Soll des Plans und dem Ist der Planerfüllung. Die Höhe der Zuführungen zum Betriebsprämienfonds ergibt sich als Prozentsatz der Differenz zwischen geplantem und tatsächlichem Nettogewinn, der als wichtigster Erfolgsindikator gilt und der als Soll- und Istgröße nach der Staffelrechnung ermittelt wird *(Übersicht A-2. II.).* Hieraus folgt die auch empirisch immer wieder belegbare Erfolgsstrategie der Betriebe, leicht erfüllbare Planauflagen zu erhalten (Streben nach „weichen" Plänen). Dies gelingt ihnen im Planungsprozeß bei der Ausarbeitung und – aufgrund des Informationsvorsprungs gegenüber den vorgesetzten Instanzen – auch bei der Verteidigung ihrer Planentwürfe. Damit das Produktionssoll niedrig ausfällt, werden niedrige Produktionspotentiale vorgetäuscht; damit der Sollgewinn reduziert und stille Leistungsreserven gebildet werden können, werden überhöhte Produktionskosten angesetzt (HENSEL/WAGNER/WESSELY, 1972).

Zweitens schlagen die einzelwirtschaftlichen Erfolgsinteressen auch auf das Verhalten bei der Planverwirklichung durch. Die tatsächlichen Wirtschaftsergebnisse sind den übergeordneten Instanzen zu melden, die sie kontrollieren und als Entscheidungsgrundlage für die Planauflagen folgender Planperioden verwenden. Die Betriebe sind deshalb lediglich an „maßvollen Übererfüllungen" interessiert, damit die Spielräume der Prämienerwirtschaftung in den kommenden Perioden nicht durch abrupt erhöhte Plankennziffern stark eingeschränkt werden. Es werden insofern nicht nur Fehlinformationen über Leistungspotentiale in der Planungsphase vermittelt, sondern auch bei der Planverwirklichung die tatsächlichen Leistungskapazitäten nicht voll ausgelastet.

Drittens resultiert das – selbst in sozialistischen Planwirtschaften beklagte – mangelhafte Interesse der Betriebe an technischen Neuerungen aus diesem Anreiz- und Kontrollsystem. Der Zwang zum gesamtwirtschaftlich rationellen Einsatz der Ressourcen wird durch die stillen Reserven reduziert, die im Zeitablauf immer wieder neu gebildet werden können. Technische Fortschritte mit hohen Produktionssteigerungen werden behindert, weil sie die Planauflagen in den folgenden Perioden entsprechend erhöhen und damit die Verwirklichung betrieblicher Erfolgsinteressen gefährden.

Viertens ist zu bedenken, daß das aus betrieblicher Sicht durchaus rationale Streben nach weichen Plänen auch den Interessen der übergeordneten Instanzen entspricht, weil diese ebenfalls dem Soll-Ist-Bewertungssystem unterliegen. Generaldirektoren der VVB und Repräsentanten der obersten Leitungshierarchie schwächen diese betrieblichen Verhaltensweisen nicht ab, weil Ansehen und Aufstiegschancen innerhalb der Hierarchie – und damit ihre materiellen und immateriellen Erträge – vom Grad der Planerfüllung ihnen untergeordneter Planbereiche abhängen.

Fünftens schließlich leidet die Aussagefähigkeit betrieblicher Effizienzkriterien unter den Unzulänglichkeiten des Systems staatlich fixierter Preise. Die relativen Preise können schon wegen der Preisbestimmungsmethoden nicht die relativen Güterknappheiten signalisieren. Da sie zudem über längere Perioden konstant gehalten werden, bleiben auch Umweltänderungen in der Regel ohne Einfluß auf die betrieblichen Erfolgsgrößen. Dadurch wird die Aussagefähigkeit der Gewinnkennziffer stark gemindert, denn volkswirtschaftliche Verlustproduktion wird durch verzerrte Preisrelationen ebenso verschleiert wie bedarfsgerechte Produktion nicht angemessen im Betriebsgewinn ausgedrückt wird.

Diese offenkundigen, auch in den sozialistischen Ländern heftig kritisierten Mängel des Anreiz- und Kontrollsystems lösten in der Vergangenheit verschiedene Kennziffer- und Preisreformen aus. Durch Veränderung bzw. Differenzierung des Kennziffernsystems konnten gesamtwirtschaftlich besonders gravierende Mängel reduziert werden – wie z. B. die Produktion unbrauchbarer, weil extrem kleiner oder schwerer Konsumgüter, wenn die Hauptkennziffer naturale Bruttoproduktion in Stückzahl oder Tonnen angegeben wird („Tonnenideologie"). Solange in diesen systemkonformen Reformen am Soll-Ist-Vergleich festgehalten und nicht der tatsächliche Güterabsatz als betriebliches Erfolgskriterium verwendet wird, bleiben auch die betrieblichen Verhaltensstrategien prinzipiell unverändert. Dies gilt analog für die Neufestsetzung von Einzelpreisen, die in bestimmten Zeitintervallen durchgeführt wird. Allein der hohe Zeitbedarf, den eine einmalige Preisreform im bürokratischen Instanzen- und Verordnungssystem erfordert, ist Ursache dafür, daß die neu festgesetzten Preisrelationen bereits von der tatsächlichen Entwicklung überholt werden.

4.4. Probleme der Wirtschaftspolitik

Das Wirtschaftssystem zentraler Planung und Koordination ist durch einen hohen Grad bürokratischer Organisation gekennzeichnet; die Beziehungen zwischen den Wirtschaftseinheiten unterliegen dem Hierarchieprinzip. Die Zentralisierung aller wichtigen Entscheidungs- und Verfügungsrechte, die in den Wirtschaftsverfassungen sozialistischer Planwirtschaften durch eine weitgehende Verstaatlichung der Produktionsmittel abgesichert ist, stellt eine auf Dauer angelegte und umfassende ökonomische Machtkonzentration dar. Die wirtschaftlichen und politischen Entscheidungen sind zudem untrennbar verzahnt.

Die Beziehungen zwischen den Wirtschaftseinheiten sind im Prinzip durch gesetzlich verankerte Verhaltensanweisungen geordnet. Da eine totale Reglementierung der wirtschaftlichen Handlungen aus Gründen unvollkommener Information und technischer Überforderung des Leitungsapparates unmöglich ist, entstehen Entscheidungsspielräume bei den Wirtschaftseinheiten. Diese werden im einzelwirtschaftlichen Interesse genutzt und lassen spontane Handlungsordnungen entstehen. Sie gefährden immer wieder den Anspruch auf umfassende zentrale Planung, obwohl sie teilweise die durch sie hervorgerufenen Inflexibilitäten gerade mindern helfen.

Anders als in marktkoordinierten Systemen richten sich die staatlichen Aktivitäten nicht nur auf die Sicherung des Angebots öffentlicher und meritorischer Güter und die indirekte wirtschaftspolitische Beeinflussung der Entscheidungen und Handlungen, sondern auf alle wirtschaftlichen Verhaltensweisen. Das System zentraler Planung, das zur Reduktion der Komplexität arbeitsteiliger Wirtschaftsbeziehungen bewußt organisiert wurde, verursacht selbst jene Steuerungsprobleme, die in der Vergangenheit in den sozialistischen Planwirtschaften nicht gelöst werden konnten:

– Es besteht eine Diskrepanz zwischen dem Informationsbedarf der zentralen Entscheidungsträger und der dezentralisierten Informationsverfügung. Die Qualität der im organisierten Planungsprozeß beschafften Informationen hängt immer von den Motiven und Interessen der Informationsabsender ab. Diese werden durch das bei zentraler Planung notwendige Planerfüllungsprinzip geprägt, wodurch systematische Fehlinformationen und damit Disproportionen bereits im Planungsprozeß selbst angelegt sind.

– Es ist bis heute nicht gelungen, das System von Leistungsanreizen und -kontrollen so zu konstruieren und zu organisieren, daß individuelle und betriebliche (Einkommens-) Interessen nur durch wirtschaftliche Höchstleistungen, die zudem plangerecht sein müssen, verwirklicht werden können.

– Zeitbedarf und hoher Organisationsgrad der zentralen Planung reduzieren die Anpassungsflexibilität des Systems.

– Die Unmöglichkeit vollständiger naturaler Zentralplanung räumt den monetären Instrumenten (z. B. Gewinne, Prämien, Abführungen, Zinsen) eine aktive Rolle bei der Steuerung von einzelwirtschaftlichen Entscheidungen und Handlungen ein. Ihre Funktionen werden durch die ihnen zugrundeliegenden verzerrten Preisrelationen erheblich eingeschränkt.

– Unter den Ordnungsbedingungen verstaatlichter und konkursunfähiger Betriebe kann die monetäre Zentralplanung Disproportionen zwischen Geldmengen- und Gütermengenentwicklung nicht verhindern, die sich bei staatlich verordneter Preisstarrheit in ungeplanten Geldbeständen – insbesondere im privaten Sektor – niederschlagen (THIEME, 1977). Hierdurch ausgelöste binnenwirtschaftliche Instabilitäten werden zudem über die Außenwirtschaftsbeziehungen auf andere sozialistische Planwirtschaften übertragen.

Das Ringen um systemkonforme Lösungen dieser Funktionsprobleme wird in den zahlreichen Wirtschaftsreformen sichtbar, die in regelmäßiger Wiederkehr in den sozialistischen Planwirtschaften stattfinden. Solange sie an den grundlegenden Elementen des Wirtschaftssystems – Zentralplanung, Planerfüllungs- und Prämienprinzip – festhielten, beschränkten sie sich auf Variationen der Planmethodik, des Kennziffernsystems und der wirtschaftspolitischen Steuerungsinstrumente. Auf diese Änderungen der Rahmenbedingungen haben sich die Einzelwirtschaften jeweils eingestellt, ohne daß die beschriebenen Verhaltensweisen zur Verwirklichung ihrer Erfolgsinteressen prinzipiell geändert und die angesprochenen Funktionsprobleme in Wirtschaftssystemen zentraler Planung und Koordination auf Dauer beseitigt werden konnten.

5. Dezentrale Planung bei Gesellschaftseigentum: „Sozialistische" Marktwirtschaften

5.1. Systemvarianten

Einige sozialistische Länder haben aus diesen Erfahrungen heraus das Wirtschaftssystem grundlegend reformiert, ohne dabei jedoch generell zu privatem Produktionsmitteleigentum zurückzukehren. Die diskutierten und teilweise seit längerem verwirklichten Reformmodelle unterscheiden sich voneinander, so daß – ähnlich wie in westlichen Ländern – auch in den sozialistischen Ländern verschiedene Systemvarianten bestehen.

Für die heutige Reformdiskussion und insbesondere -politik in den sozialistischen Ländern nach wie vor bedeutsam ist das seit Anfang der sechziger Jahre in der ČSSR entworfene Reformmodell. Es basierte auf staatlichem Produktionsmitteleigentum bei dezentralisierten Verfügungsrechten. Seit 1966 wurde es durch ordnungspolitische Maßnahmen in die Praxis umgesetzt und bis zum politischen Scheitern der Reformen im August 1968 schrittweise ausgebaut. Die Leitidee bestand in dem Versuch einer Synthese von Marktkoordination einzelwirtschaftlicher Entscheidungen und Handlungen einerseits und einer umfassenden wirtschaftspolitischen Beeinflussung der Marktbedingungen andererseits, die auf der Basis volkswirtschaftlicher Rahmenpläne vollzogen werden sollte (HENSEL, u. a., 1968). Schwierigkeiten bereitete dabei nicht nur die praktische Gestaltung dezentralisierter Verfügungsrechte bei staatlichem Produktionsmitteleigentum, sondern auch jene der wirtschaftspolitischen Steuerungsmechanismen. Theoretische Lösungsansätze wurden erst in den siebziger Jahren im ŠIK-Modell sichtbar (ŠIK, 1971, 1972). Dieses Experiment einer geplanten ordnungspolitischen Systemtransformation belegt zugleich die enge Verknüpfung von ökonomischen und politischen Subsystemen: Die politischen Konsequenzen der wirtschaftlichen Dezentralisierung waren letztlich die Ursache militärischer Interventionen, die in der ČSSR eine rasche Rückkehr zum System des administrativen Sozialismus erzwangen. Dieses Beispiel der nur schlecht kalkulierbaren Rückwirkungen auf die Machtbasen der politischen Führung dürfte 1971 ein wesentlicher Anlaß in der DDR gewesen sein, das Dezentralisierungs-Experiment radikal zu stoppen, wie es seit 1963 diskutiert und 1969/70 für kurze Zeit auch praktiziert wurde (DAMUS, 1973; HAMEL, 1975).

In Ungarn wurde das System zentraler Planung ebenfalls 1968 prinzipiell beseitigt und – unter Beibehaltung staatlichen Produktionsmitteleigentums mit dezentralisierten Verfügungsrechten – zu einem System dezentraler Planung übergegangen. Nicht Planerfüllung und Soll-Ist-Vergleich, sondern der effektive Gewinn wurde zum Leistungsmaßstab und damit zum Erfolgsindikator betrieblicher Verhaltensweisen. Die volkswirtschaftliche Rahmenplanung dient der Konkretisierung wirtschaftspolitischer Ziele (z. B. Infrastrukturinvestitionen) und ist für die Betriebe nicht verbindlich. Die betrieblichen Planungen und Handlungen werden besonders durch eine selektive Kreditpolitik und staatliche Eingriffe in die Preisbildung auf Faktor- und Gütermärkten gesteuert. Im Gegensatz zu dem wiederholt erklärten Ziel einer weitgehend freien Marktpreisbildung ist eine Vielzahl der Preise durch Höchst-, Mindest- oder Festpreisvorschriften reglementiert (z. B. 1975: 70 v. H. der Konsumgüterpreise), wodurch erhebliche Fehlallokationen ausgelöst werden (HAMEL, 1971; BALASSA, 1972; CSIKÒS-NAGY, 1973). Sie sollen durch Reformen des Preissystems vermieden werden: So sieht die jüngste Preisreform, die am 1. 1. 1980 in Ungarn wirksam wurde, eine konsequente Anpassung der Inlands- an die Weltmarktpreise vor.

Die ordnungspolitischen Diskussionen und Reformen innerhalb der sozialistischen Länder bestätigen, daß

- die dargestellten Informations-, Allokations- und Effizienzprobleme bei zentraler Planung – wenn überhaupt – nur sehr schwer lösbar sind;
- deren Lösung durch Dezentralisierung wirtschaftlicher Entscheidungsbefugnisse und Marktkoordination häufig am ideologisch-politischen Machtanspruch der staatlichen Entscheidungsträger scheitert;
- dennoch ein bemerkenswerter Spielraum ordnungspolitischer Gestaltung und Differenzierung vorhanden ist, den insbesondere kleinere sozialistische Länder auch nutzen.

Schon frühzeitig hat Jugoslawien das System zentraler Planung abgelöst und durch das Modell einer arbeiterselbstverwalteten Wirtschaft ersetzt. Es soll – nicht zuletzt wegen seiner historischen Einmaligkeit – als Beispiel einer sozialistischen Marktwirtschaft abschließend dargestellt werden.

5.2. Planung und Koordination bei Arbeiterselbstverwaltung

Die schlechten Erfahrungen mit dem System zentraler Planung bei der Industrialisierung sowie politische Diskrepanzen mit der Sowjetunion haben in Jugoslawien schon zu Beginn der fünfziger Jahre eine Transformationsphase ausgelöst, in der durch verschiedene Verfassungsreformen bis 1965 das System einer arbeiterselbstverwalteten Wirtschaft etabliert wurde. In Abkehr von der bürokratischen Organisation des sowjetischen Planungssystems und in Anlehnung an MARX' Idee von der freien Assoziation der Produzenten (MARX, 1891) wurde das Modell einer von den Arbeitern selbstverwalteten Wirtschaft entworfen und konsequent in die Praxis umgesetzt. Es kann durch fünf Ordnungsprinzipien charakterisiert werden:

- Die zentrale Planung und Koordination sowie das Planerfüllungsprinzip wurden durch verfassungsmäßig garantierte dezentralisierte Planungs-, Entscheidungs- und Handlungsrechte der seit 1974 als Arbeitsorganisationen (AO) bezeichneten Unternehmen ersetzt.

- Haushalts- und Unternehmenspläne werden auf den Märkten koordiniert; die Marktpreise sollen prinzipiell dem Gesetz von Angebot und Nachfrage unterliegen.

- Die notwendige Dezentralisierung der Verfügungsrechte über die Produktionsmittel ist durch die besondere Form des Gesellschaftseigentums institutionell abgesichert: Weder der Staat (Gebietskörperschaften) noch Private (außer in Landwirtschaft und Handwerk) können im Produktionsprozeß Eigentumsrechte an Produktionsmitteln erwerben bzw. veräußern. Staatliche Maßnahmen beschränken sich hierbei auf die – allerdings noch weitgehend ungeklärten – Gründungs- und Auflösungsaktivitäten von AO.

- Erfolgsinteressenten und Risikoträger wirtschaftlicher Entscheidungen und Handlungen sind prinzipiell die Beschäftigten der AO.
- Kurz- und längerfristige wirtschaftspolitische Ziele, Entwicklungsstrategien und die jeweils anzuwendenden finanz-, geld-, investitions- und preispolitischen Instrumente werden in „Gesellschaftsplänen" fixiert, die für die Gebietskörperschaften verbindlich sind.

Im Rahmen dieser ordnungspolitischen Bedingungen der „sozialistischen" Marktwirtschaft Jugoslawiens haben die Eigentums- und Unternehmensregelungen eine besondere Bedeutung, weil sie die Erfolgsinteressen und wirtschaftlichen Handlungen der Beschäftigten in den Arbeitsorganisationen prägen.

5.2.1. Organisationsprinzipien und Erfolgsinteressen in arbeiterselbstverwalteten Unternehmen

Seit den Verfassungsreformen von 1971 und 1974 sowie dem „Gesetz über die vereinte Arbeit" von 1976 kennt das jugoslawische Unternehmensrecht drei typische Formen industrieller Organisation (EGER, 1978,2):

- Basiseinheit ist die Grundorganisation der vereinten Arbeit (GOVA), die als technische Einheit (Betrieb; Betriebsabteilung) Beschaffungs-, Produktions- oder Absatzfunktionen selbständig wahrnimmt und eine eigene Kosten-Erlös-Rechnung durchführt.
- Analog zum traditionellen Unternehmen stellt die Arbeitsorganisation einen – durch Assoziationsverträge im Detail geregelten – Verbund mehrerer GOVA dar.
- Arbeitsorganisationen können sich schließlich freiwillig zu vertikalen, horizontalen oder konglomeraten komplexen Organisationen der vereinten Arbeit (KOVA) zusammenschließen.

Die Gesetze regeln auch detailliert, welche Selbstverwaltungsorgane innerhalb dieser Einheiten zu bilden sind und welche Kompetenzen sie im Planungs- und Entscheidungsprozeß ausüben: Das Arbeitskollektiv ist grundsätzlich Träger der Entscheidungs- und Verfügungsrechte. Es umfaßt z. B. alle Beschäftigten einer GOVA. Sind mehr als 30 Personen beschäftigt, ist ein Arbeiterrat in direkten, geheimen Wahlen für zwei Jahre als Selbstverwaltungsorgan zu bestimmen. Er ist für alle innerorganisatorischen Regelungen (insbesondere Verteilung des wirtschaftlichen Ergebnisses) zuständig, verabschiedet die Betriebspläne der GOVA und legt die Grundsätze der Geschäfts- und Finanzpolitik fest. Schließlich kontrolliert er den Direktor der GOVA. Dieser wird nach öffentlicher Ausschreibung auf Vorschlag der Ausschreibungskommission – der Vertreter des Arbeiterrats, der Gewerkschaften und gesellschaftlicher Institutionen (z. B. Gemeindevertreter) angehören – vom Arbeiterrat auf 4 Jahre ernannt. Bilden mehrere GOVA eine Arbeitsorganisation, muß für sie ein (zentraler) Arbeiterrat aus Delegierten der GOVA-Arbeiterräte konstituiert werden, der wiederum den analog vorgeschlagenen Generaldirektor ernennt und kontrolliert.

Über die Erfolgsindikatoren wirtschaftlicher Entscheidungen gibt die betriebliche Ergebnisrechnung Aufschluß, die dem Einkommensprinzip folgt *(Übersicht A-2. III.):*

Das Nettoeinkommen einer Selbstverwaltungseinheit ist eine Residualgröße, die sich aus dem Erlös einer Planperiode berechnen läßt, wenn Materialkosten und Abschreibungen sowie gesetzliche und vertragliche Verpflichtungen (z. B. Gebühren; Zinsen) abgezogen werden. Über die Verteilung dieses Nettoeinkommens auf betriebliche Fonds (Investitions-, Reserven-, Sozialfonds) einerseits und den Bruttofonds für die Einkommen der Beschäftigten andererseits wird kollektiv in den Selbstverwaltungsorganen entschieden. Die Aufteilung dieses Fonds auf die einzelnen Beschäftigten erfolgt – nach Abzug von Steuern und Sozialbeiträgen – durch ein Punktsystem, nach dem der einzelne entsprechend seiner Ausbildung, Verantwortung, Leistung und Dauer der Betriebszugehörigkeit eingestuft wird. Die Höhe des persönlichen Einkommens, auf das in der Planperiode zunächst nur vorläufige Monatsabschläge gezahlt werden, hängt somit von der tatsächlichen Höhe des Bruttofonds der Einkommen, von der Summe der Punkte aller Beschäftigten sowie von der individuellen Punktezahl ab. Diese Organisations- und Verteilungsprinzipien sollen die Idee der Arbeiterselbstverwaltung verwirklichen: Die persönlichen Einkommen der Beschäftigten sind „Residualeinkommen", deren Höhe vom tatsächlichen wirtschaftlichen Erfolg (oder Mißerfolg) abhängt, der erst ex post feststellbar ist. Sie unterliegen somit allen Risiken wirtschaftlicher Entscheidungen, an denen die Beschäftigten deshalb möglichst umfassend partizipieren sollen. Die hierfür institutionalisierten Wahl- und Verhandlungsmechanismen, über die die Interessen der Beschäftigten aufeinander abgestimmt werden sollen, funktionieren in der Praxis allerdings nur unvollständig (LEIPOLD, 1974). Dabei haben insbesondere der Direktor und das Management in den Betrieben als Vermittler divergierender Gruppeninteressen faktisch dominierende Rollen eingenommen, was der Selbstverwaltungsvorstellung keineswegs entspricht.

5.2.2. Allokations- und Verteilungswirkungen

Aus der spezifischen Unternehmensorganisation und dem Einkommensprinzip resultieren besondere Entscheidungs- und Handlungsbedingungen der am wirtschaftlichen Erfolg interessierten Beschäftigten. Wie diese ordnungsbedingten Wirkungen das Wirtschaftssystem Jugoslawiens beeinflussen, ist schon seit längerem Gegenstand theoretischer und empirischer Analysen (WARD, 1958; HORVAT, 1968; FURUBOTN/PEJOVICH, 1970; MEADE, 1972; VANEK, 1972; HAMEL, 1974; NUTZINGER, 1974).
In dieser Diskussion hat die Hypothese vom anomalen Angebotsverhalten der arbeiterselbstverwalteten Einheiten eine herausragende Bedeutung erhalten: Da alle Beschäftigten am wirtschaftlichen Erfolg partizipieren, wird in den mikroökonomischen Modellen die Maximierung des Nettoeinkommens pro Beschäftigten als Zielgröße der Betriebe unterstellt. Die „Arbeiterrentabilität", wie sie in Analogie zur Kapitalrentabilität bezeichnet wird, ist definiert als Quotient aus Nettoeinkommen und Zahl der Beschäftigten. Unter den Annahmen eines Modells vollständiger Konkurrenz läßt sich zeigen, daß – bei Streben nach Arbeiterrentabilität – die Ausbringungsmenge bei Preiserhöhungen eingeschränkt und bei -senkungen ausgeweitet wird. Der Markt würde somit seine Informationsfunktion nicht erfüllen und relative Preisänderungen lösten Fehlallokationen aus. Allerdings sind die Modellannahmen – und damit auch die abgeleiteten anomalen Reaktionen – wenig realistisch, weil die bei Mengenvariationen notwendigen Beschäftigungsanpassungen eine auto-

nome Entscheidungskompetenz des Direktors über Einstellungen und Entlassungen von Beschäftigten (= Unternehmern!) voraussetzt, die in den Selbstverwaltungseinheiten gerade nicht gegeben ist.

Andere Untersuchungen der spezifischen Interessenlagen bestätigen vielmehr, daß die Beschäftigtenzahlen in arbeiterselbstverwalteten Einheiten relativ konstant sind, weil Entlassungen nahezu unmöglich sind und Neueinstellungen nur unter besonderen Bedingungen erfolgen (z. B. Akzeptierung einer niedrigeren Punktbewertung gegenüber der Stammbelegschaft; Verwandtschaftsbeziehungen). Notwendige Marktanpassungen werden vorwiegend über Variationen des Kapitaleinsatzes vollzogen. In schrumpfenden Branchen werden somit zu viele Arbeitskräfte gebunden (verdeckte Arbeitslosigkeit) und Konkursgefahren durch permanente staatliche Kreditzuschüsse abgewendet (TYSON, 1977). In Expansionsbranchen hingegen werden Marktanpassungen nicht durch Neueinstellung von Arbeitskräften, sondern durch die Auswahl besonders kapitalintensiver Produktionsmethoden vollzogen, die weitgehend (ca. 70 v. H.) ebenfalls kreditär finanziert werden. Hieraus erklärt sich die relativ kapitalintensive Produktion bei gleichzeitig hoher Arbeitslosigkeit (ca. 15-20 v. H.) in Jugoslawien. Da zudem kein funktionsfähiger Kapitalmarkt existiert, sind Kapitalfehllenkungen aktuell. Schließlich ist die Vergabe von Staatskrediten zur Finanzierung von Investitionen oder zur Konkursabwehr Ursache der expansiven Geldproduktion des Bankensystems, die die hohen Inflationsraten in Jugoslawien erklärt (DIMITRIJEVIĆ, 1972; CASSEL/THIEME, 1974).

Diese auch empirisch belegten unerwünschten Wirkungen haben ihre Ursache letztlich in dem Verteilungssystem bei Arbeiterselbstverwaltung (HAGEMANN, 1974): Da die Arbeiterrentabilität in den einzelnen Selbstverwaltungseinheiten je nach den Markt-, Produktions- und Leistungsbedingungen sehr unterschiedlich ist, differieren auch die persönlichen Einkommen von Beschäftigten sehr stark. Ein Arbeiter in einer AO kann durchaus ein doppelt so hohes Nettoeinkommen erhalten wie sein Kollege mit gleichem Ausbildungsniveau und Leistungsstand in einer benachbarten AO. Diese bekannten Einkommensdifferenzen dienen – neben der erwarteten Inflationsrate – als Maßstab der Einkommensforderungen bei den innerbetrieblichen Verteilungsverhandlungen.

Überhöhte Einkommensansprüche bei geringer Arbeiterrentabilität können nur schwer zurückgedrängt werden, solange

– der Direktor einer Selbstverwaltungseinheit selbst vom Arbeiterrat als verteilungskompetentem Gremium abhängt und
– die Verteilungsentscheidungen zugunsten hoher persönlicher Gegenwartseinkommen und zu Lasten der Investitionsfonds – und damit der Zukunftseinkommen – im nachhinein durch staatliche Finanz- und Kredithilfen alimentiert werden.

Eine Konzentration der Entscheidungskompetenzen bei der Unternehmensspitze und die Einführung des Direktorialprinzips würde der Selbstverwaltungsidee allerdings ebenso widersprechen wie ein Eingriff – etwa durch staatliche oder gewerkschaftliche Lohnfestsetzungen – in die Verteilungsentscheidungen der Selbstverwaltungsorgane. Die zweite Bedingung zu verwirklichen, würde voraussetzen, unökonomische Verteilungsentscheidungen von Selbstverwaltungsorganen gegebenenfalls durch Konkurs zu sanktionieren.

5.3. Probleme der Wirtschaftspolitik

Darstellung und Analyse des Systems dezentraler Planung und Koordination bei Gesellschaftseigentum haben einige Funktionsprobleme des Wirtschaftssystems und damit auch die Aufgaben der staatlichen Wirtschaftspolitik aufgezeigt. Wenngleich sich Strategien und Instrumente der Wirtschaftspolitik prinzipiell nicht von jenen in kapitalistischen Marktwirtschaften unterscheiden, schaffen die Existenz des Gesellschaftseigentums im Industriesektor Jugoslawiens und die daraus resultierenden Entscheidungen und Handlungen der Selbstverwaltungseinheiten besondere Bedingungen für die staatliche Wirtschaftspolitik. Dazu zählt auch das Entwicklungsniveau der jugoslawischen Wirtschaft, das in systemvergleichenden Analysen dezentraler Planungs- und Koordinationssysteme bei unterschiedlichen Eigentumsformen nicht selten vernachlässigt wird (Ausnahme: EGER, 1978,1).

Ein erstes wichtiges Problem staatlicher Ordnungspolitik ist die Abgrenzung von Verfügungs- und Handlungsrechten dezentralisierter Entscheidungsträger bei „Nichteigentum" an den Produktionsmitteln. In den Verfassungs- und Gesetzesreformen wurde dieses Problem immer wieder erneut aufgegriffen, ohne daß es bisher zufriedenstellend gelöst werden konnte. Besonders schwierig stellt sich die Prozedur der Verleihung und des Entzugs von solchen Rechten dar, also der Gründung und Auflösung arbeiterselbstverwalteter Einheiten (LEIPOLD, 1976). In beiden Fällen wirken die Gebietskörperschaften und Banken organisatorisch sowie finanziell mit. Angesichts der hohen Arbeitslosigkeit in Jugoslawien ist es nicht verwunderlich, daß aus Rentabilitätsgründen erforderliche Konkurse aus sozialen und politischen Motiven vermieden werden, obwohl deren Notwendigkeit auch in Jugoslawien unbestritten ist.

Zweitens ist das Problem der Bewertung knapper Produktionsfaktoren bisher ungelöst, da Arbeits- und Kapitalmärkte nicht hinreichend funktionieren. In den Reformen der siebziger Jahre wurden zwar Bewertungsmechanismen für Arbeitskräfte (z. B. ein – allerdings sehr niedriger – Mindestlohn für die Beschäftigten in den GOVA und AO) vorgesehen, die aber die im System selbst angelegten Defizite der Bewertung von Arbeitsleistungen nicht beseitigen können. Ähnlich gravierend ist das Fehlen eines funktionsfähigen Kapitalmarktes, auf dem die – auch von den privaten Haushalten – angesammelten Geldvermögen in gesamtwirtschaftlich effiziente Verwendungen gelenkt werden könnten. Die bilateralen Kreditgeschäfte zwischen Selbstverwaltungseinheiten und Geschäftsbanken können diese Marktfunktionen interregional und -sektoral nicht erfüllen, zumal trotz Dezentralisierung des Bankensystems seit den sechziger Jahren die Bewertungskriterien (z. B. Zinssätze) an den Kreditmärkten durch die Wirtschaftspolitik stark beeinflußt werden.

Drittens werden Informations-, Allokations- und Koordinationsprobleme verursacht durch die Diskrepanz zwischen konsequenter Dezentralisierung ökonomischer Entscheidungs- und Handlungsrechte einerseits und dem nur schrittweisen Übergang zur Marktpreisbildung auf den Gütermärkten andererseits. Zwar wurden seit den fünfziger Jahren immer mehr Einzelpreise aus der administrativen Preiskontrolle entlassen; nach wie vor unterliegt noch eine Vielzahl von Einzelpreisen der Kontrolle durch den Staat, der in Phasen besonders kräftiger Inflationsschübe auch zeitweilige allgemeine Preisstopps verordnet. Für Jugoslawien sind ferner die vorwiegend oligopolistischen und monopolistischen Marktstrukturen zu beachten. Das zukünftige Leistungsvermögen der arbeiterselbstverwalteten Wirtschaft in Jugoslawien wird insofern wesentlich auch davon abhängen, ob und inwieweit die Marktbedingungen ordnungspolitisch verändert und wirksame Kontrollen von Marktmacht verankert werden können.

Viertens schließlich treten bei dezentralisierten Entscheidungsbefugnissen und zunehmender Marktpreisbildung Verteilungs- und Stabilitätsprobleme auch gesamtwirtschaftlich offen auf, die durch die Finanzpolitik des Staates und die Geld- und Kreditpolitik der Notenbank zu mindern sind. Hohe Inflationsraten und Arbeitslosenquoten sowie die beschriebenen Einkommensdifferenzen bestätigen, daß diese Probleme in Jugoslawien keineswegs besser als in anderen Marktwirtschaften gelöst werden konnten.

Kommentierte Literaturhinweise

Als Einführung in die ordnungstheoretische Bestimmung und Analyse von Wirtschaftssystemen eignet sich die für einen breiten Leserkreis konzipierte Schrift von K. Paul Hensel (1972); als Einstieg in den Vergleich von Wirtschaftssystemen am Beispiel der Bundesrepublik Deutschland und der DDR ist der von Hannelore Hamel (1974) herausgegebene Band zu empfehlen.

Gesamtüberblicke vermitteln das dreibändige Werk von Peter Bernholz (1972, 1975, 1979) sowie das Lehrbuch von Günter Hedtkamp (1974).

Ein Überblick auch über neuere systemtheoretische Erklärungsansätze und die Funktionsprobleme verschiedener Wirtschaftssysteme findet sich in der zweiten Auflage des Lehrbuchs von Helmut Leipold (1976, 2. A. 1980).

Eine kritische Bestandsaufnahme der Diskussion über Bestimmung und Analyse von Wirtschaftssystemen liefert Hans-Jürgen Wagener (1979).

Als Basiswerk, in dem besonders methodische Fragen der Systemanalyse angesprochen werden, empfiehlt sich der von Alexander Eckstein (1971) herausgegebene Sammelband.

Neuere Ansätze der Systembestimmung und des Systemvergleichs werden in den Lehrbüchern von Egon Neuberger; William J. Duffy (1976) und von Vaclav Holesovsky (1977) vorgestellt.

Nach wie vor grundlegend für das theoretische Verständnis von Zentralverwaltungswirtschaften sind die Schriften von Walter Eucken (1940) und K. Paul Hensel (1954).

Spezielle Probleme werden systemvergleichend analysiert in den Sammelbänden von Dieter Cassel; H. Jörg Thieme (1976,1), Oldrich Kýn; Wolfram Schrettl (1979) und H. Jörg Thieme (1979,3).

B. Kreislauf und Volkswirtschaftliche Gesamtrechnung

Lothar Hübl

Gliederung

1. Grundlagen und Aufgaben eines gesamtwirtschaftlichen Rechnungswesens
2. Kreislaufschema und Sozialprodukt
   - 2.1. Einfache Kreislaufüberlegungen
   - 2.2. Darstellungsformen des Wirtschaftskreislaufs
   - 2.3. Aktivitäten der Sektoren
     - 2.3.1. Produktion
     - 2.3.2. Einkommensverwendung
     - 2.3.3. Vermögensbildung
     - 2.3.4. Kreditaufnahme/-gewährung
     - 2.3.5. Transaktionen mit dem Ausland
   - 2.4. Makroökonomische ex-post-Gleichheit
   - 2.5. Sozialprodukt und Inlandsprodukt
   - 2.6. Volkswirtschaftliche Gesamtrechnung für die Bundesrepublik Deutschland
     - 2.6.1. Kontensystem des Statistischen Bundesamtes
     - 2.6.2. Entstehungs-, Verteilungs-, Verwendungsrechnung
3. Input-Output-Rechnung zur Erfassung sektoraler Verflechtungen
4. Kritik am Sozialproduktkonzept

1. Grundlagen und Aufgaben eines gesamtwirtschaftlichen Rechnungswesens

Aufgabe des gesamtwirtschaftlichen Rechnungswesens ist es, die Ergebnisse des Wirtschaftsprozesses einer Volkswirtschaft in einer abgelaufenen Periode zahlenmäßig zu ermitteln. Es handelt sich also um eine ex-post-Analyse. Die quantitative Erfassung liefert eine Fülle von Daten und bildet eine wesentliche Grundlage für das Verständnis des Wirtschaftsprozesses und für seine Beeinflussung. Zwar werden aus den Daten keine Ursache-Wirkungszusammenhänge ersichtlich – diese werden in volkswirtschaftlichen Theorien als Kausalaussagen formuliert –, für die Überprüfung der Hypothesen kann aber auch auf die durch das volkswirtschaftliche Rechnungswesen gelieferten Informationen nicht verzichtet werden. Auch die Wirtschaftspolitik benötigt die vom Rechnungswesen bereitgestellten Zahlenangaben, da mit ihrer Hilfe eine operationale Zielformulierung und mit den ermittelten Ergebnissen eine Kontrolle der Wirkungen wirtschaftspolitischer Maßnahmen möglich ist.

Der Wirtschaftsprozeß in einer hochentwickelten, arbeitsteiligen Volkswirtschaft ist durch eine Vielzahl von Beziehungen und Beteiligten gekennzeichnet. Will man einen Überblick über ihn gewinnen, sind die Beteiligten in überschaubare Gruppen zu gliedern und deren ökonomische Aktivitäten zu systematisieren.

Zunächst ist die zu betrachtende Volkswirtschaft abzugrenzen. Dabei geht man üblicherweise von der wirtschaftlichen Betätigung aller Wirtschaftseinheiten, die ihren ständigen Sitz bzw. Wohnsitz in einem Land haben, aus (Inländer). Die Staatsangehörigkeit ist dabei grundsätzlich ohne Bedeutung. Man bezeichnet diesen Ansatz als Inländerkonzept. Ob die so abgegrenzten Inländer im In- oder Ausland wirtschaftlich aktiv werden, spielt keine Rolle. Betrachtet man dagegen die wirtschaftliche Aktivität in den geographischen Grenzen eines Landes, dann spricht man vom Inlandskonzept. Ob In- oder Ausländer beteiligt sind, ist unerheblich.

Am Wirtschaftsprozeß sind private Haushalte, Unternehmen und öffentliche Haushalte beteiligt. Um ihre wirtschaftlichen Ziele zu erreichen, stellen sie Wirtschaftspläne auf, die sie durch wirtschaftliche Aktivitäten zu realisieren versuchen. Wirtschaftssubjekte können vier verschiedene ökonomische Aktivitäten entfalten: Güterproduktion, Einkommensverwendung, Vermögensbildung sowie Kreditaufnahme bzw. Kreditgewährung. Mit den für sie typischen Aktivitäten lassen sich die Wirtschaftssubjekte gegeneinander abgrenzen.

– Unternehmen produzieren durch den Einsatz von Produktionsfaktoren und Vorleistungen Güter, um sie zu verkaufen. Aggregiert bilden sie den Wirtschaftssektor Unternehmen. Neben Industrie- und Handelsunternehmen gehören dazu auch landwirtschaftliche Betriebe, Handwerksbetriebe, Ein- und Verkaufsvereinigungen, Kreditinstitute, Versicherungsunternehmen sowie Arbeitsstätten der freien Berufe, die Deutsche Bundesbahn, die Deutsche Bundespost und sonstige Unternehmen, die dem Staat gehören, unabhängig von ihrer Rechtsform, ferner die Wohnungsvermietung einschließlich der Nutzung von Eigentümerwohnungen.

– Öffentliche Haushalte produzieren Güter, die sie in der Regel ohne direkte entgeltliche Gegenleistung den anderen Wirtschaftseinheiten bereitstellen. Diese

Güter werden öffentliche Güter genannt. Die öffentlichen Haushalte bestehen aus den Gebietskörperschaften und den Sozialversicherungshaushalten und werden aggregiert als Sektor Staat bezeichnet. Sie finanzieren sich hauptsächlich aus Zwangsabgaben. Zu den Gebietskörperschaften gehören der Bund einschließlich Lastenausgleichsfonds und ERP-Sondervermögen, die Länder einschließlich Stadtstaaten, die Gemeinden und Gemeindeverbände. Zu den Sozialversicherungshaushalten zählen u. a. die gesetzliche Kranken- und die Arbeitslosenversicherung.

– Private Haushalte erzielen durch die Bereitstellung von Faktorleistungen an Unternehmen und öffentliche Haushalte Einkommen, das sie zum Kauf von Konsumgütern und für die Ersparnisbildung verwenden. Zum Sektor private Haushalte werden statistisch auch private Organisationen ohne Erwerbscharakter gezählt (Kirchen, religiöse und weltanschauliche Vereinigungen, karitative, kulturelle, wissenschaftliche – soweit überwiegend von privaten Haushalten finanziert – und im Erziehungswesen tätige Organisationen, politische Parteien, Gewerkschaften, Sportvereine, gesellige Vereine usw.).

– Im Sektor Ausland werden alle ausländischen Wirtschaftseinheiten zusammengefaßt, mit denen Inländer ökonomische Transaktionen durchführen. Dieser Sektor wird in der Statistik als „übrige Welt" geführt.

Objekte wirtschaftlicher Aktivität sind Güter, Faktorleistungen und Forderungen. Soweit sie von einem Wirtschaftssubjekt auf ein anderes übergehen, spricht man von wirtschaftlicher Transaktion. Wird ein Gut oder eine Faktorleistung gegen eine Forderung getauscht, liegt eine Leistungstransaktion vor. Sie verändert die Höhe der Forderungen und Verbindlichkeiten bei den beteiligten Wirtschaftssubjekten, d. h. deren Geldvermögen, das als Summe der Forderungen abzüglich der Verbindlichkeiten definiert ist. Das Geldvermögen wird auch als Nettoposition eines Wirtschaftssubjektes bezeichnet. Werden dagegen Forderungen getauscht, wie beim Kauf einer Obligation gegen Geld, so ändert sich der Geldvermögensbestand bei den beteiligten Wirtschaftssubjekten nicht, wohl aber seine Zusammensetzung. Solche Transaktionen heißen Finanztransaktionen.

Schließlich ist noch die Bewertung der wirtschaftlichen Transaktionen zu klären. In Marktwirtschaften werden sie grundsätzlich über den Markt abgewickelt, der gleichzeitig ihre Bewertung zu Marktpreisen liefert. Transaktionen, die nicht über den Markt erfolgen, wie die Selbsterstellung einer Maschine durch ein Unternehmen oder die Bereitstellung staatlicher Leistungen, müssen ebenfalls berücksichtigt werden, um ein vollständiges Bild vom Wirtschaftsprozeß zu bekommen. Dabei werden entweder fiktive Marktpreise oder andere Bewertungsmaßstäbe, wie z. B. die Kosten der eingesetzten Produktionsfaktoren (Faktorkosten), herangezogen.

2. Kreislaufschema und Sozialprodukt

2.1. Einfache Kreislaufüberlegungen

Der Kreislaufgedanke, der zuerst von dem Physiokraten FRANÇOIS QUESNAY (1694-1774) auf ökonomische Zusammenhänge angewendet wurde (tableau économique, 1758), findet sich in der Entwicklungstheorie von KARL MARX (1818-1883)

B-2. Kreislaufschema und Sozialprodukt

wieder und wurde in seiner heutigen Form der Kreislaufanalyse von JOHN MAYNARD KEYNES (1883-1946) weiterentwickelt. Er läßt sich am einfachsten an Hand der Transaktionen zwischen Unternehmen und privaten Haushalten darstellen: Um Güter zu produzieren, setzen Unternehmen Produktionsfaktoren ein, die von den privaten Haushalten angeboten werden. Dafür beziehen die privaten Haushalte Einkommen, mit dem sie Güter von den Unternehmen erwerben können. Von den Unternehmen fließt zu den privaten Haushalten ein Einkommensstrom als Entlohnung für den entgegengesetzten Strom von Arbeitsleistungen. Dem Konsumgüterstrom von den Unternehmen zu den Haushalten entspricht ein entgegengesetzter Strom von Konsumausgaben der privaten Haushalte für diese Güter.

Wesentliche Merkmale von Kreisläufen sind Ströme, die zwischen Polen fließen. Pole sind im obigen Beispiel die Unternehmen und die Haushalte. Ströme sind gekennzeichnet durch ihre Richtung und ihre Stärke. Sie beziehen sich außerdem stets auf einen bestimmten Zeitraum, wie Monat, Quartal, Jahr. Aus dem einfachen Beispiel wird weiter deutlich, daß es zwei Arten von Strömen gibt, nämlich reale Ströme von Gütern und Faktorleistungen sowie monetäre Ströme von Ausgaben und Einnahmen. In Geldwirtschaften entspricht jedem realen Strom ein entgegengesetzter monetärer Strom. Allerdings werden die realen Ströme immer auch in Geld bewertet. Buchhalterisch werden nur die monetären Ströme erfaßt (z. B. DM/Jahr). Weiter muß in einem geschlossenen Kreislauf an allen Polen die Summe der in einen Pol fließenden Ströme gleich der Summe der abfließenden Ströme sein (KRELLE 1959, 2. A. 1967).

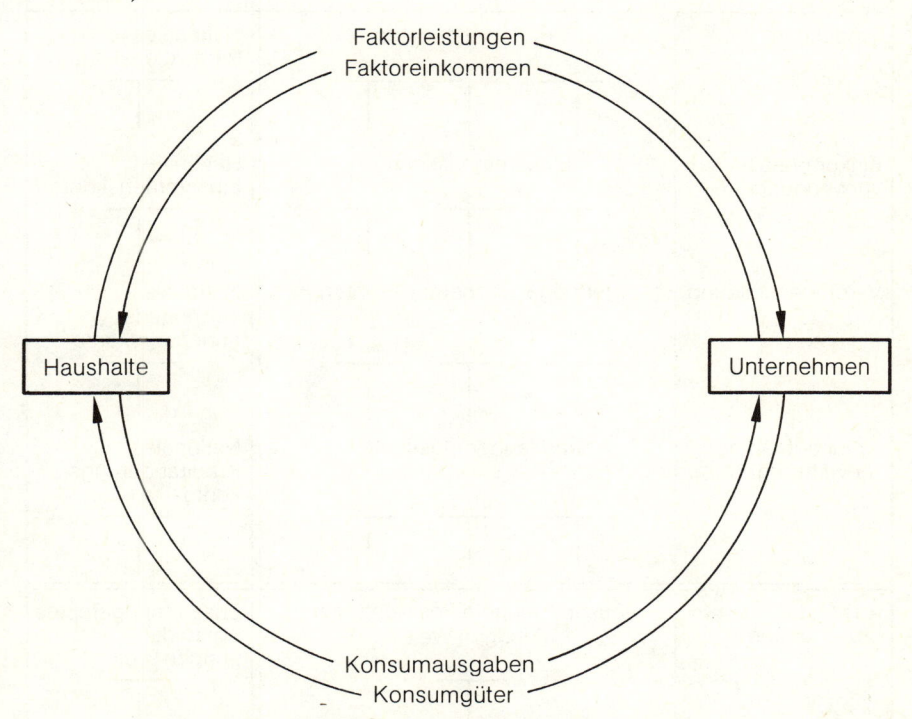

Abb. B-1: Einfacher Kreislaufzusammenhang

Für das weitere Verständnis ist der Zusammenhang zwischen Strömen und Beständen wichtig. Stromgrößen beziehen sich stets auf Zeitabschnitte, wie Einnahmen oder Ausgaben während eines Monats/eines Jahres. Bestandsgrößen beziehen sich auf einen Zeitpunkt, z. B. die Kassenhaltung oder das Vermögen eines Wirtschaftssubjektes an einem bestimmten Stichtag.

2.2. Darstellungsformen des Wirtschaftskreislaufs

Jeder Kreislauf läßt sich graphisch, als Kontensystem, in Form von Gleichungen und in Matrixform darstellen. Eine graphische Darstellung ist in der *Abb. B-1* gegeben. Im Kontensystem (*vgl. Übersicht B-1*) wird für jeden Pol ein Konto geführt, auf dem auf der Habenseite (rechts) alle zufließenden monetären Ströme und auf der Sollseite (links) alle abfließenden monetären Ströme verbucht werden. Im Gleichungssystem wird im Prinzip nichts anderes getan, als alle Positionen der Soll- und Habenseite eines Kontos gleichzusetzen. Bei der Matrixform werden die einzelnen Pole in

Übersicht B-1: Sektoren und Aktivitäten

Sektoren / Aktivitäten	Unternehmen	Staat	private Haushalte	Gesamtwirtschaft
Produktion	Produktionskonten			Nationales Produktionskonto
Einkommensverwendung	Einkommenskonten			Nationales Einkommenskonto
Vermögensbildung	Vermögensänderungskonten			Nationales Vermögensänderungskonto
Kreditaufnahme/-gewährung	Kreditänderungskonten			Nationales Kreditänderungskonto
Auslandsbeziehungen	Zusammengefaßtes Konto der übrigen Welt			Zusammengefaßtes Konto der übrigen Welt

gleicher Reihenfolge in der Kopfzeile und -spalte aufgeführt. In den Zeilen werden die abfließenden Ströme eingetragen, und zwar aufgeteilt auf die empfangenden Pole. Die Zeilensumme stellt die gesamten Abflüsse des entsprechenden Pols, die Spaltensumme die gesamten Zuflüsse dar.

2.3. Aktivitäten der Sektoren

Stellt man die möglichen ökonomischen Aktivitäten und die abgegrenzten Sektoren einander gegenüber, erhält man das in *Übersicht B-1* wiedergegebene Schema. Da hier schon Sektoren dargestellt sind, konsolidieren sich alle Transaktionen innerhalb eines Sektors, d. h. die intrasektoralen Transaktionen heben sich gegenseitig auf und werden nicht berücksichtigt. Außerdem wird das Ausland nicht als eigener Sektor geführt, sondern alle Transaktionen von Inländern mit Ausländern werden auf einem einzigen Konto, dem zusammengefaßten Konto der übrigen Welt gebucht.

2.3.1. Produktion

Auf der Sollseite (Aufwands- bzw. Entstehungsseite) der Produktionskonten wird der für die Produktion erforderliche Input verbucht, auf der Habenseite (Ertrags- bzw. Verwendungsseite) der Output des Produktionsprozesses.

Produktionskonto des Unternehmenssektors

Das Produktionskonto des Sektors Unternehmen hat folgendes Aussehen:

Produktionskonto des Unternehmenssektors

Vorleistungen aus dem Ausland (= Import)	Verkäufe von Konsumgütern an Haushalte
Abschreibungen	Verkäufe von Vorleistungen und Investitionsgütern an den Staat
Indirekte Steuern minus Subventionen	
Wertschöpfung • Löhne, Gehälter • Zinsen • verteilte Gewinne • unverteilte Gewinne	Verkäufe von Gütern an das Ausland (= Export) Bruttoinvestitionen • Bruttoanlageinvestitionen • Lagerinvestitionen

Der Sektor Unternehmen setzt in den Produktionsprozeß Vorleistungen aus dem Ausland und dauerhafte Produktionsgüter ein, die einem produktionsbedingten Verschleiß unterliegen. Das monetäre Äquivalent für den Verschleiß sind die Abschreibungen. Ferner sind die indirekten Steuern zu berücksichtigen, die von den Unternehmen an den Sektor Staat entrichtet werden und vor Ermittlung des steuerpflichtigen Gewinns von den Einnahmen abgesetzt werden. Dazu zählen u. a. die Mehrwertsteuer und die Einfuhrabgaben (Zölle). Die indirekten Steuern werden mit den Subventionen saldiert, die als Transferzahlungen des Sektors Staat an die

Unternehmen definiert sind. Sie lassen sich als negative Steuer interpretieren, und indirekte Steuern abzüglich Subventionen werden zu den sogenannten Nettokostensteuern zusammengefaßt. Die Wertschöpfung fließt den Produktionsfaktoren als Einkommen zu.

Auf der Habenseite wird der Output verbucht, der Verkäufe von Gütern an Haushalte, den Staat und das Ausland umfaßt. Hinzu kommen noch die Güter, die produziert werden und im Unternehmenssektor verbleiben. Das sind die selbsterstellten Anlagen (Bruttoanlageinvestitionen) und die Lagerinvestitionen. Beide zusammen werden als Bruttoinvestitionen bezeichnet.

Produktionskonto des Sektors Staat

Produktionskonto des Sektors Staat

Vorleistungen Abschreibungen Wertschöpfung • Löhne, Gehälter • Zinsen	Unentgeltliche Bereitstellung öffentlicher Güter (= Eigenverbrauch)

Das Produktionskonto des Sektors Staat hat prinzipiell den gleichen Aufbau wie das des Unternehmenssektors. Auf der Sollseite sind Vorleistungen, Abschreibungen als monetäres Äquivalent für den Verschleiß dauerhafter Produktionsgüter und die Wertschöpfung, bestehend aus Lohn-, Gehalts- und Zinszahlungen, zu berücksichtigen. Auf der Habenseite werden die öffentlichen Güter (Dienstleistungen) erfaßt, die der Staat den übrigen Wirtschaftseinheiten unentgeltlich bereitstellt. Streng genommen müßten diese bei den Unternehmen und privaten Haushalten als unentgeltliche Vorleistungen bzw. unentgeltlicher privater Verbrauch berücksichtigt werden. Da aber eine genaue Zurechnung nicht möglich ist, wird ein Eigenverbrauch dieser öffentlichen Güter durch den Staat unterstellt. Daher kommt auch der ungenaue Ausdruck „Eigenverbrauch des Staates". Zur Produktion des Staates zählen auch die selbsterstellten Anlagen, die aber quantitativ nicht zu Buche schlagen und deshalb vernachlässigt werden. Da staatliche Dienstleistungen wie alle Dienstleistungen nicht lagerfähig sind, können auf der Habenseite keine Lagerbestände erscheinen. Weil die bereitgestellten öffentlichen Güter keine Marktpreise haben, werden sie mit ihren Faktorkosten bewertet.

Produktionskonto des Sektors private Haushalte

Private Haushalte produzieren grundsätzlich nicht. Auf dem Produktionskonto des Sektors private Haushalte werden deshalb nur Ausnahmen berücksichtigt, die außerdem quantitativ unbedeutend sind. Es handelt sich einmal um häusliche Dienstleistungen, die ohne Vorleistungen und Kapitaleinsatz erstellt werden und nicht kostensteuerpflichtig sind. Auf der Habenseite werden die Verkaufserlöse für diese Dienstleistungen angesetzt und auf der Sollseite eine gleichhohe Wertschöpfung. Zu berücksichtigen ist zum zweiten die Produktion der privaten Organisationen ohne Erwerbscharakter. Sie besteht überwiegend aus der Bereitstellung von Dienstleistungen für ihre Mitglieder und wird auf der Habenseite gebucht. Auf der Sollseite müssen demnach dieselben Positionen wie beim Unternehmenssektor berücksichtigt werden. Der Einfachheit halber wird dieses Konto nicht aufgeführt.

2.3.2. Einkommensverwendung

Bei allen drei Sektoren wird das zufließende Einkommen auf der Habenseite und die Verwendung des Einkommens auf der Sollseite verbucht.

Einkommenskonto des Unternehmenssektors

Das Einkommen dieses Sektors sind die unverteilten Gewinne vor Steuerabzug, die als Gegenbuchung zum Produktionskonto des Sektors auf der Habenseite erfaßt werden. Die Sollseite zeigt die Verwendung dieses Einkommens für die Entrichtung direkter Steuern und als Restsumme die Ersparnis (verfügbares Einkommen) des Sektors.

Einkommenskonto des Unternehmenssektors

Direkte Steuern Ersparnis (= verfügbares Einkommen)	Unverteilte Gewinne Transferzahlungen vom Staat

Einkommenskonto des Sektors Staat

Das Einkommen dieses Sektors sind die direkten und indirekten Steuern sowie Faktoreinkommen in Form von Zinsen und ausgeschütteten Gewinnen aus Beteiligungen, wobei in den indirekten Steuern die Beiträge zur Sozialversicherung enthalten sind. Verwendet wird dieses Einkommen für Transferzahlungen an die anderen Sektoren einschließlich dem Ausland und für den Eigenverbrauch. Den Rest bildet die Ersparnis des Staates.

Einkommenskonto des Sektors Staat

Transferzahlungen • an Haushalte • an Unternehmen (= Subventionen) • an das Ausland Eigenverbrauch Ersparnis	Direkte Steuer Indirekte Steuer Faktoreinkommen

Einkommenskonto des Sektors private Haushalte

Den privaten Haushalten fließen Faktoreinkommen (Löhne, Gehälter, Zinsen, verteilte Gewinne, Mieten) und Transferzahlungen vom Staat (z. B. Renten) und aus dem Ausland zu. Verwendet wird dieses Einkommen vor Steuerabzug für direkte Steuern und Transferzahlungen an das Ausland (einschließlich Überweisungen ausländischer Arbeitnehmer). Das verbleibende verfügbare Einkommen wird auf Konsum und Ersparnis aufgeteilt.

Einkommenskonto des Sektors private Haushalte

Direkte Steuern	Faktoreinkommen
Transferzahlungen an das Ausland	Transferzahlungen
Konsum	• vom Staat
Ersparnis	• vom Ausland

2.3.3. Vermögensbildung

Vermögen kann von allen Sektoren gebildet werden. Auf der Habenseite des Vermögensänderungskontos wird die Vermögensbildung nach Herkunftsarten (Finanzierung), auf der Sollseite die Vermögensanlage erfaßt.

Vermögensänderungskonto des Unternehmenssektors

Bruttovermögenszuwächse entstehen im Unternehmenssektor durch Bruttoinvestitionen in Form von Bruttoanlageinvestitionen und Lagerbildung. Als Quellen der Vermögensänderung werden auf der Habenseite die Abschreibungen und die Ersparnis verbucht. In der Regel können die Bruttoinvestitionen aus den Abschreibungen und Ersparnissen nicht voll finanziert werden; es besteht ein Finanzierungsdefizit. Auf der Habenseite ist daher noch ein Finanzierungssaldo, der die Veränderungen der Verbindlichkeiten und Forderungen des Sektors erfaßt, einzutragen.

Vermögensänderungskonto des Unternehmenssektors

Bruttoinvestitionen	Abschreibungen
• Bruttoanlageinvestitionen	Ersparnis
• Lagerinvestitionen	Finanzierungssaldo

Vermögensänderungskonto des Sektors Staat

Der Aufbau dieses Kontos ist mit dem des Unternehmenssektors bis auf die definitionsgemäß ausgeschlossenen Lagerinvestitionen identisch.

Vermögensänderungskonto des Sektors private Haushalte

Da private Haushalte nicht produzieren, können sie Vermögen nicht in Form von Investitionen bilden. Somit fallen auch Abschreibungen als Finanzierungsquelle aus; es verbleibt aber die Ersparnis. Da Haushalte einen Finanzierungsüberschuß haben, erscheint der Finanzierungssaldo auf der Sollseite. Eine Darstellung der Vermögensbildung der privaten Organisationen ohne Erwerbscharakter wäre wie die der Unternehmen zu behandeln. Auf sie wird der Einfachheit halber verzichtet.

Vermögensänderungskonto des Sektors private Haushalte

Finanzierungssaldo	Ersparnis

2.3.4. Kreditaufnahme/-gewährung

Auf den Kreditänderungskonten, auch als Finanzierungskonten bezeichnet, werden die auf den Vermögensänderungskonten ausgewiesenen Finanzierungssalden gegenüber allen anderen Sektoren in die zugrunde liegenden Ströme der Zunahme der Verbindlichkeiten und Zunahme der Forderungen zerlegt. Die Zunahme der Verbindlichkeiten wird auf der Habenseite, die der Forderungen auf der Sollseite verbucht. Der Finanzierungssaldo kann als Defizit oder Überschuß anfallen, je nachdem ob die Zunahme der Verbindlichkeiten diejenige der Forderungen übertrifft. In der Darstellung ist der Finanzierungssaldo als Defizit ausgewiesen. Der Aufbau des Kreditänderungskontos ist für alle Wirtschaftssektoren identisch.

Kreditänderungskonto

Zunahme der Forderungen Finanzierungssaldo	Zunahme der Verbindlichkeiten

2.3.5. Transaktionen mit dem Ausland

Alle Transaktionen der inländischen Wirtschaftssektoren mit dem Ausland werden auf dem zusammengefaßten Konto der übrigen Welt gegengebucht. Damit erscheinen auf der Sollseite jene Transaktionen, die zu Ausgaben des Auslandes führen. Das sind Exporte und aus dem Ausland empfangene Faktoreinkommen und Transferzahlungen. Auf der Habenseite werden Transaktionen berücksichtigt, die zu Einnahmen des Auslandes führen, also Importe, geleistete Faktoreinkommen und geleistete Transferzahlungen. Entsteht ein Saldo zwischen den bisher aufgeführten Positionen der Soll- und Habenseite, dann ändert sich die Nettopostion (Saldo von Forderungen und Verbindlichkeiten) gegenüber dem Ausland.

Zusammengefaßtes Konto übrige Welt

Exporte Empfangene Faktoreinkommen Empfangene Transferzahlungen	Importe Geleistete Faktoreinkommen Geleistete Transferzahlungen Änderungen der Nettoposition

2.4. Makroökonomische ex-post-Gleichheit

Konsolidiert man die Produktions-, Einkommens-, Vermögensänderungs- und Kreditänderungs- (Finanzierungs-) konten aller Sektoren, erhält man die sogenannten nationalen Konten *(Übersicht B-2)*. Das zusammengefaßte Konto übrige Welt kann direkt übernommen werden, da es von vornherein als konsolidiertes nationales Konto geführt wird.

Für die weitere Darstellung werden noch einige Vereinfachungen vorgenommen. Exporte und Importe werden saldiert; der Saldo heißt Außenbeitrag. Von der unbedeutenden Produktion des Sektors private Haushalte wird ebenso abgesehen wie von Faktoreinkommensströmen zwischen dem In- und Ausland. Geleistete und empfangene Transferzahlungen gegenüber dem Ausland werden gegeneinander aufgerechnet.

Das nationale Vermögensänderungskonto kann ohne Informationsverlust unberücksichtigt bleiben, da es nach der Konsolidierung lediglich die Änderung der Nettoposition gegenüber dem Ausland ausweist. Das nationale Produktionskonto enthält das Ergebnis der gesamtwirtschaftlichen Produktionstätigkeit. Bei der Konsolidierung fallen die Vorleistungen zwischen den Sektoren heraus, weil sie jeweils auf der Soll- und Habenseite erscheinen.

Die Habenseite des nationalen Produktionskontos gibt den Wert des Bruttosozialprodukts zu Marktpreisen Y_m^b wieder. Es stellt den Wert der in einer Periode erstellten Güter nach Abzug der Vorleistungen dar. Zieht man davon die Abschreibungen ab, verbleibt das Nettosozialprodukt zu Marktpreisen Y_m^n. Zu beachten ist, daß die Bruttoinvestitionen sowohl die des Staates als auch die der Privaten umfassen.

(1) $\quad Y_m^b = C_H + C_{St} + I^b + (Ex - Im)$

(2) $\quad Y_m^n = Y_m^b - D$

Das Nettosozialprodukt zu Faktorkosten Y_f^n erhält man, indem das Nettosozialprodukt zu Marktpreisen um die indirekten Steuern verringert und um die Subventionen erhöht wird. Dies ist erforderlich, da der Differenz $(T^{ind} - Z)$ keine Faktorleistung gegenübersteht.

(3) $\quad Y_f^n = Y_m^n - (T^{ind} - Z)$

Das Nettosozialprodukt zu Faktorkosten ist das gesamte Einkommen, das die Wirtschaftseinheiten aus der Produktionstätigkeit beziehen, weshalb man es als Volkseinkommen bezeichnet.

Bei der Konsolidierung zum nationalen Einkommenskonto heben sich die direkten Steuern, die die Haushalte entrichten und die der Staat erhält, gegenseitig auf, ebenso wie die Transferzahlungen, die der Staat zahlt und die die privaten Haushalte erhalten. Auf der Habenseite steht das Nettosozialprodukt zu Marktpreisen, auf der Sollseite seine Aufteilung auf den privaten Konsum, den staatlichen Konsum, die Ersparnis und die Nettotransfers an das Ausland.

(4) $\quad Y_m^n = C_H + C_{St} + S + Tr^a$

Bei der Konsolidierung der einzelnen Vermögensänderungskonten zum nationalen Vermögensänderungskonto entfallen wegen der gegenseitigen Aufrechnung alle Finanzierungssalden zwischen den inländischen Sektoren. Es verbleiben auf der Haben-

Übersicht B-2: Nationale Konten

Nationales Produktionskonto

Abschreibungen D	Privater Konsum C_H
Indirekte Steuern minus Subventionen $(T^{ind} - Z)$	Staatlicher Konsum (= Eigenverbrauch des Staates) C_{St}
Wertschöpfung (= Volkseinkommen = Nettosozialprodukt zu Faktorkosten) Y	Bruttoinvestition I^b
	Exporte minus Importe (= Außenbeitrag) $(Ex - Im)$

Nationales Einkommenskonto

Nettotransfers an das Ausland Tr^a	Volkseinkommen (= Wertschöpfung) Y
Privater Konsum C_H	Indirekte Steuern minus Subventionen $(T^{ind} - Z)$
Staatlicher Konsum C_{St}	
Ersparnis S	

Nationales Vermögensänderungskonto

Bruttoinvestition I^b	Abschreibungen D
Änderung der Nettoposition gegenüber dem Ausland (= Außenbeitrag minus Nettotransfers an Ausländer) $(Ex - Im - Tr^a)$	Ersparnis S

Zusammengefaßtes Konto übrige Welt

Exporte Ex	Importe Im
	Nettotransfers an das Ausland Tr^a
	Änderung der Nettoposition ΔN

seite die gesamtwirtschaftliche Ersparnis als Reinvermögenszunahme und die Abschreibungen. Auf der Sollseite stehen die Bruttoinvestitionen und die Änderung der Nettoposition gegenüber dem Ausland ΔN.

(5) $\quad I^b + (Ex - Im) - Tr^a = D + S$

Werden die Abschreibungen mit den Bruttoinvestitionen saldiert, kann man Gleichung (5) schreiben:

(6) $\quad I^n + (Ex - Im) - Tr^a = S$

oder:

(7) $\quad I^n + (Ex - Im) = S + Tr^a$

Das oben beschriebene zusammengefaßte Konto übrige Welt lautet:

(8) $\quad Ex = Im + Tr^a + \Delta N$

Investition und Ersparnis

Aus dem nationalen Produktions- sowie Einkommenskonto kann man das Nettosozialprodukt zu Marktpreisen entnehmen. Von der Verwendungsseite her (Gleichung 1 und 2) gilt:

$$Y_m^n = C_H + C_{St} + I^n + (Ex - Im)$$

Von der Aufteilungsseite her (Gleichung 4) gilt:

$$Y_m^n = C_H + C_{St} + S + Tr^a$$

Durch Gleichsetzen erhält man:

$$I^n + (Ex - Im) = S + Tr^a$$

Dieser Zusammenhang läßt sich auch direkt aus dem nationalen Vermögensänderungskonto ablesen und ist identisch mit Gleichung (7).

Er besagt, daß in einer offenen Volkswirtschaft in jeder Zeitperiode ex-post stets eine Gleichheit von Nettoinvestitionen und Außenbeitrag mit der gesamtwirtschaftlichen Ersparnis und den Nettotransfers an das Ausland besteht.

Abstrahiert man von den außenwirtschaftlichen Beziehungen, folgt aus Gleichung (7):

(9) $\quad I^n = S$

Diese ex-post-Identität ist Ergebnis der Definition der Sozialproduktsentstehung und -verwendung in einer geschlossenen Volkswirtschaft.

An der Aufstellung von Investitions- und Sparplänen sind unterschiedliche Wirtschaftseinheiten beteiligt. Investitionspläne werden von Unternehmen und öffentlichen Haushalten erstellt, Sparpläne auch von privaten Haushalten. Insofern wäre es Zufall, wenn die Summe der geplanten Investitionen gleich der Summe der geplanten Ersparnis wäre. Wenn die geplanten Größen nicht gleich sind, kommt es zu ungeplanten Investitionen und ungeplanter Ersparnis, die die Gleichheit von I^n und S herstellen (vgl. Beitrag C).

2.5. Sozialprodukt und Inlandsprodukt

Bei den bisherigen Betrachtungen der Einkommensentstehung wurde von dem Inländerkonzept ausgegangen. Das Ergebnis war das Inländer- oder Sozialprodukt bzw. Inländer- oder Volkseinkommen. Durch die vereinfachende Annahme in Abschnitt 2.4., daß keine Faktoreinkommen zwischen In- und Ausland fließen, war das Sozialprodukt (Inländerprodukt) mit dem Inlandsprodukt identisch. Gibt man diese Annahme auf, dann kann man den Zusammenhang zwischen Inländer- und Inlandsprodukt deutlich machen. Zählt man zum Inländerprodukt die an das Ausland geflossenen Faktoreinkommen zu und zieht die vom Ausland erhaltenen Faktoreinkommen ab, dann ergibt sich das Inlandsprodukt.

2.6. Volkswirtschaftliche Gesamtrechnung für die Bundesrepublik Deutschland

2.6.1. Kontensystem des Statistischen Bundesamtes

In den vorangegangenen Erläuterungen wurde ein einfaches Kreislaufschema vorgestellt. Das STATISTISCHE BUNDESAMT untergliedert sowohl die wirtschaftlichen Aktivitäten als auch die Sektoren stärker, um detailliertere Informationen liefern zu können.

- Der Unternehmenssektor wird in Produktionsunternehmen, Kreditinstitute und Versicherungsunternehmen unterteilt.
- Der Sektor Staat wird in die Subsektoren Gebietskörperschaften und Sozialversicherung aufgeteilt.
- Beim Sektor private Haushalte werden private Haushalte (im engeren Sinn) und private Organisationen ohne Erwerbscharakter unterschieden.

Für jeden dieser sieben Teilsektoren werden sieben Konten geführt, die dadurch entstehen, daß zu der bisher berücksichtigten Aktivität Einkommensverwendung noch Einkommensentstehung, -verteilung und -umverteilung hinzukommen. Diesem System wird ein zusammengefaßtes Güterkonto voran- und ein zusammengefaßtes Konto der übrigen Welt nachgestellt. Das zusammengefaßte Güterkonto enthält auf der Sollseite das gesamte Güteraufkommen im Inland. Dazu zählen die inländische Produktion, die Einfuhr und die Einfuhrabgaben. Auf der Habenseite wird der Verbleib der Güter in Form von Vorleistungen und der Endnachfrage, die sich aus dem privaten und staatlichen Konsum, den Bruttoinvestitionen und der Ausfuhr zusammensetzt, gebucht. Die Gegenbuchungen erfolgen auf den Aktivitätskonten bzw. auf dem zusammengefaßten Konto der übrigen Welt. Einen Überblick über das Kontensystem des STATISTISCHEN BUNDESAMTES gibt *Übersicht B-3* auf S. 64.

2.6.2. Entstehungs-, Verteilungs- und Verwendungsrechnung

Das Ergebnis der wirtschaftlichen Aktivität einer Periode läßt sich unter drei Blickwinkeln ermitteln und zwar bei der Entstehung, bei der Verteilung und bei der Verwendung. Diese Rechnungen sind z. T. aus dem Kontensystem der volkswirtschaftlichen Gesamtrechnung ableitbar. Zusätzlich veröffentlicht das STATISTISCHE BUNDESAMT sogenannte Standardtabellen mit weiteren Informationen.

Aufgabe der Entstehungsrechnung ist es, die Beiträge einzelner Wirtschaftsbereiche zum gesamten Produktionsergebnis einer Volkswirtschaft zu liefern. Dazu wird vor allem der Unternehmenssektor stärker untergliedert als im Kontensystem des Kreislaufschemas und zwar in: Land- und Forstwirtschaft, Fischerei; Warenproduzierendes Gewerbe; Handel und Verkehr; Dienstleistungsunternehmen. Diese Bereiche werden noch weiter aufgespalten. Für jeden Wirtschaftsbereich wird folgende Rechnung durchgeführt: Vom jeweiligen Bruttoproduktionswert werden die Vorleistungen abgezogen. Das Ergebnis ist der Nettoproduktionswert, der die Bruttowertschöpfung (zu Marktpreisen) eines Bereiches darstellt. Die Summe der sektoralen Einzelbeiträge ergibt die gesamtwirtschaftliche Bruttowertschöpfung. Um das Bruttoinlandsprodukt zu erhalten, müssen noch die Einfuhrabgaben hinzugezählt werden. Dies ist

Übersicht B-3: **Kontensystem der Volkswirtschaftlichen Gesamtrechnung des STATISTISCHEN BUNDESAMTES**

Sektoren / Aktivitäten	Unternehmen			Staat		Haushalte	
	Produktionsunternehmen	Kreditinstitute	Versicherungsunternehmen	Gebietskörperschaften	Sozialversicherung	Private Haushalte	Private Organisationen ohne Erwerbscharakter
	0) Zusammengefaßtes Güterkonto							
Produktion von Waren und Dienstleistungen	1) Produktionskonten						
Entstehung von Erwerbs- und Vermögenseinkommen	2) Einkommensentstehungskonten						
Verteilung der Erwerbs- und Vermögenseinkommen	3) Einkommensverteilungskonten						
Umverteilung der Einkommen	4) Einkommensumverteilungskonten						
Verwendung der Einkommen	5) Einkommensverwendungskonten						
Vermögensbildung	6) Vermögensänderungskonten						
Veränderung der Forderungen und Verbindlichkeiten	7) Finanzierungskonten						
	8) Zusammengefaßtes Konto der übrigen Welt						

erforderlich, weil bei der Ermittlung der Bruttowertschöpfung die Vorleistungen einschließlich Einfuhrabgaben abgezogen werden. Ohne nachträgliche Berücksichtigung wäre diese, den indirekten Steuern zuzurechnende Position, nicht im Bruttoinlandsprodukt enthalten.

In *Tab. B-1* sind Ergebnisse der Entstehungsrechnung 1960 und 1978 für die Bundesrepublik wiedergegeben. Aus den Anteilswerten ersieht man die Produktionsstruktur, aus dem Zeitvergleich erhält man Einblick in die Veränderungen der Struktur. Angeschlossen an diese Tabelle ist noch die Umrechnung vom Bruttoinlandsprodukt über das Bruttosozialprodukt zum Nettosozialprodukt.

Tab. B-1: Entstehung des Sozialprodukts nach Wirtschaftsbereichen 1960 und 1978 in jeweiligen Preisen

	1960 Mrd. DM	1960 in v. H.	1978[1] Mrd. DM	1978[1] in v. H.
Land- u. Forstwirtschaft, Fischerei	17	5,6	34	2,6
Warenproduzierendes Gewerbe	161	53,1	619	48,3
Handel und Verkehr	55	18,2	196	15,3
Dienstleistungsunternehmen	41	13,5	278	21,7
Unternehmen insgesamt	275	90,8	1 128	87,9
desgleichen bereinigt[2]	271	89,4	1 071	83,5
Staat	22	7,3	149	11,6
Private Haushalte[3]	5	1,7	21	1,6
Bruttowertschöpfung insgesamt	297	98,0	1 241	96,7
Einfuhrabgaben (zuzüglich)	6	2,0	38	3,0
Bruttoinlandsprodukt	303	100,0	1 279	99,7
+ Saldo der Erwerbs- und Vermögenseinkommen zwischen Inländern und der übrigen Welt	0	0,0	4	0,3
Bruttosozialprodukt zu Marktpreisen	303	100,0	1 283	100,0
÷ Abschreibungen	24	7,9	145	11,3
Nettosozialprodukt zu Marktpreisen	279	92,1	1 138	88,7
÷ (Indirekte Steuern minus Subventionen)	39	12,9	140	10,9
Nettosozialprodukt zu Faktorkosten = Volkseinkommen	240	79,2	998	77,8

[1] Vorläufiges Ergebnis.
[2] Bereinigte Bruttowertschöpfung der Unternehmensbereiche, d. h. nach Abzug der unterstellten Entgelte für Bankdienstleistungen und des Vorsteuerabzugs auf Investitionen.
[3] Einschl. privater Organisationen ohne Erwerbscharakter.

Quelle: STATISTISCHES BUNDESAMT, Volkswirtschaftliche Gesamtrechnungen, Fachserie 18, Reihe 1, (lfde. Jahrgänge)

Verteilungsrechnung

Die Verteilung des Volkseinkommens kann man unter drei Blickwinkeln betrachten:

– als funktionale Einkommensverteilung, bei der es darum geht, welche Einkommensanteile den Produktionsfaktoren zufließen;

– als personale Einkommensverteilung, bei der auf die Einkommensrelation zwischen Personen oder Haushalten abgestellt wird;

– als sektorale Einkommensverteilung, die die Verteilung auf die Wirtschaftssektoren erfaßt.

Vor Umverteilungsmaßnahmen durch den Staat errechnet sich das Volkseinkommen als Summe von Bruttoeinkommen aus unselbständiger Arbeit und Bruttoeinkommen aus Unternehmertätigkeit und Vermögen (vgl. Beitrag H). Die weitere Untergliederung dieser Primärverteilung geht aus *Tabelle B-2* hervor.

Tab. B-2: Primärverteilung in jeweiligen Preisen

	1960 Mrd.DM	1960 in v. H.	1978[1] Mrd.DM	1978[1] in v. H.
Bruttoeinkommen aus unselbständiger Arbeit	143	60,6	710	71,1
÷ Sozialbeiträge der Arbeitgeber	18	7,6	130	13,0
Bruttolohn- und Gehaltssumme	125	53,0	579	58,0
÷ Lohnsteuer	8	3,4	93	9,3
÷ Tatsächliche Sozialbeiträge der Arbeitnehmer	12	5,1	78	7,8
Nettolohn- und Gehaltssumme	105	44,5	408	40,9
Bruttoeinkommen aus Unternehmertätigkeit und Vermögen	93	39,4	288	28,9
÷ Direkte Steuern u. ä.	21	8,9	67	6,7
Nettoeinkommen	72	30,5	221	22,1
davon: Entnommene Gewinne und Vermögenseinkommen	50	21,2	197	19,7
davon: private Haushalte	47	19,9	208	20,8
davon: Staat	3	1,3	11	1,1
Nicht entnommene Gewinne	22	9,3	24	2,4
Volkseinkommen	236	100,0	998	100,0

[1] Vorläufiges Ergebnis.

Quelle: STATISTISCHES BUNDESAMT, Volkswirtschaftliche Gesamtrechnungen, Fachserie 18, Reihe 1, (lfde. Jahrgänge).

Verwendungsrechnung

Bei dieser Betrachtung wird vom Bruttosozialprodukt ausgegangen, das für privaten Verbrauch, für Staatsverbrauch, für Bruttoinvestitionen (Anlageinvestitionen und Vorratsänderung) und den Außenbeitrag verwendet werden kann *(vgl. Tabelle B-3)*. Betrachtet man die Summe dieser Komponenten ohne die Importe, so erhält man die gesamtwirtschaftliche Endnachfrage, die sich auf das Inland richtet.

Tab. B-3: Verwendung des Bruttosozialprodukts in jeweiligen Preisen

	1960		1978[1]	
	in Mrd. DM	in v. H. des BSP	in Mrd. DM	in v. H. des BSP
Privater Verbrauch	172	56,7	710	55,3
Staatsverbrauch	41	13,5	256	20,0
Anlageinvestition	74	24,3	277	21,6
Vorratsänderung	9	2,9	6	0,5
Außenbeitrag	8	2,6	35	2,7
Bruttosozialprodukt zu Marktpreisen	303	100,0	1 283	100,0

[1] Vorläufiges Ergebnis.
Quelle: STATISTISCHES BUNDESAMT, Volkswirtschaftliche Gesamtrechnungen, Fachserie 18, Reihe 1, (lfde. Jahrgänge)

In *Übersicht B-4* sind die verschiedenen Ermittlungsarten für das Sozialprodukt einander schematisch gegenübergestellt.

Übersicht B-4: Schematische Gegenüberstellung der Ermittlungsarten des Sozialprodukts

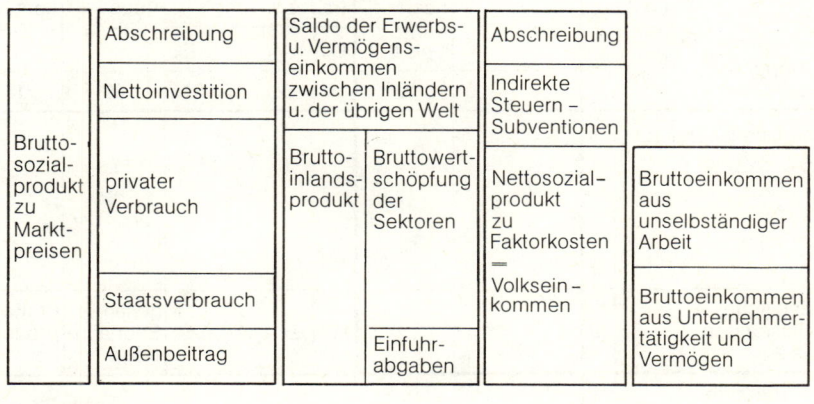

Bruttosozialprodukt zu Marktpreisen	Abschreibung	Saldo der Erwerbs- u. Vermögenseinkommen zwischen Inländern u. der übrigen Welt		Abschreibung	
	Nettoinvestition			Indirekte Steuern – Subventionen	
	privater Verbrauch	Bruttoinlandsprodukt	Bruttowertschöpfung der Sektoren	Nettosozialprodukt zu Faktorkosten = Volkseinkommen	Bruttoeinkommen aus unselbständiger Arbeit
	Staatsverbrauch				Bruttoeinkommen aus Unternehmertätigkeit und Vermögen
	Außenbeitrag		Einfuhrabgaben		

Ermittlungsarten: Verwendung   Entstehung   Verteilung

3. Input-Output-Rechnung zur Erfassung sektoraler Verflechtungen

Die Liefer- und Empfängerbeziehungen zwischen den Produktionsbereichen werden in Input-Output-Tabellen erfaßt, die von WASSILY LEONTIEF (1936) entwickelt wurden. Dabei wird spaltenweise der für die Produktion in einem Wirtschaftsbereich erforderliche Input und zeilenweise der erzielte Output wiedergegeben. Es handelt sich also um eine spezielle Darstellungsform der wirtschaftlichen Aktivität „Produktion".

In *Übersicht B-5* ist eine Input-Output-Tabelle schematisch dargestellt. Der Output eines Produktionsbereiches setzt sich aus den Vorleistungslieferungen des Bereiches an sich selbst und an alle anderen Bereiche zusammen, sowie aus Güterlieferungen an private Haushalte C_H, an den Staat C_{St}, an das Ausland Ex und an andere Bereiche, in die diese Güter nicht als Vorleistungen sondern als Investitionen I^b eingehen.

C_H, C_{St}, Ex und I^b werden als Lieferungen an die Endnachfrage bezeichnet. Addiert man dazu die Vorleistungslieferungen des Bereichs, so stellt die Summe seinen Bruttoproduktionswert dar. Mit den Vorleistungslieferungen und den Lieferungen an die Endnachfrage ist die Outputstruktur jedes Sektors gekennzeichnet. Die einzelnen Spalten der Input-Output-Tabelle geben die Inputstruktur des entsprechenden Bereichs wieder, bestehend aus Vorleistungen des eigenen und der anderen Bereiche sowie aus den primären Inputs, die aus den Abschreibungen, den Zahlungen für indirekte Steuern abzüglich erhaltenen Subventionen, den Löhnen und Gehältern W und dem Gewinn Q bestehen.

Übersicht B-5: Schema einer Input-Output-Tabelle für n = 9 Produktionsbereiche

Output an / Input von		Produktionsbereiche 1.....i..9	Vorleistungsnachfrage = 1 bis 9 10	gesamtwirtschaftliche Endnachfragebereiche C_H 11	C_{St} 12	I^b 13	Ex 14	Endnachfrage = 11 bis 14 15	Bruttoproduktionswert = 10 + 15 16
Produktionsbereiche	1 . i . 9								
Inländische Vorleistungen = 1 bis 9			10	ΣC_H	ΣC_{St}	ΣI^b	ΣEx	gesamte Endnachfrage	Bruttoproduktionswert
primäre Inputs	Importe	11	ΣIm						
	Abschreibungen	12	ΣD						
	Indirekte Steuern ÷ Subventionen	13	$\Sigma (T^{ind} \div Z)$						
	Löhne	14	ΣW						
	Gewinne	15	ΣQ						
Beiträge zum Bruttoinlandsprodukt = 12 bis 15		16	Bruttoinlandsprodukt						
Bruttoproduktionswert = 10 + 11 + 16		17	Bruttoproduktionswert						

Die Summe der primären Inputs je Bereich ohne Importe stellt den Beitrag des Bereiches zum Bruttoinlandsprodukt dar. Vorleistungsbezüge und gesamte primäre Inputs ergeben als Spaltensumme wieder den Bruttoproduktionswert dieses Bereichs.

Die zeilen- oder spaltenweise Summe über alle Bereiche liefert den Bruttoproduktionswert. Summiert man die Endnachfragekomponenten über alle Bereiche, erhält man die Endnachfrage, die sich auf das Inland richtet.

Bruttoinlandsprodukt = D + T^{ind} − Z + W + Q

Zur genaueren Charakterisierung der Produktionsstruktur können Koeffizienten gebildet werden. Bei den Inputkoeffizienten werden Vorleistungen bzw. primäre Inputs auf den Bruttoproduktionswert eines Bereiches bezogen. Sie sagen aus, wieviele Vorleistungen von einem anderen Bereich bzw. wieviel primäre Inputs eingesetzt worden sind, um eine Einheit des Bruttoproduktionswertes zu erstellen. Die Koeffizienten werden Vorleistungs-, Import-, Abschreibungs-, Lohnkoeffizient usw. genannt. Outputkoeffizienten geben an, welcher Anteil des Outputs eines Sektors als Vorleistung an einen anderen Sektor oder direkt an die Endnachfrage geliefert wird.

Neben Informationen über die Verflechtung der verschiedenen Produktionsbereiche liefern Input-Output-Tabellen das Datenmaterial zur Anwendung der Input-Output-Analyse. Kann man bestimmte Produktionsbedingungen unterstellen, lassen sich mit der Input-Output-Analyse ausgehend von einer Änderung einer Endnachfragekomponente für einen Bereich die Rückwirkungen auf die Produktion aller anderen Bereiche und die dafür erforderlichen Vorleistungslieferungen und primären Inputs errechnen.

4. Kritik am Sozialproduktkonzept

Die Kenntnis der Größen aus dem volkswirtschaftlichen Rechnungswesen ist für die wirtschaftspolitische Steuerung des Wirtschaftsprozesses und die Erfolgskontrolle der Wirtschaftspolitik unerläßlich. Dabei ist jedoch zu beachten, daß lediglich quantitative Relationen erfaßt werden, deren Ermittlung und Bewertung Probleme aufwerfen.

Zu den Ermittlungsproblemen zählt die Genauigkeit, mit der die Primärstatistiken ausgewertet werden können. Daneben gibt es Probleme beim internationalen Vergleich, die aus unterschiedlichen Abgrenzungen und unterschiedlicher nicht erfaßter Selbstversorgung von Bevölkerungsteilen resultieren.

Bewertungsprobleme ergeben sich vor allem bei den staatlichen Leistungen, die mangels Marktpreisen zu Faktorkosten angesetzt werden. Da hier der Output durch die Faktorkosten bewertet wird, führt z. B. jede Gehaltserhöhung eines Beamten rechnerisch zu einer Sozialproduktionssteigerung, ohne daß eine Mehrleistung vorzuliegen braucht.

Das Sozialprodukt ist ein Maßstab für die produktiven Leistungen einer Volkswirtschaft. Gegen die Interpretation des Sozialprodukts als Wohlstandsindikator wird eingewendet, daß die Produktionsbedingungen, unter denen ein gegebener Output entsteht, sehr unterschiedlich sein können und daß die Verteilung des entstandenen Einkommens unberücksichtigt bleibt. Es wird nur Kapital, nicht aber Arbeit und Boden abgeschrieben, obwohl bestimmte Aufwendungen der privaten Haushalte Abschreibungscharakter haben, da sie zur Erhaltung des Arbeitseinsatzes erforderlich sind.

Produktion und Konsum verursachen Umweltschäden. Die Kosten zu ihrer Verhinderung und Beseitigung stellen ökonomische Vorleistungen dar, die die Höhe und Struktur des Sozialprodukts beeinflussen können. In jedem Falle werden Ressourcen beansprucht, die alternativen Produktionsmöglichkeiten entzogen werden. Ähnliche Probleme ergeben sich beim Abbau von Rohstoffen. Umstritten ist deshalb, ob das in der volkswirtschaftlichen Gesamtrechnung ermittelte Sozialprodukt als Wohlstandsindikator geeignet ist.

Aus dieser Kritik heraus versucht man seit einigen Jahren die Sozialproduktsrechnung durch zusätzliche soziale Indikatoren wie Lärmbelästigung, Lehrer-Schüler-Relation usw. als Meßgrößen für die Qualität des Lebens zu ergänzen (KRUPP 1973, ZAPF 1972, 1976). Auch hier ergeben sich Probleme, da der einheitliche Maßstab verlorengeht und es kein theoretisch abgesichertes Konzept zur vergleichenden Bewertung verschiedener sozialer Indikatoren gibt.

Kommentierte Literaturhinweise

In nahezu allen neueren Lehrbüchern der Allgemeinen Volkswirtschaftslehre bzw. der Makroökonomik wird der Themenbereich Kreislauf und Volkswirtschaftliche Gesamtrechnung angesprochen.

Spezielle und besonders ausführliche Darstellungen sind die Lehrbücher von ALFRED STOBBE (1966, 4. A. 1976) und FRANZ HASLINGER (1978). Sie enthalten zudem detaillierte Literaturangaben. Als knappere Einführung sind FRIEDRICH GEIGANT u. a. (1972) und DIETER CASSEL; HERBERT MÜLLER (1975) zu nennen. Die theoretischen Grundlagen finden sich am besten bei WILHELM KRELLE (1959, 2, 2. A. 1967).

Ein Überblick über die Kreislaufanalyse findet sich bei GOTTFRIED BOMBACH (1960); die dogmengeschichtliche Entwicklung ist bei HANS PETER (1967) wiedergegeben.

Eine umfassende Darstellung der Input-Output-Analyse gibt JOCHEN SCHUMANN (1968).

Das Sozialprodukt als Wohlstandsindikator und Vorschläge für ein System sozialer Indikatoren werden in den von WOLFGANG ZAPF (1974, 1975) herausgegebenen Sammelbänden diskutiert.

Ergebnisse der Volkswirtschaftlichen Gesamtrechnung für die Bundesrepublik Deutschland veröffentlicht das STATISTISCHE BUNDESAMT in einer eigenen Fachserie, in der Zeitschrift „Wirtschaft und Statistik" und im Statistischen Jahrbuch sowie das DEUTSCHE INSTITUT FÜR WIRTSCHAFTSFORSCHUNG in seinen „Vierteljahresheften zur Wirtschaftsforschung". International werden von dem STATISTICAL OFFICE OF THE UNITED NATIONS und dem STATISTISCHEN AMT DER EUROPÄISCHEN GEMEINSCHAFTEN Gesamtrechnungen für ihre jeweiligen Mitglieder publiziert.

C. Einkommen, Beschäftigung, Preisniveau

Jürgen Siebke, H. Jörg Thieme

Gliederung

1. Makroökonomische Analyse
2. Konkurrierende Erklärungsansätze
3. Gütermarkt
   - 3.1. Güterwirtschaftliches Gleichgewicht
     - 3.1.1. Ausgangshypothesen
     - 3.1.2. Konsum- und Sparfunktion
     - 3.1.3. Gleichgewicht und Stabilität
   - 3.2. Ausgabenmultiplikator
   - 3.3. Staatliche Aktivität
   - 3.4. Alternative Konsum- und Investitionsfunktionen
4. Geldmarkt
   - 4.1. Geldangebot
   - 4.2. Geldnachfrage
   - 4.3. Geldmarktgleichgewicht
5. Gleichgewicht auf Güter- und Geldmarkt
   - 5.1. IS-LM-System
   - 5.2. Fiskal- und Geldpolitik im IS-LM-System
   - 5.3. Formen der Defizitfinanzierung
     - 5.3.1. Verschuldung gegenüber der Zentralbank
     - 5.3.2. Verschuldung gegenüber dem privaten Sektor
   - 5.4. Relative Bedeutung von Fiskal- und Geldpolitik
     - 5.4.1. Niveaueffekte
     - 5.4.2. Struktureffekte
6. Arbeitsmarkt
   - 6.1. Produktionsfunktion, Arbeitsnachfrage und -angebot
   - 6.2. Arbeitsmarktgleichgewicht
7. Gleichgewicht auf Güter-, Geld- und Arbeitsmarkt
   - 7.1. Gesamtwirtschaftliche Angebots- und Nachfragekurve
   - 7.2. Neoklassisches Gleichgewicht
   - 7.3. Keynesianisches Gleichgewicht
8. Außenwirtschaftsbeziehungen
   - 8.1. Zahlungsbilanz
   - 8.2. Gleichgewicht bei festen Wechselkursen
   - 8.3. Gleichgewicht bei flexiblen Wechselkursen

1. Makroökonomische Analyse

Leitfragen

Makroökonomische Theorie ist die Analyse gesamtwirtschaftlicher Zusammenhänge und Prozesse auf der Basis aggregierter Größen. Sie ist durch zwei Merkmale gekennzeichnet:

- Nicht individuelle oder einzelwirtschaftliche Dispositionen sind Gegenstand der Analyse, sondern das Verhalten und Zusammenwirken der zu Gruppen, Sektoren oder gar Ländern zusammengefaßten Wirtschaftseinheiten: Haushalte, Unternehmen, In- und Ausland, Konsumenten, Sparer, Investoren.
- Die Ergebnisse des Verhaltens solcher Gruppen oder Sektoren schlagen sich in aggregierten Variablen nieder: Gesamtwirtschaftliches Einkommen, Sozialprodukt, Beschäftigungs- und Preisniveau, gesamtwirtschaftlicher Konsum, gesamtwirtschaftliche Ersparnis und Investition.

Hauptaufgabe der makroökonomischen Theorie ist es, Hypothesen über die Determinanten des Verhaltens dieser Gruppen und Sektoren zu formulieren. Dadurch wird es möglich, die aggregierten Variablen ebenso zu erklären wie die Beziehungen, die zwischen ihnen bestehen.

Leitfragen makroökonomischer Analyse sind somit:

Welche Faktoren bestimmen die Höhe des gesamtwirtschaftlichen Einkommens und Sozialprodukts? Wovon hängt das Beschäftigungsniveau ab, und unter welchen Bedingungen kann in einer Volkswirtschaft dauerhaft Vollbeschäftigung der Produktionsfaktoren erreicht werden? Wodurch sind gesamtwirtschaftlich Konsum, Sparen und Investitionen determiniert? Wovon hängt die Höhe des Preisniveaus in einer Volkswirtschaft ab? Welche Beziehungen bestehen zwischen diesen gesamtwirtschaftlichen Niveauvariablen?

Diese Fragen können nur dann befriedigend beantwortet werden, wenn eine makroökonomische Theorie existiert, die das Verhalten der Gruppen und Sektoren erklärt und es dadurch ermöglicht, deren Reaktionen auf gesamtwirtschaftliche Datenänderungen zu bestimmen. Erst dann kann auch die tatsächliche Höhe der Niveauvariablen in einer Volkswirtschaft auf ihre Ursachen zurückgeführt, können Prognosen über die zukünftige Entwicklung von Sozialprodukt, Beschäftigung und Preisniveau formuliert und wirtschaftspolitische Instrumente zur Vermeidung unerwünschter gesamtwirtschaftlicher Entwicklungen eingesetzt werden.

Makromärkte

Das Aggregationsverfahren, wie es für Sozialprodukt und gesamtwirtschaftliches Einkommen in der Volkswirtschaftlichen Gesamtrechnung praktiziert wird (Beitrag B), bietet den Vorteil, die Vielfalt einzelwirtschaftlicher Beziehungen und die daraus resultierende Unüberschaubarkeit gesamtwirtschaftlicher Prozesse zu reduzieren. Es ermöglicht, überschaubare Modelle mit wenigen makroökonomischen Variablen zu konstruieren und Hypothesen über ihre Bestimmungsfaktoren aufzustellen. Auch können Reaktionen einer Variablen auf angenommene Änderungen anderer (exogener) Variablen leichter erfaßt und auf diese Weise jene Bedingungen hergeleitet werden, unter denen sich im Modell ein gesamtwirtschaftliches Gleichgewicht einstellt.

Für diesen Zweck wird im folgenden die Vielzahl von verschiedenartigen Einzelmärkten gedanklich zu wenigen gesamtwirtschaftlich relevanten Makromärkten zusammengefaßt: Gütermarkt, Geldmarkt, Arbeitsmarkt. Auf dem makroökonomischen Gütermarkt wird das in einer Periode insgesamt verfügbare Güterbündel (Sozialprodukt) angeboten und nachgefragt. Auf dem makroökonomischen Geldmarkt steht das gesamtwirtschaftliche Geldangebot der gesamtwirtschaftlichen Geldnachfrage, auf dem Arbeitsmarkt das gesamtwirtschaftliche Arbeitsangebot der gesamtwirtschaftlichen Arbeitsnachfrage gegenüber. Wendet man das in der Mikroökonomie entwickelte analytische Instrumentarium an (Beiträge K, L), können Marktgleichgewichte und damit – in Abhängigkeit von der Art der makroökonomischen Hypothesen – die Gleichgewichtswerte der jeweiligen aggregierten Preis-Mengen-Variablen auf den einzelnen Makromärkten bestimmt werden: In diesem Beitrag werden Güterpreisniveau und gesamtwirtschaftliches Einkommen (Sozialprodukt) auf dem Gütermarkt, Zinsniveau und Geldmenge auf dem Geldmarkt sowie Lohnniveau und Beschäftigungsmenge auf dem Arbeitsmarkt determiniert.

Eine partielle Gleichgewichtsanalyse liegt vor, wenn nur ein Makromarkt betrachtet wird. In diesem Fall werden die übrigen, keineswegs vernachlässigten Variablen als exogen (gegeben) angenommen, weil sie auf dem spezifischen Makromarkt nicht erklärt werden. Erst wenn die Interaktionen zwischen den Makromärkten berücksichtigt werden, kann in einer makroökonomischen Totalanalyse das gesamtwirtschaftliche Gleichgewicht auf allen Makromärkten gleichzeitig (simultan) bestimmt werden. Erst dann sind auch die betrachteten Niveauvariablen simultan im Modell (endogen) determiniert.

Die makroökonomische Theorie des Einkommens, der Beschäftigung und des Preisniveaus erklärt das Niveau von makroökonomischen Variablen und deren absolute Veränderungen. Es werden statische Modelle von Makromärkten analysiert, deren Variablen sich auf die gleiche Periode oder den gleichen Zeitpunkt beziehen (Zeitindices brauchen deshalb nur dort verwendet zu werden, wo dynamische Modelle besonders angesprochen sind). Ein solches Vorgehen erlaubt es lediglich, unterschiedliche Marktgleichgewichte zu vergleichen, die durch Variation einer oder mehrerer exogener Variablen entstehen (komparativ-statische Analyse). Über Art und Dauer des Prozesses, der von einem Ausgangsgleichgewicht zu einem neuen Gleichgewicht führt, kann eine komparativ-statische Analyse nichts aussagen. Hierfür sind zusätzliche Hypothesen erforderlich, die das Anpassungsverhalten der Gruppen und Sektoren erklären.

Mit diesen Leitfragen und Bausteinen makroökonomischer Analysen sowie den methodischen Überlegungen ist zugleich das weitere Vorgehen in diesem Beitrag beschrieben: Gesamtwirtschaftliches Einkommen, Beschäftigung und Preisniveau werden bestimmt, indem schrittweise einzelne Makromärkte beschrieben und partielle gesamtwirtschaftliche Gleichgewichte analysiert werden. Durch Zusammenfügen einzelner Makromärkte können die Interaktionen zwischen ihnen berücksichtigt und alle Niveauvariablen schließlich in einer Analyse des totalen gesamtwirtschaftlichen Gleichgewichts simultan bestimmt werden. Diese Gleichgewichtsanalyse wird abschließend durch Einbeziehung außenwirtschaftlicher Aktivitäten erweitert. In den jeweiligen Marktmodellen wird auch gezeigt, welche Konsequenzen die durch wirtschaftspolitische Instrumente (insbesondere Fiskal- und Geldpolitik) ausgelösten Datenänderungen auf Einkommen, Beschäftigung und Preisniveau haben.

2. Konkurrierende Erklärungsansätze

Wie in anderen Teilgebieten der Nationalökonomie konkurrieren auch in der Makroökonomik verschiedene Hypothesensysteme (Theorien), durch die beobachtete gesamtwirtschaftliche Phänomene erklärt werden sollen. In der makroökonomischen Theorie waren die Kontroversen schon immer besonders heftig, weil Einkommen, Beschäftigung und Preisniveau seit jeher eine zentrale Bedeutung in der wirtschaftspolitischen Diskussion hatten.

Bis Mitte der dreißiger Jahre dieses Jahrhunderts dominierte die klassische Theorie (Quantitätstheorie), nach der kurzfristige Schwankungen von Einkommen und Beschäftigung ebenso wie die Preisniveauentwicklung durch die gesamtwirtschaftliche Geldmenge und ihre Veränderungen verursacht wurden (FISHER, 1911). Aus dieser Sicht war eine stetige Politik der angemessenen Geldmengenversorgung notwendige und zugleich hinreichende Bedingung für ein gesamtwirtschaftliches Gleichgewicht bei Vollbeschäftigung der Produktionsfaktoren. Dieses weithin akzeptierte Erklärungsmuster wurde durch die Weltwirtschaftskrise erheblich erschüttert, die im Oktober 1929 ausbrach. Der drastische Rückgang des Einkommens und die hohe und anhaltende Massenarbeitslosigkeit schien mit dem klassischen Konzept nicht erklärbar. Die Theorie von JOHN MAYNARD KEYNES (The General Theory of Employment, Interest and Money, 1936), die er in kritischer Auseinandersetzung mit der klassischen Theorie entwickelte, schien besser geeignet, die Weltwirtschaftskrise zu erklären und wirtschaftspolitische Maßnahmen zur wirksamen Bekämpfung der Arbeitslosigkeit bereitzustellen: Nicht die Geldmenge, sondern die Komponenten der gesamtwirtschaftlichen Nachfrage (privater Konsum, private Investition, Staatsausgaben) determinieren das Niveau des Einkommens und der Beschäftigung. Ist die gesamtwirtschaftliche Nachfrage zu gering, um Vollbeschäftigung zu gewährleisten, kann sich in jeder Volkswirtschaft ein dauerhaftes Gleichgewicht bei Unterbeschäftigung einstellen. In solchen Situationen ist es Aufgabe des Staates, das gesamtwirtschaftliche Nachfragedefizit fiskalpolitisch durch Erhöhung der Staatsausgaben auszugleichen, weil eine expansive Geldpolitik unter bestimmten Nachfragekonstellationen wirkungslos bleiben kann.

Es ist nicht verwunderlich, daß das zufällige zeitliche Zusammenfallen einer solch massiven Kritik klassischen Gedankengutes mit den noch spürbaren Auswirkungen einer schweren weltweiten Depression eine „keynesianische" Revolution in der Nationalökonomie auslöste. KEYNES' Werk und die nachfolgende Interpretation und Weiterentwicklung (HICKS, 1937; KLEIN, 1947; SCHNEIDER, 1947-1952) haben das makroökonomische Denken seit dem Zweiten Weltkrieg dominiert. KEYNES' Ideen wurden in dem Interpretationsprozeß teilweise erheblich verfremdet (LEIJONHUFVUD, 1968) und seine Aussagen zu speziellen gesamtwirtschaftlichen Konstellationen unzulässigerweise verallgemeinert. Der so entstandene „Keynesianismus" prägt auch heute noch weitgehend das wirtschaftspolitische Denken.

In der theoretischen Diskussion ist es hingegen seit Mitte der sechziger Jahre erneut zu einer heftigen Kontroverse gekommen, als MILTON FRIEDMAN (1963, 1968) die klassische Quantitätstheorie neu formulierte und eine „monetaristische Gegenrevolution" einleitete (BRUNNER, 1970, 2; JOHNSON, 1971, 3). Sie wurde zu einer gesamtwirtschaftlichen Theorie des Einkommens, der Beschäftigung und des Preisniveaus ausgebaut (BRUNNER, 1970, 1; BRUNNER, 1971; DARBY, 1976, 1). Die auch in zahlreichen empirischen Analysen formulierte Kritik am keynesianischen Modelldenken richtet sich insbesondere gegen die Vernachlässigung des monetären Sektors.

Die Auseinandersetzungen haben in beiden theoretischen Lagern Modifikationen und Relativierungen induziert und die analytischen Gemeinsamkeiten in den siebziger Jahren wieder stärker sichtbar gemacht. Diese Konsolidierung der makroökonomischen Theorie zeigt sich auch bereits in neueren Lehrbüchern zur Makroökonomik (BRANSON, 1972, 2. A. 1979; DORNBUSCH/FISCHER, 1978; CLAASSEN, 1980): Keynesianische Sprache und Sichtweise der funktionalen Beziehungen zwischen den Niveauvariablen sind die Bausteine makroökonomischer Modelle, die durch differenzierte Teilhypothesen jeweils ausgefüllt werden. Dieser Strategie wird auch hier gefolgt, wodurch es möglich ist, analytische Gemeinsamkeiten und Unterschiede zwischen dem angebotsorientierten Makromodell der Neoklassik und dem nachfrageorientierten Makromodell keynesianischer Prägung aufzuzeigen sowie die gesamtwirtschaftlichen Auswirkungen verschiedener Teilhypothesen zu beschreiben.

3. Gütermarkt

Auf dem Gütermarkt wird die gesamtwirtschaftliche Ausbringungsmenge (Sozialprodukt) angeboten und nachgefragt. Die gesamte Volkswirtschaft sei auf diesen einen aggregierten Markt reduziert. Die Analyse der Bestimmungsgründe der gesamtwirtschaftlichen Aktivität schließt deshalb noch nicht die finanziellen Märkte und die Märkte der Produktionsfaktoren ein.

Weiterhin wird unterstellt, daß das Güterpreisniveau exogen und konstant ist. Alle ökonomischen Variablen und ihre Veränderungen sind deshalb real. Sie lassen sich zwar über das fixe Preisniveau in nominale Werte überführen, doch bleibt diese Überführung ein rechnerischer Vorgang. Gesamtwirtschaftliche Einkommensänderungen sind stets von identischen Variationen der Angebotsmengen, also des realen Sozialprodukts, begleitet.

3.1. Güterwirtschaftliches Gleichgewicht

Wenn die Unternehmen zu konstanten Preisen produzieren und anbieten, kann erwartet werden, daß die Firmen ihr Angebot stets der gegebenen Nachfrage anpassen. Preisveränderungen fallen als Instrument der Steigerung oder Zurückdrängung des Absatzes aus. Ein mengenmäßiger Anpassungsprozeß sorgt mithin dafür, daß sich das gesamtwirtschaftliche Angebot der gesamtwirtschaftlichen Nachfrage angleicht.

3.1.1. Ausgangshypothesen

Produzieren die Unternehmen mehr als tatsächlich nachgefragt wird, sind sie gezwungen, ihre Lager aufzustocken. Fällt die Produktion hinter die Nachfrage zurück, müssen die Firmen Vorräte auflösen, um die Nachfrage nach ihren Produkten befriedigen zu können. Reichen die Lagerbestände nicht aus, bleiben Kaufwünsche unerfüllt. Die grundlegende Hypothese über den mengenmäßigen Anpassungsprozeß liegt in der Annahme, daß das Auseinanderfallen zwischen der laufenden Produktion und der tatsächlichen Nachfrage unmittelbar Revisionen der Produktionspläne auslöst. Ungewollte Lagererhöhungen führen zu Produktionseinschränkungen; ein nicht erwarteter Lagerabbau stimuliert die Produktion. Diese Betrachtung legt es nahe, von einem Gleichgewicht dann zu sprechen, wenn Angebot und Nachfrage in dem Sinne übereinstimmen, daß die Firmen keine ungewollten Lagerveränderungen hinnehmen müssen.

Unfreiwillige Investitionen

Um die makroökonomische Abhängigkeit des Angebots von der Nachfrage zu verdeutlichen, sei eine Volkswirtschaft konstruiert, in der allein private Haushalte und Unternehmen das Sozialprodukt beanspruchen. Die Volkswirtschaft habe also keine außenwirtschaftlichen Beziehungen und keine Regierung, die ökonomische Aktivitäten entfaltet. In dieser Wirtschaft fragen die Haushalte die Konsumgütermenge C nach und planen die Unternehmen das Investitionsvolumen I. Aus beiden Komponenten setzt sich die von den privaten Wirtschaftseinheiten geplante gesamtwirtschaftliche Nachfrage Y^d zusammen:

(3.1) $Y^d := C + I.$

Es sei unterstellt, daß die privaten Haushalte ihre Konsumpläne verwirklichen können, so daß der tatsächliche Konsum einer Periode stets dem für diese Periode geplanten Konsum entspricht. Diese Annahme bedeutet, daß niemals Situationen eintreten, in denen die Anbieter eingestehen müßten, daß sie „ausverkauft" sind. Planungsüberraschungen können sich in dieser Volkswirtschaft allein bei den Firmen einstellen. Die Unternehmen verwirklichen ihre Produktionspläne nicht, wenn sie die Konsumgüternachfrage falsch einschätzen. Dann weicht das von dem Unternehmenssektor produzierte Güterangebot Y von der gesamtwirtschaftlichen Nachfrage Y^d ab. Diese Erwartungsirrtümer schlagen sich in ungeplanten Vorratsveränderungen nieder. Sie zählen in der Volkswirtschaftlichen Gesamtrechnung zu den Investitionen (Beitrag B). Neben der geplanten Investitionstätigkeit können sich mithin unfreiwillige Lagerinvestitionen I_u bilden:

(3.2) $I_u := Y - Y^d.$

Ein gleichgewichtiges Güterangebot liegt vor, wenn die Firmen keine unfreiwilligen Lagerinvestitionen hinnehmen müssen. Für $I_u = 0$ geht die Definitionsgleichung (3.2) in eine Gleichgewichtsbedingung über. Ist sie erfüllt, stimmen geplante und tatsächlich realisierte Investitionen überein.

Produktionsgleichgewicht

Über die Höhe der gleichgewichtigen Produktion kann so lange nichts ausgesagt werden, wie der Umfang der geplanten gesamtwirtschaftlichen Nachfrage unbekannt ist. Die einfachste Hypothese, die sich über die Bestimmungsgründe der Nachfrage formulieren läßt, liegt in der Annahme, daß das aggregierte Nachfrageniveau $\overline{Y}^d$ konstant und exogen vorgegeben ist. Dann lautet die gesamtwirtschaftliche Gleichgewichtsbedingung:

(3.3) $Y = \overline{Y}^d$.

In *Abb. C-3.1* sind auf der Abszisse die gesamtwirtschaftliche Produktion und auf der Ordinate die aggregierte Nachfrage abgetragen. Alle Punkte der 45°-Linie bilden Gleichgewichtspunkte, weil hier das Angebot so hoch wie die Nachfrage ist. Für die konstante Nachfrage $\overline{Y}^d$ repräsentiert der Punkt E das gesamtwirtschaftliche Gleichgewicht und Y_E das zugehörige Sozialprodukt. Produziert der Unternehmenssektor weniger, existiert in der Volkswirtschaft eine Überschußnachfrage. In gleicher Höhe müssen ungewollt Vorräte abgebaut werden ($I_u < 0$). Geht die Produktion über die Ausbringungsmenge Y_E hinaus, sind nicht alle Angebotsmengen absetzbar, und am Ende der Periode werden unfreiwillige positive Investitionen registriert ($I_u > 0$). Die Volkswirtschaft erreicht den Gleichgewichtspunkt E, wenn diese unfreiwilligen Inve-

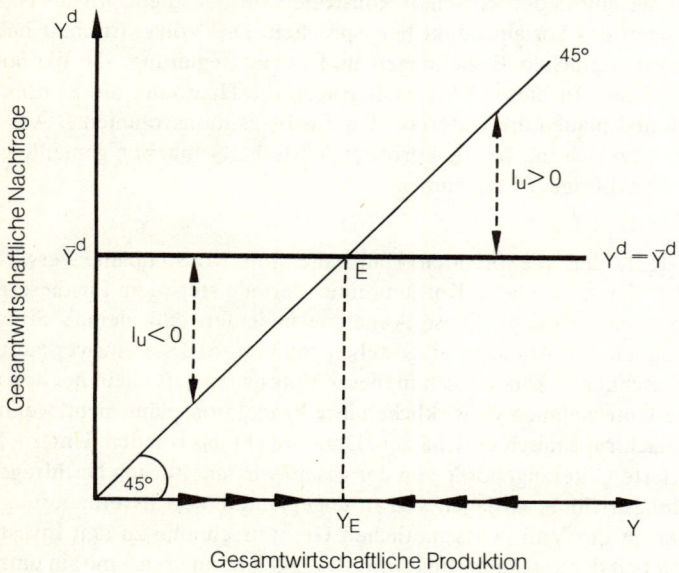

Abb. C-3.1: Gesamtwirtschaftliches Gleichgewicht bei exogener aggregierter Nachfrage

stitionen die bereits geschilderten Rückwirkungen auf die Produktionsentscheidungen zur Folge haben. Die Pfeile auf der Abszisse deuten den Anpassungsmechanismus an.

Das Konzept des gesamtwirtschaftlichen Gleichgewichts basiert auf drei Konstruktionselementen (DORNBUSCH/FISCHER, 1978, S. 56):

– Die aggregierte Nachfrage bestimmt das Gleichgewichtsniveau der gesamtwirtschaftlichen Produktion.
– Im Gleichgewicht sind die Erwartungen und Planungen aller Wirtschaftssektoren erfüllt: Es fallen keine unfreiwilligen Lagerinvestitionen an, und die privaten Haushalte konsumieren genau die Gütermenge, deren Verbrauch sie eingeplant haben.
– Unfreiwillige Investitionen lösen Produktionsentscheidungen aus, die die tatsächliche Ausbringungsmenge dem gleichgewichtigen Sozialproduktsniveau anpassen.

Gesamtwirtschaftliche Nachfrage

Auf der Nachfrageseite der hier betrachteten Volkswirtschaft entscheiden die privaten Wirtschaftseinheiten, welche Teile der Produktion einer Periode von ihnen verbraucht und investiert werden sollen. Deren Planungen – wie bislang – als exogen gegeben anzunehmen, ist der einfachste Ansatzpunkt einer makroökonomischen Analyse. Die wesentliche Erweiterung besteht deshalb in der Formulierung von Hypothesen über die Bestimmungsgründe der aggregierten Nachfrage. Zu den beiden weiteren Ausgangshypothesen des Gütermarktmodells gehören:

– Die geplante Investitionsnachfrage bleibt exogen vorgegeben (autonome Investitionen).
– Die Konsumnachfrage hängt von dem laufenden Einkommen ab (absolute Einkommenshypothese).

3.1.2. Konsum- und Sparfunktion

Aufgrund des konstanten Preisniveaus ist das laufende gesamtwirtschaftliche Realeinkommen gleich dem von den Unternehmen geplanten Sozialprodukt Y. Die privaten Wirtschaftseinheiten geben ihr Einkommen für Konsumzwecke C aus und sparen die nicht-konsumierten Einkommensteile S:

(3.4) $Y := C + S$.

Annahmen über die Bestimmungsgründe der Konsumnachfrage stellen aufgrund dieser Zweiteilung der Einkommensverwendung zugleich Hypothesen über das Sparverhalten dar. Eine Auflösung von Ersparnissen soll möglich sein, so daß die Konsumnachfrage einer Periode auch über das in dieser Periode bezogene Einkommen hinausgehen kann.

Der Konsum hänge von dem laufenden Einkommen in der Weise ab, daß die Wirtschaftseinheiten mit steigendem Einkommen eine höhere Konsumnachfrage planen. Die Ausdehnung der Konsumnachfrage fällt allerdings kleiner als der Einkommenszuwachs aus. KEYNES (1936, S. 96) nannte diesen Zusammenhang ein „fundamentales psychologisches Gesetz". Die Relation zwischen Konsumänderung und der sie auslösenden Einkommensänderung heißt Grenzneigung zum Konsum oder marginale Konsumquote. Dieser Parameter hat also einen numerischen Wert, der zwischen Null und Eins liegt. Diese Verhaltensannahmen führen zu folgender allgemeinen Konsumfunktion:

(3.5) $\quad C = C(Y) \quad$ mit $\quad 0 < \dfrac{dC}{dY} := C_Y < 1.$

Die Ableitung C_Y der Konsumfunktion repräsentiert die Grenzneigung zum Konsum. Die abkürzende Schreibweise C_Y, die das Argument, nach dem eine Verhaltensfunktion partiell abgeleitet wird, als unteren Index dem Funktionssymbol zuordnet, wird im folgenden beibehalten.

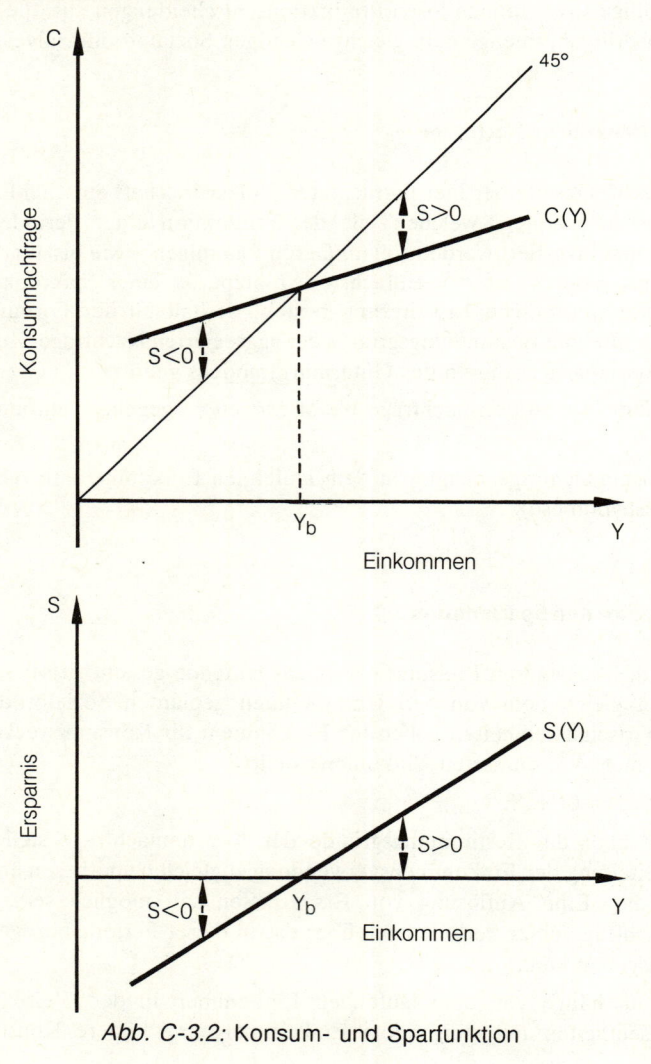

Abb. C-3.2: Konsum- und Sparfunktion

Die Grenzneigung zum Konsum ist in *Abb. C-3.2* gleich der Steigung der dort linear eingezeichneten Konsumkurve. Unterhalb eines gewissen Basiseinkommens Y_b ist der Konsum größer als das laufende Einkommen, so daß entspart werden muß (S < 0). Bei hohem Einkommen bilden die privaten Haushalte Ersparnisse (S > 0). Aus dieser Beziehung zwischen Konsumniveau und Einkommen folgt, daß die durchschnittliche Konsumquote C/Y mit steigendem Einkommen abnimmt. Tatsächlich läßt sich ein solcher negativer Zusammenhang zwischen durchschnittlicher Konsumquote und Einkommensniveau über den Konjunkturzyklus beobachten. Sinkt das Einkommen, kürzen die Wirtschaftssubjekte ihre Ausgaben nicht proportional, um das erreichte Konsumniveau so weit wie möglich aufrechtzuerhalten. Umgekehrt zögern sie bei steigendem Einkommen, die Konsumnachfrage sofort in gleichem Maße anzupassen. Langfristig bleibt allerdings die durchschnittliche Konsumquote konstant. Die Hypothese (3.5) ist deshalb eine kurzfristige Konsumfunktion. Andere Konsumhypothesen wollen simultan die kurz- und langfristigen Beobachtungen erklären (s. Abschnitt 3.4).

Die Definitionsgleichung (3.4) für die Einkommensverwendung, die man als Budgetbeschränkung der privaten Haushalte bezeichnen kann, impliziert mit der Konsumhypothese (3.5) eine Sparfunktion, nach der das Sparen ebenfalls eine positive Funktion des Einkommensniveaus ist:

(3.6) $S = S(Y)$ mit $S_Y = 1 - C_Y$.

Die Grenzneigung zum Sparen oder marginale Sparquote S_Y muß sich aufgrund der Budgetbeschränkung mit der Grenzneigung zum Konsum C_Y zu Eins addieren. Das gilt auch für die durchschnittlichen Anteile der Einkommensverwendungen. Im Gegensatz zum Konsum steigt die durchschnittliche Sparquote S/Y mit wachsendem Einkommen. Die Sparfunktion ist mithin ein Spiegelbild der Konsumfunktion. *Abb. C-3.2* verdeutlicht diese wechselseitige Abhängigkeit.

3.1.3. Gleichgewicht und Stabilität

Das geplante Investitionsvolumen soll, wie schon unter den Ausgangshypothesen erwähnt wurde, exogen vorgegeben sein:

(3.7) $I = \bar{I}$.

Führt man diese Annahme mit der Konsumhypothese zusammen, ergibt sich eine einkommensabhängige gesamtwirtschaftliche Nachfragefunktion:

(3.8) $Y^d = C(Y) + \bar{I}$.

Einkommenstheoretisches Gleichgewicht

Um das gesamtwirtschaftliche Gleichgewicht zu ermitteln, wird auf die Gleichgewichtsbestimmung (3.3) für den Gütermarkt zurückgegriffen. Sie geht mit der Nachfragefunktion Y^d über in die Gleichgewichtsbedingung:

(3.9) $Y = C(Y) + \bar{I}$.

Diese Gleichung bestimmt das Gleichgewichtseinkommen Y_E, bei dem gerade jene Gütermenge von den Haushalten und Investoren nachgefragt wird, die der Unternehmenssektor in der betreffenden Periode produziert hat. Dieses Einkommen heißt auch effektive Nachfrage. Darunter versteht man den Wert des gesamtwirtschaftlichen Einkommens, bei dem unter sonst gleichen Bedingungen Gleichgewicht auf dem Gütermarkt herrscht (KEYNES, 1936, Kapitel 3; RICHTER/SCHLIEPER/FRIEDMANN, 1972, 3. A. 1978, S. 253). Nur bei dieser Nachfrage sind die Pläne aller Wirtschaftseinheiten miteinander vereinbar, Planrevisionen also nicht erforderlich. Die Konsumenten und Investoren planen eine gesamtwirtschaftliche Nachfrage, die mit dem geplanten Güterangebot der Unternehmen übereinstimmt. Es gibt keine unfreiwilligen Investitionen.

In *Abb. C-3.3* liegt das Gleichgewicht wiederum dort, wo die gesamtwirtschaftliche Nachfragekurve die 45°-Linie schneidet. Diese Kurve unterscheidet sich von der Konsumfunktion der *Abb. C-3.2* nur dadurch, daß sie um den Betrag der exogenen Investitionen nach oben verschoben ist. Bei einem gegenüber Y_E höheren Einkommen müssen erneut unfreiwillige Vorräte gebildet werden, weil die aus diesem Einkommen entfaltete Konsumnachfrage zusammen mit der freiwilligen Investitionsnachfrage zu gering ist, um die gesamte Ausbringungsmenge zu absorbieren. Umgekehrt ist die gesamtwirtschaftliche Nachfrage bei einem Einkommen kleiner Y_E zu hoch. Die Pfeile auf der Abszisse deuten den hypothetischen Anpassungsprozeß zum Gleichgewicht an.

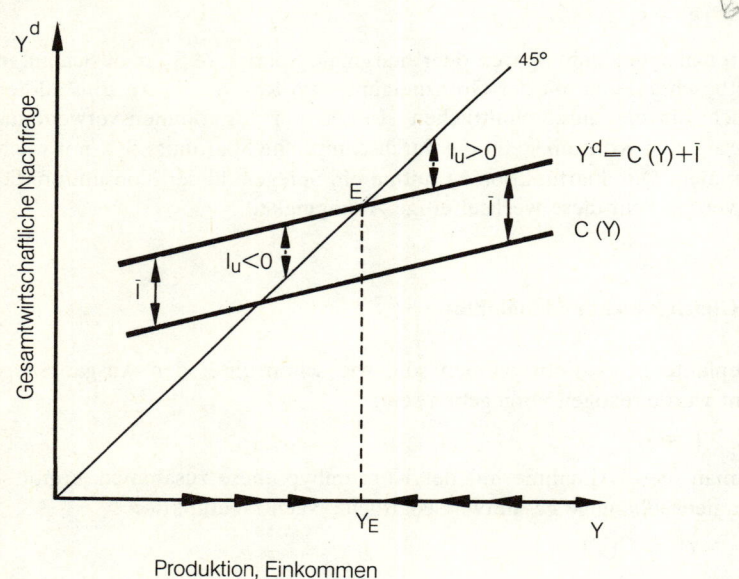

Abb. C-3.3: Gesamtwirtschaftliches Gleichgewicht und aggregierte Nachfrage

Gleichheit von Sparen und Investieren

Der Unterschied in den Gleichgewichtsanalysen zwischen den *Abb. C-3.1* und *C-3.3* scheint auf den ersten Blick nur darin zu liegen, daß durch die Einführung der Konsumfunktion die Kurve der gesamtwirtschaftlichen Nachfrage eine positive Stei-

C-3. Gütermarkt

gung hat und nicht mehr horizontal verläuft. Jedoch erlaubt die Aufspaltung der aggregierten Nachfrage in den geplanten Konsum und die geplante Investition, das einkommenstheoretische Gleichgewicht näher zu kennzeichnen.

Der vertikale Abstand zwischen der Kurve der Konsumnachfrage und der 45°-Linie ist gleich dem freiwilligen Sparen, das je nach Einkommenshöhe positiv oder negativ sein kann (Abb. C-3.2). In Abb. C-3.3 stimmen nur bei der effektiven Nachfrage Y_E freiwillige Ersparnis und geplantes Investitionsvolumen überein. Dieser Zusammenhang ist kein Zufallsergebnis. Zieht man von beiden Seiten der Gleichgewichtsbedingung (3.9) die Konsumnachfrage C(Y) ab und beachtet, daß die Differenz zwischen Einkommen und geplanter Konsumnachfrage gleich der geplanten Ersparnis ist, erhält man eine neue Bedingung für das einkommenstheoretische Gleichgewicht:

(3.10) $\quad \bar{I} = S(Y)$.

Auch diese Gleichung bestimmt das Gleichgewichtseinkommen Y_E (*Abb. C-3.4*), bei dem die Sparer planen, gerade so viel aus dem Einkommen nicht zu konsumieren, wie die Unternehmer aus dem Sozialprodukt zu investieren wünschen. In den Ungleichgewichtssituationen stellen sich folgende Konstellationen ein:

– In $Y_1 > Y_E$ ist der Verzicht der Inanspruchnahme des Sozialprodukts zu Konsumzwecken seitens der Einkommensbezieher größer als die geplante Verwendung von Teilen des Sozialprodukts zu Investitionszwecken seitens der Unternehmen. Man kann auch sagen: Die aus dem Einkommen geplante Konsumgüternachfrage ist kleiner als das entsprechende, von den Unternehmen geplante Angebot.

– In $Y_2 < Y_E$ ist die geplante Inanspruchnahme des Sozialprodukts zu Investitionszwecken größer als der Konsumverzicht der Einkommensbezieher. Man kann auch sagen: Die Konsumenten kaufen mehr als die Unternehmer antizipiert haben.

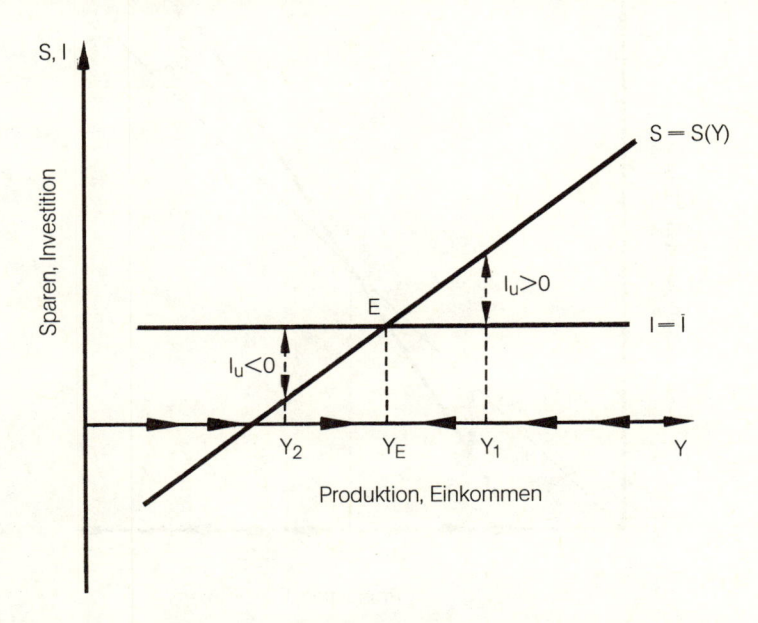

Abb. C-3.4: Gesamtwirtschaftliches Gleichgewicht von Sparen und Investieren

Die Volkswirtschaftliche Gesamtrechnung macht keine Unterschiede zwischen geplanten und ungeplanten ökonomischen Größen (Beitrag B). In der ex post-Betrachtung ist deshalb stets das Investitionsvolumen so hoch wie die Ersparnis: $S(Y): = \bar{I} + I_u$ (*Abb. C-3.4*). Von dieser Identität ist die auf die geplanten Größen bezogene ex ante-Gleichgewichtsbestimmung (3.10) zu unterscheiden. Sie zeichnet sich durch die Modellbedingung $I_u = 0$ aus.

Stabilität

Gesamtwirtschaftliche Anpassungsprozesse laufen immer dann ab, wenn die Planungen der Wirtschaftssektoren nicht miteinander übereinstimmen. In einem statischen Gleichgewichtsmodell, wie es hier formuliert wird, können solche Prozesse und damit die Stabilitätseigenschaften des Gleichgewichtseinkommens nicht explizit und analytisch aus dem Modell heraus erklärt werden. Dazu bedarf es einer dynamischen Ungleichgewichtsanalyse. Um mögliche Stabilitätsvoraussetzungen aufzuzeigen, muß man auf intuitive Annahmen und Plausibilitätsbetrachtungen zurückgreifen. Dazu gehört der bislang skizzierte hypothetische Anpassungsmechanismus, der an die Konsequenzen ungeplanter Lagerinvestitionen anknüpft. Zwei Überlegungen präzisieren und modifizieren ihn:

- Es sei angenommen, daß die marginale Konsumquote größer Eins ist. Dann verläuft die gesamtwirtschaftliche Nachfragekurve Y^d steiler als die 45°-Linie (*Abb. C-3.5*). Bei einem Einkommen, das höher als die effektive Nachfrage Y_E ist, würden unfreiwillige Lagerauflösungen stattfinden, die Anlaß zu Produktionsaus-

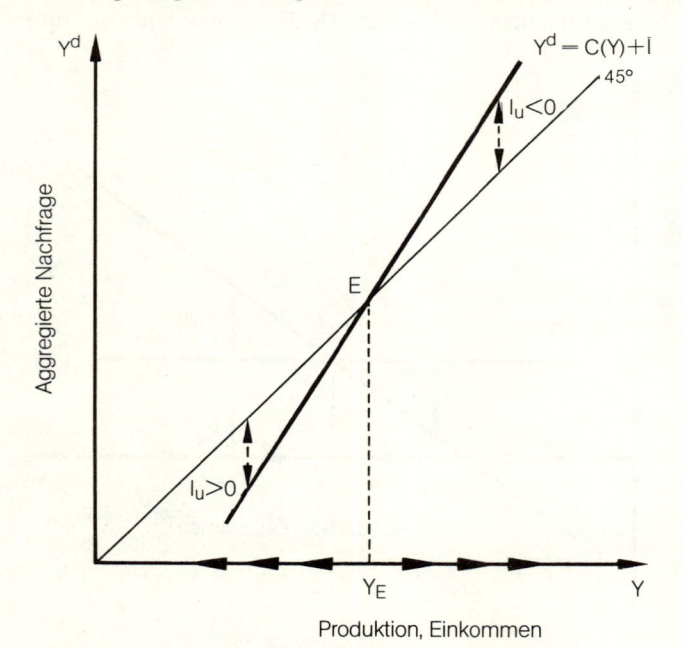

Abb. C-3.5: Gesamtwirtschaftliche Instabilität

weitungen geben. Gesamtwirtschaftliche Ausbringungsmenge und Einkommen wachsen und führen die Wirtschaft stetig von der Gleichgewichtslage Y_E weg. Der umgekehrte Vorgang gilt, wie die Pfeile auf der Abszisse andeuten, für ein tatsächliches Einkommen links von Y_E. Das gesamtwirtschaftliche System ist instabil. Die numerische Eingrenzung, nach der die marginale Konsumquote zwar positiv, jedoch kleiner Eins ist, ist nicht nur ein empirischer Tatbestand, sondern zugleich eine modelltheoretische Stabilitätsbedingung.

- Registrieren die Unternehmen unfreiwillige Lageraufstockungen ($I_u > 0$), schränken sie ihre laufende Produktion so weit ein, daß die Gleichgewichtslage Y_E erreicht wird. In ihr müssen sie keine ungeplanten Investionen mehr hinnehmen. Inzwischen haben sie aber unfreiwillige Vorräte akkumuliert, die sie dadurch abbauen können, daß sie zwischenzeitlich die geplanten Investitionsvorhaben einschränken und erst danach auf das ursprüngliche Investitionsniveau zurückkehren. In *Abb. C-3.4* würde sich mithin für eine gewisse Teilperiode die Investitionsgerade $I = \bar{I}$ nach unten verschieben und dann in die Ausgangslage zurückkehren. Ein ähnlicher Prozeß der zeitweiligen Ausdehnung der geplanten Investitionen läßt sich für eine gesamtwirtschaftliche Situation mit $I_u < 0$ konstruieren. Ein solches Investitionsverhalten führt zu Vorratszyklen.

3.2. Ausgabenmultiplikator

Das Gleichgewichtseinkommen ändert sich allein durch Variationen der exogenen Variablen und Parameter. Die Methode der Analyse besteht darin, zwei Gleichgewichtssituationen des Modells, die auf Unterschiede im Werte einer exogenen Determinanten zurückgehen, miteinander zu vergleichen. Das ist die komparativ-statische Analyse. Die quantitative Beziehung zwischen der Änderung einer exogenen Größe und der dadurch ausgelösten zugehörigen Änderung der endogenen Variablen des Gleichgewichtseinkommens wird in einem Multiplikator erfaßt. Der Multiplikator ist mithin eine Marginalgröße.

Investitionsmultiplikator

Der Investitionsmultiplikator gibt an, um das wieviel-fache einer Änderung der geplanten Investitionen $d\bar{I}$ die effektive Nachfrage dY variiert:

$$\frac{dY}{d\bar{I}} := \text{Investitionsmultiplikator}.$$

Aufgrund der bislang unterstellten Reaktion des Makrosystems in Ungleichgewichtssituationen ist die Richtung des ausgelösten Prozeßablaufs bekannt. Erhöhen sich die geplanten Investitionen, müssen im Ausgangsgleichgewicht unerwartete negative Lagerinvestitionen auftreten: Die Produktion wird angeregt und das gesamtwirtschaftliche Einkommen steigt. Die quantitative Relation kann man aus *Abb. C-3.6* anhand der graphischen Gegenüberstellung einer linearen Sparfunktion mit der Verschiebung der Investitionsgeraden von $\bar{I}_0$ nach $\bar{I}_1$ herleiten. Aufgrund der dort geltenden Beziehung $\operatorname{tg} \alpha = S_Y = d\bar{I}/dY$ erhält man durch Umformung:

(3.11) $$\frac{dY}{d\bar{I}} = \frac{1}{S_Y} = \frac{1}{1 - C_Y}.$$

Dieser Multiplikatorausdruck läßt sich auch analytisch aus den Gleichgewichtsbedingungen, die für den Gütermarkt formuliert wurden, ermitteln. Bildet man beispielsweise das totale Differential für die Gleichung C-3.9

$$dY = C_Y dY + d\bar{I},$$

gewinnt man nach Umformung:

$$\frac{dY}{d\bar{I}} = \frac{1}{1 - C_Y}.$$

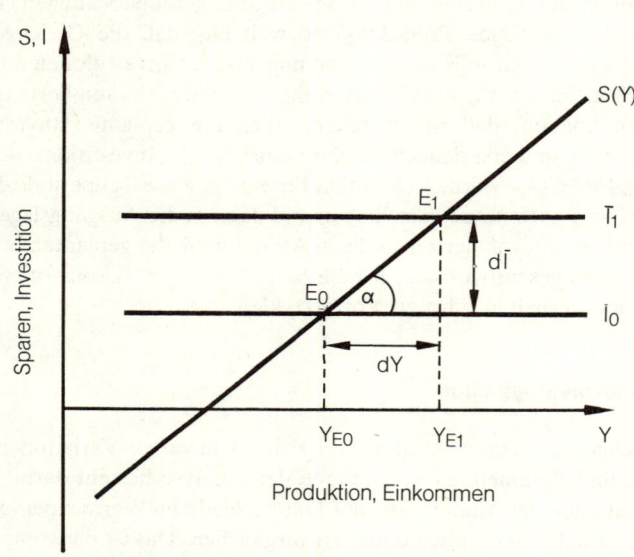

Abb. C-3.6: Graphische Herleitung des Multiplikators

Der Investitionsmultiplikator ist demnach gleich dem reziproken Wert der marginalen Sparquote. Da dieser Wert kleiner Eins ist, fällt der Multiplikator größer Eins aus. Die marginale Sparquote liegt in der Größenordnung von 20 v. H.: Dann ist die ausgelöste Änderung des Gleichgewichtseinkommens fünfmal so groß wie die Erhöhung der Investitionsnachfrage. Worin ist die Ursache für diesen Multiplikatoreffekt zu suchen?

– Die einkommensabhängige Ersparnis paßt sich endogen dem autonomen Investitionsniveau an. Wenn nun die Investitionen exogen steigen, ist eine mehrfache Erhöhung des Einkommens zur Induzierung einer entsprechend umfangreichen zusätzlichen Ersparnis dann erforderlich, wenn die marginale Sparquote kleiner Eins ist: $dS = S_Y dY = d\bar{I}$.

– Die vorangegangene Erklärung ist insofern mechanistisch, als sie keinen Multiplikatorprozeß aufdeckt. Dazu bedarf es in dem statischen Modell erneut einer intuitiven Erklärung. Sie liegt in einer quasidynamischen Analyse, die den Multiplikatorprozeß als Summe von Einkommensströmen erfaßt, die durch die Ausdehnung der Investitionsnachfrage ausgelöst werden. Die Erhöhung der Investitionsnachfrage $d\bar{I}$ führt, da sich das Angebot stets der gesamtwirtschaftlichen Nachfrage anpaßt, unmittelbar zu einer Einkommenserhöhung $\Delta_1 Y$ in gleicher Höhe: $\Delta_1 Y = d\bar{I}$. Aufgrund des zusätzlichen Einkommens entfalten die Haushalte eine

$$Y_0 = C(Y_0 - T_y Y_0) + \bar{J} + \bar{G}$$
$$Y_1 = C(Y_1 - T_y Y_1) + \bar{J} + \bar{G} + \Delta G$$

$$\Delta Y = C_y \Delta Y - C_y T_y \Delta Y + \Delta G$$

$$\Rightarrow \Delta Y = \frac{1}{1 - C_y(1 - \bar{T_y})} \Delta G$$

zusätzliche Konsumnachfrage $\Delta_1 C$, deren Höhe durch die marginale Konsumquote bestimmt ist: $\Delta_1 C = C_Y \cdot \Delta_1 Y = C_Y d\bar{I}$. Die Konsumnachfrage führt eine zweite Einkommensänderung herbei: $\Delta_2 Y = \Delta_1 C = C_Y d\bar{I}$. Diese Einkommensänderung verursacht über die Konsumnachfrage $\Delta_2 C = C_Y \cdot \Delta_2 Y$ eine dritte Einkommenserhöhung: $\Delta_3 Y = \Delta_2 C = C_Y^2 d\bar{I}$. Die gesamte Einkommensänderung ΔY ergibt sich damit als Summe dieser Teilerhöhungen, die zunehmend niedriger ausfallen, da C_Y kleiner Eins ist. Nach n-„Runden" hat man:

$$\Delta Y = d\bar{I}(1 + C_Y + C_Y^2 + \ldots + C_Y^{n-1}).$$

Das ist eine geometrische Reihe mit der Summenformel:

(3.12) $\quad \Delta Y = d\bar{I} \dfrac{1 - C_Y^n}{1 - C_Y}.$

Betrachtet man die Sequenzfolge der Einkommensströme als unendliche Reihe, strebt also n gegen Unendlich, geht C_Y^n gegen Null, und der Ausdruck (3.12) geht in den Investitionsmultiplikator über.

Paradoxon der Sparsamkeit

Nunmehr wird eine exogene Veränderung der Konsumnachfrage betrachtet. In *Abb. C-3.2* verschiebe sich die Konsumnachfrage parallel nach unten und in derselben Größenordnung die Sparkurve nach oben. Man sagt, die Konsumneigung ist gesunken und die Sparneigung gestiegen, weil bei jeder Einkommenshöhe weniger konsumiert und mehr gespart wird. Also ist jetzt im Ausgangsgleichgewicht Y_E^O die freiwillige Ersparnis größer als die gewünschte Investition (*Abb. C-3.7*). Die Folge ist, daß das Sozialprodukt so weit fällt, bis die einkommensabhängige Ersparnis auf das Niveau der geplanten Investitionsnachfrage gesunken ist. Obwohl alle Wirtschaftssubjekte mehr sparen wollen, bleibt die Gesamtersparnis unverändert: Das ist das Paradoxon der Sparsamkeit (paradox of thrift; BRANSON, 1972, 2. A. 1979, S. 39 f.).

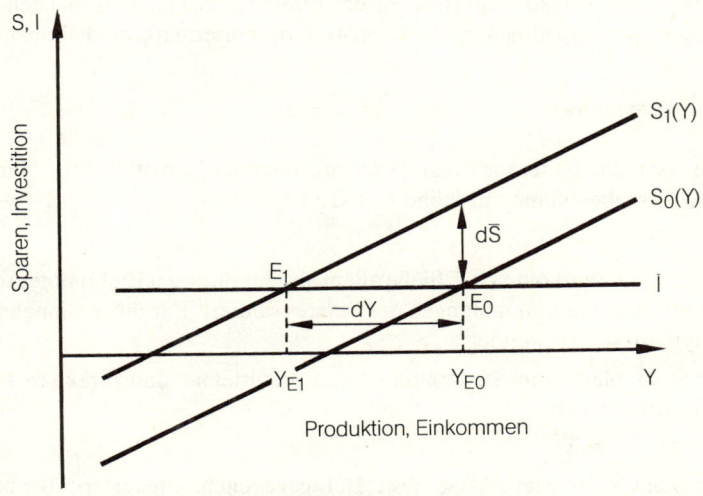

Abb. C-3.7: Paradoxon der Sparsamkeit

Multiplikatoranalyse

Es kann nicht überraschen, daß in dem obigen Paradoxon das Gleichgewichtseinkommen gesunken ist. Die exogene Abnahme der Konsumnachfrage ist lediglich der entgegengesetzte Fall der Erhöhung der autonomen Investitionen. Die quantitative Abnahme der effektiven Nachfrage ergibt sich deshalb durch Anwendung des Multiplikators $1/S_Y$. Weil hier die Wirkungen von Nachfrageänderungen analysiert werden, spricht man von dem Konzept des Ausgabenmultiplikators.

Die Multiplikatoranalyse bildet den Kern der Auswertung makroökonomischer Modelle. Multiplikatorausdrücke lassen sich für die Beziehungen zwischen allen endogenen und exogenen Variablen, die in ein Modell aufgenommen sind, herleiten. Es gibt deshalb nicht „den" Multiplikator. Ihre Strukturen und ihre numerischen Werte hängen von den Hypothesen ab, in denen sich die Modelle voneinander unterscheiden. So darf auch nicht aus dem Ausgabenmultiplikator $1/S_Y$ geschlossen werden, daß zum Begriff des Multiplikators gehört, daß er größer Eins ist. In späteren Kapiteln werden Multiplikatoren abgeleitet, die gleich und kleiner Eins sind.

3.3. Staatliche Aktivität

Der Staat wirkt durch zwei ökonomische Aktivitäten auf den Gütermarkt ein:
- Er fragt Güter nach. Diese Staatsausgaben sind eine Komponente der gesamtwirtschaftlichen Nachfrage.
- Er erhebt Steuern und leistet Transferzahlungen. Diese Transaktionen verändern das Einkommen, das den privaten Wirtschaftseinheiten für den Konsum und die Ersparnisbildung zur Verfügung steht.

Mit welcher Multiplikatorwirkung kann der Staat seine fiskalpolitischen Instrumente einsetzen? Um diese Frage zu beantworten, sind zunächst Annahmen über das Ausgaben- und Einnahmenverhalten der öffentlichen Hand zu machen und daraus die Gleichgewichtsbedingung für das erweiterte Gütermarktmodell abzuleiten.

Verhaltensannahmen

Für die staatliche Güternachfrage G sei angenommen, die öffentliche Hand plane ein (reales) Ausgabevolumen in Höhe von $\overline{G}$:

(3.13) $G = \overline{G}$.

Das reale Steueraufkommen T fließe allein aus der direkten Einkommensteuer. Es sei zudem mit den Transferzahlungen des Staates saldiert. Für diese Einnahmen werden zwei Hypothesen verwendet:

- Der Staat plant sein Steueraufkommen unmittelbar und direkt in Höhe von $\overline{T}$ (lump-sum taxes):

    (3.14 a) $T = \overline{T}$.

- Der Staat setzt Steuersätze fest. Bei gegebenem Steuertarif bemißt sich das Steueraufkommen nach dem Einkommen. Die geplanten Steuereinnahmen lassen sich in diesem Falle durch eine gesamtwirtschaftliche Steueraufkommensfunktion beschreiben (RICHTER/SCHLIEPER/FRIEDMANN, 1972, 3. A. 1978, S. 271 ff.).

(3.14 b) $T = T(Y)$ mit $0 < T_Y < 1$.

Die partielle Ableitung T_Y der Funktion ist der marginale Steuersatz, der angibt, welcher Teil eines Zuwachses des gesamtwirtschaftlichen Einkommens als zusätzliche Steuern an den Staat fließt. Dieser Parameter repräsentiert das steuerpolitische Instrument, während das gesamte Steueraufkommen sich endogen aus dem Wirtschaftsablauf ergibt.

Bei Erweiterung der Analyse um den Staat ist die Hypothese über die Bestimmungsgründe des privaten Konsums zu modifizieren. Konsum und Sparen hängen von dem Einkommen ab, über das die privaten Wirtschaftseinheiten nach Abzug der Steuern disponieren können ($Y - T:= C + S$):

(3.15) $C = C(Y - T)$ mit $0 < C_Y := \dfrac{dC}{d(Y-T)} < 1$.

Für die marginale Konsumneigung in bezug auf das verfügbare Einkommen ($Y - T$) wird weiterhin das Symbol C_Y verwendet. Für die Sparfunktion ist dann analog zu formulieren:

$S = S(Y - T)$ mit $S_Y = 1 - C_Y$.

Gleichgewichtsbedingung

Die gesamtwirtschaftliche Nachfrage setzt sich nunmehr neben dem privaten Konsum und der privaten Investition auch aus der geplanten Güternachfrage des Staates zusammen. Damit ergibt sich als erweiterte Gleichgewichtsbedingung (ohne Spezifizierung der Bestimmungsgründe des Steueraufkommens) für den Gütermarkt:

(3.16) $Y = C(Y - T) + \bar{I} + \bar{G}$.

Zieht man von beiden Seiten dieser Gleichgewichtsbedingung wiederum die geplante Konsumnachfrage ab und beachtet, daß die Differenz: $Y - C(Y - T)$ gleich der Steuerzahlung und der geplanten Ersparnis ist, geht die bisherige Gleichgewichtsbeziehung zwischen geplantem Sparen und geplantem Investitionsvolumen (3.10) über in:

(3.17) $\bar{I} + \bar{G} = S(Y - T) + T$.

Im Gleichgewicht ist der nicht für private Konsumausgaben verwendete gesamtwirtschaftliche Einkommensteil ($S + T$) gleich dem nicht für Konsumzwecke zur Verfügung stehenden Sozialproduktsteil ($\bar{I} + \bar{G}$).

Auch in Ungleichgewichtssituationen sollen die privaten Haushalte und der Staat ihre Pläne realisieren können. Planungsüberraschungen erleben weiterhin allein die Unternehmen in Form unfreiwilliger Lagerinvestitionen (3.2). Somit kann auch die Hypothese über die Anpassung des Sozialprodukts an die gesamtwirtschaftliche Nachfrage (s. Abschnitt 3.1.) aufrechterhalten werden.

Variation der Staatsausgaben

In *Abb. C-3.8* ist die Wirkung einer Erhöhung der Staatsausgaben $d\bar{G}$ bei konstantem Steueraufkommen $\bar{T}$ anhand der Gleichgewichtsbedingung (3.17) graphisch hergeleitet. Das Diagramm unterscheidet sich in seiner Struktur nicht von *Abb. C-3.6*, die die Effekte einer Ausdehnung der privaten Investitionsnachfrage in einer Volkswirtschaft ohne Staat wiedergibt. Insbesondere weist die (S + T)-Gerade die Steigung tg $\alpha = S_Y$ auf. Damit ist der Staatsausgabenmultiplikator gleich dem reziproken Wert der marginalen Sparquote und identisch mit dem Investitionsmultiplikator (3.11).

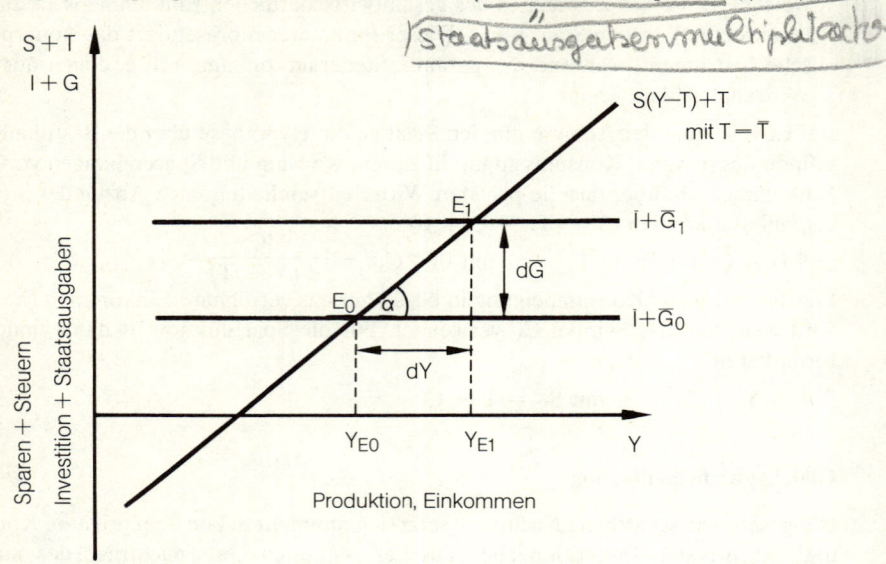

Abb. C-3.8: Erhöhung der Staatsausgaben bei exogenem Steueraufkommen

Die Multiplikatorwirkung muß schwächer sein, wenn das Steueraufkommen einkommensabhängig ist. Eine Ausdehnung der Staatsnachfrage erhöht zwar das gesamtwirtschaftliche Einkommen, läßt damit aber zugleich das Steueraufkommen anwachsen. Die zusätzlichen Steuern implizieren einen Ausfall in der Konsumnachfrage, der dem expansiven Effekt der zusätzlichen Staatsausgaben entgegenwirkt. In der graphischen Darstellung verläuft die (S + T)-Kurve nunmehr steiler (*Abb. C-3.9*): Wird die linke Seite der Gleichgewichtsbedingung (3.17) unter Berücksichtigung von T = T(Y) nach Y differenziert, ergibt sich für tg $\beta = S_Y(1 - T_Y) + T_Y > S_Y$.

Substituiert man in diesem Ausdruck für die marginale Sparquote den Wert $(1 - C_Y)$, läßt sich der Staatsausgabenmultiplikator mit dem Wert $1/\text{tg }\beta$ schreiben als:

(3.18) $$\frac{dY}{dG} = \frac{1}{1 - C_Y(1 - T_Y)}.$$

Variation des Steueraufkommens

Eine Aufstockung der Staatsausgaben um eine Mrd. DM wird in gleicher Höhe unmittelbar am Gütermarkt nachfragewirksam. Eine Steuersenkung um den gleichen Betrag erhöht zunächst das verfügbare Einkommen um eine Mrd. DM. Ein Teil der

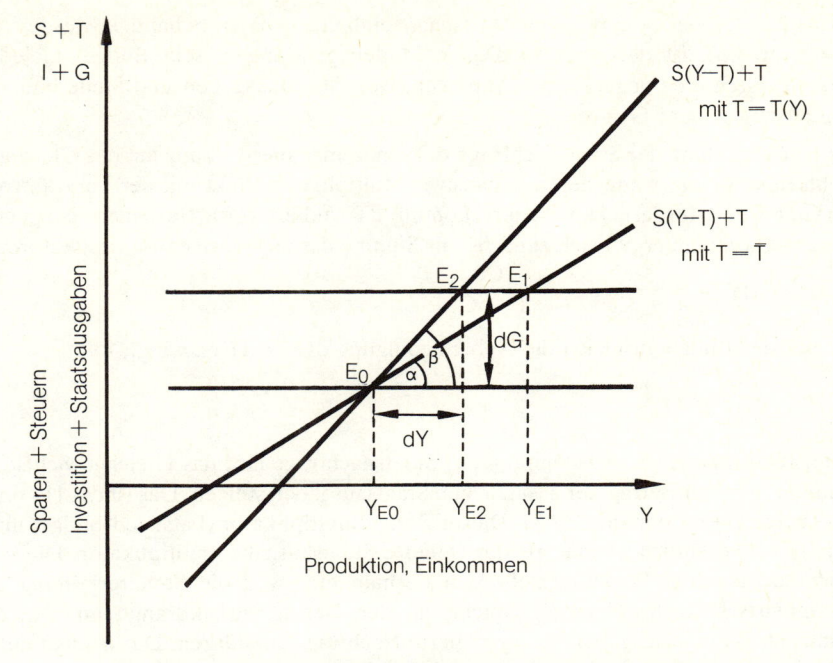

Abb. C-3.9: Erhöhung der Staatsausgaben bei endogenem und exogenem Steueraufkommen

Einkommenserhöhung wird gespart. Mithin wird weniger als eine Mrd. DM zusätzlich für Konsumgüter ausgegeben. Also ist auch die Multiplikatorwirkung kleiner im Vergleich zur Ausgabenpolitik.

Bei einer Senkung der exogenen Steuern um $d\overline{T}$ wird die Konsumnachfrage um $C_Y \cdot d(-\overline{T})$ ausgedehnt. Erst auf diese steuer-induzierte Nachfrageerhöhung ist der Multiplikatoreffekt $1/S_Y$ anwendbar. Der Steueraufkommensmultiplikator, der angibt, um wieviel Einheiten sich die Nachfrage ändert, wenn das exogene Steueraufkommen um eine Einheit variiert, lautet deshalb:

(3.19) $$\frac{dY}{d\overline{T}} = -\frac{C_Y}{1-C_Y}. \quad = \text{Steuermultiplikator}$$

Die gleichen Überlegungen gelten für eine Variation der Steuersätze. Eine Reduzierung des marginalen Steuersatzes senkt das Steueraufkommen um: $dT_Y \cdot Y$. Den Steueraufkommensmultiplikator $dY/dT_Y \cdot Y$ erhält man durch Multiplikation des Ausdrucks (3.18) mit $-C_Y$. [eink. abh. Steuern]

Ausgeglichenes Budget

Bei der Herleitung des Staatsausgabenmultiplikators blieb unberücksichtigt, wie der Staat seine Mehrnachfrage finanziert. Da Fragen der Kreditaufnahme bei der Zentralbank oder bei den privaten Wirtschaftseinheiten später behandelt werden (s. Abschnitt 5.3), ist der Staat in diesem Modell gezwungen, sein Budget in jeder Periode durch eine gegenseitige Anpassung von Staatsausgaben und Steuereinnahmen auszugleichen: $\overline{G} = \overline{T}$.

Für eine Zunahme der Staatsnachfrage $d\overline{G}$ erhält man die Wirkung auf das Gleichgewichtseinkommen, wenn deren expansiver Multiplikatoreffekt mit der kontraktiven Wirkung der erforderlichen Steuererhöhung $d\overline{T}$ saldiert wird. Bei einem exogenen Steueraufkommen ergibt sich zunächst als Summe der zugehörigen Multiplikatoren:

$$dY = \frac{1}{1 - C_Y} d\overline{G} - \frac{C_Y}{1 - C_Y} d\overline{T}.$$

Da nun der Budgetausgleich die Nebenbedingung $d\overline{G} = d\overline{T}$ erzwingt, folgt:

(3.20) $$\frac{dY}{d\overline{G}} = 1.$$

Eine steuerfinanzierte Ausdehnung der Staatsnachfrage läßt das Gleichgewichtseinkommen um den Betrag der zusätzlichen Staatsausgaben steigen. Das ist das HAAVELMO-Theorem (HAAVELMO, 1945). Dieser Budgetmultiplikator (balanced-budget multiplier) ist wesentlich kleiner als der isolierte Staatsausgabenmultiplikator. Die verbleibende positive Wirkung stellt sich deshalb ein, weil die Steuererhöhung die gesamtwirtschaftliche Nachfrage nicht um den Betrag zurückdrängt, um den die zusätzlichen Staatsausgaben die aggregierte Nachfrage verstärken. Der Budgetmultiplikator gilt auch bei einem einkommensabhängigen Steueraufkommen und für vorgegebene Änderungen der Steuereinnahmen, an die die Staatsausgaben angepaßt werden müssen.

3.4. Alternative Konsum- und Investitionsfunktionen

Bei der Bestimmung des güterwirtschaftlichen Gleichgewichts wurde bisher die absolute Einkommenshypothese von KEYNES unterstellt, nach der die Konsumausgaben von der absoluten Höhe des laufenden (aktuellen) Einkommens abhängen. Die Investitionsausgaben blieben als exogene Variable unerklärt. Zur Überwindung dieser restriktiven Annahmen wurden in der Konsum- und Investitionstheorie verschiedene Erklärungsansätze entwickelt.

Konsumfunktionen

Beobachtungen über die Entwicklung der Konsumausgaben haben gezeigt, daß die durchschnittliche Konsumquote C/Y kurzfristig invers mit dem Einkommensniveau Y variiert. Langfristig hingegen ist C/Y konstant geblieben, wie es seit SIMON KUZNETS' (1946) bahnbrechender empirischer Konsumanalyse für eine lange Periode (1869-1938) als bestätigt gilt.

Dieses Phänomen zu erklären, ist das Anliegen verschiedener makroökonomischer Hypothesen über die Determinanten des Konsum- und Sparverhaltens:

– Relative Einkommenshypothese (DUESENBERRY, 1949);

(2) – Lebenszeit-Einkommenshypothese (MODIGLIANI/BRUMBERG, 1954; ANDO/MODIGLIANI, 1963);

(3) – permanente Einkommenshypothese (FRIEDMAN, 1957).

JAMES DUESENBERRY formuliert zwei Hypothesen zur Erklärung des Konsumverhaltens:

– Die Konsumentscheidungen der privaten Haushalte sind – im Gegensatz zur Hypothese von KEYNES – nicht unabhängig voneinander, sondern auch von der sozialen Position (Einkommenspyramide) abhängig.

– Nicht nur die absolute Höhe des Gegenwartseinkommens, sondern auch das in der Vergangenheit erreichte Konsumniveau (Lebensstandard) bestimmen die laufenden Konsumausgaben.

Der Anteil der Konsumausgaben am laufenden Einkommen wird erklärt durch die Relation zwischen gegenwärtigem Einkommen Y und dem höchsten Einkommen Y^{max}, das in der Vergangenheit erzielt wurde. Y^{max} repräsentiert den bereits erreichten Lebensstandard. Die Konsumfunktion lautet dann z. B.:

$$(3.21) \quad \frac{C}{Y} = a_0 - a_1 \cdot \frac{Y}{Y^{max}} \qquad \text{mit } a_0; a_1 > 0.$$

Langfristig ist die durchschnittliche Konsumquote bei steigendem Einkommen konstant, weil sich die relative Einkommensposition Y/Y^{max} nicht ändert (Y und Y^{max} wachsen mit derselben Rate). Kurzfristig hingegen steigt C/Y, wenn in einer Rezession das laufende Einkommen sinkt und sich damit die relative Einkommensposition verschlechtert. Um ihr Konsumniveau möglichst aufrecht zu erhalten, reduzieren die Wirtschaftseinheiten kurzfristig den Anteil des Sparens am laufenden Einkommen, also die durchschnittliche Sparquote. Verzögerungen der Konsumanpassung (Ratchet- oder Sperrklinken-Effekt) erklären somit den Unterschied zwischen kurz- und langfristigem Konsum- und Sparverhalten.

Nach der Lebenszeit-Einkommenshypothese sind die Konsumausgaben vom erwarteten Lebenseinkommen abhängig. Gespart wird, um das gewünschte Konsumniveau auch dann realisieren zu können, wenn das aktuelle Einkommen niedriger als die hierfür notwendige Konsumsumme ist (Jugend, Alter). Die laufenden Konsumausgaben hängen ab vom Bestand an realem Vermögen A und dem erwarteten realen Arbeitseinkommen W.

Die Konsumfunktion lautet dann:

$$(3.22) \quad C = C_A \cdot A + C_W \cdot W \quad \text{bzw.} \quad \frac{C}{Y} = C_A \cdot \frac{A}{Y} + C_W \cdot \frac{W}{Y}.$$

Die langfristige Konstanz der durchschnittlichen Konsumquote C/Y wird erklärt mit der empirisch bestätigten langfristigen Konstanz von A/Y bzw. W/Y. Die kurzfristig inverse Variation von C/Y auf konjunkturell bedingte Änderungen von Y wird auf die ebenfalls empirisch belegbaren kurzfristigen Schwankungen von A/Y zurückgeführt.

Auch FRIEDMAN geht in der permanenten Einkommenshypothese davon aus, daß die Wirtschaftseinheiten ihren Konsumverbrauch langfristig planen. Der Konsum ist insofern nicht nur vom laufenden Einkommen, sondern auch vom kapitalisierten Wert aller in der Zukunft erwarteten Einkommen abhängig. Dieses permanente

Einkommen Y^P ist gleich dem aktuellen Vermögensbestand (einschließlich Humankapital) A multipliziert mit einem durchschnittlichen Zinssatz r, also Y^P: = rA. Eine einfache Konsumfunktion lautet dann:

(3.23) $\quad C^P = C_Y^P \cdot Y^P$,

wobei C^P den permanenten Konsum und C_Y^P die permanente Konsumquote symbolisieren. Empirische Analysen bestätigen die langfristige Konstanz von C^P/Y^P und beziffern C_Y^P mit 0,7, wobei als Näherungsmaß für Y^P ein gewogener Durchschnitt aus gegenwärtigen und vergangenen Einkommen mit exponentiell abnehmenden Gewichten verwendet wurde. Im Konjunkturverlauf hingegen gilt in der Regel $Y \gtreqless Y^P$. Werden solche Einkommensdifferenzen als vorübergehend empfunden (transitorische Einkommen), weicht bei unverändertem Konsumniveau die tatsächliche von der permanenten Konsumquote ab, womit auch das kurzfristige Konsumverhalten erklärt ist.

In den beiden letztgenannten Erklärungsansätzen wird das Vermögen als Determinante des Konsumverhaltens explizit berücksichtigt. In der Literatur wird darüber hinaus auch ein spezifischer realer Vermögenseffekt diskutiert, der das Konsumverhalten beeinflußt (PIGOU, 1941): Bei exogenen Aufstockungen des vorhandenen realen Vermögensbestandes – beispielsweise durch ein Sinken des Preisniveaus ausgelöst – steigen die Konsumausgaben bei gegebenem Einkommen, weil die geplante Ersparnis reduziert werden kann. Graphisch impliziert eine solche exogene Erhöhung des Vermögensbestandes eine Verschiebung der S-Kurve nach unten bzw. der (C + I)-Kurve nach oben (*Abb. C-3.2.* und *3.3.*), wodurch das Gleichgewichtseinkommen steigt. Dieser Zusammenhang erhält Bedeutung bei der Erklärung konjunktureller Schwankungen des Einkommens, wenn das Preisniveau explizit in der Makroanalyse berücksichtigt wird: Sinkt z. B. in einem Abschwung das Preisniveau, steigt die Konsumgüternachfrage (preisinduzierter Vermögenseffekt) und der Abschwung wird gebremst.

Investitionsfunktionen

Bislang wurde die geplante Investitionsnachfrage als exogene Variable behandelt. Wiederum sind verschiedene Investitionshypothesen zu unterscheiden, die die Höhe der jeweils geplanten Investitionsausgaben ökonomisch zu erklären versuchen.

Investitionen stellen Nachfrage nach physischen Gütern zur Erhaltung (Ersatzinvestitionen) oder zur Erhöhung (Nettoinvestitionen) des realen Kapitalstocks dar. Nettoinvestitionen – nur sie sollen im folgenden betrachtet werden – werden getätigt, weil aus der Kapitalanhäufung (-akkumulation) ein Ertrag (Gewinn) erwartet wird. Ihm stehen Kosten gegenüber in Form von Zinszahlungen, die der Investor bei Kreditfinanzierung der Investition zu leisten hat, oder von Opportunitätskosten, die er bei Eigenmittelfinanzierung berechnen muß, weil ihm die erwarteten Ertragsraten bei alternativer Vermögensanlage entgehen. Es ist plausibel anzunehmen, daß die Investitionsnachfrage um so niedriger ist, je höher die erwarteten Kreditkosten oder je attraktiver die erwarteten Verzinsungen alternativer Vermögensanlagen sind. Verwendet man die durchschnittliche effektive Verzinsung langfristiger Staatsschuldtitel als repräsentativen Zinssatz r für die Gesamtwirtschaft, lautet die Investitionsfunktion:

(3.24)   I = I(r)   mit $I_r<0$.

Diese Investitionsfunktion ist Gegenstand analytisch z. T. recht aufwendiger Erklärungsansätze (Überblick bei JORGENSON, 1967, 1971; EVANS, 1969; BRANSON, 1972, 2. A. 1979; DORNBUSCH/FISCHER, 1978), von denen hier nur drei einfachere Hypothesen vorgestellt werden:
- KEYNES'sche Investitionshypothese;
- Neoklassische Investitionshypothese;
- Akzelerator-Hypothese.

Die KEYNES'sche Investitionshypothese entspricht im Ergebnis, nicht jedoch in der Herleitung dieser aus Plausibilitätsüberlegungen gewonnenen Verhaltensgleichung (3.24). Nach KEYNES wird die Investitionsnachfrage in jeder Periode so weit ausgedehnt, bis die Grenzleistungsfähigkeit der Investition (marginal efficiency of investment) gleich dem repräsentativen Marktzinssatz r ist. Die Grenzleistungsfähigkeit ist dabei jene interne Verzinsung r*, mit der die Nettoerträge so abdiskontiert werden, daß der Gegenwartswert eines Investitionsobjekts Null wird. Dieser Gegenwartswert, der im KEYNES'schen Kalkül der Investitionsentscheidung eine zentrale Rolle spielt, ist eine Erwartungsgröße, da er den Anschaffungskosten die erwarteten laufenden Kosten und erwarteten Erträge des Investitionsobjektes gegenüberstellt. Ist beispielsweise r* < r, lohnt sich die Investition nicht, weil bei Kreditfinanzierung der Investition nicht einmal der Kreditzins oder bei Eigenmittelfinanzierung in alternativen Vermögensanlagen eine höhere Rendite erwirtschaftet würde.

Ordnet man alle denkbaren Investitionsobjekte bei gegebenen Ertragserwartungen nach der Höhe ihrer Grenzleistungsfähigkeit an, erhält man eine negative Beziehung zwischen r* und I (*Abb. C-3.10*). Der Abszissenwert I gibt dabei die Summe aller

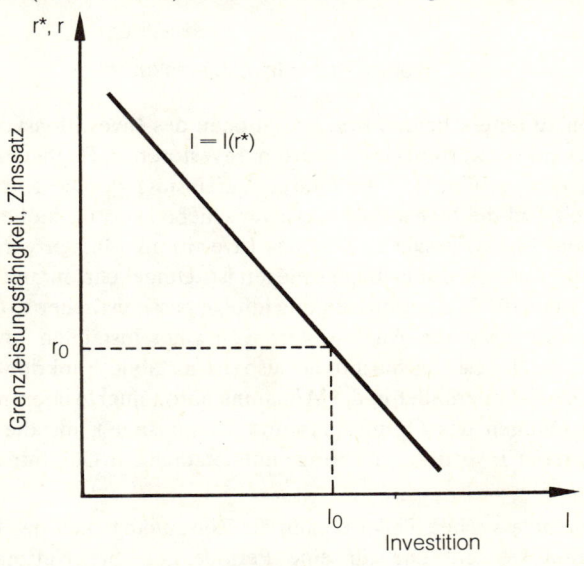

Abb. C-3.10: Kurve der Grenzleistungsfähigkeit der Investition

Investitionsobjekte an, deren interne Verzinsung mindestens r* beträgt: Bei $r = r_0$ gilt für I_0 also $r^* \geq r_0$.

Unterstellt man gegebene Ertragserwartungen bei den Investoren und ferner, daß alle profitablen Investitionen auch realisiert werden, kann die Kurve der Grenzleistungsfähigkeit von Investitionen in eine Kurve der gesamtwirtschaftlichen Investitionsnachfrage überführt werden, für die der Marktzins r die unabhängige Variable ist (*Abb. C-3.11*). Diese Kurve beschreibt die KEYNES'sche Investitionshypothese, die der Investitionsfunktion (3.24) entspricht: Bei gegebenen Ertragserwartungen steigt das Investitionsvolumen mit sinkendem Marktzinssatz.

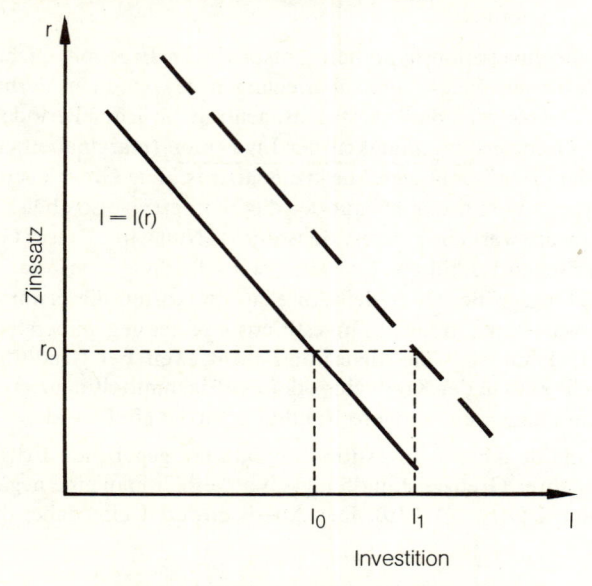

Abb. C-3.11: Investitionskurve

Strikt hiervon zu unterscheiden sind Variationen des Investitionsvolumens als Folge geänderter Ertragserwartungen. Erwarten Investoren z. B. in einem Aufschwung steigende Erträge, erhöht sich die interne Verzinsung r*. Die Kurve der Grenzleistungsfähigkeit und die Investitionskurve verschieben sich nach oben (*Abb. C-3.11*). Bei gegebenem Marktzinssatz r_0 wird das Investitionsvolumen von I_0 auf I_1 ausgeweitet, weil die Investitionsneigung gestiegen ist. Umgekehrt nimmt das Investitionsvolumen ab, wenn die Investitionsneigung infolge pessimistischer Ertragserwartungen sinkt. In der KEYNES'schen Analyse wird von einer instabilen Investitionsneigung ausgegangen, die Investitionsnachfrage also als instabile Funktion des Marktzinses betrachtet. Dies ist begründet in der Annahme autonomer Änderungen der Ertragserwartungen (Wellen des Optimismus und Pessimismus), die die konjunkturellen Schwankungen der Investitionsnachfrage und letztlich der Gesamtnachfrage verursachen (Beitrag G).

Auch in der neoklassischen Theorie kann die Zinsabhängigkeit der Investitionsnachfrage abgeleitet werden. Die für eine Periode geplante Nettoinvestition ist als Differenz zwischen geplantem optimalen Kapitalstock K^{opt} und der am Ende der vergangenen bzw. Anfang der laufenden Periode bestehenden Kapazität $\overline{K}_{-1}$ definiert:

(3.25) $I := K^{opt} - \overline{K}_{-1}$.

Die Höhe von K^{opt} wird aus der gesamtwirtschaftlichen Produktionsfunktion

(3.26) $Y = Y(K,N)$ mit $Y_K, Y_N > 0$ und $Y_{KK}, Y_{NN} < 0$

abgeleitet, wobei K den Kapitalstock und N die Arbeitsmenge symbolisieren. Bei gegebenem Arbeitseinsatz, Reallohnsatz und Marktzinssatz ist – bei unterstelltem Gewinnmaximierungsverhalten – der optimale Kapitalstock dann verwirklicht, wenn die Grenzproduktivität des eingesetzten Kapitals gleich ist dem Marktzinssatz:

(3.27) $K^{opt} = K^{opt}(r)$ mit $K_r^{opt} < 0$.

Die Investitionsfunktion lautet wegen (3.27) dann

(3.28) $I = K^{opt}(r) - \overline{K}_{-1} = I(r, \overline{K}_{-1})$.

Bei Vollanpassung von $\overline{K}_{-1}$ an K^{opt} innerhalb einer Periode kann $\overline{K}_{-1}$ als Argument der Investitionsfunktion vernachlässigt werden, so daß der reale Marktzinssatz auch im neoklassischen Konzept die entscheidende Determinante der Nettoinvestitionen ist.

Nach der Akzelerator-Hypothese schließlich sind die Nettoinvestitionen abhängig von der Entwicklung der geplanten gesamtwirtschaftlichen Nachfrage. In ihrer einfachsten Form wird unterstellt, daß bei Vollauslastung der Kapazitäten der geplante Kapitalstock direkt proportional an Y angepaßt wird:

(3.29) $K^{opt} = \beta Y$ mit $\beta > 0$,

wobei der Verhaltensparameter β den Akzelerator bezeichnet. Im eigentlichen Akzelerationsbereich ($\beta > 1$) werden die Investitionen um ein Mehrfaches der Nachfragesteigerung ausgeweitet. Erfolgt die Anpassung an den optimalen Kapitalstock vollständig innerhalb einer Planperiode, gilt auch

(3.30) $\overline{K}_{-1} = K_{-1}^{opt} = \beta(Y_{-1})$.

Die Investitionsfunktion kann dann geschrieben werden als

(3.31) $I = \beta Y - \beta Y_{-1} = \beta(Y - Y_{-1})$,

wonach die Nettoinvestitionen eine positive Funktion der geplanten Änderung der gesamtwirtschaftlichen Nachfrage sind. Das ursprüngliche Akzelerator-Prinzip wurde mehrfach modifiziert, indem z. B. angenommen wird, daß die Anpassung des Kapitalstocks

– zeitlich verzögert von der Einkommensänderung in der Vorperiode abhängt (SAMUELSON, 1939);
– an den geplanten optimalen Kapitalstock nur unvollständig ist (GOODWIN, 1951; CHENERY, 1952); oder
– dem Trend der Nachfrageentwicklung folgt (KOYCK, 1954).

Diese dynamischen Investitionsfunktionen wurden mit dem Ziel entwickelt, Konjunkturschwankungen zu erklären (Beitrag G). Für die komparativ-statische Betrachtung, deren Ziel es ist, die Gleichgewichtswerte von Niveauvariablen zu bestimmen, können diese Überlegungen vernachlässigt werden.

Wenn die gesamtwirtschaftliche Investitionsnachfrage vom realen Marktzins abhängt, sind nunmehr die Bestimmungsfaktoren des Zinsniveaus zu erklären. Dazu ist es erforderlich, eine Hypothese über den Geldmarkt zu formulieren, der den monetären Sektor einer Volkswirtschaft repräsentiert.

4. Geldmarkt

Auf dem Geldmarkt wird das Gut Geld angeboten und nachgefragt. Er unterscheidet sich von den Märkten für Waren, Dienstleistungen und anderen Vermögensobjekten dadurch, daß kein Ort des Tausches existiert. Der Geldmarkt ist insofern eine makroökonomische Fiktion: Da Waren, Dienstleistungen und Vermögensobjekte (außer Geld) gegen Geld getauscht werden (und umgekehrt), entfalten sich Geldangebot und Geldnachfrage indirekt auf jedem Gütermarkt. Der Geldmarkt kann somit als Spiegelbild aller Märkte interpretiert werden.

Trotz dieser Fiktion stellt sich die sehr konkrete Frage, wie das in einer Volkswirtschaft vorhandene Geld entsteht, das von den Wirtschaftseinheiten im Tauschprozeß verwendet wird. Sie zu beantworten, ist Gegenstand der Geldangebotstheorie. Ob und inwieweit die Wirtschaftseinheiten die angebotene nominale Geldmenge auch tatsächlich in ihren Kassen zu halten wünschen, ist damit noch nicht geklärt. In der Geldnachfragetheorie sind deshalb die Determinanten der angestrebten Geldhaltung zu bestimmen. Hier sollen nur die Basiskonzepte der Erklärung von Geldangebot und -nachfrage vorgestellt werden, soweit sie zur Ableitung des Gleichgewichts am Geldmarkt und damit zur Bestimmung des makroökonomischen Gleichgewichts erforderlich sind (zu den Einzelheiten der geldtheoretischen Diskussion s. Beitrag D).

4.1. Geldangebot

Betrachtet man das Geld nur in seiner Funktion als Tausch- bzw. Zahlungsmittel, zählen zur gesamtwirtschaftlichen Geldmenge M alle jene Bestände (Aktiva) an direkt einsetzbaren Zahlungsmitteln, die sich in einem Zeitpunkt in den Händen der privaten Nichtbanken (Publikum) befinden: Hierzu ist einerseits der Bestand an Bargeld (Noten und Münzen) B^P zu rechnen, das die Zentralbank produziert hat. Andererseits zählt die Summe der Sichteinlagen D dazu, die das Publikum bei den Sichtgeldproduzenten – den Geschäftsbanken – unterhält und über die es jederzeit durch Scheck und Überweisung verfügen kann:

(4.1) $\quad M := B^P + D.$

Strikt hiervon zu unterscheiden ist die Zentralbankgeldmenge oder Geldbasis B. Sie umfaßt das insgesamt von der Zentralbank geschaffene (Primär-)Geld, das als Bargeld B^P vom Publikum oder als – gesetzliche und in geringem Umfang freiwillige – Reserven TR von den Geschäftsbanken als Sichteinlagen auf Konten der Zentralbank gehalten wird:

(4.2) $\quad B := B^P + TR.$

Die vom Publikum gewünschte Struktur der Geldhaltung kann durch den Kassenhaltungskoeffizienten k beschrieben werden, der definiert ist als

(4.3) $\quad k = \dfrac{B^p}{D}$.

Die relative Reservenhaltung der Geschäftsbanken ist durch den Reservenkoeffizienten tr definiert:

(4.4) $\quad tr = \dfrac{TR}{D}$.

Die nominale Geldmenge M ist somit gleich dem Produkt aus der Geldbasis B und einem Multiplikationsfaktor m, der die jeweilige Vermögensstruktur von Publikum und Geschäftsbanken ausdrückt:

(4.5) $\quad M = mB \qquad \text{mit } m = \dfrac{1 + k}{tr + k}$.

Da $0 < k, tr < 1$ gilt, ist $m > 1$.

Die Zentralbank kann durch An- und Verkauf von Aktiva (z. B. Gold, Devisen, Wertpapiere) die Geldbasis und – bei gegebenen Sichteinlagen D – durch Variation der Reservensätze auch den Reservenkoeffizienten bestimmen. Bei Unterstellung eines konstanten Kassenhaltungskoeffizienten kann insofern die gesamtwirtschaftlich angebotene, nominale Geldmenge als exogene, durch geldpolitische Aktionen der Zentralbank determinierte Variable aufgefaßt werden.

4.2. Geldnachfrage

Die Geldnachfragetheorie geht von zwei Leitfragen aus:

– Aus welchen Gründen (Motiven) halten rational handelnde Wirtschaftseinheiten einen Teil ihres Vermögens unverzinst als Geld?
– Welche Faktoren determinieren die Höhe der gewünschten Geldhaltung?

Da die Wirtschaftseinheiten Kaufkraft in Form von Bargeld oder jederzeit für Zahlungszwecke verfügbaren Sichteinlagen zu halten wünschen, ist auf die reale Geldnachfrage abzustellen: Bei einer Verdoppelung aller Güterpreise und Nominaleinkommen würde auch die nominale Geldhaltung verdoppelt; die Wirtschaftseinheiten sind also frei von „Geldillusion". Seit Keynes' Motivanalyse der Geldnachfrage werden drei Gründe genannt, durch die die Wirtschaftseinheiten zur Geldhaltung veranlaßt werden:

– Es gibt mit Sicherheit vorhersehbare zeitliche Diskrepanzen zwischen den Einnahmen und den geplanten Transaktionsausgaben (Transaktionsmotiv).
– Wegen unvollkommener Informationen und deshalb unsicherer Erwartungen über zukünftige Einnahmen und Ausgaben können unvorhersehbare Transaktionen erforderlich werden (Vorsichtsmotiv).
– Wirtschaftseinheiten spekulieren, um Kursgewinne zu realisieren bzw. Kursverluste zu vermeiden: Je nach ihren, von Keynes als sicher angenommenen, Erwartungen über die Entwicklung der Wertpapierkurse – und damit über das invers mit den Kursen schwankende Effektivzinsniveau – wandeln sie Geld in staatliche Wertpapiere um und umgekehrt (Spekulationsmotiv).

Neben dem Geldmarkt existiert somit ein weiterer Vermögensmarkt, auf dem zinsbringende staatliche Wertpapiere (Bonds) angeboten und nachgefragt werden. Er wird als repräsentativ für alle anderen Vermögensgüter angesehen. Wird das Niveau des gesamten Vermögens, das in Geld und staatlichen Wertpapieren gehalten werden kann, als gegeben angenommen (Vermögensbudgetrestriktion), stehen beide Makromärkte in unmittelbarem Zusammenhang: (DORNBUSCH/FISCHER 1978, S. 103 ff.): Jedem Überschußangebot auf dem Geldmarkt entspricht eine gleich große Überschußnachfrage auf dem Wertpapiermarkt. Befindet sich der eine Markt im Gleichgewicht, ist es notwendigerweise auch auf dem anderen gegeben, so daß nur ein Markt – hier der Geldmarkt – in der makroökonomischen Analyse betrachtet zu werden braucht.

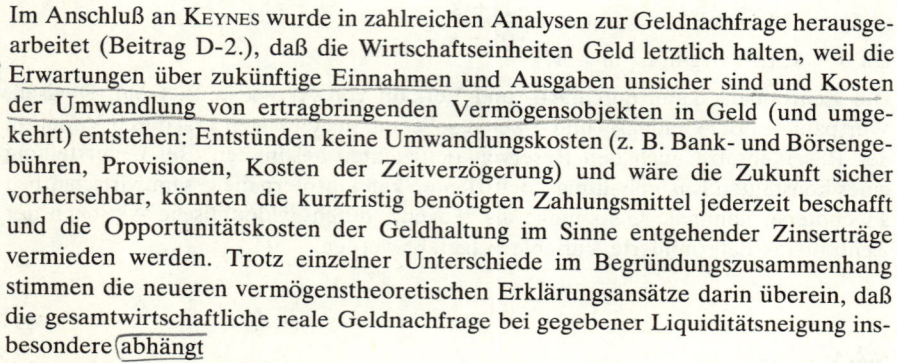

Im Anschluß an KEYNES wurde in zahlreichen Analysen zur Geldnachfrage herausgearbeitet (Beitrag D-2.), daß die Wirtschaftseinheiten Geld letztlich halten, weil die Erwartungen über zukünftige Einnahmen und Ausgaben unsicher sind und Kosten der Umwandlung von ertragbringenden Vermögensobjekten in Geld (und umgekehrt) entstehen: Entstünden keine Umwandlungskosten (z. B. Bank- und Börsengebühren, Provisionen, Kosten der Zeitverzögerung) und wäre die Zukunft sicher vorhersehbar, könnten die kurzfristig benötigten Zahlungsmittel jederzeit beschafft und die Opportunitätskosten der Geldhaltung im Sinne entgehender Zinserträge vermieden werden. Trotz einzelner Unterschiede im Begründungszusammenhang stimmen die neueren vermögenstheoretischen Erklärungsansätze darin überein, daß die gesamtwirtschaftliche reale Geldnachfrage bei gegebener Liquiditätsneigung insbesondere abhängt

– vom Realeinkommen Y: Steigt das Einkommen und damit das Volumen an geplanten und unvorhergesehenen Transaktionen, erhöht sich die reale Geldnachfrage und umgekehrt;
– vom realen Marktzinssatz r: Mit sinkendem Zins steigt die reale Geldnachfrage, weil die Opportunitätskosten der Geldhaltung sinken und umgekehrt;
– von der erwarteten Inflationsrate: Je höher die erwartete Inflationsrate, desto niedriger das Niveau der realen Geldnachfrage, weil inflationsbedingte Kaufkraftverluste der Geldhaltung durch Antizipation reduziert werden.

In komparativ-statischen Gleichgewichtsmodellen ohne Inflation kann die letztgenannte Determinante vernachlässigt werden; die gesamtwirtschaftliche Funktion der realen Geldnachfrage L (Liquiditätspräferenzfunktion) lautet dann:

(4.6) $\quad L = L(Y,r) \qquad \text{mit } L_Y > 0, L_r < 0.$

Diese Geldnachfragefunktion läßt sich in Abhängigkeit vom Marktzins – bei gegebenem Einkommen und gegebener Liquiditätsneigung – als kontinuierlich fallende Geldnachfragekurve darstellen (*Abb. C-4.1*): Bei einem sehr niedrigen Zinsniveau ($\underline{r}$) ist die Geldnachfrage vollkommen zinselastisch, weil alle Wirtschaftssubjekte wegen des erreichten sehr hohen Kursniveaus für Wertpapiere mit Kursrückgängen (Kapitalverlusten) rechnen. In dieser Situation sind die Opportunitätskosten der Geldhaltung – unter Berücksichtigung der Umwandlungskosten – Null oder gar negativ, weshalb jede zusätzlich angebotene Geldmenge auch zum Zinsniveau $\underline{r}$ nachgefragt wird (Liquiditätsfalle; liquidity trap). Bei einem sehr hohen Zinsniveau hingegen wird die Geldnachfrage auf das für Transaktionszwecke unbedingt notwendige Minimum L_T

reduziert. Steigt das Einkommen oder nimmt die Liquiditätsneigung zu, verschiebt sich die Geldnachfragekurve nach rechts; im umgekehrten Fall nach links.

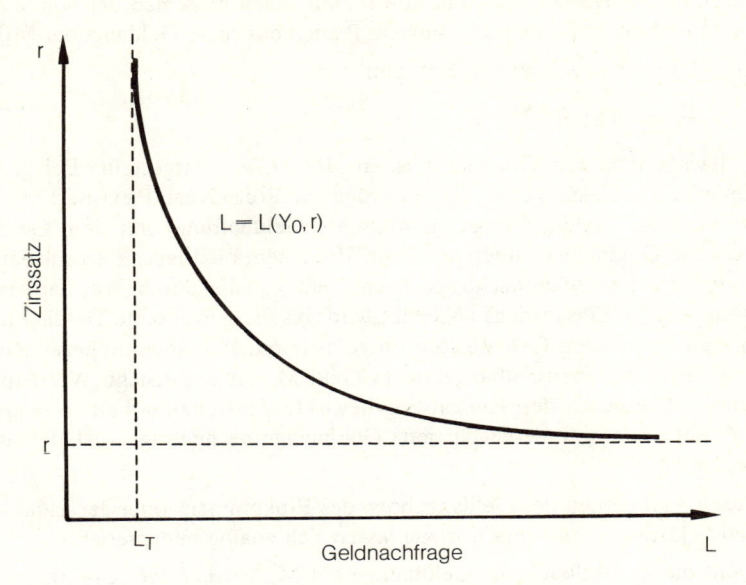

Abb. C-4.1: Geldnachfragekurve

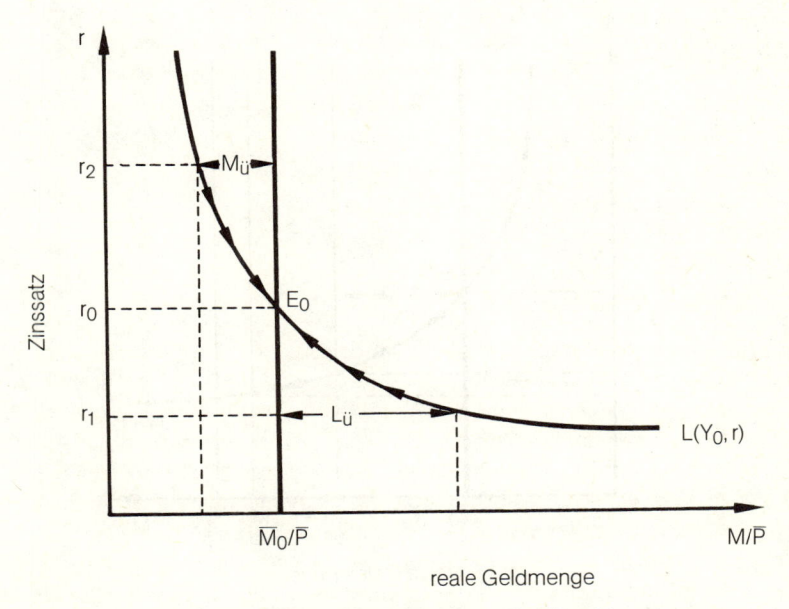

Abb. C-4.2: Gleichgewicht am Geldmarkt

4.3. Geldmarktgleichgewicht

Auf dem Geldmarkt herrscht Gleichgewicht, wenn Geldangebot und Geldnachfrage übereinstimmen. Die Zentralbank kontrolliert annahmegemäß die nominale Geldmenge $\overline{M}$ und bei exogenem Preisniveau $\overline{P}$ auch das reale Geldangebot $\overline{M}/\overline{P}$.

Die Gleichgewichtsbedingung lautet damit:

(4.7) $\quad \dfrac{\overline{M}}{\overline{P}} = L(Y, r).$

Das Gleichgewicht am Geldmarkt ist in *Abb. C-4.2* dargestellt: Bei gegebenem Einkommen Y_0, Geldangebot $\overline{M}_0$ und exogenem Preisniveau $\overline{P}$ existiert nur ein Zins r_0, bei dem die Geldnachfrage (gewünschte Geldhaltung) mit dem Geldangebot (tatsächliche Geldmenge) übereinstimmt. Bei einem niedrigeren Zinsniveau $r_1 < r_0$ bestünde eine Überschußnachfrage nach Geld $L_{ü}$, die durch Wertpapierverkäufe (Kurssenkung → Zinsanstieg) abgebaut wird, bis die gewünschte Geldhaltung beim Zinsniveau r_0 mit dem Geldangebot übereinstimmt. Bei einem höheren Zinsniveau $r_2 > r_0$ wird das Überschußangebot an Geld $M_{ü}$ für zusätzliche Wertpapierkäufe verwendet. Die durch den Kursanstieg bewirkte Zinssenkung hält so lange an, bis beim Zinsniveau r_0 gerade wieder jene Geldmenge nachgefragt wird, die tatsächlich vorhanden ist.

Die durch Variationen des Geldangebots, des Einkommens oder der Liquiditätsneigung ausgelösten Anpassungsprozesse lassen sich analog interpretieren:

– Erhöht die Zentralbank die Geldmenge auf $\overline{M}_1 > \overline{M}_0$ (*Abb. C-4.3*), entsteht im Ausgangsgleichgewicht E_0 ein Überschußangebot an Geld $M_{ü}$, das durch Wertpapierkäufe abgebaut wird, bis das neue Geldmarktgleichgewicht E_1 erreicht ist. Im

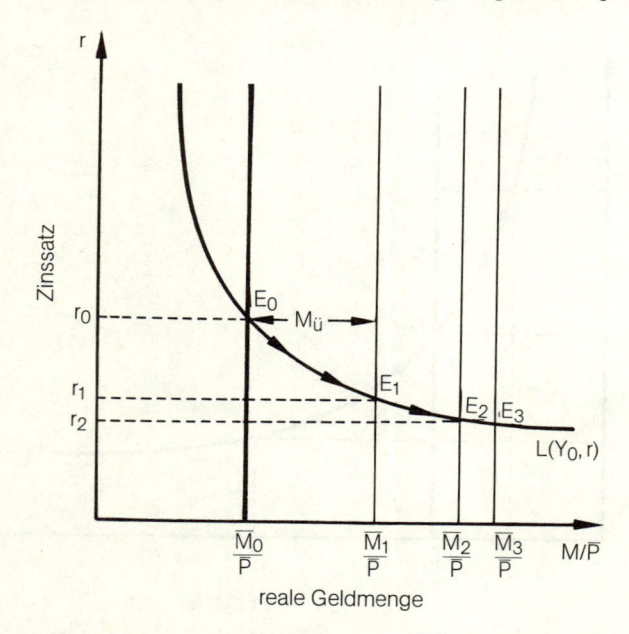

Abb. C-4.3: Geldangebotserhöhung

Bereich der Liquiditätsfalle bewirkt eine Ausweitung des Geldangebots auf $\overline{M}_3 > \overline{M}_2$ keine Zinssenkung; das Überschußangebot wird ohne Zinssenkung nachgefragt, weil Geldhaltung – wegen erwarteter Kurssenkungen und Kapitalverluste – in dieser Situation zweckmäßiger ist als Anlage in verzinslichen Wertpapieren.
- Steigt das Einkommen auf $Y_1 > Y_0$ (*Abb. C-4.4*), entsteht bei konstantem Geldangebot $\overline{M}_0$ im Ausgangsgleichgewicht E_0 eine Überschußnachfrage nach Geld $L_{ü}$, die durch Wertpapierverkäufe befriedigt wird. Das Zinsniveau steigt so lange, bis das neue Gleichgewicht E_1 erreicht ist.

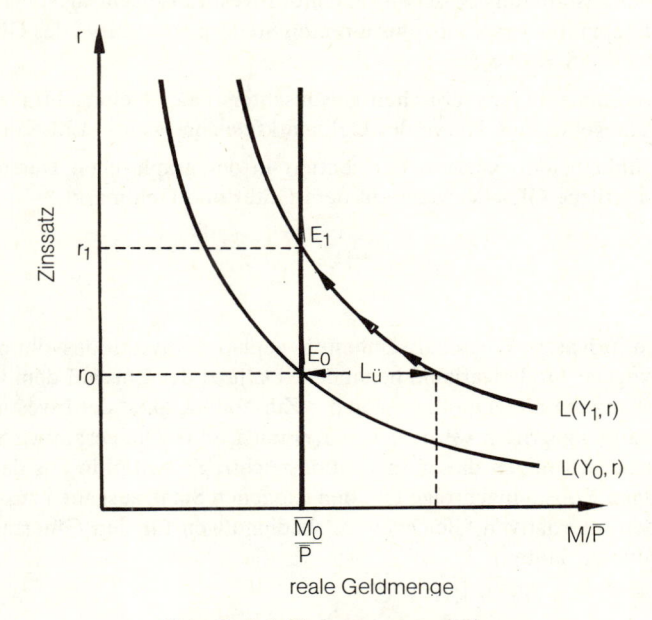

Abb. C-4.4: Einkommenserhöhung

- Erhöht sich die Liquiditätsneigung der Wirtschaftseinheiten bei gegebenem Einkommen Y_0 und Geldangebot $\overline{M}_0$, verschiebt sich die Geldnachfragekurve nach oben. Der Anpassungsprozeß an das neue Gleichgewicht E_1 vollzieht sich – wie im letztgenannten Fall der Einkommensvariation – über eine Zinserhöhung.

5. Gleichgewicht auf dem Güter- und Geldmarkt

Die vorangegangene Betrachtung des Geldmarktes und implizit zugleich des Marktes für Wertpapiere diente dazu, den Einbau der Vermögensmärkte in die Analyse der gesamtwirtschaftlichen Aktivität, die bislang nur anhand eines Gütermarktmodells vorgenommen wurde (s. Abschnitt 3.), vorzubereiten. In dem erweiterten Modell gilt weiterhin, daß bei konstantem Preisniveau die gesamtwirtschaftliche Nachfrage die Höhe des gleichgewichtigen Sozialprodukts und des gesamtwirtschaftlichen Gleichgewichtseinkommens bestimmt.

5.1. IS-LM-System

Die bisherigen Teilhypothesen über die Bestimmungsgründe der partiellen Gleichgewichte am Gütermarkt und am Geldmarkt sind nunmehr im Sinne eines simultanen Gleichgewichts zu einem Gesamtmodell zusammenzufügen. Für eine graphische Darstellung dieses keynesianischen Systems hat sich das von Sir John Hicks (1937) entwickelte IS-LM-Diagramm als sehr nützlich erwiesen. Für ein r, Y-Koordinatensystem lassen sich konstruieren:

- aus der Übereinstimmung zwischen geplanter Investitionsnachfrage plus Staatsausgaben und geplanter Ersparnis plus direkten Steuern eine Kurve des Gütermarktgleichgewichts (IS-Kurve);
- aus der Übereinstimmung zwischen gewünschter realer Geldnachfrage und dem realen Geldangebot eine Kurve des Geldmarktgleichgewichts (LM-Kurve).

Der Schnittpunkt beider Kurven repräsentiert in der graphischen Darstellung das gesamtwirtschaftliche Gleichgewicht auf dem Güter und Geldmarkt.

IS-Kurve

Das von den privaten Wirtschaftseinheiten geplante Investitionsvolumen wurde bislang als exogene Modellvariable behandelt. Da jetzt der Zins auf dem Geldmarkt erklärt wird, kann auf die Hypothese von der Zinsabhängigkeit der Investitionsnachfrage (3.24) zurückgegriffen werden: $I = I(r)$ mit $I_r < 0$. Die gesamtwirtschaftliche Nachfrage setzt sich neben dieser Investitionsnachfrage weiterhin aus der einkommensabhängigen Konsumnachfrage und den exogenen Staatsausgaben zusammen, so daß die beiden alternativen Gleichgewichtsbedingungen für den Gütermarkt (3.16 und 3.17) nunmehr lauten:

(5.1) $\quad Y = C(Y - T) + I(r) + \overline{G}$
(5.2) $\quad I(r) + \overline{G} = S(Y - T) + T.$

In dem Gesamtmodell sind der Zinssatz r und das gesamtwirtschaftliche Einkommen Y endogene Variable. Die obigen Gleichgewichtsbedingungen erfassen mithin für gegebene Werte der exogenen Variablen alle Kombinationen von r und Y, bei denen sich der Gütermarkt im Gleichgewicht befindet.

Die Beziehungen zwischen diesen beiden Variablen sind in *Abb. C-5.1* gedanklich in folgender Weise hergeleitet. Bei der Konstellation E_0 herrsche Gleichgewicht auf dem Gütermarkt; der Zinssatz sinke auf r_1. Die Zinssenkung regt die private Investitionstätigkeit an. Ohne eine Änderung der gesamtwirtschaftlichen Ausbringungsmenge Y_0 fällt im Punkt E_{01} die aggregierte Nachfrage Y^d größer als Angebot Y aus (Überschußnachfrage nach Gütern). Damit weiterhin die Gleichgewichtsbedingung (5.1) erfüllt ist, ist ein größeres Sozialprodukt und Einkommen Y_1 in der Höhe erforderlich, daß sich die einkommensabhängige Ersparnis dem höheren Investitionsniveau anpaßt.

Daraus folgt: Im Gütermarktgleichgewicht geht ein höheres Sozialprodukt mit einem niedrigeren Zinssatz einher und umgekehrt. Die Kurve, die alle r, Y-Gleichgewichtspunkte repräsentiert, heißt IS-Kurve. Sie hat eine negative Steigung. Unterhalb der

IS-Kurve ist der Gütermarkt durch eine Überschußnachfrage nach Gütern und oberhalb durch ein Überschußangebot gekennzeichnet.

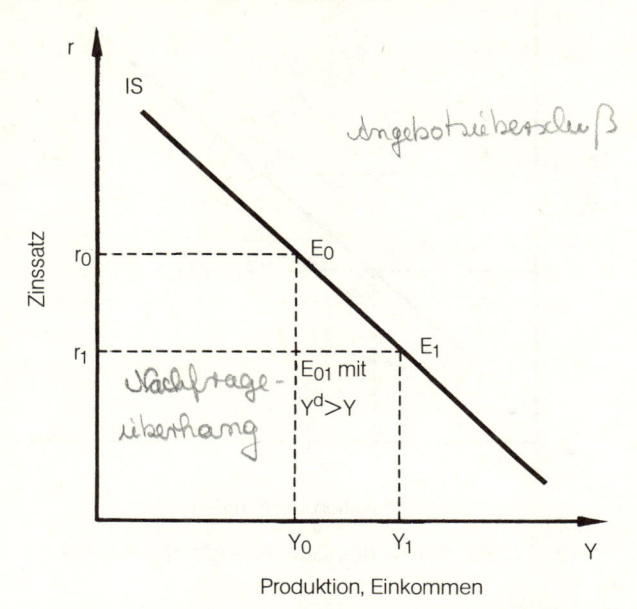

Abb. C-5.1: Kurve des Gütermarktgleichgewichts

LM-Kurve

Auf dem Geldmarkt gilt weiterhin ohne Modifikationen die im vorangegangenen Abschnitt C-4.3 hergeleitete Gleichgewichtsbedingung:

(4.7) $\quad L(Y, r) = \dfrac{\overline{M}}{\overline{P}}$.

Diese Bedingung erfaßt für ein gegebenes reales Geldangebot alle Kombinationen der endogenen Variablen Zinssatz und Einkommen, bei denen sich der Geldmarkt im Gleichgewicht befindet.

Analog zum Gütermarkt kann man für die Beziehungen zwischen den beiden Variablen argumentieren: Ausgehend von der Gleichgewichtskonstellation E_0 sinke in *Abb. C-5.2* der Zinssatz auf r_1. Ein sinkender Zins erhöht (außerhalb der Liquiditätsfalle) die Nachfrage aus dem Spekulationsmotiv. Ohne Änderung des gesamtwirtschaftlichen Einkommens Y_0 ist im Punkt E_{01} die Geldnachfrage höher als das Geldangebot (Überschußnachfrage nach Geld). Bei gegebenem Geldangebot kann die Überschußnachfrage nur über eine Reduzierung der Kassenhaltung, die nach dem Transaktions- und Vorsichtsmotiv gehalten wird, abgebaut werden. Da diese Kassenhaltung positiv vom Einkommen abhängt, ist ein niedrigeres Einkommen Y_1 in der Höhe erforderlich, daß die gesamtwirtschaftliche Nachfrage wiederum mit dem Geldangebot übereinstimmt.

Daraus folgt: Im Geldmarktgleichgewicht geht ein niedriges Einkommen mit einem niedrigeren Zins einher und umgekehrt. Die Kurve, die alle r, Y-Gleichgewichts-

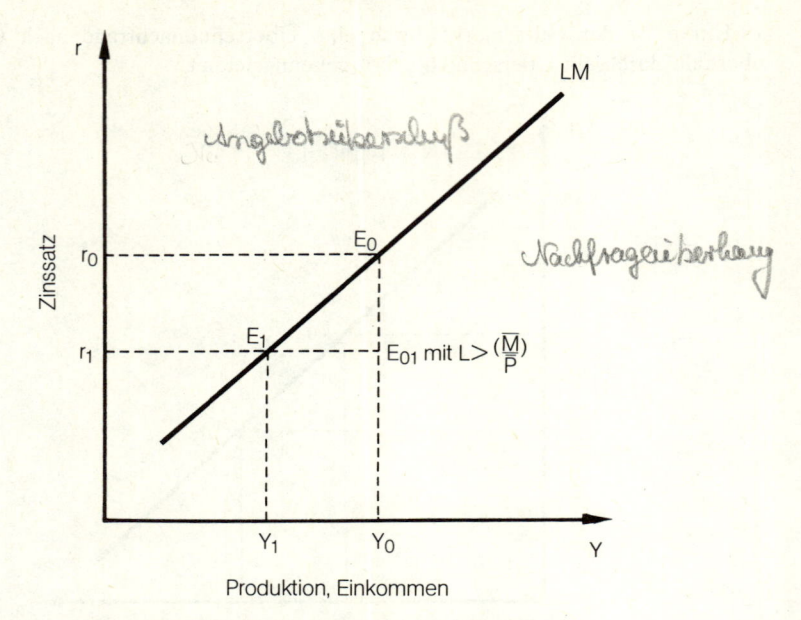

Abb. C-5.2: Kurve des Geldmarktgleichgewichts

punkte repräsentiert, heißt LM-Kurve. Sie hat eine positive Steigung. Unterhalb der LM-Kurve ist der Geldmarkt durch eine Überschußnachfrage nach Geld und oberhalb durch ein Überschußangebot gekennzeichnet.

Gleichgewicht und Stabilität

Während für jeden der beiden Märkte unendlich viele Gleichgewichtskombinationen von Zinssatz und Einkommen existieren, sichert nur eine einzige Zins-Einkommen-Konstellation ein simultanes Gleichgewicht auf beiden Märkten. Das ist in *Abb. C-5.3* der Schnittpunkt E zwischen der IS-Kurve und der LM-Kurve. Hier ist die aggregierte Nachfrage (Güternachfrage) so hoch wie die gesamtwirtschaftliche Ausbringungsmenge und zugleich wünschen die Wirtschaftseinheiten, die vorhandene Geldmenge zu halten.

Befindet sich die Volkswirtschaft in der Situation E_0, ist zwar der Gütermarkt im Gleichgewicht, jedoch übersteigt die gewünschte Kassenhaltung das Geldangebot. Die Wirtschaftseinheiten versuchen, durch den Verkauf von Wertpapieren ihre Mehrnachfrage nach Geld zu realisieren. Das erhöhte Angebot an Wertpapieren läßt den Zins steigen. Steigende Zinsen verdrängen einen Teil der Investitionsnachfrage, so daß nunmehr am Gütermarkt ein Überschußangebot vorherrscht: die Volkswirtschaft befindet sich oberhalb der IS-Kurve. Die mangelnde Güternachfrage schlägt sich in unfreiwilligen Lageraufstockungen nieder. Diese Erfahrungen im Unternehmenssektor führen zu Produktionseinschränkungen, so daß das Sozialprodukt sinkt. Steigendes Zinsniveau und fallendes gesamtwirtschaftliches Einkommen führen das

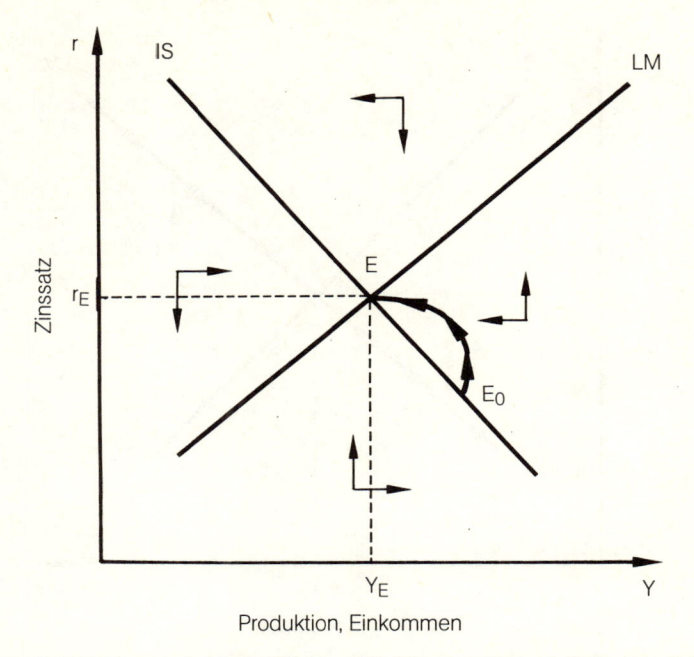

Abb. C-5.3: Gesamtwirtschaftliches Gleichgewicht und Anpassungskräfte in Ungleichgewichtssituationen

System zu der Gleichgewichtslage E hin. Die hierfür erforderlichen analytischen Stabilitätsvoraussetzungen (OTT/OTT/YOO, 1975, S. 39 ff.) sind komplizierter als im reinen Gütermarktmodell (s. Abschnitt 3.1.).

Die Anpassungskräfte, die in den möglichen Konstellationen von Marktungleichgewichten auftreten, sind in *Abb. C-5.3* durch Pfeile angedeutet. Der Anpassungspfad hängt davon ab, wie schnell die verschiedenen Märkte auf exogene Störungen reagieren. In der Regel spielt sich das Gleichgewicht auf den Vermögensmärkten schneller als auf den Märkten für neuproduzierte Güter ein. Diese unterschiedliche Reaktion bedeutet für die hypothetischen Eigenschaften des IS-LM-Modells, daß zunächst Zinssatzänderungen das Geldmarktgleichgewicht herbeiführen und sich das Gesamtsystem sodann entlang der LM-Kurve dem Gleichgewicht E nähert (*Abb. C-5.4* auf S. 110). Damit wird die Kurve des Geldmarktgleichgewichts zum Anpassungspfad für die Gesamtwirtschaft.

5.2. Fiskal- und Geldpolitik im IS-LM-System

Die Lage der IS-Kurve und der LM-Kurve werden von den exogenen Modellvariablen bestimmt. Die Wirkungsrichtungen der Fiskal- und Geldpolitik lassen sich deshalb an den ausgelösten Verschiebungen dieser Gleichgewichtskurven analysieren.

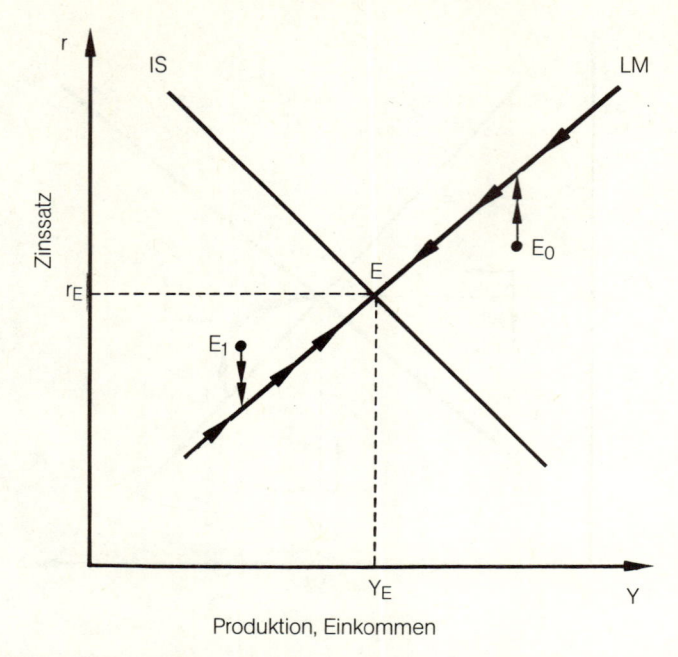

Abb. C-5.4: Anpassungspfad bei schnell reagierendem Geldmarkt

Fiskalpolitik

Eine Ausdehnung der Nachfrage des Staates nach Gütern und Diensten verschiebt die IS-Kurve in *Abb. C-5.5* von IS_0 nach IS_1. Das Ausmaß der Rechtsverlagerung kann durch die Strecke zwischen dem Ausgangsgleichgewicht E_0 und dem Punkt E_{01} gemessen werden. Hierbei würde sich das Sozialprodukt Y_{01} einspielen, wenn der Zins auf seinem gleichgewichtigen Ausgangsniveau r_{E0} verharren und damit die geplante Investitionsnachfrage auf dem zugehörigen Niveau verbleiben würde. Deshalb repräsentiert die Strecke E_0E_{01} genau die Multiplikatorwirkungen der Staatsausgaben im Gütermarktmodell (s. Abschnitt 3.3.).

Der Punkt E_{01} kann nunmehr kein gesamtwirtschaftliches Gleichgewicht sein. Im expansiven Multiplikatorprozeß steigt mit wachsendem Einkommen die Geldnachfrage. Die Überschußnachfrage nach Geld wird über einen Zinsanstieg abgebaut. Ein höheres Zinsniveau drängt wiederum die private Investitionsnachfrage zurück. Diese Einschränkung der privaten Investitionstätigkeit wirkt dem expansiven Staatsausgabeneffekt entgegen. Im neuen Gleichgewicht E_1 ist die fiskalpolitische Multiplikatorwirkung kleiner als im Gütermarktmodell. Löst die gestiegene Geldnachfrage auf dem Geldmarkt sofortige Zinsanpassungen aus, bewegt sich die Volkswirtschaft auf der LM-Kurve zum Punkt E_1 hin.

Der teilweise kompensierende Effekt, der von den Zinssatzänderungen über die Investitionsnachfrage ausgeht, tritt auch bei Variationen des Steueraufkommens auf. Damit ist die Wirkung einer steuerfinanzierten Erhöhung der Staatsausgaben, also der HAAVELMO-Multiplikator (3.20), bei Integration des Geldmarktes kleiner Eins.

C-5. Gleichgewicht auf Güter- und Geldmarkt

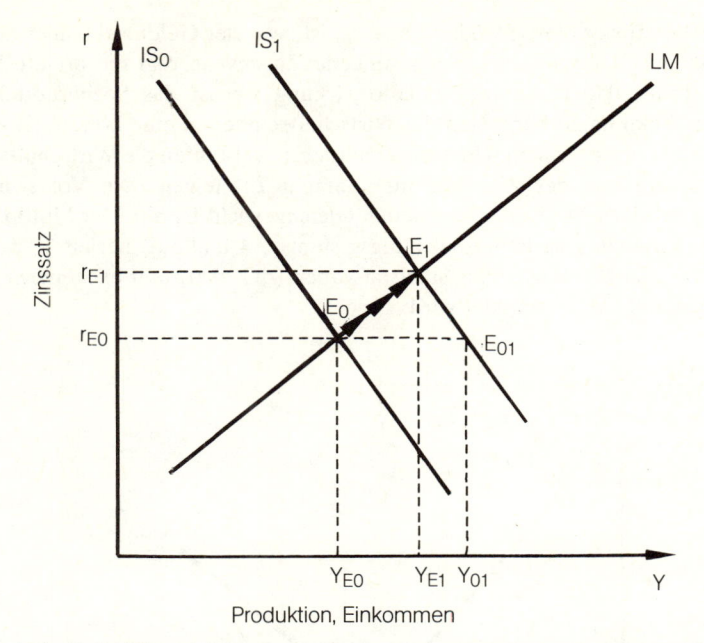

Abb. C-5.5: Ausdehnung der Staatsausgaben und Anpassungspfad des Gesamtsystems

Die aufgezeigten geringeren Multiplikatoreffekte lassen sich analytisch herleiten, wenn für die Gleichgewichtsbedingungen (5.1 und 5.3) das totale Differential gebildet wird. So erhält man für die Variation der Staatsausgaben $d\overline{G}$ bei einem endogenen Steueraufkommen (3.14 b) und konstantem Geldangebot ($d(\overline{M/P}) = 0$):

(5.4) $dY = C_Y(1 - T_Y)dY + I_r dr + d\overline{G}$

(5.5) $0 = L_Y dY + L_r dr$.

Aus einer Zusammenfassung beider Gleichungen ergibt sich der Staatsausgabenmultiplikator: *bei Wertpapierfinanzierung* (b)

(5.6) $\dfrac{dY}{d\overline{G}} = \dfrac{1}{1 - C_Y(1 - T_Y) + \dfrac{I_r}{L_r}L_Y}$.

Da $I_r/L_r > 0$ und $L_Y > 0$ gilt, ist dieser Multiplikator kleiner als der Staatsausgabenmultiplikator (3.18).

Geldpolitik

Eine Erhöhung der Geldmenge verschiebt die LM-Kurve in *Abb. C-5.6* von LM_0 nach LM_1. Das Ausmaß dieser Verschiebung kann durch die Strecke zwischen dem Ausgangsgleichgewicht E_0 und dem Punkt E_{01} gemessen werden. Hierbei spielt sich der Zinssatz r_{01} ein, wenn das Sozialprodukt auf seinem gleichgewichtigen Ausgangsniveau Y_{E0} verharrt. Dieser Ablauf kann als kurzfristige Reaktion des Gesamtsystems unterstellt werden, wenn der Geldmarkt das erhöhte Geldangebot durch eine sofortige Zinssenkung voll absorbiert.

In der sich kurzfristig einspielenden Lage E_{01} ist zwar der Geldmarkt, aber nicht der Gütermarkt im Gleichgewicht. Das gesunkene Zinsniveau regt die private Investitionstätigkeit an. Über die Multiplikatorwirkung wächst das Sozialprodukt. Mit steigendem Einkommen benötigen die Wirtschaftseinheiten eine höhere Kassenhaltung zu Transaktionszwecken. Um sie zu realisieren, verkaufen die Wirtschaftseinheiten Wertpapiere und der Zins beginnt nunmehr zu steigen. Die Volkswirtschaft bewegt sich auf der LM_1-Kurve zum neuen Gleichgewicht E_1 hin. Der Multiplikatoreffekt läßt sich analog zu dem Gleichungssystem (5.4 und 5.5) herleiten, wenn das totale Differential bei konstanten Staatsausgaben ($d\overline{G} = 0$) und exogener Varation der Geldmenge $d(\overline{M}/\overline{P})$ gebildet wird:

$$(5.7) \quad \frac{dY}{d\left(\dfrac{\overline{M}}{\overline{P}}\right)} = \frac{\dfrac{I_r}{L_r}}{1 - C_Y(1 - T_Y) + \dfrac{I_r}{L_r} L_Y}$$

Geldpolitik → (c)

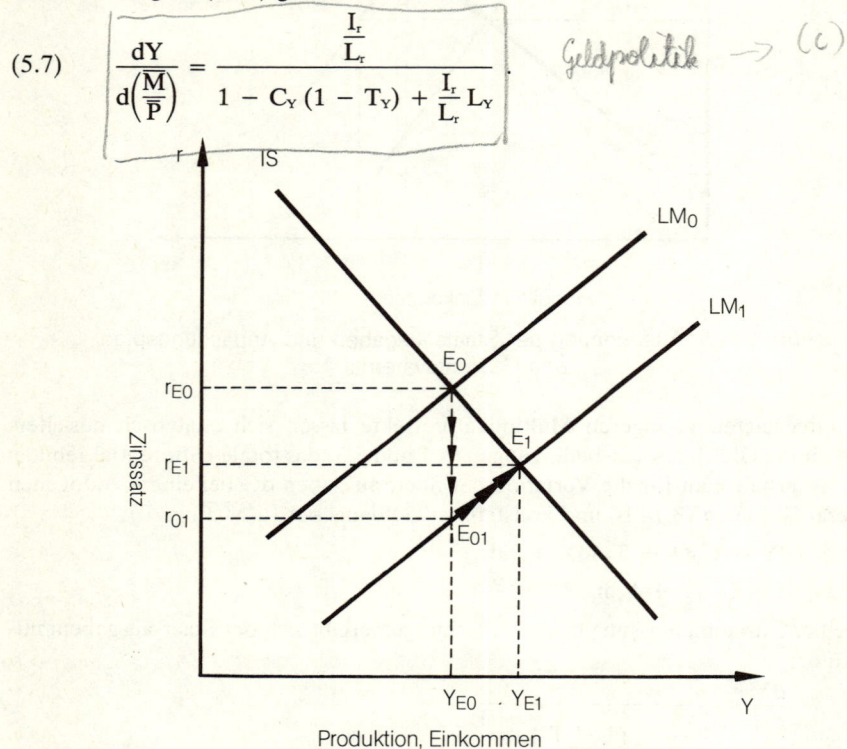

Abb. C-5.6: Ausdehnung der Geldmenge und Anpassungspfad des Gesamtsystems

Die Geldpolitik wirkt über zwei aufeinanderfolgende Effekte auf die gesamtwirtschaftliche Aktivität ein. Geldmengenvariationen stören zunächst das Gleichgewicht auf den Vermögensmärkten. Die Zinsbewegung, die das Gleichgewicht wieder herstellt (von r_{E0} nach r_{01} in *Abb. C-5.6*), ist der Liquiditätseffekt der Geldpolitik. Beeinflußt er die gesamtwirtschaftliche Nachfrage, ändert sich das Gleichgewichtseinkommen. Die begleitenden Zinsänderungen (von r_{01} nach r_{E1}), die dem Liquiditätseffekt entgegengesetzt verlaufen, bilden den Einkommenseffekt der Geldpolitik. Der Liquiditätseffekt erfaßt die unmittelbare monetäre Auswirkung; der Einkommenseffekt die Rückwirkungen aus dem realwirtschaftlichen Sektor.

5.3. Formen der Defizitfinanzierung

Wenn das Steueraufkommen hinter den geplanten Staatsausgaben zurückbleibt, muß der Staat auf andere Finanzierungsarten zurückgreifen, um das Defizit im Staatshaushalt zu decken. Zwei Quellen der Defizitfinanzierung stehen ihm offen:

(c) – Aufnahme von Krediten bei der Zentralbank und

(b) – Aufnahme von Krediten bei den privaten Wirtschaftseinheiten.

Bei der ersten Finanzierungsart erhöht sich die Geldbasis und damit die Geldmenge (s. Abschnitt 4.1.), im zweiten Fall der Bestand an staatlichen Wertpapieren im privaten Sektor. Umgekehrt kann der Staat bei einem Budgetüberschuß die Mittel bei der Zentralbank stillegen und so die Geldmenge verringern oder durch Rückkauf der von ihm ausgegebenen Wertpapiere seine Verschuldung gegenüber dem privaten Sektor reduzieren. Von einem ausgeglichenen Budget spricht man, wenn die Steuereinnahmen so hoch wie die Staatsausgaben sind.

Die Analyse der Defizitfinanzierung führt zu dynamischen und langfristigen Konsequenzen in dem bislang statischen IS-LM-Modell. Folgende Überlegungen sollen diese Schlußfolgerung verdeutlichen: Ausgehend von einem gesamtwirtschaftlichen Gleichgewicht dehne der Staat seine Güternachfrage aus und finanziere die Mehrausgaben durch eine zusätzliche Verschuldung. Die am Ende der Periode der staatlichen Nachfrageausdehnung erreichte gesamtwirtschaftliche Situation kann dann nicht als Gleichgewichtslage andauern, wenn in der folgenden Periode keine ausreichenden Steuermehreinnahmen anfallen, die die Finanzierungslücke decken. In diesem Fall muß der Staat selbst bei Konstanthaltung seines Ausgabenniveaus in der zweiten Periode seine Verschuldung erhöhen. Eine einmalige Erhöhung der Staatsnachfrage zwingt mithin bei fehlendem Steueraufkommen dazu, die Staatsschuld von Periode zu Periode aufzustocken. Das Defizit und ein Anwachsen der Geldmenge bzw. des Bestandes an staatlichen Wertpapieren dauern so lange an, bis in einer der nachfolgenden Haushaltsperioden die ursprüngliche Ausgabenerhöhung durch Steuermehreinnahmen in gleicher Höhe finanziert werden kann. Somit ergibt sich:

– Staatsausgaben, die über eine Verschuldung der öffentlichen Hand finanziert werden, haben langfristige Multiplikatoreffekte.

– Ein langfristiges Gleichgewicht ist erst erreicht, wenn auch die Bestandsgrößen Geldmenge und staatliche Wertpapiere nicht mehr variieren.

– Voraussetzung für ein langfristiges Gleichgewicht ist ein ausgeglichenes Budget des Staates.

Wenn in den beiden nachfolgenden Abschnitten die langfristigen Multiplikatorwirkungen der Fiskalpolitik bei unterschiedlichen Finanzierungsarten betrachtet werden, so geschieht das weiterhin unter der einschränkenden Prämisse des IS-LM-Modells, daß der Kapitalstock konstant ist. In einer umfassenden Analyse müßte der kapazitätsschaffende Effekt der Nettoinvestitionen berücksichtigt werden.

Die explizite Analyse der Defizitfinanzierung im Rahmen eines keynesianischen Modells geht auf DAVID J. OTT und ATTIAT F. OTT (1965), CARL F. CHRIST (1968) und WILLIAM S. SILBER (1970) zurück (Überblick bei SIEBKE, 1975). Die Diskussion ist bis heute nicht abgeschlossen (vgl. CHRIST, 1979). Ein endogener Kapitalstock wird durch ALAN S. BLINDER und ROBERT M. SOLOW (1973, 1974) berücksichtigt.

5.3.1. Verschuldung gegenüber der Zentralbank

Der Staat dehne seine Güternachfrage aus und finanziere diese Mehrausgaben durch eine Kreditaufnahme bei der Zentralbank. Die Folge dieser Finanzierungspolitik ist, daß sich im IS-LM-Diagramm (*Abb. C-5.7*) sowohl die IS-Kurve nach rechts (IS_0 nach IS_1) als auch die LM-Kurve nach rechts (LM_0 nach LM_1) verschieben. Zu dem auch bei konstantem Geldangebot ausgelösten expansiven Multiplikatoreffekt der Staatsnachfrage (Y_{E0} nach Y_{01}) tritt der expansive monetäre Effekt (Y_{01} nach Y_{E1}) der Geldmengenfinanzierung hinzu: Die Wirkung der Fiskalpolitik wird durch die monetäre Alimentierung verstärkt. Über die komparativ-statische Entwicklung des Zinssatzes läßt sich keine Aussage machen. Bei konstantem Geldangebot steigt der Zins. Durch die monetäre Finanzierung wird der Zins herabgedrückt. Das Resultat hängt von der relativen Stärke von Nachfrage- und Geldmengenimpuls ab.

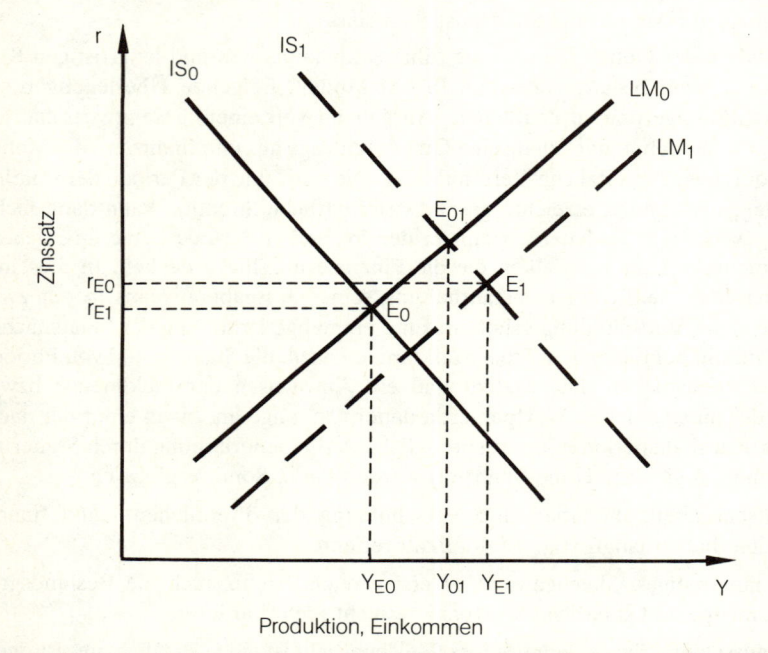

Abb. C-5.7: Kurzfristige Wirkungen einer Geldmengen-finanzierten Fiskalpolitik

Die bisherige Analyse ist kurzfristig, weil sie sich auf die erste Periode der einmaligen Ausgabenvariation erstreckt. Ist das Steueraufkommen exogen fixiert und konstant, muß der Staat in jeder der nachfolgenden Perioden einen Zentralbankkredit in der Höhe des Budgetdefizits der ersten Periode aufnehmen. Diese Haushaltslage impliziert, daß sich die LM-Kurve fortlaufend im Ausmaß der Verlagerung LM_0 nach LM_1 nach unten verschiebt; allerdings unter der Nebenbedingung, daß die IS_1-Kurve in ihrer Lage verbleibt. Die Folge ist ein sich stetig ausdehnendes Sozialprodukt. Ohne eine zusätzliche Steuererhebung kann sich das System keinem makroökonomischen Gleichgewicht nähern.

Anders entwickelt sich das System bei einem einkommensabhängigen Steueraufkommen. Im Zuge des Anstiegs des Einkommens erhöht sich das Steueraufkommen, so daß das Budgetdefizit von Periode zu Periode kleiner wird. Mithin fällt auch die laufende Neuverschuldung bei der Zentralbank geringer aus, so daß sich die LM-Kurve von Periode zu Periode in geringerem Maße nach rechts verschiebt (*Abb. C-5.8*).

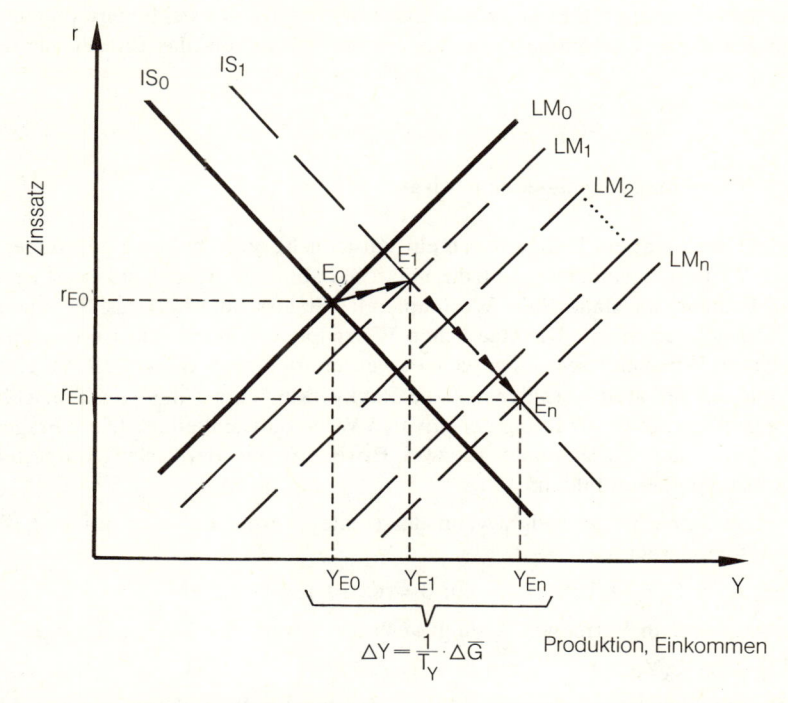

Abb. C-5.8: Langfristige Wirkungen einer Geldmengen-finanzierten Fiskalpolitik

Das Budgetdefizit besteht so lange – und in diesem Zeitraum wächst die Geldmenge – bis über den expansiven Effekt der Geldmengenvermehrung das Sozialprodukt um einen solchen Betrag gestiegen ist, daß die daraus induzierten endogenen Steuermehreinnahmen die Höhe der ursprünglichen staatlichen Nachfrageausdehnung erreicht und damit das Budget endgültig ausgeglichen haben.

Bei konstantem marginalen Steuersatz sind die induzierten Steuereinnahmen bestimmt durch: $\Delta T = T_Y \cdot \Delta Y$. Hierbei steht der Operator Δ für die Änderung einer Variablen, die insgesamt (und über mehr als eine Periode) gegenüber der Ausgangslage auftritt. Die einmalige Variation der Staatsausgaben $d\overline{G}$ ändert sich nicht im Laufe der hier betrachteten Gesamtzeitspanne, so daß für die langfristige Betrachtung gilt: $\Delta \overline{G} = d\overline{G}$. Damit hat man die Bedingung für den langfristigen Ausgleich des Budgets:

(5.8) $\Delta \overline{G} = \Delta T = T_Y \cdot \Delta Y$.

Aus dieser Gleichgewichtsbedingung folgt durch Umformung der Staatsausgabenmultiplikator für die lange Frist:

(5.9) $\quad \dfrac{\Delta Y}{\Delta \overline{G}} = \dfrac{1}{T_Y}$

Der langfristige Ausgabenmultiplikator ist gleich dem reziproken Wert des marginalen Steuersatzes. Je höher diese Steuersätze, desto geringer ist die Wirkung der Geldmengen-finanzierten Fiskalpolitik. Das folgt daraus, daß bei höheren Steuersätzen ein geringerer Einkommenszuwachs erforderlich ist, um das Budget auszugleichen.

5.3.2. Verschuldung gegenüber dem privaten Sektor

Finanziert der Staat ein Defizit durch eine zusätzliche Verschuldung gegenüber den privaten Wirtschaftseinheiten, muß das makroökonomische Modell erweitert werden, da der Bestand an staatlichen Wertpapieren (Staatsschuldtitel) bislang nicht als Modellvariable erscheint. Die staatlichen Wertpapiere können zum Nettovermögen des privaten Wirtschaftssektors gerechnet werden (vgl. dazu BARRO, 1974). Hat die Änderung des privaten Vermögens keine Rückwirkungen auf die Konsumnachfrage und die gewünschte Geldhaltung der privaten Wirtschaftseinheiten? Diese Fragestellungen sollen den Ansatzpunkt zu zwei Erweiterungen der bislang aufgestellten Verhaltenshypothesen bilden:

– Die Konsumnachfrage steigt, wenn das (reale) Vermögen A im privaten Wirtschaftssektor wächst:

(5.10) $\quad C = C(Y - T, A) \qquad$ mit $0 < C_A < 1$.

– Mit wachsendem Vermögen A steigt auch die gewünschte Kassenhaltung:

(5.11) $\quad L = L(Y, r, A) \qquad$ mit $0 < L_A < 1$.

Eine Verschuldung des Staates gegenüber den privaten Wirtschaftseinheiten erhöht deren Vermögen und induziert auf diesem Wege eine Ausdehnung von Güter- und Geldnachfrage. Diese Effekte hätten auch in der Analyse der Geldpolitik und der Verschuldung des Staates bei der Zentralbank aufgenommen werden können, wenn die Geldmenge zum Vermögen des privaten Wirtschaftssektors gerechnet wird (zum Vermögenscharakter des Geldes s. Überblick bei HOYER, 1978). Dadurch brauchen allerdings die abgeleiteten grundsätzlichen Aussagen über die zusätzliche expansive Wirkung der monetären Alimentierung nicht modifiziert zu werden.

Kurzfristige Analyse

Eine Ausdehnung der staatlichen Nachfrage, die durch eine Kreditaufnahme im privaten Wirtschaftssektor finanziert wird, verschiebt zunächst wieder die IS-Kurve nach rechts (IS_0 nach IS_1 in *Abb. C-5.9*). Ohne weitere Annahmen bliebe der Geldmarkt unberührt und es würde sich das Einkommen Y_{01} einstellen, das sich ohne Berücksichtigung der Finanzierungsfragen ergibt (s. Abschnitt 5.2.). Die Ausgabe von Staatsschuldtiteln erhöht jedoch das private Nettovermögen. Die Erhöhung des Vermögens induziert eine zusätzliche Güternachfrage und eine Aufstockung der gewünschten Kassenhaltung, die bei gegebenem Geldangebot eine Verschiebung der LM-Kurve nach links hervorruft. Um die Vermögenseffekte in den Abbildungen gegenüber den unmittelbaren Auswirkungen von Staatsausgaben- und Geldmengenvariationen hervorzuheben, sind den entsprechenden IS- und LM-Kurven für jede Periode der Defizitfinanzierung ein doppelter unterer Index beigefügt (IS_{11} und LM_0 nach LM_{11}).

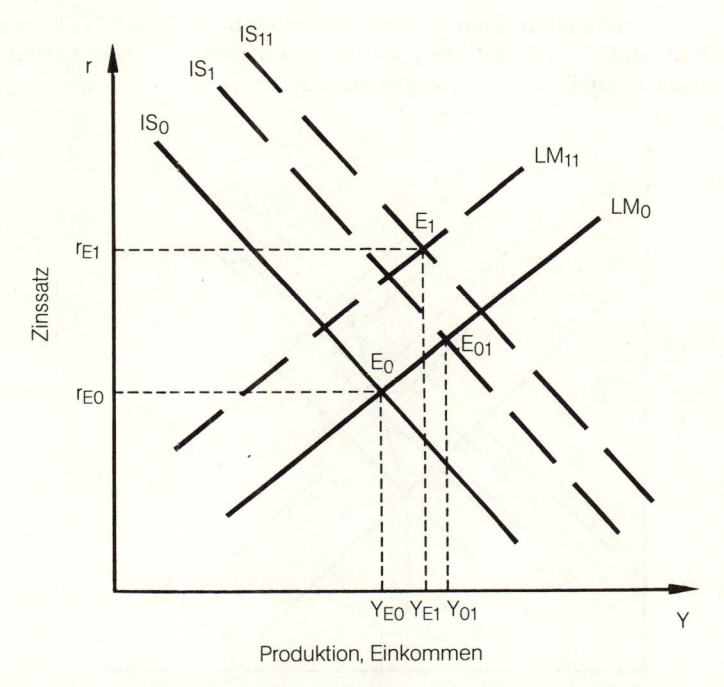

Abb. C-5.9: Kurzfristige Wirkungen einer Staatsschuldtitel-finanzierten Fiskalpolitik

Ob das neue gesamtwirtschaftliche Gleichgewicht Y_{E1} unter oder über dem Niveau Y_{01} liegt, hängt von der relativen Stärke der beiden gegenläufig wirkenden Vermögenseffekte ab. Der entscheidende Unterschied zur Defizitfinanzierung durch Geldschöpfung (s. Abschnitt 5.3.1.) liegt darin, daß die Expansion der Geldmenge unterbleibt und deshalb vom Vermögenseffekt am Geldmarkt ein kontraktiver Impuls ausgeht. Das ist der crowding-out-Effekt der Staatsschuldtitel-finanzierten Fiskalpolitik. Seine Existenz ist in diesem Modell an die Voraussetzung der Vermögensabhängigkeit der Geldnachfrage geknüpft. Ist der crowding-out-Effekt wesentlich stärker als der direkte Vermögenseffekt der Güternachfrage, kann die expansive Wirkung der Staatsausgaben nahezu kompensiert werden, und das Gleichgewichtseinkommen Y_{E1} liegt in der Nähe seines Ausgangsniveaus Y_{E0}. Über die Zinsentwicklung kann eine eindeutige Aussage getroffen werden: Alle drei Kurvenverschiebungen tragen zu einem Zinsanstieg bei.

Langfristige Analyse

Auch bei dieser Finanzierungsart tritt in den Perioden, die der Staatsausgabenerhöhung folgen, ein Defizit auf, das durch erneute Verkäufe von staatlichen Wertpapieren finanziert werden muß. Dieses Wachstum des Bestandes an Staatsschuldtiteln im privaten Sektor bewirkt (*Abb. C-5.10* und *5.11*):

- Die LM-Kurve verschiebt sich infolge des Vermögenseffektes in der Geldnachfrage nach links (von LM_{11} nach LM_{22} usw.).
- Die IS-Kurve verschiebt sich infolge des Vermögenseffektes in der Güternachfrage nach rechts (von IS_{11} nach IS_{22} usw.). Der fiskalpolitische Effekt der Erhöhung der Staatsausgaben entfällt von der zweiten Periode an.

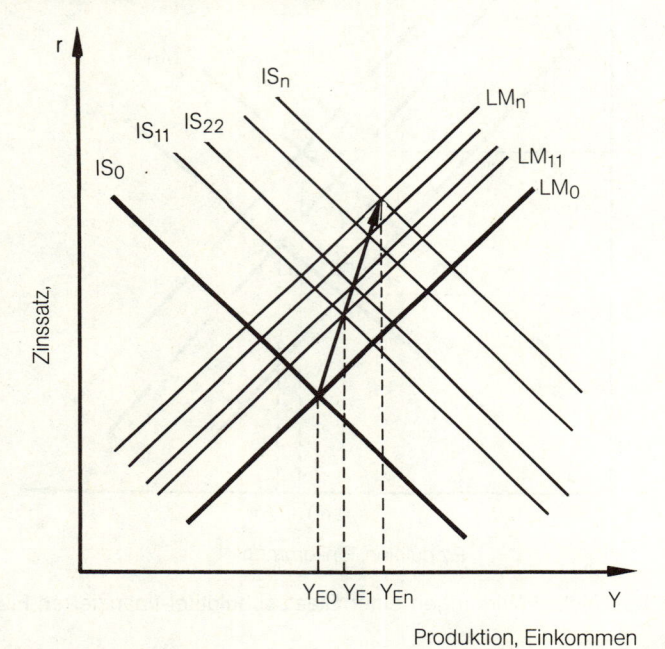

Abb. C-5.10: Langfristige Wirkungen einer Staatsschuldtitel-finanzierten Fiskalpolitik ohne crowding-out-Effekt

Die langfristige Wirkung auf das Sozialprodukt hängt von der relativen Stärke der beiden Vermögenseffekte ab. Nur wenn die Rechtsverschiebung der IS-Kurve stärker als die Verschiebung der LM-Kurve ausfällt, steigt das Sozialprodukt (*Abb. C-5.10*). Ein Anstieg des gesamtwirtschaftlichen Einkommens aber ist erforderlich, um bei einkommensabhängigen Steuern langfristig die Finanzierungslücke schließen zu können. Andernfalls gerät das System durch ein wachsendes Budgetdefizit in eine kontraktive Entwicklung (*Abb. C-5.11*), die zu keiner Annäherung an ein Gleichgewichtseinkommen führt: Der crowding-out-Effekt macht das gesamtwirtschaftliche System langfristig instabil. Mithin ist das Fehlen eines crowding-out-Effektes eine notwendige Voraussetzung für die Stabilität des Modells.

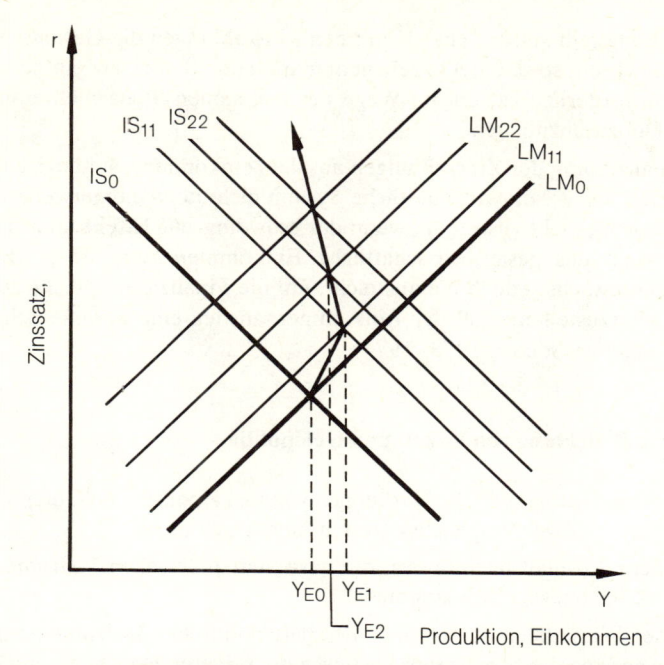

Abb. C-5.11: Langfristige Wirkungen einer Staatsschuldtitel-finanzierten Fiskalpolitik mit crowding-out-Effekt

Ohne crowding-out-Effekt hängt die langfristige Multiplikatorwirkung davon ab, in welcher Form die öffentliche Hand die Zinszahlungen, die sie auf die ausstehende Staatsschuld zu leisten hat, finanziert:

- Der Staat erhebt neben seinem einkommensabhängigen Steueraufkommen in jeder Periode zusätzlich Steuern in genau der Höhe seiner Zinsverpflichtungen. Dann müssen endogen Steuermehreinnahmen zur Finanzierung der Erhöhung der Staatsausgaben anfallen. Der langfristige Staatsausgabenmultiplikator ist wiederum gleich dem reziproken Wert des marginalen Steuersatzes T_Y (5.9).

- Der Staat finanziert die Zinszahlungen aus seinem einkommensabhängigen Steueraufkommen. Dann müssen die endogenen Steuermehreinnahmen so hoch ausfallen, daß neben der Erhöhung der Staatsausgaben auch die zusätzlichen Zinszahlungen bestritten werden können. Bezeichnet R die gesamte staatliche Zinsleistung und unterliegen diese ebenfalls der Steuer, hat man die Bedingung für den langfristigen Ausgleich des Budgets:

(5.12) $\Delta \overline{G} + \Delta R = T_Y(\Delta Y + \Delta R)$.

Aus dieser Gleichgewichtsbedingung folgt durch Umformung der Staatsausgabenmultiplikator für die lange Frist:

(5.13) $\dfrac{\Delta Y}{\Delta \overline{G}} = \dfrac{1 + (1 - T_Y)\dfrac{\Delta R}{\Delta \overline{G}}}{T_Y}$

Da sowohl $\Delta \overline{G}$ als auch ΔR das gleiche Vorzeichen aufweisen, ist dieser Multiplikator größer als der reziproke Wert des marginalen Steuersatzes T_Y. Die Einkommenswirkung fällt stärker aus, da mit den Zinszahlungen die Gesamtausgaben des Staates wachsen, so daß bei gegebenem marginalen Steuersatz ein höheres Sozialprodukt erforderlich ist, um im Wege der endogenen Steuermehreinnahmen das höhere Defizit abzubauen.

Bei der Finanzierung der Zinszahlungen aus dem einkommensabhängigen Steueraufkommen muß das gesamtwirtschaftliche System nicht notwendigerweise einem langfristigen Gleichgewicht zustreben, wenn der crowding-out-Effekt fehlt. Das ist dann der Fall, wenn das gesamtwirtschaftliche Einkommen zwar steigt, der laufende Einkommenszuwachs jedoch nie ausreicht, um die Finanzierungslücke zu schließen. Um dies sicherzustellen, muß der Einkommensanstieg eine gewisse Schwelle überschreiten (BLINDER/SOLOW, 1973, 1974).

5.4. Relative Bedeutung von Fiskal- und Geldpolitik

In diesem Abschnitt werden die Wirkungen von Fiskalpolitik und Geldpolitik miteinander verglichen. Zwei Vergleichskriterien bieten sich an:
– In welchem Ausmaß beeinflussen die wirtschaftspolitischen Instrumente das Niveau des Gleichgewichtseinkommens?
– In welcher Weise beeinflussen die wirtschaftspolitischen Instrumente die Struktur der Verwendung des Sozialprodukts durch die privaten Haushalte und den Staat?

5.4.1. Niveaueffekte

Die Fiskal- und Geldpolitik konnten in der graphischen Darstellung mit Verschiebungen der IS-Kurve und LM-Kurve identifiziert werden. Die quantitativen Multiplikatorwirkungen (5.6 und 5.7) und damit die Effizienz der wirtschaftspolitischen Instrumente hängen von den Verhaltensparametern des Modells ab. Diese Parameter bestimmen die Steigungen der IS- und LM-Kurven.

Zinselastizität der Geldnachfrage

Dem Grad der Zinsabhängigkeit der Geldnachfrage kommt für die Wirksamkeit der wirtschaftspolitischen Instrumente eine zentrale Bedeutung zu. Die von Abschnitt 4.2. abgeleitete Geldnachfrage ist bei einem sehr niedrigen Zinsniveau vollkommen elastisch und bei einem sehr hohen Zinsniveau hingegen unelastisch. In diesen Zinsbereichen verläuft die LM-Kurve horizontal bzw. senkrecht zur Y-Achse im IS-LM-Diagramm (*Abb. C-5.12*). Die unendliche Zinselastizität wird als keynesianischer Fall bezeichnet, weil KEYNES sie als erster – unter dem Begriff Liquiditätsfalle – als eine theoretisch mögliche Liquiditätsneigung ansah. Der unelastische Bereich wird als klassischer Fall bezeichnet, weil hier die Geldnachfrage entsprechend der klassischen Quantitätstheorie nur vom Einkommensniveau abhängt (Beitrag D-2.3.).

(1) Im Bereich der Liquiditätsfalle erreichen die fiskalpolitischen Instrumente ihre höchste Wirksamkeit, weil sie keine Zinssatzveränderungen auslösen, die zu konter-

C-5. Gleichgewicht auf Güter- und Geldmarkt

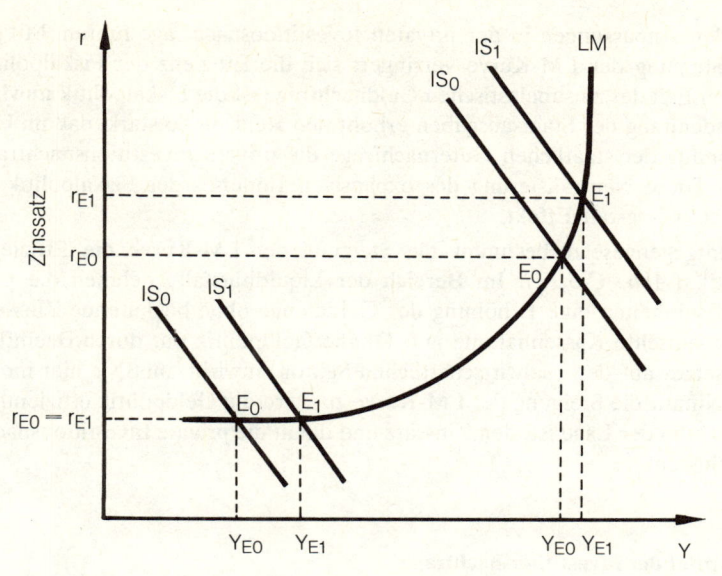

Abb. C-5.12: Effizienz der Fiskalpolitik

klassisch

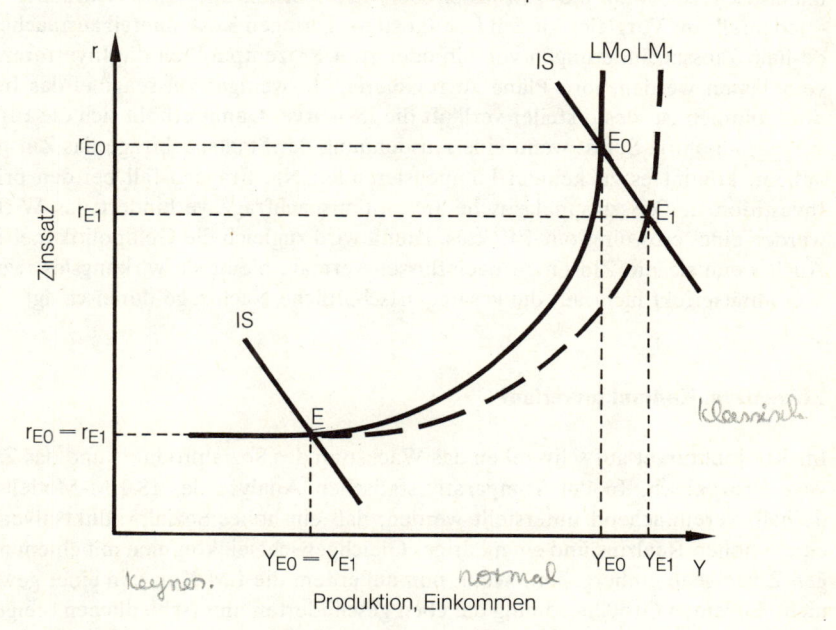

Keynes. *normal*

Abb. C-5.13: Effizienz der Geldpolitik

karierenden Anpassungen in der privaten Investitionsnachfrage führen. Mit zunehmender Steigung der LM-Kurve verringert sich die Effizienz der Fiskalpolitik. Im klassischen Fall der zinsunelastischen Geldnachfrage ist die Fiskalpolitik unwirksam: Eine Ausdehnung der Staatsausgaben erhöht den Realzins so stark, daß im Umfang der Erhöhung der staatlichen Güternachfrage die private Investitionsnachfrage zurückgeht. Diese Neutralisierung des expansiven Impulses der Fiskalpolitik ist ein weiterer crowding-out-Effekt.

(2) Genau entgegengesetzt bestimmt die Steigung der LM-Kurve die Effizienz der Geldpolitik (*Abb. C-5.13*). Im Bereich der Liquiditätsfalle nehmen die privaten Wirtschaftseinheiten eine Erhöhung der Geldmenge ohne begleitende Zinssenkung in ihre gewünschte Kassenhaltung auf. Da die Geldpolitik nur durch Beeinflussung des Zinssatzes auf den realwirtschaftlichen Sektor einwirkt, muß sie hier ineffizient bleiben. Nimmt die Steigung der LM-Kurve zu, wird die Geldpolitik effizienter, weil sie verstärkt in der Lage ist, den Zinssatz und damit die private Investitionsnachfrage zu beeinflussen.

Zinselastizität der Investitionsnachfrage

Oft wird argumentiert, daß die gesamtwirtschaftliche Investitionsnachfrage relativ unelastisch sei, weil die Zinslasten bei den meisten Investitionsvorhaben einen – jedenfalls im Vergleich zu den Lohnkosten – geringen Kostenanteil ausmachen und deshalb Zinssatzänderungen von ein oder zwei Prozentpunkten die Investoren nicht veranlassen werden, ihre Pläne zu revidieren. Je weniger zinsreagibel das Investitionsvolumen ist, desto steiler verläuft die IS-Kurve. Damit erhöht sich die Effizienz der Fiskalpolitik. Selbst wenn eine Ausdehnung der Staatsnachfrage das Zinsniveau anhebt, kommt es zu keinem kompensierenden Nachfrageausfall bei den privaten Investitionen. Die zinsunelastische Investitionsnachfrage verhindert das Wirksamwerden eines crowding-out-Effektes. Damit wird zugleich die Geldpolitik ineffizient. Auch wenn sie die Zinsen zu beeinflussen vermag, bleibt sie wirkungslos, weil der Liquiditätseffekt nicht auf die gesamtwirtschaftliche Nachfrage durchschlägt.

Effizienz im Konjunkturverlauf

Im Konjunkturverlauf schwanken das Wachstum des Sozialprodukts und das Zinsniveau prozyklisch. In der komparativ-statischen Analyse des IS-LM-Modells darf deshalb vereinfachend unterstellt werden, daß ein hohes Sozialproduktsniveau mit einem hohen Realzins und ein niedriges Gleichgewichtseinkommen mit einem niedrigen Zinsniveau einhergehen. Wenn nun außerdem die LM-Kurve in einer gewissen, nicht-extremen Größenordnung die eben geschilderten unterschiedlichen Steigungen aufweist, variiert die Effizienz von Fiskal- und Geldpolitik mit den Konjunkturschwankungen.

– Befindet sich die Wirtschaft in der Abschwungsposition E_0 (*Abb. C-5.14*), hat eine Ausdehnung der Geldmenge nur einen geringen Liquiditätseffekt. Die expansive Fiskalpolitik wäre dagegen relativ wirksam.

– Befindet sich die Wirtschaft in der Aufschwungposition E_2, kann eine kontraktive Geldpolitik private Güternachfrage zurückdrängen. Die Fiskalpolitik bliebe relativ unwirksam, weil die privatwirtschaftliche Nachfrage den Ausfall staatlicher Nachfrage kompensieren würde.

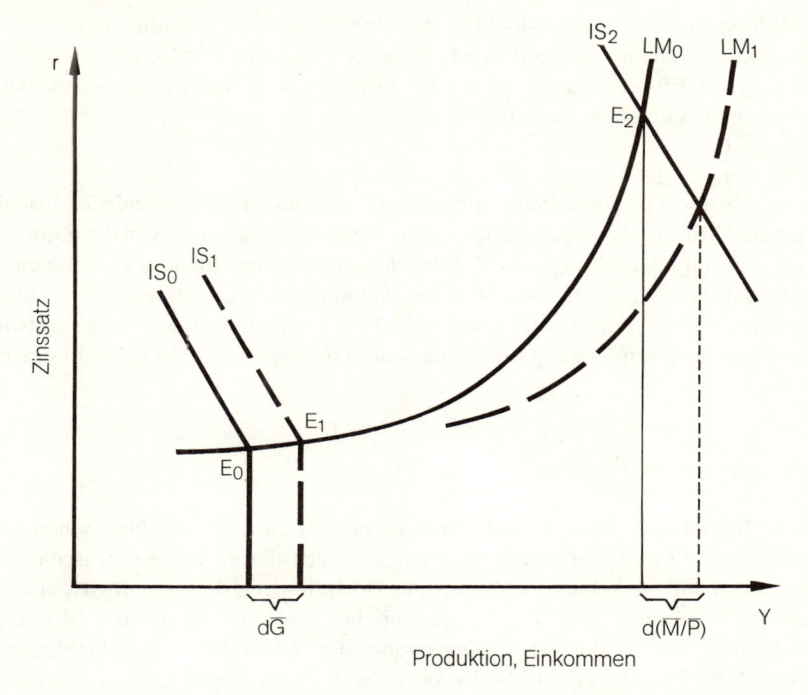

Abb. C-5.14: Effizienz von Fiskal- und Geldpolitik im Konjunkturverlauf

Treffen diese Überlegungen zu, sollte die Stabilitätspolitik so ausgestaltet und ausgerichtet sein, daß im Abschwung die Fiskalpolitik und im Aufschwung die Geldpolitik eingesetzt wird. Diese Zuordnung von wirtschaftspolitischen Instrumenten und konjunktureller Lage wird gestützt, wenn ergänzend die Zinsabhängigkeit der Investitionsnachfrage berücksichtigt wird. Bei fallenden Zinsen kann ein so niedriges Zinsniveau erreicht werden, daß Zinssenkungen keine weiteren Investitionen induzieren. Dann ist die Investitionsnachfrage von einem bestimmten Zins an unelastisch und der untere Teil der IS-Kurve verläuft senkrecht (IS_1-Kurve in *Abb. C-5.14*). In diesem Bereich greift dann umsomehr die Fiskalpolitik.

Staatliche Verschuldung

Bei Berücksichtigung der Finanzierungsart ist jene Fiskalpolitik am wirksamsten, die durch eine Kreditaufnahme bei der Zentralbank unterstützt wird. Ist das Gleichgewichtseinkommen Y_{E1} in *Abb. C-5.7* das Resultat einer expansiven Fiskalpolitik? Tatsächlich überlagern sich fiskal- und geldpolitische Elemente, weil der Staat bei Aufnahme eines Zentralbankkredites ein geldmengenpolitisches Instrument einsetzt.

Deshalb erscheint es zweckmäßig, die Fiskalpolitik allein mit einer über die Variationen von Staatsausgaben und Steuereinnahmen hervorgerufenen Verschiebung der IS-Kurve und die Geldpolitik mit einer Verschiebung der LM-Kurve zu identifizieren.

Die Wirksamkeit einer Fiskalpolitik, die durch eine Verschuldung bei den privaten Wirtschaftseinheiten finanziert wird, hängt, wie gezeigt wurde, davon ab, ob ein crowding-out-Effekt wirksam wird oder nicht. Er wird vermieden, wenn folgende Bedingung erfüllt ist (SIEBKE, 1975):

$$(5.14) \quad \frac{C_A}{L_A} > \frac{I_r}{L_r}$$

Bei gegebener Vermögensabhängigkeit von Konsumnachfrage und Geldnachfrage hängt die Effizienz des wirtschaftspolitischen Instruments erneut von der Zinselastizität der Investitionsnachfrage und Geldnachfrage ab. Wenn man die Zinsabhängigkeit der Investitionen pessimistisch und die Gefahr einer Liquiditätsfalle recht hoch einschätzt, verliert der crowding-out-Effekt an Bedeutung. Auch dieses Instrument kann dann zur Beeinflussung des Niveaus des Gleichgewichtseinkommens eingesetzt werden.

Konkurrierende Hypothesen

Die in Kapitel C-2. gegenübergestellten keynesianischen und neoklassischen makroökonomischen Grundpositionen unterscheiden sich darin, welches wirtschaftspolitische Instrument als relativ wirksamer zur Beeinflussung der gesamtwirtschaftlichen Aktivität angesehen wird. Die keynesianische Sichtweise betont die Effizienz der Fiskalpolitik, die neoklassische Denkweise die Wirksamkeit der Geldpolitik (s. Überblick bei THIEME, 1972). Die Vertreter beider wirtschaftspolitischen Konsequenzen werden manchmal Fiskalisten und Monetaristen genannt. Ihre Schlußfolgerungen lassen sich im Rahmen des hier entwickelten Makromodells auf unterschiedliche Vorstellungen über die Größenordnungen der Zinselastizitäten zurückführen. Die Keynesianer glauben an eine relativ hohe Elastizität der Geldnachfrage und an eine relativ unelastische Investitionsnachfrage. Die Monetaristen nehmen den umgekehrten Standpunkt ein. Damit ist auch die Einschätzung der empirischen Relevanz des crowding-out-Effektes erklärt. Die Keynesianer behaupten, daß die Vermögenseffekte einem expansiven Impuls der Fiskalpolitik nicht entgegenstehen. Nach monetaristischer Auffassung kann eine Fiskalpolitik, die durch eine zunehmende Verschuldung gegenüber dem privaten Wirtschaftssektor finanziert wird, mittelfristig nicht die Höhe des Sozialprodukts beeinflussen.

5.4.2. Struktureffekte

Soweit nicht die extremen Konstellationen der zinsunelastischen Investitionsnachfrage, der Liquiditätsfalle oder der nur einkommensabhängigen Geldnachfrage vorliegen, kann der Staat sowohl mittels der Fiskalpolitik als auch mit der Geldpolitik das Gleichgewichtseinkommen erhöhen oder senken. Bei gleichen quantitativen Multiplikatorwirkungen haben die wirtschaftspolitischen Instrumente jedoch unterschiedliche

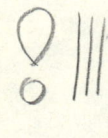

Nebeneffekte darauf, welche Wirtschaftssektoren das Sozialprodukt zu welchen Zwecken verwenden können:

- Eine Ausdehnung der Staatsausgaben induziert einen Zinsanstieg und damit einen Rückgang des Volumens der privaten Investitionen. Diesen Nachfrageausfall sowie einen Teil der Sozialprodukterhöhung absorbiert der Staat durch seine zusätzliche Güternachfrage. Die verbleibende Produktionssteigerung geht in den privaten Konsum. Steht ein crowding-out-Effekt der Wirksamkeit der Fiskalpolitik entgegen, geht die zusätzliche staatliche Güterverwendung voll zu Lasten der privaten Investitionstätigkeit. Die Fiskalpolitik hat dann ausschließlich allokative Effekte.

- Eine Politik der Steuersenkung drängt zwar ebenfalls private Investitionsnachfrage zurück, jedoch entfällt die Ausdehnung des Sozialprodukts einschließlich der Kompensation des Investitionsrückganges allein auf den privaten Konsum. Es findet eine eindeutige Umschichtung zugunsten des Konsums statt.

- Im Zuge einer expansiven Geldpolitik sinkt das Zinsniveau. Die Ausdehnung des Sozialproduktes erfolgt zugunsten der freiwilligen Investitionen und des Konsums. Analog zur Steuersenkung profitiert allein der privatwirtschaftliche Sektor.

Die Tatsache, daß die Fiskal- und Geldpolitik verschiedene allokative Effekte ausüben, spiegelt sich in differierenden stabilitätspolitischen Ansichten wider. Wer dafür plädiert, daß sich der Staat in seiner ökonomischen Aktivität möglichst zurückhalten soll, wird fordern, daß im Abschwung die Steuern und im Aufschwung die Staatsausgaben gesenkt werden. Diese Politiker lehnen zugleich eine übermäßige Verschuldung des Staates bei den privaten Wirtschaftseinheiten ab, weil diese Finanzierungsform im Zweifel nur allokative Umschichtungen zugunsten des Staates hat. Wer dagegen dafür plädiert, daß der Staat in vielen Lebensbereichen seiner Bürger Aufgaben zu erfüllen hat, fordert hohe Staatsausgaben und eine ergänzende expansive Geldpolitik, die die Finanzierung der zunehmenden Staatstätigkeit erleichtert.

6. Arbeitsmarkt

Bislang wurde im IS-LM-Gleichgewichtsmodell das reale Volkseinkommen Y und das reale Zinsniveau r simultan auf Güter- und Geldmärkten bestimmt sowie die Effekte der Geld- und Fiskalpolitik bei unterschiedlichen Finanzierungsstrategien erklärt. Dabei wurde immer ein exogenes Preisniveau $\bar{P}$ unterstellt und von einer unendlichen Produktions- und Güterangebotselastizität in bezug auf die gesamtwirtschaftliche Nachfrage ausgegangen: Das Güterangebot hat sich jeweils vollständig an entsprechende Variationen der gesamtwirtschaftlichen Nachfrage angepaßt, ohne daß sich das Preisniveau verändert hat. In einer monetär organisierten Volkswirtschaft mit knappen Ressourcen ist die Annahme einer unendlich großen Produktionselastizität bei Konstanz des Preisniveaus unrealistisch: Die Beschäftigungsmenge der Faktoren bedarf ebenso der Erklärung wie das Preisniveau. Hierzu wird in die makroökonomische Analyse zunächst der gesamtwirtschaftliche Arbeitsmarkt einbezogen, auf dem die Beschäftigungsmenge N des Faktors Arbeit und das Reallohnniveau (w/P) bestimmt wird. Die Integration des Arbeitsmarktes erlaubt es, anschließend Realeinkommen und Preisniveau simultan für unterschiedliche Beschäftigungssituationen zu erklären.

6.1. Produktionsfunktion, Arbeitsnachfrage und -angebot

Das gesamtwirtschaftliche Angebot explizit in der Makroanalyse zu berücksichtigen und das Arbeitsmarktgleichgewicht abzuleiten, erfordert Aussagen über die gesamtwirtschaftliche Produktionsfunktion sowie Hypothesen über Faktornachfrage und -angebot.

Produktionsfunktion

Wie in der Investitionsanalyse (s. Abschnitt 3.4.) wird eine gesamtwirtschaftliche Produktionsfunktion neoklassischen Typs unterstellt. Dabei wird in der kurzfristigen Makroanalyse von einem gegebenen Kapitalstock $\overline{K}$ und gegebener Technologie ausgegangen. Nettoinvestitionen erhöhen nicht die Produktionskapazität, sondern lösen kurzfristig lediglich Einkommenseffekte aus (zum Kapazitätseffekt s. Beitrag G-3.2.). Variabler Faktor ist die Arbeitsmenge, von deren Einsatz die Höhe des Sozialprodukts Y abhängt. Die Produktionsfunktion

(6.1) $\quad Y = Y(N,\overline{K}) \quad$ mit $\quad Y_N > 0$ und $Y_{NN} < 0$

ist im rechten Quadranten der *Abb. C-6.1* dargestellt.

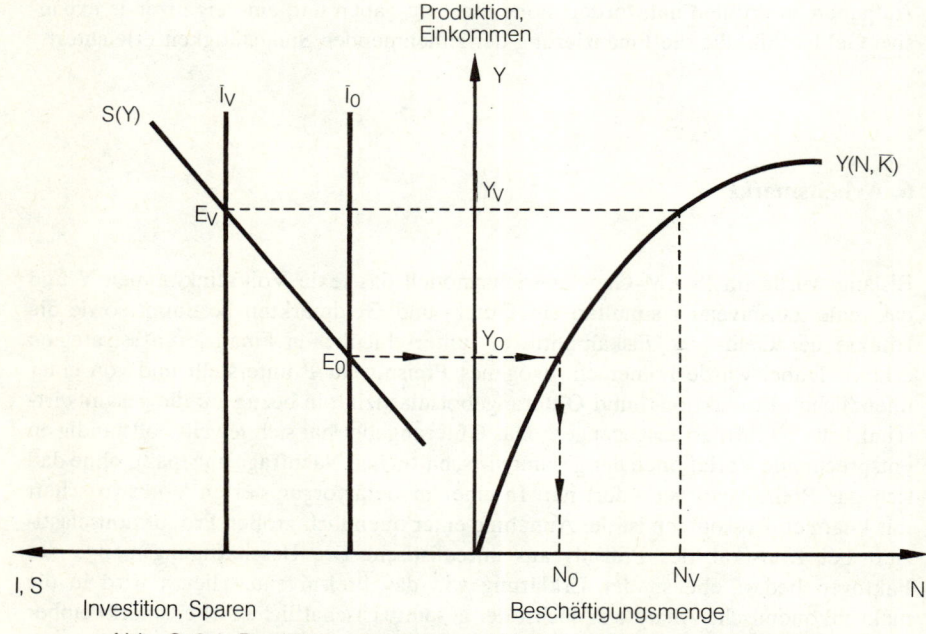

Abb. C-6.1: Produktionsfunktion und Vollbeschäftigungseinkommen

Bei gegebenem Kapitalstock wird mit einer eingesetzten Arbeitsmenge N_0 das Sozialprodukt Y_0 hergestellt. Bei Ausdehnung des Arbeitseinsatzes bis zur kurzfristig maximal zur Verfügung stehenden Arbeitsmenge N_v entsteht das maximal realisierbare Sozialprodukt und damit das Vollbeschäftigungseinkommen Y_v. Bei konstantem Preisniveau ist die Produktionsfunktion (6.1) zugleich gesamtwirtschaftliche Angebotsfunktion.

Unter Hinzuziehung des einkommenstheoretischen Gleichgewichts (*Abb. C-3.4*), das im linken Quadranten der *Abb. C-6.1* dargestellt ist, kann bei vollkommen elastischem Güterangebot die Beschäftigungsmenge bestimmt werden: Die effektive Nachfrage determiniert das stabile Gleichgewichtseinkommen Y_0; das Güterangebot paßt sich daran an, wodurch über die Angebotsfunktion die Beschäftigungsmenge N_0 bestimmt ist. Ist N_v die insgesamt angebotene Arbeitsmenge, repräsentiert E_0 ein stabiles Gleichgewicht bei Unterbeschäftigung. Nur wenn das Investitionsniveau „zufällig" $\bar{I}_v$ entspricht, reicht die effektive Nachfrage auf dem Gütermarkt aus, ein stabiles Gleichgewicht E_v bei Vollbeschäftigung N_v herzustellen.

Diese makroökonomische Angebotshypothese ist unbefriedigend, weil jede Nachfrageexpansion und Beschäftigungserhöhung bei konstantem Güterpreis- und Nominallohnniveau erfolgt, was jedoch nur für eine Situation ausgeprägter Arbeitslosigkeit (Massenarbeitslosigkeit) vorstellbar ist. Lehnt man deshalb dieses „Depressions-Modell" (BRANSON, 1972, 2. A. 1979, S. 93 ff.) ab, muß der Arbeitsmarkt explizit in die Analyse einbezogen werden.

Arbeitsnachfrage

Unter bestimmten Annahmen (Gewinnmaximierungsverhalten der Unternehmen, vollständige Konkurrenz auf Güter- und Faktormärkten) kann aus der Produktionsfunktion (6.1) die gesamtwirtschaftliche Arbeitsnachfrage abgeleitet werden: Es wird von den Unternehmen jene Arbeitsmenge nachgefragt und eingesetzt, bei der das Grenzprodukt der Arbeit dem Reallohnsatz w/P gleich ist (zur mikroökonomischen Fundierung s. Beitrag K). Da das Grenzprodukt der Arbeit – wegen der unterstellten gesamtwirtschaftlichen Produktionsfunktion – mit zunehmendem Arbeitseinsatz sinkt, lautet die Funktion für die Arbeitsnachfrage N^d

(6.2) $N^d = N^d(\frac{w}{P})$ mit $N^d_{w/P} < 0$.

Wie in *Abb. C-6.2* dargestellt, steigt die gesamtwirtschaftliche Arbeitsnachfrage mit sinkendem Reallohn und umgekehrt.

Arbeitsangebot

Analog zur Hypothese über die gesamtwirtschaftliche Arbeitsnachfrage wird angenommen, daß auch das Arbeitsangebot der Haushalte vom Reallohn abhängt: Je höher der Reallohn, desto größer das Arbeitsangebot.

Die Funktion des gesamtwirtschaftlichen Arbeitsangebots N^s, die in *Abb. C-6.3* dargestellt ist, lautet somit

(6.3) $N^s = N^s(\frac{w}{P})$ mit $N^s_{w/P} > 0$.

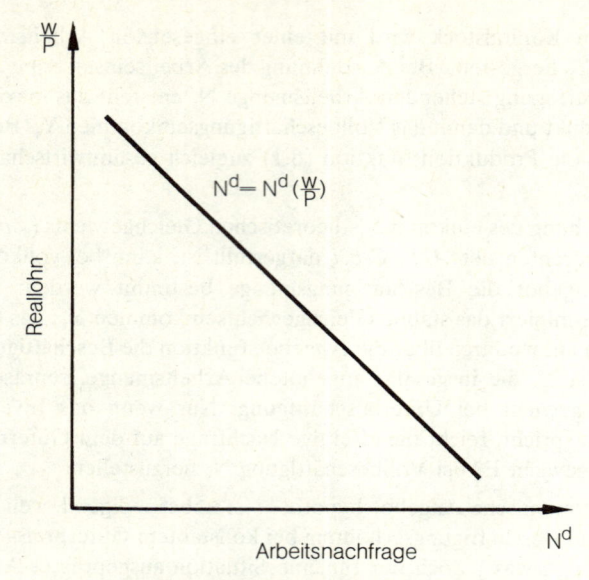

Abb. C-6.2: Arbeitsnachfragekurve

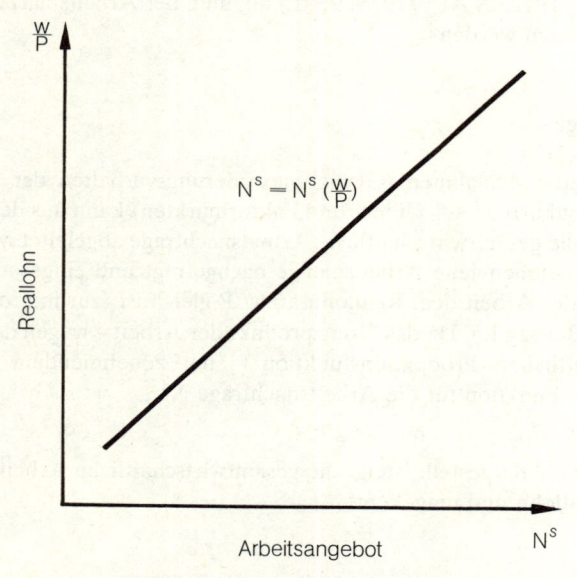

Abb. C-6.3: Arbeitsangebotskurve

Damit wird gesamtwirtschaftlich der einzelwirtschaftlich durchaus denkbare Fall ausgeschlossen, daß bei einem hohen Realeinkommensniveau der Einkommenseffekt (bei steigendem Reallohn steigt die Nachfrage nach Freizeit) den Substitutionseffekt (bei steigendem Reallohn wird zunehmend Freizeit durch Arbeitszeit substituiert) kompensiert oder gar überkompensiert. Zweitens wird ebenfalls ausgeschlossen, daß bei einem niedrigen Reallohnniveau mit sinkendem Reallohn das gesamtwirtschaftliche Arbeitsangebot – z. B. aus Gründen der Existenzsicherung – ausgedehnt wird, eine Annahme, die für eine entwickelte Volkswirtschaft mit Mindestlohnregelungen plausibel ist.

Die Hypothesen (6.2) und (6.3) unterstellen, daß Anbieter (Haushalte) und Nachfrager (Unternehmen) von Arbeitsleistungen frei von Geldillusion sind: Der Nominallohn w: = (w/P) · P wird bei allen Entscheidungen stets um die Preisniveauentwicklung korrigiert, worauf später noch eingegangen wird (s. Abschnitt C-7.).

6.2. Arbeitsmarktgleichgewicht

Die Gleichgewichtsbedingung für den Arbeitsmarkt lautet somit

(6.4) $N^d(\frac{w}{P}) = N^s(\frac{w}{P})$.

Im Gleichgewicht sind Reallohn (w/P) und Beschäftigungsmenge N determiniert. In einem einfachen „friktionslosen" Makromodell der Neoklassik (DORNBUSCH/FISCHER,

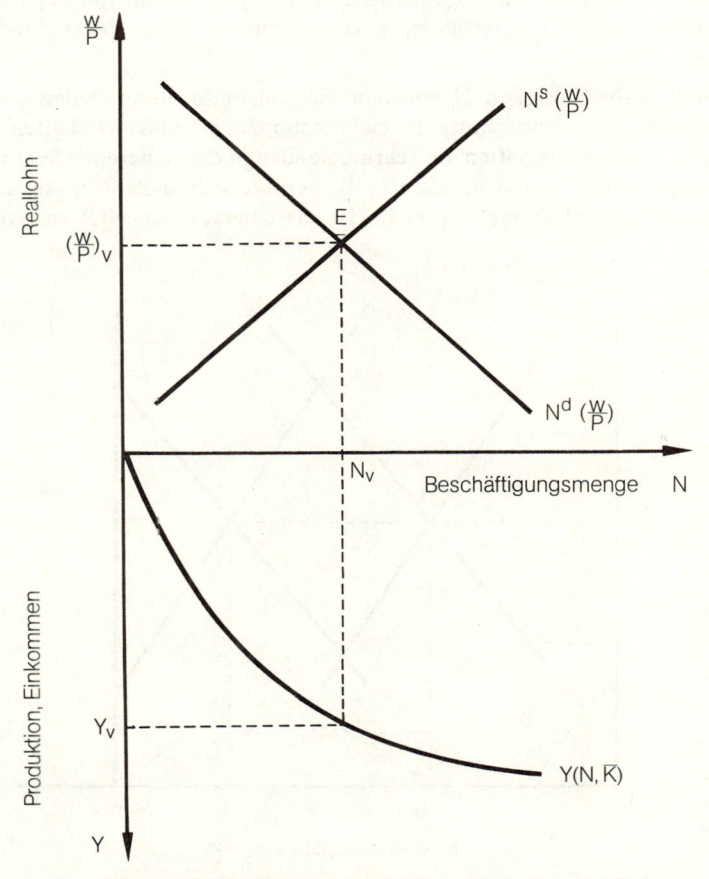

Abb. C-6.4: Arbeitsmarktgleichgewicht und Vollbeschäftigung

1978, S. 340), das vollständige Konkurrenz am Arbeitsmarkt voraussetzt, stellt diese Konstellation ein Gleichgewicht bei Vollbeschäftigung dar. Das Vollbeschäftigungseinkommen Y_v ist – in Verbindung mit der kurzfristigen Produktionsfunktion – von der Angebotsseite her und unabhängig von der gesamtwirtschaftlichen Nachfrage bestimmt (*Abb. C-6.4*).

Bereits hier sei auf die Besonderheit dieser Vollbeschäftigungsdefinition hingewiesen: Im Gleichgewicht existiert Vollbeschäftigung, weil jeder, der zum geltenden Reallohn Arbeit anbietet, auch beschäftigt wird, und jedes Unternehmen diejenige Arbeitsmenge, die es zum geltenden Reallohn beschäftigen möchte, auch tatsächlich realisieren kann. Bei einer maximalen Arbeitsmenge $\overline{N}$ ist die Differenz $\overline{N} - N_0$ freiwillige Arbeitslosigkeit, die nur durch einen Anstieg des Reallohns beseitigt würde (*Abb. C-6.5*).

Neben dieser freiwilligen Arbeitslosigkeit können zwei andere, in dynamischen Volkswirtschaften beobachtbare Arten der Arbeitslosigkeit beschrieben werden, die die klassische Vollbeschäftigungsinterpretation modifizieren. Strukturelle und friktionelle Arbeitslosigkeit treten auf, wenn die restriktiven Annahmen des einfachen neoklassischen Modells (Homogenität der Arbeitsqualität und -plätze, vollständige Markttransparenz etc.) aufgehoben werden (PHELPS, 1968; PHELPS, u. a., 1970; CLAASSEN, 1980).

Strukturelle Arbeitslosigkeit N_s entsteht beispielsweise durch Bedarfsänderungen oder technologische Fortschritte in nicht-stationären Volkswirtschaften, weil die Umsetzung von Arbeitskräften aus schrumpfenden in expandierende Sektoren infolge vorhandener Mobilitätsschranken (z. B. berufliche Immobilität) Anpassungskosten (z. B. für Umschulung) verursacht. Ist das Überschußangebot an Arbeit N_s^s in

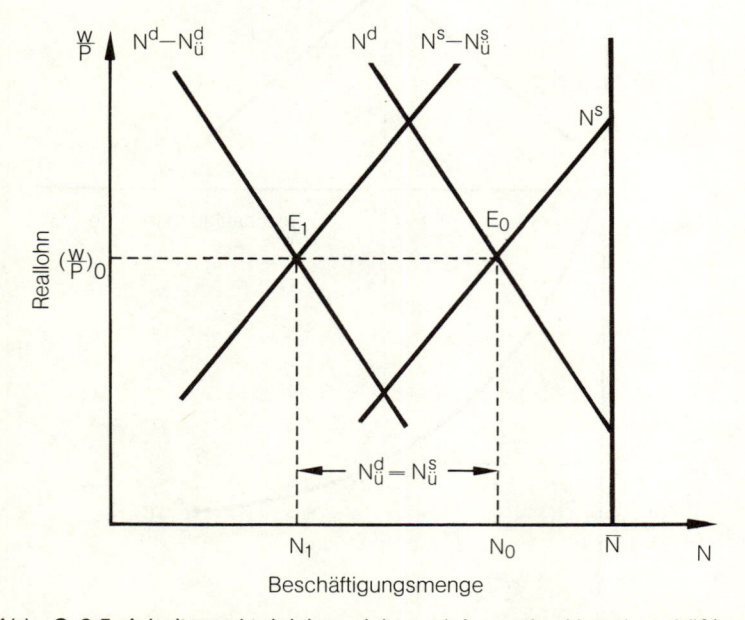

Abb. C-6.5: Arbeitsmarktgleichgewicht und Arten der Unterbeschäftigung

den schrumpfenden Sektoren gleich der Überschußnachfrage N_s^d expandierender Sektoren, gilt also $N_s^s = N_s^d$, besteht trotz Vorliegen struktureller Arbeitslosigkeit ein gesamtwirtschaftliches Arbeitsmarktgleichgewicht.

Friktionelle Arbeitslosigkeit N_f entsteht aus der unvollständigen Markttransparenz von Anbietern und Nachfragern am Arbeitsmarkt. Beide Marktseiten haben Informationsdefizite über die Arbeitsmarktlage, die sie durch Informationsbeschaffung abzubauen versuchen („Such"-Arbeitslosigkeit; search unemployment). Wiederum kann ein gesamtwirtschaftliches Arbeitsmarktgleichgewicht vorliegen, wenn das Überschußangebot an Arbeit N_f^s der Überschußnachfrage N_f^d gleich ist.

Beide Aspekte struktureller und friktioneller Unterbeschäftigung (Arbeitslosigkeit) können entsprechend $N_s^s + N_f^s = N_s^d + N_f^d$ zu $N_ü^s = N_ü^d$ zusammengefaßt werden. In *Abb. C-6.5* bezeichnet die Differenz $N_0 - N_1 = N_ü^s$ das Ausmaß struktureller und friktioneller Arbeitslosigkeit, das bei Heterogenität der Arbeit und unvollständigen Marktbedingungen im Arbeitsmarktgleichgewicht beim Reallohn $(\frac{w}{p})_0$ besteht.

Unter den weniger restriktiven Annahmen eines neoklassischen „Friktions"-Modells bezeichnet $N_ü^s (= N_ü^d)$ somit die „normale" oder – in Anlehnung an den natürlichen Zins von KNUT WICKSELL (1898) – „natürliche" Arbeitslosigkeit (FRIEDMAN, 1968), die strukturell-friktionell, also realwirtschaftlich begründet ist und keine monetären oder konjunkturellen Ursachen hat. Die normale Unterbeschäftigungsrate, die üblicherweise als prozentualer Anteil der Zahl der Arbeitslosen an der abhängigen Erwerbsbevölkerung (Summe von abhängig Beschäftigten und Arbeitslosen) ausgedrückt wird, ist von Land zu Land verschieden und auch im intertemporalen Vergleich keineswegs konstant: Sie wird z. B. für die USA, also einem großen Land mit hohen Mobilitätsanforderungen, mit ca. 4,0 v. H. für die fünfziger Jahre und ca. 5,0 v. H. für die Zeit danach relativ hoch geschätzt (DARBY, 1976,1, S. 335). In der Bundesrepublik war sie in den sechziger Jahren mit ca. 1,0 v. H. sehr niedrig, dürfte aber seit Beginn der siebziger Jahre auf 2,0-2,5 v. H. gestiegen sein. Diese internationalen und -temporalen Differenzen sind durch verschiedene Faktoren erklärbar: Unterschiede in oder zeitliche Änderungen der Bevölkerungsstruktur und der Mobilitätsneigung beeinflussen ebenso die Höhe der normalen Unterbeschäftigungsrate wie wirtschafts- und sozialpolitisch ausgelöste Variationen der Arbeitsmarktbedingungen oder abrupte Strukturänderungen, die z. B. außenwirtschaftlich (Öleinfuhrstop) oder technologisch (Elektronik, Informationsverarbeitung) bedingt sein können und Arbeitsumsetzungsprozesse größeren Ausmaßes auslösen.

Wie diese Beispiele zeigen, ist die normale Unterbeschäftigungsrate keineswegs unveränderbar: Sie kann durch eine adäquate Strukturpolitik im weitesten Sinne (einschließlich Familien- und Bildungspolitik) reduziert werden. Sie ist dauerhaft jedoch nicht mit global an den Niveaukomponenten der gesamtwirtschaftlichen Nachfrage ansetzenden Instrumenten der Geld- und Fiskalpolitik zu beseitigen, wie in der gesamtwirtschaftlichen Analyse des Gleichgewichts auf Güter-, Geld- und Arbeitsmärkten noch deutlich wird (s. auch Beiträge F, P).

7. Gleichgewicht auf Güter-, Geld- und Arbeitsmarkt

Nunmehr kann das soeben vorgestellte Angebotsteilmodell mit dem nachfrageorientierten IS-LM-System verbunden werden, um Realeinkommen (bzw. reales Sozialprodukt), Realzins, Beschäftigungsmenge und schließlich auch das bisher als exogen angenommene Preisniveau des Sozialprodukts simultan erklären zu können, wobei nach wie vor von einer geschlossenen Volkswirtschaft ausgegangen wird. Dabei sollen – wie bereits angedeutet (s. Abschnitt 2.) – zwei konkurrierende, die makroökonomische Theorie dominierende gesamtwirtschaftliche Gleichgewichtsanalysen gegenübergestellt sowie Verbindungslinien und Unterschiede zwischen ihnen aufgezeigt werden: Neoklassische und keynesianische Gleichgewichtsanalyse.

7.1. Gesamtwirtschaftliche Angebots- und Nachfragekurve

Für die Analyse des Gleichgewichts sowie der Wirkungen von Fiskal- und Geldpolitik empfiehlt es sich, zunächst gesamtwirtschaftliche Angebots- und Nachfragefunktionen zu bestimmen, die graphisch als gesamtwirtschaftliche Angebotskurve Y^s und Nachfragekurve Y^d in einem P,Y-Diagramm darstellbar sind. Beide Kurven ordnen allen Preisniveaus das jeweilige reale Gleichgewichtseinkommen zu. Die gesamtwirtschaftliche Angebotsfunktion kann aus der Produktionsfunktion

(6.1) $Y^s = Y^s(N, \overline{K})$

abgeleitet werden: Wird die neoklassische Beschäftigungsfunktion $N = N(P,w)$ in die Produktionsfunktion substituiert, erhält man

(7.1) $Y^s = Y^s(P, w, \overline{K})$ mit $Y^s_P > 0$, $Y^s_w < 0$.

Die Gestalt der Angebotskurve im P,Y-Diagramm hängt von den Annahmen über das Nominallohnniveau w und das Preisniveau P ab: Steigen oder sinken P und w im gleichen Verhältnis, bleibt das Reallohnniveau $(w/P)_0$ konstant und damit auch das gesamtwirtschaftliche Angebot; die Angebotskurve ist völlig preisunelastisch (Y^s_1 in *Abb. C-7.1*). Bei gegebenem Nominallohnniveau w_0 steigt das gesamtwirtschaftliche Angebot mit steigendem Preisniveau so lange, bis die Vollbeschäftigungsgrenze erreicht ist. Die gesamtwirtschaftliche Angebotskurve ist somit unterhalb dieser Grenze preiselastisch; bei Erreichen dieser Grenze hat sie einen Knick und wird völlig preisunelastisch, weil auch bei einer Erhöhung des Preisniveaus kurzfristig keine Angebotsausweitung möglich ist (Y^s_0 in *Abb. C-7.1*).

Die gesamtwirtschaftliche Nachfragefunktion Y^d beschreibt hier die Gleichgewichtswerte der Nachfrage in einem P,Y-Diagramm, die auf dem Güter- und Geldmarkt bei alternativen exogenen Preisniveaus bestimmt wurden. Sie lautet vereinfacht

(7.2) $Y^d = Y^d(P, \overline{G}, \overline{M})$ mit $Y^d_P < 0$,

wobei die Staatsausgaben $\overline{G}$ und das nominale Geldangebot $\overline{M}$ exogen sind. Sie kann durch folgende Überlegungen auch aus dem IS-LM-System abgeleitet werden (s. Abschnitt 5.): Die Gleichgewichte am Geld- und Gütermarkt wurden bei gegebenem exogenen Preisniveau hergeleitet. Variiert man gedanklich das exogene Preisniveau, muß sich die LM-Kurve verschieben, weil bei gegebenem nominalen Geldangebot

C-7. Gleichgewicht auf Güter-, Geld- und Arbeitsmarkt

das reale Geldangebot variiert. Bei einer angenommenen Erhöhung des exogenen Preisniveaus vermindert sich das reale Geldangebot; bei unveränderter realer Geldnachfrage müssen Wertpapiere verkauft werden, wodurch das Realzinsniveau steigt und – bei gegebener IS-Kurve – das Gleichgewichtseinkommen sinkt. Bei steigendem Preisniveau sinkt mithin das Gleichgewichtseinkommen und umgekehrt. Diesen Zusammenhang drückt die gesamtwirtschaftliche Nachfragekurve Y_1^d aus, die in *Abb. C-7.2* dargestellt ist.

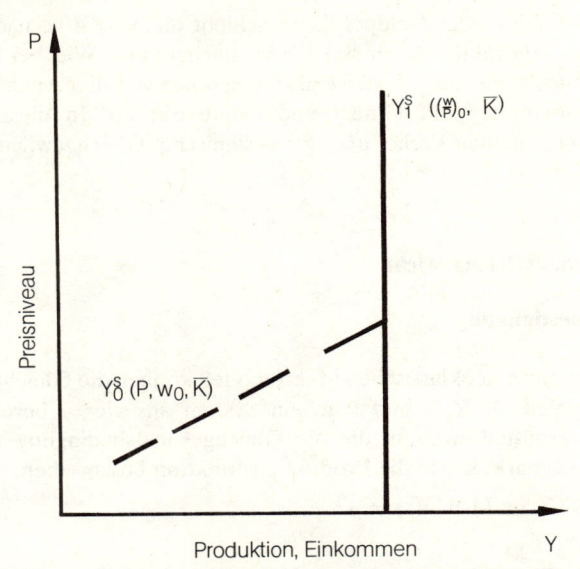

Abb. C-7.1: Gesamtwirtschaftliche Angebotskurven

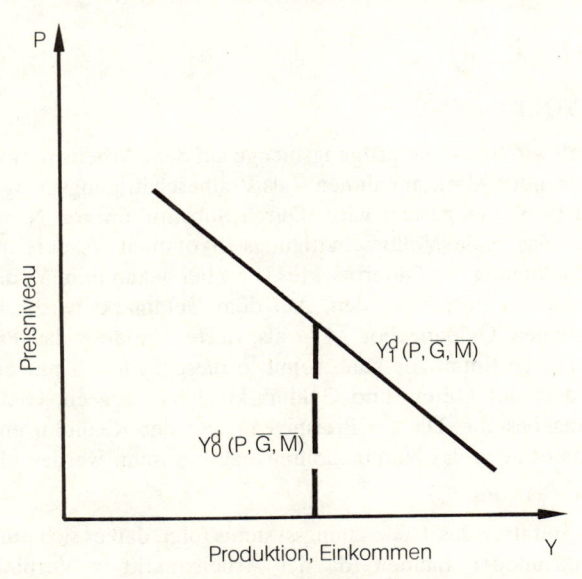

Abb. C-7.2: Gesamtwirtschaftliche Nachfragekurven

Wird dieses Experiment für jene „kritischen" Zinsniveaus wiederholt, bei denen die IS-Kurve völlig zinsunelastisch oder die LM-Kurve völlig zinselastisch ist (*Abb. C-5.14*), verändern alternative exogene Preisniveaus das Gleichgewichtseinkommen nicht. In diesen Fällen reagiert die gesamtwirtschaftliche Nachfrage nicht auf Preisniveauänderungen. Die gesamtwirtschaftliche Nachfragekurve hat dann die Gestalt der Y_0^d-Kurve in *Abb. C-7.2*, wobei der Knick durch die jeweilige Höhe des kritischen Realzinsniveaus bestimmt ist.

Eine expansive Fiskal- oder Geldpolitik verschiebt die Y^d-Kurve nach rechts bzw. nach oben, eine kontraktive nach links bzw. nach unten. Wie bei der Y^s-Kurve hängen Gestalt und Lage der Y^d-Kurve also wesentlich von den Annahmen über die Gleichgewichtssituationen auf Güter- und Geldmarkt ab. In diesen Annahmen unterscheiden sich neoklassische und keynesianische Gleichgewichtsanalyse, wie nunmehr zu zeigen ist.

7.2. Neoklassisches Gleichgewicht

Gleichgewichtsbestimmung

In einem vollständigen neoklassischen Makromodell können die Gleichgewichtswerte der Niveauvariablen N, Y, r und P in ein System aus vier – bereits bekannten – Gleichungen ermittelt werden, die die Gleichgewichtsbedingungen auf Güter-, Geld- und Arbeitsmarkt sowie die Produktionsfunktion beschreiben:

(5.1) $Y = C(Y - T) + I(r) + \overline{G}$

(4.7) $L(Y, r) = \dfrac{\overline{M}}{P}$

(6.4) $N^d\left(\dfrac{w}{P}\right) = N^s\left(\dfrac{w}{P}\right)$

(6.1) $Y = Y(N, \overline{K}).$

In diesem Modell wird die Beschäftigungsmenge auf dem Arbeitsmarkt bestimmt, die – unter entsprechenden Marktannahmen – als Vollbeschäftigungsmenge N_v bei einem Reallohnniveau $(w/P)_v$ eingesetzt wird. Durch Substitution von N_v in die Produktionsfunktion ist das reale Vollbeschäftigungseinkommen Y_v determiniert. In der Gleichgewichtsbedingung des Gütermarktes kann bei bekanntem Y_v das dazugehörige Realzinsniveau r_v ermittelt werden. Auf dem Geldmarkt wird schließlich – bei exogenem nominalen Geldangebot $\overline{M}$ – als vierte Variable das Preisniveau des Sozialprodukts (P) bestimmt. Es kann somit in diesem Modell nur ein Preisniveau existieren, bei dem auf Güter- und Geldmarkt gleichzeitig ein Gleichgewicht bei Vollbeschäftigung besteht. Da das Preisniveau und der Reallohn endogen erklärt sind, kann nunmehr auch das Nominallohnniveau bestimmt werden als

(7.3) $w := \left(\tfrac{w}{P}\right) \cdot P.$

Aus dieser Interpretation des 4-Gleichungssystems folgt, daß es sich um ein angebotsorientiertes Makromodell handelt, da der Arbeitsmarkt in Verbindung mit der Produktionsfunktion das gesamtwirtschaftliche Gleichgewicht prägt. In *Abb. C-7.3* ist das neoklassische Gesamtsystem unter Verwendung der preiselastischen Y^d- und der – wegen Annahme der Konstanz des Reallohns (w/P) – preisunelastischen Y^s-Kurve dargestellt: Auf dem Arbeitsmarkt (III. Quadrant) wird die Beschäftigungsmenge N_v bestimmt. Aus der Produktionsfunktion (IV. Quadrant) ergibt sich das zugehörige Y_v und damit die preisunelastische Y^s-Kurve (I. Quadrant). Sie determiniert mit der preiselastischen Y^d-Kurve das Vollbeschäftigungspreisniveau P_{v0}, womit auch das Nominallohnniveau w_{v0} festgelegt ist (II. Quadrant).

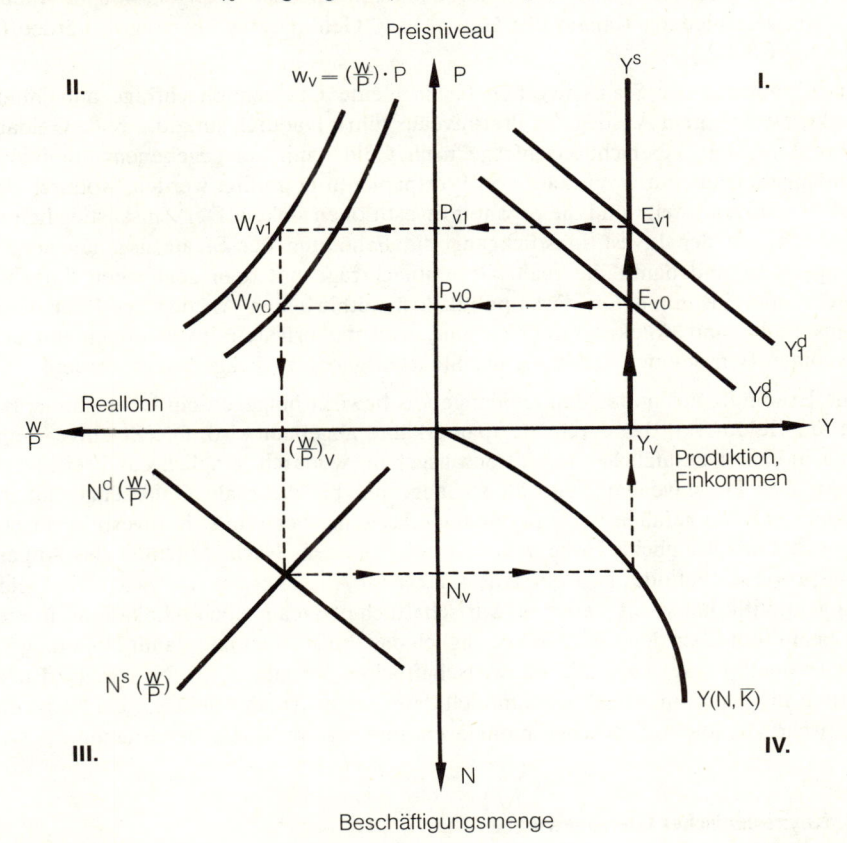

Abb. C-7.3: Neoklassisches Gleichgewicht und Effekte von Fiskal- und Geldpolitik

Wirkungen von Fiskal- und Geldpolitik

Welche Effekte haben Fiskal- und Geldpolitik im neoklassischen Makromodell? Variationen der Staatsausgaben bzw. des nominalen Geldangebots verändern entsprechend (7.2) die Lage der gesamtwirtschaftlichen Nachfragekurve, weil Anpassungsprozesse auf dem Güter- bzw. Geldmarkt ausgelöst werden: Ein expansiver Fiskal- oder Geldmengenimpuls verschiebt die Nachfragekurve nach oben (Y_1^d in *Abb. C-7.3*). Bei gegebener Y^s-Kurve sind im neuen Vollbeschäftigungsgleichgewicht

E_{v1} das Preisniveau auf P_{v1} und das Nominallohnniveau auf w_{v1} gestiegen. Realeinkommen und Beschäftigung bleiben in beiden Fällen unverändert. Dies gilt analog für eine restriktive Fiskal- oder Geldpolitik, die entsprechende Senkungen des Preis- und Nominallohnniveaus auslösen würden.

Fiskal- und Geldpolitik haben somit gleiche Effekte auf Preis- und Nominallohnniveau; auch lassen beide Realeinkommens- und Beschäftigungsniveau unverändert. Sie unterscheiden sich gleichwohl in ihren allokativen Auswirkungen, weil die Impulse über verschiedene Kanäle des Güter- bzw. Geldmarktes übertragen werden (s. Abschnitt 5.4.2.):

Eine Erhöhung der Staatsausgaben bewirkt eine Überschußnachfrage am Gütermarkt, die zu einem Anstieg des Preisniveaus führt. Dadurch sinkt das reale Geldangebot $\overline{M}/P$. Die Überschußnachfrage nach Geld kann bei gegebenem nominalen Geldangebot nur durch Verkauf von Wertpapieren befriedigt werden, wodurch das reale Zinsniveau steigt und die privaten Investitionen sinken. Der Zinsanstieg hält so lange an, bis der Investitionsrückgang die Erhöhung der Staatsausgaben gerade kompensiert und damit die reale Gesamtnachfrage mit dem gegebenen Angebot wieder übereinstimmt. Die Fiskalpolitik löst mithin einen Anstieg des Realzinsniveaus und damit Allokationseffekte aus, weil die privaten Investitionen um den jeweiligen Betrag einer Erhöhung der Staatsausgaben zurückgedrängt werden.

Eine Erhöhung des nominalen Geldangebots bewirkt hingegen ein Überschußangebot am Geldmarkt, das durch Wertpapierkäufe abgebaut wird. Die Zinsniveausenkung induziert zusätzliche Investitionsausgaben, wodurch lediglich das Preisniveau steigt. Der Preisniveauanstieg hält so lange an, bis die reale Geldmenge auf ihr Ausgangsniveau gefallen ist, bei dem auch das Zinsniveau und die Investitionsnachfrage ihre ursprüngliche Höhe wieder erreicht haben. Nach Abschluß des Anpassungsprozesses befindet sich der Gütermarkt im Ausgangsgleichgewicht. Die Geldmengenpolitik hat somit weder realwirtschaftliche Niveau- noch Allokationseffekte. Sie beeinflußt über den Geldmarkt lediglich das Preisniveau und damit Nominalgrößen (monetärer Sektor); alle realwirtschaftlichen Variablen (Y, N bzw. (w/P), r) werden hingegen im Angebotsteilmodell determiniert (realer Sektor). Damit ist die klassische Dichotomie zwischen monetärem und realem Sektor beschrieben.

7.3. Keynesianisches Gleichgewicht

Im keynesianischen Makromodell können die Gleichgewichtswerte der relevanten Variablen ebenfalls simultan auf Güter-, Geld- und Arbeitsmarkt bestimmt werden. Es unterscheidet sich vom neoklassischen System durch verschiedene Annahmevariationen, die die gesamtwirtschaftlichen Angebots- oder Nachfragefunktionen verändern:

– Dem neoklassischen „Konkurrenzoptimismus" völlig flexibler Nominallöhne und Güterpreise hat KEYNES die Hypothese vom – insbesondere nach unten – starren Nominallohn entgegengesetzt. Dadurch wird die gesamtwirtschaftliche Angebotsfunktion (7.1) modifiziert: Das Angebot reagiert in einem bestimmten Preisbereich preiselastisch.

– Der zweite, wichtigere Unterschied resultiert aus dem keynesianischen „Elastizitätspessimismus". Bei bestimmten Zinsniveaus wird die Geldnachfrage vollkommen zinselastisch (Liquiditätsfalle) und die Investitionsnachfrage vollkommen zinsunelastisch. Beide Annahmen modifizieren die gesamtwirtschaftliche Nachfragefunktion (7.2): Die Nachfrage ist bei einem bestimmten niedrigen Zinsniveau völlig preisunelastisch.

Für beide Fälle kann gezeigt werden, daß stabile Gleichgewichte bei Unterbeschäftigung möglich sind und wie sie durch wirtschaftspolitische Maßnahmen in ein Vollbeschäftigungsgleichgewicht überführt werden können.

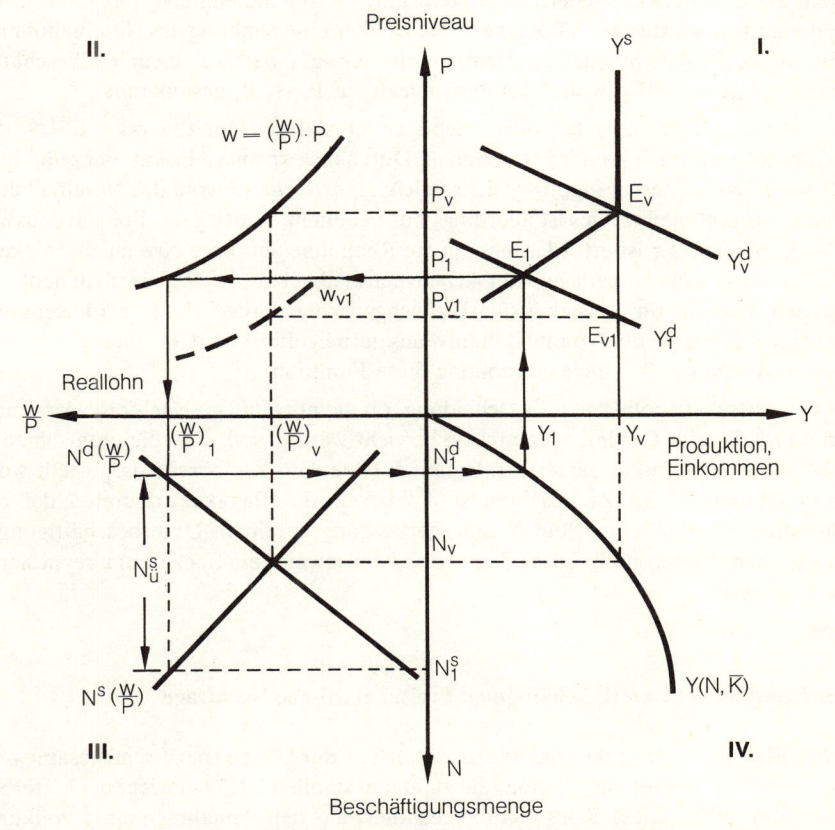

Gleichgewicht bei Unterbeschäftigung: Konstante Nominallöhne

Bei konstantem Nominallohnniveau existiert immer dann ein Gleichgewicht bei Unterbeschäftigung, wenn die gesamtwirtschaftliche Nachfrage unterhalb des Niveaus liegt, das für Vollbeschäftigung notwendig ist. In *Abb. C-7.4* ist dies in E_1 gegeben, weil die preiselastische Nachfragekurve Y_1^d die Angebotskurve Y^s in ihrem preiselastischen Abschnitt schneidet. Bei einem Preisniveau P_1 und gegebenem

Abb. C-7.4: Gleichgewicht bei Unterbeschäftigung: Konstante Nominallöhne

Nominallohnniveau w_1 ist beim Reallohnniveau $(w/P)_1$ die Arbeitsnachfrage N_1^d kleiner als das Arbeitsangebot N_1^s; die Differenz $N_1^s - N_1^d = N_{\ddot{u}}^s$ bezeichnet das Ausmaß an Unterbeschäftigung, das beim Reallohnniveau von $(w/P)_1$ besteht. Die Arbeitsnachfrage determiniert die tatsächlich eingesetzte Arbeitsmenge $N_1^d < N_v$, mit der – entsprechend der Produktionsfunktion – das gesamtwirtschaftliche Angebot $Y_1 < Y_v$ produziert werden kann. Es bestimmt zusammen mit P_1 das Gleichgewicht E_1, bei dem Unterbeschäftigung in Höhe von $N_{\ddot{u}}^s$ herrscht. Jede weitere Verschiebung der Nachfragekurve nach unten erhöht die Arbeitslosigkeit als Folge steigender Reallöhne und reduziert das gesamtwirtschaftliche Angebot.

Dieses Unterbeschäftigungsgleichgewicht kann durch zwei wirtschaftspolitische Strategien beseitigt und in ein Vollbeschäftigungsgleichgewicht überführt werden:

- Durch eine erfolgreiche Einkommenspolitik (z. B. ordnungspolitische Maßnahmen zur Verschärfung des Wettbewerbs am Arbeitsmarkt), die die vollständige Flexibilität der Nominallöhne wiederherstellt;
- durch eine expansive Fiskal- oder Geldpolitik, die bei konstanten Nominallöhnen die gesamtwirtschaftliche Nachfrage erhöht.

Im ersten, wenig realistischen Fall würde die Y^s-Kurve völlig preisunelastisch, also die bereits aus dem neoklassischen System bekannte Gestalt annehmen (*Abb. C-7.3*). Bei gegebener preiselastischer Y_1^d-Kurve käme es über eine Senkung des Nominallohnniveaus auf w_{v1} und damit auch des Reallohnniveaus auf $(w/P)_v$ zu einem Vollbeschäftigungsgleichgewicht E_{v1}, wobei das Preisniveau auf $P_{v1} < P_1$ gesunken ist.

Im zweiten Fall wird – bei einer richtigen Dosierung von $d\overline{G}$ oder $d\overline{M}$ – die Nachfragekurve von Y_1^d auf Y_v^d verschoben. Durch die expansive Fiskal- oder Geldpolitik wird das Vollbeschäftigungsgleichgewicht E_v erreicht, obwohl das Nominallohnniveau konstant bleibt. Dies ist allerdings nur bei einem Anstieg des Preisniveaus auf $P_v > P_1$ möglich. Er ist erforderlich, um die Reallöhne auf jenes Niveau zu drücken, bei dem der Angebotsüberschuß am Arbeitsmarkt abgebaut ist. Während im neoklassischen System die für das Arbeitsmarktgleichgewicht erforderliche Reallohnsenkung über eine Reduktion des Nominallohnniveaus herbeigeführt wird, erfüllt im keynesianischen System die Preisniveauerhöhung diese Funktion.

Bei der wirtschaftspolitischen Entscheidung, ob die notwendige Nachfrageexpansion durch Fiskal- oder Geldmengenimpulse erreicht werden soll, sind die unterschiedlichen Allokationseffekte beider Strategien zu bedenken, die bereits dargestellt wurden (s. Abschnitt 7.2.). Zu beachten ist, daß bereits die Klassiker erkannten, daß bei konstanten Nominallöhnen ein Nachfragerückgang zu einem Unterbeschäftigungsgleichgewicht führen muß. Diese Sichtweise ist insoweit kein Spezifikum keynesianischer Analyse.

Gleichgewicht bei Unterbeschäftigung: Preisunelastische Nachfrage

Der typisch keynesianische Fall ist charakterisiert durch eine spezifische gesamtwirtschaftliche Nachfragekonstellation, die zu einem stabilen Gleichgewicht bei Unterbeschäftigung führt. Diese Konstellation resultiert aus den Annahmen einer vollkommen zinselastischen Geldnachfrage bzw. einer vollkommen zinsunelastischen Investitionsnachfrage bei entsprechenden Realzinsniveaus. In beiden Situationen ist die gesamtwirtschaftliche Nachfrage preisunelastisch, so daß eine Reduktion des Preisniveaus nicht zu einer Erhöhung der gesamtwirtschaftlichen Nachfrage führt. Die gesamtwirtschaftliche Nachfragekurve hat dann die Gestalt der Y^d-Kurve in *Abb. C-7.5*, wie sie in Abschnitt 7.1. hergeleitet wurde.

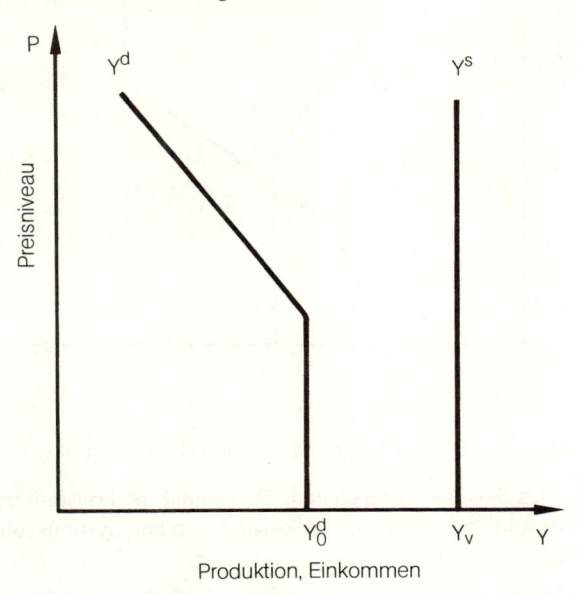

Abb. C-7.5: Preisunelastische Nachfragekurve

Es existiert insofern ein maximales Sozialprodukt Y_0^d, dessen Höhe durch die gesamtwirtschaftliche Nachfrage bestimmt ist. Ob es zu einem gesamtwirtschaftlichen Gleichgewicht kommt und inwieweit Vollbeschäftigung erreichbar ist, hängt letztlich von Gestalt und Lage der gesamtwirtschaftlichen Angebotskurve ab:

Sind die Nominallöhne flexibel und ist das angebotsdeterminierte Vollbeschäftigungseinkommen $Y_v > Y_0^d$, hat das Makromodell keine Gleichgewichtslösung, weil sich Angebots- und Nachfragekurve nicht schneiden (*Abb. C-7.5*); das System würde zusammenbrechen (HABERLER, 1937, 2. A. 1955, S. 500 f.).

Nur wenn die Nominallöhne konstant sind und insofern die Angebotskurve in einem bestimmten Bereich preiselastisch ist, kommt es unter keynesianischen Nachfragekonstellationen zu einem Gleichgewicht (E_0 in *Abb. C-7.6*). Es ist ein Unterbeschäftigungsgleichgewicht ($Y_0^d < Y_v$), wobei das Ausmaß der Arbeitslosigkeit am Arbeitsmarkt analog *Abb. C-7.4* zu bestimmen wäre.

Da das System stabil ist, bedarf es wirtschaftspolitischer Maßnahmen zur Überwindung der Unterbeschäftigungssituation. Allerdings ist bei dieser keynesianischen Nachfragekonstellation keineswegs jede der bereits genannten wirtschaftspolitischen Strategien geeignet, ein Vollbeschäftigungsgleichgewicht zu verwirklichen:

– Die Herstellung der vollständigen Flexibilität der Nominallöhne durch Einkommenspolitik würde in dieser Unterbeschäftigungssituation den vollständigen Zu-

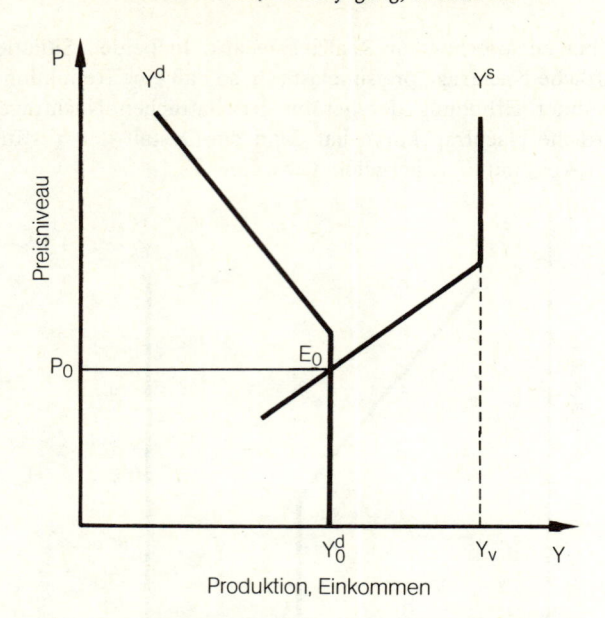

Abb. C-7.6: Gleichgewicht bei Unterbeschäftigung

sammenbruch des Systems verursachen. Die Annahme konstanter Nominallöhne ist insoweit notwendige Bedingung des keynesianischen Systems, ohne die es keine Gleichgewichtslösung gäbe.

– Auch eine expansive Geldmengenpolitik kann die Unterbeschäftigung nicht beseitigen, weil das zusätzliche nominale Geldangebot beim kritischen Realzinsniveau vollständig als Geldhaltung absorbiert und nicht für Konsum- oder Investitionsgüter ausgegeben wird (Liquiditätsfalle) oder aber die im Normalfall erfolgende Zinssenkung keine zusätzlichen Investitionen induziert (zinsunelastische Investition). Die expansive Geldpolitik würde lediglich den preiselastischen Teil, nicht jedoch den hier relevanten preisunelastischen Teil der Y^d-Kurve nach rechts verschieben (*Abb. C-7.7*).

– In dieser Situation wäre nur eine expansive Fiskalpolitik geeignet, die gesamtwirtschaftliche Nachfrage auf jenes Niveau anzuheben, das Vollbeschäftigung sichert. Durch eine Erhöhung der Staatsausgaben wird die Nachfragekurve insgesamt nach rechts verschoben (Y_1^d in *Abb. C-7.8*) und ein Gleichgewicht in E_1 erreicht. Ob und inwieweit Vollbeschäftigung realisiert wird, hängt somit lediglich von der richtigen Mengendosierung des expansiven Fiskalimpulses ab. Zu beachten bleibt, daß auch in diesem Fall die Nachfrageausweitung mit einem Anstieg des Preisniveaus auf $P_1 > P_0$ einhergeht, wodurch die notwendige Reallohnsenkung erzwungen wird. Der hohe wirtschaftspolitische Stellenwert der Fiskalpolitik bei der Vermeidung oder Beseitigung von Unterbeschäftigungssituationen ist durch diese typisch keynesianischen Nachfragekonstellationen begründet. Ihre Existenz wurde in zahlreichen theoretischen und empirischen Analysen bezweifelt. Insbesondere wurde die Vernachlässigung des Vermögens als Determinante der Konsumausgaben kritisiert (s. Abschnitt 3.5.). Bezieht man das Vermögen in die makroökonomische Konsum-

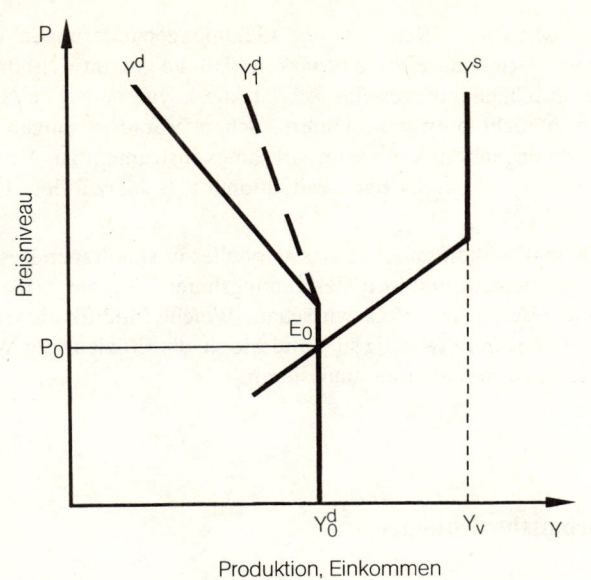

Abb. C-7.7: Expansive Geldpolitik

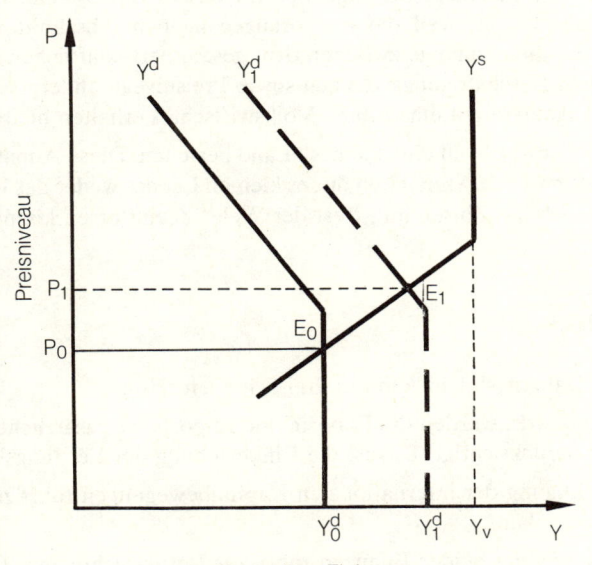

Abb. C-7.8: Expansive Fiskalpolitik

funktion ein, lösen Preis-, Realzins- und Geldmengenänderungen Vermögenseffekte aus. Diese Vermögenseffekte bewirken, daß die gesamtwirtschaftliche Nachfragefunktion durchgehend preiselastisch ist, die keynesianischen Nachfragekonstellationen also nicht auftreten. Unter solchen Voraussetzungen ist auch die expansive Geldmengenpolitik ein sehr wirksames Instrument zur Vermeidung und Beseitigung von Unterbeschäftigungssituationen (s. hierzu den Überblick bei SIEBKE/WILLMS, 1975).

Damit sind die makroökonomischen Basismodelle zur simultanen Bestimmung von Y, N, P und r vorgestellt und ihre Verbindungslinien aufgezeigt. Sie bezogen sich immer auf eine geschlossene Volkswirtschaft. Welche Modifikationen bei Außenwirtschaftsbeziehungen notwendig sind und wie sie die Effizienz der Wirtschaftspolitik beeinflussen, ist nunmehr zu analysieren.

8. Außenwirtschaftsbeziehungen

Die ökonomischen Transaktionen zwischen Inländern und Ausländern werden in der Zahlungsbilanz erfaßt (Beitrag E-1.). Zur Erweiterung der bisherigen Analyse um die außenwirtschaftlichen Beziehungen ist deshalb die Zahlungsbilanz in das Makromodell einzubauen. Das geschieht im folgenden für das IS-LM-System. Der Arbeitsmarkt wird vernachlässigt, weil die im vorangegangenen Abschnitt aufgezeigten grundsätzlichen Zusammenhänge zwischen dem gesamtwirtschaftlichen Einkommen einerseits und dem Beschäftigungsvolumen sowie Preisniveau andererseits bei einer Ausdehnung der Analyse auf eine offene Volkswirtschaft erhalten bleiben.

Die Modellanalyse soll sich auf ein „kleines" Land beziehen. Diese Annahme schließt ein, daß die ökonomischen Aktivitäten dieses kleinen Landes weder das Realeinkommen, die Preise noch die Zinsen im „Rest der Welt" beeinflussen können.

8.1. Zahlungsbilanz

Der Einbau der Zahlungsbilanz kann in drei Schritten erfolgen:
- Auf dem Gütermarkt werden die Exporte und Importe als zusätzliche Nachfragekomponenten berücksichtigt. Das ist die Einbeziehung der Leistungsbilanz.
- Die Berücksichtigung der internationalen Kapitalbewegungen führt zur Einbeziehung der Kapitalbilanz.
- Die Zusammenfügung beider Bilanzen führt zur Berücksichtigung der gesamten Zahlungsbilanz. Gleichen sich Leistungsbilanzsaldo und Kapitalbilanzsaldo nicht gegenseitig aus, entsteht ein Saldo in der dritten wichtigen Teilbilanz: der Devisenbilanz. Damit einhergehende Änderungen der Währungsreserven sind eine Komponente des inländischen Geldangebotes, so daß unmittelbar der Geldmarkt beeinflußt wird.

Export- und Importnachfrage

Da in jedem Land von der Angebotsseite her gesehen inländische und ausländische Güter miteinander konkurrieren, hängen die Export- und Importnachfragen von dem Preisverhältnis ab, das zwischen dem Inland und dem Ausland besteht. In genauerer Betrachtung bezieht sich diese Abhängigkeit auf das Verhältnis der Preise der international gehandelten Güter. Hier kann, ohne Fehlerquellen zu eröffnen, generell von den Preisniveaus ausgegangen werden. Da sich das inländische Preisniveau P und das ausländische Preisniveau Pa auf unterschiedliche Währungseinheiten beziehen, müssen sie beide über den Wechselkurs e normiert und in Beziehung gesetzt werden. Wird dieser Wechselkurs definiert als jener Betrag inländischer Zahlungsmittel (DM), den man pro ausländische Währungseinheit (z. B. US-$) erhält bzw. bezahlen muß, geht das zwischenstaatliche Preisverhältnis über in ein reales Austauschverhältnis Θ, genannt terms of trade (Beitrag I-3.4.):

(8.1) $\quad \Theta = \dfrac{P}{Pa \cdot e}$.

Die terms of trade bestimmen jenes Importvolumen, das im Austausch gegen eine Einheit der Exportproduktion erworben werden kann. Steigt dieses Austauschverhältnis – weil (1) das inländische Preisniveau P steigt, (2) das ausländische Preisniveau Pa sinkt, (3) die Inlandswährung einer Aufwertungstendenz unterliegt, so daß der Wechselkurs e fällt –, dann nimmt die reale Importnachfrage zu und die reale Exportnachfrage ab. Daneben hängen diese Güternachfragen auch positiv von den Einkommensniveaus der jeweiligen Länder ab: Die Importe von dem realen inländischen Einkommen Y, die Exporte von dem gegebenen realen Auslandseinkommen $\overline{Y}a$. Somit gelten als Verhaltensannahmen für die reale Exportnachfrage Ex und Importnachfrage Im:

(8.2) $\quad Ex = Ex(\overline{Y}a, \Theta)$

mit $Ex_{\overline{Y}a} > 0$, $Ex_\Theta < 0$

(8.3) $\quad Im = Im(Y, \Theta)$

mit $Im_Y > 0$, $Im_\Theta > 0$.

Da das Auslandspreisniveau exogen, aber auch im IS-LM-Modell das inländische Preisniveau vorgegeben ist, variieren die terms of trade nur mit dem Wechselkurs. Die Spezifizierungen der Verhaltensannahmen sind deshalb erst vollständig, wenn festgelegt ist, von welchem Wechselkurssystem ausgegangen wird.

Gütermarktgleichgewicht

Durch die ausländische Nachfrage nach inländischen Gütern erhöht sich die gesamtwirtschaftliche Nachfrage, während die Importe einen Teil dieser Nachfrage auf das Ausland lenken. Deshalb lautet nunmehr die Gleichgewichtsbedingung für den Gütermarkt:

(8.4) $\quad Y = C(Y - T) + I(r) + \overline{G} + Ex(\overline{Y}a, \Theta) - Im(Y, \Theta)$.

Dieses Gleichgewicht setzt keineswegs voraus, daß auch die Leistungsbilanz ausgeglichen ist. Aus (8.4) erhält man durch Umformung als alternative Bedingung:

(8.5) $\quad \text{Ex}(\overline{Y}a, \Theta) - \text{Im}(Y, \Theta) = S(Y - T) + T - (I(r) + \overline{G})$.

Danach muß im Gleichgewicht die Differenz zwischen Exporten und Importen gleich der Differenz zwischen geplanter Ersparnis plus Steueraufkommen und der geplanten Investition plus Staatsnachfrage sein.

Die außenwirtschaftlichen Nachfragekomponenten beeinflussen Lage und Steigung der IS-Kurve. Eine exogene Erhöhung der Exporte, etwa als Folge eines Einkommenszuwachses im Ausland, verschiebt die Kurve des Gütermarktgleichgewichtes nach rechts. Das gleiche gilt für eine Abwertung: Diese senkt die terms of trade und vergrößert damit die Differenz zwischen Exporten und Importen. Die marginale Importquote Im_Y wirkt der marginalen Konsumneigung C_Y „entgegen" und macht deshalb die IS-Kurve steiler. Das mindert beispielsweise die Effizienz der Fiskalpolitik, und zwar weil ein expansiver Impuls dadurch gemildert wird, daß die Einkommenserhöhung eine zusätzliche Nachfrage nach ausländischen Gütern und damit einen binnenländischen Nachfrageausfall hervorruft. Dieses Ergebnis erhält man bereits, wenn man für das reine Gütermarktmodell aus der Gleichgewichtsbedingung (8.4) den Staatsausgabenmultiplikator herleitet:

(8.6) $\quad \dfrac{dY}{d\overline{G}} = \dfrac{1}{1 - C_Y(1 - T_Y) + \text{Im}_Y}$.

Dadurch, daß die marginale Importquote im Nenner hinzugefügt ist, fällt der Multiplikatorwert kleiner aus als der entsprechende Staatsausgabenmultiplikator (3.18) für die geschlossene Volkswirtschaft.

Im Rahmen eines reinen Gütermarktmodells wurden in den fünfziger Jahren die makroökonomischen Probleme offener Volkswirtschaften analysiert (ALEXANDER, 1952). Die Konzentration auf die Leistungsbilanz hatte zur Folge, daß die außenwirtschaftlichen Beziehungen nur als realwirtschaftliche Probleme gesehen wurden. Diese Ausrichtung kennzeichnet die im Beitrag E-2.2. dargestellte keynesianische Theorie der Zahlungsbilanzanpassung und die dort formulierten Export- und Leistungsbilanzmultiplikatoren. HARRY G. JOHNSON (1958,2) und ROBERT A. MUNDELL (1960, 1962) haben dagegen als erste erkannt, daß die offene Volkswirtschaft zugleich monetäre Probleme mit sich bringt. Und die Analyse ist monetär ausgerichtet, wenn die Leistungs- und Devisenbilanz einbezogen werden. Die Entwicklungslinien dieser Analysen hat JOHAN MYHRMAN (1976) nachgezeichnet.

Kapitalströme

Die internationalen Kapitalbewegungen resultieren aus dem Kauf und Verkauf von international gehandelten Vermögenstiteln. Die Aufteilung eines Vermögensbestandes auf inländische und ausländische Vermögensarten hängt dabei von den Zinsniveaus im Inland und Ausland ab. Je höher die im Inland zu erzielende Rendite ist, desto geringer wird die Bereitschaft inländischer Anleger ausfallen, Kapital im Ausland anzulegen, und desto breiter dagegen der Kapitalstrom aus dem Ausland. Bei gegebenem ausländischen Zinsniveau $\overline{r}a$ läßt sich postulieren, daß der nominale

Nettokapitalimport NK (Saldo der Kapitalbilanz) einer Periode positiv mit dem inländischen Zins verknüpft ist:

(8.7) $\quad NK = NK(r,\overline{ra}) \quad$ mit $NK_r > 0, \quad NK_{\overline{ra}} < 0.$

Zahlungsbilanz als Nebenbedingung

Leistungsbilanz und Kapitalbilanz werden zur Zahlungsbilanz zusammengefaßt. Aufgrund der Definition der Nettokapitalströme geschieht dies in nominalen Werten. Bezeichnet Z den Saldo der Devisenbilanz (nominalen Überschuß der Zahlungsbilanz), erhält man:

(8.8) $\quad Z = \overline{P} \cdot Ex(\overline{Y}a,\Theta) - e \cdot \overline{P}a \cdot Im(Y,\Theta) + NK(r).$

Diese Definition der Zahlungsbilanz ist als dritte Gleichung den Gleichgewichtsbedingungen für den Gütermarkt und den Geldmarkt hinzuzufügen. Ob allerdings überhaupt ein Saldo in der Devisenbilanz entstehen kann, hängt von der Ausgestaltung des Wechselkurssystems ab:

– Im System fester Wechselkurse sind die Zentralbanken verpflichtet, zur Aufrechterhaltung der vereinbarten Wechselkurse an den Devisenmärkten zu intervenieren. Aufgrund der Devisenmarkttransaktionen der inländischen Zentralbank entstehen Salden in der Devisenbilanz, die sich als Zunahme oder Abnahme der Währungsreserven der Zentralbank niederschlagen. Diese Währungsreserven sind zugleich eine der Entstehungskomponenten von Zentralbankgeld (Beitrag D-3.2.). Salden in der Devisenbilanz verändern damit unmittelbar die inländische Geldversorgung. Wenn zur Vereinfachung unterstellt wird, daß genau in Höhe der Veränderung der Devisenreserven das nominale Geldangebot variiert, gilt:

$\quad Z = dM.$

Das makroökonomische Modell besteht für das System fester Wechselkurse aus den genannten drei Gleichungen, die simultan die drei endogenen Variablen: Sozialprodukt Y, Zinssatz r und den Devisenbilanzsaldo Z bzw. die zugehörige Geldmengenveränderung determinieren.

– Im System flexibler Wechselkurse spielt sich der Wechselkurs e so ein, daß sich Leistungsbilanzsaldo und Kapitalbilanzsaldo ausgleichen:

$\quad Z = 0.$

Das makroökonomische Modell besteht jetzt aus den genannten drei Gleichungen, die simultan die drei endogenen Variablen: Sozialprodukt Y, Zinssatz r und den Wechselkurs e determinieren.

Die Zahlungsbilanz läßt sich als neue, zusätzliche Kurve dem IS-LM-Diagramm hinzufügen. Als Kurve ZZ des Zahlungsbilanzgleichgewichts seien alle Kombinationen von Zins r und Sozialprodukt Y erfaßt, bei denen der Saldo der Devisenbilanz Null ist (*Abb. C-8.1*). Die ZZ-Kurve hat eine positive Steigung. Mit steigendem Sozialprodukt steigt die Importnachfrage, so daß die Zahlungsbilanz ins Defizit gerät. Um das Zahlungsbilanzgleichgewicht aufrecht zu halten, muß der Zins steigen: Dadurch wird ein zusätzlicher Kapitalimport induziert, der das Leistungsbilanzdefizit kompensiert. Diese Überlegungen ergeben zugleich, daß unterhalb der ZZ-Kurve

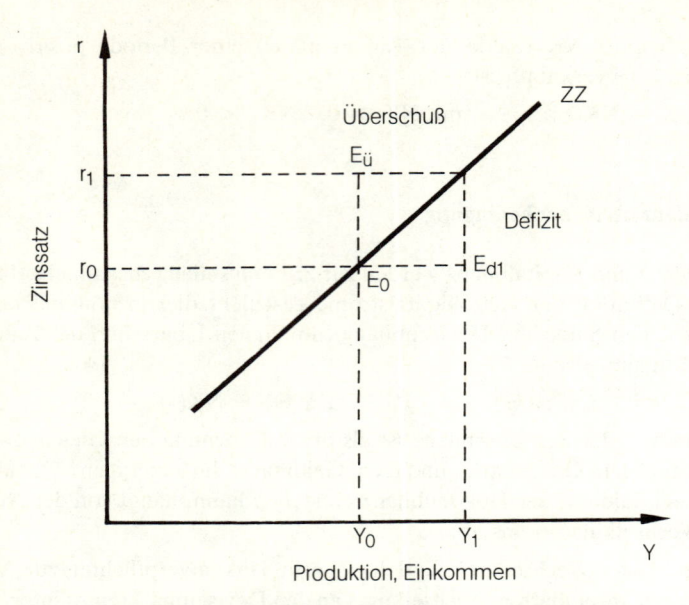

Abb. C-8.1: Kurve des Zahlungsbilanzgleichgewichts

eine Defizitsituation und entsprechend oberhalb eine Überschußsituation vorliegt.

Die Lage der ZZ-Kurve hängt von dem Auslandseinkommen $\overline{Y}_a$ und den Parametern ab, die die terms of trade bestimmen:

– Eine Zunahme der Auslandsnachfrage aufgrund eines gestiegenen Einkommens $\overline{Y}_a$ führt zu einem Überschuß in der Devisenbilanz. Um ein Zahlungsbilanzgleichgewicht wieder herzustellen, muß der Zins sinken, damit sich der Nettokapitalimport verringert, und das inländische Sozialprodukt steigen, damit eine zusätzliche Importnachfrage induziert wird: Die ZZ-Kurve verschiebt sich nach rechts unten.

– Eine Erhöhung der terms of trade verringert das reale Exportvolumen Ex und erhöht das reale Importvolumen Im. Im Regelfall, bei Gültigkeit der MARSHALL-LERNER-Bedingung (Beitrag E-2.1.), wird auch die Veränderung der Differenz zwischen den nominalen Werten von Exporten und Importen negativ und die Zahlungsbilanz gerät ins Defizit. Damit sich die Zahlungsbilanz wieder zum Gleichgewicht hin bewegt, muß der Zins steigen, um zusätzliche Kapitalimporte anzulocken, und muß das Einkommen sinken, um die Importnachfrage zurückzudrängen: die ZZ-Kurve verschiebt sich nach links oben.

Damit ist zugleich festgelegt, daß eine Aufwertung, die die terms of trade erhöht, die ZZ-Kurve nach links und entsprechend eine Abwertung nach rechts verschiebt.

Internes und externes Gleichgewicht

Alle Punkte auf der ZZ-Kurve bilden ein außenwirtschaftliches (externes) Gleichgewicht. Nur eine einzelne Kombination von Zinssatz und Einkommen, nämlich der Schnittpunkt von IS- und LM-Kurve, bildet das inländische (interne) Gleichgewicht.

Ein simultanes, gesamtwirtschaftliches Gleichgewicht liegt erst vor, wenn sich alle drei Kurven in einem Punkt schneiden. Wenn immer deshalb internes und externes Gleichgewicht auseinanderfallen, werden Anpassungsprozesse ausgelöst, die das gesamtwirtschaftliche Gleichgewicht wieder herstellen. Die Art der Anpassungskräfte hängt von der Ausgestaltung des Wechselkurssystems ab. Ausgegangen sei von einem Überschuß in der Devisenbilanz, so daß der Schnittpunkt von IS- und LM-Kurve oberhalb der ZZ-Kurve liege:

— Im System fester Wechselkurse (*Abb. C-8.2*) wächst in der Überschußsituation $E_ü$ die inländische Geldmenge. Die LM-Kurve verschiebt sich nach rechts. Ein gesamtwirtschaftliches Gleichgewicht ist erreicht, wenn sich die Kurve des Geldmarktgleichgewichtes so weit verschoben hat, daß sie den Schnittpunkt E der unveränderten IS- und ZZ-Kurve erreicht hat.

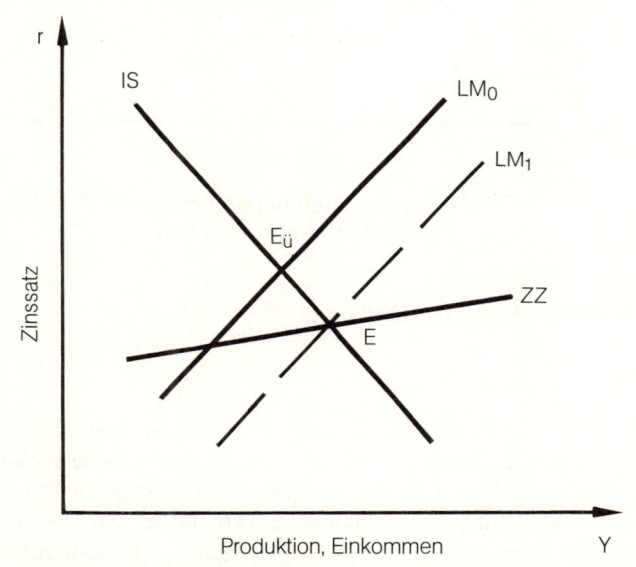

Abb. C-8.2: Angleichung von internem und externem Gleichgewicht bei festen Wechselkursen

— Im System flexibler Wechselkurse (*Abb. C-8.3*) kommt es in der Überschußsituation $E_ü$ zu einer Aufwertung. Die endogene Wechselkursänderung bewirkt eine Verschiebung der IS-Kurve nach unten und der ZZ-Kurve nach oben. Im Punkt E, auf der unveränderten LM-Kurve, ist das neue gesamtwirtschaftliche Gleichgewicht erreicht.

Diese Anpassungsprozesse werden in den folgenden beiden Abschnitten verwendet, um die Effizienz der Fiskal- und Geldpolitik in den beiden alternativen Wechselkurssystemen abzuschätzen. Dabei wird wie in den *Abb. C-8.2* und *8.3* unterstellt, daß die ZZ-Kurve flacher als die LM-Kurve des Geldmarktgleichgewichtes verläuft. Dies ist sichergestellt, wenn die Kapitalströme ausreichend zinselastisch sind. Je höher deren Zinsreagibilität ausfällt, desto kleiner ist die Steigung der Kurve des externen Gleichgewichts.

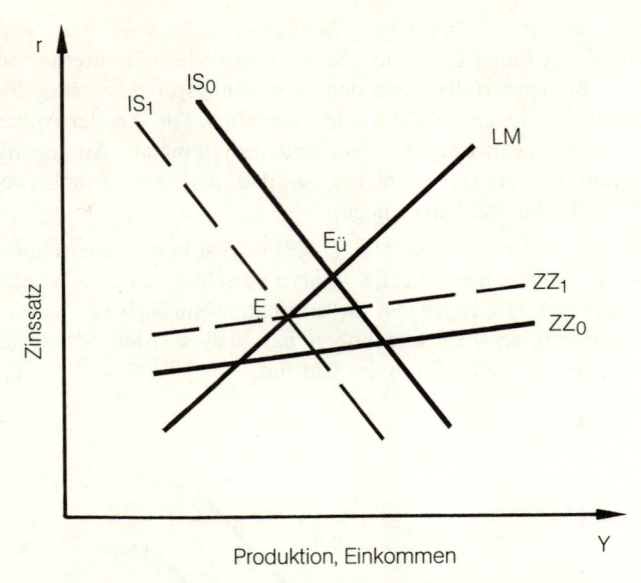

Abb. C-8.3: Angleichung von internem und externem Gleichgewicht bei flexiblen Wechselkursen

8.2. Gleichgewicht bei festen Wechselkursen

Fiskalpolitik

Infolge einer expansiven Fiskalpolitik, die die IS-Kurve in *Abb. C-8.4* von IS_0 nach IS_1 verschiebt, steigen der Zinssatz und das gesamtwirtschaftliche Einkommen „entlang" der zunächst gegebenen Kurve LM_0 des Geldmarktgleichgewichts. Von den Problemen der Finanzierung dieser staatlichen Aktivität sei hier abgesehen. Steigende Zinsen und Einkommen führen zu einem Überschuß in der Zahlungsbilanz, da die ZZ-Kurve flacher als die LM-Kurve verläuft. Um eine Aufwertung der inländischen Währung zu verhindern, muß die Zentralbank Auslandswährungen aufkaufen. In der Periode der expansiven Fiskalpolitik wird mithin zugleich endogen das Geldangebot ausgeweitet. Die LM_0-Kurve verschiebt sich nach LM_{1k}.

In der Konstellation E_{1k} liegt zwar ein internes Gleichgewicht vor, doch hat es nur kurzfristig Bestand, weil die Zahlungsbilanz noch immer einen Überschuß aufweist. Damit ist die Zentralbank weiterhin gezwungen, Devisen aufzukaufen. Die LM-Kurve wandert von Periode zu Periode so lange nach rechts, bis im Punkt E_1 ein neues gesamtwirtschaftliches Gleichgewicht erreicht ist. Analog zur Defizitfinanzierung staatlicher Ausgaben hat ein Zahlungsbilanzungleichgewicht langfristige Auswirkungen. Allerdings könnte der Staat den Anpassungsprozeß beschleunigen, wenn er die expansive Fiskalpolitik durch eine expansive Geldpolitik unterstützt (LM_0 nach LM_1), um sofort auch das außenwirtschaftliche Gleichgewicht zu sichern.

Die Fiskalpolitik ist umso ineffizienter, je steiler die ZZ-Kurve verläuft, d. h. je zinsunelastischer die Kapitalströme reagieren. In diesem Falle treten nur geringe

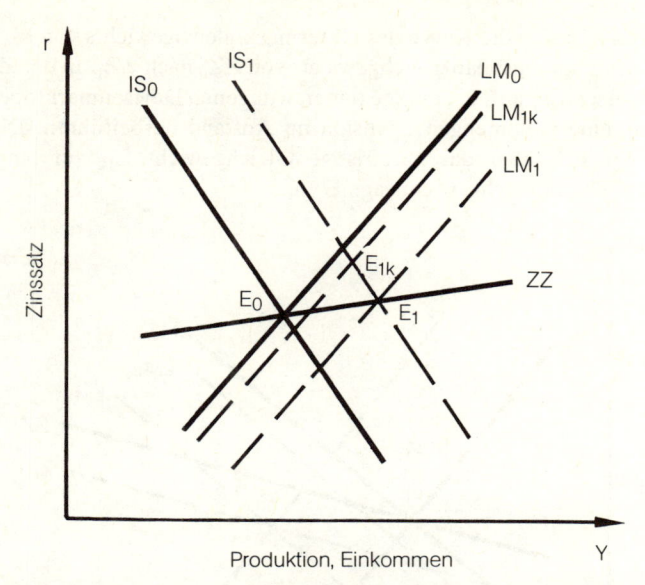

Abb. C-8.4: Wirkungen einer expansiven Fiskalpolitik bei festen Wechselkursen

Zahlungsbilanzüberschüsse und damit die Fiskalpolitik unterstützende expansive Geldmengenimpulse auf. Ist die ZZ-Kurve steiler als die LM-Kurve, induziert eine expansive Fiskalpolitik sogar Zahlungsbilanzdefizite und damit konterkarierende monetäre Impulse in der Art eines crowding-out-Effektes.

Geldpolitik

Eine expansive geldpolitische Maßnahme führt kurzfristig zu einem höheren gesamtwirtschaftlichen Einkommen und zu einem niedrigeren Zinsniveau. Damit wird ein Zahlungsbilanzdefizit herbeigeführt. Die zur Stützung des Wechselkurses erforderlichen Devisenmarktoperationen der Zentralbank schränken das Geldangebot ein und neutralisieren den ursprünglich beabsichtigten expansiven Effekt der Geldpolitik. Im Gegensatz zur Fiskalpolitik kann durch eine einmalige geldmengenpolitische Maßnahme keine anhaltende Wirkung auf das inländische Sozialprodukt erzielt werden. Um die eigene Volkswirtschaft auf einem höheren Produktionsniveau zu stabilisieren, muß die Zentralbank in jeder Periode Devisen mit dem von ihr selbst geschaffenen Geld aufkaufen, um den zahlungsbilanzbedingten Geldmengenabfluß zu überkompensieren. Dieser Mechanismus setzt voraus, daß der Rest der Welt auch bereit ist, laufend die Währung dieses Landes aufzunehmen. Sind die ausländischen Wirtschaftseinheiten nicht dazu bereit, ist die Geldmengenpolitik eines Landes im System fester Wechselkurse unwirksam.

Änderung der Exportnachfrage

Um die Einflüsse des Auslandes auf die Höhe der inländischen Produktion zu erkennen, sei eine exogene Ausdehnung der Exportnachfrage unterstellt. In

Abb. C-8.5 verschiebt sich die Kurve des Gütermarktgleichgewichts von IS_0 nach IS_1 und die Kurve des Zahlungsbilanzgleichgewichts von ZZ_0 nach ZZ_1. In der Zahlungsbilanz treten Überschüsse auf, die infolge der erzwungenen Devisenmarktoperationen der Zentralbank eine Geldmengenexpansion im Ausland herbeiführen. Die Volkswirtschaft bewegt sich über das kurzfristige Gleichgewicht E_{1k} zur langfristigen gesamtwirtschaftlichen Gleichgewichtslage E_1 hin.

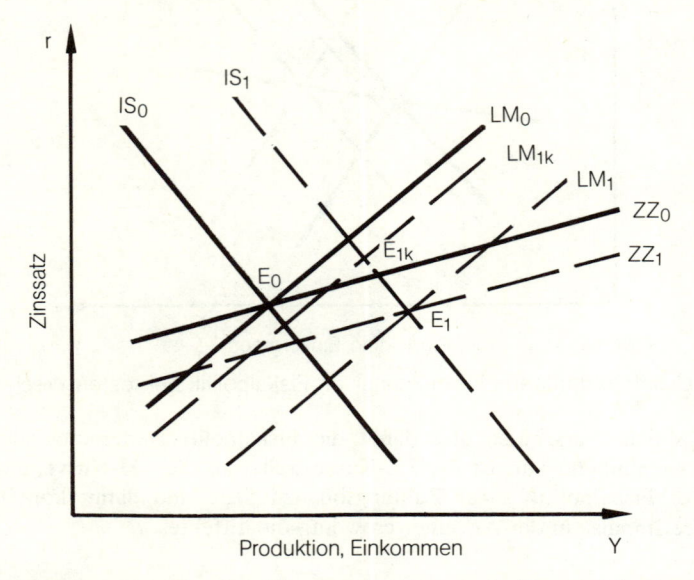

Abb. C-8.5: Wirkungen einer Ausdehnung der Exporte bei festen Wechselkursen

Policy-mix

Es sei unterstellt, daß die Ausgangslage E_0 in *Abb. C-8.5* ein Gleichgewicht bei Vollbeschäftigung ist. Ein Wachstum der Exporte bringt dieses Land im System fester Wechselkurse kurzfristig in die Situation E_{1k}, eine Überbeschäftigung mit Zahlungsbilanzüberschüssen. Welche wirtschaftspolitischen Maßnahmen kann das betroffene Land ergreifen, um die Volkswirtschaft auf dem Einkommensniveau des Ausgangsgleichgewichts E_0 zu stabilisieren und die langfristig unerwünschte Überbeschäftigung E_1 zu verhindern?

Zum Abbau der Überbeschäftigung ist eine restriktive Fiskalpolitik erforderlich. Aufgrund der neuen Kurve ZZ_1 des Zahlungsbilanzgleichgewichts muß das Gütermarktgleichgewicht in *Abb. C-8.6*, in welcher die kurzfristigen und langfristigen Gleichgewichte E_{1k} und E_1 rekonstruiert sind, sogar bis zur IS_2-Kurve kontraktiv beeinflußt werden. Bei Einsatz nur der Fiskalpolitik stellt sich mittelfristig die Unterbeschäftigungslage E_{2k} ein. Zwar liegt auch hier ein Zahlungsbilanzüberschuß vor, so daß sich die Volkswirtschaft langfristig über die ausgelöste Geldmengenexpansion dem angestrebten Einkommensniveau Y_0 annähert. Diesen Anpassungsprozeß kann die Wirtschaftspolitik – wie bereits bei der Analyse der Fiskalpolitik erwähnt – abkürzen, wenn simultan mit der kontraktiven Fiskalpolitik eine expansive Geldmengenpolitik verfolgt wird, welche die LM_{1k}-Kurve sogleich in die Lage LM_2 verschiebt.

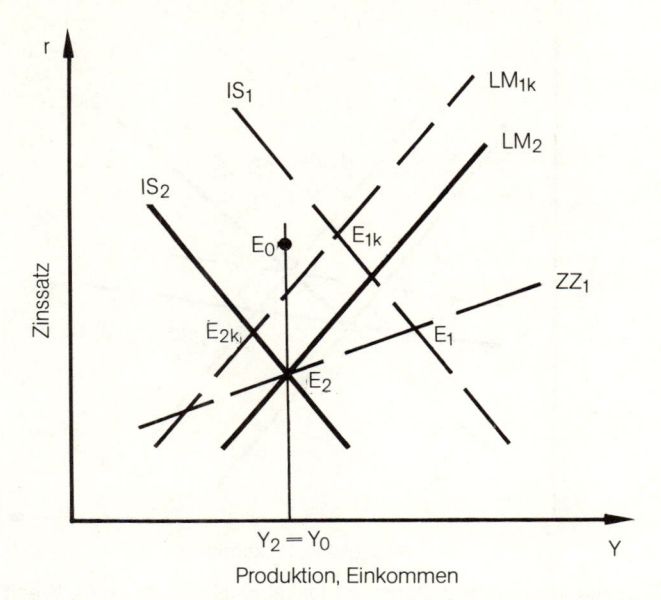

Abb. C-8.6: Kombinierter Einsatz von Geld- und Fiskalpolitik bei Überbeschäftigung und Zahlungsbilanzüberschuß

Die an dem binnenwirtschaftlichen Gleichgewicht Y_0 ausgerichtete Fiskalpolitik erreicht – zumindest kurzfristig – nicht ihr Ziel, weil sie das außenwirtschaftliche Gleichgewicht verletzt. Letzteres kann dagegen der simultane Einsatz der Geldpolitik sicherstellen. Dieser kombinierte Einsatz der Fiskalpolitik und Geldpolitik – policy-mix genannt – ist das von MUNDELL formulierte Assignment-Prinzip: Die Fiskalpolitik hat sich am internen, die Geldpolitik hat sich bei festen Wechselkursen am externen Gleichgewicht auszurichten.

8.3. Gleichgewicht bei flexiblen Wechselkursen

Fiskalpolitik

Infolge einer expansiven Fiskalpolitik steigen das Zinsniveau und das gesamtwirtschaftliche Einkommen. Diese Entwicklung führt, solange die ZZ-Kurve flacher als die LM-Kurve verläuft, eine Aufwertung der inländischen Währung herbei. Eine Aufwertung dämpft zwar die Exportnachfrage und stimuliert die Importe, sie kann jedoch über diese indirekte Wirkung den expansiven fiskalpolitischen Impuls nicht vollständig kompensieren. Per Saldo verschiebt sich die IS-Kurve nach rechts (*Abb. C-8.7*). Mit der Aufwertung verlagert sich die ZZ-Kurve des externen Gleichgewichts nach oben. Im Punkt E_1 tritt ein neues Gleichgewicht ein. Im Gegensatz zum System fester Wechselkurse beeinflußt die Zinselastizität der Kapitalströme nicht die Effizienz der Fiskalpolitik, weil die Flexibilität der Wechselkurse dafür sorgt, daß sich das externe Gleichgewicht der internen Gleichgewichtslage anpaßt.

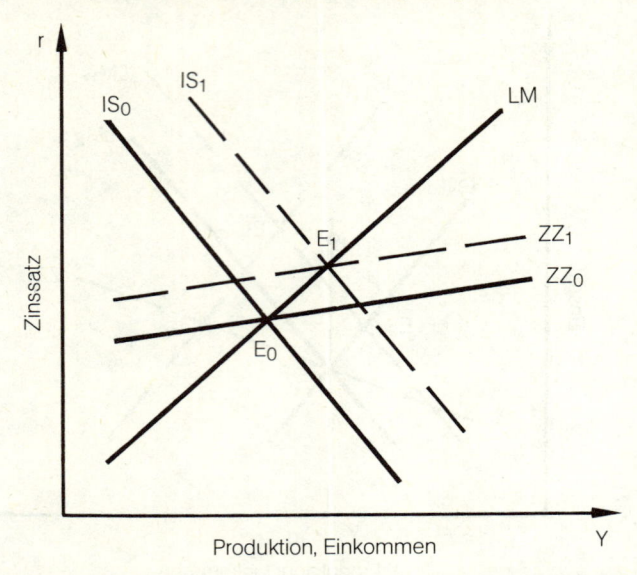

Abb. C-8.7: Wirkungen einer expansiven Fiskalpolitik bei flexiblen Wechselkursen

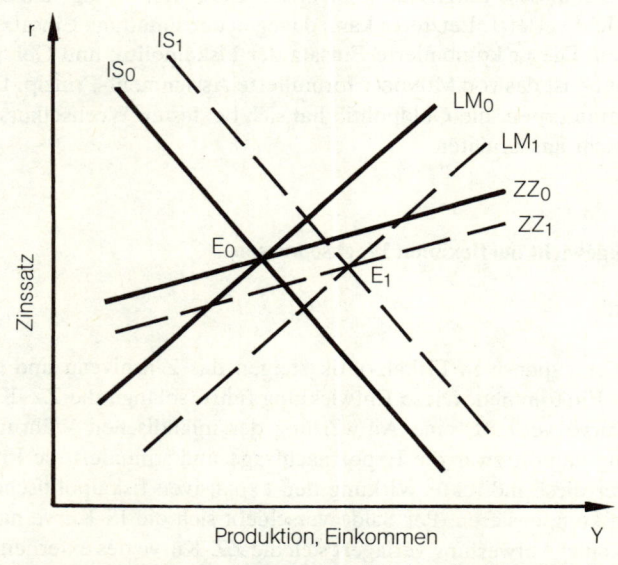

Abb. C-8.8: Wirkungen einer expansiven Geldpolitik bei flexiblen Wechselkursen

Geldpolitik

Eine expansive Geldpolitik, welche die LM-Kurve in *Abb. C-8.8* von LM_0 nach LM_1 verschiebt, senkt das Zinsniveau und erhöht das gesamtwirtschaftliche Einkommen. Diese Konstellation führt zu einem Defizit in der Zahlungsbilanz und löst damit eine Abwertung der inländischen Währung aus. Die Kurven des Gütermarktgleichgewichts und des Zahlungsbilanzgleichgewichts verschieben sich, bis im Punkt E_1 ein neues Gleichgewicht bei einem höheren Gleichgewichtseinkommen erreicht ist. Im Gegensatz zum System fester Wechselkurse behält die Geldpolitik ihre Wirksamkeit, weil über die Devisenbilanz keine konterkarierenden monetären Impulse ausgelöst werden.

Änderung der Exportnachfrage

Eine exogene Ausdehnung der Exportnachfrage würde, wie in *Abb. C-8.5* dargestellt, die IS-Kurve nach rechts sowie die ZZ-Kurve nach unten verschieben und damit einen Überschuß in der Devisenbilanz hervorrufen. Dieser Überschuß löst bei flexiblen Wechselkursen Aufwertungstendenzen aus, welche die Exporte zurückdrängen und die Importe steigern. Diese Effekte, die dem ursprünglichen Exportwachstum entgegenwirken, verhindern per Saldo die Verschiebungen der IS- und ZZ-Kurven. Ein System flexibler Wechselkurse schirmt mithin die inländische Wirtschaft gegen exogene Schocks ab, die vom Ausland kommen.

Kommentierte Literaturhinweise

Einführungen in die traditionelle keynesianische Makroökonomik bieten Thomas F. Dernburg; Duncan M. McDougall (1960) und Rolf Rettig; Dieter Voggenreiter (1977) sowie der didaktisch gelungene Beitrag von Klaus Rose (1967; 5. A. 1975).

Eine gute Integration von keynesianischen und neoklassischen Hypothesen unter Einschluß der Wirtschaftspolitik wird geboten von William H. Branson (1972, 2. A. 1979) – bzw. in der daran ausgerichteten, inhaltlich jedoch gestrafften Fassung von William H. Branson; James M. Litvack (1976) – und von Rudiger Dornbusch; Stanley Fischer (1978).

Den Stand moderner Makroökonomik präsentiert auch das deutschsprachige Lehrbuch von Emil-Maria Claassen (1980).

Eine gut verständliche Makrotheorie neoklassischer Prägung liefert Michael R. Darby (1976, 1).

Im Lehrbuch von Robert L. Crouch (1972) wird besonderes Augenmerk auf die Konstruktion komparativ-statischer Makromodelle gelegt.

Für den auch empirisch interessierten Leser sind Michael K. Evans (1969) und das auch für die Beantwortung makroökonomischer Detailfragen geeignete, umfangreiche Buch von Rudolf Richter; Ulrich Schlieper; Willy Friedmann (1973, 3. A. 1978) zu empfehlen.

Dem mehr mathematisch orientierten Leser sind die Werke von David J. Ott; Attiat F. Ott; Jang H. Yoo (1975) und Thomas J. Sargent (1979) besonders zu empfehlen.

D. Geld und Kredit
Dietmar Kath

Gliederung

0. Vorbemerkung

1. Geldverwendung

   1.1. Erscheinungsformen des Geldes
   1.2. Begriff und Funktionen des Geldes
   1.3. Vorteile der Geldverwendung
   1.4. Geldmengenkonzepte

2. Geld- und Kreditnachfrage

   2.1. Güterkreislauf und Geldnachfrage
   2.2. Einkommen und Geldnachfrage
   2.3. Vermögen und Geldnachfrage
   2.4. Kreditnachfrage

3. Geld- und Kreditangebot

   3.1. Bargeld und Buchgeld
   3.2. Zentralbankgeldangebot
   3.3. Giralgeld- und Kreditschöpfung

4. Geldwirkungen

   4.1. Monetäre und reale Märkte
   4.2. Transmission monetärer Impulse

5. Geldpolitik

   5.1. Optimale Geldversorgung
      5.1.1. Unverzinslichkeit des Geldes
      5.1.2. Begrenzung der Geldmenge
      5.1.3. Staatliches Emissionsmonopol
   5.2. Monetäre Steuerung
      5.2.1. Steuerungsziele
      5.2.2. Grundschema der monetären Ablaufpolitik
      5.2.3. Geldpolitische Strategien
   5.3. Geldpolitische Instrumente

0. Vorbemerkung

Das Lehrstück *„Geld und Kredit"* umfaßt diejenigen Teilbereiche der mikro- und makroökonomischen Theorie, in denen das auf monetäre Größen gerichtete Verhalten der Wirtschaftssubjekte behandelt wird. Diese nicht nur in der volkswirtschaftlichen Lehrbuchliteratur, sondern auch in den akademischen Lehrplänen übliche Ausgliederung erklärt sich aus der im System der nationalökonomischen Klassiker angelegten „Dichotomie" von Geld- und Werttheorie: Demnach werden die relativen Preise für Güter und Produktionsfaktoren als Ausdruck der realen Knappheitsverhältnisse im realen Sektor determiniert (Werttheorie) und die Geldpreise im monetären Sektor bestimmt (Geldtheorie). Diese gedankliche Trennung der ökonomischen Vorgänge in einen realen und einen davon unabhängigen monetären Wirkungszusammenhang ist in der herrschenden Wirtschaftstheorie einer integrativen Betrachtungsweise gewichen. Daran hat nicht zuletzt die neuere Geldtheorie einen erheblichen Anteil. Die Folge dieser Integration ist eine vielfältige Verknüpfung der Geldtheorie mit den übrigen Teilgebieten der Volkswirtschaftslehre, wie insbesondere *„Einkommen, Beschäftigung und Preisniveau"* (Beitrag C), *„Inflation"* (Beitrag F) sowie *„Konjunktur und Wachstum"* (Beitrag G).

Zum Verständnis der Bezeichnung *„Geld und Kredit"* mögen folgende Hinweise dienen:

– Der historische Ursprung der Begriffsverbindung liegt auf der Geldschaffungsseite. Hier trat der Kreditaspekt in den Vordergrund, als das Warengeld zunehmend durch das Kreditgeld verdrängt wurde. In der Folge wurden die Begriffe Papiergeld und Kreditgeld synonym verwendet. Zudem wurden in der formalen Analyse des Geldschöpfungsvorgangs Geldvermehrung und Kreditausweitung lange Zeit als synchron ablaufende Prozesse behandelt, mit identischen Volumina auf jeder Prozeßstufe.

– Im Rahmen der Geldnachfragetheorie gelten Kredit (in Form handelbarer Schuldtitel) und Geld als konkurrierende Instrumente der Vermögensanlage. Ihre Bestände in der Volkswirtschaft als gegeben vorausgesetzt, ist jede Überschußnachfrage nach Geld gleichbedeutend mit einem Angebotsüberhang an Schuldtiteln (und damit Überschußnachfrage nach Kredit) und umgekehrt.

1. Geldverwendung

Gegenstand der Theorie der Geldverwendung ist die Auseinandersetzung mit den beiden Grundfragen,
– wofür das Geld im Wirtschaftsprozeß verwendet wird und
– warum sich das Geld auf einer bestimmten Entwicklungsstufe als ein besonderes Medium herausgebildet hat.

Eine Antwort auf die erste Frage gibt die Lehre von den Geldfunktionen, bei der es sich um eine systematische Bestandsaufnahme der in der Realität anzutreffenden

Verwendungszwecke des Geldes handelt. Erst mit der Beantwortung der zweiten Frage wird die Geldverwendung im Entscheidungskalkül der Wirtschaftseinheiten verankert. Auf diese Weise lassen sich die einzel- und gesamtwirtschaftlichen Vorteile des Gebrauchs von Geld im Tausch- und Zahlungsverkehr aufzeigen.

1.1. Erscheinungsformen des Geldes

Verfolgt man das Geld entwicklungsgeschichtlich, so läßt sich ein vielfacher Wandel seiner äußeren Erscheinungsform feststellen. Während in der Entstehungsphase der Geldwirtschaft ausschließlich solche knappen Güter als Geld dienten, die unmittelbar auch der Bedürfnisbefriedigung zugeführt werden konnten, läßt sich vom Geld als einem spezifischen Medium erst seit der Herausbildung des Münzgeldes sprechen. Mit dem Übergang zur Münzprägung (vermutlich im 7. Jahrhundert v. Chr. im griechisch-kleinasiatischen Raum) war zugleich auch das Zeichengeld geboren, das sich von anderen Gütern aufgrund besonderer, typischer Merkmale (Form, Ausprägung, Stückelung) unterscheiden und damit eindeutig als Geld identifizieren läßt. Ebenso wie die Frühformen des Geldes wird das vollwertig ausgeprägte Münzgeld (Kurantgeld) als Warengeld klassifiziert. Diese Geldart zeichnet sich dadurch aus, daß sich ihr Wert im Tausch gegen Güter, die keine Gelddienste leisten, allein aufgrund ihres Material- oder Gebrauchswertes bestimmt.

Im modernen Geldwesen ist das Warengeld fast vollständig durch das stoffwertlose Buchgeld und durch stoffwertarmes Zeichengeld verdrängt worden. Letzteres weist in der Form des Notengeldes (Banknoten) keinen nennenswerten Materialwert auf oder ist in Gestalt der als „Kleingeld" dienenden Scheidemünzen mit einem Metallwert ausgestattet, der unter dem aufgeprägten Wert liegt.

Beim Buchgeld ist die stoffliche Anbindung der Gelddienste vollständig aufgehoben. Es existiert als abstrakter Rechtstitel, der seitens der Kreditinstitute eine Verbindlichkeit und von seiten der Nichtbanken (private und öffentliche Haushalte sowie nichtfinanzielle Unternehmen) eine Forderung (Bankeinlage) darstellt. Es wird daher auch Depositengeld genannt. Die synonym verwendete Bezeichnung Giralgeld erklärt sich aus dem Sachverhalt, daß Zahlungen zwischen Nichtbanken über ein Netz von Bankkonten (Girosystem) als reine Buchungsvorgänge abgewickelt werden. In *Übersicht D-1* sind Formen und Arten des Geldes systematisch zugeordnet.

1.2. Begriff und Funktionen des Geldes

Der in der Geldtheorie verwendete Geldbegriff abstrahiert von den konkreten Erscheinungsformen des Geldes. Er knüpft an dessen Funktionen im Tausch- und Zahlungsverkehr an, die als Tauschmittel-, Recheneinheits- und Wertaufbewahrungsfunktion bezeichnet werden. Dementsprechend ist Geld als ein Medium definiert, das gleichermaßen der Tauschvermittlung wie der Wertaufbewahrung dient und das im Zusammenhang mit diesen konkreten Dispositionen auch die Rolle des abstrakten Wertmaßstabs übernimmt. Diese drei Geldfunktionen können allerdings nicht als gleichrangige Begriffsmerkmale gelten.

Übersicht D-1: Erscheinungsformen und Arten des Geldes

Arten Formen	Warengeld	Zeichengeld	stoffwertarmes u. stoffwertloses Geld
Frühformen des Geldes (Gebrauchsgüter)	+	–	–
Münzgeld[1] – Kurantgeld – Scheidemünzen	 + –	 + +	 – +
Banknoten[1]	–	+	+
Buchgeld (Giralgeld, Depositengeld)	–	–	+

[1] Die Summe aus Münzen und Noten ergibt den Bargeldbestand (Bargeldumlauf) einer Volkswirtschaft.

Notwendiges und zugleich dominierendes Kriterium des Geldbegriffs ist allein die Tauschmittelqualität des Geldes. Eine arbeitsteilige Wirtschaft, die auf dezentralen ökonomischen Entscheidungen beruht, kann ohne indirekte Tauschbeziehungen nicht funktionieren, denn der direkte Tausch stößt schnell an technische und organisatorische Grenzen. Insofern erschien die Verwendung eines allgemeinen Tauschmittels bereits den Klassikern der Nationalökonomie als zwangsläufige Konsequenz der zunehmenden Arbeitsteilung (SMITH, Bd. 1, 1776,5.A. 1789, S. 26 ff.). Als Medium der Tauschabwicklung kommt zwar potentiell jedes Gut in Betracht, es sind jedoch allein diejenigen Güter hierfür auch geeignet, die allen anderen in bezug auf Haltbarkeit und Teilbarkeit überlegen und nicht als freie Güter in unbegrenzter Menge vorhanden sind.

Um in einer Tauschwirtschaft die Vergleichbarkeit der Werte der zum Tausch gebrachten Güter und Leistungen sicherzustellen, ist die Einführung einer einheitlichen Recheneinheit erforderlich. Diese Rolle des Wertmessers kann grundsätzlich von jedem beliebigen Gut übernommen werden, und selbst die Einführung einer abstrakten Recheneinheit wäre denkbar. Die Wahl wird sinnvollerweise auf dasjenige Gut fallen, dessen Qualitätsmerkmale am besten bekannt und am wenigsten veränderbar sind. Daher wird in der Regel das allgemeine Tauschmittel gleichzeitig auch als Recheneinheit verwendet.

Das Bedürfnis nach einer Übertragung von Vermögenswerten auf zukünftige Perioden kann durch jedes dauerhafte Gut befriedigt werden. Die Wertaufbewahrungsfunktion scheidet daher als konstituierendes Merkmal für die Geldqualität eines Mediums aus. Sie ist jedoch eine notwendige Voraussetzung für dessen zeitlich unbeschränkte Verwendungsfähigkeit als Geld. Erst wenn seine Qualität im Austausch gegen andere Güter – in einer zeitgemäßen Ausdrucksweise also seine Kaufkraft – erwiesen und gesichert erscheint, kann ein Medium als Geld in Betracht gezogen werden.

Aufgrund ihrer Stellung zu den übrigen Geldfunktionen gilt die Tauschmitteleigenschaft als dominierendes Merkmal für die Abgrenzung des Geldbegriffs. Ein Medium, das sich als allgemeines Tauschmittel durchgesetzt hat, ist zugleich auch geeignet, Träger der übrigen Geldfunktionen zu sein.

1.3. Vorteile der Geldverwendung

In der Lehre von den Geldfunktionen ist die zweite, auf die mikroökonomische Fundierung der Geldverwendung zielende Grundfrage nicht untersucht worden. Der Sachverhalt der Geldverwendung wurde vielmehr ausschließlich unter dem Gesichtspunkt der Verwendungszwecke behandelt, die das Geld in einem Tauschsystem erfüllt. Dabei ist JOHN MAYNARD KEYNES das Verdienst zuzuschreiben, die unverzinsliche Geldhaltung als eine ökonomisch sinnvolle Form der Wertaufbewahrung zu begründen. Die Klassiker hatten das Horten von Geld demgegenüber als irrationales Verhalten eingestuft und allein seine Rolle im Tauschverkehr hervorgehoben. Für eine Einbeziehung der Gelddienste in die Konsum- oder Produktionsentscheidung der Wirtschaftseinheiten bestand jedoch, von der Besonderheit des Warengeldes abgesehen, selbst aufgrund der Tauschmittelfunktion kein Spielraum, da die ökonomischen Aktivitäten an einem Modell der vollkommenen Tauschwirtschaft abgeleitet wurden. Wegen der perfekten Information aller Tauschpartner über sämtliche Marktbedingungen ist das Geld hier lediglich geeignet, die beiden Grundprobleme für einen funktionsfähigen Tausch zu lösen, die Bewertung der Güter und die Abwicklung der Transaktionen. In der realen Welt sind die Idealkonditionen der klassischen Lehre weder erfüllt noch erreichbar. Andererseits strebt der Mensch stets danach, Unvollkommenheiten abzubauen und Hemmnisse zu überwinden. Ökonomisch-rationales Verhalten setzt allerdings voraus, daß der hierfür erforderliche Aufwand geringer ist als der erwartete Ertrag. Aus diesem ökonomischen Prinzip muß auch die Begründung für die Herausbildung des Geldes abgeleitet werden.

An diesen Grundgedanken knüpfen die in den letzten Jahren entwickelten Erklärungsansätze für eine mikroökonomische Fundierung des Geldes an (u. a. NIEHANS, 1969; BRUNNER/MELTZER, 1971; NIEHANS, 1978). Danach erweist sich das Geld in der Regel als überlegene Organisationsform zur Überwindung der beim direkten Tauschverkehr auftretenden Friktionen. Aus dem Spektrum aller Güter wird dasjenige als Geld dienen, das beim Abbau von Unvollkommenheiten die vergleichsweise geringsten Kosten verursacht. Auf diese Weise entsteht sowohl ein einzelwirtschaftlicher Nutzenzuwachs als auch ein gesamtwirtschaftlicher Wohlfahrtsgewinn entsprechend derjenigen Ressourcenmenge, die infolge der Geldverwendung anstelle des Einsatzes anderer Mittel freigesetzt wird (BRUNNER/MELTZER, 1971). Diese Feststellung gilt, obwohl mit der Einführung eines allgemeinen Tauschmittels insofern eine Erhöhung der Zahl der Tauschvorgänge verbunden ist, als jeder bisher direkt abgewickelte Tauschakt, Gut gegen Gut, neuerdings in zwei indirekte Tauschbeziehungen aufgespalten wird: Gut gegen Geld und Geld gegen Gut. Während dieses Transaktionsargument geeignet sein könnte, für die Geldwirtschaft – verglichen mit einem System des direkten Naturaltausches – höhere Kosten nachzuweisen, lassen sich unter Berücksichtigung des Informations- und des Synchronisationsarguments eindeutige Kostenvorteile begründen. Beide Argumente kommen erst zur Geltung, wenn die Grundannahme des Modells der vollkommenen Tauschwirtschaft aufgelöst wird, wonach die für jeden direkten Tausch notwendige Komplementarität der Bedürfnisse und Güterausstattungen zweier Tauschpartner stets gewährleistet ist. Das Zustandekommen der Tauschbeziehungen verursacht demnach keine Kosten. Der frierende Bäcker und der hungernde Schneider gelten als Illustration für ein derart ideales Tauschpaar.

In Wirklichkeit erfordert sowohl die Anbahnung als auch die Abwicklung des Tausches den Einsatz von Ressourcen (Zeitaufwand, Arbeits- und Kapitaleinsatz). Am Beispiel Bäcker–Schneider wird deutlich, daß ein Tauschverkehr nur zustande kommen kann, wenn zwei Grundprobleme bewältigt werden:

– Das Informationsproblem (der frierende Bäcker und der hungernde Schneider müssen zusammentreffen): seine Überwindung führt zur Herausbildung eines allgemeinen Tauschmittels.
– Das Synchronisationsproblem (Bäcker und Schneider müssen ihre Tauschmengen zum selben Zeitpunkt bereitstellen): seine optimale Lösung begründet die Einführung des stoffwertlosen Geldes und die Entstehung von Kreditbeziehungen.

Den Mangel an Informationen darüber, ob und wo potentielle Tauschpartner zu finden sind, versuchen die Wirtschaftssubjekte dadurch abzubauen, daß sie einen Teil der in ihrem Besitz befindlichen Ressourcen einsetzen, um sich diese notwendigen Marktkenntnisse zu beschaffen. Der Faktoraufwand hierfür mindert die Produktions- oder Konsummenge des eigenen Gutes. Andererseits läßt sich mit Hilfe der erworbenen Information ein Nutzenzuwachs erzielen, denn mit der verbleibenden Faktorausstattung kann entweder eine größere Menge oder eine bessere Qualität anderer Güter eingetauscht werden. Die optimale Lösung ist dann erreicht, wenn Grenzkosten und Grenzerträge der Informationsbeschaffung einander gleich sind.

Im Vergleich zum direkten Tausch ermöglicht bereits der indirekte Tausch ohne Verwendung von Geld eine Senkung der Informationskosten bei gleichem Informationsertrag. Die Abgabe des eigenen Produktes gegen ein Gut, das nicht in ganzer Menge dem eigenen Verzehr, sondern teilweise dem Weitertausch gegen andere Güter dient, ist aus der Sicht des einzelnen dann eine ökonomisch sinnvolle Handlung, wenn er davon ausgehen kann, daß er für das eingetauschte Objekt leichter Tauschpartner findet als für sein eigenes Erzeugnis. Je häufiger ein Gut im Tauschverkehr als Zwischengut eingesetzt wird – und das heißt auch: je größer die Zahl der Wirtschaftssubjekte ist, die dieses Medium verwenden –, um so geringer werden die individuellen und auch die sozialen Grenzkosten der Informationsbeschaffung. Im Fall des allgemeinen Tauschmittels ist das Grenzkostenminimum des indirekten Tausches erreicht, und der Prozeß der Geldentstehung ist abgeschlossen.

Das Problem der Synchronisierung tritt immer dann auf, wenn mindestens zwei Tauschpartner ihre Güter nicht zum selben Zeitpunkt fertigstellen. Bei technisch bedingten Abweichungen in der Produktionsdauer ergibt sich die Notwendigkeit zur Lagerhaltung desjenigen Gutes, das mit geringerem Zeitaufwand erzeugt wird. Auf diese Weise entstehen Aufbewahrungskosten. Durch die Einführung des allgemeinen Tauschmittels lassen sich diese Kosten senken. Das Gut mit der kürzeren Herstellungszeit kann dann bereits zum Zeitpunkt seiner Fertigstellung gegen Geld getauscht werden. Allerdings erhöht sich daraufhin die Zahl der Tauschakte, so daß zusätzliche Transaktionskosten anfallen. Die Wirtschaftssubjekte werden sinnvollerweise diejenige Lösung anstreben, bei der die Gesamtkosten als Summe der Kosten für Lagerhaltung und Tauschabwicklung ein Minimum bilden. Bei gegebener Organisationstechnik kann immer nur eine Kostenart gegen die andere substituiert werden. Durch die Verwendung stoffwertlosen Geldes ist es dagegen möglich, beide Kostenbestandteile gleichzeitig zu verringern. Insofern läßt sich seine Einführung als technischer Fortschritt des Tauschverkehrs interpretieren (NIEHANS, 1970, S. 143).

Während das Informationsargument eher geeignet ist, das Geld als Recheneinheit und als Tauschmittel im Entscheidungsprozeß der Wirtschaftseinheit zu verankern, begründet das Synchronisationsargument in erster Linie die Wertaufbewahrungsfunktion für ein bereits existierendes allgemeines Tauschmittel.

Das Synchronisationsproblem kann alternativ auch durch bilaterale Übereinkünfte gelöst werden. Indem die Tauschpartner vereinbaren, Leistung und Gegenleistung zeitlich zu trennen, kommt es zu einer Kreditbeziehung in der einfachen Form des Naturalkredits. Er ist als befristete Übertragung von Verfügungsmacht über ein bestimmtes Gut definiert. Demgegenüber wird die zeitweilige Überlassung einer Geldsumme (allgemeine Verfügungsmacht über Güter) als Finanzkredit bezeichnet (EHRLICHER, 1967,5.A. 1975, S. 356). Im Fall der asynchronen Tauschabwicklung erfolgt eine Kreditgewährung zugunsten desjenigen Partners, der seine Lieferung zeitlich in die Zukunft verlagert.

1.4. Geldmengenkonzepte

Als Grundlage für eine mengenmäßige Definition des Geldbegriffs kommen die in den Geldfunktionen erfaßten qualitativen Merkmale in Betracht. Allein die Tauschmittelfunktion ermöglicht jedoch eine eindeutige Abgrenzung der perfekten Zahlungsmittel gegenüber geldnahen Finanzaktiva. Die Wertmesserfunktion scheidet hierfür von vornherein aus, da sie sich ausschließlich auf die Bedeutung der Geldeinheit bezieht. Die Wertaufbewahrungsfunktion zeichnet nicht allein das Geld aus; sie erstreckt sich auch auf das verzinsliche Finanzvermögen sowie auf die längerlebigen Sachgüter und wird von diesen Vermögensformen größtenteils besser wahrgenommen als vom Geld selbst. Erst wenn die Wertaufbewahrungsobjekte danach unterschieden werden, ob sie der temporären Kaufkraftaufbewahrung oder der permanenten Vermögenshaltung dienen, läßt sich ein zusätzliches Abgrenzungsmerkmal für das Geldvolumen gewinnen (FRIEDMAN/SCHWARTZ, 1970; CLAASSEN, 1974). Je nachdem ob die Zahlungsmitteleigenschaft allein (engeres Geldmengenkonzept) oder zusätzlich das Kriterium der temporären Kaufkraftaufbewahrung (erweitertes Geldmengenkonzept) zugrunde gelegt wird, müssen in die Buchgeldkomponente nicht nur die Sicht-, sondern auch die Termin- und Spareinlagen einbezogen werden, und es ergeben sich mehrere unterschiedlich weit gefaßte Geldvolumina. Ihre Anzahl und ihr Inhalt können – bedingt durch institutionelle Besonderheiten im nationalen Geldwesen – von Land zu Land abweichen. In der Bundesrepublik Deutschland werden in Übereinstimmung mit der offiziellen Statistik der DEUTSCHEN BUNDESBANK drei Versionen unterschieden. Ihre Komponenten und Ausstattungsmerkmale sowie ihre Zuordnung zu den Geldfunktionen sind in *Übersicht D-2* zusammengestellt.

Die Geldmengendefinitionen M1, M2 und M3 stellen ausdrücklich nur auf die Geldbestände der Nichtbanken ab; insofern gelten sie als verwendungsorientierte Meßkonzepte. Kassenbestände und Zentralbankguthaben der Kreditinstitute bleiben unberücksichtigt. Damit wird eine klare Trennung zwischen dem finanziellen Sektor (Notenbank und Geschäftsbanken) auf der einen und dem Nichtbankensektor (Staat und Publikum) auf der anderen Seite vorgenommen. Der finanzielle Sektor repräsentiert die Geldangebotsseite der Volkswirtschaft; sie ist Gegenstand der Geldangebotstheorie. Diese strikte Zuordnung beruht auf der Erkenntnis, daß die Banken ihre

Übersicht D-2: Geldmengenkonzepte (in der Abgrenzung der Deutschen Bundesbank) und Geldqualität ihrer Komponenten

Komponenten		Geldmengenkonzept			Geldqualität		
		M1	M2	M3	perfektes Zahlungsmittel	temporäre Kaufkraftaufbewahrung	permanente Wertaufbewahrung
Bargeld	B_1^P	+	+	+	+	+	−
	B_2^P	+	+	+	+	+	−
Buchgeld	D_1	+	+	+	+	+	−
	D_2	−	+	+	−	+	−
	D_3	−	−	+	−	+	+

Erläuterungen:
B_1^P (Münzumlauf) und B_2^P (Notenumlauf) jeweils ohne Kassenbestände der inländischen Kreditinstitute, jedoch einschließlich der im Ausland befindlichen DM-Münzen bzw. DM-Noten.
D_1 (Sichteinlagen ohne Zentralbankguthaben öffentlicher Haushalte), D_2 (Termineinlagen bis unter 4 Jahren) und D_3 (Spareinlagen mit gesetzlicher Kündigungsfrist) jeweils von inländischen Nichtbanken bei inländischen Kreditinstituten.

finanziellen Aktivitäten – obwohl sie weitgehend auf dieselben monetären Größen gerichtet sind – in einen anderen Entscheidungsrahmen stellen als die Nichtbanken.

2. Geld- und Kreditnachfrage

Das Anliegen der Geldnachfragetheorie besteht darin, die Summe der von den Individuen zur Durchführung ihrer Wirtschaftspläne gewünschten Geldbeträge (gesamtwirtschaftliche Geldnachfrage) zu bestimmen. Insofern muß die Theorie der Geldnachfrage im einzelwirtschaftlichen Entscheidungsprozeß diejenigen Faktoren aufzeigen, an denen die Wirtschaftseinheiten ihren Geldbedarf orientieren und zugleich Aussagen über deren Einfluß hinsichtlich Richtung und Ausmaß treffen.

Gegenstand der Geldnachfragetheorie ist vorrangig das Geldvolumen in der Definition M1. Der Grundansatz der Analyse wie auch Teile ihrer Ergebnisse lassen sich analog auf die weitergefaßten Geldaggregate M2 und M3 sowie deren Komponenten, Termineinlagen und Spareinlagen, übertragen.

Die Entwicklung der Geldnachfragetheorie wurde von der Behandlung der Wertaufbewahrungsfunktion geprägt. Erst mit der KEYNESschen Lehre hat sich die Auffassung durchgesetzt, daß die Wertaufbewahrungseigenschaft die aktuellen auf das Geld gerichteten Verhaltensweisen der Wirtschaftssubjekte beeinflußt und nicht lediglich als notwendige Voraussetzung für eine störungsfrei funktionierende Geldwirtschaft gilt.

2.1. Güterkreislauf und Geldnachfrage

Im System der klassischen Nationalökonomie wurde dem Geld die Rolle als „Schmiermittel" im Wirtschaftskreislauf zugewiesen. Damit war es auf die Wahrnehmung der Tauschmittelfunktion beschränkt. Seine Existenz wurde als Bedingung dafür angesehen, daß in einer arbeitsteiligen Wirtschaft die Faktorleistungen der Haushalte zu den Produktionsstätten und die Erzeugnisse der Unternehmungen zu den Haushalten gelangen und daß in einem vertikal gegliederten Produktionsprozeß ein stetiger Fluß der Vorprodukte von Produktionsstufen niederer zu solchen höherer Ordnung gewährleistet ist. Die „klassischen" Bestimmungsgründe des gesamtwirtschaftlichen Geldbedarfs lassen sich unmittelbar an diesem Kreislaufbild ablesen:
– die Breite des Güterstroms, also bei gegebenem Niveau der Güterpreise das Volumen der in einer Volkswirtschaft pro Periode gehandelten Güter (Q), und
– das Ausmaß der vertikalen Gliederung des Produktionssektors.

Eine Ausweitung der Gütererzeugung oder eine stärkere Auffächerung der Produktionsstruktur führen dementsprechend zu einer höheren Geldnachfrage. Sie kann in diesem einfachen Modell alternativ durch einen höheren nominalen Geldumlauf (M) und durch ein niedrigeres Preisniveau (P) befriedigt werden. Im einen wie im anderen Fall resultiert eine größere reale Geldmenge (M/P).

Die Bedingung, daß sich in einer Volkswirtschaft in jedem Augenblick Güter- und Geldstrom hinsichtlich ihres Umfangs entsprechen müssen, ist von IRVING FISHER (1911) in die Form einer Gleichung gefaßt worden:

(2.1.) $M \cdot V = P \cdot Q$ bzw. $M = (1/V) \cdot P \cdot Q$.

In dieser Quantitätsgleichung bezeichnet V die Umschlagshäufigkeit der Geldmenge. Sie dient dazu, die Bestandsgröße Geldvolumen in eine Stromgröße zu überführen. Auf der Güterseite ist diese Transformation nicht erforderlich, da Q als Produktion pro Jahr von vornherein als Stromgröße definiert ist. V wurde im Rahmen der klassischen Geldtheorie als institutionelle Konstante interpretiert, deren Wert von der Häufigkeit der Einkommenszahlungen im Laufe eines Jahres, vom Ausgabenrhythmus der Haushalte und vom Umfang der Transaktionen mit solchen Gütern abhängt, die nicht aus der laufenden Produktion stammen (Vorleistungen, gebrauchte Güter, Grundstücke u. a.). So erhöht beispielsweise der Übergang von monatlichen auf wöchentliche Einkommenszahlungen die Umlaufsgeschwindigkeit bei Konstanz aller übrigen Größen auf etwa das Vierfache. Ändern sich die Zahlungsgewohnheiten nicht, dann variiert die Geldnachfrage proportional mit dem Transaktionsvolumen.

2.2. Einkommen und Geldnachfrage

In Abwandlung der klassischen Quantitätstheorie hat die Cambridge-Schule (PIGOU, 1917; MARSHALL, 1923) eine Geldnachfragetheorie entwickelt, in der stärker am Geld orientierte Verhaltensweisen berücksichtigt werden. An die Stelle der Umschlagshäufigkeit tritt ein Kassenhaltungskoeffizient k. Er soll die von den Wirtschaftseinheiten gewünschte durchschnittliche Relation von Kassenhaltung zum periodischen Realeinkommen zum Ausdruck bringen. Obwohl formal $k = 1/V$ ist, bestehen also Abweichungen in bezug auf den ökonomischen Gehalt beider Größen. Ersetzt man außerdem in (2.1.) das Transaktionsvolumen Q durch das periodische Realeinkommen, dann ergibt sich als Geldnachfragefunktion

(2.2.) $M^d = k \cdot Y$ bzw. $(M/P)^d = k \cdot Y/P$,
mit $(M/P)^d$ — gewünschte Realkasse.

Den Gedanken der am Transaktionsvolumen orientierten und proportional dem periodischen Einkommen geplanten Kassenhaltung hat KEYNES (1936) in seine Liquiditätspräferenztheorie integriert. Die Nachfrage nach Transaktionskasse (Geldnachfrage aus dem Transaktionsmotiv) bildet neben der ebenfalls transaktionsabhängigen Vorsichtskasse und der vermögensorientierten Spekulationskasse (s. Abschnitt 2.4.) eine von drei Geldnachfragekomponenten

(2.3.) $M_T^d = k_T \cdot Y$, mit k_T — Transaktionskassenkoeffizient,
M_T^d — Nachfrage nach Transaktionskasse.

Die Grundidee der einkommensabhängigen Transaktionskasse wurde durch postkeynesianische Nationalökonomen um zusätzliche Argumente ergänzt (BAUMOL, 1952; TOBIN, 1956). Angesichts vielfältiger Möglichkeiten der kurzfristigen und dennoch zinstragenden Vermögensanlage einerseits sowie der Kreditaufnahme in Form von Kontoüberziehungen andererseits kann das periodische Einkommen kaum als alleiniger Bestimmungsfaktor für diese Geldnachfragekomponente gelten. Wirklichkeitsnäher sind daher diejenigen Modelle aufgebaut, in denen die Geldnachfrage aus dem Transaktionsmotiv als Problem der optimalen Lagerhaltung behandelt wird. Sie berücksichtigen neben dem laufenden Einkommen die Zahlungsfrequenz, die Umwandlungskosten und den Ertragssatz einer vorübergehenden verzinslichen Anlage als zusätzliche Einflußgrößen. Bei unveränderter Zahlungshäufigkeit und gegebenem Einkommen ist die unverzinsliche Kassenhaltung um so weniger attraktiv, je höher der Zins für die alternative Vermögensanlage ist und je geringer die Kosten der Umwandlung von Kasse in Ertragswerte und zurück sind. Diese Argumente gelten jedoch in erster Linie für die Geldnachfrage nach M1. Sie verlieren um so mehr an Bedeutung, je weiter der Geldbegriff definiert ist, da Termin- und Spareinlagen ihrerseits verzinst werden.

KEYNES berücksichtigt weiter den realistischen Umstand, daß über den Verlauf der periodischen Zahlungsströme keine vollkommene Sicherheit angenommen werden kann. Die Kassenhaltung aus dem Vorsichtsmotiv bildet daher eine weitere Komponente der Geldnachfrage. Erst in späteren Untersuchungen (u. a. WHALEN, 1966) sind die exakten Bedingungen formuliert worden, die den Aufbau einer Vorsichtskasse begründen. Danach erfordert ökonomisch rationales Verhalten die Abwägung möglicher Illiquiditätskosten im Fall überschießender Kassenausgänge gegen die Opportunitätskosten einer zu reichlich geplanten Kassenhaltung. Eine stärkere Gewichtung des ersten Kostentyps veranlaßt die Wirtschaftseinheiten, eine zusätzliche „Eventualkasse" anzulegen.

(2.4.) $M_V^d = k_V \cdot Y$, mit k_V — Vorsichtskassenkoeffizient.

Für den gesamten Kassenhaltungskoeffizienten gilt dann $k = k_T + k_V$.

2.3. Vermögen und Geldnachfrage

KEYNES hat auch als einer der ersten die Geldhaltung in Verbindung mit der Entscheidung der Wirtschaftssubjekte über ihre Vermögensanlage analysiert. Das Verbindungsglied ist die dritte Komponente in seiner Geldnachfragetheorie, die vermögensorientierte Geldnachfrage aus dem Spekulationsmotiv. Die Höhe dieser Spekulationskasse planen die Wirtschaftssubjekte mit der Zielsetzung, den Ertrag aus ihrer Vermögenshaltung über den gesamten Anlagezeitraum zu maximieren. Die Kassenhaltung ist trotz ihrer Unverzinslichkeit insofern ökonomisch rational, als diejenigen Anlageformen, die den Wirtschaftssubjekten in diesem Modell angeboten werden (Bonds und Realkapital), eine schwankende Rendite aufweisen. So sind die Bonds (festverzinsliche Wertpapiere) zwar mit einem fixen Kuponzins ausgestattet, sie können jedoch während ihrer Laufzeit – die im Falle der von KEYNES unterstellten „Konsols" unbegrenzt ist – an der Börse gehandelt werden, so daß ihre effektive Verzinsung (Marktzins i) infolge von Kursschwankungen variiert. Sie fällt um so höher aus, je niedriger der Ankaufskurs ist. Geht der Anleger davon aus, daß die Wertpapierkurse in absehbarer Zeit sinken, also der Marktzins steigt, dann wird er seine Kaufentscheidung zurückstellen und die zur Anlage bestimmten Mittel in der Kasse behalten (Liquiditätspräferenz). Damit erweist sich die temporäre Wertaufbewahrung in Form der Spekulationskasse als rationale Strategie zur Maximierung des Vermögensertrags über einen längeren Anlagezeitraum.

Wegen dieser entweder (Kasse)-oder (Bonds)-Lösung verläuft die einzelwirtschaftliche Nachfragefunktion nach Spekulationskasse unstetig. Erst die zusätzliche Annahme interpersonell unterschiedlicher Erwartungen über die zukünftige Kursentwicklung garantiert die Stetigkeit der aggregierten Liquiditätspräferenzfunktion $M_S^d = L(i)$, mit $dL/di < 0$. Ihre exakte Gestalt wird durch das Spektrum der zwischen den Wirtschaftseinheiten abweichenden Zinserwartungen bestimmt. Sie weist insofern eine negative Zinselastizität auf, als bei einem relativ hohen aktuellen Zinsniveau weniger Anleger eine Zinssteigerung erwarten und daher Spekulationskasse halten als bei einem niedrigen *(Abb. C-4.1)*. Als Geldnachfragefunktion ergibt sich unter Berücksichtigung aller drei Kassenhaltungsmotive:

(2.5.) $\quad M_T^d + M_V^d + M_S^d =: M^d = L(Y,i)$.

Zwei Annahmen sind für den begrenzten Erklärungsgehalt der Liquiditätspräferenztheorie verantwortlich,
– die Vernachlässigung des Risikos und
– die Annahme eines gegebenen Vermögensbestandes.

Indem das Risiko unberücksichtigt bleibt, wird der Beitrag der einzelnen Vermögensformen zum Wertaufbewahrungsnutzen auf die Ertragskomponente beschränkt. Infolgedessen behandelt die Liquiditätspräferenztheorie die beiden verzinslichen Anlageobjekte, Bonds und Realkapital, als perfekte Substitute. Die Einbeziehung des Risikos in die Anlageentscheidung der Wirtschaftssubjekte führt demgegenüber zu einer umgekehrten Beurteilung der Substitutionsbeziehung zwischen Geld und Bonds (Finanzvermögen) einerseits sowie Realkapital andererseits. Da sich die Risikoquellen des Finanzvermögens (Geldwertverlust) qualitativ von denen des Sachkapitals (Verringerung der Kapazitätsauslastung, Wandel der Produktionstechnik) unterscheiden, ist die Annahme der Komplementarität beider Vermögensblöcke plausibler. Die Formen des Finanzvermögens differieren graduell in bezug auf das Zinsrisiko (Kurswertschwankungen) und gelten daher als unvollkommene Substitute.

Ein Wirtschaftssubjekt wird diese Risikoerwägungen neben dem erwarteten Anlageertrag in die Kalkulation des Anlagenutzens einbeziehen. Risiko beeinträchtigt den Nutzen der Vermögenshaltung, Ertrag ist nutzenstiftend. Damit aus der Anlage eines gegebenen Vermögens der maximale Nutzen realisiert werden kann, muß eine Portfoliostruktur gewählt werden, bei der das Verhältnis von Ertrag und Risiko der Anlagesumme (Risikograd des Portfolios) aufgrund der einbezogenen Vermögenstitel der subjektiven Risikoneigung des Investors entspricht. Im Regelfall erweist sich die Mischung von Geld, Bonds und Realkapital im Portfolio des Anlegers in dieser Hinsicht als die optimale Strategie (MARKOWITZ, 1952, 1959; TOBIN, 1958, 1965).

Wegen der Annahme eines gegebenen Vermögensbestandes erlaubt die Liquiditätspräferenztheorie lediglich Aussagen über seine von den Wirtschaftssubjekten gewünschte Aufteilung auf Kasse, Bonds und Realkapital in Abhängigkeit von der Höhe des Marktzinses. Welche Änderungen der Vermögensstruktur eintreten, wenn das private Vermögen etwa durch Ausweitung oder Tilgung der Staatsschuld wächst oder schrumpft, wird nicht ausdrücklich untersucht. Die Portfoliotheorie kommt demgegenüber zu expliziten Aussagen über das Anpassungsverhalten bei Änderungen des Vermögensbestandes. Bei gegebener Struktur der Ertragssätze werden die Wirtschaftssubjekte eine gleichgerichtete Entwicklung beider Vermögenskomponenten anstreben. Auf eine exogene Änderung des privaten Finanzvermögens, die beispielsweise aus einer Änderung der Staatsschuld resultiert, wird das Publikum mit einer parallelen Anpassung des Realkapitalstocks reagieren (TOBIN, 1961).

Die aus der Analyse des Anlageverhaltens eines Individuums gewonnenen Erkenntnisse sind auch geeignet, gesamtwirtschaftliche Zusammenhänge zwischen finanziellen und realen Größen zu erklären. Die makroökonomische Version der Portfoliotheorie (TOBIN, 1963, 1; 1969, 1) basiert auf dem Nettovermögen des privaten Sektors (NA), das aus einer konsolidierten Vermögensbilanz der Geschäftsbanken und der privaten Nichtbanken (Haushalte und nichtfinanzielle Unternehmen) abgeleitet wird:

(2.6.) $NA := B + GD + K \cdot P_k,$

mit B für Geldbasis als unverzinsliche Verschuldung der staatlichen Notenbank in Form von Bargeld sowie Reserveguthaben der Kreditinstitute bei der Zentralbank, GD für verzinsliche Staatsschuld (Kurswert), K für Realkapitalbestand und P_k als Preis (Kurswert) des Realkapitals. Der Realwert von NA ergibt sich dann als

(2.7.) $NA^r := \dfrac{NA}{P} = \dfrac{B + GD}{P} + q \cdot K, \qquad \text{mit } q := \dfrac{P_k}{P}.$

Im Gegensatz zu diesem aus dem Bilanzzusammenhang abgeleiteten Vermögensbegriff erfassen die Vertreter der kapitaltheoretischen Variante (Neoquantitätstheorie) das Vermögen als Summe der Gegenwartswerte aller zukünftigen Erträge aus den einzelnen Vermögenskomponenten. Außer den Nettoeinkünften aus finanziellen Titeln und Realkapitalbeteiligungen zählt dazu auch das erwartete Arbeitseinkommen als Ertrag des Humankapitals (FRIEDMAN, 1956,2). Die Vermögensdefinition muß daher um dieser Größe (A_h) erweitert werden:

(2.8.) $A := A_n + A_h,$ mit A_n – nicht-menschliches Vermögen.

In formaler Hinsicht entspricht A_n der Größe NA; aufgrund der unterschiedlichen Ermittlungsmethoden können sich jedoch wertmäßige Abweichungen ergeben. Je nachdem, welcher der beiden vermögenstheoretischen Erklärungsansätze zugrunde gelegt wird, resultieren unterschiedliche Formulierungen der Geldnachfragefunktion. Die makroökonomische Portfoliotheorie behandelt die Geldnachfrage als Ergebnis der Bemühungen, eine optimale Vermögensstruktur zu realisieren (TOBIN, 1969, 1):

(2.9.) $(M/P)^d = L(i, r_k, Y/NA) \cdot NA^r,$ mit $L_1, L_2 < 0, L_3 > 0,$
r_k – Ertragsrate auf existierendes Realkapital.

Das Argument Y/NA verknüpft die vermögensorientierte Geldnachfrage mit der einkommensorientierten Nachfrage nach Transaktionskasse. Dementsprechend variiert die Geldnachfrage gleichgerichtet mit einer Veränderung des Einkommens. L_1 und L_2 drücken aus, daß die gewünschte Kassenhaltung sinkt, wenn die Ertragsraten auf Bonds und Realkapital steigen und umgekehrt. Die multiplikative Berücksichtigung von NA^r weist auf eine gleichgerichtete Entwicklung der Geldnachfrage und des Vermögensbestandes hin.

Von neoquantitätstheoretischer Seite wird der kapitaltheoretisch abgeleitete Vermögensbegriff zugrunde gelegt. Die konkrete Geldnachfragefunktion läßt verschiedene Spezifikationen zu. Sie enthält im allgemeinen folgende wesentliche Argumente (BRUNNER/MELTZER, 1972):

(2.10.) $M^d = L(i, R, P, P^*, P_k, A_n, A_h),$ mit $L_1, L_2, L_4 < 0$
und $L_3, L_5, L_6, L_7 > 0.$
P^* – erwartetes Güterpreisniveau; R – physisches Nettogrenzprodukt des Kapitals (Grenzleistungsfähigkeit des Kapitals).

Wegen der neoquantitätstheoretischen Annahme, daß die Wirtschaftssubjekte bei ihren Dispositionen keiner Geldillusion unterliegen, ist die nominale Geldnachfrage homogen vom Grade 1 in allen nominal definierten Argumenten der Funktion (2.10.) Für die reale Geldnachfrage gilt dann

(2.11.) $(M/P)^d = L(i, R, 1, P^*/P, q, A_n/P, A_h/P).$

Beide Ansätze führen, abgesehen von dem jeweils unterschiedlichen analytischen Rahmen, in den sie gestellt sind und aus denen sich die teilweise abweichenden Definitionen der einbezogenen Variablen begründen, zu weitgehend gleichen Ergebnissen. Der einzige wesentliche Unterschied liegt in der ausdrücklichen Berücksichtigung der erwarteten Änderung des Preisniveaus (P^*/P) als Bestimmungsfaktor der realen Geldnachfrage durch die Neoquantitätstheorie. Dementsprechend hat die Antizipation eines steigenden Preisniveaus eine Einschränkung der realen Kassenhaltung zur Folge.

2.4. Kreditnachfrage

In den älteren geldtheoretischen Denkansätzen wird die Kreditnachfrage nicht berücksichtigt. Selbst im Rahmen der Liquiditätspräferenztheorie ist für eine systematische Analyse der Kreditbeziehungen kein Platz. Dort wird der Kreditmarkt als Spiegelbild des Geldmarktes behandelt. Demgegenüber ist die Portfoliotheorie geeignet, die Kreditaufnahme der Wirtschaftssubjekte als eigenständiges finanzielles Bedürfnis neben der Kassenhaltung zu erfassen. Zu diesem Zweck ist allerdings eine Disaggregation des privaten Bereichs in einen Nichtbanken- und einen Bankensektor erforderlich. Eine Verschuldung bei den Kreditinstituten ermöglicht es den Nichtbanken, den Erwerb von zinstragenden Aktiva über ihr vorhandenes Nettovermögen hinaus auszuweiten. Dieser Zusammenhang läßt sich aus der Definition des Bruttovermögens aufgrund der Vermögensbilanz des privaten Nichtbankensektors ableiten:

Aktiva		Vermögensbilanz des privaten Nichtbankensektors		Passiva
Geld	M	Bankkredite		KR_p
Staatsanleihen	GD_p	Nettovermögen		NA_p
Realkapital	$K \cdot P_k$			
Bruttovermögen	BA_p	Bruttovermögen		BA_p

Aufgrund der Bilanzidentität gilt:

(2.12.) $\quad BA_p = NA_p + KR_p = M + GD_p + K \cdot P_k.$

Ein ökonomischer Anreiz zu einer Kreditaufnahme besteht allerdings immer erst dann, wenn der erwartete Ertrag aus einer kreditfinanzierten Anlage höher ist als der zu zahlende Schuldzins. Die Kreditnachfrage des Publikums ist daher weitgehend von denselben Bestimmungsfaktoren abhängig wie die Geldnachfrage. Da jedoch Richtung und Intensität ihres Einflusses in den jeweiligen Funktionen voneinander abweichen, müssen Kreditaufnahme und Geldhaltung als verschiedene wenngleich nicht unabhängige monetäre Aktivitäten betrachtet werden (BRUNNER/MELTZER, 1972). Der entsprechende Funktionsausdruck für die Kreditnachfrage lautet:

(2.13.) $\quad KR_p^d = l(i-g_p^*, R, P, P^*, P_k, A_n, A_h), \quad$ mit $l_1, l_5 < 0$ und $l_2, l_3, l_4, l_6, l_7 > 0$,
g_p^* – erwartete Inflationsrate.

i, der Marktzins, gilt hier zugleich für Bonds (GD_p) und Bankkredite. Diese Annahme steht dann nicht im Widerspruch zu dem getrennten Ausweis von GD_p und KR_p in der Vermögensbilanz, wenn die Gläubiger des Staates und die Schuldner der Banken nicht identisch sind.

Ein Vergleich der Vorzeichen der partiellen Ableitungen von (2.13.) mit denen von (2.11.) macht deutlich, daß die Wirtschaftssubjekte auf eine Veränderung insbesondere derjenigen ökonomischen Größen, die als Komponenten der Ertragsrate auf Realkapital gelten (R und P_k), mit ihrer Kreditaufnahme und ihrer Geldhaltung entgegengesetzt reagieren. Die Erklärung dieses Verhaltens ist einfach: Erhöht sich die Rendite auf Sachkapital ($r_k := R \cdot P/P_k$), dann lohnt sich eine Kreditfinanzierung dieser Vermögensgüter, solange der reale Schuldzins ($i-g_p^*$) unverändert bleibt oder nicht so stark steigt; die Geldhaltung wird jedoch zugleich gegenüber der Realkapitalanlage weniger attraktiv. Eine unterschiedliche Abhängigkeit ergibt sich auch für das erwartete Preisniveau. Wird ein Anstieg der Güterpreise antizipiert, werden die Wirtschaftsakteure für die Zukunft geplante Käufe bereits in der Gegenwart vornehmen und zu diesem Zweck sowohl ihre Geldbestände abbauen als auch zusätzliche Kredite aufnehmen.

3. Geld- und Kreditangebot

Der Geldangebotstheorie geht es um die Klärung der Frage, wie die Geldversorgung einer Volkswirtschaft funktioniert.

Erklärungsobjekte der Geldangebotstheorie sind analog der Geldnachfragetheorie Geldaggregate, die aus einer Bargeld- und einer Depositengeldkomponente bestehen. Während das Bargeld seitens der staatlichen Zentralbank aufgrund einer gesetzlichen Monopolstellung in Umlauf gebracht wird, konkurrieren beim Buchgeldangebot viele private und öffentliche (aber nicht mit Hoheitsfunktionen ausgestattete) Kreditinstitute.

3.1. Bargeld und Buchgeld

Trotz des Nebeneinanders von staatlichem Bargeld und privatem Buchgeld in den modernen Geldordnungen ist die Notenbank in der Lage, die notwendige Beschränkung der Gesamtgeldmenge in einer Volkswirtschaft zu erreichen. Die Menge an Zentralbankgeld (Bargeld und Zentralbankguthaben der Banken) und das Volumen des von den Kreditinstituten angebotenen Depositengeldes sind nämlich in dreifacher Hinsicht miteinander verknüpft:

Erstens betrachten die Geldnachfrager Bargeld und Depositen als unvollkommene Substitute. Bargeld ist besser geeignet, Zahlungen im direkten Kontakt zwischen Wirtschaftsakteuren abzuwickeln und Schuldverhältnisse definitiv zu löschen. Giralgeld ist beim Zahlungsverkehr zwischen räumlich getrennten Partnern und mit hohen Geldbeträgen überlegen. Aufgrund der beschränkten Substituierbarkeit verwenden die Wirtschaftssubjekte beide Geldarten in einer mehr oder weniger festen Proportion (PATINKIN, 1972,1).

Zweitens macht der beschränkte Substitutionsgrad aus der Sicht der Nichtbanken bei den Banken eine freiwillige Reservehaltung erforderlich, da sie mit Barabhebungen rechnen müssen. Selbst bei sicherer Information über den Bargeldbedarf des Publikums halten die Kreditinstitute in Relation zum Depositenbestand einen festen Reservesockel. Im Falle der Ungewißheit werden sie zusätzliche Reserven aufbauen, um das Risiko der Illiquidität abzuwenden (TOBIN, 1963, 2).

Drittens ist in allen modernen Geldverfassungen eine gesetzliche Reservepflicht für die Kreditinstitute verankert. Die Höhe dieser gesetzlichen Mindestguthaben ist in der Regel als Prozentsatz des Depositenvolumens definiert. Auch aus diesem Grunde sind das Giralgeld der Banken und das Zentralbankgeld mengenmäßig miteinander verknüpft.

3.2. Zentralbankgeldangebot

Das von der Notenbank emittierte gesetzliche Zahlungsmittel (Bargeld) ist nur eine Teilmenge des gesamten von ihr angebotenen Geldes. Es findet ausschließlich im Zahlungsverkehr unter Nichtbanken sowie zwischen ihnen auf der einen und den Banken auf der anderen Seite Verwendung. Die Kreditinstitute untereinander wickeln ihre Zahlungen bargeldlos über ein System gegenseitiger Konten ab. Die hier entstehenden Salden (Interbankforderungen bzw. -verbindlichkeiten) werden in der Giralgeldkomponente der volkswirtschaftlichen Geldmenge *(Übersicht D-2)* nicht berücksichtigt.

In das Verrechnungssystem der Banken untereinander ist auch die Notenbank einbezogen. Ihre Sichtverbindlichkeiten gegenüber den Geschäftsbanken (Einlagen der inländischen Kreditinstitute) bilden die zweite Teilmenge des von ihr angebotenen Geldes (TR), die sich ihrerseits aus den gesetzlichen Mindestreserven (RR) und den freiwillig unterhaltenen Überschußreserven (ER) zusammensetzt:

(3.1.) $TR := RR + ER.$

Bargeld- und Buchgeldkomponente des Zentralbankgeldes bilden gemeinsam die Geldbasis (B):

(3.2.) $B := B^P + TR.$

Nur das Bargeld (B^P) ist zugleich auch Bestandteil der Geldvolumina M1, M2 und M3.

Durch (3.2.) wird die Geldbasis als Summe ihrer Verwendungskomponenten definiert. Bei ihnen handelt es sich im ökonomischen Sinne um Verbindlichkeiten der Zentralbank; sie werden demzufolge auf der Passivseite der Notenbankbilanz ausgewiesen. Auf der Aktivseite dieser Bilanz werden entsprechend die Deckungs- oder Entstehungskomponenten der Geldbasis erfaßt. Sie stellen Forderungen an andere Wirtschaftseinheiten dar und bilden den unmittelbaren Ansatzpunkt zu einer Steuerung der Zentralbankgeldversorgung. In einer geläufigen Klassifizierung lassen sie sich drei verschiedenen Geldversorgungskomponenten (EHRLICHER, 1963, S. 254) zuordnen, der außenwirtschaftlichen Komponente (Währungsreserven in Form von Gold und Devisen), der staatlichen Komponente (Nettoverschuldung der öffentlichen Gebietskörperschaften bei der Notenbank) und der Refinanzierungskomponente (Verschuldung der Kreditinstitute bei der Zentralbank, insbesondere in Form von Wechseldiskont- und Lombardkrediten). Die Zentralbankbilanz hat demnach in schematisierter Vereinfachung folgendes Aussehen:

Aktiva		**Zentralbank-Bilanz**	Passiva
Außenwirtschaftliche Komponente	(B_1)	Bargeld	(B^P)
Staatliche Komponente	(B_2)	Guthaben (Reserven) der	
Refinanzierungskomponente	(RF)	Kreditinstitute	(TR)

Es gilt folgende Bilanzidentität:

(3.3.) $B_1 + B_2 + RF = B^P + TR.$

Da die Notenbank den Erwerb der genannten Aktiva mit eigenen Verbindlichkeiten (Zentralbankgeld) bezahlt, führt jeder Kauf zu einer Ausweitung und jeder Verkauf zu einer Einschränkung der Geldbasis. Sie ist grundsätzlich jederzeit in der Lage, den Bestand ihrer Aktiva autonom zu bestimmen und damit die Geldbasis und deren Veränderung im Zeitablauf zu fixieren. Verfolgt sie eine derartige Strategie der direkten Mengensteuerung (Geldbasiskonzept), dann ist die monetäre Expansion einer Volkswirtschaft exogen determiniert. Legt sie statt dessen die Konditionen (Preise und Zinssätze) fest, zu denen sie bereit ist, die von ihr qualitativ bestimmten Anlagen zu erwerben (Zinsstrategie), dann paßt sich die Geldversorgung den Kassenhaltungsbedürfnissen der Wirtschaftssubjekte an; die gesamtwirtschaftliche Geldmenge ist endogen bestimmt. Ansatz für eine derart „elastische Geldversorgung" ist die Refinanzierungskomponente. In der Regel wird die Zentralbank allerdings von Zeit zu Zeit eine Höchstgrenze für RF einführen, um eine übermäßige Ausweitung der Geldbasis und damit der Geldmenge zu verhindern (Liquiditätssteuerung).

3.3. Giralgeld- und Kreditschöpfung

Die Geldschöpfungsfähigkeit der Kreditinstitute ist durch das Zentralbankgeldangebot begrenzt. Indem die Giralgeldschöpfung eine Schaffung von Zentralbankgeld voraussetzt, bildet diese die Basis für die Geldversorgung einer Volkswirtschaft. Das gesamtwirtschaftliche Geldangebot (M) steht somit in funktionaler Beziehung zum Zentralbankgeldangebot (B):

(3.4.) $M = f(B)$.

Basis und Geldvolumen entwickeln sich gleichgerichtet ($dM/dB > 0$). Für ihr Größenverhältnis folgt aufgrund der Definitionen von M1 ($= B^P + D_1$) und B ($= B^P + TR$) unmittelbar, daß M1 > B ist, wenn realistischerweise angenommen wird, daß $D_1 > TR$ gilt. Zwischen M1 und B besteht eine multiplikative Verknüpfung:

(3.5.) $M1 = m \cdot B$,   bzw. $M1/B = m$,   mit $m > 1$.

m wird traditionellerweise als Geldschöpfungsmultiplikator bezeichnet. Dieses Konstrukt ist jedoch nicht identisch mit dem Multiplikatorbegriff der komparativ-statischen Analyse (Beitrag C-3). m ist ein Ausdruck, der unter dem Einfluß der finanziellen Verhaltensweisen der Banken und des Publikums innerhalb einer gewissen Bandbreite variiert. Auf welche monetären Größen dieses Verhalten gerichtet ist, und in welcher Weise dadurch m geprägt wird, läßt sich mit Hilfe der Positionen beschreiben, die in der Bilanz der Zentralbank und in der konsolidierten Bilanz der Kreditinstitute enthalten sind (vereinfachend wird im folgenden angenommen, daß die Kreditinstitute als zinstragende Depositen ausschließlich Termineinlagen anbieten):

Aktiva	Konsolidierte Bilanz der Kreditinstitute		Passiva
Kredite an Nichtbanken (KR) Einlagen bei der Zentralbank (TR)	Sichteinlagen von Nichtbanken Termineinlagen Verschuldung bei der Zentralbank		(D_1) (D_2) (RF)

Es gilt folgende Bilanzidentität:

(3.6.) $KR + TR = D_1 + D_2 + RF$

Das Kreditvolumen (KR) umfaßt nicht nur Kredite an Private (KR_p), sondern auch denjenigen Teil der verzinslichen Staatsschuld, der nicht im privaten Sektor gehalten wird (GD – GD_p), sondern von den Kreditinstituten erworben wurde:

(3.7.) $\quad KR := KR_p + (GD - GD_p)$.

Im Rahmen der Theorie des Geldangebots wird angenommen, daß die Kreditinstitute ihr Portfolioverhalten darauf richten, in Abhängigkeit von der Struktur der Zinssätze für Aktiva und Passiva bestimmte Proportionen zwischen verschiedenen Posten ihrer Bilanz zu realisieren (BRUNNER, 1974). Sowohl ihre Guthaben bei der Notenbank (TR) als auch ihre Zentralbankverschuldung (RF) werden sie an ihrem Depositenbestand ($D_1 + D_2$) orientieren. Daher ist es sinnvoll, folgende Verhaltenskoeffizienten zu bilden:

$$r := \frac{TR}{D_1 + D_2} \qquad \text{(Reservekoeffizient)}$$

$$b := \frac{RF}{D_1 + D_2} \qquad \text{(Refinanzierungskoeffizient)}.$$

Die Verhaltensweisen der Kreditinstitute werden durch folgende Annahmen über die Abhängigkeit der Strukturkoeffizienten von den entsprechenden Zinsraten (Kreditzins i und Diskontsatz d) und dem Mindestreservesatz (rr) konkretisiert:

(3.8.) $\quad r = r\,(rr, i, d, \ldots)$, $\quad$ mit $r_1, r_3 > 0$ und $r_2 < 0$;

(3.9.) $\quad b = b\,(d, i, rr, \ldots)$, $\quad$ mit $b_1 < 0$ und $b_2, b_3 > 0$.

In diesen Verhaltensfunktionen drückt sich das Ertragsstreben der Banken aus. Sie werden ihr Kreditangebot im Verhältnis zu ihren Einlagen ausweiten, wenn sie einen höheren Kreditzins erzielen können, einen niedrigeren Diskontsatz für ihre Verschuldung bei der Zentralbank entrichten müssen oder diese den Pflichtreservesatz senkt und umgekehrt. Sie werden ihre freiwillige und damit auch ihre gesamte Reservehaltung reduzieren, wenn der Kreditzins steigt, der Diskontsatz sinkt und die Mindestreserverate ermäßigt wird. Schließlich werden sie ihre Refinanzierung bei steigendem Kreditzins, sinkendem Diskontsatz und höherem Mindestreservesatz ausweiten. Die jeweils entgegengesetzte Anpassung wird eintreten, wenn sich die Argumente in umgekehrter Richtung entwickeln.

Auch die Nichtbanken orientieren ihre Portfoliostruktur an den Ertragsraten ihrer Vermögenskomponenten. In Übereinstimmung mit den Annahmen in den vermögenstheoretischen Geldnachfragemodellen (s. Abschnitt 2.4.) kann unterstellt werden, daß sie mit dem Volumen ihrer Forderungen an den Bankensektor ($B^p + D_1 + D_2 = M2$) auf Änderungen der Ertragsrate des Realkapitals (r_k) gegenläufig reagieren. Über den Einfluß von r_k auf die vom Publikum gewünschte Struktur der finanziellen Aktiva, ausgedrückt durch die Relationen $c := B^P/D_1$ und $t := D_2/D_1$, läßt sich nur bezüglich des Koeffizienten t eine plausible Annahme machen, weil das Aggregat D_2 als verzinsliche Größe definiert ist. So läßt sich vermuten, daß t positiv vom Eigenzins (i_t) und negativ von r_k abhängt:

(3.10.) $\quad t = t\,(i_t, r_k, \ldots)$, $\quad$ mit $t_1 > 0$ und $t_2 < 0$.

Die Verhaltensrelation c, die Barzahlungsquote des Publikums, wird allgemein als von den verschiedenen Zinsraten unabhängig angenommen, also c = konstant. Der

Multiplikator kann unter Verwendung der Definitionen für M1 und B wie folgt geschrieben werden:

$$m := \frac{M1}{B} = \frac{B^P + D_1}{B^P + TR}.$$

Indem Zähler und Nenner durch D_1 geteilt werden, ergibt sich für den Multiplikator ein Ausdruck, der vollständig durch die relevanten Verhaltenskoeffizienten determiniert ist:

(3.11.) $\quad m = \dfrac{1 + c}{c + r(1 + t)}.$

Um den Einfluß desjenigen Teils der Zentralbankgeldmenge auf das Geldangebot der Banken deutlich zu machen, der von der Notenbank autonom bestimmt wird, ist es erforderlich, die Geldbasis um die Refinanzierungskomponente zu bereinigen. Das Resultat ist die exogene Geldbasis (B^{ex}):

(3.12.) $\quad B^{ex} := B^P + TR - RF.$

Auch hierfür läßt sich ein Multiplikatorausdruck (m^{ex}) formulieren, der aus denselben Ausgangsgleichungen wie (3.11.) unter Berücksichtigung von $RF := b(D_1 + D_2)$ abgeleitet werden kann:

(3.13.) $\quad m^{ex} = \dfrac{1 + c}{c + (r - b)(1 + t)}.$

Sofern $RF > 0$ gilt $B^{ex} < B$ und $m^{ex} > m$.

Unter der Voraussetzung, daß die Geschäftsbanken die Verhaltensweisen des Publikums (3.10.) in ihr Angebotsverhalten (3.13.) einbeziehen, kann die Geldangebotsfunktion mit Rücksicht auf (3.8.) und (3.9.) wie folgt formuliert werden:

(3.14.) $\quad M1^s = m^{ex}(i, d, rr, i_t, r_k, \ldots) \cdot B^{ex},$
mit $m_1^{ex}, m_5^{ex} > 0$ und $m_2^{ex}, m_3^{ex}, m_4^{ex} < 0.$

Schließlich können unter Verwendung derselben Formelausdrücke nach dem gleichen analytischen Verfahren auch Multiplikatoren für das Geldaggregat M2 und die Kreditmenge ermittelt werden. Nur der letztere sei hier wiedergegeben:

(3.15.) $\quad a^{ex} := \dfrac{KR}{B^{ex}} = \dfrac{D_1 + D_2 - TR + RF}{B^P + TR - RF},$ bzw. $a^{ex} = \dfrac{(1 + t)[1 - (r - b)]}{(c + (r - b)(1 + t))}.$

Die Funktion für das Kreditangebot lautet demnach:

(3.16.) $\quad KR^s = a^{ex}(i, d, rr, i_t, r_k, \ldots) \cdot B^{ex},$ mit $a_1^{ex}, a_4^{ex} > 0$ und $a_2^{ex}, a_3^{ex}, a_5^{ex} < 0.$

Obwohl Geldmultiplikator und Kreditmultiplikator denselben Nenner (3.12.) aufweisen, läßt sich die Größenrelation beider Ausdrücke nur feststellen, wenn konkrete Werte für die Koeffizienten des Zählers bekannt sind. Aus der Bankenstatistik der Bundesrepublik konnten per 31. 12. 1978 folgende Quotienten ermittelt werden: $c = 0{,}471$, $t = 3{,}211$, $r = 0{,}083$, $b = 0{,}035$, so daß hier $m^{ex} < a^{ex}$ ist.

Das besondere Interesse der Geldangebotstheorie gilt der Frage nach der Zinsabhängigkeit der Angebotsfunktionen für Geld und Kredit. Auch hierfür läßt sich die Antwort mit Hilfe der Multiplikatoren finden. Danach sind beide Größen positive Funktionen der Zinsrate für Bankkredite. Wegen $di/dB < 0$ und $dm/di > 0$ sowie $da/di > 0$ entwickeln sich Geld- und Kreditvolumen im Verhältnis zur Geldbasis unterproportional. Das Ausmaß dieser Reaktionen ist abhängig von den partiellen Zinselastizitäten der Koeffizienten r, b und t. Für die USA wird die Zinsreagibilität des Kredit- und des Geldangebots, verglichen mit europäischen Ländern, niedriger eingeschätzt (BRUNNER, 1973).

4. Geldwirkungen

Das Anliegen der Geldwirkungstheorie
- besteht erstens darin, das Wirkungsgefüge zwischen den Geld-, Kredit- und Gütermärkten einer Volkswirtschaft im Gleichgewicht – also in einer Art Momentaufnahme – zu erklären; und
- ist zweitens darauf gerichtet, innerhalb dieses Wirkungsgefüges den Wirkungsprozeß eines exogenen monetären Impulses darzustellen (Transmissionstheorie).

Grundlage für die Analyse beider Teilprobleme sind die Verhaltensweisen der Wirtschaftssubjekte auf den betrachteten Märkten.

4.1. Monetäre und reale Märkte

Wesentliche gesamtwirtschaftliche Zusammenhänge zwischen monetären und realen ökonomischen Aktivitäten können bereits an einem Drei-Markt-Modell abgeleitet werden (s. Beitrag C-5). In diesem Fall werden auf dem einen Markt (realer Sektor) die laufend produzierten Konsum- und Investitionsgüter angeboten und nachgefragt. Auf den anderen Märkten (monetärer Sektor) werden die vorhandenen Bestände an Geld und Bonds gehandelt, bis für jedes einzelne Wirtschaftssubjekt gewünschte und vorhandene Menge übereinstimmen. Bei gegebenem Vermögensbestand kann eine zusätzliche Geldnachfrage durch einzelne Wirtschaftssubjekte nur dadurch befriedigt werden, daß sie ihrerseits nicht-monetäre finanzielle Aktiva (Bonds) anbieten. Dieser Vorgang läßt sich auch als Kredittransaktion interpretieren, indem die Wertpapierbesitzer als Gläubiger und die Emittenten als Schuldner aufgefaßt werden. Das Wertpapierangebot erscheint dann zugleich als Kreditnachfrage, so daß Geld- und Kreditmarkt identische Institutionen sind.

Um die vielfältigen Verflechtungen zwischen monetären und realen Größen zu erfassen, ist ein makroökonomisches Vier-Markt-Modell besser geeignet. Im monetären Bereich werden dann Geld- und Kreditmarkt als eigenständige Einrichtungen behandelt, und neben diesen und dem Markt für neu produzierte Konsum- und Investitionsgüter (Strommarkt) wird ein Bestandsmarkt unterschieden, auf dem die in vorangegangenen Perioden produzierten Kapitalgüter gehandelt werden. Dies geschieht entweder direkt, wie beispielsweise im Fall von Immobilien, oder indirekt in Form von Anteilsrechten (Aktien). Diese Bestandsgüter werden als längerfristige rentable Vermögensanlage in Betracht gezogen. In dieser Hinsicht konkurrieren sie mit Geld und Bonds, aber auch mit neu produzierten Kapitalgütern. Zu den letzteren stehen sie aus der Sicht der Nachfrager in einem engen Substitutionsverhältnis, wenn von technisch bedingten Unterschieden (Verschleiß im Produktionsprozeß auf der einen und technologische Neuerungen auf der anderen Seite) abgesehen wird. Dennoch können ihre Preise vorübergehend voneinander abweichen, weil für beide unterschiedliche Angebotsbedingungen gelten. Während der Bestand an vorhandenen Kapitalgütern in jeder Periode nicht vermehrbar ist, kann das Angebot an neu produziertem Realkapital (Investitionsgüter) in Abhängigkeit vom Auslastungsgrad der Produktionskapazität ausgeweitet werden. Der Preis des existierenden Sachkapitals (P_k) reagiert daher schneller auf Änderungen der Nachfrage als der für neu produzierte Kapitalgüter (P).

Werden das Angebot an Zentralbankgeld und die Grenzleistungsfähigkeit des Kapitals als gegeben angenommen, dann muß im Gleichgewicht das Verhältnis zwischen dem Marktzins und der Ertragsrate auf Realkapital der Risikoneigung der Vermögensbesitzer entsprechen. Diese Ertragsrate weist mehrere Bestimmungsgrößen auf: das Preisniveau für neuproduzierte Güter (P), den Preis für existierende Kapitalgüter (P_k) und die Grenzproduktivität des Kapitals (R). Es gilt $r_k := R \cdot P/P_k$. Gleichgewicht auf den Gütermärkten setzt voraus, daß die Preise für neuproduziertes und existierendes Sachkapital einander gleich sind, also $P/P_k = 1$ ist (TOBIN, 1969, 1). Sofern beide Bedingungen erfüllt sind, sind auch die Höhe des Volkseinkommens und in Abhängigkeit davon der Beschäftigungsgrad des Faktors Arbeit bestimmt.

In diesem makroökonomischen Portfoliomodell gelten der Marktzins und der Preis für existierendes Realkapital als die zentralen Verbindungsglieder zwischen dem monetären und dem realen Sektor. Beide Größen lassen sich an den Märkten für Geld, Kredit und Realkapital bestimmen, vorausgesetzt, die Menge an Zentralbankgeld und die Grenzleistungsfähigkeit des Kapitals sind gegeben. Wegen der Vermögensrestriktion muß der Markt für existierendes Sachkapital notwendig stets dann im Gleichgewicht sein, wenn sich auch die monetären Märkte im Gleichgewicht befinden. Da der Preis für diese Vermögenskomponente als Argument sowohl in der Nachfragegleichung für Geld als auch in derjenigen für Bankkredit enthalten ist, bildet er sich zugleich mit dem Zins auf diesen beiden Märkten. Für sie gelten folgende Gleichgewichtsbedingungen:

(4.1.)   Geldmarkt: $m^{ex}(i, \ldots) \cdot B^{ex} = L(i, P_k, \ldots)$;

(4.2.)   Kreditmarkt: $a^{ex}(i, \ldots) \cdot B^{ex} = l(i, P_k, \ldots) + \overline{GD}$.

Damit sind auf jedem Markt zwei Gleichungen vorhanden, um insgesamt vier Unbekannte – neben dem Geld- bzw. dem Kreditvolumen sind das i und P_k – zu ermitteln. Sowohl für die Geld- wie für die Kreditmenge kommen daher jeweils verschiedene Kombinationen von Zins und Preis des Realkapitals als potentielle Lösung in Frage. Für jeden der beiden Märkte existiert in einem (i, P_k)-Diagramm eine gesonderte Kurve als geometrischer Ort aller jeweils gleichgewichtigen Zins/Realkapitalpreis-Relationen. Erst beide Gleichgewichtslinien gemeinsam bezeichnen durch ihren Schnittpunkt die Gleichgewichtswerte für beide Größen (BRUNNER/MELTZER, 1972). Diese im mittleren Teil der *Abb. D-1* wiedergegebenen Kurven MM und KRM beruhen auf demselben Konstruktionsprinzip. Im linken und rechten Diagramm sind die marktspezifischen Nachfrage- und Angebotsgraphen (Menge des betreffenden monetären Aggregats als Funktion des Zinssatzes) dargestellt. Dabei ist das Angebotsvolumen bei gegebener exogener Geldbasis positiv und die Nachfragemenge negativ vom Zinssatz abhängig. Der von beiden Kurven gebildete Schnittpunkt S_A^1 bzw. S_M^1 ist mit nur einem einzigen Wert für P_k vereinbar. Eine Veränderung desselben läßt zwar die Angebotskurven unberührt, verändert jedoch aufgrund ihrer Spezifizierung in (4.1.) bzw. (4.2.) die Lage der Nachfragekurven, und zwar am Geldmarkt und am Kreditmarkt in unterschiedlicher Richtung. Eine Erhöhung von P_k bewirkt über die Verringerung von r_k bei unverändertem Zinssatz zugleich eine Abnahme der Kreditnachfrage und eine Zunahme der Geldnachfrage. Die im mittleren Teil der Grafik eingezeichneten Gleichgewichtslinien für beide Märkte müssen demnach einen entgegengesetzten Verlauf aufweisen, am Kreditmarkt (KRM) negativ und am Geldmarkt (MM) positiv geneigt. Die Begründung lautet für die MM-Kurve: bei gegebenen Funktionen für Angebot und Nachfrage am Geldmarkt existiert zu jedem P_k nur ein einziger Zinssatz, der diesen Markt räumt; je niedriger P_k ist, desto geringer muß auch der Zins sein. Am Kreditmarkt gilt die umgekehrte Beziehung, so daß sich für die KRM-Kurve ein fallender Verlauf ergibt. In *Abb. D-1* werden diese Zusammenhänge zwischen i und P_k in bezug auf die beiden Märkte durch alternative Werte für P_k, $P_k^0 > P_k^1$, illustriert. Damit bilden beide einen Schnittpunkt S_G, durch den gleichzeitig die Gleichgewichtswerte für das Kredit- wie das Geldvolumen sowie für i und P_k beschrieben werden. Es existiert demnach bei gegebener exogener Geldbasis nur eine Kombination von Zins und Realkapitalpreis, bei der sich sowohl der Geld- als auch der Kreditmarkt im Gleichgewicht befinden.

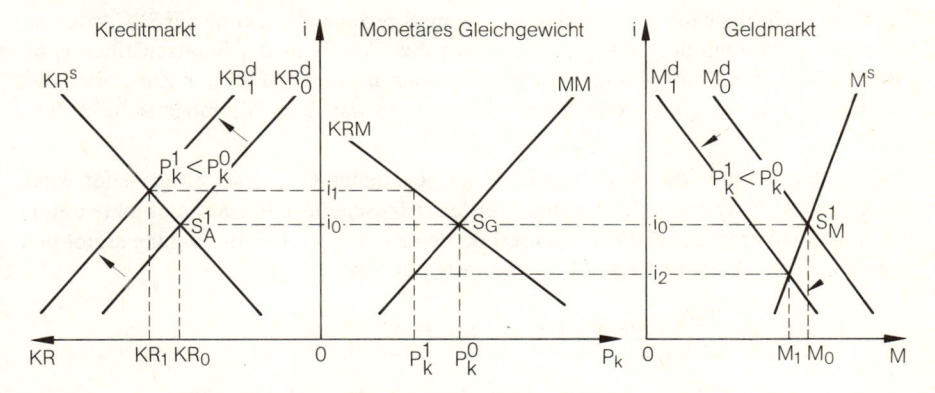

Abb. D-1: Ableitung des monetären Gleichgewichts

4.2. Transmission monetärer Impulse

Ansatzpunkt für die Analyse des Wirkungsprozesses ist die von den Wirtschaftssubjekten gewünschte Ertragsrate auf das vorhandene Sachkapital. Hierbei handelt es sich um diejenige kalkulatorische Mindestrendite, bei der die Vermögensbesitzer bereit sind, den vorhandenen Kapitalstock zu halten. Da Realkapital und Finanzvermögen andersartige Risiken aufweisen (s. Abschnitt 2.4.), ist eine Änderung im Volumen des Finanzvermögens gleichbedeutend mit einem veränderten Gewicht dieser Risikokomponente in ihrem Portfolio. Selbst bei gleichbleibenden Ertragsraten für Finanzvermögen und Sachkapital sind die Wirtschaftssubjekte bereit, ihren

Anteil an Realkapital zu variieren (Vermögenseffekt), um die ihrer Risikoneigung entsprechende Portfoliostruktur wiederherzustellen (TOBIN, 1963, 1). Ändert sich dagegen allein die Zusammensetzung des Finanzvermögens in bezug auf Geld und Bonds, dann kommt es lediglich zu Zinsänderungen (Zinseffekt).

Marktzins und Vermögensstruktur, ausgedrückt als Anteil des Finanzvermögens (NA^f) am gesamten Nettovermögen (NA) des privaten Sektors, NA^f/NA, sind daher gemeinsame Bestimmungsfaktoren der gewünschten Sachkapitalrendite (SPC):

(4.3.)   SPC = f(i, NA^f/NA),   mit $f_1 > 0$ und $f_2 < 0$, sowie $f_1 < |f_2|$.

Eine Ausweitung der Staatsschuld in Form der unverzinslichen Komponente Zentralbankgeld senkt den Zins (positiver Zinseffekt) und erhöht den Quotienten NA^f/NA (positiver Vermögenseffekt). Die Vermögensbesitzer begnügen sich daraufhin mit einer geringeren kalkulatorischen Kapitalrendite. Die resultierende Konstellation SPC < r_k kann jedoch nicht lange bestehen, da sie eine zu geringe Marktbewertung des existierenden Realkapitals impliziert. Es kommt zu einer vermehrten Nachfrage nach diesem Vermögensgut, mit der Folge, daß P_k soweit steigt, bis erneut SPC = r_k = R · P/P_k gilt. Bei zunächst unverändertem Preisniveau für Güter der laufenden Produktion (einschließlich Investitionsgüter) liegt nun jedoch die Grenzleistungsfähigkeit des Kapitals (R) über der Rendite für vorhandenes Sachkapital. Es ist daher jetzt rentabler, neue Kapitalgüter nachzufragen.

Eine der Richtung nach gleiche, aber im Ausmaß geringere Wirkung auf SPC tritt ein, wenn die Erhöhung der Geldbasis zu Lasten des Volumens der Staatsanleihen geht (Bondskäufe der Zentralbank). Zwar sinkt auch in diesem Fall der Zins, aber die Vermögensstruktur (NA^f/NA) bleibt konstant, so daß kein Vermögenseffekt entsteht.

Sofern der Umlauf der Staatsanleihen bei gegebener Geldbasis ausgeweitet wird, steigen (NA^f/NA) und i gleichzeitig. Werden risikoscheue Wirtschaftssubjekte unterstellt, dann überwiegt der Vermögenseffekt den Zinseffekt. Die Bedingung ergibt sich aus der ersten Ableitung von (4.3.) in bezug auf NA^f:

$$\left| f_2 \cdot \left(d\left(\frac{NA^f}{NA}\right) / dNA^f \right) \right| > f_1 \cdot (di/dNA^f).$$

Auch in diesem Fall lautet das Resultat SPC < r_k (KATH/EUBA, 1975).

Die in allen drei Fällen zunächst eintretende Konstellation $P_k > P$ kann nur vorübergehend gelten. Sie kennzeichnet ein Ungleichgewicht. Die Wirtschaftssubjekte sind mit ihrer Sachkapitalausstattung unzufrieden und fragen mehr Investitionsgüter nach. Je nach der konjunkturellen Ausgangslage wird damit eine reale oder eine nominale, auf einen Anstieg des Güterpreisniveaus beschränkte Expansion eingeleitet. Sofern noch unbeschäftigte Produktionsfaktoren vorhanden sind (Unterbeschäftigung), wird auch die reale Geldnachfrage wegen des steigenden realen Volkseinkommens und des als einkommensabhängig angesehenen Transaktionsbedürfnisses bei unveränderten Güterpreisen zunehmen. Im neuen Gleichgewicht werden die reale Geldnachfrage und der Kapitalstock höher sein als in der Anfangssituation. Diesem gestiegenen Kapitalbestand entspricht eine geringere Grenzproduktivität des Kapitals (R), was sich deprimierend auf die Marktbewertung auswirkt, P_k sinkt, bis $P_k = P$.

Im zweiten Fall der ausschließlich nominalen Wirkung wird die Gleichgewichtsbedingung $P_k = P$ über einen Anstieg im Niveau der Güterpreise (P) wiederhergestellt. Diese Preisanpassung ist auch die Ursache dafür, daß sich der reale Geldbestand auf seine ursprüngliche Höhe zurückbildet. Im Endeffekt haben sich dann trotz der ursprünglichen Ausweitung des nominalen Geldangebots weder die reale Kassenhaltung noch der Wert des Kapitalstocks verändert. Da eine zusätzliche reale Kapitalbildung über eine positive Nettoinvestition nicht möglich war, ist auch der Vermögensstatus des privaten Sektors gegenüber der Ausgangslage bestehen geblieben.

5. Geldpolitik

In einer real wachsenden Volkswirtschaft kann eine hinreichende Geldausstattung, sieht man von der theoretischen Möglichkeit eines ständig sinkenden Preisniveaus (Deflation) ab, nur durch eine fortwährende Ausweitung der nominalen Geldmenge erreicht werden. Um möglichst alle störenden Einflüsse von seiten der Geldversorgung auszuschalten, sollte die monetäre Expansion kontinuierlich erfolgen. Zu diesem Zweck sind dauerhafte institutionelle Vorkehrungen und permanente Steuerungsaktivitäten erforderlich. Beides ist Aufgabe der Geldpolitik. Für ihre Durchführung sind unterschiedliche Instanzen (Träger der Geldpolitik) zuständig. Die Legislative trägt die Verantwortung für die Ordnung des Geldwesens, die Notenbank (Währungsbehörde) als Organ der Exekutive verfügt über die notwendige Steuerungskompetenz. Als Orientierungsprinzip für die Gestaltung der Geldordnung gilt aus ökonomischer Sicht die optimale Geldversorgung der Volkswirtschaft. Die monetäre Ablaufpolitik ist demgegenüber verpflichtet, auf die Erreichung der gesamtwirtschaftlichen Ziele, Geldwertstabilität, Vollbeschäftigung und außenwirtschaftliches Gleichgewicht hinzuwirken.

5.1. Optimale Geldversorgung

Die modernen Geldordnungen weisen im internationalen Vergleich bei aller Vielfalt in der institutionellen Ausgestaltung eine Reihe einheitlicher Merkmale auf. Die aus ökonomischer Sicht wesentlichen sind neben der Koexistenz von Bargeld und Buchgeld (s. Abschnitt 3.1.):
– die Zinslosigkeit der perfekten Zahlungsmittel,
– die Begrenzung der Geldmenge und
– das staatliche Emissionsmonopol für gesetzliche Zahlungsmittel.
In der neueren geldtheoretischen Literatur (u. a. JOHNSON, 1968, 3; 1969, 1; 1970, 2; FRIEDMAN, 1969, 1) sind Kriterien entwickelt worden, die einer ökonomischen Beurteilung dieser teils gesetzlichen, teils institutionellen Regelungen zugrunde gelegt werden können.

5.1.1. Unverzinslichkeit des Geldes

Die Zinslosigkeit beeinträchtigt eine optimale Geldversorgung der Volkswirtschaft. Das gesellschaftliche Versorgungsoptimum für ein Gut ist nämlich dadurch gekennzeichnet, daß der Nutzenbeitrag, den die letzte erzeugte Einheit dieses Gutes stiftet (sozialer Grenznutzen eines Gutes), gerade den Produktionskosten für diese Einheit (soziale Grenzkosten eines Gutes) gleich ist. Da die Grenzkosten der Herstellung von stoffwertlosem Geld (im wesentlichen also die marginalen Kosten zur Aufrechterhaltung des Girosystems) näherungsweise Null sind, müßte gemäß dieser allgemeinen Wohlfahrtsregel das Geldangebot bis zur Sättigungsmenge ausgeweitet werden (FRIEDMAN, 1969,1). Hier ist auch der Grenznutzen der Geldverwendung Null.

Dieser Punkt kann bei stabilem Geldwert allerdings solange nicht erreicht werden, wie das Geld nicht verzinst wird, denn in bezug auf seine Verwendung als Wertaufbewahrungsmittel konkurriert es mit zinstragenden Aktiva. Deren Ertragsrate ist zugleich als Kostensatz pro Einheit Kassenbestand zu interpretieren. Ein Wirtschaftssubjekt wird aufgrund einer Kosten–Nutzen-Entscheidung gerade soviel Geld verwenden, daß diese Grenzkosten der Kassenhaltung gleich dem Grenznutzen sind, den das Geld als Wertaufbewahrungs- und Zahlungsmittel stiftet. Allein der marginale Vorteil des Geldes im Zahlungsverkehr begründet aus ökonomischer Sicht eine Verzinsungsdifferenz zwischen Geld und Finanzaktiva. Eine alternative Variante besteht darin, die Geldhaltung mit der Marktrate zu verzinsen und für die Inanspruchnahme des bargeldlosen Zahlungsverkehrs fallweise Gebühren zur Deckung der marginalen Buchungs- und Überweisungskosten zu erheben (JOHNSON, 1968, 3).

5.1.2. Begrenzung der Geldmenge

Institutionelle Vorkehrungen zur Begrenzung der Geldmenge sind notwendig, um die Funktionsfähigkeit des Geldwesens zu gewährleisten. Ein Widerspruch zum Sättigungsargument besteht insofern nicht, als die Wohlfahrtsbetrachtung der Geldversorgung demgegenüber den realen Geldbestand zum Gegenstand hat. Das nominale Geldvolumen wird vom Bankensystem zur Verfügung gestellt, über die reale Geldmenge (M/P) entscheiden die Nichtbanken durch ihre Aktivität auf den Gütermärkten. Jede Ausweitung der Nominalgröße erhöht bei gegebenem Niveau der Güterpreise zugleich auch deren reale Kasse. Sofern diese Erhöhung über den gewünschten Bestand hinausgeht, sehen sich die Vermögensbesitzer veranlaßt, die überschießenden Beträge für Güterkäufe zu verwenden. Der daraus resultierende Anstieg des Preisniveaus kommt erst dann zum Stillstand, wenn die tatsächliche Realkasse bis zur gewünschten Höhe abgebaut worden ist. Diese Schlußfolgerung gilt allerdings nur auf der Grundlage eines gesamtwirtschaftlichen Gleichgewichts, d. h. wenn alle Produktionsfaktoren entsprechend dem von ihren Eigentümern gewünschten Auslastungsgrad beschäftigt sind.

Dieser Zusammenhang macht deutlich, daß die optimale Geldversorgung allein eine Frage der Geldverzinsung ist und durch eine Erhöhung des nominalen Geldbestandes nicht erreicht werden kann. Zugleich kann ein weiteres interessantes Ergebnis abgeleitet werden: Bei gegebenem Geldumlauf bewirkt ein Übergang zur Geldverzinsung eine Senkung des Preisniveaus. Da der Anpassungsprozeß der Güterpreise an einen gestiegenen Geldumlauf zeitaufwendig ist, kann zu jedem Zeitpunkt der Besitz von zusätzlicher Nominalkasse vorübergehend vorteilhaft sein. Voraussetzung ist ein ständiges Vorauseilen der Geldausstattung vor den Güterpreisen. Insofern besteht ein permanenter Anreiz für die Nichtbanken, mehr Geld nachzufragen. Ohne eine Begrenzung des Geldangebots ist demnach eine akzelerierte Inflation (Beitrag F-1.3.) unvermeidbar; das Geld würde zunächst seine Wertaufbewahrungsqualität und im weiteren Verlauf auch seine Tauschmitteleigenschaft verlieren.

5.1.3. Staatliches Emissionsmonopol

Die Notwendigkeit eines staatlichen Monopols für die Emission gesetzlicher Zahlungsmittel galt zumindest seit Beginn dieses Jahrhunderts als unabdingbar für die Funktionsfähigkeit des modernen Geldwesens. Bei einer nach rein privatwirtschaftlichen Prinzipien organisierten Geldversorgung sei demgegenüber die erforderliche Begrenzung des nominalen Geldumlaufs nicht gewährleistet. Die Banken wären bereit, jede von der Nachfrage gewünschte Geldmenge bereitzustellen, wenn daraufhin ihre Rentabilität steigt. Bereits eine geringe positive Differenz zwischen Kredit- und Depositenzins gilt hierfür als hinreichende Bedingung. Sie sei bei einer Ausweitung der Geldmenge insofern stets erfüllt, als eine zunehmende Inflationsgeschwindigkeit die Inanspruchnahme des Bankkredits stets attraktiver werden lasse.

Neuerdings hat Friedrich August von Hayek (1976) diese Argumente nicht nur in Frage gestellt, sondern sie gleichsam gegen das staatliche Emissionsmonopol gerichtet. Er weist darauf hin, daß der Staat sein Privileg häufig mißbraucht hat. Um diese wiederkehrenden Währungskatastrophen auszuschließen, fordert er die Abschaffung des staatlichen Münzregals und statt dessen die Einführung der rein privaten Geldproduktion unter Konkurrenzbedingungen.

Seinem Vorschlag einer „kompetitiven Parallelwährung", die von einer Vielzahl privater Banken als konkurrierendes Produkt angeboten wird, liegt die Idee zugrunde, daß die Geldnachfrager diese stoffwertlosen Währungen nur dann akzeptieren, wenn die Anbieter deren Wertstabilität garantieren (Klein, 1974). Die Mitwirkung des Staates müsse sich darauf beschränken, die Gleichbehandlung der vielfältigen Gelder – insbesondere als Mittel zur Schuldentilgung und zur Erfüllung der Steuerpflicht – zu gewährleisten. Außerdem müßten diese Bankverbindlichkeiten zu flexiblen Wechselkursen an freien Märkten gegeneinander getauscht werden können. Die Kritik an diesem Konzept läßt sich auf drei Haupteinwände zurückführen (Schüller, 1977; Gehrig, 1978):

– Die Ablösung eines einheitlichen Geldes durch eine Vielzahl privater „Währungen" beansprucht den Einsatz zusätzlicher Ressourcen im Zahlungsverkehr (Information über Preise und Wechselkurse; Umrechnung und Umwandlung der Währungen).

– Die Unsicherheit über die relative Geldwertentwicklung der verschiedenen „Währungen" bedeutet für die Kassenhaltung in einer einzigen Währung ein vergleichsweise hohes Risiko. Die Strategie der Risikostreuung durch Mischung mehrerer Zahlungsmittel verursacht jedoch zusätzliche Kosten der Wertaufbewahrung (Kosten der Informationsgewinnung über die Geldwertentwicklung aller Währungen).

– Das hohe Konkurrenzrisiko bildet einen Anreiz zu wettbewerbsbeschränkender Kooperation der Geldanbieter. Insofern tendiert das System einer kompetitiven Parallelwährung zur Selbstauflösung und führt zur Herausbildung eines natürlichen Monopols.

5.2. Monetäre Steuerung

Unter monetärer Ablaufpolitik wird die Gesamtheit aller Maßnahmen verstanden, die von der staatlichen Währungsbehörde ergriffen werden können, um die Geldversorgung der Volkswirtschaft nach vorgegebenen Zielen zu steuern. Gegenstand der Theorie der monetären Steuerung sind daher die Fragen
– nach denjenigen gesamtwirtschaftlichen Zielen, die einer geldpolitischen Beeinflussung zugänglich sind;
– nach derjenigen geldpolitischen Strategie, die das geringste Risiko der Fehlsteuerung aufweist; und
– nach demjenigen Satz von Instrumenten, der im Hinblick auf die gewählte Strategie die größte Wirksamkeit verspricht.

5.2.1. Steuerungsziele

Aufgabe der monetären Ablaufpolitik ist die Geldversorgung der Wirtschaft unter Wahrung der Geldwertstabilität. Ob die Währungsbehörde neben der Aufrechterhaltung eines stabilen Geldwerts auch für andere gesamtwirtschaftliche Ziele, insbesondere das der Vollbeschäftigung, verantwortlich sein kann, ist eine ungeklärte Frage. Ihre Beantwortung hängt davon ab, inwieweit die Beschäftigung durch monetäre Maßnahmen überhaupt nachhaltig beeinflußt werden kann. Aus monetaristischer Sicht tendiert das marktwirtschaftliche System stets zu einer stabilen Beschäftigungslage. Die Stabilität des Geldwerts gilt hierfür als notwendige Voraussetzung (FRIEDMAN, 1968; BRUNNER, 1970,2).

Die an der Lehre von KEYNES orientierten Ökonomen begründen demgegenüber ein Gleichgewicht bei Unterbeschäftigung als realistische Möglichkeit. Aus dieser Sicht ist die monetäre Ablaufpolitik ein geeigneter Hebel zur Steuerung der gesamtwirtschaftlichen Aktivität (SMITH, 1969). Als Ansatzpunkt gelten die Bedingungen, an denen die Wirtschaftssubjekte ihre Geldnachfrage orientieren, also das Nettovermögen des privaten Sektors und die Ertragsraten auf verzinsliche Aktiva. Die Geldnachfrage ist abhängig von der gewünschten Vermögensstruktur. Ihre Bestimmungsfaktoren sind daher zugleich Determinanten der ökonomischen Aktivität auf den Gütermärkten. Nicht die bei gegebener Konstellation der ökonomischen Größen gewünschte Geldnachfrage, sondern deren Konstellation, bezogen auf die als wünschenswert erachtete gesamtwirtschaftliche Lage gilt als maßgebliche Orientierung für die Geldpolitik der Zentralbank. Einer derartigen Zielvorstellung entspricht ein Volkseinkommen, bei dem zugleich Vollbeschäftigung des Faktors Arbeit und Stabilität des Geldwerts gewährleistet sind. Wird das Vollbeschäftigungseinkommen unterschritten, wird die Notwendigkeit zu einer expansiven Geldpolitik abgeleitet; ist dagegen das Ziel der Geldwertstabilität verletzt, wird ein restriktiver Kurs der Geldpolitik begründet. Unter den Bedingungen einer wachsenden Wirtschaft bildet die Zuwachsrate des Volkseinkommens das Orientierungsmaß für die Geldversorgung (s. Beitrag P).

5.2.2. Grundschema der monetären Ablaufpolitik

Monetäre Steuerung ist im Prinzip „angewandte" Geldwirkungslehre. Der Unterschied zur „reinen" Transmissionstheorie besteht darin, daß dort nach den Wirkungen eines gegebenen monetären Impulses gefragt wird, während hier für eine als Ziel vorgegebene Wirkung zunächst der nach Art und Ausmaß geeignete Impuls gesucht wird. Um ihn auszulösen, stehen geldpolitische Instrumente zur Verfügung. Das Problem der monetären Steuerung und seine Lösung stellen sich schematisch vereinfacht in folgender Weise dar:

– Anlaß für eine geldpolitische Aktion ist eine Diskrepanz zwischen den aufgrund einer Zielprojektion angestrebten und den tatsächlich ermittelten Werten (Lagekonstellation) für eine oder mehrere gesamtwirtschaftliche Zielgrößen.
– Gegenstand der Intervention ist die Anwendung von Mitteln, um denjenigen monetären Impuls zu schaffen, der geeignet erscheint, Lagekonstellation und Zielprojektion in Übereinstimmung zu bringen.
– Auswahl der Instrumente sowie deren Einsatz nach Richtung und Dosierung sind durch Art und Ausmaß der konstatierten Zielabweichung vorgegeben.

Dieses deterministische Modell bedarf der Korrektur, da in der Realität die Voraussetzungen für eine derart problemlose Handhabung der Geldpolitik nicht erfüllt sind. Abgesehen von den Schwierigkeiten einer zuverlässigen gesamtwirtschaftlichen Diagnose ist die monetäre Steuerung vor folgende Probleme gestellt:

– Da erstens keine strenge numerische Verknüpfung zwischen Aktionsparametern und Zielgrößen existiert, muß die Dosierung der Mittel fortlaufend kontrolliert und möglicherweise korrigiert werden.
– Da zweitens der Wirkungsprozeß geldpolitischer Maßnahmen zeitaufwendig ist und
– drittens eine unbestimmte Zeitdauer sowie ein uneinheitliches Zeitprofil aufweist, muß der erforderliche Kontrollmechanismus in besonderer Weise ausgestaltet sein.

Aufgrund der beiden letztgenannten Sachverhalte scheiden die gesamtwirtschaftlichen Zielgrößen als Ansatzpunkt für eine laufende Effizienzkontrolle aus. Die Rückkopplung wäre in diesem Falle nur mit einer erheblichen Verzögerung möglich und zudem wäre ungewiß, zu welchem Zeitpunkt die Maßnahmen ihre volle Wirksamkeit erreicht haben. Insofern ist es sinnvoll, den monetären Wirkungsablauf bereits an solchen Transmissionsgliedern zu kontrollieren, die innerhalb der von den Instrumenten zu den gesamtwirtschaftlichen Zielgrößen verlaufenden Wirkungskette liegen. Indem diesen „Endzielen" eine unmittelbare Steuerungsvariable als Zwischenzielgröße (target variable) vorgeschaltet wird, gliedert sich der Steuerungsprozeß in zwei miteinander verknüpfte Wirkungsabschnitte. Der erste umfaßt die Einwirkung der Instrumente auf die target variable, der zweite die Übertragung der hier ausgelösten Effekte auf die Endzielgrößen. Auf diese Weise ist es möglich, den Rückkopplungsprozeß abzukürzen und zugleich die Stärke des monetären Impulses besser zu dosieren.

Eine ökonomische Größe ist nur dann als target variable geeignet, wenn sie gleichzeitig drei Bedingungen erfüllt (SAVING, 1967):
- erstens muß sie im unmittelbaren Einflußbereich der geldpolitischen Instrumente liegen,
- zweitens hat sie als gewichtiger Einflußfaktor der güterwirtschaftlichen Aktivitäten zu gelten und
- drittens soll sie zuverlässige Verknüpfungen zu den Instrumenten wie auch zu den Endzielen aufweisen.

Da die Zwischenzielvariable an der Nahtstelle zwischen dem monetären und dem realen Sektor liegt, ist sie neben dem geldpolitischen Impuls weiteren exogenen und endogenen Einflüssen ausgesetzt. Veränderungen dieser Größen spiegeln daher nicht ausschließlich und möglicherweise nicht einmal dominierend den Effekt der Geldpolitik wider. Um dennoch die Intensität der eingesetzten Mittel abschätzen zu können, muß dem intermediären Aktionsparameter seinerseits eine Größe (Indikator) vorgeschaltet werden, die dazu dient, Richtung und Intensität der geldpolitischen Impulse zu messen. Sie muß von der Zentralbank autonom manipuliert werden können. Die Währungsbehörde muß jederzeit in der Lage sein, die störenden Einflüsse anderer Faktoren zu neutralisieren. Darüber hinaus ist eine eindeutige Verknüpfung mit der monetären Zwischenzielvariablen erforderlich. Sind diese Bedingungen erfüllt, dann ist der Indikator zugleich der gemeinsame Nenner, an dem sich die kumulierte Wirkung der durch unterschiedliche Instrumente ausgelösten Impulse ablesen läßt (BRUNNER/MELTZER, 1967; NEUMANN, 1971).

Die Frage, welche Größe am besten als Zwischenziel- oder Indikatorvariable geeignet ist, kann unmittelbar aus der Transmissionstheorie beantwortet werden. Im portfoliotheoretischen Wirkungsgefüge weist die gewünschte Ertragsrate auf existierendes Sachkapital (SPC) alle Eigenschaften eines Zwischenzielparameters auf (TOBIN, 1969, 2). Als Indikatorgrößen konkurrieren die verschiedenen Zinssätze am Bankengeldmarkt und die exogene Geldbasis miteinander.

5.2.3. Geldpolitische Strategien

Eine monetäre Steuerungsstrategie kann als ein in sich schlüssiges Beziehungssystem zwischen geldpolitischen Instrumenten und gesamtwirtschaftlichen Zielen gekennzeichnet werden. Die Transmissionslehre bildet hierfür den theoretischen Rahmen und weist zugleich die geeigneten Zwischenziel- und Indikatorgrößen aus. Die mit Hilfe der Theorie der Geldpolitik entwickelten geldpolitischen Strategien sind einheitlich nach diesem formalen Konstruktionsschema angelegt. Sie unterscheiden sich dennoch in bezug auf wesentliche Grundprinzipien:
- zum einen danach, ob die Steuerung als fallweise Intervention (diskretionär) erfolgen oder einem Regelmechanismus überlassen bleiben sollte;
- zum anderen danach, ob die Geldpolitik auf ein singuläres Ziel festzulegen oder an einem System multipler Ziele auszurichten sei.

Die Entscheidung zugunsten der einen oder anderen Variante hängt von der Bewertung folgender Probleme ab:

– Erstens dem Prognoseproblem als Ausdruck mangelnder Information über die Konstellation der gesamtwirtschaftlichen Zielgrößen zum Zeitpunkt des Wirksamwerdens der eingesetzten Instrumente. Eine starke Gewichtung der Prognoseunsicherheit begünstigt die Wahl einer monetären Strategie, mit der häufige geldpolitische Eingriffe vermieden werden.

– Zweitens dem Konjunkturproblem, also der Frage, inwieweit das marktwirtschaftliche System dazu neigt, aus sich selbst heraus zyklische Schwankungen im gesamtwirtschaftlichen Aktivitätsniveau hervorzurufen oder fähig ist, exogen verursachte Störungen des Wirtschaftsablaufs zu absorbieren. Die Anerkennung der Instabilitätshypothese begründet einen antizyklischen Einsatz der Geldpolitik.

– Drittens dem trade-off-Problem, das die Vereinbarkeit oder Unvereinbarkeit der Ziele Geldwertstabilität und Vollbeschäftigung zum Gegenstand hat. Je nach der Einschätzung dieser Zielbeziehung gelten der Ertragssatz auf Finanz- bzw. Realvermögen oder die Geldmenge als besser geeignete Zwischenzielgrößen.

Monetaristisches Geldbasiskonzept

Die Vertreter der Quantitätstheorie sehen den Einfluß der Geldversorgung, von vorübergehenden Auswirkungen auf den Auslastungsgrad der Faktoren Arbeit und Kapital abgesehen, auf den Geldwert beschränkt. Jede Geldschöpfung über das Wachstum der Güterproduktion hinaus setzt einen Inflationsprozeß in Gang. Aufgrund dieser Hypothese über das Wirkungsergebnis des Geldangebots erweist sich die Geldmenge als einzige geeignete geldpolitische Zwischenzielgröße. Um die Stabilität des Geldwerts zu gewährleisten, bedarf es allerdings einer möglichst genauen Prognose über das reale Wachstum des Sozialprodukts. Das in diesem Zusammenhang auftretende Problem der Prognoseunsicherheit kann dann vernachlässigt werden, wenn das gesamtwirtschaftliche System als immanent stabil angenommen oder gar die gleichmäßige Geldversorgung als verstetigendes Element im makroökonomischen Wirkungsgefüge betrachtet wird. Die Gesamtheit dieser Annahmen begründet die Anwendung einer Geldmengenregel: Durchsetzung einer von Periode zu Periode an der als konstant vorausgesetzten Wachstumsrate des realen Sozialprodukts orientierten Zuwachsrate der Geldmenge (FRIEDMAN, 1968). Weil darüber hinaus auf eine stabile Beziehung zwischen der exogenen Geldbasis und dem volkswirtschaftlichen Geldvolumen (M1) verwiesen wird, ist mit B^{ex} zugleich auch der adäquate geldpolitische Indikator determiniert (MELTZER, 1969).

Die monetaristische Geldmengenregel erweist sich nicht nur dann als optimale Strategie, wenn die Stabilitätshypothese als gültig unterstellt wird. Sofern das auf die Gütermärkte gerichtete Verhalten der privaten Wirtschaftssubjekte, also etwa die Investitionstätigkeit, konjunkturellen Schwankungen unterworfen ist, werden die Veränderungen beim Volkseinkommen und im Beschäftigungsgrad in relativ engen Grenzen gehalten, wenn die Geldmenge mit konstanter Rate wächst. Wie aus *Abb. D-2a* hervorgeht, sind die induzierten Zinsänderungen geeignet, die konjunkturellen Ausschläge zu dämpfen (POOLE, 1970; BRUNNER, 1973).

a: relative Instabilität (U_1) des realen Sektors

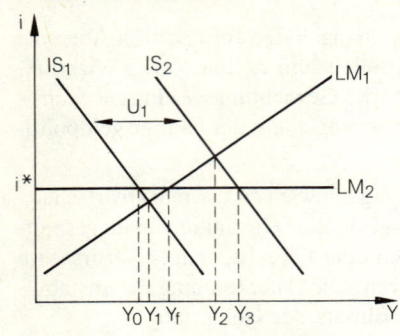

b: relative Instabilität (U_2) des monetären Sektors

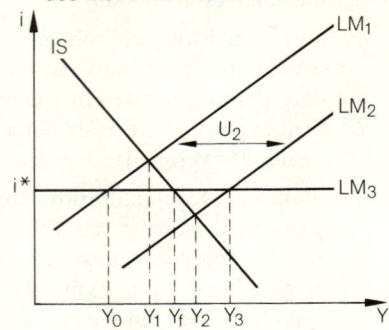

Die reale Schwankungsbreite bei der Zinsfixierungsstrategie ($\overline{Y_0Y_3}$) ist größer als bei der Geldmengenregel ($\overline{Y_1Y_2}$).

Durch die Zinsfixierungsstrategie wird das Vollbeschäftigungseinkommen (Y_1) realisiert. Reale Schwankungsbreite bei der Geldmengenregel: $\overline{Y_1Y_2}$.

IS: Kurve des güterwirtschaftlichen Gleichgewichts (s. Abb. C-5.1)
LM: Kurve des monetären Gleichgewichts (s. Abb. C-5.2)
Y_1: Vollbeschäftigungseinkommen

Abb. D-2: Geldmengenregel und Zinsfixierungsstrategie

Strategie der Zinsfixierung

Eine abweichende Gewichtung der für die Strategiewahl entscheidenden Probleme führt entweder zu Modifikationen oder zur völligen Abkehr von der „monetaristischen" Geldmengenregel. Ist etwa davon auszugehen, daß die Geldnachfragefunktion als Ausdruck des monetären Verhaltens zufallsbedingte Schwankungen aufweist, während die realen Dispositionen als vergleichsweise stabil gelten können, dann ist eine Strategie der Zinsfixierung geeignet, die Gütermärkte gegen monetäre Störungen abzuschirmen *(Abb. D-2b)*. Im Rahmen dieser Strategie gilt der Marktzins (effektive Verzinsung der langfristigen Schuldtitel) als Zwischenzielvariable und ein überwiegend von der Notenbank beeinflußter Geldmarktzins als Indikator. Die Geldmenge paßt sich demgegenüber den Schwankungen der Geldnachfrage an.

Die Anwendung der Zinsfixierungsregel setzt implizit voraus, daß monetäre Faktoren gleichermaßen geeignet sind, wahlweise die Stabilisierung des Geldwertes oder der realen ökonomischen Aktivität (Wachstum der Güterproduktion und Aufrechterhaltung der Vollbeschäftigung) zu gewährleisten. Indem sich die Geldpolitik darauf beschränkt, ein monetäres Zwischenziel zu realisieren, stellt sich das Problem der Prognoseunsicherheit gegenüber den Endzielgrößen nicht.

Zinselastische Geldbasissteuerung

Sofern eine sichere Hypothese über die dominierenden Ursachen der gesamtwirtschaftlichen Instabilität nicht möglich ist und zugleich die Geldversorgung als wirksames Instrument zur Steuerung der Endzielgrößen eingestuft wird, ist jede geldpolitische Regel mit dem Risiko der Fehlsteuerung behaftet: Eine Zinsfixierungsstrategie würde zu einer Verstärkung der zyklischen Schwankungen führen, wenn die Ursachen der Instabilität im realwirtschaftlichen Bereich liegen, und eine konstante Wachstumsrate der Geldmenge würde stets dann übermäßige Fluktuationen im Auslastungsgrad des Produktionspotentials hervorrufen, wenn ein verändertes Geldnachfrageverhalten die Störungsquelle bildet *(Abb. D-2a,b)*.

Die Strategie der Zinsfixierung weist einen zusätzlichen Nachteil auf: Nominalzins (i) und Realzins $(i-g_p^*)$ auf finanzielle Aktiva dürfen nicht differieren. Sobald etwa infolge einer exogenen Erhöhung der Ertragsrate auf Realkapital (r_k) ein Inflationsprozeß in Gang kommt $(g_p^* > 0)$, ist diese Bedingung verletzt. Einer monetären Alimentierung sind dann keine Grenzen gesetzt, so daß bei unverändertem Nominalzinsniveau eine Hyperinflation unvermeidlich ist: Die Konstellation $r_k > (i-g_p^*)$ bleibt bestehen und die Differenz $(r_k+g_p^*) - i$ weitet sich immer mehr aus.

Eine Zinspolitik, die diese Konsequenzen berücksichtigen und dennoch die Risiken einer diskretionären Zinssatzvariation – zu abrupter Einsatz, falsche Dosierung, falsche Zeitwahl, Induktion unerwünschter Erwartungshaltungen – vermeiden will, muß demnach so konstruiert sein, daß der Nominalzins sich den exogenen Schwankungen der erwarteten Ertragsrate auf Realkapital (R) anpaßt: $R = r_k = (i-g_p^*)$. Eine beschränkt zinselastische Angebotsfunktion für Zentralbankgeld trägt diesem Gesichtspunkt Rechnung. Ein derartiger Regelmechanismus für den Zins vereinigt gleichermaßen die Vorteile der Zinsfixierungsstrategie (flexible Anpassung der Geldversorgung an sich ändernde reale Bedingungen), mit denen einer starr vorgegebenen monetären Wachstumsrate (Vermeidung einer sich selbst finanzierenden Inflation). *Abb. D-3* illustriert den Fall einer autonomen Erhöhung von r_k, die zur Ausweitung der Nachfrage nach Zentralbankgeld $(B_0^d \to B_1^d)$ führt, in seinen Konsequenzen für die Versorgung mit Zentralbankgeld (Abszissenwerte für B), wobei alternative geldpolitische Strategien unterstellt werden.

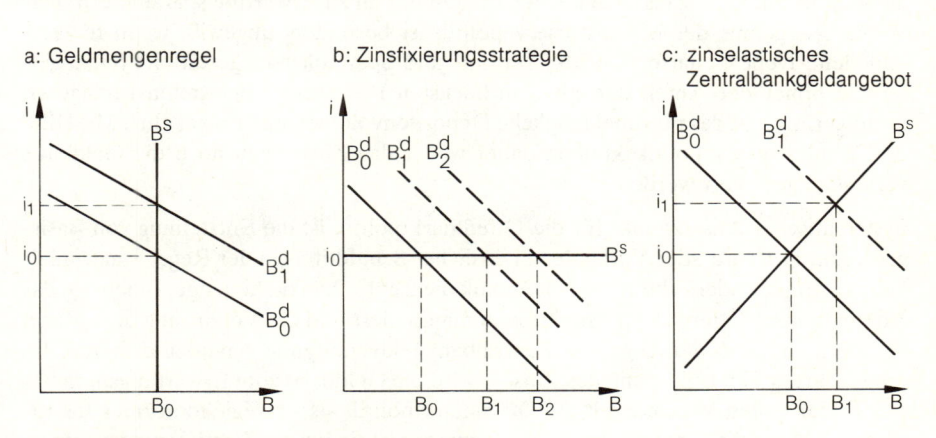

B^d: Nachfrage nach Basisgeld; B^s: Angebot an Basisgeld

Abb. D-3: Geldpolitische Strategien

5.3. Geldpolitische Instrumente

Die Zentralbanken verfügen über eine Fülle geldpolitischer Instrumente. Gemessen an ihrer internationalen Verbreitung sind die gebräuchlichsten: die Kostensätze für Refinanzierungskredite der Notenbank (Diskontsatz und Lombardsatz); die Begrenzung des Refinanzierungsvolumens (Rediskont- und Lombardkontingente); die Zentralbankeinlagen der Kreditinstitute in Relation zu ihren Depositenbeständen (Mindestreservesätze); und – in Abhängigkeit von der institutionellen Ausgestaltung – die Mengen oder Renditen derjenigen verzinslichen Papiere, mit denen die Notenbank am „offenen Markt" interveniert (offenmarktpolitische Instrumente). Gemeinsamer Ansatzpunkt aller geldpolitischen Mittel ist die beschränkte Substituierbarkeit von Zentralbankgeld und Bankeinlagen aus der Sicht von Banken und Publikum (s. Abschnitt 3.1.). Indem die Zentralbank Volumen oder Struktur ihrer Sichtverbindlichkeiten autonom verändert, ist sie in der Lage, die volkswirtschaftliche Geldmenge innerhalb enger Schwankungsgrenzen zu steuern. Diese Zielsetzung kann sie grundsätzlich auf zweierlei Wegen verfolgen: Indem sie ihr Instrumentarium an den Entstehungskomponenten der Geldbasis ansetzt oder indem sie die Verwendungsstruktur der Geldbasis beeinflußt. Die praktische Geldpolitik operiert häufig auf beiden Eingriffsebenen zugleich, weil auf diese Weise ein möglichst breiter Zugriff auf die Versorgung mit Basisgeld gewährleistet erscheint. Aus der Sicht der Theorie der Geldpolitik hängt das Urteil über die Wirksamkeit der einzelnen geldpolitischen Instrumente von der Wahl der geldpolitischen Strategie ab.

Durch den Einsatz der Mindestreservepolitik (Variation der Mindestreservesätze) wird die Verwendungsstruktur (Relation zwischen freiwilligen und obligatorischen Reserven) einer vorhandenen Menge an Basisgeld beeinflußt. Jede Variation des gesetzlichen Reservekoeffizienten führt zu einer gleichgerichteten Zinsänderung und in der weiteren Folge zu Portfolioanpassungen bei Banken und Publikum. Sowohl die Mengenrelationen (Verwendungsstruktur der Geldbasis, Depositenvolumen, Geldmenge) als auch die Zinssätze werden in diesem Fall zu Erwartungsparametern. Das Wirkungsergebnis der Mindestreservepolitik ist besonders ungewiß, wenn für verschiedene Depositenarten (Sicht-, Termin- und Spareinlagen) gestaffelte Sätze gelten. Je höher der Anteil der mit dem höchsten Reservesatz belasteten Einlageart, desto geringer ist das maximal mögliche Depositenvolumen und umgekehrt. Mit Hilfe der Mindestreservepolitik können daher weder das Zinsniveau noch die Geldbasis verläßlich gesteuert werden.

Systematischer Ansatzpunkt für die Offenmarktpolitik ist die Entstehung von Basisgeld. Durch Käufe oder Verkäufe verzinslicher Schuldtitel (in der Regel Staatsanleihen) verringert oder erhöht die Notenbank die Zentralbankgeldmenge. Indem sie das Volumen ihrer Offenmarkttransaktionen manipuliert und die Verzinsung dem Markt überläßt, ist sie in der Lage, die Zentralbankgeldversorgung genau zu dosieren. Im umgekehrten Fall (Fixierung des Zinses) wird die Geldbasis zum Erwartungsparameter. In der ersten Variante gilt die Offenmarktpolitik als strategiekonformes Instrument zur Steuerung der Geldbasis, in der zweiten ist sie für die Zinsfixierungsstrategie geeignet.

Die an der Refinanzierungskomponente orientierten geldpolitischen Maßnahmen (Variation des Diskont- und Lombardsatzes, Änderung der Kontingente) sind zwar ebenfalls darauf gerichtet, die Entstehung von Basisgeld zu beeinflussen, abgesehen vom Grenzfall einer effizienten Kontingentierung sind sie jedoch nicht geeignet, die aktuelle Versorgung mit Zentralbankgeld zu dosieren. Allein das maximal mögliche Geldbasisvolumen wird durch die Bemessung der Kontingente begrenzt. In Höhe des nicht ausgenutzten Refinanzierungsspielraums steht den Kreditinstituten stets potentielles Zentralbankgeld zur Verfügung. Die Refinanzierungsinstrumente der Notenbank scheiden demnach als strategiekonforme Mittel der Geldbasissteuerung aus. Demgegenüber sind sie für eine zinsorientierte Geldpolitik geeignet.

Voraussetzung für eine autonome Steuerung der Geldbasis ist die Beseitigung aller potentiellen Einflußfaktoren seitens der Geschäftsbanken, der privaten Nichtbanken, des Staates und des Auslandes auf diese Größe. Daraus folgt der Verzicht auf die Instrumente der Diskont- und Lombardpolitik. Da sich mit dem Instrument der Mindestreservepolitik keine genaue Dosierung der Zentralbankgeldversorgung erreichen läßt, ist die Offenmarktpolitik das einzig adäquate Mittel, vorausgesetzt, die Zentralbank wählt das Transaktionsvolumen als Aktionsparameter (FRIEDMAN, 1959; BRUNNER/MELTZER, 1964).

Bedingung für eine systemkonforme Ausgestaltung der Strategie einer beschränkt zinsgebundenen Geldbasissteuerung ist die Kombination von mengenorientierter Offenmarktpolitik und zinselastischer Refinanzierungspolitik. Aus dem Grundsatz, daß die Währungsbehörde ein monetäres Aggregat als Zwischenzielvariable verwenden sollte, dessen Entwicklung trotz anderer Einflüsse sie nach Richtung und Ausmaß steuern kann, folgt, daß die Entstehung von Zentralbankgeld als strategischer Ansatzpunkt der Geldpolitik zu gelten hat. Die mengenorientierte Offenmarktpolitik erweist sich hierfür als geeignetes Instrument. Sofern den Kreditinstituten darüber hinaus ein Refinanzierungskontingent eingeräumt wird, ist eine zusätzliche Ausweitung der Geldbasis möglich. Durch die Offenmarktkomponente ist in diesem Fall lediglich das Mindestvolumen an Zentralbankgeld fixiert. Die maximale Menge an Basisgeld ergibt sich als Summe aus Offenmarkttransaktionen und Rediskont- bzw. Lombardkontingent. Innerhalb dieser Kontingentgrenzen muß entsprechend der Strategie eine Variation der aktuellen Geldbasis Änderungen des Kostensatzes für Refinanzierungskredite auslösen. Bei einer Ausweitung der Geldbasis durch verstärkte Ausschöpfung der Kontingente müßte automatisch ein höherer Diskontsatz gelten und bei einem Abbau der Verschuldung eine geringere Refinanzierungsrate. Diese zinswirksame Veränderung der Zentralbankgeldmenge läßt sich durch einen nach dem Grad der Inanspruchnahme des begrenzten Refinanzierungspotentials gestaffelten Diskontsatz (Diskontstaffel) erreichen (KATH, 1979).

Kommentierte Literaturhinweise

Eine umfassende, übersichtliche und zugleich gut verständliche Einführung in die Problembereiche der Geldtheorie ist die 3. Auflage des Lehrbuches von Issing (1974). Eine stärker modellanalytisch ausgerichtete Darstellung der grundlegenden geldtheoretischen Lehrstücke bietet Jarchow (1973). Das Buch von Siebke/ Willms (1974) verknüpft neuere geldtheoretische Ansätze mit den zentralen Gegenwartsproblemen der Wirtschaftspolitik. Eine besonders ausführliche Darstellung erfährt hier die ebenfalls Probleme der Geldtheorie und der Geldpolitik verbindende Analyse des Geldangebotsprozesses. Eine auf die institutionellen monetären Bedingungen in der Bundesrepublik bezogene problemorientierte Einführung in die Geldtheorie ist das Lehrbuch von Duwendag u. a. (1974). Schwerpunkt der Darstellung ist die Konfrontation der kredittheoretischen Wirkungslehre mit den am Vermögen orientierten Transmissionstheorien.

Grundfragen der neueren Geldtheorie, die den Geldnutzen, die Verzinslichkeit des Geldes, die Liquiditätseigenschaften verzinslicher Finanz- und Sachaktiva sowie Vermögensaspekte von Geld und verzinslichen Finanzaktiva betreffen, behandelt Claassen (1970). Eine Zusammenstellung der für die geldtheoretische Forschung wegbereitenden Beiträge von Brunner, Friedman, Johnson, Meltzer, Tobin u. a. enthält der von Brunner/Monissen/Neumann (1974) herausgegebene Sammelband. Die geldtheoretischen und geldpolitischen Grundpositionen der monetaristischen Geldlehre enthält die Aufsatzsammlung von Friedman (1969,2). Mehrere Übersichtsartikel mit enzyklopädischem Anspruch über den jeweiligen Stand und die neueren Entwicklungen auf den Gebieten der „reinen" und „angewandten" Geldtheorie enthalten neben weiteren Beiträgen zu Grundfragen dieser Forschungsgebiete die Aufsatzsammlungen von Johnson (1969, 2; 1976,1). Theoretische Grundlagen und geldpolitische Konsequenzen der makroökonomischen Portfoliotheorie referieren Kath/Euba (1975). Der neueste geldtheoretische Survey stammt von Barro/Fischer (1976).

Ein Lehrbuch der Geldpolitik, das an die neueren Entwicklungen der Geldtheorie anknüpft, ist Woll/Vogl (1976). Die Darstellung der institutionellen Ausgestaltung der Geldpolitik der Deutschen Bundesbank und die Analyse der Wirkungsweise ihrer Instrumente ist Gegenstand von Jarchow (1974). Eine Darstellung der Ansatzpunkte des geldpolitischen Instrumentariums der Deutschen Bundesbank und seiner Wirkungsweise, verbunden mit einer kritischen Wertung seiner Effizienz, geben Dickertmann/Siedenberg (1973). Der Vorschlag einer am Wachstum des Produktionspotentials orientierten Kreditpolitik steht im Mittelpunkt des Lehrbuches von Köhler (1970), das darüber hinaus eine detaillierte Darstellung der Geldversorgungsmechanismen in der Bundesrepublik gibt. Strategien, Techniken und Wirkungen der Geld- und Kreditpolitik analysiert Neubauer (1972). Die gesetzlichen Grundlagen und den institutionellen Rahmen der Geld- und Währungspolitik der Deutschen Bundesbank sowie die Technik und Wirkungsweise der geldpolitischen Instrumente beschreibt der Sonderdruck der Deutschen Bundesbank (1971).

E. Währung

Manfred Willms

Gliederung

1. Zahlungsbilanz

    1.1. Definition
    1.2. Leistungsbilanz
    1.3. Kapitalbilanz
    1.4. Devisenbilanz
    1.5. Zahlungsbilanzgleichgewicht

2. Zahlungsbilanzanpassungsmechanismen

    2.1. Wechselkursmechanismus
    2.2. Einkommensmechanismus
    2.3. Zins-Kredit-Mechanismus
    2.4. Geldmengen-Preis-Mechanismus

3. Wechselkursdeterminanten

    3.1. Wechselkurs und Devisenmärkte
    3.2. Kaufkraftparitätentheorie
    3.3. Finanzmarkttheorie
    3.4. Wechselkurserwartungen

4. Währungssysteme und Wechselkurs

    4.1. Optimales Währungsgebiet
    4.2. Monopolwährung
    4.3. Kartellwährung
    4.4. Konkurrenzwährung
    4.5. Parallelwährung

1. Zahlungsbilanz

1.1. Definition

Die Zahlungsbilanz ist eine wertmäßige Aufstellung aller ökonomischen Transaktionen, die zwischen Inländern und Ausländern innerhalb einer bestimmten Periode vorgenommen worden sind. Sie stellt eine Stromgrößenrechnung dar, erfaßt also im Gegensatz zu anderen Bilanzen keine auf den Zeitpunkt bezogenen Bestandsgrößen. Die Transaktionen umfassen Güter, Dienstleistungen und Vermögenstitel, unabhängig davon, ob sie gegen Entgelt oder ohne Entgelt übertragen werden. Als Inländer gelten Wirtschaftseinheiten, die ihren ständigen Wohnsitz oder Aufenthaltsort in dem betreffenden Land haben. Nicht zu den Inländern zählen u. a. Mitarbeiter im diplomatischen Dienst, ausländische Studenten und Angehörige ausländischer Streitkräfte. Ausländische Unternehmen und Gastarbeiter werden demgegenüber als Inländer angesehen.

Die Verbuchung der Transaktionen geschieht nach dem Prinzip der doppelten Buchhaltung. Hierbei werden auf der Aktivseite alle Vorgänge verbucht, die zu Zahlungseingängen führen können, wie der Export von Gütern und Dienstleistungen, Transferzahlungen aus dem Ausland, der Import von Kapital und Devisenverkäufe durch die Zentralbank. Auf der Passivseite werden alle Vorgänge erfaßt, die Zahlungsausgänge auszulösen vermögen. Hierzu gehören der Import von Gütern und Dienstleistungen, Transferzahlungen an das Ausland, der Export von Kapital und Devisenaufkäufe durch die Zentralbank.

Als statistische ex post-Erfassung stellt sich die Zahlungsbilanz wie folgt dar:

Zahlungsbilanz

Aktiva		Passiva	
Exporte plus Transferzahlungen aus dem Ausland	(Ex)	Importe plus Transferzahlungen an das Ausland	(Im)
Kapitalimport	(K_{Im})	Kapitalexport	(K_{Ex})
Verringerung des Devisenbestands bei der Zentralbank	(− R)	Erhöhung des Devisenbestands bei der Zentralbank	(+ R)
Summe		Summe	

Mit dieser Zuordnung sind drei wichtige Teilbilanzen der Zahlungsbilanz spezifiziert: die Leistungsbilanz, die Kapitalbilanz und die Devisenbilanz.

1.2. Leistungsbilanz

In der Abgrenzung der Zahlungsbilanzstatistik der DEUTSCHEN BUNDESBANK umfaßt die Leistungsbilanz die Handelstransaktionen, die Dienstleistungstransaktionen und die Transferzahlungen. Dementsprechend lassen sich als Unterbilanzen die Handelsbilanz, die Dienstleistungsbilanz und die Übertragungsbilanz unterscheiden. Die Handelsbilanz ist in den meisten Ländern die wichtigste Unterbilanz der Leistungsbilanz. Die Dienstleistungsbilanz wiederum fällt vom Volumen her meist größer aus als die Übertragungsbilanz.

In der Bundesrepublik Deutschland war der Saldo der Leistungsbilanz mit Ausnahme einiger weniger Jahre positiv. Zu diesem Ergebnis hat die Handelsbilanz, die stets einen Überschuß aufwies, entscheidend beigetragen. Der Saldo der Dienstleistungsbilanz fiel dagegen seit Anfang der 60er Jahre negativ aus. Dies ist vor allem auf den starken Auslandsreiseverkehr der Deutschen zurückzuführen. Der hohe negative Saldo der Übertragungsbilanz ergibt sich durch die Überweisungen ausländischer Arbeitskräfte in ihre Heimatländer, durch die Finanzzuweisungen der Bundesrepublik an internationale Organisationen und durch die stark angestiegenen Renten- und Pensionszahlungen an Anspruchsberechtigte im Ausland.

Tab. E-1 zeigt die Entwicklung der Leistungsbilanz und ihrer Unterbilanzen für die Bundesrepublik ab 1960.

1.3. Kapitalbilanz

In der Kapitalbilanz (auch Kapitalverkehrsbilanz genannt) werden die Änderungen der Gläubiger- und Schuldnerpositionen privater und öffentlicher inländischer Wirtschaftseinheiten gegenüber dem Ausland mit Ausnahme der Änderungen der Devisenposition der Zentralbank erfaßt. Hierbei wird zwischen langfristigem und kurzfristigem Kapitalverkehr unterschieden. Zu den privaten langfristigen Anlagen im Ausland gehören Direktinvestitionen, Grunderwerb, die Vergabe langfristiger Kredite sowie der Kauf von langfristigen Wertpapieren, Aktien und Investmentzertifikaten. Bei dem öffentlichen langfristigen Kapitalverkehr handelt es sich überwiegend um Kredite an Entwicklungsländer.

Zu dem kurzfristigen Kapitalverkehr mit dem Ausland zählen alle Forderungen und Verbindlichkeiten mit einer Laufzeit bis zu einem Jahr. Dabei wird in der Konzeption der Deutschen Bundesbank differenziert nach Kreditinstituten, Wirtschaftsunternehmen und öffentlichen Institutionen. Die kurzfristigen Auslandstransaktionen der Kreditinstitute bestehen überwiegend aus aufgenommenen oder gegebenen Krediten. Sie werden stark von erwarteten Wechselkursänderungen beeinflußt. Der kurzfristige Kapitalverkehr der Wirtschaftsunternehmen besteht in erster Linie aus Forderungen und Verbindlichkeiten, die im Zusammenhang mit Warengeschäften entstehen. Kurzfristige Kapitaltransaktionen der öffentlichen Hand fallen in der Bundesrepublik Deutschland vor allem im Zusammenhang mit Vorauszahlungen bei Importen von militärischen Ausrüstungsgütern oder in Form von Verbindlichkeiten gegenüber internationalen Organisationen an.

In der Bundesrepublik Deutschland ist für die Kapitalverkehrsbilanz kein eindeutiger Trend zu erkennen *(Tab. E-2)*. Perioden eines Nettokapitalimports (positives Vorzeichen) wechseln mit Perioden eines Nettokapitalexports (negatives Vorzeichen). Dies gilt vor allem für den kurzfristigen Kapitalverkehr, der stark von spekulativen Erwartungen abhängt. Bei dem langfristigen Kapitalverkehr ist nach einem starken Nettokapitalimport zu Beginn der 70er Jahre ab 1974 ein anhaltender Nettokapitalexport zu beobachten. Die Ursache hierfür dürfte in einer veränderten Ertragskon-

E-1. Zahlungsbilanz

Tab. E-1: Entwicklung der Leistungsbilanz und ihrer Unterbilanzen für die Bundesrepublik Deutschland 1960–78 (in Mrd. DM)

Jahr	Handelsbilanz			Dienstleistungsbilanz			Übertragungsbilanz			Saldo der Leistungsbilanz
	Ausfuhr	Einfuhr	Saldo	Ausfuhr	Einfuhr	Saldo	Fremde Leistungen	Eigene Leistungen	Saldo	
1960	47,9	42,7	+5,2	13,0	10,2	+2,8	0,3	3,8	−3,5	+4,5
1962	53,0	49,5	+3,5	14,3	14,5	−0,2	0,2	5,4	−5,2	−1,9
1964	64,9	58,8	+6,1	16,5	17,3	−0,8	0,3	5,6	−5,3	0,0
1966	80,6	72,7	+7,9	20,4	22,0	−1,6	0,5	6,8	−6,3	0,0
1968	99,6	81,2	+18,4	23,6	23,7	−0,1	1,4	8,7	−7,3	+11,0
1970	125,3	109,6	+15,7	31,0	34,9	−3,9	2,7	12,1	−9,4	+2,4
1972	149,0	129,3	+19,7	40,1	43,4	−3,3	3,9	18,0	−14,1	+2,3
1974	230,6	181,0	+49,6	50,4	58,2	−7,8	5,7	22,0	−16,3	+25,5
1976	256,6	222,4	+34,2	62,7	69,2	−6,5	6,6	24,6	−18,0	+9,7
1978	284,9	243,7	+41,2	72,6	80,9	−8,3	11,5	29,0	−17,5	+15,4

Quelle: DEUTSCHE BUNDESBANK, Statistische Beihefte, Reihe 3, Zahlungsbilanzstatistik (verschiedene Jahrgänge)

E. Währung

Tab. E-2: Entwicklung der Kapitalbilanz für die Bundesrepublik Deutschland 1960–78 (in Mrd. DM)

Jahr	Langfristiger Kapitalverkehr					Kurzfristiger Kapitalverkehr				Gesamt-kapital-verkehr (Saldo)
	Privat			Öffent-lich	Saldo	Privat		Öffent-lich	Saldo	
	Deutsche Anlagen im Ausland (netto)	Ausländ. Anlagen im Inland (netto)	Saldo			Kredit-insti-tute	Wirt-schafts-unter-nehmen			
1960	−1,5	+2,7	+1,2	−1,3	−0,1	+2,4	0,0	−1,0	+1,4	+1,3
1962	−1,7	+2,8	+1,1	−1,3	−0,2	−0,3	0,0	−0,2	−0,5	−0,7
1964	−2,4	+2,8	+0,4	−1,3	−0,9	+0,1	+0,5	+1,0	−0,4	−1,3
1966	−2,8	+5,0	+2,2	−2,5	−0,3	−0,6	0,0	+0,3	−0,3	−0,6
1968	−12,2	+2,4	−9,8	−1,3	−11,1	+2,5	+1,4	+1,2	+5,1	−6,0
1970	−8,6	+10,5	+1,5	−2,4	−0,9	+7,9	+8,5	−0,4	+16,0	+15,1
1972	+0,3	+16,7	+17,0	−1,5	+15,5	−0,4	−3,6	+0,5	−3,5	+12,0
1974	−9,5	+4,6	−4,9	−0,9	−5,8	−9,7	−9,3	0,0	−19,0	−24,8
1976	−17,6	+14,8	−2,8	+2,4	−0,4	+6,7	−5,7	−0,5	+0,5	+0,1
1978	−20,9	+21,9	+1,0	−3,3	−2,3	+10,1	−2,9	+1,3	+8,5	+6,2

Quelle: vgl. Tab. E-1.

stellation zu sehen sein. Zu Beginn der 70er Jahre war die Kapitalrendite in der Bundesrepublik relativ hoch; seither ist sie im internationalen Vergleich gesunken.

1.4. Devisenbilanz und Restposten

In der Devisenbilanz wird die Veränderung des Bestands an Währungsreserven der Zentralbank erfaßt. Währungsreserven sind in der Bundesrepublik der Bestand der DEUTSCHEN BUNDESBANK an Gold und Devisen, Kredite an ausländische Zentralbanken sowie die Reserveposition bei dem INTERNATIONALEN WÄHRUNGSFONDS und die Sonderziehungsrechte.

Veränderungen in der Devisenbilanz ergeben sich nicht nur durch Mengenänderungen, sondern auch durch Neubewertungen der Bestände als Folge von Wechselkursänderungen.

Wechselkursänderungen können den Saldo der Devisenbilanz stark beeinflussen, wenn sie kräftig ausfallen und der Devisenbestand relativ groß ist. Beides trifft für die Bundesrepublik zu. Der Devisenbestand der DEUTSCHEN BUNDESBANK setzt sich zum überwiegenden Teil aus auf US-Dollar lautenden Wertpapieren des Schatzamtes der Vereinigten Staaten zusammen. Der US-Dollar ist gegenüber der Deutschen Mark in der Vergangenheit mehrfach abgewertet worden. Hierdurch ergaben sich für die DEUTSCHE BUNDESBANK erhebliche Buchverluste. Diese werden in der Zahlungsbilanz als „Ausgleichsposten zur Auslandsposition der Bundesbank" gesondert erfaßt.

Neben den Wertänderungen der Währungsreserven wird der Saldo der Devisenbilanz vor allem durch Bestandsänderungen in der Position „Devisen und Sorten" beeinflußt. Derartige Bestandsänderungen sind das Ergebnis von Interventionen der DEUTSCHEN BUNDESBANK an den Devisenmärkten. Durch Ankäufe von Devisen hat die DEUTSCHE BUNDESBANK häufig versucht, Aufwertungen der Deutschen Mark zu verhindern. Dies geschah zunächst im Rahmen von Verpflichtungen, die gegenüber dem INTERNATIONALEN WÄHRUNGSFONDS bestanden. Ähnliche Vereinbarungen bestehen heute gegenüber den Mitgliedsländern des Europäischen Währungssystems (Beitrag S). Lediglich in einem System voll flexibler Wechselkurse würden die Währungsreserven mengenmäßig unverändert bleiben.

Die Entwicklung des Saldos der Devisenbilanz und der Ausgleichsposten ist in *Tab. E-3* dargestellt.

Eine periodengerechte Verbuchung der Aktiv- und Passivpositionen im Rahmen der Zahlungsbilanzstatistik ist kaum möglich. So werden Exporte und Importe im Zeitpunkt des Grenzübertritts der Güter erfaßt, während die Zahlung erst dann in die Statistik eingeht, wenn der Betrag von der Geschäftsbank angewiesen wird bzw. bei ihr eingeht.

Um den formalen Ausgleich der Zahlungsbilanz herbeizuführen, wird ein Restposten mit der Bezeichnung „Saldo der statistisch nicht aufgliederbaren Transaktionen" eingeführt. Dieser Restposten resultiert im wesentlichen aus ungenauen Angaben und aus lückenhafter Erfassung einzelner Transaktionen. Derartige Probleme ergeben sich insbesondere im Zusammenhang mit dem kurzfristigen Kapitalverkehr und hier wieder vor allem im Zusammenhang mit Handelskrediten.

Tab. E-3: Entwicklung der Devisenbilanz für die Bundesrepublik Deutschland 1970–78 (in Mrd. DM)

Jahr	Veränderung der Netto-auslandsposition der Deutschen Bundesbank (Zunahme: +)	Ausgleichsposten zur Auslandsposition der Deutschen Bundesbank (Zunahme: +)
1970	+22,7	+0,8
1971	+11,0	−5,4
1972	+15,2	−0,5
1973	+16,1	−10,3
1974	−9,1	−7,2
1975	+3,3	+5,5
1976	+1,3	−7,5
1977	+2,6	−7,9
1978	+12,2	−7,6

Quelle: vgl. *Tab. E-1.*

Das Volumen der Handelskredite und damit der Restposten der Zahlungsbilanz variieren sehr stark in Abhängigkeit von erwarteten Wechselkursänderungen. Wird z. B. eine Aufwertung der Deutschen Mark erwartet, werden ausländische Importeure ihre Zahlungsfristen verkürzen oder Vorauszahlungen leisten, um die Waren billiger zu erhalten. Umgekehrt werden inländische Importeure längere Zahlungsziele in Anspruch nehmen, da sie die Ware nach der Aufwertung günstiger beziehen können als bei sofortiger Bezahlung. Die hierdurch erfolgte Verkürzung der gewährten und Verlängerung der beanspruchten Zahlungsziele wird auch als Verbesserung der terms of payments bezeichnet. Sie erhöht den Saldo der statistisch nicht aufgliederbaren Transaktionen.

1.5. Zahlungsbilanzgleichgewicht

Der stets gewährleistete statistische Ausgleich der Zahlungsbilanz bedeutet nicht, daß die Zahlungsbilanz im ökonomischen Sinne im Gleichgewicht ist. Von einem Zahlungsbilanzgleichgewicht läßt sich sinnvollerweise nur sprechen, wenn bestimmte, nach ökonomischen Kriterien zusammengefaßte Teilbilanzen ausgeglichen sind. Der Saldo einer solchen Teilbilanz kann dann als Maßstab für das außenwirtschaftliche Ungleichgewicht herangezogen werden. In der politischen Diskussion wird der Saldo der Leistungsbilanz häufig als ein solcher Maßstab verwendet. Dagegen spricht allerdings, daß hier auftretende Salden durch entgegengesetzte Salden der Kapitalbilanz kompensiert werden können.

Zur Beurteilung der außenwirtschaftlichen Position eines Landes wird auch die sogenannte Grundbilanz herangezogen. Hierbei handelt es sich um die mit der Leistungsbilanz zusammengefaßte Bilanz des langfristigen Kapitalverkehrs. Der ökonomische Zweck der Verwendung des Konzepts der Grundbilanz ist die gesonderte Erfassung aller relativ stabilen Transaktionen einer Volkswirtschaft mit anderen Ländern. Kritisch anzumerken an diesem Konzept ist, daß die Trennung zwischen langfristigem und kurzfristigem Kapitalverkehr ökonomisch nicht sauber vorgenommen werden kann. So können Kapitalanlagen, die statistisch als langfristig eingestuft sind, kurzfristig wieder veräußert werden; auch können kurzfristige Kapitalanlagen bei entsprechender Prolongation den Charakter eines langfristigen Engagements annehmen.

Am häufigsten wird der Saldo der Devisenbilanz als Kriterium für die Bestimmung eines Gleichgewichts oder Ungleichgewichts der Zahlungsbilanz herangezogen. Ein Gleichgewicht der Zahlungsbilanz liegt nach dieser Konzeption dann vor, wenn die Zentralbank auf den Devisenmärkten nicht interveniert, so daß der Saldo der Devisenbilanz gleich Null ist. In diesem Fall werden alle Transaktionen der Wirtschaftseinheiten zu den sich am Markt bildenden Wechselkursen vorgenommen. Ein Überschuß in der Leistungsbilanz entspricht dann einem Defizit in der Kapitalbilanz und ein Defizit in der Leistungsbilanz einem Überschuß in der Kapitalbilanz.

Der hiermit skizzierte Gleichgewichtsbegriff ist ebenfalls nicht unproblematisch. In ihm wird z. B. nicht berücksichtigt, daß Angebot und Nachfrage auf den Devisenmärkten durch Importrestriktionen, Exportförderung oder Kapitalverkehrskontrollen beeinflußt werden können. Die Beeinflussung kann so weit gehen, daß ein negativer Saldo in der Devisenbilanz, der sich ohne die Intervention ergeben hätte, gar nicht auftritt. Ein Zahlungsbilanzdefizit wird auf diese Weise verdeckt (potentielles Ungleichgewicht, MEADE, 1951). Ohne derartige Eingriffe wäre ein Zahlungsbilanzdefizit in einem Abfluß von Währungsreserven sichtbar geworden (aktuelles Ungleichgewicht).

Abgesehen hiervon sollte der Saldo der Devisenbilanz nicht unabhängig von der Entwicklung der anderen Teilbilanzen betrachtet werden. So kann ein negativer Saldo der Devisenbilanz entweder darauf zurückzuführen sein, daß das betreffende Land mehr Güter importiert als exportiert oder darauf, daß es netto Kapital exportiert. Im ersten Fall baut es seine Nettovermögensposition gegenüber dem Ausland ab, im zweiten Fall baut es sie auf.

Grundsätzlich gilt für die Zahlungsbilanz, daß die Salden der Teilbilanzen in der Summe Null ergeben müssen. Dieser Sachverhalt wird in der ökonomischen Analyse auch als Zahlungsbilanzbeschränkung bezeichnet. Für die Salden der Teilbilanzen ergeben sich dann folgende definitorische Ableitungen:

$$L = Ex - Im \qquad = \text{Leistungsbilanzsaldo}$$
$$K = K_{Im} - K_{Ex} \qquad = \text{Kapitalbilanzsaldo}$$
$$R = Ex - Im + K_{Im} - K_{Ex} = \text{Devisenbilanzsaldo}$$

Interventionen der Zentralbank an den Devisenmärkten haben einen negativen oder positiven Saldo der Devisenbilanz zur Folge. In einem Währungssystem ohne Zentralbankinterventionen ist der Saldo der Devisenbilanz demgegenüber gleich Null.

2. Zahlungsbilanzanpassungsmechanismen

Nach der Darstellung der Zahlungsbilanz und ihrer Teilbilanzen sollen einige Mechanismen skizziert werden, die den Anpassungsprozeß von dem außenwirtschaftlichen Ungleichgewicht eines Landes zu einer ausgeglichenen Zahlungsbilanz aufzeigen.

Hierbei wird zunächst auf Mechanismen eingegangen, die die Wirkung von Wechselkursänderungen in einem System frei flexibler Wechselkurse und in einem System fester Wechselkurse beschreiben. Diese Ansätze beschränken sich ebenso wie der anschließend dargestellte Einkommensmechanismus auf die Skizzierung der Reaktion der Handelsbilanz bzw. der Leistungsbilanz. Im Gegensatz hierzu analysiert der Zins-Kredit-Mechanismus den Anpassungsprozeß über die Kapitalbilanz. Bei dem zuletzt dargestellten monetären Ansatz der Zahlungsbilanz steht demgegenüber die Devisenbilanz im Mittelpunkt der Analyse des Anpassungsprozesses.

2.1. Wechselkursmechanismus

Der Wechselkursmechanismus beschreibt, unter welchen Bedingungen eine Veränderung des Wechselkurses (zum Begriff siehe Abschnitt 3.1.) ein Zahlungsbilanzungleichgewicht beseitigen kann. Unter der sehr restriktiven Annahme, daß Währungen nur zur Abwicklung des internationalen Tausches von Gütern und Leistungen benötigt werden, konzentriert sich die Analyse auf die Handelsbilanz bzw. auf die Leistungsbilanz. Kapitalbewegungen bleiben also außer Betracht.

Zwei Arten von Wechselkursmechanismen sind zu unterscheiden: (a) ein automatisch ablaufender Mechanismus in einem System frei flexibler Wechselkurse und (b) ein Anpassungsprozeß als Resultat wechselkurspolitischer Eingriffe von seiten der Währungsbehörde in einem System fester Wechselkurse. Bei flexiblen Wechselkursen bewirkt eine Zunahme des Imports eine erhöhte Nachfrage nach ausländischer Währung auf dem Devisenmarkt. Der Kurs der ausländischen Währung steigt. Die hierdurch ausgelöste Verteuerung der Importgüter für Inländer führt zu verringerten Importen, während die gleichzeitige Verbilligung der Exportgüter für Ausländer die Exporte ansteigen läßt. Durch den Abwertungseffekt der inländischen Währung wird der Importüberschuß abgebaut. Bei flexiblen Wechselkursen ist somit automatisch ein Augleich der Zahlungsbilanz gewährleistet.

Bei festen Wechselkursen wird der mit dem Leistungsbilanzdefizit verbundenen Überschußnachfrage nach ausländischer Währung von der Zentralbank aus ihren Währungsreserven ein erhöhtes Devisenangebot gegenübergestellt. Der Wechselkurs bleibt unverändert, während sich der Bestand an inländischen Währungsreserven verringert. Erst die politische Entscheidung, die inländische Währung abzuwerten, setzt einen Zahlungsbilanzanpassungsprozeß in Gang, der ökonomisch prinzipiell wie bei freien Wechselkursen abläuft. Allerdings ist hier der Mechanismus durch die Wahl des Zeitpunkts und durch das Ausmaß der Abwertung institutionell eingeengt.

Wenn ausländische Währungen allein zur Abwicklung des internationalen Güteraustauschs eingesetzt werden, besteht zwischen Devisen- und Gütermärkten eine unmittelbare Verbindung. Mit der Zuordnung von Exportmengen, Importmengen und Güterpreisen sind dann die Export- und Importwerte und damit der Saldo der Leistungsbilanz definiert. Eine Abwertung der inländischen Währung hat zunächst die folgenden unmittelbaren Preiseffekte:

– in inländischen Währungseinheiten ausgedrückt, bleiben die Preise für Exportgüter unverändert, aber die Preise für Importgüter steigen an;

- in ausländischen Währungseinheiten ausgedrückt, fallen die Preise für Exportgüter, während die Importgüterpreise unverändert bleiben.

Für Stärke und Richtung der Reaktion der Leistungsbilanz auf diese abwertungsinduzierten Preisänderungen sind aus der Sicht des abwertenden Landes folgende vier Preiselastizitäten von Bedeutung:

auf dem Exportgütermarkt

- die Nachfrageelastizität des Auslands für Exportgüter;
- die Angebotselastizität des Inlands für Exportgüter;

auf dem Importgütermarkt

- die Nachfrageelastizität des Inlands für Importgüter;
- die Angebotselastizität des Auslands für Importgüter.

Für die Veränderung des Import- und Exportwerts in inländischer Währung und somit für die Reaktion der Leistungsbilanz auf eine Abwertung ist festzuhalten:

Mit Ausnahme des theoretischen Grenzfalls einer völlig unelastischen Exportnachfrage ($|l_{Ex}| = 0$) steigt der in Inlandswährung berechnete Exportwert immer, da sowohl Exportpreis als auch Exportmenge zunehmen. Weil die Importmengen in Reaktion auf die gestiegenen Importpreise sinken, gilt in bezug auf den Importwert:

- Bei elastischer Importnachfrage ($|l_{Im}| > 1$) sinkt der Importwert infolge der Abwertung. Als Gesamteffekt ergibt sich der gewünschte Leistungsbilanzeffekt.
- Bei einer Importnachfrageelastizität von Eins ($|l_{Im}| = 1$) bleibt der Importwert nach der Abwertung konstant. Die Leistungsbilanz aktiviert sich allein aufgrund des Anstiegs des Exportwerts.
- Bei unelastischer Importnachfrage ($|l_{Im}| < 1$) steigt der Importwert. Der aktivierende Effekt auf die Leistungsbilanz aufgrund des Exportwertanstiegs wird je nach Höhe der Veränderung des Importwerts teilweise oder gänzlich neutralisiert oder sogar überkompensiert. Im letzten Fall tritt als Folge der Abwertung eine Passivierung der Leistungsbilanz ein (anomale Reaktion).

Eine normale Reaktion der Leistungsbilanz ist als Folge einer Abwertung der inländischen Währung um so eher zu erwarten, je größer die Elastizität der ausländischen Nachfrage nach Exportgütern und die der inländischen Nachfrage nach Importgütern ist. Bei unendlich großen Angebotselastizitäten und bei ausgeglichenem Ausgangszustand reagiert die Leistungsbilanz dann normal, wenn die Summe der Elastizitäten der Export- und Importnachfrage absolut größer als Eins ist:

$$|l_{Ex}| + |l_{Im}| > 1.$$

Dies ist die MARSHALL-LERNER-Bedingung. Bei endlichen Werten der Angebotselastizitäten aktiviert sich die Handelsbilanz um so stärker, je größer die Nachfrageelastizitäten und je geringer die Angebotselastizitäten sind. Dies ist die ROBINSON-Bedingung. (Zu einer detaillierten Ableitung dieser Bedingung vgl. ADEBAHR, 1978; ROSE, 1978).

Die partialanalytische Betrachtung der Elastizitäten berücksichtigt allerdings nur Primärwirkungen auf die Leistungsbilanz. Sekundäreffekte auf das inländische Preisniveau oder das reale Volkseinkommen und daraus resultierende Rückwirkungen auf die Zahlungsbilanz werden nicht erfaßt.

Preisniveaueffekte können sich als Folge der Abwertung z. B. dann ergeben, wenn die in inländischen Währungseinheiten teurer gewordenen Importgüter wichtige Vorleistungsprodukte (Rohstoffe, Halbfabrikate) für die Gütererzeugung im Inland sind. Ihr Preisanstieg bewirkt einen Anstieg der betreffenden Produktionskosten und Fertigproduktpreise und kann somit zu einer Erhöhung des gesamtwirtschaftlichen Preisniveaus führen. Gehen importierte Vorleistungsgüter in erheblichem Umfang in Exportprodukte ein, werden auch deren Preise steigen und so einen Teil des aktivierenden Abwertungseffekts auf die Leistungsbilanz neutralisieren. (Zur Kritik des Elastizitätsansatzes vgl. GRAY, 1965).

Im Fall einer unterbeschäftigten Wirtschaft beeinflußt die Abwertung auch das Realeinkommen. Führt die Abwertung zu einem stärkeren Anstieg der Exporte als der Importe, kommt es zu einer Erhöhung der inländischen Güterproduktion. Gleichzeitig steigt jedoch auch das Volkseinkommen. Die hierdurch bewirkte Zunahme der Nachfrage kann die gesamte inländische Mehrproduktion absorbieren. Die Leistungsbilanz erreicht dann schnell wieder ihren defizitären Stand. Eine langfristige Verbesserung der Leistungsbilanz ist daher nur möglich, wenn die Abwertung durch eine restriktive, die Inlandsnachfrage zurückdrängende, Geld- und Fiskalpolitik begleitet wird. (Hierbei handelt es sich um den von ALEXANDER, 1959, entwickelten Absorptionsansatz).

In vielen Fällen führt eine Abwertung kurzfristig zu einer Verschlechterung der Leistungsbilanz. Die Ursache hierfür ist darin zu sehen, daß sowohl die Exportnachfrage als auch die Importnachfrage kurzfristig relativ preisunelastisch sind (MAGEE, 1976). Für annähernd gleiche Importmengen müssen dann mehr Devisen aufgewendet werden als zuvor, während die Deviseneinnahmen aus den Exporten eher gefallen als gestiegen sind. Mittelfristig reagiert die Leistungsbilanz jedoch meist normal, so daß eine Abwertung bei entsprechender Untersützung durch die Makropolitik ein Zahlungsbilanzungleichgewicht beseitigen kann.

2.2. Einkommensmechanismus

Der Einkommensmechanismus erfaßt im Rahmen der keynesianischen Theorie der Zahlungsbilanzanpassung die Wirkung einer Einkommensänderung auf die Leistungsbilanz. Ausgangspunkt der Analyse ist eine unterbeschäftigte offene Volkswirtschaft, in der Mengenreaktionen ohne Preisanstieg möglich sind. Gleichzeitig wird ein System fester Wechselkurse unterstellt. Unter diesen Annahmen werden im Rahmen der makroökonomischen Multiplikatoranalyse die Wirkungen einer autonomen Erhöhung des Exports auf das Volkseinkommen und die Zahlungsbilanz dargestellt.

Ausgangspunkt bildet die Verwendungsgleichung für das Volkseinkommen (Y)

(1) $Y = C(Y) + I + Ex - Im(Y)$,

bei der der Konsum (C) und der Import (Im) als Funktion des Volkseinkommens und die Investition (I) und der Export (Ex) als exogene Variablen angesehen werden. Um die Wirkung einer autonomen Erhöhung des Exports zu erfassen, wird die obige Gleichung nach Ex differenziert. Unter der Annahme, daß eine Veränderung des Exports die Investitionen nicht verändert, dI/dEx also gleich Null ist, gilt

(2) $\quad \dfrac{dY}{dEx} = \dfrac{dC}{dY} \cdot \dfrac{dY}{dEx} + 1 - \dfrac{dIm}{dY} \cdot \dfrac{dY}{dEx}.$

Wird die marginale Konsumquote dC/dY mit c und die marginale Importquote dIm/dY mit m bezeichnet, folgt aus (2)

(3) $\quad \dfrac{dY}{dEx} = c \cdot \dfrac{dY}{dEx} + 1 - m \cdot \dfrac{dY}{dEx}.$

Nach einigen Umformungen ergibt sich hieraus der Exportmultiplikator

(4) $\quad \dfrac{dY}{dEx} = \dfrac{1}{1 - c + m}.$

Der Einfluß einer autonomen Exportsteigerung auf das Volkseinkommen ist um so größer, je größer die marginale Konsumquote c und je kleiner die marginale Importquote m ausfallen. Um die Wirkung einer autonomen Exportsteigerung auf die Leistungsbilanz zu erfassen, wird von der Definitionsgleichung für die Leistungsbilanz (L)

(5) $\quad L = Ex - Im$

ausgegangen. Differentiation von Gleichung (5) nach Ex ergibt

(6) $\quad \dfrac{dL}{dEx} = 1 - m \cdot \dfrac{dY}{dEx}.$

Wird Gleichung (4) in (6) eingesetzt, läßt sich der Einfluß einer Veränderung des Exports auf die Leistungsbilanz wie folgt ermitteln:

(7) $\quad \dfrac{dL}{dEx} = \dfrac{1 - c}{1 - c + m}.$

Der Multiplikator ist positiv. Eine autonome Erhöhung des Exports führt somit eindeutig zu einer Verbesserung der Leistungsbilanz. Die durch die Einkommenssteigerung induzierten Importe reichen nicht aus, die Aktivierung der Leistungsbilanz aufgrund der autonomen Exporte zu neutralisieren. Im Gegensatz zu dem Einkommensmultiplikator des Exports ist der Leistungsbilanzmultiplikator allerdings kleiner als eins. Der Leistungsbilanzmultiplikator fällt um so kleiner aus, je größer die marginale Importquote ist.

Nach der bisherigen Analyse können exportsteigernde Maßnahmen sowohl das Inlandseinkommen erhöhen als auch die Zahlungsbilanz aktivieren. Dennoch muß vor einer einseitigen Förderung der Exportindustrie gewarnt werden. Eine autonome Steigerung der Exporte eines Landes bedeutet nämlich gleichzeitig eine entsprechende Erhöhung der Importe anderer Länder. In diesen Ländern sinkt das Volkseinkommen und die Leistungsbilanz wird passiv. Die Verringerung des Einkommens im Ausland wirkt über die Einkommensabhängigkeit der Importe auf das Inlandseinkommen zurück. Die Rückwirkungen aus dem Ausland vermindern die aus der autonomen Exportsteigerung resultierende Einkommenserhöhung und den Aktivsaldo der Leistungsbilanz.

2.3. Zins-Kredit-Mechanismus

Die bisher dargestellten Zahlungsbilanzanpassungsmechanismen beschränken sich auf die Analyse des Anpassungsprozesses im Rahmen der Leistungsbilanz. Zinsinduzierte Kapitalbewegungen, die die Zahlungsbilanz über die Kapitalbilanz beeinflussen, wurden nicht betrachtet. Sie sollen im folgenden im Rahmen eines Systems fester Wechselkurse aufgezeigt werden.

Ausgehend von einer ausgeglichenen Zahlungsbilanz führt ein in inländischer Währung an ein anderes Land gegebener Kredit zu einem Anstieg der Devisennachfrage und damit zu einem Abwertungsdruck auf die inländische Währung. Um den festen Wechselkurs zu halten, muß die Zentralbank am Devisenmarkt intervenieren. Der Abbau der Währungsreserven bewirkt eine Verringerung des Wachstums der Geldmenge, sofern er nicht durch eine Ausdehnung der inländischen Komponente der Geldversorgung kompensiert wird. Die Folge ist ein Anstieg des Zinsniveaus bei gleichzeitiger Zinssenkungstendenz im Ausland.

Die hierdurch entstandene internationale Zinsdifferenz induziert weitere Kapitalbewegungen. Der höhere Zinssatz im Inland regt Ausländer zum Erwerb inländischer Finanzaktiva an. Das niedrigere Zinsniveau im Ausland bietet für kreditsuchende Inländer die Möglichkeit zu einer kostengünstigeren Kreditaufnahme. Es kommt somit zu zinsinduzierten Kapitalimporten, die eine Senkung des Zinsniveaus bewirken. Im Ausland ergibt sich die umgekehrte Situation. Der Kapitalzustrom in das Inland verringert sich, weil immer weniger attraktive Finanzanlagen und Kreditaufnahmemöglichkeiten zur Verfügung stehen. Nachdem die Anpassung der Bestands- und Stromgrößen beendet ist, haben sich die Zinsniveaus beider Länder wieder so angeglichen, daß keine Kapitalbewegungen mehr stattfinden. Der ursprünglich aus dem exogenen Kredit resultierende Kapitalexport ist durch zinsinduzierte Kapitalimporte kompensiert worden. Die Kapitalbilanz ist wieder ausgeglichen.

Ob die Zahlungsbilanz durch die Existenz eines internationalen Zinsgefälles tatsächlich wieder ausgeglichen werden kann, ist fraglich. Es gibt drei wichtige Einwände gegen einen eigenständigen Ausgleichsmechanismus:

(1) Ein Zahlungsbilanzausgleich kann nur erreicht werden, wenn die Kapitalbewegungen überwiegend zinsorientiert sind. Dies gilt im wesentlichen nur für den kurzfristigen Kapitalverkehr. Langfristige Kapitalanlagen im Ausland hängen von der erwarteten Kapitalrendite, von der Möglichkeit zur Erschließung neuer Märkte und von der politischen Sicherheit der Investition ab. Aber auch die kurzfristigen Kapitalströme sind nicht völlig zinsreagibel. Neben rentabilitätsbedingten Transaktionen streben die Anleger kurzfristigen Kapitals in der Regel eine Portfoliozusammensetzung an, deren Struktur durch eine optimale Kombination von Zinsertrag, Risikostreuung und Liquidität gekennzeichnet ist.

(2) Die Geldmengenveränderungen in den beteiligten Ländern haben nicht nur Auswirkungen auf die Zinsniveaus, sondern auch auf die Preise. In dem Schuldnerland (Ausland) entsteht bei anhaltend übermäßiger Geldmengenexpansion eine Tendenz zur Inflation. Die Preisniveausteigerungen lassen aber den internationalen Güterhandel und damit die Leistungsbilanz nicht unbeeinflußt, so daß von ihnen Folgewirkungen auf Volkseinkommen und Beschäftigung in beiden Ländern ausgehen.

(3) Zu beachten ist auch die Herkunft und Verwendung der Kredite. Werden die Kredite durch Ersparnisse im Inland aufgebracht, ist eine Kontraktion des inländischen Einkommens und ein Importrückgang die Folge. Werden die Kredite im

Schuldnerland ganz oder teilweise zum Kauf von Gütern und Dienstleistungen verwendet, erhöhen sich Volkseinkommen und Importnachfrage. Der Kapitalexport kann dann im Extremfall zu einem Leistungsbilanzüberschuß des Gläubigerlandes führen. Im allgemeinen wird der Zins-Kredit-Mechanismus allerdings allein kaum in der Lage sein, ein Ungleichgewicht der Zahlungsbilanz zu beseitigen.

2.4. Geldmengen-Preis-Mechanismus

Der Geldmengen-Preis-Mechanismus ist der „klassische" Ansatz der Zahlungsbilanztheorie. Er analysiert den Zahlungsbilanzanpassungsprozeß in einem System fester Wechselkurse, aber flexibler Güter- und Faktorpreise. Die Grundkonzeption des Ansatzes wurde bereits in der Mitte des 18. Jahrhunderts von DAVID HUME entwickelt. Wieder aufgegriffen und analytisch vervollkommnet wurde der Geldmengen-Preis-Mechanismus unter der Bezeichnung „Monetary Approach to the Balance-of-Payments" von HARRY G. JOHNSON (1972,2).

Der monetäre Ansatz geht davon aus, daß es sich bei der Zahlungsbilanz grundsätzlich um ein monetäres Phänomen handelt. Der monetäre Charakter der Zahlungsbilanz kommt darin zum Ausdruck, daß der Zahlungsbilanzsaldo in einem System fester Wechselkurse von der Angebots-Nachfrage-Konstellation auf dem Geldmarkt des betreffenden Landes abhängt. Besteht auf dem Geldmarkt ein Überschußangebot, fließt Geld in das Ausland ab; besteht eine Überschußnachfrage, kommt Geld aus dem Ausland herein. Simultan hierzu stellt sich im ersten Fall ein Leistungsbilanzdefizit und im zweiten Fall ein Leistungsbilanzüberschuß ein. Die jeweilige Situation am Geldmarkt und damit die Situation der Zahlungsbilanz werden am Saldo der Devisenbilanz sichtbar. Ein negativer Saldo der Devisenbilanz deutet auf ein monetäres Überschußangebot und ein positiver Saldo auf eine monetäre Überschußnachfrage hin. Die Verknüpfung von der Devisenbilanz und dem Geldmarkt eines Landes ergibt sich aus dem Sachverhalt, daß Währungsreserven neben der inländischen Komponente der Geldversorgung die Geldmengenexpansion bestimmen und daß Veränderungen der Währungsreserven identisch sind mit Veränderungen des Saldos der Devisenbilanz.

Die monetäre Theorie der Zahlungsbilanz läßt sich am einfachsten im Rahmen der Grundgleichungen des Geldmarktes eines Landes darstellen. Hierzu wird davon ausgegangen, daß sich das Geldangebot (M^s) aus den Währungsreserven (IR) und der inländischen Komponente der Geldversorgung (HR) zusammensetzt:

(8) $M^s = IR + HR$.

Die Geldnachfragefunktion wird als homogen vom Grade eins in bezug auf das Preisniveau (P) angesehen. Die reale Geldnachfrage (M^d) ist abhängig von dem Volkseinkommen (Y) und dem Zinssatz (i):

(9) $M^d = M^d(Y, i)$.

Für das Gleichgewicht am Geldmarkt gilt mithin:

(10) $IR + HR = P \cdot M^d(Y, i)$.

Die totale Differentiation von Gleichung (10) ergibt nach einigen Erweiterungen auf der linken Seite

(11) $\quad IR\dfrac{dIR}{IR} + HR\dfrac{dHR}{HR} = dP \cdot M^d(Y,i) + \left[\dfrac{\partial M^d}{\partial Y} \cdot dY + \dfrac{\partial M^d}{\partial i}di\right] P.$

Die Verwendung des Symbols g für Wachstumsraten und die Division der Gleichung (11) auf der linken Seite durch M^s und auf der rechten Seite durch $P \cdot M^d$ verändern diese Gleichung zu

(12) $\quad \dfrac{IR}{M^s}g_{IR} + \dfrac{HR}{M^s}g_{HR} = g_P + \dfrac{\partial M^d}{\partial Y} \cdot \dfrac{Y}{M^d}g_Y + \dfrac{\partial M^d}{\partial i} \cdot \dfrac{i}{M^d}g_i.$

Hierbei sind die Terme für die Einkommenselastizität und die Zinselastizität der Geldnachfrage auf der rechten Seite von Gleichung (12) zu erkennen.

Die Einführung des Symbols h für die Relation IR/M^s, die Vernachlässigung der Zinselastizität der Geldnachfrage und die Annahme einer Einkommenselastizität der Geldnachfrage von eins führen zu der Gleichung

(13) $\quad hg_{IR} + (1-h)g_{HR} = g_P + g_Y$

bzw. zu

(14) $\quad g_{IR} = \dfrac{1}{h}(g_P + g_Y) - \left(\dfrac{1-h}{h}\right)g_{HR}.$

Gleichung (14) zeigt, daß die Wachstumsrate der Währungsreserven positiv beeinflußt wird von den Determinanten der Geldnachfrage, P und Y, und negativ von der Veränderung der inländischen Komponente der Geldversorgung. Da die Veränderung des Bestands an Währungsreserven zugleich eine entsprechende Veränderung des Saldos der Devisenbilanz bedeutet, aktiviert sich die Zahlungsbilanz, wenn die Geldnachfrage infolge einer Erhöhung des Realeinkommens oder des Preisniveaus steigt. Sie wird passiv, wenn die inländische Komponente der Geldversorgung an Bedeutung gewinnt.

Die monetäre Theorie der Zahlungsbilanz sieht in dem Saldo der Devisenbilanz diejenige Stromgröße, die die Anpassung an ein langfristiges Bestandsgrößengleichgewicht des Geldmarktes herbeiführt. Die Differenz zwischen der gewünschten Geldhaltung (M/P)* und der tatsächlichen realen Geldhaltung (M/P) wird damit zur bestimmenden Variablen für den Saldo der Devisenbilanz (R) bzw. für die Veränderung des Bestands an Währungsreserven (dIR/dt). Folglich gilt die Beziehung

(15) $\quad R \equiv dIR/dt = \alpha\,[(M/P)^* - (M/P)].$

Hierbei stellt α den Koeffizienten für die Anpassung der tatsächlichen an die gewünschte Geldhaltung dar. Ist (M/P)* > (M/P), besteht eine Überschußnachfrage nach Geld; der Saldo der Devisenbilanz ist positiv, die Leistungsbilanz weist einen Überschuß auf, und der Bestand an Währungsreserven steigt. Ist (M/P)* < (M/P), besteht ein Überschußangebot an Geld; der Saldo der Devisenbilanz ist negativ, die Leistungsbilanz weist ein Defizit auf und der Bestand an Währungsreserven sinkt. Erst bei (M/P)* = (M/P) sind die Devisenbilanz und die Leistungsbilanz ausgeglichen. Ein simultanes Gleichgewicht der Zahlungsbilanz in den Stromgrößen und des Geldmarkts in den Bestandsgrößen ist in diesem Fall erreicht.

3. Wechselkursdeterminanten

Das langjährige Bestehen eines Systems fester Wechselkurse in der Nachkriegszeit hat die Frage nach den Bestimmungsgründen der Wechselkurse stark in den Hintergrund gedrängt. Erst seit dem Übergang zu einem System mehr flexibler Wechselkurse im Jahre 1973 ist ein größeres Interesse an der Erforschung der Determinanten der Wechselkurse festzustellen.

Die Theorie flexibler Wechselkurse hat die langfristige Trendentwicklung des Wechselkurses und seine Schwankungen um diesen Trend zu erklären. Für die Erklärung der Trendentwicklung des Wechselkurses wird die bereits zu Beginn dieses Jahrhunderts von dem schwedischen Nationalökonomen GUSTAV CASSEL entwickelte Kaufkraftparitätentheorie allgemein akzeptiert. Die mehr kurzfristig von der Entwicklung der Kaufkraft in den einzelnen Ländern abweichende Wechselkursentwicklung versucht die neue Finanzmarkttheorie zu erklären. Bevor die einzelnen Theorien dargestellt werden, sollen zunächst der Wechselkurs definiert und die Besonderheiten der Devisenmärkte aufgezeigt werden.

3.1. Wechselkurs und Devisenmärkte

Der Wechselkurs ist das Austauschverhältnis zweier Währungen. Im allgemeinen wird er gemessen in Einheiten an Inlandswährung, die für den Erwerb einer ausländischen Währungseinheit gezahlt werden müssen. Der Wechselkurs (e) des Dollars gegenüber der Deutschen Mark ist somit definiert als der Preis eines Dollars, ausgedrückt in Deutsche Mark (e = DM/$). Er bildet sich durch Angebot und Nachfrage auf dem Devisenmarkt. Auf dem Devisenmarkt kann sich ein Angebot an inländischer Währung ergeben, wenn die inländischen Wirtschaftseinheiten (1) ausländische Güter und Dienstleistungen kaufen, (2) Transferzahlungen an Ausländer leisten, (3) ausländisches Finanzvermögen erwerben und wenn (4) Ausländer inländische Vermögenstitel verkaufen sowie (5) wenn Ausländer ihren Bestand an inländischer Währung reduzieren. Die Nachfrage nach inländischer Währung resultiert aus dem Wunsch ausländischer Wirtschaftseinheiten, (1) inländische Güter und Dienstleistungen zu erwerben, (2) Transferzahlungen zu leisten, (3) inländisches Finanzvermögen zu kaufen sowie (4) ihren Bestand an inländischer Währung zu erhöhen oder (5) aus dem Bestreben der Inländer, ausländisches Vermögen zu verkaufen. Eine Erhöhung des Angebots einer Währung führt ceteris paribus zu ihrer Abwertung, eine Erhöhung der Nachfrage dagegen zu ihrer Aufwertung.

Dieser Zusammenhang ist in *Abb. E-1* aufgezeigt. Auf der Ordinate der Abbildung ist der Wechselkurs DM/$ und auf der Abszisse die Dollar-Menge abgetragen. Bei der Angebots-Nachfragekonstellation SS_0/DD_0 beträgt der Wechselkurs für den Dollar DM 1.80. Eine Ausdehnung des Dollar-Angebots auf SS_1 läßt den Dollarkurs auf DM 1.60 fallen (Dollarabwertung), während eine Erhöhung der Dollar-Nachfrage den Kurs auf DM 2.00 ansteigen läßt (Dollar-Aufwertung).

Auf dem Devisenkassamarkt müssen die verkauften Währungsbeträge bei Vertragsabschluß geliefert werden. Auf dem Devisenterminmarkt wird die Lieferung und Bezahlung von Devisen zu einem späteren Zeitpunkt, meist nach 3 Monaten,

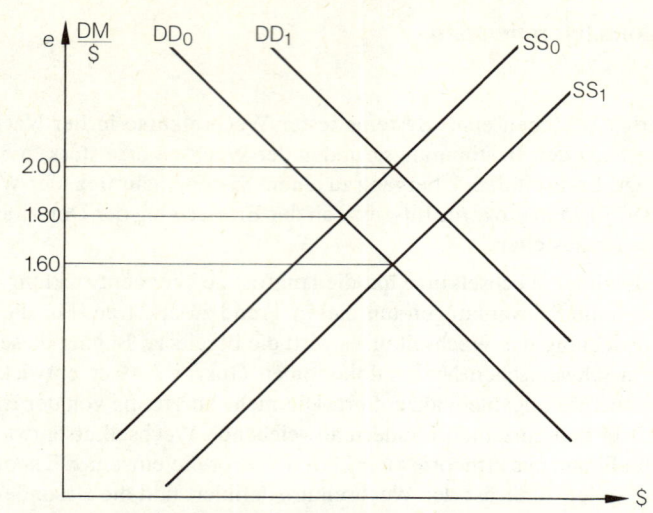

Abb. E-1: Gleichgewichtssituationen auf dem Devisenmarkt

vereinbart. Der Kurs der per Termin bereitzustellenden Devisen wird bei Vertragsabschluß festgelegt.

Devisenmärkte zeichnen sich durch hohe Transparenz und große Anpassungsgeschwindigkeit aus. Sowohl bei börsenmäßigen Transaktionen als auch im Direktverkehr von Banken und Unternehmungen untereinander steht ein hochentwickeltes Informationssystem zur Verfügung. Die Marktteilnehmer gewinnen daher sehr schnell einen Überblick über national oder international bestehende Kursdifferenzen. Käufer einer Währung können ihre Nachfrage daher dorthin lenken, wo der Kurs am niedrigsten ist, während Verkäufer ihr Angebot dort unterbringen können, wo der Kurs am höchsten ist. Ein derartiges Ausnutzen von regionalen Kursdifferenzen wird als Kursarbitrage bezeichnet. Durch Kursarbitrage kommt es rasch zu einer weltweiten Anpassung der Wechselkurse. Diese Anpassung wird noch beschleunigt, wenn Wirtschaftseinheiten regionale Kursdifferenzen dadurch ausnutzen, daß sie eine Währung am Ort mit dem niedrigsten Kurs kaufen und unmittelbar am Ort mit dem höchsten Kurs verkaufen. Häufig geschieht der Kauf der gewünschten Devisen nicht direkt über die inländische Währung, sondern durch Zwischenschaltung einer dritten Währung. In diesem Fall spricht man von einer Dreiecks-Arbitrage.

Neben der Kursarbitrage gibt es noch die Zinsarbitrage. Sie findet statt, wenn Anleger von Finanzmitteln und Kreditnehmer internationale Zinsdifferenzen ausnutzen. Ist die Verzinsung von kurzfristigen Wertpapieren in den USA z. B. höher als in der Bundesrepublik, kann es sinnvoll sein, vorübergehend freie Mittel in den USA statt in der Bundesrepublik anzulegen. Bei der Entscheidung muß jedoch das Kursrisiko beachtet werden. Dies besteht darin, daß ein Anleger von 3-Monatsgeld in den USA nach Ablauf der 3 Monate eventuell aufgrund eines gefallenen Dollarkurses einen niedrigeren DM-Betrag zurückerhält, als er ursprünglich investiert hatte.

Gegen das Kursrisiko kann sich der Anleger jedoch absichern, indem er die am Kassamarkt gekauften Dollar sofort per Termin wieder verkauft. In diesem Fall ist neben der Zinsdifferenz der Unterschied zwischen Kassa- und Terminkurs für die

Anlageentscheidung im Ausland von Bedeutung. Diese Differenz, bezogen auf den Kassakurs und als Prozentsatz ausgedrückt, wird als Swapsatz bezeichnet. Wird der Terminkurs mit (e_T) und der Kassakurs mit (e_K) symbolisiert, ist der Swapsatz ($e_T - e_K$)/e_K. Ist $e_T > e_K$, spricht man von einem Report bei $e_T < e_K$ liegt ein Deport vor. Die Bedingung dafür, daß eine (in diesem Fall einjährige) Geldanlage im Ausland rentabel ist, lautet:

$$(16) \quad (i_a - i_i) + \frac{e_T - e_K}{e_K} > o.$$

Geldanlagen im Ausland sind demzufolge nur dann lohnend, wenn die Differenz zwischen Auslandszins (i_a) und Inlandszins (i_i) größer ist als der Deport oder wenn die Auslandswährung bei der Konstellation $i_a > i_i$ mit einem Report gehandelt wird.

Wegen gleichzeitiger Operationen von Wirtschaftseinheiten am Kassamarkt und am Terminmarkt stehen diese beiden Märkte in enger Beziehung zueinander. Steigen z. B. die Zinsen in den USA stärker als in der Bundesrepublik, wird zusätzlich Geld aus der Bundesrepublik in die USA exportiert. Hierdurch steigt die Nachfrage nach Dollar am Kassamarkt, während sich auf dem Terminmarkt ein erhöhtes Angebot ergibt. Der Kassakurs wird demzufolge steigen, während der Terminkurs sinkt. Der Dollar tendiert dann dazu, auf dem Terminmarkt mit einem Deport gehandelt zu werden. Hierdurch wird der Anreiz, Geld in die USA zu transferieren, verringert. In modelltheoretischer Sicht müßte der Anpassungsprozeß soweit fortschreiten, bis der Deport der Zinsdifferenz entspricht und der Geldexport aufhört. Da die Kursentwicklung am Kassamarkt und Terminmarkt jedoch nicht allein von Zinsarbitragegeschäften bestimmt wird, wird ein derartiges Gleichgewicht in der Realität kaum erreicht.

Während Arbitragegeschäfte zur Ausnutzung vorhandener Wechselkurs- und Zinsdifferenzen dienen, sind Spekulationsgeschäfte darauf ausgerichtet, aus erwarteten Wechselkursänderungen Gewinne zu realisieren. Spekulationsgeschäfte können sowohl am Kassamarkt als auch am Terminmarkt stattfinden. Wird z. B. die Aufwertung einer anderen Währung erwartet, ist es sinnvoll, eigene oder per Kredit aufgenommene Mittel für den Kauf dieser Währung am Kassamarkt einzusetzen. Nach erfolgter Aufwertung kann die Auslandswährung mit Gewinn gegen die eigene Währung eingetauscht werden. Bei Kreditfinanzierung ergibt sich ein Nettogewinn nur, wenn der Aufwertungsgewinn größer ist als die Zinskosten.

Spekulationsgeschäfte beeinflussen aber auch den Terminmarkt. Erwarten Wirtschaftseinheiten z. B., daß der Kassakurs des Dollars in drei Monaten über dem gegenwärtigen Terminkurs liegt, ist es für sie lohnend, Devisen per Termin zu kaufen und sie am Fälligkeitsdatum per Kassa zu verkaufen. Tritt die erwartete Kursentwicklung ein, macht der Spekulant einen Gewinn. Ist der tatsächliche Kassakurs dagegen am Fälligkeitstag niedriger als der erwartete Kassakurs, wird sich für den Spekulanten ein Verlust ergeben. In dem Nichteintreffen der Erwartung liegt sein Risiko.

3.2. Kaufkraftparitätentheorie

Bisher wurde überwiegend die Mechanik der Devisenmärkte und der Wechselkursbildung dargestellt. Es wurde aufgezeigt, wie die Wirtschaftseinheiten auf bestehende oder erwartete Kurs- und Zinsdifferenzen reagieren. Die ökonomischen Bestimmungsgründe des Wechselkurses sind damit nicht offengelegt worden. Auf sie soll jetzt eingegangen werden.

Ein Ansatz zur Erklärung der Wechselkursentwicklung ist die Kaufkraftparitätentheorie, die auf dem Gesetz des interregionalen Preisausgleichs basiert. Danach müssen die Preise eines homogenen Guts auf zwei miteinander verbundenen Märkten sich einander anpassen. Regionale Preisdifferenzen werden durch Güterarbitrage ausgeglichen. Wenn der Arbitragemechanismus beendet ist, muß der Inlandspreis dem mit dem Wechselkurs multiplizierten Preis im Ausland entsprechen.

Für den Fall, daß alle Güter ohne Transportkosten, Zölle oder andere Handelshemmnisse ausgetauscht werden können, sorgt das Gesetz des interregionalen Preisausgleichs dafür, daß die Preisniveaus der einzelnen Güter in den beiden Ländern einander entsprechen. Es gilt dann die Beziehung:

$$(17) \quad P_i = e \cdot P_a \text{ bzw. } e = \frac{P_i}{P_a}$$

wobei P_i das Preisniveau im Inland bedeutet und P_a das Preisniveau im Ausland. Der Wechselkurs ist hier also durch das Verhältnis der Preisniveaus von Inland und Ausland determiniert. Da zur Bestimmung des Wechselkurses die absoluten Preisniveaus herangezogen werden, wird diese Theorie auch als absolute Kaufkraftparitätentheorie bezeichnet.

Die hiermit skizzierte Kaufkraftparitätentheorie unterstellt implizit, daß sämtliche Güter eines Landes international gehandelt werden. Nur unter dieser Annahme kann der Wechselkurs die Güterpreise zum Ausgleich bringen. Eine solche Annahme ist jedoch wenig realistisch, denn neben den handelsfähigen Gütern gibt es in jeder Volkswirtschaft eine Anzahl von nicht-handelsfähigen Gütern wie z. B. Immobilien und Dienstleistungen.

Die Existenz nicht-handelsfähiger Güter kann zu einer Abweichung des Wechselkurses von der Kaufkraftparität führen. Betreibt das Inland z. B. eine expansive Geldpolitik, erhöhen sich die Preise für handelsfähige Güter wegen des elastischeren Angebots aus dem Ausland weniger stark als das gesamte Preisniveau im Inland. Es kommt hierdurch auf der einen Seite zu einer Verschiebung der relativen Preise zwischen handelsfähigen und nicht-handelsfähigen Gütern und auf der anderen Seite zu einer geringeren Abwertung der inländischen Währung als dies aufgrund der Kaufkraftparitätentheorie der Fall sein müßte.

Darüber hinaus sind Abweichungen zwischen dem tatsächlichen Wechselkurs und dem sich aufgrund der Kaufkraftparität ergebenden Wechselkurs möglich, wenn Inflationserwartungen bestehen. Wird für das Inland eine relativ höhere Inflationsrate erwartet, ergibt sich für die Inlandswährung eine Abwertung gegenüber der Kaufkraftparität. Weitere Abweichungen von der Kaufkraftparität können bei Interventionen der Zentralbanken an den Devisenmärkten oder durch internationale Kapitalbewegungen eintreten. Beispielsweise führt die Abgabe von Devisen durch die inländische Zentralbank zu einer Aufwertung der inländischen Währung im Vergleich zur Kaufkraftparität. Der gleiche Effekt tritt bei einem Import ausländischen Kapitals ein.

Es gibt somit eine Vielzahl von Einwendungen gegen die Kaufkraftparitätentheorie, die ihren Erklärungsgehalt für die Realität zweifelhaft erscheinen lassen. Bei näherer Betrachtung zeigt sich jedoch, daß diese Argumente langfristig keine Gültigkeit besitzen. So kann die Existenz nicht-handelsfähiger Güter nur eine vorübergehende Abweichung des tatsächlichen Wechselkurses von der Kaufkraftparität bewirken. Im Zeitablauf werden sich nämlich über Anpassungsprozesse auf den Arbeits- und Gütermärkten die ursprünglichen Preisrelationen zwischen handelsfähigen und nicht-handelsfähigen Gütern wieder einstellen. Sobald dies geschehen ist, entspricht der Wechselkurs erneut der Kaufkraftparität. Inflationserwartungen können diese Wechselkursentwicklung ebenfalls nur zeitlich begrenzt von der Kaufkraftparität entfernen. Bestätigen sie sich, war die Unterbewertung gerechtfertigt. Muß die Erwartung korrigiert werden, ändert sich der Wechselkurs in Richtung auf die Kaufkraftparität. Ähnliches gilt für Interventionen der Zentralbanken oder für internationale Kapitalbewegungen. Eine Zentralbank kann nicht beliebig lange Devisen abgeben, um den Kurs ihrer Währung oberhalb der Kaufkraftparität zu halten. Internationale Kapitalbewegungen kommen durch die Anpassungen auf den Kassa- und Terminmärkten zum Erliegen.

Langfristig wird der Wechselkurs von der Entwicklung der realen Kaufkraft in den einzelnen Ländern bestimmt. Dies findet auch in entsprechenden empirischen Arbeiten seine Bestätigung (GAILLIOT, 1970; KING, 1976).

3.3. Finanzmarkttheorie

Im Gegensatz zu der Kaufkraftparitätentheorie, die auf die Arbitrage auf den Gütermärkten abstellt, konzentriert sich die Finanzmarkttheorie auf die Arbitragevorgänge auf den Finanzmärkten. Da sie hierbei berücksichtigt, daß Anpassungsprozesse auf den Finanzmärkten erheblich schneller erfolgen als auf den Gütermärkten, kann die Finanzmarkttheorie die Abweichungen des Wechselkurses von der Kaufkraftparität und damit vor allem die kurzfristigen Schwankungen des Wechselkurses erklären.

Die Finanzmarkttheorie (DORNBUSCH, 1976) geht von Bestandsgleichgewichten auf den internationalen Märkten für Finanzaktiva aus. Die Theorie unterstellt, daß aufgrund von sehr schnell erfolgenden Arbitragetransaktionen ein Zinsausgleich auf den internationalen Finanzmärkten stattfindet. Veränderungen der Finanzvermögensbestände in den einzelnen Ländern, wie sie vor allem durch die nationale Geldpolitik verursacht werden, lösen über internationale Kapitalströme Vermögensbestandsanpassungen aus, die im Fall mittlerer oder kleinerer Länder nicht das Weltzinsniveau, sondern die Wechselkurse beeinflussen.

Grundlage der Theorie bildet die Annahme vollständiger Kapitalmobilität, perfekter Substitution zwischen inländischen und ausländischen Finanzaktiva und unmittelbarer Gleichgewichtsanpassung auf den Finanzmärkten. Der gleichgewichtige Wechselkurs wird durch das gegebene Volkseinkommen, den gegebenen Realkapitalbestand und den gegebenen Bestand an Finanzaktiva determiniert. Bei gegebenem Volkseinkommen und gegebenem Realkapitalstock werden Veränderungen des Wechselkurses allein durch relative Veränderungen des Bestands an internationalem Finanzvermögen ausgelöst. So führt z. B. die relative Erhöhung der inländischen Geldmenge unmittelbar zu einer zusätzlichen Nachfrage nach ausländischen Wertpapieren. Die Folge ist ein Kapitalexport und eine dadurch ausgelöste Abwertung der inländischen Währung. Die Abwertung verteuert die Importe und verbilligt die Exporte, so daß sich ein Überschuß in der Leistungsbilanz einstellt. Auf diese Weise wird die Leistungsbilanz über die durch die Portfolioanpassung ausgelösten Kapitalströme sowie die damit verbundene Wechselkursanpassung determiniert und nicht umgekehrt.

Nach der Finanzmarkttheorie des Wechselkurses in ihrer strengsten Formulierung kann es keine internationalen Zinsdifferenzen für kurzfristige finanzielle Aktiva geben. Betreibt ein Land z. B. eine restriktive Geldpolitik, ergibt sich eine entsprechende Überschußnachfrage nach finanziellem Vermögen, die unmittelbar ohne Zinsreaktion im Inland zu einem Kapitalimport führt. Der Kapitalimport ist somit die Folge einer Bestandsgrößenanpassung auf den Märkten für Finanzaktiva. Die Anpassung führt zu einer Aufwertung der inländischen Währung. Veränderungen des Wechselkurses sind nach dieser Analyse kurzfristig eine Funktion der Überschußnachfrage oder des Überschußangebots an finanziellem Vermögen.

Unter bestimmten Grundannahmen kann die Finanzmarkttheorie des Wechselkurses auch die Existenz von internationalen Zinsdifferenzen erklären. Internationale Zinsdifferenzen können z. B. bei unvollständiger Kapitalmobilität oder unvollkommener Substitution der Finanzaktiva bestehen bleiben.

Die Aufhebung der Annahme der vollständigen Kapitalmobilität führt dabei zu anderen Ergebnissen als die Eliminierung der Annahme der perfekten Substitution für Finanzaktiva. Unvollständige Kapitalmobilität hat zur Folge, daß die durch die Zinsdifferenzen bedingte Anpassung auf den internationalen Finanzmärkten zeitlich verzögert erfolgt. Trotzdem besteht die Möglichkeit, daß sich die Zinssätze im Zeitablauf nahezu angleichen.

Bei unvollkommener Substitution der Finanzaktiva erfolgt demgegenüber keine Angleichung der Zinssätze. Dieser Tatbestand macht es für ein Land möglich, in einem gewissen Umfang eine unabhängige Zins- und Wechselkurspolitik zu betreiben. Eine positive Netto-Zinsdifferenz gegenüber dem Ausland braucht dann nicht unbedingt zu einem Kapitalimport und damit zu einer Aufwertung der inländischen Währung zu führen.

Das Vorhandensein einer unvollkommenen Substitution zwischen inländischen und ausländischen Wertpapieren bedeutet zugleich, daß Veränderungen der Wechselkurse nicht nur auf monetäre Einflüsse zurückgeführt werden müssen. Vielmehr kann sich der Wechselkurs auch aufgrund einer exogenen Verlagerung der Nachfrage von inländischen auf ausländische Wertpapiere verändern, ohne daß geldpolitische Eingriffe vorausgegangen sind.

3.4. Wechselkurserwartungen

Internationale Zinsdifferenzen können auch bestehen bleiben, wenn Wechselkurserwartungen in die Analyse einbezogen werden. Erwarten die Wirtschaftseinheiten z. B. die Aufwertung einer Währung, werden sie bereit sein, Wertpapiere in dieser

Währung auch dann zu kaufen, wenn deren Zinssatz niedriger ist als der für inländische Aktiva. Die Nachfrage nach ausländischen Wertpapieren wird so lange anhalten, bis sich die internationalen Zinsniveaus unter Berücksichtigung eines entsprechenden Reports für die Aufwertungserwartungen einander angeglichen haben. Das Land mit der aufwertungsverdächtigen Währung kann längerfristig niedrigere Zinsen haben, ohne daß es zu einem Kapitalabfluß und einer entsprechenden Abwertung seiner Währung kommt.

Es lassen sich adaptive und rationale Wechselkurserwartungen unterscheiden. Bei der adaptiven Erwartungshypothese wird davon ausgegangen, daß der erwartete Wechselkurs durch die in der Vergangenheit beobachtete Wechselkursentwicklung determiniert ist. Die Wirtschaftseinheiten lernen hier aus der Vergangenheit und legen die gewonnenen Erfahrungswerte der Einschätzung der künftigen Entwicklung zugrunde. Nach der in der neueren Literatur abgeleiteten rationalen Erwartungshypothese orientieren sich die Wirtschaftseinheiten bei ihrer Erwartungsbildung demgegenüber nicht an Vergangenheitswerten, sondern an ihrem Kenntnisstand über die Struktur und den Ablauf des Wirtschaftsprozesses. (Zur Theorie rationaler Erwartungen vgl. LUCAS, 1972; SARGENT, 1973; SARGENT; WALLACE, 1976). Ist den Wirtschaftseinheiten aufgrund ihrer theoretischen Einsichten bekannt, daß ein Anstieg der Inflationsrate eines Landes zur Abwertung seiner Währung führt und daß die Inflationsrate von der Geldmengenexpansion in dem betreffenden Land abhängt, werden sie bei einer exzessiven Geldpolitik die Abwertung richtig antizipieren und den Bestand an der Währung unmittelbar auf das notwendige Minimum reduzieren. Der hierdurch ausgelöste Nachfragerückgang führt direkt nach der Geldmengenexpansion des Landes zur Abwertung seiner Währung.

Während rationale Erwartungen dazu beitragen, die Wechselkursentwicklung relativ schnell an die Kaufkraftparität anzupassen, können adaptive Erwartungen zu einem Überschießen des Wechselkurses führen. Daraus ergeben sich Einflüsse auf den internationalen Güteraustausch und den internationalen Kapitalverkehr. Wird die Abwertungstendenz einer Währung z. B. durch adaptive Erwartungen verstärkt, erhöhen sich Güterexport und Einkommen in dem betreffenden Land über das Ausmaß hinaus, das sich sonst eingestellt hätte. Gleichzeitig kommt es zu einem Anstieg des Kapitalexports in einem Umfang, der sich sonst nicht ergeben hätte.

Eine interessante Frage im Zusammenhang mit der Analyse von Wechselkursschwankungen ist, ob die Währungsspekulation den Wechselkurs stabilisiert oder destabilisiert. Viele Ökonomen unterstellen, daß die Währungsspekulation zur Verstärkung von Wechselschwankungen führt. MILTON FRIEDMAN (1953,1) betont demgegenüber, daß die Währungsspekulation stabilisierend auf den Wechselkurs wirken muß, wenn sie für die Spekulanten als Gruppe gewinnbringend sein soll. Eine destabilisierende Spekulation ist dagegen im allgemeinen mit Verlusten für die Spekulanten verbunden. Diese Aussage wird damit begründet, daß Spekulanten eine Währung nur kaufen werden, wenn deren Kurs relativ niedrig ist, um sie bei einer erwarteten Kurssteigerung zu verkaufen. Durch ein derartiges Verhalten erhöhen sie die Nachfrage bei niedrigem Kurs und das Angebot bei hohem Kurs. Wechselkursschwankungen erfahren hierdurch eine Glättung gegenüber einer Situation ohne Währungsspekulation. Gleichzeitig ist eine derartige stabilisierende Aktivität für die Spekulanten profitabel.

Die Frage, ob eine destabilisierende Spekulation zwangsläufig mit Verlusten für die Spekulanten verbunden sein muß oder nicht, ist nach dem Beitrag von MILTON FRIEDMAN in der ökonomischen Literatur ausgiebig diskutiert worden. So ist eine Anzahl von Fällen konstruiert worden, bei denen destabilisierende Spekulanten einen Gewinn erwirtschaften können (BAUMOL, 1957; TELSER, 1959; STEIN, 1961). Die meisten dieser Gegenbeispiele sind nach HARRY G. JOHNSON (1976,2) wegen ihrer speziellen Annahmen wenig geeignet, die Aussage von MILTON FRIEDMAN zu widerlegen. Relevant dürfte lediglich ein Fall sein, auf den ROBERT M. STERN (1973,1) hinweist. Danach tragen Spekulanten dann zu einer für sie profitablen Destabilisierung des Wechselkurses bei, wenn sie die Wechselkursentwicklung beobachten und jeweils eine Währung aufkaufen, sobald deren Kurs anzusteigen beginnt und diese verkaufen, sobald ihr Kurs zum Sinken tendiert. Eine derartige Verhaltensweise dient der Risikoverringerung. Sie ist in der Realität nicht ungewöhnlich.

4. Währungssysteme und Wechselkurs

Im vorangegangenen Kapitel ist die langfristige Entwicklung des Wechselkurses durch die reale Kaufkraftentwicklung zwischen zwei Ländern erklärt worden. Gleichzeitig wurde deutlich gemacht, daß kurzfristig Abweichungen des Wechselkurses von der Kaufkraftparität stattfinden und daß diese den langfristigen internationalen Anpassungsprozeß stark stören können. Derartige Störungen sind meist mit erheblichen Wohlfahrtsverlusten für die betroffenen Länder verbunden. Einige Ökonomen haben daher Überlegungen über die Anpassungskosten in unterschiedlichen Währungssystemen angestellt. Als Extreme stehen sich Meinungen gegenüber, die ein Währungssystem absolut fester Wechselkurse befürworten (im folgenden als Monopolwährungssystem bezeichnet) und solche, die ein System völlig flexibler Wechselkurse mit freier Wahl der Währungen (im folgenden als Konkurrenzwährungssystem bezeichnet) befürworten.

Als wichtiges Argument zugunsten eines Systems fester Wechselkurse wird die Verringerung der Informations- und Transaktionskosten und damit die Erhöhung der Effizienz des Faktoreinsatzes und des Wirtschaftswachstums genannt. Das wichtigste Argument zugunsten flexibler Wechselkurse ist die Möglichkeit von Ländern oder einzelnen Wirtschaftseinheiten, sich von einem sie umgebenden Inflationstrend abzukoppeln.

Im folgenden werden die Vor- und Nachteile einzelner Währungssysteme aufgezeigt. Hierbei wird zunächst das für die Abgrenzung eines Systems fester Wechselkurse entwickelte Konzept des optimalen Währungsgebietes erläutert.

4.1. Optimales Währungsgebiet

ROBERT MUNDELL (1961) hat als erster die Kosten der Anpassung als Kriterium für die Ableitung eines Konzepts des optimalen Währungsgebietes herangezogen. Er bezeichnet ein Währungsgebiet als optimal, wenn die Anpassung in ihm am günstigsten bei festen Wechselkursen erfolgt, während die zweckmäßigste Anpassung im Hinblick auf die Beziehung des Gebietes zu anderen Währungsräumen variable Wechselkurse erfordert. Das zentrale Kriterium für die Abgrenzung eines optimalen Währungsgebietes ist der Mobilitätsgrad der Produktionsfaktoren, vor allem des Faktors Arbeit. Eine wichtige Rolle in dem Konzept spielt ferner die Annahme von nach unten weitgehend starren Preisen und Löhnen. Sind die Produktionsfaktoren zwischen zwei Gebieten weitgehend mobil und zwischen diesen und dem Rest der Welt weitgehend immobil, ist es für die beiden Gebiete optimal, wenn sie für die Abwicklung ihrer internen Beziehungen feste Wechselkurse vereinbaren und für ihre Außenbeziehungen variable Wechselkurse. Bei dieser Analyse wird davon ausgegangen, daß die in einem optimalen Währungsgebiet unterstellte hohe Anpassungsgeschwindigkeit der Faktoren die Zahlungsbilanzprobleme schneller beseitigt und die Anpassungskosten niedriger hält als dies in einem System flexibler Wechselkurse der Fall sein würde. Eine derartige Aussage gilt allerdings nur für kleine Volkswirtschaften.

Als ein anderes Kriterium zur Abgrenzung eines optimalen Währungsgebietes wird der Grad der außenwirtschaftlichen Offenheit von Regionen angesehen (McKinnon, 1963). Hierbei wird argumentiert, daß eine Abwertung in einem kleinen Land mit einem hohen Anteil handelsfähiger Güter die Wettbewerbsposition der betreffenden Volkswirtschaft nicht verbessert, da die Exportpreise in ausländischer Währung konstant bleiben, während die Inlandspreise im Ausmaß der Währungsabwertung ansteigen. Wechselkursflexibilität bringt somit für das Land keinen Vorteil. Der Anschluß an ein Währungsgebiet mit festen Wechselkursen erleichtert demgegenüber den außenwirtschaftlichen Anpassungsprozeß.

Ein weiteres Kriterium für die Abgrenzung eines optimalen Währungsgebietes ist von Peter B. Kenen (1969, S. 48 ff.) mit dem Diversifizierungsgrad der Güter- und Leistungsproduktion innerhalb einer Region entwickelt worden. Dieses Kriterium wird damit begründet, daß eine in hohem Maße diversifizierte Volkswirtschaft nicht so häufig und nicht in so großem Umfang eine Änderung ihrer terms of trade hinnehmen muß wie eine weniger stark diversifizierte Volkswirtschaft und daß ein hoher Diversifizierungsgrad die mit einem Rückgang bei der Exportnachfrage einzelner Güter verbundenen Beschäftigungseffekte nicht so stark zur Geltung kommen läßt wie im Falle einer geringeren Diversifizierung.

Die Kriterien für die Abgrenzung von Währungsgebieten, in denen feste Wechselkurse volkswirtschaftlich sinnvoll erscheinen, sind in der Literatur einer eingehenden Kritik unterzogen worden. So weist Roland Vaubel (1976, 1, S. 435 ff.) darauf hin, daß die Anpassung des Reallohns an das regionale Produktivitätsgefälle einfacher durch eine Abwertung des Wechselkurses als durch Nachfragesteuerung und Einkommenspolitik zu erreichen ist. Die Vollbeschäftigung des Produktionsfaktors Arbeit ist damit eher in einem System variabler als in einem System fester Wechselkurse gewährleistet.

Darüber hinaus ist anzumerken, daß inflationäre Prozesse in dem Konzept eines optimalen Währungsgebiets keine Berücksichtigung finden. Diese stellen jedoch meist das Hauptproblem der internationalen Anpassung dar. Bei Inflation aber kehren sich die Argumente zugunsten eines Systems fester Wechselkurse in ihr Gegenteil um. So erfordert z. B. die Beseitigung eines durch eine inflationäre

Geldpolitik bedingten Defizits in der Handelsbilanz in einem System fester Wechselkurse eine Verringerung der gesamtwirtschaftlichen Nachfrageexpansion. Wegen der verzögerten Anpassung der Reallöhne ist dies meist mit Arbeitslosigkeit verbunden.

Bei flexiblen Wechselkursen tritt das Zahlungsbilanzproblem demgegenüber gar nicht auf. Ein flexibler Wechselkurs gewährleistet die kontinuierliche Anpassung der relativen Güterpreise zwischen dem Inland und dem Ausland. Eine zahlungsbilanzbedingte Restriktionspolitik, die zur Arbeitslosigkeit führt, ist in einem System flexibler Wechselkurse nicht erforderlich.

Eine umfassende wohlfahrtstheoretische Analyse der Währungsintegration wird von ROLAND VAUBEL (1978) vorgenommen. Er unterscheidet zwischen internationalen externen Wirkungen, die sich zugunsten der zentralen Währungsbehörde ergeben und zwischen nationalen externen Wirkungen, die in dem Verlust der Vorteile aus der Währungsautonomie und der kurzfristigen Beeinflussung der nationalen Beschäftigung bestehen. Er vergleicht diese Anpassungskosten in einem System fester Wechselkurse mit den Anpassungskosten realer Wechselkursänderungen in einem System flexibler Wechselkurse. Die Analyse zeigt, daß es zweckmäßiger ist, die Abgrenzung eines optimalen Währungsgebietes nicht institutionell aufgrund bestimmter, schlecht quantifizierbarer Fakten vorzunehmen, sondern sie der freien Nachfrage der Wirtschaftseinheiten nach konkurrierenden Währungen zu überlassen.

4.2. Monopolwährung

Bei einem Monopolwährungssystem wird nur ein einziges Zahlungsmittel zugelassen. Ein solches System ist gleichbedeutend mit einem nationalen Zentralbankgeldsystem oder einem System, wie es z. B. in der EG in dem Sinne angestrebt wird, daß von einer europäischen Zentralbank ein einheitliches Zahlungsmittel emittiert werden soll.

Ein Monopolwährungssystem impliziert, daß sich die Inflationsraten in den Teilregionen einander angleichen. Ökonomisch ist ein solches System nur sinnvoll, wenn in dem betreffenden Währungsgebiet eine hohe Faktormobilität gegeben ist. Das durch eine geringe Ausstattung mit kommunaler und industrieller Infrastruktur sowie durch erhöhte Transport- und Informationskosten bedingte niedrigere Reallohnniveau in den Randgebieten führt dann zu einer Abwanderung in die Zentren ökonomischer Aktivität, in denen höhere Reallöhne erwirtschaftet und gezahlt werden. Zur Verringerung der Abwanderungstendenz aus den Randregionen macht ein derartiges System entweder die Durchsetzung eines an der Arbeitsproduktivität orientierten niedrigeren Reallohnniveaus in den Randregionen oder die Zahlung von Transfereinkommen erforderlich.

Ein Monopolwährungssystem ist meist nur auf der Ebene einer nationalen Volkswirtschaft praktikabel. Allein auf einer derartigen Ebene ist der politische Wille stark genug, die für die Realisierung einer ausgeglicheneren regionalen Einkommensverteilung erforderlichen Transferzahlungen durchzusetzen.

Als Vorteil eines Monopolwährungssystems wird hervorgehoben, daß Wirtschaftseinheiten in den Randregionen Transfereinkommen aus den Regionen mit höherer

Produktivität erhalten können, die eine Anpassung an veränderte Faktorpreise erleichtern. Ein weiterer Vorteil wird darin gesehen, daß die Informations- und Transaktionskosten im Zusammenhang mit Wechselkursänderungen entfallen. Der Nachteil eines Monopolwährungssystems ist, daß alle Wirtschaftseinheiten von einer Inflation in dem Währungsgebiet betroffen werden, ohne ihr ausweichen zu können.

4.3. Kartellwährung

Bei einem Kartellwährungssystem vereinbaren mehrere Staaten feste Wechselkurse zwischen ihren Währungen im Rahmen bestimmter Bandbreiten. Zahlungsmittel und Recheneinheit bleiben die jeweiligen nationalen Währungen. Der Kartellcharakter wird hierbei darin gesehen, daß sich die Mitglieder eines derartigen Währungsverbundes auf einen einheitlichen Preis (Wechselkurs) einigen und sich verpflichten, bei Abweichungstendenzen mit Stützungsmaßnahmen einzugreifen.

Ein typisches Kartellwährungssystem war das Bretton-Woods-System in der Periode fester Wechselkurse. Die Europäische Währungsschlange und das neue Europäische Währungssystem sind hier ebenfalls einzuordnen.

In einem Kartellwährungssystem behalten die Mitgliedsländer ihre Souveränität im Bereich der Geld- und Fiskalpolitik. Hierdurch entstehen bei nicht abgestimmtem Verhalten vor allem der geldpolitischen Entscheidungsträger Konflikte zwischen binnenwirtschaftlichen und außenwirtschaftlichen Zielen der Wirtschaft. So gibt es Länder mit hoher Präferenz und solche mit geringer Präferenz für Geldwertstabilität. Versucht nun ein Land mit geringer Präferenz für ein stabiles Preisniveau, seine Beschäftigungsprobleme durch eine expansive Geldpolitik zu lösen, gerät es außenwirtschaftlich in Schwierigkeiten. Eine Inflationsbeschleunigung führt zu einer Erhöhung der Importe und einer Verringerung der Exporte. Auf dem Devisenmarkt gerät die inländische Währung unter Abwertungsdruck. Der innerhalb des Kartellwährungssystems vereinbarte feste Wechselkurs läßt sich dann nur durch folgende Maßnahmen verteidigen:

– Das Land verwendet Währungsreserven und Auslandskredite zur Stützung seiner Währung;

– Das Überangebot an inländischer Währung wird von währungsstarken Ländern angekauft;

– Die übrigen dem System fester Wechselkurse angeschlossenen Länder kaufen keine Währungseinheiten auf, dehnen aber ihre Geldmenge im gleichen Umfang aus wie das Land mit den Beschäftigungsproblemen;

– Beschränkung des Güterimports und Kapialexports durch tarifäre oder nicht-tarifäre Handelshemmnisse.

Im ersten Fall können dem inflationierenden Land die Währungsreserven ausgehen, oder es erhält keine Auslandskredite mehr. Das Land muß sich dann an die niedrigere Inflationsrate der übrigen Länder anpassen. Hiervon erwartet man innerhalb eines Kartellwährungsgebietes eine Disziplinierung der inflationierenden Länder. Im zweiten Fall kann der Ankauf von Währungseinheiten des inflationierenden Landes nur so lange anhalten, wie die währungsstarken Länder bereit sind, ihre eigene Wirtschaft zu inflationieren. Im dritten Fall ergeben sich für die einzelnen Länder annähernd gleiche Inflationsraten. Im vierten Fall besteht die Möglichkeit, die Inflationspolitik unabhängig von der Entwicklung im Ausland eine gewisse Zeit beizubehalten.

Um den Konflikt zwischen binnen- und außenwirtschaftlichen Zielen abzuschwächen, wird in einem Kartellwährungssystem meist die Schaffung eines gemeinsamen Fonds beschlossen. Im Bretton-Woods-System war dies der Internationale Währungsfonds, im Europäischen Währungssystem ist es der Europäische Währungsfonds. Diese Fonds haben primär den Zweck, die Anpassungsschwierigkeiten von währungsschwachen Ländern entweder durch die Übertragung von eingezahlten Fondsmittel oder durch eine Erhöhung der internationalen Liquidität zu verringern.

Als Vorteil eines Kartellwährungssystems wird die Verringerung des Wechselkursrisikos und der Informationskosten für Exporteure, Importeure, Banken und Touristen angesehen. Ebenso wird das Disziplinierungsargument häufig als Vorteil genannt. Ein wesentlicher Nachteil des Kartellwährungssystems ist, daß Länder mit geringen Inflationsraten Wohlfahrtsverluste dadurch erleiden, daß sie Devisen aufkaufen, deren Wert berichtigt werden muß. Ein weiterer Nachteil sind die bei stark divergierender Geldpolitik in den Mitgliedsländern von Zeit zu Zeit erforderlich werdenden, abrupten Neufestsetzungen der Wechselkurse. Sie beeinträchtigen die internationalen Wirtschaftsbeziehungen meist stärker, als dies bei kontinuierlicher Anpassung der Währungsparitäten in einem System flexibler Wechselkurse der Fall sein würde.

Ein Kartellwährungssystem kann im Prinzip nur dann reibungslos funktionieren, wenn eine Koordination der Geldpolitik zwischen den beteiligten Ländern vorgenommen wird oder das Leitwährungsland eine stabilitätsorientierte Geldpolitik betreibt. In der Realität ist diesen Ansprüchen nie dauerhaft genügt worden.

4.4. Konkurrenzwährung

Ein Konkurrenzwährungssystem ist ein Währungssystem, bei dem in einem Währungsgebiet mehrere Währungen nebeneinander als Zahlungsmittel und Recheneinheit fungieren. Auf internationaler Ebene würde ein derartiges Währungssystem den Zusammenschluß mehrerer Staaten in einer Währungsunion bedeuten, bei der verschiedene Währungen in Konkurrenz zueinander volle Geldfunktionen ausüben.

Die einzelnen Währungen können hierbei hoheitlich durch nationale Zentralbanken geschaffen werden oder sie können privat bereitgestellt werden. Auch kann ein Wettbewerb zwischen privaten Notenbanken und staatlichen Notenbanken zugelassen werden (KLEIN, 1974; VON HAYEK, 1976).

Eine private Geldemission war bis zum 19. Jahrhundert in fast allen Ländern die Regel. Das Geld bestand damals überwiegend aus sogenanntem Warengeld. Dies waren Münzen, die den Wert des jeweiligen Metalls meist voll reflektierten. Die Schaffung dieses Geldes richtete sich nach den gleichen ökonomischen Gesetzen, wie sie für die Produktion anderer Güter galten, d. h. die Produktion der als Geld zirkulierenden Edelmetalle wurde soweit ausgedehnt, bis die Grenzkosten dem Preis entsprachen.

Mit dem Übergang zu stoffwertlosem Geld in Form von bedrucktem Papier ist die private Schaffung von Geld in Frage gestellt worden. Das wesentliche Argument war, daß bei einer privatwirtschaftlichen Produktion von stoffwertlosem Geld ein Anreiz bestehe, die Geldmenge unendlich auszudehnen, ohne daß hiermit ein zusätzlicher volkswirtschaftlicher Nutzen verbunden sei. Ganz im Gegenteil führe ein Konkurrenzwährungssystem zwangsläufig zu einer Hyperinflation und damit zu einer Entfunktionalisierung des Geldes. Im wesentlichen aus dieser Überlegung heraus wird heute in allen Ländern die Geldproduktion von einem staatlichen Monopol wahrgenommen.

FRIEDRICH A. VON HAYEK (1967, 1976) und ROLAND VAUBEL (1976, 2) weisen demgegenüber darauf hin, daß die Funktionsfähigkeit des Konkurrenzwährungssystems nicht davon abhängt, ob die Notenemission privatwirtschaftlich oder staatlich erfolgt, sondern davon, welches Wechselkurssystem besteht. Ist das Austauschverhältnis der verschiedenen Konkurrenzwährungen zueinander hoheitlich fixiert und gelten alle Währungen als gesetzliches Zahlungsmittel, verdrängt die wertinstabile Währung die wertstabile Währung (GRESHAMsches Gesetz). Die wertstabile Währung wird gehortet, die wertinstabile als Zahlungsmittel eingesetzt.

Besteht dagegen die Möglichkeit, jede beliebige Währung als Zahlungsmittel und Recheneinheit zu verwenden, und sind die Wechselkurse flexibel, verdrängt die wertstabile Währung die wertinstabilen Währungen (Anti-GRESHAMsches Gesetz). Alle Währungsemittenten – ob privat oder staatlich – müssen in einem derartigen System darauf bedacht sein, eine möglichst wertstabile Währung auf den Markt zu bringen. Die wertstabile Währung setzt sich durch, weil mit ihrer Haltung Aufwertungsgewinne anfallen, während das Halten von wertinstabilen Währungen mit Abwertungsverlusten verbunden ist.

Der Vorteil eines Konkurrenzwährungssystems bei flexiblen Wechselkursen und beliebiger Verwendung einzelner Währungen als Zahlungsmittel und Recheneinheit liegt in der damit verbundenen Tendenz zur Durchsetzung einer wertstabilen Währung. Als Nachteil eines derartigen Systems ist auf der einen Seite seine eventuelle deflationistische Tendenz anzusehen und auf der anderen Seite die Möglichkeit, daß sich private oder staatliche Emittenten durch eine von den Wirtschaftseinheiten nicht erwartete plötzlich vorgenommene überproportionale Notenexpansion Vermögensvorteile verschaffen können. Allerdings ist dies nur kurzfristig möglich, da die Wirtschaftseinheiten das betreffende Geld nicht mehr nachfragen werden, sobald sie die Wertminderung erkennen. Bei festen Wechselkursen ist in einem Konkurrenzwährungssystem kein gesamtwirtschaftlicher Vorteil zu erkennen. Es kann hier lediglich derjenige Währungsemittent profitieren, der die schlechte Währung herausgibt. Allerdings gilt dies nur so lange, wie die Nachfrage nach der betreffenden Währung größer als Null ist.

Der wesentliche Nachteil eines Konkurrenzwährungssystems besteht darin, daß die Existenz mehrerer stoffwertloser Währungen nebeneinander die Informations- und Transaktionskosten erhöht und damit den Gütertauschprozeß verteuert (GEHRIG, 1978).

4.5. Parallelwährung

Ein Parallelwährungssystem ist ein spezielles Konkurrenzwährungssystem. In einer Region zirkulieren zwei Währungen, deren Austauschverhältnis völlig flexibel ist. Als Parallelwährung kann hierbei entweder eine nationale Währung fungieren oder eine von einer supranationalen Institution herausgegebene Währung, die neben dem nationalen Geld als gesetzliches Zahlungsmittel und Recheneinheit zugelassen ist. Eine Art von Parallelwährungssystem liegt auch vor, wenn neben dem nationalen Geld ausländisches Geld die Funktion einer Nebenwährung erfüllt. Bei einem Parallelwährungssystem handelt es sich um ein auf zwei Währungen beschränktes Konkurrenzwährungssystem.

Primäre Ziele eines Parallelwährungssystems sind die Verringerung der währungsbedingten Informations- und Transaktionskosten, die Gewährleistung einer inflationsfreien Geldpolitik sowie die Beschleunigung der wirtschaftlichen und politischen Integration im Parallelwährungsgebiet. Das erste Ziel wird dadurch erreicht, daß in allen Teilregionen eines Parallelwährungsgebiets Zahlungen in der übergreifenden Währung getätigt werden können. Das zweite Ziel wird dadurch erfüllt, daß die wertstabilere Währung mehr von den Wirtschaftseinheiten verwendet wird als die instabilere. Für die Währungsemittenten wird es daher schwierig, eine inflationistische Geldpolitik zu betreiben. Das dritte Ziel wird dadurch realisiert, daß die nationale Souveränität im Bereich der Wirtschaftspolitik nicht unnötig eingeschränkt wird. Hierdurch werden keine Integrationswiderstände der beteiligten Länder provoziert.

Die Einführung einer Parallelwährung ist mit erheblichen Problemen verbunden. Die Parallelwährung muß attraktiv genug ausgestattet werden, um von den Wirtschaftseinheiten nachgefragt zu werden. Als Anreiz zur Verwendung einer supranationalen Parallelwährung eignet sich besonders die Wertsicherung durch Bindung an einen Kaufkraftindex. Die Ausgestaltung möglicher Indexklauseln ist allerdings wiederum ein sehr vielschichtiges ökonomisches Problem (VAUBEL, 1978, S. 103–158).

Als Fazit der Ausführungen über Währungssysteme und Wechselkurs läßt sich festhalten, daß im internationalen Bereich auch für einzelne Gruppen von Ländern wie etwa den EG-Mitgliedstaaten auf absehbare Zeit die Einführung einer einzigen Währung, d. h. die Schaffung eines Monopolwährungssystems, politisch kaum realisierbar sein dürfte. Es gibt keine Anzeichen dafür, daß die Einzelstaaten bereit sind, auf das Monopol der Notenemission zu verzichten. Das Konkurrenzwährungssystem kann aus dem gleichen Grund zur Zeit ebenfalls nur als gedankliche Konstruktion betrachtet werden. Weniger politischer Widerstand dürfte sich demgegenüber bei der Einführung eines Parallelwährungssystems ergeben. Doch ist auch mit diesem System langfristig die Aufhebung der nationalen Souveränität über die Geldschöpfung verbunden. Vieles spricht daher dafür, daß auf absehbare Zeit ein Kartellwährungssystem in der einen oder anderen Form beibehalten werden wird.

Kommentierte Literaturhinweise

Einen Gesamtüberblick über die Währungstheorie und Währungspolitik bietet Hubertus Adebahr (1978).

Ein Buch, das neben der monetären Außenwirtschaftstheorie auch die Währungspolitik auf theoretischer Grundlage darstellt, ist die Außenwirtschaftslehre von Manfred Borchert (1977).

Probleme der internationalen Liquidität, der Zahlungsbilanzanpassung, der Weltinflation und der Währungsunion behandelt der von Emil-Maria Claassen (1977,2) herausgegebene Sammelband.

Eine Erörterung der Beziehung zwischen der Zahlungsbilanz und der inländischen Inflationsrate findet sich bei Ernst Dürr und Gertrud Neuhauser (1975).

Eine Analyse der monetären Außenwirtschaftsbeziehungen bietet das Buch von H. Robert Heller (1974).

Wichtige Beiträge zu der Frage ‚feste oder flexible Wechselkurse', zum Zahlungsbilanzanpassungsmechanismus und zur Beurteilung von Währungssystemen enthält der Band von Harry G. Johnson (1972,2).

Auf aktuelle Fragen des Zahlungsbilanzausgleichs, der internationalen Finanzmärkte und der währungspolitischen Institutionen geht das Buch von Claus Köhler (1979) ein.

Alle wichtigen Probleme zur Zahlungsbilanztheorie, zur Zahlungsbilanzpolitik und zu dem internationalen Währungssystem werden in dem Buch von Anton Konrad (1979) angesprochen.

Für einen knappen Überblick über Zahlungsbilanzanpassungsmechanismen vgl. Bernhard Külp (1978).

Ein ‚Klassiker' zur Währungstheorie und Währungspolitik ist das Buch von James E. Meade (1962).

Eine Darstellung der monetären Außenwirtschaftstheorie findet sich in dem bekannten Lehrbuch von Klaus Rose (1978).

Devisenmarkt und Zahlungsbilanzausgleich werden kurz und präzise beschrieben bei Erich Schneider (1968).

Zum intensiveren Studium der Probleme bei der Schaffung einer Europäischen Währungsunion, insbesondere bei Einführung eines Parallelwährungssystems, empfiehlt sich das Buch von Roland Vaubel (1978).

Eine Darstellung und Kritik der Vorschläge zur Schaffung einer Europäischen Währungsunion findet sich bei Hans Willgerodt u. a. (1972).

F. Inflation

Dieter Cassel

Gliederung

1. Inflation als gesamtwirtschaftliches Phänomen
   - 1.1. Definition
   - 1.2. Messung
   - 1.3. Inflationsarten
2. Inflationserklärung
   - 2.1. Analysekonzepte
   - 2.2. Inflationsursachen
     - 2.2.1. Nachfragesogfaktoren
     - 2.2.2. Angebotsdruckfaktoren
     - 2.2.3. Verteilungskampf
     - 2.2.4. Erwartungen und Antizipationen
   - 2.3. Inflationsphasen und -zyklen
   - 2.4. Weltinflation
3. Inflationswirkungen
   - 3.1. Einkommens- und Beschäftigungseffekte
   - 3.2. Allokations- und Wachstumseffekte
   - 3.3. Umverteilungseffekte
4. Inflation in sozialistischen Planwirtschaften

1. Inflation als gesamtwirtschaftliches Phänomen

Mit „Inflation" werden im wissenschaftlichen wie im alltäglichen Sprachgebrauch sehr unterschiedliche Sachverhalte bezeichnet: Einzelpreis- und Preisniveauerhöhungen, Kosten- und Gewinnsteigerungen, Geldwertschwund und Währungsverfall, Geldmengenausweitungen und Güterverknappungen, Faktor- und Realeinkommenslücken, um nur einige zu nennen. Diese Vielfalt der Begriffsinhalte erfordert zunächst eine Klärung der Inflationsbegriffe und ihrer Operationalisierungsmöglichkeiten.

1.1. Definition

Die Schwierigkeiten, Inflation problemadäquat und operational zu definieren, haben mit der theoretischen Durchdringung dieses Phänomens eher zu- als abgenommen. In der älteren Literatur herrschen Kausaldefinitionen vor. Darunter versteht man Definitionen, in denen jeweils eine mögliche Inflationsursache (Geldmengenerhöhungen, Nachfragesog, Kostendruck, Budgetdefizite, Zahlungsbilanzüberschüsse usw.) begriffskonstitutiv ist. Häufig sind sie schon an den Zusätzen zum Wort „Inflation" zu erkennen, wie die Geldmengen-, Angebotsdruck-, Verteilungskampf-, Anspruchsinflation oder importierte Inflation. Kausaldefinitionen implizieren meist eine monokausale Inflationserklärung, schließen alternative Kausalzusammenhänge sprachlich aus und engen den analytischen Problemhorizont von vornherein ein.

In jüngerer Zeit haben sich Symptomdefinitionen durchgesetzt. Das sind Sprachregelungen, die ausschließlich auf das äußere Erscheinungsbild der Inflation abstellen. Nach der gebräuchlichsten Symptomdefinition sind unter Inflation anhaltende, über eine bestimmte Marge hinausgehende Preisniveausteigerungen zu verstehen (Issing, 1974; Woll, 1979). Bei Preisniveausenkungen spricht man analog von Deflation. Die begriffskonstituierenden Merkmale dieser Inflationsdefinition lassen sich wie folgt umschreiben:

– Definitionsgemäß irrelevant sind Erhöhungen sowohl der absoluten als auch der relativen Einzelpreise der Güter und Faktoren – so wichtig sie im gesamtwirtschaftlichen Allokationszusammenhang auch sein mögen (z. B. Erhöhungen von Öl- und Nahrungsmittelpreisen, Mieten und Lohnsätzen). Inflation liegt nur dann vor, wenn das Preis-„Niveau" steigt.

– Als Inflation gelten ferner keine einmaligen Steigerungen des Preisniveaus, wie sie infolge einer Erhöhung der Mehrwertsteuer, einer Mißernte, saisonaler Einflüsse oder der Aufhebung eines Preisstopps auftreten können. Inflation ist dagegen eine mehrere Jahre (Perioden) lang anhaltende Abfolge „ständiger" Preisniveausteigerungen.

– Ausgeschlossen sind auch verhältnismäßig geringe Preisniveausteigerungen. Meist gibt man hierfür eine Marge von 1–2 v. H. pro Jahr an. Begründet wird dies überwiegend mit Meßfehlern, die der Preisniveauermittlung durch Preisindizes anhaften können. Von Inflation spricht man folglich erst dann, wenn die Nullabweichung der Steigerungsrate des ausgewählten Preisindex eine statistisch begründbare Marge der Meßungenauigkeit überschreitet.

Die strikte Begrenzung des Inflationsbegriffs auf das Symptom anhaltender Preisniveausteigerungen ist nicht ohne Kritik geblieben (CASSEL, 1978; MACHLUP, 1978; THIEME, 1979, 2). Hiernach erscheint die herrschende Sprachregelung zwar durchaus adäquat für Inflation in Marktwirtschaften mit weitgehend freier Preisbildung auf allen Märkten. Fraglich ist jedoch, wie diejenigen Fälle begrifflich einzuordnen sind, in denen innerhalb eines marktwirtschaftlichen Systems ein weiterer Anstieg des Preisniveaus durch wirtschaftspolitische Eingriffe in den Preisbildungsprozeß – z. B. durch generelle Lohn- und Preisstopps – unterdrückt wird. Auch in sozialistischen Planwirtschaften läßt sich nach der gängigen Definition keine Inflation diagnostizieren, wenn die Planungsinstanzen die Preise über Jahre hinweg unverändert lassen. Darüber hinaus kommt es in westlichen Marktwirtschaften wie in sozialistischen Planwirtschaften nicht selten zu Indexmanipulationen, durch die der statistische Ausweis tatsächlich eingetretener Preisniveausteigerungen vermieden werden soll. Obwohl bestimmte Erscheinungen, wie zunehmende Warteschlangen, längere Lieferfristen, steigende Schwarzmarktpreise, Abbau von Nebenleistungen, Qualitätsverschlechterungen usw. auf Inflation schließen lassen, ist auf sie die obige Symptomdefinition nicht anwendbar. Trotz der empirischen Relevanz derartiger Fälle begnügt man sich mit der Bildung von Analogien und spricht von gestoppter, zurückgestauter, versteckter und Quasi-Inflation bzw. generell von Inflationen ohne Preisniveauanstieg, ohne über geeignete Meßkonzepte zur Bestimmung ihres quantitativen Ausmaßes zu verfügen (RÖPKE, 1947; ERTEL, 1977).

Will man diese begriffliche Inkonsistenz vermeiden, ist vom Ursprung des Inflationsphänomens auszugehen. Er liegt in der Einführung des Geldes in den Wirtschaftsverkehr (Beitrag D-1.3.). Der in Gütermengen ausgedrückte Preis bzw. Wert des Geldes GW (Geldwert, Kaufkraft) ist gemäß $GW := 1/P$ gleich dem Kehrwert des Preisniveaus P der neu produzierten Güter (Sozialprodukt bzw. Output); der in Geld ausgedrückte absolute Preis des Geldes ist gleich eins. Wenn Geld im Verhältnis zur Gütermenge reichlicher vorhanden ist, sinkt der Wert des Geldes und steigt das Preisniveau. Versteht man unter Inflation anhaltende Preisniveausteigerungen, begreift man sie folglich implizit als ein gesamtwirtschaftliches monetäres Phänomen (FRIEDMAN, 1970,1). Inflation läßt sich deshalb auch als ein länger anhaltender Prozeß definieren, in dem gemäß $g_M > g_Y$ die Wachstumsrate der nominalen Geldmenge g_M über einen längeren Zeitraum größer ist als die des realen Sozialprodukts g_Y. Dies besagt, daß Inflation in einem permanenten Anstieg der nominalen Geldmenge pro Outputeinheit M/Y zum Ausdruck kommt. Diese Definition weist folgende Merkmale auf:

– Sie ist eine Symptomdefinition; denn eine permanente Divergenz von g_M und g_Y ist nur das „Indiz" für einen inflatorischen Prozeß, nicht aber seine Ursache. Es bleibt offen, worauf die Divergenz jeweils zurückzuführen ist.

– Der durch sie festgelegte Inflationsbegriff läßt sich unabhängig vom realisierten Wirtschaftssystem, der Funktionsfähigkeit des Preismechanismus und der Wirkungsweise wirtschaftspolitischer Interventionen in den Preisbildungsprozeß auf jede Geldwirtschaft anwenden.

– Auch hiermit wird Inflation als längerfristiges Trendphänomen erfaßt. Erfahrungsgemäß können Mißernten, Saisoneinflüsse, Naturkatastrophen, ausgedehnte Streiks, Versorgungsengpässe bei wichtigen Rohstoffen usw. das Wachstum des angebotenen Outputs (vorübergehend) abschwächen; eine dadurch eintretende Divergenz von g_M und g_Y ist jedoch in aller Regel nur temporär und nicht „länger anhaltend".

Wächst die Geldmenge M ständig stärker als das reale Sozialprodukt Y, muß sich dies ex post notwendigerweise in einem Anstieg des Produktes aus dem Kassenhaltungskoeffizienten k und dem (Output-)Preisniveau P zeigen; denn das „überschüssige" Geld wird entweder zusätzlich als Kasse gehalten oder dient der Finanzierung des durch Preisniveauerhöhungen aufgeblähten Einkommenskreislaufs. Dies folgt aus der Umformung der Definition k := M/(Y · P) zu

(1) $M/Y = k \cdot P$.

Auf Änderungsraten abgestellt, folgt hieraus

(2) $g_M - g_Y = g_k + g_P$.

Im Fall der Inflation mit $g_M > g_Y$ gilt demnach $g_k + g_P > 0$. Somit können die Änderungsraten des Kassenhaltungskoeffizienten g_k und des Preisniveaus g_P als Inflationsindikatoren betrachtet werden (CASSEL/THIEME, 1976, 2).

Je nach Konstellation lassen sich verschiedene Erscheinungsformen der Inflation unterscheiden. In einer Marktwirtschaft mit funktionsfähigem Preismechanismus wird sich die Inflation letztlich in Preisniveausteigerungen Ausdruck verschaffen ($g_P > 0$). Diese als Preisinflation bezeichnete Erscheinungsform entspricht der herrschenden Symptomdefinition. Auch in sozialistischen Planwirtschaften kann es jederzeit zu Divergenzen von Geldmengen- und realem Sozialproduktswachstum kommen. Werden die Einzelpreise durch zentral-administrative Preisfixierung längere Zeit praktisch konstant gehalten, so kann die Inflation nur als ein permanenter Anstieg des Kassenhaltungskoeffizienten in Erscheinung treten ($g_k > 0$). Dies wäre auch in Marktwirtschaften der Fall, wenn über längere Zeit ein lückenloser Preisstopp praktiziert werden könnte. Die Unterdrückung des Preisniveauanstiegs hat dieser Erscheinungsform die Bezeichnung gestoppte bzw. zurückgestaute Inflation gegeben. Sie soll hier ihrem Indikator entsprechend als Kassenhaltungsinflation bezeichnet werden. Von einer gemischten Inflation als dritter Erscheinungsform wäre immer dann zu sprechen, wenn der Anstieg des Preisniveaus nur teilweise unterdrückt wird. Hierbei zeigt sich die Inflation in gleichzeitigen permanenten Erhöhungen sowohl des Preisniveaus als auch des Kassenhaltungskoeffizienten.

1.2. Messung

Will man das quantitative Ausmaß einer Inflation an ihrem Symptom $g_M > g_Y$ messen, ist die zeitliche Entwicklung der beiden Symptomvariablen M und Y zu erfassen. Dabei entsteht das Problem, zwischen den verschiedenen Abgrenzungen der Geldmenge (Beitrag D-1.4.) und des Sozialprodukts (Beitrag B-2.6.) wählen zu müssen. Darüber hinaus besteht die Schwierigkeit, daß das reale Sozialprodukt keine originäre Größe ist, sondern erst mit Hilfe des Preisniveaus aus dem nominalen Sozialprodukt errechnet werden muß. Das Meßergebnis hängt also in jedem Fall von der korrekten Preisniveauermittlung ab.

Meßprobleme der Preisinflation

Zur Operationalisierung des Konstrukts Preisniveau – genauer gesagt: zur Messung seiner zeitlichen Veränderungen – werden Preisindizes herangezogen, deren Ermittlung nicht unproblematisch ist und eine quantitativ exakte Inflationsdiagnose in Frage stellt (KUNZ, 1977; STADLBAUER, 1977; SCHUBERT, 1980).

Zunächst besteht die Wahl zwischen mehreren Index-Formeln, unter denen die Preisindizes nach LASPEYRES (P_L) und nach PAASCHE (P_P) am bekanntesten sind:

$$P_L = \frac{\Sigma\, p_{i1} \cdot q_{io}}{\Sigma\, p_{io} \cdot q_{io}} \cdot 100 \text{ bzw. } P_P = \frac{\Sigma\, p_{i1} \cdot q_{i1}}{\Sigma\, p_{io} \cdot q_{i1}} \cdot 100$$

mit p – Preis, q – Menge, i – 1, 2, ..., n Güter,
0 – Basisperiode und 1 – Berichtsperiode.

Der LASPEYRES-Index verwendet das konstante Wägungsschema q_{io} der Basisperiode. Indexwerte aufeinanderfolgender Berichtsperioden repräsentieren die reine Preisentwicklung und sind uneingeschränkt miteinander vergleichbar. Dagegen verwendet der PAASCHE-Index das sich jeweils ändernde Wägungsschema der Berichtsperiode. Er ist deshalb für den periodischen Preisniveauvergleich ziemlich ungeeignet. Seine Werte repräsentieren die reine Preisentwicklung lediglich im Vergleich zur Basisperiode. Deshalb dient er meist nur als Deflator zur Preisbereinigung von Aggregaten der Volkswirtschaftlichen Gesamtrechnung (VGR). *Tab. F-1* zeigt die Inflationsentwicklung in der Bundesrepublik Deutschland seit 1960 anhand repräsentativer VGR-Deflatoren und LASPEYRES-Indizes. Auffallend ist, daß die beiden Konsumgüterpreisindizes (Spalten 2–3) annähernd gleiche Steigerungsraten aufweisen. Dies ist im wesentlichen darauf zurückzuführen, daß die Deflatoren der VGR in der Bundesrepublik keine reinen PAASCHE-Indizes, sondern aufgrund ihrer Ermittlung eher „verpaaschte" LASPEYRES-Indizes sind.

Den einzelnen Konsumenten interessiert weniger die Preisentwicklung aller Güter des Sozialprodukts, sondern nur derjenigen Güter, die in seinen Begehrskreis fallen. Das STATISTISCHE BUNDESAMT hat deshalb insgesamt fünf (LASPEYRES-)Lebenshaltungsindizes entwickelt. Unter ihnen haben der Preisindex für die Lebenshaltung aller privaten Haushalte (Spalte 3) und der Preisindex für die Lebenshaltung von Zwei-Personen-Haushalten von Renten- und Sozialhilfeempfängern (Spalte 4) den breitesten Adressatenkreis und dementsprechend auch die größte Relevanz für die wirtschaftspolitische Inflationsdiagnose. Ein Vergleich der jährlichen Änderungsraten der Lebenshaltungsindizes zeigt, daß die gemessene Geldentwertung weder für beide Indexhaushalte gleich groß noch für den einen Indexhaushalt stets größer als für den anderen ist.

Probleme der Inflationsdiagnose resultieren auch aus der für den intertemporalen Preisniveauvergleich notwendigen Konstanz des Wägungsschemas der LASPEYRES-Indizes. Da sich in der Realität die Güterarten und -qualitäten sowie die Verbrauchsstrukturen laufend ändern, kann das starre Wägungsschema rasch veralten und der gemessene Indexwert zur Fiktion werden. Der Index weist dann die Preisniveauänderungen zu hoch oder zu niedrig aus. Da man allgemein annimmt, daß z. B. Qualitätsverbesserungen häufiger und gewichtiger sind als Qualitätsverschlechterungen, wird per saldo auf eine nicht unerhebliche qualitätsbedingte Übertreibungstendenz der LASPEYRES-Indizes geschlossen (DEUTSCHE BUNDESBANK, 1963, S. 22 f.; SACHVERSTÄN-

Tab. F-1: Inflationsentwicklung in ausgewählten Ländern und im Durchschnitt der westlichen Industrieländer (jährliche Änderungsraten in v. H.), 1976–78

Jahr	Bundesrepublik Deutschland				Westliche Industrie- länder[1]	DDR		Polen	
	VGR-Deflatoren		LASPEYRES-Indizes						
	Brutto- sozial- produkt	Privater Verbrauch	Lebenshaltung aller privaten Haushalte	Lebenshaltung von Rentnern[2]	Verbraucher- preise	Kassen- haltungs- koeffizient[3]	Verbraucher- preise[4]	Kassen- haltungs- koeffizient[3]	Verbrau- cher preise[5]
	1	2	3	4	5	6	7	8	9
1960	2,6	1,2	–	1,5	1,9	14,0	11,0	10,5	1,8
1961	4,4	3,4	–	2,5	2,0	4,1	0,1	9,5	0,8
1962	4,2	3,1	–	3,3	2,8	7,8	0,2	8,7	2,5
1963	2,9	3,0	2,9	3,5	2,9	9,1	–0,1	–4,0	0,9
1964	3,0	2,5	2,3	2,8	2,4	8,3	0,1	25,0	1,2
1965	3,4	3,3	3,3	4,0	3,0	9,2	–0,2	6,7	0,8
1966	3,7	3,7	3,6	4,1	3,5	7,0	0,0	12,5	1,3
1967	1,5	1,7	1,6	1,4	3,0	6,6	–0,1	8,3	1,4
1968	1,7	1,8	1,6	1,4	3,9	6,2	0,2	5,1	1,5
1969	3,6	1,9	1,9	3,0	4,8	4,7	–0,2	2,4	1,2
1970	7,3	3,5	3,4	3,3	5,6	3,3	–0,1	2,4	1,1
1971	7,7	5,4	5,3	4,7	5,1	2,2	0,3	7,0	0,5
1972	5,6	5,6	5,5	5,6	4,5	2,1	–0,3	8,7	0,0
1973	6,1	7,1	6,9	7,1	7,5	3,1	–0,4	10,0	2,7
1974	6,9	7,0	7,0	6,6	13,1	1,0	–0,2	9,1	6,6
1975	6,7	6,3	6,0	6,7	10,8	3,0	0,1	3,3	2,9
1976	3,2	4,4	4,5	5,3	7,9	1,9	0,0	–	–
1977	3,8	3,8	3,9	3,4	7,9	–	–	–	–
1978	3,9	2,6	2,6	2,2	6,8	–	–	–	–

[1] 15 Länder: D, F, I, NL, B, GB, L, DN, CH, S, N, A, USA, J, CDN. [2] Lebenshaltung von 2-Personen-Haushalten von Renten- und Sozialhilfeempfängern. [3] Quotient aus Bargeld und Sichteinlagen des privaten Publikums und Einzelhandelsumsatz. [4] Preisindex der Konsumgüter, Leistungspreise und Tarife. [5] Preisindex der Konsumgüter und Dienstleistungen.
Quelle: Sp. 1–2: SVR, Jahresgutachten, (lfde. Jahrgänge); Sp. 3–4: Statistisches Bundesamt, Fachserie 17, Reihe 7: Preise und Preisindizes der Lebenshaltung, (lfde. Jahrgänge); Sp. 5: IMF, International Financial Statistics, (lfde. Jahrgänge); Sp. 6–9: Hartwig/Thieme (1979), S. 114 f.

DIGENRAT ZUR BEGUTACHTUNG DER GESAMTWIRTSCHAFTLICHEN ENTWICKLUNG [SVR], 1964, Tz. 148). Neueren Vergleichsrechnungen zufolge, läßt sich diese Standardannahme jedoch nicht generell aufrechterhalten (TRIPLETT, 1975). Da sich die amtliche Statistik außerdem bemüht, die Preiseffekte von Qualitätsänderungen auszuschalten, dürften die qualitätsbedingten Informationsverzerrungen insbesondere bei höheren Inflationsraten praktisch kaum von Bedeutung sein. Dies gilt auch für jene Übertreibungstendenzen, die den substitutionsbedingten Abweichungen der tatsächlichen Verbrauchsstruktur vom Wägungsschema infolge von Veränderungen der relativen Preise zugeschrieben werden (LASPEYRES-Effekt).

Ein neuerdings stärker diskutiertes Diagnoseproblem resultiert daraus, daß die herkömmlichen Lebenshaltungsindizes lediglich den Gegenwartskonsum erfassen (ALCHIAN/KLEIN, 1973). Erfahrungsgemäß beziehen die Verbraucher jedoch auch den Zukunftskonsum in ihre Nutzenerwägungen ein. Er wird wesentlich bestimmt durch das gesamte Gegenwartsvermögen, einschließlich der langlebigen Gebrauchsgüter und des Humankapitals. Da es von den relativen Preisen der Output- und Vermögensgüter abhängt, welche Kombination aus Gegenwarts- und Zukunftskonsum die Verbraucher zu realisieren wünschen, müßte der Lebenshaltungsindex korrekterweise auch die gegenwärtigen Preise konsumierbarer Bestandsgüter und ertragbringender Aktiva erfassen. Die Konstruktion eines solchen Index ist bisher vor allem an der noch unzureichenden Statistik der Bestandsgüterpreise gescheitert. Da im inflatorischen Prozeß die Bestandsgüterpreise zeitlich vor den Outputgüterpreisen reagieren, könnte mit einem derartigen Index der Wahrnehmungslag der Inflationsdiagnose möglicherweise erheblich verkürzt werden.

Gewisse Informationsverzerrungen gehen auch auf ungelöste Erfassungsprobleme zurück. Sie resultieren vor allem aus der bei den Lebenshaltungsindizes in der Bundesrepublik praktizierten Erhebung von Angebotspreisen anstelle von Transaktionspreisen. Angebotspreise sind Preise, die in Preisauszeichnungen, Preislisten, Katalogen usw. als Offerte an die Nachfrager kundgetan werden. Hiervon weichen die bei Vertragsabschluß ausgehandelten und tatsächlich gezahlten Transaktionspreise häufig nicht unerheblich ab. Vergleichsrechnungen für die USA zeigen (STIGLER/KINDAHL, 1970), daß Angebotspreisindizes in der Rezession übertreiben, weil dann die Transaktionspreise durch den verschärften Wettbewerb unter Druck geraten. In Boomphasen neigen sie zur Untertreibung. Dies dürfte generell für alle Käufermarkt-Situationen gelten, insbesondere aber für alle Fälle, in denen staatliche Kontrollen der Angebotspreise durch Erhöhung von Transaktions- und Schwarzmarktpreisen umgangen werden. Solche erhebungsbedingten Untertreibungstendenzen werden unter dem Begriff versteckte bzw. verdeckte Inflation zusammengefaßt.

Die Messung der Preisinflation ist also mit vielfältigen, teils vermeidbaren, teils unvermeidbaren Unsicherheiten behaftet. Da sich die Effekte teilweise kompensieren und im Lichte neuerer Untersuchungen quantitativ nicht so bedeutsam erscheinen wie bisher angenommen wurde, dürfte jedoch die üblicherweise genannte Unsicherheitsmarge von 1–2 Prozentpunkten pro Jahr zu hoch gegriffen sein. In der Bundesrepublik kann man sie mit einem Wert unter einem Prozent veranschlagen.

Meßprobleme der Kassenhaltungsinflation

Zur Messung der Kassenhaltungsinflation ist die Operationalisierung des Kassenhaltungskoeffizienten erforderlich. Er läßt sich als Quotient aus der Summe aller inländischen Geldbestände und dem nominalen Sozialprodukt errechnen. Je nach Abgrenzung von Geldmenge und Sozialprodukt sowie ihrer Disaggregation nach Sektoren der VGR lassen sich Teilkoeffizienten mit unterschiedlichem Aussagegehalt konstruieren. Für Länder mit sozialistischer Planwirtschaft haben sich die Meßkonzepte jedoch mehr nach den begrenzt verfügbaren Daten als nach theoretischen Idealvorstellungen zu richten. Darüber hinaus entstehen Schwierigkeiten mit der systemspezifischen Abgrenzung und Zuordnung der relevanten Aggregate.

Empirische Untersuchungen für die DDR und Polen (HARTWIG/THIEME, 1979; THIEME, 1979, 2) weisen die Existenz einer Kassenhaltungs- bzw. gemischten Inflation nach *(Tab. F-1)*. Die jährlichen Änderungsraten der spezifischen Kassenhaltungskoeffizienten sind während des gesamten Betrachtungszeitraumes positiv. In der DDR zeigen sie seit Mitte der 60er Jahre eine fallende, in Polen eine gleichbleibende Tendenz, allerdings mit erheblichen Schwankungen nach beiden Seiten. Da für Polen – im Gegensatz zur DDR – außerdem positive Änderungsraten des Verbraucherpreisniveaus ausgewiesen werden, liegt hier eine gemischte Inflation vor, die ihr gesamtes Ausmaß erst in der Zusammenschau der Entwicklung von Preisniveau und Kassenhaltungsdauer erkennen läßt.

Mit Hilfe der Wachstumsrate des Kassenhaltungskoeffizienten kann somit die von westlichen Beobachtern seit längerem vermutete, bisher mit Erscheinungen wie Güterrationierungen, Warteschlangen, Schwarzmärkten usw. belegte und hinsichtlich ihres Ausmaßes nur geschätzte Inflation in sozialistischen Ländern (WAGNER, 1977; CULBERTSON/AMACHER, 1978) allein unter Verwendung offizieller Statistiken nachgewiesen und quantifiziert werden. Dennoch befaßt sich die Lehrbuchliteratur nahezu ausschließlich mit der Preisinflation westlicher Marktwirtschaften. Die sich hier anschließende Analyse folgt diesem Vorgehen und greift Probleme der Kassenhaltungsinflation erst im letzten Abschnitt wieder auf.

1.3. Inflationsarten

Ihrem Erscheinungsbild nach lassen sich zahlreiche Arten der (Preis-)Inflation unterscheiden. Von Bedeutung ist zunächst die Unterteilung in heimische Inflation und Weltinflation. Mit heimischer Inflation wird der sich innerhalb der Grenzen eines Landes ausbreitende inflatorische Prozeß bezeichnet. Unter Weltinflation versteht man den Sachverhalt, daß sich die nationalen inflatorischen Prozesse nach dem Zweiten Weltkrieg tendenziell ziemlich einheitlich und in enger Beziehung zueinander entwickelt haben. Die Weltinflation läßt sich näherungsweise als ein mit den Sozialproduktsanteilen gewichtetes geometrisches Mittel der nationalen Inflationsraten berechnen (*Tab. F-1*, Spalte 5). Die Standardabweichung zwischen den nationalen Inflationsraten nimmt dabei um so höhere Werte an, je variabler die Wechselkurse sind: Für die Jahre 1958–70 beträgt sie 0,908, für 1971–78 liegt sie bei 2,389 und für 1976–78 – eine Periode mit praktisch flexiblen Wechselkursen – sogar bei 3,531

(STEINMANN, 1979, S. 119). Theoretisch ist die Weltinflation als ein supranationales Phänomen aufzufassen, das in einer weitgehend integrierten Weltwirtschaft mit festen Wechselkursen immer dann auftritt, wenn die Wachstumsrate der Weltgeldmenge ständig größer ist als die des realen Weltsozialprodukts.

In der Literatur findet sich immer wieder die bei Politikern beliebte, theoretisch aber weitgehend irrelevante Unterscheidung nach der absoluten Höhe der Inflationsrate – dem Tempo der Inflation – in schleichende, trabende und galoppierende Inflation und Hyperinflation. Manche Autoren lassen die schleichende Inflation bei einer jährlichen Rate von 3 v. H. in eine trabende und bei 8 v. H. in eine galoppierende übergehen, andere sehen schon bei 3 v. H. den Übergang von der schleichenden in die galoppierende Inflation; und von PHILLIP CAGAN (1956, S. 25) stammt der vielzitierte Vorschlag, ab einer monatlichen Rate von 50 v. H. – das entspricht einer jährlichen Steigerungsrate von 12 975 v. H.! – Hyperinflation anzunehmen. In den von ihm untersuchten Fällen lagen die monatlichen Inflationsraten in der Spitze allerdings weit über dieser Marge: z. B. in Deutschland bei $32{,}4 \cdot 10^3$ v. H. (Oktober 1923) und in Ungarn bei $41{,}9 \cdot 10^{15}$ v. H. (Juli 1946). Solche Hyperinflationen sind jedoch Episoden der Wirtschaftsgeschichte geblieben. In den 70er Jahren erreichten Chile mit 586 v. H. (1974) und Argentinien mit 487 v. H. (1976) die höchsten jährlichen Raten. Unter den westlichen Industrieländern lagen Japan mit 24,5 v. H. (1974) und England mit 24,2 v. H. (1975) an der Spitze.

Die Inflationsraten können sich in bezug auf die Zeitachse nach oben, unten oder horizontal entwickeln *(Abb. F-1a)*. Dementsprechend wird zwischen Phasen akzelerierter, stabilisierter und dezelerierter Inflation unterschieden. Hierbei interessiert nicht die absolute Höhe der Inflationsrate, sondern das Ausmaß und die Richtung

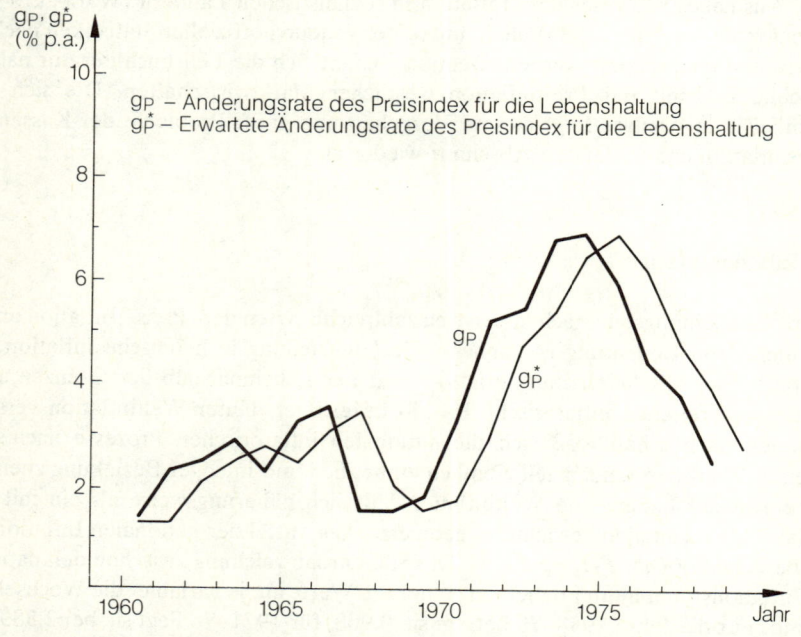

Abb. F-1a: Inflationsratenentwicklung in der Bundesrepublik Deutschland, 1960–78

ihrer Änderung, wie es vereinfachend anhand eines linearen Verlaufschemas gezeigt werden kann *(Abb. F-1b):* Die Phase der akzelerierten Inflation ist durch einen kontinuierlichen Anstieg, die der dezelerierten Inflation durch einen entsprechenden Rückgang der Inflationsrate gekennzeichnet. Bleibt dagegen die Inflationsrate unverändert, liegt eine Phase der stabilisierten Inflation vor. Anders als bei Preisniveaustabilität steigt dabei das Preisniveau exponentiell an; „stabilisiert" ist nur die Preisniveauänderungsrate.

In engem Zusammenhang mit der Phaseneinteilung steht die Unterscheidung der Inflation nach dem Grad der den Wirtschaftssubjekten gelungenen ex ante-Anpassung an die tatsächlich eintretende Inflationsrate. Man unterscheidet hierbei zwischen vollständig antizipierter und unvollständig antizipierter Inflation. Der Begriff der Antizipation, der dieser Einteilung zugrunde liegt, beinhaltet nicht nur die subjektiven Erwartungen hinsichtlich der künftigen Inflationsrate, sondern auch die faktisch getroffenen Dispositionen, mit denen die Wirtschaftssubjekte der jeweils erwarteten Preisentwicklung zuvorzukommen trachten. Eine vollständig antizipierte Inflation (steady-state-Inflation) ist der theoretische Grenzfall, in dem alle Wirtschaftssubjekte im Durchschnitt ihre erwartungsinduzierten Anpassungswünsche so durchsetzen konnten, daß ex post kein Anpassungsbedarf mehr besteht. In *Abb. F-1a* und *1b* wird angenommen, daß die Wirtschaftssubjekte die erwartete Inflationsrate g_P^* adaptiv aufgrund der tatsächlichen Inflationsentwicklung bilden (s. Abschnitt 2.2.4.). Demnach wird lediglich die stabilisierte Inflation – zumindest streckenweise – korrekt erwartet und bei voller Durchsetzung der Anpassungswünsche auch vollständig antizipiert. In den übrigen Inflationsphasen kommt es dagegen zu Erwartungsirrtümern und damit zu unvollständig antizipierter Inflation. Die bisher behandelten Inflationsbegriffe werden in *Übersicht F-1* zusammengefaßt.

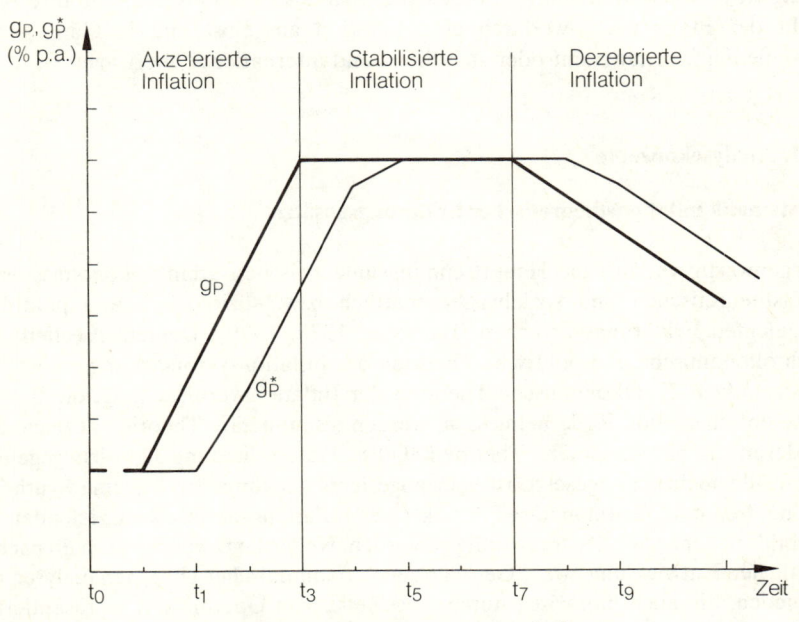

Abb. F-1b: Phasenschema der Inflation

Übersicht F-1: Systematik der Inflationsbegriffe

Kriterium	Bezeichnung der Inflation
Indikator	Preisinflation
	Kassenhaltungsinflation
	Gemischte Inflation
Meßergebnis	Offene (gestoppte, zurückgestaute) Inflation
	Versteckte (verdeckte) Inflation
Verbreitung	Heimische Inflation
	Weltinflation
Tempo	Schleichende (trabende) Inflation
	Galoppierende Inflation
	Hyperinflation
Phase	Akzelerierte Inflation
	Stabilisierte Inflation
	Dezelerierte Inflation
Anpassung	Vollständig antizipierte (steady-state-) Inflation
	Unvollständig antizipierte Inflation

2. Inflationserklärung

Befriedigende wissenschaftliche Erklärungen des Inflationsphänomens setzen ein widerspruchsfreies und empirisch gesichertes System von Hypothesen voraus, die angeben, unter welchen Bedingungen Inflation auf welche Weise generell in Erscheinung tritt. Solche Bedingungen bezeichnet man als Inflationsursachen. Ihre Analyse geht der Frage nach, wodurch eine Inflation ausgelöst und in Gang gehalten, beschleunigt, verlangsamt oder stabilisiert und international übertragen wird.

2.1. Analysekonzepte

Systematik inflationstheoretischer Erklärungsansätze

Gegenwärtig verläuft die Haupttrennungslinie zwischen „rein" ökonomischen bzw. preistheoretischen und sozialwissenschaftlich bzw. soziologisch und politologisch angelegten Erklärungsversuchen (BRUNNER, 1978; 1979). Dementsprechend lassen sich ökonomische und politische Theorien der Inflationsverursachung unterscheiden *(Übersicht F-2)*. Ökonomische Theorien der Inflationsverursachung, die dem Geld eine entscheidende Rolle beimessen, werden als monetäre Theorien bezeichnet, alle anderen als nichtmonetäre Theorien. Diese Unterscheidung hat sich gegenwärtig zwar allgemein durchgesetzt, ist aber angesichts der jüngsten, auf eine Synthese der monetären und nichtmonetären Aspekte der Inflationsverursachung zielenden Theoriebildung schon wieder fragwürdig geworden. Neuerdings werden deshalb nach ihrer zeitlichen Entwicklung zwei „Generationen" ökonomischer Ursachenanalysen unterschieden, die auch literarisch durch eine Reihe von Überblicken repräsentiert werden: eine bis in die Mitte der 60er Jahre reichende „traditionelle" Theorie (BRONFEN-

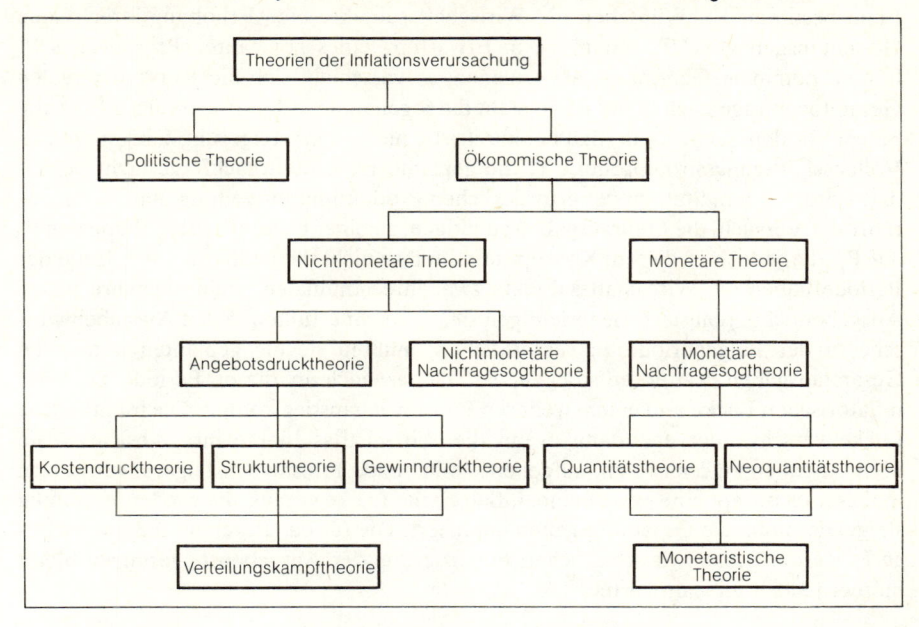

Übersicht F-2: Systematik inflationstheoretischer Erklärungsansätze

```
                    Theorien der Inflationsverursachung
                    ┌────────────────┴────────────────┐
            Politische Theorie              Ökonomische Theorie
                                    ┌────────────────┴────────────────┐
                            Nichtmonetäre Theorie              Monetäre Theorie
                            ┌───────┴────────┐                         │
                  Angebotsdrucktheorie   Nichtmonetäre          Monetäre
                                         Nachfragesogtheorie    Nachfragesogtheorie
            ┌──────────┬──────────┐                        ┌──────────┴──────────┐
     Kostendruck-  Struktur-  Gewinndruck-           Quantitätstheorie     Neoquantitätstheorie
      theorie      theorie    theorie
            └──────────┬──────────┘                                 │
              Verteilungskampftheorie                       Monetaristische
                                                               Theorie
```

BRENNER/HOLZMAN, 1963; JOHNSON, 1963; RIETER, 1971) und eine sich daran anschließende „moderne" Theorie (LAIDLER/PARKIN, 1975; GORDON, 1976; FRISCH, 1977). Letztere wird praktisch mit der monetaristischen Theorie gleichgesetzt, während erstgenannte alle übrigen ökonomischen Ansätze umfaßt.

Konventionelle Analysekonzepte

Die so klassifizierten Erklärungsansätze geben im einzelnen häufig divergierende und unvollständige Antworten auf die eingangs gestellten Fragen. Dies liegt teilweise an der gewählten Problemstellung, vor allem aber am unterschiedlichen analytischen Vorgehen: Verbale Beschreibungen denkbarer Kausalzusammenhänge stehen neben mathematisch-formalen Modellen, definitorische Aussagensysteme neben empirisch testbaren Hypothesen. Mikroökonomische Ursachenanalysen kommen möglicherweise zu anderen Ergebnissen als makroökonomische. Partialmodelle haben eine andere Aussagefähigkeit als Totalmodelle. Und schließlich macht es einen Unterschied, ob Niveaugrößen (Preisniveau, Sozialprodukt usw.) oder ihre Veränderungsraten (Inflationsrate, Wachstumsrate des Sozialprodukts usw.) analysiert werden und ob diese Analysen komparativ-statisch oder dynamisch angelegt sind. Zur Veranschaulichung werden im folgenden die üblichen Graphiken unterschiedlicher Analysekonzepte für den Fall einer durch Erhöhung der gesamtwirtschaftlichen Nachfrage verursachten Inflation gegenübergestellt.

Abb. F-2a repräsentiert das keynesianische Einkommen–Ausgaben-Konzept zur Bestimmung des partiellen Gütermarkt-Gleichgewichts (Beitrag C-3.1.). Ausgangszustand ist das Vollbeschäftigungsgleichgewicht E_0, das durch den Schnittpunkt der

Kurve der geplanten realen Gesamtausgaben (reale Gesamtnachfrage) mit der 45°-Linie bestimmt ist. Wünschen die Wirtschaftssubjekte eine Erhöhung ihrer realen Gesamtausgaben A^Y/P, indem sie in Erwartung eines konstanten Preisniveaus P_0 höhere nominale Gesamtausgaben planen, so verschiebt sich die Kurve der realen Gesamtnachfrage nach oben. Es entsteht die sogenannte inflatorische Lücke $\overline{E_0Q}$. Sie beschreibt den Sachverhalt, daß bei kurzfristig nicht mehr steigerungsfähigem realen Vollbeschäftigungssozialprodukt $\overline{Y_v}$ die geplante reale Mehrnachfrage nicht befriedigt werden kann. Statt zu der erforderlichen Produktionsausweitung über $\overline{Y_v}$ hinaus führt der Versuch, die Mehrausgaben zu tätigen, zu einer Preisniveauerhöhung von P_0 auf P_1, die jedoch in diesem Konzept unmittelbar nicht darstellbar ist. Am Ende der Periode haben die Wirtschaftssubjekte zwar ihre nominalen, nicht aber ihre realen Ausgabenpläne realisiert. Beabsichtigen sie, die nicht erfüllten realen Ausgabenwünsche in der Folgeperiode zu verwirklichen, müßten sie die geplanten nominalen Gesamtausgaben weiter aufstocken, so daß es auch in dieser Periode zu einer inflatorischen Lücke und einem weiteren Preisniveauanstieg kommt. Die inflatorische Lücke verschwindet erst dann, wenn die Wirtschaftssubjekte ihre Absicht, reale Mehrausgaben zu realisieren, aufgeben. Anhaltende Preisniveausteigerungen setzen in diesem Konzept eine permanente inflatorische Lücke voraus, die wiederum ständig steigende nominale Gesamtausgaben impliziert. Die für das Ergebnis äußerst wichtige Frage der gesamtwirtschaftlichen Finanzierung der Ausgabensteigerungen bleibt hierbei jedoch unbeantwortet.

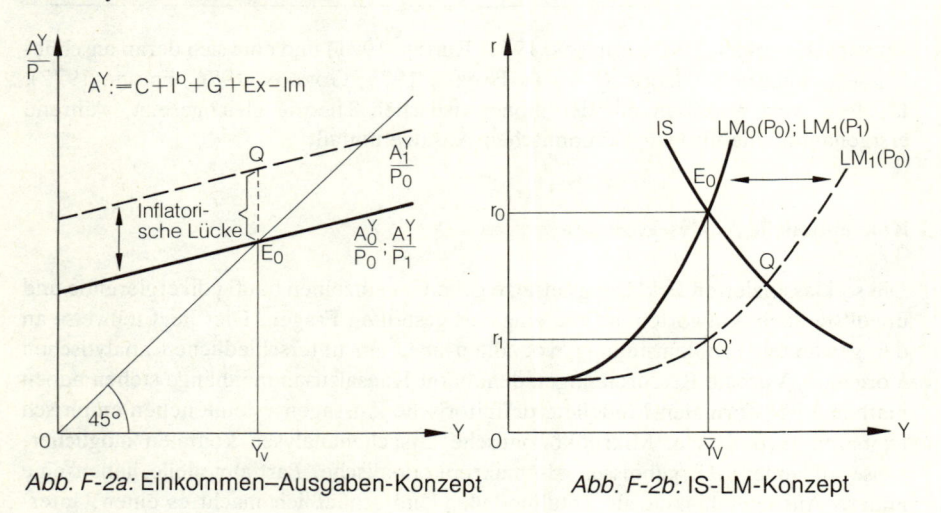

Abb. F-2a: Einkommen–Ausgaben-Konzept

Abb. F-2b: IS-LM-Konzept

Probleme ergeben sich auch bei der Anwendung des in *Abb. F-2b* dargestellten IS-LM-Konzepts (Beitrag C-5.1.). Es berücksichtigt zwar außer dem Gütermarkt auch den Geldmarkt, ermöglicht aber ebenfalls nur eine komparativ-statische Analyse von Niveaugrößen bei gegebenem realen Vollbeschäftigungseinkommen. Im vorliegenden Fall wird eine (einmalige) Erhöhung der nominalen Geldmenge angenommen, wodurch sich bei gegebenem Preisniveau P_0 die reale Kassenhaltung momentan erhöht und die LM-Kurve nach rechts verschiebt: Der gleichgewichtige Realzins r sinkt und induziert Nachfragesteigerungen, die jedoch auf ein nicht ausdehnungsfä-

higes Produktangebot stoßen und – wie schon im Einkommen–Ausgaben-Konzept
– das Preisniveau steigen lassen. Hierdurch sinkt die vorher infolge der Geldmengenerhöhung gestiegene Realkasse auf ihr ursprüngliches Niveau, so daß die LM-Kurve
in die Ausgangsposition zurückgeht und dabei den Realzins wieder heraufzieht. Auch
in diesem Konzept treten das Preisniveau und seine einmalige Änderung nicht direkt
in Erscheinung, wie im übrigen von jeglichen Preiserwartungseffekten abstrahiert
wird.

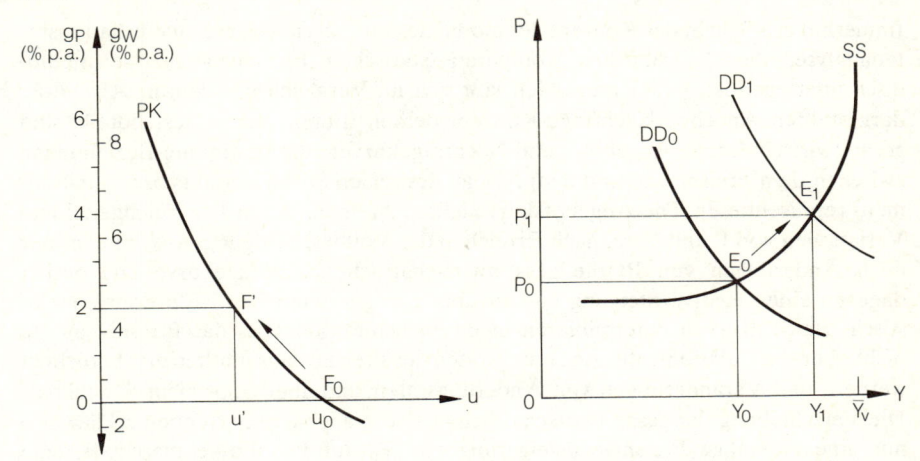

Abb. F-2c: PHILLIPS-Kurven-Konzept   Abb. F-2d: Angebot–Nachfrage-Konzept

In *Abb. F-2c* werden die beiden keynesianischen PHILLIPS-Kurven dargestellt: Bezogen auf die Änderungsrate des Nominallohnsatzes g_W (rechte Ordinatenskala) repräsentiert PK die originäre PHILLIPS-Kurve, bezogen auf die Inflationsrate g_P (linke Ordinatenskala) die modifizierte PHILLIPS-Kurve. ALBAN W. PHILLIPS (1958) hatte in einer ökonometrischen Untersuchung für Großbritannien für die Zeit von 1861–1957 aufgezeigt, daß sich die Beziehung zwischen der prozentualen Änderungsrate des Nominallohnsatzes und der prozentualen Arbeitslosenquote durch eine zum Ursprung konvexe Funktion beschreiben läßt. Aufgrund verschiedener Erklärungen dieses empirischen Phänomens postulierte man auch theoretisch eine stabile Austausch- bzw. Substitutionsbeziehung (trade-off) zwischen Lohnsatzänderungen und Arbeitslosenquote (KALDOR, 1959; LIPSEY, 1960; ECKSTEIN/WILSON, 1962). Die daraus ableitbare originäre PHILLIPS-Kurve wurde sodann modifiziert (SAMUELSON/SOLOW, 1960), indem man von der Änderungsrate des Nominallohnsatzes auf die Inflationsrate überging und eine entsprechende Austauschbeziehung zwischen Arbeitslosenquote und Inflationsrate herleitete (Überblicke bei SIEBKE, 1972; NOWOTNY, 1974; RAMSER/ANGEHRN, 1977). Der Übergang von der originären zur modifizierten PHILLIPS-Kurve basiert hier auf der Annahme, daß jeder Prozentpunkt Nominallohnsteigerung, der über die mit durchschnittlich 2,5 v. H. angenommene Produktivitätssteigerung hinausgeht, von den Unternehmen in den Preisen weitergegeben wird und in entsprechenden Preisniveausteigerungen zum Ausdruck kommt. Somit determinieren die Vorgänge auf dem Arbeitsmarkt unmittelbar die Entwicklung des Preisniveaus und bringen seine Änderungsrate ebenfalls in eine Substitutionsbeziehung zur

Arbeitslosenquote, sobald die Lohnsatzerhöhungen den Produktivitätsfortschritt übersteigen. Eine Bewegung auf der modifizierten PHILLIPS-Kurve von F_0 nach F' ist deshalb als angebotsseitige Reaktion auf einen Nachfragesog (eine Überschußnachfrage) auf dem Arbeitsmarkt zu interpretieren, der gleichzeitig u sinken und g_P steigen läßt. Woher die Überschußnachfrage nach Arbeitskräften kommt, wie sie sich ständig erneuert und wodurch sie finanziert wird, bleibt in diesem Partialmodell offen.

Immerhin ermöglicht das Konzept der modifizierten PHILLIPS-Kurve eine Inflationsratenanalyse, die der üblichen komparativ-statischen Preisniveauanalyse methodisch überlegen ist. Der Unterschied läßt sich im Vergleich mit dem in *Abb. F-2d* dargestellten Angebot–Nachfrage-Konzept demonstrieren. Seine Bestandteile sind gesamtwirtschaftliche Angebots- und Nachfragekurven, die bestimmte Beziehungen zwischen dem Preisniveau und dem Niveau des realen Sozialprodukts bzw. Einkommens repräsentieren. Die Angebotskurve läßt in ihrem mittleren Teil gleichgerichtete Variationen von P und Y zu, nach Erreichen des Vollbeschäftigungseinkommens nur noch Änderungen von P; die gesamtwirtschaftliche Nachfragekurve DD besitzt dagegen eine negative Steigung und ist über den gesamten Bereich preisniveauelastisch. Beide Kurven determinieren in ihrem Schnittpunkt E_0 das Preisniveau P_0, nicht aber die Inflationsrate. Änderungsraten des Preisniveaus müßten erst berechnet werden; und Veränderungen von Änderungsraten sind überhaupt nicht darstellbar. Die Verschiebung der gesamtwirtschaftlichen Nachfragekurve nach oben erklärt also nur eine einmalige Preisniveausteigerung von P_0 auf P_1. Wollte man z. B. eine stabilisierte Inflation darstellen, müßte die DD-Kurve von Periode zu Periode immer stärker nach oben verschoben werden, so daß sich das Preisniveau exponentiell erhöht. Die komparativ-statische Preisniveauanalyse behandelt die Inflation nicht als einen Prozeß ständiger Preisniveausteigerungen, sondern als diskrete Folge von Zuständen, die jeweils durch eine einmalige Erhöhung des Preisniveaus aufgrund angenommener Datenvariationen zwischen zwei Zeitpunkten gekennzeichnet sind.

Grundmodell

Abweichend von den konventionellen Analysekonzepten, sollen die verschiedenen inflationstheoretischen Erklärungsansätze im folgenden anhand eines einheitlichen Grundmodells demonstriert werden, das alle Elemente der gegenwärtigen Ursachenanalyse enthält und von vornherein auf Änderungsraten abstellt. Graphisch wird es in *Abb. F-3* entwickelt: Der II. Quadrant enthält eine modifizierte PHILLIPS-Kurve PK. Aus ihr läßt sich mit Hilfe der 45°-Linie im III. Quadranten und der als OK-Kurve bezeichneten Geraden im IV. Quadranten eine gesamtwirtschaftliche Angebotswachstumskurve SG konstruieren. Die Angebotswachstumskurve gibt an, mit welcher Rate das angebotene reale Sozialprodukt bei unterschiedlich hohen Inflationsraten wächst. Die vereinfacht als linear angenommene OK-Kurve repräsentiert die dem OKUNschen Gesetz (Überblick bei OBERENDER, 1978) zugrunde liegende Annahme, daß zwischen der Arbeitslosenquote und der Wachstumsrate des realen Sozialprodukts eine inverse Beziehung besteht. Vervollständigt wird das Modell durch eine negativ geneigte gesamtwirtschaftliche Nachfragewachstumskurve DG. Sie gibt an, mit welcher Rate das nachgefragte reale Sozialprodukt bei alternativen Inflationsra-

Abb. F-3: Grundmodell

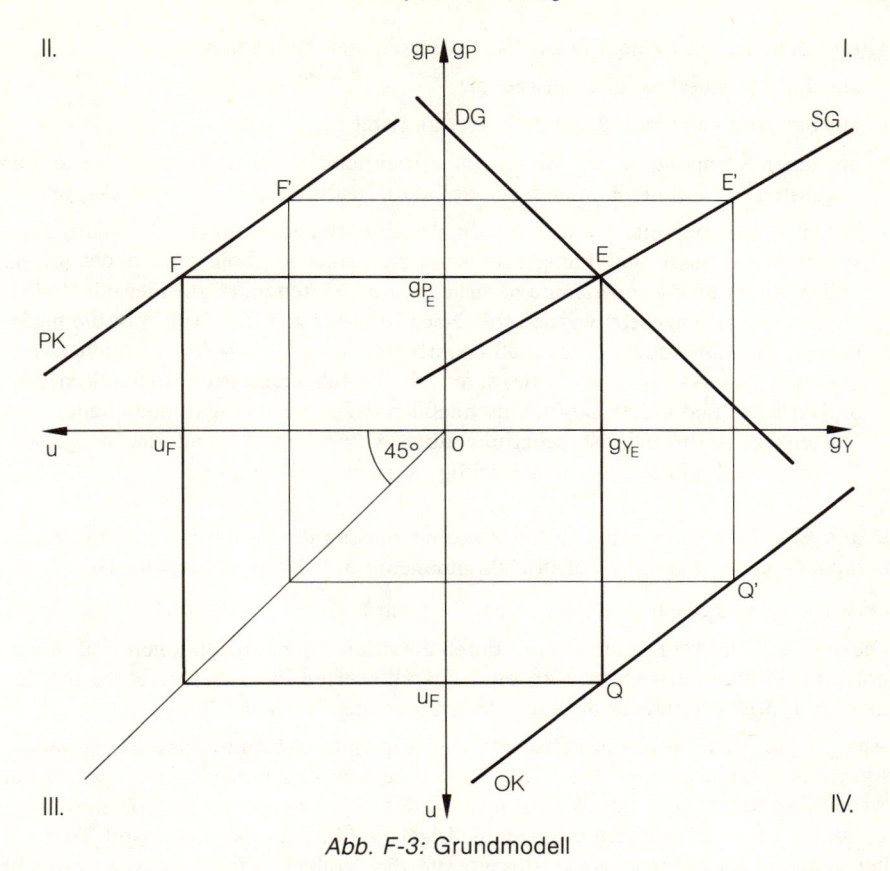

ten wächst. Im Schnittpunkt E von DG- und SG-Kurve sind die Änderungsraten des Preisniveaus g_{P_E} und des realen Sozialprodukts g_{Y_E} bestimmt. Dem entspricht im Punkt F auf der PK-Kurve eine Arbeitslosenquote in Höhe von u_F.

Algebraisch läßt sich das Modell wie folgt entwickeln: Ausgangspunkt auf der Angebotsseite ist das Preissetzungsverhalten der Unternehmen. Annahmegemäß bilden sie die Angebotspreise durch einen prozentualen Aufschlag (mark-up) auf die Lohnstückkosten. Im gesamtwirtschaftlichen Durchschnitt und auf Änderungsraten abgestellt, wird dies zum Ausdruck gebracht durch

(3) $\qquad g_P = g_W - g_\varrho + b^Q \qquad$ mit $b^Q \gtreqless 0$.

Dabei symbolisiert g_W die Änderungsrate des Nominallohnsatzes und g_ϱ die Änderungsrate der Arbeitsproduktivität. Die Komponente $b^Q > 0$ steht für einen Gewinndruck, mit dem die Unternehmen die Einkommensverteilung durch die Erhöhung ihrer Angebotspreise über die Kostensteigerungen hinaus zugunsten der Gewinneinkommen zu verändern beabsichtigen. Außerdem umfaßt b^Q alle Einflüsse, die von der Entwicklung der Nichtlohnkosten ausgehen.

Die Entwicklung der Lohnsatzänderungen wird wiedergegeben durch

(4) $\qquad g_W = g_P^a + g_\varrho + b^W + n \cdot (\bar{u} - u) \qquad$ mit $b^W \geqq 0$ und $n > 0$.

Hiernach setzt sich g_W additiv aus vier Komponenten zusammen:

- aus der antizipierten Inflationsrate g_P^a;
- aus der Änderungsrate der Arbeitsproduktivität g_Q;
- aus einer Komponente b^W, mit der die Arbeitnehmer die Einkommensverteilung zugunsten der Lohneinkommen zu verändern beabsichtigen (Lohndruck); und
- aus einer Komponente $n \cdot (\bar{u} - u)$, die den Einfluß der jeweiligen Beschäftigungssituation auf die Lohnbildung repräsentiert. Dabei symbolisieren u die jeweils realisierte und ū die sogenannte natürliche Arbeitslosenquote, die hier mit Vollbeschäftigung gleichgesetzt werden soll. Nach Milton Friedman (1968) ist die natürliche Arbeitslosenquote jenes Maß an Arbeitslosigkeit, das sich bei Gleichgewicht am Arbeitsmarkt ergeben würde, sofern die bestehenden Strukturcharakteristika der Arbeits- und Gütermärkte einschließlich der Marktunvollkommenheiten, der Kosten der Informationsbeschaffung über Arbeitsangebot und -nachfrage, der Kosten der Mobilität usw. berücksichtigt werden (Beitrag C-6.2.).

Durch Einsetzen von (4) in (3) und Zusammenfassen der Gewinn- und Lohndruckkomponente zu einer Angebotsdruckkomponente $b := b^Q + b^W$ ergibt sich

(5) $g_P = g_P^a + b + n \cdot (\bar{u} - u)$ mit $b \gtreqless 0$.

Diese Gleichung repräsentiert eine durch Inflationsratenantizipationen und Angebotsdruckfaktoren erweiterte Version der modifizierten Phillips-Kurve. Sie hat den in *Abb. F-3.II.* vereinfacht als linear angenommenen Verlauf (PK).

Aus (5) läßt sich die gesamtwirtschaftliche Angebotswachstumskurve SG herleiten, sofern man gemäß $u = f(g_{Y^s})$ mit $f' > 0$ einen Zusammenhang zwischen der Arbeitslosenquote und der Wachstumsrate des angebotenen realen Sozialprodukts g_{Y^s} annimmt. Hiernach wird u um so niedriger, je höher g_{Y^s} ist. Dabei soll jenes g_{Y^s}, bei dem die tatsächliche Arbeitslosenquote das Vollbeschäftigungsniveau erreicht ($u = \bar{u}$), als natürliche Wachstumsrate des realen Sozialprodukts $\bar{g}_{Y^s}$ bezeichnet werden. Zur Vereinfachung wird $f(g_{Y^s})$ ebenfalls als linear angenommen. Somit ist

(6) $u = j - \gamma \cdot g_{Y^s}$ mit $j, \gamma > 0$

die in *Abb. F-3.IV.* dargestellte OK-Kurve. Setzt man (6) in (5) ein und substituiert man $n \cdot (\bar{u} - j) = c$ sowie $n \cdot \gamma = m$, folgt

(7) $g_P = g_P^a + b + c + m \cdot g_{Y^s}$ mit $c \gtreqless 0$ und $m > 0$.

Hiermit wird die SG-Kurve in *Abb. F-3.I.* beschrieben.

Die Nachfrageseite des Modells wird entwickelt aus der Cambridge-Gleichung $M^d = k \cdot Y^d \cdot P$ (Beitrag D-2.2.) in der Form

(8) $M^d \cdot V = Y^d \cdot P$ mit $V = 1/k$.

Hierbei bedeuten: M^d – nominale Geldnachfrage, V – Einkommenskreislauf- bzw. Umlaufgeschwindigkeit des Geldes, Y^d – nachgefragtes reales Sozialprodukt und P – Preisniveau des Sozialprodukts. Unterstellt man Geldmarktgleichgewicht ($M^d = M^s$), so läßt sich (8) nach P aufgelöst schreiben als $P = M^s \cdot V/Y^d$. Auf Änderungsraten abgestellt, folgt hieraus

(9) $g_P = g_{M^s} + g_V - g_{Y^d}$ bzw.

(10) $\quad g_P = g_{MV} - g_{Y^d} \quad\quad$ mit $g_{MV} := g_{M^s} + g_V$

g_{MV} – Änderungsrate der monetären Gesamtnachfrage.

Die Gleichungen (9) und (10) repräsentieren die gesamtwirtschaftliche Nachfragewachstumskurve DG, die in *Abb. F-3.I.* vereinfachend als Gerade mit der Steigung -1 dargestellt ist.

Die in *Abb. F-3* im Schnittpunkt der SG- und DG-Kurve ermittelte Lösung E stellt ein „Gleichgewicht" in dem Sinne dar, daß die Wachstumsraten des angebotenen und nachgefragten realen Sozialprodukts übereinstimmen ($g_{Y^s_E} = g_{Y^d_E}$). Ob dieses Gleichgewicht von Dauer ist, hängt davon ab, ob die tatsächliche Inflationsrate vollständig antizipiert wird oder nicht. Erst wenn $g_P = g_P^a$ gilt, ist ceteris paribus ein langfristiges, sogenanntes inflatorisches Gleichgewicht erreicht (steady-state-Inflation). Anders als bei der üblichen komparativ-statischen Preisniveauanalyse *(Abb. F-2d),* sind bei dieser komparativ-statischen Inflationsratenanalyse das Preisniveau und das reale Sozialprodukt auch im Gleichgewicht nicht notwendigerweise konstant, sondern ändern sich von Periode zu Periode mit der jeweils gegebenen Rate g_{P_E} bzw. g_{Y_E}. Eine dynamische Inflationsratenanalyse liegt erst dann vor, wenn die aus Ungleichgewichtssituationen hervorgehenden und zu einem neuen (Änderungsraten-)Gleichgewicht E führenden Anpassungsprozesse untersucht werden (WAGNER, 1972; CASPERS, 1979).

2.2. Inflationsursachen

Die ökonomische Ursachenanalyse unterscheidet die inflationsauslösenden und erhaltenden Momente danach, ob sie von der Nachfrage- oder der Angebotsseite des Marktes ausgehen. Am Anfang steht eine Analyse der autonomen, d. h. nicht durch das Modell erklärten Nachfragesog- und Angebotsdruckfaktoren. Ihr folgt eine Ableitung der Konsequenzen des Verteilungskampfes als mögliche Inflationsursache. Anschließend werden Inflationsratenerwartungen und -antizipationen einbezogen. Die politischen Zusammenhänge dienen später zur Erklärung der Inflationsphasen und -zyklen.

2.2.1. Nachfragesogfaktoren

Bis unmittelbar nach dem Zweiten Weltkrieg wurden bestimmte Vorgänge auf der Nachfrageseite der Produkt- und Faktormärkte als Inflationsursachen herausgestellt. Diese Ansätze lassen sich in eine monetäre (quantitätstheoretische) und eine nichtmonetäre (keynesianische) Nachfragesogtheorie einteilen *(Übersicht F-2).* Beide Varianten führen die Inflation auf eine im Verhältnis zum Wachstum des realen Güterangebots zu starke Expansion der nominalen Güternachfrage zurück: Das Preisniveau wird gleichsam durch die ständig expandierende Nachfrage am Gütermarkt heraufgezogen (demand-pull). Nach der nichtmonetären Nachfragesogtheorie resultiert der Nachfragesog direkt aus autonomen Erhöhungen der nominalen volkswirtschaftlichen Gesamtnachfrage; nach der monetären Nachfragesogtheorie ergibt er sich indirekt über die Zins- und Realkasseneffekte autonomer Erhöhungen des

Geldangebots. Der Unterschied in den Aussagen wird deutlicher, wenn man die Cambridge-Gleichung (8) unter Berücksichtigung des Geldmarktgleichgewichts ($M^d = M^s$) mit der Ausgabengleichung der keynesianischen Beschäftigungstheorie verbindet:

(11) $\qquad M^s \cdot V = Y^d \cdot P = C + I^b + G + Ex - Im.$

Man kann (11) entweder von rechts nach links (nichtmonetärer Ansatz) oder von links nach rechts (monetärer Ansatz) interpretieren.

Nichtmonetärer Nachfragesog

Der erstgenannten Interpretation gemäß besteht die Inflationsursache in autonomen Erhöhungen der Gesamtausgaben, die auf ein nur begrenzt ausdehnungsfähiges Güterangebot stoßen; die Inflationsverursacher sind die Nachfrager mit ihren Nachfrageplänen und den daraus resultierenden nicht stabilitätsgerechten Dispositionen (KEYNES, 1940; DUESENBERRY, 1950; HANSEN, 1951):

– Viele sehen im Staat den eigentlichen Inflationsverursacher. Kriege, Reparationen, Wahlgeschenke, Aufblähungen des Staatsapparates usw. haben nach dieser Auffassung inflationär wirkende Ausgabenschübe zur Folge, die durch Steuererhöhungen, Staatsverschuldung beim privaten Publikum oder durch Geldschöpfung finanziert werden können.

– Auch die privaten Haushalte werden als mögliche Inflationsverursacher angesehen. Die Konsumnachfrage könne aufgrund von Veränderungen der Konsumneigung, der Einkommens- und Vermögensverteilung, der Bevölkerungsentwicklung usw. durchaus inflationär expandieren. Als Finanzierungsquelle stünde eine erhöhte Verschuldung, ein Vermögensabbau oder eine Senkung der Sparquote zur Verfügung.

– Mehr noch als die privaten Haushalte trage der Unternehmenssektor mit seiner kurzfristig stark schwankenden und bei Annäherung an das Vollbeschäftigungsniveau sich selbst verstärkenden Investitionsnachfrage bei. Technische Neuerungen, Konkurrenzdruck und verbesserte Zukunftserwartungen seien die wesentlichen Motive inflationärer Investitionsausgabenschübe.

– Schließlich komme auch das Ausland als Inflationsverursacher in Betracht. Im System fester Wechselkurse nehme die Nettoauslandsnachfrage immer dann zu, wenn das ausländische Preisniveau stärker steigt als das inländische. Die handelsfähigen Güter des Inlands werden für das Ausland relativ billiger, so daß die Exportmengen zu- und die Importmengen abnehmen bzw. weniger stark steigen. Das Inland importiere auf diese Weise zumindest teilweise die Inflation des Auslands (importierte Inflation).

Diese Inflationserklärungen erscheinen plausibel, weil sie den inflationären Nachfrageüberschuß direkt mit dem Verhalten der wirtschaftlichen Akteure begründen. Zwei Fragen bleiben aber offen: Wie erklären sich die „autonome" Nachfrageerhöhung und die für einen inflatorischen Prozeß notwendige Permanenz der Nachfrageexpansion? Und: Wie wird die Nachfrageexpansion gesamtwirtschaftlich finanziert, d. h. monetär alimentiert?

Ein Nachfrageschub, mit dem die Gesamtausgaben nur ein höheres Niveau erreichen (einmalige Ausgabenerhöhung), erklärt eine (einmalige) Preisniveauerhöhung, aber keine Inflation. Erklärungsrelevant sind deshalb nur permanent wachsende autonome Ausgaben. Für derartige Ausgabensteigerungen muß eine Begründung gegeben werden, die nicht auf die möglichen erwartungsinduzierten Ausgabeneffekte der Inflation selbst Bezug nimmt. Verhältnismäßig einfach ist dies im Falle der Nettoauslandsnachfrage. Sie wird tatsächlich permanent steigen, sofern feste Wechselkurse sowie ein anhaltendes Inflationsgefälle vom Ausland zum Inland existieren (Überblicke bei WESTPHAL, 1968; CASSEL, 1972; HABERLER, 1974; WILLETT/SWEENEY, 1976; SALANT, 1977). Die Begründung einer inflationär wirkenden Zunahme der Staatsnachfrage ist schon schwieriger, wenn man von kriegsbedingten Ausgabensteigerungen einmal absieht. Sie ist ein zentraler Gegenstand der politischen Theorie der Inflationsverursachung (FREY, 1973; STREISSLER, 1973; BORNER, 1975; ZOHLNHÖFER, 1975; HETTLAGE, 1976; HIRSCH/GOLDTHORPE, 1978). Hiernach liegt die „tiefere" Ursache der Inflation in der Struktur und Funktionsweise des politischen Systems repräsentativer Demokratien und der ihm innewohnenden Tendenz, der Wählerstimmen wegen alle möglichen Einkommens- und Leistungsansprüche der privat-autonomen sozialen Gruppen für gerechtfertigt zu halten und erfüllen zu wollen. Dagegen sind anhaltende Erhöhungen der privaten autonomen Konsum- und Investitionsnachfrage kaum begründbar: Die Konsumnachfrage entwickelt sich erfahrungsgemäß längerfristig proportional zum permanenten Einkommen (Beitrag C-3.4.); die Investitionsnachfrage unterliegt relativ starken zyklischen Schwankungen (Beitrag G-2.2.).

Ausgabensteigerungen sind kreislauftheoretisch gesehen nur dann realisierbar, wenn sie gemäß (11) monetär, d. h. durch eine entsprechende Zunahme des Geldstroms $M^s \cdot V$ alimentiert werden. Ausgehend von der keynesianischen Geldnachfragetheorie, wird es noch vielfach für möglich gehalten, daß ein permanenter Nachfragesog mit entsprechenden Veränderungen der Liquiditätspräferenz einhergeht und durch eine ständig steigende Umlaufgeschwindigkeit des Geldes alimentiert wird. Diese Annahme wird jedoch durch die Erfahrung widerlegt – z. B. weist V in der Bundesrepublik trotz anhaltender Inflation keinen positiven Trend auf. Als Alternative bliebe die Finanzierung durch einen permanenten Anstieg von M^s. Diese Bedingung wird in der keynesianischen Theorie durch die Annahme eines elastischen Geldangebots bzw. einer passiven Geldpolitik jederzeit als erfüllt angesehen (Beitrag D-5.2.).

Die nichtmonetäre Nachfragesogtheorie sieht in der notwendigen Erhöhung der Wachstumsrate der monetären Gesamtnachfrage nicht die Ursache der herrschenden Inflation, sondern nur den Reflex der eigentlich inflationsverursachenden permanenten autonomen Ausgabensteigerungen. Ob und inwieweit diese Interpretation zutrifft, ist eine empirisch zu beantwortende Frage. Relevante Fälle könnten aus den bereits genannten Gründen die Staats- und Nettoauslandsnachfrage bilden. Ihre monetäre Alimentation stellt kein Problem dar, wenn die Notenbank zur Finanzierung staatlicher Budgetdefizite und zu Devisenmarktinterventionen verpflichtet ist. Davon abgesehen, erscheinen mögliche autonome Ausgabenschübe eher dazu geeignet, einen inflatorischen Prozeß in Gang zu setzen als ihn über längere Zeit in Gang zu halten. In jedem Fall bleibt festzustellen, daß die keynesianischen Nachfragesogfaktoren monetär alimentiert sein müssen, wenn sie als Inflationsursachen in Betracht kommen sollen.

Monetärer Nachfragesog

Die monetäre Nachfragesogtheorie (Quantitäts-, Neoquantitäts- und monetaristische Theorie) interpretiert Gleichung (11) von links nach rechts. Als inflationsauslösende Ursache wird ein Anstieg der Wachstumsrate des Geldangebots angesehen, als inflationserhaltende Ursache ein im Verhältnis zur Expansion des realen Güterangebots anhaltend zu hohes Geldmengenwachstum (FRIEDMAN, 1968; BRUNNER, 1970, 1; JOHNSON, 1972,1; SCHWARTZ, 1973). Dieser Erklärungsansatz wirft drei Fragen auf:

– Wodurch ist die Wachstumsrate des Geldangebots bestimmt?
– Kann das Geldangebotswachstum nicht durch eine verstärkte freiwillige Kassenhaltung kompensiert werden?
– Auf welchem Wege werden Geldangebotserhöhungen in entsprechende Ausgabensteigerungen transformiert?

Die Beantwortung ist Gegenstand der (monetaristischen) Geldangebots-, Geldnachfrage- und Transmissionstheorie.

Die angebotene Geldmenge ist zwar eine auch vom Verhalten des Bankensystems und des privaten Publikums abhängige, endogene Größe; sie wird aber unter der Voraussetzung flexibler Wechselkurse und begrenzter Refinanzierungsmöglichkeiten der Geschäftsbanken geldpolitisch als hinreichend steuerbar angesehen. Ein bestimmtes Geldmengenwachstum sowie seine Veränderung sind deshalb nach monetaristischer Auffassung stets Ausdruck des geldpolitischen Willens der monetären Autoritäten (Regierung und Notenbank). Sie lassen sich folglich nur in einem größeren soziopolitischen Kontext erklären. Für die ökonomische Inflationsanalyse sind sie als exogene Größen anzusehen, die durch eine aktive Geldpolitik bestimmt werden (Beitrag D-5.2.).

Um das Geldangebotswachstum – letztlich also die nicht stabilitätsgerechte Geldpolitik – als dominierende Inflationsursache identifizieren zu können, darf sich V in (11) nicht ständig kompensatorisch ändern. Das Problem der Bestimmung von V ist identisch mit dem Problem der Bestimmung der realen Geldnachfrage M^d/P. Die neoquantitätstheoretische Geldnachfrageanalyse kommt zu dem Ergebnis, daß M^d/P eine stabile Funktion relativ weniger Variablen ist, die eine anhaltende Kompensation von Geldangebotsänderungen durch Änderungen der Umlaufgeschwindigkeit ausschließt (Beitrag D-2.3.).

Die Umlaufgeschwindigkeit ist demnach keine konstante Größe, wie es von der älteren Quantitätstheorie angenommen wurde (FISHER, 1911; CASSEL, 1918). Sie schwankt aber auch nicht erratisch, wie es die keynesianische Theorie unterstellt, sondern steht in einer stabilen Beziehung zu ihren Determinanten. Empirische Untersuchungen haben ergeben, daß ihre Einkommenselastizität praktisch Null, ihre Zinselastizität relativ gering und ihre Inflationserwartungselastizität nur bei stärkeren, unvollständig antizipierten Inflationen nennenswert ist. Kann bei längerfristiger (Gleichgewichts-)Betrachtung der Realzins als konstant und die Inflation als vollständig antizipiert gelten, ist folglich auch V als konstant anzunehmen. Nur bei kurzfristiger Betrachtung wird sich V ändern: leicht kompensatorisch, falls der Realzins als Folge einer erhöhten Wachstumsrate der Geldmenge (vorübergehend) sinkt; dagegen verstärkend, sobald erwartungsinduzierte Anpassungsprozesse einsetzen (FRIEDMAN, 1956, 2; CAGAN, 1956; LAIDLER, 1969).

Ein Anstieg des Geldmengenwachstums muß aus monetaristischer Sicht zu einer entsprechenden Erhöhung des Gesamtnachfragewachstums führen, wenn ein inflationsverursachender Nachfragesog entstehen soll. Der expansive monetäre Impuls muß gleichsam von der linken Seite der Gleichung (11) auf ihre rechte Seite übertragen werden. Die monetaristische Theorie erklärt diese Transmission durch den Mechanismus der relativen Preise (BRUNNER, 1970, 1): Der expansive monetäre Impuls bewirkt eine Störung der zuvor als optimal angesehenen Vermögenszusammensetzung. Hierauf reagieren die Wirtschaftssubjekte mit Änderungen ihrer Vermögenshaltung einschließlich ihrer Kassenhaltung sowie ihrer Nachfrage nach neu produzierten (Konsum- und Investitions-)Gütern. Zuerst erhöht sich die Nachfrage nach festverzinslichen Wertpapieren. Die Kurse steigen, so daß die Kapitalgüter und die sie repräsentierenden Aktien relativ billiger werden. Diese ziehen dann die Nachfrage auf sich, wodurch ihre Preise ebenfalls steigen. Gestiegene Preise für die vorhandenen Bestände an Wertpapieren und Realkapital bedeuten für die Vermögensbesitzer einen nominalen Wertzuwachs. Im Vergleich dazu sind die neu produzierten Güter (relativ) billiger. Aus beiden Gründen werden vermehrt neu produzierte Konsum- und Investitionsgüter nachgefragt: Der expansive monetäre Impuls hat sich durch Veränderungen der relativen Preise und dadurch ausgelöste Vermögens- und Substitutionseffekte in einen verstärkten Anstieg der Gesamtausgaben transformiert.

Modellergebnis

Der Nachfragesog-Fall wird durch *Abb. F-4* veranschaulicht. Das Ausgangsgleichgewicht sei E_0 mit $g_{P_0} = 0$, $g_{Y_0} = \bar{g}_Y$ und $u_0 = \bar{u}$.

Die Parameter der Gleichungen (7) und (10) sind also so gewählt, daß gleichzeitig Preisniveaustabilität, Vollbeschäftigung und die natürliche Wachstumsrate des realen

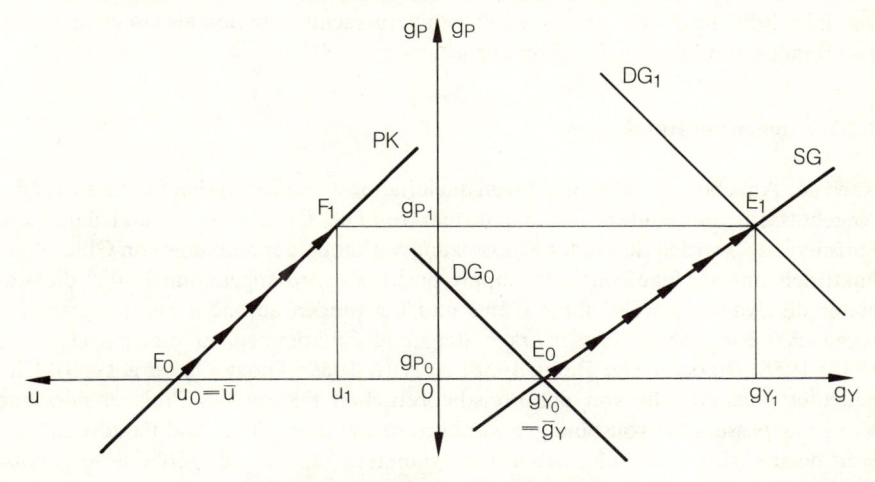

Abb. F-4: Autonomer Nachfragesog

Sozialprodukts realisiert sind. Dabei werden die antizipierte Inflationsrate g_P^a und die Angebotsdruckkomponente b gleich Null gesetzt. Ein Nachfragesog entsteht dann, wenn die Wachstumsrate der monetären Gesamtnachfrage einen gegenüber dem Ausgangsgleichgewicht höheren Wert annimmt.

In diesem Fall verschiebt sich die Nachfragewachstumskurve von DG_0 nach DG_1, so daß in E_1 ein neues Gleichgewicht entsteht. Die im Vergleich zur Ausgangslage verstärkte Expansion der Nachfrage löst also einen inflatorischen Prozeß aus und läßt bei gegebener SG-Kurve das Preisniveau mit der Rate g_{P_1} steigen. Die Wachstumsrate des realen Sozialprodukts hat sich auf g_{Y_1} erhöht. Gleichzeitig wird auf der unveränderten PK-Kurve ein neuer Punkt F_1 mit einer auf u_1 gesunkenen Arbeitslosenquote erreicht. Dies entspricht im Ergebnis der keynesianischen PHILLIPS-Kurven-Analyse. Hiernach wäre es möglich, die Arbeitslosigkeit durch eine nachfrageseitig ausgelöste und mit konstanter Rate in Gang gehaltene Inflation dauerhaft unter ihr natürliches Niveau zu senken. Dieses Ergebnis kommt jedoch nur durch die Abstraktion von Inflationsratenerwartungen und -antizipationen sowie von Angebotsdruckfaktoren zustande. Hebt man diese Restriktionen auf, wird das in E_1 erreichte Gleichgewicht nicht auf Dauer bestehen bleiben bzw. erst gar nicht zustande kommen. Dieser Fall wird später noch analysiert.

Monetäre und nichtmonetäre Nachfragesogtheorien führen somit formal zum gleichen Ergebnis. Theoretisch besteht jedoch ein wesentlicher Unterschied darin, daß der monetäre Ansatz vom Geldmarkt, der nichtmonetäre Ansatz vom Gütermarkt ausgeht. Dadurch differieren zwangsläufig die für ursächlich gehaltenen primären Impulse (autonome Erhöhung der Wachstumsrate des Geldangebots oder der Güternachfrage), die notwendigen Bedingungen für die Ursächlichkeit (induzierte Erhöhung der Wachstumsrate der Gesamtausgaben oder der Geldmenge) sowie die jeweiligen Transmissionswege. Wirtschaftspolitisch reduzieren sich die Implikationen beider Erklärungsansätze auf die der Geldpolitik alternativ zugewiesene aktive oder passive Rolle. Diese mag von Fall zu Fall wechseln. Will man den monetären Autoritäten auf Dauer weder den Willen noch die Fähigkeit zu einer stabilitätsgerechten Geldmengensteuerung absprechen, so erscheint es mit beiden Ansätzen vereinbar, die durch Nachfragesogfaktoren verursachte Inflation als ein geldpolitisch zu lösendes und lösbares Problem anzusehen.

2.2.2. Angebotsdruckfaktoren

Nach der Angebotsdrucktheorie liegen die inflationsverursachenden Faktoren auf der Angebotsseite der Güter- und Faktormärkte: Die Güterpreise – und damit das Preisniveau – werden durch das Preissetzungsverhalten der Anbieter von Gütern und Faktorleistungen hinaufgedrückt (supply-push). Es wird angenommen, daß die Anbieter die Angebotspreise ihrer Güter und Leistungen autonom heraufsetzen, um vergleichsweise höhere bzw. stärker steigende Einkommen zu erzielen (LERNER, 1949; 1958; BURNS, 1957; BACH, 1958; ACKLEY, 1959; THORP/QUANDT, 1959). Dies bedeutet eine Abkehr von der preistheoretischen Fiktion des Preisnehmers und Mengenanpassers bei vollständiger Konkurrenz auf den Güter- und Faktormärkten. Statt dessen wird unterstellt, daß es den Anbietern gelingt, jede geplante Angebotspreiserhöhung am Markt durchzusetzen, und daß sie dies tun werden, auch wenn dadurch Absatzrückgänge oder Entlassungen drohen. Je nach Urheberschaft des autonomen Angebotsdrucks lassen sich verschiedene Angebotsdruckfaktoren unterscheiden *(Übersicht F-2)*.

Autonomer Gewinndruck

Die Gewinndrucktheorie geht davon aus, daß die Unternehmen in oligopolistischen Märkten ihre Angebotspreise im Hinblick auf ein längerfristiges Gewinnziel „planen" und sie den Nachfragern praktisch wie bei behördlicher Gebührenfestsetzung „vorschreiben" (administered pricing). Dabei werden die Preise so gesetzt, daß sie unabhängig von kurzfristigen Kosten- und Absatzschwankungen für einen längeren Zeitraum konstant gehalten werden können. Die Preiskalkulation erfolgt meist nach dem Aufschlagprinzip: Auf die faktischen oder standardisierten Durchschnittskosten wird eine prozentuale Gewinnspanne (mark-up) aufgeschlagen, die hoch genug ist, um mittel- oder langfristig eine als angemessen betrachtete Verzinsung des eingesetzten Kapitals zu erreichen (MACHLUP, 1960; GALBRAITH, 1967; LEVINSON, 1971; WILLEKE, 1975).

Die Existenz marktmächtiger Unternehmen mit administrierter Preisfixierung bzw. -anpassung ist eine notwendige, aber keine hinreichende Bedingung für einen anhaltenden Gewinndruck wie er zur Aufrechterhaltung der Inflation erforderlich ist. Haben nämlich die Unternehmen aufgrund ihrer langfristigen Gewinnplanung den Aufschlagsatz fixiert, entsteht kein Gewinndruck mehr – unabhängig davon, ob der Aufschlagsatz 5 oder 500 Prozent beträgt. Hinreichende Bedingung ist also, daß im gesamtwirtschaftlichen Durchschnitt gesehen der Aufschlagsatz ständig steigt. Dies ist jedoch nur in zwei Fällen denkbar: zum einen bei zunehmender Vermachtung der Märkte; zum anderen bei wiederholter Erhöhung des Gewinnziels marktmächtiger Unternehmen. Im ersten Fall resultiert der Gewinndruck aus der Oligopolisierung bzw. Monopolisierung bisheriger Wettbewerbsmärkte: Im Verlauf des Konzentrationsprozesses schrumpft die Zahl der marktreagiblen Preise, an ihre Stelle treten administrierte Preise; außerdem entstehen monopolistische Preissetzungsspielräume, die durch autonome Preiserhöhungen ausgeschöpft werden. Im zweiten Fall resultiert der Gewinndruck aus ständigen Erhöhungen des Aufschlagsatzes, die mit der Notwendigkeit steigender Gewinne zur Selbstfinanzierung aufwendiger und risikoreicher Zukunftsinvestitionen begründet werden. Umstritten ist jedoch, ob und inwieweit diese denkbaren Fälle empirisch relevant sind und in welchem Ausmaß sie gegebenenfalls Inflation auslösen oder verstärken können (Überblick bei LUSTGARTEN, 1975).

Autonomer Kostendruck

Die Kostendrucktheorie führt den autonomen Angebotsdruck auf angebotsseitig erzwungene Erhöhungen der Preise für Faktorleistungen, Rohstoffe usw. zurück, die von den Unternehmen nicht durch entsprechende Produktivitätssteigerungen kostenniveauneutral aufgefangen werden können. Soll die entstehende Kostensteigerung nicht zu Verlusten oder Gewinnkompressionen führen, muß es den Unternehmen gelingen, sie über die Preise ihrer Produkte auf die Abnehmer abzuwälzen. Auch hierbei spielt die administrierte Preissetzung eine Schlüsselrolle, da die Kostensteigerungen durch die Aufschlagkalkulation quasi mechanistisch zu einer Erhöhung der Angebotspreise führen. Dieser Mechanismus ist im Prinzip bei jeder Art von Kostendruck wirksam, wobei dem Lohn- und Importpreisdruck die größte Bedeutung beigemessen wird (WEINTRAUB, 1959; JONES, 1973; HABERLER, 1975).

Die Kostendrucktheorie konzentriert sich auf den Lohndruck, weil einerseits die Lohnkosten einschließlich der Lohnnebenkosten in den meisten Wirtschaftszweigen den größten Kostenbestandteil ausmachen. Andererseits seien die Gewerkschaften als Vertreter der abhängig Beschäftigten aufgrund ihrer relativ großen Verhandlungsmacht bei der kollektiven Lohnbildung prinzipiell dazu in der Lage, ständig Lohnsatzsteigerungen durchzusetzen, die über den Produktivitätssteigerungen liegen. Praktisch wird immer dann auf einen autonomen Lohndruck geschlossen, wenn die Gewerkschaften Lohnsatzerhöhungen über die laufenden Produktivitäts- und Preisniveausteigerungen hinaus erkämpfen (Beitrag H-2.1.). Dahinter steht das Ziel, die funktionelle Einkommensverteilung zugunsten der Lohn- und zu Lasten der Gewinneinkommen zu ändern (aggressive Lohnpolitik). Auch durch innergewerkschaftlichen Wettbewerb um die jeweils höchsten Tarifabschlüsse bzw. um Positionsverbesserungen in der Rangskala der Löhne (Lohnführerschaft) kann es zu Lohndruck kommen: Erzielen die Einzelgewerkschaften in Wirtschaftszweigen mit überdurchschnittlichen Produktivitätsfortschritten relativ hohe Tarifabschlüsse, die von den übrigen Gewerkschaften trotz unzureichender Produktivitätsentwicklung in anderen Branchen imitiert werden, so liegen die Lohnsatzsteigerungen im gesamtwirtschaftlichen Durchschnitt über den Produktivitätssteigerungen. Ausmaß und Dauer des autonomen Lohndrucks hängen somit wesentlich von der Zielsetzung, der Verhandlungsmacht und der Organisationsstruktur der Gewerkschaften ab (Überblick bei JACKSON/TURNER/WILKINSON, 1972).

Ein autonomer Importpreisdruck entsteht bei festen Wechselkursen und freiem Waren- und Dienstleistungsverkehr immer dann, wenn das Ausland stärker inflationiert als das Inland oder die Weltmarktpreise einzelner, kurz- und mittelfristig kaum substituierbarer Vorleistungen steigen. Dabei wirken sich die Preiserhöhungen von Importgütern bei den inländischen Abnehmern unmittelbar kostenerhöhend aus und treiben die administrierten Endproduktpreise nach oben. Schöpfen die Anbieter von Importsubstituten die sich ergebenden Preiserhöhungsspielräume aus, greift der Importpreisdruck auch auf heimische Produkte über. Eine Erhöhung der Weltmarktpreise gibt andererseits auch den Exporteuren die Möglichkeit, ihre Angebotspreise auf dem Inlandsmarkt heraufzusetzen und einen heimischen Exportpreisdruck zu erzeugen. Der durch diesen direkten internationalen Preiszusammenhang importierte Kostendruck wird so lange anhalten, wie die Weltmarktpreise der handelsfähigen Güter steigen und der Wechselkurs unverändert bleibt (STÜTZEL, 1960; ISSING, 1967/68; FELS, 1969; ROSE, 1971,2; ADEBAHR, 1972). Er kann – zumindest teilweise – durch häufigere Aufwertungen der heimischen Währung oder durch Freigabe der Wechselkurse abgewehrt werden.

Autonomer Strukturanpassungsdruck

Die Strukturtheorie führt den autonomen Angebotsdruck auf zu geringe Lohn- und Preisflexibilität in einer wachsenden und offenen Wirtschaft zurück (SCHULTZE, 1959; 1960; STREETEN, 1962; AUKRUST, 1970; 1977; EDGREN/FAXÉN/ODHNER, 1973; FRISCH, 1976,2; MAYNARD/VON RYJCKEGHEM, 1976). Hiernach ist ausreichende Preis- und Lohnflexibilität nach oben und unten erforderlich (symmetrischer Marktmechanismus), um den ständigen außenwirtschafts- und wachstumsbedingten Strukturwandel ohne gesamtwirtschaftliche Friktionen bewältigen zu können. Der expandierenden Nachfrage in einigen Branchen steht stets eine schrumpfende Nachfrage in anderen gegenüber; und während hier die zur Expansion zusätzlich erforderlichen Produktionsfaktoren durch (relative) Preis- und Lohnerhöhungen angelockt werden, müssen die freizusetzenden Faktoren dort durch (relative) Preis- und Lohnsenkungen zur Abwanderung veranlaßt werden, damit eine gesamtwirtschaftlich optimale Faktorallokation bei stabilem Preisniveau realisierbar ist. Dieses Ergebnis tritt jedoch nicht ein, wenn sich die relativen Preise und Löhne nicht in dem für die Reallokation erforderlichen Ausmaß anpassen und die interindustriellen Lohn- und intersektoralen Einkommensrelationen starr sind, wie es für die meisten Industrieländer unterstellt wird. Unter diesen Umständen ist die erforderliche Preisflexibilität nur dann gegeben, wenn sich die Preisrelationen im Rahmen eines steigenden Preisniveaus durch unterschiedlich hohe Einzelpreissteigerungen hinreichend verändern können.

Die Strukturtheorie bildet also eine Synthese aus den gewinn- und kostendrucktheoretischen Ansätzen für den Fall permanenter Nachfrageverschiebungen. Hiernach arbeitet der Marktmechanismus insofern asymmetrisch, als die Preis- und Lohnerhöhungsspielräume in den expandierenden Branchen und Sektoren voll ausgeschöpft werden, ohne daß es in den schrumpfenden Wirtschaftszweigen zu einem kompensatorischen Sinken der Preise und Lohnsätze bzw. ihrer Steigerungsraten kommt. Der daraus resultierende gesamtwirtschaftliche Angebotsdruck mag zwar permanent wirksam sein, dürfte sich aber in seiner Auswirkung auf die beobachtbaren Inflationsraten quantitativ in engen Grenzen halten. Immerhin wird er als ausreichend angesehen, um in der Bundesrepublik anhaltende Preisniveausteigerungen bis zu 1–1,5 Prozentpunkten pro Jahr zu erklären (GIERSCH, 1977, S. 88).

Modellergebnis

Der Angebotsdruck-Fall wird durch *Abb. F-5* veranschaulicht. Ausgehend von E_0 komme es zu einem autonomen Angebotsdruck ($b_1 > b_0 = 0$), der wegen $b := b^Q + b^W$ aus einem Gewinn- ($b^Q > 0$) oder Lohndruck ($b^W > 0$) bestehen kann. Hierdurch verschieben sich die PK- und SG-Kurve nach oben. Dagegen bleibt die Lage der DG-Kurve unverändert, da der autonome Angebotsdruck annahmegemäß zunächst weder durch eine aktive noch durch eine passive Geldpolitik monetär alimentiert wird. Es entsteht ein neues Gleichgewicht E_1 mit einer auf g_{P_1} gestiegenen Inflationsrate. Das reale Sozialproduktswachstum ist dagegen auf g_{Y_1} gesunken, während sich die Arbeitslosenquote auf u_1 erhöht hat. Beschäftigung und Wirtschaftswachstum liegen unter ihren natürlichen (Vollbeschäftigungs-)Niveaus. Damit kommt die Angebotsdrucktheorie hinsichtlich der inflationsbegleitenden Realeffekte zu einem der Nachfragesogerklärung entgegengesetzten Ergebnis. Allerdings ist E_1 wiederum nur der erste analytische Schritt auf dem Weg zur Erklärung des Zustandekommens eines inflatorischen Gleichgewichts.

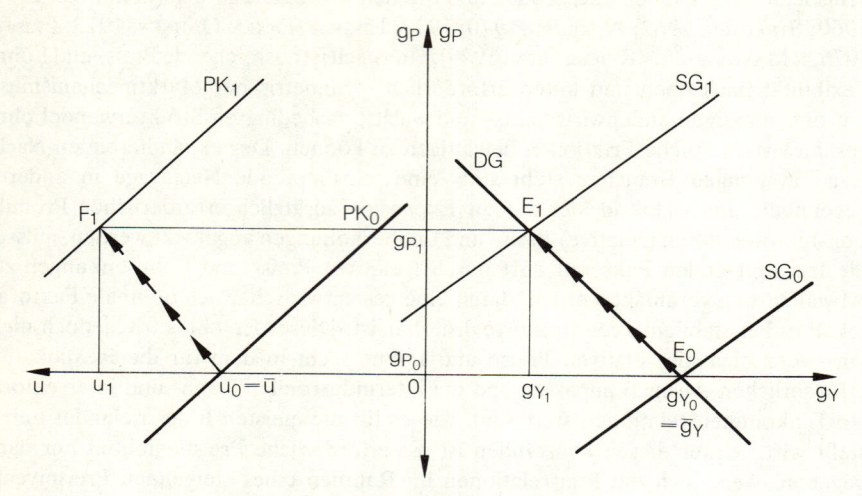

Abb. F-5: Autonomer Angebotsdruck

2.2.3. Verteilungskampf

Nach der Verteilungskampftheorie, deren Grundgedanken schon Anfang der 50er Jahre formuliert wurden (AUJAC, 1950; DUESENBERRY, 1950; HOLZMAN, 1950; TURVEY, 1951), ist Inflation die Folge eines mehr oder weniger offenen Verteilungskampfes, den einzelne Einkommensbezieher, organisierte soziale Gruppen und der Staat um den jeweils „gerechten" Anteil am Volkseinkommen führen (ZAWADSKI, 1965; MEISSNER/UNTERSEHER, 1972; BOMBACH, 1973; ROTHSCHILD, 1973; WÜRGLER, 1973; MÜLLER, 1976; SHERMAN, 1976). Da die in einer Gesellschaft vorhandenen Einkommensunterschiede vielfach als ungerecht empfunden werden, resultieren daraus fortwährend Forderungen der sozialen Gruppen nach verteilungsnivellierenden Einkommensverbesserungen. Entsprechende Realisierungsversuche treffen jedoch auf den Widerstand derjenigen, die ihre relative Einkommensposition aufrechterhalten wollen. Die Summe aller realen Einkommensansprüche übersteigt deshalb regelmäßig das verteilbare reale Sozialprodukt. Versuchen die sozialen Gruppen, ihre konkurrierenden Ansprüche wechselseitig durch Einsatz ihrer ökonomischen und politischen Machtmittel durchzusetzen, so erzeugen sie ständig Angebotsdruck und erzwingen den ihn alimentierenden Nachfragesog. Die daraus entstehende Inflation (Anspruchsinflation) wird gleichsam als Ventil angesehen, aus dem der Überdruck des tiefgreifenden sozialen Unfriedens entweicht.

Verteilungskampfinduzierter Angebotsdruck

Auslösende Momente und ökonomische Konsequenzen des Verteilungskampfes werden in *Abb. F-6* dargestellt. Ausgangspunkt ist das aus *Abb. F-5* bereits bekannte

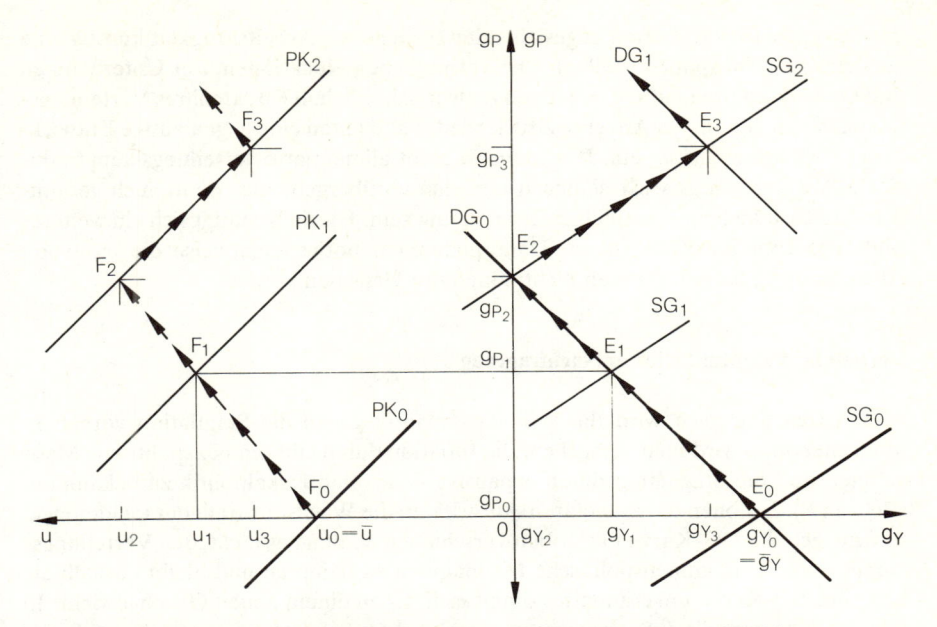

Abb. F-6: Verteilungskampfinduzierter Angebotsdruck und Nachfragesog

Gleichgewicht E_1. Ging die ursprüngliche Verschiebung der Angebotswachstumskurve aus einem autonomen Gewinndruck hervor ($b^Q > 0$), so folgt aus dem Modell, daß sich sowohl die Real- als auch die Nominaleinkommensposition der Arbeitnehmer im Vergleich zur Ausgangssituation E_0 verschlechtert hat: Die Wachstumsrate des Nominallohnsatzes g_W ist wegen $u_1 > \bar{u}$ unter die Produktivitätssteigerungsrate g_ϱ gesunken; und die durch $g_{W^r} := g_W - g_P$ bestimmte Änderungsrate des Reallohnsatzes g_{W^r} hat sich außerdem um die Inflationsrate g_{P_1} verringert. Obwohl die Nominal- und Reallöhne weiterhin steigen, sinkt die Lohnquote wegen $g_{W^r} < g_\varrho$ ständig. Ein solches Ergebnis fordert zwangsläufig zu Gegenmaßnahmen der Arbeitnehmerseite heraus.

Eine mögliche Reaktion der Gewerkschaften besteht z. B. darin, in der nächsten Tarifrunde deutlich höhere Lohnsatzsteigerungen durchzusetzen. Sie werden versuchen, die alte Verteilungsposition der Arbeitnehmer wiederherzustellen oder sogar zu verbessern. Halten die Unternehmen an ihrer aggressiven Gewinnpolitik fest, so verstärkt sich dadurch der Angebotsdruck um die Lohndruckkomponente $b^W > 0$ (verteilungskampfinduzierter Angebotsdruck). Als Folge davon verschiebt sich die SG-Kurve noch weiter nach oben. Wird der Angebotsdruck monetär nicht alimentiert, so kommt es in E_2 zu einer nochmals gestiegenen Inflationsrate und einer auf Null gesunkenen Wachstumsrate des realen Sozialprodukts (Stagflation).

Die Arbeitnehmer kommen jedoch ihrem Umverteilungsziel unter den gemachten Annahmen keinen Schritt näher: Sie könnten nämlich ihre Verteilungsposition nur dann verbessern, wenn die Unternehmen – zumindest vorübergehend – sinkende Gewinnaufschlagsätze realisieren ($b^Q < 0$). Hierauf haben aber die Gewerkschaften unmittelbar keinen Einfluß. Denkbar wäre jedoch, daß sich die Unternehmen durch die schlechte Absatzlage zu entsprechenden Konzessionen gezwungen sehen. Auch die Gewerkschaften dürften angesichts der gestiegenen Arbeitslosigkeit künftig eine vorsichtigere Tarifpolitik treiben. Die vermutlichen Reaktionen von Unternehmen und Gewerkschaften auf die negativen realwirtschaftlichen Effekte ihres Verteilungskampfes reduzieren den Angebotsdruck wieder und leiten eine gegenläufige Entwicklung in Richtung auf E_0 ein. Der monetär nicht alimentierte verteilungskampfinduzierte Angebotsdruck wird demnach nur eine vorübergehende, wenn auch gesamtwirtschaftlich äußerst kostspielige Erscheinung sein. Hierin bestätigt sich ein weiteres Mal: Die Inflation setzt als ein Dauerphänomen notwendigerweise die monetäre Alimentierung der vermuteten nichtmonetären Ursachen voraus.

Verteilungskampfinduzierter Nachfragesog

Aller Erfahrung nach wird die Wirtschaftspolitik gegen die Stagflation vorgehen. Möglicherweise wird man versuchen, die Inflation durch einkommenspolitische Maßnahmen und die Stagnation durch expansive Geld- und Fiskalpolitik zu bekämpfen (Beitrag P). Erhöhen die monetären Autoritäten die Wachstumsrate der Geldmenge, so wird sich die DG-Kurve nach oben verschieben. Gelingt es nicht, den Verteilungskampf durch einkommenspolitische Maßnahmen zu dämpfen und bleibt deshalb die Lage der SG-Kurve unverändert, kommt es in E_3 zu einem neuen Gleichgewicht: In ihm hat sich zwar die Inflationsrate nochmals erhöht; aber das reale Sozialproduktswachstum ist wieder positiv und die Arbeitslosigkeit ist gesunken. Vor diesem realwirtschaftlichen Hintergrund wird möglicherweise eine neue Runde des Verteilungskampfes einsetzen, die erneut in die Stagflation führt und dabei noch höhere Inflationsraten zur Folge haben kann, so daß sich die Wirtschaftspolitik erst recht zum Eingreifen gezwungen sieht usw. Wird also der verteilungskampfinduzierte Angebotsdruck monetär alimentiert (verteilungskampfinduzierter Nachfragesog), so können sich Angebots- und Nachfrageseite gleichsam gegenseitig aufschaukeln und u. U. sogar zu einer akzelerierten Inflation führen.

Dieses Ergebnis hängt jedoch nicht nur vom anhaltend aggressiven Verhalten der Unternehmen und Gewerkschaften als den „Nachfragern der Inflation" ab, sondern vor allem auch vom nachgiebigen Kurs der geldpolitischen Entscheidungsträger, die als die „Anbieter der Inflation" die Verteilungskampfergebnisse um des Wachstums- und Beschäftigungszieles willen stets aufs neue ratifizieren (GORDON, 1975). So gesehen erscheint der inflatorische Prozeß als Folge eines „Doppelmonopols" von Unternehmen und Gewerkschaften (LERNER, 1967), das unter der Voraussetzung staatlicher Vollbeschäftigungsgarantie ohne Beschränkung durch die monetäre Gesamtnachfrage beliebig zu Preis- und Lohnerhöhungen genutzt werden kann.

2.2.4. Erwartungen und Antizipationen

Inflationsratenerwartungen und -antizipationen stellen ein wesentliches Element in jeder neueren Inflationserklärung dar. Ihre Bedeutung geht schon aus der Redewendung hervor, daß es genüge, Inflation zu erwarten, um sie tatsächlich entstehen zu lassen. Da z. B. nominale Lohnsätze, die heute mit einer Laufzeit von einem Jahr vereinbart werden, je nach der Höhe der eintretenden Preisniveausteigerungen zu einer recht unterschiedlichen Kaufkraft der Nominallohneinkommen führen können, werden die Tarifparteien keine Tarifverhandlungen führen, ohne dabei ihre Vorstellungen über die künftige Preisniveauentwicklung in die Forderungen und Angebote mit einzubeziehen. Wenn aber höhere Lohnsätze, Zinssätze, Mieten oder Vorleistungspreise vereinbart werden, weil Inflation erwartet wird, liegt ein erwartungsinduzierter Angebotsdruck vor. Bauen die Wirtschaftssubjekte andererseits die Kassenbestände ab, um sie zumindest teilweise der erwarteten Geldentwertung zu entziehen, steigt die Umlaufgeschwindigkeit des Geldes vorübergehend an, so daß außerdem ein erwartungsinduzierter Nachfragesog entsteht. Inflationsratenerwartungen werden also gleichzeitig auf der Angebots- und Nachfrageseite aller Güter-, Faktor- und Finanzaktivamärkte wirksam und beeinflussen daher nicht unerheblich den tatsächlichen Verlauf des inflatorischen Prozesses.

Erwartungsbildungs- und Antizipationsverhalten

Wie bei der Unterscheidung von vollständig und unvollständig antizipierter Inflation erwähnt, sind Erwartungen und Antizipationen analytisch strikt auseinanderzuhalten. Der Begriff Inflationsratenerwartung bezieht sich auf die rein gedanklichen Vorstellungen von der Entwicklung der Inflationsrate in der Zukunft. Diese Vorstellungen konzentrieren sich auf den subjektiv wahrscheinlichsten Wert der Inflationsrate, den sogenannten (mathematischen) Erwartungswert. Der Begriff Inflationsratenantizipation stellt hingegen auf die Erwartungswirkungen ab. Er beinhaltet die erwartungsinduzierten Dispositionen (ex ante-Anpassungen der Angebots- und Nachfragepläne), mit denen die Wirtschaftssubjekte einem tatsächlichen Eintreten der erwarteten Inflationsratenentwicklung zuvorzukommen trachten. Da sich die Pläne nicht immer realisieren lassen, ist zwischen den Antizipationswünschen und den am Ende der Planungsperiode faktisch durchgesetzten Antizipationen zu unterscheiden. Solange es den Wirtschaftssubjekten nicht gelingt, ihre aufgrund von Erwartungsänderungen revidierten Pläne in vollem Umfang zu verwirklichen, führen selbst korrekte Inflationsratenerwartungen nicht zu einer vollständigen Inflationsratenantizipation. In diesem Fall bleibt ihnen nichts anderes übrig, als sich nachträglich an die tatsächlich eingetretene Preisniveausteigerung anzupassen (ex post-Anpassung). Inflationsratenerwartungen bleiben sogar ohne jegliche Wirkung, solange aus ihnen keine Antizipationswünsche hervorgehen – etwa weil sich die Wirtschaftssubjekte unsicherheitsbedingt abwartend verhalten oder ihnen die Kosten von ex ante-Anpassungen im Vergleich zum erwarteten Nutzen zu hoch erscheinen. Die durch entsprechende Dispositionen in t-1 für t antizipierte Inflationsrate $g_{P_t}^a$ wird deshalb als Produkt aus dem Antizipationskoeffizienten β und der erwarteten Inflationsrate $g_{P_t}^*$ ausgedrückt:

(12) $\quad g_{P_t}^a = \beta \cdot g_{P_t}^* \quad$ mit $0 \leqq \beta \leqq 1$.

Wollen und können die Wirtschaftssubjekte die von ihnen erwartete Inflationsrate in vollem Umfang antizipieren, ist β = 1. Eine vollständig antizipierte Inflation liegt jedoch erst dann vor, wenn die tatsächliche Inflationsrate korrekt erwartet und antizipiert wird ($g_{P_t} = g_{P_t}^* = g_{P_t}^a$).

Das Ausmaß der Antizipationswirkungen auf den Verlauf der tatsächlichen Inflationsrate hängt wesentlich davon ab, wie die Inflationsratenerwartungen gebildet und angesichts neuer Erfahrungswerte korrigiert werden (Überblick bei CASPERS, 1978). Der Erwartungsbildungsprozeß kann im ökonomischen Sinne als ein Produktionsprozeß aufgefaßt werden, in dem durch Beschaffung und Verarbeitung von Informationen Vorleistungen für die auf eine unsichere Zukunft gerichtete Entscheidungsfindung der Wirtschaftssubjekte erbracht werden. Das Produktionsziel sind Erwartungswerte mit möglichst geringem Unsicherheitsgrad, um das Risiko von Fehlentscheidungen aufgrund von Erwartungsirrtümern zu minimieren. Je präziser und sicherer die Erwartungen sein sollen, um so zeitaufwendiger und kostspieliger ist die Informationsverarbeitung. Die Produktion von Erwartungen unterliegt dabei dem Gesetz vom abnehmenden Grenzertrag, vor allem dann, wenn Entscheidungen unter Zeitdruck zu fällen sind. Es ist deshalb ökonomisch rational, wenn die Wirtschaftssubjekte im jeweiligen Einzelfall die Informationsverarbeitung abbrechen, bevor der Unsicherheitsgrad auf das erreichbare Minimum reduziert wird.

Die als Produktionsinput verwendeten Informationen führen aufgrund ihrer Herkunft und ihres Gehaltes zu unterschiedlichen Schlußfolgerungen hinsichtlich der künftigen Entwicklung. Je nach Art der verarbeiteten Informationen werden folgende Gruppen von Erwartungen unterschieden:

– autoregressive (extrapolative, regressive und adaptive) Erwartungen (CAGAN, 1956; SOLOW, 1969): Sie werden rein mechanistisch auf der Grundlage von Informationen über die vergangene Entwicklung der erwarteten Größe selbst gebildet, wie es z. B. der einfache adaptive Ansatz

(13) $\quad g^*_{P_t} = \alpha \cdot g_{P_{t-1}} + (1 - \alpha) \cdot g^*_{P_{t-1}} \quad$ mit $0 < \alpha < 1$

zum Ausdruck bringt (s. *Abb. F-1a* und *1b*);

– rationale bzw. konsistente Erwartungen (MUTH, 1961; WALTERS, 1971; RUTLEDGE, 1974; SARGENT/WALLACE, 1975; 1976; KÜHN, 1979): Sie basieren zusätzlich auf Informationen über die Vergangenheitsentwicklung solcher Größen, die nach Auffassung des Erwartungsbildenden wichtige Bestimmungsfaktoren der jeweiligen Erwartungsvariablen sind. Für einen Monetaristen z. B. wäre im einfachsten Fall die Erwartungsbildung gemäß

(14) $\quad g^*_{P_t} = g_{M_{t-1}} - \bar{g}_{Y_{t-1}}$

konsistent mit der von ihm vertretenen Theorie einer rein monetären Inflationsverursachung;

– ökonomisch rationale Erwartungen (FEIGE/PEARCE, 1976; DARBY, 1976,2): Dies sind rationale Erwartungen, die bei unterschiedlich hohen Kosten der Informationen, die zur Erwartungsbildung auf der Grundlage alternativer Theorien jeweils beschafft werden müssen, einen optimalen Unsicherheitsgrad bzw. Informationsstand gewährleisten. Die Wirtschaftssubjekte bilden ihre Erwartungen aufgrund jener „vereinfachten" Theorie, bei der sie einen gewissen tolerierten Unsicherheitsgrad mit geringstmöglichen Informationsbeschaffungskosten erzielen können.

Werden derartige Verhaltenshypothesen (Erwartungsgeneratoren) in die jeweiligen Inflationsmodelle eingebaut, erzeugen sie (künstliche) Erwartungswerte g^*_P, deren Antizipation das Modellergebnis entscheidend mitbestimmt. Dabei geht man meist von der Fiktion subjektiv sicherer Erwartungen aus; d. h. man nimmt an, daß sich die Wirtschaftssubjekte trotz unvollkommener Voraussicht und der daraus resultierenden objektiven Unsicherheit der Erwartungen subjektiv völlig sicher fühlen und sich deshalb bei ihren erwartungsinduzierten Antizipationen so verhalten, als ob sie objektiv sicher wären (risikoneutrales Antizipationsverhalten). Die Wirtschaftssubjekte werden folglich versuchen, ihre Pläne möglichst rasch und vollständig an Veränderungen der erwarteten Inflationsrate anzupassen. Nur wenn dies gelingt, ist die übliche Gleichsetzung von erwarteter und antizipierter Inflation gerechtfertigt.

Erwartungsinduzierter Angebotsdruck

Der Fall des erwartungsinduzierten Angebotsdrucks wird durch *Abb. F-7* veranschaulicht. Ausgangspunkt ist das bereits aus *Abb. F-4* bekannte Gleichgewicht E_1. Diese Situation kann jedoch nicht bestehen bleiben, sofern es den Arbeitnehmern z. B. gelingt, die für die nächste Periode gemäß (13) mit $\alpha = 1$ erwartete Inflationsrate durch einen entsprechenden Aufschlag auf die Änderungsrate des Nominallohnsatzes gemäß (4) und (12) mit $\beta = 1$ zu antizipieren. Hierdurch verschiebt sich die SG-Kurve nach oben, so daß zusammen mit der annahmegemäß unveränderten DG-Kurve ein neues Gleichgewicht E_2 zustande kommt. Dieser Vorgang wiederholt sich nun mit immer kleineren Anpassungsschritten, bis das inflatorische Gleichgewicht E_L mit $g_{P_L} = g_{P_L}^* = g_{P_L}^a$ erreicht ist. In diesem Fall bildet die SG-Kurve eine Vertikale SG_L über der natürlichen Wachstumsrate des realen Sozialprodukts. Ein entsprechendes Ergebnis zeigt die PHILLIPS-Kurven-Darstellung im gegenüberliegenden Quadranten.

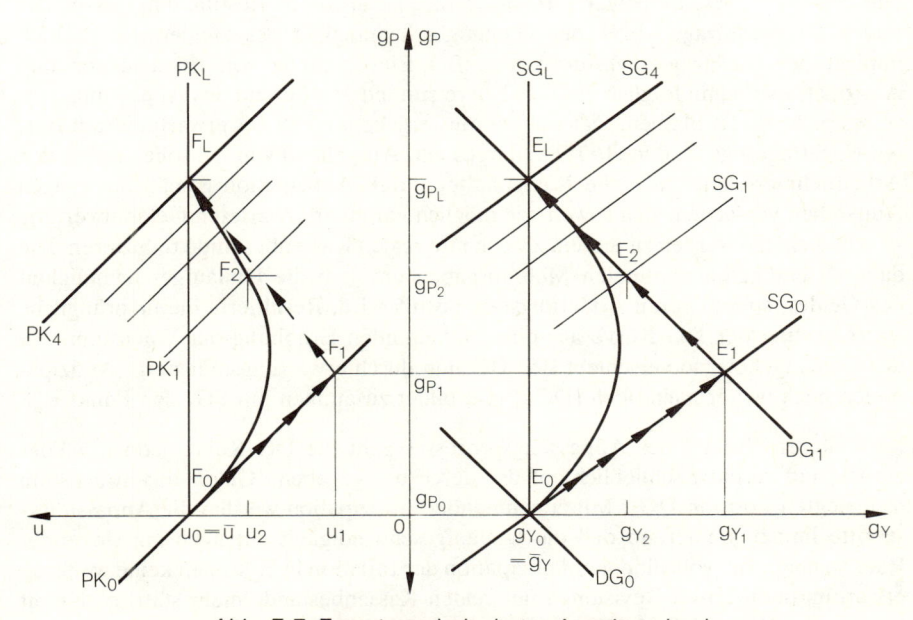

Abb. F-7: Erwartungsinduzierter Angebotsdruck

Diese ceteris-paribus-Analyse gilt nicht ohne Vorbehalte:

- So wird z. B. vorausgesetzt, daß während des Anpassungsprozesses kein zusätzlicher (autonomer) Angebotsdruck oder Nachfragesog entsteht; anderenfalls ergäben sich nicht unwesentliche Modifikationen in bezug auf den Anpassungspfad.
- Mit Hilfe der komparativ-statischen Inflationsratenanalyse vermag man den dynamischen Anpassungsprozeß bei endogener Erwartungsbildung nicht adäquat wiederzugeben; im Rahmen einer dynamischen Ungleichgewichtsanalyse würde sich möglicherweise ein Anpassungspfad ergeben, wie er in *Abb. F-7* als gekrümmte Linie dargestellt ist.
- Ein weiterer Einwand richtet sich gegen die Beibehaltung des adaptiven Erwartungsgenerators während der Dauer des Anpassungsprozesses. Hiermit wird unterstellt, daß die Wirtschaftssubjekte nicht schnell genug aus den wiederkehrenden Erwartungsirrtümern lernen. Wahrscheinlich werden sie ihre Erwartungsbildungsverfahren ändern, wenn sich die Qualität der Erwartungen als schlecht erweist. Unterstellt man mit (14) eine rationale Erwartungsbildung, erfolgt z. B. die Anpassung entlang der Vertikalen SG_L.
- Die (übliche) Annahme von $\beta = 1$ ist extrem wirklichkeitsfremd; eine Endogenisierung des Antizipationsverhaltens durch Spezifikation einer Bestimmungsgleichung $\beta = \beta(\ldots)$ hätte möglicherweise zur Folge, daß der Anpassungsprozeß anfangs verzögert und zum Schluß beschleunigt abläuft.

Erwartungsinduzierter Nachfragesog

Die erwartete bzw. antizipierte Inflationsrate ist auch ein Bestimmungsfaktor der realen Geldnachfrage bzw. der Umlaufgeschwindigkeit des Geldes und deshalb implizit der Nachfragewachstumskurve. Bei Einbeziehung von Erwartungen und Antizipationen kann folglich die DG-Kurve zumindest während des Anpassungsprozesses nicht fixiert bleiben. Der sich hieraus ergebende Fall des erwartungsinduzierten Nachfragesogs wird in *Abb. F-8* dargestellt. Ausgehend von E_1, sollen außer den Arbeitnehmern nun auch die Kassenhalter durch Antizipation gemäß der obigen Annahmen versuchen, sich soweit wie möglich vor einer erwarteten Geldentwertung zu schützen. Sie werden zu diesem Zweck ihre realen Kassenbestände reduzieren. Die dadurch bedingten nominalen Mehrausgaben erhöhen die Umlaufgeschwindigkeit des Geldes, so daß deren Änderungsrate positiv wird. Resultierte die ursprüngliche Verschiebung der DG-Kurve aus einer anhaltenden Erhöhung der Wachstumsrate des Geldangebots, so verschiebt sich DG nun durch erwartungsinduzierte Antizipationen noch weiter nach oben (DG'_1) und bildet zusammen mit SG_1 den Punkt E'_2.

Im weiteren Verlauf des Anpassungsprozesses geht die DG-Kurve jedoch wieder zurück und verharrt schließlich auf der durch das gegebene Geldmengenwachstum festgelegten Position DG_1: Mit zunehmender Antizipation werden die Anpassungsschritte immer kleiner, so daß die Umlaufgeschwindigkeit nur noch mit sinkender Rate ansteigt. Bei vollständiger Antizipation der Inflation in E_L finden keine weiteren erwartungsinduzierten Revisionen der realen Kassenbestände mehr statt; g_V nimmt wieder den Wert Null an. Kommt also zum erwartungsinduzierten Angebotsdruck

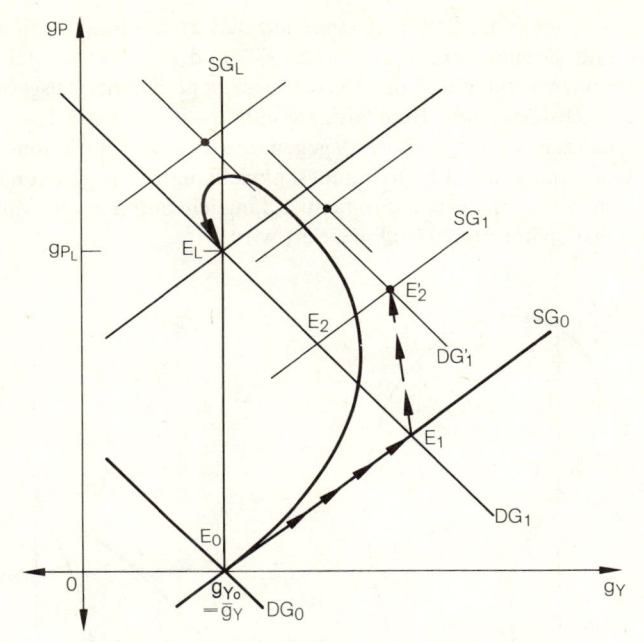

Abb. F-8: Erwartungsinduzierter Nachfragesog

noch ein erwartungsinduzierter Nachfragesog hinzu, so unterscheidet sich dieser Fall von dem in *Abb. F-7* dargestellten zwar nicht durch das gemeinsame inflatorische Gleichgewicht E_L, wohl aber durch den Anpassungspfad, auf dem es erreicht wird. Dieser erst bei dynamischer Analyse zu spezifizierende Anpassungspfad mag z. B. der in *Abb. F-8* gekrümmt dargestellten Linie folgen (LAIDLER, 1976; Beitrag G-2.3.2.).

2.3. Inflationsphasen und -zyklen

Die bisher behandelten Einzelursachen führen erst im konkreten Zusammenwirken zu den variierenden Mustern der in Wirklichkeit zu beobachtenden inflatorischen Prozesse. Dabei muß dem Geldmengenwachstum als der zentralen Determinante der Wachstumsrate der monetären Gesamtnachfrage eine besondere Rolle zuerkannt werden; denn anhaltende Preisniveausteigerungen lassen sich in keinem Fall auf nichtmonetäre Verursachungsfaktoren zurückführen, ohne daß ihre monetäre Alimentierung – sei es durch eine aktive oder passive Geldpolitik – sichergestellt ist.

Inflationsphasen

Die in der Realität beobachtbaren Phasen der akzelerierten, stabilisierten und dezelerierten Inflation *(Abb. F-1a)* werden durch verschiedenartige Konstellationen simultaner und zeitlich aufeinander folgender Nachfragesog- und Angebotsdruckfaktoren verursacht. In *Abb. F-9a* werden rein hypothetische Anpassungspfade bei alternativen Ursachenkonstellationen einer akzelerierten Inflation aufgezeigt. Die Varianten A und B sind bereits aus *Abb. F-7* und *8* bekannt. Bei B sind die Inflationsratenantizipationen und der Verteilungskampf ziemlich ausgeprägt, so daß die positiven Wachstums- und Beschäftigungseffekte im Anpassungsprozeß relativ gering sind. Bei der Variante C ist dagegen die mit dem Inflationsratenanstieg verbundene Wachstums- und Beschäftigungsentwicklung erst negativ und dann positiv; dies ist wie in *Abb. F-6* mit einem anfänglich autonomen Angebotsdruck erklärbar, der erst später monetär alimentiert wird.

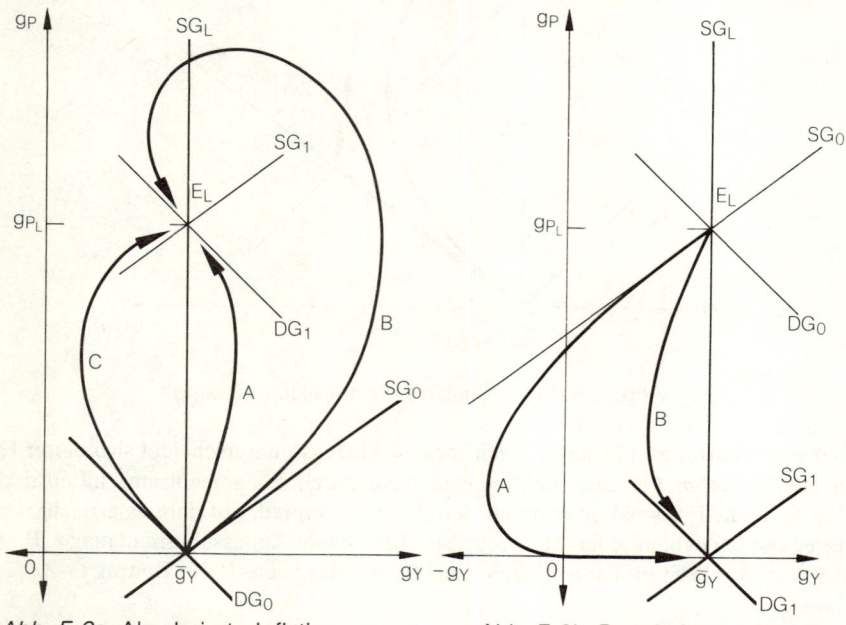

Abb. F-9a: Akzelerierte Inflation   *Abb. F-9b:* Dezelerierte Inflation

Zwei mögliche Anpassungspfade der dezelerierten Inflation werden in *Abb. F-9b* veranschaulicht. Von E_L ausgehend, ist eine Senkung der Inflationsrate nur möglich, wenn die DG-Kurve durch eine Verringerung der Wachstumsrate der Geldmenge – etwa im Zuge einer monetären Antiinflationspolitik (Beitrag P) – nachhaltig nach unten verschoben wird, z. B. von DG_0 nach DG_1. Je größer die Antizipations- und je kleiner die Verteilungskampfeffekte sind, um so geringer sind die auftretenden negativen Wachstums- und Beschäftigungswirkungen der monetären Restriktionspolitik. Bei Variante A wird die sinkende Inflationsrate zunächst nur geringfügig antizipiert und ihr Rückgang u. U. durch wieder einsetzende Verteilungskämpfe gebremst. In diesem Fall sinkt g_Y relativ stark und nimmt vorübergehend sogar negative Werte an. Erst wenn die Härte des Verteilungskampfes abnimmt und die Antizipationen zunehmen, steigt g_Y wieder in Richtung auf $\bar{g}_Y$ an. Bei rationalen Erwartungen, risikoneutralen Antizipationen und anhaltendem Verteilungsfrieden würde die Anpassung entlang der Vertikalen SG_L erfolgen.

Im inflatorischen Gleichgewicht E_L ist die Inflation sowohl stabilisiert als auch vollständig antizipiert; es kann nur erreicht und beibehalten werden, wenn die

Wachstumsrate der Geldmenge längere Zeit konstant bleibt und für einige Zeit keine Umverteilungsbestrebungen bestehen.

Inflationszyklen

Die erwartungsinduzierten Anpassungsprozesse sind in der Realität auf ein inflatorisches Gleichgewicht gerichtet, ohne es jemals erreichen zu können. Zum einen ist kaum vorstellbar, daß die Inflation im Durchschnitt von allen Wirtschaftssubjekten vollständig antizipiert wird; zum anderen kommt es immer wieder zu verteilungskampf- und politikbedingten Störungen der Anpassungsvorgänge. Der wichtigste Grund für das auch nicht annähernde Erreichen einer Gleichgewichtsposition dürfte in der häufig beklagten Unstetigkeit der Wirtschaftspolitik zu suchen sein, insbesondere im „stop and go" geldpolitischer Instanzen, wodurch die Wachstumsrate der Geldmenge ständig variiert.

Die Unstetigkeit der Wirtschaftspolitik wird von der politischen Theorie der Inflation mit der Struktur und Funktionsweise des politischen Systems repräsentativer Demokratien begründet: Wer in der Konkurrenz um die Wählerstimmen an der Macht bleiben oder sie erringen will, muß seine Politik an den Präferenzen der Wähler und ihrer Verbände (Gewerkschaften, Arbeitgeberverbände, Verbraucherverbände usw.) ausrichten. Besteht nach Einschätzung der Politiker mehrheitlich eine Präferenz für einen Beschäftigungsstand, bei dem die Arbeitslosenquote unterhalb ihres natürlichen Niveaus liegt (absolute Vollbeschäftigung), so wird man diesen Zustand mit einer expansiven Geld- und Fiskalpolitik zu realisieren trachten, selbst wenn dadurch Inflation entsteht oder verstärkt wird. Erst wenn die Inflationsrate soweit gestiegen ist, daß die Wählerpräferenzen zugunsten der Preisniveaustabilität umschlagen, ergreift man kontraktive Maßnahmen zur Inflationsbekämpfung. Die sich nun verschlechternde Beschäftigungslage macht einen erneuten Kurswechsel der Wirtschaftspolitik erforderlich usw. In Verbindung mit periodisch stattfindenden Wahlen werden aus derartigem Taktieren sogar komplette politische Konjunkturzyklen abgeleitet (NORDHAUS, 1975; FREY, 1976; DINKEL, 1977; Beitrag G-2.4.2.). Diese Modelle zeigen, daß der beobachtbare Wechsel der Phasen akzelerierter und dezelerierter Inflation erst durch systematische Interaktion von ökonomischen und politischen Faktoren hinreichend zu erklären ist.

2.4. Weltinflation

Nach dem Zweiten Weltkrieg verliefen die Inflationszyklen in den westlichen Industrieländern weitgehend synchron. Die nationalen Inflationsraten wichen bis zur Wechselkursfreigabe in 1973 im Durchschnitt nicht stärker voneinander ab als z. B. die regionalen Inflationsraten amerikanischer Großstädte (GENBERG, 1976). Solche Beobachtungen relativieren den Aussagegehalt von Inflationserklärungen, die primär binnenwirtschaftlich ansetzen. Sie geben Anlaß, die Inflation als ein Weltphänomen zu begreifen, von dem die Vorgänge innerhalb der Landesgrenzen analytisch ebensowenig separierbar sind wie die Inflationsentwicklung in Frankfurt von der der gesamten Bundesrepublik.

Weltwirtschaft bei festen Wechselkursen

Diese Betrachtungsweise geht davon aus, daß bei festen Wechselkursen, freier Konvertibilität und politisch unbehindertem Güter- und Kapitalverkehr äußerst wettbewerbsintensive internationale Märkte für handelsfähige Güter und Finanzaktiva entstehen. Diese bilden zusammengenommen eine integrierte Weltwirtschaft, in der sich die ihr angehörenden Länder ökonomisch als ein geschlossenes System national abgegrenzter Regionen interpretieren lassen. In ihr bildet sich ein Weltpreisniveau P^w, dem sich durch den Arbitragemechanismus die Preisniveaus der einzelnen Länder anpassen (direkter internationaler Preiszusammenhang). Das Preisniveau P^i eines einzelnen Landes steht bei gegebenem Wechselkurs $\bar{e}^i$ seiner Währung in einem festen, durch $P^i = \bar{e}^i \cdot P^w$ bestimmten Verhältnis. Auf Änderungsraten abgestellt, folgt hieraus $g_P^i = g_P^w$, d. h. bei festen Wechselkursen ist die heimische Inflationsrate g_P^i gleich der Weltinflationsrate g_P^w.

Die in der Realität zu beobachtenden Divergenzen zwischen den nationalen Inflationsraten können auf die Existenz von Handelsschranken, unvollkommene Arbitrage oder Auf- und Abwertungen, vor allem aber auf die Existenz nicht handelsfähiger Güter zurückgeführt werden (Überblick bei CLAASSEN, 1978, S. 111 ff.). Da diese Faktoren die Anpassung nicht verhindern, sondern nur verzögern, lassen sich mit der Weltinflationsrate implizit auch die Inflationsraten der einzelnen Länder erklären. Derartige Erklärungsversuche bestehen im Prinzip darin, die für geschlossene Volkswirtschaften entwickelten Ansätze auf die geschlossene Weltwirtschaft zu übertragen. Dementsprechend läßt sich auch das obige Grundmodell weltwirtschaftlich interpretieren.

Monetäre Erklärung

Nach der monetären Theorie der Weltinflation ist die Weltinflationsrate im inflatorischen Gleichgewicht – analog zu E_L in *Abb. F-8* – bestimmt durch die Differenz zwischen der Wachstumsrate des Weltgeldangebots $g_{M^s}^w$ und der natürlichen Wachstumsrate des realen Weltsozialprodukts $\bar{g}_Y^w$:

(15) $\qquad g_P^w = g_{M^s}^w - \bar{g}_Y^w.$

Dabei setzen sich $g_{M^s}^w$ und $\bar{g}_Y^w$ gemäß

$$g_{M^s}^w = \sum_{i=1}^n \delta_i \cdot g_{M^s}^i \quad \text{mit } \delta_i = M^{si} / \sum_{i=1}^n M^{si}$$

bzw.

$$\bar{g}_Y^w = \sum_{i=1}^n \lambda_i \cdot \bar{g}_Y^i \quad \text{mit } \lambda_i = Y^i / \sum_{i=1}^n Y^i$$

aus den entsprechend gewichteten heimischen Wachstumsraten der i = 1, ..., n Länder zusammen. *Tab. F-2.I.* enthält ein Zahlenbeispiel für den hypothetischen Fall einer Weltwirtschaft mit zwei unterschiedlich großen Ländern, die über ein verschieden hohes natürliches Sozialproduktswachstum verfügen. Aufgrund des direkten internationalen Preiszusammenhangs sind die Inflationsraten der beiden Länder identisch mit der Weltinflationsrate; und im inflatorischen Weltgleichgewicht, das das Gleichgewicht auf dem Weltgeldmarkt und den heimischen Geldmärkten einschließt, divergieren die monetären Expansionsraten beider Länder im Ausmaß der Differenz zwischen ihren natürlichen Wachstumsraten des realen Sozialprodukts.

Nach der monetären Theorie der Weltinflation ist für diese Situation die Höhe der aus den nationalen Geldangeboten resultierenden Wachstumsrate der Weltgeldmenge ursächlich (MUNDELL, 1971; JOHNSON, 1972,1; MEISELMAN, 1975; LAIDLER/NOBAY, 1976; PARKIN, 1976; CLAASSEN, 1977,1; 1978; SWOBODA, 1977). Dies gilt auch für alle Gleichgewichtsstörungen. Wenn z. B. das erste (große) Land seine monetäre Expansion verstärkt, erhöht sich dadurch auch die Wachstumsrate der Weltgeldmenge *(Tab. F-2.II.)*. Der Anpassungsprozeß ist relativ kompliziert. Vereinfacht dargestellt, besteht er aus folgenden Schritten: Der im ersten Land entstandene Nachfragesog (Geldangebotsüberschuß) läßt hier die Inflationsrate und – wegen des Arbitragemechanismus – auch die des anderen Landes sowie die Weltinflationsrate steigen. Hierdurch wird das Geldmarktgleichgewicht des zweiten Landes gestört; denn der Versuch, die infolge der Inflationsakzeleration gesunkene Realkasse wieder auf die gewünschte Höhe zurückzuführen, bedeutet einen Geldnachfrageüberschuß im zweiten Land. Geldnachfrage- im zweiten und Geldangebotsüberschuß im ersten Land lassen dem monetären Ansatz der Zahlungsbilanztheorie zufolge hier einen Zahlungsbilanzüberschuß und dort ein gleich hohes Zahlungsbilanzdefizit entstehen (Beitrag E-2.4.). Hierdurch wird ständig Geld vom ersten auf das zweite Land übertragen, so daß die monetären Expansionsraten beider Länder mit dem annahmegemäß neu zustande kommenden inflatorischen Gleichgewicht vereinbar sind *(Tab. F-2.III.)*.

Tab. F-2: Weltinflation im zwei-Länder-Modell

$\delta_1 = \lambda_1 = 3/4$ $\delta_2 = \lambda_2 = 1/4$	I. Inflatorisches Ausgangsgleichgewicht			II. Störung durch Land 1	III. Inflatorisches Endgleichgewicht		
	$\bar{g}_Y$	g_{M^s}	g_P	g_{M^s}	$\bar{g}_Y$	g_{M^s}	g_P
Land 1	4	10	6	22	4	19	15
Land 2	8	14	6	14	8	23	15
Welt	5	11	6	20	5	20	15

Das Zahlenbeispiel macht deutlich, daß diejenigen Länder eine besondere Rolle spielen, deren Währungen einen relativ großen Anteil am Weltangebot haben: Sie bestimmen im wesentlichen das Tempo der Weltinflation, zwingen den kleineren Ländern permanente Zahlungsbilanzüberschüsse auf und machen deren Geldangebot zu einer endogenen Größe. So wird z. B. in der zu starken Expansion der Geldmenge in den USA bis zur Mitte der 70er Jahre die Ursache der Weltinflation gesehen: Im System von Bretton-Woods konnten die USA als relativ großes Leitwährungsland mit ihrer heimischen Geldpolitik die Wachstumsrate der Weltgeldmenge dominant bestimmen. Ihre monetär bedingten Zahlungbilanzdefizite blähten die Dollar-Währungsreserven weltweit auf und zwangen so die Zahlungsbilanzüberschußländer zu verstärkter monetärer Expansion, d. h. zur Mittäterschaft an einer nicht stabilitätsgerechten Wachstumsrate der Weltgeldmenge.

Nichtmonetäre Erklärung

Alternativ zur monetären Erklärung gibt es zahlreiche Versuche, die Weltinflation mit einem auf Weltebene wirksamen autonomen oder verteilungskampfinduzierten Angebotsdruck zu begründen (OECD, 1970; 1971; DUESENBERRY, 1975; BRANSON/ MYHRMAN, 1976; KALDOR, 1976; BRANSON, 1977). Im wesentlichen werden drei weltweit wirksame Angebotsdruckfaktoren genannt: Lohnsatzsteigerungen, Rohstoffpreiserhöhungen und die Vermachtung der Weltwirtschaft. Die Lohndrucktheorie der Weltinflation geht von der Existenz eines Weltarbeitsmarktes aus, auf dem die in einigen Regionen erkämpften Lohnsatzsteigerungen durch internationale Demonstration und Gewerkschaftssolidarität auf andere Regionen übertragen werden (direkter internationaler Lohnzusammenhang). Die in einigen Ländern entstehende Lohnkostenexplosion könne sich auf diese Weise ausbreiten und zur Weltinflation führen. Zum anderen gelten Rohstoffpreiserhöhungen als Weltinflationsursache, weil sie oft ziemlich drastisch sind, bei fixen Paritäten alle Abnehmer gleichermaßen treffen und bei Lohn- und Preisstarrheit nach unten nur im Rahmen von Preisniveauerhöhungen beschäftigungsneutral weitergewälzt werden können. Schließlich wird auch in der Monopolisierung bzw. Oligopolisierung der Weltmärkte durch das Vordringen multinationaler Konzerne eine Ursache der Weltinflation vermutet.

Es kann nicht ausgeschlossen werden, daß die nichtmonetären Verursachungsfaktoren in der einen oder anderen Situation einmal eine inflationsauslösende oder -verstärkende Rolle spielen. Zur systematischen Erklärung der Dauer, des Tempos und der Schwankungen der Weltinflation dürften sie jedoch kaum in Betracht kommen. Hierfür ist die monetäre Theorie die relevantere und – soweit empirische Tests vorliegen (Überblicke bei MEISELMAN/LAFFER, 1975; PARKIN/ZIS, 1976, 1; 1976, 2; LUNDBERG, 1977) – auch gesichertere Alternative. Allerdings ist zu beachten, daß durch die Abschaffung des Systems fester Wechselkurse in 1973 eine wesentliche Voraussetzung ihrer Anwendung entfallen ist. Bei flexiblen Wechselkursen stellt nämlich die Inflation im wesentlichen ein nationales Problem dar: Der Kaufkraftparitätentheorie entsprechend paßt sich statt des inländischen Preisniveaus der Wechselkurs an die Preisniveauänderungen im Ausland an, so daß ein einzelnes Land trotz inflationärer Umwelt nicht von der Preisniveaustabilität abzuweichen braucht (Beitrag E-3.2.). Die Beobachtung verhältnismäßig stark divergierender nationaler Inflationsraten seit 1973 scheint diese Auffassung zu bestätigen.

3. Inflationswirkungen

So vielschichtig wie die Ursachen der Inflation sind auch ihre Wirkungen. Aufgrund überlieferter Erfahrungen mit der Hyperinflation werden der Inflation bestimmte, meist negative Wirkungen zugeschrieben. Genauere Wirkungsanalysen der schleichenden bzw. trabenden Inflation haben jedoch gezeigt, daß die Inflationseffekte je nach dem Erscheinungsbild der Inflation und den konkreten Bedingungskonstellationen sehr unterschiedlich sein können. Man kann demnach nicht mehr undifferenziert von „den" Wirkungen „der" Inflation sprechen. Trotz gewisser Erkenntnisfortschritte steht die Lösung der meisten Probleme aber noch aus (Überblicke bei FOSTER,

1972; THIEME, 1974,2; HELBLING/TURLEY, 1975; STREISSLER, u. a., 1976; KÖSTERS, 1977):

- Inflatorische Prozesse bringen keineswegs nur einzel- und gesamtwirtschaftliche Nachteile (Kosten), sondern u. U. auch Vorteile (Nutzen).
- Neben den Kosten und Nutzen der Inflation sind auch die Kosten und Nutzen der Inflationsbekämpfung zu berücksichtigen.
- Stabilitätspolitische Entscheidungen für oder gegen die Inflationsbekämpfung hängen daher vom Ergebnis einer zweifachen cost-benefit-Analyse ab.
- Da die Inflation aufgrund eines möglichen Netto-Vorteils politisch erwünscht sein kann, sind die Ergebnisse der Wirkungsanalyse ein wichtiger Bestandteil der Inflationserklärung.
- Das Verhältnis von Kosten und Nutzen der Inflation hängt wesentlich davon ab, ob die Inflation vollständig oder nur unvollständig antizipiert wird.
- Ausmaß und Richtung der Inflationswirkungen variieren je nach Tempo und Phase konkreter inflatorischer Prozesse.
- Wichtige Bestimmungsfaktoren sind auch die jeweiligen institutionellen Gegebenheiten, wie z. B. die Zulässigkeit von Index- oder Revisionsklauseln in langfristigen Verträgen.
- Bedingt durch ökonomische Effekte, können auch nichtökonomische Inflationswirkungen auftreten, wie Staatsverdrossenheit, Steuerverweigerung usw.

Nachfolgend werden nur die ökonomischen Inflationswirkungen behandelt.

3.1. Einkommens- und Beschäftigungseffekte

Unter positiven und negativen Einkommenseffekten versteht man inflationsbedingte Abweichungen der Wachstumsrate des realen Sozialprodukts von ihrem natürlichen Niveau nach oben oder unten. Damit korrespondieren positive und negative Beschäftigungseffekte, die als Differenz zwischen natürlicher und tatsächlicher Arbeitslosenquote definiert werden.

Temporäre Effekte

Einkommens- und Beschäftigungseffekte sind im wesentlichen temporäre Erscheinungen, die nur solange auftreten, wie die Inflation noch nicht voll antizipiert ist; sie können positiv oder negativ sein, je nachdem in welcher Phase sich die Inflation befindet und welche Angebots-Nachfrage-Konstellation vorliegt.

Aus den in *Abb. F-9a* dargestellten Anpassungspfaden wird ersichtlich, daß selbst eine akzelerierte Inflation nicht notwendigerweise positive Einkommens- und Beschäftigungseffekte haben muß: Nur wenn der Anstieg der Inflationsrate durch einen monetären Nachfragesog ausgelöst wird und der induzierte Angebotsdruck erst zeitverzögert einsetzt, ist mit einer inflationsbegleitenden Prosperität zu rechnen. Bleibt die Wachstumsrate der Geldmenge im weiteren Verlauf des Anpassungsprozesses unverändert, sind die positiven Realeffekte wegen des nachfolgenden erwartungs- und verteilungskampfinduzierten Angebotsdrucks lediglich eine vorübergehende Erscheinung. Dauerhafte Realeffekte lassen sich nur dann erzielen, wenn das Geldmengenwachstum ständig erhöht und dadurch eine permanente Inflationsakzeleration herbeigeführt wird (BRUNNER, 1970, 2). Dies bedeutet, daß es keinen längerfristig nutzbaren trade-off zwischen bestimmten Inflationsraten und Arbeitslosenquoten geben kann, wie er mit der keynesianischen Annahme einer stabilen PHILLIPS-Kurve unterstellt wird. Steigt nämlich die Inflationsrate, so wird sich die PHILLIPS-Kurve über kurz oder lang erwartungs- und verteilungskampfinduziert nach oben verschieben (*Abb. F-6* und *7*), d. h. kurzfristig existieren zwar PHILLIPS-Kurven, aber sie sind instabil. Diese monetaristische Gegenposition wurde inzwischen durch zahlreiche empirische Tests erhärtet (Überblicke bei WOLL, 1975, S. 112 ff.; SANTOMERO/SEATER, 1978, S. 525 ff.).

Während negative Einkommens- und Beschäftigungseffekte bei akzelerierter Inflation die Ausnahme sind, können sie bei dezelerierter Inflation als die Regel gelten *(Abb. F-9b)*. Notwendige Voraussetzung für eine nachhaltige Verringerung des Inflationstempos ist eine konsequente monetäre Restriktionspolitik. Je ausgeprägter sie ist und je schwächer darauf die Angebotsseite mit einer Korrektur nach unten reagiert, um so höher sind die Kosten der Inflationsbekämpfung – und um so größer ist die Gefahr eines vorzeitigen Abbruchs der monetären Restriktion. Die Antiinflationspolitik muß deshalb versuchen, die negativen Realeffekte möglichst gering zu halten, d. h. einen Anpassungspfad anzusteuern, der möglichst nahe an SG_L bzw. PK_L herankommt. Hierzu bedarf es zum einen einer wohldosierten und vor allem kontinuierlichen Zurückführung des Geldangebotswachstums, zum anderen einer Reihe flankierender Maßnahmen, um die Erwartungsanpassungen an die sinkende Inflationsrate zu beschleunigen und den Verteilungskampf abzuschwächen (CASSEL/THIEME, 1977; Beitrag P).

Permanente Effekte

Geht man davon aus, daß die Inflation langfristig gesehen korrekt erwartet und vollständig antizipiert wird und daß kein Verteilungskampf stattfindet, so werden die (langfristige) Angebotswachstumskurve SG_L und die (langfristige) PHILLIPS-Kurve PK_L des Grundmodells zu Vertikalen über der natürlichen Wachstumsrate des Sozialprodukts bzw. der natürlichen Arbeitslosenquote *(Abb. F-10)*. Dies entspricht der sogenannten FRIEDMAN-PHELPS-Hypothese, daß bei vollständig antizipierter Inflation keinerlei Einkommens- und Beschäftigungseffekte auftreten, d. h. daß langfristig jeder vorübergehend mögliche trade-off verschwindet und Wachstum und Beschäftigung auf ihrem natürlichen Niveau verharren (FRIEDMAN, 1968; PHELPS, 1972).

Über die Existenz langfristiger Einkommens- und Beschäftigungseffekte bei stabilisierter Inflation wird allerdings seit Jahren diskutiert (Überblick bei FRISCH, 1977, S. 20 ff.). In *Abb. F-10* sind zwei denkbare Fälle dargestellt:

– Erstens erscheint es möglich, daß ständig Verteilungskampf herrscht, während die Inflation korrekt erwartet und vollständig antizipiert wird. Hieraus leiten sich die Vertikalen SG_L^A und PK_L^A als Varianten der langfristigen Angebotswachstums- und

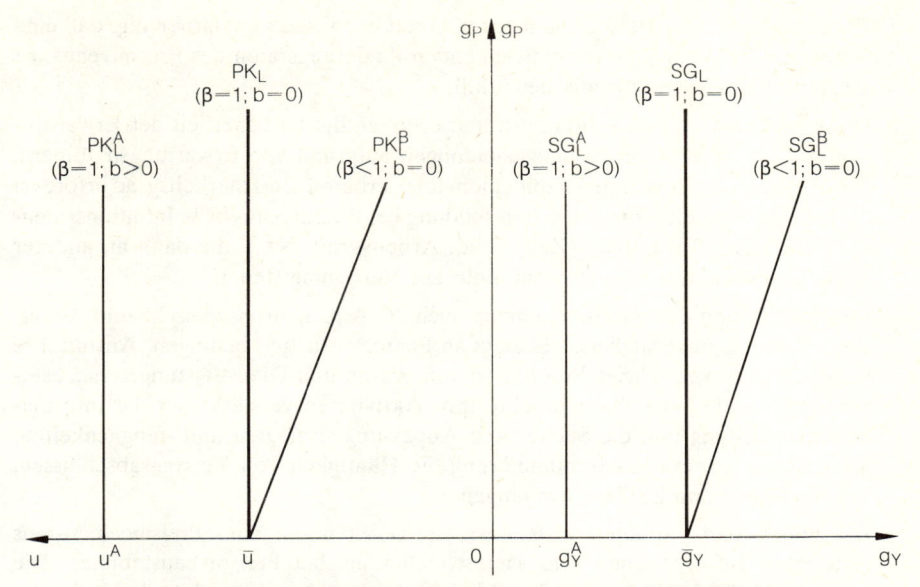

Abb. F-10: Langfristige Angebotswachstums- und PHILLIPS-Kurven

PHILLIPS-Kurve ab. Hiernach können unabhängig von der Höhe der Inflationsrate permanent negative Wachstums- und Beschäftigungseffekte auftreten.

– Zweitens wird es für möglich gehalten, daß die Inflationsrate langfristig zwar korrekt erwartet, aber nicht vollständig antizipiert wird. Hierfür können institutionelle Hemmnisse (z. B. nur periodisch erfolgende Lohnabschlüsse) oder zu hohe Antizipationskosten ausschlaggebend sein. Aus dieser Annahme lassen sich die Varianten SG_L^B und PK_L^B ableiten, die einen langfristigen trade-off implizieren.

Beide Fälle kommen somit zu entgegengesetzten Ergebnissen: Während der erste Fall die Thesen der Stagflationstheoretiker belegt, stützt der zweite die Auffassungen derjenigen Theoretiker, die in der Inflation ein geeignetes Mittel der Wachstumsförderung sehen. Empirische Schätzungen haben ergeben, daß der Antizipationskoeffizient im allgemeinen Werte von $\beta < 1$ annimmt. Dabei schwankt β im Konjunkturverlauf prozyklisch und nähert sich im Boom dem Wert $\beta = 1$ (FRISCH, 1977, S. 22).

3.2. Allokations- und Wachstumseffekte

Unberücksichtigt blieb bisher die Frage, ob und inwieweit die Inflation auch das natürliche Sozialproduktswachstum beeinflußt. Hiermit beschäftigt sich die Analyse der Allokationseffekte der Inflation. Darunter versteht man inflationsbedingte Umlenkungen der Produktionsfaktoren, die vom gesamtwirtschaftlich optimalen Faktoreinsatz weg- oder zum Allokationsoptimum hinführen können.

Wachstumshemmende und -fördernde Momente

Ob die Inflation das Wirtschaftswachstum fördert oder bremst, ist noch weitgehend ungeklärt (WIENERS, 1969; OKUN, 1975,2; STREISSLER, u. a. 1976, S. 96 ff.; GIERSCH,

1977, S. 68 ff.; KLEPS, 1979). Die meisten Ökonomen sind sich darin einig, daß eine Inflation mit hohen oder stark schwankenden Änderungsraten des Preisniveaus das Wachstum überwiegend negativ beeinflußt:

- Hohe und veränderliche Inflationsraten erhöhen die Unsicherheit der Erwartungen und das Risiko von Fehlentscheidungen aufgrund von Erwartungsirrtümern. Die Bildung von Erwartungen mit einem tolerierbaren Unsicherheitsgrad erfordert deshalb im Vergleich zur Erwartungsbildung bei Preisniveau- bzw. Inflationsratenstabilität mehr Ressourcen (Zeit, Geld, Arbeitskraft usw.), die dann an anderer Stelle im Produktionsprozeß nicht mehr zur Verfügung stehen.
- Mit dem Tempo der Inflation nehmen auch die Antizipationswünsche und -versuche zu, die einen zusätzlichen Einsatz an Faktorleistungen bedingen. Anstatt ihre Ressourcen zu vermehrter Produktion von Waren und Dienstleistungen einzusetzen, richten die Wirtschaftssubjekte ihre Aktivitäten verstärkt auf die Informationsverarbeitung und die Suche nach Anpassungsstrategien und -möglichkeiten. Sie erhöhen zwecks Risikominimierung die Häufigkeit von Vertragsabschlüssen, Transaktionen und Zahlungsvorgängen.
- Bei hohen und variablen Inflationsraten veralten die vom Preismechanismus gelieferten Informationen sehr viel schneller als bei Preisniveaustabilität. Die Wirtschaftssubjekte müssen sich wie bei der Verwendung einer fremden Währung vor jeder Transaktion erneut über relative Preise, „billige" und „teure" Angebote, preisgünstige Bezugsquellen usw. informieren, statt derartige Informationen durch wiederholte Transaktionen akkumulieren und routinemäßig nutzen zu können.
- Die aus Furcht vor Inflationsverlusten oder auch in der Hoffnung auf Inflationsgewinne durchgeführten Antizipationen führen zu einer unproduktiven Sachkapitalbildung und dementsprechend zu einer wachstumshemmenden Investitions- und Produktionsstruktur. So investieren z. B. potentielle Geldanleger verstärkt in vermeintlich inflationsgeschützte langlebige Gebrauchsgüter (Grundbesitz, Eigentumswohnungen, Gold, Antiquitäten usw.) statt in Finanzaktiva, Produktivvermögen oder Humankapital (Flucht in die Sachwerte; Flucht in das Betongold).
- Der Realzins wird infolge unvollständiger Inflationsantizipation insbesondere bei akzelerierter Inflation (vorübergehend) unter sein natürliches Niveau gedrückt, wobei $r \leqq 0$ nicht auszuschließen ist. Dadurch kommt es zu Überinvestitionen, die sich bei Marktsättigung und wiederansteigendem Realzins als unrentable Fehlinvestitionen herausstellen (Investruinen).

Die Wachstumshemmnisse bei Inflation resultieren also aus einer kapazitäts- und effizienzmindernden Umlenkung knapper Ressourcen von der Waren- und Dienstleistungsproduktion in die „Produktion" von Erwartungen, Antizipationen und Antizipationswirkungen.

Nach Auffassung der Verteter der Angebotsdrucktheorie hat die Inflation auch wachstumsfördernde Wirkungen:

- Wenn viele Löhne und Preise nach unten starr sind, kann der wachstumsbedingte Wandel der Nachfrage-, Produktions- und Beschäftigungsstruktur durch den Anpassungsmechanismus der Preis- und Lohnrelationen nur dann bewältigt werden, wenn man mehr (Einzel-)Preissteigerungen zuläßt als mit Preisniveaustabilität vereinbar ist.

- Wenn ein permanenter autonomer Kostendruck existiert, der nicht direkt bekämpft werden kann, kommt es ständig zu kostenbedingten Preissteigerungen, falls sich die Kosten-Erlös-Relationen der Unternehmen nicht investitionslust- und wachstumshemmend verschlechtern sollen.

Dieser Argumentation zufolge sind mäßige Inflationsraten eine notwendige Bedingung für den reibungslosen Vollzug des Strukturwandels sowie für die Beibehaltung einer angemessenen Investitionsquote.

Wohlfahrtskosten der Inflation

Selbst bei vollständig antizipierter Inflation treten zusätzlich Allokations- und Wachstumseffekte auf, die aus den Dispositionen der Wirtschaftssubjekte über ihre reale Kassenhaltung resultieren (FRIEDMAN, 1953,3; BAILEY, 1956; FOSTER, 1972; DORNBUSCH/FRENKEL, 1973; TATOM, 1976). Da sich diese Effekte gesamtwirtschaftlich nicht ausgleichen, sondern von der Gesellschaft als Netto-Wohlfahrtsverluste zu tragen sind, bezeichnet man sie auch als Wohlfahrtswirkungen bzw. -kosten der Inflation. Sie beziehen sich im wesentlichen auf die verminderten Nutzenströme einer dauerhaft reduzierten Realkassenhaltung.

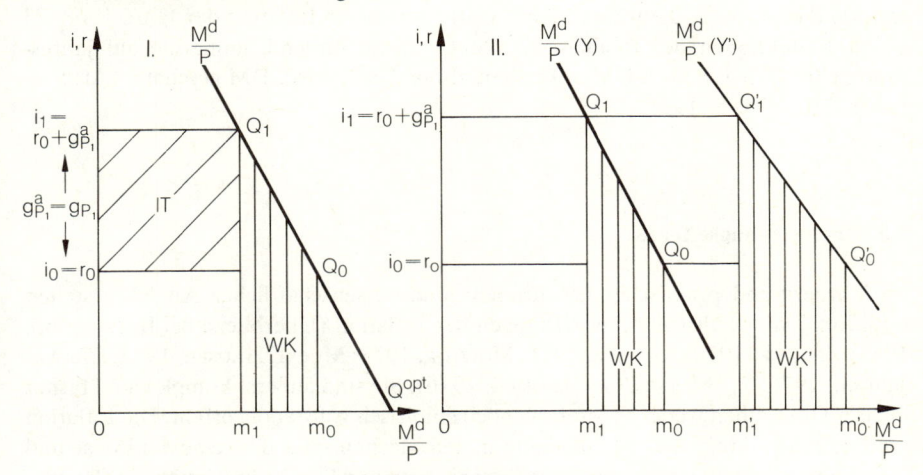

Abb. F-11: Wohlfahrtskosten der Inflation

In *Abb. F-11.I.* werden die Wohlfahrtskosten einer verringerten Realkassenhaltung in einer stationären Wirtschaft veranschaulicht. Ausgangspunkt ist Q_0 auf der vereinfachend als linear unterstellten realen Geldnachfragefunktion (Beitrag D-2.3.). Da zunächst Preisniveaustabilität angenommen wird, stimmen der Nominalzins i_0 und der Realzins r_0 überein. Bei diesem Zinsniveau sind die Wirtschaftssubjekte bereit, eine reale Kasse in Höhe von m_0 zu halten. Herrscht statt dessen eine vollständig antizipierte Inflation, so übersteigt der Nominalzins i den Realzins r_0 um die antizipierte Inflationsrate. Die Opportunitätskosten der realen Kassenhaltung sind dadurch gestiegen. Deshalb erscheint es den Wirtschaftssubjekten attraktiver, ihre reale Kasse auf m_1 zu verringern und die freiwerdende reale Geldmenge in Höhe von $m_0 - m_1$

investiv oder konsumtiv zu verwenden. Die Wohlfahrtskosten der Inflation entsprechen dann der Fläche WK und hängen unmittelbar von der Höhe der Inflationsrate ab. WK repräsentiert den Realwert der Nutzenströme, welche die Realkasse $m_0 - m_1$ den Kassenhaltern geleistet hätte, wenn nicht – bedingt durch die gestiegenen Opportunitätskosten – auf deren Haltung verzichtet worden wäre. In einer wachsenden Wirtschaft ist sogar mit einem Anstieg der Wohlfahrtskosten zu rechnen *(Abb. F-11.II.).*

Ökonomisch kann man Geld als Konsumgut oder als Produktionsfaktor interpretieren. Je nachdem stellt die Fläche WK entweder den Nutzenentgang aller Haushalte dar, der durch den inflationsbedingten Verzicht auf Realkassenhaltung entsteht, oder eine durch Mindereinsatz von Ressourcen erlittene Produktionseinbuße. Da im Punkt Q^{opt} die optimale reale Kassenhaltung realisiert wäre, bedeutet der Rückgang der Realkasse in jedem Fall eine weitere Entfernung vom Optimum der gesamtwirtschaftlichen Geldversorgung (FRIEDMAN, 1969,2). Während einige Autoren derartige Überlegungen als praktisch irrelevante Gedankenexperimente bezeichnen (TOBIN, 1972, S. 15; STREISSLER, u. a., 1976, S. 121), kommen andere bei empirischen Schätzungen auf beachtliche Beträge. So sollen z. B. in den USA bei einer vollständig antizipierten jährlichen Inflationsrate von 10 v. H. Wohlfahrtskosten in Höhe von 10–22 Mrd. Dollar pro Jahr entstehen (TATOM, 1976, S. 13). Für die Bundesrepublik werden die Verluste, die während der relativ harmlosen Inflation der Jahre 1968–73 durch Reduktionen der Realkassenhaltung entstanden sind, immerhin auf jahresdurchschnittlich 1,7 Mrd. DM, insgesamt also auf 10,2 Mrd. DM geschätzt (ALEXANDER/LOEF, 1975, S. 192).

3.3. Umverteilungseffekte

Im Vordergrund praktischer Erfahrungen und wissenschaftlicher Analysen stehen traditionell die Redistributionswirkungen der Inflation (Überblicke bei BACH/ANDO, 1957; ZIERCKE, 1970; KOBLITZ, 1971; MOLITOR, 1973; MÜCKL/HAUSER, 1975; CASSEL/THIEME, 1976, 2; HÖLZLER/VAN ALMSICK, 1976). Sie sind äußerst komplex und bisher in ihrer Gesamtheit weder theoretisch noch empirisch vollständig erfaßt. Die Inflation greift nämlich direkt und allumfassend in den Mechanismus der relativen Preise und in das Finanzsystem staatlicher Transferzahlungen und Steuereinnahmen ein (Beitrag J-3.2.2. und 4.2.3.). Jede inflationsbedingte Veränderung der relativen Preise, des Realwerts der Einkommenstransfers und der nominalen Steuerbemessungsgrundlagen führt zu einer Umverteilung der Einkommensströme und der Vermögensbestände. Dabei läßt sich die Richtung der Umverteilungswirkungen generell wie folgt bestimmen:

– Eine Inflation geht zu Lasten der Einkommensbezieher, deren Einkommen inflationsbedingt weniger stark steigen als die Preise, die sie zu zahlen haben, und zugunsten derjenigen, deren inflationsbedingte Einkommenssteigerungen größer sind als die Erhöhungen der für sie relevanten Preise.

– Eine Inflation benachteiligt die Vermögensbesitzer, deren nominales Nettovermögen (Bruttovermögen abzüglich Schulden) inflationsbedingt langsamer steigt als das Preisniveau, und begünstigt jene, deren Nettovermögenswert schneller wächst als das Preisniveau.

Jede Einkommens- und Vermögensart sowie jeder Einkommensbezieher und Vermögensbesitzer ist prinzipiell von der Inflation betroffen, so daß die Umverteilungseffekte auf allen nur denkbaren Verteilungsebenen auftreten können. Im inflatorischen Prozeß kommt es deshalb zur Umverteilung von Einkommen und Vermögen

- zwischen Besitzern von Finanz-, Sach- und Humanvermögen, zwischen Kassenhaltern, Spareinlagen- und Wertpapierbesitzern, Grundbesitzern, Hauseigentümern, Aktionären und Antiquitätensammlern sowie zwischen Gläubigern und Schuldnern;
- zwischen den Beziehern von Kontrakt- und Residualeinkommen sowie von Faktor- und Transfereinkommen – also zwischen den Beziehern von Löhnen, Dividenden, Zinsen, Mieten, Subventionen, Renten, Kindergeld, Versicherungsleistungen, usw.; sowie
- zwischen den einkommensbeziehenden und vermögensbesitzenden Sektoren der Volkswirtschaft, d. h. zwischen Landwirtschaft, Industrie und Dienstleistungssektor, Haushalten und Unternehmen, Privaten und Staat sowie zwischen In- und Ausland.

Auf jede dieser Verteilungsebenen gibt es Gewinner und Verlierer der Inflation. Da die Haushalte, Unternehmen, Institutionen und öffentlichen Hände über mehrere Vermögensarten verfügen und folglich ihr Einkommen aus verschiedenen Quellen beziehen, gleichzeitig in verschiedenen Sektoren agieren und Gläubiger und Schuldner zugleich sind, ist schwer zu sagen, wer per saldo durch die Inflation gewinnt oder verliert.

Sieht man von den u. U. beachtlichen Umverteilungseffekten zwischen In- und Ausland ab, so rechnen sich die Umverteilungsgewinne und -verluste der Inflation gesamtwirtschaftlich auf. Bei einzelwirtschaftlicher Betrachtung ergäben sich nur dann keine Umverteilungseffekte, wenn die Inflation in sämtlichen Transaktionen und auf allen Verteilungsebenen von jedermann vollständig antizipiert werden könnte. Dieser Fall ist zwar theoretisch denkbar, praktisch aber irrelevant, so daß in der Realität stets mit Redistributionseffekten der Inflation zu rechnen ist.

Aber selbst eine allumfassende Inflationsantizipiation kann nicht verhindern, daß Kaufkraft von der Gesamtheit der Kassenhalter auf die Geldproduzenten (Staat einschließlich Notenbank, Geschäftsbanken, Ausland) umverteilt wird: Die Inflation ist einer Mengensteuer vergleichbar, d. h. sie kann als Steuer auf den Realwert der von den Wirtschaftssubjekten gehaltenen Kassenbestände interpretiert werden (FRIEDMAN, 1953,3; 1971).

Der Realwert der Inflationssteuer einer Periode ist gleich dem Zuwachs der nominalen Geldmenge ΔM, dividiert durch das Preisniveau P dieser Periode. Durch Erweiterung von $\Delta M/P$ mit M folgt

$$(16) \quad \frac{\Delta M}{P} = \frac{M}{M} \cdot \frac{\Delta M}{P} = \frac{M}{P} \cdot \frac{\Delta M}{M} = m \cdot \frac{\Delta M}{M} \qquad \text{mit } m := \frac{M}{P}.$$

In einer stationären Wirtschaft ist die Inflationsrate bei vollständig antizipierter Inflation gleich der Wachstumsrate der angebotenen und zugleich nachgefragten Geldmenge ($g_P = g_M = \Delta M/M$). Somit folgt aus (16)

(17) $\quad \dfrac{\Delta M}{P} = m \cdot g_P.$

Die Steuerbemessungsgrundlage der Inflationssteuer ist demnach die Realkasse m, der Steuersatz die Inflationsrate g_P. In *Abb. F-11.I.* wird der Realwert der Inflationssteuer durch die Fläche IT repräsentiert: Ihr Inhalt $m_1 \cdot g_{P_1}$ entspricht jenem Betrag an realer Kaufkraft, den sich die geldschöpfenden Instanzen pro Periode durch die nahezu kostenlose Produktion der zusätzlichen nominalen Geldmenge ΔM aneignen. Da die Geldschöpfung im wesentlichen von Staat und Notenbank ausgeht, steht den staatlichen Instanzen mit der Inflationssteuer die einzige Finanzierungsquelle zur Verfügung, für die sie keine gesetzliche Grundlage benötigen. Die Möglichkeit, selbst bei vollständiger Antizipation durch Inflation Umverteilungsgewinne auf Kosten der Privaten zu erzielen, dürfte mit ein Grund sein, warum es immer noch – und offenbar in zunehmendem Maße – Inflation auf der Welt gibt.

4. Inflation in sozialistischen Planwirtschaften

Inflation ist kein systemspezifisches Phänomen kapitalistischer Marktwirtschaften. Selbst in sozialistischen Ländern mit zentraler Planung (z. B. DDR, Polen, UdSSR) ist sie eine permanente und häufig beklagte Erscheinung. Allerdings läßt sie sich hier wegen der administrativen Preisfixierung nur als Kassenhaltungsinflation oder als gemischte Inflation nachweisen (s. Abschnitt 1.3.; *Tab. F-1*). Diese Erscheinungsformen wurden jedoch erst in jüngster Zeit eingehender analysiert (SCHWARZ, 1974; DODGE, 1975; CASSEL/THIEME, 1976,2; HAFFNER, 1977; PORTES, 1977; THIEME, 1977; 1979,2; von DELHAES, 1978; JANSEN, 1979; NOVE, 1979). Dabei zeichnet sich die Erkenntnis ab, daß auch die Inflation in sozialistischen Planwirtschaften im wesentlichen monetär verursacht ist und beachtliche Umverteilungseffekte hat.

Ursachen der Kassenhaltungsinflation

Seit den 50er Jahren steigt in den genannten Ländern das Geldangebot mit z. T. erheblichen Schwankungen seiner Wachstumsraten ständig stärker als der reale Output. In der DDR z. B. expandierten die nominalen Geldbestände der privaten Haushalte zwischen 1955 und 1976 um jahresdurchschnittlich rd. 12 v. H., während die Konsumgüterproduktion nur um etwa 5 v. H. zunahm (THIEME, 1978, S. 304 f.; HARTWIG/THIEME, 1979, S. 100 ff.). Da das verstaatlichte Bankensystem und die zentrale monetäre Planung (Beitrag A-4.2.2.) günstige Voraussetzungen für eine straffe Geldangebotssteuerung zu bieten scheinen, ist dieses Ergebnis einigermaßen verwunderlich: Entweder steht die inflationsverursachende Geldmengenausweitung im Dienste der Erreichung bestimmter Ziele der zentralen Planungsinstanzen oder sie ist Ausdruck systembedingter Mängel der monetären Steuerung und Kontrolle. Beide Vermutungen sind zutreffend.

Die übermäßige Geldversorgung ist einerseits ein bewußt eingesetztes Mittel der derzeitigen Wachstums- und Planerfüllungspolitik: Große Investitionsvorhaben, Rüstungsprojekte und Prestigeobjekte (z. B. Raumfahrt) übersteigen meist die private Ersparnisbildung der Bevölkerung und werden dann durch zusätzliche Geldschöpfung der Notenbank finanziert. Realwirtschaftlich entziehen sie dem Konsumgütersektor die für eine ausreichende Versorgung mit Konsumgütern erforderlichen Ressourcen. Da ein wesentlicher Teil der Ausgaben für derartige Projekte der Bevölkerung als Geldeinkommen zufließen, erhöht sich deren „Kauffonds", während der verfügbare „Warenfonds" weniger stark steigt oder vorübergehend sogar stagniert. Diese Politik des „reichlichen" Geldes erleichtert zugleich den Absatz der häufig nicht bedarfsgerechten Konsumgüterproduktion und ermöglicht den prinzipiell produktions- und nicht absatzorientierten Betrieben die Erfüllung ihrer Planauflagen.

Andererseits scheitert eine effiziente Geldmengensteuerung an der Praxis der kreditären Finanzierung sozialistischer Betriebe: Da die monetären Planbilanzen wegen der unzureichenden naturalen Planung und der ungleichgewichtigen Preisfestsetzung nur zufällig den tatsächlichen Gegebenheiten entsprechen, sind sie als Kontrollinstrument der Planungsbehörden nur bedingt geeignet und lassen den Produzenten erhebliche Verhaltensspielräume. So können die Betriebe aufgrund „weicher" Pläne ungeplante Läger an Fertigprodukten und Umlaufmitteln bilden oder ihren Beschäftigten ungeplante Löhne und Prämien zahlen. Sie beschaffen sich die dazu erforderlichen finanziellen Mittel, indem sie planmäßige Kredite nicht fristgerecht zurückzahlen oder außerplanmäßige Kredite – trotz hoher Strafzinsen – beim staatlichen Bankensystem aufnehmen. Da ungeplante „Konkurse" sozialistischer Betriebe nicht möglich sind, ist das Bankensystem zur Prolongation bzw. zur Gewährung der zusätzlichen Kredite in jedem Fall verpflichtet. Dies trifft auch zu, wenn zur Abwehr außenwirtschaftsbedingter Störungen (Inflationsimport, Rohstoffpreiserhöhungen usw.) ein ungeplanter Finanzierungsbedarf bei den Außenwirtschaftsunternehmen entsteht (CASSEL/SCHUBERT, 1979). Die Verpflichtung der monetären Autoritäten zur geldschaffenden Kreditgewährung macht somit das Geldangebot in der sozialistischen Planwirtschaft zu einer endogenen Größe, die aufgrund der systembedingten betrieblichen Verhaltensweisen ständig stärker zu steigen tendiert als die durch sie finanzierte Produktion.

Umverteilungseffekte der Kassenhaltungsinflation

Von den möglichen Wirkungen der Inflation in sozialistischen Planwirtschaften wurden bisher nur die Umverteilungseffekte der Kassenhaltungsinflation näher analysiert (CASSEL/THIEME, 1976, 2). Diesbezüglich weisen Preis- und Kassenhaltungsinflation gewisse Parallelen, aber auch bedeutsame Unterschiede auf. Gemeinsam ist ihnen, daß sie einen Verfall der Kaufkraft des Geldes darstellen: Für die nominale Geldeinheit lassen sich immer weniger Güter kaufen. Während sich aber der Kaufkraftverfall bei Preisinflation im Anstieg der für eine bestimmte Gütermenge zu entrichtenden Geldeinheiten zeigt, wird er bei Kassenhaltungsinflation in der Unmöglichkeit sichtbar, bestimmte Gütermengen überhaupt kaufen zu können. Die Gesamtheit der Einkommensbezieher kann deshalb auch ihr Nominaleinkommen bei Preisinflation in vollem Umfang ausgeben, erhält dafür aber pro Geldeinheit einen sinkenden Realwert; bei Kassenhaltungsinflation sind die Einkommensbezieher insgesamt dazu außerstande, weil ihre disponiblen Einkommen das verfügbare, mit konstanten Preisen bewertete Güterbündel zunehmend übersteigen.

Für den einzelnen braucht jedoch nicht zu gelten, was für die Gesamtheit der Wirtschaftssubjekte gilt. Generell läßt sich sagen, daß sich diejenigen vor der Kassenhaltungsinflation schützen oder aus ihr Vorteile ziehen können, die im sozialistischen System Möglichkeiten haben und Wege finden, jede vereinnahmte Geldeinheit umgehend wieder auszugeben, d. h. die in den nominalen Geldbeträgen verbürgten Ansprüche auf einen Teil des realen Sozialprodukts durch den Tausch gegen Güter zu realisieren. Hierzu gehören Partei- und Regierungsfunktionäre, Armeeangehörige, Beschäftigte in Schlüsselindustrien und selbständige Handwerker, aber auch verdiente Sportler, Helden der Arbeit und Schwarzhändler. Sie verfügen über genügend Einfluß, Beziehungen, Informiertheit und Sachkenntnis, um die Realverteilung zu ihren Gunsten zu verändern: nämlich durch den vergleichsweise besseren Zugriff auf das Güterangebot, der ihnen die Umwandlung von Geld in Realwerte erleichtert und sie von dem Zwang befreit, unfreiwillig zu sparen und das akkumulierte Geld als Kasse zu halten. Wem das nicht oder nur unzureichend gelingt – wie dem nicht erwerbstätigen, politisch uninteressierten und gesellschaftlich isolierten Bevölkerungsteil –, der sieht sich hilflos dem Anwachsen seiner Kassenhaltung ausgesetzt, ohne die Chance zu haben, ihren rechnerischen Realwert je in Form von Gütern realisieren zu können. Wie bei der Preisinflation, so entscheidet auch hier das Ausmaß der im Einzelfall gelungenen Antizipation darüber, wer per saldo zu den Inflationsgewinnern oder -verlierern zählt.

Kommentierte Literaturhinweise

Leicht verständliche Einführungen in die Inflationstheorie bieten JOACHIM KLAUS (1974), WOLFGANG MANSFELD (1976) und PETER CLAUSSEN (1977).

Umfassend und auf aktuellem Stand sind die Lehrbücher von JAMES A. TREVITHICK; CHARLES MULVEY (1975), PETER J. CURWEN (1976), WOLFGANG STRÖBELE (1979) und GUNTER STEINMANN (1979).

Die aus bekannten Aufsätzen hervorgegangenen Texte von HARRY G. JOHNSON (1975) und EMIL-MARIA CLAASSEN (1978) behandeln die monetäre Theorie der (Welt-)Inflation und bringen eine ausführliche Kritik der nichtmonetären Ansätze.

Der von ARTUR WOLL (1979) herausgegebene Sammelband enthält Beiträge über Definition, Ursachen, Wirkungen und Bekämpfungsmöglichkeiten der Inflation von KARL BRUNNER, EMIL-MARIA CLAASSEN, OTMAR ISSING, ERICH STREISSLER, WOLFGANG STÜTZEL und MANFRED WILLMS.

Neuere inflationstheoretische Erklärungsansätze und empirische Tests finden sich in den Sammelbänden von HELMUT FRISCH (1976,1), KARL BRUNNER; ALLAN H. MELTZER (1978) und HELMUT FRISCH; HEINRICH OTRUBA (1978).

Für einen Einstieg in die dynamische Inflationsanalyse eignen sich die Texte von ROBERT J. BARRO; HERSCHEL I. GROSSMAN (1976) und MICHAEL R. DARBY (1976,1).

Theoriegeschichtlich wichtige Arbeiten sind im Reader von R. J. BALL; PETER DOYLE (1969) zusammengestellt.

G. Konjunktur und Wachstum
Günter Gabisch

Gliederung

1. Einführung in den Problembereich
2. Konjunktur
   2.1. Definition und Messung
   2.2. Ältere Konjunkturtheorien
   2.3. Konjunkturen als modellendogene Schwingungen
      2.3.1. Zusammenwirken von Multiplikator und Akzelerator
      2.3.2. Monetäre Ansätze
      2.3.3. Mathematische Konjunkturtheorien zum POINCARÉ-BENDIXSON-Theorem
      2.3.4. Zyklen in ökonometrischen Totalmodellen
   2.4. Theorien der exogenen Schocks
      2.4.1. Stochastische Konjunkturtheorien
      2.4.2. Konjunkturtheorien der Neuen Politischen Ökonomie
3. Wachstum
   3.1. Definition und Messung
   3.2. Postkeynesianische Wachstumstheorie
      3.2.1. DOMARS Wachstumsmodell
      3.2.2. HARRODS Wachstumsmodell
   3.3. Neoklassische Wachstumstheorie
      3.3.1. Neoklassisches Grundmodell
      3.3.2. Technischer Fortschritt
      3.3.3. Optimale Sparquote
      3.3.4. Optimales Wachstum
      3.3.5. Jahrgangskapitalmodelle
   3.4. Lineare Modelle
      3.4.1. VON NEUMANN Modell
      3.4.2. Turnpike-Theorem
   3.5. Grenzen des Wachstums

1. Einführung in den Problembereich

Betrachtet man den zeitlichen Verlauf wichtiger ökonomischer Größen wie etwa des Bruttosozialprodukts, der Industrieproduktion, der Auftragseingänge oder der Beschäftigung, so fallen zwei Sachverhalte auf. Über einen längeren Zeitraum hinweg nehmen diese Größen zu, aber diese Zunahme verläuft nicht gleichförmig, sondern in Wellenbewegungen, die einen angenähert sinusförmigen Verlauf aufweisen. *Abb. G-1a und 1b* geben eine solche zeitliche Entwicklung des Bruttosozialprodukts Y(t) einer Volkswirtschaft in stilisierter Form wieder.

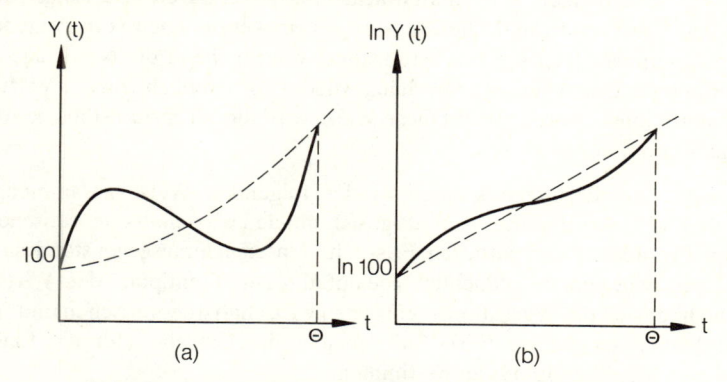

Abb. G-1: Zeitliche Entwicklung des Bruttosozialprodukts

Die in *Abb. G-1a* gestrichelt eingezeichnete Kurve gibt den langfristigen Wachstumspfad einer Wirtschaft an. Dieser Pfad stimmt nur „im Durchschnitt" mit der tatsächlichen Entwicklung der Wirtschaft überein. Der durchgezogene Kurvenzug stellt dagen die tatsächlich zu beobachtende Wirtschaftsentwicklung dar. Diese Kurve liegt sinusförmig um den langfristigen Wachstumspfad, und auf der Zeitachse bezeichnet Θ die Periodenlänge.

Unterstellt man, daß die Wirtschaft langristig mit einer konstanten Rate wächst, so vereinfacht sich die graphische Darstellung, wenn der Logarithmus des Bruttosozialprodukts in Abhängigkeit von der Zeit dargestellt wird. Dies ist in *Abb. G-1b* geschehen. Der parabelförmige Wachstumspfad der *Abb. G-1a* wird auf diese Weise in eine Gerade überführt, die den langfristigen Trend der Entwicklung von Y(t) widerspiegelt. Die Kurve des tatsächlichen Wirtschaftsverlaufs liegt jetzt sinusförmig um diese Trendgerade. Diese hablogarithmische Darstellung hat neben ihrer Linearität noch den Vorzug, daß der Anstieg der Trendgeraden unmittelbar die langfristige Wachstumsrate angibt; denn die Wachstumsrate des Sozialprodukts g_Y ist definiert als $g_Y := \dot{Y}(t)/Y(t)$, und der Anstieg der Trendgeraden ist bestimmt als $d \ln Y(t)/dt = \dot{Y}(t)/Y(t)$, so daß dieser Anstieg mit der langfristigen Wachstumsrate übereinstimmt. Aus diesem Grunde und wegen der einfacheren Darstellung wird oft die halblogarithmische Darstellung verwandt.

Die Konjunkturtheorie beschäftigt sich mit den Schwankungen der Wirtschaft um ihre trendmäßige Entwicklung. Ob diese Entwicklung schnell oder langsam verläuft und wodurch sie bestimmt ist, bleibt dabei außer Betracht. Die Messung der Konjunkturschwankungen, die theoretische Erklärung ihres Zustandekommens, die daraus ableitbare Prognose der zukünftigen konjunkturellen Entwicklung sowie die Möglichkeiten, diese zu beeinflussen, stehen im Mittelpunkt der Konjunkturtheorie. Da ein kompletter Konjunkturzyklus, so wie er in *Abb. G-1* stilisiert wiedergegeben wurde, im Regelfall zwischen 5 und 7 Jahren dauert, sind Konjunkturprobleme ihrer Natur nach kurz- bis mittelfristig.

Das durchschnittliche Wachstum einer Wirtschaft über mehrere Konjunkturzyklen ist Gegenstand der Wachstumstheorie. Sie versucht das Niveau und den Anstieg der in *Abb. G-1b* eingezeichneten Trendgeraden und damit die Bestimmungsgründe und Ursachen des langfristigen Wirtschaftswachstums zu erklären. Da langfristig die Verfügbarkeit von Gütern und Dienstleistungen im wesentlichen vom Angebot her bestimmt ist, vernachlässigt die Wachstumstheorie weitgehend die Nachfrage, sie ist angebotsorientiert. Das Angebot selbst hängt wieder vornehmlich von der Verfügbarkeit der Produktionsfaktoren ab; auf diese Weise wird die Wachstumstheorie zu einer Theorie der Produktionsfaktoren.

Die bisherigen Ausführungen können in der folgenden Weise zusammengefaßt werden. Die Konjunkturtheorie beschäftigt sich mit den wirtschaftstheoretischen und -politischen Problemen der mittleren Frist. Ihr Untersuchungsgegenstand sind die Abweichungen von einem gedachten Idealpfad oder Trendpfad der Wirtschaft. Dagegen widmet sich die Wachstumstheorie den wirtschaftstheoretischen und -politischen Problemen der langen Frist. Sie versucht die Ursachen für die Lage des Idealpfads bzw. des Trendpfads zu bestimmen.

Bevor diese beiden Problembereiche behandelt werden, sollen zuerst noch die Begriffe „Wachstum" und „Wachstumsrate" präzisiert werden, da beide Begriffe sowohl in der Konjunktur- als auch in der Wachstumstheorie von zentraler Bedeutung sind.

Das Wachstum einer Größe, z. B. des Sozialprodukts, gibt den absoluten Zuwachs dieser Größe während einer Zeiteinheit an. Nimmt beispielsweise das Sozialprodukt einer Volkswirtschaft von 100 Mrd. DM pro Jahr im Jahre t auf 110 Mrd. DM pro Jahr im darauffolgenden Jahr t + 1 zu, so beträgt dieses Wachstum 10 Mrd. DM pro Jahr. Wäre dieses Wachstum negativ, so spräche man von einem Schrumpfen oder Sinken des Sozialprodukts.

Die Wachstumsrate gibt das relative Wachstum einer Größe an. Im obigen Beispiel ist die Wachstumsrate des Sozialprodukts $g_Y(t)$ definiert als

$$g_Y(t) := \frac{Y(t) - Y(t-1)}{Y(t-1)};$$

setzt man die entsprechenden Zahlenwerte ein, so erhält man $g_Y(t) = 0{,}10$. Dieses Ergebnis läßt sich auch in Prozent formulieren: das Sozialprodukt hat um 10 v. H. (= 0,10) zugenommen.

Bei kontinuierlicher Zeitbetrachtung erfolgt die Definition der Wachstumsrate analog. Das Sozialprodukt $Y(t)$ ist in diesem Fall als Sozialprodukts„rate", d. h. als „Momentanproduktion" einer Volkswirtschaft aufzufassen – ähnlich der Momentangeschwindigkeit eines fahrenden Wagens. Die Wachstumsrate ist dann definiert als

$$g_Y(t) := \frac{dY(t)/dt}{Y(t)} = \frac{\dot{Y}(t)}{Y(t)}.$$

Diese so definierte Wachstumsrate bezieht sich auf einen Zeitpunkt, wohingegen der zuerst definierten Wachstumsrate eine Zeitperiode zugrunde lag. Im folgenden werden beide Definitionen verwendet.

2. Konjunktur

2.1. Definition und Messung

Um einen Eindruck von den tatsächlich vorhandenen Konjunkturschwankungen zu vermitteln und um zu zeigen, daß diese empirisch vorfindbaren Konjunkturschwankungen dem Grundmuster der *Abb. G-1* entsprechen, ist in *Abb. G-2* der natürliche Logarithmus des realen Bruttosozialprodukts der Bundesrepublik Deutschland von 1962 bis 1977 eingetragen. Gleichzeitig wurde die Trendgerade (Regressionsgerade) von ln Y(t) und t eingezeichnet.

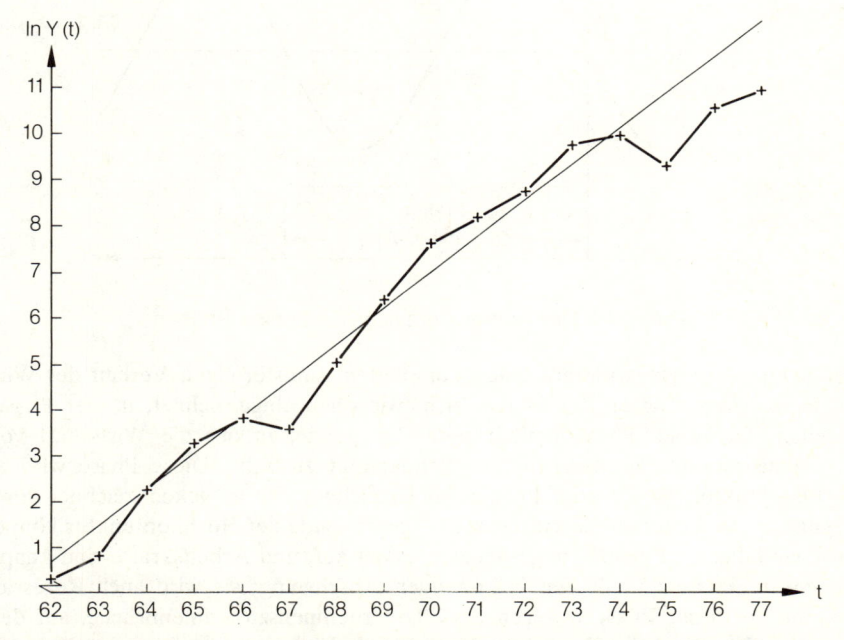

Abb. G-2: Der natürliche Logarithmus des realen Bruttosozialprodukts der Bundesrepublik Deutschland 1962–1977
Die Jahreswerte sind durch + gekennzeichnet.
Quelle: Statistisches Jahrbuch 1978 (1978)

280 G. Konjunktur und Wachstum

Um diese Konjunkturschwankungen, die in ähnlicher Weise auch in anderen Ländern beobachtet werden, der wissenschaftlichen Analyse zugänglich zu machen, ist es notwendig, auf dem Hintergrund der *Abb. G-1* zunächst einige Begriffe einzuführen.

Betrachtet man in *Abb. G-1* den zeitlichen Verlauf des Bruttosozialprodukts vom Zeitpunkt t = 0 an, so gibt es sicherlich einen oberen Wendepunkt. Dieser ist dadurch charakterisiert, daß – anschaulich gesprochen – die Wirtschaft dort ihren maximalen Auslastungsgrad erreicht hat, dieser aber nicht aufrechtzuerhalten ist, und die Entwicklung der Wirtschaft umkippt. Der einsetzende Schrumpfungsprozeß verstärkt sich und erreicht am unteren Wendepunkt seinen Höhepunkt; an dieser Stelle liegt – wieder anschaulich gesprochen – das Minimum des Auslastungsgrades der Wirtschaft. Von dort an beginnt die Wirtschaft sich zu erholen, das Wachstum beschleunigt sich, geht in einen Boom über, und nach einiger Zeit erreicht die Wirtschaft wieder ihren oberen Wendepunkt, und der Prozeß beginnt von vorne.

Dieser zeitliche Verlauf des Wirtschaftsprozesses legt unter Vernachlässigung der trendmäßigen Entwicklung folgende Einteilung und Begriffsbestimmung nahe, *Abb. G-3*.

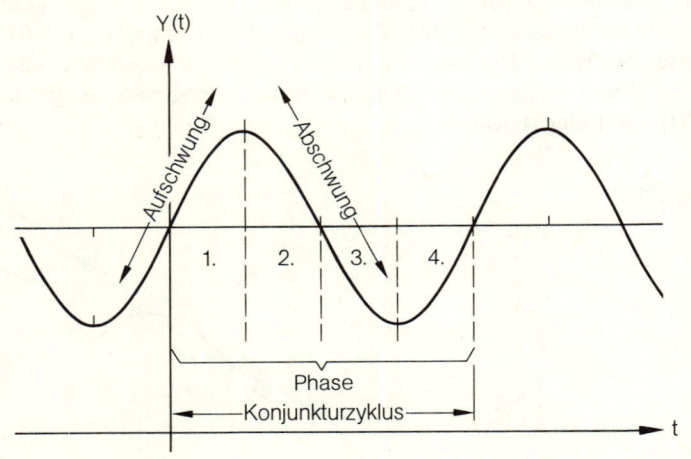

Abb. G-3: Der Konjunkturzyklus und seine Phasen

Der Konjunkturzyklus umfaßt einen kompletten, sinusförmigen Verlauf des Wirtschaftsprozesses. Dieser Zyklus läßt sich, wie oben eingezeichnet, in vier Phasen einteilen. Die erste Phase umfaßt jene Zeitspanne, in der die Wirtschaft vom Normalauslastungsgrad dem oberen Wendepunkt zustrebt. Diese Phase wird als Hochkonjunktur, Boom oder Prosperität bezeichnet. Sie ist gekennzeichnet durch Stagnation der Unternehmereinkommen – gegen Ende der Hochkonjunktur können sie sogar fallen –, Finanzierungsengpässe treten auf, und Arbeitskräfte sind knapp. Die zweite Phase umfaßt den beginnenden Abschwung; sie wird auch Rezession genannt. In dieser Phase erfolgen erste Unternehmenszusammenbrüche, auf dem Aktienmarkt sinken die Kurse verstärkt, und die Einkommen gehen zurück. In der sich anschließenden dritten Phase treten die soeben beschriebenen Phänomene verstärkt auf, die Wirtschaft befindet sich in der Depression oder Krise, und sie erreicht am unteren Wendepunkt den Tiefstand der wirtschaftlichen Aktivitäten.

G-2. Konjunktur

Hieran schließt sich als vierte Phase die Erholung mit steigenden Einkommen und Preisen an.

Diese Vier-Phasen-Einteilung des Konjunkturzyklus ist idealtypisch und keineswegs zwingend. So unterscheidet z. B. GOTTFRIED HABERLER (1937, 2. A. 1955, S. 258) zwei Phasen und zwei Wendepunkte. Die zwischen unterem und oberem Wendepunkt liegende Phase nennt er Aufschwung, die zwischen oberem und unterem Wendepunkt liegende Phase heißt bei ihm Abschwung. Der Zusammenhang mit dem oben beschriebenen Vier-Phasen-Schema ergibt sich unmittelbar aus *Abb. G-3*.

Die Länge des hier beschriebenen Konjunkturzyklus beträgt etwa fünf bis sieben Jahre. Doch ist dieses periodische Schwanken der wirtschaftlichen Aktivitäten nicht die einzige zu beobachtende wellenförmige Bewegung der Wirtschaft. Es existieren darüber hinaus Wellenbewegungen sehr langfristiger Natur, die als KONDRATIEFF-Schwankungen bezeichnet werden. Sie dauern etwa 50 bis 60 Jahre. Ferner gibt es KITCHIN-Wellen, die nur 2 bis 4 Jahre dauern. Ihre Existenz ist nicht unbestritten. Die hier interessierenden „eigentlichen" Konjunkturwellen werden zur Unterscheidung von den beiden übrigen Schwankungen auch JUGLAR-Zyklen genannt. Diese Zyklen werden im folgenden behandelt.

Um Konjunkturzyklen messen zu können, müssen Indikatoren konstruiert werden, die selbst oder deren Änderung den aktuellen Konjunkturstand anzeigen und damit eine Messung des Konjunkturverlaufs erlauben (Diagnoseproblem). Höchst problematisch ist die Verwendung dieser Indikatoren zur Prognose des zukünftigen Konjunkturverlaufs (Prognoseproblem). Auf diese Problematik wird weiter unten eingegangen.

Ein sehr einfacher Konjunkturindiaktor, der in den USA während der Zwanziger Jahre benutzt wurde, war das sog. HARVARD-Barometer. Dieser Indikator faßte mehrere Zeitreihen ökonomischer Größen wie z. B. Aktienkurse und Großhandelspreise zu drei Gruppen zusammen, wobei als Referenzperiode die Jahre 1903–1914 dienten. Der zeitliche Verlauf dieser zu Gruppen zusammengefaßten Zeitreihen ist in *Abb. G-4* wiedergegeben.

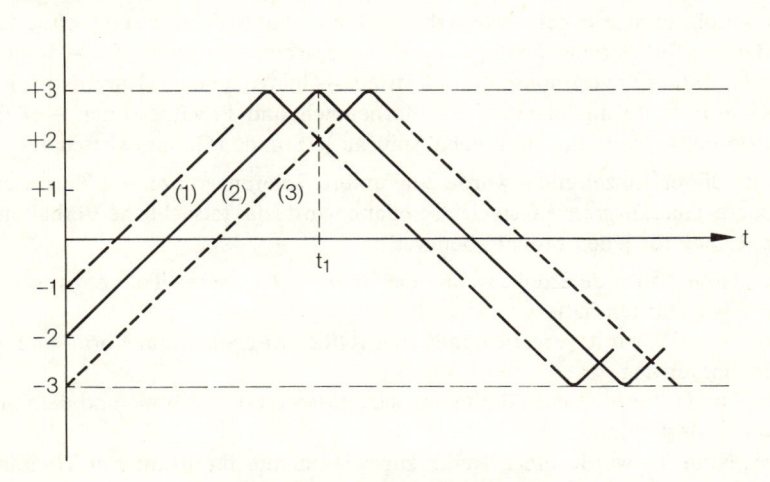

Abb. G-4: HARVARD-Barometer

Die mit (1) bis (3) durchnumerierten Zeitreihen weisen jeweils den typischen konjunkturellen Verlauf auf. Die Reihe (2) ist die Referenzreihe und fällt mit der eigentlichen Konjunkturbewegung zusammen; sie ist die „Normreihe" des Konjunkturverlaufs. Die zwei anderen Reihen eilen der Referenzperiode voraus (Reihe (1)) bzw. hinterher (Reihe (3)). Diese drei Reihen werden auch als leaders – anführende Reihe, laggers – hintereilende Reihe und coinciders – zusammenfallende Reihe, Referenzreihe bezeichnet.

Für jeden Zeitpunkt läßt sich mit Hilfe dieser drei Reihen der konjunkturelle Zustand der Wirtschaft angeben. So ist z. B. in *Abb. G-4* im Zeitpunkt t_1 der obere Wendepunkt der Konjunktur erreicht; von hier an überwiegen die rezessiven Tendenzen in der Wirtschaft.

Wird die zusätzliche Hypothese akzeptiert, daß der in *Abb. G-4* dargestellte Konjunkturverlauf nach Frequenz und Amplitude mit den zeitlich folgenden Konjunkturwellen übereinstimmt, dann läßt sich mit Hilfe des HARVARD-Barometers der zukünftige Konjunkturverlauf prognostizieren. Dieses wurde auch Anfang der Zwanziger Jahre getan, aber nach anfänglichen Prognoseerfolgen versagte das HARVARD-Barometer als Prognoseinstrument: Das auf der Grundlage von Indikatoren beruhende mechanistische Prognoseverfahren bewährte sich verständlicherweise nicht. Die oben genannte Hypothese war sachlich nicht zu rechtfertigen: Es fehlte die theoretische Erklärung der Konjunkturumschwünge. Es bestätigte sich nur, was zu erwarten war: Konjunkturindikatoren eignen sich zur Messung, aber nicht zur Prognose von Konjunkturschwankungen.

Auch in der Bundesrepublik Deutschland wurde ein Konjunkturindikator zur Beurteilung der konjunkturellen Lage konstruiert. Der Sachverständigenrat (1970, S. 51 ff., S. 124 ff.) entwickelte einen Gesamtindikator, der auf zwölf Einzelreihen basierte. Diese Reihen waren im einzelnen:

– Auftragseingang aus dem Inland, Verbrauchsgüterindustrien.
– Auftragseingang aus dem Inland, Investitionsgüterindustrien.
– Auftragseingang, Maschinenbau. – Beurteilung der Fertigwarenlager in der verarbeitenden Industrie. – Beurteilung der Fertigwarenlager in den Investitionsgüterindustrien. – Lohnsumme je geleistete Arbeiterstunde, Industrie insgesamt (ohne Energie und Bau). – Industrielle Nettoproduktion, verarbeitende Industrie. – Industrielle Nettoproduktion, Investitionsgüterindustrien. – Geldvolumen. – Kurzfristige Kredite der Kreditinstitute an inländische Unternehmen und Privatpersonen. – Zahl der Arbeitslosen. – Tariflohn- und -gehaltsniveau je Stunde (Gesamtwirtschaft).

Für jede dieser Einzelreihen wurde eine untere Toleranzgrenze, ein Normwert und eine obere Toleranzgrenze festgelegt. Sodann wurde das tatsächliche Verhalten jeder dieser Reihen für jeden Monat „benotet":

– Die „Note 4" wurde erteilt, wenn eine Reihe ihren oberen Toleranzwert erreicht oder überschritten hatte.
– Die „Note 3" wurde vergeben, falls eine Reihe zwischen ihrem Norm- und oberen Toleranzwert lag.
– Die „Note 2" erhielt eine Reihe, die sich zwischen dem Norm- und dem unteren Toleranzwert befand.
– Die „Note 1" wurde einer Reihe zugewiesen, die ihren unteren Toleranzwert erreicht oder unterschritten hatte.

Das arithmetische Mittel dieser Einzelnoten ergab die Gesamtnote der Konjunktur, d. h. diese Zahl stellte den gesamtwirtschaftlichen Konjunkturindikator dar. *Abb. G-5* zeigt die zeitliche Entwicklung dieses Indikators von 1959 bis 1970.

Auch dieser Konjunkturindikator fand nach seiner Konstruktion keine weitere Anwendung mehr.

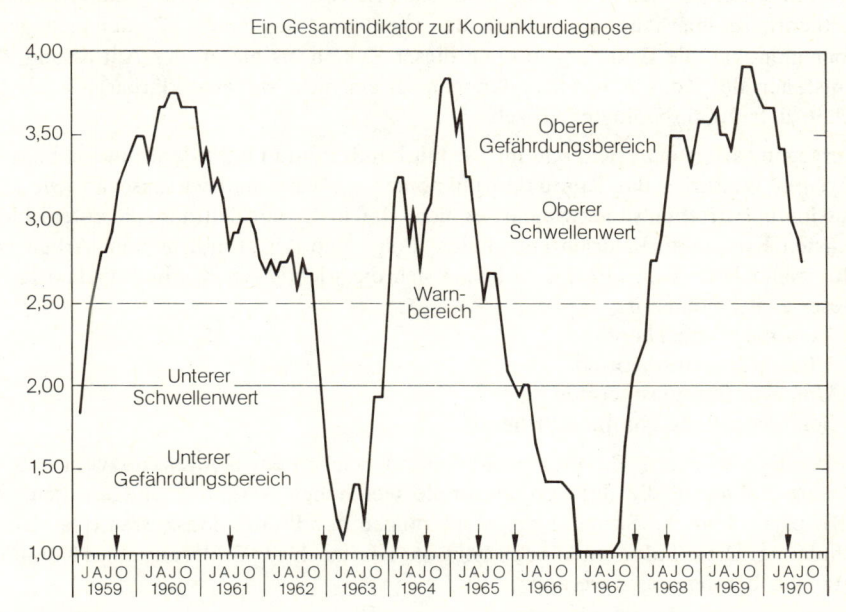

Abb. G-5: Zeitliche Entwicklung des Konjunkturindikators des Sachverständigenrates
Quelle: SACHVERSTÄNDIGENRAT ZUR BEGUTACHTUNG DER GESAMTWIRTSCHAFTLICHEN ENTWICKLUNG (1970, S. 52)

Verwandt mit diesem Indikatorkonzept sind Tendenzbefragungen, die z. B. in der Bundesrepublik Deutschland regelmäßig vom IFO-Institut in München durchgeführt werden. Das IFO-Institut befragt in regelmäßigen Abständen mehrere tausend Unternehmen nach ihren Auftragseingängen und nach ihren Beurteilungen der konjunkturellen Lage. Aus diesen Angaben wird eine qualitative Beurteilung der jeweiligen Konjunkturlage abgeleitet (STRIGEL, 1972).

Faßt man zusammen, so können Konjunkturindikatoren bestenfalls die aktuelle Konjunkturlage einer Wirtschaft anzeigen. Sie stellen keine Kausalanalyse des konjunkturellen Geschehens dar und sind deswegen als Prognoseinstrument für den Konjunkturablauf ungeeignet – es sei denn, man akzeptiert die zusätzliche, mechanistische Annahme, jeder zukünftige Konjunkturzyklus stimme im Grundsatz genau mit dem vorherigen überein. Will man zu verläßlichen Konjunkturprognosen gelangen, so muß man zunächst Theorien des Konjunkturverlaufs entwickeln, die zu einer Kausalanalyse des Konjunkturprozesses fähig sind. Derartige Konjunkturtheorien werden in den folgenden Abschnitten behandelt.

2.2. Ältere Konjunkturtheorien

Es gibt neben der Konjunkturtheorie kaum ein weiteres Gebiet in den Wirtschaftswissenschaften, auf dem so zahlreiche Theorien existieren, die z. T. einander widersprechen, z. T. einander ergänzen, und die alle dasselbe Phänomen erklären wollen. Die Ansichten reichen in der Konjunkturtheorie von der Behauptung, eine Konjunkturtheorie sei überhaupt abzulehnen, da es genügend regelmäßige Zyklen nicht gebe, über monokausale Erklärungen eben dieser Zyklen bis hin zu der Auffassung, das Entstehen der Konjunkturschwankungen sei ein nicht weiter erklärbarer stochastischer, d. h. zufallsbedingter Prozeß.

Vergegenwärtigt man sich, daß im 19. Jahrhundert und im 20. Jahrhundert bis zum Zweiten Weltkrieg das Konjunkturphänomen die wirtschaftswissenschaftliche Diskussion beherrschte, so verwundert es nicht, daß in diesem Zeitraum die unterschiedlichsten Konjunkturtheorien entstanden. Folgt man der grundlegenden Arbeit von GOTTFRIED HABERLER (1937), so lassen sich die wichtigsten Konjunkturtheorien in dieser Zeit einteilen in:
– Rein monetäre Theorien
– Überinvestitionstheorien
– Unterkonsumtionstheorien
– SCHUMPETERsche Konjunkturtheorie.

Neben den in diesen Theorien behandelten Ursachen des Konjunkturzyklus gibt es weitere Faktoren, die das konjunkturelle Geschehen wesentlich mitgestalten, wie z. B. psychologische Stimmungen, Änderungen der Produktionskosten oder Überschuldung. Diese Faktoren können fallweise zusätzlich zur Erklärung eines Konjunkturzyklus herangezogen werden.

Rein monetäre Theorien

Der Hauptvertreter dieser Theorien ist RALPH G. HAWTREY (1928). Nach ihm stellt der Konjunkturzyklus ein reines Geldphänomen dar. Hauptverantwortlich für den Aufschwung ist eine Senkung des Diskontsatzes mit der darauf folgenden Reaktion der Kaufleute: diese werden in Folge der Diskontsatzsenkung ihre Lagerhaltung vergrößern wollen und damit steigende Auftragseingänge und eine größere Produktion in der Industrie herbeiführen. Durch den Multiplikator bewirkt diese Produktionszunahme eine gesteigerte Nachfrage bei den Händlern, so daß diese ihre Aufträge noch vergrößern werden. Auf diese Weise entsteht ein „vitiöser Zirkel", der durch eine Kreditexpansion ermöglicht wird, und der einen kumulativen Aufschwung bewirkt.

Der obere Wendepunkt wird dadurch herbeigeführt, daß die Kreditexpansion nicht mehr aufrechterhalten werden kann. Institutionelle Hindernisse wie der Goldstandard, gewohnheitsmäßiges Verhalten, etc. verhindern, daß das Bankensystem das Kreditvolumen noch weiter ausdehnen kann; es wird sogar zu einer Einschränkung des Kreditvolumens kommen. Damit beginnt die Nachfrage zu sinken, und die Preise werden fallen. Diese fallenden Preise veranlassen die Kaufleute, ihre Vorräte zu verringern, so daß sinkende Auftragseingänge und damit sinkende Produktion in der

Industrie die Folge sind. Durch die Multiplikatorwirkung geht die Nachfrage beim Handel noch mehr zurück, die Lagerhaltung muß noch weiter reduziert werden – die „Spirale" dreht sich immer schneller nach unten; die Wirtschaft gelangt über einen kumulativen Prozeß in die Depression.

Der Weg aus der Depression führt über eine zunehmende Bankenliquidität. Während der Kontraktionsphase haben sich nämlich bei den Banken übermäßige Reserven angesammelt, so daß die Banken zu einem niedrigen Zinssatz neue Projekte finanzieren können und somit einen neuen Konjunkturzyklus in Gang setzen.

Überinvestitionstheorien

Für manche Überlegungen ist es nützlich, ein Zwei-Sektoren-Modell der Wirtschaft zu konstruieren, wobei in einem Sektor nur Konsum- und im anderen nur Investitionsgüter hergestellt werden. Das Sozialprodukt einer solchen sehr einfachen Modellwirtschaft ist dann bestimmt als die Summe der Werte der in einer Periode hergestellten Konsum- und Investitionsgüter. Untersucht man an Hand eines solchen Modells die Konjunkturschwankungen, so stellt man fest, daß die Investitionsgüterindustrie größeren konjunkturellen Schwankungen unterliegt als die Konsumgüterindustrie. An dieser Erfahrungstatsache knüpfen die Überinvestitionstheorien an. Während des Aufschwungs wird nach den Überinvestitionstheoretikern der Investitionsgütersektor zu stark ausgebaut, es kommt zu einem Ungleichgewicht zwischen Investitions- und Konsumgütersektor, d. h. zu einem Ungleichgewicht in der Produktionsstruktur. Dieses im Aufschwung entstehende Ungleichgewicht ist längerfristig nicht aufrechtzuerhalten: die eingeschlagenen „Produktionsumwege" erweisen sich als zu groß. Investitionsprojekte können nicht vollendet werden, und der Abbruch dieser Projekte führt den Abschwung herbei.

Die Überinvestitionstheorien lassen sich aufteilen in monetäre (VON HAYEK, 1929) und nicht-monetäre (SPIETHOFF, 1955) Theorien. Im Rahmen der monetären Überinvestitionstheorien sind die Diskrepanz zwischen dem „Marktzins" und dem „natürlichen Zins" sowie das Bankenverhalten das auslösende Moment der Konjunkturbewegung. Dabei wird unter dem Marktzins jener Zins verstanden, der durch den Kapitalmarkt festgelegt wird, wohingegen der natürliche Zins eine Art Gleichgewichtszins darstellt, zu dem die Nachfrage nach Kapital genauso groß ist wie das Angebot an Ersparnissen. Liegt der Marktzins unter dem natürlichen Zins, so wird eine Kreditexpansion eingeleitet, und der Aufschwung beginnt. Nach einiger Zeit stellt sich das oben beschriebene Ungleichgewicht in der Produktionsstruktur ein. Die Banken werden unfähig oder unwillig sein, dieses Ungleichgewicht über eine längere Zeit zu finanzieren, so daß – wie oben beschrieben – der Abschwung herbeigeführt wird. Während des Abschwungs liegt der Marktzins über dem natürlichen Zins; am Ende des Abschwungs bewirken jedoch psychologische Kräfte, Preisveränderungen, Erfindungen oder Entdeckungen, daß der natürliche Zins über den Marktzins steigt. Ein neuer Aufschwung kann beginnen.

Die nicht-monetären Überinvestitionstheorien messen den monetären Phänomenen für den Konjunkturzyklus nur eine untergeordnete Rolle bei. Allerdings läßt sich zeigen, daß diese Theorien die Existenz eines hinreichend flexiblen und elastischen

Bankenapparates implizit voraussetzen. Bei diesen Theorien sind Entdeckungen, Erfindungen, Erschließungen neuer Märkte usw. die treibenden Kräfte der konjunkturellen Entwicklung. Besonders deutlich wird der Unterschied zwischen den monetären und nicht-monetären Überinvestitionstheorien bei der Erklärung des Aufschwungs: Während bei der monetären Theorie ein vergleichsweise niedriger Marktzinssatz mit Hilfe des Bankensystems den Aufschwung einleitet, bedarf es bei den nicht-monetären Theorien zusätzlicher exogener Anregungen wie etwa Erfindungen, damit der Aufschwung in Gang kommt.

Unterkonsumtionstheorien

Der wesentliche Beitrag der Unterkonsumstheorien liegt in der Erklärung des oberen Wendepunktes des Konjunkturzyklus. Wie der Name „Unterkonsumtions"-Theorien bereits andeutet, führen diese Theorien das „Umkippen der Konjunktur" auf eine zu geringe Konsumnachfrage zurück. Während des Aufschwungs wurden neue Kapitalgüter installiert, die nach ihrer Fertigstellung eine drastische Erhöhung der Konsumgüterproduktion ermöglichen. Gleichzeitig fehlt es in der Bevölkerung wegen des Hinterherhinkens der Löhne hinter den Preisen an Kaufkraft, so daß dem vermehrten Konsumgüterangebot eine zu geringe Nachfrage gegenübersteht. Verschärft wird diese Situation noch durch die ungleiche Einkommensverteilung: die Bezieher hoher Einkommen sparen (und investieren damit) einerseits zuviel, andererseits fragen sie wegen ihrer hohen Spartätigkeit zuwenig Konsumgüter nach. Der Abschwung wird somit auf dem Konsumgütermarkt wegen zu geringer Nachfrage bzw. wegen „Übersparens" eingeleitet.

Schumpetersche Konjunkturtheorie

Eine Sonderstellung unter den älteren Konjunkturtheorien nimmt die Theorie von Joseph Alois Schumpeter (1911; 6. A. 1964) ein. In ihr werden auf einmalige Weise psychologische, soziologische, technologische und wirtschaftliche Erwägungen verknüpft, um die mittel- bis langfristige Entwicklung einer Wirtschaft zu erklären. Im Mittelpunkt dieser Theorie steht der „dynamische Unternehmer". Auf Grund seiner besonderen Persönlichkeitsstruktur, seiner Risikobereitschaft und seiner Weitsicht ist er derjenige, der neue Erfindungen als erster wirtschaftlich nutzt. Diese Einsatzbereitschaft hat zur Folge, daß der dynamische Unternehmer zunächst hohe Gewinne realisieren kann. Daraufhin werden andere Unternehmer ermutigt, sich ebenfalls dieser technologischen Neuerung zu bedienen. Die Wirtschaft gerät in eine Boomphase, in der die technologische Neuerung durch die Wirtschaft „diffundiert". Nach einiger Zeit sind alle Möglichkeiten, die ursprüngliche Erfindung zu verwerten, bekannt, und neu in dieses Geschäft drängende Unternehmer müssen sich mit geringeren Gewinnen bescheiden. Im Wege der Konkurrenz beginnt auch der Gewinn der dynamischen und der übrigen Unternehmer zu sinken. Diese sinkenden Gewinne leiten den Abschwung der Wirtschaft ein, und ein neuer Aufschwung kommt erst wieder zustande, wenn eine neue Erfindung gemacht wird, die wirtschaftlich verwertbar ist. Die treibende Kraft der zyklischen Entwicklung der Wirtschaft sind somit einerseits exogen erfolgende Erfindungen und andererseits die Einsatzbereitschaft „dynamischer Unternehmer".

2.3. Konjunkturen als modellendogene Schwingungen

Die bisher dargestellten Konjunkturtheorien wiesen alle ein gemeinsames Merkmal auf. Sie versuchten, das komplexe Konjunkturphänomen durch verbale Argumentation verstehbar zu machen. Ein anderer Ansatz der Konjunkturtheorie besteht darin, mit Hilfe formaler Modelle den Konjunkturablauf zu erklären.

Diese Modelle müssen in der Lage sein, Schwingungen der wichtigsten ökonomischen Größen herbeizuführen. Ein Modell ist dabei als ein Gleichungssystem aufzufassen, das den von der Theorie aus betrachteten Ausschnitt der Realität in einer formalen Struktur wiedergibt, und dessen Lösung gemäß der Problemstellung der Theorie zu interpretieren ist. Damit in einem solchen Modell Schwingungen zustande kommen können, sind zwei recht einfache Möglichkeiten gegeben. Erstens, faßt man den Zeitverlauf als eine diskrete Änderung der Zeit auf, also als ein Aufeinanderfolgen gleich langer Perioden, $t = \ldots, 0, 1, 2, \ldots$, so muß das entsprechende Modell eine Differenzengleichung zweiter Ordnung implizieren. Die Lösung dieser Differenzengleichung kann dann Schwingungen der ökonomischen Variablen liefern, die als Konjunkturschwankungen zu interpretieren sind.

Die zweite der genannten Möglichkeiten setzt voraus, daß die Zeit als eine stetige Größe betrachtet wird. Hier ist der Zeitverlauf kontinuierlich, und er ist durch die reellen Zahlen des Zahlenstrahles darstellbar. Ein dieser Zeitauffassung entsprechendes Modell muß im einfachsten Fall auf eine Differentialgleichung zweiter Ordnung zurückzuführen sein, denn auch deren Lösung kann zyklische Schwankungen liefern.

Es sind auch andere Fälle denkbar, in denen ein Modell zu Schwingungen fähig ist. So wurden z. B. in letzter Zeit Konjunkturmodelle entwickelt, die sich auf ein nichtlineares Differentialgleichungssystem erster Ordnung zurückführen lassen. Unter ökonomischen Gesichtspunkten wichtig ist auch hier wieder nur die Schwingungseigenschaft. Modelle mit dieser Eigenschaft werden im folgenden behandelt.

2.3.1. Zusammenwirken von Multiplikator und Akzelerator

PAUL A. SAMUELSON (1939) leitete aus dem Zusammenwirken von Multiplikator und Akzelerator endogene Konjunkturschwankungen einer Wirtschaft her. Nach dem Multiplikatorprinzip (Beitrag C-3.2.) bewirkt eine Investitionsänderung eine um ein Vielfaches größere Änderung des Sozialproduktes. Nach dem Akzeleratorprinzip (Beitrag C-3.4.) führt aber gerade eine solche Zunahme des Sozialprodukts zu einer (verstärkten) Investitionstätigkeit. Werden in diese Relationen noch Zeitverzögerungen eingeführt, so können sich die Investitionen und das Sozialprodukt gegenseitig „wellenförmig" beeinflussen. Ob dieser Prozeß des gegenseitigen Einwirkens für beide Größen zu einem Gleichgewichtswert führt, oder aber ob zyklische Schwankungen mit eventuell sogar laufend zunehmender Amplitude resultieren, kann durch rein verbale Überlegungen kaum gesagt werden. Erst wenn ein formales Modell konstruiert worden ist, in dem sich das Verhalten der Investoren und Konsumenten widerspiegelt, können quantitative Schlußfolgerungen gezogen werden. Ein solches dynamisches Modell soll jetzt nach SAMUELSON konstruiert werden.

Die Bestimmungsgleichung des Sozialprodukts Y(t) lautet:

(1) $\quad Y(t) = C(t) + I(t), \quad t = 0, 1, 2, \ldots;$

mit C(t) – Konsum, I(t) – Investitionen; die Zeit t wird als diskrete Größe aufgefaßt.

Das Konsumverhalten der Wirtschaftssubjekte soll durch eine KEYNESsche Konsumfunktion wiedergegeben werden, allerdings mit einer zeitlichen Verzögerung:

(2) $\quad C(t) = c_o + c' Y(t-1), \quad 0 < c_o, 0 < c' < 1.$

Hier wird unterstellt, daß der Konsum der jetzigen Periode t vom Einkommen der Vorperiode t-1 abhängt. Da DENNIS H. ROBERTSON (1926) sich als erster mit dieser Zeitverzögerung zwischen Konsum und Einkommen ausführlich befaßt hat, nennt man sie auch ROBERTSON-Verzögerung oder ROBERTSON-lag. Der aus dieser Konsumfunktion ableitbare Multiplikator lautet $1/(1-c')$.

Die Investitionen bestehen aus zwei Komponenten. Zum einen gibt es autonome Investitionen, die nicht ökonomisch bestimmbar sind, und es gibt Investitionen, die über den Akzelerator β von der Änderung der Konsumnachfrage abhängen; diese nennt man induzierte Investitionen:

(3) $\quad I(t) = \underbrace{\beta\,(C(t) - C(t-1))}_{\text{induzierte Investitionen}} + \underbrace{I_a}_{\text{autonome Investitionen}}, \quad 0 < \beta.$

Durch Substitution können die drei letzten Gleichungen zusammengefaßt werden, und man erhält

(4) $\quad Y(t) - (c' + \beta c')\,Y(t-1) + \beta c'\,Y(t-2) - c_o - I_a = 0.$

Dieses ist eine inhomogene Differenzengleichung 2. Ordnung. Ihre Lösung gibt den zeitlichen Verlauf des Sozialprodukts an, so wie es sich aus dem Zusammenwirken von Akzelerator und Multiplikator ergibt.

Für verschiedene Werte von c' und β ergeben sich jeweils verschiedene Lösungen dieser Differenzengleichung. Wir werden im folgenden den Gedankengang skizzieren, mit dessen Hilfe man die alternativen Lösungen für alternative Werte von c' und β findet. Die mathematischen Details sollen dabei übergangen werden.

Die Lösung der Differenzengleichung lautet:

(5) $\quad Y(t) = a_1 \lambda_1^t + a_2 \lambda_2^t + \dfrac{c_o + I_a}{1 - c'}, \text{ für } \lambda_1 \neq \lambda_2;$

(6) $\quad Y(t) = (a_1 + t\,a_2)\lambda^t + \dfrac{c_o + I_a}{1 - c'}, \text{ für } \lambda_1 = \lambda_2 = \lambda;$

mit $\quad \lambda_{1/2} = \dfrac{1}{2}[(c' + \beta c') \pm \sqrt{(c' + \beta c')^2 - 4\beta c'}\,];$

hierin sind a_1 und a_2 Konstanten, die von den Anfangsbedingungen abhängen.

Die Eigenschaften dieser Lösung werden in entscheidender Weise von den Wurzeln λ_1 und λ_2 geprägt. Wenn die Wurzeln reell sind, ändert sich das Sozialprodukt im Zeitablauf gleichförmig. Es kann sich asymptotisch einem Gleichgewichtswert nähern, dazu müssen beide Wurzeln positiv und kleiner als eins sein; oder Y(t) strebt gegen Unendlich, dazu muß eine der beiden Wurzeln positiv und größer als eins sein. Sind jedoch λ_1 und λ_2 konjugiert-komplexe Zahlen, so muß das Sozialprodukt zyklisch schwanken. Die Amplitude dieser Schwankungen kann je nach Größe von Multiplikator und Akzerator zunehmen, abnehmen oder konstant bleiben. In *Abb. G-6* ist die Entwicklung des Sozialprodukts mit gedämpften Schwingungen beispielhaft dargestellt.

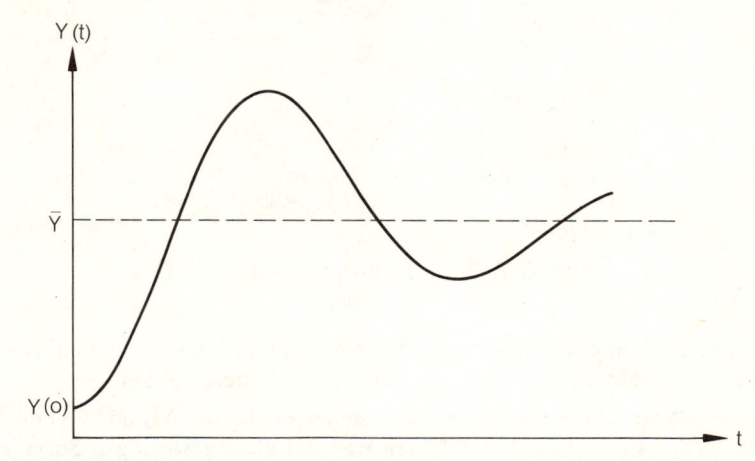

Abb. G-6: Zeitliche Entwicklung des Sozialprodukts in Form gedämpfter Schwingungen

Diese endogen erzeugten Schwingungen des Sozialprodukts sind unschwer als Konjunkturschwankungen zu interpretieren. Sie verlaufen in gedämpfter Form und nähern sich asymptotisch dem Gleichgewichtswert $\overline{Y}$ an. Dieser ist im Zeitverlauf konstant; das Modell weist also kein Trendwachstum auf.

Damit es zu den oben eingezeichneten Konjunkturschwankungen kommt, müssen nicht nur Multiplikator und Akzerlerator geeignete Werte annehmen, sondern auch der Anfangswert Y(0) muß von $\overline{Y}$ verschieden sein. Oder anders ausgedrückt: Wenn die Wirtschaft sich bis zum Zeitpunkt 0 im Gleichgewicht befand, muß auf Grund einer exogenen Einwirkung das Sozialprodukt seinen Gleichgewichtswert verlassen und den Wert Y(0) $\neq$ $\overline{Y}$ angenommen haben. Das auslösende Moment der Konjunkturschwankungen, der exogene Schock, wird somit im Rahmen dieses Modells nicht erklärt.

So bestechend es auch sein mag, konjunkturelle Bewegungen auf so einfache Weise zu erzeugen, so kann dieses Modell doch nur ein erster Schritt in Richtung einer akzeptablen Konjunkturtheorie sein. Folgerichtig wurde dieses Modell denn auch zur Grundlage einer Reihe von Weiterentwicklungen. LLOYD A. METZLER (1941) übertrug den von SAMUELSON entwickelten Gedanken auf die Lagerinvestitionen und konnte damit ebenfalls endogen verursachte Konjunkturschwankungen hervorrufen. JOHN R. HICKS (1950) führte die Begriffe der Ober- und Unterschranke (ceiling und floor) der konjunkturellen Entwicklung ein, so daß auch ungedämpfte Schwingungen berücksichtigt werden können; denn der Konjunkturaufschwung wird durch die

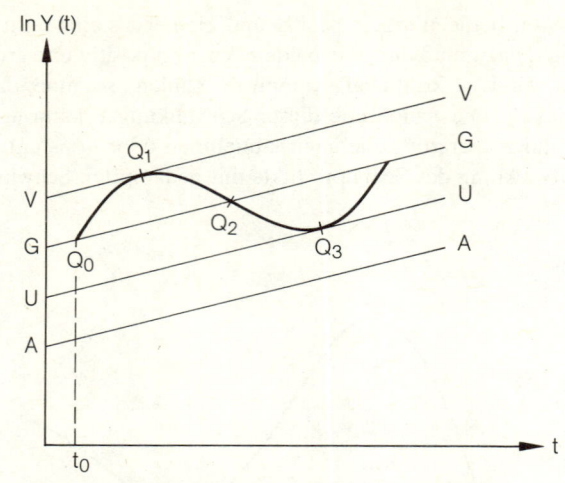

Abb. G-7: Der Konjunkturverlauf nach Hicks

Ober- und der Konjunkturabschwung durch die Unterschranke begrenzt. Wie dies im einzelnen geschieht, soll an Hand der *Abb. G-7* erläutert werden.

In dieser halbogarithmischen Darstellung stellen die Linien AA und GG die Wachstumspfade der autonomen Investitionen und des gleichgewichtigen Sozialprodukts dar. VV bezeichnet den Wachstumspfad der Kapazitätsgrenze, die bei Vollbeschäftigung der Produktionsfaktoren erreicht wird, und die nicht überschritten werden kann; die Bedeutung der Linie UU wird im Verlauf der Argumentation geklärt.

Angenommen, zu einem bestimmten Zeitpunkt t_o befinde sich die Wirtschaft in der Position Q_o, und plötzlich treten exogene Störungen, z. B. in Form von Erfindungen, auf, die die Wirtschaft in Richtung der oberen Schranke hin bewegen. Aufgrund des Wirkens von Akzelerator und Multiplikator expandiert dann die Wirtschaft, bis sie die Kapazitätsgrenze im Punkt Q_1 erreicht. Von dort an wirken kontraktive Kräfte auf die Wirtschaft ein, die sie zum Verlassen dieses Pfades „nach unten hin" zwingen. Dies ist in der folgenden Weise zu erklären. Während des Aufschwungs, also auf der Strecke Q_oQ_1, wachsen die induzierten Investitionen wegen des Zusammenwirkens von Multiplikator und Akzelerator mit einer größeren als der gleichgewichtigen Rate. Sobald aber der Punkt Q_1 erreicht worden ist, geht diese Wachstumsrate auf ihren Gleichgewichtswert zurück. Jetzt reicht das Wachstum der Investitionen nicht mehr aus, um das Sozialprodukt auf dem „hoch gelegenen" Pfad VV zu halten; denn induzierte Investitionen, die mit ihrer gleichgewichtigen Rate wachsen, reichen gerade aus, um das Sozialprodukt auf seinem Gleichgewichtspfad GG zu halten. Deswegen muß von Q_1 an der tatsächliche Wachstumspfad des Sozialprodukts sich wieder in Richtung des Gleichgewichtspfades bewegen.

Warum aber hält dieser Kontraktionsprozeß nicht an, sobald das Sozialprodukt wieder den Gleichgewichtspfad GG erreicht? Das liegt im wesentlichen an der asymmetrischen Wirkung des Akzelerators im Auf- bzw. Abschwung. Im Aufschwung induziert eine Nachfragezunahme neue Investitionen; im Abschwung müßte ein Nachfragerückgang demzufolge Desinvestitionen induzieren, damit die Symmetrie gewahrt bliebe. Tatsächlich werden aber Desinvestitionen nur durch unterlassene, an sich aber notwendige Reinvestitionen herbeigeführt. Damit sind diese Desinvestitionen weitgehend technologisch bestimmt und unabhängig von der Größe des Nachfragerückgangs. Wenn also das Sozialprodukt sinkt, unterbleiben Nettoinvestitionen. Diese Situation könnte in der *Abb. G-7* dadurch wiedergegeben werden, daß die Linie AA nach unten hin verschoben würde. Dieser (hier nicht eingezeichneten) Linie entspricht der Pfad UU für das Sozialprodukt. Diesem Pfad muß sich die Wirtschaft nähern, nachdem sie den Gleichgewichtspfad bei Q_2 von oben her überschritten hat. Der Pfad UU stellt somit den nicht zu unterschreitenden „Boden" für das Sozialprodukt dar, der selbst wieder durch die um die Reinvestitionen gekürzten autonomen Investitionen gestützt wird.

Aber auch die Position auf dem Pfad UU ist nicht für längere Zeit beizubehalten. Auf diesem Pfad wächst das Sozialprodukt wieder mit seiner natürlichen Wachsttumsrate, wenn auch auf einem im Vergleich mit GG niedrigeren Niveau. Dieses Wachstum setzt dann wieder den Akzelerator in Kraft, so daß ein neuer Aufschwung in Q_3 beginnen kann.

Sicherlich ist das HICKSsche Konjunkturmodell eine wichtige Weiterentwicklung des Modells von SAMUELSON. Dennoch weist auch dieses Modell gravierende Mängel auf: Es steht ganz in der KEYNESschen Tradition. Das Angebot an Produktionsfaktoren und der eigentliche Produktionsprozeß werden vernachlässigt. Damit ist es auch nicht verwunderlich, daß die gleichgewichtige Wachstumsrate des Sozialprodukts als exogene Variable eingeführt wurde. Was fehlt, ist eben eine Verbindung von Wachstums- und Konjunkturtheorie, die sowohl den Wachstumstrend als auch die Konjunkturschwankungen um diesen Trend erklärt.

2.3.2. Monetäre Ansätze

Ausgelöst durch die monetäre Diskussion der sechziger und siebziger Jahre (H. G. JOHNSON, 1967; FRIEDMAN, 1969,2; BRUNNER/MELTZER, 1971) wurden Modelle entwickelt, mit deren Hilfe die mittel- und langfristigen Anpassungsvorgänge in einer Volkswirtschaft auf exogene Änderungen der Geldmenge und ihrer Wachstumsrate untersucht werden konnten. Zentrales Problem dieser Diskussion war die Untersuchung realwirtschaftlicher und monetärer Konsequenzen einer Geldmengenänderung. Das Ergebnis eines Teils dieser Diskussion hat MILTON FRIEDMAN (1970,2; S. 217) absichtlich zugespitzt so formuliert: „. . ." money is all that matters for changes in *nominal* income and for *shot-run* changes in real income „. . ." (Kursivdruck im Original). Die kurz- bis mittelfristigen Anpassungsvorgänge des nominellen und realen Einkommens sowie der Preise können in zyklischen Schwankungen erfolgen, die als Konjunkturschwankungen zu interpretieren sind.

Wenn diese Anpassungsvorgänge auch in erster Linie durch monetäre Maßnahmen ausgelöst werden, so sind zu ihrer Existenz doch weitere Bedingungen erforderlich. Wesentlich kommt es dabei auf das Vorhandensein einer PHILLIPS-Kurve und von Erwartungsbildungen über die zukünftige Preisentwicklung an. Der PHILLIPS-Kurve kommt die Aufgabe zu, den realen Sektor mit dem Preisniveau zu verbinden, und die Erwartungsbildung stellt das dynamische Element derartiger Modelle dar. Beides zusammen genommen ermöglicht Schwingungen der realen und monetären Größen, wobei das auslösende Moment dieser Schwingungen exogene Änderungen des Geldmengenwachstums sind.

Der Aufbau dieser Modelle und ihre Fähigkeit, endogene Schwankungen der wichtigsten ökonomischen Größen zu erzeugen, soll beispielhaft an einem – hier leicht geänderten – Modell von DAVID LAIDLER (1976) dargestellt werden. Dieses Modell ist klar und übersichtlich aufgebaut, und es ermöglicht, auf einfache Weise Konjunkturschwankungen hervorzurufen. Darüberhinaus führt es zu den eingangs nach FRIEDMAN zitierten monetaristischen Ergebnissen: Eine Politik der Geldvermehrung beeinflußt das Realeinkommen nur kurzfristig; langfristig führt ein vermehrtes Geldangebot nur zu einer höheren Inflationsrate.

LAIDLERS Modell besteht aus drei Teilstücken: dem monetären und dem realen Teil einer Volkswirtschaft sowie einer speziellen Version der PHILLIPS-Kurve, die diese beiden Teile miteinander verbindet.

Im monetären Teil werden Geldangebot und -nachfrage voneinander unterschieden:

(7) $\quad M^d(t)/P(t) = Y^\gamma(t), \; 0 < \gamma, \; t = 0, 1, 2, \ldots$

(8) $\quad M^d(t) = \overline{M}^s(t)$

$\overline{M}^s$ – Geldangebot, M^d – Geldnachfrage, Y – reales Sozialprodukt, P – Preisniveau, γ – Elastizität der realen Geldnachfrage in bezug auf das reale Sozialprodukt, t – Zeitperiode. Die Nachfrage nach Realkasse ist eine log-lineare Funktion des realen Sozialprodukts und entspricht in ihrer Struktur üblichen Nachfragefunktionen der Geldtheorie (Beitrag D-3.2.).

Das Geldangebot $\overline{M}^s$ liegt exogen fest, und Gleichung (8) stellt eine Gleichgewichtsbedingung für den Geldmarkt dar.

Der reale Teil ist ähnlich einfach aufgebaut. Dort wird lediglich zwischen dem bereits oben eingeführten realen Sozialprodukt Y und dem realen Vollbeschäftigungssozialprodukt $\overline{Y}$ unterschieden:

(9) $\quad y(t) = Y(t)/\overline{Y}(t).$

Das Vollbeschäftigungssozialprodukt $\overline{Y}$ ist exogen gegeben. Da Y als das tatsächliche Sozialprodukt aufzufassen ist, gibt y die Abweichung des tatsächlichen vom Vollbeschäftigungssozialprodukt an und kann somit als Grad der Kapazitätsauslastung interpretiert werden.

Die PHILLIPS-Kurve wird von LAIDLER aus zwei Gleichungen abgeleitet, wobei er sich Wachstumsfaktoren bedient. Der Wachstumsfaktor einer beliebigen Größe x(t) ist gleich dem Verhältnis x(t)/x(t-1); er gibt also das Vielfache einer Größe zur Periode t gegenüber der Vorperiode an. Die folgende Gleichung erläutert den Zusammenhang zwischen Wachstumsfaktor und Wachstumsrate:

$$x(t) = x(0) \cdot \underbrace{(1 + \underbrace{g_x}_{\text{Wachstumsrate}})^t}_{\text{Wachstumsfaktor}}, \qquad t = 0, 1, 2, \ldots$$

LAIDLER nimmt zunächst an, daß der Wachstumsfaktor des Preisniveaus $\hat{g}_p(t)$:= $1 + g_p(t)$, $g_p(t)$ – Wachstumsrate des Preisniveaus, eine log-lineare Funktion von y(t) und des in der Vorperiode erwarteten Wachstumsfaktors $\hat{g}^*(t) = 1 + g_p^*(t)$, $g_p^*(t)$ – erwartete Wachstumsrate des Preisniveaus, sei:

$$\hat{g}_p(t) = y(t)^\delta \cdot \hat{g}_p^*(t-1), \, 0 < \delta.$$

Sodann unterstellt er, daß die Änderung des erwarteten Wachstumsfaktors log-linear vom Verhältnis des tatsächlichen zum in der Vorperiode erwarteten Wachstumsfaktors abhängt:

$$\frac{\hat{g}_p^*(t)}{\hat{g}_p^*(t-1)} = \left(\frac{\hat{g}_p(t)}{\hat{g}_p^*(t-1)}\right)^\varepsilon, \, 0 < \varepsilon.$$

Aus der ersten dieser beiden Gleichungen folgt

$$\frac{\hat{g}_p(t)}{\hat{g}_p(t-1)} = \left(\frac{y(t)}{y(t-1)}\right)^\delta \cdot \frac{\hat{g}_p^*(t-1)}{\hat{g}_p^*(t-2)};$$

durch Substitution aus diesen beiden letzten Gleichungen erhält man LAIDLERS modifizierte PHILLIPS-Kurve:

(10) $$\frac{\hat{g}_p(t)}{\hat{g}_p(t-1)} = \left(\frac{y(t)}{y(t-1)}\right)^\delta \cdot y(t-1)^{\delta \cdot \varepsilon}.$$

Hiernach ist die Änderung des Wachstumsfaktors eine (log-lineare) Funktion der Änderung der Kapazitätsauslastung sowie der Kapazitätsauslastung der Vorperiode. Wird die Kapazitätsauslastung mit der Arbeitslosenquote funktional verbunden, so stellt die Gleichung (10) eine Form der PHILLIPS-Kurve dar, die in anderen Untersuchungen ohne nähere Begründung eingeführt wurde.

Die Gleichungen (7) bis (10) konstituieren LAIDLERS Modell. Es enthält die vier endogenen Variablen Y, P, M^d und y; $\overline{M}^s$ und $\overline{Y}$ sind exogen. Durch Substitution lassen sich diese vier Gleichungen auf eine reduzieren:

(11) $$y(t) \cdot y(t-1)^{-\left[1 - \frac{\gamma + \delta\varepsilon}{\delta + \gamma}\right]} \cdot y(t-2)^{\frac{\gamma}{\delta + \gamma}}$$

$$= \frac{[\hat{g}_{M^s}(t)/\hat{g}_{M^s}(t-1)]^{\frac{1}{\delta + \gamma}}}{[\hat{g}_Y(t)/\hat{g}_Y(t-1)]^{\frac{\gamma}{\delta + \gamma}}},$$

mit $\hat{g}_{M^s}$ bzw. $\hat{g}_Y$ – Wachstumsfaktor des Geldangebots bzw. des Vollbeschäftigungssozialprodukts. Dies ist eine nichtlineare, inhomogene Differenzengleichung 2. Ordnung in y. Nimmt man an, daß das exogene Geldangebot und das Vollbeschäftigungssozialprodukt beide mit konstanter Rate wachsen, muß die rechte Seite der obigen Gleichung gleich Eins sein. Durch Logarithmieren wird dann aus (11) eine lineare, homogene Differenzengleichung zweiter Ordnung:

(12) $$\ln y(t) - \left(1 - \frac{\gamma + \delta\varepsilon}{\delta + \gamma}\right) \ln y(t-1) + \frac{\gamma}{\delta + \gamma} \ln y(t-2) = 0.$$

Diese Gleichung ist einfach zu lösen, und ihre Lösung ist ähnlich der des SAMUELSONschen Modells des letzten Abschnitts. Hier ist die Lösung unter zwei Aspekten zu interpretieren. Erstens, liegt die reale Wachstumsrate $g_{\overline{Y}}$ exogen fest, und ist sie konstant, dann führt eine Politik der gleichmäßigen und stetigen Geldvermehrung (= konstante Wachstumsrate von $\overline{M}^s(t)$) bei geeigneter Parameterkonstellation zu einer asymptotischen Annäherung der Kapazitätsauslastung an einen Gleichgewichtswert. Dieses Ergebnis entspricht inhaltsmäßig genau dem oben angeführten Zitat FRIEDMANS: langfristig hat die Geldpolitik keinen Einfluß auf die realen Größen; sie wirkt sich nur auf die Inflationsrate aus. Da nämlich langfristig – bei geeigneten Parametern – das tatsächliche Sozialprodukt Y(t) mit derselben Rate wächst wie das Vollbeschäftigungssozialprodukt $\overline{Y}(t)$, muß nach (6) und (7) die Inflationsrate mit der Rate der Geldvermehrung übereinstimmen.

Der Annäherungsprozeß kann sich jedoch – und das ist der zweite Aspekt – in Form gedämpfter Schwingungen vollziehen. Diese Schwingungen sind unschwer wieder als Konjunkturschwankungen zu interpretieren. Dabei unterliegen sowohl die realen Größen y(t) und Y(t) als auch die monetäre Größe P(t) diesen Konjunkturschwankungen. Dieses Ergebnis kommt ebenfalls in dem erwähnten Zitat FRIEDMANS zum Ausdruck: kurzfristig können geldpolitische Maßnahmen auch das Realeinkommen beeinflussen.

2.3.3. Mathematische Konjunkturtheorien zum POINCARÉ-BENDIXSON-Theorem

Die bisher betrachteten Modelle der Konjunkturtheorie ließen sich auf lineare oder log-lineare Differenzengleichungen zweiter Ordnung zurückführen. Ganz ähnlich sind auch solche Modelle aufgebaut, die Differentialgleichungen zweiter Ordnung beinhalten, so z. B. das Modell von A. W. PHILLIPS (1954). Von den drei Lösungsmöglichkeiten dieser Modelle, die Schwingungen aufweisen, nämlich
– gedämpfte Schwingungen
– explosive Schwingungen
– harmonische Schwingungen, d. h. Schwingungen mit gleichbleibender Frequenz und Amplitude

kommt zur Beschreibung des Konjunkturphänomens vornehmlich die erste Möglichkeit in Betracht. Die zweite ist nämlich ohne die Einführung von Ober- und Unterschranken instabil und führt damit zu Ergebnissen, die der Realität widersprechen. Harmonische Schwingungen sind ebenfalls nicht akzeptabel, da sie einerseits nur bei einer ganz bestimmten Parameterkonstellation eintreten, und da andererseits Konjunkturschwankungen keine genau gleichbleibende Frequenz und Amplitude aufweisen.

Da aber gedämpfte Schwingungen im Zeitverlauf asymptotisch verschwinden, müssen in solchen Modellen laufend exogene Schocks auftreten, damit die Konjunkturschwankungen erhalten bleiben. Solche Konjunkturmodelle können daher als Einwirkungen exogener Ereignisse auf ein schwingungsfähiges System aufgefaßt werden. Damit es zu Schwingungen kommt, bedarf es Anstößen „von außen".

Dieser Rückgriff auf exogene Einflüsse wird bei jenen Konjunkturmodellen vermieden, die sich bestimmter Eigenschaften nichtlinearer Differentialgleichungssysteme bedienen. Diese Eigenschaften seien zunächst in ihren Grundzügen allgemein dargestellt. Dazu wird folgendes nichtlineares Differentialgleichungssystem in x(t) und y(t) betrachtet:

$$\dot{x}(t) = f(x(t), y(t))$$
$$\dot{y}(t) = g(x(t), y(t));$$

G-2. Konjunktur

hierin stellen f(·) und g(·) zwei nichtlineare Funktionen dar. Unter bestimmten Bedingungen, die im POINCARÉ-BENDIXSON-Theorem formuliert werden, weist dieses Gleichungssystem folgende Eigenschaften auf:

1) Eine Lösung x = F(t), y = G(t) ist eine periodische Lösung oder
2) Eine Lösung x = F(t), y = G(t) nähert sich asymptotisch einer periodischen Lösung an.

Vollständige Abhandlungen dieses Theorems findet man in Mathematikbüchern über Differentialgleichungen und Differentialgleichungssysteme (CODDINGTON/LEVINSON, 1955; BOYCE/DIPRIMA, 1977).

In einen Phasendiagramm kann diese Eigenschaft folgendermaßen veranschaulicht werden (*Abb. G-8*).

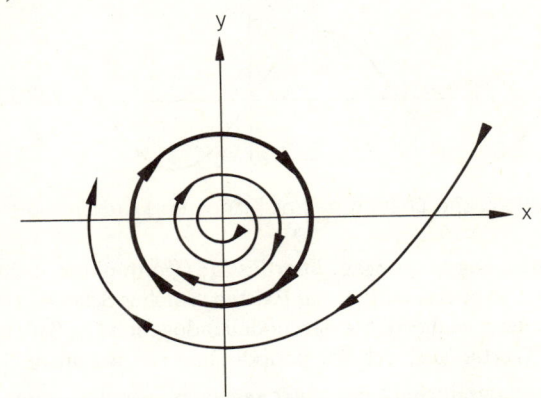

Abb. G-8: Phasendiagramm eines nichtlinearen Differentialgleichungssystems erster Ordnung

Der in *Abb. G-8* dick eingezeichnete Kreis (geschlossene Trajektorie) entspricht einer periodischen, d. h. sich zyklisch wiederholenden Lösung. Diese Lösung kann unter ausdrücklicher Berücksichtigung des Zeitverlaufs auch so dargestellt werden (*Abb. G-9*).

Sind x und y als ökonomische Größen interpretierbar, so können die in *Abb. G-9* dargestellten Schwingungen als Konjunkturschwankungen von x und y interpretiert werden. In ökonomischer Interpretation finden also nach dem POINCARÉ-BENDIXSON-Theorem derartige periodische Konjunkturschwankungen statt, oder die ökonomischen Größen nähern sich asymptotisch solchen Schwankungen. Dabei ist nicht notwendig, daß diese Schwankungen einen strikt sinusförmigen Verlauf aufweisen. Die geschlossene Trajektorie der *Abb. G-8* muß nämlich nicht notwendigerweise kreisförmig sein, so daß auch nicht-sinusförmige Schwingungen der Größen x und y möglich sind.

Ein so strukturiertes Konjunkturmodell ist auf die Existenz exogener Schocks nicht unbedingt angewiesen, wie es z. B. beim Akzelerator-Multiplikator-Modell (s. Abschnitt 2.3.1.) der Fall war. Wie die *Abb. G-8* aufzeigt, nähern sich x und y von jedem beliebigen Anfangswert aus der periodischen Lösung, wenn sie nicht schon Werte dieser Lösung angenommen haben. Damit ist die Existenz exogener Schocks, die das

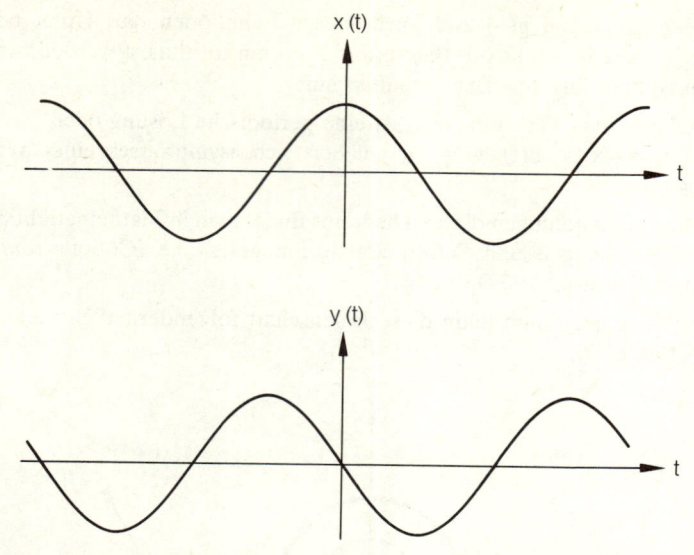

Abb. G-9: Periodische Lösung des nichtlinearen Differentialgleichungssystems

System zu Schwingungen anregen, überflüssig; (Konjunktur-)Schwankungen treten in jedem Fall auf. Andererseits ist die Existenz solcher Schocks aber erlaubt. Treten sie auf, so verändern sie die Werte der modellendogenen Größen, und diese beginnen von den neuen Werten aus, sich der periodischen Lösung anzunähern.

Diese formale Analysetechnik des POINCARÉ-BENDIXSON-Theorems wurde bisher erst von wenigen Autoren gebraucht (UZAWA, 1963; ROSE, 1967; WENIG, 1975). UZAWAS Beitrag ist eigentlich mehr der Wachstumstheorie zuzuordnen. Er erwähnt aber ausdrücklich unter Hinweis auf das POINCARÉ-BENDIXSON-Theorem die Möglichkeit zyklischer Schwankungen der modellendogenen Größen. Konjunkturmodelle im engeren Sinne liefern die beiden anderen Beiträge. Da ROSE die Anwendung des POINCARÉ-BENDIXSON-Theorems in die Konjunkturtheorie einführte, soll der Aufbau seines Modells kurz skizziert werden.

Dieses Modell steht in der Tradition der realen, also nicht-monetären Konjunkturtheorien. Die Geldpolitik spielt keine aktive Rolle, insbesondere liefert sie keinen Beitrag zu den Umkehrpunkten der Konjunktur. Sie sorgt lediglich dafür, daß der Zinssatz konstant bleibt. Jedoch stellen das Preisniveau und der nominelle Lohnsatz wichtige Bausteine des Modells dar.

Die Produktion erfolgt durch eine repräsentative Firma auf der Grundlage einer neoklassischen Produktionsfunktion. Sie wählt das in der Produktion eingesetzte Arbeit/Kapital-Verhältnis so aus, daß der erwartete Gewinn maximiert wird. Durch Aggregation liegt dann die gesamtwirtschaftliche Produktion fest. Die Kapitalakkumulation wird durch die geplanten Ersparnisse festgelegt. Stimmen die geplanten Ersparnisse mit den geplanten Investitionen nicht überein, werden in Höhe dieser Differenz ungeplante Lagerinvestitionen durchgeführt. Die Inflationsrate wird im wesentlichen durch das Auseinanderfallen von Angebot und Nachfrage auf dem Gütermarkt bestimmt. Eine PHILLIPS-Kurve verbindet die Arbeitslosenquote mit der

Wachstumsrate des nominellen Lohnsatzes, und das Arbeitsangebot wächst mit einer konstanten, exogen gegebenen Rate. Aus diesem Modell läßt sich folgendes Differentialgleichungssystem ableiten:

$$(\dot{K}/N) = F\left(\frac{K}{N}, \frac{K}{N^s}\right)$$

$$(\dot{K}/N^s) = G\left(\frac{K}{N}, \frac{K}{N^s}\right),$$

K – Kapitalstock, N – tatsächlich eingesetzte Arbeit, N^s – Arbeitsangebot.

Rose kann zeigen, daß die Lösung dieses Gleichungssystems periodisch ist oder aber asymptotisch periodisch wird. Da fernerhin das Arbeitsangebot N^s mit einer konstanten Rate wächst, schwanken die realen Größen (asymptotisch) um einen Wachstumstrend. Insofern stellt Roses Modell eine Verbindung von Konjunktur- und Wachstumstheorie dar, wobei der Akzent schwergewichtig auf der Konjunkturtheorie liegt.

2.3.4. Zyklen in ökonometrischen Totalmodellen

Die Überzeugung, daß das Konjunkturphänomen weder monokausal noch durch einfach strukturierte Theorien oder Modelle erklärt werden könne, hat schwergewichtig seit den fünfziger Jahren zu einer völlig neuen Forschungsrichtung geführt. Deren Grundlage ist die Annahme, daß eine Volkswirtschaft als ein aus vielen Einzelteilen bestehendes System aufgefaßt werden kann, das teils endogene Schwingungen aufweist, und das teils durch exogene Ursachen zu Schwingungen angeregt werden kann.

Methodisch wird bei diesen Arbeiten in der folgenden Weise vorgegangen. Zunächst wird ein theoretisches Modell konstruiert, das die jeweilige Volkswirtschaft approximativ wiedergeben soll. Sodann werden die Gleichungen und Variablen in eine Form gebracht, die sie der Messung und ökonometrischen Schätzung zugänglich machen. Das Ergebnis ist ein gesamtwirtschaftliches, ökonometrisches Modell, das als approximative Wiedergabe einer realen Volkswirtschaft aufgefaßt werden kann (Klein/Goldberger, 1955; König/Timmermann, 1962; Krelle, 1974).

Ein solches Modell kann aus bis zu mehreren hundert Gleichungen bestehen, und es ist gewöhnlich nicht allgemein, sondern nur numerisch lösbar. Dazu werden in der Regel elektronische Datenverarbeitungsanlagen genutzt. Damit der Einsatz dieser Anlagen möglich ist, wird die Zeit als diskrete Größe aufgefaßt: das Modell stellt mathematisch gesehen ein System von Differenzengleichungen höherer Ordnung dar.

Da ein Konjunkturzyklus nur wenige Jahre umfaßt, muß die gewählte Zeitperiode in einem solchen Modell sinnvollerweise weniger als ein Jahr betragen, damit die Konjunkturentwicklung hinreichend genau wiedergegeben werden kann. Aus diesem Grunde und aus Gründen der Datenbeschaffung sind solche Modelle in der Regel Vierteljahresmodelle, d. h. die gewählte Zeitperiode beträgt drei Monate.

Um die Anwendung eines solchen Modells in der Konjunkturforschung zu verstehen, muß man seinen Aufbau und seine Wirkungsweise verstehen. Ein solches Modell besteht zunächst aus Variablen, die ökonomische Größen wie etwa Exporte, Importe,

Investitionen, Lohnsatz u. ä. darstellen. Diese Variablen müssen unterteilt werden in endogene und exogene Variablen. Die endogenen Variablen werden durch das Modell selbst bestimmt; so ist z. B. immer das Sozialprodukt oder eine vergleichbare Größe eine endogene Variable eines solchen Modells. Die exogenen Variablen werden „von außen" vorgegeben. Sie stellen gewissermaßen jenen Teil der Realität dar, den das Modell zwar nicht erklären soll, der aber selbst den Bereich beeinflußt, für den das Modell konstruiert wurde. Typischerweise ist die Bevölkerungsgröße eine exogene Variable in diesen Konjunkturmodellen. Denn einerseits ist u. a. aus der Bevölkerungsgröße das Arbeitsangebot ableitbar, andererseits hängt die Bevölkerungsgröße überwiegend von nichtwirtschaftlichen Faktoren ab.

Zwischen den Variablen bestehen vielfache Beziehungen. Sie kommen zunächst in Form von Definitionsgleichungen zum Ausdruck; so ist z. B. das Sozialprodukt Y definiert als $Y := C + I + Ex - Im$. Weiterhin werden zwischen jeweils einigen Variablen funktionale Beziehungen bestehen. Beispielsweise hängt der Konsum der laufenden Periode vom Einkommen der Vorperiode ab. Solche funktionalen Beziehungen kommen in den Verhaltensgleichungen zum Ausdruck. Die exogenen Variablen können grundsätzlich beliebig von außen vorgegeben werden, beispielsweise aus anderen Veröffentlichungen übernommen werden. Häufig werden sie durch Extrapolationsgleichungen bestimmt, die für gewöhnlich die jeweilige exogene Variable als Funktion der Zeit wiedergeben.

Schließlich enthalten derartige Modelle Parameter in den Verhaltens- und Extrapolationsgleichungen, die, soweit es Verhaltensgleichungen betrifft, ökonometrisch zu bestimmen sind, oder die für Extrapolationsgleichungen in geeigneter Weise zu ermitteln sind. Diese Parameter bleiben im Zeitverlauf konstant; sie spiegeln in gewisser Weise die „zeitinvariante Struktur" einer Wirtschaft wider. Diese Zeitinvarianz gilt nicht für alle Zeiten, wie etwa bei manchen naturwissenschaftlichen Modellen, sondern nur für einen beschränkten Zeitraum, für den man von einer konstanten Wirtschaftsstruktur ausgehen kann.

Problematisch ist die Auswahl der Größen und Beziehungen, die in ein solches ökonometrisches Totalmodell eingehen sollen. Dieses Problem läßt sich auch nicht ein für allemal lösen. Vielmehr wird je nach dem ausgewählten (Teil-)Bereich der Realität, den das Modell abbilden soll, und nach dem jeweiligen Stand der Theorie ein Modell anders zu konstruieren sein. Hier liegt auch der Ansatzpunkt einer sinnvollen Modellkritik. Sie hat zu prüfen, ob ein Modell die ihm zugedachte Aufgabe leistet, und ob nicht alternative Modelle, eventuell unter Zuhilfenahme alternativer Theorien, diese Aufgabe besser bewältigen können.

Konjunkturmodelle auf Vierteljahresbasis sind bereits für viele Länder entwickelt worden; als größtes Modell wäre hier das BROOKINGS-Modell der USA zu nennen, das mehrere hundert Gleichungen umfaßt (DUESENBERRY/FROMM/KLEIN/KUH, 1965). Auch in der Bundesrepublik Deutschland wurden mehrere derartige Modelle entwickelt, von denen das Modell des Rheinisch-Westfälischen Instituts für Wirtschaftsforschung (RWI) hier kurz erläutert werden soll, da es bereits mehrfach praktisch angewandt wurde. In seiner neuesten Version (RAU, 1979), umfaßt dieses Modell ca. 30 Verhaltens- und 47 Definitionsgleichungen. Die wichtigsten exogenen Größen beziehen sich auf den Außenhandel, die öffentlichen Investitionen, die Tarife zur Sozialversicherung und auf Zinssätze. Mathematisch gesehen handelt es sich bei diesem Modell um ein nicht-lineares Differenzengleichungssystem vierter Ordnung, das numerisch gelöst wird.

Damit ein solches Modell in der Konjunkturforschung anwendbar ist, muß es den Konjunkturverlauf einer Volkswirtschaft wiedergeben können. Dabei sind zwei Möglichkeiten denkbar. Erstens, die Parameter eines solchen Modells werden aus den verfügbaren Daten eines bestimmten in der Vergangenheit liegenden Zeitraums, des sogenannten Stützzeitraums, geschätzt. Bestimmt man dann für eben diesen Zeitraum die Werte der endogenen Variablen, so müßten diese den tatsächlich erlebten Konjunkturverlauf dieser Periode wiedergeben. Diese Vorgehensweise wird häufig als ex-post-Prognose bezeichnet. Dem RWI-Modell liegt beispielsweise der Stützzeitraum 1966–1976 zugrunde. Für diesen Zeitraum enthält *Abb. G-10* die tatsächlichen und die mit diesem Modell errechneten (ex-post prognostizierten) Änderungsraten des realen Bruttoinlandsprodukts.

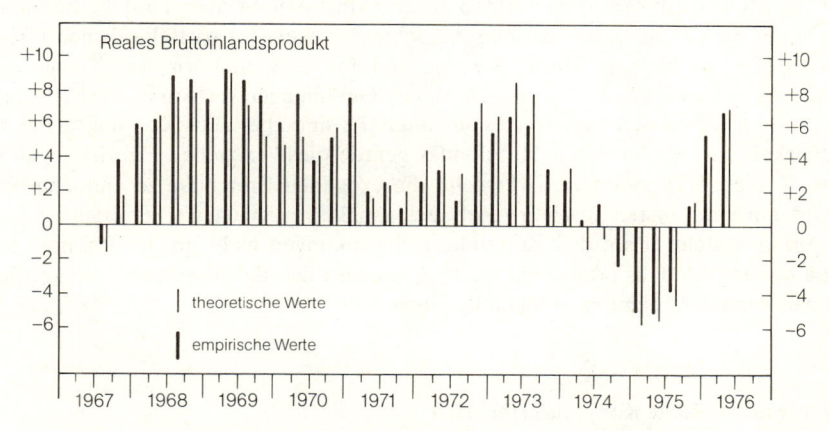

Abb. G-10: Tatsächliche und ex-post prognostizierte Änderung des realen Bruttoinlandprodukts, 1967–1976

(Quelle: Rau u. a. (1977), S. 76)

Wie *Abb. 6–10* zu entnehmen ist, liefert das hier dargestellte Konjunkturmodell eine recht gute Beschreibung des tatsächlichen, in der Vergangenheit liegenden Konjunkturverlaufs der deutschen Wirtschaft. Damit präsentiert dieses Modell aber keine Konjunkturtheorie mehr „im engeren Sinne". Die Konjunkturschwankungen und besonders die Umkehrpunkte der Konjunktur werden nicht mehr direkt erklärt, sondern sie folgen vielmehr aus der allgemeinen Interdependenz der Elemente eines großen Systems.

Können solche Konjunkturmodelle die vergangene Entwicklung gut wiedergeben, so liegt der Gedanke nahe, daß sie auch für echte Prognosen, sogenannte ex-ante-Prognosen, zu verwenden sind. Im wissenschaftstheoretischen Sinn müssen nämlich theoretische Erklärungen auch zu Prognosen benutzt werden können. Gerade mit dieser Eigenschaft können sich empirisch relevante Theorien bewähren, da die aus ihnen ableitbaren Prognosen widerlegbar sind. Stellt also ein Konjunkturmodell eine komplexe „Erklärung" des Konjunkturphänomens dar, dann muß es auch Konjunkturprognosen liefern können. Tatsächlich werden solche Modelle auch für diesen Zweck eingesetzt. Das RWI-Modell wurde beispielsweise als Modell der deutschen Wirtschaftsforschungsinstitute bei ihrer Gemeinschaftsdiagnose im Herbst 1978 benutzt (RAU, 1979).

Eine andere, wirtschaftspolitisch höchst wichtige Anwendungsmöglichkeit derartiger Modelle besteht darin, daß sie Konsequenzen alternativer Maßnahmen der Wirtschaftspolitik zu prognostizieren vermögen. Hier geht der speziell konjunkturtheoretische Ansatz dieser Modelle in einen allgemeinen wirtschaftspolitischen Ansatz über. Man erhofft sich von ihnen eine Beurteilung und kritische Überprüfung nicht nur der Konjunkturpolitik, sondern auch anderer wirtschaftspolitischer Maßnahmen.

2.4. Theorien der exogenen Schocks

Die meisten der bisher dargestellten Konjunkturtheorien und -modelle benötigten Anstöße „von außen", um periodische Schwankungen der wirtschaftlichen Größen hervorrufen zu können. Diese Anstöße konnten z. B. in Form von Erfindungen, Entdeckungen, autonomen Änderungen des Geldmengenwachstums oder Änderungen eines gleichgewichtigen Wertes auftreten. Es sind aber auch Konjunkturtheorien entwickelt worden, in deren Mittelpunkt gerade diese exogenen Einwirkungen stehen. In diesen Theorien wird versucht, die exogenen Ereignisse zu endogenisieren und damit einer systematischen Analyse zugänglich zu machen. Das Ergebnis dieser Theorien besteht darin, daß Konjunkturschwankungen nicht nur im Rahmen eines dynamischen Modells ermöglicht werden, sondern daß darüber hinaus die konjunkturauslösenden Ereignisse regelmäßig eintreten.

2.4.1. Stochastische Konjunkturtheorien

Das Konjunkturphänomen ist in seinen Ursachen, Wirkungen und Erscheinungsformen so komplex, daß an eine monokausale Erklärung dieses Phänomens nicht zu denken ist. Viele Umstände und Faktoren müssen zusammenwirken, um periodische Schwankungen der Wirtschaftsaktivität zustande zu bringen. Die häufig zu beobachtende Irregularität dieser Schwankungen, zusammengenommen mit der Vielzahl möglicher und notwendiger Ursachen eben dieser Schwankungen haben zu der Überlegung geführt, daß der Zufall bei der Entstehung dieser Schwankungen eine bedeutende Rolle spielen könnte. So konstruierte EUGEN SLUTSKY (1937) aus den Zahlen einer ausgelosten russischen Staatsanleihe zyklische Schwankungen, die ziemlich genau den englischen Konjunkturschwankungen der Jahre 1855–1875 entsprachen.

„Zufall" heißt in diesem Zusammenhang nur, daß die die Konjunkturbewegungen auslösenden Ursachenbündel vom Standpunkt der ökonomischen Theorie aus zufällig sind. Derartige Ursachenbündel können z. B. Streiks, Mißernten, Erfindungen, Entdeckungen oder psychologische Stimmungen in der Bevölkerung enthalten. Jede dieser Einzelursachen ist für sich genommen und im eigenen Sachzusammenhang gesehen keineswegs zufällig. Ein Streik entwickelt sich folgerichtig aus Tarifauseinandersetzungen, eine Erfindung ist das notwendige Ergebnis zielgerichteter Forschungsanstrengungen. Nur für die ökonomische Theorie sind derartige Ereignisse zufällig und nicht näher erklärbar. Stellen solche Ereignisse dann auslösende Momente eines Konjunkturzyklus dar, so sind dessen Ursachen eben stochastischer Natur. Dieser Gedanke wurde von WILHELM KRELLE (1959,1) aufgegriffen und in der folgenden Weise weiterentwickelt.

Unstreitig in fast allen Konjunkturtheorien sind zwei Merkmale des Konjunkturphänomens. Erstens, ein einmal begonnener Auf- oder Abschwung setzt sich eine Weile aus eigener Kraft fort. Zweitens, der Prozeß des Auf- oder Abschwungs schwächt sich im Zeitverlauf ab. Beide Sachverhalte sind ihrer Natur nach ökonomisch bedingt. Außerökonomische Faktoren und besonders stochastische Einflüsse sind zur Beschreibung dieser Konjunktureigenschaften nicht notwendig. Versucht man allerdings die Umkehrpunkte der Konjunkturschwankungen zu erklären, wird es im Rahmen der stochastischen Konjunkturtheorie notwendig, den Zufall einzubeziehen. Denn es ist ökonomisch leicht einsehbar, daß ein Auf- oder Abschwung sich im Zeitverlauf abschwächt, aber warum sollte der Wachstumsprozeß einer Wirtschaft sich nicht einfach auf einem höheren bzw. niedrigeren Niveau fortsetzen, nachdem der Auf- bzw. Abschwung zum Stillstand gekommen ist? Der an diesen Stellen jeweils einsetzende Umschwung wird in den verschiedenen Konjunkturtheorien immer unterschiedlich erklärt, und keine dieser Erklärungen ist so überzeugend, daß sie allgemein akzeptiert wird. An dieser Stelle wird nach der stochastischen Konjunkturtheorie der Zufall wichtig und zwar in der folgenden Weise.

Auf den Wirtschaftsprozeß wirken ununterbrochen positive und negative Impulse ein, die ihn in Richtung eines Auf- oder Abschwungs beeinflussen. Diese Impulse können sowohl ökonomischer als auch nicht-ökonomischer Art sein. So wirken sich z. B. Erfindungen, Entdeckungen, der Abschluß von Handelsverträgen oder Diskontsatzsenkungen stimulierend auf die Wirtschaft aus. Entsprechend beeinträchtigen Mißernten, Streiks, internationale Krisen, wie etwa die Ölkrise, den Wirtschaftsablauf. Jedes dieser und ähnlicher Einzelereignisse ist im eigenen Kontext wohldeterminiert, für die Konjunkturtheorie aber zunächst exogen gegeben. Diese von außen kommenden Einflüsse werden in der stochastischen Konjunkturtheorie in der folgenden Weise endogenisiert. Es wird angenommen, daß die vielen Einzelereignisse, die den Konjunkturverlauf mehr oder weniger stark beeinflussen, zufällig auftreten. Dabei soll ihre Existenz um so seltener sein, je stärker ihr Einfluß auf die Wirtschaft ist, sei es in positiver oder negativer Hinsicht. Am plausibelsten ist dabei zunächst die Vorstellung, daß das Auftreten dieser Ereignisse hinsichtlich ihrer Stärke normalverteilt ist. Mit diesen stochastischen Ereignissen kann die Entstehung des Konjunkturverlaufs einschließlich seiner Umkehrpunkte erklärt werden.

Zu Beginn sei eine Wirtschaft betrachtet, die sich auf ihrem gleichgewichtigen Wachstumspfad befindet. Es braucht jetzt nur ein Ereignis mit ziemlich schwacher Wirkung, sei es in positiver oder negativer Hinsicht, einzusetzen, damit ein Konjunkturauf- oder -abschwung eingeleitet wird. Da Ereignisse mit schwacher Wirkung relativ zahlreich sind, wird die Wirtschaft bald ihren gleichgewichtigen Wachstumspfad verlassen, und es sei unterstellt, daß ein Aufschwung beginnt. Dieser verstärkt sich zunächst und erreicht nach einer gewissen Zeit seinen Höhepunkt. Während dieser ganzen Zeitdauer und auch jetzt ist es prinzipiell möglich, daß die Wirtschaft in eine Rezession „umkippt", nur ist dieses Umkippen ziemlich unwahrscheinlich. Denn ein sich verstärkender Aufschwung erfordert immer stärkere Ereignisse, die ihn zum Stillstand bringen könnten, aber solche Ereignisse werden immer seltener. Deswegen muß damit gerechnet werden, daß der Aufschwung sich fortsetzt, bis daß er durch ökonomische Ursachen bedingt zum Stillstand kommt. Wenn in dieser Situation die Wirtschaft stimulierende Ereignisse auftreten, haben sie keine Wirkung, da am Ende des Booms die Wirtschaft keinen Wachstumsspielraum mehr aufweist. Aber jedes Ereignis mit negativer Wirkung, auch wenn sie gering ist, führt die Wirtschaft in einen sich selbst verstärkenden Abschwungsprozeß hinein. Sobald dieser eingeleitet ist, wird es zunehmend unwahrscheinlicher, daß er gebremst wird, da dafür zunehmend stärkere positive Impulse erforderlich wären, die jedoch immer seltener werden. Erst wenn der Abschwung beinahe oder völlig beendet ist, kann wieder damit gerechnet werden, daß ein Ereignis mit positiver Wirkung eintritt, das einen neuen Aufschwung herbeiführt.

Dieser Gedankengang kann mit KRELLE folgendermaßen graphisch veranschaulicht werden *(Abb. G-11)*.

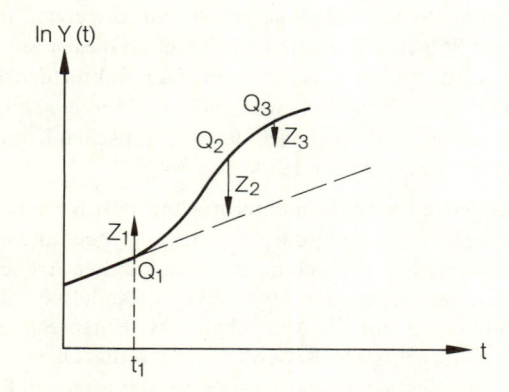

Abb. G-11: Stochastische Konjunkturerklärung

Im Zeitpunkt t_1 befindet sich die Wirtschaft auf ihrem gleichgewichtigen Wachstumspfad im Punkt Q_1. Tritt hier ein positives Ereignis ein, dessen Stärke durch die Länge des Pfeils z_1 wiedergegeben wird, so verläßt die Wirtschaft ihren bisherigen Wachstumspfad und erreicht den Punkt Q_2. Damit an dieser Stelle die Konjunktur umschlägt, müßte ein negatives Ereignis einsetzen, dessen Stärke durch die Länge des Pfeils z_2 angezeigt wird. Ein solches Ereignis ist aber wegen der Normalverteilung sehr unwahrscheinlich. Es kann daher damit gerechnet werden, daß die Wirtschaft zum Punkt Q_3 gelangt. An dieser Stelle erreicht die Wirtschaft wieder ihre ursprüngliche, gleichgewichtige Wachstumsrate, nur befindet sie sich auf einem höheren Niveau. Ereignisse mit positiver Wirkung haben an dieser Stelle keine reale Auswirkung mehr, wohl aber solche mit negativer Wirkung. Tritt ein solches ein, in *Abb. G-11* dargestellt durch den Pfeil z_3, beginnt der Abschwung, der in analoger Weise verläuft wie der Aufschwung.

Die Länge der Konjunkturzyklen ist nach diesen Ausführungen ebenfalls eine stochastische Größe, die um einen Mittelwert schwankt. Die Umkehrpunkte liegen nämlich nicht eindeutig fest. Da das Auftreten positiver und negativer Ereignisse normalverteilt ist, kann es durchaus sein, daß eine Wirtschaft längere Zeit in der Endphase des Booms verharrt, es treten dann eben längere Zeit keine negativen Ereignisse ein. Genauso möglich ist es aber auch, daß diese Endphase erst gar nicht erreicht wird. Es kann nämlich schon vorher ein Ereignis mit so großem negativen Effekt eintreten, daß der Aufschwung abbricht. Ähnliches gilt für den Abschwung. Es gibt somit eine durchschnittliche Länge des Konjunkturzyklus, um die die tatsächlichen Längen streuen.

2.4.2. Konjunkturtheorien der Neuen Politischen Ökonomie

Von allen den Konjunkturprozeß beeinflussenden exogenen Faktoren spielt das Verhalten des Staates eine besonders wichtige Rolle. Dem Staat stehen zahlreiche Möglichkeiten zur Verfügung, um in den Wirtschaftsprozeß einzugreifen, und er macht von diesen Möglichkeiten in der Regel auch regen Gebrauch. Arbeitslosigkeit, Inflation, unausgeglichene Zahlungsbilanz und Strukturkrisen zwingen den Staat zum Handeln. Dieser Handlungszwang ist zweifach begründbar. Einmal kann unterstellt werden, daß der Staat, vertreten durch die Regierung, die gesamtgesellschaftliche Wohlfahrt zu maximieren hat. Diese These ist die Grundlage einer rationalen Wirtschaftspolitik Tinbergenscher und Theilscher Prägung. Immer dann, wenn der tatsächliche Zustand einer Wirtschaft von einem gedachten „Idealzustand" abweicht, muß der Staat korrigierend eingreifen. Im Extremfall kann nur eine ununterbrochene staatliche Wirtschaftspolitik die Wirtschaft im Idealzustand halten.

Ein Eingriff des Staates in den Wirtschaftsprozeß läßt sich zum zweiten damit begründen, daß sich die Regierung in einer Demokratie in bestimmten Zeitabständen dem Urteil der Wähler zu stellen hat. Nur wenn die Mehrheit der Wähler mit der Regierung im weitesten Sinne zufrieden ist, hat die Regierung bzw. die sie tragende Partei eine Chance, wiedergewählt zu werden. Die Notwendigkeit, sich Wahlen stellen zu müssen, wird auf die Ziele und das Verhalten einer Regierung nicht ohne Einfluß bleiben. Realistischerweise wird man unterstellen müssen, daß eine Regierung wiedergewählt werden möchte. Hieraus folgt, daß eine Regierung ihre Politik und damit auch ihre Wirtschaftspolitik so gestalten wird, daß sie das Ziel der Wiederwahl erreicht. Ob sie dabei Erfolg hat, hängt sicherlich von einer Vielzahl von Umständen ab. Wirtschaftliche Faktoren dürften dabei eine wichtige Rolle spielen. Eine hohe Arbeitslosigkeit und hohe Inflationsraten verringern die Chance der Wiederwahl, Prosperität und konstante Preise vergrößern sie.

Aus dieser Sichtweise ergibt sich eine Interdependenz des ökonomischen und politischen Systems. Die Regierung beeinflußt auf Grund ihrer spezifischen Zielvorstellungen mit Hilfe der Wirtschaftspolitik den Wirtschaftsprozeß, und dieser liefert wieder ökonomische Tatbestände, die in das Kalkül der Regierung eingehen. Diese wechselseitige Beziehung zwischen Staat und Wirtschaft wurde zuerst von William D. Nordhaus (1975) in einem theoretischen Modell analysiert, in dem das Verhalten des Staates endogen bestimmt ist. Dieses Modell ist in seiner grundlegenden Struktur folgendermaßen aufgebaut.

Die Anzahl der Wählerstimmen, die eine Regierung am Wahltag erhält, hängt von der gesamtwirtschaftlichen Arbeitslosenquote und der Inflationsrate der gesamten letzten Legislaturperiode ab. Die Zahl der Wählerstimmen ist die Zielfunktion der Regierung, die sie zu maximieren trachtet. Als Nebenbedingung tritt der makroökonomische trade-off zwischen Arbeitslosenquote und Inflationsrate in Gestalt der PHILLIPS-Kurve auf (Beitrag F-3.2.1.). Die Lösung dieses Maximierungsproblems unter Nebenbedingungen ergibt die optimale Wirtschaftspolitik der Regierung für eine (Wähler-)Stimmenmaximierung. Diese Lösung weist folgende Charakteristika auf. Gegen Ende der Wahlperiode sollte die Wirtschaft einen inflatorischen Boom mit einer geringen Arbeitslosenzahl erreichen. Eine solche prosperierende Wirtschaft verhilft der Regierung am ehesten zum Wahlsieg in den bevorstehenden Wahlen. Nach gewonnener Wahl muß die Regierung als erstes durch restriktive wirtschaftspolitische Maßnahmen die Inflation bekämpfen, so daß eine steigende Arbeitslosigkeit die Folge ist. Während der folgenden Legislaturperiode kann dann diese Arbeitslosigkeit langsam abgebaut werden, indem die Regierung von der restriktiven Wirtschaftspolitik zu einer expansiven übergeht. Kurz vor der nächsten Wahl muß dann die Wirtschaft wieder prosperieren, und der Zyklus beginnt von vorn.

Dieser soeben beschriebene Zyklus ist unschwer als Konjunkturzyklus zu interpretieren. Er ist letztlich durch das „exogene" politisch motivierte Verhalten der Regierung entstanden. Die hier skizzierte Anschauung ist der traditionellen genau entgegengesetzt. Bisher ging man davon aus, daß der Konjunkturzyklus im wesentlichen ökonomisch bedingt ist, und daß der staatlichen Wirtschaftspolitik die Aufgabe zukommt, eine antizyklische Konjunkturpolitik zu betreiben. Hier steht dagegen der Staat, vertreten durch die Regierung, als der eigentliche Verursacher der Konjunkturschwankungen da.

3. Wachstum

3.1. Definition und Messung

Seit Beginn der Industrialisierung haben viele Staaten Perioden eines stürmischen Wirtschaftswachstums erlebt. So stieg beispielsweise das Volkseinkommen des Deutschen Reiches, gerechnet in Preisen von 1913, von 11,6 Mrd. Mark im Jahre 1860 auf 23,6 Mrd. Mark im Jahre 1890 (W. G. HOFFMANN, 1965, S. 454). In dreißig Jahren konnte sich also in Deutschland das reale Volkseinkommen mehr als verdoppeln, was bei einem geometrischen Wachstum einer durchschnittlichen jährlichen Wachstumsrate von 0,024 (= 2,4 v. H.) entspricht. In der gleichen Zeit erlebten auch andere Länder, die frühzeitig mit der Industrialisierung begonnen hatten, ein ähnliches Wachstum. So konnte sich z. B. das reale Volkseinkommen in Großbritannien von 1870 bis 1900 mehr als verdoppeln, und im letzten Drittel des 19. Jahrhunderts stieg das reale Volkseinkommen in den USA um fast das Dreifache (CLARK, 1960).

Diese Zeit eines raschen Wirtschaftswachstums war aber begleitet von einem fast ebenso raschen Wachstum der Bevölkerung. Das Resultat beider Entwicklungen war, daß das Volkseinkommen pro Kopf der Bevölkerung annähernd konstant blieb. Erst in den fünfziger und teilweise auch in den sechziger Jahren dieses Jahrhunderts konnten viele Länder ein Wirtschaftswachstum realisieren, das auch zu einem spürbaren Anstieg des realen Volkseinkommens pro Kopf führte. Unter dem Stichwort

G-3. Wachstum

"Wirtschaftswunder" ist insbesondere das Wirtschaftswachstum der Bundesrepublik Deutschland bekannt geworden. So stieg z. B. das in Preisen von 1954 gerechnete Bruttosozialprodukt im Zeitraum von 1950 bis 1968 von 112,9 Mrd. DM auf 357,5 Mrd. DM. Im gleichen Zeitraum wuchs dieses Sozialprodukt pro Kopf von 2400 DM auf 5976 DM. Während somit das reale Bruttosozialprodukt im genannten Zeitraum um 217 v. H. stieg, konnte das reale Bruttosozialprodukt pro Kopf immerhin noch um 150 v. H. wachsen.

Dieses auch in anderen Ländern erlebte rapide Wirtschaftswachstum war unmittelbarer Anlaß dafür, daß das Wachstum der Wirtschaft zum vorrangigen Untersuchungsgegenstand der Wirtschaftswissenschaft wurde. Bei allen politischen und theoretischen Untersuchungen zu diesem Thema nahm man als Grundlage des Wirtschaftswachstums stets einen aus der volkswirtschaftlichen Gesamtrechnung ableitbaren "Produktionsbegriff", also etwa das Bruttosozialprodukt, Nettosozialprodukt zu Faktorkosten oder einen verwandten Begriff. Interpretiert man z. B. das Bruttosozialprodukt als einen Index der "allgemeinen wirtschaftlichen Leistungsfähigkeit" eines Landes (Beitrag B-4), so zeigt ein Wachstum des Bruttosozialprodukts eben auch ein Wachstum dieser Leistungsfähigkeit an.

Bei darüber hinaus gehenden Interpretationen ist Vorsicht geboten, vor allem wenn es um wohlfahrsökonomische Aussagen geht. So führt z. B. auch ein Wachstum des realen Bruttosozialprodukts pro Kopf nicht notwendigerweise zu einer Mehrversorgung der Bevölkerung mit Gütern und Dienstleistungen. Infolge der Definition des Bruttosozialprodukts Y, $Y := C + I^b + Ex - Im$, mit C – Konsum, I^b – Bruttoinvestitionen, Ex – Exporte, Im – Importe, kann ein Wachstum des Bruttosozialprodukts darauf hinauslaufen, daß lediglich die Investitionen zunehmen. Ob mit Hilfe dieser Investitionen in der Zukunft Konsumgüter hergestellt werden, ist durchaus ungewiß; schließlich können Maschinen gebaut werden, mit deren Hilfe Maschinen gebaut werden usw. Trotzdem wird man in der Regel die Zunahme des Bruttosozialprodukts oder einer ähnlichen Größe als "Proxi" für eine Wohlfahrtsmehrung ansehen können, da ein steigendes Sozialprodukt im Regelfall auch mit einer Mehr- und Besserversorgung der Bevölkerung mit Gütern und Dienstleistungen einhergehen wird. Detaillierte und fundierte Wohlfahrtsaussagen werden dagegen nur mit einer ganzen Reihe sozialer Indikatoren, wie etwa Lebenserwartung, Ärzte pro 1000 Einwohner und Autos pro 1000 Einwohner, getroffen werden können, von denen das Sozialprodukt bestenfalls einen Indikator darstellt.

Da das wirtschaftliche Wachstum durch die Änderung des Sozialprodukts oder des Sozialprodukts pro Kopf gemessen werden kann, kommt der Wachstumstheorie die Aufgabe zu, die Lage des langfristigen Wachstumspfades des Sozialprodukts zu erklären. Dieser langfristige Wachstumspfad abstrahiert von den saisonalen und konjunkturellen Schwankungen im Wachstum des Sozialprodukts, er gibt nur den Trend der langfristigen Entwicklung wieder; in *Abb. G-1* ist er gestrichelt eingezeichnet. Unterstellt man, daß langfristig nur jene Güter hergestellt werden können, die auch nachgefragt werden, so ist langfristig das Wachstum durch die Produktion begrenzt; die Nachfrage nach Gütern spielt eher in den kurz- bis mittelfristig angelegten Problemen der Konjunkturtheorie eine Rolle. Folgerichtig kann man die Wachstumstheorie als angebotsorientiert bezeichnen, und da das Angebot von Gütern letztlich von den Produktionsfaktoren abhängt, stellt die Wachstumstheorie im Kern eine Theorie der Verfügbarkeit von Produktionsfaktoren dar.

Historisch gesehen begann die moderne Wachstumstheorie jedoch mit zwei Beiträgen, die an das nachfrageorientierte KEYNESsche System anknüpften. ROY F. HARROD (1939) und EVSEY D. DOMAR (1946) dynamisierten das KEYNESsche System und versuchten, so zu ersten Schlußfolgerungen über das Wachstumsverhalten von Wirtschaften zu gelangen. Aber erst als ROBERT M. SOLOW (1956) und T. W. SWAN (1956) das Wirtschaftswachstum auf der Grundlage einer Produktionsfunktion zu erklären versuchten, begann der Durchbruch der neoklassischen Wachstumstheorie.

3.2. Postkeynesianische Wachstumstheorie

JOHN MAYNARD KEYNES (1936) hatte nachgewiesen, daß eine Erhöhung der Investitionen zu einer um ein Vielfaches größeren Erhöhung der Nachfrage und damit auch des Einkommens führen kann. Dieses Ergebnis ist als das Multiplikatorprinzip bekannt, und man bezeichnet diese Eigenschaft der Investitionen als ihren Einkommenseffekt. Darüber hinaus weisen die Investitionen aber auch einen Kapazitätseffekt auf. Unter diesem Effekt versteht man die Tatsache, daß Investitionen die Produktionskapazität vergrößern; je größer nämlich der Kapitalstock ist, desto größer ist auch das Produktionspotential.

Im Zusammenhang mit dem Einkommens- und Kapazitätseffekt der Investitionen spricht man häufig auch vom dualen Charakter der Investitionen. Darunter versteht man, daß die Durchführung von Investitionen einerseits neue Nachfrage, andererseits aber auch neue Kapazitäten schafft. Dabei sei darauf hingewiesen, daß die Nachfrageerhöhung auf zusätzliche Investitionen und die Kapazitätserhöhung auf die absolute Größe der Investitionen zurückgeht. Insofern bezieht sich der duale Charakter der Investitionen einmal auf ΔI und einmal auf I.

3.2.1. DOMARs Wachstumsmodell

DOMAR (1946) griff diesen dualen Charakter der Investitionen auf, indem er eine KEYNESsche Konsumfunktion und eine konstante Kapitalproduktivität annahm. Die der Konsumfunktion komplementäre Sparfunktion läßt sich bei Gleichgewicht auf dem Gütermarkt (geplante Investitionen = geplante Ersparnisse) darstellen als

$$I(t) = s\,Y(t),\ 0 < s < 1,$$

und die konstante Kapitalproduktivität σ bedeutet, daß die Produktionskapazität $Y^{pot}(t)$ dem Kapitalstock $K(t)$ proportional sein muß:

$$Y^{pot}(t) = \sigma\,K(t),\ 0 < \sigma.$$

Durch Ableitung nach der Zeit erhält man aus den beiden letzten Gleichungen:

$$\dot{Y}(t) = 1/s\,\dot{I}(t)\ \text{und}\ \dot{Y}^{pot}(t) = \sigma\,I(t),\ I(t) := \dot{K}(t).$$

Die erste Gleichung gibt den Einkommenseffekt und die zweite den Kapazitätseffekt der Investitionen an.

Hier stellt sich die Frage, mit welcher Nachfrage die neugeschaffenen Kapazitäten $\dot{Y}^{pot}(t)$ ausgelastet werden können. Die Antwort ist nach DOMAR recht einfach: mit der neuen Nachfrage, die durch zusätzliche Investitionen geschaffen wird. Durch diese Annahme wird die Dynamik des DOMARschen Modells begründet, denn zusätzliche Investitionen implizieren ein Wachstum der Investitionen.

Die Gleichheit von neu geschaffener Kapazität und neu geschaffener Nachfrage kommt in der Gleichung $\dot{Y}^{pot}(t) = \dot{Y}(t)$ zum Ausdruck. Diese Gleichung stellt eine Gleichgewichtsbedingung dar, in der gefordert wird, daß im Zeitverlauf das zusätzliche Angebot gleich der zusätzlichen Nachfrage sein soll. Setzt man die oben abgeleiteten Ausdrücke für $\dot{Y}(t)$ und $\dot{Y}^{pot}(t)$ in diese Gleichgewichtsbedingung ein, so erhält man eine homogene Differentialgleichung erster Ordnung in $I(t)$:

$$1/s \; \dot{I}(t) = \sigma \, I(t).$$

Die Lösung dieser Differentialgleichung lautet:

$$I(t) = I(0) \cdot e^{g_I t}, \; g_I := s\sigma.$$

Hierin ist $I(0)$ als Anfangsbedingung vorzugeben, und g_I stellt die gleichgewichtige Wachstumsrate der Investitionen dar. Nur wenn die Investitionen mit der Rate $g_I = s\sigma$ wachsen, stimmen Einkommenseffekt der Investitionen (= Schaffung neuer Nachfrage) und Kapazitätseffekt (= Schaffung neuer Produktionskapazitäten) miteinander überein, und die neuen Produktionsanlagen sind nur dann voll ausgelastet.

Die DOMARschen Überlegungen zeigen also die Bedingung für ein gleichgewichtiges Wachstum der Investitionen auf. Charakteristisch für dieses Ergebnis ist das exponentielle Wachstum der Investitionen. Bei dieser Art des Wachstums bleibt die Wachstumsrate, also die relative oder prozentuale Zunahme der entsprechenden Größe, stets gleich, aber die absolute Zunahme wird laufend größer. Jeder exponentiellen Wachstumsrate kann man eine „Verdoppelungszeit" zuordnen, innerhalb derer sich die jeweilige Größe verdoppelt hat. Diese Verdoppelungszeit ist das Pendant der in der Physik gebräuchlichen „Halbwertszeit" beim Zerfall radioaktiver Elemente. Auch dieser Zerfallsprozeß verläuft exponentiell, nur daß hier die „Wachstumsrate" negativ ist. Einer Wachstumsrate von 5,0 v. H. entspricht eine Verdoppelungszeit von 13,86 Jahren, so wie einer „Zerfallsrate" von – 5,0 v. H. einer Halbwertszeit von 13,86 Jahren entspricht. Für die Realität ist dieses exponentielle Wachstum besonders wichtig. Wenn eine Wirtschaft nur dann gleichgewichtig wachsen kann, wenn sich ihre Investitionen fortlaufend innerhalb bestimmter Zeiträume verdoppeln, so stellt sich leicht die Frage nach der „Grenze des gleichgewichtigen Wachstums".

Diese Frage ist natürlich aus dem vorliegenden Modell heraus nicht zu beantworten, wird aber im Abschnitt 3.5 wieder aufgegriffen werden.

In seiner bisherigen Darstellungsweise ist das DOMARsche Modell ein dynamisches Gleichgewichtsmodell, das ein Auseinanderfallen von zusätzlichem Angebot und zusätzlicher Nachfrage nicht zuläßt. Um auch diese Möglichkeit zu berücksichtigen, muß dieses Modell so erweitert werden, daß auch Ungleichgewichte erfaßt werden können. Dazu unterscheidet DOMAR zwischen der tatsächlichen und der gleichgewichtigen Wachstumsrate der Investitionen, und er führt folgende Annahme über das Investitionsverhalten der Unternehmer ein. Ist die tatsächliche Wachstumsrate größer als die gleichgewichtige, liegt also eine Überauslastung der vorhandenen Produktionskapazitäten vor, so werden die Unternehmer mehr investieren, im umgekehrten Fall weniger. Das hat zur Konsequenz, daß eine zu hohe Wachstumsrate infolge vermehrter Investitionsanstrengungen noch weiter ansteigt und eine zu kleine Rate wegen nachlassender Investitionstätigkeit weiter absinkt. Damit ist das Modell instabil. Bereits geringfügige Abweichungen vom Gleichgewicht führen dazu, daß die Modellwirtschaft explodiert oder implodiert. Die Wirtschaft bewegt sich gleichsam „auf des Messers Schneide".

3.2.2. HARRODS Wachstumsmodell

HARROD (1939) geht ähnlich vor wie DOMAR. Er macht die auch von DOMAR abgeleitete Beziehung zwischen Sparquote, Kapitalproduktivität und Wachstumsrate zum Ausgangspunkt seiner Überlegungen. Führt man nämlich folgende Definitionen ein:

$s := I(t)/Y(t)$, $\varkappa' := I(t)/\dot{Y}(t)$ und $g_Y := \dot{Y}(t)/Y(t)$

mit $\varkappa'$ – marginaler Kapitalkoeffizient (alle übrigen Größen sind bereits bekannt), so muß wegen dieser Definition $g_Y = s/\varkappa'$ gelten. Diese tautologische Beziehung interpretiert HARROD folgendermaßen. Anstelle von g_Y setzt er die befriedigende Wachstumsrate, d. h. jene Wachstumsrate des Sozialprodukts, bei der die Wirtschaftspläne der Unternehmer voll erfüllt werden. Diese so ausgezeichnete Wachstumsrate stellt nur eine gedachte Größe dar und ist nicht notwendigerweise in der Realität anzutreffen. HARROD bezeichnet sie mit G_w; diese Bezeichnungsweise steht für warranted growth. Da bei dieser Wachstumsrate die Pläne der Unternehmer erfüllt werden, bemühen sich diese, die Rate G_w aufrechtzuerhalten. Bei exogen vorgegebener Sparquote ist dieses unternehmerische Bemühen nur dann erfolgreich, wenn der marginale Kapitalkoeffizient eine bestimmte Größe hat. Wenn nämlich die Wachstumsrate g_Y den Wert G_w annehmen soll, muß wegen $g_Y = s/\varkappa'$ der Kapitalkoeffizient den Wert s/G_w annehmen. Diesen Wert bezeichnet HARROD als C_r, den erforderlichen Kapitalkoeffizienten (required capital output ratio). Dieser erforderliche Kapitalkoeffizient ist jetzt nicht mehr wie bei DOMAR technologisch vorgegeben – bei DOMAR war der reziproke Wert des Kapitalkoeffizienten, die Kapitalproduktivität, durch die Technik bestimmt –, sondern dieser Kapitalkoeffizient wird durch das Unternehmerverhalten und den technischen Fortschritt festgelegt.

In dieser Interpretation wird die Gleichung $g_Y = s/\varkappa'$ zur Gleichgewichtsbedingung, die in der Bezeichnungsweise HARRODS als $G_w = s/C_r$ zu schreiben ist. Die befriedigende Wachstumsrate G_w ist nur dann aufrechtzuerhalten, wenn bei gegebener Sparquote der marginale Kapitalkoeffizient den erforderlichen Wert C_r annimmt. Was passiert aber, wenn die tatsächliche Wachstumsrate größer oder kleiner ist als die befriedigende, d. h. was passiert, wenn die Gleichgewichtsbedingung verletzt ist? Diese Frage führt ähnlich wie im DOMARschen Modell zum Problem des Ungleichgewichts, und es wird auch ähnlich wie dort durch eine Annahme über das Unternehmerverhalten gelöst. Ist nämlich die tatsächliche Wachstumsrate größer als die befriedigende, so muß der tatsächliche marginale Kapitalkoeffizient bei vorgegebener Sparquote kleiner als der erforderliche sein, da beide Größen stets die Bedingung $g_Y = s/\varkappa'$ bzw. $g_Y \cdot \varkappa' = s$ erfüllen müssen. Ist der marginale Kapitalkoeffizient zu klein, betrachten die Unternehmer ihren neuen Kapitaleinsatz pro (zusätzlicher) Produkteinheit als zu gering, und sie werden ihre Investitionen erhöhen. Auf diese Weise wird die ohnehin schon zu große Wachstumsrate noch weiter vergrößert; das Modell ist wie das DOMAR-Modell instabil nach oben und nach unten.

HARROD führte in seine Überlegungen fernerhin das Konzept der natürlichen Wachstumsrate ein. Diese Wachstumsrate wird durch das Bevölkerungswachstum und den technischen Fortschritt festgelegt; sie bildet die Obergrenze für die tatsächliche Wachstumsrate.

Aus den möglichen Konstellationen von natürlicher und befriedigender Wachstumsrate zieht HARROD weitgehend Schlüsse für die Entwicklung einer Wirtschaft. Ist die befriedigende Wachstumsrate größer als die natürliche, so ist sie auch größer als die tatsächliche; denn die tatsächliche Wachstumsrate ist immer nur höchstens so groß wie die natürliche. In diesem Fall können die Unternehmer nie ihre Pläne realisieren, und die tatsächlichen Investitionen reichen nicht aus, die befriedigende Wachstumsrate zu stützen. Nach HARROD besteht in dieser Situation für die Wirtschaft eine Tendenz zur Depression. Ist umgekehrt die befriedigende Wachsumrate kleiner als die natürliche, so kann die tatsächliche Wachstumsrate größer als die befriedigende sein. Die Unternehmer erleben, daß ihre Investitionspläne übererfüllt werden und reagieren expansiv. In dieser Situation neigt die Wirtschaft zur Prosperität.

Die Wachstumsmodelle von HARROD und DOMAR sind einander sehr ähnlich. Beide Modelle führen wegen ihrer konstanten Wachstumsraten zu einem exponentiellen Wachstum, implizieren konstante Produktionskoeffizienten und weisen ein instabiles Wachstum auf. Aus diesem Grunde spricht man häufig von der HARROD-DOMAR-Theorie, und es wurden zahlreiche Modelle konstruiert, die unter dieser Bezeichnung zu fassen sind. Ihr gemeinsames Merkmal, das als wirtschaftspolitisch sehr wichtig angesehen wurde, stellt die Bestimmungsgleichung der Wachstumsrate des Sozialprodukts dar: $g_Y = s/\varkappa'$. Hierin kann die Sparquote s als eine wirtschaftspolitische Entscheidungsgröße aufgefaßt werden, und der marginale Kapitalkoeffizient $\varkappa'$ ist technologisch bestimmt. Nach dieser Vorstellung ist es prinzipiell möglich, die Wachstumsrate bei konstanten marginalen Kapitalkoeffizienten zu erhöhen, wenn man die Sparquote und damit die Investitionsanstrengungen in einer Volkswirtschaft erhöht (Beitrag T-2.2). Das hat folgende Konsequenz. Ein Land mit sehr niedrigem Sozialprodukt und niedrigem Pro-Kopf-Konsum kann immer ein anderes Land mit noch so hohem Sozialprodukt und hohem Pro-Kopf-Konsum wirtschaftlich ein- und überholen, wenn es ihm gelingt, die Sparquote und damit die Investitionstätigkeit durch geeignete wirtschaftspolitische Maßnahmen soweit zu erhöhen, daß die eigene Wachstumsrate größer wird als die des anderen Landes. Diese Möglichkeit ist in *Abb. G-12* graphisch veranschaulicht.

Die beiden Länder 1 und 2 haben zum Zeitpunkt 0 jeweils das Sozialprodukt $Y(0)^1$ und $Y(0)^2$. Die beiden Geraden geben das jeweilige Wirtschaftswachstum an, und wegen der halblogarithmischen Darstellungsweise ist ihr Anstieg gleich der Wachstumsrate jedes Landes. Hat Land 2 eine höhere Wachstumsrate als Land 1, so ist die zu Land 2 gehörige Wachstumsgerade steiler als die andere. Somit muß zwischen beiden Geraden ein Schnittpunkt existieren, in dem Land 2 das andere Land wirtschaftlich einholt und von da an überholt. In *Abb. G-12* holt Land 2 das andere Land im Zeitpunkt t_1 ein.

Diese Differentialgleichung in n(t), in der die zuvor eingeführte Funktion f(·) eingegangen ist, legt die zeitliche Änderung des Kapital/Arbeits-Verhältnisses und somit auch die der Pro-Kopf-Produktion fest. Die Lösung dieser Gleichung gibt zusammen mit (13) und (14) an, wie sich die relevanten Größen Arbeit, Kapital und Sozialprodukt im Zeitverlauf ändern. Sie hat damit fundamentale Bedeutung, folgt doch aus ihr das Wachstum aller wichtigen ökonomischen Größen.

Die ökonomische Interpretation dieser Gleichung ist einfach. Das Produkt s f(n(t)) gibt die tatsächlich pro Kopf zur Verfügung stehenden Investitionen an; g_N n(t) bezeichnet die erforderlichen Investitionen pro Kopf, die das Kapital/Arbeits-Verhältnis konstant halten.

Ist z. B. s f(n(t)) > g_N n(t), so gibt die Differenz beider Größen an, wieviel der zur Verfügung stehenden Investitionen pro Kopf übrig bleiben, nachdem alle neu hinzukommenden Arbeiter mit der bisherigen Kapitalausstattung pro Kopf ausgerüstet worden sind. Diese überschüssigen Investitionen werden dann zur Erhöhung der Kapitalausstattung aller Arbeitskräfte verwandt, was eben ein positives ṅ(t) impliziert.

Das dynamische Verhalten dieses Modells kann durch eine graphische Darstellung der Differentialgleichung (16) in einem Phasendiagramm *(Abb. G-13)* veranschaulicht werden.

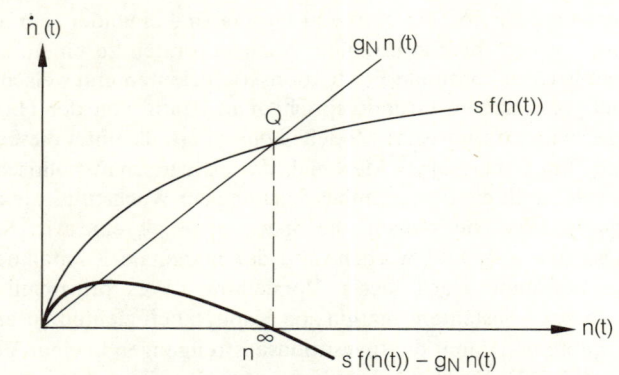

Abb. G-13: Phasendiagramm der Differentialgleichung (16)

Die dick ausgezogene Linie stellt die Differenz der beiden anderen Funktionen dar, und sie gibt die Änderung von n(t) in Abhängigkeit von n(t) an. Ihr Schnittpunkt mit der Abszisse legt den Gleichgewichtswert n^∞ fest; denn ist n(t) = n^∞, so wachsen Arbeit und Kapital mit der gleichen Rate, und da die zugrundeliegende neoklassische Produktionsfunktion linear-homogen ist, wächst das Sozialprodukt dann mit derselben Rate. Das Symbol n^∞ für den Gleichgewichtswert von n ist gewählt worden, um zum Ausdruck zu bringen, daß (möglicherweise) n(t) gegen n^∞ strebt, falls t → ∞ geht.

Gleichgewichtswachstum

An dieser Stelle kann der Begriff des dynamischen Gleichgewichts eingeführt werden. Ein Modell befindet sich im dynamischen Gleichgewicht, wenn alle wichtigen Größen

(Netto-)Investitionen dem Kapitalstock zugeschlagen, der Rest wird konsumiert. Damit ist das Grundschema des Solowschen Modells gegeben. Jetzt braucht man nur noch zu irgendeinem Zeitpunkt die verfügbaren Faktoreinsatzmengen zu kennen, und man kann den Zustand der Modellwirtschaft für jeden beliebigen Zeitpunkt errechnen, sofern eine Lösung existiert und eindeutig ist. Denn kennt man für einen beliebigen Zeitpunkt t = 0 den Faktoreinsatz N(0) und K(0), so kennt man auch Y (0) und – wegen des exogen gegebenen Wachstums der Arbeit – auch N(t). Mit Hilfe der Spar- bzw. Investitionsquote s kann man die Investitionen I(0) bestimmen und damit wieder das Wachstum des Kapitalstocks, so daß – bei diskreter Betrachtungsweise der Zeit – zum Beginn der nächsten Periode die neuen Faktoreinsatzmengen und damit auch das Nettosozialprodukt der nächsten Periode feststehen, von dem mit Hilfe von s wieder die Investitionen errechnet werden können usw.

Formal ist dieses Modell folgendermaßen aufgebaut:

(13) $Y(t) = F(K(t), N(t))$, $F_1, F_2 > 0$

(14) $N(t) = N(0) e^{g_N t}$, $0 < g_N$

(15) $I(t) := \dot{K}(t) = s Y(t)$, $0 < s < 1$.

Es werden Sozialprodukteinheiten Y(t) hergestellt, die sowohl konsumiert als auch investiert werden können. Die Produktion wird durch eine neoklassische, linear-homogene Produktionsfunktion $F(\cdot)$ beschrieben. Die Arbeit N(t) wächst exponentiell mit der konstanten, exogen gegebenen Rate g_N. Da in dem Modell wegen vollständiger Konkurrenz Vollbeschäftigung herrscht, kann N(t) sowohl als Arbeitsangebot wie auch als Arbeitsnachfrage interpretiert werden.

Die Nettoinvestitionen I(t) sind ein konstanter Bruchteil s des Nettosozialprodukts Y(t).

Sieht man von der Definitionsgleichung für I(t) ab, so besteht dieses Modell aus drei Gleichungen mit den drei Unbekannten N(t), K(t) und Y(t), von denen N(t) als exogene und die beiden übrigen als endogene Variablen anzusehen sind. Unter Berücksichtigung der Anfangsbedingung K(0) ist dieses Modell völlig determiniert.

Um das Modell handhabbarer zu machen und seine innere Struktur deutlicher aufzuzeigen, ist es zweckmäßig, es in einer etwas anderen Schreibweise darzustellen. Die Produktionsfunktion läßt sich nämlich durch einige einfache Umformungen in Pro-Kopf-Größen darstellen; nach Division durch N(t) folgt aus (13) wegen der Linearhomogenität von $F(\cdot)$:

$$\frac{Y(t)}{N(t)} = F\left(\frac{K(t)}{N(t)}, 1\right) = f(n(t)), f' > 0, f'' < 0, n(t) := K(t)/N(t).$$

Das Sozialprodukt pro Kopf ist also eine Funktion $f(\cdot)$ des Kapitals pro Kopf.

Aus der Bestimmungsgleichung des Kapital/Arbeits-Verhältnisses (= K(t)/N(t)) erhält man durch Differentiation nach der Zeit (Quotientenregel):

(16) $\dot{n}(t) = \dfrac{\dot{K}(t)}{N(t)} - \dfrac{\dot{N}(t)}{N(t)} n(t) = s \dfrac{Y(t)}{N(t)} - g_N n(t)$

$= s f(n(t)) - g_N n(t).$

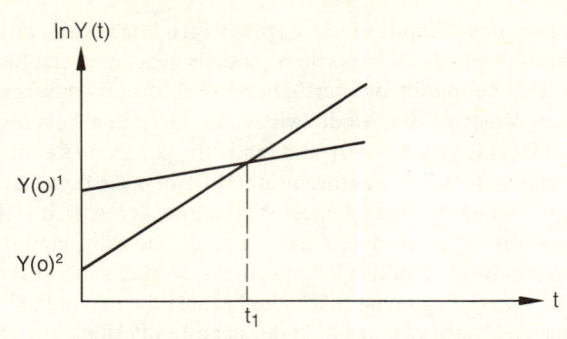

Abb. G-12: Wachstum im HARROD-DOMAR-Modell

Das HARROD-DOMAR-Modell ermöglicht somit sehr optimistische Aussagen hinsichtlich der Möglichkeit, die Wachstumsrate auf Dauer zu erhöhen. Andererseits ist die diesem Modell eigene Instabilität sicherlich nicht zufriedenstellend. Offensichtlich erleben marktwirtschaftlich orientierte Wirtschaften zwar Konjunkturschwankungen, aber doch keine Explosionen oder Implosionen. Man hat daher versucht, Wachstumsmodelle zu konstruieren, die ein stabiles Wachstum aufzeigen. Für diese Modelle trifft dann aber der Wachstumsoptimismus des HARROD-DOMAR-Modells nicht zu; diese Modelle werden im nächsten Abschnitt vorgestellt.

3.3. Neoklassische Wachstumstheorie

Die grundlegenden Beiträge der modernen Wachstumstheorie erschienen im Jahre 1956. Bis dahin konnte die Wachstumstheorie, wie im letzten Unterabschnitt ausgeführt, als eine Dynamisierung des KEYNESschen Systems verstanden werden. 1956 entwickelte jedoch SOLOW (1956) mit Hilfe einer allgemeinen neoklassischen Produktionsfunktion ein gesamtwirtschaftliches Modell einer wachsenden Wirtschaft, und SWAN (1956) untersuchte an Hand einer COBB-DOUGLAS-Produktionsfunktion den Zusammenhang von Bevölkerungswachstum, Kapitalakkumulation und Wirtschaftswachstum. Diese beiden Autoren legten damit die Grundlagen der sogenannten neoklassischen Wachstumstheorie. Da SOLOWS Ansatz allgemeiner als der von SWAN ist, wird sein Ansatz als „Neoklassisches Grundmodell" im folgenden Unterabschnitt ausführlich dargestellt.

3.3.1. Neoklassisches Grundmodell

Der Grundaufbau des SOLOWschen Modells ist denkbar einfach. Das Nettosozialprodukt Y wird mit Hilfe zweier Produktionsfaktoren Arbeit (N) und Kapital (K) hergestellt, und die produktive Gesetzmäßigkeit wird durch eine neoklassische Produktionsfunktion (Beitrag K) beschrieben. Das Wachstum der Bevölkerung liegt exogen fest, und da Altersaufbau, Erwerbsquote etc. als konstant angenommen werden, stimmt die Wachstumsrate der verfügbaren Arbeit mit der der Bevölkerung überein. Ein konstanter Bruchteil s, $0 < s < 1$, des Nettosozialprodukts wird als

mit derselben, konstanten Rate wachsen. Man spricht in diesem Fall auch von einem proportionalen Wachstum oder einem steady-state-Wachstum. Es ist dadurch gekennzeichnet, daß die Relationen der wachsenden Größen konstant bleiben. So impliziert beispielsweise ein Wachstum des Kapital- und Arbeitseinsatzes in diesem Modell an der Stelle n^∞, daß sowohl das Kapital/Arbeits-Verhältnis n(t) als auch der Kapitalkoeffizient ϰ(t) zeitlich konstant sind. Der Begriff dynamisches Gleichgewicht verbindet also die zeitliche Konstanz einiger Größen mit der zeitlichen Änderung anderer Größen.

Bei der Untersuchung dieses und auch ähnlicher Modelle ist die Frage nach der
- Existenz
- Eindeutigkeit und
- Stabilität

eines dynamischen Gleichgewichts wichtig. Diese Frage hängt eng mit der Existenz und der Lage des Schnittpunkts Q in *Abb. G-13* zusammen. Solange die Funktion s f (n(t))
- streng konkav ist,
- vom Nullpunkt ausgehend zunächst größere Werte als g_N n(t) aufweist,
- ihr Anstieg für n(t) → ∞ gegen Null strebt,

muß ein und nur ein Schnittpunkt Q zwischen s f(n(t)) und g_N n(t) existieren, und der zugehörige Gleichgewichtswert des Kapital/Arbeits-Verhältnisses n^∞ muß stabil sein. KEN-ICHI INADA (1963) hat gezeigt, daß die genannten drei Bedingungen erfüllt werden, falls die Produktionsfunktion f(n(t)) bestimmte Eigenschaften aufweist. Erfüllt die Produktionsfunktion diese sogenannten INADA-Bedingungen, so hat – anschaulich erläutert – der Graph der Funktion s f(n(t)) den in *Abb. G-13* eingezeichneten Verlauf. Er beginnt im Nullpunkt, hat dort den Anstieg ∞, ist streng konkav und strebt für n → ∞ dem Wert ∞ und dem Anstieg 0 entgegen. Somit existiert für jede Gerade mit dem positiven Anstieg g_N ein und nur ein Schnittpunkt mit dieser Kurve, so daß n^∞ eindeutig bestimmt ist. Die Stabilität dieses so bestimmten Gleichgewichtswerts ergibt sich aus der Tatsache, daß für n(t) ⋛ n^∞ nach *Abb. G-13* die Beziehung s f(n(t)) ⋛ g_N n(t) gilt, so daß ṅ(t) ⋛ 0 ist; m. a. W.: Immer wenn das tatsächliche Kapital/Arbeits-Verhältnis n(t) kleiner (größer) als das gleichgewichtige ist, wächst (sinkt) es. Das Kapital-Arbeitsverhältnis dieser Modellwirtschaft weist somit die Tendenz auf, von jedem beliebigen Wert n(t) zum Gleichgewichtswert n^∞ zu streben.

Diese Eigenschaft des SOLOW-Modells ist ökonomisch in der folgenden Weise zu verstehen. Der Arbeitseinsatz ist exogen gegeben, und er wächst mit der konstanten Rate g_N. Diesem exogen gegebenen Arbeitswachstum paßt sich die endogen bestimmte Kapitalakkumulation an. Ermöglicht wird dieser Anpassungsvorgang durch die Substituierbarkeit der Produktionsfaktoren in der neoklassischen Produktionsfunktion. Ist z. B. das Kapital/Arbeits-Verhältnis größer als n^∞, so reicht wegen der Wirksamkeit des Ertragsgesetzes die Investitionstätigkeit nicht aus, die neuen Arbeiter mit derselben Kapitalausstattung zu versorgen wie die alten. Demzufolge sinkt das gesamtwirtschaftliche Kapital/Arbeits-Verhältnis. Dieser Schrumpfungsprozeß hört erst auf, wenn das Kapital/Arbeits-Verhältnis den Wert n^∞ erreicht: dort befindet sich die Modellwirtschaft im dynamischen Gleichgewicht.

3.3.2. Technischer Fortschritt

Bei langfristigen Analysen spielt die Änderung des technischen Wissens eine große Rolle. Die Technik bestimmt nämlich neben den Faktoreinsatzmengen die Größe und Art des zu erstellenden Outputs. Vergrößert sich das technische Wissen, d. h. liegt technischer Fortschritt vor (Beitrag H-3.2.2.), so lassen sich neue Produkte herstellen oder effizientere Produktionsverfahren für bereits bekannte Produkte durchführen.

Der technische Fortschritt läßt sich unter drei Aspekten einordnen
– nach seinen Ursachen
– nach der Art seiner Durchsetzung und
– nach seinen Auswirkungen.

Teilt man den technischen Fortschritt nach seinen Ursachen ein, so unterscheidet man zwischen autonomem und induziertem technischem Fortschritt. Der autonome Fortschritt erfolgt z. B. auf Grund spontaner Erfindungen. Der induzierte Fortschritt wird dagegen durch besondere Aktivitäten hervorgerufen, wie z. B. durch Forschung und Ausbildung. Auch KENNETH J. ARROWS „learning by doing" (ARROW, 1962) ist diesem induzierten Fortschritt zuzuordnen.

Bei der Durchsetzung des technischen Fortschritts unterscheidet man zwischen faktorgebundenem und faktorungebundenem Fortschritt. Faktorgebundener technischer Fortschritt liegt dann vor, wenn das neue technische Wissen nur mit Hilfe der Produktionsfaktoren in den Produktionsprozeß eingebracht werden kann. So können beispielsweise viele neue Produktionstechniken nur mit Hilfe neuer Maschinen realisiert werden; die Maschinen sind in diesem Fall das „Vehikel" des technischen Fortschritts. Der faktorungebundene technische Fortschritt wird in den Produktionsprozeß nicht über die Produktionsfaktoren, sondern z. B. über organisatorische Verbesserungen eingeführt. Qualität und Einsatzmenge der Faktoren können hier konstant bleiben.

Auswirken kann sich der technische Fortschritt so, als ob die Einsatzmenge eines oder mehrerer Produktionsfaktoren zunähme. Diese Vorstellung läßt sich an Hand der Produktionsfunktion (13) verdeutlichen. Schreibt man sie nämlich in der Form

(17) $Y(t) = F(e^{g_{\pi,K}t}K(t), e^{g_{\pi,N}t}N(t)), 0 < g_{\pi,K}, g_{\pi,N}$

so lassen sich die Größen $g_{\pi,K}$ und $g_{\pi,N}$ als Wachstumsraten des technischen Wissens interpretieren. Und zwar wirkt der technische Fortschritt hier so, als ob die Faktoreinsatzmengen von Kapital bzw. Arbeit mit den Raten $g_{\pi,K}$ bzw. $g_{\pi,N}$ vermehrt würden. Hierbei sind drei Fälle denkbar: Erstens, $0 < g_{\pi,K} = g_{\pi,N}$. In diesem Fall wirkt der technische Fortschritt so, als ob die beiden Produktionsfaktoren Arbeit und Kapital im gleichen Maße vermehrt würden. Diese Art des technischen Fortschritts bezeichnet man als HICKS-neutral. Zweitens, $0 < g_{\pi,K}, g_{\pi,N} = 0$. Hier wirkt der technische Fortschritt so, als ob nur der Kapitaleinsatz vergrößert würde. Es liegt in diesem Fall SOLOW-neutraler technischer Fortschritt vor. Drittens, $0 = g_{\pi,K}, 0 < g_{\pi,N}$. Hierbei wird nur der Arbeitseinsatz „vermehrt". Dieser technische Fortschritt wirkt in gewisser Weise umgekehrt wie der SOLOW-neutrale; er wird HARROD-neutral genannt.

Dieser HARROD-neutrale technische Fortschritt ist in der Wachstumstheorie besonders wichtig, da nur er mit einem gleichgewichtigen Wachstum vereinbar ist (UZAWA,

1961). Diese Eigenschaft des HARROD-neutralen technischen Fortschritts läßt sich leicht erklären. Definiert man nämlich

$$\hat{N}(t) := e^{g_{\pi,N}t} N(t)$$

so kann wegen $g_{\pi,K} = 0$ die Produktionsfunktion (17) auch als

(18) $Y(t) = F(K(t), \hat{N}(t))$

geschrieben werden. Diese Funktion stimmt aber mit (13) bis auf die Wachstumsrate von N(t) bzw. $\hat{N}(t)$ genau überein. Im ersten Fall wächst N(t) mit der Rate g_N und im zweiten Fall $\hat{N}(t)$ mit $g_N + g_{\pi,N}$. Alle Ergebnisse, die mit Hilfe von (13) abgeleitet werden, können demnach auch auf der Grundlage von (18) erreicht werden, nur daß statt der Wachstumsrate g_N die Rate $g_N + g_{\pi,N}$ einzusetzen ist.

$\hat{N}(t)$ wird als „Arbeit gemessen in Effizienzeinheiten" bezeichnet. Hierin kommt zum Ausdruck, daß $\hat{N}(t)$ nicht nur die physische Arbeit sondern auch einen auf den technischen Fortschritt zurückgehenden Effizienzterm umfaßt. Dieser Term wirkt „quasi-arbeitsvermehrend" (HELMSTÄDTER, 1965).

Das Ergebnis dieser Überlegungen kann so zusammengefaßt werden. Im SOLOW-Modell strebt die Wirtschaft ob mit oder ohne HARROD-neutralen technischen Fortschritt stets einem Gleichgewichtswachstum zu, sofern sie es noch nicht erreicht hat. Im Gleichgewicht wachsen das Sozialprodukt, der Kapitalstock und die Arbeit mit der Rate g_N bzw. $g_N + g_{\pi,N}$. Deswegen müssen Kapitalkoeffizient, Kapital/Arbeits-Verhältnis und Sozialprodukt pro Kopf konstant sein, falls kein HARROD-neutraler technischer Fortschritt vorliegt. Anderenfalls wachsen die beiden letztgenannten Größen mit der Rate $g_{\pi,N}$. Dieses Ergebnis steht in bemerkenswertem Gegensatz zu jenem der HARROD-DOMAR-Theorie: Denn in dem SOLOW-Modell ist die gesamtwirtschaftliche Wachstumsrate exogen durch das Bevölkerungswachstum und eventuell durch den HARROD-neutralen technischen Fortschritt gegeben und damit unabhängig von der Investitionsquote. Im HARROD-DOMAR-Modell ist jedoch gerade die Wachstumsrate proportional der Investitionsquote. Das im ersten Moment der Intuition zuwiderlaufende Ergebnis des SOLOW-Modells lautet also, daß höhere Investitionsanstrengungen, ausgedrückt durch eine höhere Investitionsquote, nicht zu einer höheren gesamtwirtschaftlichen Wachstumsrate führen. Die Rolle der Investitions- bzw. Sparquote im SOLOW-Modell muß deshalb noch näher betrachtet werden.

3.3.3. Optimale Sparquote

Als erstes wird unter Vernachlässigung des technischen Fortschritts der Zusammenhang von Investitionsquote, Kapitalkoeffizient und Gleichgewichts-Wachstumsrate in diesem Modell untersucht, und dazu wird zunächst das oben abgeleitete Ergebnis für das Gleichgewichtswachstum notiert:

$$\frac{\dot{Y}}{Y} = \frac{\dot{K}}{K} = \frac{\dot{N}}{N} = g_N.$$

Die ersten drei Ausdrücke stellten die Wachstumsrate des Sozialprodukts, des Kapitalstocks und der Arbeit dar. Wenn der Kapitalstock und das Sozialprodukt mit der gleichen Rate wachsen, muß der Kapitalkoeffizient $\varkappa$ zeitlich konstant sein:

$$\varkappa(t) := \frac{K(t)}{Y(t)} = \varkappa = \text{zeitunabhängig.}$$

Nach Erweiterung dieser Gleichung mit den Investitionen I(t) erhält man daraus:

$$\varkappa = \frac{I(t)/Y(t)}{I(t)/K(t)} = \frac{s}{g_Y}.$$

Diese Gleichung stimmt formal mit der HARROD-DOMAR Gleichung überein. Jedoch ist der ökonomische Gehalt beider Gleichungen völlig verschieden. Wie bereits oben dargestellt wurde, hat für HARROD-DOMAR eine größere Investitionsquote eine höhere Wachstumsrate zur Folge. Hier dagegen ist die Wachstumsrate g_Y durch die exogen gegebene Wachstumsrate g_N festgelegt, so daß jetzt eine höhere Investitionsquote nur einen höheren Kapitalkoeffizienten zur Folge haben kann. Das bedeutet gleichzeitig, daß der Kapitalkoeffizient im neoklassischen Modell nur in dem Sinne konstant ist, daß er zeitunabhängig ist. Für alternative Sparquoten kann er alternative Werte annehmen, die dann jedoch im Zeitverlauf für das Gleichgewichtswachstum konstant bleiben.

Die ökonomischen Auswirkungen einer Sparquotenänderung werden noch verständlicher, wenn man die folgenden Zusammenhänge bedenkt. Wegen $g_K = I(t)/K(t)$ ist $K(t) = I(t)/g_K = I(t)/g_N$. Außerdem gilt in diesem Modell $I(t) = s\,Y(t)$, so daß aus den beiden letzten Gleichungen folgt:

$$K(t) = \frac{s\,Y(t)}{g_N}.$$

Diese Gleichung eingesetzt in (13) führt mit $t = 0$ zu

$$Y(0) = F\left(\frac{s\,Y(0)}{g_N}, N(0)\right),$$

d. h. jeder Sparquote s ist ein bestimmter Wert des Sozialprodukts zum Zeitpunkt $t = 0$ zugeordnet, denn g_N und $N(0)$ sind exogen gegeben. Da, von diesem Werte ausgehend, im Gleichgewicht alle zeitlich nachfolgenden Werte, deren graphische Darstellung auch Wachstumspfad genannt wird, zu bestimmen sind, wird dieser Anfangswert auch das „Niveau" des Wachstumspfades genannt.

Mit Hilfe der letzten Gleichung kann man feststellen, wie sich das Niveau $Y(0)$ des Wachstumspfades des Sozialprodukts in Abhängigkeit von der Sparquote ändert. Leitet man nämlich diese Gleichung nach s ab, läßt sich leicht zeigen, daß $\partial Y(0)/\partial s$ positiv ist. Eine Erhöhung der Sparquote erhöht immer das Niveau des Wachstumspfades des Sozialprodukts.

Die Eigenschaft des vorliegenden Modells, daß Sparquotenänderungen zu Niveauverschiebungen des Wachstumspfades führen, hat hinsichtlich des Konsumgüterangebots eine besondere Bedeutung. Man kann nämlich die Frage untersuchen, ob es eine ausgezeichnete Sparquote gibt, für die das Niveau des Wachstumspfades der Konsumgüter ein Maximum annimmt (PHELPS, 1961; VON WEIZSÄCKER, 1962).

Dieses Problem ist graphisch einfach zu lösen. In *Abb. G-14,* die an *Abb. G-13* anknüpft, ist neben den Funktionen $g_N\,n(t)$ und $s\,f(n(t))$ auch noch die Funktion $f(n(t))$ eingezeichnet. Wie bereits bekannt ist, bestimmt der Schnittpunkt Q_1 das gleichgewichtige Kapital/Arbeits-Verhältnis n^∞. Der zum Punkt Q_2 bzw. Q_1 gehörige Ordinatenwert gibt dann den gleichgewichtigen Output pro Kopf bzw. Investitionen

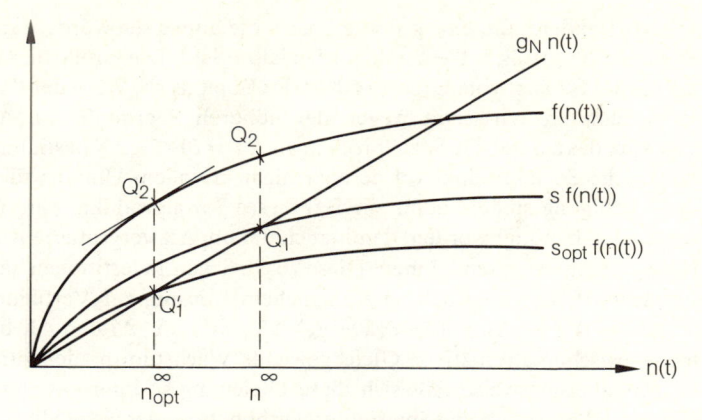

Abb. G-14: Bestimmung der optimalen Sparquote

pro Kopf an. Die Differenz, also die Strecke $\overline{Q_1Q_2}$, bestimmt somit den gleichgewichtigen Konsum pro Kopf. Für s = 0 und s = 1 ist dieser Pro-Kopf-Konsum ganz offensichtlich Null. Für s∈(0,1) wird dieser Konsum positiv, und er erreicht ein Maximum an der Stelle, wo der Abstand zwischen der Kurve f(n(t)) und der Geraden g_N n(t) am größten ist. Das ist dort der Fall, wo die Tangente an f(·) parallel zur Geraden g_N · n(t) ist; dieser Tangentialpunkt ist hier mit Q_2' bezeichnet. Senkrecht unter Q_2' liegt auf der Geraden der Punkt Q_1'. Durch diesen Punkt geht die Kurve s_{opt} f(n(t)), und das zugehörige gleichgewichtige Kapital/Arbeits-Verhältnis ist n_{opt}^∞; das Subskript „opt" deutet die Optimalität der jeweiligen Werte an. Der maximale Konsum pro Kopf ist durch die Strecke $\overline{Q_1'Q_2'}$ festgelegt, und er wird auf jenem Wachstumspfad realisiert, der durch die (eindeutig bestimmte) Sparquote s_{opt} festgelegt wird.

Dieser optimale Wachstumspfad ist durch folgende Eigenschaften charakterisiert. Der Anstieg von f(n(t)) ist gleich dem Anstieg von g_N n(t), also f' = g_N oder Grenzproduktivität des Kapitals = Wachstumsrate. Erweitert man diese Gleichung mit f/n(= Y/K), und setzt für g_N die Wachstumsrate des Kapitals ein, so erhält man f' · f/n = s oder α_K = s mit α_K – Produktionselastizität des Kapitals. Der optimale Wachstumspfad ist also dadurch charakterisiert, daß auf ihm die Sparquote so groß ist wie die Produktionselastizität des Kapitals. Da diese Übereinstimmung eine bestimmte Art der Kapitalakkumulation beinhaltet, hat PHELPS diesen Sachverhalt die Goldene Regel der Akkumulation genannt; denn wenn alle aufeinanderfolgenden Generationen in dieser Weise die Kapitalakkumulation betreiben, erhält jede von ihnen die maximale Konsumgüterversorgung.

Geht man davon aus, daß die Produktionsfaktoren nach ihrer Grenzproduktivität entlohnt werden, so läßt sich die Bedingung f' = g_N auch in der Form r = g_N, r – Zinssatz schreiben. Die Goldene Regel der Akkumulation beinhaltet also eine Übereinstimmung von Wachstumsrate und Zinssatz. In dieser Form ist das Ergebnis der Goldenen Regel der Akkumulation auch intuitiv einleuchtend und kann in Anlehnung an ROBERT M. SOLOW (1962) folgendermaßen erklärt werden. Eine Wirtschaft befindet sich zum Zeitpunkt t_o wegen einer zu geringen Sparquote auf einem suboptimalen Gleichgewichts-Wachstumspfad. Im Vergleich zu dieser Wirtschaft hätte eine andere, die eine größere Sparquote aufweisen würde, zum gleichen Zeitpunkt wegen $\partial Y(0)/\partial s > 0$ ein höheres Sozialprodukt. Die Größe dieses zusätzlichen Sozialprodukts hängt vom Grenzprodukt des Kapitals ab. Wäre der Kapitalstock in der letztgenannten Wirtschaft wegen der höheren Sparquote um ΔK größer gewesen, so wäre das zusätzliche Sozialprodukt als $\Delta Y = \partial F/\partial K \, \Delta K$ bestimmt gewesen. Dieses zusätzliche Sozialprodukt würde aber nicht in vollem Umfang für Konsumzwecke zur Verfügung stehen, denn ein Teil dieses Sozialprodukts wäre für zusätzliche Investitionen benötigt worden, damit auch der um ΔK vergrößerte Kapitalstock mit der Rate g_N hätte wachsen können. Diese zusätzlichen Investitionen hätten $\Delta I = g_N \Delta K$ ausmachen müssen, so daß an zusätzlichem Konsum zur Verfügung gestanden hätte: $\Delta C = \Delta Y - \Delta I = (\partial F/\partial K - g_N) \Delta K$; ΔC, ΔY, ΔI und ΔK bezeichnen Unterschiede zwischen alternativen Gleichgewichts-Wachstumspfaden zum gleichen Zeitpunkt. Annäherungsweise läßt sich diese Gleichung so interpretieren: Solange $\partial F/\partial K > g_N$ ist, lohnt es sich, die Sparquote zu erhöhen, da daraufhin die Konsumgüterversorgung zunehmen wird. Für $\partial F/\partial K = g_N$ oder $r = g_N$ erreicht diese Versorgung ihr Maximum. Die Existenz eines optimalen Wachstumspfade ist also technologisch begründet: ohne das Ertragsgesetz gäbe es keine optimale Sparquote.

Das neoklassische Wachstumsmodell ist erheblich weniger „wachstumsfreundlich" als das HARROD-DOMAR-Modell. Nach HARROD-DOMAR ist eine Gesellschaft ziemlich frei in der Wahl ihrer gesamtwirtschaftlichen Wachstumsrate, sie muß nur die Sparquote geeignet wählen. Auf diese Weise können bestimmte Wachstumsziele, wie etwa wirtschaftliche Ein- oder Überholung anderer Staaten, erreicht werden. Ist demgegenüber das neoklassische SOLOW-Modell ein besseres Abbild der Realität, so kann bestenfalls das Sozialproduktsniveau erhöht werden, was aber in dem Moment bereits unsinnig sein kann, in dem das Konsumniveau sein Maximum erreicht.

An dieser Stelle sind einige Überlegungen zur Form der hier angewandten Analyse angebracht. Den vorstehenden Überlegungen liegen stets gleichgewichtige Wachstumspfade zugrunde. Die erwähnten Sparquotenänderungen beziehen sich also immer auf den Fall, daß zwei alternative Sparquoten betrachtet werden, von denen jede „seit ewigen Zeiten" realisiert wurde, denn anderfalls läge kein Gleichgewichtswachstum vor. Eine Erhöhung der Sparquote bedeutet also hier: Wir betrachten eine zweite Wirtschaft mit einer höheren Sparquote, die sich auf dem dieser höheren Sparquote zugeordneten Gleichgewichts-Wachstumspfad befindet und vergleichen den Zustand dieser Wirtschaft mit jenem der ursprünglichen Wirtschaft. In graphischer Illustration werden also zwei parallele Wachstumspfade betrachtet, sofern auf der Ordinate der Logarithmus des Sozialprodukts abgetragen ist. Diese Art der Betrachtungsweise alternativer dynamischer Gleichgewichtszustände nennt man komparative Dynamik oder komparativ-dynamische Analyse. Sie ist der komparativen Statik vergleichbar. Ausgeschlossen in dieser Betrachtungsweise sind demnach Anpassungspfade, die von einem Gleichgewichts- zu einem anderen Gleichgewichtspfad führen. Ein solcher Anpassungspfad ist in *Abb. G-15* für den Konsum wiedergegeben. Bis zum Zeitpunkt t_1 befindet sich die Wirtschaft auf dem der Sparquote s_1 zugeordneten Gleichgewichts-Wachstumspfad. Dann wird die Sparquote von s_1 auf s_2 mit $s_2 \leqq \alpha_K$, erhöht. Dadurch sinkt zunächst die Konsumgüterversorgung ab, denn aus dem verfügbaren Sozialprodukt zum Zeitpunkt t_1 wird jetzt mehr gespart bzw. investiert. Auf Grund der höheren Kapitalakkumulation nimmt dann aber die Konsumgüterproduktion zu und nähert sich auf der dick eingezeichneten Linie asymptotisch dem Gleichgewichts-Wachstumspfad, der s_2 zugeordnet ist.

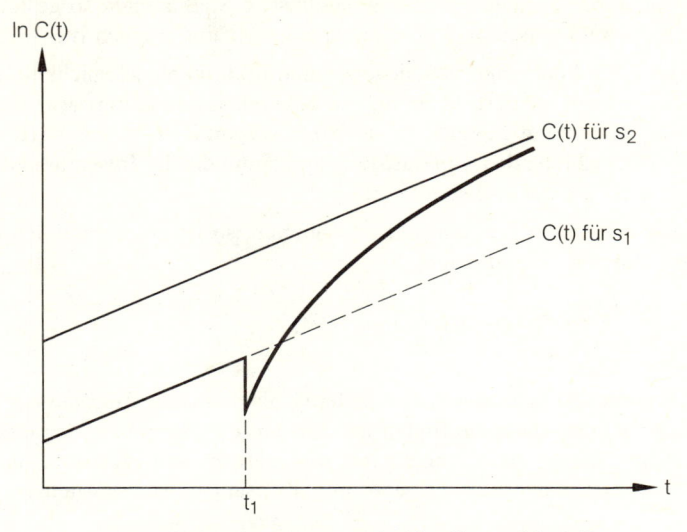

Abb. G-15: Anpassungspfad im SOLOW-Modell

3.3.4. Optimales Wachstum

Das Problem des optimalen Wirtschaftswachstums stellt eine Verallgemeinerung des Problems der optimalen Sparquote dar, und es ist eng verbunden mit dem allgemeinen Problem einer optimalen Wirtschaftspolitik. Unterstellt man nämlich die Existenz bestimmter gesamtwirtschaftlicher Nutzenvorstellung in Form einer Nutzenfunktion, dann wird es zur Aufgabe der Wirtschaftspolitik, den Wachstumsprozeß so zu steuern, daß diese Nutzenvorstellungen maximiert werden. Die grundlegenden Überlegungen zu diesem Problembereich wurden bereits im Jahre 1928 von FRANK P. RAMSEY (1928) veröffentlicht; sein Gedankengang wird im folgenden skizziert.

Das Nettosozialprodukt Y wird wie bisher auf der Grundlage einer neoklassischen Produktionsfunktion mit Hilfe der beiden Produktionsfaktoren Arbei N und Kapital K hergestellt: $Y = F(N, K)$. Da das Problem der optimalen Kapitalakkumulation im Vordergrund steht, wird der Einfachheit halber die Arbeit als konstant angenommen, so daß Y nur als eine Funktion des Kapitaleinsatzes anzusehen ist: $Y = f(K)$. Dieses Sozialprodukt kann sowohl für Investitionen I als auch für den Konsum C verwendet werden: $Y = C + I$. Es existiert eine gesamtwirtschaftliche Nutzenfunktion, deren Argument der Konsum ist: $U = U(C)$; U gibt also den Konsumnutzen wieder. RAMSEY unterstellt als wirtschaftspolitisches Ziel, daß der Gesamtnutzen zu maximieren sei, wobei der Gesamtnutzen als Summe des gegenwärtigen und aller zukünftigen Nutzen aufzufassen ist; bei stetiger Betrachtungsweise ist dieser Gesamtnutzen $\mathcal{U}$ also definiert als

$$\mathcal{U} = \int_0^\infty U(C(t)) \, dt.$$

Eine Maximierung des Gesamtnutzens bedeutet formal also eine Maximierung des Integrals über eine Funktion. Praktisch soll das erreicht werden, indem der Konsum im Zeitablauf durch geeignete wirtschaftspolitische Maßnahmen so gesteuert wird, daß $\mathcal{U}$ ein Maximum annimmt – falls letzteres überhaupt möglich ist.

Eine aufgrund der Annahmen naheliegende und praktikable Möglichkeit, den Konsum zeitlich zu steuern, besteht darin, die Kapitalakkumulation, also letztlich die Sparquote, im Zeitverlauf geeignet zu variieren. Wegen $C = Y - I = f(K) - \dot{K}$ legt die zeitliche Entwicklung des Kapitalstocks, und damit die der Investitionen, auch die zeitliche Entwicklung des Konsums fest.

Faßt man die bisherigen Ausführungen zusammen, so ist unter formalen Gesichtspunkten die Maximierungsaufgabe

$$\mathcal{U} = \int_0^\infty U(f(K(t)) - \dot{K}(t))\, dt = \max!$$

zu lösen. Ökonomisch heißt das nichts anderes, als daß jener Zeitpfad der Entwicklung des Kapitalstocks herauszufinden ist, der den Gesamtnutzen der jetzigen und aller zukünftigen Generationen maximiert. Existiert er, so liegen auch die entsprechenden Pfade der Investitionen und des Konsums fest; sie heißen optimale Zeitpfade.

In der Wirtschaftstheorie sind zahlreiche Modelle vom „RAMSEY-Typ" entwickelt worden, die alle die Bedingungen einer optimalen Wirtschaftspolitik aufzeigen und die das ursprüngliche RAMSEY-Modell verallgemeinern und abändern. So wurde z. B. in die Nutzenfunktion ein Nutzendiskont eingeführt, das Modell wurde in ein Zwei-Sektoren-Modell erweitert, der Planungshorizont wurde auf eine endliche Anzahl von Perioden reduziert, etc. Gemeinsam ist allen diesen Modellen und Modellvarianten, daß sie Hinweise geben wollen, wie eine optimale Wirtschaftspolitik aussehen könnte.

3.3.5. Jahrgangskapitalmodelle

Die neoklassische Wachstumstheorie ist in vielfacher Hinsicht weiterentwickelt worden. Zu nennen sind dabei besonders jene Modelle, in denen das Konzept eines homogenen Kapitalstocks aufgegeben wird. Diese Aufgabe läuft darauf hinaus, daß neoklassische Wachstumsmodelle ohne neoklassische Produktionsfunktion konstruierbar sind: es kann in gewisser Weise auf das „Herzstück" der neoklassischen Wachstumstheorie durchaus verzichtet werden.

Offensichtlich ist der Kapitalstock nicht homogen in dem Sinne, daß er aus einer wohlbestimmten Menge von „Maschinen des gleichen Typs" besteht. Vielmehr wird der Konstruktionszeitpunkt einer Maschine wichtig sein: je jüngeren Baudatums eine Maschine ist, ein desto größeres technisches Wissen wird sie inkorporieren. Diese Betrachtungsweise der Investitionen als Vehikel des technischen Fortschritts wurde von ROBERT M. SOLOW (1960) in die Literatur eingeführt. Die Konsequenz hiervon ist, daß der Kapitalstock nicht mehr als homogen zu betrachten ist, es kommt jetzt vielmehr darauf an, zu welchem Zeitpunkt eine Maschine konstruiert wurde: eine neue Maschine wird in einer noch zu spezifizierenden Weise einer alten überlegen sein und der technische Fortschritt heißt kapitalgebundener technischer Fortschritt (s. Abschnitt 3.3.2).

Der Konstruktionszeitpunkt einer Maschine wird aber nicht nur hinsichtlich des in ihr gebundenen technischen Wissens wichtig sein. Auch die Kombination mit dem Faktor Arbeit, also die „Bemannung" einer Maschine, kann von ihrem Konstruktionszeitpunkt abhängen. In bezug auf diesen Zeitpunkt sind grundsätzlich drei Fälle denkbar:

Fälle	vor	nach
	dem Konstruktionszeitpunkt	
1.	Substituierbarkeit der Faktoren	Substituierbarkeit der Faktoren
2.	Substituierbarkeit der Faktoren	Limitationalität der Faktoren
3.	Limitationalität der Faktoren	Limitationalität der Faktoren

Diese drei Fälle werden auch mit den Kurzbezeichnungen putty-putty, putty-clay und clay-clay gekennzeichnet, mit putty – Lehm und clay – Ziegel.

Im ersten Fall ist die Technologie so beschaffen, daß das jeweils kostengünstigste Kapital/Arbeits-Verhältnis – also die „Bemannung" der Maschinen – sowohl vor als auch nach dem Konstruktionszeitpunkt der Maschinen gewählt werden kann. Man bezeichnet diesen Fall als „variable Porportionen ex-ante und ex-post"; mit „variablen Proportionen" ist das frei wählbare Kapital/Arbeits-Verhältnis gemeint, und die beiden Zeitangaben „ex-ante" und „ex-post" beziehen sich auf den Konstruktionszeitpunkt. Im zweiten Fall ist die Substituierbarkeit der Faktoren nur so lange möglich, wie die Maschine noch nicht konstruiert ist. Existiert die Maschine, liegt das Kapital/Arbeits-Verhältnis technologisch bedingt fest und ist nicht mehr zu ändern. Dieser Fall wird als „variable Proportionen ex-ante, fixe Proportionen ex-post" bezeichnet. Im dritten Fall ist die Technologie so beschaffen, daß niemals eine Wahlmöglichkeit bezüglich des Faktoreinsatzverhältnisses besteht. Dies ist der Fall der „fixen Proportionen ex-ante und ex-post".

Um die Konsequenzen und Implikationen eines Wachstums mit kapitalgebundenem technischem Fortschritt und einer unterschiedlichen Faktorsubstitution ex-ante und ex-post systematisch untersuchen zu können, ist es sinnvoll, die oben erwähnten drei Fälle mit Hilfe der COBB-DOUGLAS- und WALRAS-LEONTIEF-Produktionsfunktionen (Beitrag K) zu untersuchen. Dies ist in der Literatur auch geschehen; hier soll jedoch nur der clay-clay-Fall dargestellt werden, da er in gewisser Weise am extremsten ist: Ohne daß in einem solchen Modell auf eine neoklassische Produktionsfunktion zurückgegriffen wird, können hier die typischen Ergebnisse der neoklassischen Wachstumstheorie sowie darüber hinaus reichende Einsichten in den Wachstumsprozeß einer Modellwirtschaft abgeleitet werden.

Wie bereits ausgeführt wurde, ist der clay-clay-Fall dadurch gekennzeichnet, daß weder vor noch nach dem Zeitpunkt der Investitionsdurchführung das Koppelungsverhältnis zwischen Maschinen und Arbeitern geändert werden kann. Es wird vielmehr unterstellt, daß jede Maschine während ihrer gesamten Lebensdauer immer die gleiche Anzahl von „Bedienungspersonal" benötigt. Der technische Fortschritt kommt darin zum Ausdruck, daß eine Maschine neueren Baudatums weniger Bedienungspersonal benötigt als eine ältere, wobei jedoch der mit einer Maschine zu erstellende Output gleich bleibt. Auf diese Weise steigt natürlich der Output pro Bedienungspersonal, oder die Arbeitsproduktivität steigt; der technische Fortschritt ist demnach HARROD-neutral.

Die grundlegende Wirkungsweise dieses Modells läßt sich anschaulich am besten in der folgenden Weise erklären. Man stelle sich vor, die Investitionen wachsen exponentiell mit der Rate des Bevölkerungswachstums g_N und der des technischen Fortschritts g_π. Zum Zeitpunkt t habe man einen bestimmten Vorrat an Maschinen der Baujahrgänge $-\infty$ bis t zur Verfügung. Kann man in dieser Situation über die insgesamt vorhandene Arbeitsmenge $N(t) = N(0) \exp(g_N t)$ disponieren, wird man die Arbeitskräfte zweckmäßigerweise so auf die Maschinen aufteilen, daß zuerst jene Maschinen „bemannt" werden, die die geringste Arbeitsintensität aufweisen, an denen also die Arbeiter am produktivsten sind. Dies sind die neuesten Maschinen. Erst wenn alle diese Maschinen mit Arbeitskräften versehen sind, kommt der nachfolgende Baujahrgang an die Reihe, usw. Bei diskreter Zeitbetrachtung würden also nachfolgend die Maschinen der Jahrgänge t, t-1, t-2, . . . mit Arbeiter besetzt.

Bei dieser „fortlaufenden Besetzungsaktion" wird aber höchstwahrscheinlich irgendwann der Vorrat an Arbeitskräften ausgehen. Man kann dann z. B. noch die Maschinen des Baujahrs t-m bemannen, für Maschinen der Baujahrgänge $t - (m+1)$, $t - (m+2), \ldots, t - (m+\infty)$ fehlen aber Arbeitskräfte; diese Maschinen sind stillgelegt. Man muß also zwischen der physischen und der ökonomischen Lebensdauer einer Maschine unterscheiden. Die physische Lebensdauer ist hier unendlich. Die ökonomische Lebensdauer beträgt dagegen m.

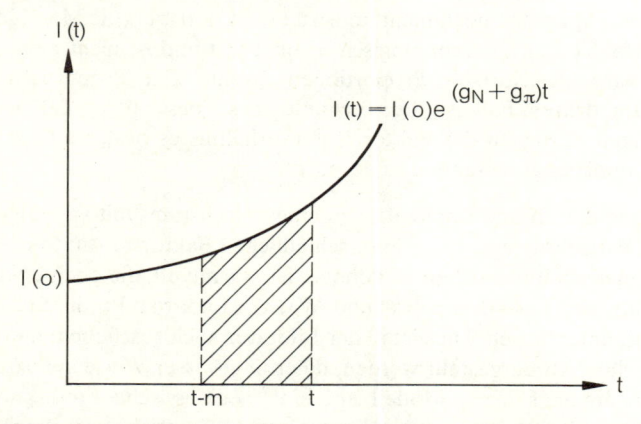

Abb. G-16: Bestimmung der ökonomischen Lebensdauer von Maschinen

Diese Gedankengänge können mit Hilfe der *Abb. G-16* veranschaulicht werden. Die schraffierte Fläche gibt die Menge aller Maschinen wieder, die sich im Produktionsprozeß befinden. Maschinen älteren Datums als t-m wurden ausrangiert.

Besondere Bedeutung kommt hierbei der Wachstumsrate $g_N + g_\pi$ der Investitionen zu. Die Investitionen wachsen so schnell, daß einmal die aus dem natürlichen Bevölkerungswachstum resultierenden zusätzlichen Arbeitskräfte beschäftigt werden können, nämlich mit der Rate g_N, und zum anderen wachsen die Investitionen so schnell, daß die wegen der sinkenden Arbeitsintensität freigesetzten Arbeiter ebenfalls beschäftigt werden können, nämlich mit der Rate g_π.

Wachsen die Investitionen mit eben dieser Rate $g_N + g_\pi$, so befindet sich die Modellwirtschaft darüber hinaus im Gleichgewicht. Diese Eigenschaft des Modells kann man sich in der folgenden Weise verdeutlichen. Wegen der konstanten Produktivität der Maschinen muß auch das Sozialprodukt Y(t) mit der Rate $g_N + g_\pi$ wachsen. Wachsen aber die Investitionen und das Sozialprodukt mit derselben Rate, so müssen sie zueinander porportional sein, d. h. die Investitionen sind ein konstanter Bruchteil des Sozialprodukts.

Schließlich kann gezeigt werden, daß auch dieses Modell einen optimalen Gleichgewichts-Wachstumspfad besitzt, bei dem das Niveau des Konsum-Wachstumspfades ein Maximum annimmt. Auf diesem Pfad gilt die bereits bekannte Bedingung $i = g_N + g_\pi$; dieser Pfad ist also dadurch charakterisiert, daß auf ihm der Zinssatz genauso groß ist wie die Wachstumsrate des Sozialprodukts.

3.4. Lineare Modelle

Die bisher dargestellten Wachstumsmodelle waren „Ein-Sektor"-Modelle, d. h. es wurde ein homogenes Sozialprodukt hergestellt, das sowohl für den Konsum als auch für die Investitionen zur Verfügung stand; eine sektorale Aufteilung der Wirtschaft blieb außer Betracht. Gibt man jedoch die Homogenität des Sozialprodukts auf, wird der strukturelle Aufbau einer Wirtschaft wichtig. Um die hierbei auftretenden Wachstumsprobleme theoretisch analysieren zu können, ist es notwendig, Mehr-Sektoren-Modelle einer Wirtschaft zu entwickeln. Tatsächlich gibt es in der Literatur eine Vielzahl solcher Modelle. Sie können im wesentlichen in zwei Gruppen aufgeteilt werden: Die neoklassischen Mehr-Sektoren-Modelle und die linearen Wachstumsmodelle. Die erstgenannten Modelle basieren auf dem oben bereits dargestellten, einfachen neoklassischen Wachstumsmodell. In den zweitgenannten Modellen sind die Beziehungen zwischen Input und Output linear. Diese Modelle gehen auf JOHN VON NEUMANN (1937) zurück, und sie werden deswegen auch VON NEUMANN-Modelle genannt.

Die wesentliche Aufgabe dieser Modelle besteht darin, das Wachstumsverhalten kompliziert strukturierter Wirtschaften aufzuzeigen. Dieser vergleichsweise hohe Anspruch fordert auch einen hohen Preis: der Abstraktionsgrad der linearen Modelle ist höher als der der bisherigen Modelle. Deswegen sind einige einleitende Bemerkungen am Platz.

Man betrachte eine Wirtschaft, in der $n \geq 2$ Güter hergestellt werden, wobei die Produktion jedes Gutes immer genau eine Periode dauert; der Zeitverlauf ist also diskret. Diese Güter werden im Produktionsprozeß sowohl als Input verwandt wie auch als Output hergestellt. Diese Wirtschaft stellt also in gewisser Weise ein geschlossenes System dar, dessen dynamisches Verhalten zu analysieren ist. Geschlossen bezieht sich dabei auf die Unabhängigkeit dieses Systems von irgendwelchen originären Produktionsfaktoren wie z. B. Arbeit. Dieser Mangel kann aber auch durch geeignete Erweiterungen und Interpretationen dieses Modells geheilt werden. Beispielsweise kann eines der Güter als Arbeit angesehen werden, so daß die Arbeit in jeder Periode mit Hilfe anderer Güter „produziert" wird.

Die Produktion ist technologisch festgelegt, und die Technologie ändert sich im Zeitverlauf nicht. Diese Annahme ist einerseits nicht sehr realitätsnah – wenn man von kurzfristigen Betrachtungen absieht –, andererseits vereinfacht sie die Analyse erheblich. Immerhin besteht auch hier die Möglichkeit, diese Annahme fallenzulassen, jedoch würden dadurch die Untersuchungen dieses Modells erschwert werden.

Es kann nun gefragt werde, welche ökonomischen Eigenschaften, insbesondere welche Wachstumseigenschaften, ein solches technologisch bestimmtes, in sich geschlossenes System aufweist. Ökonomisch besonders interessant ist dabei die Frage, ob ein solches System ein gleichgewichtiges Wachstum aufweist, und ob es ein gleichgewichtiges Wachstum mit einer maximalen Rate geben kann. Wie bereits in früheren Modellen wird auch hier wieder unter gleichgewichtigem Wachstum jenes verstanden, bei dem die Porportionen der Wirtschaft unverändert bleiben. Ein solches Modell soll jetzt im Detail entwickelt werden, wobei auf weitere wichtige ökonomische Einzelheiten eingegangen wird.

3.4.1. VON NEUMANN-Modell

Dem VON NEUMANN-Modell liegen vier verschiedene Annahmen zugrunde:

1. Technologie. Die n Güter können in unterschiedlichen Produktionsprozessen hergestellt werden. Ein solcher Produktionsprozeß wird durch einen Inputvektor $x' = (x_1, \ldots, x_n)$ und einen Outputvektor $y' = (y_1, \ldots, y_n)$ charakterisiert. Das Vektorpaar (x, y) bezeichnet also einen bestimmten Produktionsprozeß, der eine Periode dauert; am Anfang dieses Prozesses werden die Gütermengen $x_1, \ldots, x_n$ eingesetzt und am Ende sind die Gütermengen $y_1, \ldots, y_n$ als Output verfügbar. Die Menge T aller technisch möglichen Produktionsprozesse nennt man Technologie. Diese Technologie muß die Eigenschaften der Linearität, Konvexität und Abgeschlossenheit aufweisen.

Linearität. Wenn (x, y) ein technisch möglicher Produktionsprozeß ist, so ist auch $(\lambda x, \lambda y)$, $0 \leq \lambda$, ein solcher Prozeß. Ökonomisch bedeutet das nichts anderes, als daß die Produktion bei konstanten Skalenerträgen stattfindet. Formal lautet diese Bedingung: Falls $(x, y) \in T$, dann ist auch $(\lambda x, \lambda y) \in T$.

Konvexität. Wenn (x^1, y^1) und (x^2, y^2) technisch durchführbare Prozesse sind, so soll auch die konvexe Linearkombination dieser Prozesse technisch durchführbar sein. (Hinweise: (1) Hochgestellte Indizes bezeichnen Vektoren, niedriggestellte geben die Elemente der Vektoren an. (2) Eine Linearkombination ist konvex, wenn die Summe der Gewichte gleich Eins ist.) Zwei verschiedene Produktionsprozesse sollen also gleichzeitig durchführbar und beliebig miteinander kombinierbar sein, ohne daß sie sich gegenseitig behindern:

Falls $(x^1, y^1) \in T$ und $(x^2, y^2) \in T$, dann ist auch $(\lambda x^1 + (1 - \lambda) x^2, \lambda y^1 + (1 - \lambda)y^2) \in T$, $0 \leq \lambda \leq 1$.

Abgeschlossenheit. Zur Technologie T gehören die Randpunkte. Das bedeutet, daß auch die „Grenzpunkte" einer Technologie technisch durchführbar sind.

Mathematisch gesehen definieren die drei soeben erläuterten Eigenschaften einen abgeschlossenen, konvexen Kegel; deswegen bezeichnet man T auch als Kegeltechnologie.

2. **Verschwendung.** Die Technologie soll so beschaffen sein, daß eine ineffiziente Produktion möglich ist, daß also Faktoren verschwendet werden können. Falls (x, y) ein technisch möglicher Produktionsprozeß ist, so muß auch jener Prozeß möglich sein, bei dem größere Mengen der Produktionsfaktoren eingesetzt werden, und weniger an Output hergestellt wird. Formal lautet diese Forderung:

Es sei $0 \leq x^1 \leq x^2$ und $0 \leq y^2 \leq y^1$. Falls $(x^1, y^1) \in T$, dann ist auch $(x^2, y^2) \in T$.

Im Inputvektor x^2 wird von mindestens einem Gut mehr eingesetzt als in x^1, und im Outputvektor y^2 ist von mindestens einem Gut weniger enthalten als in y^1.

3. **Kein Schlaraffenland.** Diese Bedingung könnte auch lauten: „Ohne Input kein Output". Hierbei soll die ökonomisch triviale, logisch aber bedeutungsvolle Forderung zum Ausdruck kommen, daß zur Produktion von Gütern auch tatsächlich Produktionsfaktoren eingesetzt werden müssen. Formal:

Falls $(0, y) \in T$, dann ist $y = 0$.

4. **Produzierbarkeit aller Güter.** Jedes der n Güter soll auch tatsächlich hergestellt werden können. Diese Forderung bedarf offensichtlich keiner näheren Erläuterung. Formal:

Für alle i, $i \in \{1, \ldots, n\}$ gibt es einen Produktionsprozeß $(x^i, y^i) \in T$ mit der Eigenschaft $y_i^i > 0$.

Aus dieser letzten Forderung folgt zusammen mit der Konvexitätseigenschaft der Technologie, daß es mindestens einen Produktionsprozeß geben muß, in dem alle Güter hergestellt werden.

Es gibt $(x^0, y^0) \in T$ mit $y^0 > 0$.

Die Eigenschaften dieser Technologie lassen sich mit Hilfe des Wachstumsfaktors (s. Abschnitt 2.3.2.) interpretieren. Der Wachstumsfaktor läßt sich hier in der folgenden Weise einführen. In dem Produktionsprozeß $(x, y) \in T$ seien die Elemente von x und y positiv, also $x > 0$, $y > 0$, d. h. jedes Gut erscheine als Input und als Output. Dann läßt sich für jedes Gut i das Verhältnis $y_i/x_i = \lambda_i$ bilden. Dieses Verhältnis ist der Wachstumsfaktor des i-ten Gutes. Den kleinsten dieser Wachstumsfaktoren bezeichnet man als den Wachstumsfaktor des Produktionsprozesses (x, y):

$$\lambda(x, y) := \operatorname*{Min}_{i} \lambda_i = \operatorname*{Min}_{i} (y_i/x_i).$$

Aufgrund dieser Definition nimmt jedes Gut im Produktionsprozeß (x, y) mindestens um den Faktor $\lambda(x, y)$ zu.

Beispiel. Es sei $(x, y) = ((0{,}8, 1{,}2), (1, 1{,}8))$. Dieser Produktionsprozeß verwendet die Güter 1 und 2 als Input im Betrag von $x_1 = 0{,}8$ und $x_2 = 1{,}2$. Dann wächst das erste Gut um das λ_1-fache mit $\lambda_1 = 1 : 0{,}8 = 1{,}25$, und das zweite Gut wächst um das λ_2-fache mit $\lambda_2 = 1{,}8 : 1{,}2 = 1{,}5$. Beide Güter wachsen mindestens um das 1,25-fache. Demnach ist $1{,}25 = \operatorname{Min} \lambda_i = \operatorname{Min} (1{,}25, 1{,}5)$ der Wachstumsfaktor dieses Produktionsprozesses.

Betrachtet man ein Wachstum, bei dem die Proportionen aller Gütermengen konstant bleiben, als ein gleichgewichtiges Wachstum, so gibt der Wachstumsfaktor $\lambda(x, y)$ das größtmögliche gleichgewichtige Wachstum an.

Auf der Grundlage dieser Annahmen und Definitionen hat S. KARLIN (1959) das folgende Theorem aufgestellt. Wir werden auf den Beweis dieses Theorems verzichten und lediglich seinen ökonomischen Gehalt erläutern.

Theorem.

(a) Es gibt einen Produktionsprozeß $(\hat{x}, \hat{y}) \in T$ mit

(19) $\hat{y} = \hat{\lambda}\hat{x}, \hat{\lambda} = \lambda(\hat{x}, \hat{y})$ und $\hat{\lambda} \geqq \lambda(x, y)$ für alle $(x, y) \in T$, mit $x \geqq 0$.

(b) Es gibt einen n-dimensionalen Preisvektor $\hat{p}$ mit

(20) $\hat{p}'y \leqq \hat{\lambda}\hat{p}'x, \hat{p} > 0$ und $(x, y) \in T$.

Dieses Theorem ist in der folgenden Weise zu verstehen.

(a) Die bisher eingeführten Annahmen bewirken, daß ein Produktionsprozeß existiert, mit dessen Hilfe ein gleichgewichtiges Wachstum möglich ist; hierbei wird dieses Wachstum noch zusätzlich dadurch gekennzeichnet, daß es mit dem größtmöglichen Wachstumsfaktor verbunden ist. Anders ausgedrückt: Es gibt außer $(\hat{x}, \hat{y})$ keinen anderen Produktionsprozeß, mit dessen Hilfe ein schnelleres, gleichgewichtiges Wachstum realisiert werden könnte.

Der maximale Wachstumsfaktor $\hat{\lambda}$ heißt VON NEUMANN-Wachstumsfaktor; $\hat{\lambda} - 1$ gibt die maximale Wachstumsrate an und heißt VON-NEUMANN-Wachstumsrate. Der Produktionsprozeß $(\hat{x}, \hat{y})$ wird VON NEUMANN-Prozeß genannt.

(b) Der Ausdruck $\hat{p}'y$ auf der linken Seite in (20) gibt den Erlös an, den man erzielt, wenn die n Güter des Vektors y zu den n Preisen des Vektors $\hat{p}$ verkauft werden. Das skalare Produkt $\hat{p}'x$ auf der rechten Seite in (20) gibt analog zu $\hat{p}'y$ die Ausgaben oder Kosten an, die zu Beginn des Produktionsprozesses anfallen. Bedenkt man, daß die betrachtete Wirtschaft zu einem gleichgewichtigen Wachstum mit der Rate $\hat{\lambda} - 1$ fähig ist, so kann man $(\hat{\lambda} - 1) \cdot \hat{p}'x$ als die Zinskosten betrachten, die der eine Periode dauernde Produktionsprozeß verursacht. Die Gesamtkosten bestehen dann aus der Summe von Zinskosten und Ausgaben: Gesamtkosten = $\hat{p}'x + (\hat{\lambda} - 1) \cdot \hat{p}'x = \hat{\lambda}\hat{p}'x$.

Demzufolge beinhaltet (20), daß der Erlös eines Produktionsprozesses höchstens so groß sein darf wie die gesamten Kosten, oder anders ausgedrückt: Kein Prozeß darf einen positiven Gewinn erwirtschaften. Nur für $(\hat{x}, \hat{y})$ gilt in (20) das Gleichheitszeichen, d. h. lediglich der VON NEUMANN-Prozeß verursacht keinen Verlust, aber auch keinen Gewinn. Dieser Teil des Theorems ist damit mit der Marktform der vollkommenen Konkurrenz vereinbar, die ebenfalls keinen positiven Gewinn zuläßt.

Die wesentlichen Ergebnisse dieses Modells können in der folgenden Weise zusammengefaßt werden. In einem VON NEUMANN-Modell gibt es (mindestens) einen Produktionsprozeß, mit dessen Hilfe die Modellwirtschaft ein maximales Gleichgewichtswachstum erzielen kann, nämlich den VON NEUMANN-Prozeß. Diesem Produktionsprozeß ist ein Preisvektor zugeordnet, der zu dem Gewinn Null führt.

3.4.2. Turnpike-Theorem

Wichtig für die weiteren Überlegungen ist die Existenz des VON NEUMANN-Prozesses, denn er gibt die Grundlage für das sog. Turnpike-Theorem ab (DORFMAN/SAMUELSON/SOLOW, 1958); das Wort „turnpike" bezeichnet in den USA autobahnähnliche

Straßen. Den grundlegenden Inhalt dieses Theorems kann man sich mit dem folgenden Beispiel klarmachen, vgl. *Abb. G-17.*

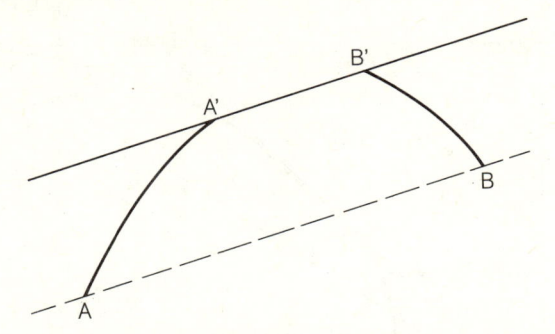

Abb. G-17: Beispielhafte Darstellung des Turnpike-Theorems

Man will von einem Ort A zu einem Ort B fahren. Der kürzeste Weg zwischen diesen beiden Orten sei eine Landstraße, die oben gestrichelt eingezeichnet ist. In einiger Entfernung verläuft parallel zu dieser Landstraße eine Autobahn. Möchte man möglichst schnell von A nach B gelangen, so ist es vorteilhaft, statt der Landstraße die Autobahn zu benutzen. Der Streckenzug AA′ B′B stellt den zeitminimalen Weg dar: Man fährt zuerst schräg zur Autobahn hin und biegt schließlich von der Autobahn schräg zum Bestimmungsort ab.

Dieser Gedankengang kann in der folgenden Weise auf das von NEUMANN-Modell übertragen werden. Zu einem bestimmten Zeitpunkt t_0 steht eine bestimmte Menge der n Güter zur Verfügung, d. h. der Inputvektor x^0 ist gegeben; damit liegt auch die Struktur der Wirtschaft fest. Es wird jetzt gefordert, daß zu einem zukünftigen Zeitpunkt $t_0 + \Theta$ die Wirtschaft eine andere Struktur aufweisen soll, beispielsweise eine, die durch den Vektor x^1, mit $\sum_{i=1}^{n} x_i^1 = 1$ und $x^1 \neq x^0$, wiedergegeben werden kann. Wie muß die Wirtschaft im Zeitverlauf wachsen, damit sie zum Zeitpunkt $t_0 + \Theta$ die geforderte Struktur aufweist und damit die Gütermengen ein Maximum erreichen? Diese Forderungen können auch so ausgedrückt werden: Zum Zeitpunkt $t_0 + \Theta$ soll in der Modellwirtschaft das λ-fache an Gütern des Vektors x^1 verfügbar sein, wobei λ ein Maximum annehmen soll.

Dieses soeben geschilderte Problem kann im zweidimensionalen Fall, also für zwei Güter, gut veranschaulicht werden *(Abb. G-18).*

Zum Zeitpunkt t_0 sind in dieser Wirtschaft die beiden Gütermengen x_{1,t_0}^0 und x_{2,t_0}^0 verfügbar, also $x^0 = (x_{1,t_0}^0, x_{2,t_0}^0)$. Nach einer Periode von der Länge Θ, also zum Zeitpunkt $t_0 + \Theta$, soll die Wirtschaft jene Struktur aufweisen, die durch den mit x^1 gekennzeichneten Strahl festgelegt wird, nämlich $x_2^1/x_1^1 = \text{tg } \alpha$; in anderen Worten: sie soll möglichst weit vom Ursprung entfernt auf dem durch x^1 gekennzeichneten Strahl zu liegen kommen. „Möglichst weit vom Ursprung entfernt" bedeutet dabei, daß von den beiden Gütern x_1 und x_2 die maximalen Mengen anzustreben sind.

Die Lösung dieses Problems sieht so aus, daß zunächst die Wirtschaft den von NEUMANN-Pfad ansteuert, dann während des größten Teils der Periode Θ in der Nähe dieses Pfades wächst und erst gegen Ende der Periode Θ den Strahl x^1 ansteuert und

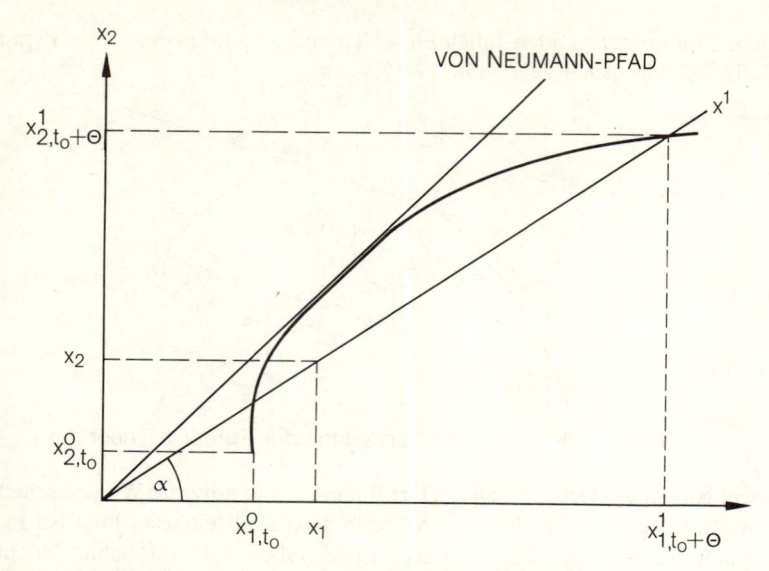

Abb. G-18: Darstellung des Turnpike-Theorems für den Zwei-Güter-Fall

ihn genau zum Zeitpunkt $t_0 + \Theta$ erreicht. Ein solcher optimaler Wachstumspfad ist in der obigen Figur dick eingezeichnet. Der VON NEUMANN-Pfad bzw. seine Umgebung dient der Wirtschaft in gewisser Weise als Autobahn. Diese „Autobahneigenschaft" des VON NEUMANN-Pfads liegt darin begründet, daß auf diesem Pfad die Wachstumsrate der Wirtschaft ihr Maximum annimmt. Das Vorgehen einer optimalen Wirtschaftspolitik in der geschilderten Problemsituation kann deswegen auch in der folgenden Weise beschrieben werden. Vom Anfangspunkt ausgehend wird zunächst die Wirtschaftsstruktur so geändert, daß die Wirtschaft jene Struktur annimmt, bei der ihre Wachstumsrate ein Maximum erreicht. Diese maximale Wachstumsrate hält die Wirtschaft während des überwiegenden Teils der Periode Θ bei und erreicht auf diese Weise, daß von allen Gütern möglichst viel akkumuliert wird. Erst gegen Ende der Periode Θ wird dann die gewünschte Struktur angesteuert.

Dieses Turnpike-Theorem bietet einige bedeutsame wirtschaftspolitische Schlußfolgerungen. Solange nämlich die Wirtschaft sich auf dem VON NEUMANN-Pfad befindet, kann die gewünschte zukünftige Endstruktur geändert werden, ohne daß dadurch die Optimalität des Wachstumspfades beeinträchtigt würde. Dieser Effekt wird dadurch bewirkt, daß alle optimalen Wachstumspfade, unabhängig von der jeweiligen Anfangs- und Endstruktur der Wirtschaft, entlang dem VON NEUMANN-Pfad verlaufen müssen. Solange die Wirtschaft auf dem VON NEUMANN-Pfad mit der maximal möglichen Rate wächst, verschenkt man keine Wachstumschancen für die Wirtschaft und hat Zeit, in Übereinstimmung mit den ökonomischen und gesellschaftlichen Zielvorstellungen die Endstruktur der Wirtschaft festzulegen – Endstruktur im Sinne der Beendigung der Periode Θ, also für den Zeitpunkt $t_0 + \Theta$. Erst wenn man den VON NEUMANN-Pfad verläßt, muß man sich über die endgültige Wirtschaftsstruktur im klaren sein.

3.5. Grenzen des Wachstums

Ein gemeinsames, äußerst wesentliches Merkmal aller bisher dargestellten Modelle war die unterstellte oder abgeleitete konstante Wachstumsrate der Wirtschaft. Auch die meisten empirischen Untersuchungen bestätigen die Konstanz dieser Rate. Wenn aber die Wachstumsrate konstant ist, muß die Wirtschaft ein exponentielles Wachstum aufweisen. Ein solches Wachstum weist folgende typische Eigenschaften auf. Es verläuft anfangs sehr langsam und ist kaum merklich, beschleunigt sich und führt in kurzer Zeit zu einem explosionsartigen Anwachsen der betreffenden Größe. Ein berühmtes Beispiel für ein derartiges Wachstum stellt die Verdoppelung der Weizenkörner auf jedem Feld eines Schachbretts dar. Ein ökonomisch näher liegendes Beispiel ist folgendes. Zur Zeit Christi Geburt wird 1 Pfennig auf 5 v. H. Zins und Zinseszins angelegt. Dieses so investierte „Vermögen" ist bis zum Jahre 1977 auf $0{,}01 \text{ DM} \cdot 1{,}05^{1977} = 7{,}78 \cdot 10^{39}$ DM angewachsen. Bedenkt man, daß das Bruttosozialprodukt der Bundesrepublik Deutschland im Jahre 1977 ca. 1 Billion DM betrug, so stellt dieses Vermögen immerhin mehr als das $7{,}78 \cdot 10^{27}$-fache dieses Bruttosozialprodukts dar.

Ganz offensichtlich ist dieses exponentielle Wachstum in der Realität sehr langfristig nicht aufrechtzuerhalten. Hinzu kommt folgende logisch triviale, praktisch aber höchst relevante Eigenschaft des exponentiellen Wachstums: während der „letzten Verdoppelungszeit" wächst die betreffende Größe absolut gesehen um den gleichen Betrag wie in der gesamten zurückliegenden Zeit. Ein Beispiel mag diese Eigenschaft verdeutlichen. Bei einem 5-prozentigen Wachstum verdoppelt sich eine Größe ca. alle 14 Jahre. Damit eine Größe sich bei einem solchen Wachstum vertausendfacht, braucht sie ca. 10 „Verdoppelungszeiten", also 140 Jahre. Während der letzten Verdoppelungszeit, also in den letzten 14 Jahren, wächst sie um 500 Einheiten, genauso viel wie in den 126 Jahren zuvor. Stellt in einer solchen Wachstumssituation das 1000-fache eine gefährliche Obergrenze für die Umwelt dar, z. B. in Form einer nicht mehr zu tolerierenden Strahlenbelastung, so war man 126 Jahre von dieser Obergrenze weit entfernt. Man erreicht sie nun aber schlagartig in einer einzigen weiteren Verdoppelungszeit, nämlich in 14 Jahren.

An diesen Eigenschaften des exponentiellen Wachstums knüpft die Diskussion über die „Grenzen des Wachstums" an. Ausgelöst hatte sie DENNIS H. MEADOWS (1972) mit seinem Bericht für den CLUB OF ROME. Seine beiden zentralen Thesen waren:
(1) Wird das exponentielle Wirtschafts- und Bevölkerungswachstum der letzten hundert Jahre bei gleichbleibender sozio-ökonomischer Struktur auf der Erde fortgesetzt, so wird um das Jahr 2050 die Weltwirtschaft wegen fehlender Ressourcen kollabieren. Interessant ist hierbei anzumerken, daß nach MEADOWS im Jahre 1970 noch 95 v. H. der natürlichen Ressourcen des Jahres 1900 verfügbar sind – eine Angabe, die die Dynamik des exponentiellen Wachstums unterstreicht.
(2) Ein langfristig stabiles sozio-ökonomisches System kann auf der Erde nur erreicht werden, wenn bereits um das Jahr 1975 einschneidende Maßnahmen ergriffen werden, zu denen u. a. gehören: (a) Stabilisierung der Weltbevölkerung, (b) Reduzierung des relativen Rohstoffverbrauchs für die industrielle Produktion auf ein Viertel des 1970-Wertes und (c) Verminderung der Umweltverschmutzung pro Produkteinheit des Industrie- und Agrarsektors auf ein Viertel des 1970-Wertes.

Diese Ergebnisse und Schlußfolgerungen hatten sicherlich das große Verdienst, die Problematik eines langfristigen, exponentiellen Wachstums ins öffentliche Bewußtsein zu rücken. Andererseits sind und waren sie umstritten. MEADOWS' Studie führt nämlich im wesentlichen zu einem exponentiellen Wachstum wichtiger ökonomischer Größen, das bei beschränkten Ressourcen, von denen immer ein bestimmter Teil pro Produkteinheit verbraucht werden muß, notwendigerweise an die Grenzen des Wachstums heranführt. Dazu hätte es noch nicht einmal exponentiellen Wachstums bedurft; auch bei z. B. linearem Wachstum erreicht man diese Grenzen, nur eben später. Ein prominenter Vorläufer MEADOWS' ist in diesem Zusammenhang ROBERT MALTHUS. Dieser hatte erkannt, daß die Bevölkerung exponentiell wächst, da immer ein bestimmter Prozentsatz der Frauen im gebärfähigen Alter ist, und diese dann auch eine über die Generationen hinweg konstante Durchschnittszahl von Kindern bekommen. Andererseits hatte er gesehen, daß die landwirtschaftliche Produktion wegen des Ertragsgesetzes bestenfalls linear wuchs. Aus beiden Beobachtungen folgerte er, daß langfristig ein Wirtschaftswachstum nicht möglich sein würde: Die exponentiell wachsende Bevölkerung stößt notwendigerweise in kurzer Zeit an die Grenze der linear wachsenden Agrarproduktion. MALTHUS' Prognosen erwiesen sich als falsch, weil er das sich ändernde Regenerationsverhalten der Menschen sowie den technischen Fortschritt im Agrarsektor nicht vorausgesehen hatte.

Einen ähnlichen Mangel weist MEADOWS' Studie auf. Ökonomische Substitutionsvorgänge, die durch Änderungen der relativen Preise ausgelöst werden, sowie technische Neuentwicklungen, die den Verbrauch nicht-regenerierbarer Ressourcen und die Umweltbelastung verringern können, werden außer acht gelassen. Derartige Möglichkeiten haben sich bereits in der Vergangenheit als außerordentlich wichtig erwiesen, wie das Beispiel von MALTHUS' Prognosen zeigt. Und es muß auch zukünftig damit gerechnet werden, daß die wirtschaftliche Entwicklung durch Substitutionsvorgänge und technischen Fortschritt maßgeblich bestimmt wird. Diese Gedanken sind dann auch in den 2. Bericht an den CLUB OF ROME von MESAROVIĆ und PESTEL (1974) aufgenommen worden. Dort wird z. B. ausgeführt, daß eine erhebliche Ölpreiserhöhung langfristig sowohl für die ölexportierenden als auch für die ölimportierenden Länder von Vorteil sein wird: Diese Preiserhöhung führt zur Entwicklung alternativer Energieformen und verringert damit gleichzeitig die Gewinnung von Erdöl.

An dieser Stelle wird der Zeitbedarf für technische Neuentwicklungen und Substitutionen wichtig. Nähert man sich Wachstumsgrenzen unter dem Druck exponentiellen Wachstums, so ist zu befürchten, daß die verbleibende Zeit nicht ausreicht, um die Technologie, den Faktoreinsatz oder menschliches Verhalten so zu verändern, daß diese Wachstumsgrenzen aufgehoben oder nicht erreicht werden. Andererseits dürfte feststehen, daß man sich bei gegebener Technologie und gegebenem ökonomischen und generativem Verhalten der Menschen immer irgendwelchen Wachstumsgrenzen nähert. Es wird demnach sehr wichtig sein, diese Annäherung möglichst langsam zu vollziehen, um so technischen Neuentwicklungen, Verhaltensänderungen etc. eine Chance zu geben.

Verlangt man nicht gerade ein negatives Wachstum, also ein Schrumpfen der wichtigsten ökonomischen Größen, so dürfte eine langsame Annäherung an Wachstumsgrenzen noch am ehesten durch eine Konstanz dieser Größen gewährleistet sein. In einer sehr langfristigen Perspektive müßten sie ein logistisches Wachstum aufweisen.

Ein solches Wachstum ist aus der Biologie, Medizin, aber auch aus den Wirtschaftswissenschaften – dort bei der Ausbreitung langlebiger Konsumgüter – bekannt. Bei diesem Wachstum ist die Zunahme einer Größe X, also $\dot{X}$, proportional dem bereits vorhandenen Bestand X selbst, sowie proportional einem potentiell noch zu erreichenden Zuwachs $\overline{X} - X$, wobei $\overline{X}$ die Obergrenze angibt. Dieses Wachstum wird also durch folgende Differentialgleichung wiedergegeben: $\dot{X}(t) = a \cdot X(t) \cdot (\overline{X} - X(t))$. Die graphische Lösung dieser Differentialgleichung ist in *Abb. G-19* dargestellt.

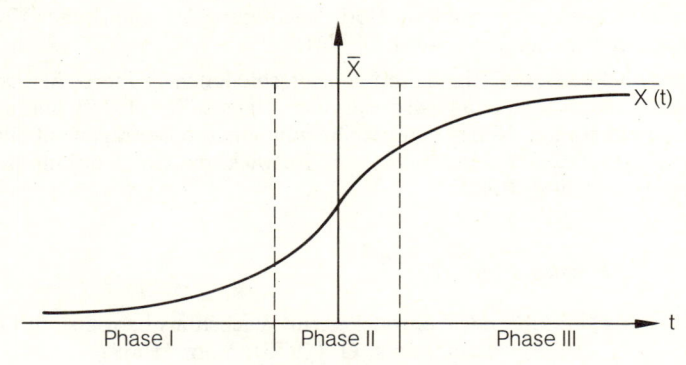

Abb. G-19: Logistisches Wachstum

Dieses logistische Wachstum läßt sich in drei Phasen einteilen. In der Phase I liegt ein (fast) exponentielles Wachstum vor. In der Phase II sinkt die Wachstumsrate fühlbar, und in Phase III wird ein (fast) stationärer Zustand erreicht. Ein solches Wachstum von Bevölkerung, Pro-Kopf-Verbrauch von Agrar- und Industrieprodukten liegt MEADOWS' „stabilisiertem Weltmodell" zugrunde. Dann werden zwar immer noch nicht regenerierbare Ressourcen verbraucht, aber in einer Geschwindigkeit, die Anpassungen zuläßt.

Daß die Weltbevölkerung sehr langfristig ein solches oder ein ähnliches Wachstum aufweisen wird, dürfte kaum zu bezweifeln sein; mit Sicherheit wird sie jedenfalls sehr langfristig nicht exponentiell wachsen können. Zur Vereinfachung der Argumentation sei aber angenommen, sehr langfristig sei die Weltbevölkerung und der Pro-Kopf-Verbrauch von Konsumgütern konstant. Diese Situation schließt nicht aus, daß neue Produktionsverfahren entwickelt werden, die HARROD-neutralen technischen Fortschritt inkorporieren, die also zu einer Steigerung der Arbeitsproduktivität führen. Zusammen mit einer konstanten Produktion führt dieser technische Fortschritt dazu, daß der Arbeitseinsatz mit der Rate des technischen Fortschritts exponentiell fallen kann. Es besteht langfristig die Möglichkeit, eine in gewisser Weise „duale Welt" anzusteuern. Dort ist der Pro-Kopf-Verbrauch konstant und die im Produktionsprozeß eingesetzte Arbeitsmenge sinkt mit der Rate des HARROD-neutralen technischen Fortschritts; die heutige, also „primale" Welt ist dadurch gekennzeichnet, daß der Arbeitseinsatz angenähert konstant ist, und der Pro-Kopf-Verbraucht mit der Rate des HARROD-neutralen technischen Fortschritts zunimmt.

Kommentierte Literaturhinweise

Lehrbücher zur Konjunkturtheorie

Das klassische Werk zur Konjunkturtheorie ist HABERLER, G. (1937).

Die Möglichkeiten einer Anwendung wachstums- und konjunkturtheoretischer Erkenntnisse in der Wirtschaftspolitik erläutert KROMPHARDT, J. (1972).

Einen umfassenden Überblick über die Entwicklung und den aktuellen Stand der Konjunkturforschung mit besonderer Berücksichtigung der empirischen Konjunkturforschung findet man bei TICHY, G. J. (1976).

Für eine eingehende Beschäftigung mit den verschiedenen Teilbereichen und Problemen der Konjunkturforschung wird der von WEBER, W. (1967) herausgegebene Sammelband empfohlen. Neben einer Reihe von neueren Beiträgen enthält er ältere, klassische Originalaufsätze, durch die die Entwicklung der Konjunkturforschung entscheidend beeinflußt wurde.

Lehrbücher zur Wachstumstheorie

Empfehlenswerte, einführende Lehrbücher zur Wachstumstheorie sind: GAHLEN, B. (1973); ROSE, K. (1971); SCHMITT-RINK, G. (1975); VOGT (1968).

Eine umfassende Erläuterung der wichtigsten Ansätze der Wachstumstheorie in ausführlicher mathematischer Darstellungsweise bieten BURMEISTER, E.; A. R. DOBELL (1970).

Zum intensiveren Studium der wesentlichen Entwicklungstendenzen der modernen Wachstumstheorie sei besonders der von KÖNIG, H. (1968) herausgegebene Sammelband empfohlen, der wichtige Originalarbeiten über einzelne Problembereiche der Wachstumstheorie enthält.

Eine ausführliche Erläuterung der in den wachstumstheoretischen Modellen verwendeten Analysemethoden geben KRELLE, W.; G. GABISCH (1972) in ihrer Darstellung der grundlegenden Modelle der Wachstumstheorie.

Die Möglichkeiten und Grenzen des Erkenntniswertes der Wachstumstheorien erläutert SOLOW, R. M. (1971) in seinem knappen Überblick über neoklassische Ansätze der Wachstumstheorie.

H. Verteilung
Jürgen Siebke

Gliederung

1. Gegenstand und Bedeutung von Verteilungsfragen
   1.1. Formen der Einkommens- und Vermögensverteilung
   1.2. Normative Verteilungsaspekte
2. Empirische Verteilungen
   2.1. Funktionelle Einkommensverteilung
   2.2. Personelle Einkommensverteilung
   2.3. Vermögensverteilung
3. Theorien der funktionellen Einkommensverteilung
   3.1. Klassische Verteilungslehre
   3.2. Grenzproduktivitätstheorie
      3.2.1. Mikroökonomische Grundlagen
      3.2.2. Makroökonomische Grundlagen
   3.3. Monopolgradtheorien
   3.4. Kreislauftheoretische Ansätze
   3.5. Produktivitätsorientierte Ansätze
   3.6. Wertende Zusammenfassung
4. Theorien der personellen Einkommensverteilung
   4.1. Stochastische Ansätze
   4.2. Konzept des Arbeitsvermögens
   4.3. Vererbung
5. Theorien der Vermögensverteilung

1. Gegenstand und Bedeutung von Verteilungsfragen

In wirtschaftspolitischen Diskussionen und im alltäglichen wirtschaftlichen Denken werden mit dem Stichwort „Verteilung" sofort und stets Fragen der Einkommensverteilung verbunden. In jüngerer Zeit zählt zunehmend die Vermögenskonzentration zur verteilungspolitischen Problematik. Das anhaltende Interesse an der Einkommensverteilung liegt darin begründet, daß mit dem langfristigen wirtschaftlichen Wachstum das Einkommen zur entscheidenden Grundlage der individuellen Wohlfahrt wurde. Anders als noch im vorigen Jahrhundert hat das Vermögen seine vorherrschende Bedeutung für die Sicherung des Wohlstandes des Einzelnen und als Grundlage der Ausübung von wirtschaftlicher und gesellschaftspolitischer Macht weitgehend verloren (ENGELS/SABLOTNY/ZWICKLER, 1974).

Der Wohlstand eines Menschen besteht jedoch nicht nur in seinem Einkommen. Er hängt auch ab von der Sicherheit des Einkommensbezuges und von den Möglichkeiten der Inanspruchnahme von öffentlichen Gütern und Leistungen. Es ließe sich fragen nach der Verteilung des Zugangs zu den Einrichtungen der sozialen Sicherung, nach der Verteilung der staatlichen Bildungsaufwendungen, nach der Zurechnung von Theatersubventionen. Solche Fragen (Beitrag M) werden hier nicht aufgenommen, sondern nur die Verteilungen der Einkommen und Vermögen betrachtet.

1.1. Formen der Einkommens- und Vermögensverteilung

Einkommensverteilung

Das Ergebnis des Wirtschaftsprozesses fällt letztlich immer Personen zu. Insofern ist die Verteilung der Einkommen und Güter immer personell bezogen. Doch kann die Aufteilung des Gesamteinkommens einer Volkswirtschaft unter zwei Gesichtspunkten betrachtet werden: als die Verteilung der erwirtschafteten Erträge auf die an ihrer Erstellung beteiligten Produktionsfaktoren und als die Verteilung der Erträge nach ihrer Höhe auf die Einkommensempfänger. Beide Formen trennt man seit JOHN BATES CLARK (1899) begrifflich in die funktionelle und in die personelle Einkommensverteilung:

– Die funktionelle Einkommensverteilung erfaßt die Entlohnung, die die Produktionsfaktoren für ihre Mitwirkung an der Wertschöpfung erhalten. Als Verteilungsgrößen lassen sich die Faktorpreise (Lohnsatz, Zinssatz) und die Faktoreinkommen (Lohnsumme, Gewinnsumme), definiert als Produkt aus Faktorpreis und eingesetzter Faktormenge, unterscheiden. In der mikroökonomischen Sicht wird der Wertschöpfungsprozeß einer Unternehmung analysiert. In der makroökonomischen Betrachtungsweise interessiert die Entlohnung der gesamtwirtschaftlichen Faktorgruppen (Arbeit, Kapital) und damit die Aufteilung des Sozialprodukts. Im Vordergrund der Verteilungstheorie steht die gesamtwirtschaftliche Analyse und hier wiederum die Erklärung des Anteils der einzelnen Faktoreinkommen an dem Gesamteinkommen (Lohnquote, Gewinnquote). Die Erklärung dieser gesamtwirtschaftlichen Einkommensanteile wird in jüngerer Zeit gelegentlich unter dem eigenständigen Begriff der Theorie der Verteilungsquoten aus der Kategorie der funktionellen Verteilung ausgegliedert (PEN, 1971; BLÜMLE, 1974).

– Die personelle Einkommensverteilung (size income distribution) setzt die Höhe der einzelnen Einkommen in Beziehung zu der Zahl der Wirtschaftseinheiten, denen dieses Einkommen zugeflossen ist. Sie gibt an, auf welchen Anteil der Personen welcher Anteil des Einkommens entfällt. Das Einkommen muß sich nicht auf eine bestimmte funktionale Herkunft beschränken. Es kann auf die Gesamteinkünfte einer Wirtschaftseinheit unabhängig davon ausgerichtet sein, aus welchen Quellen das Einkommen bezogen wurde.

Mit der seit CLARK traditionell gewordenen Haupteinteilung ist eine Systematisierung möglicher Einkommensverteilungen nicht notwendigerweise abgeschlossen. Sowohl nach Einkommensarten als auch nach Kategorien von Einkommensbeziehern lassen sich ergänzende Klassifikationen aufstellen:

– Sozio-ökonomische Verteilung: Arbeiter, Angestellte, Beamte; Unternehmer, freie Berufe; Rentner, Arbeitslose, Studierende.

– Sektorale Verteilung auf die in der Volkswirtschaftlichen Gesamtrechnung angeführten Wirtschaftsbereiche: Industrie, Handel, Banken, Handwerk und Landwirtschaft.

– Regionale Verteilung auf geographisch-politische Gebiete: Bundesländer, Regierungsbezirke; Großstadt, Kleinstadt, Dorf.

– Internationale Verteilung: zwischen den entwickelten und unterentwickelten, den kapitalistischen und sozialistischen Ländern.

– Intertemporale Verteilung: über den Lebenszyklus eines Menschen und zwischen den Generationen.

Die angeführten ergänzenden Verteilungskategorien haben bislang nur dazu gedient, Definitionen und Gliederungskriterien für die Sammlung von statistischen Daten zu liefern. Sie mündeten kaum in die Formulierung von Verteilungshypothesen. Theoretisch und wirtschaftspolitisch bedeutsam ist dagegen das Begriffspaar: Primärverteilung und Sekundärverteilung. Beide Verteilungsarten werden mit Hinweis auf die direkten umverteilenden Maßnahmen der Finanzpolitik und Sozialpolitik des Staates unterschieden. Die primäre oder auch marktmäßige Verteilung erfaßt die Einkommen, wie sie sich aus dem Preisbildungsprozeß ergeben. Die sekundäre Verteilung berücksichtigt die direkten Steuern, möglicherweise einschließlich der Sozialversicherungsbeiträge, und die Transferzahlungen der öffentlichen Hand (Beitrag J-2.2., 6.3.). Die funktionelle Verteilung ist notwendigerweise stets Primärverteilung. Die personelle Betrachtung kann sich auf die Einkommen vor und nach der Umverteilung erstrecken.

Vermögensverteilung

Für die Vermögensverteilung hat sich bislang keine einheitliche Nomenklatur durchgesetzt. In der fehlenden Begriffsbildung kommt zum Ausdruck, daß die statistischen Erhebungen und die Theorienbildungen gegenüber denen der Einkommensverteilung stark vernachlässigt sind. Orientiert man sich an dem erarbeiteten Datenmaterial und an der Kategorisierung der Einkommensverteilungen, sind folgende Schwerpunktbildungen bisher erkennbar: personelle Vermögensverteilung, sozioökonomische Vermögensverteilung, sektorale Vermögensverteilung.

1.2. Normative Verteilungsaspekte

Die Einkommensverteilung und Vermögensverteilung gewinnen ihre Anziehungskraft als wissenschaftliches Erklärungsobjekt und politisches Streitfeld durch die stets gegenwärtige Frage nach der Verteilungsgerechtigkeit (BRONFENBRENNER, 1977). Die Schwierigkeit in dem normativen Auffinden eines Verteilungsoptimums liegt darin, die Vorteile und Nachteile, die in unterschiedlichen Verteilungen auf die einzelnen Wirtschaftseinheiten entfallen, für die Gesamtheit gegeneinander abzuwägen. Zu klären ist, ob bei gegebenen individuellen Präferenzordnungen (Nutzenfunktionen; Beitrag K) eine soziale Präferenzfunktion (gesamtwirtschaftliche Wohlfahrtsfunktion) existiert, die es ermöglicht, soziale Zustände nach ihrer Erwünschtheit zu ordnen. Ihre Existenz wird in der Literatur kontrovers diskutiert (KRELLE, 1968), weil sie die kardinale Meßbarkeit und die interpersonelle Vergleichbarkeit der Nutzen voraussetzt. Gleichwohl basiert die bekannteste Theorie der Verteilungsgerechtigkeit, der Utilitarismus, auf einer solchen und zudem spezifizierten Wohlfahrtsfunktion.

Der Utilitarismus strebt nach seinem Begründer JEREMY BENTHAM (1748–1832) die möglichst „größte Summe von Glück" an. Die kollektive Wohlfahrt ist danach gleich der Summe aus den gewichteten individuellen Nutzen. In einer Demokratie sollten diese Gewichte für alle Individuen gleich sein. Diese Ethik erlaubt folgende Aussage: Ist (1) die individuelle Wohlfahrt kardinal über das Einkommen meßbar, gilt (2) das erste GOSSENsche Gesetz (Beitrag K) und haben (3) die Individuen identische Nutzenfunktionen – dann wird die maximale gesamtwirtschaftliche Wohlfahrt über eine absolut gleiche Einkommensverteilung verwirklicht (Egalitätsprinzip).

In der neuen Wohlfahrtstheorie (KÜLP, 1975) ist die Meßbarkeit und interpersonelle Vergleichbarkeit der Nutzen aufgegeben. Dadurch sind deren Aussagen über Einkommensdifferenzierungen und Einkommensnivellierungen wenig stringent geworden. Trotz aller Eleganz ist die Wohlfahrtsökonomik gescheitert, weil sie keine brauchbaren Kriterien für die Verteilungspolitik liefert (KRELLE, 1968, S. 80; BRONFENBRENNER, 1971, S. 101). Soll beurteilt werden, ob eine Verteilung gerecht ist oder nicht, kann man den interpersonellen Nutzenvergleich nicht umgehen. Deshalb wird in neuerer Zeit zunehmend mit der Quantifizierbarkeit der Wohlfahrt gearbeitet. Auf dieser Basis wurden vom Utilitarismus abweichende Gerechtigkeitspostulate formuliert:

– Für JAN TINBERGEN (1975, 1978) stellt sich eine gerechte Verteilung dann ein, wenn die Nutzenstiftung für alle Wirtschaftseinheiten bzw. für alle sozialen Gruppen gleich ist.

– In den 70er Jahren ist das Maximin-Kriterium der Verteilungsgerechtigkeit des amerikanischen Philosophen JOHN A. RAWLS (1971, 1974) lebhaft diskutiert worden (Überblick bei SAHOTA, 1978). Nach RAWLS akzeptieren die Wirtschaftseinheiten nur jene ökonomische Ungleichheit, die den Nutzen für die am wenigsten begünstigte Wirtschaftseinheit maximiert (graphische Darstellung bei HIRSHLEIFER, 1976, S. 459).

Zweifelhaft bleibt, ob die verschiedenen normativen Gerechtigkeitspostulate auf die Verteilung nur einer ökonomischen Größe, also des Einkommens oder des Vermögens, angewendet werden dürfen. Bezieht sich die Verteilungsgerechtigkeit nicht vielmehr auf die Gesamtwohlfahrt der Individuen? Bei gleichem Einkommen und Vermögen bestimmen Familiengröße, Beschäftigungsart, Alter, Gesundheit die Wohlfahrtsposition der Wirtschaftseinheiten mit. Selbst diese erweiterte Betrachtungsweise kann ausgedehnt werden. Jede Gesellschaft verfolgt eine Vielzahl von ökonomischen Aufgaben und gesellschaftspolitischen Zielen. So darf die gerechte Verteilung der immateriellen Güter – Freiheit und Wahrung der Chancen, Verantwortung übernehmen zu können – nicht vernachlässigt werden (ABBING, 1978, S. 61). Die gerechte Wohlfahrtsverteilung geht möglicherweise zu Lasten der Freiheit und der Vollbeschäftigung wie der Preisniveaustabilität (OKUN, 1975,1). Gerechtigkeit und Optimalität sind in Verteilungsfragen keine synonymen Begriffe (TINBERGEN, 1978, S. 37).

2. Empirische Verteilungen

Manche ökonomischen Relationen erlangten allein dadurch Bekanntheit, daß Statistiker und Nationalökonomen glaubten, feststellen zu können, diese Größen seien im Zeitverlauf relativ stabil geblieben. Zu solchen magischen Konstanten gehören auch zwei Verteilungsgrößen: die Lohnquote (BOWLEYS Gesetz) und die Pyramidenform der personellen Einkommensverteilung (PARETOS Gesetz).

2.1. Funktionelle Einkommensverteilung

Der erste empirische Beleg einer stabilen Lohnquote geht auf ARTHUR L. BOWLEY (1920) zurück. Er deckte auf, daß der Anteil der Arbeiterlöhne am Volkseinkommen in Großbritannien von 1880 bis 1913 weitgehend konstant blieb. Als ein Dogma verbreitete sich seine Feststellung durch MICHAL KALECKI (1938, 1939,1), als dieser im Jahre 1938 empirisches Material eines größeren Zeitraumes für Großbritannien und die Vereinigten Staaten in ähnlicher Weise interpretierte und zugleich ein Modell (Monopolgradtheorie, s. Abschnitt 3.3.) zur Erklärung des Phänomens vorstellte. Gleichwohl wurde mit zunehmender statistischer Erkenntnis über die Verteilungsentwicklungen in anderen Ländern, zu denen insbesondere SIMON KUZNETS (1959) beigetragen hat, der Stabilitätsglaube ins Wanken gebracht.

Tatsächliche (unbereinigte) Lohnquote

Der traditionelle Begriff der „Lohnquote" wird heute als Anteil des kontraktbestimmten Einkommens der unselbständig Beschäftigten am nominalen Volkseinkommen verstanden. Das ist das Verhältnis λ zwischen der Bruttolohn- und Gehaltssumme W und dem Nettosozialprodukt zu Faktorkosten Y(λ := W/Y). Die so definierte Lohnquote ist in Deutschland seit dem Jahre 1870 eindeutig gestiegen *(Tab. H-1)*.

Bereinigte Lohnquote

Der langfristige Trend der funktionellen Verteilung legt es nahe, von einer anhaltenden Änderung zugunsten der Arbeitnehmer zu sprechen. Dieser intertemporale Wohlfahrtsvergleich ist jedoch verzerrt, wenn er auf den einzelnen Lohnbezieher bezogen wird. Im gleichen Zeitraum hat eine Umschichtung in der Struktur der Erwerbstätigen von den Selbständigen zu den Unselbständigen stattgefunden. Der Strukturwandel läßt sich sichtbar machen, indem die Lohnquote definitorisch um die abhängig Beschäftigten A und die insgesamt Erwerbstätigen N erweitert wird:

(2.1.) $\lambda := \dfrac{W}{Y} = \dfrac{A}{N} \cdot \dfrac{\frac{W}{A}}{\frac{Y}{N}} := a \cdot x$

Tab. H-1: Verschiedene Lohnquoten für Deutschland der Jahre 1870–1977[1][2]

Jahr	Verteilungsgrößen[3] in v. H.			
	λ	λ_r^b	a	x
1870	43,0	43,1	56,3	76,5
1880	43,2	43,1	56,5	76,5
1890	45,2	41,8	60,9	74,2
1900	46,7	41,1	64,1	73,0
1910	48,4	41,6	65,5	73,9
1930	60,2	60,2	67,4	89,3
1950	58,6	58,6	68,4	85,7
1960	60,4	60,4	77,2	78,2
1970	67,8	62,7	83,4	81,2
1971	69,1	63,6	83,9	82,4
1972	69,5	63,8	84,2	82,6
1973	70,7	64,6	84,5	83,7
1974	72,6	66,3	84,5	85,9
1975	72,8	66,5	84,5	86,1
1976	71,1	64,7	84,9	83,8
1977	71,8	65,1	85,2	84,3

[1] Eigene Berechnung: 1870–1910 nach: JECK (1970); 1930 nach: KRELLE (1957); 1950–1977 nach: SACHVERSTÄNDIGENRAT ZUR BEGUTACHTUNG DER GESAMTWIRTSCHAFTLICHEN ENTWICKLUNG, Jahresgutachten, lfd. Jge.
[2] 1870–1930 := Deutsches Reich
1950–1977 := Bundesrepublik Deutschland
[3] λ: Lohnquote
λ_r^b: bereinigte Lohnquote: 1870–1910: Basisjahr = 1870; 1930: Basisjahr = 1925; 1950: Basisjahr = 1950; 1960–1977: Basisjahr = 1960
a: Anteil der unselbständig Beschäftigen an der Erwerbsbevölkerung
x: relative Verteilungsposition der unselbständig Beschäftigten.

Danach ist die Lohnquote gleich dem Produkt aus dem Anteil a der Arbeitnehmer an der Gesamtbeschäftigung und der relativen Verteilungsposition x, die das Verhältnis zwischen durchschnittlichem Arbeitseinkommen W/A und dem durchschnittlichen Gesamteinkommen Y/N widerspiegelt. Für diese Erweiterung zeigt *Tab. H-1,* daß der Unselbständigenanteil kontinuierlich gestiegen ist und die relative Verteilungsposition der Arbeitnehmer nicht mit der Lohnquote schritthalten konnte.

Die tatsächliche Lohnquote ist statistisch um den Strukturwandel bereinigt, wenn die Beschäftigungsstruktur a zu einem bestimmten Basisjahr t = 0 konstant gehalten wird:

(2.2.) $\quad \lambda_t^b := a_0 \cdot x_t$

Die so bereinigte fiktive Lohnquote λ_t^b gibt an, wie sich die funktionelle Verteilung im Zeitablauf entwickelt hätte, wenn keine Umschichtungen in der Erwerbsbevölkerung eingetreten wären. Sie ist durchaus in manchen Perioden mit dem Dogma von der Verteilungskonstanz vereinbar.

Ergänzte Lohnquote

Das Gegenstück zu den kontraktbestimmten Arbeitnehmereinkommen bilden in der Volkswirtschaftlichen Gesamtrechnung die Einkommen aus Unternehmertätigkeit und Vermögen (Beitrag B). Diese Einkommen sind nicht mit den Gewinnen gleichzusetzen, aus denen sich die Kapitalrendite errechnet. Sie enthalten noch jene Arbeitseinkommen, die den selbständigen Unternehmern dafür zufließen, daß sie neben dem Kapital ihre Arbeitskraft in den Produktionsprozeß einbringen. Solche Einkommensteile sind funktional der Lohnsumme zuzurechnen. Da sie kein Markteinkommen darstellen, müssen sie unterstellt werden. Setzt man rechnerisch für die unabhängig Beschäftigten U das durchschnittliche Arbeitnehmereinkommen W/A an (KRAVIS, 1959; KRELLE, 1962), ergibt sich als ergänzte Lohnquote λ^e:

(2.3.) $\quad \lambda^e := \dfrac{W + U \cdot \dfrac{W}{A}}{Y}$

Diese Verteilungsgröße ist langfristig merklich geringer als die unbereinigte Lohnquote gestiegen und zwischenzeitlich auch stabil geblieben. Sie ist identisch mit der relativen Verteilungsposition x der Arbeitnehmer *(Tab. H-1)*. Die Übereinstimmung erhält man durch Umformung des analytischen Ausdrucks (2.3.), wenn beachtet wird, daß sich die selbständig und abhängig Beschäftigten zur Gesamtheit der Erwerbstätigen addieren (U + A = N).

Verteilungspolitische Relevanz

Verschiedentlich wird die Frage aufgeworfen, warum man sich mit der empirischen Entwicklung der Lohnquote beschäftigen soll (ROTHSCHILD, 1957; BOMBACH, 1959,2, 1972; SEVERIN, 1972). Zu den kritischen Anmerkungen zählen:

– Die Einkommenskategorien sind so heterogen, daß die Lohnquote kein Maß für die Verteilungsungleichheit abgibt. In der Lohn- und Gehaltssumme sind Spitzeneinkommen (Manager) enthalten, und hinter der Gewinnsumme verbergen sich Kleinsteinkommen (Tante-Emma-Laden).

– Eine Veränderung der Lohnquote um ein oder zwei Prozentpunkte tangiert nicht spürbar die Wohlstandsposition des einzelnen Arbeitnehmers.

– Arbeitnehmer erzielen auch Vermögenseinkommen in Form von Zinsen und Mieteinnahmen. Umgekehrt erhalten Selbständige ein Lohneinkommen.

Auf der Grundlage solcher Argumentationen schwanken die verteilungspolitischen Einstellungen gegenüber der Lohnquote zwischen totaler Ablehnung (BOMBACH, 1972, S. 7) und punktueller Kritik, aus der neu definierte Verteilungsquoten, wie z. B. die Ausdrücke (2.2) und (2.3), hervorgegangen sind. Soweit sich die Einwände auf die Entwicklung und den Vergleich der Individualeinkommen richten, erscheinen sie berechtigt. Die Statistik der personellen Verteilung vermeidet diese Mängel. Dennoch kann erst die Beschäftigung mit den Theorien der funktionellen Verteilung zeigen, welche Einsichten in die Verteilungsgesetzmäßigkeiten gewonnen werden können und wie sie verteilungspolitisch zu bewerten sind (s. Abschnitt 3.6.).

2.2. Personelle Einkommensverteilung

Trägt man die Einkommenshöhen und die Zahl der zugehörigen Einkommensträger in einem Koordinatensystem ab, ergibt sich eine Verteilungskurve, die steil zu einem Maximum ansteigt und dann in einem langen Ausläufer in Richtung der höchsten Einkommen ausschwingt *(Abb. H-1)*. Diese schiefe, links-steile bzw. rechts-schiefe Kurvenform prägt bis heute das Bild der personellen Einkommensverteilung. Der Ursprung dieses allgemeinen Verteilungsgesetzes läßt sich auf VILFREDO PARETO (1895, 1897) zurückführen.

PARETOS Verteilungsgesetz

PARETO gelangte zu seiner Verteilungsgesetzmäßigkeit durch die empirische Auswertung zahlreicher Einkommensteuerstatistiken. Er setzte die jeweilige Einkommenshöhe Y mit der Zahl der Personen N, die ein Einkommen höher als Y beziehen, in Beziehung. In einem Koordinatenkreuz mit logarithmischem Maßstab ergab sich für PARETO mit Überraschung, daß die so bestimmten Punkte die bemerkenswerte Tendenz aufwiesen, sich in einer absteigenden Geraden anzuordnen. Durch Entlogarithmieren dieser Geraden erhält man die paretianische hyperbolische Verteilungskurve:

(2.4.) $N = AY^{-a}$

Für nahezu alle der von ihm betrachteten Einkommensverteilungen stellte sich heraus, daß die Steigung der Geraden nur in geringem Maße um einen Wert $|a| = 1{,}5$ schwankt. Daraus glaubte PARETO, auf eine allgemeine Verteilungsgesetzmäßigkeit schließen zu können.

Bei Ausdruck (2.4.) handelt es sich nicht um eine Kurve der beobachteten Einkommensverteilung von *Abb. H-1*, sondern um eine Aufsummierungskurve der Einkom-

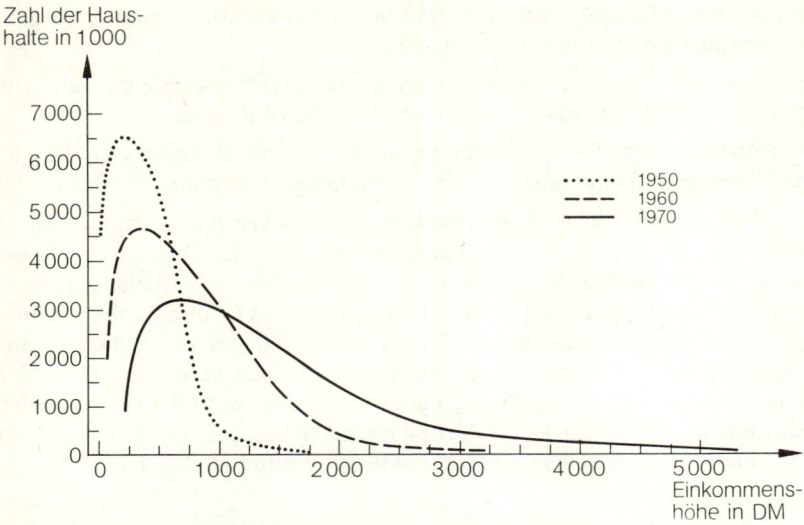

Abb. H:1: Die Verteilung der Haushalte nach Einkommensklassen[1] in der Bundesrepublik Deutschland[2]

[1] Die Skalierung der Ordinate ist auf eine Klassenbreite von DM 250 bezogen.
[2] Quelle: GÖSEKE (1974, S. 120).

mensträger. Die eigentliche Verteilungskurve dN/dY hat allerdings gleichfalls einen hyperbolischen Verlauf. Da die empirische Verteilungskurve ein Maximum aufweist, erfaßt die paretianische Formel (2.4.) nur den nach rechts auslaufenden Kurventeil. Sie besitzt im untersten Einkommensbereich keine Gültigkeit. PARETO glaubte zunächst, die Fälle unterhalb des Maximums vernachlässigen zu können. In seinem Versuch, die empirisch gefundene Gesetzmäßigkeit zu erklären, schließt er den Zufall als Bestimmungsgrund aus, weil die Verteilungskurve nicht mit derjenigen der GAUSSschen Normalverteilung übereinstimmt. Vielmehr sei die regelmäßig wiederkehrende Verteilungsungleichheit aus den von Mensch zu Mensch bestehenden Unterschieden ihrer Veranlagungen und Fähigkeiten, Einkommen von bestimmter Höhe zu erzielen, herzuleiten.

Nun konnte gezeigt werden, daß die Verteilungen der Menschen nach den Eigenschaften, welche objektiv meßbar sind (körperliche Eigenschaften, Wahrnehmungsfähigkeiten der Sinnesorgane), der Normalkurve folgen. Daraufhin bot PARETO (1927) folgende Deutung an: Wenn zwei Individuen sich in gleichem, doch entgegengesetztem Maße nach ihren Fähigkeiten von der durchschnittlichen Eigenschaft abheben, so kann derjenige, welcher die höheren Fähigkeiten besitzt, ein sehr großes Einkommen erzielen; derjenige jedoch, der die entsprechenden niederen Eigenschaften aufweist, kann niemals in seinem Verdienst das Existenzminimum unterschreiten. Indem auf diese Weise dem Einkommenserwerb eine Untergrenze gesetzt ist, wird der aufsteigende Ast der Normalkurve zusammengedrückt und die personelle Einkommensverteilung nimmt die bekannte Schiefe an.

Diese unbefriedigende Deutung hat die weitere Entwicklung der personellen Einkommensverteilung unter zwei Gesichtspunkten beeinflußt: (1) die Suche nach

Verteilungen menschlicher Eigenschaften, die nicht dem GAUSS-Prinzip entsprechen, sondern eben die gleiche Schiefe wie die Einkommensverteilung zu erkennen geben und (2) die Hinwendung zu einer stochastischen Analyse, mit deren Hilfe eine links-steile Verteilung erzeugt werden kann.

Der erste Weg ist tatsächlich für bestimmte „besondere" Leistungen und „höhere" Fähigkeiten beschritten worden. Es ergaben sich hyperbolische Verteilungskurven (SNYDER, 1937; DAVIS, 1938). In direkter Interpretation entstand daraus die Hypothese, daß der Einkommenserwerb auf speziellen, höheren Fähigkeiten beruht. Diese mechanistische Sichtweise ist heute überholt. Erhalten haben sich jedoch stochastische Erklärungsansätze. Sie stehen bemerkenswerterweise im Gegensatz zu PARETOS Ablehnung des Prinzips Zufall.

LORENZ-Kurve

Weitverbreitet für die graphische Darstellung von Häufigkeitsverteilungen ist die LORENZ-Kurve (LORENZ, 1905). Die Darstellungsform ist so populär, weil sie ein sehr plastisches Bild der Verteilungsungleichheit und -konzentration vermittelt. Beginnend bei den niedrigen Einkommensklassen werden sukzessive aufaddiert sowohl die relativen Anteile der Einkommensbezieher jeder Einkommensklasse als auch die relativen Einkommensanteile, die auf die betreffenden Einkommensklassen entfallen. Auf diese Weise entsteht die gemeinsame kumulative Häufigkeitsverteilung von Gesamteinkommen und Einkommensempfängern. Die daraus entstehende Verbindungslinie heißt LORENZ-Kurve *(Abb. H-2).*

Hätten alle Einkommensbezieher das gleiche Einkommen, so müßten die kumulierten Prozentsätze beider Datenreihen übereinstimmen. Die LORENZ-Kurve der Gleichverteilung fällt mit der von links unten nach rechts oben verlaufenden Diagonalen zusammen. Konzentriert sich ein wachsender Anteil des Einkommens bei wenigen Einkommensempfängern, nähert sich die LORENZ-Kurve der Abszisse und der rechten Ordinate. Je ungleicher die Verteilung ist, desto größer fällt die Fläche zwischen der empirischen LORENZ-Kurve und der Linie der Gleichverteilung aus. Das Verhältnis zwischen dieser Verteilungsfläche und dem Flächeninhalt des Dreiecks unter der Diagonalen, das sich bei vollständiger Konzentration einstellen würde, ist das GINI-Konzentrationsmaß (GINI, 1912).

Die einfache Form des LORENZ-Diagramms legt es nahe, unmittelbar aus dem statistischen Material vergleichende Aussagen über verschiedene Verteilungen abzuleiten. So scheint *Abb. H-2* anzuzeigen, daß die Einkommen in den kommunistischen Ländern personell weniger ungleich verteilt sind als in den westlichen Industrieländern. Ein solcher internationaler Distributionsvergleich, insbesondere zwischen den Wirtschaftssystemen, setzt voraus, daß vergleichbare Einkommen verglichen werden. Der Grad der Einkommensdifferenzierung mag nämlich in sozialistischen Ländern unterschätzt werden, weil nicht bekannt ist, ob die Spitzeneinkommen im Dienstleistungssektor überhaupt im statistischen Material enthalten sind und ob die nicht-geldlichen Einkommen, die gerade bei den Spitzenverdienern einen bedeutenden Entlohnungsanteil ausmachen, berücksichtigt wurden (KRÜSSELBERG, 1976).

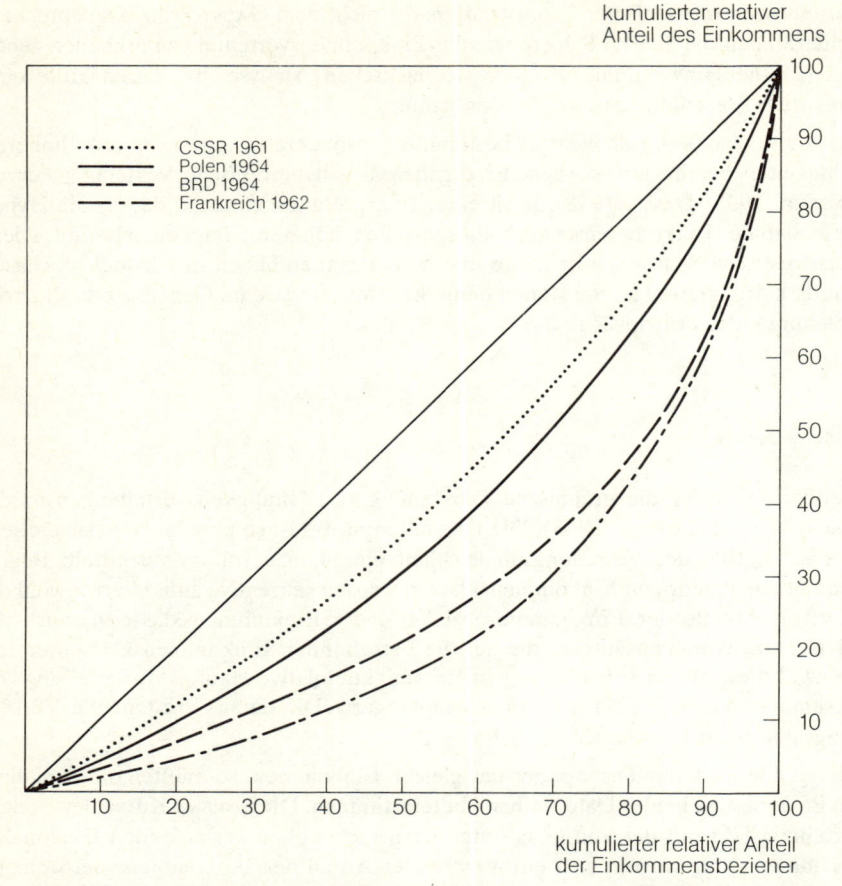

Abb. H-2: LORENZ-Kurven der Einkommensverteilung für ausgewählte Länder[1]

[1]Einkommensanteile vor Steuer, Quelle: KRÜSSELBERG (1976, S. 20 f.)

Verteilungsmaße

Die PARETO-Gerade und die LORENZ-Kurve liefern Ungleichheitsmaße für die personelle Einkommensverteilung. Je größer der absolute Wert des PARETO-Parameters a ausfällt, desto gleicher sind die Einkommen verteilt. Je höher der GINI-Koeffizient, desto ungleicher verteilen sich die Einkommen. Beide weisen unter statistischen Gesichtspunkten Vor- und Nachteile auf, beispielsweise in Hinblick darauf, wie sensitiv sie auf Verteilungsänderungen reagieren (BLÜMLE, 1976). Deshalb ist es nicht verwunderlich, daß eine weitere Vielzahl von statistischen Maßgrößen (z. B. Variationskoeffizient, Standardabweichung der logarithmierten Einkommen) herangezogen werden (SEN, 1973; BLÜMLE, 1975, 1976).

Diese Verteilungsmaße werden als positiv in dem Sinne bezeichnet, daß sie die statistisch beobachtbare Einkommensverteilung rein quantitativ beschreiben. Diese

Neutralität schließt nicht aus, daß die Form der graphischen Darstellungen das Interesse nur auf bestimmte Verteilungsfragen lenkt (PEN, 1974). Normativ sind jene Maße, die explizit auf einer sozialen Wohlfahrtsfunktion aufbauen. Die bekanntesten Maße sind die von DALTON (1920) und ATKINSON (1970) (Überblick bei SEN, 1973).

2.3. Vermögensverteilung

Für eine Volkswirtschaftliche Vermögensrechnung fehlt im Gegensatz zur Volkseinkommensrechnung (Beitrag B) ein konsistentes, wissenschaftlich anerkanntes und durch internationale Vereinbarungen einheitlich angewendetes Begriffs- und Erhebungsschema. In Fragen der Vermögensverteilung ist man auf amtliche wie nichtamtliche Teilerhebungen, Stichproben und Schätzungen angewiesen. Das statistische Material ist heterogen, in seiner Genauigkeit und Verläßlichkeit nicht immer erkennbar und überprüfbar.

Zu dieser Uneinheitlichkeit tragen bereits unterschiedliche Vermögensbegriffe und abweichende Vorstellungen darüber bei, welche Güter zum Vermögen einer Wirtschaftseinheit zu rechnen sind. In einer ersten großen Kategorisierung ist das Real- oder Sachvermögen von dem Geld- oder Finanzvermögen zu unterscheiden. Die zum Geldvermögen zu rechnenden Bankeinlagen sind breiter als der zum Sachvermögen zählende Grund und Boden gestreut. Die Volkswirtschaftliche Gesamtrechnung erfaßt als jährliche Sachvermögensbildung nur den Zuwachs an erwerbswirtschaftlich genutztem Realvermögen (Beitrag B). Das weit gestreute private Gebrauchsvermögen (Automobile, Haushaltsgeräte) stellt nach dieser Statistik kein Vermögen dar. Geht man von der Fragestellung aus, welche Vermögensobjekte erwerbswirtschaftlich genutzt werden, kann man auch das Arbeitsvermögen (human capital) zum Sachvermögen rechnen (s. Abschnitt 4.3.). Dieses menschliche Kapital ist als Wert jener individuellen Fähigkeiten zu verstehen, die zur Einkommenserzielung eingesetzt werden und damit, jedenfalls theoretisch, in Geld bewertbar sind. Ist es aber schon in der Praxis mit Schwierigkeiten verbunden, die verschiedenen Formen des Realvermögens mit empirischem Gehalt aufzufüllen, um so schwieriger ist der Versuch, das Arbeitsvermögen numerisch abzuschätzen (ENGELS/SABLOTNY/ZWICKLER, 1974).

Die Forderungen und Verbindlichkeiten, die zwischen den Wirtschaftseinheiten einer Volkswirtschaft bestehen, heben sich gegeneinander auf. Daraus folgt, daß das Volksvermögen einer offenen Volkswirtschaft von dem gesamtwirtschaftlichen Sachvermögen lediglich um den Saldo abweicht, der sich aus den Forderungen an ausländische Wirtschaftseinheiten und den Auslandsschulden ergibt. Mithin hängt die Höhe und Verteilung des Volksvermögens entscheidend von der Definition des Sachvermögens ab. *Tab. H-2* zeigt, wie eine mögliche Aufgliederung des gesamtwirtschaftlichen Sachvermögens und damit des Volksvermögens aussehen kann. Zugleich enthält sie die Ergebnisse der bislang für die Bundesrepublik umfassendsten Schätzung des Volksvermögens (ENGELS/SABLOTNY/ZWICKLER, 1974). Die in *Tab. H-2* unbesetzten Positionen verdeutlichen den unbefriedigenden Stand der Vermögensstatistik. Die angeführte Untersuchung teilt das Reinvermögen auch nach Sektoren und sozio-ökonomischen Gruppen auf.

Tab. H-2: Volksvermögensrechnung für die Bundesrepublik Deutschland zum Ende des Jahres 1970 in Mrd. DM

1. Reproduzierbares Sachvermögen		2 139	1. Auslandsverbindlichkeiten	431
a. Gebäude und Bauten		1 519		
b. Ausrüstungen		438	2. Volksvermögen (Saldo)	2 995
c. Vorräte		183		
d. privates Gebrauchsvermögen		–		
2. Nichtreproduzierbares Sachvermögen		789		
a. Grund und Boden		789		
b. Bodenschätze		–		
c. Kunstgegenstände		–		
3. Immaterielles Vermögen		–		
a. Patente, Lizenzen		–		
b. Urheberrechte		–		
4. Auslandsforderungen		498		
Gesamtvermögen		3 426	Gesamtvermögen	3 426

Quelle: ENGELS/SABLOTNY/ZWICKLER; 1974, S. 93 f., 103

Am schwierigsten ist es, Aussagen über die personelle Vermögensstreuung zu gewinnen. Eine erste Berechnung wertete die Vermögensteuerstatistik aus und führte zu der populär gewordenen Relation, daß 1,7 v. H. der privaten Haushalte über 70 v. H. des Produktivvermögens verfügen (KRELLE/SCHUNCK/SIEBKE, 1968). Diese Zahl bezieht sich auf die eigentumsmäßige Zuordnung der gewerblichen Unternehmen. Ob deren Reinvermögen als Produktivvermögen bezeichnet werden soll, kann in Frage gestellt werden. Unter diesem Stichwort hat sich jedoch diese Vermögensrelation in der vermögenspolitischen Debatte verselbständigt.

3. Theorien der funktionellen Einkommensverteilung

Die Anfänge der Theorien der funktionellen Verteilung reichen in das System der klassischen englischen Nationalökonomie zurück. Die Verteilungslehre wurde dadurch zu einem wesentlichen Kapitel der Geschichte der Wirtschaftstheorie.

3.1. Klassische Verteilungslehre

ADAM SMITH (1723–1790) hat keine in sich geschlossenen, widerspruchsfreien Aussagen zur Einkommensverteilung formuliert. Begründer der klassischen Verteilungslehre (MARCHAL, 1953) ist DAVID RICARDO (1772–1822).

Der ricardianische Ansatz

RICARDOS Betrachtungsweise (1817) ist makroökonomisch. Ausgehend von den sozialen Gegebenheiten seiner Zeit unterscheidet er drei soziale Klassen. Das Sozialprodukt fließt als Rente an die Landbesitzer, als Lohneinkommen an die Arbeiter und als Profit an die Kapitalgeber. Die ricardianische Theorie enthält spezielle Verteilungsgesetzmäßigkeiten für jede der drei Einkommensarten.

Grund und Boden bilden einen inhomogenen Produktionsfaktor, weil die Böden unterschiedliche Qualität aufweisen. Die Kosten je erzeugter Getreideeinheit steigen mit abnehmender Fruchtbarkeit des genutzten Landes. Auf den Getreidemärkten spielt sich ein einheitlicher Preis derart ein, daß die Kosten der Nutzung des Bodens minderster Qualität, dessen Bebauung zur Ernährung der Bevölkerung noch notwendig ist (Grenzboden), gerade gedeckt werden. Das sind die Kosten des variablen Faktors Arbeit und des ihn indirekt im Produktionsprozeß unterstützenden Kapitals. Die auf dem Grenzboden anfallenden Kosten sind in heutiger Terminologie die Grenzkosten der Arbeit und entsprechend ist der auf dem Grenzboden erwirtschaftete Ertrag das Grenzprodukt der Arbeit. Für die Böden besserer Qualität verbleibt nach Abzug der Kosten ein Überschuß. Er fließt den Bodeneigentümern als Differentialrente zu. Für den Grenzboden fällt keine Rente ab; und es gilt: je besser der Boden, desto höher die Rente.

Das Kapital ist als ein für die Periode der Bebauung des Bodens vorgegebener Güterbestand (Getreide) zu verstehen, der der Entlohnung der Arbeitskräfte dient. Aus der Relation zwischen diesem realen Lohnfonds und der Anzahl der Arbeitskräfte ergibt sich der Lohnsatz. Der Lohnfonds wird von den Kapitalisten, den Pächtern des Bodens, in den Produktionsprozeß eingebracht. Als Gegenwert erhalten sie das Grenzprodukt der Arbeit. Nach Wiederauffüllung des Lohnfonds fällt als Residuum der Profit an. Aus diesem Profit kann der Lohnfonds auch aufgestockt und so im Wege der Ersparnisbildung akkumuliert werden.

Entsprechend des Bevölkerungsgesetzes von THOMAS R. MALTHUS (1766–1834) spielt sich der Lohn langfristig auf das Existenzminimum ein (MALTHUS, 1798). Liegt der tatsächliche Lohn über diesem natürlichen Lohn, kommt es im Wege einer geringeren Kindersterblichkeit und einer Steigerung der Geburtenrate zu einer Erhöhung des Arbeitsangebots. Die verstärkte Konkurrenz am Arbeitsmarkt drückt den Lohn. Solange nun die Profitrate auf das eingesetzte Kapital ein bestimmtes Minimum überschreitet, akkumulieren die Kapitalisten Kapital. Langfristig steigt der Lohnfonds und damit die Bevölkerung. Bei wachsender Bevölkerung werden zunehmend Böden schlechterer Qualität bebaut. Der Getreidepreis und die Renten steigen. Der Anstieg der Renten geht zu Lasten der Profite. Die Profitrate fällt bis auf jenes Minimum, bei dem die Kapitalisten es nicht mehr als lohnend ansehen, Kapital zu akkumulieren. Das Wachstum des Sozialprodukts und der Bevölkerung schwindet. Die Wirtschaft stagniert. Darauf begründet sich der ricardianische Wachstumspessimismus.

Motor der langfristigen ricardianischen Verteilungsdynamik ist die Arbeit. Sie wird im Zusammenwirken mit dem Faktor Boden produktiv. Hier wirkt das Erbe der Physiokraten (QUESNAY (1694–1774)) nach. Diese sahen die Quelle des gesamtwirtschaftlichen Reinertrages allein in der landwirtschaftlichen Produktion. Neu und wichtig für das Verständnis des Gedankengebäudes RICARDOS ist seine Idee von der Inhomogenität des Bodens. Mit ihr gelingt RICARDO die erste Anwendung des Marginalprinzips auf die Einkommensverteilung (JOHNSON, 1973). RICARDOS Ansatz bleibt aber partiell, weil Rente und Profite als Residuen bestimmt werden.

Die marxistische Mehrwertlehre

KARL MARX (1818–1883) reduziert die klassische Dreiteilung der sozialen Klassen und Produktionsfaktoren auf zwei (MARX, 1867), indem er die Grundeigentümer mit den Kapitalbesitzern zu der Klasse der Kapitalisten zusammenfaßt. Deren Einkommen ist der Profit. Die Hervorhebung des Kapitals ist im historischen Rückblick mit dem Wandel von Wirtschaft und Gesellschaft vereinbar. Das Zeitalter von MARX ist das der Maschinen. Mit dem Ausscheiden der Landbesitzer aus dem Verteilungsbild existiert auch keine Differentialrente mehr. Mit ihr verschwindet jegliches Element marginalen Denkens. Gleichwohl bleibt das ökonomische Gedankengebäude durch RICARDO geprägt. Die Arbeit ist die Grundlage aller Wertschöpfung und wirtschaftlichen Entwicklung. Es existiert ein gesamtwirtschaftlicher Überschuß, der nunmehr allein durch den Profit absorbiert wird.

Das am Anfang der Produktionsperiode eingesetzte mehrwertschöpfende Gesamtkapital K teilt sich auf in das konstante Kapital c, das für Rohstoffe und Arbeitsmittel eingesetzt wird, und das variable Kapital v, mit dem die Arbeitskraft gekauft und entlohnt wird: $K := c + v$. Am Ende der Produktionsperiode ergibt sich das um den Mehrwert m erweiterte Kapital $K' := c + v + m$. Drei Relationen bestimmen bei MARX die Verteilungs- und Entwicklungsgesetzmäßigkeit:

$$\text{Mehrwertrate} := \frac{m}{v}$$

$$\text{organische Zusammensetzung des Kapitels} := \frac{c}{v}$$

$$\text{Profitrate} := \frac{m}{c+v} = \frac{\frac{m}{v}}{\frac{c}{v}+1}$$

Die treibende Kraft der Verteilungs- und Entwicklungsdynamik bildet die organische Zusammensetzung des Kapitals. Der Kapitalist verbraucht nicht den an ihn fallenden Mehrwert. Die Konkurrenz zwingt jeden Kapitalisten zur Kapitalakkumulation, um durch Realisierung technischen Fortschritts konkurrenzfähig zu bleiben. Der technische Fortschritt zeichnet sich nun gerade dadurch aus, daß relativ mehr konstantes als variables Kapital eingesetzt wird. Die organische Zusammensetzung des Kapitals steigt. Die Mehrwertrate bleibt dagegen aufgrund der gesellschaftlichen Machtverhältnisse konstant. Daraus folgt ein Sinken der Profitrate. Wenn sie so niedrig geworden ist, daß eine Kapitalakkumulation unterbleibt, bricht das kapitalistische System zusammen.

Die vielschichtige kritische Auseinandersetzung um das Verteilungssystem von MARX wird hier nicht aufgenommen. Die Kritik läßt sich aber bereits an den ökonomischen Begriffen ansetzen (KRELLE, 1962, S. 36). Die organische Zusammensetzung des

Kapitals ist nicht mit der Kapitalintensität zu verwechseln. Der Kapitalintensität entspricht das Verhältnis c/N zwischen dem konstanten Kapital c und der im Produktionsprozeß eingesetzten Arbeitsmenge N. Diese Relation ist infolge des Anstiegs der Arbeitsproduktivität gewachsen. Der Produktivitätszuwachs hob aber zugleich auch die Reallöhne v/N an. Bei einer parallelen Entwicklung von Arbeitsintensität und Reallöhnen, und eben sie ist langfristig zu beobachten, fällt die Profitrate bei konstanter Mehrwertrate nicht; sie bleibt vielmehr konstant.

3.2. Grenzproduktivitätstheorie

PHILIP H. WICKSTEED (1884–1927) war einer der ersten Nationalökonomen, der am deutlichsten erkannte, daß die ricardianische Unterscheidung zwischen einem Grenzprodukt und einem Residualeinkommen überwunden werden kann. Jeder Produktionsfaktor läßt sich danach untersuchen, mit welchem Grenzprodukt er entlohnt wird. Addieren sich aber bei Anwendung des Marginalprinzips auf alle Produktionsfaktoren deren Einkommen genau zum Gesamtprodukt? Diese Frage ist als Aufsummierungsproblem (adding-up problem) in die Grenzproduktivitätstheorie und damit in die neoklassische Theorie der Produktion und Verteilung eingegangen.

WICKSTEED (1894) selbst fand die Antwort. Die Produktionsfunktion (Beitrag K) muß konstante Skalenerträge (constant returns to scale) aufweisen: bei einer proportionalen Veränderung aller Produktionsfaktoren variiert das Produktionsergebnis im gleichen Verhältnis. Bezeichnen v_i, $i = 1, \ldots, n$, die Faktoreinsatzmengen und Y_r die reale Produktion, gilt für die Produktionsfunktion:

(3.1.) $\mu Y_r = f(\mu v_1, \ldots, \mu v_n)$, $\mu > 0$

Bei der Entlohnung nach dem Grenzproduktivitätsprinzip ergibt sich für diese Produktionsbedingungen die Ausschöpfung des Produkts:

(3.2.) $\sum_{i=1}^{n} \frac{\partial f}{\partial v_i} \cdot v_i = Y_r$

Diese Annahme bedarf einer ökonomischen Erklärung. Die grundlegende Lösung lieferten JOHN R. HICKS (1932) und PAUL A. SAMUELSON (1947). Das Ausschöpfungstheorem und damit konstante Skalenerträge folgen aus der Verknüpfung der Annahme der vollständigen Konkurrenz mit der der Entlohnung nach der Grenzproduktivität. Vollständiger Wettbewerb impliziert, daß der zum Preis P erzielte Produktionswert gleich den Kosten ist, die sich bei den Faktorpreisen P_i ergeben:

(3.3.) $P \cdot Y_r = \sum_{i=1}^{n} P_i \cdot v_i$.

Bei der Entlohnung nach dem Grenzproduktivitätsprinzip ist der Preis eines jeden Produktionsfaktors gleich dem Wert seines Grenzproduktes:

(3.4.) $P_i = P \frac{\partial f}{\partial v_i}$, $i = 1, \ldots, n$

Substituiert man den Ausdruck (3.4.) in (3.3.), erhält man genau die Ausschöpfung (3.2.).

3.2.1. Mikroökonomische Grundlagen

In einzelwirtschaftlicher Sicht beruht das Entlohnungsprinzip (3.4.) auf der Annahme, daß die Preise für die handelnden Wirtschaftseinheiten vorgegeben sind. Das gilt für die Marktform der vollständigen Konkurrenz. Es wird gefragt, welche Faktormengen eine Firma bei den für sie gegebenen Faktorpreisen und bei dem von ihr nicht beeinflußbaren Endproduktpreis unter der Zielsetzung der Gewinnmaximierung nachfragt. Die Verteilungstheorie ist hier identisch mit der Analyse der einzelwirtschaftlichen Nachfrage nach Produktionsfaktoren (Beitrag K). Und sie mündet in die Analyse der Preisbildung bei unvollkommener Konkurrenz, wenn die Annahme konstanter Preise aufgegeben und Faktorangebotsfunktionen und Endproduktnachfragefunktionen unterstellt werden. Wesentliches Ergebnis ist, daß auf diesen Märkten die Entlohnung der Produktionsfaktoren niedriger als der Wert des Grenzproduktes ausfällt (Beitrag L).

3.2.2. Makroökonomische Grundlagen

In der makroökonomischen Grenzproduktivitätstheorie werden die neoklassischen Prinzipien der Preisbildung bei vollkommener Konkurrenz auf die Gesamtwirtschaft übertragen. Dabei tauschen sich gegenüber der mikroökonomischen Analyse endogene und erklärende Variable gegenseitig aus: die Faktorpreise spielen sich so ein, daß die vorhandenen (angebotenen) Bestände an Produktionsfaktoren auch beschäftigt werden. Es wird angenommen, daß die Volkswirtschaft durch eine gesamtwirtschaftliche Produktionsfunktion mit den beiden substitutiven und homogenen Produktionsfaktoren Arbeit N und Kapital K beschrieben werden kann. Sie soll ebenfalls konstante Skalenerträge aufweisen.

Produktionselastizitäten

Die makroökonomische Verteilung hängt von der relativen Seltenheit der Produktionsfaktoren und von den Eigenschaften der Produktionsfunktion, der Technologie, ab. Je höher das Angebot des einen Faktors im Verhältnis zu dem des anderen Produktionsfaktors ist, desto niedriger fällt dessen Grenzproduktivität aus. Wächst also bei gegebenem Kapitalstock das Arbeitsangebot, sinkt der Lohnsatz – ob und in welcher Richtung sich die Lohnquote verändert, wird von der Technologie bestimmt.

Der Zusammenhang läßt sich graphisch veranschaulichen (in Anlehnung an JOHNSON, 1973, S. 40 f.). In *Abb. H-3* ist die Produktionsfunktion in Abhängigkeit von den Variationen der Arbeitsmenge bei einem gegebenen Kapitalbestand K_0 gezeichnet. Wird die Arbeitsmenge N_0 beschäftigt (linke Teilabbildung), repräsentiert der Winkel tg α_0, also das Verhältnis der Strecken $\overline{RN_0}/\overline{TN_0}$, die zugehörige Grenzproduktivität der Arbeit und damit den Lohnsatz. Der Winkel tg β_0, also das Streckenverhältnis $\overline{RN_0}/\overline{ON_0}$, ist gleich der durchschnittlichen Arbeitsproduktivität Y_{r0}/N_0. Die Lohnquote λ kann nun aber als das Verhältnis zwischen der Grenz- und der Durchschnittsproduktivität geschrieben und mithin durch das Verhältnis der beiden Winkel ausgedrückt werden:

(3.5.) $$\lambda := \frac{\frac{\partial f}{\partial N} \cdot N}{Y_r} = \frac{\frac{\partial f}{\partial N}}{\frac{Y_r}{N}} = \frac{\operatorname{tg} \alpha}{\operatorname{tg} \beta}$$

Wenn sich nunmehr die Faktorrelation auf N_1/K_0 (rechte Teilabbildung) verschiebt, wird die Änderung der funktionellen Einkommensverteilung von dem Verlauf der Produktionskurve $f(N,K_0)$ und damit von der Technologie bestimmt. Verändern sich die Winkel tg α_0,β_0 proportional zueinander nach tg α_1,β_1, bleibt die Verteilung konstant.

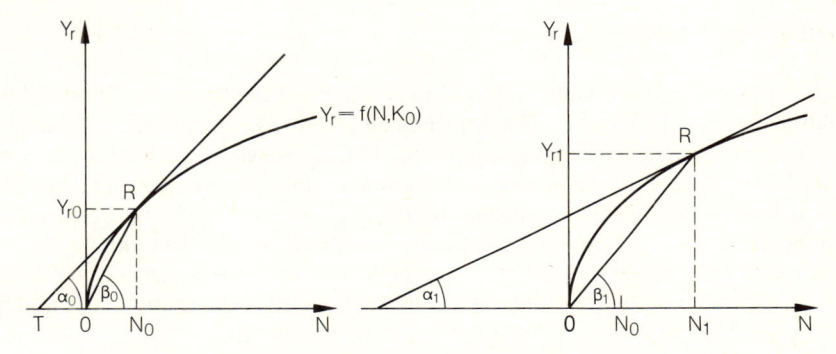

Abb. H-3: Grenz- und Durchschnittsproduktivitäten der Arbeit

Da das Verhältnis dieser beiden Winkel eine Relation zwischen einer Marginalgröße und einer Durchschnittsgröße bildet, hat sie die analytische Form einer Elastizität. Das ist die Produktionselastizität der Arbeit:

(3.6.) $$\varepsilon(Y_r,N) = \frac{\partial f}{\partial N} \frac{N}{Y_r}.$$

Diese Elastizität und ihr Pendant, die Produktionselastizität des Kapitals $\varepsilon(Y_r,K)$, sind nach Ausdruck (3.5.) zugleich die Einkommensanteile, die auf die zugehörigen Faktoren entfallen. Die Produktionselastizitäten aber sind produktionstechnische Eigenschaften, so daß die Spezifizierung der Produktionsfunktion zugleich die Verteilung festlegt.

COBB-DOUGLAS-Produktionsfunktion

Im Jahre 1928 legten CHARLES W. COBB und PAUL H. DOUGLAS eine spezifizierte Produktionsfunktion vor, die wesentlich zum „Mythos" von der stabilen Einkommensverteilung beigetragen hat:

(3.7.) $\quad Y = cN^\alpha K^\beta$ mit $c,\alpha,\beta > 0$

Die Exponenten α,β repräsentieren die dem jeweiligen Faktor zugeordnete Produktionselastizität. Damit ist für diese Produktionshypothese die Verteilung konstant.

Bei konstanten Skalenerträgen und damit Ausschöpfung des Produkts muß $\alpha + \beta = 1$ gelten. Dieses Ergebnis bestätigten zunächst zahlreiche Versuche, die

Koeffizienten der Produktionsfunktion empirisch zu bestimmen. Mit der wachsenden Zahl der ökonometrischen Modelle erhielt man aber auch abnehmende ($\alpha + \beta < 1$) und zunehmende Skalenerträge ($\alpha + \beta > 1$). Es wurde deutlich, daß die numerischen Werte der Parameter u. a. davon abhängen: welches Land und welche Periode betrachtet werden, ob und in welcher Form der technische Fortschritt (s. nachfolgend in diesem Abschnitt) in der Produktionsfunktion berücksichtigt wird, und wie vor allem die Zeitreihen für die Arbeitsmenge und den Kapitalstock im einzelnen berechnet sind (Überblick bei KRELLE, 1969).

Substitutionselastizität

Die Frage nach dem Zusammenhang zwischen den Eigenschaften der Produktionsfunktion und dem Einfluß von Faktorvariationen auf die Einkommensverteilung läßt sich auch mit der HICKSschen Substitutionselastizität (HICKS, 1932) beantworten. Sie ist jeweils für die Beziehung zweier Faktoren zueinander definiert und aus dem Verteilungsprinzip abgeleitet, wonach die relative Seltenheit der Faktoren die Faktorpreisverhältnisse determiniert. Für die makroökonomische Produktionsfunktion läßt sich die Substitutionselastizität σ bei gegebener realer Ausbringung Y_r definieren als die Relation zwischen der relativen Änderung der Arbeitsintensität N/K und der relativen Änderung des Verhältnisses der Grenzproduktivitäten:

$$(3.8.) \quad \sigma = - \frac{d\left(\frac{N}{K}\right)}{\frac{N}{K}} : \frac{d\left(\frac{f_N}{f_K}\right)}{\frac{f_N}{f_K}} \Bigg|\ Y_r = \text{const.}$$

$$\text{mit } f_N = \frac{\partial f}{\partial N}, \ f_K = \frac{\partial f}{\partial K}$$

Analytisch läßt sich zeigen (KRELLE, 1962), daß eine Substitutionselastizität von eins eine konstante Verteilung garantiert. Genau diese Eigenschaft weist die COBB-DOUGLAS-Produktionsfunktion auf.

CES-Produktionsfunktion

Um die Größenordnung der Substitutionselastizität empirisch schätzen zu können, wurde die CES-Produktionsfunktion entwickelt (ARROW, u. a.; CES := constant elasticity of substitution):

$$(3.9.) \quad Y_r = c[(1 - \gamma)N^{-\delta} + \gamma K^{-\delta}]^{-\frac{1}{\delta}}$$

$$\text{mit } c > 0,\ 0 < \gamma < 1,\ \infty \geq \delta \geq -1 \text{ und } \delta \neq 0$$

Diese Produktionsfunktion hat konstante Skalenerträge, läßt aber eine variable Verteilung zu, da für die Substitutionselastizität gilt:

$$\sigma = \frac{1}{1 + \delta}$$

Erste empirische Untersuchungen ergaben mehrheitlich σ < 1. Bei einem zu beobachtenden Anstieg der Kapitalintensität würde sich die Verteilung zugunsten des Faktors Arbeit verbessert haben. Beide Beobachtungen – steigende Kapitalintensität und steigende Lohnquote – können diese Schätzungen und ihre Interpretation stützen. Gleichwohl bedarf es einer eingehenderen Erörterung der empirischen Schätzverfahren und der Ergebnisse anderer Studien, die Werte erneut um eins ergaben (BRONFENBRENNER, 1971, S. 401). Letztere Analysen deuten wiederum auf eine konstante Verteilung hin.

Neutraler technischer Fortschritt

Schon die Klassiker interessierte die Frage, ob der technische Fortschritt zu Lasten des Faktors Arbeit geht. Aus dem verteilungstheoretischen Interesse heraus ist versucht worden, Konzepte des technischen Fortschritts zu entwickeln (Beitrag G). Als Ausgangspunkt dient die Festlegung eines neutralen technischen Fortschritts, der als neutral in dem Sinne verstanden wird, daß er die funktionale Einkommensverteilung nicht beeinflußt. Dieses Konzept geht auf HICKS (1932) zurück.

Als zweiter Beweggrund für die Erfassung des technischen Fortschritts kann die empirische Erfahrung genannt werden, daß das Wachstum des gesamtwirtschaftlichen Produktionsergebnisses nicht vollkommen aus der quantitativen Entwicklung des Einsatzes der Produktionsfaktoren Arbeit und Kapital erklärt werden kann. Es bleibt ein unerklärter Teil des Produktionswachstums, der dem technischen Fortschritt als quasi drittem Produktionsfaktor in der Produktionsfunktion zugeschrieben wird. Für diesen technischen Fortschritt wird postuliert, daß er nicht durch den Einsatz von Produktionsfaktoren produziert wird. Er ist exogen gegeben; man sagt, er fällt wie „Manna vom Himmel".

Nach HICKS (1932) ist der technische Fortschritt neutral, wenn er bei gegebener Kapitalintensität das Verhältnis der Grenzproduktivitäten nicht beeinflußt. Verschiebt sich dieses Verhältnis zugunsten der Grenzproduktivität des Kapitals, liegt „arbeitssparender" Fortschritt mit einer Umverteilung zugunsten der Gewinne vor. Die angenommene Veränderung der Grenzproduktivitäten ist nämlich äquivalent einer Situation ohne technischen Fortschritt, in der über eine Erhöhung des Arbeitseinsatzes die Kapitalintensität gesenkt worden wäre. Da aber die Veränderung der Grenzproduktivitäten durch den technischen Fortschritt bei konstanter Kapitalintensität eintritt, wird die fiktive Arbeitsausweitung „gespart".

Nach ROY F. HARROD (1948) ist der technische Fortschritt neutral, wenn er den durchschnittlichen Kapitalkoeffizienten und die Grenzproduktivität des Kapitals unverändert läßt. Er wirkt „arbeitsvermehrend", weil er die gleichen Wirkungen wie eine Erhöhung des Arbeitseinsatzes in einer Produktionsfunktion mit der Substitutionselastizität von eins hat (UZAWA, 1961).

Die Formen neutralen technischen Fortschritts sind im Laufe der Zeit außerordentlich vielfältig geworden (Überblick bei KRELLE, 1969). Sie haben in verteilungstheoretischer Hinsicht allerdings nicht mehr als ein Definitionsschema erbracht.

3.3. Monopolgradtheorien

Unter den Monopolgraderklärungen nimmt die Theorie von KALECKI (1938, 1939,1 1954) eine herausragende Stellung ein (umfassende Darstellung bei KÜLP, 1974). Die Gründe sind in der historischen Entwicklung der Verteilungstheorie zu suchen. KALECKI publizierte seinen Erklärungsversuch im Jahre 1938. Zu jener Zeit trug er wesentlich zu der Vorstellung bei, daß die funktionelle Einkommensverteilung im Zeitablauf konstant sei (s. Abschnitt 2.1.). Die Jahreszahl weist aber auch darauf hin, daß er als erster die damalige preistheoretische Revolution der monopolitischen oder unvollständigen Konkurrenz (ROBINSON, 1933; CHAMBERLIN, 1933, 1936; Beitrag L) aufnahm und in die makroökonomische Verteilungstheorie einbrachte.

Der Ansatz von KALECKI

In der Modellversion aus dem Jahre 1954 setzt sich der gesamtwirtschaftliche Umsatz R zusammen aus den Unternehmergewinnen Q, den fixen Kosten in Form der Angestelltengehälter W_f, den variablen Kosten in Form der Arbeiterlöhne W_v und der Materialkosten Z:

(3.10.) $R = Q + W_f + W_v + Z$

Die Monopolmacht der Anbieter läßt sich generell daran messen, welche Preise die Unternehmen im Vergleich zu ihren Kosten am Markt durchzusetzen vermögen. In der Preistheorie wird der LERNERsche Monopolgrad verwendet (LERNER, 1933; Beitrag L). Er setzt die Differenz zwischen dem Marktpreis und den Grenzkosten in Relation zum Preis. KALECKI geht von einer absoluten Kosten-Preis-Relation aus und definiert als Monopolgrad k:

(3.11.) $k = \dfrac{R}{W_v + Z}$

Als weitere Erklärungsgröße kommt die Zusammensetzung j der variablen Kosten hinzu:

(3.12.) $j = \dfrac{Z}{W_v}$

Für den Anteil λ_v der Arbeiterlöhne am Volkseinkommen ($Q + W_f + W_v$) ergibt sich aus diesen wenigen Begriffen die Verteilungsformel:

(3.13.) $\lambda_v = \dfrac{1}{1 + (k - 1)(j + 1)}$

Nach KALECKI steigt der Monopolgrad langfristig aufgrund zunehmender Konzentration in der Industrie. Zu beobachten war, daß der Koeffizient j langfristig fiel und so dem Anstieg des Monopolgrades entgegenwirkte. Diese gegenläufige Entwicklung trug zur Konstanz des Lohnanteils bei. KALECKI, der seine Argumentation stets auf eine offene Volkswirtschaft wie England bezog, erklärte das relative Fallen der Rohstoffpreise im Sinne der Imperialismustheorie mit der Ausbeutung der Kolonialvölker. Aber es besteht für KALECKI keine Garantie, daß das relative Zurückbleiben der Preise der Rohmaterialien hinter den Löhnen bestehen bleibt. Im Gegenteil, man wird eher ein Sinken der Lohnquote erwarten dürfen. In dieser Ansicht bricht der marxistische Gedanke der Verelendung der Arbeiter durch.

In der kurzen Sicht mußte KALECKI beobachten, daß das Verhältnis j prozyklisch mit den Konjunkturschwankungen variierte. KALECKI erklärte diese Bewegungen daraus, daß die Rohmaterialpreise im Zyklus nachfragebestimmt sind. Wenn die Einkommensverteilung auch für die kurze Frist als relativ stabil erklärt werden soll, muß konsequenterweise unterstellt werden, daß der Monopolgrad in der Depression steigt und im Aufschwung fällt.

KALECKIS Aussagen über den Monopolgrad und den Materialkosten-Lohn-Parameter sind recht vage formuliert. Sie können kaum als Hypothesen gewertet werden, so daß die Lohnquotenformel (3.13.) nicht über einen tautologischen Ansatz hinausreicht. Dieses Schicksal teilt KALECKIS Theorie mit vielen anderen, die lediglich auf Definitionsgleichungen aufbauen.

Weitere Ansätze

Aus einer Kritik an KALECKI heraus hat ASHOK MITRA (1954) eine eigene Monopolgradtheorie entwickelt (umfassende Darstellungen bei KRELLE, 1962; FERGUSON, 1971). Sie basiert explizit auf der Theorie der Preisbildung im Monopol. Durch die Aggregation der einzelwirtschaftlichen Bedingungen für das Gewinnmaximum des Monopolisten gelangt MITRA unter weiteren Spezifizierungen der Kosten- und Nachfragefunktionen zu einem detaillierten analytischen Ausdruck für die gesamtwirtschaftliche Lohnquote. In ihr übernimmt die Anzahl der Anbieter die Rolle des Monopolgrades. Je kleiner diese Zahl ist, desto höher fällt der Gewinnanteil am Sozialprodukt aus. In einer industriellen Volkswirtschaft ist allerdings die Anzahl der Anbieter außerordentlich groß. Hier müßte der Lohnanteil gegen eins streben. Das ist ein Ergebnis, das der Wirklichkeit völlig entgegensteht.

Die Monopolgradtheorie der Verteilung hat ausgehend von MARX ihren Niederschlag auch im deutschen Sprachraum gefunden. FRANZ OPPENHEIMER (1910, 1922) erklärt die Verteilung aus dem Bodenmonopol der Großgrundbesitzer. Durch ihn beeinflußt haben für ERICH PREISER (1949, 1964) die Kapitalbesitzer ein Klassenmonopol inne, das ihnen ein gesondertes Besitzeinkommen auch dann sichert, wenn der einzelne Kapitalist über kein Marktmonopol im Sinne der Preistheorie verfügt.

Die Monopolgradtheorien verwenden das Konzept eines Gewinnaufschlages zur Erklärung der Preisbildung und der Einkommensverteilung. In der Regel wird die Gewinnmarge nur durch Plausibilitätsüberlegungen begründet. Diese Ansätze sind deshalb eher als Erklärung der kurzfristigen Preisfestsetzung der Anbieter zu werten, als daß sie langfristige Verteilungsgesetzmäßigkeiten erhellen.

3.4. Kreislauftheoretische Ansätze

Eine Vielfalt postkeynesianischer Verteilungstheorien leiten die funktionelle Einkommensverteilung aus makroökonomischen Kreislaufbeziehungen her. Das Konzept ist untrennbar mit dem Namen NICHOLAS KALDOR (1955, 2) verbunden. Allerdings haben andere Autoren vor ihm oder doch etwa zur gleichen Zeit kreislauftheoretische Verteilungsgedanken formuliert (BOULDING, 1950; FÖHL, 1955).

Die Bezeichnung postkeynesianische Verteilungstheorie suggeriert, daß sie die impliziten Verteilungserklärungen der „General Theory" von JOHN MAYNARD KEYNES (1936) widerspiegeln oder doch entwickeln. Dem ist nicht so. Das Verteilungskonzept der „General Theory" entspricht der makroökonomischen Grenzproduktivitätstheorie. Auch wenn in der keynesianischen Theorie das Beschäftigungsvolumen durch die Höhe der effektiven Nachfrage bestimmt wird, ist der Reallohn gleich der Grenzproduktivität der Arbeit (Beitrag C-6).

Der Ansatz von KALDOR

KALDOR knüpft an die politische Ökonomie der Klassiker an, indem er die beiden sozialen Klassen der Lohnempfänger und Gewinnbezieher unterscheidet. Dementsprechend ist das Volkseinkommen Y von der Verteilungsseite her definiert als die Summe aus dem Lohneinkommen W und dem Gewinneinkommen Q:

(3.14.) $Y = W + Q$

Auf der Verwendungsseite gilt die ex post Identität und ex ante Gleichgewichtsbedingung zwischen Ersparnis S und Investitionen I:

(3.15.) $S = I$

Es wird nun angenommen, daß die Lohnempfänger den Anteil s_W, die Gewinnbezieher den Anteil s_Q ihres jeweiligen Einkommens sparen, so daß für die Ersparnis folgende Verhaltensfunktion gilt:

(3.16.) $S = s_W \cdot W + s_Q \cdot Q$.

Die Nebenbedingung

(3.17.) $0 < s_W < s_Q \leq 1$,

nach der die Arbeiter aus ihrem Lohneinkommen relativ weniger als die Kapitalisten aus ihren Gewinnen sparen, erscheint unmittelbar plausibel.

Bedenkt man, daß nach der Definitionsgleichung (3.14.) $W = Y - Q$ gesetzt werden kann, geht (3.16.) über in: $S = s_W Y + (s_Q - s_W)Q$. Aufgrund der Gleichheit von S und I folgt nach weiteren Umformungen die KALDORsche Verteilungsformel für die Gewinnquote:

(3.18.) $\dfrac{Q}{Y} = \dfrac{\dfrac{I}{Y} - s_W}{s_Q - s_W}$

Bei einer Auswertung der Verteilungsgleichung wird zunächst deutlich, daß die Nebenbedingung (3.17.) $s_Q > s_W$ nicht nur plausibel erscheint, sondern erforderlich ist, um eine komparativ-statische Gleichgewichtslösung des Verteilungsmodells zu ermöglichen. In diesem Falle ist auch der Zähler positiv, da aufgrund von (3.18.) die Investitionsquote I/Y zwischen den beiden marginalen Sparquoten s_Q und s_W liegt.

Die Investitionsquote ist nach KALDOR institutionell gegeben, so daß s_Q und s_W von ihr unabhängig sind. Sie unterliegt den Entscheidungen der Unternehmer. Sie ist zugleich die entscheidende Verteilungsdeterminante. Den zugehörigen multiplikativen Faktor $1/(s_Q - s_W)$ nennt KALDOR Empfindlichkeitskoeffizient der Einkommensverteilung. Der multiplikative Anpassungsprozeß läßt sich allerdings nur in dem neoklassischen Bereich der Vollbeschäftigung erklären, in dem die Güterpreise flexibler als die

Nominallöhne reagieren: Eine exogene Ausdehnung der Investitionsquote führt zu Preiserhöhungen im Investitionsgüterbereich, die auf den Konsumgütersektor übergreifen. Die dadurch sinkenden Reallohneinkommen ermöglichen den Anstieg der Gewinnquote.

Kritische Einwendungen

Die Kritik an KALDORS Verteilungstheorie hat sich zu vielfältigen Einwendungen, die bis zu totalen Ablehnungen reichen (JOHNSON, 1973), aufsummiert. Im Mittelpunkt steht die Exogenität der Investitionsquote. Damit bestimmt das Modell nur jene Verteilung, die bei gegebenem Investitionsvolumen und gegebenen Sparneigungen mit Vollbeschäftigung vereinbar ist. Eine exogene Investitionsquote impliziert, daß der Kapitalkoeffizient unabhängig vom Zinssatz ist. Die Grenzproduktivitätstheorie begründet aber gerade ihre wechselseitige Beziehung. KALDOR (1957) muß deshalb die Existenz einer makroökonomischen Produktionsfunktion verneinen.

Die analytische Form der Verteilungsgleichung hat gleichfalls kritische Bemerkungen hervorgerufen. Wenn eine soziale Klasse diese Verteilungsgesetzmäßigkeit erkennt, kann sie durch ihr Sparverhalten das gesamte Einkommen auf sich vereinigen, indem sie die eigene Sparquote dem Wert der Investitionsquote angleicht. Das Modell ist nicht auf drei (und mehr) Einkommenskategorien ausdehnbar. Dann muß der relative Einkommensanteil der zusätzlichen Klasse durch eine gesonderte Theorie erklärt werden.

Weitere Entwicklungen

Bei mangelnden ökonomischen Spezifizierungen der Verhaltenshypothesen sind solche Verteilungsgleichungen wie (3.18.) leicht Manipulationen zugänglich, die schnell zu grundsätzlich anderen Aussagen führen können. Aus diesem Grund sei hier ERICH SCHNEIDER (1957; KRELLE, 1962) erwähnt, der das Verhältnis von Investitionen zu Gewinnen als exogen gegeben annimmt. Dann wird die KALDOR-Formel zu:

$$(3.19.) \quad \frac{W}{Q} = \frac{1}{s_W}\left(\frac{I}{Q} - s_Q\right)$$

In dieser Verteilungsgleichung haben die Investitionen und die Sparquoten im Vergleich zu KALDOR die genau umgekehrte Wirkung auf die Verteilung.

LUIGI PASINETTI (1962) kritisierte an dem KALDOR-Modell, daß jede soziale Klasse nur eine Einkommensart bezieht. Er unterstellt, daß den Arbeitnehmern ebenfalls ein Kapitaleinkommen zufließt. Unter bestimmten Annahmen über ein gleichgewichtiges Wachstum leitet er her, daß nunmehr die Profitquote nur von der Investitionsquote und der Sparquote der Gewinnbezieher abhängt. Die Sparquote der Arbeitnehmer hat langfristig keinen Einfluß mehr (SCHMITT-RINK, 1978). Diese Aussage ist als PASINETTI-Paradox in der Literatur (BRONFENBRENNER, 1971, S. 420) diskutiert worden.

Die KALDORsche Verteilungstheorie übte ihre stärkste Anziehungskraft von Ende der 50er bis Mitte der 60er Jahre aus. Unter den zahlreichen Modellvarianten seien ohne

Anspruch auf Vollständigkeit genannt: die Zusammenfügung von kreislauf- und produktionstheoretischen Elementen (NIEHANS, 1959; KRELLE, 1962) und die langfristigen Versionen (BOMBACH, 1959,1; ROTHSCHILD, 1967).

3.5. Produktivitätsorientierte Ansätze

In verteilungspolitischen Auseinandersetzungen wird häufig die Einkommensverteilung aus den Entwicklungen des Reallohnes und der Arbeitsproduktivität erklärt und aus diesem Zusammenhang die tarifpolitische Forderung abgeleitet, daß die Nominallöhne nur im Ausmaß der Arbeitsproduktivität steigen dürften, wenn das Preisniveau stabil bleiben sollte. Diese Erklärung der Einkommensverteilung und die produktivitätsorientierte Lohnleitlinie stützen sich auf die kausale Auswertung einer definitorischen Erweiterung der Lohnquote. Die in Ausdruck (2.1.) definierte Lohnquote läßt sich ergänzen zu der Verteilungsformel:

$$(3.19.) \quad \lambda := \frac{\frac{W}{N} \cdot N}{\frac{Y}{P} \cdot P} = \frac{\frac{w}{P}}{\frac{Y_r}{N}}$$

In dieser Umformung bezeichnen $w := W/N$ den Nominallohnsatz und $Y_r := Y/P$ das reale Sozialprodukt. In der herkömmlichen Interpretation bleibt die Lohnquote konstant, wenn der Reallohn w/P mit der gleichen Rate wie die Arbeitsproduktivität Y_r/N wächst. Diese Aussage ist tautologisch und erklärt nicht die Verteilung. Eine der entscheidenden Fragen liegt darin, welche kausale Verknüpfung zwischen dem tariflich vereinbarten Nominallohn und dem Preisniveau andererseits besteht. Ausdruck (3.19.) läßt sich auch schreiben als:

$$(3.20.) \quad P = \frac{w}{\frac{Y_r}{N} \cdot \lambda}$$

An diese Formulierung knüpft die produktivitätsorientierte Lohnpolitik an: die Preise steigen nicht, solange bei gegebener Einkommensverteilung die Nominallöhne parallel zur Arbeitsproduktivität wachsen. Wenn jedoch die Nominallöhne stärker wachsen, kann solange keine Aussage über die Preisentwicklung getroffen werden, solange nicht bekannt ist, wie die funktionelle Verteilung reagiert. Letzteres zu erklären, ist Aufgabe der Verteilungstheorie. Dazu liefert die Auswertung von Ausdruck (3.19.) keine Aussage, weil dies wiederum eine Hypothese über den Zusammenhang zwischen Nominallohnvariation und Preisänderung voraussetzt.

3.6. Wertende Zusammenfassung

Viele der Erklärungsansätze zur funktionellen Einkommensverteilung bleiben in tautologischen Formulierungen stecken. Definitorische Zusammenhänge beschreiben keine kausalen Abhängigkeiten. Das Zusammenwirken der in die Ansätze aufgenommenen einzelnen Komponenten kann lediglich in einer ex post Betrachtung statistisch-quantitativ festgestellt werden.

Als geschlossenes theoretisches Gedankengebäude ist vor allem die Grenzproduktivitätstheorie zu werten. Sie erklärt die Verteilung über den Preisbildungsprozeß auf den Faktormärkten. Die Faktorpreise sind nicht nur Einkommen, sondern auch Lenkungsgrößen der Produktion (KÜLP, 1974, S. 4). Die neoklassische Verteilungstheorie ist deshalb zugleich eine Theorie der Produktion.

Die funktionelle Verteilung verliert jedoch zunehmend den Bezug zu bestimmten Wirtschaftsgruppen (GAHLEN, u. a., 1976, S. 227), weil Produktionsfaktoren und Wirtschaftseinheiten nicht mehr wie zu Zeiten der Klassik gleichgesetzt werden können. Einer wachsenden Zahl von Wirtschaftssubjekten fließt heute Einkommen aus mehreren funktionellen Quellen zu (s. Abschnitt 2.1.). Dieser Wandel und der Tatbestand, daß die funktionelle Verteilung keine Aussagen über individuelle Einkommensvergleiche erlaubt, dürften dazu beigetragen haben, daß im letzten Jahrzehnt die personelle Einkommensverteilung in den Mittelpunkt der Verteilungstheorie gerückt ist.

4. Personelle Einkommensverteilung

Die Entwicklung der Theorie der personellen Einkommensverteilung wurde durch das Bemühen beherrscht, die typische Ungleichmäßigkeit und Schiefe der beobachteten Verteilung (s. *Abb. H-1*) herzuleiten und zu deuten. Davon zu unterscheiden ist, auch wenn die Übergänge fließend sind, die Ermittlung der Bestimmungsgründe für die Höhe des personellen Einkommens.

4.1. Stochastische Ansätze

Die Verteilungsgesetzmäßigkeit aus einem Zufallsprozeß herzuleiten geht auf ROBERT GIBRAT (1931) zurück. Seine Verteilungsfunktion hat gegenüber der paretianischen hyperbolischen Verteilung den Vorteil, auch den aufsteigenden Ast und den Bereich des Maximums der Einkommenskurve zu erfassen.

Die lognormale Verteilung von GIBRAT

GIBRAT wollte nicht nur die Verteilungskurve statistisch beschreiben, sondern gleichzeitig die Einkommensungleichheit erklären. Einen Ausgangspunkt sah er durchaus in der Normalverteilung. Sie läßt sich aus drei Bedingungen herleiten:

– Die die Verteilung bestimmenden Ursachen sind zahlreich;
– Deren Wirkungen, in Form absoluter Änderungen auf die Verteilungsgröße, sind voneinander unabhängig;
– Jede Einzelwirkung ist gering gegenüber dem Gesamteffekt aller Einflüsse.

In Hinblick auf die Einkommensverteilung ist für GIBRAT das zweite Postulat der Unabhängigkeit der Effekte nicht mit der Wirklichkeit vereinbar. Dieselbe Ursache, die auf verschiedene personelle Einkommenshöhen einwirkt, kann nicht die absolut gleiche Einkommensveränderung auslösen. Sie wird eher dem jeweiligen Einkommensniveau proportional sein und damit von den Einflüssen abhängen, die zu der individuellen Einkommenshöhe geführt haben (SOLTERER, 1958). Normalverteilte proportionale Einkommensänderungen erzeugen eine logarithmische Normalverteilung (lognormale Verteilung), der die bekannte rechts-schiefe Verteilung der beobachteten Daten entspricht.

MARKOV-Prozeß

Für einen in der Zeit ablaufenden Verteilungsprozeß kann man sich gedanklich vorstellen, daß sich bestimmte Chancen dafür einstellen, daß eine Wirtschaftseinheit in der Einkommensklasse auf- bzw. absteigt. Diese Idee erlaubt die Anwendung der mathematischen Theorie des MARKOV-Prozesses. Mit ihr werden die Auf- und Abstiegschancen durch Übergangswahrscheinlichkeiten erfaßt, die im Zeitablauf konstant bleiben. Dann stellt sich das bemerkenswerte Ergebnis ein, daß die Endverteilung nicht von der Ausgangssituation, und sei sie auch die einer völligen Gleichverteilung, sondern von den Annahmen über die Übergangswahrscheinlichkeiten abhängt. Es läßt sich sowohl eine PARETO-Verteilung wie eine Lognormalverteilung erzeugen.

Spezifizierte und normalverteilte Einflußgrößen

Die GIBRAT-Verteilung und der MARKOV-Prozeß bilden stochastische Ansätze in dem Sinne, daß die Ursachen der Verteilung selbst zufällig sind und zufällig streuen. Es fehlen die ökonomischen Erläuterungen der vielfältigen unabhängigen Wirkungsursachen und die ökonomischen Begründungen der angenommenen Übergangswahrscheinlichkeiten. Davon zu unterscheiden sind Theorien, die einzelne Verteilungsursachen isolieren, für diese aber annehmen, daß sie normal verteilt sind.

Unter diesen Erklärungsfaktoren kann man die Fähigkeiten und Eigenschaften zum Einkommenserwerb, wie immer sie auch definiert sein mögen (s. Abschnitt 2.2.), verstehen. Sind diese Faktoren normalverteilt und unabhängig voneinander, erklärt kein Faktor für sich allein die personelle Einkommensverteilung. Ihr multiplikatives Zusammenwirken erzeugt dagegen eine rechts-schiefe Verteilungskurve (ROY, 1950). Diese multiplikative Verbindung entspricht einer Addition der Logarithmen und rückt sie damit in die Nähe der lognormalen GIBRAT-Verteilung.

Auch eine Addition von Normalverteilungen kann die beobachtete Verteilungsungleichheit herbeiführen. Daran knüpft MILTON FRIEDMAN (1953,2) an. Er bildet zwei Klassen von Wirtschaftssubjekten, die sich in ihrer Risikopräferenz unterscheiden: die größere Zahl der risikoscheuen unselbständig Beschäftigten und die kleinere Anzahl der risikofreudigen selbständig Tätigen. Die Einkommen sind in beiden sozialen Klassen symmetrisch verteilt. Die Verteilung der Einkommen der Unselbständigen weist jedoch gegenüber der Verteilung der Verdienste der risikofreudigeren Wirtschaftseinheiten ein geringeres Durchschnittseinkommen und eine geringere Streuung auf. Die Addition beider symmetrischen Verteilungen ergibt eine rechts-schiefe Verteilungskurve.

JAN TINBERGEN (1956, 1973) wendet in einem stochastischen Ansatz den Marktmechanismus zwischen Angebot von und Nachfrage nach Arbeit auf die Herausbildung der personellen Einkommensverteilung an. Funktion der Einkommensverteilung ist es, das normalverteilte Arbeitsangebot den seitens der Unternehmer ebenfalls im stochastischen Sinne nachgefragten Arbeitsfähigkeiten anzupassen. Die mathematischen Eigenschaften des Modells produzieren für die endogene Einkommensvariable die lognormale Verteilungskurve.

4.2. Das Konzept des Arbeitsvermögens

Das Konzept des Arbeitsvermögens (human capital; SCHULTZ, 1961, 1963) wendet den Begriff des Kapitalgutes auf die menschlichen Fähigkeiten zum Einkommenserwerb an (s. Abschnitt 2.3.). Kapitalgüter sind alle unter Einsatz von Ressourcen produzierten Güter, die über ihre Lebensdauer Erträge und Nutzungen stiften. Die menschlichen Fähigkeiten, ökonomisch verwertbare Tätigkeiten zu verrichten und damit Einkommen (Erträge) zu erzielen, sind nicht allein angeboren, sondern auch durch Investitionen geschaffen. Zu diesen Investitionen zählen die Schulausbildung, die Ausbildung während der Berufsausübung, aber auch Ausgaben der Gesundheitsvorsorge. Niemand wird aber in das Arbeitsvermögen investieren, ohne daß monetäre oder nicht-pekuniäre Erträge und Vorteile erwartet werden. Der human-capital-Ansatz erklärt diese Investitionstätigkeit aus dem mikroökonomischen Kalkül der optimalen Entscheidungen.

Dieses Konzept haben JACOB MINCER (1958, 1970) und GARY S. BECKER (1964) zur Erklärung der personellen Einkommensunterschiede ausgebaut. Im Mittelpunkt steht die Bedeutung der Schulausbildung.

Der Ausgleich der Gegenwartswerte

Das Arbeitsvermögen ist nicht direkt meßbar. MINCER definiert es als Gegenwartswert aller Einkommensströme, die ein Wirtschaftssubjekt aus dem Einsatz seiner Arbeitskraft in der Zukunft erwartet. Am Ende eines bestimmten Lebensabschnittes soll die Entscheidung darüber gefällt werden können, entweder in das Berufsleben einzutreten oder zunächst noch eine Anzahl von Jahren in die Schul- und Hochschulausbildung zu investieren. Die Länge der Schulausbildung betrage b Perioden und die Dauer des Berufslebens n Jahre. Das während des Arbeitslebens erzielte Einkommen Y_b sei für alle Perioden gleich groß. Bei einer erwarteten Ertragsrate r auf die Ausbildung (Diskontierungsrate) ergibt sich bei einer in der Zeit t kontinuierlichen Betrachtungsweise das Humankapital (Arbeitsvermögen) H_b:

$$(4.1.) \quad H_b = Y_b \int_b^{b+n} e^{-rt} dt = \frac{Y_b}{r} e^{-rb} [1 - e^{-rn}]$$

Die Kosten der Ausbildung sind in diesem Ansatz gleich dem Einkommen, die dem Wirtschaftssubjekt während des Schulbesuchs entgehen (Opportunitätskosten). Ein Wirtschaftssubjekt, das sofort in das Berufsleben (b = 0) eintritt, hat diese Kosten nicht zu tragen. Dessen laufendes Einkommen Y_0 wird, so kann man vermuten, kleiner ausfallen. Um die Bedeutung der Länge der Ausbildungsdauer hervorzuheben, sei für alle Wirtschaftssubjekte die gleiche Berufsdauer n und der gleiche Diskontierungsfaktor r unterstellt. Für das Arbeitsvermögen H_0 eines Wirtschaftssubjektes ohne weitere Ausbildung gilt in Anlehnung an Ausdruck (4.1.):

(4.2.) $H_0 = \dfrac{Y_0}{r}[1 - e^{-rn}]$

In einem marktwirtschaftlichen Wettbewerbssystem müssen sich die individuellen Einkommen so einstellen, daß die Gegenwartswerte zukünftiger Einkommen für alle beruflichen Tätigkeiten, und d. h. in dieser Modellbetrachtung für alle Ausbildungslängen, gleich hoch sind. Andernfalls verstärkt sich das Interesse an den Berufen mit dem erwarteten höheren Lebenseinkommen. Die wachsende Nachfrage und damit Konkurrenz übt einen Druck auf die Einkommenshöhe solange aus, bis sich die Werte des Humankapitals wieder angeglichen haben. Dieser ausgleichende Marktmechanismus macht deutlich, daß das Konzept des Arbeitsvermögens in der Tradition der langfristigen neoklassischen Gleichgewichtsanalyse steht.

Aus der Gleichsetzung der Vermögenswerte (4.1.) und (4.2.) ergibt sich die Einkommensrelation:

(4.3.) $\dfrac{Y_b}{Y_0} = e^{rb}$

und damit der Einkommensunterschied in den natürlichen Logarithmen:

(4.4.) $\ln Y_b = \ln Y_0 + rb$

Dieses Ergebnis erlaubt folgende Aussagen:

– Bei gegebenen gleichen Ertragsraten gehen die Einkommensdifferenzen auf die unterschiedliche Dauer der Ausbildung zurück. Sind diese Ausbildungslängen, z. B. als Ausdruck der Chancengleichheit, normalverteilt, stellt sich die bekannte rechts-schiefe Einkommenskurve ein.

– Auch die erwarteten Ertragsraten können streuen. Führt man sie auf Unterschiede in den gegebenen individuellen Fähigkeiten zurück, bewirkt ein höheres allgemeines Bildungsniveau, repräsentiert durch einen größeren Durchschnittswert des Parameters b, stärkere Einkommensdifferenzen.

– Eine progressive Einkommensteuer erhöht die Ungleichheit in den Bruttoeinkommen. Ausdruck (4.3.) geht bei den Steuersätzen τ_b und τ_0 über in:

(4.5.) $\dfrac{Y_b}{Y_0} = \dfrac{(1 - \tau_0)}{(1 - \tau_b)} e^{rb} > e^{rb}$ für $\tau_b > \tau_0$

Allgemeine Verdienstfunktion

BECKER definiert das in der laufenden Periode t bezogene Einkommen als Summe aus einem Basiseinkommen Y_0, das ein Wirtschaftssubjekt ohne Ausbildung beziehen kann, und dem Ertrag auf die in den vorangegangenen Perioden getätigten Investitionsausgaben I:

(4.6.) $Y_t = Y_0 + r \sum\limits_{i=0}^{t-1} I_i = Y_{t-1} + rI_{t-1}$

Die Investitionsausgaben seien proportional dem laufenden Einkommen:

(4.7.) $\quad \dfrac{I_t}{Y_t} = k_t$

Durch Substitution von (4.7.) in (4.6.) ergibt sich beim Übergang zu natürlichen Logarithmen:

(4.8.) $\quad \ln Y_t = \ln Y_0 + \sum\limits_{i=0}^{t-1} \ln(1 + rk_{t-1})$

Die Investitionsperioden kann man aufspalten in wiederum b Schuljahre und (t-b) Perioden der Berufsausübung. Die Kosten der Schulausbildung werden erneut durch die Opportunitätskosten des entgangenen Einkommens gemessen, so daß die zugehörigen Parameter k gleich eins sind. Während des Berufslebens fallen diese relativen Fortbildungsaufwendungen kleiner eins aus. Verwendet man die Abschätzung $\ln(1 + rk_{t-1}) \approx rk_{t-1}$, erhält man zusammen mit den getroffenen Annahmen über k:

(4.9.) $\quad \ln Y_t = \ln Y_0 + r_b + r \sum\limits_{j=b}^{t-1} k_j$

Zusätzlich zu der Einkommensfunktion (4.5.) lassen sich folgende Aussagen treffen:
- Je älter die Altersgruppe (je größer t), desto ungleicher ist die Einkommensverteilung auch bei gleichem Schulausbildungsniveau b.
- Die Einkommensstreuung fällt in der Gruppe der gelernten Arbeiter (größere Werte für k) höher als in der Gruppe der ungelernten Arbeiter aus.
- Verheiratete Frauen unterbrechen ihre Berufstätigkeit, um die Kinder großzuziehen. Für bestimmte Zeitintervalle werden für sie die Parameter k gleich null. Damit sind in dieser sozialen Gruppe die Einkommensunterschiede kleiner als etwa in der Gruppe der Männer.

Viele der hier abgeleiteten Aussagen konnten empirisch bestätigt werden (CHISWICK, 1974; MINCER/POLACHEK, 1974; Überblick bei SAHOTA, 1978).

4.4. Vererbung

Die bislang diskutierten, sehr unterschiedlichen Erklärungsansätze verdeutlichen, daß keine geschlossene Theorie der personellen Verteilung existiert. Zusätzliche Faktoren, die zur Einkommensungleichheit beitragen, lassen sich in großer Zahl zusammentragen. Zeitlich schon sehr früh wurde auf den ererbten Vermögensbesitz verwiesen (PIGOU, 1912; DALTON, 1920).

Selbst wenn die Fähigkeiten zum Einkommenserwerb normalverteilt seien, müsse sich eine rechts-schiefe Verteilungskurve einstellen, weil das Vermögen Quelle zusätzlicher, aber ungleich verteilter Besitzeinkommen und Startchancen ist. Dagegen ist jedoch zu beachten, daß der abnehmende relative Anteil des Besitzeinkommens in der funktionellen Verteilung den Einfluß auf die personelle Einkommensungleichheit mindert. Bedeutsam könnte allein die Verbindung zwischen Vermögensposition und Startchancen wie Chancenbevorzugung sein. Derartige Rückwirkungen betont JAMES E. MEADE (1964, 1976). Diese Verknüpfung ist umstritten, weil sie in das Problem der genetisch und umweltbedingten Bestimmungsgründe der individuellen Fähigkeiten hineinreicht (SAHOTA, 1978).

5. Vermögensverteilung

Die Erklärung der ungleichen Vermögensverteilung ist gegenüber der theoretischen Herleitung der Einkommensverteilung ein wesentlich weniger beachtetes Interessengebiet. Soweit versucht wird, die personelle Vermögensungleichheit zu erklären, gilt das Vererbungssystem als Ansatzpunkt der Hypothesenbildung.

Ein einfaches Beispiel konstruiert BLÜMLE (1975). Die vererbenden Ehepaare werden nach ihrer Kinderzahl zusammengefaßt. Zu beobachten ist, daß sich die Häufigkeit der Kinderzahl rechts-schief verteilt: Einkind- und Zweikinderhaushalte kommen am häufigsten vor und je zahlreicher der Nachwuchs, desto geringer die Anzahl der Haushalte in der Bevölkerung. Ist das zu vererbende Vermögen bei allen Ehepaaren gleich groß und erhält jeder Erbe den gleichen Vermögensanteil, stellt sich bereits in der ersten Nachfolgegeneration eine rechts-schiefe Vermögensverteilung ein.

ANTHONY B. ATKINSON (1971) hat versucht, die Bedeutung der Vererbung in der Weise zu erfassen, daß er die empirischen Beobachtungen mit einer hypothetischen Verteilung für eine Gesellschaft vergleicht, in der alle Wirtschaftseinheiten ökonomisch gleichgestellt sind und gleiche Pläne aufstellen. Grundlage der hypothetischen Verteilung ist die Lebenszyklus-Hypothese des Sparens (MODIGLIANI/BRUMBERG, 1954). Vermögen wird weder geerbt noch vererbt. Dennoch verfolgt jedes Individuum bestimmte Sparpläne. Während des Arbeitslebens wird so viel angespart, daß der laufende Konsum im Alter (Ruhestand) finanziert werden kann. Jedes Individuum weiß zudem mit Sicherheit, daß sein Einkommen während des Berufslebens mit einer bestimmten Rate wächst. Ebenso sei die Dauer des Arbeitslebens und des gesamten Lebens vorhersehbar. Nunmehr plane das Individuum seinen Konsum und damit seine Ersparnisse derart, daß der Konsum über das ganze Leben, also auch während des Ruhestandes, mit einer konstanten Rate zunimmt. Am Lebensende sind alle Ersparnisse ausgegeben. Unter den gemachten Annahmen bestehen zwischen den Individuen eines Jahrganges keine Vermögensunterschiede; wohl aber zwischen den Individuen verschiedenen Lebensalter. Auf Variationen der Modellparameter – wie z. B. den Wachstumsraten von Einkommen, geplanten Konsum und Bevölkerung – reagiert die Vermögensverteilung zwischen den Altersgruppen nur schwach. Die 10 v. H. reichsten Wirtschaftseinheiten besitzen zwischen 19 v. H. und 30 v. H. des Gesamtvermögens. Das ist erheblich weniger, als in der Wirklichkeit beobachtet wird. ATKINSON schließt daraus, daß diese Differenzen auf die Vermögensvererbung zurückzuführen sind.

Selbst kompliziertere Modelle dieser Art (OULTON, 1976) ändern nichts an dieser grundsätzlichen Aussage. Damit muß – wie auch das vorangehende Beispiel der Kinderzahl und pro-Kopf Gleichvererbung zeigt – die Frage nach den Auswirkungen unterschiedlicher Vererbungsgesetzmäßigkeiten gestellt und analysiert werden (BLINDER, 1973).

Kommentierte Literaturhinweise

Die Lehrbücher und Monographien konzentrieren sich auf die Einkommensverteilung. Unter ihnen ist die Verteilungstheorie von MARTIN BRONFENBRENNER (1971) hervorzuheben, weil sie einen Gesamtüberblick über Fragestellungen, statistische Informationen, Theorienbildungen und historische Entwicklungen liefert. Ebenso umfassend, mit kritischen Akzenten, informiert JAN PEN (1971).

Die ökonomisch anspruchsvollste Analyse mit dem Schwerpunkt auf der neoklassischen Grenzproduktivitätstheorie und eine Ausweitung auf die personelle Verteilung hat HARRY G. JOHNSON (1973) als ausgearbeitetes Vorlesungsmanuskript veröffentlicht. Wer an den mathematisch-analytischen Eigenschaften der Neoklassik interessiert ist, muß zu dem Werk von CHARLES E. FERGUSON (1971) greifen.

Einführungen in die funktionelle Einkommensverteilung vermitteln GERHARD SCHMITT-RINK (1978) und BERNHARD KÜLP (1974).

Zur personellen Einkommensverteilung bietet im deutschen Sprachraum nur GEROLD BLÜMLE (1975) eine umfassende, einführende Darstellung. Der speziell am human-capital-Ansatz interessierte Leser gewinnt den besten Überblick bei JACOB MINCER (1970). Die bislang vollständigste, nach Fragestellungen zusammengefaßte und kommentierte Bibliographie stammt von GIAN S. SAHOTA (1978).

Die Verteilungstheorie ist zugleich ein Stück Ideengeschichte der Nationalökonomie. Dazu ist GERHARD STAVENHAGEN (1957) zu beachten. Ein knapper historischer Überblick findet sich in dem Werk von WILHELM KRELLE (1962), in dem zugleich das bisher detaillierteste Kreislaufmodell der Verteilung konstruiert und simuliert worden ist.

I. Außenhandel
Dieter Bender

Gliederung

1. Strukturwandlungen im Welthandel
2. Strukturen der internationalen Arbeitsteilung
   2.1. Intersektoraler Außenhandel
      2.1.1. Substitutionsmodelle
      2.1.2. Verfügbarkeitsmodelle
   2.2. Intrasektoraler Außenhandel
      2.2.1. Raumwirtschaftsmodelle
      2.2.2. Produktdifferenzierung
3. Internationale Arbeitsteilung bei Freihandel
   3.1. Außenhandel als Folge komparativer Kostenunterschiede
      3.1.1. RICARDO-Güter
      3.1.2. HECKSCHER-OHLIN-Güter
   3.2. Außenhandel ohne komparative Kostenunterschiede
      3.2.1. Steigende Skalenerträge
      3.2.2. Nachfragestruktur
   3.3. Innovationen, Produktzyklen und Außenhandel mit Produktzyklus-Gütern
   3.4. Terms of trade
4. Internationale Arbeitsteilung bei protektionistischer Außenhandelspolitik
   4.1. Schutzzölle
   4.2. Erziehungszölle
   4.3. Diskriminierender Protektionismus

1. Strukturwandlungen im Welthandel

Außenhandelsliberalisierung und Einkommenswachstum haben in den vergangenen drei Jahrzehnten zu einem kräftigen Wachstum des Welthandels beigetragen. Diese Entwicklung war allerdings mit sehr ausgeprägten Strukturwandlungen verbunden. Wie *Übersicht I-1* zeigt, lassen sich für den Zeitraum 1948–1966 wachsende Anteile der Industrieländer und abnehmende Anteile der Entwicklungsländer am Weltexport feststellen. Lediglich die internationale Arbeitsteilung zwischen Industrieländern hat sich also in der Phase eines stürmischen Welthandelswachstums wesentlich intensiviert.

Übersicht I-1: Exporte (Mio $ f.o.b.) in Prozent des Weltexports gegliedert nach Ursprungs- und Bestimmungsländern 1950, 1966 und 1975

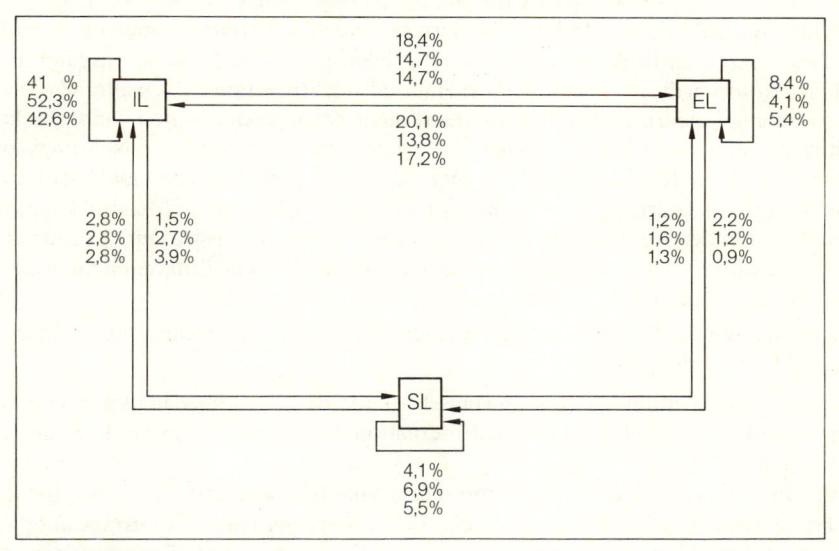

```
                          18,4%
         41 %             14,7%                        8,4%
         52,3%   ┌──┐     14,7%         ┌──┐           4,1%
         42,6%   │IL│ ◄─────────────────│EL│           5,4%
                 └──┘     20,1%         └──┘
                          13,8%
                          17,2%

         2,8%   1,5%                    1,2%   2,2%
         2,8%   2,7%                    1,6%   1,2%
         2,8%   3,9%                    1,3%   0,9%

                          ┌──┐
                          │SL│
                          └──┘
                          4,1%
                          6,9%
                          5,5%
```

IL – Industrieländer
EL – Entwicklungsländer
SL – Staatshandelsländer des Ostblocks
Quelle: Eigene Berechnungen nach GATT, International Trade Statistics 1976

Zentrale Aufgabe einer Theorie des internationalen Handels ist die Erklärung dieses Strukturwandels. Ein erstes vorläufiges Erklärungsmodell bietet ein Ansatz, der aus empirisch zu ermittelnden Exportfunktionen

$$Ex^{ij} = Ex^{ij}(Y^j)$$

Ex^{ij} : = Export des Landes i nach Land j
Y^j : = Einkommen des Landes j

die Einkommenselastizität der Exporte ableitet:

$$\eta_{Ex^{ij}, Y^j} = dEx^{ij}/dY^j \cdot Y^j/Ex^{ij} > 0$$

Faßt man nun unter i = 1 alle Industrieländer und unter j = 2 alle Entwicklungsländer zusammen, so kann sich ergeben, daß die Einkommenselastizität der zwischen

Industrieländern gehandelten Exporte größer als eins ist, während die Einkommenselastizität der aus Entwicklungsländern in Industrieländer fließenden Exporte kleiner als eins ist. Ein solcher Befund wird durch die Untersuchung von HELMUT HESSE (1967) für den Zeitraum 1950–60/61 gestützt, in der Durchschnittswerte der Einkommenselastizitäten von 1,17 (η_{Ex^{11},Y^1}) und 0,44 (η_{Ex^{21},Y^1}) geschätzt wurden. Betrug also im Jahresdurchschnitt des gleichen Zeitraumes das Einkommenswachstum der Industrieländer 7 v. H., so mußte sich hieraus ein Wachstum des Warenaustausches zwischen Industrieländern in der Rate von ca. 8,2 v. H. ergeben, während der gleiche Wachstumsprozeß den Entwicklungsländern nur ein durchschnittliches Exportwachstum von ca. 3,1 v. H. pro Jahr beschert hat. Wenn eine Intensivierung der Exportverflechtung zwischen Entwicklungsländern diesem Trend nicht kompensierend entgegenwirkt – und dieses war in der Vergangenheit nicht der Fall –, so müssen hieraus die bereits diagnostizierten Strukturwandlungen resultieren.

Die eigentliche Ursache dieser strukturellen Verschiebungen ist somit darin begründet, daß in den zwischen Industrieländern gehandelten Exportsortimenten Produkte dominieren, deren Einkommenselastizität größer als eins ist (Investitionsgüter, dauerhafte Konsumgüter, wie z. B. Autos, Haushaltselektrogeräte etc.), während das von Entwicklungsländern gelieferte Exportsortiment einen großen Anteil von Produkten mit relativ einkommensunelastischer Nachfrage umfaßt (Primärgüter: Nahrungs- und Genußmittel, zahlreiche Rohstoffe). Der Beitrag, den die Außenhandelstheorie zur Erklärung sich vollziehender Strukturwandlungen im Welthandel leisten kann, besteht somit in der Antwort auf die Frage, warum in der Warenstruktur der Industrieländer-Exporte (Entwicklungsländer-Exporte) Produkte mit Einkommenselastizitäten über eins (unter eins) dominieren.

Nunmehr können die beobachteten Strukturwandlungen möglicherweise darauf zurückgeführt werden, daß

– die den internationalen Güteraustausch steuernden Marktmechanismen jene Exportstrukturen geschaffen haben (internationale Arbeitsteilung als Ergebnis des Freihandels),
– die Preise der typischen Exportprodukte von Industrieländern im langfristigen Trend stärker gestiegen sind als die Preise der typischen Exportprodukte von Entwicklungsländern, so daß sich das Verhältnis zwischen Exportpreisen und Importpreisen für Industriestaaten verbessert, für Entwicklungsländer verschlechtert hat (Veränderung der terms of trade),
– staatliche Lenkungseingriffe in die internationalen Güterströme eine wesentliche Abnahme des Primärgüteranteils an den Entwicklungsländer-Exporten und eine Erhöhung des Anteils einkommenselastischer Industriegüter ebenso verhindert haben wie potentielle Verbesserungen der terms of trade von Entwicklungsländern (internationale Arbeitsteilung als Ergebnis von Protektionismus, Zollunionsbildung, Freihandelszonen etc.).

Ziel außenhandelstheoretischer Methoden ist es, aus diesem Katalog möglicher Antworten empirisch überprüfbare Hypothesen über die wesentlichen Ursachen arbeitsteiliger Strukturen der Weltwirtschaft und ihrer Veränderungen zu entwickeln. Zu diesem Zweck muß analysiert werden, warum bestimmte Güter international getauscht werden, welche der international gehandelten Produkte von einem Land exportiert und importiert werden, und welche Preisrelationen zwischen Exporten und

Importen sich dabei herausbilden. In den Rahmenbedingungen einer solchen Analyse muß unterschieden werden, ob Staaten die Entwicklung dieser Außenhandelsbeziehungen dem Selbststeuerungssystem des Weltmarktes überlassen (Freihandelspolitik) oder ihrerseits steuernd in diese arbeitsteiligen Beziehungen eingreifen (Protektionismus, Zollunion, Freihandelszone, Zollpräferenzen).

2. Strukturen der internationalen Arbeitsteilung

Die Vielfalt möglicher Bestimmungsgründe der Warenstruktur von Exporten und Importen schließt eine monokausale Erklärung von Außenhandelsströmen aus. Um die Auswirkung spezifischer Einflußfaktoren auf den Handel zu analysieren, müssen daher mehrere Typen von Erklärungsmodellen entwickelt werden, die jeweils nur einen Teilbereich internationaler Handelsbeziehungen erfassen, ohne beanspruchen zu können, die Gesamtheit der Weltarbeitsteilung zu erklären (HUFBAUER, 1970).

2.1. Intersektoraler Außenhandel

Bei gegebener Abgrenzung der Produktionssektoren liegt intersektoraler Außenhandel vor, wenn Länder diese Produkte entweder exportieren oder importieren, ohne gleichzeitig Produkte der gleichen Kategorie zu importieren oder zu exportieren. Dieser intersektorale Handel ist entweder durch Substitutionsmodelle (substitutive internationale Arbeitsteilung) oder durch Verfügbarkeitsmodelle (komplementäre internationale Arbeitsteilung) zu analysieren.

2.1.1. Substitutionsmodelle

Das Substitutionsmodell der internationalen Arbeitsteilung (LORENZ, 1967) entspricht den Standardmodellen der traditionellen Außenhandelstheorie. Da die international handelsfähigen Produkte in allen handeltreibenden Ländern erzeugt werden oder zumindest produziert werden können, besteht in jeder Volkswirtschaft ein substitutives Verhältnis zwischen Inlandserzeugung und Import bzw. zwischen Inlandsverwendung und Export. Die Volkswirtschaften erstellen aufgrund vergleichbarer (aber nicht gleichartiger) Produktionsbedingungen homogene Produkte (z. B. Getreide, Kohle, Stahl) oder relativ enge Substitute (z. B. natürliche und synthetische Rohstoffe), die sie zu unterschiedlichen Preisen oder Qualitäten anbieten können. Die internationale Wettbewerbsposition eines nationalen Produktionssektors am Weltmarkt bestimmt dann, ob diese Güterkategorie Export- oder Importprodukt der betreffenden Volkswirtschaft wird.

Werden Qualitätsunterschiede vernachlässigt, so ist die Richtung des Außenhandels dadurch bestimmt, daß in zwei Ländern verfügbare Güter aus dem Land mit im Autarkiezustand niedrigerem Lieferpreis ab Werk in das Land mit höherem ab-Werk-Lieferpreis strömen, wenn die Transportkosten pro Stück (Frachtkosten = Frachtsatz pro Tonnenkilometer · Entfernung · Stückgewicht + Versicherungskosten) geringer als diese Preisdifferenz sind. Zunächst bleiben Transportkosten unberücksichtigt, so daß für zwei Länder 1 (Inland) und 2 (Ausland) folgt:

	Autarkiepreise	*Freihandelsrichtung*
(1)	$p_1^1 < p_1^2 \cdot e$	Inland exportiert Gut 1 nach Land 2
	(15 DM) < (10 \$) (1,80 DM/\$)	
(2)	$p_2^1 > p_2^2 \cdot e$	Inland importiert Gut 2 aus Land 2
	(10 DM) > (5 \$) (1,80 DM/\$)	

p_1^1, p_1^2 — Preise des Gutes 1 in Ländern 1 und 2

p_2^1, p_2^2 — Preise des Gutes 2 in Ländern 1 und 2

e — Wechselkurs (Preis einer Währungseinheit von Land 2 in Währungseinheiten des Landes 1)

Bei Autarkie ist noch kein gleichgewichtiger Wechselkurs determiniert, so daß sich die aus (1) und (2) folgende Bedingung für die hier unterstellte Richtung des Außenhandels durch Umrechnung in relative Güterpreise (mit Gut 2 als numéraire) auf Ungleichung (3) reduziert:

(3) $\quad \dfrac{p_1^1\ (15\ \text{DM})}{p_2^1\ (10\ \text{DM})} < \dfrac{p_1^2\ (10\ \$)}{p_2^2\ (\ 5\ \$)}$

$\quad\quad (1{,}5\ x_2) \ < \ (2\ x_2)$

Das Inland exportiert also Gut 1, weil dessen in Einheiten des Importgutes gemessener relativer Autarkiepreis niedriger als im Ausland ist. Bei Geltung dieser Bedingung lassen sich die inländischen Auswirkungen des Übergangs zu substitutiver internationaler Arbeitsteilung mit Hilfe einer partiellen Gleichgewichtsanalyse der in- und ausländischen Märkte beider Güter verdeutlichen.

Preiseffekte: Nach Überwindung der Autarkie durch Freihandel können die inländischen Produzenten von Gut 1 durch Unterbietung ihrer ausländischen Konkurrenten, aber zu einem Preis $p_1 > 15$ DM, in den Auslandsmarkt eindringen. Im Inlandsmarkt steigt, im Auslandsmarkt sinkt der Preis des Gutes 1, da sein Export das verfügbare Güterangebot am Inlandsmarkt verknappt und am Auslandsmarkt ausweitet. Schließlich wird das inländische Überschußangebot des Exportgutes bei einem für beide Länder geltenden Weltmarktgleichgewichtspreis $p_1^W = 16$ DM durch eine gleich große ausländische Überschußnachfrage absorbiert. Entsprechend wird der Preis des inländischen Importgutes im Inland sinken und im Ausland steigen, bis ein Gleichgewicht mit einem in beiden Ländern einheitlichen Weltmarktpreis $p_2^W = 9$ DM zustande kommt. Außenhandel beseitigt somit die absoluten und relativen Preisunterschiede des Autarkiezustandes. Für das Inland spielt sich ein internationales Austauschverhältnis zwischen Exporten und Importen von $p_1^W/p_2^W = 1{,}67$ ein, das zwischen den relativen Autarkiepreisen liegt. Diese sog. terms of trade geben an, daß das Inland im Austausch gegen eine der Inlandsverwendung entzogene Einheit des Exportgutes 1,67 Einheiten von Gut 2 aus dem Ausland beziehen kann. Diese Situation ist günstiger als bei Autarkie, da ohne Außenhandel durch Verzicht auf eine Einheit von Gut 1 nur 1,5 Einheiten des Gutes 2 erlangt werden konnten (Außenhandelsgewinn = 0,17 x_2).

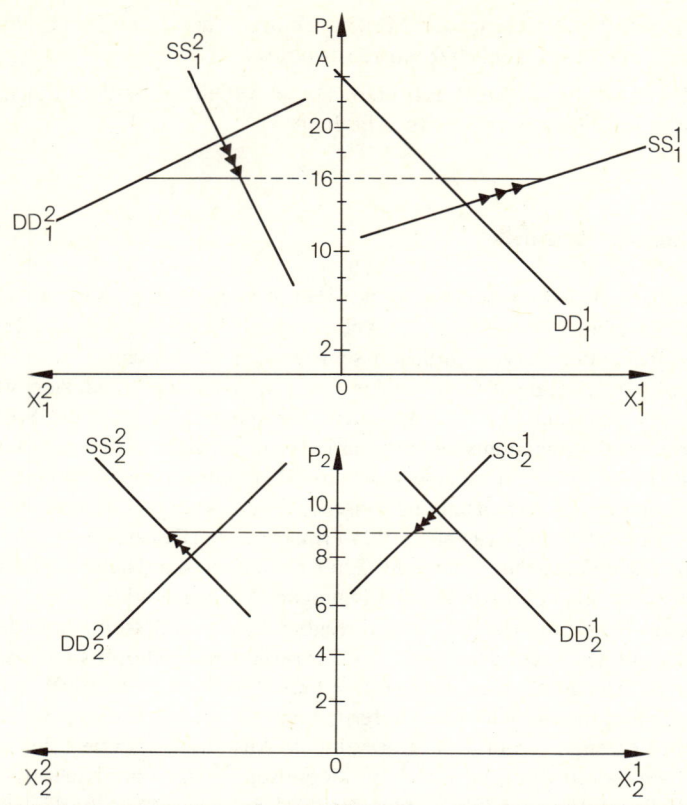

Abb. I-1: Partielles Weltmarktgleichgewicht bei zwei international gehandelten Gütern

Struktureffekte: Außenhandel bewirkt Verschiebungen der Produktionsstruktur als Folge einer Spezialisierung beider Länder auf das Gut mit dem niedrigeren relativen Autarkiepreis (Gut 1 im Inland, Gut 2 im Ausland). Im Inland expandiert Produktionssektor 1 und Sektor 2 schrumpft, während sich im Ausland der entgegengesetzte Strukturwandel vollzieht. Ist im nationalen Rahmen langfristig die Bedingung unbeschränkter Faktormobilität erfüllt, so kann dieser Strukturwandel durch Reallokation der Produktionsfaktoren ohne Gefährdung des Vollbeschäftigungszieles ablaufen.

Im Substitutionsmodell der internationalen Arbeitsteilung führt Außenhandel somit zur internationalen Preisangleichung bei zunehmender Abweichung der nationalen Produktionsstrukturen. Die Richtung dieser internationalen Spezialisierungsprozesse und die damit sich herausbildende Außenhandelsstruktur sind nunmehr durch die divergierenden Angebots- und Nachfragebedingungen auf den nationalen Gütermärkten bestimmt, die zu den unterschiedlichen Autarkiepreisen geführt haben. Als Ursachen der Handelsstrukturen können daher

– internationale Unterschiede der Kostenstrukturen (unterschiedliche Niveaus der Angebotskurven bei ähnlichen Nachfragestrukturen)
– internationale Unterschiede der Nachfragestrukturen (unterschiedliche Niveaus der Nachfragekurven bei ähnlichen Kostenstrukturen)

- internationale Unterschiede der Marktstrukturen (unterschiedliche Niveaus der Angebotskurven trotz ähnlicher Kostenstrukturen)

isoliert oder zusammenwirkend auftreten. Diese Außenhandelsdeterminanten werden später eingehender analysiert (s. Abschnitt 3).

2.1.2. Verfügbarkeitsmodelle

Das Verfügbarkeitsmodell der internationalen Arbeitsteilung (KRAVIS, 1956) gab einer neuen Entwicklungsrichtung der Außenhandelstheorie entscheidende Impulse, die noch eingehender zu verdeutlichen sein werden (s. Abschnitt 3.3.). Wenn die international handelsfähigen Güter nur in den Exportländern produziert werden, in den Importländern aber bei Autarkie nicht verfügbar sind, folgt die Struktur der Außenhandelsbeziehungen aus der internationalen Nachfrage nach diesen Güterkategorien. Typische Beispiele für solche arbeitsteiligen Strukturen liefert eine komplementäre internationale Arbeitsteilung zwischen Entwicklungs- und Industrieländern, die sich als internationaler Austausch von Primärgütern (Rohstoffe, Agrarprodukte) gegen industrielle Fertigwaren darstellt: Ein Entwicklungsland liefert aufgrund spezieller klimatischer oder geologischer Bedingungen Primärprodukte (z. B. Kaffee oder Erdöl), die im Bestimmungsland nicht verfügbar sein, weil dessen Klima den Anbau von Kaffee nicht gestattet oder eigene Erdölvorkommen erschöpft sind. Das Importland liefert dafür technologisch hochwertige Fertigfabrikate (z. B. EDV-Anlagen) an das Entwicklungsland, welches diese aufgrund mangelnder technologischer Kenntnisse nicht selbst erzeugen kann. Der internationale Austausch orientiert sich dann nicht mehr an Divergenzen von relativen Autarkiepreisen – wegen der Nichtverfügbarkeit des potentiellen Importproduktes existieren solche relativen Autarkiepreise nicht mehr – sondern am Vorhandensein natürlicher und technologischer Verfügbarkeitsmonopole.

Gleichwohl kann die partielle Gleichgewichtsanalyse *(Abb. I-1)* in ein Verfügbarkeitsmodell überführt werden. Die Darstellung ist lediglich so zu modifizieren, daß im jeweiligen Importland der inländischen Nachfragekurve keine heimische Angebotsfunktion gegenübersteht. Außenhandel kommt in diesem Verfügbarkeitsmodell zustande, wenn die Prohibitivpreise der Nachfragefunktionen in den potentiellen Importländern (z. B. p_1^1 = OA in *Abb. I-1*) über den gleichgewichtigen Autarkiepreisen (z. B. p_1^2 = 19) der Ursprungsländer von Verfügbarkeitsmonopolen liegen.

2.2. Intrasektoraler Außenhandel

Intrasektoraler Außenhandel liegt vor, wenn Länder innerhalb einer Güterkategorie in wesentlichem Umfang sowohl Exporte als auch Importe aufweisen. In der Tat können empirische Studien aufdecken, daß zwischen Industrieländern in hohem Maße intraindustrieller Handel betrieben wird, und der Anteil dieses intraindustriellen Handels im Zuge der außenwirtschaftlichen Liberalisierung beträchtlich gestiegen ist (HESSE, 1967, 1974; GRUBEL, 1970; GRUBEL/LLOYD, 1975).

Diesem Ergebnis könnte man entgegenhalten, daß die Trennung von inter- und intrasektoralem Außenhandel ein statistisches Artefakt ohne Erklärungswert ist, da bei zunehmender Aggregation der Sektorabgrenzung intrasektorale Handelsströme zwangsläufig zunehmen müssen, während bei Disaggregation bis hin zu den Stackelbergschen Elementarmärkten nur intersektoraler Außenhandel übrig bleibt. Die Kritik übersieht dabei aber, daß die Erklärung eines innerhalb eng definierter Gütergruppen auftretenden Austauschhandels andere Bestimmungsfaktoren (raumwirtschaftliche Einflüsse, heterogene Konkurrenz, economies of scale) und andere Auswirkungen der Außenhandelsliberalisierung in den Vordergrund rückt als das Modell einer intersektoralen, substitutiven Arbeitsteilung.

So konnte sich etwa nach Bildung der EWG die aus der Gedankenwelt des Substitutionsmodells stammende Befürchtung nicht bestätigen, dieser Prozeß würde wegen bestehender Kosten- und Preisnachteile gegenüber deutschen Konkurrenzunternehmen zur Schrumpfung der französischen Automobilindustrie führen. Statt dessen trug der europäische Integrationsprozeß zu verstärktem Wachstum und wachstumsinduzierten Kostensenkungen (s. Abschnitt 3.2.1.) französischer und deutscher Automobilproduzenten bei, weil nach Beseitigung von Handelshemmnissen Deutsche zunehmend französische Autos kauften und Frankreich zunehmend deutsche Autos importierte. Außenhandel führt hier also im Gegensatz zum traditionellen Substitutionsmodell zu tendenziellen Preisangleichungen bei gleichzeitiger Annäherung der nationalen Produktionsstrukturen.

2.2.1. Raumwirtschaftsmodelle

Auch in der strengsten Form des Substitutionsmodells (Produktion eines homogenen Gutes in beiden Ländern) kann sich die Vernachlässigung von Transportkosten als Quelle von Fehlschlüssen erweisen. Es läßt sich durch Berücksichtigung von Transportkosten nachweisen, daß ein homogenes Produkt von einem Land gleichzeitig exportiert und importiert werden kann (GRUBEL/LLOYD, 1975).

Da räumliche Distanzen zwischen Produktionsstandort und Absatzort Transportkosten verursachen, wird ein Gut nur dann exportiert werden, wenn die folgende Beziehung erfüllt ist:

Preis ab Werk + Stück-Transportkosten bis Grenze
= cif-Importpreis bei Grenzübertritt
< Preis der Auslandsanbieter am gleichen Ort

So könnte trotz des in *Abb. I-1* unterstellten Preisvorteils von Inlandsproduzenten des Gutes 1 Außenhandel verhindert werden, wenn hohe Frachtsätze bei relativ großen Distanzen im ausländischen Wirtschaftsraum einen Preisnachteil inländischer Produzenten gegenüber ihrer Auslandskonkurrenz entstehen lassen. Eine relative Nähe ausländischer Produktionsstandorte zur Landesgrenze vermag sogar zu bewirken, daß das im Inland kostengünstiger erzeugte Produkt 1 importiert statt exportiert wird.

Betreiben Prodzenten keine räumliche Preisdifferenzierung und bestehen an jedem Ort identische Nachfragefunktionen, so wird der Angebotspreis bei konstantem

Frachtsatz proportional zur Absatzentfernung zunehmen und die Grenze des Absatzgebietes liegt dort, wo der regionale Preis den Prohibitivpreis der Nachfragefunktion erreicht hat. Unter diesen Bedingungen ist mithin der Radius eines Absatzgebietes um so größer, je kleiner ab-Werk-Preis und Frachtsatz sind. Da mit sinkendem Frachtsatz mithin eine Expansion und mit steigendem Frachtsatz eine Kontraktion des Absatzgebietes verbunden ist, wirken höhere Transportkosten genauso wie Zölle als internationales Handelshemmnis, während kostensenkende Verbesserungen der Transporttechnologie (z. B. Container-Verkehr, Groß-Tanker) ebenso wie Außenhandelsliberalisierung handelserweiternd wirken. Je geringer hierdurch das Transportkostengewicht relativ zum ab-Werk-Preis geworden ist, desto eher gelten die Aussagen des traditionellen Substitutionsmodells für den internationalen Handel mit homogenen Produkten. Für die Produkte mit relativ hohen Transportkostengewichten (z. B. Stahlerzeugnisse) können allerdings Modifikationen auftreten, die im folgenden Absatz erläutert werden. Schließlich existieren Gütergruppen, bei denen die Relation Transportkosten/ab-Werk-Preis so hoch ist (z. B. zahlreiche Dienstleistungen), daß die enge Begrenzung des Absatzgebietes Außenhandel mit diesen Produkten von vornherein ausschließt. Die Berücksichtigung der Transportkosten führt hier zur Trennung in international handelsfähige und nicht-handelsfähige Produkte.

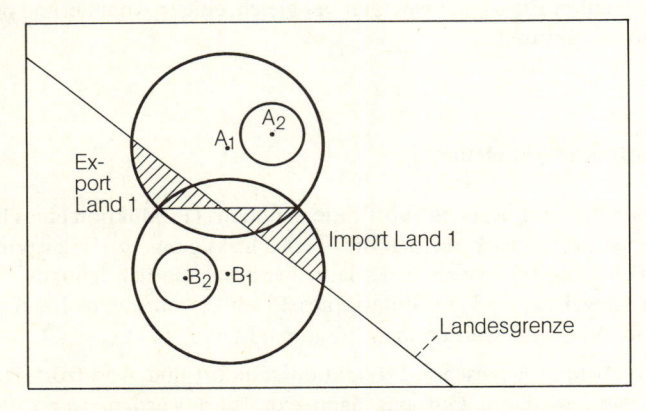

Abb. I–2: Raumwirtschaftsmodell des Außenhandels

Transportkosten bestimmen aber nicht nur Intensität des Außenhandels und Relation von handelsfähigen zu nicht-handelsfähigen Produkten, sondern können auch Einfluß auf dessen Richtung nehmen. *Abb. I-2* verdeutlicht diese Zusammenhänge bei gegebener Verteilung der Produktionsstandorte A_1 (z. B. Stahlproduktion in Bundesrepublik), A_2 (z. B. Dienstleistungsproduktion in Bundesrepublik), B_1 (z. B. Stahlproduktion in Frankreich) und B_2 (z. B. Dienstleistungsproduktion in Frankreich). Kreise mit gleichen Radien zeigen die Absatzgebiete der jeweiligen Anbieter, wenn gleiche ab-Werk-Preise des jeweiligen Produkts unterstellt sind. Wo sich solche Absatzkreise konkurrierender Anbieter überschneiden, liefert die Verbindungslinie beider Schnittpunkte die Trennung der vom jeweiligen Anbieter beherrschten Absatzgebiete. Damit kann sich bei gegebenem Verlauf der Landesgrenze die Konstellation ergeben, daß inländische Produzenten das gleiche Produkt exportieren (z. B.

Lieferungen deutscher Stahlerzeuger des Ruhrgebietes nach Nord-Frankreich), welches ausländische Erzeuger nach dem Inland ausführen (z. B. Lieferungen französischer Stahlunternehmen im Elsaß nach Baden-Württemberg). Intraindustrieller Außenhandel mit homogenen Produkten ist zustande gekommen. Basis dieses Außenhandels ist die Standortverteilung und nicht mehr die – hier ausgeschaltete – unterschiedliche Struktur der ab-Werk-Preise.

2.2.2. Produktdifferenzierung

Nicht nur Preisunterschiede, Verfügbarkeitsmonopole oder die aus früheren Standortentscheidungen folgenden Transportkostenunterschiede lassen Außenhandel zustande kommen. Auch objektive oder subjektive Qualitätsunterschiede handelsfähiger Waren können Ursache von Außenhandel sein. Märkte mit heterogener Konkurrenz eröffnen die Möglichkeit, daß ausländische Produkte trotz eines gegenüber inländischen Substituten höheren Preises importiert werden, weil sie sich im Bewußtsein der Käufer durch qualitative Besonderheiten auszeichnen, die diesen Preisnachteil ausgleichen. Ebenso werden nun inländische Erzeugnisse aufgrund ihrer qualitativen Besonderheiten und nicht aufgrund etwaiger Autarkiepreisvorteile zu Exportprodukten. Meist werden dann Importe und Exporte differenzierte Produkte innerhalb der gleichen Güterkategorie sein.

Die für die Länder mit hohem Pro-Kopf-Einkommen typische Vielschichtigkeit der Käuferpräferenzen und die hierauf abgestimmten Produzentenstrategien der Produktdifferenzierung erklären somit, warum gerade intrasektorale Außenhandelsströme im Zuge der Intensiverung der Welthandelsbeziehungen zwischen reichen Industrieländern so stark an Bedeutung gewonnen haben (HESSE, 1967).

Eine weitere Ursache intrasektoralen Außenhandels aufgrund von Produktdifferenzierung beruht auf dem Streben der Anbieter nach Minderung von Absatzrisiken. Dieses führt zu absatzstrategischen Versuchen, neben dem inländischen Teilmarkt möglichst viele ausländische Teilmärkte durch Exportaktivitäten zu erschließen, da das gesamte Absatzrisiko bei breiter geographischer Streuung der Absatzgebiete geringer erscheint als bei Konzentration auf wenige Abnehmerländer (HIRSCH/LEV, 1971; KLEINEWEFERS, 1976). Die Präsenz auf möglichst vielen Teilmärkten läßt sich aber am wirksamsten durch Strategien der Produktdifferenzierung absichern. Nicht mehr die Preispolitik, sondern die produktpolitische Strategie von Anbietern wird zur Basis des Außenhandels.

3. Internationale Arbeitsteilung bei Freihandel

3.1. Außenhandel als Folge komparativer Kostenunterschiede

Wie im folgenden nachzuweisen ist, führen internationale Kostenunterschiede unter Freihandelsbedingungen nur dann zu Außenhandelsbeziehungen, wenn sie mit komparativen Kostendifferenzen verbunden sind. Diese prägen Richtung und Struktur eines für alle Länder vorteilhaften Außenhandels. Das durch die klassische Außenhandelstheorie von DAVID RICARDO und JOHN STUART MILL aufgedeckte Grundprinzip der internationalen Arbeitsteilung lieferte die erste stringente Rechtfertigung der Freihandelskonzeption. In der klassischen ricardianischen Außenhandelstheorie werden dabei komparative Kostenunterschiede auf internationale Produktivitätsunterschiede, also auf international divergierende Produktionsfunktionen homogener Produkte zurückgeführt, während die neoklassische Handelstheorie von ELI HECKSCHER und BERTIL OHLIN internationale Unterschiede in der Ausstattung mit Produktionsfaktoren als Ursachen komparativer Kostendifferenzen ins Blickfeld rückt. Wegen der Koexistenz mehrerer wesentlicher Ursachen eines durch komparative Kostendifferenzen gesteuerten Außenhandels erscheint es zweckmäßig, die international gehandelten Güter in die Kategorien der RICARDO-Güter und der HECKSCHER-OHLIN-Güter einzuteilen (HIRSCH, 1974), und zunächst die internationalen Handelsströme für beide Produkttypen getrennt zu erklären.

RICARDO-Güter sind durch internationale Unterschiede ihrer natürlichen Produktionsbedingungen gekennzeichnet, so daß diese Kategorie vor allem den internationalen Handel mit Rohstoffen und landwirtschaftlichen Produkten umfassen wird.

HECKSCHER-OHLIN-Güter werden mit in allen Ländern verfügbaren gleichartigen Standardtechnologien erzeugt und unterscheiden sich im Verhältnis zueinander lediglich durch unterschiedliche Faktorintensitäten (z. B. arbeitsintensive oder kapitalintensive Güter). Diese Kategorie wird einen Teil des internationalen Handels mit industriellen Zwischenprodukten und Fertigwaren erklären können.

Mit einer solchen Kategorienbildung ist allerdings noch keineswegs die Gesamtheit internationaler Handelsbeziehungen erfaßt. Die Auseinandersetzung mit der klassischen und neoklassischen Theorie der komparativen Kosten muß also zu der Frage führen, welche Zusammenhänge für den übrigen Teil des nicht durch komparative Kostenunterschiede bestimmten Außenhandels von Bedeutung sind.

3.1.1. RICARDO-Güter

RICARDO-Version komparativer Kostenunterschiede

Die ricardianische Außenhandelstheorie analysiert die Auswirkungen internationaler Produktivitätsunterschiede, die aufgrund natürlicher Bedingungen als dauerhaft anzusehen sind und nicht auf einen durch Prozeßinnovationen errungenen temporären Vorsprung eines Landes zurückgeführt werden können. Der traditionelle Ansatz von DAVID RICARDO betrachtet nationalen und internationalen Handel mit zwei Gütern, die durch Einsatz eines homogenen Produktionsfaktors Arbeit erzeugt werden, welcher im nationalen Wirtschaftsraum vollständig mobil, international aber völlig immobil ist. Erforderliche Vorleistungen und produzierte Produktionsmittel lassen sich durch Input-Output-Analysen in Arbeitseinheiten umrechnen, so daß der Arbeitseinsatz pro Einheit des betrachteten Produkts eine direkte und eine durch Vorleistungsverflechtung und Kapitaleinsatz bedingte indirekte Komponente aufweist.

Die Produktionsfunktionen beider Güter sind durch konstante Skalenerträge (Beitrag K) gekennzeichnet, so daß bei steigender Produktion die Arbeitsproduktivitäten konstant bleiben (Grenzproduktivität = Durchschnittsproduktivität der Arbeit). Produktionsfunktionen und damit Produktivitäten werden aber zwischen Inland und Ausland divergieren: Gut 1 sei z. B. Getreide, bei dem das Ausland (Land 2) wegen günstigerer klimatischer Bedingungen einen höheren Ertrag pro Arbeitseinheit erwirtschaften möge als das Inland; Gut 2 sei etwa Steinkohle, welche im Inland (Land 1) in 1000 m Tiefe, im Ausland in nur 200 m Tiefe lagert. Obwohl mithin das Ausland für beide Produkte einen Produktivitätsvorsprung aufweist, wird ein für beide Länder vorteilhafter internationaler Austausch beider Produkte zustandekommen, wenn die Produktivitätsvorsprünge des Auslandes unterschiedlich groß sind. Dieser grundlegende Lehrsatz der Theorie der komparativen Kosten soll im folgenden bewiesen werden.

Der Produktionsbereich beider Volkswirtschaften bestehe aus zwei Sektoren. Dort gelten folgende WALRAS-LEONTIEF-Produktionsfunktionen (Beitrag K):

Inland *Ausland*

(4.1.) $\quad x_1^1 = \varrho_1^1 N_1^1 = 0{,}4 \, N_1^1$ $\qquad$ (4.2.) $x_1^2 = \varrho_1^2 N_1^2 = 0{,}5 \, N_1^2$

(5.1.) $\quad x_2^1 = \varrho_2^1 N_2^1 = 0{,}8 \, N_2^1$ $\qquad$ (5.2.) $x_2^2 = \varrho_2^2 N_2^2 = 1{,}5 \, N_2^2$

x_i^j — Produktionsmenge des Gutes i in Land j
ϱ_i^j — Arbeitsproduktivität des Sektors i in Land j
N_i^j — Beschäftigungsmenge im Sektor i des Landes j
$\qquad\qquad$ (i = 1,2; j = 1,2)

Die Produktionsbedingungen sind so gewählt, daß der relative Produktivitätsvorsprung des Auslandes bei Produkt 2 mit 1,5/0,8 = 1,875 (87,5 v. H.) wesentlich größer ist als bei Produkt 1 mit 0,5/0,4 = 1,25 (25 v. H.). In beiden Sektoren der jeweiligen Volkswirtschaft wird der gleiche konstante Nominallohn w^j pro Arbeiter bezahlt, so daß auch die Grenzkosten, die sich als Quotient aus Nominallohnsatz und Grenzproduktivität der Arbeit errechnen lassen, konstant sein müssen. Unter den Bedingungen vollständiger Konkurrenz mit unbeschränktem Marktzutritt werden die Güterpreise diesen konstanten Grenzkosten entsprechen. Mithin determinieren die Produktionsfunktionen folgende Struktur der Grenzkosten und damit der Autarkiepreise in Landeswährung:

Inland $\qquad\qquad\qquad\qquad\qquad$ *Ausland*

$w^1 = 15$ DM $\quad 1/e = 0{,}5$ \$/DM $\qquad w^2 = 10$ \$

(6.1.) $\quad p_1^1 = w^1 \dfrac{1}{\varrho_1^1} = 37{,}5 \;\text{DM}$ $\qquad$ (6.2.) $p_1^2 = w^2 \dfrac{1}{\varrho_1^2} = 20 \; \$$

(7.1.) $\quad p_2^1 = w^1 \dfrac{1}{\varrho_2^1} = 18{,}75 \;\text{DM}$ $\qquad$ (7.2.) $p_2^2 = w^2 \dfrac{1}{\varrho_2^2} = 6{,}67 \; \$$

Besteht ein Wechselkurs der Inlandswährung (in Einheiten der Auslandswährung) von 1/e = 0,5 \$/DM, so wird Gut 1 wegen der internationalen Differenz der Autarkiepreise Exportprodukt des Landes 1:

$$p_1^1/e = 18{,}75 \; \$ < p_1^2 = 20 \; \$$$

Gut 2 wird durch Land 1 im Austausch gegen Gut 1 importiert, obwohl für beide Produkte gegenüber Land 1 Produktivitätsvorteile bestehen:

$$p_2^1/e = 9.375 \, \$ > p_2^2 = 6.67 \, \$$$

Die Höhe des Wechselkurses hat dabei keinen Einfluß auf diese Außenhandelsstruktur: Bei $1/e = 0{,}25 \, \$/DM$ wären zwar beide Güter potentielle Exportprodukte des Inlandes, jedoch konnte diese Situation nicht bestehen bleiben, da den Exporten keine Importe gegenüberstehen. Die Nachfrage des Auslands nach Inlandswährung, die auf kein Angebot dieser Währung trifft, würde dann sogleich eine kräftige Anhebung des Wechselkurses herbeiführen. Ebensowenig könnte ein überhöhter Wechselkurs $1 \, \$/DM$ (beide Güter sind potentielle Exportprodukte des Auslands) bestehen bleiben, da die Marktkräfte den Wechselkurs in jene Zone zurückdrängen müßten, in der ein internationaler Tausch beider Produkte zustande kommt. Die Struktur des Außenhandels ist damit allein von der relativen Produktivitätsdifferenz, nicht aber vom Wechselkurs abhängig. Dies wird deutlich, wenn aus (4.1.) – (7.2.) die Bedingung für diese Außenhandelsstruktur abgeleitet wird. Gut 1 ist Exportprodukt des Inlands und Importprodukt des Auslandes, wenn die folgende Ungleichung erfüllt ist:

(8) $\qquad \dfrac{w^1}{\varrho_1^1 e} < \dfrac{w^2}{\varrho_1^2} \qquad \dfrac{\varrho_1^1}{\varrho_1^2} > \dfrac{w^1}{w^2 e}$

Gut 2 ist Exportprodukt des Auslandes und Importprodukt des Inlandes, wenn als Ungleichung erfüllt ist:

(9) $\qquad \dfrac{w^1}{\varrho_2^1 e} > \dfrac{w^2}{\varrho_2^2} \qquad \dfrac{\varrho_2^1}{\varrho_2^2} < \dfrac{w^1}{w^2 e}$

Aus (8) und (9) folgt mithin als Bedingung dafür, daß das Inland Gut 1 exportiert und Gut 2 importiert:

(10) $\qquad \dfrac{\varrho_1^1}{\varrho_1^2} > \dfrac{w^1}{w^2 e} > \dfrac{\varrho_2^1}{\varrho_2^2}$

$\qquad (0{,}8) > (0{,}75) > (0{,}53)$

Hat der Wechselkurs bei gegebenem Nominallohn im In- und Ausland das zur Erfüllung von Ungleichung (10) erforderliche Gleichgewichtsniveau – und nur dann kann Außenhandel zustande kommen – so wird Land 1 trotz absoluter Produktivitätsnachteile beider Sektoren Gut 1 deshalb exportieren, weil der relative Produktivitätsnachteil dieses Sektors (ca. 20 v. H. niedrigeres Produktivitätsniveau als das Ausland) geringer ist als im Sektor 2 (ca. 47 v. H. niedrigeres Produktivitätsniveau). Diese Austauschstruktur wird sich bei Freihandel auch herausbilden, weil die komparativen Unterschiede der Produktivitäten und damit der realen Arbeitskosten – wie die Gleichungen (6.1.) – (7.2.) zeigen – in Unterschiede der relativen und absoluten Autarkiepreise umgesetzt werden, welche die Basis eines für beide Länder vorteilhaften Außenhandels bilden.

Die weltwirtschaftliche und nationalwirtschaftliche Optimalität dieser internationalen Arbeitsteilung kann aus den Gleichungen (4.1.) – (5.2.) abgeleitet werden *(Tab. I-1)*.

Tab. I-1: Komparative Kostenunterschiede als Kriterium optimaler internationaler Arbeitsteilung

Weltmarkt-Preis Gut 2 (in Einheiten von Gut 1) / Änderung d. Produktionsstruktur	Effizienzgewinne bei Spezialisierung nach komparativen Kostenunterschieden				
	Δx_2^1	Δx_1^1	Δx_2^2	Δx_1^2	Δx_1^w
	-1	$+0,5$	$+1$	$-0,33$	$+0,17$
	Wohlfahrtsgewinn des Landes 1 bei Import von 1 x_2		Wohlfahrtsgewinn des Landes 2 bei Export von 1 x_2		
$0,5\ x_1$	0		$+0,17\ x_1$		
$0,4\ x_1$	$+0,1\ x_1$		$+0,07\ x_1$		
$0,33 x_1$	$+0,17\ x_1$		0		

Orientiert sich die Spezialisierungsrichtung beider Länder am Prinzip des komparativen Kostenvorteils, so könnte bei konstanter Weltproduktion des Gutes 2 die Weltproduktion des Gutes 1 um 0,17 Einheiten erhöht werden, wenn in Land 1 die Produktion des komparativ kostenungünstigen Gutes um eine Einheit eingeschränkt wird, und Land 2 diese dort komparativ kostengünstig herstellbare Produktionseinheit zusätzlich erzeugt, um sie nach Land 1 zu exportieren. Eine solche marginale Reallokation der vollbeschäftigten Arbeitspotentiale würde die Versorgung beider Länder mit Gut 2 unverändert lassen, nunmehr aber durch internationalen Tausch zumindest einem Land eine verbesserte Versorgung mit Gut 1 garantieren, da die Faktorreallokation die Gut 1-Produktion im Land 1 stärker ausweitet, als diese im Land 2 eingeschränkt werden muß.

Je nach Höhe des relativen Preises von Gut 2 (in Einheiten des Gutes 1), der sich nach Eröffnung des Freihandels einspielen wird, teilen sich beide Länder in unterschiedlichem Maße diesen Zuwachs des Weltsozialprodukts. Entspricht der relative Weltmarktpreis dem relativen Autarkiepreis des Landes 1 (0,5 x_1), so wird sich der Gesamtgewinn aus dieser internationalen Arbeitsteilung auf Land 2 konzentrieren. Umgekehrt absorbiert Land 1 den weltwirtschaftlichen Spezialisierungsgewinn, wenn der relative Weltmarktpreis dem ehemaligen Autarkiepreis im Land 2 (0,33 x_1) entspricht. Im Regelfall zwischen beiden Extremwerten liegender terms of trade werden also beide Länder an den Effizienzvorteilen dieser Weltarbeitsteilung partizipieren. Bei konstant bleibenden Arbeitsproduktivitäten ist der maximale Zuwachs des Weltsozialprodukts normalerweise erst bei vollständiger Spezialisierung jedes Landes auf das mit komparativen Kostenvorteilen ausgestattete Produkt erreicht. Wie sich dieser gesamte Sozialproduktzuwachs auf die Freihandelsstaaten verteilt, hängt vom Niveau der terms of trade ab. Dieses kann aber im RICARDO-Modell noch nicht endogen bestimmt werden, solange die Nachfragebedingungen nicht näher spezifiziert sind (s. Abschnitt 3.4.).

Die RICARDO-Version der Theorie komparativer Kostenunterschiede bleibt durch die auf konstante Arbeitskoeffizienten beschränkte Betrachtungsweise eines Ein-Faktor-

Zwei-Güter-Modells mit konstanten Skalenerträgen in ihrem Erklärungswert begrenzt. Es stellt sich somit die Frage, ob ihre Ergebnisse wesentlich modifizert werden, wenn

- die Produktion von Gütern den Einsatz mehrerer verschiedenartiger Produktionsfaktoren erfordert,
- die Produktionsfunktionen bei steigender Produktionsmenge sinkende oder steigende Skalenerträge aufweisen, so daß mit steigenden oder sinkenden Grenzkosten zu rechnen ist,
- Außenhandelsbeziehungen mit einer Vielzahl von Gütern betrachtet werden.

HABERLER-Version komparativer Kostenunterschiede

Zur Klärung der ersten beiden Fragen trug die von GOTTFRIED HABERLER (1933) für realistischere Mehr-Faktoren-Modelle konzipierte Version der komparativen Kosten bei, die wegen ihres breiteren Anwendungsbereichs der RICARDO-Version überlegen erscheint. In einem Zwei-Güter-Vollbeschäftigungsmodell erfordert die Expansion eines Sektors eine durch Faktorreallokation erzwungene Kontraktion des anderen Sektors. Wird diese durch eine zusätzliche Einheit des Gutes 1 bedingte Einschränkung der Produktion des Gutes 2 als volkswirtschaftliche Opportunitätskosten des Gutes 1 definiert, so läßt sich das in *Tab. I-2* beschriebene internationale Spezialisierungskriterium auch in allgemeinerer Form darstellen, indem die komparativen Vorteile durch Opportunitätskostenunterschiede gemessen werden:

Tab. I-2: Opportunitätskostenunterschiede als Kriterium internationaler Arbeitsteilung

	Marginale Opportunitätskosten von		
Komp. Vorteil des Landes 2 bei Gut 2	Gut 2 in Land 1 ($0.5 x_1$) $>$	Gut 2 in Land 2 ($0.33 x_1$)	Land 2 exportiert Gut 2
Komp. Vorteil des Landes 1 bei Gut 1	Gut 1 in Land 1 ($2 x_2$) $<$	Gut 1 in Land 2 ($3 x_2$)	Land 1 exportiert Gut 1

Basis eines für beide Länder vorteilhaften Außenhandels sind internationale Unterschiede der gesamtwirtschaftlichen Opportunitätskosten eines Produktes. Diese sind durch unterschiedliche Grenzkostenrelationen beider Produkte determiniert. Stimmen nämlich die Autarkiepreise mit den Grenzkosten überein, so wird Gut 1 durch Land 1 unter folgender Bedingung exportiert:

$$GK_1^1/e < GK_1^2$$

Gut 2 wird importiert, wenn die Bedingung gilt:

$$GK_2^1/e > GK_2^2$$

Als Bedingung für eine effiziente internationale Arbeitsteilung, in der Gut 1 Exportprodukt und Gut 2 Importprodukt des Inlandes ist, folgt somit unter Verwendung der Zahlenwerte von Gleichung (6.1.) – (7.2.):

(11) $\quad \dfrac{GK_1^1\ (37{,}5\ \text{DM})}{GK_2^1\ (18{,}75\ \text{DM})} < \dfrac{GK_1^2\ (20\ \$)}{GK_2^2\ (\ 6{,}67\ \$)}$

$\qquad\qquad (2\ x_2^1)\quad\ <\ \quad (3\ x_2^2)$

Das Potential für Spezialisierungsgewinne und die Spezialisierungsrichtungen lassen sich also aus der Ungleichheit der Grenzkostenrelationen ablesen, welche die marginalen Opportunitätskosten des jeweiligen Gutes bestimmen. Bei Autarkie entspricht wegen $p_i^j = GK_i^j$ der relative Preis jedes Gutes in beiden Ländern seinen marginalen Opportunitätskosten. Nach Übergang zu Freihandel muß sich der relative Weltmarktpreis des Gutes 1 mithin innerhalb des folgenden Wertebereichs einspielen:

$$2\ x_2^1 \leqq p_1^W/p_2^W \leqq 3\ x_2^2$$

Entsprechend wird für den relativen Freihandelspreis des Gutes 2 gelten:

$$0{,}33\ x_1^2 \leqq p_2^W/p_1^W \leqq 0{,}5\ x_1^1$$

Die relativen Preisverschiebungen werden also im Inland zur Expansion des durch neuerschlossenen internationalen Wettbewerb begünstigten Produktionssektors 1 führen. Dieser wird zum Exportsektor, während der im internationalen Wettbewerb unterlegene, zum Importkonkurrenzsektor gewordene Bereich 2 schrumpfen muß.

Dieser Strukturwandel kann durch eine gesamtwirtschaftliche Transformationskurve abgebildet werden *(Abb. I-3 a und b)*, deren Verlauf aus den spezifischen sektoralen Produktionsfunktionen ableitbar ist (ROSE, 1964; HERBERG, 1969). Eine Transformationskurve spiegelt die Produktionsmöglichkeiten-Grenze der Volkswirtschaft; sie vereinigt somit alle bei Vollbeschäftigung und effizientem Faktoreinsatz maximal produzierbaren Mengenkombinationen beider Güter. Die Achsenabschnitte zeigen die bei vollständiger Spezialisierung des gesamten Faktorbestandes auf einen Sektor realisierbare maximale Sektorproduktion. Das Steigungsmaß der Transformationskurve zeigt, wieviel Alternativproduktion bei sukzessiver Expansion eines Sektors um eine (infinitesimale) Produktionseinheit geopfert werden muß und entspricht somit den marginalen Opportunitätskosten des betreffenden Produktes. Da die marginalen Opportunitätskosten gemäß (11) durch die Relation der Grenzkosten beider Güter determiniert sind, lassen sich zumindest drei Fälle unterscheiden:

— Internationale Arbeitsteilung bei konstanten Grenzkosten in beiden Sektoren: Die marginalen Opportunitätskosten beider Produkte sind konstant, so daß sich der Strukturwandel entlang einer linearen Transformationskurve vollzieht *(Abb. I–3 a)*.

— Internationale Arbeitsteilung bei steigenden Grenzkosten beider Sektoren: Die marginalen Opportunitätskosten steigen mit zunehmender Produktionsmenge eines Sektors, so daß der Strukturwandel durch eine zum Ursprung hin konkave Transformationskurve wiedergegeben wird *(Abb. I–3 b)*.

— Internationale Arbeitsteilung bei sinkenden Grenzkosten beider Sektoren: Mit zunehmender Produktion eines Sektors sinken dessen marginale Opportunitätskosten, so daß sich Strukturwandlungen normalerweise entlang einer zum Ursprung hin konvexen Transformationskurve vollziehen werden *(Abb. I–6)*.

Die mit Hilfe von *Abb. I-3a* beschriebene internationale Arbeitsteilung bei konstanten Grenzkosten beruht auf linear-homogenen Produktionsfunktionen (Beitrag K)

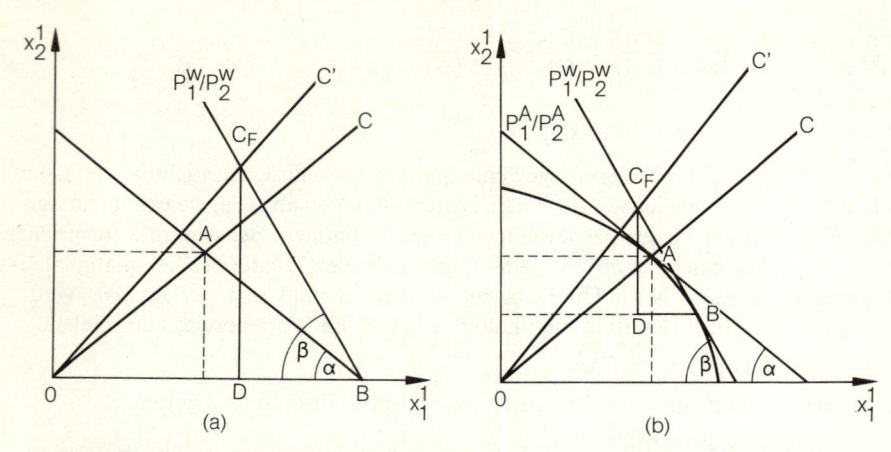

Abb. I-3: Allgemeine Gleichgewichtsanalyse der internationalen Arbeitsteilung

beider Sektoren, die sich international so unterscheiden, daß komparative Kostenunterschiede wirksam sind. Die Konstanz der Grenzkosten resultiert in diesem Falle aus konstanten Skalenerträgen, da bei kontinuierlicher, in gleichen Zuwachsbeträgen vollzogener Ausdehnung der in gleichbleibender Intensität eingesetzten Faktormengen konstante Ertragszuwächse hervorgebracht werden (konstantes Niveaugrenzprodukt des Faktoreinsatzes). Die Konsumstruktur des hier betrachteten Inlands sei durch die Konsumlinie OC beschrieben. Sie ergibt sich als Ortslinie aller Punkte auf – hier nicht eingezeichneten – gesellschaftlichen Indifferenzkurven, in denen ihre Steigungsmaße dem gegebenen Güterpreisverhältnis entsprechen. Die vereinfachend als linear unterstellte Konsumlinie impliziert spezielle Bedingungen über die gesellschaftliche Präferenzstruktur (homothetische Nutzenfunktion), da die Konsumstruktur bei steigendem Einkommen nur konstant bleibt, wenn die Einkommenselastizitäten beider Produkte eins betragen. Steigt der relative Preis des Gutes 1, so gilt eine neue, steilere Konsumgerade, da nun relativ mehr von Gut 2 konsumiert wird.

Gleichgewicht auf beiden Gütermärkten im Autarkiezustand ist somit durch den Schnittpunkt A von Konsumlinie und Transformationskurve bestimmt. Steigt nun nach Einführung von Freihandelsbedingungen gemäß der in (11) unterstellten Struktur komparativer Kostenunterschiede der Relativpreis des Gutes 1 (dargestellt durch das Steigungsmaß tg β der Preislinie), so wird der komparativ benachteiligte Sektor 2 mit ausländischen Lieferpreisen unter den eigenen Grenzkosten konfrontiert. Alle Produzenten dieses Sektors werden daher zum Marktaustritt gezwungen, weil zu diesen Preisen eine kostendeckende Importkonkurrenzproduktion nicht aufrechtzuerhalten ist.

Dem komparativ kostengünstigen Sektor 1 beschert die zugewachsene Auslandsnachfrage Preise oberhalb der eigenen Grenzkosten. Die Anreize zu gewinnsteigernder Expansion stoßen damit erst an ihre Grenzen, wenn das gesamte Faktorpotential durch den expandierenden Exportsektor absorbiert ist. Die inländische Produktionsstruktur des Freihandelszustandes wird folglich durch Produktionspunkt B mit vollständiger Spezialisierung (x_1^1 = OB, x_2^1 = O) wiedergegeben. Bei dem durch die terms-of-trade-Linien p_1^W/p_2^W dargestellten relativen Weltmarktpreis des inländischen

Exportgutes kann die Freihandels-Konsumposition C_F (Schnittpunkt der neuen Konsumlinie OC' mit der terms-of-trade-Linie) erreicht werden, indem von Gut 1 die Menge $ex_1^1 = DB$ im Austausch gegen die Importmenge $im_2^1 = DC_F$ exportiert wird. Die Realisation dieses Zustandes setzt ein Außenhandelsgleichgewicht voraus. Dieses liegt vor, wenn die simultan vollzogene vollständige Spezialisierung der ausländischen Volkswirtschaft dem Inland ein Importangebot $ex_2^2 = DC_F$ und eine Exportnachfrage $im_1^2 = DB$ gegenüberstellt, und wenn der Wechselkurs den Gesamtwert der Exporte mit dem Gesamtwert der Importe in Übereinstimmung gebracht hat. Bei konstanten Grenzkosten würde somit ein Freihandelssystem im Regelfall die vollständige Eliminierung des heimischen Importkonkurrenzsektors implizieren. Diese Folgerung weicht realistischeren Ergebnissen, wenn die Produktionssektoren den Bedingungen steigender Grenzkosten unterworfen sind.

Der in *Abb. I-3 b* erfaßte Fall steigender Grenzkosten kann aus unterlinear-homogenen Produktionsfunktionen (sinkende Skalenerträge, sinkendes Niveaugrenzprodukt des Faktoreinsatzes) beider Sektoren resultieren. Im Autarkiegleichgewicht des Schnittpunktes A von Konsumlinie OC und Transformationskurve muß das Steigungsmaß der Transformationskurve (tg α = marginale Opportunitätskosten des Gutes 1) dem Steigungsmaß der Autarkiepreislinie p_1^A/p_2^A (tg α = relativer Autarkiepreis des Gutes 1) entsprechen, da die gewinnmaximale Produktion beider Güter bei $p_i^1 = GK_i^1$ (i = 1,2) erfüllt ist. Nach Einführung von Freihandelsbedingungen werden wiederum Expansionsanreize im Sektor 1 und Kontraktionsanreize im Sektor 2 wirksam. Die Expansion der Produktion des Gutes 1 kommt zum Stillstand, wenn die steigenden Grenzkosten das gegenüber dem Autarkiezustand höhere Weltmarktpreisniveau erreicht haben. Der geschrumpfte Importkonkurrenzsektor bleibt nach Abschluß eines kontraktiven Anpassungsprozesses überlebensfähig, wenn seine Grenzkosten dank eines reduzierten Produktionsvolumens auf das niedrigere Niveau des Weltmarktpreises importierter Produkte gesunken sind.

Verschiebt sich also durch Übergang zu Freihandel das Preisverhältnis zugunsten von Gut 1 (tg β), so wird dessen Produktion auf Kosten der Produktion des komparativ benachteiligten Gutes 2 ausgedehnt, bis sich die Grenzkosten in beiden Sektoren den neuen Preisdaten angepaßt haben (A → B). Die Freihandels-Produktionsstruktur des Inlandes wird also durch Punkt B der Transformationskurve repräsentiert, da hier Steigungsmaß der Weltmarktpreislinie (relativer Preis von Gut 1) und Steigungsmaß der Transformationskurve (relative Grenzkosten von Gut 1) übereinstimmen. Wiederum kann durch Export von $ex_1^1 = DB$ und Import von $im_2^1 = DC_F$ ein Freihandelskonsumpunkt C_F erreicht werden, der die Güterversorgung verbessert. Wiederum hat sich jedes Land auf den Sektor mit komparativen Kostenvorteilen spezialisiert, jedoch führen die Strukturwandlungen im Regelfall nur zu einer unvollständigen Spezialisierung und damit zu einer realistischeren Wirtschaftsstruktur mit zwei Außenhandelssektoren (Exportbranche, Importsubstitutionsbranche).

Sinkende Grenzkosten folgen aus überlinear-homogenen Produktionsfunktionen (steigende Skalenerträge, steigendes Niveaugrenzprodukt des Faktoreinsatzes). Unter den Bedingungen hinreichender Stärke solcher Skaleneffekte ergibt sich in diesem Fall eine zum Ursprung konvexe gesamtwirtschaftliche Transformationskurve (HERBERG, 1969). Beruhen diese steigenden Skalenerträge nicht (allein) auf wachsender Gesamtproduktion des Sektors (betriebsexterne Kostenersparnisse) sondern auf wachsender einzelbetrieblicher Produktion (betriebsinterne Kostenersparnisse), so führen die mit solchen Bedingungen verbundenen Anreize zu Betriebsgrößenwachstum und zur tendenziellen Herausbildung oligopolistischer Marktstrukturen. Steigende Skalenerträge können mithin den bisher vorgezeichneten Analyserahmen klassischer und neoklassischer Außenhandelstheorien überschreiten, wenn sie mit betriebsinternen Ersparnissen verbunden sind. Einerseits sind für die als RICARDO-Güter klassifizierten Außenhandelsprodukte (zahlreiche Rohstoffe und Agrarerzeugnisse) wohl eher Produktionsbedingungen mit steigenden Grenzkosten typisch. Andererseits wird die mit allgemeinen Gleichgewichtsmodellen vollständiger Konkurrenz arbeitende Methodik auf diese für zahlreiche Industrieerzeugnisse typischen Produktionsbedingungen nicht mehr anwendbar sein, wenn interne Kostenersparnisse vorliegen. Sinkende Grenzkosten sind daher als eigenständige Determinante des Außenhandels mit Industrieprodukten zu analysieren (s. Abschnitt 3.2.1.).

Klassische Außenhandelstheorie bei einer Vielzahl von Gütern

Wird das Spektrum der Außenhandelsgüter auf eine Vielzahl von m > 2 Gütern ausgeweitet (JONES, 1961; HOUTHAKKER, 1976; DORNBUSCH/FISCHER/SAMUELSON, 1977), so läßt sich die Außenhandelsstruktur nicht allein aufgrund des Kriteriums komparativer Kostendifferenzen bestimmen. Nunmehr ist eine Rangfolgeregel komparativer Kosten anzuwenden, die eine schwächere ricardianische Bedingung liefert: Werden alle von beiden Ländern produzierten Güter nach ihren relativen Arbeitsproduktivitäten geordnet, so wird die Relation zwischen inländischer und ausländischer Arbeitsproduktivität bei allen Exportprodukten des Inlandes höher sein als bei seinen Importprodukten. Welche Güter aber im einzelnen Export- bzw. Importprodukte sind, hängt von der in gleichen Währungseinheiten gemessenen Relation w^1/w^2e zwischen inländischem und ausländischem Nominallohn ab, so daß nunmehr auch der Wechselkurs die Warenstruktur der Exporte und Importe beeinflußt:

$$(12) \quad \overbrace{\frac{\varrho_1^1}{\varrho_1^2} > \frac{\varrho_2^1}{\varrho_2^2} > \frac{\varrho_3^1}{\varrho_3^2}}^{\text{Exporte}} > \frac{w^1}{w^2 e} > \overbrace{\frac{\varrho_4^1}{\varrho_4^2} > \ldots > \frac{\varrho_m^1}{\varrho_m^2}}^{\text{Importe}}$$

Für Gut 3 folgt in (12) $w^1/\varrho_3^1 < w^2e/\varrho_3^2$, so daß dieses Produkt wegen niedriger Lohnstückkosten, also absoluter Autarkiepreisvorteile, durch Land 1 exportiert wird; um so mehr muß dies für die Güter 1 und 2 gelten. Für Gut 4 folgt $w^1/\varrho_4^1 > w^2e/\varrho_3^2$ so daß dieses Produkt wegen seiner höheren Lohnstückkosten aus Land 2 importiert wird, was wiederum um so mehr für die Güter 5 .. m gelten muß. Damit Außenhandel zustande kommen kann, darf somit die internationale Lohnrelation nicht größer als die höchste Produktivitätsrelation und nicht kleiner als die geringste Produktivitätsrelation in dieser Rangfolge sein, weil jedes Land zumindest ein Produkt exportieren muß, um bei ausgeglichener Handelsbilanz die zur Finanzierung von Importen benötigten Devisenerlöse zu erlangen.

MAC-DOUGALL-Test

Empirische Testversuche der klassischen Außenhandelstheorie stehen der Schwierigkeit gegenüber, daß der an sich aussagefähigere Ansatz komparativer Opportunitätskosten erheblich größere Meßprobleme aufwirft als internationale Produktivitätsvergleiche, und die Testbasis daher an die RICARDO-Version gebunden bleibt. Ein solcher Test wurde mit Außenhandelsdaten der Vereinigten Staaten und Großbritanniens für das Jahr 1937 durchgeführt. (MAC DOUGALL, 1951, 1952). Später wurde dieser MAC-DOUGALL-Test auf aktuellere Außenhandelsdaten beider Länder mit ähnlichen Ergebnissen angewendet (BALASSA, 1963 ;STERN, 1962). Getestet werden sollte die nach der bisherigen Lektüre vertraute Hypothese, daß ein Land die Güter exportieren wird, bei denen die Relation zwischen in- und ausländischer Arbeitsproduktivität die Relation zwischen inländischem und ausländischem Nominallohn überschreitet. Daten über den bilateralen Außenhandel zwischen England und USA waren allerdings durch sehr hohe und unterschiedliche Zollsätze verzerrt, während die Produkte beider Länder in Drittmärkten mit gleichen Zollsätzen belastet und somit gleichen Wettbewerbsbedingungen unterworfen waren. Daher blieb der MAC-DOUGALL-Test darauf beschränkt, den Zusammenhang zwischen relativen Produktivitätsunterschieden von 25 amerikanischen und englischen Industrieprodukten und deren Marktpositionen auf Drittländermärkten (gemessen durch das Verhältnis US-Exporte in Drittländer/U.K.-Exporte in Drittländer) zu überprüfen. Das in Abb. I-4 (HELLER, 1975, S. 59) wiedergegebene Untersuchungsergebnis konnte den Beweis erbringen, daß bei steigendem Produktivitätsvorteil eines Landes auch der Marktanteil seiner Exporte auf Drittmärkten tendenziell zunimmt.

Da im Untersuchungsjahr die US-amerikanischen Löhne etwa doppelt so hoch wie die englischen Nominallöhne waren, ergaben sich in jenen US-Produktionssektoren niedrigere Lohnstückkosten als bei den englischen Konkurrenzprodukten, deren Produktivitätsvorsprung größer als 2 war, während ein US-Produktivitätsvorsprung unter 2 auf britische komparative Kostenvorteile schließen ließ, die auch in einem vergleichsweise höheren Marktanteil auf den beiden Ländern gemeinsamen Exportmärkten zum Ausdruck kamen.

Dieses Ergebnis des MAC-DOUGALL-Tests wird häufig als eindrucksvoller Beleg für die Gültigkeit der ricardianischen Außenhandelstheorie gewürdigt (CHACHOLIADES, 1978, S. 70). Zunächst muß die Robustheit des klassischen Ansatzes gegenüber Falsifizierungsversuchen auch überraschen, wenn man sich verdeutlicht, daß die betrachteten Produktgruppen nur zum Teil in das Schema der RICARDO-Güter passen, daneben aber auch heterogene Produkte umfassen, die auf oligopolistischen Märkten gehandelt werden (Fahrzeuge, Elektrogeräte). Dies könnte als Bestätigung dafür angesehen werden, daß die Modellergebnisse relativ unempfindlich gegenüber einer Prämissenanpassung an realistische Strukturen sind, so daß sich bereits die realitätsferneren einfacheren Modellstrukturen als arbeitsfähig erweisen. Vielfach wird aber zu Recht davor gewarnt, die Ergebnisse des MAC-DOUGALL-Tests voreilig und unkritisch als erfolgreichen Bestätigungsversuch der RICARDO-Theorie zu interpretieren, da es nicht gelungen ist, die im bilateralen Handel bestehende Warenstruktur der US-Exporte nach England und der England-Exporte nach USA zu untersuchen. Zum einen kann nicht nachgewiesen werden, daß Marktanteilsvergleiche auf Drittländer-

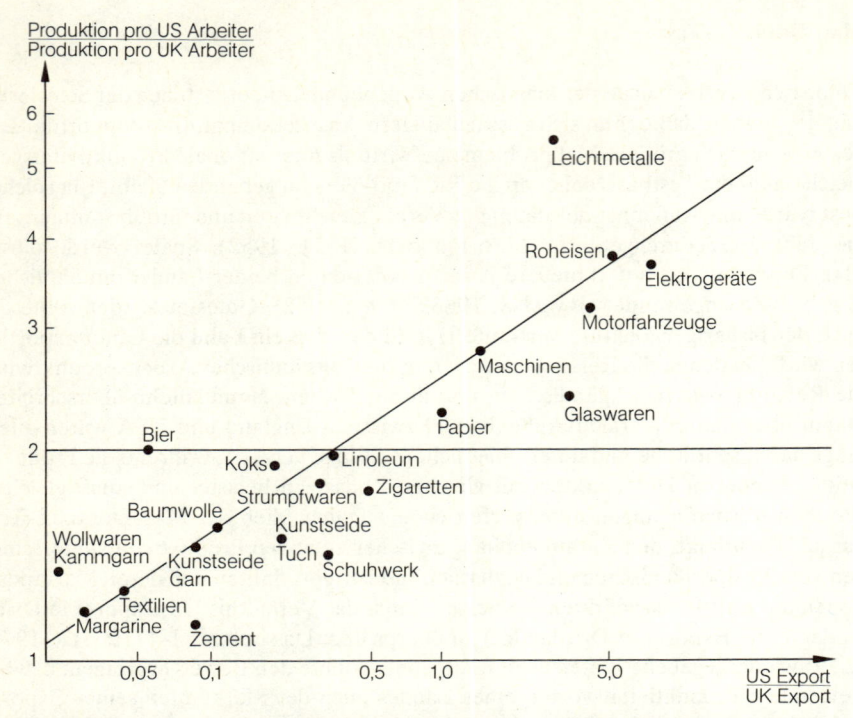

Abb. I-4: Zusammenhang zwischen Produktivitätsrelation und Drittmarktanteilen

märkten zwingende Rückschlüsse auf die bilaterale Außenhandelsstruktur erlauben. Zum anderen erfolgt keine Analyse der Ursachen internationaler Produktivitätsunterschiede, so daß auch nicht feststellbar ist, ob ein Produktivitätsvorsprung aufgrund der von RICARDO unterstellten natürlichen Umweltbedingungen dauerhaft ist, oder ob er durch Prozeßinnovationen nur temporär errungen wurde. Damit bleibt es zweifelhaft, ob tatsächlich die RICARDO-Theorie untersucht und verifiziert werden konnte.

3.1.2. HECKSCHER-OHLIN-Güter

Die neoklassische Außenhandelstheorie analysiert Handelsstrukturen im Rahmen von Zwei-Güter-Zwei-Faktoren-Modellen und erfaßt daher die komparativen Kostenunterschiede entsprechend der HABERLER-Version. Das Inland wird Gut 1 exportieren und Gut 2 importieren, wenn in diesem Land die durch die relativen Grenzkosten gemessenen marginalen Opportunitätskosten des Gutes 1 niedriger als im Ausland sind:

$$(70\ DM)\quad \frac{GK_1^1}{GK_2^1} < \frac{GK_1^2}{GK_2^2}\quad (1600\ Ptas)$$
$$(90\ DM)\qquad\qquad\qquad\qquad (1400\ Ptas)$$
$$(0{,}78) < (1{,}14)$$

komparativer Vorteil des Inlandes in der Produktion von Gut 1 (z. B. Elektrogeräte als deutsches Exportprodukt)

$$\begin{array}{lll}(1400 \text{ Ptas}) & GK_2^2 & GK_2^1 \ (90 \text{ DM}) \\ & \overline{} < \overline{} & \\ (1600 \text{ Ptas}) & GK_1^2 & GK_1^1 \ (70 \text{ DM}) \\ & (0{,}88) < (1{,}29) & \end{array}$$ komparativer Vorteil des Auslandes in der Produktion von Gut 2 (z. B. Textilien als spanisches Exportprodukt).

Diese an komparativen Kostenunterschieden orientierte optimale Außenhandelsstruktur wird bei gewinnmaximierendem Produzentenverhalten unter den Bedingungen vollständiger Konkurrenz auch zustandekommen, wenn sich z. B. – wie im folgenden unterstellt wird – ein Wechselkurs von 100 Ptas = 5 DM einspielt.

Faktorproportionen-Theorem

Derartige komparative Kostenunterschiede und die hiermit verbundene Außenhandelsstruktur können auf unterschiedlicher Faktorausstattung beider Länder beruhen, wenn die Produktion beider Güter divergierende Faktorintensitäten beansprucht. Dieser Nachweis wurde erstmals von ELI HECKSCHER und seinem Schüler BERTIL OHLIN erbracht (HECKSCHER-OHLIN-Theorie). Für die von diesem Ansatz erfaßten Außenhandelsgüter wird unterstellt, daß die Produktionstechnologien in beiden Ländern verfügbar und somit identisch sind, wodurch die ricardianische Determinante komparativer Kosten ausgeschaltet ist. Die Produktionsprozesse unterscheiden sich nur zwischen beiden Gütern: Bei Realisierung der einem gegebenen Faktorpreisverhältnis zugeordneten Minimalkostenkombination (Beitrag K) werde Gut 1 in beiden Ländern mit größerem Kapitaleinsatz pro Arbeitseinheit erzeugt als Gut 2 (Gut 1 ist kapitalintensiv, Gut 2 ist arbeitsintensiv). Beide Länder unterscheiden sich lediglich in ihrer Ausstattung mit den Produktionsfaktoren Arbeit und Kapital: Land 1 sei ein kapitalreiches Land, in dem Arbeitskräfte relativ zum Kapitalbestand knapp sind, während Land 2 ein arbeitsreiches Land sei, weil die Kapitalausrüstung relativ zum verfügbaren Arbeitspotential niedrig ist. Die unterschiedliche Ausstattung mit Produktionsfaktoren spiegelt sich also in unterschiedlichen Faktorproportionen beider Länder wider:

(13.1.) $\quad \dfrac{K^1}{N^1} > \dfrac{K^2}{N^2} \qquad$ K^j – Kapitalbestand in Land j
$\qquad\qquad\qquad\qquad\qquad$ N^j – Arbeitspotential in Land j   (j = 1,2)

Für den Autarkiezustand läßt sich diese Definition divergierender Faktorausstattungen in der Regel (d. h. bei identischen oder relativ wenig divergierenden Nachfragestrukturen beider Länder) in eine Faktorpreis-Definition überführen:

(13.2.) $\quad \begin{array}{l}(20 \text{ DM}) \\ (10 \text{ DM})\end{array} \begin{array}{l}w^1 \\ \overline{} > \\ r^1\end{array} \begin{array}{l}w^2 \\ \overline{} \\ r^2\end{array} \begin{array}{l}(200 \text{ Ptas}) \\ \\ (300 \text{ Ptas})\end{array}$

w^j – Reallohn pro Arbeitseinheit im Lande j
r^j – Realzins pro Kapitaleinheit im Lande j   (j = 1,2)

Im kapitalreichen Land wird der Faktor Arbeit relativ knapp und damit auch teuer sein, während das weniger knappe Kapital relativ billig einsetzbar ist. Im arbeitsreichen Land wird das reichliche Arbeitspotential einen relativ niedrigen Lohnsatz, das knappe Produktivkapital dagegen einen relativ hohen Zinssatz bedingen.

Die in beiden Ländern identischen Produktionsfunktionen eines Gutes seien durch kontinuierliche Faktorsubstituierbarkeit, sinkende partielle Grenzproduktivitäten beider Faktoren und konstante Skalenerträge ausgezeichnet (linear-homogene neoklassische Produktionsfunktionen). Derartige Produktionsfunktionen beider Güter lassen sich durch ihre Einheitsisoquanten darstellen *(Abb. I-5)*, weil die Isoquanten höherer Produktionsniveaus für jede Faktorintensität durch entsprechende Vervielfachung der Faktoreinsatzmengen bestimmbar sind. Die Inputkoeffizienten (Arbeits-

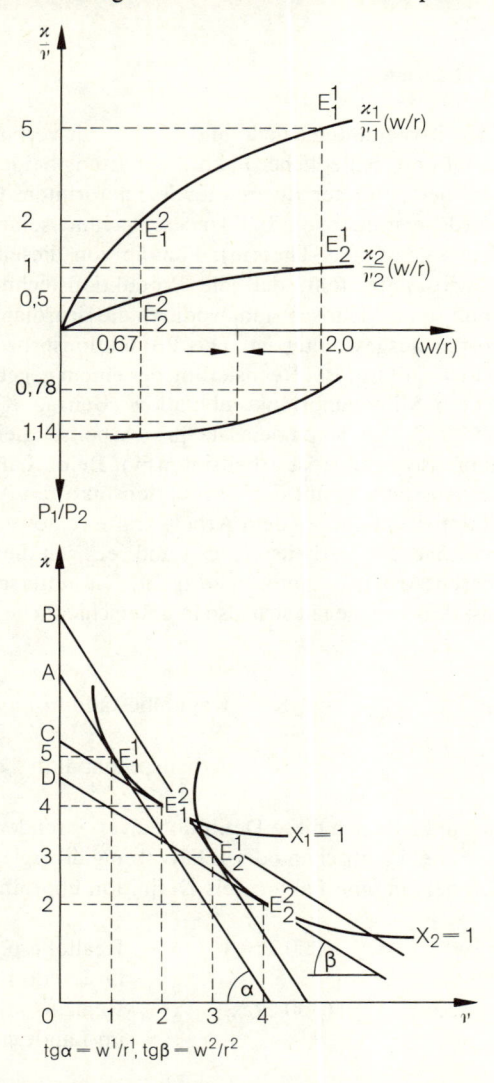

Abb. I-5: Unterschiedliche Lohn-Zins-Relation zweier Länder als Ursache divergierender relativer Autarkiepreise

koeffizient v_i^j, Kapitalkoeffizient $\varkappa_i^j$) sind damit bei gegebenem Lohn-Zins-Verhältnis durch die Minimalkostenkombinationen (E_1^1, E_1^2, E_2^1, E_2^2) determiniert. Die in *Abb. I-5* vereinigten Einheitsisoquanten beider Güter verdeutlichen nun die unterschiedlichen Produktionsbedingungen in beiden Sektoren: mit steigendem Lohn-Zins-Verhältnis (von der Abzisse aus gemessenes Steigungsmaß der Isokostenlinie) steigt zwar die Kapitalintensität beider Produktionen (Substitution der sich relativ verteuernden Arbeit durch Kapital), jedoch ist für jedes beliebige Lohn-Zins-Verhältnis die Kapitalintensität bei Gut 1 höher als bei Gut 2, so daß beide HECKSCHER-OHLIN-Güter eindeutig nach ihrer Faktorintensität klassifiziert werden können.
Bei gegebener Faktorpreisrelation tg $\alpha = w^1/r^1$ und tg $\beta = w^2/r^2$ werden nun im kapitalreichen Land 1 die durch die Punkte E_1^1 ($\varkappa_1^1 = 5$, $v_1^1 = 1$) und E_2^1 ($\varkappa_2^1 = 3$, $v_2^1 = 3$) wiedergegebenen kostenminimalen Produktionsprozesse gewählt, während die gleichen Produkte im arbeitsreichen Land 2 mit den durch E_1^2 ($\varkappa_1^2 = 4$, $v_1^2 = 2$) und E_2^2 ($\varkappa_2^2 = 2$, $v_2^2 = 4$) repräsentierten arbeitsintensiveren Prozessen erzeugt werden. Damit können aus den Produktionspunkten der Einheitsisoquante die jeweiligen Grenzkosten abgeleitet werden, die wegen der konstanten Skalenerträge konstant bleiben, solange sich das nationale Faktorpreisverhältnis nicht ändert. Im Inland gilt:

(14.1.) $GK_1^1 = w^1 v_1^1 + r^1 \varkappa_1^1 = r^1 (v_1^1 w^1/r^1 + \varkappa_1^1) = OA \; r^1$

(14.2) $GK_2^1 = w^1 v_2^1 + r^1 \varkappa_2^1 = r^1 (v_2^1 w^1/r^1 + \varkappa_2^1) = OB \; r^1$

Daraus folgt für die marginalen Opportunitätskosten des Gutes 1 im Inland

$$\frac{GK_1^1}{GK_2^1} = \frac{OA}{OB} \quad (< 1)$$

Im Ausland gilt:

(15.1.) $GK_1^2 = w^2 v_1^2 + r^2 \varkappa_1^2 = r^2 (v_1^2 w^2/r^2 + \varkappa_1^2) = OC \; r^2$

(15.2.) $GK_2^2 = w^2 v_2^2 + r^2 \varkappa_2^2 = r^2 (v_2^2 w^2/r^2 + \varkappa_2^2) = OD \; r^2$

Daraus folgt für die marginalen Opportunitätskosten des Gutes 1 im Ausland:

$$\frac{GK_1^2}{GK_2^2} = \frac{OC}{OD} \quad (> 1)$$

Einsetzen der in *Abb. I-5* bestimmten Inputkoeffizienten in Gleichungen (14.1) – (15.2) liefert unter Berücksichtigung der Zahlenwerte in (13.2.) die in *Tab. I-3* zusammengefaßten Ergebnisse:

Tab. I-3: Lohn-Zins-Verhältnis, Kapitalintensität und Außenhandelsstruktur

Land \ Gut	Grenzkosten		marginale Opp.Kosten		Kapital-intensität		Außenhandelsstruktur	
	1	2	1	2	1	2	1	2
1	70 DM	90 DM	0,78	1,29	5	1	Exp.	Imp.
2	1600 Ptas (80 DM)	1400 Ptas (70 DM)	1,14	0,88	2	0,5	Imp.	Exp.

$e = 5$ DM/100 Ptas; $w^1/r^1 = 2$; $w^2/r^2 = 0{,}67$

Die Außenhandelsstruktur wird nunmehr gemäß *Tab. I-3* durch das Faktorproportionen-Theorem erklärt: Relativ kapitalreiche Länder werden kapitalintensive Produkte exportieren und arbeitsintensive Produkte importieren, während relativ arbeitsreiche Länder arbeitsintensive Produkte im Austausch gegen kapitalintensive Importprodukte ausführen werden. Jedes Land wird mithin das Gut exportieren, bei dessen Produktion der relativ billige Faktor intensiv eingesetzt wird.

Eine entsprechende Spezialisierung ist ökonomisch sinnvoll, da hierdurch in jedem Land der relativ teure Faktor relativ eingespart werden kann, indem das diesen Faktor intensiv beanspruchende Gut importiert wird. Damit aber wird die Veränderung der Produktionsstruktur in beiden Ländern die relative Knappheit des knappen Faktors mildern, so daß sich auch die internationalen Unterschiede der relativen Faktorpreise verringern werden. Im Inland expandiert die Produktion des kapitalintensiven Gutes zu Lasten des arbeitsintensiven Sektors, so daß der Zins relativ zum Lohn steigen wird. Im Ausland führt die Expansion des arbeitsintensiven Sektors zu einem steigenden Lohn-Zins-Verhältnis. Hat sich somit unter Freihandelsbedingungen ein in beiden Ländern übereinstimmender Relativpreis des Gutes 1 eingespielt, so wird – wie *Abb. I-5* zeigt – diesem Freihandelsgleichgewicht auch eine in beiden Ländern übereinstimmende Lohn-Zins-Relation zugeordnet sein (Faktorpreisausgleichs-Theorem). Unbeschränkter Außenhandel bei internationaler Immobilität von Produktionsfaktoren führt somit unter den Bedingungen des HECKSCHER-OHLIN-Modells zu den gleichen Faktorpreiswirkungen wie die unbeschränkte internationale Beweglichkeit von Arbeit und Kapital, indem in jedem Land eine Umverteilung zu Gunsten des reichlichen Faktors und zu Lasten des knappen Faktors induziert wird.

Im realistischeren Fall des Außenhandels mit mehr als zwei Gütern ergibt sich analog zur RICARDO-Theorie eine schwächere Bedingung für die Außenhandelsstruktur eines Landes: Ordnet man alle Außenhandelsgüter nach der Höhe ihrer Kapitalintensität, so werden nach dem Faktorproportionen-Theorem alle Exportprodukte eines kapitalreichen Landes höhere Kapitalintensitäten aufweisen als die Importerzeugnisse dieses Landes (DEARDORFF, 1979). Wo die Trennungslinie zwischen Exporten und Importen verläuft, hängt wiederum von der Nachfrageseite ab, so daß die Außenhandelsstruktur auch durch den Wechselkurs beeinflußt wird.

LEONTIEF-Test

Die Auseinandersetzung um die Fähigkeit des Faktorproportionen-Theorems, reale Außenhandelsstrukturen erklären und ihre Veränderung prognostizieren zu können, erfuhr durch die bahnbrechende empirische Untersuchung von WASSILY LEONTIEF (1953) ihren entscheidenden Anstoß. Aufgrund einer Input-Output-Studie für die Vereinigten Staaten des Jahres 1947 wurden Arbeits- und Kapitaleinsatz pro 1 Mio. US-$ der amerikanischen Export- und Importkonkurrenzprodukte ermittelt. Auch wenn wegen fehlender ausländischer Input-Output-Tabellen der Faktorgehalt US-amerikanischer Importe nicht unmittelbar bestimmt werden konnte, erschien der Rückgriff auf Importsubstitute als legitime Testbasis, da das HECKSCHER-OHLIN-Theorem identische Produktionsfunktionen und eindeutige Faktorintensitätsunterschiede beider Gruppen von Außenhandelsgütern unterstellte. Der Quotient der so errechneten Kapital- und Arbeitskoeffizienten sollte auf diese Weise den Rückschluß auf die Kapitalintensitäten amerikanischer Export- und Importprodukte ermöglichen. Selbst wenn die empirische Messung des relativen Faktorreichtums und damit die Erstellung einer solchen Testbasis häufig Schwierigkeiten bereiten dürfte, bestand dieses Problem im Fall der Vereinigten Staaten nicht, die unbestritten als kapitalreichstes Land der Welt eingestuft werden konnten. Gemäß Faktorproportionen-Theorem müßten die Vereinigten Staaten somit kapitalintensive Güter exportieren und arbeitsintensive Produkte einführen. Das Ergebnis des LEONTIEF-Tests widersprach aber dieser Hypothese, da die Kapitalintensität der amerikanischen Exporte geringere Werte aufwies als die Kapitalintensität der heimischen Importsubstitute. Die USA exportierten somit arbeitsintensive Produkte und importierten kapitalintensive Erzeugnisse (LEONTIEF-Paradoxon), so daß ihre Außenhandelsstruktur im Widerspruch zur Prognose des HECKSCHER-OHLIN-Theorems stand. Auch spätere, ähnliche Untersuchungen falsifizierten das Faktorproportionen-Theorem. So wurden für den indischen Außenhandel mit den USA kapitalintensive Exporte nach USA und arbeitsintensive Importe aus USA nachgewiesen (BHARADWAJ, 1962), während Japans Außenhandel mit der übrigen Welt durch kapitalintensive Exporte und arbeitsintensive Importe charakterisiert war (TATEMOTO/ICHIMURA, 1969). Berücksichtigt man hierbei aber, daß etwa 75 v. H. der japanischen Exporte an arbeitsreiche Entwicklungsländer geliefert wurden und nur 25 v. H. in relativ kapitalreiche Länder flossen, so deutet sich bereits an, daß disaggregierte Untersuchungen bilateraler Handelsbeziehungen die Faktorproportionen-Theorie eher bestätigen können. Auch eine Untersuchung des DDR-Außenhandels innerhalb des Ostblocks konnte kapitalintensive DDR-Exporte und arbeitsintensive DDR-Importe nachweisen (STOLPER/ROSKAMP, 1961), und damit die Faktorproportionen-Theorie in jenem Netz außenwirtschaftlicher Beziehungen bestätigen, in dem die DDR als relativ kapitalreiches Land anzusehen ist.

Insgesamt jedoch zeigen die Testergebnisse, daß das HECKSCHER-OHLIN-Theorem in seiner einfachen Form nicht hinreichend empirisch abgesichert ist. Es ist somit zu prüfen, ob Verfeinerungen und Modifikationen der Faktorproportionen-Theorie komparativer Kostenunterschiede zu Hypothesen führen, die im empirischen Bewährungstest erfolgreicher sind.

Neo-Faktorproportionen-Theorem

Versuche zur Erklärung und Lösung des LEONTIEF-Paradoxons führten in zwei beachtenswerte Richtungen. Es wurde der Nachweis erbracht, daß

- das HECKSCHER-OHLIN-Theorem auch aus logischen Gründen versagen und das LEONTIEF-Paradoxon Bestätigung finden muß, wenn die in beiden Ländern identischen Produktionsfunktionen umschlagende Faktorintensitäten implizieren (die in *Abb. I-5* dargestellten Faktorintensitätskurven schneiden sich bei einem bestimmten Lohn-Zins-Verhältnis), und somit die Produkte nicht mehr widerspruchsfrei in arbeits- oder kapitalintensive Erzeugnisse eingeteilt werden können (JONES, 1956; JOHNSON, 1957; MINHAS, 1962),
- das LEONTIEF-Paradoxon gelöst werden und das Faktorproportionen-Theorem in erweiterter Form seine Bestätigung finden kann, wenn für die Produktionsfaktoren

Arbeit oder Kapital die Homogenitätsannahme aufgehoben wird (KEESING, 1965, 1971; KENEN, 1965).

Die zweite Alternative soll im folgenden näher erläutert werden, da hiermit entscheidende Impulse auf die weitere Entwicklung der Außenhandelstheorie verbunden waren. Das Zwei-Faktoren-Modell der Faktorproportionen-Theorie kann auf zweierlei Weise realitätsgerechter modifiziert werden. Entweder wird das bislang homogene Arbeitspotential in verschiedene Kategorien von Arbeitskräften unterschiedlichen Qualifikationsniveaus (z. B. fachlich ausgebildete, angelernte oder ungelernte Arbeitskräfte) aufgespalten, oder der Kapitalbegriff wird um das durch Ausbildung der Arbeitskräfte aufgebaute Humankapital erweitert.

Die Produktion verschiedener Güter (z. B. neuentwickelte Computergenerationen im Vergleich zu Textilerzeugnissen) erfordert in der Regel auch in unterschiedlicher Intensität eingesetzte Mengen an qualifizierten Arbeitskräften (Wissenschaftler, Ingenieure, Facharbeiter, Manager) und an gering ausgebildetem Personal. Ein als arbeitsreich einzustufendes Land kann nun gerade mit Arbeitskräften höheren Qualifikationsniveaus vergleichsweise knapp ausgestattet sein, während ein kapitalreiches Land auch relativ reichlich über qualifizierte Arbeitskräfte verfügen mag. Unter dieser Bedingung ist davon auszugehen, daß Arbeitskräfte mit hohem Ausbildungsniveau im arbeitsreichen Land relativ hoch entlohnt werden, weil sie dort knapper als im kapitalreichen Land sind. Dann werden aber auch Produkte, deren Erzeugung den relativ hohen Einsatz qualifizierter Arbeitskräfte erfordert, im arbeitsreichen Land nur relativ teuer hergestellt werden können. Das arbeitsreiche Land besitzt komparative Kostennachteile, das kapitalreiche Land komparative Kostenvorteile in der Erzeugung qualifikationsintensiver Güter. Damit folgt das internationale Spezialisierungsmuster nunmehr einem modifizierten Faktor-Proportionen-Theorem: kapitalreiche Länder, die auch relativ reichlich mit ausgebildeten Arbeitskräften höherer Qualifikationsniveaus ausgestattet sind, werden vor allem jene Güter exportieren, deren Erzeugung den Faktor qualifizierte Arbeit intensiv nutzt, während ihre Importprodukte in den Ursprungsländern mit einem relativ hohen Anteil gering ausgebildeter Arbeitskräfte erstellt werden.

So können etwa die US-amerikanischen Exportindustrien als relativ qualifikationsintensiv gelten, da sie ein höheres Lohnniveau aufweisen, als dem gesamtwirtschaftlichen Durchschnittslohn entspricht, und weil sie einen größeren Anteil jener Sektoren umfassen, die in hohem Maße qualifiziert ausgebildete Arbeitskräfte beschäftigen. Die durch den LEONTIEF-Test ausgewiesene relativ hohe Arbeitsintensität amerikanischer Exporte spiegelt also in Wirklichkeit deren hohe Qualifikationsintensität, während die Importe im Interpretationsrahmen eines Drei-Faktoren Modells (einfache Arbeit, Ausbildung, Kapital) als arbeitsintensiv einzustufen sind.

Interpretiert man andererseits die Ausbildung qualifizierter Arbeitskräfte als Investition in Humankapital und verbindet die Erweiterung des Kapitalbegriffs (Sachkapital + Ausbildungskapital) mit einer Einengung des Begriffs eines homogenen Arbeitspotentials auf einfache, ungelernte Arbeit, so läßt sich das LEONTIEF-Paradoxon ebenfalls mit Faktorproportionen-Ansätzen in Einklang bringen. Die durch den LEONTIEF-Test ausgewiesene vergleichsweise hohe Arbeitsintensität amerikanischer Exportprodukte ließe sich auf ihren relativ hohen Anteil an Humankapital zurückführen (z. B. der für die Computer-Industrie typische hohe Aufwand an Forschung und Entwicklung, Organisationsberatung, Kundendienst), so daß diese Produkte im Sinne des Neo-Faktorproportionen-Theorems als kapitalintensiv zu klassifizieren wären.

Empirische Untersuchungen von Außenhandelsstrukturen konnten die durch das Neo-Faktorproportionen-Theorem beschriebenen Strukturdeterminanten als signifikante Einflußfaktoren bestätigen. Eine Untersuchung des deutschen Außenhandels der Jahre 1962 und 1972 auf Basis eines Drei-Faktoren-Modells (ungelernte Arbeit, Humankapital, Sachkapaital) belegt einen komparativen Vorteil in der Produktion humankapitalintensiver Güter. Diese werden im Austausch gegen arbeitsintensive Importprodukte und – in geringerem Ausmaße – gegen sachkapitalintensive Einfuhrerzeugnisse exportiert (STEINHERR/RUNGE, 1978). Zu ähnlichen Ergebnissen gelangten auch STERN (1976) und WOLTER (1977).

Weitere zahlreiche empirische Studien können belegen, daß die HECKSCHER-OHLIN-Theorie in ihrer zum Neo-Faktorproportionen-Theorem erweiterten Version am aussagekräftigsten ist, wenn sie auf den Außenhandel zwischen hochentwickelten Industrieländern und halbindustrialisierten Entwicklungsländern angewendet wird (FELS, 1971, 1972; LOWINGER, 1971; HIRSCH, 1974). Nach LOWINGER ist etwa der komparative Nachteil Brasiliens am ausgeprägtesten in der Produktion jener Güter, deren Erzeugung einen relativ hohen Aufwand qualifizierter Arbeit bzw. an Humankapital erfordert, so daß diese Produkte aus USA und Westeuropa importiert werden. Die relative Knappheit an Sachkapital kann dabei durch Kapitalgüterimporte und ausländische Direktinvestitionen, also durch internationale Kapitalmobilität, sehr viel leichter gemildert werden als das relative Ausstattungsdefizit bei Humankapital, welches sich durch Abwanderung hochqualifizierter Arbeitskräfte in Länder mit hohem Lebensstandard eher noch zu verschärfen droht. Angesichts dieser im HECKSCHER-OHLIN-Theorem nicht erfaßten internationalen Faktorbewegungen werden somit meist die relativen Ausstattungsunterschiede mit Humankapital und ungelernter Arbeit zu entscheidenden Determinanten internationaler Handelsstrukturen.

3.2. Außenhandel ohne komparative Kostenunterschiede

Um den Einfluß weiterer Faktoren auf Richtung und Struktur des Außenhandels zu analysieren, wird im Rahmen der üblichen Zwei-Güter-Zwei-Faktor-Modelle von einer Situation übereinstimmender Transformationskurven des In- und Auslandes ausgegangen, so daß die bisherigen Ursachen komparativer Kostenunterschiede ausgeschaltet sind.

3.2.1. Steigende Skalenerträge

Ein herausragendes Merkmal industrieller Produktion sind Kostenvorteile der Massenproduktion, die mit wachsendem Gesamtmarkt eines Sektors (betriebsexterne Kostenersparnisse) oder wachsenden Betriebsgrößen (betriebsinterne Kostenersparnisse) erschlossen werden können. Ein nicht expandierender Binnenmarkt wird bei gegebener Anzahl von Unternehmenseinheiten ein nur begrenztes Reservoir solcher

Massenproduktionsvorteile eröffnen. Diese können entweder durch sinkende Unternehmenszahl, also durch Monopolisierungsprozesse, oder durch Marktausweitung über Außenhandel intensiviert werden. Übergang von Autarkie zu Außenhandel kann also Konflikte zwischen Kostenersparnissen durch Massenproduktion und sinkender Wettbewerbsintensität auflösen. Außenhandelsbeziehungen folgen aus dem Streben nach Ausnutzung interner Kostenersparnisse und können für beide Länder selbst dann sinnvoll erscheinen, wenn im Autarkiezustand keine relativen Kosten- und Preisunterschiede existieren.

Um steigende Skalenerträge als eigenständige Determinante des Außenhandels zu isolieren, wird daher in Abb. I-6 diese Ausgangssituation konstruiert. Die wegen sinkender marginaler Opportunitätskosten beider Sektoren zum Ursprung hin konvexe Transformationskurve B_1B_2 gilt dann sowohl im Inland als auch im Ausland. Bei Autarkie weisen beide Länder die gleiche durch Punkt A repräsentierte Produktionsstruktur und damit gleiche marginale Opportunitätskosten auf. Entspricht die Preisbildung den Bedingungen vollständiger Konkurrenz, oder stimmen die Monopolgrade ($p_i^j/GK_i^j > 1$) sektoral und international überein, so werden auch die den marginalen Opportunitätskosten entsprechenden relativen Autarkiepreise beider Länder gleich sein.

Da im Produktionspunkt A die Produktionsmengen beider Güter auf den autarken Binnenmärkten beider Länder zu gering sind, um die Kostenvorteile der Massenproduktion voll erschließen zu können, ist die Aufnahme von Außenhandelsbeziehungen sinnvoll. Diese schaffen die Möglichkeit einer sich ergänzenden vollständigen Spezialisierung (hier: Land 1 auf Gut 2, Land 2 auf Gut 1). Obwohl das Weltmarktpreisverhältnis dem relativen Autarkiepreis entspricht, führt internationaler Tausch zu einer verbesserten Versorgungsposition beider Länder (C_F^1 im Inland, C_F^2 im Ausland), weil komparative Kostenvorteile durch internationale Spezialisierung freigesetzt wurden.

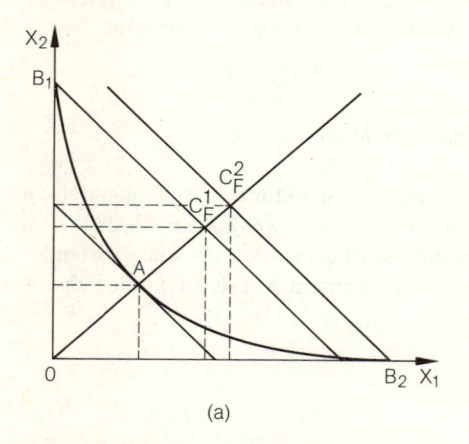

(a) Ungleiche Wohlfahrtsgewinne beider Länder bei konstanten terms of trade

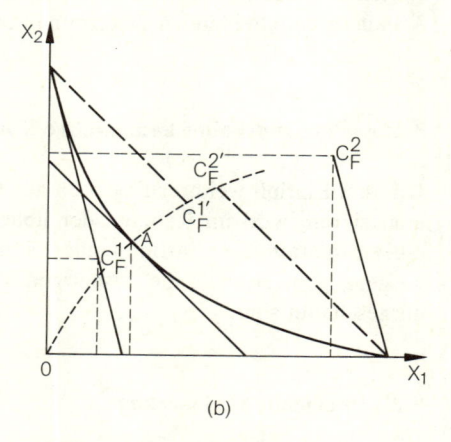

(b) Wohlfahrtsverluste des Inlands Wohlfahrtsgewinne des Auslands bei starker terms of trade-Variation

Abb. I-6: Außenhandelsgleichgewicht bei steigenden Skalenerträgen

Was bisher Ursache spezifischer Außenhandelsstrukturen war, erscheint nunmehr als Auswirkung internationaler Handelsbeziehungen, so daß aus dem komparativen Kostenkriterium keine Strukturprognosen mehr ableitbar sind.

Die in *Abb. I-6a* dargestellte Analyse internationaler Arbeitsteilung kann zwar normative Aussagen über die Vorteilhaftigkeit des Freihandels, nicht aber kausale Aussagen über die Struktur des Außenhandels liefern. Genausogut könnte sich das Inland auf Gut 1 und das Ausland auf Gut 2 spezialisieren. Es käme zum gleichen Zuwachs des Weltsozialproduktes, jedoch zu einer anderen Verteilung des Spezialisierungsgewinns, da nunmehr die Konsumposition des Inlandes stärker als die des Auslandes verbessert würde. Bei vollständiger Information über diese Konsequenzen alternativer Freihandelsstrukturen würden beide Länder bestrebt sein, durch strukturpolitische Maßnahmen eine Spezialisierung auf Gut 1 einzuleiten, so daß Außenhandel nur auf Basis einer Einigung beider Länder über eine alternative Spezialisierungsstruktur zustande kommen kann (SOHNS, 1976). Anreiz zu solchen Vereinbarungen liefert der durch abgestimmte Spezialisierung realisierbare Weltsozialproduktzuwachs. Gegenstand der Vereinbarung müßten kompensatorische Transferzahlungen des auf Gut 1 spezialisierten Landes an das Partnerland sein.

Diese notwendige Bedingung für das Zustandekommen von Außenhandel wird in einer Situation verschärft, in der die Aufnahme von Freihandelsbeziehungen Wohlfahrtsverluste eines Landes erzeugen kann (vgl. *Abb. I-6b*). Käme es bei noch unverändertem Preisverhältnis (Steigungsmaß der Preislinien $B_2 C_F^{2'}$ und $B_1 C_F^{1'}$) zu Freihandelskonsumpunkten $C_F^{1'}$ und $C_F^{2'}$, weil die Einkommenselastizität von Gut 1 größer und von Gut 2 kleiner als eins ist, so müßte der relative Preis des Gutes 1 steigen, da mit $C_F^{1'}$ und $C_F^{2'}$ in *Abb. I-6b* am Weltmarkt ein Nachfrageüberschuß bei Gut 1 und ein Angebotsüberschuß bei Gut 2 verbunden ist. Das auf Gut 2 spezialisierte Inland erfährt eine außenhandelsbedingte terms-of-trade-Verschlechterung. Ist diese stärker als der Spezialisierungsgewinn, so wird die Konsumposition C_F^1 ungünstiger als bei Autarkie sein. Gelingt keine Korrektur dieses terms-of-trade-Effektes, so wird Land 1 durch Einsatz restriktiver Außenhandelspolitik aus dem Freihandelssystem ausscheren. Eine dauerhafte Grundlage freier internationaler Handelsbeziehungen ist in dieser Situation steigender Skalenerträge ohne internationale Transfervereinbarungen jedenfalls nicht gegeben.

Einen Ausweg aus diesem Dilemma weisen Unternehmensstrategien der Produktdifferenzierung. Beide Länder partizipieren angemessen am Wohlfahrtswachstum, wenn sie die Produktion beider Güter zugleich ausdehnen können. Innovationsaktive Unternehmer beider Länder werden bei internen Kostenersparnissen bemüht sein, ihre Produktion durch Einsatz von Produktgestaltung, Werbung, Serviceleistung etc. gegenüber ausländischen Konkurrenzprodukten zu differenzieren, um stärker in Auslandsmärkte einzudringen. Mit hohem Pro-Kopf-Einkommen beider Länder verbundene Präferenzen für differenzierte Angebotssortimente verhelfen dieser Strategie zum Erfolg. Das den Unternehmen beider Länder gemeinsame Streben nach Ausnutzung von Kostenvorteilen der Massenproduktion führt auf diese Weise zu intraindustriellem Außenhandel. Während komparative Kostenunterschiede als mögliche Ursache intersektoraler Außenhandelsstrukturen nachgewiesen werden konnten, erscheinen steigende Skalenerträge nunmehr als Ursache intrasektoralen Außenhandels mit industriellen Fertigprodukten.

3.2.2. Nachfragestruktur

Besteht ein Zusammenhang zwischen Pro-Kopf-Einkommen und Nachfragestruktur, so werden etwa Industrieländer mit vergleichbar hohen Einkommensniveaus auch ähnliche Nachfragestrukturen aufweisen. Kann diese Hypothese akzeptiert werden, so wird unter den Bedingungen steigender Skalenerträge der internationale Handel mit industriellen Fertigprodukten zwischen jenen Ländern am intensivsten sein, die ähnliche Nachfragestrukturen und relativ geringfügig abweichende Pro-Kopf-Einkommen aufweisen (LINDER, 1961). Die LINDER-Hypothese beschreibt internationale Rahmenbedingungen, unter denen steigenden Skalenerträgen ein dominierender Einfluß auf den Außenhandel zukommt.

Sie steht damit keineswegs im Widerspruch zu Überlegungen, die internationale Unterschiede der Nachfragestruktur als eigenständige Außenhandelsdeterminante isolieren wollen. Solche abweichenden Präferenzstrukturen können gemäß obiger Hypothese Folge internationaler Einkommensunterschiede sein, können aber auch – unabhängig vom Einkommensniveau – durch unterschiedliche Umweltbedingungen verursacht sein, welche die Präferenzen der heimischen Nachfrage prägen. Ihre Auswirkungen auf die bei Freihandel sich herausbildenden Produktions- und Handelsstrukturen sind in den Fällen steigender oder sinkender Grenzkosten unterschiedlich zu beurteilen *(Abb. I-7)*.

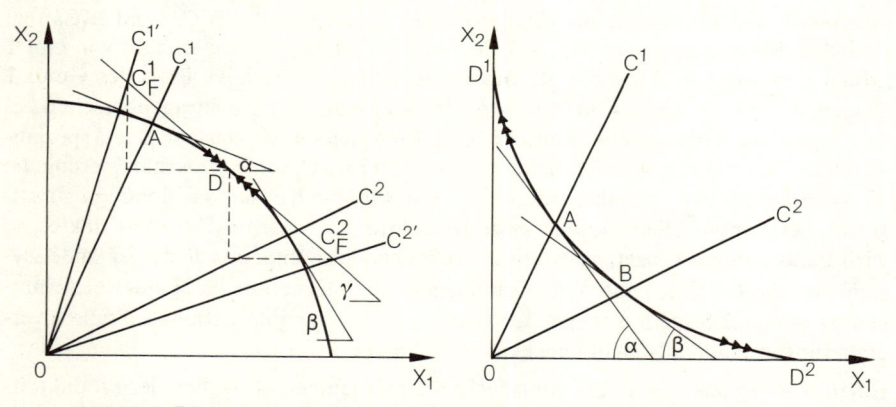

Abb. I-7: Divergierende Nachfragestrukturen als Außenhandelsursache

Wiederum stimmen die Transformationskurven beider Länder überein, um die produktionstechnischen Ursachen komparativer Kostenunterschiede auszuschalten. Bei identischen Nachfragestrukturen beider Länder kommt kein Außenhandel zustande. Unterschiedliche Nachfragestrukturen im Autarkiezustand jedoch können bei steigenden Grenzkosten Ursache abweichender Grenzkostenrelationen sein und somit Außenhandel verursachen *(Abb. I-7a)*. Die relativ hohe Präferenz inländischer Nachfrage für Gut 2 bedingt einen relativ niedrigen Autarkiepreis des Gutes 1 (tg α), während die im Ausland sehr ausgeprägte Präferenz für Gut 1 einen relativ hohen Preis dieses Produktes induziert (tg β). Nach Übergang zu Freihandel wird das Inland daher Gut 1 exportieren und das bislang teure Gut 2 zu günstigeren Konditionen importieren. Wenn der relative Preis des Gutes 1 bei Freihandel auf tg γ steigt, wird die Produktion dieses inländischen Exportgutes zu Lasten von Gut 2 ausgedehnt. Im Ausland wird der relative Preis von Gut 1 sinken, so daß dort die Produktion von Gut 2 steigt und dieses somit zum Exportprodukt des Landes 2 wird. Im Gegensatz zu früheren Modellen komparativer Kosten gleichen sich nun die Produktionsstrukturen an (Produktionspunkt D) und ermöglichen auf diese Weise eine durch Konsumpunkte außerhalb der Transformationskurve repräsentierte kostengünstigere Abdeckung der divergierenden Bedarfsstrukturen.

Bei sinkenden Grenzkosten erzeugen vergleichbare Diskrepanzen der Autarkie-Konsumstrukturen in Umkehrung des ersten Falles einen relativen Preisvorteil des Inlandes (Punkt A) bei Gut 2 und des Auslandes (Punkt B) bei Gut 1 (*Abb. I-7b*). Dieser ist nun die Folge der durch relativ hohe heimische Nachfrage begünstigten Skaleneffekte. Nach Öffnung der Grenzen wird sich also das Inland auf Gut 2, das Ausland auf Gut 1 als Exportgut spezialisieren und die Inlandsproduktion des im eigenen Land relativ wenig begehrten und deshalb zu hohen Kosten erzeugten Produktes durch Importe substituieren. Außenhandel wird eine intensivere Nutzung der kostensenkenden Skaleneffekte ermöglichen, indem sich die Produktionsstrukturen noch weiter auseinander entwickeln. Die mit diesem Fall beschriebenen Bedingungen lassen sich nicht mehr nur auf interindustriellen sondern auch auf intraindustriellen Außenhandel anwenden, wie HERBERT GRUBEL (1977, S. 81) durch das Beispiel der amerikanischen Automobilproduktion erläutert. Die für USA typischen weiten Distanzen begünstigen eine ausgeprägte heimische Präferenz für großräumige PKW's (hier: Gut 1), während in Europa und Japan Präferenzen für treibstoffsparende kleinere Automobiltypen (hier: Gut 2) dominieren. Eine diesen Präferenzen angepaßte Inlandsproduktion (hier: Punkt B in USA, Punkt A in Europa) induzierte über Skaleneffekte relative Preisvorteile des jeweils typischen Produktes, so daß die USA große Personenwagen exportierten und Kleinwagen importierten.

3.3. Innovationen, Produktzyklen und Außenhandel mit Produktzyklus-Gütern

Die Auseinandersetzung mit der traditionellen Faktorproportionen-Theorie und die Analyse anderer Determinanten des internationalen Handels mit Industrieprodukten (Skaleneffekte, Monopole oder monopolistische Konkurrenz) haben Grenzen der neoklassischen Außenhandelstheorie aufgezeigt. Ein genauer Beobachter des Außenhandels mit Industrieerzeugnissen wird feststellen, daß manche Länder mit Produkten international wettbewerbsfähig sind, bei denen sie nach der Faktorproportionen-Theorie eigentlich keine komparativen Kostenvorteile aufweisen könnten. So exportiert etwa das arbeitsreiche Indien Stahlerzeugnisse, die sehr kapitalintensiv hergestellt werden. Die Exporterfolge dieses indischen Industriesektors lassen die empirische Relevanz und normative Kraft einer Theorie fragwürdig erscheinen, die zur Empfehlung führt, ein Land solle in Anpassung an Arbeitsreichtum und Kapitalarmut arbeitsintensive Industrieproduktionen entwickeln und auf Herstellung und Export kapitalintensiver Erzeugnisse gänzlich verzichten. Offenbar ist die neoklassische Außenhandelstheorie nicht immer in Einklang zu bringen mit den bei Industrieprodukten vorherrschenden internationalen Wettbewerbsbedingungen in einer dynamischen, permanenten Strukturwandlungen unterworfenen Weltwirtschaft.

Die aus diesem Ungenügen heraus entstandene Außenhandelstheorie erhielt ihre entscheidenden Impulse durch die KRAVIS-POSNER-Theorie des „technological gap trade" (KRAVIS, 1956; POSNER, 1961; LORENZ, 1967). Außenhandel aufgrund technologischer Lücken findet statt, wenn das Exportland ein technologisches Verfügbarkeitsmonopol besitzt, während im Importland Nicht-Verfügbarkeit vorliegt. Die Frage nach den Ursachen solcher Verfügbarkeitsmonopole wurde dabei mit der außenhandelstheoretischen Anwendung der Entwicklungstheorie von JOSEF ALOIS SCHUMPETER beantwortet. In einem mit dem erforderlichen Humankapital (wissenschaftliche und technische Intelligenz, dynamische und risikobereite Unternehmer) ausgestatteten Land werden intensive Forschungs- und Entwicklungsbemühungen und innovationsaktive Unternehmertätigkeit nach Markteinführung neuer Güter temporäre Liefermonopole mit anschließendem Außenhandel begründen. Sind diese Bedingungen für ein hochentwickeltes Industrieland als typisch anzusehen, so verläßt dieses die neoklassische Welt der HECKSCHER-OHLIN-Theorie (SOHNS, 1976):

– Unternehmerische Strategien der Produktinnovation beseitigen die Annahme international homogener Produkte, weil produkttechnologische Informationen kein öffentliches Gut darstellen und somit nicht zu jedem Zeitpunkt überall verfügbar sind.
– Das erfolgreiche unternehmerische Streben nach Kostensenkungen durch Prozeßinnovationen führt zur Überwindung der Annahme international identischer Produktionsfunktionen, weil auch prozeßtechnologische Informationen nicht immer überall frei verfügbar sind.
– Die unternehmerische Fähigkeit zur Ausnutzung von Skalenvorteilen verdrängt die Bedingungen von Produktionsfunktionen mit konstanten oder sinkenden Skalenerträgen.

In dieser Welt tritt als Determinante von Richtung und Struktur des Außenhandels die Produktpolitik der Unternehmen an die Stelle des Marktpreises. Nicht mehr das Mengenanpasserverhalten vollständiger Konkurrenz erklärt den entstehenden Außenhandel, sondern das strategische Verhalten von Unternehmen, die versuchen, durch Innovationspolitik Monopolpositionen aufzubauen. Zur Anwendung gelangt also eine Theorie der Unternehmung auf unvollkommenen Märkten vorwiegend oligopolitischer Struktur und verdrängt die formale Eleganz einer Außenhandelstheorie vollständiger Konkurrenzmärkte.

Die Theorie des „technological gap trade" erklärt den Außenhandel mit neuentwikkelten Industrieprodukten und führt somit zu der Frage, wie lange die Unternehmen eines Landes aufgrund monopolistischer Verfügbarkeit über technologische Informationen Exportmonopole aufrecht erhalten können, und wie sich die Außenhandelsbeziehungen verändern werden, wenn nach internationaler Ausbreitung dieses technischen Wissens in anderen Ländern erfolgreiche Imitationsprozesse eingeleitet werden. Zunächst führt diese Frage zur Analyse von Bestimmungsgründen der Länge des internationalen Imitations-Lags. Weil nach Abschluß dieses Imitations-Lags das Verfügbarkeitsmodell der internationalen Arbeitsteilung durch ein Substitutionsmodell zu ersetzen ist, ergab sich die einfache Schlußfolgerung, daß nunmehr die bereits vertrauten Außenhandelsdeterminanten darüber entscheiden, ob das Ursprungsland der Innovation Exportland bleibt oder zum Importland wird, weil sich sein ehemaliger Verfügbarkeitsvorteil in einen komparativen Kostennachteil verwandelt hat.

Erkenntnisfortschritte ergaben sich erst, nachdem durch Rückgriff auf betriebswirtschaftliche Marketingtheorien eine genauere Analyse dieser Zusammenhänge ermöglicht wurde. Dies führte zur Entwicklung einer Produktzyklus-Theorie der internationalen Arbeitsteilung (VERNON, 1966; HIRSCH, 1967, 1974) oder eines Neo-Technologie-Ansatzes (JOHNSON, 1968,1), die die axiomatischen Grundlagen der traditionellen, statischen Substitutionsmodelle verlassen. Jedes neuentwickelte Produkt wird nach seiner Markteinführung einen Lebenszyklus durchlaufen, der in drei Stadien (Innovationsphase, Ausreifungsphase, Standardisierungsphase) eingeteilt werden kann. Diese unterscheiden sich hinsichtlich typischer Produktmerkmale sowie in den Produktions- und Absatzbedingungen. Produktzyklus-Güter sind also dadurch gekennzeichnet, daß sie mehrere Entwicklungsphasen durchlaufen, in denen sich Produktionsfunktionen (von relativ hoher Qualifikations- und Arbeitsintensität zu relativ hoher Kapitalintensität) und Absatzmärkte (von Monopol zu steigender Wettbewerbsintensität, von Qualitäts- zu Preiswettbewerb) in systematischer und damit vorhersagbarer Weise verändern. Während eines bestimmten Betrachtungszeitraumes wird sich die Vielzahl international gehandelter Güter in unterschiedlichen Produktentwicklungsphasen befinden.

Im gleichen Zeitraum werden die Außenhandel treibenden industrialisierten oder sich industrialisierenden Länder unterschiedliche Entwicklungsniveaus aufweisen (hochentwickelte Industrieländer, entwickelte Industrieländer, Entwicklungsländer im Stadium der Industrialisierung). In Abhängigkeit von ihrem jeweiligen Entwicklungsniveau werden sich diese Ländergruppen hinsichtlich typischer Präferenzstrukturen (Bedarfsintensität an differenzierten oder arbeitszeitsparenden Konsumgütern), Produktionsstrukturen (Diversifizierungsgrad) und Faktorausstattungsbedingungen (hochqualifizierte, gelernte und ungelernte Arbeitskräfte, natürliche Ressourcen) unterscheiden. Aus der begründeten Vermutung, daß jede Ländergruppe komparative Vorteile der Produktion von Gütern in einer bestimmten Phase ihres Produktzyklus besitzt, lassen sich dann Hypothesen über die Struktur des internationalen Handels mit Produktzyklus-Gütern gewinnen.

Bedeutsam hierbei ist die Berücksichtigung unterschiedlicher Grade internationaler Faktorbeweglichkeit. Kapital wird als international beweglich unterstellt, während die Annahme internationaler Arbeitsimmobilität aufrecht erhalten bleibt, so daß das Ländermerkmal „Kapitalausstattung einer Volkswirtschaft" bei weitgehend unbeschränktem Kapitalverkehr zunehmend irrelevant wird (HIRSCH, 1967; SOHNS, 1976). Dies zeigt sich auch daran, daß die relativen internationalen Lohnunterschiede beträchtlich höher sind als die nur relativ schwach ausgeprägten Unterschiede der Kapitalkosten (HAITANI, 1971), so daß sich immer mehr die Klassifikationsmerkmale Hochlohn-Land und Niedriglohn-Land durchsetzen. Ein Hochlohn-Land ist durch eine hohe Ausstattungsrelation zwischen qualifizierten und gering qualifizierten Arbeitskräften gekennzeichnet, während in einem Niedriglohn-Land die Ausstattungsrelation zwischen ungelernten und qualifizierten Arbeitskräften groß sein wird.

Welche Außenhandelsstruktur wird sich unter diesen Bedingungen ergeben, und welchen Änderungen wird diese unterworfen sein? Hochentwickelte Industrieländer werden aufgrund ihrer spezifischen Faktorausstattung Ursprungsländer neuer Produkte sein. Nachdem Auslandsnachfrage nach dem neuen Produkt wirksam geworden ist, wird das Exportmonopol zunächst durch Marktzutrittsschranken gestützt, die potentiellen Produzenten anderer Länder den Markteintritt versperren. Neben den Fixkosten der Imitation (z. B. Lizenzgebühren) wird vor allem eine vergleichsweise geringere Größe des Binnenmarktes Wettbewerbsnachteile des Importlandes gegenüber dem Ursprungsland der Innovation verursachen. Wenn nämlich in der Anlaufphase einer neuen Produktion erst der Binnenmarkt erschlossen wird, weil über Exportmärkte noch unzulängliche Informationen bestehen, und die Kosten des Exportmarketing daher relativ hoch sein werden, können potentielle Imitatoren noch nicht jenes Ausmaß an Skalenvorteilen erschließen wie die Urheber der Innovation.

Mit wachsendem Pro-Kopf-Einkommen und allmählichem Eintritt des Produktes in seine Ausreifungsphase können sich allerdings die relativen Wettbewerbspositionen verschieben. Am Binnenmarkt wirksame Transportkostenvorteile sowie internationale Lohnkostenvorteile heimischer Produzenten – und evtl. auch ausländischer Direktinvestoren – drängen Exporte des Innovatorlandes zunehmend von diesen Märkten und von Drittmärkten ab. Die Verdrängung der Innovatoren aus ihren ursprünglichen Exportmärkten beginnt umso früher und läuft umso rascher ab, je schärfer die Kostendegression schon bei geringen Produktmengen beginnt, je größer der Binnenmarkt des Imitators ist und je stärker Transportkosten oder andere internationale Handelshemmnisse ins Gewicht fallen. In dieser Phase rückläufiger Exporte des Innovators und sinkender Importe der Handelspartner verschieben sich bei steigenden Skalenerträgen die internationalen Kostenrelationen weiter zugunsten der Imitatoren. Schließlich können die Imitatoren durchaus auch in den ausländischen Markt eindringen, so daß das einstige Exportprodukt zum Importprodukt des Innovatorlandes wird. Ist das zur erfolgreichen Imitation erforderliche technische Wissen und unternehmerische Potential verfügbar, so können die Nachahmungsprozesse somit komparative Kostenvorsprünge erzeugen, durch die für Güter in der Ausreifungsphase ihres Produktzyklus eine Exportposition entsteht. Gründe hierfür sind die durch Massenproduktion bei wachsendem Gesamtmarkt realisierbaren Skalenvorteile und die relativen Ausstattungsvorteile bei gelernten Arbeitskräften, die in relativ niedrigen Lohnkosten für diese nunmehr relativ stark benötigte Arbeitsart zum Ausdruck kommen.

Dieser Prozeß struktureller Verschiebungen innerhalb der Export- und Importsortimente kann sich mit Eintritt eines Produktes in die Standardisierungsphase seines Lebenszyklus fortsetzen. Produkte und Produktionstechnik sind ausgereift, Forschungs- und Entwicklungsarbeit ist nicht mehr erforderlich und eine standardisierte Produktionstechnologie mit z. T. hohem Kapitaleinsatz pro Arbeitsplatz stellt geringe Qualifikationsanforderungen an das Bedienungspersonal. Das reiche Reservoir gering qualifizierter, aber in der Behandlung einfacher Technologien lernfähiger Arbeitskräfte und evtl. auch die Verfügbarkeit über natürliche Ressourcen können in dieser Phase komparative Kostenvorteile sich industrialisierender Entwicklungsländer induzieren, wenn der Kapitalzufluß aus dem Ausland (Standortverlagerungen der ursprünglichen Innovatoren oder Imitatoren, Finanzierung der industriellen Entwicklung durch Auslandsverschuldung) die Voraussetzungen zur Aufnahme dieser neuen Produktion herstellt. In dieser Endphase des Produktzyklus werden somit die Produzenten der bisherigen Exportländer auf ihrem Binnenmarkt und ihren Exportmärkten durch die Konkurrenz aufstrebender Entwicklungsländer Marktanteilsverluste hinnehmen müssen.

Die Hochlohnländer der Weltwirtschaft verlieren zwar während des Produktzyklus ihre durch innovative Produktpolitik gewonnene Exportposition. Den hierfür ursächlichen Lohnkostennachteilen steht aber ihre im hohen Reallohnniveau widergespiegelte Fähigkeit gegenüber, einen permanenten Strom neuer Produkte zu erzeugen. Hochentwickelte Industrieländer sind daher aufgrund ihrer Ausstattungsvorteile mit wissenschaftlich-technischer Intelligenz in der Lage, Innovationsvorsprünge im Zeitablauf über eine sich ständig ändernde Palette neuer Produkte zu entfalten. Die Exporte der Länder mit hoher Innovationsdynamik werden also einen hohen Anteil neuer Produkte aufweisen, die nicht nur qualifikationsintensiv erzeugt werden, sondern auch weniger kapitalintensiv sind als in den späteren Phasen ihres Produktzyklus. Die Importe der gleichen Länder werden einen relativ hohen Anteil älterer Güter der Ausreifungs- und Standardisierungsphase aufweisen, die weniger qualifikationsintensiv sind und kapitalintensiver als die neuen Exportprodukte sein können. Damit ist eine weitere mögliche Erklärung des LEONTIEF-Paradoxon gefunden.

Als erfolgreicher Versuch einer empirischen Bestätigung der KRAVIS-POSNER-Theorie des „technological gap trade" für die Vereinigten Staaten kann der KEESING-Test angesehen werden (KEESING, 1967). Die entsprechend ihrer Exportposition (US-Exporte in v. H. der Exporte der Zehnergruppe der Industrieländer im Jahr 1962) in einer Rangfolge geordneten US-amerikanischen Exportindustrien wurden in bezug auf zwei Merkmale der Forschungs- und Entwicklungsintensität untersucht (Wissenschaftler und Ingenieure in v. H. der sektoralen Beschäftigungsmenge des Jahres 1961, Ausgaben für Forschung und Entwicklung in v. H. des sektoralen Umsatzerlöses im Jahre 1960). Für beide möglichen Determinanten technologischer Verfügbarkeitsmonopole ergeben sich hohe Koeffizienten der Rangkorrelation.

Tests der Produktzyklus-Hypothese beschränkten sich bislang auf Untersuchungen einzelner Industrien, deren Produkte im Betrachtungszeitraum verschiedenen Stadien des Produktzyklus angehörten. Hier konnte die Hypothese etwa für Produkte der Elektronik-Industrie (HIRSCH, 1972) und der petrochemischen Industrie (STOBAUGH, 1972) recht gut bestätigt werden. Eindrucksvolle Beispiele für die mit der Produktzyklus-Theorie angesprochene Innovations- und Imitationsdynamik bietet der Außenhandel der Vereinigten Staaten. Dort wurden einst durch Entwicklung von mechanischen Schreibmaschinen, mechanischen Additionsmaschinen und Registrierkassen Pionierleistungen vollbracht. Als die Vereinigten Staaten zum Importeur dieser nunmehr aus weniger entwickelten Ländern bezogenen Produkte wurden, waren sie gleichzeitig Exporteure neuentwickelter elektrischer Schreib- und Rechenmaschinen und später – mit Verlust dieser Exportposition – von Elektronenrechnern. Elektronische Taschenrechner wiederum werden gegenwärtig hauptsächlich aus Japan oder südostasiatischen Entwicklungsländern importiert, während der Innovationsvorsprung der Vereinigten Staaten im Bereich elektronischer Datenverarbeitungsanlagen ungebrochen erscheint.

3.4. Terms of trade

Die terms of trade lassen sich als Quotient aus Preisindex der Exporte und Preisindex der Importe berechnen, so daß sie das relative Preisniveau der Exporte eines Landes erfassen (terms of trade auf Güterbasis, Commodity terms of trade). Im folgenden ist zu analysieren, welche gesamtwirtschaftlichen Auswirkungen mit veränderten terms of trade verbunden sind, und welche Ursachen den Verschiebungen internationaler Preisrelationen zugrunde liegen können.

Die terms of trade bestimmen jenes Importvolumen, welches im Austausch gegen eine Einheit der Exportproduktion erworben werden kann. Ihr Kehrwert zeigt den realen Export, der heimischer Verwendung entzogen werden muß, um eine Einheit realer Importe beschaffen zu können. Sinken die terms of trade, so spricht man von einer Verschlechterung des internationalen Tauschverhältnisses, da nun pro Exporteinheit weniger Importeinheiten dem im Inland verfügbaren Güterangebot hinzugefügt werden können oder pro Importeinheit mehr Exporteinheiten zu Lasten des verfügbaren Inlandsangebots abgezweigt werden müssen. Die reale Importkapazität einer Exporteinheit wird also zurückgehen und die volkswirtschaftlichen Opportunitätskosten einer Importeinheit werden ansteigen. Genauso wird eine terms-of-trade-Verbesserung das verfügbare Gesamtangebot ausweiten, ohne daß die Faktorausstattung der Volkswirtschaft gestiegen ist. Die Angebotseffekte sich verändernder terms of trade entsprechen mithin den Angebotswirkungen gleichgerichteter Veränderungen der Faktorproduktivität. Ein wesentlicher Unterschied bleibt allerdings bestehen. Während positives Wachstum der Arbeitsproduktivität das inländische Produktionspotential ausweitet, wird eine terms-of-trade-Verbesserung das Inlandsangebot bei konstantem Produktionspotential vermehren können. Dieses Angebotswachstum wird nämlich durch jene ausländischen Handelspartner „finanziert", deren terms of trade entsprechend gesunken sein müssen. Während Produktivitätswachstum das Weltsozialprodukt erhöht, werden terms-of-trade-Verschiebungen ein konstantes Weltsozialprodukt international umverteilen.

Die durch Wachstum der Arbeitsproduktivität ermöglichte inländische Realeinkommenszunahme pro Kopf (realer Verteilungsspielraum) überschreitet bzw. unterschreitet also den prozentualen Produktivitätszuwachs um den Betrag der relativen terms-of-trade-Verbesserung bzw. -Verschlechterung. Die Berechnung inflationsneutraler Lohnsteigerungsraten muß also die durch eventuelle terms-of-trade-Verschlechterung bedingte Schmälerung des Verteilungspotentials berücksichtigen, da der an das Ausland umverteilte Produktionszuwachs nicht nochmals an inländische Haushalte verteilt werden kann.

Ursachen von Verschiebungen des internationalen Tauschverhältnisses können sein:

– intersektorale oder internationale Unterschiede der Wachstumsraten und Einkommenselastizitäten,

– unterschiedliche Wettbewerbsintensitäten auf Export-Absatzmärkten und Import-Beschaffungsmärkten,

– Änderungen wirtschaftspolitischer Parameter.

Soweit diese Ursachen vom Inland ausgehen, werden nur dann terms-of-trade-Veränderungen induziert, wenn dieses Land hinreichend große Weltmarktanteile besitzt, um mit Datenänderungen Weltmarktpreise beeinflussen zu können.

Eine überdurchschnittliche Wachstumsrate des Exportsektors kann eine Verschlechterung der terms of trade fördern, wenn die Einkommenselastizität der Inlandsnachfrage bei eins liegt: Die Exportproduktion wird mit einer größeren Rate zunehmen als

Einkommen und Inlandsnachfrage nach dem Exportprodukt, so daß das Exportangebot steigt. Hierdurch werden ceteris paribus die terms of trade sinken. Höhere Einkommenselastizitäten wirken diesem Effekt entgegen, niedrigere Elastizitäten verstärken ihn. Umgekehrt wird eine überdurchschnittliche Wachstumsrate des inländischen Importsubstitutionssektors eine terms-of-trade-Verbesserung begünstigen, solange eine hinreichend niedrige inländische Einkommenselastizität der Nachfrage nach Importen gewährleistet, daß dieser Wachstumsprozeß die Importabhängigkeit reduziert. Höhere Einkommenselastizität der Importnachfrage wirkt der terms-of-trade-Verbesserung entgegen, niedrigere Elastizitäten verstärken ihn. Unter bestimmten Bedingungen können Wachstumsprozesse also durchaus terms-of-trade-Verschlechterungen induzieren, durch die zumindest ein Teil des Wachstumserfolges zugunsten des Auslandes umverteilt wird. Der Extremfall eines den Wachstumseffekt überkompensierenden negativen terms-of-trade-Effektes (Verelendungswachstum) kann nicht gänzlich ausgeschlossen werden (BHAGWATI, 1958).

Neben Wachstumswirkungen spielen unterschiedliche Marktstrukturen als Determinanten des terms-of-trade-Niveaus eine nicht unwesentliche Rolle. Weichen die Exportsortimente zweier Länder stark voneinander ab, und ist dabei die inländische Exportindustrie am Weltmarkt mit niedriger Wettbewerbsintensität, die ausländische Exportindustrie mit hoher Wettbewerbsintensität konfrontiert, so begünstigt diese Divergenz der Marktstrukturen die inländischen terms of trade. Jene Folgerung trifft somit kaum auf den intrasektoralen Außenhandel von Ländern mit vergleichbar hohem Pro-Kopf-Einkommen zu, deren Export- und Importstrukturen relativ ähnlich sind. Relevanz mag ihr aber dann zukommen, wenn der Außenhandel zwischen Hochlohnländern mit hoher Innovationsdynamik und den auf standardisierte Industrieerzeugnisse und Primärprodukte spezialisierten Niedriglohn-Ländern betrachtet wird. Die Produktzyklushypothese hat gerade hier systematische Unterschiede der Wettbewerbsintensität aufgedeckt, die die Exportstrukturen beider Länder dominieren. Relevanz und Aktualität kommt dieser Einflußgröße auch dort zu, wo sich die Exportländer eines nicht überall verfügbaren Rohstoffes zu einem Kollektiv-Monopol organisieren (Beispiel OPEC).

Die im folgenden Kapitel behandelten terms-of-trade-Wirkungen wirtschaftspolitischer Datenänderungen, wie Zölle oder nichttarifäre Handelshemmnisse, stellen ebenso wie unterschiedliche Wettbewerbsintensitäten lediglich Niveaueffekte dar, welche im Gegensatz zu Wachstumsprozessen keinen systematischen Trend des internationalen Austauschverhältnisses erzeugen müssen, solange diese Determinanten selbst nicht systematisch variiert werden.

Gleichwohl leiten zahlreiche entwicklungstheoretische Analysen aus dieser Terms-of-trade-Theorie die These ab, daß die bestehende internationale Arbeitsteilung gerade die ärmeren Länder der Weltwirtschaft benachteiligt, indem sie eine systematische terms-of-trade-Verschlechterung in Entwicklungsländern erzeugt (PREBISCH-SINGER-These, Beitrag T).

Die These sieht eine ungünstige terms-of-trade-Position von Entwicklungsländern dadurch gefördert, daß

– ihre Inlandsnachfrage nach Importprodukten hohe Einkommenselastizitäten aufweist,

- die Auslandsnachfrage nach ihren Exportprodukten durch niedrige Einkommenselastizitäten bestimmt ist,
- die Weltmärkte für Exportprodukte hochindustrialisierter Länder höhere Monopolgrade aufweisen als die Märkte der Exportprodukte von Entwicklungsländern.

Der behaupteten Tendenz einer im Freihandelssystem wirksamen Umverteilung des Weltsozialprodukts zu Lasten armer Länder wirkt jedoch entgegen, daß

- Industrieländer höhere Wachstumsraten aufweisen können als Entwicklungsländer,
- die Exportsortimente der Entwicklungsländer sich in Richtung eines steigenden Anteils von Produkten mit höheren Einkommenselastizitäten verändern lassen,
- auch Entwicklungsländer Inhaber von Verfügbarkeitsmonopolen über natürliche Ressourcen sein können.

Aus theoretischer Sicht konnte ein der PREBISCH-SINGER-These folgendes Entwicklungsgesetz nicht zwingend nachgewiesen werden. Empirische Untersuchungen bestätigen dieses Ergebnis. Im Zeitraum 1960-1972 zeigt sich weder ein systematischer Aufwärts- noch Abwärtstrend der terms of trade zwischen Industrie- und Entwicklungsländern. Der 1973 wirksam gewordene Niveaueffekt des OPEC-Exportmonopols erbrachte eine beträchtliche Umverteilung des Weltsozialprodukts zu Lasten der hochentwickelten Länder, aber auch zu Lasten der ärmsten Entwicklungsländer. Die Weltwirtschaft befindet sich seitdem in einer Phase internationaler Verteilungskämpfe, die befürchten läßt, daß auch die Waffen des Protektionismus wieder neu geschmiedet werden.

4. Internationale Arbeitsteilung bei protektionistischer Außenhandelspolitik

Eine Freihandelsordnung wird durch Protektionismus ersetzt, wenn wirtschaftspolitische Instrumente zur Lenkung der Außenhandelsströme auf Produzenten- oder

Übersicht I-2: Instrumente des Protektionismus

Zwischenziel	Eingriffsart	Preispolitik	Mengenpolitik	Eingriffsart / geschützte Aktivität
Importe	Beschränkung	Importzoll	Importkontingent	Inlandsproduktion von Importsubstituten
	Förderung	Importsubvention bei staatlichem Exportsubvention	Kompensationsgeschäfte	Inlandsverwendung von Importprodukten
Exporte	Förderung		Außenhandelsmonopol	Inlandsproduktion von Exportgütern
	Beschränkung	Exportzoll	Exportkontingent	Inlandsverwendung von Exportgütern

Nachfragerschutz ausgerichtet werden. Geschützt werden können dabei (siehe *Übersicht I-2*) inländische Importkonkurrenz- oder Exportanbieter gegenüber der Auslandskonkurrenz (Importzoll, Importkontingent, Exportsubvention) oder inländische Nachfrager von Importen oder Exporten gegenüber konkurrierender Auslandsnachfrage (Importsubvention, Exportzoll, Exportkontingent).

Die folgende Analyse konzentriert sich auf die Wirkungen des Importzolles (tarifärer Protektionismus auf der Importseite). Neben diese zollpolitischen Instrumente sind heute vielfach andere Formen preis- oder mengenpolitischer Eingriffe (nicht-tarifärer Protektionismus) getreten oder haben diese ersetzt. Sie entfalten vergleichbare, wenn auch nicht völlig gleichartige Wirkungen (BHAGWATI, 1969,1; BALDWIN, 1970; PELCOVITS, 1976).

4.1. Schutzzölle

Die Auswirkungen von Importzöllen lassen sich anhand partialanalytischer Methoden studieren. Auch wenn diese Methodik durchaus nützliche Ansatzpunkte zur Analyse praktischer Außenhandelsprobleme bietet, ist sie lediglich die Vorstufe einer exakteren Totalanalyse der Zollwirkungen auf Produktionsstruktur, terms of trade und Wohlfahrtsposition des zollerhebenden Landes.

Zölle können ausgestaltet sein als eine bei Grenzübertritt der Importwaren an den Staat zu entrichtende konstante Abgabe pro Produkteinheit (spezifischer Zoll), als konstanter Abgabesatz auf den Importwert (Wertzoll) oder als variable Abgabe zum Ausgleich der Differenz zwischen schwankendem Weltmarktpreis und höherem Zielpreis im Inland (Gleitzoll). Von Bedeutung sind heute Wertzölle und die als Variante der Gleitzölle ausgestalteten Abschöpfungen im Rahmen der EG-Agrarmarktordnungen.

Partialanalyse des tarifären Protektionismus

Jeder Importzoll erzeugt eine Spaltung des Preissystems homogener Außenhandelsgüter in einen (niedrigeren) Weltmarktpreis und einen (höheren) Inlandspreis importierter Güter. Die weitere Analyse muß drei Fälle unterscheiden:

– Der Weltmarktpreis eines importierten Konsumgutes kann durch Importzölle nicht beeinflußt werden (Zollpolitik eines kleinen Landes).

– Der Weltmarktpreis des Importproduktes kann durch Importzölle gesenkt werden (Zollpolitik des großen Landes).

– Das Zollsystem belastet importierte Vorleistungen und Konsumgüter (Zollpolitik bei internationalem Zwischenprodukthandel).

Die Zollpolitik eines kleinen Landes (spezifischer Zoll AB) bewirkt keine terms-of-trade-Änderung, verschiebt also die für das zollerhebende Inland völlig preiselastische ausländische Angebotskurve vom Niveau des exogenen Weltmarktpreises OA auf das Niveau des Inlandspreises OB *(Abb. I-8a)*.

Abb. I-8 a

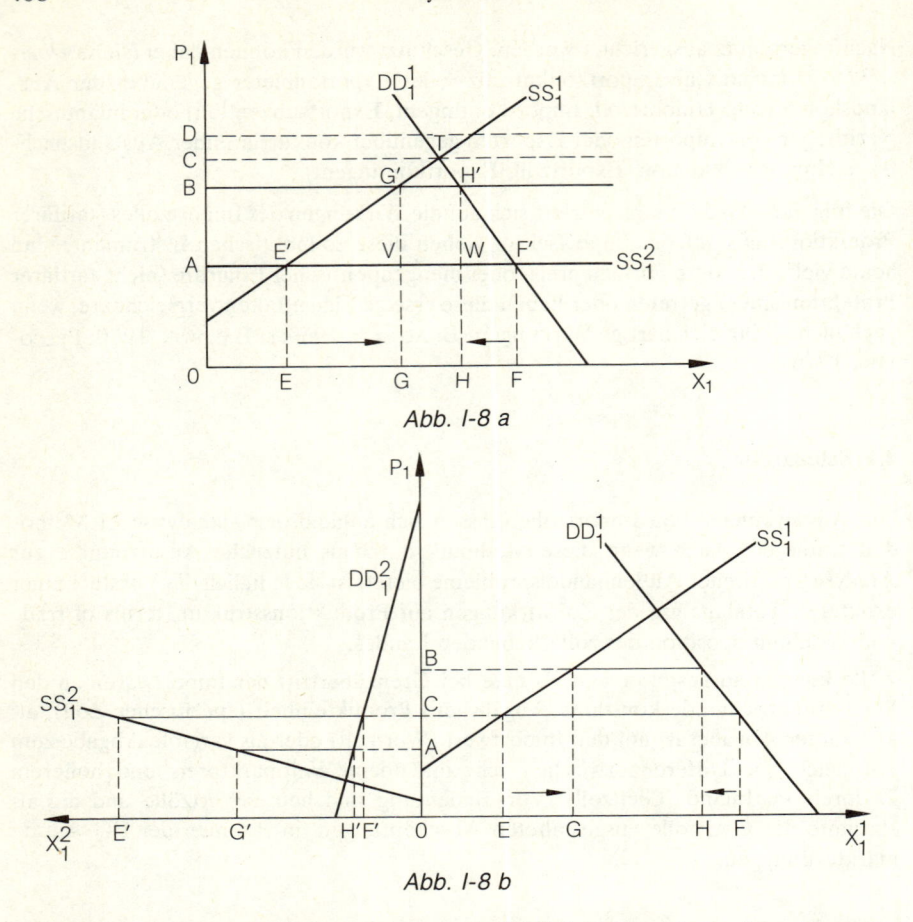

Abb. I-8 b

Abb. 8: Partielle Gleichgewichtsanalyse der Zollpolitik kleiner Länder (a) oder großer Länder (b)

Vor Zollerhebung wird die Inlandsnachfrage nach Gut 1 (OF) im Umfang OE aus Inlandsproduktion und im Ausmaß EF aus Importen abgedeckt.

Die Einführung eines Zolles löst folgende Wirkungen aus:

- Die Inlandsproduktion steigt um EG (Schutzeffekt).
- Die Inlandsnachfrage sinkt um FH (Konsumeffekt).
- Das Importvolumen sinkt um EG und FH (Außenhandelseffekt), da im Umfang des Schutzeffektes EG kostengünstige Importe durch kostenungünstigere Inlandserzeugung substituiert werden und der Konsumeffekt FH in voller Höhe einem Ausfall an inländischer Importnachfrage darstellt.
- Der inländische Importwert sinkt von EFF'E' auf GHWV (Zahlungsbilanzeffekt).
- Die Differenz VWH'G' zwischen Inlandsausgaben für Importe GHH'G' und Importwert GHWV fließt als Zolleinnahme in den Staatshaushalt (Einnahmeeffekt).

Im Extremfall kann der Schutzeffekt des Zolles handelsfähige in nicht-handelsfähige Güter verwandeln, wenn das Prohibitivzoll-Niveau AC realisiert oder überschritten wird. Da ein Zoll AD>AC die Gleichgewichtsposition T nicht mehr verändern kann, wäre hier der Zoll im Ausmaß DC überflüssig. Der Prohibitivzoll maximiert Schutzeffekt und Konsumeffekt und damit auch die Außenhandelsbeschränkung. Eine Veränderung der Außenhandelsstruktur (Transformation des Importgutes in ein Exportgut) kann erst bei Kombination von Importzoll (z. B. AC) und Exportsubvention (z. B. AD) auftreten (CORDEN, 1971, S. 24-27). Nur hierdurch läßt sich der Schutzeffekt über das durch den Prohibitivzoll vorgezeichnete Ausmaß hinaus verstärken, da die Importsubsition am Inlandsmarkt durch eine Verdrängung ausländischer Anbieter auf Drittmärkten ergänzt wird. Beispiele für solche Praktiken liefert die europäische Außenhandelspolitik bei bestimmten der EG-Agrarmarktordnung unterworfenen landwirtschaftlichen Erzeugnissen.

Die Zollpolitik eines großen Landes (unterstellt ist der gleiche spezifische Zoll AB) verbessert die terms of trade des zollerhebenden Landes, da Schutzeffekt und Konsumeffekt nunmehr als signifikanter Nachfrageausfall nach ausländischen Exporten spürbar werden, der Weltmarktpreis inländischer Importe also sinkt (*Abb. I-8 b*). Vor Zollerhebung wird zum Weltmarktpreis OC die Menge EF (inländische Importnachfrage) = E′F′ (ausländisches Importangebot) international gehandelt. Der Zoll AB senkt den Weltmarktpreis um AC und erhöht den Inlandspreis um CB. Im zollmodifizierten Gleichgewicht des Importgutmarktes bietet das Ausland zum gesunkenen Weltmarktpreis die Importmenge G′H′ an, durch die die inländische Importnachfrage GH (= G′H′) zum Inlandspreis OB abgedeckt wird. Da der inländische Preiseffekt schwächer ist als im Fall der vergleichbaren Zollpolitik eines kleinen Landes, werden auch Schutz-, Konsum- und Handelseffekt schwächer ausfallen. Je weniger der Inlandspreis als Folge eines gegebenen Zolles steigt, desto mehr verbessert dieser die terms of trade. Wie unmittelbar aus *Abb. I-8 b* abgeleitet werden kann, lassen sich mithin die terms of trade durch Zollpolitik umso stärker verbessern, je preiselastischer Inlandsnachfrage und Inlandsangebot und je preisunelastischer Auslandsnachfrage und Auslandsangebot sind.

Wird im nächsten Schritt berücksichtigt, daß die Erzeugung eines Konsumgutes den Einsatz importierter Vorleistungen (Rohstoffe, Zwischenprodukte) erfordert, so ergeben sich bedeutsame Modifikationen, wenn der Zolltarif importierte End- und Vorprodukte umfaßt. Diese Konsequenzen werden durch die Theorie der effektiven Protektion umfassend analysiert (JOHNSON, 1965; BALASSA, 1965; CORDEN, 1966, 1971). Um die Grundaussage dieser Zolltheorie zu verdeutlichen, wird von ihren einfachen Annahmen ausgegangen:

– Die Produktion eines inländischen Importsubstitutes erfordert den Einsatz eines importierten Vorproduktes, wobei der Inputkoeffizient konstant ist.
– Das zollerhebende Land ist klein. Damit sind die Weltmarktpreise des Fertigproduktes und des Vorproduktes exogen vorgegeben.
– Es werden keine Prohibitivzölle erhoben, so daß auch nach Zollerhebung internationaler Handel mit Fertig- und Vorprodukten stattfindet.

Wird ein Zoll auf das importierte Vorprodukt eingeführt, so steigen die Grenzkosten der verarbeitenden Fertigproduktion (Gut 1) nach Maßgabe des mit dem Importzoll multiplizierten Vorleistungswertes pro Einheit des Endproduktes (*Abb. I-9*). Beträgt dieser wertmäßige Vorleistungskoeffizient OK und wird ein Zoll von 100 v. H. auf das importierte Vorprodukt erhoben, so verschiebt sich mithin die inländische Angebotskurve des Fertigproduktes um AM (= OK) nach oben.

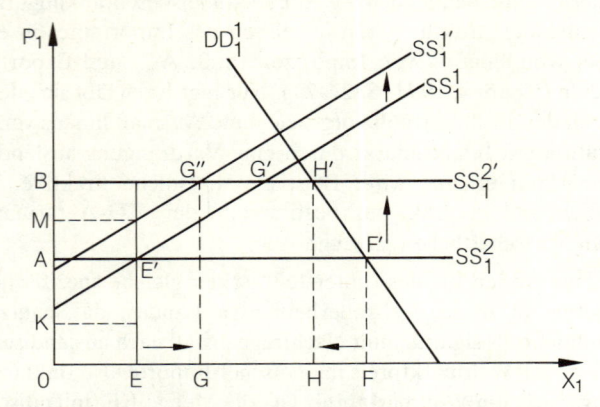

Abb. I-9: Partielle Gleichgewichtsanalyse eines Effektivzolles

Die Inlandsproduktion des Gutes 1 würde sinken, das Importvolumen steigen. Der positive Schutzeffekt zugunsten inländischer Produzenten des Vorproduktes würde sich mit einem „negativen Schutzeffekt" zu Lasten inländischer Produzenten des Gutes 1 verbinden.

Ein positiver Schutzeffekt kommt auf der Endproduktionsstufe erst dann zum Tragen, wenn dort ein Zoll eingeführt wird, der größer ist als die zollinduzierte Erhöhung des in einer Einheit des Gutes 1 enthaltenen Vorleistungswertes. Ein solcher Zoll AB > AM induziert damit schwächere Schutz- und Handelswirkungen als unter den in *Abb. I-8 a* zugrundeliegenden Bedingungen. Das Importvolumen des Gutes 1 wird weniger sinken, während das Importvolumen des Vorproduktes sinken, konstant bleiben oder gar steigen kann, weil das Zollsystem nicht nur die Inlandsproduktion des Vorproduktes, sondern auch –wegen des Schutzeffektes auf der Endproduktionsstufe – die Inlandsnachfrage nach dem Vorprodukt erhöht. Werden zollgeschützte Vorleistungen auch zur Produktion von Exportgütern benötigt, so wird das Produktions- und Exportvolumen dieses Sektors sinken, wenn der dort wirksame negative Schutzeffekt nicht durch Subventionen kompensiert wird.

Bei gegebener Preiselastizität des inländischen Angebots an Gut 1 ergibt sich der Schutzeffekt in diesem Sektor somit nicht mehr aus dem Nominalzoll AB, sondern aus einem um die zollinduzierte Verteuerung von Vorleistungen korrigierten Effektivzoll BM = AB − AM. Da sich bei Vernachlässigung von Abschreibungen nach Abzug der Ausgaben für Vorleistungen vom sektoralen Produktionswert die Wertschöpfung (Löhne + Gewinne) ergibt, bringt der den Schutzeffekt messende Effektivzoll die zollinduzierte Zunahme der Wertschöpfung pro Einheit des zollgeschützten Produktes zum Ausdruck. Die effektive Protektionsrate in einem Sektor läßt sich somit unter den hier gewählten Bedingungen auf einfache Weise berechnen.

Die Wertschöpfung pro Einheit des Gutes 1 (Y_1/x_1) beträgt vor Einführung von Zöllen:

(16) $Y_1/x_1 = P_1 - v_{i1} P_1 = P_1 (1 - v_{i1})$

   v_{i1} — Anteil des Vorproduktes an einer Werteinheit von Gut 1

Nach Einführung von Wertzöllen auf Gut 1 (z_1) und Vorprodukt i (z_i) verändert sich die Einheitswertschöpfung im Sektor 1 auf den zollmodifizierten Wert:

(17) $(Y_1/x_1)^{zm} = P_1 [(1 + z_1) - v_{i1} (1 + z_i)]$

Der effektive Zollsatz folgt aus (16) und (17) als prozentuale Veränderung der Wertschöpfung pro erzeugter Einheit des zollgeschützten Sektors:

(18.1.) $z_1^{eff} = \dfrac{(Y_1/x_1)^{zm} - (Y_1/x_1)}{(Y_1/x_1)} = \dfrac{z_1 - v_{i1} z_i}{1 - v_{i1}}$

Bei einer Mehrzahl zollbelasteter importierter Vorprodukte ergibt sich entsprechend:

(18.2.) $z_1^{eff} = \dfrac{z_1 - \sum_i v_{i1} z_i}{1 - \sum_i v_{i1}}$

Die eigentliche Schutzwirkung eines Zolls besteht also darin, daß der zollgeschützte Sektor höhere Einkommen an die in ihm beschäftigten Produktionsfaktoren ausschütten kann als bei Freihandel. Gemäß (18.1) ist dieser Schutzeffekt für $z_1 \geqq z_i$ sichergestellt. Ist $z_1 = z_i$, entspricht die effektive Schutzwirkung dem Nominalzoll z_1. Ist $z_1 > z_i$, wird demgemäß der effektive Schutz des Sektors 1 größer sein, als dies sein Nominalzoll widerspiegelt. In diesem Fall spricht man von einer eskalierenden Zollstruktur, da der Nominalzoll auf einer nachgelagerten Produktionsstufe höher als auf der vorgelagerten Stufe ist.

Würde eine umgekehrte Zollstruktur $z_1 < z_i$ vorliegen, so ist der Schutz des Sektors 1 nicht mehr generell sichergestellt. Für $z_i > z_1 > v_{i1} z_i$ wird zwar noch ein Schutzeffekt wirksam sein, aber in schwächerer Intensität, als das Niveau des Nominalzolls vermuten läßt. Schließlich kann Sektor 1 trotz positiven Nominalzolls schlechter gestellt sein als bei Freihandel, wenn $v_{i1} z_i > z_1 > 0$ gilt. Andererseits werden spezielle Zollsenkungen auf importierte Vorprodukte die Weltwirtschaft keinesfalls dem Freihandelszustand annähern, da gleichzeitig die Effektivprotektion nachgelagerter Produktionsstufen erhöht wird.

Tab. I-4: Effektiver Zollschutz in der Bundesrepublik Deutschland

Industriezweig	1958		1964		1972	
	nominal	effektiv	nominal	effektiv	nominal	effektiv
Bergbau	1,6	1,0	0,5	−1,4	0,1	−1,4
Grundstoffe und Produktionsgüter	8,9	17,3	9,7	20,2	6,8	13,9
Investitionsgüter	8,6	4,8	11,8	8,0	6,9	4,0
Verbrauchsgüter	12,0	17,3	14,3	20,6	10,4	15,6
Gesamte Industrie	9,0	11,8	11,0	14,8	7,3	10,0

Quelle: RABENAU, K. (1974)

Wie *Tab. I-4* am Beispiel der Bundesrepublik zeigt, herrschen in den Industrieländern solche eskalierenden Zollstrukturen vor. Die Effektivzollsätze industrieller Fertigprodukte sind damit höher als auf vorgelagerten Produktionsstufen (BALASSA, 1965). Diese Struktur kommt dadurch zustande, daß

– die mit Zöllen auf importierte Vorprodukte verbundenen Wettbewerbsnachteile der verarbeitenden Sektoren dort durch überproportionale Zollanhebungen kompensiert wurden,

– die im Rahmen des Allgemeinen Zoll- und Handelsabkommens (GATT) erfolgten Zollsenkungen bei Rohstoffen und Vorprodukten stärker waren als bei industriellen Fertigfabrikaten.

Empirische Untersuchungen effektiver Zollsätze müssen allerdings die mit zollinduzierten Substitutionseffekten (Änderung von Inputkoeffizienten) und terms-of-trade-Wirkungen verbundenen Meßprobleme berücksichtigen (BRUNO, 1972; BALASSA/SCHYDLOWSKI, 1972; KRUEGER, 1972).

Totalanalyse des tarifären Protektionismus

Eine umfassende Analyse des Protektionismus muß berücksichtigen, welche Auswirkungen auf andere Sektoren ausgehen (Allokationseffekte), welche Auswirkungen die Verwendung der staatlichen Zolleinnahmen induziert und welche Einflüsse mit zollbedingten Realeinkommensänderungen verbunden sind. Auch wenn Ansätze einer allgemeinen Gleichgewichtsanalyse der effektiven Protektion vorliegen (JOHNSON, 1971,1; CORDEN, 1971; BHAGWATI/SRINIVASAN, 1973), beschränkt sich die Darstellung zur Vereinfachung auf die Zollpolitik eines großen Landes in einem Zwei-Güter-Modell ohne internationalen Zwischenprodukthandel (*Abb. I-10*).

Der Relativpreis des Gutes 1 entspricht bei Freihandel dem Steigungsmaß tg α, so daß die Menge DB_F des Gutes exportiert und die Menge DC_F des Gutes 2 importiert wird. Zollpolitik erhöht den relativen Inlandspreis des zollgeschützten Gutes 2 und senkt den Relativpreis von Gut 1 (auf tg γ), so daß die Produktion des komparativ kostengünstigen Exportgutes sinkt und die des komparativ benachteiligten Importsubstitutes steigt (Verlagerung des Produktionspunktes von B_F nach B_Z).

Zollpolitik senkt andererseits den relativen Weltmarktpreis des Importgutes und erhöht somit die terms of trade (auf tg β). Da am Weltmarkt gemäß der terms-of-trade-Linie B_ZQ Gut 1 gegen Gut 2 eingetauscht werden kann, ergibt sich der neue Konsumpunkt C_Z im Schnittpunkt von B_ZQ mit der neuen Einkommens-Konsumlinie OC_Z, wenn der Staat die Zolleinnahmen als Transferzahlung an die privaten Haushalte verteilt. Verglichen mit der Freihandels-Konsumposition C_F, hat also der Zoll die Versorgungsposition verbessert. Dieser in *Abb. I-10* dargestellte Fall ist Ergebnis zweier entgegengerichteter Kräfte:

– Der Allokationseffekt verschlechtert als Ergebnis einer zollinduzierten suboptimalen Faktorallokation ($B_F \to B_Z$) die Konsumposition bei unveränderten terms of trade (tgα) auf C'_Z. Die suboptimale Faktorallokation, die in verminderter Durchschnittsproduktivität des Faktoreinsatzes zum Ausdruck kommt, bewirkt einen Sozialproduktverlust, der, mißt man ihn in Einheiten des Gutes 2, OK (= OM + MB_F · tg α) – OL (= ON + NB_Z · tgα) = KL beträgt.

– Der terms-of-trade-Effekt verbessert als Ergebnis einer zollinduzierten Realeinkommenserhöhung die Konsumposition von C'_Z auf C_Z. Die terms-of-trade-Verbesserung, die das Weltsozialprodukt zugunsten des Inlandes umverteilt, bewirkt einen in Einheiten des Gutes 2 gemessenen Einkommensgewinn von $OQ - OL = QL$.

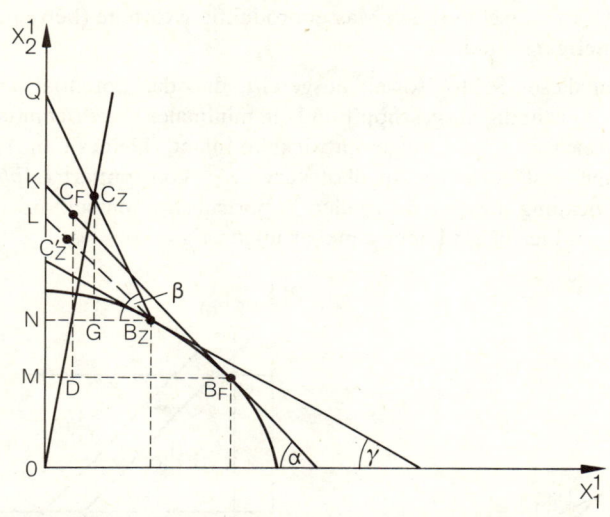

Abb. I-10: Allgemeine Gleichgewichtsanalyse der Zollpolitik eines großen Landes

Während ein kleines Land die durch die Allokationseffekte bedingten Kosten seiner Zollpolitik alleine tragen muß, kann ein großes Land seine Wohlfahrtsposition durch Zollerhöhungen auf Kosten des Auslandes verbessern, solange der terms-of-trade-Effekt den Allokationseffekt dominiert. Mithin existiert für solche Länder ein optimaler Zollsatz, der diesen Wohlfahrtsgewinn aus protektionistischer Handelspolitik maximiert (JOHNSON, 1950, 1968,2; ROSE, 1966).

4.2. Erziehungszölle

Mit dem Optimalzolltheorem kann Protektionismus nicht gerechtfertigt, sondern lediglich nachgewiesen werden, daß große Länder in Importzöllen ein verteilungspolitisches Instrument vorfinden, mit dem sie die Umverteilung einer durch Zollpolitik verringerten Weltproduktion zu ihren Gunsten erzwingen können. Erst wenn protektionistische Maßnahmen die Bedingungen eines Erziehungszolls erfüllen, könnte ihre zeitlich befristete Nutzung nationale Wohlfahrt und Weltsozialprodukt gleichermaßen steigern. Dieser vor allem von JOHN STUART MILL und FRIEDRICH LIST entwickelte Erziehungszollgedanke erscheint demgemäß selbst marktwirtschaftlichen Theoretikern häufig als eine schlüssige temporäre Ausnahme von einem Freihandelssystem. Demgegenüber wurde jedoch der Nachweis erbracht, daß die Bedingungen für die Gültigkeit des Erziehungszollarguments sehr speziell (KEMP, 1960; JOHNSON, 1965, 1970,1) oder überhaupt nicht erfüllt sind (BALDWIN, 1969).

Erziehungszollargumente treten in verschiedenen Ausprägungen auf (GRUBEL, 1966; ROSE, 1964; 1978, S. 425-429). Grundvoraussetzung sind über einen längerfristigen Zeitraum sinkende Durchschnitts- und Grenzkosten eines industriellen Sektors, die Folge der mit organisatorischen oder technologischen Lernprozessen verbundenen Produktivitätssteigerungen (betriebsinterne und -externe Lerneffekte) und der mit wachsenden Märkten erschlossenen Massenproduktionsvorteile (betriebsinterne und -externe Skaleneffekte) sind.

Im Ausland sei dieser Sektor soweit ausgereift, daß das Potential an Lern- und Skaleneffekten vollständig ausgeschöpft und ein minimales Durchschnittskostenniveau DK_1^2 (O) erreicht ist. Das geringer entwickelte Inland (kleines Land) ist mit einer völlig elastischen ausländischen Angebotskurve SS_1^2 konfrontiert (*Abb. I-11*) und strebt die Entwicklung dieses industriellen Importsubstitutionssektors an. Die Ausgangsbedingungen hierfür sind aber denkbar ungünstig.

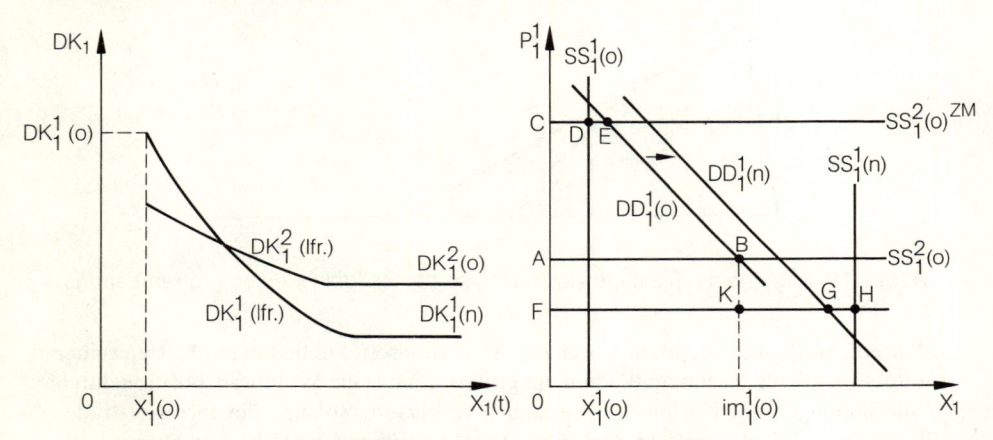

Abb. I-11: Partialanalyse eines Erziehungszolles

Zum herrschenden Weltmarktpreis des Importgutes in Höhe von OA ist eine inländische Importsubstitutionsbranche nicht konkurrenzfähig, da die Durchschnittskosten des inländischen Sektors weit über den ausländischen Durchschnittskosten liegen. Die gesamte Inlandsnachfrage wird aus Importen gedeckt, eine positive Inlandsproduktion, deren Existenz die Voraussetzung für die Erschließung von Lern- und Skaleneffekten wäre, kommt nicht zustande. Solche Voraussetzungen können aus Sicht des Erziehungszolltheorems geschaffen werden, indem während der Ausgangsperiode 0 ein Zoll z(0) = AC auf das Importprodukt gelegt wird. Zum neuen gestiegenen Inlandspreis OC = OA + AC, dem die zollmodifizierte Importangebotskurve SS_1^{2zm} zugeordnet ist, wird die Inlandsnachfrage nunmehr aus Inlandsproduktion (CD) und gesunkenen Importen (DE < AB) abgedeckt. Diese Importsubstitution ist zwar mit den bereits analysierten volkswirtschaftlichen Kosten verbunden. Da aber das Niveau der inländischen Kosten im Zeitablauf gemäß der langfristigen Kostenfunktion DK_1^1 (lfr) sinkt (Rechtsverschiebung der kurzfristigen inländischen Angebotskurve), sind die Kosten des Protektionismus ebenso wie der Importzoll selbst eine abnehmende Funktion der Zeit.

I-4. Internationale Arbeitsteilung bei Protektionismus

Sind im zollgeschützten Wachstumssektor hinreichende Kostensenkungen wirksam geworden, bedarf die weitere Entwicklung der herangewachsenen Industrie keiner „infant industry protection" mehr, um die Früchte des temporären Zollschutzes ernten zu können. Dieser Ertrag kann – wie in *Abb. I-11* unterstellt – nach Ablauf von n Perioden soweit herangereift sein, daß die inländischen Durchschnittskosten ein stabiles Niveau unterhalb $DK_1^2(n)$ erreichen: Produktive Fertigkeiten und unternehmerische Leistungsfähigkeit sind gereift, technisch-organisatorische Verbesserungsmöglichkeiten ausgeschöpft und weitere Skaleneffekte nicht mehr zu erwarten. Komparative Kostenvorteile sind entstanden, weil sich nach erfolgreicher Übernahme der neuen Produktion der Lohnkostenvorsprung des Inlandes durchgesetzt hat. Führt der Wachstumsprozeß somit zu einer inländischen Angebotskurve $SS_1^1(n)$ und einer höheren Nachfragekurve $DD_1^1(n)$, so wird diese Inlandsnachfrage in vollem Umfang FG aus Inlandsproduktion gedeckt, während der zum Preis OF verbleibende Angebotsüberschuß GH Absatz auf Exportmärkten findet. Der temporäre Erziehungszoll erweist sich hier als auslösender Impuls eines Strukturwandels der internationalen Arbeitsteilung gemäß der Produktzyklushypothese (Abschnitt 3.3.). Er ermöglicht nach Abschluß aller Anpassungsprozesse (in dem hier analysierten Fall), daß

- die vor Einführung eines Zolles in der Periode 0 importierte Menge AB nunmehr aus kostengünstigerer Inlandsproduktion FK bereitgestellt wird,
- eine zusätzliche Versorgung KG zum Preis OF ermöglicht wird, während die gleiche Menge bei Verzicht auf den Erziehungszoll nur zum Preis OA > OF hätte importiert werden können,
- Exporterlöse von GH · OF entstanden sind, deren Realwert (gemessen in Importeinheiten) eine Ausweitung der Importmöglichkeiten und somit eine weitere Verbesserung der Versorgungsposition anzeigt.

Zölle können also als temporäre Erziehungszölle komparative Kostenunterschiede dauerhaft verändern. Im Gegensatz zum Schutzzoll bedarf der Erziehungszoll somit keines flankierenden Einsatzes von Exportsubventionen, um langfristig unter der Bedingung sich schneidender Kostenkurven beider Länder Importgüter in Exportgüter zu verwandeln. Liegt die inländische Kostenkurve über der ausländischen und nähert sich dieser lediglich an, so führt das durch temporären Zollschutz induzierte Wachstum des Importsubstitutionssektors nicht zur Entwicklung einer inländischen Exportbranche. Der volkswirtschaftliche Ertrag aus dem Erziehungszoll beruht dann auf der Produktivitätssteigerung des Importkonkurrenzsektors und dem hierdurch induzierten Einkommenswachstum, was ebenfalls eine verbesserte Konsumposition bedingt.

Die Induktion komparativer Kostenvorteile des zollgeschützten Sektors ist also weder eine notwendige noch eine hinreichende Bedingung eines wirksamen Erziehungszolls. Notwendige Bedingung ist vielmehr, daß der auf den gegenwärtigen Planungszeitpunkt abdiskontierte Wert zukünftiger gesellschaftlicher Erträge den Gegenwartswert der zollinduzierten gesellschaftlichen Kosten überschreitet. Dies wiederum ist jedoch keine hinreichende Bedingung für das Erfordernis von Erziehungszöllen. Anreize zur Investition in neue Produkte oder wachsende Märkte sind auch ohne temporären Zollschutz wirksam, wenn der potentielle Investor sich die aus Lern- und

Skaleneffekten resultierenden Erträge privatwirtschaftlich aneignen kann (interne Ersparnisse): Wollen inländische Produzenten in den Markt eintreten, so müssen sie zunächst zu Weltmarktpreisen unterhalb der eigenen Durchschnittskosten verkaufen. Der Gegenwartswert dieser vorübergehenden Verluste entspricht dann den Kosten einer Investition in neue Produkte und neues technisches Wissen (technische Verbesserungen, qualifiziertere Arbeitskräfte), die sich privatwirtschaftlich auch ohne Erziehungszoll als rentabel erweist.

Lediglich wenn innovationsbereiten privaten Investoren die Aneignung des gesellschaftlichen Ertrages nur teilweise gelingt, weil verbessertes technisches Wissen oder besser ausgebildete Arbeitskräfte in Zukunft auch von jenen Produzenten übernommen werden, welche die Kosten der Investition in neues Wissen nicht getragen haben (externe Ersparnisse), können die Investitionsanreize entscheidend geschwächt werden. Sie ließen sich durch temporäre Zölle hinreichend verstärken, welche die privatwirtschaftliche Rentabilität der Innovation ihrer gesellschaftlichen Rentabilität annähern, indem sie den privaten Investor für die Bereitstellung öffentlicher Güter (in Form allgemein verwertbaren technischen Wissens) entschädigen.

Auch bei Erfüllung dieser spezielleren Bedingung ist zu bezweifeln, ob Erziehungszölle ein effizientes System von Innovationsanreizen darstellen:

– Durch Änderung institutioneller Rahmenbedingungen (Begründung zeitlich begrenzter Eigentumsrechte an neugeschaffenem technischen Wissen: Patentschutz) können externe in interne Ersparnisse transformiert werden.

– Auch das Marktsystem entwickelt bei Vertragsfreiheit Formen der Internalisierung externer Ersparnisse (Preise für Nutzungsrechte an Neuerungen, Arbeitsverträge mit niedrigeren Löhnen in Ausbildungsphase).

– Bewahrt dennoch ein Teil der Innovationswirkungen die Eigenschaft öffentlicher Güter, so kann trotz Erziehungszoll die Einnahme der „free rider-Position" des Imitators als vorteilhafter eingeschätzt werden, weil Zölle auch jene Produzenten begünstigen, die Kosten und Risiken einer Innovation nicht zu tragen bereit waren.

Die vom Erziehungsprotektionismus erhoffte Innovationsdynamik kann also auch ausbleiben: Die Angebotskurve des zollgeschützten Sektors verharrt auf dem Niveau $SS_1^1(O)$ und die Überlebensfähigkeit des inländischen Produktionssektors erfordert permanente Beschränkungen der internationalen Arbeitsteilung. Die im Verlauf der langfristigen Kurve implizierten Lern- und Skaleneffekte setzen private Investitionen voraus. Selektive Subventionierung solcher Investitionsprojekte verleiht dem angestrebten Erfolg wesentlich größere Wahrscheinlichkeit als die protektionistische Alternative.

4.3. Diskriminierender Protektionismus

Diskriminierender Protektionismus liegt vor, wenn die Höhe der auf einem homogenen Importprodukt lastenden Einfuhrzölle nach Ursprungsländern differenziert wird. Obwohl die Meistbegünstigungsklausel des Allgemeinen Zoll- und Handelsabkommens (GATT) einem Diskriminierungsverbot gleichkommt, sind zwei Ausnahmebereiche erlaubt (Beitrag S):

– Mehrere Länder beseitigen alle im gegenseitigen Austauschverkehr angewendeten Handelshemmnisse, während sie ihre für den Austauschverkehr mit Drittländern geltenden Handelsbeschränkungen aufrecht erhalten (Freihandelszone) oder durch Übergang zu einer gemeinsamen Handelspolitik vereinheitlichen (Zollunion).

– Ein einzelnes Land oder eine Zollunion beseitigt Handelshemmnisse gegenüber bestimmten Ländern, ohne diese Maßnahme auf alle übrigen Lieferländer der gleichen Ware anzuwenden (Handelspräferenzen).

Die Auswirkungen des diskriminierenden Protektionismus auf die internationale Arbeitsteilung können durch Ausbau der zolltheoretischen Ansätze zu Drei-Länder-Modellen analysiert werden.

Ausgangspunkt dieser Analysen ist die auf JACOB VINER (1950) und JAMES EDWARD MEADE (1956) zurückgehende Theorie der Zollunion, deren Ergebnisse unschwer an Freihandelszonen oder Zollpräferenzen angepaßt werden können. Mittlerweile wurde die Analyse auf Fragen der ökonomischen Rationalität einer Zollunion (COOPER/MASSELL, 1965; KRAUSS, 1972), ihrer Auswirkungen bei steigenden Skalenerträgen (CORDEN, 1972) und bei Eintritt neuer Mitglieder (ROHWEDDER, 1976) ausgeweitet.

Die Bildung einer Zollunion kann nicht unbedingt als Annäherung an Freihandel interpretiert werden, da keineswegs eindeutig folgt, ob hierdurch mehr Freihandel oder mehr Protektionismus geschaffen wird. Die Außenhandelswirkungen der Zollunion werden nämlich durch zwei entgegengerichtete Kräfte bestimmt:

– Innerhalb der Zollunion läßt die Beseitigung der Handelshemmnisse neue Freihandelsbeziehungen entstehen, welche die Inlandsnachfrage von kostenungünstiger Inlandsproduktion auf kostengünstigere Auslandsproduktion verlagern (trade creation, Aufschließungseffekte).

– Gegenüber kostengünstigeren Drittländer-Produzenten wird indirekt die Protektion inländischer Anbieter verstärkt, da der zollgeschützte Markt um die Märkte der übrigen Mitgliedsländer ausgeweitet wird, so daß sich Nachfrage von Drittland-Produktion auf kostenungünstigere Mitgliedsland-Produktion verlagert (trade diversion, Abschließungseffekte).

Es überlagern sich also handelsschaffende Liberalisierungseffekte, welche die Allokationseffizienz verbessern, und handelsumlenkende Protektionismuseffekte, die eine verschlechterte Allokationseffizienz bedingen. Da die Gesamtwirkung mithin von der relativen Stärke beider Teilwirkungen abhängt, muß ein begründetes Urteil über Nutzen und Kosten der Bildung oder Erweiterung einer Zollunion durch empirische Analysen fundiert werden. Empirische Untersuchungen der EWG-Handelswirkungen (BALASSA, 1967, 1974; WILLIAMSON/BOTTRILL, 1971) stützen – insbesondere bei Ausschaltung der von der EWG-Agrarmarktordnung ausgehenden Einflüsse – die Vermutung einer Dominanz handelsschaffender Freihandelseffekte.

Kommentierte Literaturhinweise

Die theoretischen Grundlagen internationaler Handelsbeziehungen werden umfassend und in vorzüglicher Klarheit dargestellt durch das nunmehr bereits in der 7. Auflage (1978) vorliegende Lehrbuch von KLAUS ROSE (1964).

Als ergänzende Texte hierzu sind die Schriften von HORST SIEBERT (1977) und H. ROBERT HELLER (1975) zu empfehlen.

Wichtige Beiträge zur Entwicklung einer theoretisch fundierten empirischen Außenhandelsforschung liefern HELMUT HESSE (1967) und der von HERBERT GIERSCH und HEINZ D. HAAS (1974) herausgegebene Tagungsband.

Die Theorie der internationalen Arbeitsteilung bei Freihandel unter ausführlicher Würdigung der Produktzyklus-Theorie sowie raumwirtschaftlicher und wachstumstheoretischer Analysemethoden wird durch REINHOLD SOHNS (1976) detailliert dargestellt. Die Theorie der internationalen Arbeitsteilung bei Protektionismus findet eine ebenso umfassende wie klare Darstellung in der Schrift von MAX CORDEN (1971).

Versuche einer Integration von Außenhandelstheorie und -politik stellen die Lehrbücher von HERBERT G. GRUBEL (1977), sowie in der deutschsprachigen Literatur von MANFRED BORCHERT (1977) und BERNHARD KÜLP (1978) dar.

Grundlegende und zum Teil bahnbrechende Aufsätze zur Theorie internationaler Wirtschaftsbeziehungen sind in deutscher Übersetzung in den von KLAUS ROSE (1965) und HELGA LUCKENBACH (1979) herausgegebenen Sammelwerken vereinigt.

Einen Überblick über den gegenwärtigen Stand der außenhandelstheoretischen Forschung bieten die im Handwörterbuch der Wirtschaftswissenschaft (HdWW) unter dem Stichwort Außenhandel erschienenen Artikel von HELMUT HESSE, HANS-RIMBERT HEMMER und JOCHEN SCHUMANN (1977).

Einen Überblickartikel über den gegenwärtigen Stand der Zolltheorie bieten ROBERT M. STERN (1973,2) und STEPHEN P. MAGEE (1973), über den Stand der Zollunionstheorie MELVIN B. KRAUSS (1972).

J. Öffentliche Finanzen

Rolf Peffekoven

Gliederung

1. Staat im Wirtschaftskreislauf
   - 1.1. Abgrenzung der öffentlichen Finanzen
   - 1.2. Erfassung der Staatstätigkeit
   - 1.3. Begriff und Aussagefähigkeit der Staatsquote
2. Rechtfertigung staatlicher Tätigkeit
   - 2.1. Allokation
     - 2.1.1. Korrektur von Marktunvollkommenheiten
     - 2.1.2. Theorie der spezifisch öffentlichen Güter
     - 2.1.3. Theorie der meritorischen Güter
     - 2.1.4. Bestimmung des Budgetumfangs
   - 2.2. Distribution
   - 2.3. Stabilisierung
   - 2.4. Zielbeziehungen
3. Instrumentarium der Finanzpolitik: Öffentliche Ausgaben
   - 3.1. Definition und Systematisierung
   - 3.2. Wirkungen öffentlicher Ausgaben
     - 3.2.1. Wirkungen der Realausgaben
     - 3.2.2. Wirkungen der Transferausgaben
   - 3.3. Entwicklung der öffentlichen Ausgaben
     - 3.3.1. Wagnersches Gesetz
     - 3.3.2. Weitere Erklärungsansätze
   - 3.4. Planung der öffentlichen Ausgaben
     - 3.4.1. Haushaltsplan und Finanzplan
     - 3.4.2. Kosten-Nutzen-Analyse
4. Instrumentarium der Finanzpolitik: Öffentliche Einnahmen
   - 4.1. Arten öffentlicher Einnahmen
   - 4.2. Probleme der Besteuerung
     - 4.2.1. Grundbegriffe der Steuerlehre
     - 4.2.2. Grundsätze der Besteuerung
     - 4.2.3. Steuerwirkungen
   - 4.3. Probleme des öffentlichen Kredits
     - 4.3.1. Arten des Kredits
     - 4.3.2. Rechtfertigung der Kreditaufnahme
     - 4.3.3. Grenzen der Staatsverschuldung
5. Theorie und Praxis des Finanzausgleichs
   - 5.1. Ziele und Systeme des Finanzausgleichs
   - 5.2. Verteilung der Aufgaben
   - 5.3. Verteilung der Einnahmen

       5.3.1. Vertikale Einnahmenverteilung
       5.3.2. Horizontale Einnahmenverteilung
  5.4. Praxis des Finanzausgleichs in der Bundesrepublik
       5.4.1. Aufgabenverteilung
       5.4.2. Einnahmenverteilung
  5.5. Internationaler Finanzausgleich
       5.5.1. Besteuerung des internationalen Handels
       5.5.2. Besteuerung internationaler Faktoreinkommen
       5.5.3. Verteilung internationaler Finanzierungslasten
6. Öffentliche Finanzen im Dienste der Wirtschaftspolitik
  6.1. Finanzpolitik als Konjunkturpolitik
       6.1.1. Konzept der fiscal policy
       6.1.2. Maßnahmen der fiscal policy
  6.2. Finanzpolitik als Wachstumspolitik
       6.2.1. Ziele der Wachstumspolitik
       6.2.2. Finanzpolitische Instrumente der Wachstumspolitik
  6.3. Finanzpolitik als Verteilungspolitik
       6.3.1. Ziele der Verteilungspolitik
       6.3.2. Finanzpolitische Instrumente der Verteilungspolitik

1. Staat im Wirtschaftskreislauf

1.1. Abgrenzung der öffentlichen Finanzen

In marktwirtschaftlich organisierten Volkswirtschaften sind in erster Linie die privaten Haushalte und Unternehmen Träger der ökonomischen Entscheidungen. Die daraus resultierenden Einzelpläne werden über den Marktmechanismus koordiniert. Unter bestimmten Voraussetzungen gewährleistet dieses Wirtschaftssystem eine optimale Allokation der Produktionsfaktoren, d. h. es wird ein Maximum an Gütern und Dienstleistungen in bestmöglicher Abstimmung auf die Präferenzen der Konsumenten hergestellt. Gleichwohl finden sich aber auch in solchen Wirtschaftssystemen ökonomische Aktivitäten des Staates, die man wie folgt systematisieren kann (STOBBE, 1966, 4. A. 1976, S. 103):

- der Staat setzt oder ändert bestimmte Daten, an denen sich die Pläne der Einzelwirtschaften ausrichten;
- der Staat tritt selbst als Käufer von Gütern und Dienstleistungen bei den Unternehmen auf; er beschäftigt Arbeitskräfte und schafft damit Einkommen; er produziert selbst Güter und Dienstleistungen, die er überwiegend ohne spezielles Entgelt den privaten Wirtschaftssubjekten zur Verfügung stellt;
- der Staat erhebt Gebühren, Beiträge sowie Steuern und nimmt Kredite auf; daneben leistet er Transferzahlungen an die privaten Haushalte und Unternehmen.

Die zuerst genannte Tätigkeit wird in der Volkswirtschaftlichen Gesamtrechnung (Beitrag B) nur indirekt, die übrigen Aktivitäten aber direkt in den Produktions-, Einkommens-, Vermögensänderungs- und Finanzierungskonten erfaßt. Im Zuge der staatlichen Produktion leistet der Staat einen Beitrag zur Entstehung des Sozialprodukts; über die Ausgaben für Güter und Dienstleistungen ist er an der Verwendung des Sozialprodukts beteiligt. Mit den indirekten Steuern und Subventionen beeinflußt er, welcher Teil des Sozialprodukts als Volkseinkommen an die Anbieter von Produktionsfaktoren gezahlt werden kann; über die Gewährung von Transferzahlungen und die Erhebung von direkten Steuern verändert er die verfügbaren Einkommen der privaten Wirtschaftssubjekte.

Soweit sich diese Aktivitäten in öffentlichen Ausgaben und Einnahmen, also im Staatshaushalt (Budget) niederschlagen, sind sie Gegenstand der Finanzwissenschaft, die man demnach als die Lehre von den öffentlichen Ausgaben und Einnahmen bzw. als die Lehre von den öffentlichen Finanzen (public finance) oder der öffentlichen Finanzwirtschaft bezeichnen kann.

Die Volkswirtschaften der westlichen Industrieländer sind durch ein Nebeneinander privater und öffentlicher Wirtschaftstätigkeit gekennzeichnet. Das wirft zunächst die Frage nach den grundsätzlichen Unterschieden, aber auch Gemeinsamkeiten auf.

Zur Verfolgung seiner Aufgaben stehen dem Staat Mittel zur Verfügung, die nur ausnahmsweise aus eigener wirtschaftlicher Tätigkeit resultieren (eigene Einnahmen aus Unternehmertätigkeit oder Vermögenserträge), vielmehr in der Regel aufgrund hoheitlicher Funktionen als Zwangseinnahmen ohne spezielle Gegenleistungen (Steuern) von den privaten Wirtschaftssubjekten aufgebracht werden. Typisch für die öffentliche Finanzwirtschaft ist somit die Einnahmenerzielung aufgrund von Hoheitsakten (Gesetzen, Verordnungen).

Wirtschaften heißt, bestimmte Ziele mit knappen Mitteln anzustreben und dabei ein günstiges Verhältnis zwischen Mitteleinsatz und Zielerreichung zu verwirklichen (ökonomisches Prinzip). Genauso wie ein privates Wirtschaftssubjekt bestrebt ist, sein im Verhältnis zu den Bedürfnissen knappes Einkommen so einzusetzen, daß besonders dringliche Bedürfnisse befriedigt werden, steht auch im Mittelpunkt der öffentlichen Finanzwirtschaft der Versuch, die nur begrenzt verfügbaren Mittel (öffentliche Einnahmen) möglichst wirkungsvoll für die Aufgaben des Staates (öffentliche Ausgaben) zu verwenden. Anders als private Unternehmen ist der Staat dabei weniger an der Gewinnerzielung als an der Bedarfsdeckung orientiert, so daß häufig auch von der Bedarfsdeckungswirtschaft des Staates gesprochen wird.

Wirtschaftliche Entscheidungen sind stets auf die Zukunft gerichtet und bedürfen deshalb der Planung. Für die öffentliche Finanzwirtschaft findet dies seinen Ausdruck im Haushaltsplan, der unter Beachtung bestimmter Prinzipien (NEUMARK, 1952, S. 554 ff.; SENF, 1977, S. 390 ff.) für eine bestimmte Periode im voraus aufgestellt wird und vollzugsverbindlich ist. Private Wirtschaftssubjekte planen ebenfalls, richten aber ihre Einzelpläne in einem marktwirtschaftlichen System in ständiger Anpassung an den jeweiligen Marktdaten aus und unterliegen insoweit bei ihren Entscheidungen keinem verbindlichen Plan. Entscheidungen privater Wirtschaftssubjekte sind an individuellen Zielen (z. B. Nutzen bei den Haushalten, Gewinne bei den Unternehmen) ausgerichtet. Die öffentliche Finanzwirtschaft orientiert sich dagegen an gesellschaftlichen Zielen (z. B. Gerechtigkeit, Wohlstand, Freiheit), die im Prozeß der politischen Willensbildung fixiert und – da sie durchweg Leerformeln darstellen – konkretisiert werden müssen (Beitrag N).

Bei der wissenschaftlichen Erörterung der öffentlichen Finanzen ist es üblich, zwischen der Finanztheorie und der Finanzpolitik zu unterscheiden. In der Finanztheorie geht es neben der Begründung staatlicher Aktivitäten im wesentlichen um die Ermittlung der Wirkungen öffentlicher Einnahmen und Ausgaben auf andere ökonomische Größen. Die Finanzpolitik fragt dagegen, wie die öffentlichen Finanzen gestaltet werden können oder müssen, um bestimmte vorgegebene Ziele zu verwirklichen. Um diese Frage zu beantworten, muß sich die Finanzpolitik der in der Finanztheorie gewonnenen Erkenntnisse bedienen. Insoweit ist eine scharfe Trennung zwischen den beiden Gebieten nicht unproblematisch und wird deshalb im folgenden auch nicht verfolgt: Finanzpolitik ist stets angewandte Finanztheorie.

1.2. Erfassung der Staatstätigkeit

Zunächst ergibt sich die Frage nach dem Umfang der Staatstätigkeit. Hierbei handelt es sich einmal um ein Grundproblem in der Diskussion um die Wirtschaftsordnung (Beitrag A-3), daneben entscheiden Umfang und Art der Staatstätigkeit darüber, ob und inwieweit die öffentlichen Finanzen als Instrument der Wirtschaftspolitik (s. Abschnitt 6) geeignet sind. Ein erstes Bild vom Ausmaß der staatlichen Aktivität kann man sich anhand der Höhe der öffentlichen Ausgaben und Einnahmen machen. Dabei tritt jedoch sogleich ein Problem auf: Staatliche Tätigkeiten schlagen sich z. B.

in Gesetzen und Verordnungen nieder, die für die privaten Wirtschaftssubjekte Gebote oder Verbote schaffen, ohne daß diese Aktivitäten – abgesehen von Verwaltungsausgaben – das Budget beeinflussen. Dies gilt u. a. bei der Verwirklichung außenwirtschaftspolitischer Ziele durch Importverbote, Wechselkursfixierung oder Devisenbewirtschaftung. Sie erscheinen nicht im Budget; aber gerade in diesen Fällen liegen durchaus wirkungsvolle, u. U. jedoch ordnungspolitisch bedenkliche Staatsaktivitäten vor. Wenn also die staatliche Aktivität ausschließlich anhand der öffentlichen Finanzen diskutiert wird, sind stets zwei Vorbehalte anzumelden:

- Viele Formen staatlicher Aktivität, die mit Geboten und Verboten arbeiten, können nicht erfaßt werden, da sie weder ausgaben- noch einnahmenwirksam sind. Dabei zeigt sich, daß der Staat bei wachsendem Steuerwiderstand seiner Bürger geradezu versucht ist, seine Aufgaben über weniger ausgabenintensive Alternativen zu erfüllen („Reformen, die nichts kosten") oder aber die Ausgaben dem privaten Sektor anzulasten („unentgeltliche Hilfsdienste für den Staat").

- Allein aus der Tatsache, daß Ausgaben oder Einnahmen steigen, kann noch nicht auf wachsende staatliche Tätigkeit geschlossen werden: Die Förderung der Landwirtschaft durch die Gewährung von Subventionen erhöht die Ausgaben, während die gleiche Wirkung evtl. durch Steuersenkungen, also Reduktion der Einnahmen erreicht werden kann. Es wäre falsch, im ersten Fall von zunehmender, im zweiten von abnehmender Staatstätigkeit zu sprechen; denn beide Maßnahmen können z. B. als Ersatz einer bisher praktizierten Mindestpreisregelung für Agrarprodukte eingeführt worden sein. Die ausschließlich verteilungspolitisch motivierte Reform des Familienlastenausgleichs in der Bundesrepublik (1975), die die bis dahin gewährten Steuerfreibeträge durch Kindergeld ersetzte, ließ die öffentlichen Einnahmen und Ausgaben steigen, ohne daß von zunehmender Staatstätigkeit die Rede sein kann.

Will man die staatliche Aktivität dennoch an den Budgetgrößen messen, muß zunächst geklärt werden, was der Begriff „Staat" umfassen soll. Schon die offizielle Statistik der Bundesrepublik arbeitet mit unterschiedlichen Abgrenzungen: Die Finanzstatistik zählt zum Staat die Gebietskörperschaften (Bund, Länder, Gemeinden) sowie den Lastenausgleichsfonds und das ERP-Sondervermögen, während die Volkswirtschaftliche Gesamtrechnung darüber hinaus die Sozialversicherungen hinzurechnet. Umstritten ist auch die Behandlung der öffentlichen Unternehmen. Im Mittelpunkt der finanzwissenschaftlichen Diskussion steht die finanzwirtschaftliche Aktivität der Gebietskörperschaften. Mitunter empfiehlt es sich, auch internationale Zusammenschlüsse einzubeziehen, da diese zumindest in Teilbereichen Merkmale öffentlicher Finanzwirtschaft (z. B. bei der Finanzierung dieser Organisationen; s. Abschnitt 5.5.) tragen. Oft werden auch die sog. „intermediären Finanzgewalten" oder „Hilfsfisci" (Zwangsversicherungen, Kirchen, Kammern, andere öffentlich-rechtliche Institutionen) zum Gegenstand finanzwissenschaftlicher Untersuchungen gezählt. Die weiteren Überlegungen konzentrieren sich auf die öffentlichen Finanzen der Gebietskörperschaften, also – für die Verhältnisse in der Bundesrepublik Deutschland – auf die Ausgaben und Einnahmen von Bund, Ländern und Gemeinden.

Die Messung der staatlichen Aktivitäten an Ausgaben und Einnahmen bringt weitere Probleme mit sich, von denen einige erwähnt seien:

- Was zu den Ausgaben und Einnahmen zu zählen ist, liegt nicht eindeutig fest: Staatliche Darlehen an private Unternehmen und Haushalte rechnen in der Finanzstatistik zu den Ausgaben, in der Volkswirtschaftlichen Gesamtrechnung dagegen nicht.

- Da für die Beurteilung der staatlichen Aktivität die Haushalte aller Gebietskörperschaften zusammengefaßt werden müssen (in der Bundesrepublik: öffentlicher Gesamthaushalt), können Transaktionen zwischen den öffentlichen Haushalten zu Doppelzählungen führen.

- Entscheidend für die Analyse staatlicher Aktivitäten sind nicht nur das Volumen der Gesamtausgaben und -einnahmen, sondern auch deren jeweilige Struktur. Es ist für die Beurteilung der Staatstätigkeit ein Unterschied, ob ein gegebener Ausgabenbetrag ausschließlich Subventionen umfaßt oder auch Ausgaben für das Angebot an öffentlichen Leistungen. Ähnliches gilt für die Einnahmenseite, z. B. für das Verhältnis von Steuern und Krediten.

- Die Veränderung der absoluten Zahlen der Ausgaben und Einnahmen ist – zumal in einer wachsenden Wirtschaft mit Inflation – wenig aussagekräftig; informativer sind Relationen, bei denen die Staatsausgaben oder -einnahmen auf Indikatoren der gesamtwirtschaftlichen Entwicklung (Sozialprodukt, Volkseinkommen, Produktionspotential) bezogen werden. Gerade in den letzten Jahren ist die Diskussion um die Staatstätigkeit anhand solcher staatswirtschaftlicher Quoten (Staatsausgabenquote, Steuerquote, Abgabenquote, Verschuldungsquote etc.; zu Einzelheiten vgl. WISSENSCHAFTLICHER BEIRAT, 1976) geführt worden.

Vor allem in der Staatsausgabenquote (kurz: Staatsquote) sieht man einen Indikator, der zuverlässige Informationen über das Ausmaß finanzwirtschaftlicher Tätigkeit bietet. Zudem wird diese Größe als Zielvariable in der politischen Planung benutzt. Es empfiehlt sich deshalb, auf diesen Indikator näher einzugehen.

1.3. Begriff und Aussagefähigkeit der Staatsquote

Bei der Bildung der Staatsquote ist zu entscheiden, wie die Teilmenge (Staatsausgaben) und die Gesamtmenge (Bruttosozialprodukt), auf die sie bezogen wird, abgegrenzt werden sollen. Die Definition des Bruttosozialprodukts bietet dabei, abgesehen von den aus der Volkswirtschaftlichen Gesamtrechnung bekannten Schwierigkeiten, keine neuen Probleme. Setzt man die gesamten Staatsausgaben ins Verhältnis zu dieser Größe, so ergibt sich die allgemeine Staatsquote, die meist als Indikator der gesamtwirtschaftlichen Aktivität des Staates benutzt wird. Man kann allerdings auch die gesamten Staatsausgaben aufgliedern, z. B. nach Kriterien der Volkswirtschaftlichen Gesamtrechnung oder nach funktionalen Aspekten, und diese Teilgrößen auf das Sozialprodukt beziehen. Das Ergebnis sind spezielle Staatsquoten. Für die Verhältnisse in der Bundesrepublik (1978) zeigt die folgende *Übersicht J-1* die Aufteilung der Gesamtausgaben und die Relation der einzelnen Ausgabenarten zum Bruttosozialprodukt.

Bei der Bildung dieser Staatsquoten treten wiederum die oben erwähnten Probleme der Erfassung staatlicher Aktivitäten auf. Darüber hinaus bedürfen die in *Übersicht*

J-1. Staat im Wirtschaftskreislauf

Übersicht J-1: Spezielle Staatsquoten in der Bundesrepublik Deutschland 1978[1]

Bruttosozialprodukt zu Marktpreisen (100 v. H.)						
Ausgaben des öffentlichen Gesamthaushaltes (47,1 v. H.)						
Vorleistungen (11,9 v. H.)	Faktorentgelte (11,6 v. H.)	Transferzahlungen an private Haushalte[2] (20,0 v. H.)	Subventionen (3,6 v. H.)			
Ausgaben für Güter und Dienstleistungen (23,5 v. H.)		Privater Konsum (55,3 v. H.)		Private Bruttoinvestition (18,5 v. H.)		Außenbeitrag (2,7 v. H.)
Staatsverbrauch (19,9 v. H.)	Staatliche Bruttoinvestition (3,6 v. H.)					

[1] Vorläufiges Ergebnis.
[2] Einschließlich Zinsen auf öffentliche Schulden, Übertragungen an private Organisationen ohne Erwerbscharakter und Übertragungen an die übrige Welt.
Quelle: STATISTISCHES BUNDESAMT (1979), Volkswirtschaftliche Gesamtrechnungen 1978, Fachserie 18, Reihe 1, Stuttgart (Kohlhammer) 1979. Eigene Berechnungen.

J-1 gebildeten Staatsquoten sorgfältiger Interpretation: Die allgemeine Staatsquote (47,1 v. H.) besagt z. B. nicht – was immer wieder behauptet wird –, daß der Staat 47,1 v. H. des Bruttosozialprodukts für sich in Anspruch nimmt. In den Gesamtausgaben stecken nämlich auch die Transferzahlungen an private Haushalte (20,0 v. H.) und die Subventionen an Unternehmen (3,6 v. H.), die sich in den Größen des privaten Konsums und der privaten Investitionen niederschlagen. In Höhe dieser Ausgaben nimmt der Staat das Bruttosozialprodukt nicht selbst in Anspruch, beeinflußt allerdings, welche privaten Wirtschaftssubjekte dies können; er reguliert also die private Inanspruchnahme, indem er Finanzströme kontrolliert.

Soll der Anteil der vom Staat beanspruchten Güter und Leistungen an der Verwendung des Sozialprodukts zum Ausdruck kommen, muß man eine spezielle Staatsquote heranziehen, nämlich die Quote „Ausgaben für Güter und Dienstleistungen zu Bruttosozialprodukt" (23,5 v. H.). Diese Relation gibt Aufschluß darüber, in welchem Umfang der Staat den privaten Wirtschaftssubjekten unentgeltlich (genauer: ohne spezielles Entgelt) Leistungen zur Verfügung stellt.

Schließlich ist zu berücksichtigen, daß die vom Staat angebotenen Güter und Leistungen auch Vorleistungen des privaten Sektors (11,9 v. H.) enthalten. Die staatliche Wertschöpfung beträgt im Beispiel lediglich 11,6 v. H. des Bruttosozialprodukts. Die vom Staat selbsterstellten Leistungen und damit sein Beitrag zur Entstehung des Sozialprodukts belaufen sich auf 11,6 v. H., anders ausgedrückt: 88,4 v. H. aller Leistungen unserer Volkswirtschaft basieren auf privater Leistungserstellung.

Natürlich ist es möglich, die Ausgaben für Güter und Dienstleistungen nach kreislauftheoretischen Gesichtspunkten noch weiter aufzuteilen – etwa in den Staatsverbrauch und die staatlichen Bruttoinvestitionen – und dann entsprechende Quoten zu bilden *(Übersicht J-1)*. In der wirtschaftspolitischen Diskussion wird sogar oft mit diesen Quoten argumentiert, zumal mitunter die öffentlichen Investitionen als die „bessere" Ausgabenart angesehen werden, weil sie den Beitrag des Staates zur Wachstumsentwicklung der Volkswirtschaft angeben sollen. Dieses Argument ist jedoch fragwürdig. Auch der Staatsverbrauch, der der Erstellung öffentlicher Leistungen dient, die den privaten Wirtschaftssubjekten unentgeltlich zur Verfügung gestellt werden, kann – etwa im Bildungs- und Gesundheitswesen – durchaus Wachstumseffekte haben. Zudem ergeben sich in Theorie und Praxis erhebliche Definitions- und Abgrenzungsschwierigkeiten zwischen Staatsverbrauch und öffentlichen Investitionen (vgl. WISSENSCHAFTLICHER BEIRAT, 1980).

Die Finanzstatistik erfaßt die öffentlichen Ausgaben aufgeteilt nach Aufgabenbereichen (z. B. Sozial-, Bildungs-, Verteidigungs- oder Entwicklungshilfeausgaben). Bezieht man diese Ausgaben auf das Bruttosozialprodukt, so ergeben sich entsprechende spezielle Staatsquoten. Sie werden in der wirtschaftspolitischen Diskussion oft für Diagnosezwecke und als Zielgrößen benutzt. Außerdem dienen sie als Basis für die Verteilung internationaler Finanzierungslasten. Die Quote der Verteidigungsausgaben wird als Orientierungshilfe für die Berechnung der Zahlungs- und Leistungsverpflichtungen in der NATO herangezogen. Die Quote der Entwicklungshilfeausgaben ist Indikator dafür, inwieweit ein Land der international fixierten Zielgröße für Entwicklungshilfeleistungen (z. B. 0,7 v. H. des Bruttosozialprodukts) nachkommt.

Allerdings liefern diese Quoten aus mehreren Gründen keine zuverlässigen Informationen über Ausmaß oder gar Effizienz der staatlichen Aktivität im jeweiligen Aufgabenbereich: Die Zuordnung einzelner Ausgaben zu den Bereichen ist nicht immer möglich, da bestimmte Ausgaben mehreren Zwecken dienen können. So werden z. B. Ausgaben für Forschungsvorhaben international unterschiedlichen Bereichen zugeordnet. Weiterhin ist zu fragen, ob bei Aufgaben, die nicht ausschließlich die öffentliche Hand wahrnimmt (z. B. Entwicklungshilfe), auch die entsprechenden privaten Ausgaben berücksichtigt werden müssen, um eine Aussage über die Aktivität in diesem Bereich gewinnen und auch internationale Vergleiche vornehmen zu können. Schließlich sagen die Ausgaben allein nichts darüber aus, ob eine bestimmte Aufgabe effizient erfüllt ist. Aus der Tatsache, daß z. B. die Quote der Sozialleistungen im Ausland höher liegt als in der Bundesrepublik, kann man nicht schließen, daß dort bessere Leistungen für die soziale Sicherheit erbracht werden. Der Unterschied könnte auch auf ein weniger effizientes System der sozialen Sicherung im Ausland zurückzuführen sein.

Insgesamt bleibt festzuhalten, daß die nach Aufgabenbereichen definierten speziellen Staatsquoten nur geringen Informationswert haben, sie lassen kein fundiertes Urteil über Ausmaß und Effizienz staatlicher Tätigkeit in einzelnen Bereichen zu. Vor allem für internationale Vergleiche sind sie aus den erwähnten Gründen kaum zu verwenden.

Die Staatsquoten (ähnliches gilt auch für die Steuer-, Abgaben- und Verschuldungsquoten) erlauben eine erste Beschreibung ausgewählter staatlicher Aktivitäten, sie stellen jedoch keinen umfassenden Ausdruck staatlicher Tätigkeit schlechthin dar.

Ein niedriger Wert ist kein sicheres Indiz für staatliche Enthaltsamkeit im Wirtschaftsprozeß; denn der Staat verfügt neben den Ausgaben über weitere Eingriffsinstrumente, die u. U. wirkungsvoller, aber ordnungspolitisch auch bedenklich sein können.

Die vorangegangene Diskussion zeigt, daß es keinen gemeinsamen Indikator für alle öffentlichen Aktivitäten gibt. Staatliche Tätigkeiten vollziehen sich in unterschiedlicher Weise, und es ist unmöglich, alle Arten gleichnamig zu machen und ein einheitliches Bewertungsprinzip zu finden. Insoweit scheitert auch jeder Versuch, die gesamte Staatstätigkeit in einer einzigen Meßzahl zu erfassen. Man muß sich deshalb auf die Teilbereiche staatlicher Tätigkeit beschränken, die in den öffentlichen Ausgaben und Einnahmen zum Ausdruck kommen. Dabei stehen in der wissenschaftlichen Diskussion die Ausgaben bzw. die Relation der Ausgaben zum Bruttosozialprodukt im Vordergrund. Allerdings ist dabei eine differenzierte Argumentation geboten.

2. Rechtfertigung staatlicher Tätigkeit

In einem marktwirtschaftlichen System, das den einzelnen Wirtschaftssubjekten die ökonomischen Entscheidungen zuweist, also eine dezentrale Lenkung über den Marktmechanismus und eine Ausrichtung der Produktion an den individuellen Bedürfnissen vorsieht, bedarf staatliche Aktivität, der nur subsidiärer Charakter zukommt, der Rechtfertigung, zumindest aber der Begründung. Zum Teil mag sie das Ergebnis historischer Entwicklungen oder auch der Ausfluß politischer und soziologischer Ideologien sein; in diesem Zusammenhang interessiert aber allein die Frage, ob es auch ökonomische Argumente für staatliche Aktivitäten gibt. Im Anschluß an RICHARD A. MUSGRAVE (1959) weist die moderne Finanztheorie dem Staat Aufgaben in den Bereichen Allokation, Distribution und Stabilisierung zu.

2.1. Allokation

Ziel der ökonomischen Tätigkeit ist es, die Produktionsfaktoren so einzusetzen, daß in einer Volkswirtschaft ein Maximum an Gütern und Dienstleistungen hergestellt und die Produktion an der Bedürfnisstruktur der Konsumenten bestmöglich ausgerichtet wird. Diese optimale Allokation der Produktionsfaktoren wird unter bestimmten Voraussetzungen (vor allem: vollkommene Konkurrenz, keine externen Effekte) durch den Preismechanismus gewährleistet. Allerdings können Situationen eintreten, in denen der Markt diese Aufgabe entweder nur unzureichend (Marktunvollkommenheiten) oder überhaupt nicht (Marktversagen) erfüllt. In diesen Fällen mag staatliche Aktivität erforderlich werden, wobei die staatlichen Interventionen je nach Art und Umfang der Marktunvollkommenheit und des Marktversagens erheblich differieren können.

MUSGRAVE unterteilt die Unzulänglichkeiten des Marktmechanismus in drei Gruppen: Zu einer ersten zählt er die Probleme des Monopols, der sinkenden Grenzkosten und der externen Effekte, die Marktunvollkommenheiten darstellen. Bei einer zweiten Gruppe versagt der Marktmechanismus vollständig, und der Staat ist verpflichtet, die Befriedigung der entsprechenden Bedürfnisse (social wants) zu übernehmen. Bei einer dritten Gruppe könnte der Markt zwar die Befriedigung der Bedürfnisse sichern, aber der Staat greift ein, um die individuelle Konsumwahl zu korrigieren (merit wants).

2.1.1. Korrektur von Marktunvollkommenheiten

Mit den Marktunvollkommenheiten hat sich die Finanztheorie in der Regel nur wenig beschäftigt. Sofern der Wettbewerb durch Monopole, Kartelle und andere Wettbewerbsbeschränkungen beeinträchtigt ist und damit eine optimale Allokation verhindert wird, kann der Staat durch aktive Wettbewerbspolitik (z. B. Monopol- und Fusionskontrolle) die Marktunvollkommenheiten zu beseitigen versuchen. Üblicherweise bedient er sich dabei ordnungspolitischer Maßnahmen. Weit seltener dagegen ist der Einsatz der öffentlichen Finanzen.

Falls eine Branche mit sinkenden Durchschnittskosten produziert, ist unter dem Aspekt der optimalen Allokation eine Ausdehnung der Produktion geboten, bis die Grenzkosten dem Preis entsprechen. Für die privaten Unternehmer entstehen in diesem Fall jedoch Verluste, weil die Durchschnittskosten höher liegen als der erzielte Preis. Sie werden deshalb versuchen, ihre Produktion einzuschränken. In dieser Situation könnte der Staat durch Steuererleichterungen oder Subventionen die gewünschte Ausbringungsmenge sichern.

Auch die Existenz sog. externer Effekte – externer Kosten wie externer Nutzen – kann die optimale Allokation der Produktionsfaktoren verhindern. „Externe Effekte sind unmittelbare Auswirkungen der ökonomischen Aktivitäten eines Wirtschaftssubjekts, die vom ‚Verursacher' nicht berücksichtigt werden und – im Gegensatz zu anderen ökonomischen Transaktionen – zwischen den Beteiligten keine Rechte auf Entgelt oder Kompensation begründen" (BÖSSMANN, 1979, S. 95). Im Falle der externen Kosten (z. B. Umweltverschmutzung) entstehen neben den privaten, vom Verursacher in seiner Kostenrechnung zu berücksichtigenden (internen) Kosten auch Belastungen anderer Wirtschaftssubjekte. Im Falle externer Nutzen (z. B. Anlage eines Gartens) fallen die Nutzen nicht nur dem Verbraucher zu (interne Nutzen), sondern auch anderen (im Beispiel: den Nachbarn des Gartenfreundes). Die externen Kosten und Nutzen werden dem Verursacher nicht angelastet bzw. vergütet, folglich besteht für ihn auch keine Veranlassung, Produktionen mit hohen externen Kosten einzuschränken oder solche mit hohen externen Nutzen auszudehnen, obwohl dies gesamtwirtschaftlich angezeigt wäre.

Die optimale Allokation der Ressourcen wird in diesen Fällen durch den Marktmechanismus nicht erreicht. Dies kann durch staatliche Aktivitäten behoben werden, die dem Verursacher die externen Kosten anlasten und ihn für die externen Nutzen entschädigen (Internalisierung externer Effekte). Auch kann versucht werden, externe Effekte erst gar nicht entstehen zu lassen. Als grundsätzliche Möglichkeiten bieten sich in beiden Fällen die Besteuerung und Subventionierung, aber auch Verbote und Gebote sowie staatliche Kontrollen und die Festsetzung von „Standards" (z. B.

maximal zulässige Verschmutzung der Gewässer) an. Die konkret zu wählende Art staatlicher Aktivität hängt dabei vom Ausmaß der externen Effekte ab, ebenso von der Zahl der Betroffenen. Im Grenzfall mag sogar die Übernahme eines Güterangebots mit externen Effekten durch den Staat geboten sein, wenn bei der Produktion nahezu ausschließlich externe Effekte anfallen und zudem noch eine große Zahl von Wirtschaftssubjekten betroffen ist. Beispiele sind Infrastrukturinvestitionen, Forschungsaktivitäten, Leistungen im Bildungs- und Gesundheitswesen.

2.1.2. Theorie der spezifisch öffentlichen Güter

Während es in den bisher behandelten Fällen um die Beseitigung von Marktunvollkommenheiten ging, können staatliche Aktivitäten auch erforderlich werden, weil der Markt beim Angebot bestimmter Güter vollständig versagt. Hierbei handelt es sich um Güter, die wegen ihrer technischen Eigenschaften nicht über den Markt, also nicht von privaten Unternehmern angeboten werden können. Man spricht in diesem Fall von spezifisch öffentlichen Gütern (social goods proper, im folgenden auch kurz social goods oder soziale Güter genannt), die durch zwei Merkmale gekennzeichnet sind: Nicht-Rivalität im Konsum und Versagen des Marktausschlußprinzips (MUSGRAVE, 1959).

Das erste Merkmal läßt sich wie folgt umschreiben: Wenn ein Individuum ein spezifisch öffentliches Gut konsumiert, ist dadurch der Konsum eines anderen Individuums nicht ausgeschlossen. Ein privates Gut, etwa ein Kleidungsstück, kann in der Regel nur von einer Person konsumiert werden. Zwei Personen tragen z. B. denselben Mantel nicht gleichzeitig. Das Bier, das von einem Konsumenten getrunken worden ist, vermag nicht den Durst eines zweiten zu löschen. Spezifisch öffentliche Güter wie „innere Sicherheit", „Landesverteidigung", „Verkehrswesen" sind dagegen von mehreren Personen gleichzeitig nutzbar, ohne daß der Konsum des einen den des anderen beeinträchtigt. Solange die Kapazitätsgrenzen der Inanspruchnahme dieser Leistungen nicht erreicht sind, kann ein weiteres Individuum damit versorgt werden, ohne daß zusätzliche Kosten entstehen, die Grenzkosten der gestiegenen Inanspruchnahme sind Null. Es besteht „Nicht-Rivalität im Konsum" (MUSGRAVE, 1959).

In engem Zusammenhang mit dieser Eigenschaft steht die zweite: Von der Nutzung privater Güter kann derjenige ausgeschlossen werden, der nicht bereit ist, den Marktpreis zu zahlen. Bei den spezifisch öffentlichen Gütern funktioniert dieses Marktausschlußprinzip nicht. Potentiellen Konsumenten kann die Nutzung nicht vorenthalten werden. Würden solche Güter von einem privaten Anbieter bereitgestellt, so fände sich niemand, der freiwillig zahlen würde. Jeder könnte nämlich darauf hoffen, als „Trittbrettfahrer" (free rider) unentgeltlich in den Genuß dieser Güter zu kommen. Da Preisforderungen nicht durchsetzbar sind, wird kein Privater bereit sein, solche Güter anzubieten. Man kann diesen Sachverhalt auch so formulieren: Beim Angebot der spezifisch öffentlichen Güter entstehen zwar externe Effekte, aber nicht genügend interne, um private Anbieter anzulocken. Damit zeigt sich, daß das Problem der spezifisch öffentlichen Güter ein Sonderfall externer Effekte ist.

Das Angebot der spezifisch öffentlichen Güter muß dem Staat übertragen werden, denn er kann aufgrund seiner hoheitlichen Befugnisse die Finanzierung des Angebots dieser Güter durch Zwangseinnahmen sichern.

Die Lehre von den social goods ist im Anschluß an PAUL A. SAMUELSON (1954) und RICHARD A. MUSGRAVE (1959) weiterentwickelt und vor allem von JOHN G. HEAD (1962) begrifflich geklärt worden. Legt man die engen Fassungen der Nicht-Rivalität und der Nicht-Ausschließbarkeit zugrunde, dann wird sich in der Praxis kaum ein „reines" social good finden lassen. HEAD hat deshalb auch für eine „realistischere" (weitere) Fassung der Merkmale plädiert. Beharrt man nämlich auf den Grenzfällen, dann ergeben sich in der Realität nur noch Mischformen von privaten und sozialen Gütern, deren Angebot dann sowohl vom Staat als auch von Privaten übernommen werden könnte: Entweder stellt der Staat die Leistungen bereit und erhebt – soweit das Ausschlußprinzip funktioniert – Gebühren und Beiträge, oder die Güter werden privat angeboten und der Staat versucht, durch Subventionen externe Effekte auszugleichen. Die Art staatlicher Aktivität kann also nicht eindeutig bestimmt werden.

Kontrovers ist auch, ob Nicht-Rivalität und Nicht-Ausschließbarkeit stets gleichzeitig verwirklicht sind. Das muß keineswegs so sein, doch treten sie häufig gemeinsam auf. Soweit das der Fall ist, braucht auch nicht geklärt zu werden, ob beide Merkmale selbständig konstitutiv wirken oder welches das wichtigere ist. Andere Fälle sind aber denkbar. KURT SCHMIDT (1970, S. 19) weist darauf hin, daß bei einer Sportveranstaltung Nicht-Rivalität für die Zuschauer vorliegen, gleichwohl jedoch das Ausschlußprinzip (über die Erhebung von Eintrittsgeldern) praktiziert werden kann. In der Literatur wird allerdings überwiegend die Meinung vertreten, daß bei Nicht-Rivalität der Ausschluß unerwünscht sei, selbst wenn er technisch möglich ist. Private Unternehmer (z. B. als Anbieter einer Brücke) werden nämlich in der Regel Monopolstellungen erreichen und im Streben nach maximalen Gewinnen die Produktion niedrig halten, obwohl bei niedrigen Grenzkosten eine Ausdehnung geboten wäre. Auch der umgekehrte Fall wird beschrieben: An einer stark befahrenen Straßenkreuzung besteht Rivalität in der Nutzung der Straße, aber das Ausschlußprinzip kann wegen technischer Schwierigkeiten und zu hoher Kosten nicht angewendet werden. Man kann durch Kombination der beiden Merkmale die Güter wie folgt klassifizieren (MUSGRAVE/MUSGRAVE/KULLMER, Bd. 1, 1975, S. 57):

Konsum	Ausschluß	
	möglich	nicht möglich
rivalisierend	1	2
nicht rivalisierend	3	4

Der Fall 1 stellt das „reine" private Gut dar, dessen Bereitstellung durch private Anbieter möglich und effizient ist. Fall 2 entspricht dem erwähnten Beispiel der Straßenkreuzung; Fall 3 ist durch die Beispiele der Sportveranstaltung und der Brücke veranschaulicht worden. Im Fall 4 sind beide Merkmale erfüllt; es liegt demnach ein „reines" öffentliches Gut vor. Zur Illustration mögen die in der Literatur immer wieder genannten Leuchttürme und Deichanlagen dienen.

Das Angebot der social goods verlangt keineswegs, daß der Staat diese Güter auch selbst produziert. Für die Bereitstellung des Gutes „Landesverteidigung" kann er z. B. Rüstungsgüter und Kasernen von privaten Produzenten herstellen lassen. Die „Verteidigung" selbst kann durchaus von einer privaten Söldnertruppe übernommen werden. Wichtig ist lediglich, daß der Staat die öffentlichen Leistungen im von den privaten Wirtschaftssubjekten gewünschten Umfang zur Verfügung stellt und die Finanzierung übernimmt. Öffentliches Angebot heißt also nicht notwendigerweise öffentliche Produktion.

2.1.3. Theorie der meritorischen Güter

Im Anschluß an MUSGRAVE (1959) soll der Staat auch das Angebot der sog. meritorischen Güter (merit goods) übernehmen. Hierbei handelt es sich um Güter, die ihrer Natur nach über den Markt angeboten werden könnten, da Rivalität im Konsum und Ausschließbarkeit (zumindest für Teile der Nutzungen) gegeben sind. Bei privatem Angebot entsprechend den individuellen Präferenzen kommt es jedoch zu einem im Urteil des Staates bzw. der politischen Entscheidungsträger unerwünschten Ausmaß des Güterangebots, das sowohl zu niedrig als auch zu hoch sein kann. Zur Korrektur werden staatliche Eingriffe in die Konsumentenpräferenzen erforderlich. Sofern diese ein Mehrangebot schaffen sollen, spricht man von meritorischen Gütern. Beispiele sind Leistungen im Gesundheits-, Ausbildungs- und Wohnungswesen. Soll das Angebot dagegen durch die staatlichen Eingriffe reduziert werden, liegen demeritorische Güter vor (z. B. Alkohol- und Drogenkonsum).

Das Konzept der meritorischen (und demeritorischen) Güter ist in der Literatur ausgehend von den Überlegungen bei MUSGRAVE ausführlich diskutiert worden (vgl. McLURE, 1967; ANDEL, 1969; HEAD, 1969; SCHMIDT, 1970). Meritorische Güter verlangen Eingriffe des Staates in die Präferenzen der Konsumenten und korrigieren die individuelle Konsumwahl. In einer Theorie, die die Staatstätigkeit aus den individuellen Präferenzen erklären will, haben sie deshalb im Grunde keinen Platz. Auch bleibt ungeklärt, wer nach welchen Kriterien darüber entscheiden soll, was das „richtige" Ausmaß der Bedürfnisbefriedigung ist.

MUSGRAVE hat sein Konzept im wesentlichen mit drei Argumenten verteidigt: Erstens weisen meritorische Güter stets Elemente der social goods auf, was bereits die Bereitstellung durch den Staat rechtfertigen würde. Die Schutzimpfung z. B. kommt nicht nur dem einzelnen Geimpften, sondern der Gesamtheit zugute. Zweitens hält er es für durchaus vertretbar, daß in bestimmten Fällen eine informierte Gruppe, die allerdings demokratisch legitimiert sein muß, berechtigt sei, ihre Entscheidungen anderen Personen aufzuerlegen. Drittens könnten die individuellen Präferenzen (z. B. durch Reklame) verzerrt sein, dem durch staatliche Aktionen entgegengewirkt werden müsse.

HEAD (1969) hat sich mit diesen Argumenten im einzelnen auseinandergesetzt; nach seiner Meinung werfen die meritorischen Güter drei Fragen auf: Probleme der Präferenzverzerrungen, Verteilungsprobleme und social goods-Probleme. Während

MUSGRAVE den ersten und dritten Aspekt bereits diskutiert hat, will HEAD mit dem zweiten darauf hinweisen, daß das Angebot meritorischer Güter oft verteilungspolitisch motiviert ist: Vor allem die Bezieher niedriger Einkommen sollen mit meritorischen Gütern versorgt werden.

Die Theorie der meritorischen Güter ist bei der Erklärung staatlicher Aktivitäten im Bereich der Allokation umstritten. Wegen des Verstoßes gegen die Konsumentenpräferenzen steht sie im Widerspruch zum Leitgedanken, daß die Allokation sich an den Präferenzen der Wirtschaftssubjekte ausrichten soll. Soweit Distributionsziele als Begründung herangezogen werden, liegen Maßnahmen vor, die nicht in die Allokations-, sondern in die (noch zu besprechende) Distributionsabteilung des Budgets gehören. Demnach bleibt nur die Rechtfertigung mit Hilfe der social goods-Elemente. Inwieweit staatliche Aktivität in diesem Zusammenhang vertretbar ist, wurde bereits (s. Abschnitt 2.1.2.) diskutiert. Aber selbst wenn man unterstellt, daß der Staat merit goods anbieten soll, folgen daraus nicht notwendigerweise budgetäre Maßnahmen, also staatliche Einnahmen oder Ausgaben. Wichtig ist wiederum allein, daß der Staat das entsprechende Angebot sichert. Das läßt sich z. T. durch Gesetze (Gebote und Verbote) erreichen; in anderen Fällen mögen sogar Aufklärungsaktionen genügen. Auch bei budgetären Maßnahmen sind verschiedene Versionen denkbar: Subventionen, steuerliche Maßnahmen, aber auch – sicher als Ausnahmefall – eigene Produktion des Staates.

„Meritorische Güter an sich" gibt es nicht. Es gibt lediglich Vorstellungen bei den „wohlinformierten Politikern", welche Güter meritorisiert werden könnten oder sollten. Dabei spielen allerdings auch politische Ideologien und historische Entwicklungen eine nicht unwesentliche Rolle. Das bedeutet aber, daß gerade diese Aktivitäten einer ständigen Kontrolle bedürfen. Die Behauptung, bestimmte Leistungen hätten den Charakter meritorischer Güter, ist schwer zu widerlegen, da es kaum Güter gibt, die nicht externe Effekte – also social goods-Elemente – aufweisen; die Forderung nach mehr staatlicher Aktivität dürfte deshalb auch in diesem Bereich eine Erklärung finden. Allerdings wäre zu prüfen, ob die externen Effekte tatsächlich ein solches Ausmaß annehmen, daß es gerechtfertigt ist, gegen die Konsumentenpräferenzen zu verstoßen und die dezentrale Koordination der Wirtschaftspläne über den Marktmechanismus außer Kraft zu setzen.

2.1.4. Bestimmung des Budgetumfangs

Mit dem Konzept der öffentlichen Güter (social und merit goods) sind zunächst nur Arten der Staatstätigkeit im Bereich der Allokation umschrieben, ohne daß feststellbar ist, mit welchen Maßnahmen (Gesetze, Appelle, Ausgaben oder Einnahmen) die Bereitstellung dieser Güter gesichert werden kann. Darüber hinaus ist die wichtigere Frage der sog. „normativen" Theorie des Budgets zu klären, in welchem Umfang nämlich öffentliche Güter angeboten werden sollen.

Die social goods sollen zwar in Übereinstimmung mit den individuellen Präferenzen bereitgestellt werden, da aber kein Individuum veranlaßt ist, seine Präferenzen für die Güter offenzulegen (free rider-Verhalten), muß der Umfang politisch festgelegt werden. Ist dies verwirklicht, dann werden sich Verstöße gegen die Präferenzen einzelner Konsumenten ergeben, da ja sämtlichen Wirtschaftssubjekten die social goods in gleichem Umfang zur Verfügung stehen.

Bei den meritorischen Gütern sind die individuellen Präferenzen zwar bekannt, aber der Staat verstößt bewußt dagegen, indem er die Güter in anderen Mengen und/oder Qualitäten zur Verfügung stellt, als sie bei marktmäßigem Angebot nachgefragt würden. Was dabei als das wünschenswerte Angebot anzusehen ist, kann ebenfalls nur politisch entschieden werden.

Die Grenze zwischen den spezifisch öffentlichen Gütern und den meritorischen Gütern ist also nicht exakt zu ziehen, jedenfalls nicht anhand des Kriteriums der Beachtung bzw. Nicht-Beachtung der Konsumentenpräferenzen: Bei den social goods müssen Verstöße gegen die Präferenzen in Kauf genommen werden, bei den meritorischen Gütern sind sie beabsichtigt. Unter dem Aspekt der Konsumentensouveränität trägt insoweit die gesamte Staatstätigkeit Züge meritorischer Leistungen.

Auch das Kriterium der externen Effekte reicht für eine Abgrenzung nicht aus. Spezifisch öffentliche Güter weisen externe Effekte auf; aber zumindest für Teile der Nutzen meritorischer Güter gilt das auch: In beiden Fällen dient die Staatstätigkeit der Internalisierung externer Effekte, wobei graduelle Unterschiede nicht zu bestreiten sind.

Das insbesondere von MUSGRAVE entwickelte Konzept der öffentlichen Güter, das übrigens eine lange Vorgeschichte hat (vgl. SCHMIDT, 1964), kann den optimalen Budgetumfang für das Angebot öffentlicher Güter nicht erklären. Die Theorie ist deshalb in der finanzwissenschaftlichen Literatur auch nicht unumstritten, wird von einigen Autoren als normativer Ansatz sogar verworfen und als Irrweg bezeichnet (SCHMIDT, 1970). Immerhin können damit einige Bereiche aufgezeigt werden, in denen staatliche Aktivitäten vertretbar sind; daneben ergeben sich Anhaltspunkte, ob – z. B. wegen des Ausmaßes externer Effekte – eher die private oder die öffentliche Bereitstellung geboten ist. Schließlich hat gerade das Konzept der sozialen und meritorischen Güter die Diskussion anderer finanztheoretischer Fragen befruchtet (s. Abschnitt 5.2.).

Wenn also mit dem Konzept der öffentlichen Güter der unter dem Allokationsaspekt optimale Budgetumfang nicht zu bestimmen ist, stellt sich die Frage nach alternativen Wegen. Hierzu hat die Finanztheorie zunächst welfare-theoretische Ansätze bemüht: Die Nutzenvorstellungen der Bürger sollen darüber entscheiden, wie die Produktionsfaktoren für die Bereitstellung öffentlicher und privater Güter aufgeteilt werden. Soweit man das Konzept der kardinalen Nutzenmessung zugrunde legt, ist das Optimum erreicht, wenn der Grenznutzen der öffentlichen Güter dem Grenznutzen privater Güter entspricht. Ein solcher Ansatz muß schon an den bekannten Problemen der Nutzenmessung und des interpersonellen Nutzenvergleichs scheitern; zudem ergibt sich erneut das Problem, wie die Nutzenschätzungen für öffentliche Güter ermittelt werden können.

Ansätze, die eine ordinale Nutzenmessung unterstellen, bedienen sich des Instrumentariums der mikroökonomischen Gleichgewichtstheorie, das allerdings auf gesamtwirtschaftliche Fragestellungen übertragen wird: Die Ressourcen einer Volkswirtschaft können für die Bereitstellung öffentlicher und privater Güter eingesetzt werden, was in einer volkswirtschaftlichen Transformationskurve (T) zum Ausdruck gebracht werden kann. Entsprechend den Präferenzen der Bürger für die Kombination von privaten und öffentlichen Gütern läßt sich auch ein System sozialer Indifferenzkurven (I) zeichnen. Der Berührungspunkt (Q) stellt die optimale Allokation und damit auch das optimale Angebot an öffentlichen Gütern dar: Mit den gegebenen Ressourcen wird die höchstmögliche Wohlfahrt erreicht.

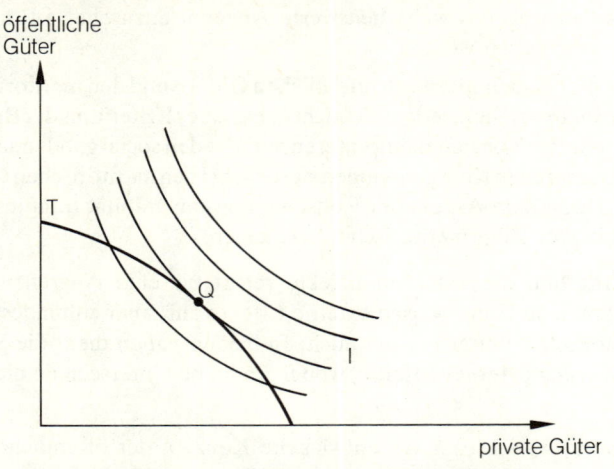

Abb. J-1: Bestimmung des optimalen Budgetumfangs

Bei aller Eleganz des Ansatzes, ihm fehlt die Relevanz: Schon die Konstruktion einer solchen Transformationskurve wirft z. B. wegen der möglichen Komplementaritätsbeziehungen zwischen privaten und öffentlichen Gütern und wegen der Unteilbarkeit vieler öffentlicher Güter Probleme auf (vgl. HÄUSER, 1967). Vor allem aber ist die Konstruktion sozialer Indifferenzkurven – wie aus der welfare-Theorie bekannt – problematisch, dies um so mehr, als ja die Präferenzen für öffentliche Güter eben nicht offenbart werden.

SAMUELSON (1954) und (in etwas anderer Form) MUSGRAVE (1959) haben nachgewiesen, daß schon für den Fall, daß nur zwei Individuen unterschiedliche Präferenzen aufweisen, der Optimalpunkt (Q) nicht mehr eindeutig bestimmt werden kann, man erhält vielmehr eine Fülle solcher Punkte (vgl. MACKSCHEIDT, 1973). Ohne Rückgriff auf eine soziale Wohlfahrtsfunktion, die interpersonelle Nutzenvergleiche zuläßt, ist eine Entscheidung zwischen diesen Optima nicht möglich. Der Versuch, den optimalen Budgetumfang ökonomisch zu bestimmen, muß als gescheitert angesehen werden.

Statt dessen erwartet man Hilfestellung von der politischen Theorie: Soll nämlich über das Angebot an öffentlichen Gütern politisch entschieden werden, dann muß nach Wegen gesucht werden, wie den politischen Entscheidungsträgern Informationen über die Präferenzen ihrer Bürger verschafft werden können. In demokratischen Systemen bieten sich dazu Wahlen an, denn darin kann der einzelne seine Präferenzen hinsichtlich alternativer Angebote an öffentlichen Leistungen zum Ausdruck bringen. Voraussetzung sind allerdings effiziente Wahlsysteme, die die Informationsgewinnung garantieren. Hierzu sind in der Literatur zahlreiche Vorschläge gemacht worden (vgl. z. B. WICKSELL, 1896; ARROW, 1951; DOWNS, 1957; MUSGRAVE, 1959). Allerdings ist der Informationswert von Wahlen vorsichtig zu beurteilen. GEROLD

KRAUSE-JUNK (1977, 1, S. 707) weist in diesem Zusammenhang u. a. auf folgendes hin: Der zeitliche Abstand zwischen Wahlen und konkreten Entscheidungen ist groß; es wird über Gesamtprogramme und nicht über Einzelprojekte abgestimmt; Allokationsfragen sind meist mit Verteilungsproblemen verbunden; politische Programme sind oft undurchschaubar; Entscheidungen über Sachprobleme sind nicht von solchen über Personen zu trennen. Aber selbst wenn den gewählten Politikern die Präferenzen ihrer Wähler bekannt sind, ergibt sich ein weiteres Problem. Das Parlament besitzt heute kaum noch Ausgabeninitiative; Entscheidungen über den Budgetumfang sind das Ergebnis des Zusammenspiels der treibenden Kräfte der politischen Willensbildung (z. B. Verbände, Parteien, Exekutive und Legislative). Die Frage, welche Aufgaben im Rahmen der Allokation dem Staat übertragen werden sollen, läßt sich nur beantworten, wenn man diese Kräftefelder im einzelnen analysiert. Damit allerdings stößt man bereits an die Grenzen finanzwissenschaftlicher Forschung.

2.2. Distribution

Staatliche Aktivitäten können in einem marktwirtschaftlichen System auch verteilungspolitisch gerechtfertigt werden. Bereits die Diskussion der meritorischen Güter (s. Abschnitt 2.1.3.) hat gezeigt, daß deren Bereitstellung z. T. distributive Zwecke verfolgt: Der Staat sichert das Angebot dieser Güter (zu günstigen Preisen oder gar unentgeltlich), um auch die Bezieher niedriger Einkommen in den Genuß dieser Leistungen (z. B. Ausbildung, Wohnung, Theater, Nahverkehr) zu bringen.

Die Begründung für distributive Aktivitäten ist in folgendem zu sehen: In einem marktwirtschaftlichen System ist die Verteilung der Einkommen primär an den produktiven Leistungen orientiert. In all den Fällen, in denen einzelne Personen nicht in der Lage sind, einen solchen produktiven Beitrag zu leisten (z. B. wegen Krankheit, Alter) soll der Staat mit Umverteilungsmaßnahmen eingreifen. Dabei wird allerdings unterstellt, daß dieses Ergebnis nicht durch private Vorsorge (z. B. innerhalb einer Familie oder durch Versicherung) erreicht werden kann.

Es mag auch geboten sein, innerhalb der Gruppe der Empfänger von Leistungseinkommen Umverteilungen anzustreben, denn Einkommensunterschiede beruhen eben nicht nur auf unterschiedlichen Leistungsbeiträgen, sondern können auch die Folge von Marktmacht und anderen Wettbewerbsverzerrungen sein. Schließlich sind allgemein akzeptierte Gerechtigkeitsvorstellungen, aber auch ökonomische Gründe die Ursache, ein bestimmtes Maß der Ungleichverteilung für intolerabel zu halten.

Die Frage, was die „richtige" und damit anzustrebende Einkommens- (und übrigens auch Vermögens-)verteilung ist, läßt sich wissenschaftlich nicht eindeutig beantworten. Die Finanztheorie hat deshalb üblicherweise die Zielbestimmung und -konkretisierung und damit den Umfang der Distributionstätigkeit in den „politischen Raum" verwiesen. Sie hat sich dagegen auf die Untersuchung der Wirkungen staatlicher Verteilungsmaßnahmen konzentriert und anhand dieser Effekte (z. B. Minderung von Leistungsanreizen) zumindest Grenzen staatlicher Aktivitäten markiert, mitunter aber auch Forderungen nach Umverteilung (KEYNES, 1936) begründet. Dieses Vorgehen ist jedoch nicht unumstritten; in der Literatur wird nämlich die Meinung vertreten (zu einem Überblick vgl. KUBICA, 1976), es gebe durchaus individuell empfundene Bedürfnisse nach Umverteilung, und zwar sowohl bei den Begünstigten als auch bei den Nicht-Begünstigten. Die staatlichen Aktivitäten hätten sich mithin an diesen Präferenzen zu orientieren. Selbst wenn man diese Position akzeptiert, wird es kaum möglich sein, solche individuellen Präferenzen zu ermitteln, gegeneinander abzuwägen und politisch durchzusetzen. Wiederum dürfte es nämlich kein Verfahren, auch kein Wahlsystem geben, das diese Aufgabe lösen könnte (s. Abschnitt 2.1.4.). Viele Wirtschaftssubjekte haben gar keine Veranlassung, ihre Präferenzen über Verteilungsaktivitäten offenzulegen, denn die Verteilung hat auch den Charakter eines öffentlichen Gutes (HOCHMAN/RODGERS, 1969). Ein Bezieher eines hohen Einkommens wird – wenn überhaupt – erst dann bereit sein, einen Beitrag zur Umverteilung zu leisten, wenn er sicher sein kann, daß dies auch alle anderen in vergleichbarer Position tun.

Der Umfang der staatlichen Aktivitäten im Bereich der Distribution ist also nicht ökonomisch, sondern nur politisch festzulegen. Daneben sind für die Verfolgung konkreter Ziele verschiedene Strategien möglich: Der Staat kann Verteilungseffekte durch die Bereitstellung öffentlicher Güter anstreben; er kann sich auch gesetzlicher Maßnahmen (Mindestpreise, Höchstpreise, Wettbewerbsregeln, Versicherungszwang) bedienen. Das Hauptaktionsfeld liegt allerdings bei der Umverteilung der Geldeinkommen über Steuern und Transferzahlungen. Die Entscheidung zugunsten der einen oder anderen Maßnahme muß dabei an den Kriterien der Effizienz, der Systemkonformität und der Vermeidung unerwünschter Nebenwirkungen auf andere Ziele (z. B. die optimale Allokation) getroffen werden.

2.3. Stabilisierung

Die moderne Finanztheorie weist dem Staat schließlich auch Aufgaben im Rahmen der Stabilisierung zu: Er soll Vollbeschäftigung, Preisniveaustabilität und Wirtschaftswachstum sichern. Wiederum wird die Rechtfertigung im Versagen des Marktes gefunden, der weder Konjunkturschwankungen verhindern noch für angemessenes Wachstum sorgen kann. Der Begriff der Stabilisierung wird dabei weiter als üblich (Beitrag P) gefaßt und beinhaltet auch die Wachstumszielsetzung.

Konjunkturschwankungen sind Schwankungen im Auslastungsgrad des Produktionspotentials. Ist die gesamtwirtschaftliche Nachfrage kleiner als das Produktionspotential, so kommt es zur Unterbeschäftigung. Ist die Nachfrage größer als das Potential, so ist mit Preisniveausteigerungen (Inflation) zu rechnen. Der Staat soll deshalb in Zeiten der Unterbeschäftigung versuchen, die private Nachfrage (der Konsumenten und Investoren) anzuregen oder selbst als Nachfrager aufzutreten; in Zeiten der Inflation dagegen ist umgekehrt zu verfahren: Die private Nachfrage muß gedrosselt oder die staatliche Nachfrage eingeschränkt werden.

Wie die Ziele Vollbeschäftigung und Preisniveaustabilität dabei konkretisiert werden, ist eine politische Entscheidung. Als Instrumente stehen dem Staat auch in diesem Fall unterschiedliche Alternativen zur Verfügung. Er kann sich gesetzgeberischer Maßnahmen (Gebote und Verbote) bedienen; allerdings liegt das Schwergewicht eindeutig auf der Gestaltung der öffentlichen Ausgaben und Einnahmen. Das oben beschriebene System der antizyklischen Finanzpolitik geht davon aus, daß Unterbeschäftigung und Preisniveausteigerungen ihre Ursache in zu geringer bzw. zu hoher Gesamtnachfrage haben (konjunkturelle Arbeitslosigkeit bzw. Nachfrageinflation; vgl. Beitrag C). Das muß aber nicht so sein. Eine Unterbeschäftigung kann strukturelle (sektorale oder regionale) Gründe haben, die Inflation kann eine Kosteninflation sein. In diesen Fällen mögen auch Maßnahmen der Wettbewerbspolitik, der Einkommenspolitik oder der Mobilitätsförderung geeignet sein.

Während im Rahmen der konjunkturpolitischen Aktivitäten versucht wird, kurzfristige Schwankungen in der Auslastung des Produktionspotentials auszugleichen, wird die Wachstumspolitik eingesetzt, um das Produktionspotential langfristig zu erhöhen. Dadurch sollen die Voraussetzungen für eine Zunahme der Produktion und somit für eine Verbesserung des Lebensstandards geschaffen werden. Die Höhe der Wachstumsrate hängt vor allem von der Höhe der Netto-Investitionen und vom technischen Fortschritt (Beitrag G-3.1.) ab.

Will man in diesem Bereich staatliche Aktivitäten rechtfertigen, so muß gezeigt werden, daß der Markt nicht imstande ist, die erforderlichen Investitionen und den technischen Fortschritt zu sichern. Dafür gibt es zumindest einige Anhaltspunkte: Die privaten Wirtschaftssubjekte sind nicht immer bereit, den gegenwärtigen Konsum zugunsten des zukünftigen im erforderlichen Ausmaß einzuschränken; mögliche Rationalisierungen werden nicht vorgenommen, weil die erforderlichen Informationen fehlen; erschöpfbare Ressourcen werden verschwendet; wachstumspolitisch wichtige technische Neuerungen werden nicht eingeführt, weil sie sich privatwirtschaftlich nicht lohnen (externe Effekte); Forschungstätigkeiten sind für ein einzelnes Unternehmen zu groß und zu risikoreich (Raumforschung, Kernenergie).

Die Aufzählung dieser Beispiele zeigt, daß enge Beziehungen zu den Problemen der Allokation bestehen. Die möglichen staatlichen Maßnahmen sind deshalb auch ähnlich: Der Staat kann z. B. Steuererleichterungen gewähren oder Subventionen zahlen, um wachstumspolitisch erwünschtes Verhalten zu erreichen; er kann für notwendig erachtete Entwicklungen (z. B. im Energiebereich) durch Gebote und Verbote fördern; er kann auch selbst Forschungsaktivitäten übernehmen.

2.4. Zielbeziehungen

In einem marktwirtschaftlichen System läßt sich die Staatstätigkeit also in den Bereichen Allokation, Distribution und Stabilisierung rechtfertigen, wenngleich sie im Verhältnis zur privaten Wirtschaftstätigkeit stets nur subsidiären Charakter hat. Bei der Gestaltung der öffentlichen Finanzen sind deshalb auch die Zielsetzungen dieser drei Budgetabteilungen zu beachten. Im Anschluß an KLAUS MACKSCHEIDT/ JÖRG STEINHAUSEN (1973, 3. A. 1978) könnte man auch von einer aufgabenorientierten Gliederung der finanzpolitischen Ziele sprechen.

Die gedankliche Zuordnung der einzelnen Staatstätigkeiten zu diesen drei Bereichen sollte allerdings nicht verschleiern, daß zwischen ihnen vielfältige und unterschiedliche Beziehungen bestehen: So kann die Erreichung der Vollbeschäftigung ein Mittel zur Verwirklichung der optimalen Allokation sein. Das Angebot meritorischer Güter wird teils allokationspolitisch, teils verteilungspolitisch erklärt.

Noch deutlicher werden die Zusammenhänge, wenn man die Instrumente zur Verwirklichung des Allokations-, Distributions- und Stabilisierungsziels betrachtet. Maßnahmen, die dem einen Ziel dienen, haben – ob gewollt oder nicht – meist auch Wirkungen auf die übrigen. Ein Nulltarif für den öffentlichen Nahverkehr mag z. B. dem Allokationsziel dienen, nämlich die Relation zwischen öffentlichem Verkehr und Individualverkehr zu beeinflussen; ebenso kann er verteilungspolitisch erwünschte Wirkungen haben. Der Bau einer Autobahn in bisher unerschlossenem Gebiet kann sowohl im Dienste der optimalen Allokation als auch der Vollbeschäftigung stehen. Konflikte zwischen den drei Zielen sind ebenfalls denkbar: Eine Verschärfung der Progression der Einkommensteuer mag verteilungspolitisch erwünscht sein, kann aber wachstumspolitisch negative Wirkungen haben und die optimale Allokation stören. Ein konjunkturpolitisch motivierter Baustopp kann allokationspolitisch unerwünscht sein (Investitionsruinen). Demnach können also die Ziele der Allokation, Distribution und Stabilisierung – je nachdem, welche Instrumente zu ihrer Verwirklichung eingesetzt werden – im Verhältnis der Harmonie, aber auch des Konflikts zueinanderstehen.

Gerade wegen der zuletzt aufgezeigten Zusammenhänge bestreiten viele Autoren, daß das Konzept von Musgrave geeignet ist, die finanzpolitischen Ziele zu umschreiben (z. B. Albers, 1977, 1). Sie halten eine weitergehende Gliederung für notwendig, zumal dadurch die Ziele eher operationalisiert und quantifiziert werden können, was eine Erfolgskontrolle (Vergleich der Soll- und Ist-Werte) erleichtert. Solche Klassifizierungsversuche liegen in großer Zahl vor; auf ihre Darstellung wird hier jedoch verzichtet, weil es keine Gliederung gibt, die den Anspruch erheben kann, allgemeingültig zu sein. Letztlich entscheidet die konkrete Fragestellung, welche Gliederung der finanzpolitischen Ziele geboten ist.

Die Musgravesche Einteilung verschafft immerhin eine zureichende Vorstellung von den grundsätzlichen Zielen finanzpolitischer Aktivitäten: Durch die Gestaltung der öffentlichen Finanzen soll einmal in den Wirtschaftsablauf (Konjunktur, Wachstum, Verteilung) eingegriffen, zum anderen soll das Angebot an öffentlichen Leistungen (Verteidigung, Erziehung, Verkehr etc.) gesichert werden. Als Maßnahmen zur Verfolgung dieser Ziele stehen den staatlichen Entscheidungsträgern (Bund, Länder, Gemeinden) die öffentlichen Ausgaben und Einnahmen zur Verfügung. Auf dieses Instrumentarium ist deshalb im folgenden näher einzugehen.

3. Instrumentarium der Finanzpolitik: Öffentliche Ausgaben

3.1. Definition und Systematisierung

Öffentliche Ausgaben sind im haushaltstechnischen Sinn die von öffentlichen Kassen angewiesenen Zahlungen an private und andere öffentliche Empfänger (Bruttoausgaben). Sofern man bei einer Gebietskörperschaft die von einer anderen erhaltenen Zahlungen abzieht, spricht man auch von öffentlichen Nettoausgaben. Diese sind gemeint, wenn im folgenden von öffentlichen Ausgaben gesprochen wird. Das Rechtsstaatsprinzip verlangt, daß sämtliche Ausgaben auf Rechtsansprüchen Dritter gegen den Staat basieren, die entweder durch Vertrag (z. B. Kauf-, Dienst-, Schenkungsvertrag) oder durch Gesetz geschaffen werden. Für jede Ausgabe besteht in Form des vom Parlament verabschiedeten Budgets (Haushaltsgesetz) eine rechtliche Ermächtigung der Regierung durch die Legislative.

Versucht man, die öffentlichen Ausgaben zu systematisieren, so bieten sich – je nach der Fragestellung und dem Zweck der Untersuchung – unterschiedliche Ansatzpunkte an. Da nahezu sämtliche Lehrbücher der Finanzwissenschaft, aber auch die einschlägigen Artikel in Handbüchern einen (meist) ausführlichen Überblick über die Vielzahl der Gliederungsmöglichkeiten geben, sei hier nur auf einige kurz hingewiesen: Man kann nach administrativen Aspekten gliedern und dabei die Aufteilung nach dem Ministerialprinzip (*Tab. J-1*) und dem Funktionalprinzip (*Tab. J-2*) unterscheiden.

Tab. J-1: Ausgaben im Bundeshaushalt 1979: Ministerialgliederung

Einzelplan	Bezeichnung	Mill. DM	v. H.
1	Bundespräsident und Bundespräsidialamt	14,3	0,01
2	Deutscher Bundestag	310,1	0,15
3	Bundesrat	8,9	0,00
4	Bundeskanzler und Bundeskanzleramt	383,4	0,19
5	Auswärtiges Amt	1643,0	0,81
6	Bundesminister des Innern	3407,4	1,67
7	Bundesminister der Justiz	324,5	0,16
8	Bundesminister der Finanzen	3119,6	1,53
9	Bundesminister für Wirtschaft	5112,6	2,51
10	Bundesminister für Ernährung, Landwirtschaft und Forsten	6323,2	3,10
11	Bundesminister für Arbeit und Sozialordnung	46437,0	22,80
12	Bundesminister für Verkehr	26347,6	12,92
13	Bundesminister für das Post- und Fernmeldewesen	5,0	0,00
14	Bundesminister der Verteidigung	36663,6	17,98
15	Bundesminister für Jugend, Familie und Gesundheit	18208,6	8,93
19	Bundesverfassungsgericht	10,8	0,01
20	Bundesrechnungshof	33,2	0,02
23	Bundesminister für wirtschaftliche Zusammenarbeit	4557,9	2,24
25	Bundesminister für Raumordnung, Bauwesen und Städtebau	4280,6	2,10
27	Bundesminister für innerdeutsche Beziehungen	467,5	0,23
30	Bundesminister für Forschung und Technologie	5554,2	2,72
31	Bundesminister für Bildung und Wissenschaft	4151,3	2,04
32	Bundesschuld	13387,9	6,57
33	Versorgung	8719,4	4,28
35	Verteidigungslasten im Zusammenhang mit dem Aufenthalt ausländischer Streitkräfte	1131,7	0,56
36	Zivile Verteidigung	730,7	0,36
60	Allgemeine Finanzverwaltung	12476,9	6,12
	Gesamtausgaben	203860,6	100

Quelle: Bundeshaushaltsplan für das Haushaltsjahr 1979, S. 10 f.

Tab. J-2: Ausgaben im Bundeshaushalt 1979: Funktionengliederung

Kenn-ziffer	Funktionen/Aufgabenbereiche	Mill. DM	v. H.
0	Allgemeine Dienste	51958	25,5
1	Bildungswesen, Wissenschaft, Forschung, Kulturelle Angelegenheiten	11225	5,5
2	Soziale Sicherung, soziale Kriegsfolgeaufgaben, Wiedergutmachung	72038	35,3
3	Gesundheit, Sport und Erholung	1733	0,9
4	Wohnungswesen, Raumordnung und kommunale Gemeinschaftsdienste	2255	1,1
5	Ernährung, Landwirtschaft und Forsten	2771	1,4
6	Energie- und Wasserwirtschaft, Gewerbe, Dienstleistungen	5500	2,7
7	Verkehrs- und Nachrichtenwesen	14354	7,0
8	Wirtschaftsunternehmen, Allgemeines Grund- und Kapitalvermögen, Sondervermögen	14796	7,3
9	Allgemeine Finanzwirtschaft	27230	13,4
	Gesamtausgaben	203861	100

Quelle: Bundeshaushaltsplan für das Haushaltsjahr 1979, S. 30 ff.

Nach ökonomischen Kriterien trennt man zwischen Realausgaben und Transferausgaben. Für die weiteren Überlegungen empfiehlt sich eine Gliederung, die nach dem Anlaß für das Entstehen der o. g. Zahlungen fragt, weil damit auch unterschiedliche Wirkungen (s. Abschnitt 3.2.) verbunden sind.

Der Anlaß für öffentliche Ausgaben kann einmal in der staatlichen Inanspruchnahme von Gütern und Dienstleistungen liegen. Man spricht in diesem Fall von öffentlichen Realausgaben (auch: Transformationsausgaben oder Ausgaben für Güter und Dienste), die entweder Sachausgaben oder Personalausgaben sind. Ebenso könnte man die Realausgaben nach öffentlichen Konsum- und öffentlichen Investitionsausgaben unterscheiden. Grund für öffentliche Ausgaben kann auch die Zahlung an private Wirtschaftssubjekte ohne Gegenleistung sein (Transferausgaben). Je nachdem, wer Empfänger dieser Leistungen ist, wird zwischen Transferzahlungen an private Haushalte (Transferzahlungen i. e. S.) und solchen an private Unternehmen (Subventionen) unterschieden. Anlaß für Staatsausgaben können schließlich Transaktionen des öffentlichen Geld- und Kapitalverkehrs sein. Zum einen verzinst und tilgt der Staat seine Schulden, andererseits kann er selbst Kredite gewähren. Da von diesen Ausgaben ähnliche Wirkungen zu erwarten sind wie von den Transferzahlungen, werden sie denen meist zugerechnet.

3.2. Wirkungen öffentlicher Ausgaben

Inwieweit die öffentlichen Ausgaben zur Verfolgung der finanzpolitischen Ziele geeignet sind, hängt von ihren Wirkungen ab. Eine in sich geschlossene Theorie der Ausgabenwirkungen liegt bis heute nicht vor; man kann deshalb lediglich auf einige mögliche Effekte hinweisen, wobei auf die oben benutzte Gliederung zurückgegriffen wird.

3.2.1. Wirkungen der Realausgaben

Mit den öffentlichen Realausgaben übt der Staat selbst Nachfrage nach Gütern und Dienstleistungen aus; er beansprucht damit Teile des Sozialprodukts und zieht Ressourcen an sich. Man kann insoweit vom Entzugseffekt (auch: Absorptions- oder Input-Effekt) der Realausgaben sprechen. Da aber gleichzeitig bei den Empfängern dieser Ausgaben das Einkommen oder der Vermögensbestand steigt, entsteht auch ein Einkommens- oder Vermögenseffekt. Mit den vom Staat gekauften Gütern und Dienstleistungen werden von ihm Leistungen produziert, die dem privaten Sektor meist ohne spezielles Entgelt zur Verfügung gestellt werden. Den Realausgaben entspricht also stets eine Leistungsabgabe an die privaten Wirtschaftssubjekte; hierbei spricht man vom Leistungseffekt (auch: Output-Effekt). Da für die meisten staatlichen Leistungen kein Marktpreis ermittelt werden kann, zieht man zur Bewertung die Kosten heran. Das aber hat zur Folge, daß Leistungsaufnahme (Input) und Leistungsabgabe (Output) zusammenfallen.

Mit den Realausgaben sind stets Wirkungen auf Konjunktur, Wachstum und Verteilung verbunden. Eine Änderung dieser Ausgaben kann sich primär an gewünschten Output-Effekten orientieren; der Abzug von Ressourcen aus dem privaten Bereich stellt die Kosten dieser Leistungserstellung dar. Die Nebenwirkungen auf die wirtschaftspolitischen Ziele können erwünscht, aber auch unerwünscht sein. Allerdings kann – z. B. aus stabilitätspolitischen Gründen – der Abzug von Ressourcen auch das eigentliche Ziel der Realausgaben sein; das gesteigerte Leistungsangebot ist dann als Nebenwirkung anzusehen.

Die möglichen Wirkungen der Realausgaben auf Konjunktur, Wachstum und Verteilung werden im folgenden kurz skizziert (zu Einzelheiten vgl. EHRLICHER, 1977), da darauf später (s. Abschnitt 6) noch näher einzugehen ist. Dabei sollen die Ausgabeneffekte isoliert betrachtet werden, d. h. unabhängig von den Wirkungen, die alternative Finanzierungsarten (Steuern oder Kredit) hervorrufen können. Auch bleibt unberücksichtigt, daß das staatliche Leistungsangebot bisher privat gedeckte Bedürfnisse befriedigen kann, so daß möglicherweise die Nachfragestruktur im privaten Bereich geändert wird (vgl. dazu Ansätze bei BAILEY, 1962; SHOUP, 1969).

Wirkungen auf die Konjunktur

Variationen der Realausgaben stellen eine Veränderung der monetären Nachfrage dar und können dadurch – je nach der konjunkturellen Ausgangslage – Beschäftigung und/oder Preisniveau beeinflussen. Geht man z. B. von einer unterbeschäftigten Wirtschaft aus, so führen steigende Realausgaben zu expansiven Effekten, die die Beschäftigung und das Volkseinkommen steigen lassen. Die Ausweitung der Realausgaben gilt dabei im Vergleich zu anderen staatlichen Aktivitäten sogar als besonders geeignetes Mittel, da der Staat hierdurch die Gesamtnachfrage direkt beeinflussen kann und nicht – wie bei den Transferzahlungen – die unsicheren Verhaltensweisen der privaten Wirtschaftssubjekte in Rechnung stellen muß. Allerdings gilt diese Aussage nur für den Primäreffekt der Realausgaben; für die Sekundärwirkungen (Multiplikator) ist auch in diesem Fall die Reaktion der privaten Wirtschaftssubjekte auf die Steigerung des Einkommens relevant. Ferner kann die Expansion nur zum Tragen kommen, wenn die Ausweitung der staatlichen Nachfrage nicht von entsprechender Einschränkung der privaten Nachfrage begleitet ist (sog. crowding-out-Effekt).

Gleiches gilt im Prinzip für eine Senkung der Realausgaben, die nur dann zu einer Verringerung der Gesamtnachfrage führen kann, wenn nicht gegenläufige Entwicklungen im privaten Sektor vorliegen. Daneben wird bezweifelt, ob Variationen dieser Ausgaben kurzfristig überhaupt möglich sind, ob es genügend Ausgabenarten gibt, die – vor allem bei kontraktiver Politik – variiert werden können, und ob nicht Konflikte zu den wachstums- und verteilungspolitischen Zielen bestehen. Auf Einzelheiten soll an anderer Stelle (s. Abschnitt 6.2. und 6.3.) eingegangen werden.

Wirkungen auf das Wachstum

Die öffentlichen Realausgaben können auch eingesetzt werden, um das wirtschaftliche Wachstum (gemessen an der Zunahme des Produktionspotentials) zu erhöhen; denn es ist möglich, mit diesen Ausgaben die wichtigsten Determinanten des Wachstums (Arbeit, Kapital und technischer Fortschritt) direkt oder indirekt zu beeinflussen.

Dieser Zusammenhang wird am deutlichsten bei den öffentlichen Investitionen, vor allem im Bereich der Infrastruktur (Verkehrswesen, Energie etc.). Hiermit vergrößert der Staat einmal die Produktionskapazitäten, zum anderen werden durch Infrastrukturmaßnahmen die Voraussetzungen für die Vornahme privater Investitionen geschaffen.

Ferner können Realausgaben auch der Erhöhung und Verbesserung des Arbeitsangebots dienen; dies ist bei Ausgaben für das Gesundheits- und Ausbildungswesen besonders augenfällig. Ähnliches gilt für die Förderung des technischen Fortschritts: Ausgaben im Schul- und Fortbildungswesen schaffen die Voraussetzungen für private Forschungstätigkeit. Daneben mag die Übernahme von Forschungsaktivitäten durch den Staat geboten sein, wenn private Initiativen unterbleiben, weil mit den Forschungsprojekten relativ hohe Kosten, große Risiken und externe Effekte verbunden sind.

Wirkungen auf die Verteilung

Realausgaben beeinflussen die Verteilung zunächst über den Input-Effekt, weil die Einkommen derjenigen Wirtschaftssubjekte steigen, denen die Personal- und Sachausgaben zufließen. Allerdings sind darüber hinaus auch Wirkungen denkbar, die durch die Reaktionen der primär Begünstigten ausgelöst werden. Die exakten Verteilungswirkungen sind nur schwer zu ermitteln, da sie von der Ausgangssituation, von der Art der Realausgaben und von den Reaktionen der Begünstigten abhängen. Wichtig ist vor allem die genaue Kenntnis der Wirkungen dieser Ausgaben, ein Problem, das die Finanztheorie bis heute nicht gelöst hat.

Daneben können auch über den Output-Effekt Verteilungswirkungen entstehen. Hierbei geht es um die Verbesserung der Realeinkommen derjenigen Wirtschaftssubjekte, die öffentliche Leistungen in Anspruch nehmen. Um verläßliche Ergebnisse zu ermitteln, müßte bekannt sein, welchen Nutzen die einzelnen Wirtschaftssubjekte aus den öffentlichen Leistungen ziehen. Dieser dürfte jedoch kaum zu messen sein, zumal es keine Marktpreise für solche Leistungen gibt. Auch müßte das Ausmaß der Inanspruchnahme durch einzelne Individuen bekannt sein. Generelle Aussagen über die Verteilungswirkungen der Realausgaben basieren meist auf restriktiven Prämissen und sind deshalb wenig aussagekräftig.

3.2.2. Wirkungen der Transferausgaben

Transferzahlungen i. e. S.

Transferzahlungen an private Haushalte erhöhen deren verfügbares Einkommen, so daß Wirkungen auf die Einkommensverteilung entstehen, die oft auch das primäre Ziel solcher Aktivitäten darstellen. Falls eine bestimmte Umverteilung erreicht werden soll, muß der Gesetzgeber den objektiven Tatbestand bestimmen, an den die Zahlung anknüpft, und die subjektive Bedürftigkeit des potentiellen Empfängers überprüfen. Die Zahlung einer Ausbildungsbeihilfe müßte z. B. daran gebunden werden, daß sich der Empfänger in der Ausbildung befindet und nicht in der Lage ist, sein Studium selbst zu finanzieren, da er kein Einkommen und Vermögen hat und auch nicht von Familienangehörigen unterstützt wird. Verwendungsauflagen sind in diesem Fall unangebracht.

Maßnahmen, die der Einkommensumverteilung dienen, haben in der Regel auch Wirkungen auf Konjunktur und Wachstum. Die Umverteilung zugunsten der Bezieher niedriger Einkommen mag die durchschnittliche Konsumquote der gesamten Volkswirtschaft erhöhen und dadurch die Gesamtnachfrage vergrößern, was zu expansiven Effekten und – je nach der Ausgangslage – zu Beschäftigungs- und/oder Preisniveausteigerungen führen kann. Ebenso sind Wachstumseffekte denkbar: Die oben erwähnte Ausbildungsbeihilfe kann langfristig die Qualität des Faktors Arbeit verbessern und somit die Wachstumsrate erhöhen.

Allerdings können die beschriebenen konjunktur- und wachstumspolitischen Wirkungen auch primär angestrebt werden, während bei der Verteilung erwünschte oder auch unerwünschte Nebenwirkungen auftreten. So mag der Staat in Zeiten der Rezession den Haushalten Transferzahlungen gewähren in der Hoffnung, daß dadurch die privaten Konsumausgaben ausgeweitet werden. Er müßte dabei vor allem die Verbraucher begünstigen, die eine relativ hohe marginale Konsumquote aufweisen. Sind das – wie oft unterstellt – die Bezieher niedriger Einkommen, ergeben sich in der Regel erwünschte Verteilungseffekte. Jedoch ist der Erfolg solcher Transfers unsicher, da bestimmte Verhaltensweisen der privaten Wirtschaftssubjekte unterstellt werden müssen, die möglicherweise gar nicht gegeben sind. In diesem Fall empfiehlt es sich, Verwendungsauflagen für die erhaltenen Transfers einzuführen, während die Prüfung der subjektiven Bedürftigkeit konjunkturpolitisch überflüssig ist.

Ähnliches gilt für das Wachstumsziel: Eine wachstumspolitisch gebotene Förderung der privaten Kapitalbildung kann über die Gewährung von Transferzahlungen versucht werden, wobei durch entsprechende Auflagen deren Verwendung für die private Ersparnisbildung gesichert werden muß. Gerade die Erfahrungen mit der Förderung der Kapitalbildung in der Bundesrepublik zeigen, daß verteilungspolitisch durchaus unerwünschte Wirkungen (z. B. Vermögenskonzentration) auftreten können. Will man sie vermeiden oder doch wenigstens in Grenzen halten, müßten die Transferzahlungen möglichst allen Wirtschaftssubjekten in gleichem Umfang und ohne Auflagen zur Selbstbeteiligung zufließen.

Subventionen

Sofern Transfers an Unternehmen gezahlt werden, spricht man von Subventionen. Hierbei werden von den Unternehmen anstelle einer marktwirtschaftlichen Gegenleistung in der Regel bestimmte Verhaltensweisen gefordert oder erwartet, die der Verwirklichung der angestrebten Ziele förderlich sind (SCHMÖLDERS, 1955). Teils werden die Subventionen mit, teils ohne Verwendungsauflagen ausgestaltet.

Die Wirkungen der Subventionen hängen in erster Linie von der Ausgestaltung (Tatbestand, an den die Vergabe anknüpft, Bemessungsgrundlage und Tarif) sowie von den gewählten Auflagen und vom Verhalten der Subventionsempfänger ab. Auf Einzelheiten kann hier nicht eingegangen werden (vgl. ANDEL, 1977, 1; HANSMEYER, 1977). In der Regel führen die Subventionen in den begünstigten Branchen zur Senkung der Kosten oder Erhöhung der Erlöse und infolgedessen zu verstärktem Faktoreinsatz und wachsender Ausbringung. Allerdings gibt es auch Ausnahmen. So kann die Gewährung einer Subvention an die Auflage gebunden werden, daß die Produktion eingeschränkt oder aufgegeben wird (z. B. Strukturbereinigung in der Mühlenindustrie).

Für die Verfolgung der allokationspolitischen Zielsetzung sind Subventionen geeignet, wenn sie den Faktoreinsatz und die Ausbringung im gewünschten Umfang beeinflussen. Da in den subventionierten Branchen in der Regel die Produktion erhöht wird, können die Subventionen der Internalisierung externer Effekte dienen. Sofern nämlich eine Produktion mit externen Nutzen vorliegt, kann eine Subventionierung in entsprechender Höhe dazu führen, daß das gesamtwirtschaftlich wünschenswerte Angebot bereitgestellt wird. Auch die Sicherung des Angebots an meritorischen Leistungen kann auf diese Weise erreicht werden. Will der Staat z. B. im Verkehrswesen ein bestimmtes Angebot zu niedrigen Preisen sichern, kann dies durch Subventionierung privater Verkehrsträger verwirklicht werden. Schließlich mögen auch risikoreiche Produktionen private Interessenten finden, wenn entsprechende Zuschüsse gezahlt werden.

Die Verteilungseffekte der Subventionen knüpfen an deren Wirkungen auf die Kosten bzw. Erlöse an, die sich beim Subventionsempfänger als Einkommenserhöhung niederschlagen. Diese sind allerdings nicht auf den Empfänger begrenzt. Führt nämlich die Subvention zu verstärktem Angebot und damit zu sinkenden Preisen, können auch die Käufer der subventionierten Güter in den Genuß von Realeinkommenszuwächsen kommen. In Analogie zur Steuerüberwälzung (s. Abschnitt 4.2.3.) kann man von einer „Subventionsüberwälzung" sprechen. Dieser Effekt hängt von der Ausgestaltung der Subvention ab und ist um so wahrscheinlicher, je elastischer das Angebot und je unelastischer die Nachfrage für das subventionierte Gut sind.

Solche Überwälzungen können vom Gesetzgeber gewollt (wie z. B. bei der Subventionierung der Mieten), aber auch unerwünscht sein (wie z. B. bei der Subventionierung des Exports). Schließlich kann sich durch Preissubventionen die Nachfrage nach Vorleistungen erhöhen, so daß die Lieferanten der begünstigten Unternehmen Einkommenszuwächse erzielen. Subventionen zeigen also in den verteilungspolitischen Wirkungen eine gewisse Zielungenauigkeit: So kommen regionalpolitisch motivierte Zuschüsse in der Regel auch anderen Gebieten zugute, da ein Teil des Nutzens solcher Transfers „exportiert" wird. Selbst wenn die globale Wirkungsrichtung stimmt, muß das nicht für die Einzeleffekte gelten: Subventionierte Agrarprodukte werden auch von Beziehern hoher Einkommen gekauft.

Subventionen können ferner in den Dienst der Stabilisierungspolitik gestellt werden. Zur Erreichung der Vollbeschäftigung und der Preisniveaustabilität wird immer wieder auf die Variation von Investitionsprämien zurückgegriffen. Soweit eine expansive Politik zur Diskussion steht, werden diese Zuschüsse an die Durchführung von Investitionen gebunden. Daneben sind auch Exportsubventionen üblich, um über eine Verbesserung der Leistungsbilanz die Beschäftigung zu erhöhen. Oft werden die Subventionen für die Vermeidung von struktureller Unterbeschäftigung eingesetzt, wenngleich gerade in diesem Bereich differenziert werden muß: Solange sie vorübergehend in der Form der Anpassungssubventionen gewährt werden, sind sie unbedenklich, soweit sie notwendige Strukturänderungen fördern und erleichtern. Hierzu gehören u. a. die Subventionen mit Stillegungsauflagen, die dem Ziel dienen, veraltete Anlagen oder Überkapazitäten abzubauen (z. B. Abwrackprämien für Schiffe). Wenn jedoch Subventionen den Strukturwandel behindern (Erhaltungssubventionen), stellen sie beschäftigungspolitisch nur ein Kurieren am Symptom dar und führen zu Fehlallokationen.

Wachstumspolitische Effekte der Subventionen können einmal durch Investitionsprämien erreicht werden, wobei die Gewährung an die tatsächliche Durchführung von Investitionen gebunden werden muß. In Frage kommen allerdings auch Zuschüsse für Ausbildung und Umschulung sowie Subventionierung der Kosten von Forschung und Entwicklung. Dabei geht es im Prinzip wiederum um den Ausgleich von externen Effekten, so daß das oben Gesagte hier ebenfalls gilt.

3.3. Entwicklung der öffentlichen Ausgaben

Seit Beginn dieses Jahrhunderts ist in nahezu allen Industrieländern eine absolute und relative Zunahme der Staatsausgaben zu beobachten. Viele Finanzwissenschaftler haben nach den Gründen und vor allem danach gefragt, welche Entwicklung der Staatsausgaben für die Zukunft zu erwarten sei. Die dazu entwickelten Lehren kann man mit SCHMIDT (1965) in entwicklungsgesetzliche, normative und positive Theorien einteilen. Dabei wollen die ersteren unausweichliche Tendenzen aufzeigen und auch Prognosen stellen. Die zweite Gruppe fragt dagegen, welche Höhe die Staatsausgaben haben sollten (s. Abschnitt 2.1.4.), während die letzte versucht, die Ursachen für bestimmte Entwicklungen aufzuzeigen.

Erklärungsversuche für die Entwicklung der öffentlichen Ausgaben finden immer wieder – auch außerhalb der Wissenschaft – großes Interesse; das gilt insbesondere für das von ADOLPH WAGNER erstmals 1863 formulierte „Gesetz der wachsenden Ausdehnung der öffentlichen, insbesondere der Staatstätigkeit". In diesem WAGNERschen Gesetz wird mitunter auch heute noch eine zutreffende Prognose der langfristigen Entwicklung gesehen, so daß darauf hier kurz eingegangen werden soll (zu einer ausführlichen Diskussion vgl. LITTMANN, 1977).

3.3.1. WAGNERsches Gesetz

„Geschichtliche (zeitliche) und räumliche, verschiedene Länder umfassende Vergleiche zeigen, daß bei fortschreitenden Culturvölkern . . . regelmäßig eine Ausdehnung der Staatsthätigkeiten und der gesamten öffentlichen, durch die Selbstverwaltungskörper neben dem Staate ausgeführten Thätigkeiten erfolgt" (WAGNER, 1893, S. 893). Auf dieser Beobachtung basiert WAGNERS Gesetz von der zunehmenden Staatstätigkeit, die sich in steigendem Umfang der Kollektivbedürfnisse, der öffentlichen Ausgaben und der öffentlichen Einnahmen niederschlägt. Außerdem liegt nicht nur ein absolutes, sondern auch ein relatives – verglichen mit entsprechenden privatwirtschaftlichen Größen – Wachstum vor.

Üblicherweise wird das Gesetz heute auf die öffentlichen Ausgaben bezogen. Es kann dann mit KONRAD K. LITTMANN (1977, S. 350) wie folgt umschrieben werden:

– Im Zeitablauf steigt das Volumen der öffentlichen Ausgaben (absolutes Wachstum).
– Die Wachstumsrate der öffentlichen Ausgaben ist größer als die der privaten Ausgaben (relatives Wachstum).
– Daraus ergibt sich eine steigende Staatsquote (s. Abschnitt 1.3.).

Ursachen dieser Entwicklung sind nach WAGNER das „Hervortreten neuer, vermehrter, feinerer öffentlicher Bedürfnisse", die verstärkte nationale und internationale Arbeitsteilung, die wachsende Konkurrenz sowie die Zunahme und räumliche Konzentration der Bevölkerung. Daraus resultieren immer kompliziertere Rechtsverhältnisse, die für den Staat bei der Erfüllung des „Rechts- und Machtzwecks" neue (meist repressive und präventive) Aufgaben, z. B. im Justiz- und Polizeiwesen, bringen. Eine weitere Erklärung sieht WAGNER in der Zunahme staatlicher Tätigkeiten für den „Cultur- und Wohlfahrtszweck". Hierunter fallen neben der Sachgüterproduktion vor allem Aufgaben im Gesundheits-, Ausbildungs- und Verkehrswesen. Gerade in diesen Bereichen handelt es sich um ausgabenintensive Tätigkeiten, die sich entsprechend stark im Budget niederschlagen.

Ohne Zweifel hat WAGNER mit seiner Prognose für die meisten hochentwickelten Volkswirtschaften bisher recht behalten. Es ist jedoch umstritten, ob man von einer entwicklungsgesetzlichen Zunahme der Staatsausgaben sprechen kann, ob also auf der Basis seines Gesetzes auch Prognosen möglich sind. WAGNER bezieht sich im wesentlichen auf historische Beobachtungen, die er verallgemeinert. Von einem Gesetz könnte indes nur die Rede sein, wenn funktionale oder kausale Zusammenhänge zwischen den genannten Einflußgrößen und der Zunahme der Staatsausgaben zwingend und unabhängig von historischen Gegebenheiten ermittelt worden wären. HERBERT TIMM (1961), KURT SCHMIDT (1965) und KONRAD K. LITTMANN (1977) haben daneben weitere Aspekte herausgestellt: Das Gesetz basiert z. T. auf wirtschafts- und gesellschaftspolitischen Postulaten WAGNERS. Auch werden nur Faktoren genannt, die ein absolutes Wachsen der Staatsausgaben plausibel machen könnten; dagegen fehlen überzeugende Argumente für die relative Ausdehnung.

3.3.2. Weitere Erklärungsansätze

Auch ALAN T. PEACOCK und JACK WISEMAN (1961) haben versucht, die Steigerung der Staatsausgaben zu erklären; sie gehen von der Beobachtung aus, daß während der beiden Weltkriege in Großbritannien die öffentlichen Ausgaben im Verhältnis zum Volkseinkommen sprunghaft angestiegen, danach aber nicht wieder auf das ursprüngliche Niveau gesunken sind.

Für die beiden Autoren hängt die Höhe der Staatsausgaben vor allem von der Höhe der Steuereinnahmen ab. In der Bevölkerung bestehen bestimmte Auffassungen über die „tragbaren" Steuerlasten, die von der Regierung zu berücksichtigen sind. In normalen Zeiten sind diese Vorstellungen ziemlich stabil. Kommt es jedoch zu sozialen Ausnahmesituationen (social disturbances), z. B. Kriegen, dann müssen die Staatsausgaben und folglich auch die öffentlichen Einnahmen vergrößert werden. In solchen Zeiten tolerieren die Bürger Steuerbelastungen, die vorher für untragbar gehalten wurden. Es stellt sich bei den Staatsausgaben ein Niveauverschiebungseffekt (displacement effect) ein. Nach Kriegsende sinken die Ausgaben jedoch nicht wieder auf das Vorkriegsniveau. Die Autoren erklären dies einmal mit der Gewöhnung an die höheren Steuern, daneben mit den Kriegsfolgelasten.

PEACOCK und WISEMAN erheben keineswegs den Anspruch, eine ausschließliche Erklärung für die wachsenden Staatsausgaben geboten zu haben; denn sie können nicht sagen, wie sich die öffentlichen Ausgaben ohne die beiden Kriege entwickelt hätten. Die Erhöhung der Staatsausgaben in Großbritannien könnte möglicherweise auch ganz andere Gründe haben, zumal eine Ausdehnung ja auch in den Ländern zu beobachten ist, die an den Weltkriegen nicht beteiligt waren (z. B. Schweiz, Schweden). Schließlich können die beiden Autoren die weitere Entwicklung der Staatsausgaben nicht prognostizieren, denn das Eintreffen von „social disturbances" und der damit verbundene „displacement effect" sind ungewiß.

Auch TIMM (1961) will die Entwicklung der Staatsausgaben erklären und unterscheidet dabei zwei Phasen: In der ersten (Anfang des 19. Jahrhunderts) steigen die Staatsausgaben absolut, aber langsamer als das Volkseinkommen; in der zweiten Phase (etwa Ende des vorigen Jahrhunderts) steigen sie auch relativ zum Volkseinkommen. Diesen „Umschlag" in der Entwicklung vom nur absoluten zum relativen Wachstum erklärt TIMM „mit der Existenz und der Überwindung mehrerer zeitlicher Verzögerungen (lags)".

– Erst mit steigenden Einkommen nimmt die Nachfrage nach superioren Gütern wie z. B. Bildung, Gesundheitswesen zu („natürlicher lag").

– Im Zuge der kapitalistischen Entwicklung steigen zunächst die Einkommen der (relativ wenigen) Gewinnbezieher und erst nach einiger Zeit die Masseneinkommen, so daß erst dann die Nachfrage nach den superioren Gütern auftreten kann („systembedingter lag").

- Die Bereitschaft, solche Bedürfnisse durch den Staat auch zu befriedigen, ist hinter der Entwicklung zum Verfassungsstaat und hinter der Einkommensexpansion zurückgeblieben („institutioneller lag").
- Die liberalen Wirtschaftsauffassungen des 19. Jahrhunderts drängten auf ein staatliches Minimalbudget, was die Ausdehnung der Staatstätigkeiten behinderte („ideologischer lag").

Erst nach der Überwindung dieser lags kam es zur relativ starken Expansion staatlicher Aktivitäten.

TIMMS Ansatz läßt einen sicher wichtigen Bestimmungsfaktor für die Expansion der öffentlichen Ausgaben außer acht, nämlich Kriege und damit verbundene Folgelasten. Zudem ist nicht zu beweisen, daß die wachsenden Bedürfnisse nach superioren Gütern vom Staat und nicht von Privaten befriedigt werden müssen. TIMM geht implizit davon aus, daß eine scharfe Trennung zwischen öffentlichen und privaten Gütern möglich ist. Das ist sicher unzutreffend; die Erfahrung zeigt vielmehr, daß es kaum eine öffentliche Leistung gibt, die nicht schon einmal privatwirtschaftlich erfüllt worden ist (LITTMANN, 1957). In der Abgrenzung zwischen öffentlichem und privatem Sektor kommen ideologische, soziologische und machtpolitische Vorstellungen zum Ausdruck, die auch für die Erklärung der wachsenden Ausgaben herangezogen werden müssen.

Dieser Forderung kommt SCHMIDT (1965) nach. Allerdings geht er von einer anderen Fragestellung als die bisher behandelten Ansätze aus. SCHMIDT sucht nach Einflußfaktoren, die die derzeitige Höhe der öffentlichen Ausgaben bestimmen und aus denen sich Prognosen herleiten lassen. Er bezieht sich dabei im wesentlichen auf die Verhältnisse in der Bundesrepublik. Die Ausgabenentwicklung bestimmt er aus einem politischen Kräftefeld.

Die „treibenden Kräfte der politischen Willensbildung" sind nach SCHMIDT die Verbände, die Parteien und die Bürokratie. Die Verbände wollen wirtschaftliche Sonderinteressen durchsetzen, die Parteien streben einen möglichst großen Machtanteil und damit möglichst breite Wählerzustimmung an. Die Bürokratie erfüllt einerseits eine instrumentale Funktion bei der Durchsetzung von Verbands- und Parteieninteressen, sie hat aber aufgrund des bei ihr konzentrierten Fachwissens einen nicht zu unterschätzenden eigenständigen politischen Einfluß.

SCHMIDT geht davon aus, daß das Steuersystem progressiv gestaltet ist, d. h. das Steueraufkommen steigt im Wachstumsprozeß schneller als das Volkseinkommen. Damit ergibt sich jedes Jahr aufs Neue „ein finanzieller Spielraum, der höhere öffentliche Ausgaben zuläßt". Ein Teil dieses Spielraums wird von der Bürokratie ausgefüllt, die die Ausgaben keinesfalls unter das Vorjahresniveau fallen lassen will, darüber hinaus sogar zusätzliche Ausgabenwünsche äußert. Auch die Verbände streben Ausgabenerhöhungen an, wobei sie vor allem „gezielte Maßnahmen" zugunsten ihrer Verbandsmitglieder fordern. Gezielte Steuersenkungen sind zwar auch erwünscht, gelten aber als schwerer durchsetzbar. Ziel der Parteien ist die weitgehende Wählerzustimmung: Neben Ausgabensteigerungen streben sie deshalb der größeren Spürbarkeit und Popularität wegen vor allem Steuersenkungen an, die eine relative Senkung der Staatsausgaben darstellen. SCHMIDT folgert daraus, „daß sich die ausgabensteigernden und ausgabensenkenden Kräfte wahrscheinlich die Waage halten und daß sich deshalb im Wachstumsprozeß der Anteil der Staatsausgaben nur wenig ändern wird".

Nun ist der Anteil der Staatsausgaben am Volkseinkommen nach dem Zweiten Weltkrieg für eine längere Periode in etwa konstant geblieben, das würde SCHMIDTS These bestätigen. Allerdings ist es nicht möglich, aus seiner Theorie numerisch exakte Prognosen herzuleiten. Es lassen sich höchstens Tendenzen aufzeigen, welchen Einfluß die „treibenden Kräfte der politischen Willensbildung" auf die Entwicklung der Staatsausgaben haben.

Die hier erwähnten Ansätze zeigen, daß jeweils einzelne Bestimmungsfaktoren für die Entwicklung der öffentlichen Ausgaben herausgegriffen und (meist) verabsolutiert werden. Eine umfassende positive Theorie der Staatsausgaben liegt bis heute nicht vor. Mithin fehlt auch die Basis für Prognosen. Eine weitere Expansion ist somit nicht zwangsläufig. In neuerer Zeit hat LITTMANN (1977) auf einige interessante, bisher vernachlässigte Punkte hingewiesen: Die zukünftige Ausgabenentwicklung hängt auch von den staatlichen Aktivitäten in der Gegenwart ab. Wenn es z. B. heute gelingt, einen effektiven Umweltschutz zu verwirklichen, dann erübrigen sich morgen ausgabenintensive Aktivitäten zur Beseitigung von Umweltschäden. Schließlich ist in der Zukunft eine Substitution der Ausgaben durch andere staatliche Maßnahmen denkbar, was tendenziell das Ausgabenwachstum bremsen würde: So können anstelle von Ausgaben einmal steuerliche Maßnahmen treten (z. B. Steuererleichterungen statt Subventionen) oder aber Gebote und Verbote (z. B. Verpflichtung zur Beschäftigung von Behinderten statt Transferzahlungen an diesen Personenkreis). Allerdings zeigen gerade diese Beispiele erneut, daß die Ausgaben allein kein geeigneter Indikator staatlicher Aktivitäten sind (s. Abschnitt 1.3.).

3.4. Planung der öffentlichen Ausgaben

3.4.1. Haushaltsplan und Finanzplan

Öffentliche Ausgaben können nur getätigt werden, wenn die Regierung aufgrund des Budgets (Haushaltsplan) dazu ermächtigt ist. Das Budget enthält für eine bestimmte Periode, meist ein Jahr, die erwarteten Einnahmen sowie die geplanten Ausgaben. Erfahrungsgemäß sind die Ausgabenwünsche der einzelnen Ressorts größer als die zur Verfügung stehenden Mittel, so daß bei Aufstellung des Haushalts Prioritäten und Schwerpunkte gesetzt und alternative Ausgabenprogramme bewertet und gegeneinander abgewogen werden müssen.

Die Knappheit öffentlicher Mittel verlangt beim Budgetvollzug, daß die Grundsätze der Wirtschaftlichkeit und Sparsamkeit beachtet werden. Inwieweit die Regierung diesem Erfordernis nachkommt, wird im übrigen durch die Haushaltskontrolle (Rechnungshöfe) nach Ablauf der Budgetperiode überprüft.

Eine Ausgabenplanung, die sich allein auf ein Jahr beschränkt, ist insoweit wenig sinnvoll, als staatliche Ausgaben (vor allem die Investitionsausgaben) in der Regel weit über diesen Zeitraum hinaus wirken. Ausgaben eines Budgetjahres beeinflussen gleichzeitig die Haushalte späterer Perioden. Deshalb wird gefordert, das jährliche Budget in eine mehrjährige Finanzplanung einzubetten, wie es in der Bundesrepublik inzwischen auch geschieht.

Nach §§ 9 ff. StabG sind der Bund und die Länder verpflichtet, ihrer Haushaltswirtschaft eine fünfjährige Finanzplanung zugrunde zu legen. Diese Finanzplanung basiert auf den von der Bundesregierung beschlossenen längerfristigen Zielprojektionen, den sog. „Eckwerten" für den Beschäftigungsstand, die Preisniveauentwicklung, das Wirtschaftswachstum und den Außenbeitrag. Damit gibt die Regierung bekannt, welche wirtschaftspolitischen Ziele sie in der Planungsperiode erreichen will. In der (mittelfristigen) Finanzplanung werden die zur Verwirklichung der Zielprojektionen für erforderlich gehaltenen Einnahmen und Ausgaben nach Höhe und Struktur für einen Zeitraum von fünf Jahren ausgewiesen.

Der Finanzplan ist wie das Budget auf die Zukunft gerichtet; beide unterscheiden sich aber durch die Länge der Planungsperiode und den Grad der Verbindlichkeit. Beim Budget gilt (meist) die einjährige Periode, der Finanzplan erstreckt sich auf mehrere, in der Bundesrepublik auf fünf Jahre. Das Budget wird vom Parlament „festgestellt" und ist damit vollzugsverbindlich; der Finanzplan stellt ein in Zahlen gekleidetes Regierungsprogramm dar, in dem sich die Regierung „politisch" festlegt. Auch bei der Aufstellung des Finanzplans müssen für den Einsatz der öffentlichen Ausgaben Prioritäten und Schwerpunkte sichtbar werden. Um Anpassungen der Finanzplanung an die wirtschaftliche Entwicklung zu ermöglichen, sind Fortschreibungen oder Alternativpläne (§ 9 Abs. 3 StabG) vorgesehen.

3.4.2. Kosten-Nutzen-Analyse

Will man die Einhaltung der Prinzipien der Wirtschaftlichkeit und Sparsamkeit überprüfen, müssen die einzelnen Ausgabenprogramme (Projekte) der öffentlichen Hand bewertet werden. Hierzu kann u. a. die Kosten-Nutzen-Analyse (zu einer ausführlichen Darstellung vgl. ANDEL, 1977, 2) herangezogen werden.

Mit diesem Instrument soll zunächst die Wirtschaftlichkeit eines einzelnen Projekts untersucht werden. Daneben fragt man, welches aus einer Anzahl alternativer Projekte realisiert werden und zu welchem Zeitpunkt dies geschehen sollte. Hierzu müssen die volkswirtschaftlichen Kosten und Nutzen einzelner Projekte gegenübergestellt werden. Angestrebt wird die Maximierung des volkswirtschaftlichen Nettonutzens der betreffenden öffentlichen Ausgaben. Im Prinzip handelt es sich dabei um die gleiche Aufgabe, vor die sich ein privater Unternehmer gestellt sieht, der zwischen alternativen Investitionsprojekten zu entscheiden hat.

Allerdings wirft die Kosten-Nutzen-Analyse für staatliche Ausgabenprogramme besondere Probleme auf. Zunächst ist zu klären, wie die Kosten und Nutzen überhaupt ermittelt werden können. Anders als bei den Überlegungen, die ein einzelner Unternehmer hinsichtlich seiner Investitionsentscheidungen anstellt, müssen in der Kosten-Nutzen-Analyse keine einzelwirtschaftlichen Aus- und Einzahlungen, sondern volkswirtschaftliche Größen erfaßt werden. Neben den direkten Kosten und Nutzen eines Projekts (bei Staudämmen z. B. die Errichtungs- und Unterhaltungskosten bzw. die Erträge aus der Stromerzeugung), die relativ gut erfaßbar und zumeist mit Marktpreisen bewertbar sind, entstehen auch indirekte Kosten und Nutzen (externe Effekte). Öffentliche Leistungen sind gerade durch solche externen Effekte gekennzeichnet. So können Kraftwerke zu Luftverunreinigungen führen, was den

Fremdenverkehr beeinträchtigt (externe Kosten). Nahe an neuen Verkehrswegen gelegene Einzelhandelsgeschäfte können z. B. ihren Umsatz aufgrund ihrer günstigeren Lage ausweiten; durch Flußregulierungen sinken die durch Überschwemmungen hervorgerufenen Ernteschäden (externe Nutzen). Fraglich ist, inwieweit man diese externen Kosten und Nutzen, für welche die Begünstigten an den öffentlichen Auftraggeber keine Kompensationszahlungen leisten und die Benachteiligten in der Regel keine Entschädigungen bekommen, in Kosten-Nutzen-Analysen erfassen kann und soll. Eine Bewertung mag hier zwar noch möglich sein, muß aber oft auf Schätzungen basieren.

Am schwierigsten ist die Quantifizierung externer Effekte bei den immateriellen (intangiblen) Kosten und Nutzen. Durch den Bau einer Autobahn kann z. B. die Schönheit der Landschaft zerstört werden und die Lärmbelästigung der Anwohner steigen. Ein Stausee oder ein öffentlicher Park hebt andererseits den Erholungswert einer Region. Derartige Wirkungen entziehen sich weitgehend einer Quantifizierung, da es für sie keinen Markt gibt und da sie von subjektivem Empfinden abhängen. Deshalb können diese Aspekte kaum in das eigentliche Kosten-Nutzen-Kalkül einbezogen werden, obwohl sie zur sozialen Bewertung von Projekten eigentlich unabdingbar sind. Sollen intangible Kosten und Nutzen berücksichtigt werden, sind sie als Nebenbedingungen einzuführen (Beispiel: Unbeschadet aller anderen Aspekte darf eine bestimmte Lärmbelästigung nicht überschritten werden), oder – was üblicher ist – sie werden in einem Anhang zur eigentlichen Kosten-Nutzen-Rechnung verbal beschrieben.

Da Kosten und Nutzen staatlicher Ausgabenprogramme in der Regel erst in der Zukunft anfallen, muß man eine Diskontierung vornehmen, wobei die Frage nach der anzuwendenden Diskontierungsrate auftritt, in der die soziale Zeitpräferenz zum Ausdruck kommen soll. Hierzu gibt es eine umfangreiche Literatur, die allerdings den „richtigen" Diskontierungssatz auch nicht liefert. Die einen schlagen nämlich die durchschnittliche Verzinsung privater Investitionen, andere die Höhe der Kreditzinsen, wiederum andere eine Kombination dieser beiden Größen vor. Oft wird die Orientierung an privatwirtschaftlichen Daten abgelehnt und eine politische Fixierung der Diskontierungsrate verlangt.

Die Kosten-Nutzen-Analyse stellt allein auf die Messung der Effizienz eines Projekts ab, d. h. ein Projekt ist um so vorteilhafter, je größer der – wie auch immer ermittelte – volkswirtschaftliche Nettonutzen ist. Die Verteilung der Kosten und Nutzen auf Personen, Regionen und Branchen (Sektoren) kann jedoch bei alternativen Projekten sehr unterschiedlich sein. Fraglich ist deshalb, ob solche Verteilungswirkungen bei der Bewertung zu berücksichtigen sind und wie dieser Aspekt in eine Kosten-Nutzen-Analyse einbezogen werden kann. Einmal könnte man versuchen, Effizienz und Verteilung durch einen gemeinsamen Bewertungsmaßstab auszudrücken (Gesamteffizienz). Allerdings läßt sich die Verteilungszielsetzung auch als Nebenbedingung einführen, d. h. eine effizienzorientierte Entscheidung fällen, wenn bestimmte verteilungspolitische Mindestbedingungen gewahrt sind. Schließlich ist es möglich, den Verteilungsaspekt als Hauptkriterium zu wählen und die Effizienz als Nebenbedingung einzuführen. Es bleibt jedoch stets ein politisches Problem, wie im Konfliktfall die Entscheidung zwischen Effizienz- und Verteilungsziel aussieht.

Während es bei der Kosten-Nutzen-Analyse im wesentlichen um die Bewertung einzelner Projekte geht, gibt es auch Versuche einer rationellen Gesamtplanung sämtlicher Ausgaben (und darüber hinaus des Budgets). Als Beispiel kann auf das in den USA entwickelte Planning-Programming-Budgeting-System (PPBS) verwiesen werden (Senf, 1977, S. 418 ff.). Diese systematische Analyse der Staatsausgaben begann Anfang der sechziger Jahre im US-Verteidigungsministerium. 1965 gab Präsident Johnson dann die Anweisung zur Aufstellung eines umfassenden Budgetprogramms (PPBS), das folgendes enthalten sollte:

– die Bestimmung der nationalen Ziele,
– die Bildung einer Zielrangfolge,
– die Erarbeitung von alternativen Ausgabenprogrammen zur rationellen Erreichung der Ziele,
– die langfristige Kostenplanung,
– die Effizienzmessung der Programme.

Das PPBS, mit dem zunächst nur die ersten drei Ziele angestrebt wurden, konnte sich in der Praxis nicht durchsetzen. Neben den schon beschriebenen Problemen der Kosten-Nutzen-Analyse und technischen Schwierigkeiten (fehlende Daten und Fachkräfte) ergaben sich erhebliche politische Widerstände: Die Exekutive sträubte sich gegen das allein auf technisch-ökonomische Rationalität abzielende Verfahren, und die Legislative befürchtete Machtverschiebungen zugunsten der Exekutive.

4. Instrumentarium der Finanzpolitik: Öffentliche Einnahmen

4.1. Arten öffentlicher Einnahmen

Zur Finanzierung seiner Ausgaben benötigt der Staat Mittel, die er sich aus verschiedenen Quellen beschaffen kann. Üblicherweise wird zwischen Erwerbseinkünften, Krediten, Steuern, Gebühren und Beiträgen unterschieden. Dabei gelten Erwerbseinkünfte, Steuern, Gebühren und Beiträge als ordentliche oder endgültige Einnahmen; Kredite dagegen werden als außerordentliche oder vorläufige Einnahmen bezeichnet, da sie in späteren Perioden zurückgezahlt werden müssen. Sofern ein Teil der Ausgaben durch aufgenommene Kredite finanziert wird, liegt ein Budgetdefizit vor.

Am Gesamtvolumen der öffentlichen Einnahmen haben die genannten Komponenten unterschiedliche Anteile. Für die Bundesrepublik ist dem Finanzbericht 1980 zu entnehmen, daß 1978 rund 72 v. H. aller Einnahmen über die Besteuerung aufgebracht wurden. Das rechtfertigt es, im folgenden vor allem auf die Probleme der Besteuerung einzugehen (s. Abschnitt 4.2.). Interessant ist daneben auch der öffentliche Kredit: Quantitativ schlägt er zwar nicht so zu Buche, aber sein Anteil an den Einnahmen ist gerade in den letzten Jahren besonders stark angestiegen. 1970 lag er noch bei rund 4 v. H., 1978 dagegen bereits bei ca. 11 v. H. Mit der Kreditfinanzierung ist zudem eine Reihe spezieller finanztheoretischer wie -politischer Fragen verbunden. Infolgedessen muß auch darauf näher eingegangen werden (s. Abschnitt

4.3.). Zuvor sollen jedoch die genannten Einnahmenarten kurz gegeneinander abgegrenzt werden.

Erwerbseinkünfte fließen dem Staat zu, wenn er sich – wie ein privates Wirtschaftssubjekt – am Produktionsprozeß beteiligt und Güter und Dienstleistungen am Markt anbietet. Diese Einnahmen resultieren vor allem aus öffentlichen Unternehmen (z. B. Verkehrswesen) und aus Beteiligungen des Staates an Unternehmen der Privatwirtschaft (z. B. als Aktionär eines Automobilwerkes). Dem einzelnen Bürger steht es im Prinzip frei, ob er die vom Staat angebotenen Güter erwerben will; die Einnahmen werden also nicht kraft Hoheitsaktes, sondern am Markt erzielt.

Zur Finanzierung der Ausgaben kann sich der Staat verschulden. Man spricht vom öffentlichen Kredit. Der Begriff ist nicht glücklich, da der Staat auch Kredite gewährt (Aktivkredite), die Ausgaben darstellen. Im Zusammenhang mit den öffentlichen Einnahmen geht es dagegen um die staatliche Kreditaufnahme (Passivkredite) bzw. öffentliche Verschuldung. Sieht man von sog. Zwangsanleihen ab, so stellt der öffentliche Kredit keine Zwangseinnahme dar, da es dem einzelnen Bürger freisteht, ob er dem Staat Kredit gewähren will oder nicht. Als spezielle Gegenleistung erwirbt der Kreditgeber den Anspruch auf Tilgung und Verzinsung.

Spezielle Gegenleistungen sind auch typisch bei den Gebühren und Beiträgen, die allerdings keine Markterlöse darstellen, da sie aufgrund eines hoheitlichen Aktes (Gesetze oder Verordnungen) erhoben werden. Gebühren sind immer dann fällig, wenn ein Bürger eine gebührenpflichtige öffentliche Einrichtung in Anspruch nimmt. Entscheidend ist dabei, daß die Zahlungspflicht erst entsteht, wenn die staatliche Leistung auch tatsächlich genutzt wird (z. B. Prüfungs-, Paßgebühr). Beiträge dagegen werden von denjenigen Bürgern gefordert, die aus einer öffentlichen Einrichtung vermutlich einen Vorteil ziehen, wobei die tatsächliche Inanspruchnahme unerheblich ist (z. B. Erschließungs-, Anliegerbeiträge). Bei den Gebühren und Beiträgen handelt es sich also um Zwangseinnahmen, denen eine spezielle Gegenleistung gegenübersteht.

Auch Steuern sind Zwangseinnahmen, da sie aufgrund von Hoheitsakten (Steuergesetzen) erhoben werden, aber die Bürger zahlen ohne spezielle Gegenleistung des Staates. Die Begriffselemente werden in § 3 Abgabenordnung (AO) wie folgt definiert: „Steuern sind Geldleistungen, die nicht eine Gegenleistung für eine besondere Leistung darstellen und von einem öffentlich-rechtlichen Gemeinwesen zur Erzielung von Einnahmen allen auferlegt werden, bei denen der Tatbestand zutrifft, an den das Gesetz die Leistungspflicht knüpft...". Weiter heißt es dann, daß „die Erzielung von Einnahmen ... Nebenzweck sein (kann)". Damit wird auf mögliche Zielsetzungen der Besteuerung hingewiesen: Steuern dienen einmal der Beschaffung von Einnahmen (fiskalische Zielsetzung), können aber für andere, vor allem wirtschaftspolitische Zwecke (nichtfiskalische Zielsetzung) ebenfalls eingesetzt werden. Zu den Steuern werden auch die Zölle und Abschöpfungen gezählt.

4.2. Probleme der Besteuerung

4.2.1. Grundbegriffe der Steuerlehre

Um in die Vielzahl der Steuerarten – in der Bundesrepublik werden über fünfzig Einzelsteuern erhoben – Ordnung zu bringen, empfiehlt es sich, zunächst auf einige Grundbegriffe der Steuerlehre einzugehen. Bei jeder Steuer muß der Gesetzgeber Steuersubjekt, -objekt, -bemessungsgrundlage und -tarif festlegen.

Bei der juristischen Erfassung des Steuersubjekts wird zwischen Steuerpflichtigem, Steuerschuldner und Steuerzahler unterschieden. Steuerpflichtiger ist nach § 33 AO, wer aufgrund der Steuergesetze eine Steuer als Steuerschuldner zu entrichten hat. Steuerschuldner ist derjenige, der den Tatbestand erfüllt, an den die Steuerpflicht anknüpft. Im allgemeinen sind Steuerschuldner und -zahler identisch; das braucht allerdings nicht so zu sein. Bei der Lohnsteuer z. B. ist der Arbeitnehmer Steuerschuldner, Steuerzahler dagegen der Arbeitgeber. Steuerträger ist derjenige, auf den die Steuerlast tatsächlich fällt (sog. effektive Inzidenz). Sofern er nicht gleichzeitig auch Steuerschuldner ist, liegt Steuerüberwälzung vor. Das ist z. B. der Fall, wenn es einer Brauerei gelingt, die von ihr zu zahlende Biersteuer durch eine entsprechende Erhöhung des Bierpreises „weiterzugeben". Wer nach Ansicht des Gesetzgebers eine Steuer tragen soll (im Beispiel der Biertrinker), ist der Steuerdestinatar. Ob allerdings die Absicht des Gesetzgebers zu verwirklichen ist, hängt vor allem von den Marktbedingungen ab. Insoweit ist der Begriff des Steuerträgers eine ökonomische Kategorie.

Steuerobjekt ist der Tatbestand, an den das Gesetz die Steuerpflicht anknüpft. Beispiele sind: Lieferungen und Leistungen (bei der Umsatzsteuer) und das Halten eines Kraftfahrzeugs (bei der Kraftfahrzeugsteuer). Davon zu unterscheiden ist die Steuerbemessungsgrundlage. Hierunter versteht man die in Geld- oder Mengeneinheiten ausgedrückte Größe, nach der die Steuerschuld berechnet wird. Die entsprechenden Beispiele sind: das vereinnahmte Entgelt (bei der Umsatzsteuer) und der Hubraum (bei der Steuer auf Personenkraftwagen). Wie die Beispiele zeigen, brauchen Steuerobjekt und -bemessungsgrundlage nicht übereinzustimmen.

Für die Berechnung der Steuer legt der Gesetzgeber die Einheit der Bemessungsgrundlage (Steuereinheit) fest. Bei den sog. spezifischen Steuern ist es eine Mengeneinheit (z. B. 1 kg bei der Kaffeesteuer), bei den sog. Wertsteuern ein Geldbetrag (z. B. DM steuerpflichtiges Vermögen bei der Vermögensteuer). Um die Steuerschuld zu ermitteln, wendet man den Steuersatz auf die Bemessungsgrundlage an. Bei den Mengensteuern wird der Steuersatz als DM pro Mengeneinheit, bei den Wertsteuern als Prozentsatz angegeben. Für viele Steuern gilt nicht nur ein Steuersatz, sondern es gibt mehrere – nach bestimmten Kriterien differenzierte – Sätze. Ihre Gesamtheit stellt den Steuertarif dar. Er gibt den funktionalen Zusammenhang zwischen Bemessungsgrundlage und Steuerschuld an.

In der Steuertariflehre wird zwischen dem Durchschnitts- (durchschnittlichen) und dem Grenz- (marginalen) Steuersatz unterschieden. Bei einem Steuerbetrag von T und einer Bemessungsgrundlage von X ergibt sich der durchschnittliche Steuersatz als $T : X$, der marginale als $dT : dX$. Je nach der Veränderung des durchschnittlichen Steuersatzes bei Erhöhung der Bemessungsgrundlage kann zwischen proportionalem (konstanter Durchschnittssatz), progressivem (steigender Durchschnittssatz) und regressivem (sinkender Durchschnittssatz) Steuertarif unterschieden werden.

Die Grundbegriffe des Steuerwesens werden herangezogen, um die Vielfalt der Steuern nach bestimmten Kriterien zu gliedern. Aus der Fülle der möglichen Klassifikationen seien nur einige erwähnt (zu einem Überblick vgl. SCHMIDT, 1979). Nach dem Steuersubjekt kann zwischen Haushalts- und Unternehmenssteuern, nach dem Steuerobjekt u. a. zwischen Einkommen-, Ertrag-, Vermögen-, Aufwand-, Verbrauch- und Verkehrsteuern unterschieden werden. Eine ähnliche Gliederung liegt der *Tab. J-3* zugrunde.

Tab. J-3: Aufgliederung des Steueraufkommens nach Steuergruppen in der Bundesrepublik Deutschland

Steuergruppen	Anteil am Gesamtaufkommen in v. H. in den Kalenderjahren		
	1978	1979[1]	1980[1]
1. Steuern auf das Einkommen und Vermögen	59,9	58,5	57,8
davon Steuern vom			
– Einkommen	47,9	46,9	47,9
– Vermögensbesitz	3,5	3,1	2,8
– Gewerbebetrieb	8,5	8,5	7,1
2. Steuern auf den Vermögensverkehr	1,0	1,1	1,1
3. Steuern auf die Einkommensverwendung	39,1	40,4	41,1
davon			
– Steuern vom Umsatz	23,4	24,9	26,2
– Kraftfahrzeugsteuer	2,0	2,1	1,9
– Mineralölsteuer	6,4	6,4	6,2
– Zölle	1,2	1,1	1,1
– sonstige Steuern vom Verbrauch und Aufwand	6,1	5,9	5,7

[1] Schätzung.
Quelle: BUNDESMINISTERIUM DER FINANZEN (1979), Hg., Finanzbericht 1980, Bonn (Heger) 1979, S. 31.

Eng mit dieser Einteilung verwandt ist diejenige, die danach fragt, in welcher Phase des Wirtschaftskreislaufs die Besteuerung ansetzt, und zwischen Produktionssteuern, Steuern auf die Einkommensverteilung und Steuern auf die Einkommensverwendung differenziert. In diesem Zusammenhang ist auch die Trennung zwischen Subjekt- und Objektsteuern bzw. Personal- und Realsteuern zu nennen: Im ersten Fall werden bei der Steuerfestsetzung die persönlichen Umstände des Steuerpflichtigen (Familienstand, Kinderzahl etc.) berücksichtigt (z. B. Einkommensteuer), im zweiten Fall werden unabhängig von der Person des Steuerpflichtigen objektive Tatbestände besteuert (z. B. Grundsteuer). Nach der Einheit der Bemessungsgrundlage (Mengeneinheit oder Wertgröße) unterscheidet man spezifische Steuern (Mengensteuern) und ad valorem Steuern (Wertsteuern). Wird nach dem Ertragsberechtigten gefragt, also nach der Körperschaft, der das Steueraufkommen zufließt (s. Abschnitt 5.3.1.), trennt man zwischen Bundes-, Länder- und Gemeindesteuern. Nach der Zielsetzung, die mit der Steuer verfolgt wird, kann man mit GERLOFF zwischen Finanz- und Ordnungssteuern unterscheiden. Die Finanzsteuern stehen im Dienste der Einnahmenbeschaffung (fiskalische Zielsetzung), während die Ordnungssteuern in erster Linie für die Verwirklichung wirtschaftspolitischer Ziele eingesetzt werden (nichtfiskalische Zielsetzung).

Weitere Gliederungen lassen sich unschwer finden; denn die Aspekte, unter denen sie vorgenommen werden, hängen allein vom Zweck solcher Einteilungen ab (vgl. NEUMARK, 1977, 2). Wenngleich von vielen Finanzwissenschaftlern deren Sinn bestritten wird, kann man auf der anderen Seite nicht leugnen, daß die Behandlung vieler Probleme der Finanztheorie und Finanzpolitik zumindest eine grobe Einteilung der Steuern verlangt. Insbesondere die Beschäftigung mit internationalen Steuerfragen (Besteuerung des Außenhandels, Steuerharmonisierung, Steuerlastvergleiche) setzt eine Gliederung der Steuerarten voraus.

Die wohl älteste und am häufigsten benutzte Einteilung ist die in direkte und indirekte Steuern. Gerade in der aktuellen steuerpolitischen Diskussion in der Bundesrepublik und auch bei internationalen Steuervergleichen spielt sie eine besondere Rolle. Allerdings ist diese Gliederung mehrdeutig, da sie unter verschiedenen Aspekten vorgenommen wird. Meist wird am Kriterium der Überwälzbarkeit angeknüpft. Direkte Steuern sind demnach solche, die vom Steuerschuldner auch getragen werden, die also nicht überwälzt werden. Bei indirekten Steuern dagegen fallen Steuerschuldner und Steuerträger auseinander; diese Abgaben werden demnach überwälzt. Die Auffassung, bestimmte Steuern seien generell überwälzbar, andere dagegen nicht, ist unzutreffend. Die Frage der Überwälzbarkeit wird nicht von der Steuerart, sondern vor allem vom Wettbewerbsgrad, der Konjunkturlage, der Geldpolitik und von den Reaktionen der Besteuerten bestimmt.

NEUMARK (1961) stellt dagegen auf die Art des steuerlichen Zugriffs bzw. der Erfassung der steuerlichen Leistungsfähigkeit ab. Danach sind direkte Steuern solche, die unmittelbar die steuerliche Leistungsfähigkeit erfassen, während indirekte dies nur mittelbar tun. Mitunter bezeichnet man als direkte Steuern auch diejenigen Abgaben, die bei der Einkommensentstehung erhoben werden (z. B. die Einkommensteuer). Die Steuern auf die Einkommensverwendung (z. B. die Verbrauchsteuern) werden dagegen indirekte Steuern genannt. Direkte Steuern sind also Abgaben, die bei Unternehmen und privaten Haushalten erhoben werden und das Einkommen der Belasteten vermindern. Indirekte Steuern werden bei Unternehmen vor der Ermittlung des steuerpflichtigen Gewinns von den Erlösen abgezogen. Die Unterscheidung ist für die Volkswirtschaftliche Gesamtrechnung (Beitrag B-2.4.) deshalb wichtig, weil im Bruttosozialprodukt zu Marktpreisen beide Steuerarten, im Volkseinkommen dagegen nur die direkten Steuern enthalten sind.

Die Gesamtheit der in einem Staat geltenden Steuerregelungen bezeichnet man als Steuersystem. Sofern von einem historischen Steuersystem die Rede ist, meint man ein bestimmtes, örtlich und zeitlich verwirklichtes System, z. B. das heutige Steuersystem der Bundesrepublik. Fragt man dagegen, wie die einzelnen Steuern auf die (fiskalischen und nichtfiskalischen) Ziele der Besteuerung und aufeinander abgestimmt werden müssen, dann sucht man ein rationales Steuersystem. Der Entwurf eines solchen Systems setzt voraus, daß die Anforderungen formuliert werden, die daran zu stellen sind. Da diese jedoch einem historischen Wandel unterliegen und ihre Gültigkeit wissenschaftlich auch nicht bewiesen werden kann, gibt es eine Vielzahl von rationalen Steuersystemen (HALLER, 1957; NEUMARK, 1970).

4.2.2. Grundsätze der Besteuerung

Mit der Besteuerung werden fiskalische und nichtfiskalische Ziele verfolgt. In beiden Fällen kann die Besteuerung nicht wahllos vorgenommen werden, sie muß sich vielmehr an den sog. Grundsätzen der Besteuerung orientieren. Schon ADAM SMITH (1776) hat gefordert, daß der Staat bei der Besteuerung die vier Grundsätze der Bestimmtheit (jeder soll wissen, was er zu zahlen hat), der Bequemlichkeit (für den Steuerzahler dürfen keine unnötigen Erschwernisse auftreten), der Billigkeit (die Steuererhebungskosten beim Staat sollen minimiert werden) und der Gleichmäßigkeit (jeder soll entsprechend seinem Vermögen und seinem Einkommen belastet werden) beachten müsse. Auch später sind solche Prinzipien für die Besteuerung vor allem von ADOLPH WAGNER (1880) und WILHELM GERLOFF (1942) aufgestellt worden. Aus jüngerer Zeit sind vor allem Beiträge von HEINZ HALLER (1957) und FRITZ NEUMARK (1970) zu nennen. Für die weitere Diskussion der Besteuerungsgrundsätze empfiehlt es sich, zwischen den beiden genannten Zielen der Besteuerung zu unterscheiden.

Fiskalische Zielsetzung

Die Höhe der erforderlichen Steuereinnahmen insgesamt wird durch die Aufgaben bestimmt, die dem Staat zugewiesen werden. Unter fiskalischem Aspekt geht es jedoch nicht nur um die Beschaffung eines bestimmten Einnahmenbetrages, sondern auch darum, in welchem Umfang die einzelnen Bürger zum gesamten Steueraufkommen beitragen sollen. Damit ist die Frage der Steuerverteilung (zwischen einzelnen Wirtschaftssubjekten) angesprochen. Die traditionellen Steuerverteilungslehren streben eine „gerechte" Verteilung der Steuerlasten an, wobei zwei Ansätze vertreten werden: das Äquivalenzprinzip und das Leistungsfähigkeitsprinzip.

Die Vertreter des Äquivalenzprinzips gehen von einer individualistischen Staatsauffassung aus. Der Staat ist ein Zweckverband für die Bereitstellung von Kollektivgütern. Zwischen ihm und den Bürgern bestehen Tauschbeziehungen. Steuern sind Entgelt für staatliche Leistungen. Die Steuerverteilung gilt als gerecht, wenn jeder einzelne Bürger Steuern zahlt, die dem auf ihn entfallenden Anteil an den Staatsleistungen entsprechen, diesem also äquivalent sind. Die gezahlten Steuern dürfen demnach nur für die Staatsleistungen verwendet werden, deren Entgelt sie darstellen (Zweckbindung). Das Äquivalenzprinzip bestimmt somit Struktur und Umfang der öffentlichen Leistungen und regelt gleichzeitig die Verteilung der Steuerlast auf die einzelnen Bürger.

Da ein Marktpreis für die Staatsleistungen als Maßstab für die Steuerverteilung nicht besteht, bleiben als Ersatz nur zwei Äquivalenzkriterien: die Nutzenäquivalenz und die Kostenäquivalenz. Im ersten Fall soll die zu zahlende Steuer dem Nutzen entsprechen, den die Staatstätigkeit dem einzelnen verschafft. Nach der zweiten Version soll die Höhe der Abgabe die Kosten widerspiegeln, die die individuelle Beanspruchung staatlicher Leistungen verursacht. In beiden Fällen kann man die Abrechnung auf einzelne Staatsleistungen (partielle Äquivalenz) oder auf alle Staatsleistungen (totale Äquivalenz) beziehen. Daneben wird unterschieden zwischen der individuellen Äquivalenz, bei der für den einzelnen Bürger eine Zurechnung versucht wird, und der gruppenmäßigen Äquivalenz, bei der gegenüber einer Gruppe (z. B. den Kraftfahrern, den Rentnern) äquivalenzmäßig abgerechnet wird.

Bei beiden Konzepten muß die Frage beantwortet werden, wem die öffentlichen Leistungen zugute kommen. Besondere Schwierigkeiten bereitet die Ermittlung der individuellen Nutzen, die den einzelnen Bürgern aus den Staatsleistungen zufließen. Verläßliche Informationen stehen nicht zur Verfügung und können auch nicht über Befragungen oder Analysen von Wahlverhalten exakt ermittelt werden. Ähnliches gilt für die Kostenäquivalenz: Eine individuelle Inanspruchnahme läßt sich bei den unteilbaren Kollektivgütern nicht ermitteln. Aber auch dort, wo die Kostenzurechnung (z. B. bei Theatern, Schulen) möglich erscheint, bleibt zu klären, welche Kosten dem einzelnen Bürger anzulasten sind. Schulleistungen kommen nicht nur den Schülern zugute, sondern letzten Endes allen Bürgern, so daß eine exakte Kostenzurechnung unmöglich ist.

Lediglich bei einigen staatlichen Sonderleistungen könnte die äquivalenzmäßige Finanzierung praktiziert werden, weil es zumindest grobe Indikatoren für die individuelle Inanspruchnahme gibt. Als Beispiel wird oft auf die Besteuerung des Kraftverkehrs hingewiesen. Die gefahrenen Kilometer und damit der Benzinverbrauch geben immerhin Anhaltspunkte für die Straßenbenutzung. Eine Mineralölsteuer, die zudem noch zweckgebunden sein müßte, könnte hier die äquivalenzmäßige Abrechnung ermöglichen.

Fraglich ist schließlich, ob das Äquivalenzprinzip – wenn es technisch durchführbar ist – überhaupt angewendet werden sollte. Unter allokationspolitischem Aspekt steht das außer Zweifel, denn die spezielle Entgeltlichkeit garantiert, daß die öffentlichen Leistungen in Abstimmung auf die private Nachfrage angeboten werden. Die starke Expansion vieler staatlicher Leistungen ist ja gerade damit zu erklären, daß diese unentgeltlich oder zu nicht kostendeckenden Preisen abgegeben werden. Verteilungspolitisch mag dagegen die äquivalenzmäßige Finanzierung, z. B. bei den meritorischen Gütern, unerwünscht sein. Insoweit entscheiden also die Ziele der Besteuerung darüber, ob eine Steuerverteilung nach dem Äquivalenzprinzip angebracht ist.

Die Vertreter des Leistungsfähigkeitsprinzips gehen von der sog. organischen Staatsauffassung aus. Der Staat ist ein dem Individuum übergeordnetes Wesen, ohne das der einzelne nicht existieren kann. Die Einnahmen, die der Staat für die Erfüllung seiner Aufgaben benötigt, werden den Bürgern ohne Rücksicht auf spezielle Vorteile, die sie aus den Staatsleistungen ziehen, angelastet. Dabei ist der Grundsatz einer gerechten Besteuerung zu beachten, d. h. bei der Steuererhebung gelten die Prinzipien der Allgemeinheit, der Gleichheit und der Leistungsfähigkeit. Die Besteuerung ist allgemein, wenn niemand, bei dem der jeweilige steuerliche Tatbestand verwirklicht ist, steuerfrei bleibt. Die Gleichmäßigkeit verlangt, daß alle Bürger gleich behandelt werden, wenn sie sich in gleichen steuerlichen Verhältnissen befinden. Die Besteuerung nach der Leistungsfähigkeit setzt schließlich voraus, daß die dem einzelnen zugemutete Steuerbelastung seiner individuellen Leistungsfähigkeit entspricht.

Das Leistungsfähigkeitsprinzip ist heute in der praktischen Steuerpolitik der weithin akzeptierte Grundsatz der Steuerverteilung, obwohl er in der Steuertheorie umstritten ist, denn der Begriff der Leistungsfähigkeit stellt letzten Endes eine Leerformel dar. Soll die Besteuerung nach der Leistungsfähigkeit vorgenommen werden, sind vor allem zwei Probleme zu lösen: Zunächst muß ein Indikator bestimmt werden, der die steuerliche Leistungsfähigkeit zum Ausdruck bringt. Pflichtige in gleicher Situation müssen gleich besteuert werden (horizontale Gleichbehandlung). Wirtschaftssubjekte in unterschiedlicher Lage müssen diesen Unterschieden entsprechend auch verschieden besteuert werden (vertikale Gleichbehandlung). Im ersten Fall geht es also um die Ermittlung der Indikatoren steuerlicher Leistungsfähigkeit; im zweiten Fall muß die vertikale Differenzierung der Steuerbelastung ermittelt werden.

Als Indikatoren der steuerlichen Leistungsfähigkeit werden verschiedene Maßstäbe vorgeschlagen, vor allem das Einkommen, das Vermögen und der Konsum. Nach weitgehend akzeptierter Auffassung gilt das Einkommen als der wichtigste Indikator, so daß die persönliche Einkommensteuer bei der Besteuerung nach der Leistungsfähigkeit eine zentrale Rolle spielen muß. Dabei muß der Einkommensbegriff so weit gefaßt werden (comprehensive income tax base), daß er alles einschließt, was im wirtschaftlichen Sinn Einkommen darstellt, also für die Bedürfnisbefriedigung relevant ist. Auf der anderen Seite sind alle Umstände zu berücksichtigen, die die im Einkommen liegende objektive Leistungsfähigkeit mindern. Einkommensteile, die keine Leistungsfähigkeit darstellen, sind demnach von der Besteuerung freizustellen (z. B. Freibeträge für das Existenzminimum und außergewöhnliche Belastungen). Dabei ist es schwer, gleiche Einkommenspositionen zu definieren, weil der Einkommensbegriff unterschiedliche Elemente (Arbeits- und Vermögenseinkommen, regelmäßige und unregelmäßige, realisierte und nicht realisierte, ausgeschüttete und nicht ausgeschüttete Einkommen) umfaßt und bei der Ermittlung der verschiedenen Einkommensarten unterschiedliche Verfahren (z. B. Vermögensvergleich, Einnahmen-Ausgaben-Rechnung) gelten. Umstritten ist auch, inwieweit Eigenverbrauch, Nutzung von Gebrauchsgütern und Freizeitnutzen (HALLER, 1964) einbezogen werden müssen. Weiterhin wird vorgeschlagen, ergänzend zum Einkommen auch das Vermögen als Indikator steuerlicher Leistungsfähigkeit zu berücksichtigen und neben der Einkommensteuer auch eine Vermögensteuer zu erheben (anders: SCHNEIDER, 1979). Gerade die Schwierigkeiten bei der Ermittlung des Einkommens haben einige Autoren (FISHER, 1937; KALDOR, 1955, 1) – neben anderen Überlegungen (Effizienz, Praktikabilität) – veranlaßt, das Einkommen als Indikator zu verwerfen und statt dessen die Konsumausgaben als Maßstab steuerlicher Leistungsfähigkeit zu wählen. Folgerichtig plädieren sie für eine persönliche allgemeine Ausgabensteuer (vgl. PEFFEKOVEN, 1979). Alle bisher diskutierten Größen haben als Indikator steuerlicher Leistungsfähigkeit Vor- und Nachteile. Das läßt vermuten, daß eher eine Kombination mehrerer Merkmale dem Zweck gerecht wird, die steuerliche Leistungsfähigkeit zu konkretisieren.

Ist das Indikatorproblem gelöst und damit erreicht, daß die Individuen in eine Rangfolge steuerlicher Leistungsfähigkeit eingeordnet werden können, muß die vertikale Differenzierung der Steuerlast ermittelt werden. Einen Ansatz hierzu bieten die sog. Opfertheorien, nach denen die von den einzelnen Wirtschaftssubjekten aufzubringenden Steuern so zu bemessen sind, daß alle das gleiche Opfer bringen. Dieses Konzept läßt sich am einfachsten erläutern, wenn unterstellt wird, daß das Einkommen der „richtige" Indikator steuerlicher Leistungsfähigkeit ist und mithin eine Einkommensteuer als Alleinsteuer erhoben wird.

Bei den Opfertheorien wird davon ausgegangen, daß jedes Einkommen einen bestimmten Gesamtnutzen repräsentiert und daß eine zusätzliche Einkommenseinheit zwar auch einen zusätzlichen Nutzen (Grenznutzen) verschafft, dieser aber mit wachsendem Einkommen sinkt. Ferner wird unterstellt, daß der Zusammenhang zwischen Grenznutzen und Einkommen für alle Individuen gleich ist. Es gibt also eine für alle Bürger geltende eindeutige funktionale Beziehung zwischen Einkommen und Nutzen. Mithin sind auch interpersonelle Nutzenvergleiche möglich.

Die Opfertheorien werden in verschiedenen Versionen vertreten:

- Die Theorie vom absolut gleichen Opfer fordert, daß alle Bürger infolge der Besteuerung eine Einkommenseinbuße erleiden, die den absolut gleichen Nutzenentgang darstellt.

- Die Theorie vom proportionalen Opfer verlangt, daß das Verhältnis des durch die Besteuerung hervorgerufenen Nutzenentgangs zum Gesamtnutzen des Einkommens (vor Steuererhebung) bei allen Steuerpflichtigen gleich sein soll.

- Die Theorie vom gleichen marginalen Opfer (Opferminimum) fordert, die Steuerlasten so zu verteilen, daß der marginale Nutzenentgang bei den einzelnen Steuerzahlern gleich ist oder – was dasselbe bedeutet – der Nutzenentgang der Gesamtheit ein Minimum erreicht.

Im letzten Fall müßten alle ein bestimmtes Niveau überschreitenden Einkommen zu 100 v. H. weggesteuert werden. Wo diese Einkommensgrenze liegt, hängt von der Höhe des gewünschten Steueraufkommens ab. Allerdings dürfte dem Konzept des Opferminimums, das ja zu einer Einkommensnivellierung führt, keine praktische Relevanz zukommen (anders: POHMER, 1970). Bei den anderen Versionen der Opfertheorien läßt sich indes nicht eindeutig herleiten, ob zur Verwirklichung der Besteuerung nach der Leistungsfähigkeit ein proportionaler, progressiver oder gar regressiver Steuertarif geboten ist. Um diese Frage beantworten zu können, müßte der genaue Verlauf der Grenznutzenkurven des Einkommens bekannt sein (zu Einzelheiten vgl. SCHMIDT, 1979). Ganz abgesehen von den o. g. unrealistischen Prämissen, auf denen die Opfertheorien basieren, können sie also das Problem der vertikalen Gleichbehandlung nicht lösen. Es gibt auch bis heute keine anderen ökonomischen Ansätze, die zu überzeugenden Ergebnissen führen. Über die Festlegung der Steuertarife wird politisch entschieden, und das Ergebnis ist wissenschaftlich nicht überprüfbar.

Über das Äquivalenz- oder das Leistungsfähigkeitsprinzip wird eine gerechte Verteilung der Steuerlasten angestrebt. Es liegen neuere Ansätze vor, die die Steuerverteilung nach allokationspolitischen Aspekten vornehmen wollen. Jede Steuerzahlung bedeutet, daß Ressourcen aus dem privaten Bereich abgezogen und dem Staat übertragen werden. Dieser Entzugseffekt führt für sich allein gesehen zu einem Wohlstandsverlust des privaten Sektors. Darüber hinaus kann es jedoch zu einer weiteren Wohlstandseinbuße, einer sog. Mehrbelastung (excess burden), kommen, wenn im privaten Bereich infolge der Besteuerung die Allokation der dort noch verbliebenen Ressourcen gestört wird (JOSEPH, 1939; LITTLE, 1951; MUSGRAVE, 1959). Der Wohlstandsverlust ist also größer, als es aufgrund des Entzugseffektes notwendig wäre. Im einzelnen läßt sich nachweisen, daß die PARETO-optimale Allokation der im privaten Sektor verbleibenden Ressourcen stets gestört wird, wenn die

Besteuerung dort zu Substitutionseffekten führt. Mit Ausnahme der Kopfsteuer (gleicher Steuerbetrag für alle Bürger) werden alle bekannten Steuerarten solche Wirkungen und damit eben auch excess burden hervorrufen. Da aber die Kopfsteuer aus Gerechtigkeitsüberlegungen wohl kaum befürwortet werden kann, lassen sich aus der Theorie von der Mehrbelastung kaum praktische Hilfen für die Steuerverteilung herleiten.

Die Diskussion um die excess burden ist in neuerer Zeit im Rahmen der Theorie der optimalen Besteuerung wieder aufgegriffen worden (BAUMOL/BRADFORD, 1970; DIAMOND/MIRLEES, 1971; ATKINSON/STIGLITZ, 1972). Dabei wird – anhand konkreter Steuerarten – gefragt, wie die unvermeidlichen Mehrbelastungen minimiert werden können. Es werden also „second-best"-Lösungen gesucht.

Nichtfiskalische Zielsetzung

Bisher wurde davon ausgegangen, daß der Staat zur Erfüllung seiner Aufgaben ein bestimmtes Steueraufkommen benötigt, und es galt zu prüfen, wie dieser Steuerbetrag auf die einzelnen Wirtschaftssubjekte verteilt werden soll. Nun werden die Steuern allerdings auch zur Verfolgung anderer, vor allem wirtschaftspolitischer Ziele eingesetzt, wobei die Einnahmenbeschaffung nur von sekundärer Bedeutung ist. Denkbar ist sogar, daß gar keine Einnahmen anfallen. Wird z. B. zur Eindämmung des Alkoholkonsums eine Branntweinsteuer eingeführt und stellen die Konsumenten wegen der gestiegenen Preise den Verbrauch ein, dann wäre das Ziel optimal erreicht, aber der Staat müßte auf Einnahmen verzichten. Ebenso liefert der Prohibitivzoll, der den Import verhindert, keine Zolleinnahmen.

Bei der Gestaltung der nichtfiskalisch motivierten Besteuerung sind die Grundsätze der Zielkonformität und der Systemkonformität zu beachten. Im ersten Fall geht es darum, die Steuern so auszugestalten, daß die angestrebten Ziele möglichst weitgehend erreicht und keine unerwünschten Nebenwirkungen verursacht werden. Das ist in der Praxis keine leichte Aufgabe: Schon die Ausgangssituation und das angestrebte Ziel können unklar sein. Wenn mit der Besteuerung z. B. externe Kosten angelastet werden sollen, müssen letztere bekannt und quantifizierbar sein. Wer die Steuern in den Dienst der Redistribution stellen will, braucht genaue Vorstellungen von der angestrebten Verteilungsnorm. Dazu kommt, daß die erwarteten Wirkungen der Besteuerung (s. Abschnitt 4.2.3.) auf Annahmen über die Verhaltensweisen der privaten Wirtschaftssubjekte beruhen, über die nur wenig Informationen vorliegen und die sich gerade infolge der Besteuerung ändern können.

Der zweite Grundsatz verlangt – bezogen auf die Verhältnisse in der Bundesrepublik –, daß die steuerlichen Maßnahmen nicht in Widerspruch zu den Prinzipien einer marktwirtschaftlichen Ordnung stehen dürfen. Als Konkretisierung mögen die von NEUMARK (1970) aufgestellten wirtschaftsordnungspolitischen Besteuerungsgrundsätze dienen: Vermeidung steuerdirigistischer Maßnahmen, Minimierung steuerlicher Eingriffe in die Privatsphäre und in die wirtschaftliche Dispositionsfreiheit von Individuen sowie die Vermeidung ungewollter Folgen steuerlicher Beeinträchtigungen des Wettbewerbs.

Die nichtfiskalisch orientierte Besteuerung braucht nicht unbedingt in Widerspruch zu den Grundsätzen fiskalischer Besteuerung zu geraten: So könnte die Besteuerung von Bodenwertzuwächsen zu einer Angebotserhöhung und damit zu Preissenkungen auf dem Bodenmarkt führen (nichtfiskalische Zielsetzung), gleichzeitig aber dem Grundsatz einer gerechten Besteuerung (fiskalische Zielsetzung) dienen. Bei der nichtfiskalisch motivierten Steuerpolitik geht es aber oft gerade um die Präferierung oder Diskriminierung bestimmter Gruppen von Steuerzahlern, so daß solche Maßnahmen in Widerspruch zum Prinzip der Besteuerung gemäß der persönlichen Leistungsfähigkeit geraten können. Billigt man den wirtschaftspolitischen Zielen den höheren Rang zu, so sind die alternativen Maßnahmen nicht nur an der Effizienz, sondern auch an den Wirkungen auf die Steuerverteilung zu messen. Bei gleicher Effizienz haben stets die Instrumente den Vorzug, die am wenigsten mit den Grundsätzen einer gerechten Steuerlastverteilung kollidieren.

4.2.3. Steuerwirkungen

Im Rahmen der nichtfiskalischen Besteuerung sollen die Wirtschaftssubjekte zu bestimmten Verhaltensweisen veranlaßt werden; das setzt Kenntnisse der Steuerwirkungen voraus. Auch bei der fiskalischen Besteuerung, die eine gerechte Verteilung der Steuerlasten anstrebt, müssen die Steuerwirkungen, insbesondere die Steuertraglast, bekannt sein. Voraussetzung für eine rationale Steuerpolitik ist also eine Analyse der Steuerwirkungen. Mit GÜNTER SCHMÖLDERS (1951) läßt sich der Prozeß der Steuerwirkungen in drei Phasen zerlegen: die Informations- und Wahrnehmungsphase, in der es zu Signalwirkungen kommt; die Zahlungsphase, während der Markt- und Preiswirkungen auftreten; und schließlich die Inzidenzphase, in der Einkommenswirkungen hervorgerufen werden.

Signalwirkungen

Die erste Phase beginnt bereits mit der Ankündigung einer Steuererhebung oder -änderung bzw. ihrer Wahrnehmung durch den Steuerpflichtigen. Dieser kann versuchen, der drohenden Steuerbelastung auszuweichen, indem er den Tatbestand, an den die Steuer anknüpft, einschränkt oder gar nicht verwirklicht (Steuerausweichung). Die Steuer wirkt wie ein Signal, die Steuerpflicht zu reduzieren (Signalwirkungen). Da die Steuerausweichung ökonomisch stets einen Substitutionsvorgang darstellt, ist auch der Begriff Substitutionswirkungen üblich.

Einer Steuer kann sachlich, zeitlich und räumlich ausgewichen werden. Im ersten Fall wird z. B. statt des besteuerten Bieres mehr Wein getrunken. Zeitliche Ausweichung wäre möglich, wenn bei einer nur vorübergehend erhobenen Abgabe der steuerpflichtige Tatbestand in die Zeit vor Einführung oder nach Wegfall der Steuer verschoben werden kann. Standort- oder Wohnsitzverlagerungen bei regional unterschiedlichen Steuersätzen sind Beispiele für räumliche Steuerausweichung.

Der Gesetzgeber kann die Steuerausweichung beabsichtigen, so z. B. wenn aus gesundheitspolitischen Gründen Alkohol und Tabak besteuert werden. Das gilt ebenso bei einer aus konjunkturpolitischen Überlegungen erhobenen Investitionssteuer. Unter dem fiskalischen Aspekt der Einnahmenbeschaffung ist die Steuerausweichung dagegen stets unerwünscht, da sie zu einer Verminderung des Steueraufkommens führt.

Markt- und Preiswirkungen

Wenn ein Pflichtiger der Steuer nicht ausweichen will oder kann, muß er sie zunächst zahlen (formale Inzidenz). Er kann jedoch versuchen, die Steuer im Marktprozeß an ein anderes Wirtschaftssubjekt weiterzugeben. Gelingt ihm das, dann trifft die Steuerlast ein anderes Wirtschaftssubjekt (effektive Inzidenz). Diesen Vorgang bezeichnet man als Steuerüberwälzung, die sich im Marktprozeß abspielt und in Änderungen der Güter- oder Faktorpreise niederschlägt (Markt- und Preiswirkungen).

Sofern Steuerpflichtige eine Abgabe durch Erhöhung der Verkaufspreise auf die Nachfrager überwälzen, ist die Rede von Vorwälzung. Gelingt es dagegen, die Steuer durch Senkung der Einkaufspreise für Güter und Faktoren zu überwälzen, so liegt Rückwälzung vor. Der Unterschied sei an folgendem Beispiel veranschaulicht: Wenn eine Brauerei nach Erhebung einer (von ihr zu zahlenden) Biersteuer die Bierpreise entsprechend erhöhen kann, kommt es zur Vorwälzung. Gelingt es ihr dagegen, infolge der Besteuerung die Anbieter von Hopfen und Malz zu Preiszugeständnissen zu bewegen, so liegt Rückwälzung vor. Wird eine Steuer mehrmals überwälzt (z. B. vom Produzenten auf den Händler und von diesem auf den Endverbraucher), spricht man von Weiterwälzung. Bietet ein Produzent mehrere Güter an, so ist es denkbar, daß die Überwälzung auch über den Preis eines nicht unmittelbar besteuerten Gutes erfolgt (Schrägwälzung). Alle Arten der Überwälzung können teilweise oder vollständig gelingen. In der Literatur werden sogar Fälle diskutiert, in denen die Preissteigerungen größer sind als die Steuererhöhung.

Vom Gesetzgeber mag die Überwälzung gewollt sein, wie bei den Verbrauchsteuern, sie kann aber auch unerwünscht sein, wie z. B. aus verteilungspolitischen Gründen bei der progressiven Einkommensteuer. Die Absicht des Gesetzgebers entscheidet freilich nicht darüber, ob die Überwälzung gelingt oder nicht. Dafür sind vielmehr ökonomische Bedingungen relevant. Diese zu ermitteln, ist eine der zentralen Aufgaben der Steuerwirkungslehre. Die dazu entwickelten theoretischen Ansätze arbeiten entweder mit mikroökonomischen Partialmodellen oder mit makroökonomischen Kreislaufmodellen.

Die mikroökonomische Steuerwirkungslehre ist ein preistheoretischer Ansatz. Man geht von einem Marktgleichgewicht vor Besteuerung aus und untersucht, welche Wirkungen von einer Steuer auf den Marktpreis ausgehen. Eine Steuerüberwälzung gilt als gelungen, wenn der Preis des betrachteten Gutes steigt. Der Grundgedanke läßt sich für den Fall der vollkommenen Konkurrenz auf einem Gütermarkt und der Erhebung einer spezifischen Steuer t (DM pro Stück) auf die Produktion eines Gutes anhand der *Abb. J-2* erläutern:

Vor der Besteuerung ergibt sich ein Gleichgewicht beim Preis p_0. Die Erhebung einer spezifischen Steuer bedeutet, daß die Grenzkosten der einzelnen Unternehmer um t erhöht werden, was auf dem Gesamtmarkt zu einer Verschiebung der Angebotskur-

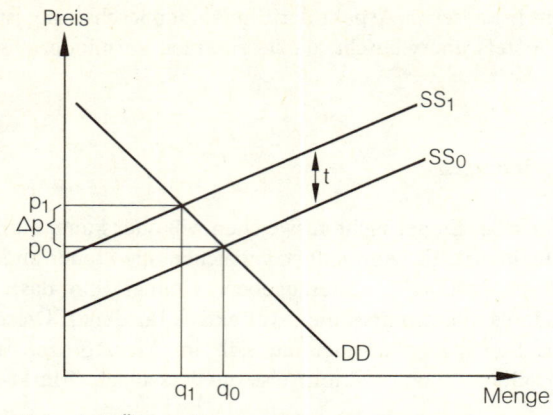

Abb. J-2: Überwälzung einer spezifischen Steuer

ve um t nach SS_1 führt. Der Marktpreis steigt um Δp auf p_1. Die Steuer ist auf die Nachfrager überwälzt worden. Da $\Delta p < t$ ist, ist die Überwälzung jedoch nur zum Teil gelungen, im Umfang $t - \Delta p$ müssen die Anbieter die Steuer selbst tragen. Unterstellt man für die Angebots- bzw. Nachfragekurve in *Abb. J-2* die Funktionen SS_o: $p = g(x)$ und DD: $p = f(x)$, so läßt sich die Preisänderung und damit das Überwälzungsausmaß (näherungsweise) angeben mit

$$\Delta p = \frac{1}{1 - \frac{g'(x)}{f'(x)}} \cdot t$$

(zur Herleitung der Formel vgl. MUSGRAVE, 1966, 2. A. 1969, S. 256 f.). Man sieht also, daß das Überwälzungsausmaß allein vom Verlauf der Angebots- und Nachfragekurven – genauer: deren Steigungen – abhängt.

Diese Überlegungen lassen sich dahingehend erweitern, daß andere Marktformen (Monopol, Oligopol), andere Bemessungsgrundlagen (Erlös, Gewinn) sowie andere Steuereinheiten (Wertgrößen) untersucht werden. Solche Fälle werden in den finanzwissenschaftlichen Lehrbüchern im einzelnen diskutiert (für viele vgl. MUSGRAVE, 1966, 2. A. 1969; HEDTKAMP, 1968, 2. A. 1977). Das grundsätzliche Ergebnis lautet, daß das Überwälzungsausmaß von der Steuerart, von der Marktform und von den Angebots-/Nachfrageverhältnissen auf den einzelnen Märkten abhängt.

Gegen die mikroökonomischen Modelle sprechen zunächst alle Argumente, die gegen die mikroökonomische Preistheorie vorgebracht werden, insbesondere der reichliche Gebrauch der ceteris-paribus-Klausel. Es wird von gegebenen Angebots- und Nachfragekurven auf den einzelnen Märkten ausgegangen; Rück-, Weiter- und Schrägwälzungen werden von vornherein ausgeschlossen. Die Verwendung der Steuereinnahmen durch den Staat bleibt ebenfalls unberücksichtigt; das gleiche gilt für monetäre Expansions- und Kontraktionsprozesse. Anhand der Modelle können nur die Wirkungen spezieller, auf einzelne Produkte erhobener Steuern ermittelt und die Reaktionen der Besteuerten auf Teilmärkten überprüft werden. Für eine Analyse der Effekte großer Steuern (z. B. Einkommen-, Umsatzsteuer) sind die Modelle schon vom Konzept her ungeeignet. Überdies wird unterstellt, daß die einzelnen Anbieter die Gewinnmaximierung anstreben, also stets die Preis-Mengen-Kombination verwirklichen, bei der Grenzkosten und Grenzerlös übereinstimmen. Wegen dieser Prämisse kommen nur noch die Steuern für eine Überwälzung in Frage, die die Grenzkosten oder die Grenzerlöse beeinflussen. Von daher resultiert die verfehlte Auffassung, manche Steuern (Kostensteuern) seien überwälzbar, andere (Gewinnsteuern) dagegen grundsätzlich nicht.

Den beschränkten Aussagewert der Partialmodelle versucht man zu umgehen, indem die Steuerwirkungen anhand totaler (mikroökonomischer) Gleichgewichtsmodelle analysiert werden (zu einem Überblick vgl. McLure, 1975). Diese Ansätze, die auf einem Modell von Arnold C. Harberger (1962) basieren, liefern allerdings keine eindeutigen und falsifizierbaren Inzidenzhypothesen. Mehr Erfolg versprechen makroökonomische Kreislaufmodelle. Hierbei werden vor allem die Effekte der Einkommen- und der Umsatzsteuer auf die gesamtwirtschaftlichen Aggregate Einkommen, Investition, Konsum etc. untersucht. Dabei bietet sich die Gelegenheit, auch die Verwendung der Steuereinnahmen durch den Staat mitzuerfassen, also – im Sinne von Musgrave (1959) – von der spezifischen Steuerinzidenz zur Inzidenz eines ausgeglichenen (wachsenden) Budgets überzugehen.

Einen solchen Ansatz hat Carl Föhl (1953/54) versucht. Er fragt nach den Wirkungen einer allgemeinen (progressiven) Gewinnsteuer, die für ihn als überwälzt gilt, wenn die Nettogewinneinkommen der Unternehmer verglichen mit der Situation vor Besteuerung unverändert bleiben. Im Gegensatz zur klassischen Vorstellung, daß Gewinnsteuern überhaupt nicht überwälzbar seien, kommt Föhl zu dem Ergebnis, daß eine allgemeine Gewinnsteuer unter bestimmten Voraussetzungen voll überwälzt wird (Föhlsches Steuerparadoxon).

Die Grundgedanken lassen sich in der folgenden – allerdings stark vereinfachten – Form darstellen. Föhl geht von zwei Einkommensarten aus: den Gewinneinkommen, die den Unternehmern zufließen, und den Lohneinkommen, die die Nichtunternehmer erhalten. Für eine geschlossene Wirtschaft können dann unter der Annahme, daß keine indirekten Steuern erhoben und keine Subventionen gezahlt werden, folgende Definitionsgleichungen für das Volkseinkommen (Y) und die (Brutto-)Gewinneinkommen (Q) aufgestellt werden.

(1) $\quad Y = C_U + C_{NU} + I + G$

(2) $\quad Y = C_U + C_{NU} + S_U + S_{NU} + T_U + T_{NU}$

(3) $\quad Q = C_U + S_U + T_U$
  (Indices: U – Unternehmer, NU – Nichtunternehmer)

Aus diesen drei Gleichungen läßt sich für die Gewinneinkommen auch die Definitionsgleichung

(4) $\quad Q = C_U + T_U + I + G - T_U - T_{NU} - S_{NU}$

herleiten. Unter der Annahme, daß das Budget ausgeglichen ist ($G - T_U - T_{NU} = 0$), reduziert sich (4) auf

(5) $\quad Q = C_U + T_U + I - S_{NU}$

Außerdem geht Föhl von folgenden Prämissen aus:

– Eine Veränderung der Gewinneinkommen läßt den Konsum der Gewinnbezieher sowie die Investitionen unverändert.
– Das Sparen der Nichtunternehmer wird durch die Besteuerung nicht beeinflußt.
– Zusätzliche Einnahmen aus der Gewinnsteuer verwendet der Staat für Realausgaben.

Bei der Erhöhung der Gewinnsteuer um ΔT_U bleiben damit die Größen I, C_U und S_{NU} konstant, so daß gilt:

(6) $\quad \Delta Q = \Delta T_U$

Die Brutto-Gewinneinkommen steigen im gleichen Ausmaß wie die Gewinnsteuern, die Netto-Gewinneinkommen bleiben also konstant. Die Gewinnsteuer wird voll überwälzt.

An diese These von Föhl hat sich eine umfangreiche Diskussion angeschlossen, die dazu beigetragen hat, weitere Voraussetzungen herauszuarbeiten, die für eine Überwälzung der Gewinnsteuern gegeben sein müssen. Neben den bereits erwähnten Prämissen sind insbesondere zu nennen:

– Die privaten Investitionen werden durch Steuern und Staatsausgaben nicht beeinflußt.
– Das Geldangebot ist völlig elastisch.
– In der Ausgangssituation herrscht Vollbeschäftigung.

Die Prämissen des Modells sind nicht realistisch; das sollte davor bewahren, die Ergebnisse von Föhl unkritisch zu verallgemeinern. Das Verdienst seiner Überlegungen liegt auch eigentlich auf anderem Gebiet: Föhl hat gezeigt, daß die scharfe Trennung zwischen überwälzbaren und nicht überwälzbaren Steuern nicht haltbar ist. Steuern jeder Art stellen für den Steuerpflichtigen eine Belastung dar, der er sich aller Erfahrung nach zu entziehen versucht. Ob ihm das allerdings gelingt, hängt vor allem von den Wettbewerbsverhältnissen, von der Konjunkturlage, der Geldpolitik und nicht zuletzt von den Reaktionen der einzelnen Wirtschaftssubjekte ab.

Einkommenswirkungen

Wenn ein Besteuerter weder ausweichen noch überwälzen kann, muß er die Steuer tragen (effektive Inzidenz), d. h. er erleidet einen Einkommensverlust. Das gleiche gilt für ein Wirtschaftssubjekt, das zwar selbst nicht steuerpflichtig ist, auf das jedoch eine Steuer überwälzt wird. Der Einkommensverlust kann einmal in einer Verringerung des verfügbaren Nominaleinkommens zum Ausdruck kommen, er kann aber auch eine Senkung des Realeinkommens darstellen, sofern die Besteuerung zu Preiserhöhungen führt. Mit diesem Einkommensverlust beginnt die dritte Phase im Prozeß der Steuerwirkungen, nämlich die Inzidenzphase mit den Einkommenswirkungen. Es wird gefragt, wie der Steuerträger auf die Minderung seines Einkommens reagiert. Auch hierbei sind verschiedene Verhaltensweisen möglich, die vor allem durch die Art der erhobenen Abgabe und ihre Ausgestaltung bestimmt werden. Insofern müßte eine Analyse der Steuerwirkungen auf einzelne Steuerarten abstellen.

Da eine solche „besondere" Steuerlehre hier nicht im einzelnen geboten werden kann, muß ein Überblick über mögliche Einkommenswirkungen reichen.

Ein Wirtschaftssubjekt kann z. B. versuchen, den erlittenen Einkommensverlust durch vermehrte oder verbesserte Leistungen auszugleichen. Man spricht in diesem Fall von Steuereinholung oder von incentive-Wirkungen der Besteuerung. Allerdings sind auch umgekehrte Reaktionen, also disincentive-Wirkungen, möglich. So kann die Erhöhung der Einkommensteuer z. B. das Arbeitsangebot reduzieren, da es sich angesichts der Steuerbelastung nicht mehr lohnt, hohe Einkommen (möglicherweise unter großem Arbeitsleid) zu verdienen. Für den Unternehmensbereich wird diskutiert, ob und wie Niveau und Struktur der Investitionen durch die Besteuerung beeinflußt werden. Auf die damit angesprochenen wachstumspolitischen Wirkungen der Besteuerung wird später (s. Abschnitt 6.2.2.) einzugehen sein.

Steuerlich bedingte Einkommenseinbußen führen in der Regel zu einer Änderung der Einkommensverteilung, da durch eine Steuer nicht sämtliche Einkommensbezieher gleichermaßen betroffen werden. Hier liegt ein Ansatzpunkt, die Besteuerung für verteilungspolitische Zwecke einzusetzen (s. Abschnitt 6.3.2.).

Sind Konsum und Sparen vom verfügbaren Einkommen abhängig, dann wird mit der Besteuerung auch die Höhe und Zusammensetzung der Nachfrage der privaten Haushalte geändert, was wiederum Volkseinkommen, Beschäftigung und Preisniveau beeinflussen kann. Ähnliches gilt für den Unternehmensbereich. Steuerlich bedingte Veränderungen der Nettogewinne sollen die Investitionen und die Nachfrage beeinflussen und damit auf die Konjunktur einwirken. Diese Zusammenhänge macht sich die konjunkturpolitisch motivierte Steuerpolitik zunutze (s. Abschnitt 6.1.1.).

Ob die angedeuteten Effekte auf Verteilung, Konjunktur und Wachstum allerdings eintreten, hängt im wesentlichen von der Art der erhobenen Steuer, ihrer konkreten Ausgestaltung und vor allem von den Reaktionen der Besteuerten ab. Viele Mißerfolge der wirtschaftspolitisch motivierten Steuerpolitik sind gerade darauf zurückzuführen, daß der Staat bei den privaten Wirtschaftssubjekten Verhaltensweisen unterstellt, die unzutreffend sind. Empirisch gesicherte Kenntnisse auf diesem Gebiet liegen nicht vor, weshalb die Einkommenswirkungen der Besteuerung auch nur schwer zu prognostizieren sind.

4.3. Probleme des öffentlichen Kredits

4.3.1. Arten des Kredits

Zur Finanzierung seiner Ausgaben hat sich der Staat seit jeher auch der Kreditaufnahme bedient. Im Verlauf eines Haushaltsjahres wird sich immer wieder die Situation ergeben, daß die geplanten Ausgaben bereits getätigt werden müssen, bevor die geplanten Einnahmen zur Verfügung stehen. Um den daraus resultierenden Liquiditätsmangel zu beheben, müssen Kassenkredite aufgenommen werden. Diese kurzfristigen Kredite zählen nicht zur sog. fundierten Schuld. Auch bei einem ausgeglichenen Budget werden stets Kassenkredite erforderlich sein. Ihre maximale Höhe ist in der Bundesrepublik für Bund und Länder gemäß § 20 Bundesbankgesetz (BBankG) gesetzlich fixiert.

Bei der Aufstellung des Haushaltes kann allerdings auch von vornherein geplant sein, einen Teil der Ausgaben auf dem Kreditwege zu finanzieren (Haushaltskredit). Grundsätzlich kommen als Gläubiger Banken (Geschäftsbanken und Notenbank), aber auch Nichtbanken (private Haushalte und Unternehmen) in Frage. In der Bundesrepublik ist die Aufnahme eines Haushaltskredits auf direktem Wege bei der Bundesbank nicht möglich; allerdings kann ein solcher Kredit indirekt durch Offen-Markt-Operationen gegeben werden. Die Kredite können sowohl im Inland (innere Verschuldung) als auch im Ausland (äußere Verschuldung) aufgenommen werden. Der Kredit kann eine in Wertpapieren (Wechsel, Obligationen etc.) oder Schuldscheinen verbriefte Forderung (Briefschuld) oder als Anspruch des Gläubigers im öffentlichen Schuldbuch gesichert sein (Buchschuld).

Anlaß für die Aufnahme von Haushaltskrediten kann das fiskalische Ziel (Einnahmenbeschaffung) sein, allerdings können auch nichtfiskalische, nämlich konjunktur-, verteilungs- und wachstumspolitische Gründe ausschlaggebend sein. Die Aufnahme, Rückzahlung und Verzinsung der Kredite bedeuten für den privaten Sektor Entzug bzw. Zuführung von Liquidität. Gerade diese Wirkungen können für die Verfolgung der nichtfiskalischen Ziele nutzbar gemacht werden. Die gesamte Neuverschuldung in einer Periode bezeichnet man als Bruttokreditaufnahme; werden davon die Tilgungen abgezogen, ergibt sich die Nettokreditaufnahme, deren Entwicklung *Tab. J-4* zeigt.

Tab. J-4: Nettokreditaufnahme der Gebietskörperschaften in Mill. DM (in Klammern: Nettokreditaufnahme in v. H. der Gesamtausgaben)

Jahr	Bund		Länder		Gemeinden	
1973	2677	(2,2)	2579	(2,2)	6271	(7,4)
1974	9475	(7,1)	7738	(5,8)	5669	(5,9)
1975	29925	(18,9)	17003	(11,6)	6791	(6,7)
1976	25782	(15,7)	15873	(10,3)	5578	(5,3)
1977	21819	(12,7)	7686	(4,7)	2944	(2,6)

Quelle: BUNDESMINISTERIUM DER FINANZEN (1978), Dokumentation, Nr. 11/78, Bonn 29. 5. 1978, S. 3.

Die zulässige Höhe der Verschuldung wird durch die Legislative festgelegt (Kreditermächtigung). Das geschieht für Bund und Länder in den Haushaltsgesetzen und bei den Gemeinden – nach Genehmigung durch die kommunale Kreditaufsicht – in der Haushaltssatzung. Daneben gelten für die Kreditaufnahme weitere gesetzliche Regelungen. Neben § 20 BBankG sind zu nennen:

– Art. 115 Abs. 1, Satz 2 GG, in dem die Forderung enthalten ist, daß die Einnahmen aus Krediten in Zeiten eines gesamtwirtschaftlichen Gleichgewichts die Summe der im Haushaltsplan veranschlagten Ausgaben für Investitionen nicht überschreiten dürfen;

– §§ 19 ff. StabG und Art. 109 Abs. 4 GG sehen aus konjunkturpolitischen Gründen eine Beschränkung und Koordinierung der öffentlichen Verschuldung vor (Schuldendeckel-Verordnung);

– § 18 Abs. 2 und § 22 Abs. 1 StabG ermöglichen die Koordination der Kreditaufnahme durch einen Konjunkturrat.

Bei der Gestaltung der öffentlichen Verschuldung sind die Schuldenniveaupolitik und die Schuldenstrukturpolitik zu trennen. Der erste Bereich umfaßt alle Maßnahmen, die den Umfang der Verschuldung bestimmen. Hierbei ist also zu prüfen, inwieweit gegebene Ausgaben des Staates alternativ über Steuern oder Kredite finanziert werden sollen. Im wesentlichen geht es um die Frage der Rechtfertigung der Kreditaufnahme. Im Rahmen der Schuldenstrukturpolitik, auch Debt Management genannt, wird dagegen untersucht, wie ein gegebener Schuldenstand vor allem nach Laufzeit, Schuldform und Gläubigerkreis strukturiert werden soll, um bestimmte Wirkungen auf Allokation, Distribution und Stabilität zu erreichen. Gerade wegen der starken Zunahme des öffentlichen Kredits haben die (lange vernachlässigten) Fragen eines effizienten Debt Managements an Interesse gewonnen (vgl. WISSENSCHAFTLICHER BEIRAT, 1979).

4.3.2. Rechtfertigung der Kreditaufnahme

Die Frage, wann die Kreditfinanzierung öffentlicher Ausgaben angebracht oder doch wenigstens zulässig sei, hat in der Finanzwissenschaft eine lange Geschichte. Im Rahmen der klassischen – ausschließlich fiskalisch motivierten – Theorie der öffentlichen Schuld ist das wichtigste Entscheidungskriterium die Art des zu finanzierenden Objektes. Man spricht deshalb von der objektbezogenen Verschuldungspolitik (ALBERS, 1961). Danach ist die Kreditfinanzierung immer dann zulässig, wenn die erwarteten Nettoerträge eines Objektes (einer Investition) die für den Schuldendienst, also für Tilgung und Verzinsung des Kredits, notwendigen Ausgaben decken können (rentabilitätsorientierter Grundsatz). Dieses Erfordernis dürfte vornehmlich für die Investitionen im kommunalen Bereich und in den öffentlichen Unternehmen erfüllt sein, so daß die Kreditfinanzierung insoweit auf einen engen Rahmen begrenzt bleibt.

Nach den klassischen Deckungsvorschriften ist die Kreditaufnahme aber auch gerechtfertigt, wenn dadurch eine gerechtere (intertemporale) Lastenverteilung erreicht werden kann (belastungspolitischer Grundsatz). Einmal wird verlangt, daß Ausgaben für langfristig nutzbare Einrichtungen (z. B. im Bildungs- oder Verkehrswesen) den Bürgern entsprechend den Nutzungen angelastet werden (pay-as-you-use-Prinzip). Solche Ausgaben sollen mit Kredit finanziert, die Nutznießer entsprechend den Nutzen besteuert und aus dem Steueraufkommen die Kredite getilgt und verzinst werden. Ähnliches soll gelten für Ausgaben, die aufgrund von Ausnahmesituationen (z. B. Kriege oder Naturkatastrophen) erforderlich werden. Dabei entstehen zwar keine unmittelbaren Nutzen für spätere Perioden, aber die Last soll auf mehrere Generationen verteilt werden (inter-generation-equity-Prinzip).

Gegen beide Prinzipien spricht, daß die in der Periode der Ausgabentätigkeit erforderliche reale Inanspruchnahme des Sozialprodukts durch die öffentliche Hand auch durch die Kreditfinanzierung nicht vermieden wird. Insoweit kann die reale Last nicht auf eine andere Periode verschoben werden. Lediglich die Finanzierungslast wird anders verteilt, als es bei Steuerfinanzierung der Fall wäre. Ein weiterer Vorteil mag darin zu sehen sein, daß einmalige, starke Ausgabensteigerungen keine entsprechenden Erhöhungen der Steuern in der gleichen Periode verlangen, sondern lediglich vergleichsweise mäßige Steuererhöhungen über viele Perioden verteilt. Dadurch werden möglicherweise Steuerwiderstände bei der Bevölkerung vermieden.

Mit dem Vordringen nichtfiskalischer Zielsetzungen mußten auch andere Maßstäbe für die Beurteilung des öffentlichen Kredits herangezogen werden. Nunmehr wird gefragt, inwieweit die wirtschaftspolitische Lage es nahelegt, anstelle der Steuerfinanzierung die Kreditfinanzierung zu wählen. Man spricht deshalb von der situationsbezogenen Verschuldungspolitik. Im Mittelpunkt steht die Frage, wann die Kreditfinanzierung konjunktur- und verteilungspolitisch vertretbar oder sogar wünschenswert ist.

Unter konjunkturpolitischem Aspekt empfiehlt sich die staatliche Kreditaufnahme im Falle der Rezession. Diese Konjunkturphase ist dadurch gekennzeichnet, daß die Entwicklung der privaten Nachfrage hinter der des Produktionspotentials zurückbleibt. Der damit verbundene Rückgang des Sozialprodukts oder seiner Wachstumsrate führt zu Steuermindereinnahmen bzw. weniger stark steigenden Steuereinnahmen. Diese müssen durch Kredite ausgeglichen werden, um zu vermeiden, daß der Rückgang der privaten Nachfrage durch sinkende Staatsnachfrage forciert wird (Parallelpolitik). Bei stärkeren Rezessionen mag es sogar geboten sein, die Steuern zu senken und die öffentlichen Ausgaben zu erhöhen, was eine vermehrte Kreditaufnahme verlangt. Dabei muß allerdings garantiert sein, daß durch die staatliche Verschuldung die private Nachfrage nicht reduziert wird. Sofern erwartet wird, daß durch die Kreditaufnahme am Kapitalmarkt private Investitionen zurückgedrängt werden, ist unter konjunkturpolitischem Aspekt die Verschuldung bei der Notenbank angebracht. Damit zeigt sich, daß die konjunkturellen Wirkungen des öffentlichen Kredits nicht nur vom Schuldenniveau, sondern auch von der Schuldenstruktur (hier: Gläubigerstruktur) abhängen.

Notenbankkredite sind allerdings immer mit einer Erhöhung der Geldmenge (Geldschöpfung) verbunden, was in der Rezession auch erwünscht ist. In Zeiten der Vollbeschäftigung dagegen bringt dieser Kredit stets die Gefahr einer Inflation mit sich. Darin ist auch wohl die Begründung zu finden, daß in den meisten Ländern den Regierungen die unbegrenzte längerfristige Kreditaufnahme bei der Zentralbank versperrt ist.

Die Beurteilung des öffentlichen Kredits kann auch anhand verteilungspolitischer Ziele vorgenommen werden, da die Verschuldung zu Redistributionen zwischen einzelnen Gruppen von Einkommensempfängern führt. Oft wird vermutet, daß die Zinszahlungen in erster Linie den Beziehern hoher Einkommen zufließen, weil sie imstande sind, dem Staat Kredit zu gewähren, während die für die Zinszahlungen erforderlichen Steuern von allen Bevölkerungsgruppen aufgebracht werden müssen. Daraus ergäbe sich ein unerwünschter Einfluß auf die Einkommensverteilung, weshalb der öffentliche Kredit verteilungspolitisch bedenklich wäre. Inwieweit das zutrifft, läßt sich kaum überprüfen, da die Verteilung der effektiven Steuerlasten und der Anleihetitel auf einzelne Einkommensklassen nicht hinreichend bekannt ist. Will man allerdings solchen unerwünschten Wirkungen vorbeugen, dann müßte dafür gesorgt werden, daß auch einkommensschwächere Schichten Kredittitel erwerben können und folglich Zinszahlungen erhalten.

Bisher sind lediglich Wirkungen auf die personelle Einkommensverteilung angesprochen worden. Die Kreditfinanzierung kann aber auch die funktionale Verteilung beeinflussen, da beim Übergang von der Steuer- zur Kreditfinanzierung die Zinsen und das Kapitalangebot und damit der Anteil der Zinseinkommen am Volkseinkommen verändert werden (GANDENBERGER, 1970).

4.3.3. Grenzen der Staatsverschuldung

Die situationsbezogene Begründung des öffentlichen Kredits zeigt bereits gewisse Grenzen der Verschuldung auf. Sofern der Staat z. B. Kredite am Kapitalmarkt aufnimmt, tritt er regelmäßig als Konkurrent privater Investoren auf. In einem marktwirtschaftlichen System ist eine Grenze der staatlichen Kreditaufnahme dort zu sehen, wo die privaten Investitionen in unerwünschtem Maße beeinträchtigt werden. Werden dagegen Kredite bei der Notenbank aufgenommen, so drohen Inflationsgefahren. Eine an der Stabilität des Preisniveaus orientierte Wirtschaftspolitik setzt somit auch dem Notenbankkredit Grenzen, die freilich ebensowenig quantitativ exakt zu fixieren sind.

Gerade die Erfahrungen mit den großen Inflationen der Vergangenheit, die zum Teil auf hemmungslose Aufnahme von Notenbankkrediten zurückzuführen sind, haben dazu geführt, institutionelle Grenzen für den öffentlichen Kredit einzuführen. Aber auch diese Regelungen erweisen sich in der Praxis als relativ weit. Beispielhaft kann auf die Vorschriften des Art. 115 GG hingewiesen werden. Danach dürfen die Kredite die Summe der im Haushaltsplan veranschlagten Ausgaben für Investitionen nicht überschreiten; Ausnahmen sind zur Abwehr einer Störung des gesamtwirtschaftlichen Gleichgewichts zulässig. Zudem kann der Art. 115 GG die vermutlich angestrebte Bremsfunktion für die Kreditaufnahme nur schwer erfüllen, weil die Definition des Begriffs der öffentlichen Investitionen umstritten ist.

Daneben wird in der Finanzwissenschaft versucht, quantitative Grenzen für die Kreditaufnahme in Form von Quoten oder Verhältniszahlen zu formulieren. Auf einige Beispiele sei kurz eingegangen.

Zunächst wird – wohl in Anlehnung an die Begrenzung privater Kreditaufnahme – die Relation Staatsschuld zu Staatsvermögen benutzt. Diese Größe hat jedoch nur geringe Aussagekraft. Der Staat kann Zinsen und Tilgung über die Besteuerung finanzieren, Staatsvermögen ist also für die Sicherung des Gläubigers nicht erforderlich.

Oft wird auch die Relation Staatsschuld zu Sozialprodukt, die sog. Schuldenquote, herangezogen, um Grenzen zu markieren. Diese in der Bundesrepublik im Vergleich zu anderen Ländern niedrige Quote darf allerdings nicht dahingehend interpretiert werden, als bestehe bei uns noch ein Nachholbedarf für die öffentliche Verschuldung. Der niedrige Wert ist damit zu erklären, daß sich der Staat bei der Währungsreform 1948 seiner Schulden weitgehend entledigt hat. Davon abgesehen läßt eine niedrige Quote kein Urteil darüber zu, ob eine Neuverschuldung vertretbar ist. In Perioden der Hochkonjunktur sind die Preis- und Verteilungswirkungen einer Verschuldung meist so ungünstig, daß trotz relativ niedrigen Schuldenstandes eine Kreditaufnahme unerwünscht wäre. Umgekehrt kann in Rezessionsphasen auch bei hohem Schuldenstand die Aufnahme neuer Kredite durchaus vertretbar sein.

Ein weiterer Ansatzpunkt kann die sog. Schuldendienstquote (Schuldendienst zu Staatsausgaben) sein, die angibt, wie der Ausgabenspielraum durch die Kreditaufnahme früherer Perioden bereits eingeengt ist. Allerdings ist zu berücksichtigen, daß sich dieser Spielraum durch die Steuerentwicklung in der Zukunft verändern kann. Theoretisch läßt sich auch diese Größe als Maßstab für die Grenze der öffentlichen Verschuldung nicht überzeugend begründen. Letzten Endes sind Grenzen nur im Hinblick auf die wirtschaftspolitischen Ziele zu formulieren, aber nicht quantitativ exakt zu fassen.

5. Theorie und Praxis des Finanzausgleichs

5.1. Ziele und Systeme des Finanzausgleichs

Bei der Behandlung der öffentlichen Ausgaben und Einnahmen wurde bisher davon ausgegangen, daß nur ein einziger staatlicher Entscheidungsträger vorhanden sei. Diese Annahme entspricht jedoch nicht der Realität, da die meisten westlichen Industriestaaten – mehr oder weniger ausgeprägt – föderativ aufgebaut sind. Neben dem Oberverband (z. B. Bund) sind weitere Entscheidungsträger (z. B. Länder, Gemeinden) vorhanden. Hierbei kann man den vertikalen Staatsaufbau (Bund, Länder, Gemeinden) und die horizontale Gliederung unterscheiden; die letztere ergibt sich aus dem Nebeneinander der nachgeordneten Körperschaften (die Länder, die Gemeinden).

Die Regelung der Finanzbeziehungen zwischen den Gebietskörperschaften (Aufgaben-, Ausgaben-, Einnahmenverteilung) bezeichnet man als Finanzausgleich (intergovernmental fiscal relations). Beim passiven Finanzausgleich geht es um die Verteilung der öffentlichen Aufgaben und (damit) Ausgaben auf die einzelnen Ebenen. Beim aktiven Finanzausgleich wird dagegen von einer gegebenen Aufgabenverteilung ausgegangen und lediglich diskutiert, wie die Einnahmen den einzelnen Körperschaften zugewiesen werden sollen.

Aufgaben, Ausgaben und Einnahmen müssen zunächst auf die verschiedenen Ebenen im Staatsaufbau verteilt werden, was ein Problem des vertikalen Finanzausgleichs ist. Damit ist jedoch noch nicht gesichert, daß für die verschiedenen Entscheidungsträger einer Ebene auch das Verhältnis von Finanzbedarf (Ausgabenverpflichtungen) und Finanzkraft (Einnahmenmöglichkeiten) übereinstimmt. Deshalb muß zu dem vertikalen in der Regel ein horizontaler Finanzausgleich zwischen den Körperschaften der gleichen Ebene hinzutreten. Während also beim vertikalen Finanzausgleich der Staatsaufbau, die Kompetenzverteilung und Autonomiefragen angesprochen sind, werden diese Probleme im horizontalen Finanzausgleich weitgehend als gelöst angesehen; im Mittelpunkt stehen die Ermittlung von Finanzbedarf und Finanzkraft sowie der Versuch, die Relationen zwischen diesen Größen – in der Regel durch ein System von Ausgleichszahlungen – auszugleichen.

Die strenge Trennung zwischen vertikalem und horizontalem Finanzausgleich ist in der Praxis nicht möglich, da auch im Rahmen des vertikalen Finanzausgleichs die Ziele des horizontalen zumindest partiell verwirklicht werden können (vertikaler

Finanzausgleich mit horizontaler Wirkung). Zur Veranschaulichung mag ein Beispiel aus der Praxis des deutschen Finanzausgleichs dienen: Finanzschwache Gemeinden erhalten vergleichsweise höhere Zuweisungen der Länder (s. Abschnitt 5.4.2.).

Diskussionen um den Finanzausgleich beziehen sich meist auf die Finanzbeziehungen zwischen den Gebietskörperschaften einer Volkswirtschaft (nationaler Finanzausgleich). Durchaus vergleichbare Probleme ergeben sich jedoch auch im Rahmen der internationalen Finanzordnung, also im Verhältnis zwischen einzelnen Staaten sowie zwischen Staaten und supranationalen Einrichtungen (internationaler Finanzausgleich).

5.2. Verteilung der Aufgaben

Bei der Aufgabenverteilung ist zwischen der Aufgabenkompetenz und der Aufgabenerfüllung zu unterscheiden. Für die Frage der Autonomie einer Gebietskörperschaft ist ausschließlich die Zuordnung der Aufgabenkompetenz wichtig. Eine staatliche Aufgabe kann in die Zuständigkeit des Oberverbandes fallen, ohne daß diese Aufgabe auch zentral gelöst werden muß; sie kann vielmehr oder muß u. U. sogar – aus technisch-wirtschaftlichen Gründen – den regionalen oder kommunalen Körperschaften übertragen werden.

Die Verteilung der Aufgaben entscheidet weitgehend auch über die Ausgabenverteilung, weshalb beide oft gleichgesetzt werden. Ganz zutreffend ist dies allerdings nicht, weil der Staat seinen Aufgaben auch durch Gebote und Verbote nachkommen kann, die abgesehen vom Verwaltungs- und Kontrollaufwand keine weiteren Ausgaben hervorrufen; daneben können bestimmte Aufgaben durch eine entsprechende Ausgestaltung der Besteuerung erfüllt werden. Schließlich sind Aufgaben- und Ausgabenverteilung nur identisch, wenn auch Aufgabenkompetenz und -erfüllung zusammenfallen.

Die konkrete Aufgabenverteilung wird von politischen, aber auch von historischen Gegebenheiten bestimmt und ist in der Regel durch die Verfassung vorgegeben. Gleichwohl stellt sich die Frage nach den Kriterien einer ökonomisch optimalen Aufgabenverteilung; denn nur wenn solche Maßstäbe vorliegen, kann z .B. beurteilt werden, welche gesamtwirtschaftlichen Kosten durch eine gegebene, von der optimalen abweichende Aufgabenverteilung verursacht werden oder welcher Ebene neu auftretende Aufgaben ökonomisch sinnvoll zugeordnet werden können.

Für die lange Zeit vernachlässigte ökonomische Theorie der Aufgabenverteilung bieten die Theorie der öffentlichen Güter und die MUSGRAVEsche Einteilung der Staatstätigkeiten in die Bereiche Allokation, Distribution und Stabilisierung interessante Ansatzpunkte. Unter dem Aspekt der optimalen Allokation der Ressourcen muß das Angebot an öffentlichen Leistungen sowohl die bestmögliche Berücksichtigung der individuellen Präferenzen als auch eine maximale Produktion von Gütern und Dienstleistungen gewährleisten. Die Anpassung an die individuellen Präferenzen scheint am ehesten in einem dezentralen System möglich zu sein, da den nachgeordneten Ebenen einer Föderation die Präferenzen der Wirtschaftssubjekte wahrscheinlich besser bekannt sind als dem Oberverband. Außerdem kann in einem dezentralen System die Möglichkeit der Wohlstandssteigerungen durch die räumliche Mobilität der Konsumenten verwirklicht werden. Wirtschaftssubjekte, die ihre Präferenzen in ihrer Region nicht hinreichend berücksichtigt sehen, können nämlich in eine andere „auswandern", die ihnen das gewünschte Angebot an öffentlichen Leistungen garantiert. Ob mit einer solchen „Abstimmung mit den Füßen" (TIEBOUT, 1956) gerechnet werden kann, ist im einzelnen diskutiert worden (BUCHANAN/GOETZ, 1972; OATES, 1972).

Falls der Staat allerdings aus gesamtwirtschaftlichen Überlegungen bewußt gegen die Präferenzen der Bürger einer Region verstoßen will (z. B. Errichtung eines Kernkraftwerkes), empfiehlt es sich, die Kompetenz auf eine höhere Ebene zu verlagern. Die öffentliche Leistung ist in diesem Fall zu einer Art meritorischem Gut geworden, weswegen man auch von „meritorisch regionalen Leistungen" spricht, die in die Kompetenz einer höheren Ebene gegeben werden müssen.

Darüber hinaus kann auch das Vorliegen von räumlichen externen Effekten (sog. spillover-Effekten) bei öffentlichen Leistungen gegen eine Dezentralisierung sprechen. Wenn die in einer Region angebotenen Leistungen nicht nur die Wohlfahrt der eigenen Bürger, sondern auch die der Einwohner anderer Regionen verbessern, kann es aus gesamtwirtschaftlicher Sicht zu einer Unterversorgung mit öffentlichen Leistungen kommen: Regionen, die positive externe Effekte genießen, haben kaum Veranlassung, solche Leistungen in einem von den eigenen Bürgern gewünschten Umfang selbst zu erbringen. In der anbietenden Region werden die Präferenzen dieser Nachfrage dagegen nicht berücksichtigt, weil sie sich an den Kosten nicht oder nicht in vollem Umfang beteiligen. Um dies zu vermeiden, müßten Leistungen mit spillover-Effekten von übergeordneten Ebenen angeboten werden, wobei so lange „zentralisiert" werden müßte, bis die externen Effekte beseitigt sind, d. h. Nutznießer der Leistungen dürften nur noch die Mitglieder der anbietenden Körperschaft sein.

Unter dem Aspekt der optimalen Berücksichtigung individueller Präferenzen sprechen also Gründe für wie auch gegen eine Dezentralisierung der Aufgabenkompetenz. Das gleiche gilt, wenn man die effiziente Produktion öffentlicher Güter betrachtet und unterstellt, daß staatliches Angebot auch staatliche Produktion bedeutet. Gegen die Dezentralisierung spricht einmal, daß viele öffentliche Leistungen unteilbar sind. Ihr Angebot ist unter ökonomischem Aspekt nur vertretbar, wenn die nachgefragte Leistung ein bestimmtes Ausmaß überschreitet, was aber auf den unteren Ebenen einer Föderation oft gar nicht möglich ist (z. B. Bereitstellung von Ausbildungseinrichtungen). Außerdem empfiehlt sich die Verlagerung auf eine höhere Ebene, wenn bei der Produktion einer öffentlichen Leistung economies of scale realisiert werden können. Sprechen insoweit produktionstheoretische Überlegungen für die Zentralisierung, so gibt es auch Gegenargumente: Bei den privaten Wirtschaftssubjekten sind es vor allem zusätzliche Zeit- und Wegekosten, die durch eine Zentralisierung entstehen. Im staatlichen Bereich dürften in erster Linie die Planungskosten steigen, denn die Informationsbeschaffung wird wegen der „Bürgerferne" teurer. Ob auch die Verwaltungskosten mit zunehmender Zentralisierung steigen, ist nicht endgültig zu klären: Die economies of scale sprechen dagegen, die wachsende Bürokratie in einem Zentralstaat dafür.

Unter dem Allokationsaspekt kann also keine eindeutige Entscheidung zwischen Zentralisierung und Dezentralisierung getroffen werden. Außerdem ergeben sich für verschiedene Kollektivgüter unterschiedliche optimale Zentralisierungsgrade. Jedes

Wirtschaftssubjekt müßte deshalb einer Vielzahl von Körperschaften angehören, von denen jede ein bestimmtes Kollektivgut anbieten würde. Ein solches Verfahren wäre technisch nicht zu praktizieren. Immerhin gelingt es, zumindest grobe Vorstellungen davon zu vermitteln, wie die Aufgaben in einer bestehenden Föderation auf dezentrale und zentrale Regierungseinheiten aufgeteilt werden könnten.

Im Rahmen der Distributionsabteilung soll in der Regel eine Nivellierung sowohl der personellen als auch der regionalen Einkommensverteilung erreicht werden. Wiederum ergibt sich die Frage, ob die dazu erforderlichen Aktivitäten dem Oberverband oder einer nachgeordneten Körperschaft zu übertragen sind. Nach weitgehend akzeptierter Auffassung sollen die Aktivitäten zur Beeinflussung der personellen Einkommensverteilung dem Zentralstaat übertragen werden. Bestehen nämlich zwischen zwei Regionen unterschiedliche Vorstellungen über den wünschenswerten Grad der Einkommensangleichung und werden entsprechende Redistributionsmaßnahmen ergriffen, dann kann es zu unerwünschten Wanderungen kommen.

Zum Ausgleich von Unterschieden in der regionalen Einkommensverteilung bieten sich dagegen Aktivitäten auf den nachgeordneten Ebenen an. Auch hierdurch können Wanderungsprozesse ausgelöst werden, die jedoch in diesem Fall erwünscht sind, weil sie vorhandene Ungleichgewichte abzubauen helfen. Allerdings können solche Ergebnisse auch erreicht werden, wenn die zentrale Instanz regional differenzierte Programme durchführt.

Im Bereich der Stabilisierung werden nahezu ausschließlich Argumente für die Zentralisierung vorgebracht. Hierbei geht es um die Beeinflussung der gesamtwirtschaftlichen Nachfrage, was die Aufnahme von Krediten erfordern mag. Dieses Instrument kann den nachgeordneten Körperschaften aber nicht uneingeschränkt zugestanden werden, da sonst der Anreiz besteht, die Ausgaben mit Kredit zu finanzieren, um den eigenen Bürgern die Steuerbelastung zu ersparen. Die Folge könnte eine Inflation sein, die auch die Bürger anderer Gebietskörperschaften treffen würde. Die mit der Kreditfinanzierung meist verbundene externe Verschuldung führt zudem wegen der Zinszahlungen zu unerwünschten Verteilungswirkungen. Außerdem bestehen zwischen den nachgeordneten Körperschaften intensive Handelsbeziehungen, so daß dezentral vorgenommene Konjunkturprogramme z. T. in anderen Kommunen wirksam werden. Der Anreiz, entsprechende Programme durchzuführen, ist also relativ gering, zumal wenn nicht damit gerechnet werden kann, daß alle Kommunen entsprechende Aktivitäten durchführen.

Zusammenfassend bleibt festzuhalten, daß mit Hilfe der ökonomischen Kriterien keine eindeutige Entscheidung zwischen Zentralisierung und Dezentralisierung gefällt werden kann. Das mag auch erklären, warum bei der Bestimmung der Aufgabenverteilung politische und historische Aspekte eine so dominierende Rolle spielen.

5.3. Verteilung der Einnahmen

Die Verteilung der öffentlichen Einnahmen muß grundsätzlich der aus der Aufgabenverteilung resultierenden Ausgabenbelastung entsprechen. Zunächst ist zu entscheiden, wie die Einnahmenquellen den einzelnen Körperschaften im vertikalen Staatsaufbau zugewiesen werden sollen (primärer vertikaler Einnahmenausgleich). In der

Regel wird man damit jedoch der Ausgabenbelastung nicht gerecht, so daß ergänzend ein System von Zuweisungen zwischen den einzelnen Ebenen praktiziert wird (sekundärer vertikaler Einnahmenausgleich). Das Gesamtergebnis beider Maßnahmen ist die vertikale Einnahmenverteilung. Beim horizontalen Einnahmenausgleich werden die der jeweiligen Ebene insgesamt zugeflossenen Einnahmen zwischen den Gebietskörperschaften dieser Ebene umverteilt. Da die Steuern die wichtigste Einnahmenquelle sind, wird im folgenden nur darauf Bezug genommen.

5.3.1. Vertikale Einnahmenverteilung

Bei der vertikalen Einnahmenverteilung ist zunächst die Frage zu klären, welcher Ebene im Staatsaufbau die Steuerhoheit zufallen soll. Dabei ist zwischen drei Komponenten zu unterscheiden:

– Die Objekthoheit beinhaltet das Recht, einen steuerlich faßbaren Gegenstand oder Vorgang mit einer Abgabe zu belegen und diese im einzelnen auszugestalten.
– Die Ertragshoheit besitzt, wer die Erträge einer Steuer für seinen Haushalt vereinnahmt.
– Die Verwaltungshoheit gewährt das Recht, eine Steuer zu veranlagen und einzuziehen.

Je nach der unterschiedlichen Ausgestaltung der Objekt- und Ertragshoheit – die Verwaltungshoheit spielt in diesem Zusammenhang nur eine untergeordnete Rolle – kann man verschiedene Systeme des vertikalen Einnahmenausgleichs unterscheiden. Die Definitionen dieser Systeme und die Zuordnung konkreter Regelungen zu diesen wird allerdings in der finanzwissenschaftlichen Literatur nicht einheitlich vorgenommen.

Das Trennsystem ist dadurch gekennzeichnet, daß sich jede Körperschaft die für die Erfüllung ihrer Aufgaben notwendigen Steuern autonom beschaffen kann. Beim ungebundenen Trennsystem, auch Konkurrenzsystem genannt, kann die einzelne Körperschaft die Art der erhobenen Abgabe sowie deren Ausgestaltung frei bestimmen und die Erträge für sich vereinnahmen, sie hat die Objekt- und Ertragshoheit. Hierdurch wird eine völlige finanzwirtschaftliche Autonomie erreicht, der aber erhebliche Nachteile gegenüberstehen, vor allem die Gefahr der Mehrfachbesteuerung einzelner Steuerobjekte, regionale Unterschiede in der Steuerhöhe sowie die Behinderung einer einheitlichen Wirtschafts- und Finanzpolitik. Einem Teil dieser Schwierigkeiten kann man mit dem gebundenen (separierenden) Trennsystem begegnen, bei dem den einzelnen Ebenen die Erträge bestimmter Steuern zugewiesen werden. Je nachdem, ob bei einem solchen System der betreffenden Körperschaft neben der Ertragshoheit auch die Objekthoheit zugestanden wird (oder nicht), spricht man vom gebundenen Trennsystem mit (bzw. ohne) Objekthoheit.

Die Verteilung der Steuerquellen kann ferner in der Form eines Verbundsystems vorgenommen werden. Hierbei wird die Steuer von einer Ebene erhoben, die übrigen partizipieren nach einer im voraus bestimmten, meist gesetzlich fixierten Quote am Ertrag. Erstreckt sich diese Beteiligung nur auf einzelne Steuern oder wird für jede Steuer eine gesonderte Quote festgelegt, spricht man vom Einzelverbund- oder

Anteilsystem. Werden dagegen alle Steuern erfaßt und gilt eine einheitliche Quote für das gesamte Steueraufkommen, dann ist die Rede vom Gesamtverbundsystem. Ein Vorteil des Verbundsystems ist vor allem darin zu sehen, daß eine effiziente Steuerpolitik möglich ist und die einzelnen Ebenen gleichmäßig an der Entwicklung des Steueraufkommens beteiligt werden. Nachteilig sind die erfahrungsgemäß auftretenden Streitigkeiten über die Höhe der Quoten. Inwieweit die Autonomie der einzelnen Ebenen gewährleistet bleibt, hängt vom Einfluß bei der Festsetzung der Quoten und bei der Steuergesetzgebung ab.

Eng verwandt mit dem Verbundsystem ist das Zuschlagssystem, bei dem eine Ebene (meist prozentuale) Zuschläge auf die Steuern einer anderen erheben darf. Hierbei kann zwischen gebundenen oder ungebundenen Zuschlägen unterschieden werden, je nachdem, ob diese festliegen oder von der zuschlagsberechtigten Körperschaft autonom bestimmt werden können.

Schließlich kann auch ein Zuweisungssystem gelten, das allerdings mit den politischen Zielen des Föderalismus kaum zu vereinbaren ist. Einer Ebene fließen die Einnahmen zu, und die übrigen werden von ihr durch Zuweisungen alimentiert. Die Zahlungen können von ,,unten nach oben" (Beiträge oder Umlagen), aber auch von ,,oben nach unten" (Überweisungen oder Dotationen) fließen.

Die vorgestellten Systeme der Steuerverteilung haben Vor- und Nachteile; sie werden deshalb in der Praxis meist kombiniert. Man spricht dann von Mischsystemen. Ein Beispiel dafür ist die Verteilung der Steuerquellen in der Bundesrepublik (s. Abschnitt 5.4.2.).

Nach der Zuteilung der Steuerquellen wird es in der Regel notwendig sein, die Steuererträge durch ein System von Zuweisungen zwischen den einzelnen Ebenen umzuverteilen. Unmittelbar einleuchtend ist dies beim Zuweisungssystem, gilt aber auch für die übrigen Systeme, wenn die Einnahmen nicht den Ausgabenverpflichtungen entsprechen. In der Praxis gibt es eine Fülle von Zuweisungsarten, die nicht einmal einheitlich bezeichnet und abgegrenzt sind.

Sofern Zuweisungen ausschließlich dem Ausgleich in der finanziellen Ausstattung der einzelnen Ebenen dienen, spricht man von Ausgleichszuweisungen (balancing grants). Von der Zielsetzung her dürfen sie keine Zweckbindung haben, ebenso sind Auflagen und Kontrollen der zahlenden Gebietskörperschaft unangebracht. Allerdings gibt es ökonomische Argumente (z. B. Vorliegen von spillover-Effekten), vertikale Zuweisungen für ganz bestimmte Aktivitäten zu zahlen. Bei solchen Zweckzuweisungen (functional grants) ist sicherzustellen, daß sie dem gewünschten Zweck entsprechend (z. B. Internalisierung externer Effekte) verwendet werden. Mitunter kann es auch geboten sein, von den empfangenden Körperschaften eine Eigenbeteiligung (matching grants) zu verlangen (zur Systematik vgl. MUSGRAVE/MUSGRAVE/KULLMER, Bd. 4, 1978, S. 158 ff.).

5.3.2. Horizontale Einnahmenverteilung

Über den vertikalen Einnahmenausgleich werden jedem Entscheidungsträger bestimmte Finanzmittel verschafft (primäre horizontale Einnahmenverteilung). Sofern man dieses Ergebnis nicht akzeptiert, wird über ein System von Ausgleichszahlungen zwischen gleichrangigen Körperschaften eine Umverteilung herbeigeführt (horizontaler Einnahmenausgleich). Ist sie abgewickelt, erhält man die sekundäre horizontale Einnahmenverteilung, die angibt, über welche Haushaltsmittel die einzelne Körperschaft endgültig verfügen kann.

Als Ziele des horizontalen Einnahmenausgleichs werden vorwiegend zwei Aspekte genannt: Zum einen sollen die Ausgleichszahlungen der Kompensation externer Effekte dienen. Eine Gebietskörperschaft zahlt an eine andere dafür, daß ihre Bürger deren Einrichtungen (Krankenhäuser, Schulen etc.) benutzen können. Als weiteres Ziel gilt die Verwirklichung der (geographischen) fiskalischen Gleichheit (fiscal equity) innerhalb einer Föderation, wobei dieser Begriff einmal auf einzelne Wirtschaftssubjekte, zum anderen auf gleichgeordnete Körperschaften bezogen wird.

Nach dem ersten Konzept ist fiscal equity dann erreicht, wenn für alle Wirtschaftssubjekte in gleicher ökonomischer Lage (d. h. mit gleich hohem Einkommen) in den Gliedstaaten einer Föderation der gleiche fiskalische Restwert (fiscal residuum) gilt (BUCHANAN, 1950). Dieser ergibt sich als Differenz zwischen der von einem Wirtschaftssubjekt zu tragenden Steuerbelastung und den ihm aus den Staatsausgaben zufließenden Nutzen.

Da Unterschiede in den fiskalischen Restwerten zu allokationspolitisch unerwünschten Wanderungen führen können, sollen sie durch horizontale Ausgleichszahlungen angeglichen werden. Körperschaften mit hohen Restwerten erhalten Zahlungen von denen mit niedrigen Residuen. Dieser Ansatz von JAMES M. BUCHANAN ist ausgiebig diskutiert worden (vgl. vor allem: MUSGRAVE, 1961; TIEBOUT, 1961; SCOTT, 1964) und wird hauptsächlich wegen seiner fehlenden Praktikabilität kritisiert. Die exakte Bestimmung der Restwerte ist nämlich nur möglich, wenn die personelle und interregionale Inzidenz der Besteuerung und der Nutzen der Staatsausgaben bekannt sind und wenn es gelingt, Steuerlast und Nutzen der Ausgaben vergleichbar zu machen. Davon wird man nicht ausgehen können.

Der Begriff der fiskalischen Gleichheit wird anders als von BUCHANAN in der Regel jedoch auf gleichgeordnete Körperschaften bezogen. In jeder Region wird ein gewisser Ausgleich zwischen der „Bedürftigkeit" (Finanzbedarf) und der „Leistungsfähigkeit" (Finanzkraft) angestrebt. Allerdings kann dieser Begriff der fiskalischen Gleichheit unterschiedlich definiert werden. MUSGRAVE (1961) hat allein sechs verschiedene Konzepte diskutiert und deren ökonomische Wirkungen beschrieben.

Ohne auf Einzelheiten einzugehen, können als Ergebnis zwei Grundsätze festgehalten werden: Unterschiede im Finanzbedarf und in der Finanzkraft einzelner Körperschaften sollen ausgeglichen werden; aber der Ausgleich soll nicht so weit gehen, daß die Eigenständigkeit einzelner Körperschaften verlorengeht und ihnen der Anreiz, eigene Steuerquellen auszuschöpfen, sowie die Möglichkeit, differenzierte Leistungen anzubieten, genommen werden. Wenn der eigentliche Anlaß für einen horizontalen Einnahmenausgleich demnach die Diskrepanz zwischen Finanzbedarf und Finanzkraft in einzelnen Regionen ist, muß geklärt werden, was unter diesen Begriffen zu verstehen ist.

Der Finanzbedarf (fiscal need) einer Körperschaft ist objektiv nicht zu ermitteln. Deswegen wird nach Indikatoren gefragt, die für die Messung des Bedarfs herangezogen werden können. Neben den tatsächlichen Ausgaben, die nur bedingt etwas über den Bedarf aussagen, wird insbesondere die Einwohnerzahl als Kriterium benutzt. Um Bedarfsunterschiede zwischen Gemeinden verschiedener Größe zu berücksichtigen, können die Einwohnerzahlen „veredelt" werden, indem z. B. ein Bewohner einer Großstadt mit einem höheren Faktor gewichtet wird als ein Bewohner einer kleinen Gemeinde. Daneben können noch ausgabenspezifische Indikatoren (z. B. Zahl der Schüler oder Rentner) berücksichtigt werden. Für die Ermittlung des Finanzbedarfs wird in der Regel ein mehrdimensionaler Index heranzuziehen sein.

Mit der Finanzkraft (fiscal capacity) soll zum Ausdruck gebracht werden, inwieweit eine Region in der Lage ist, selbst Einnahmen zu erzielen. Beschränkt man sich auf die Haupteinnahmequelle, so werden als Indikatoren für die Steuerkraft (tax capacity) vor allem das regionale Volkseinkommen und das regionale Steueraufkommen vorgeschlagen.

Im ersten Fall wird von dem Gedanken ausgegangen, daß Steuern letzten Endes nur aus dem Einkommen der Wirtschaftssubjekte gezahlt werden, infolgedessen bestimmt die Höhe des Einkommens die Steuerkraft. Allerdings spiegelt sich im Einkommen nur die potentielle Finanzkraft wider; lediglich wenn das Einkommen die alleinige Bemessungsgrundlage der erhobenen Steuern ist, eignet es sich als Indikator der tatsächlichen Steuerkraft.

Gibt es daneben noch andere Bemessungsgrundlagen der Besteuerung (z. B. Umsatz, Vermögen, Erbschaften), dann empfiehlt es sich, den zweiten Maßstab, das regionale Steueraufkommen, heranzuziehen. Allerdings ergeben sich auch dabei Probleme: Für einen interregionalen Vergleich muß man von gleicher Steueranspannung (tax effort) ausgehen, also unterstellen, daß bei allen Körperschaften einer Ebene gleiche Steuern in gleicher Ausgestaltung erhoben werden. Außerdem braucht das regionale Steueraufkommen wegen der Möglichkeit der Steuerüberwälzung zwischen den Regionen (sog. Steuerexport) nicht mit der regionalen Steuerlast identisch zu sein. Will man die „wirkliche Steuerkraft" (KOMMISSION FÜR DIE FINANZREFORM, 1966, S. 73) zum Ausdruck bringen, so müßte auch die regionale Überwälzung berücksichtigt und deshalb die regionale Steuerlast als Indikator gewählt werden.

Das Ziel der horizontalen Ausgleichszahlungen ist es, die Unterschiede zwischen Finanzbedarf und Finanzkraft einzelner Körperschaften anzugleichen. Kommt es hierbei zu größeren und anhaltenden Differenzen, kann das ein Anhaltspunkt dafür sein, daß die vertikale Aufgaben- und Einnahmenverteilung geändert werden muß. Dem horizontalen Ausgleich kommt nämlich seiner Idee nach nur subsidiärer Charakter zu.

5.4. Praxis des Finanzausgleichs in der Bundesrepublik

Die Aufgaben- und Einnahmenverteilung zwischen den Gebietskörperschaften der Bundesrepublik ist in Art. 70 ff., 83 ff. und 104 a ff. GG festgelegt.

5.4.1. Aufgabenverteilung

Im Grundsatz gilt, daß Bund und Länder ihre Aufgaben getrennt wahrnehmen und getrennt finanzieren. Was im einzelnen Bundes- bzw. Landesangelegenheit ist, ergibt sich nicht eindeutig aus dem Grundgesetz und mußte deshalb in anderen Gesetzen zusätzlich festgelegt werden. Dem Bund fallen insbesondere die Aufgaben der Landesverteidigung, der Außenpolitik, der Währungspolitik sowie Teile des Verkehrs-, Polizei- und Nachrichtenwesens, der Finanzverwaltung und des Sozialwesens zu. Neben der Landesverwaltung haben die Bundesländer vor allem folgende Aufgaben zu erfüllen: Kulturpolitik, Rechtspflege, Finanzverwaltung, Wirtschaftsförderung, Polizei- und Verkehrswesen.

Die Ausgabenverpflichtung fällt im Prinzip dem Aufgabenträger zu, dem die Verantwortung für die sachgerechte Aufgabenerfüllung obliegt. Bei den Ländern ist daneben zu unterscheiden, ob sie die Bundesgesetze als eigene Angelegenheiten durchführen oder nur im Auftrage des Bundes tätig werden. Im ersten Fall tragen sie die volle Finanzierungslast (Zweck- und Verwaltungsausgaben). Im zweiten Fall – bei der sog. Auftragsverwaltung (z. B. Bundesfernstraßen, Finanzverwaltung) – trägt der Bund im Einzelfall die Zweckausgaben, während die Verwaltungsausgaben von den Ländern zu finanzieren sind. Der Umfang der von den Gemeinden übernommenen Selbstverwaltungsaufgaben ist gering; das größere Gewicht haben die ihnen gesetzlich zugewiesenen Aufgaben (z. B. im Sozial- und Gesundheitswesen). Darüber hinaus erledigen sie Auftragsangelegenheiten, die ihnen von Bund und Ländern übertragen werden.

Eine besondere Bedeutung im Rahmen der Aufgabenverteilung kommt den Gemeinschaftsaufgaben des Bundes und der Länder zu, die eine Art gemeinsamer Aufgabenerfüllung darstellen. Nach Art. 91 a GG unterliegen die Aufgabenbereiche Ausbau und Neubau von Hochschulen, Verbesserung der regionalen Wirtschaftsstruktur sowie der Agrarstruktur und des Küstenschutzes der gemeinsamen Verantwortung von Bund und Ländern. Üblich bei den Gemeinschaftsaufgaben ist die gemeinsame Rahmenplanung und Finanzierung (meist je zur Hälfte) durch Bund und Länder. Die Detailplanung wie auch die Durchführung dieser Aufgaben liegt bei den Ländern. Neben den Gemeinschaftsaufgaben bietet der Art. 91 b GG weitere Möglichkeiten zur Zusammenarbeit von Bund und Ländern durch Vereinbarungen bei der Bildungsplanung und Vorhaben der wissenschaftlichen Forschung von überregionaler Bedeutung.

5.4.2. Einnahmenverteilung

Art. 105 GG regelt die Objekthoheit. Bei Zöllen und Finanzmonopolen hat der Bund die ausschließliche, bei allen übrigen Steuern die konkurrierende Gesetzgebungskompetenz. Der Landesgesetzgebung unterliegen lediglich die örtlichen Verbrauch- und Aufwandsteuern (z. B. Getränke-, Hundesteuer), soweit nicht der Bund selbst gleichartige Steuern gesetzlich regelt. Den Gemeinden steht kein Recht der Gesetzgebung zu; sie können allerdings die Hebesätze der ihnen zufließenden Realsteuern (Grund- und Gewerbesteuer) festsetzen und damit deren Aufkommen beeinflussen.

Bei der in Art. 106 GG geregelten Verteilung der Steuerquellen handelt es sich um ein Trennsystem mit Einzelverbund. Bei der Einkommen- und Körperschaftsteuer sowie der Umsatzsteuer, den sog. Gemeinschaftssteuern, gilt ein Verbundsystem, während im übrigen die Steuern den Gebietskörperschaften nach dem separierenden

Trennsystem zugewiesen werden. Die konkrete Ausgestaltung des Steuerverbundes stellt sich dabei wie folgt dar:

Am Aufkommen der Kapitalertrag- und der Körperschaftsteuer sind Bund und Länder je zur Hälfte beteiligt. Von der Lohnsteuer und der veranlagten Einkommensteuer erhalten die Gemeinden 14 v. H., der Rest wird gleichmäßig – also zu je 43 v. H. – auf Bund und Länder verteilt. Die Anteile der Umsatzsteuer sind durch ein Bundesgesetz festzulegen, das der Zustimmung des Bundesrates bedarf. Da der Finanzbedarf für die Erfüllung der öffentlichen Aufgaben sich im Zeitablauf verändert, muß die Steuerverteilung zwischen Bund und Ländern entsprechend angepaßt werden. Dem dient die Aufteilung der Umsatzsteuer. Nach Art. 106 Abs. 4 GG sind die Anteile von Bund und Ländern an der Umsatzsteuer neu festzusetzen, wenn sich das Verhältnis zwischen den Ausgaben und Einnahmen des Bundes und der Länder wesentlich anders entwickelt. Vor allem durch Steuerreformen hat sich wiederholt die Notwendigkeit einer Neufestsetzung ergeben. Im Jahr 1979 betrug der Anteil des Bundes 67,5 v. H., der der Länder entsprechend 32,5 v. H. Außerdem gewährt der Bund den finanzschwachen Ländern Ergänzungszuweisungen in Höhe von 1,5 v. H. des Umsatzsteueraufkommens.

Tab. J-5: Aufteilung der Verbundsteuereinnahmen in v. H. (Stand 1. 1. 1979)

	Bund	Länder	Gemeinden
1. Einkommen- und Körperschaftsteuer			
Lohnsteuer	43	43	14
veranlagte Einkommensteuer	43	43	14
nicht veranlagte Steuern vom Ertrag	50	50	–
Körperschaftsteuer	50	50	–
2. Umsatzsteuer	67,5	32,5	–
3. Gewerbesteuer (ohne Lohnsummensteuer[1])	20	20	60

[1] Zum 1. 1. 1980 wird die Lohnsummensteuer abgeschafft. Um die damit verbundenen Steuerausfälle der Gemeinden auszugleichen, wird der Gemeindeanteil an der Einkommensteuer auf 15 v. H. erhöht und die Gewerbesteuerumlage um ein Drittel gesenkt.

Die Steuerarten, die nicht im Steuerverbund erfaßt sind, werden nach dem separierenden Trennsystem den verschiedenen Gebietskörperschaften zugewiesen. Die Zuordnung ist in Art. 106 GG geregelt. Einige Beispiele sollen hier genügen: die Zölle, Finanzmonopole und die meisten Verbrauchsteuern (z. B. Mineralöl-, Tabaksteuer) stehen dem Bund allein zu; Ländersteuern sind u. a. die Vermögen-, Erbschaft- und Kraftfahrzeugsteuer; das Aufkommen der örtlichen Verbrauch- und Aufwandsteuern (z. B. Getränke-, Hundesteuer) erhalten die Gemeinden; ihnen fließen außerdem die Gewerbe- und Grundsteuer zu, wobei allerdings rund 40 v. H. des Aufkommens der Gewerbesteuer (ohne Lohnsummensteuer) im Wege einer Umlage zu gleichen Teilen an Bund und Länder abzuführen sind (*vgl. Tab. J-5*).

Die vertikale Einnahmenverteilung wird schließlich durch Finanzhilfen des Bundes beeinflußt. Nach Art. 104 a Abs. 4 GG können solche Finanzhilfen für besonders bedeutsame Investitionen der Länder und Gemeinden gewährt werden, die zur Abwehr einer Störung des gesamtwirtschaftlichen Gleichgewichts, zum Ausgleich unterschiedlicher Wirtschaftskraft im Bundesgebiet oder zur Förderung des wirtschaftlichen Wachstums erforderlich sind.

Mit Hilfe eines Länderfinanzausgleichs soll die unterschiedliche Finanzkraft der Länder angeglichen werden, was in zwei Stufen versucht wird: Erstens werden 25 v. H. des Länderanteils an der Umsatzsteuer vorweg den finanzschwachen Ländern zugewiesen, der Rest wird entsprechend der Einwohnerzahl verteilt. Zweitens wird anhand einer Gegenüberstellung einer Steuerkraftmeßzahl (Finanzkraft) und einer Ausgleichsmeßzahl (Finanzbedarf) ermittelt, welche Ausgleichszahlungen die ausgleichspflichtigen an die ausgleichsberechtigten Länder zu zahlen haben. Ziel dieses Finanzausgleichs ist es, die Steuerkraft der finanzschwachen Länder auf 95 v. H. der Ausgleichsmeßzahl anzuheben (zu Volumen und Struktur des Länderfinanzausgleichs von 1970 bis 1978 vgl. Finanzbericht 1980, S. 115).

Auch zwischen den einzelnen Gemeinden eines Bundeslandes wird ein Finanzausgleich praktiziert. Dabei sollen die Unterschiede zwischen Finanzbedarf und Finanzkraft der Gemeinden angeglichen werden. Dieser Gemeindefinanzausgleich wird aber nicht direkt zwischen finanzstarken und finanzschwachen Gemeinden, sondern indirekt im Rahmen des vertikalen Finanzausgleichs zwischen Land und Gemeinden abgewickelt. Durch Landesgesetz wird festgelegt, welcher Prozentsatz des Länderanteils am Gesamtaufkommen der Gemeinschaftssteuern und wieviel vom Aufkommen der Ländersteuern an die Gemeinden insgesamt fließen soll. Auf dieser Grundlage werden an die einzelnen Gemeinden (allgemeine oder zweckgebundene) Zuweisungen gezahlt, deren Höhe unter Berücksichtigung von Finanzbedarf und Finanzkraft der jeweiligen Gemeinde festgelegt wird. Hier liegt also ein vertikaler Finanzausgleich mit horizontaler Wirkung vor.

5.5. Internationaler Finanzausgleich

Fragen des Finanzausgleichs stellen sich auch im Zusammenhang mit den internationalen Wirtschaftsbeziehungen. Als Problem des horizontalen Finanzausgleichs ist z. B. zu klären, welchem Land das Besteuerungsrecht der zwischenstaatlichen Waren- und Einkommensströme einzuräumen ist. Im Rahmen des vertikalen Finanzausgleichs müssen die Finanzbeziehungen zwischen einzelnen Staaten und supranationalen Einrichtungen geregelt werden.

5.5.1. Besteuerung des internationalen Handels

Für die Besteuerung des Außenhandels gibt es grundsätzlich zwei Verfahren: das Bestimmungslandprinzip (BLP) und das Ursprungslandprinzip (ULP).

Vom BLP spricht man, wenn die international gehandelten Güter mit den Steuern belastet werden, die im Bestimmungsland gelten, also dem Land, in dem die Güter konsumiert oder investiert werden. Bei dieser Regelung besteuert das jeweilige Importland seine Importe, während die Exporte im jeweiligen Exportland steuerfrei bleiben. Sofern im Inland die Steuern bei der Produktion erhoben werden, verlangt das BLP einen Grenzausgleich: Exporte müssen von der inländischen Steuer entlastet, Importe dagegen belastet werden. Selbst bei einer Einzelhandelssteuer, die keinen steuerlichen Grenzausgleich verlangt, sind dennoch Grenzkontrollen erforderlich, um zu verhindern, daß unter Umgehung des Einzelhandels steuerfrei importiert werden kann.

Beim ULP werden die Güter mit den Steuern belastet, die im Ursprungsland, also dem Land der Produktion, gelten. Infolgedessen müssen die Exporte im jeweiligen Exportland besteuert werden, während die Importe im jeweiligen Importland steuerfrei bleiben. Werden die Steuern auf der Produktionsstufe erhoben, verlangt das ULP keinen Grenzausgleich, ist also insoweit das technisch einfachere Verfahren. Das gilt allerdings nicht, wenn Einzelhandelssteuern erhoben werden. Die Anwendung des ULP verlangt in diesem Fall Exportbelastungen bzw. Importentlastungen an der Grenze.

Welches dieser beiden Prinzipien bei der Besteuerung des Außenhandels vorgezogen werden soll, ist kontrovers. Zwar wird übereinstimmend ein wettbewerbsneutrales Verfahren gefordert; der Begriff der Wettbewerbsneutralität läßt sich jedoch unterschiedlich interpretieren: Einmal soll die Besteuerung die Höhe und die Struktur der Handelsströme nicht beeinflussen (Zahlungsbilanzaspekt), zum anderen soll die optimale Allokation der Ressourcen nicht gestört werden (Allokationsaspekt), und schließlich sollen auch die nationalen Ziele der Besteuerung nicht durchkreuzt werden (Fiskalaspekt). Je nachdem, welchem dieser Gesichtspunkte Rechnung getragen wird, kommt man bei der Beurteilung der Besteuerungsverfahren zu unterschiedlichen Ergebnissen (vgl. PEFFEKOVEN, 1972).

Internationale Verträge, vor allem das Allgemeine Zoll- und Handelsabkommen (GATT) und der Vertrag über die Europäische Wirtschaftsgemeinschaft (EWG), lassen für die indirekten (produktbezogenen) Steuern das BLP zu, nicht aber für die direkten (nichtproduktbezogenen) Abgaben. Die Vertragspartner sind demnach bei den indirekten Steuern befugt, die Exporte bis zur Höhe der nationalen Steuersätze zu entlasten und die Importe entsprechend zu belasten. Innerhalb der EWG, die binnenmarktähnliche Verhältnisse für den Integrationsraum anstrebt, verlangt der mit dem BLP verbundene Grenzausgleich die Beibehaltung der Steuergrenzen. Aus integrationspolitischen Gründen müßte man deshalb bei den indirekten Steuern für die Anwendung des ULP plädieren. Um jedoch unterschiedliche Steuerbelastungen für miteinander konkurrierende Güter zu vermeiden, müßten zuvor die indirekten Steuern (Mehrwertsteuer und spezielle Verbrauchsteuern) harmonisiert werden.

5.5.2. Besteuerung internationaler Faktoreinkommen

Eine durchaus vergleichbare Diskussion wird um die Besteuerung grenzüberschreitender Faktoreinkommen geführt. Auch dabei kann die Steuerhoheit dem Land übertragen werden, in dem die Einkommen entstehen (Quellenlandprinzip, QLP), oder dem Land, in dem die Einkommensbezieher ihren Wohnsitz haben (Wohnsitzlandprinzip, WLP). Wenden die am internationalen Wirtschaftsverkehr beteiligten Länder für die Besteuerung der internationalen Faktoreinkommen die nationalen Steuergesetze an, dann wird es in der Regel zu Doppelbesteuerungen kommen, da die meisten Steuergesetze sowohl Elemente des QLP als auch des WLP enthalten. So kennt das deutsche Einkommensteuerrecht die unbeschränkte (Element des WLP) und die beschränkte Steuerpflicht (Element des QLP). Natürliche Personen, die im Inland ihren Wohnsitz haben, unterliegen mit ihren gesamten Einkünften aus in- und ausländischen Quellen der Einkommensteuer. Natürliche Personen, die ihren Wohnsitz im Ausland haben, unterliegen nur mit den Einkünften, die aus inländischen Quellen fließen, der deutschen Einkommensteuer.

Um Doppelbesteuerungen zu vermeiden, könnte man sich international darauf einigen, einheitlich entweder das QLP oder das WLP zu praktizieren. Bei international harmonisierten Steuern würden die internationalen Faktoreinkommen sogar einem einheitlichen Steuersatz unterliegen, gleichgültig, wo sie entstanden oder wohin sie geflossen sind. Die Entscheidung, ob z. B. Kapital im In- oder im Ausland angelegt werden soll, wäre insoweit von steuerlichen Überlegungen unabhängig. Man spricht deshalb auch von Kapitalexport- und Kapitalimportneutralität.

Die Annahme harmonisierter Steuern ist jedoch für die Gegenwart unrealistisch und für die Zukunft politisch kaum zu verwirklichen. Typisch wird vielmehr ein internationales Steuergefälle sein, was dazu führt, daß Wohnsitz oder Anlageort tendenziell in dem Land gewählt wird, das die niedrigsten Steuern aufweist. Die Folge sind Steuerflucht und Wettbewerbsverzerrungen. Länder mit einem Nettoabfluß an Faktoreinkommen werden aus fiskalischen Gründen für das QLP, Länder mit Nettozufluß für das WLP votieren. Die Chancen, daß man sich international auf eines der Prinzipien einigt, sind demnach wohl gering. Auch in Zukunft wird man deshalb damit rechnen müssen, daß QLP und WLP nebeneinander bestehen. Um dennoch Doppelbesteuerungen zu vermeiden, müssen sog. Doppelbesteuerungsabkommen abgeschlossen werden (zu den verschiedenen Formen und deren Wirkungen vgl. z. B. FISCHER/WARNEKE, 1974).

5.5.3. Verteilung internationaler Finanzierungslasten

Mit der wirtschaftlichen Integration in Westeuropa sind supranationale Einrichtungen geschaffen worden, die ihre Verwaltungskosten, vor allem aber auch die ihnen übertragenen Aufgaben, finanzieren müssen. Damit ergibt sich die Frage, wie ihnen entsprechende Einnahmen verschafft werden können. Grundsätzlich kommen dafür die oben beschriebenen Systeme der vertikalen Einnahmenverteilung in Frage.

Bei internationalen Organisationen dominiert die Finanzierung über Mitgliedsbeiträge. Dabei ergibt sich allerdings sofort die Frage, nach welchen Kriterien diese Beiträge festgelegt werden können. Dafür bieten sich – ähnlich wie bei der Verteilung der nationalen Steuerlasten – das Äquivalenz- und das Leistungsfähigkeitsprinzip an. Im ersten Fall werden die Finanzierungslasten danach verteilt, welchen Nutzen ein einzelnes Land aus der Mitgliedschaft zieht oder welche Kosten dieses Land verursacht. Die Anwendung des Äquivalenzprinzips scheitert jedoch meist schon an den technischen Schwierigkeiten der Ermittlung von Kosten und Nutzen. Daneben können sich unerwünschte Wirkungen auf die internationale Einkommensverteilung ergeben. Bedeutung hat das Äquivalenzprinzip auch nur dort erlangt, wo internationale Organisationen ganz spezifische Tätigkeiten ausüben (z. B. Weltpostverein); denn dabei lassen sich Indikatoren finden, mit denen Nutzen und Kosten zumindest abgeschätzt werden können (z. B. grenzüberschreitendes Postaufkommen). Meist werden jedoch Mitgliedsbeiträge nach dem Leistungsfähigkeitsprinzip verteilt, wobei als Indikator der Leistungsfähigkeit in der Regel das Bruttosozialprodukt dient. Oft werden auch spezielle Staatsquoten herangezogen (s. Abschnitt 1.3.).

Ein praktisches Beispiel für die Verteilung von Finanzierungslasten bieten die Regelungen in der EWG (vgl. NITTKA, 1979). Bis 1971 finanzierte sie sich gemäß Art. 200 EWG-Vertrag durch Mitgliedsbeiträge, die aufgrund verschiedener Schlüssel aufzubringen waren, die sich weitgehend an der Höhe des Sozialproduktes der Mitgliedsländer orientierten. Es lag also ein Zuweisungssystem vor. Aufgrund eines Beschlusses des Ministerrates von 1970 sollen die Finanzbeiträge schrittweise durch eigene Einnahmen (Agrarabschöpfungen, Zolleinnahmen des Gemeinsamen Zolltarifs, Beteiligung an der Mehrwertsteuer) ersetzt werden. Während im Falle der Abschöpfungen und Zolleinnahmen ein separierendes Trennsystem vorliegt, stellen – in der oben (s. Abschnitt 5.3.1.) benutzten Abgrenzung – die Mehrwertsteuerregelung ein Zuschlags- und die (auch heute noch abgeführten) Finanzbeiträge ein Zuweisungssystem dar. Bei der Finanzierung der EWG gilt also insgesamt ein Mischsystem. Die Mehrwertsteuerregelung ist bis 1978 noch nicht praktiziert worden. Die geplanten Einnahmen 1979/80 sind der *Tab. J-6* zu entnehmen.

Tab. J-6: Einnahmenstruktur des EG-Gemeinschaftshaushaltsplans

Einnahmenart	in Mio ERE[1]		in v. H.	
	1979	1980[2]	1979	1980[2]
Zölle	4745,5	5133,5	34,6	31,5
Agrarabschöpfungen	1706,0	1776,1	12,4	10,9
Zuckerabgaben	467,0	467,3	3,4	2,9
Finanzbeiträge	2170,1	–	15,8	–
Anteil aus Mehrwertsteuer	4472,3	8767,9	32,6	53,7
Verschiedene	154,8	168,3	1,1	1,0
Gesamteinnahmen	13715,7	16313,1	100	100

[1] Wert einer Europäischen Rechnungseinheit nach dem Kurs vom 30. 6. 1979: 1 ERE = 2,52 DM.
[2] Vorläufige Angaben.
Quelle: BUNDESMINISTERIUM DER FINANZEN (1979), Hg., Finanzbericht 1980, Bonn (Heger) 1979, S. 180.

6. Öffentliche Finanzen im Dienste der Wirtschaftspolitik

Bei der bisherigen Darstellung ist zwischen öffentlichen Ausgaben und öffentlichen Einnahmen streng getrennt worden. Für eine systematische Behandlung des Instrumentariums empfiehlt sich ein solches Vorgehen. Dies sollte indes nicht den Blick dafür verstellen, daß zwischen den beiden Seiten des Budgets Interdependenzen bestehen. Hierbei kann es sich einmal um Substitutionsbeziehungen handeln: Für die Verfolgung wirtschaftspolitischer Ziele eignen sich Ausgaben und Einnahmen gleichermaßen. Statt Steuererleichterungen zu gewähren, können z. B. Subventionen gezahlt werden. Da andererseits Ausgaben finanziert werden müssen, bestehen insoweit auch Komplementaritätsbeziehungen: Eine Verringerung der Einnahmen erfordert eine Senkung der Ausgaben. Steigen dagegen die Einnahmen, so ergibt sich ein finanzieller Spielraum, den Parlament und Regierung erfahrungsgemäß für zusätzliche Ausgaben nutzen. Es empfiehlt sich deshalb, beide Instrumente gleichzeitig zu betrachten, wenn der Einfluß der Finanzpolitik auf die wirtschaftspolitischen Ziele (Konjunktur, Wachstum, Verteilung) untersucht wird.

In diesem Bereich ist den öffentlichen Finanzen in der Vergangenheit ein weites Aktionsfeld eröffnet worden. Wenn heute allenthalben über ein kompliziertes Steuersystem und über wachsende Staatsaktivitäten geklagt wird, ist sicher eine Ursache darin zu finden, daß die öffentlichen Finanzen immer wieder in den Dienst wirtschaftspolitischer Ziele gestellt worden sind. Der Erfolg ist jedoch oft hinter den Erwartungen zurückgeblieben. Das läßt vermuten, daß beim Einsatz der öffentlichen Finanzen neben den bereits behandelten Grenzen weitere Probleme auftreten. Der Umfang des vorliegenden Beitrags läßt es lediglich zu, auf einige Aspekte einzugehen.

6.1. Finanzpolitik als Konjunkturpolitik

6.1.1. Konzept der fiscal policy

Die Grundregeln für den Einsatz der öffentlichen Finanzen im Rahmen der Konjunkturpolitik (sog. fiscal policy) sind bereits oben (s. Abschnitt 2.3.) dargestellt worden: Der Staat soll mit den öffentlichen Ausgaben und Einnahmen die im Verhältnis zum Produktionspotential zu große oder zu geringe Nachfrage des privaten Sektors ausgleichen (antizyklische Budgetpolitik).

Die theoretische Basis für eine solche Haushaltspolitik liefert die keynesianische Theorie, in der die Wirkungen von Budgetänderungen auf die Gesamtnachfrage und damit auf Volkseinkommen und Beschäftigung ermittelt werden. Die Grundgedanken lassen sich anhand eines einfachen Modells für eine geschlossene Wirtschaft wie folgt darstellen, wobei von indirekten Steuern und Subventionen abgesehen und von einer unterbeschäftigten Wirtschaft sowie von einkommensunabhängigen Transferzahlungen und Steuern ausgegangen wird (Beitrag C-3.3.).

(7) $\quad Y = C + I + G \quad$ (Definitionsgleichung)

(8) $\quad C = C^a + c(Y - T_d + Tr) \quad$ (Verhaltensgleichungen)
$\quad\quad I = I^a$
$\quad\quad G = G^a$

(9) $\quad Y = \frac{1}{s}(C^a + I^a + G^a) - \frac{c}{s}T_d + \frac{c}{s}Tr \quad$ (Gleichgewichtsbedingung)

Änderungen der Budgetposten beeinflussen das Volkseinkommen demnach wie folgt:

Änderung der Ausgaben für
Güter und Dienstleistungen (G): $\quad\quad \Delta Y = \frac{1}{s}\Delta G$

Änderung der Transferausgaben (Tr): $\quad\quad \Delta Y = \frac{c}{s}\Delta Tr$

Änderung der direkten Steuern (T_d): $\quad\quad \Delta Y = -\frac{c}{s}\Delta T_d$

Daneben lassen sich auch die Wirkungen kombinierter Änderungen aufzeigen: Sofern die Ausgaben für Güter und Dienstleistungen erhöht und mit direkten Steuern finanziert werden, hat ein solches wachsendes, aber ausgeglichenes Budget einen multiplikativen Effekt von eins, d. h. $\Delta Y = \Delta G = \Delta T_d$ (HAAVELMO-Theorem). Ein wachsendes ausgeglichenes Budget mit $\Delta Tr = \Delta T_d$ wirkt dagegen neutral, d. h. $\Delta Y = 0$. Der Unterschied zwischen den beiden Multiplikatoren ist damit zu erklären, daß die Realausgaben das Volkseinkommen direkt, die Transferzahlungen dagegen dieses nur indirekt beeinflussen (s. Abschnitt 3.2.1.).

Die quantitativen Werte der Multiplikatoren hängen von den Annahmen über die Konsum-, Investitions-, Staatsausgaben- und Steuerfunktion ab. Angesichts der restriktiven Prämissen des HAAVELMO-Theorems dürfte seine praktische Relevanz gering sein. Tendenziell gelten die folgenden Ergebnisse:

- Eine Erhöhung (Senkung) der Staatsausgaben vergößert (verringert) das Volkseinkommen und damit die Beschäftigung. Dabei ist der Multiplikator der Ausgaben für Güter und Dienstleistungen in der Regel größer als der für die Transferzahlungen.
- Eine Erhöhung (Senkung) der Besteuerung verringert (vergrößert) das Volkseinkommen und die Beschäftigung, wobei ebenfalls multiplikative Wirkungen zu erwarten sind.

Eine expansive Haushaltspolitik verlangt, daß die Ausgaben des Staates erhöht und/oder seine Steuereinnahmen gesenkt werden. Sofern man von einem ausgeglichenen Budget ausgeht, kommt es in diesem Fall zu einem Budgetdefizit, also zur Kreditaufnahme durch den Staat (deficit spending). Die Kredite müssen dabei so beschafft werden, daß sie im privaten Bereich die Nachfrage nicht reduzieren, d. h. keine crowding-out-Effekte hervorrufen. Das verlangt in der Regel eine Aufnahme von Notenbankkrediten, also Geldschöpfung. Sowohl die Kreditaufnahme am Kapitalmarkt als auch die bei der Notenbank führen zu Vermögenseffekten, die ihrerseits expansive oder kontraktive Wirkungen haben können (Beitrag C-5.3.). Die keynesianische Theorie vernachlässigt solche Vermögenseffekte, so daß sie nur ein unvollständiges Bild von den Wirkungen der Budgetpolitik zeichnen kann.

Im Falle der kontraktiven Haushaltspolitik muß der Staat die Ausgaben verringern und/oder die Steuern erhöhen, d. h. Budgetüberschüsse bilden. Dabei dürfen diese nicht zu einer Nachfrageausdehnung im privaten Bereich führen, was in der Regel eine Anlage bei der Notenbank verlangt.

Für die konjunkturellen Wirkungen eines öffentlichen Haushaltes ist nicht nur dessen Saldo, sondern auch sein Volumen relevant. Um die konjunkturellen Effekte eines Budgets ermitteln zu können, bedarf es eines Maßstabes. Dazu hat der Sachverständigenrat in seinem Jahresgutachten 1967/68 das Konzept des konjunkturneutralen Haushalts entwickelt. Ein öffentlicher Haushalt ist demnach konjunkturneutral, wenn der Auslastungsgrad des Produktionspotentials durch die Gestaltung der öffentlichen Finanzen nicht beeinflußt wird. Der Auslastungsgrad ist das Verhältnis der tatsächlichen Produktion zum Produktionspotential. Aus dem Vergleich eines Budgets mit dem konjunkturneutralen Haushalt werden Aussagen über die konjunkturellen Effekte dieses Budgets ermöglicht. Gegen das Konzept – wie auch gegen ähnliche Ansätze in anderen Ländern – werden erhebliche Bedenken vorgetragen, vor allem, weil lediglich das Volumen, nicht aber die Struktur der öffentlichen Haushalte betrachtet wird (vgl. GANDENBERGER, 1973).

6.1.2. Maßnahmen der fiscal policy

Soll die fiscal policy effizient eingesetzt werden, muß der Staat über geeignete Instrumente verfügen, um die Gesamtnachfrage direkt oder indirekt beeinflussen zu können. Bei einer Staatsquote, die 1978 in der Bundesrepublik bei ca. 47,1 v. H. lag, scheint diese Bedingung erfüllt zu sein. Allerdings darf der Wert nicht darüber hinwegtäuschen, daß die Ausgaben- und Einnahmenposten in unterschiedlichem Maße für Variationen im konjunkturpolitischen Sinn geeignet sind.

Die Ausgaben und Einnahmen der Gemeinden fallen für eine antizyklische Politik weitgehend aus, da ein großer Teil der von den Kommunen getätigten Ausgaben (z. B. Sozial-, Personalausgaben) nicht nach konjunkturpolitischen Erfordernissen gestaltet werden kann. Die Gemeinden zeigen sogar ein prozyklisches Verhalten (Parallelpolitik): Sinken in einer Rezession die Steuereinnahmen, so werden oft auch die Ausgaben reduziert, weil nur begrenzte Möglichkeiten der Kreditaufnahme bestehen. Fließen umgekehrt im Boom die Einnahmen reichlicher, so kann es schwer sein, die Gemeinden von konjunkturpolitisch unerwünschten Ausgabensteigerungen abzuhalten, da sich in dieser Phase Gelegenheit bietet, bisher zurückgestellte Projekte zu finanzieren.

Träger der fiscal policy sind also in erster Linie der Bund und die Länder. Sie haben bei der Budgetgestaltung für Stabilität des Preisniveaus, hohen Beschäftigungsstand, außenwirtschaftliches Gleichgewicht und angemessenes Wirtschaftswachstum (§ 1 StabG) zu sorgen. Aber auch in ihren Budgets sind nur bestimmte Posten für konjunkturpolitisch motivierte Variationen geeignet; zu nennen sind vor allem die Bauausgaben, die Steuereinnahmen und die Kreditaufnahme. Gewünschte Änderungen können durch automatische Stabilisatoren, formelgesteuerte und diskretionäre Maßnahmen herbeigeführt werden.

Unter die automatischen Stabilisatoren fallen diejenigen öffentlichen Ausgaben und Einnahmen, die ohne Eingriffe des Staates, also automatisch, auf Veränderungen im privaten Bereich reagieren und damit dämpfend auf die Schwankungen der Gesamtnachfrage wirken. Ein Beispiel ist die progressive Einkommensteuer. Steigen im Konjunkturaufschwung die Nachfrage und damit die Einkommen, so wächst die Steuerbelastung überproportional. Der Nachfragezuwachs im privaten Sektor wird dadurch abgeschwächt. Umgekehrt wird bei sinkendem Volkseinkommen das Steueraufkommen überproportional vermindert, was einen expansiven Effekt darstellt. Wenngleich es solche automatischen Stabilisatoren (built-in flexibility) ebenso bei anderen Ausgaben und Einnahmen gibt, reichen sie quantitativ doch nicht aus, um Konjunkturschwankungen völlig auszuschalten. Die stabilisierende Wirkung tritt außerdem nur ein, wenn im Aufschwung die sich automatisch einstellenden Mehreinnahmen nicht verausgabt werden und im Abschwung der Staat bereit ist, in Höhe der Mindereinnahmen Haushaltsdefizite zu akzeptieren. Als Vorteil der built-in flexibility gilt, daß für Ermessensentscheidungen der Legislative und Exekutive kein Raum bleibt und somit zeitliche Verzögerungen beim Einsatz der Instrumente vermieden werden.

Diesen Vorteil will man auch bei den formelgesteuerten Maßnahmen (formula flexibility) nutzen: Der Einsatz finanzpolitischer Instrumente wird an bestimmte Konjunkturindikatoren (z. B. Auftragseingang) gebunden. Sobald vorgegebene Richtwerte erreicht werden, muß die Regierung aktiv werden. Damit wird vorausgesetzt, daß es Signale (Indikatoren) gibt, die auf eine bestimmte Konjunkturlage schließen lassen (Diagnose) und die weitere Entwicklung anzeigen (Prognose). Bei der strengen Form der formula flexibility wird der Regierung vorgeschrieben, welche Instrumente in welcher Dosierung ergriffen werden müssen; weniger strenge Konzepte verlangen lediglich, daß die Regierung aktiv werden soll, stellen ihr aber Wahl und Dosierung der Instrumente frei.

Das Hauptgewicht der fiscal policy liegt in der Praxis bei den sog. diskretionären Maßnahmen. Dabei werden konjunkturpolitisch motivierte Eingriffe von den finanzpolitischen Akteuren nach eigenem Ermessen und meist ad hoc vorgenommen. Das verlangt eine Beurteilung der konjunkturpolitischen Situation, die Auswahl und Dosierung der einzusetzenden Instrumente sowie eine Entscheidung über Zeitpunkt des Einsatzes und die Dauer der Maßnahme.

In diesem Prozeß treten erfahrungsgemäß zeitliche Verzögerungen (lags) auf, die die Effizienz der fiscal policy beeinträchtigen. Die Regierung erkennt die Konjunktursituation zu spät (Erkenntnisverzögerung), es dauert zu lange, bis sie eingreift (Handlungsverzögerung), und es vergeht weitere Zeit, bis die Maßnahmen wirken (Wirkungsverzögerung). Dadurch kann es sogar zu destabilisierenden Effekten kommen, wenn die Instrumente erst in einer Periode wirken, in der der Konjunkturverlauf schon umgeschlagen ist. Die Konsequenz ist dann meist eine Kehrtwende, die zu einem abrupten Wechsel zwischen kontraktiven und expansiven Maßnahmen (Politik des stop and go) führt.

Eine effiziente fiscal policy verlangt, daß die geschilderten Verzögerungen möglichst vermieden werden. Deshalb ist oft gefordert worden, den formelgesteuerten Maßnahmen ein stärkeres Gewicht zu verschaffen, weil dabei – allerdings nur, sofern die strengeren Versionen angesprochen sind – wenigstens die Handlungsverzögerungen vermieden werden.

Weitere Grenzen der fiscal policy liegen im folgenden: Das Konzept geht davon aus, daß eine Unterbeschäftigung auf zu geringe Gesamtnachfrage zurückzuführen ist (konjunkturelle Unterbeschäftigung). Eine strukturelle Arbeitslosigkeit dagegen ist durch expansive Haushaltspolitik nicht zu beheben; denn dadurch würden Preisniveausteigerungen und damit sog. Stagflation entstehen. Strukturelle Arbeitslosigkeit kann eher mit gezielten Maßnahmen (z. B. Verbesserung der Mobilität, Umschulung, Ansiedlung neuer Betriebe) bekämpft werden.

Preisniveausteigerungen können ihre Ursache außer in zu hoher Gesamtnachfrage (Nachfrageinflation) auch in gestiegenen Produktionskosten haben, die auf die Nachfrager überwälzt werden (Kosten- oder Anbieterinflation). Eine kontraktive Haushaltspolitik kann zwar die Preiserhöhungsspielräume der Unternehmen verringern, bringt aber die Gefahr der Unterbeschäftigung mit sich. Zur Bekämpfung einer Kosteninflation empfehlen sich daher andere Maßnahmen, z. B. die Wettbewerbs- und Einkommenspolitik.

Die fiscal policy hat keineswegs alle Erwartungen erfüllt, die man in sie gesetzt hat. Allerdings sind durch das Stabilitätsgesetz die institutionellen Voraussetzungen erweitert und neue Instrumente geschaffen worden. Beides verspricht indes nur dann erhöhte Effizienz, wenn die Möglichkeiten für die Konjunkturdiagnose und -prognose verbessert werden und zum anderen die Finanzpolitiker auch bereit sind, die vorhandenen Instrumente – selbst gegen politische Widerstände – rechtzeitig und richtig dosiert einzusetzen.

6.2. Finanzpolitik als Wachstumspolitik

6.2.1. Ziele der Wachstumspolitik

Im Rahmen der Wachstumspolitik wird eine Erhöhung des gesamtwirtschaftlichen Produktionspotentials angestrebt; dadurch sollen die Voraussetzungen für ein vergrößertes Angebot an Gütern und Dienstleistungen und damit für eine Verbesserung des Lebensstandards geschaffen werden. In einer wachsenden Wirtschaft können zudem die Verteilungskämpfe leichter gelöst werden: Da jedes Jahr ein höheres Güterangebot zur Verfügung steht, können die einen gewinnen, ohne daß die anderen (absolut) verlieren müssen. Die Neuverteilung eines Zuwachses ist politisch immer leichter als die Umverteilung eines Bestandes.

Das wirtschaftliche Wachstum wird in der Regel an der prozentualen Steigerung des realen Bruttosozialprodukts in einer Periode gemessen. Nicht die maximale, sondern die optimale oder angemessene Wachstumsrate wird angestrebt. Damit soll zum Ausdruck kommen, daß im Rahmen der Wachstumspolitik auch andere Ziele (z. B. Umweltschutz) zu berücksichtigen sind. Außerdem soll das Wachstum stetig, d. h. gleichmäßig und nicht in Sprüngen oder Zyklen, verlaufen.

Eine Zunahme des Sozialprodukts kann über den vermehrten Einsatz von Produktionsfaktoren (vor allem: Arbeit und Kapital) und/oder deren effizientere Verwendung (technischer Fortschritt) erreicht werden. Zwischen diesen Einflußgrößen bestehen allerdings Zusammenhänge. Die Verwirklichung des technischen Fortschritts wie auch der Mehreinsatz von Arbeitskräften verlangen meist eine qualitative und quantitative Veränderung des Kapitalbestands (Investitionen).

6.2.2. Finanzpolitische Instrumente der Wachstumspolitik

Die Finanzpolitik kann zur Verwirklichung des Wachstumsziels beitragen, indem sie versucht, die erwähnten Bestimmungsgründe positiv zu beeinflussen. Dabei ergeben sich jedoch zwei Probleme: Es fehlt bis heute eine allgemein akzeptierte Wachstumstheorie, die den Einfluß der genannten Determinanten auf die Wachstumsrate quantitativ exakt erklären kann. Zudem sind die Wirkungen der Finanzpolitik auf diese Faktoren nicht eindeutig. Aussagen über Wachstumseffekte der öffentlichen Ausgaben und Einnahmen sind deshalb nur schwer möglich, da sie auf empirisch nicht gesicherten Hypothesen basieren.

Zunächst sei der Einfluß finanzpolitischer Maßnahmen auf das Arbeitsangebot behandelt. Da die Bevölkerungszahl in den entwickelten Volkswirtschaften kaum steigt und die Finanzpolitik darauf auch nur begrenzt einwirken kann, sind die Möglichkeiten für eine Erhöhung des quantitativen Arbeitsangebots gering. Man kann zwar versuchen, die Erwerbsquote zu erhöhen oder den Zustrom ausländischer Arbeitskräfte durch steuerliche Vergünstigungen, Anwerbungsprämien oder Ausgaben zur Verbesserung der Lebensbedingungen dieser Arbeitnehmer zu fördern. Ob solche Maßnahmen aber Erfolg haben, ist fraglich; daneben stellen sich gesellschaftspolitische Probleme ein.

Größere Bedeutung kommt unter wachstumspolitischem Aspekt der Beseitigung der strukturellen Arbeitslosigkeit zu. Der Wachstumsprozeß ist stets von einem Strukturwandel begleitet: Arbeitskräfte, die in schrumpfenden Branchen freigesetzt werden, müssen in expandierende Wirtschaftszweige überführt werden. Hierzu eignen sich alle finanzpolitischen Maßnahmen, die die geographische und berufliche Mobilität fördern. Zu nennen sind Ausgaben für Umschulung und Fortbildung.

Das Arbeitsangebot darf durch finanzpolitische Maßnahmen nicht beeinträchtigt werden. In diesem Zusammenhang wird immer wieder darauf hingewiesen, daß die derzeit hohe Abgabenlast (Steuern und Sozialversicherungsbeiträge) und dabei insbesondere die progressive Einkommensteuer den Anreiz nehme, das Arbeitsangebot auszuweiten. Möglicherweise würde das Angebot sogar reduziert, weil der Nettomehrverdienst in keinem angemessenen Verhältnis zur zusätzlichen Belastung stehe. Ob solche disincentive-Wirkungen tatsächlich eintreten, hängt von den Bestimmungsfaktoren des Arbeitsangebots ab. Sofern das Nettoeinkommen hierbei eine wichtige Rolle spielt, spricht einiges für die vorgetragene These. Da in der Zukunft kaum mit einer Reduktion der Abgabenlast in toto zu rechnen ist, liegt der Gedanke nahe, das Steuersystem so umzugestalten, daß das Gewicht der Abgaben mit geringeren disincentive-Effekten erhöht wird. Konkret geht es dabei um Vorschläge, die Einkommensteuerbelastung zu senken und statt dessen die Mehrwertsteuer und die speziellen Verbrauchsteuern zu erhöhen. Dadurch würde die Mehrleistung netto höher entlohnt, was zu einer Steigerung des Arbeitsangebots führen könnte. Konsequente Vertreter dieser Argumentation (z. B. KALDOR) verlangen eine generelle Umgestaltung des Steuersystems, nämlich den Ersatz der Einkommensteuer durch eine allgemeine Ausgabensteuer. Ob dadurch allerdings die Arbeitsanreize weniger gehemmt werden als bei der Einkommensteuer, ist umstritten und in der Diskussion um die sog. expenditure tax ausgiebig erörtert worden (PEFFEKOVEN, 1979).

Bieten sich zur Erhöhung des quantitativen Arbeitsangebots für die Finanzpolitik nur wenig Ansatzpunkte, so muß versucht werden, die Qualität der Arbeitskräfte zu verbessern. Neben den schon erwähnten Maßnahmen zur Beseitigung der strukturellen Arbeitslosigkeit kommen vor allem die Ausgaben im Gesundheits-, Bildungs- und Fortbildungswesen in Frage. Damit sind aber z. T. bereits Instrumente angesprochen, die auch für die Förderung des technischen Fortschritts geeignet sind.

Die Beeinflussung des Kapitalstocks und damit die Förderung der privaten Investitionen durch finanzpolitische Instrumente setzen voraus, daß es gelingt, die Investitionsneigung der Unternehmer zu beeinflussen. Diese wird in erster Linie wohl von den erwarteten Nettogewinnen und der Nachfrageentwicklung bestimmt. Sofern die erwarteten Gewinne durch die Unternehmenssteuern vermindert werden, sinkt auch die Investitionsneigung. Auf der anderen Seite ist jedoch zu berücksichtigen, daß die übrigen Budgetposten die Gesamtnachfrage und damit die Gewinne ebenfalls beeinflussen und insoweit Wirkungen auf die Investitionsneigung zeigen. Wegen der Vielzahl der möglichen Effekte ist der Einfluß der Finanzpolitik nur schwer vorauszusagen.

In der Praxis versucht man, über Steuervergünstigungen die Investitionsneigung zu beeinflussen. Das geschieht meist durch Verbesserung der Abschreibungsmöglichkeiten (degressive, Sonder- und Sofortabschreibungen). Dadurch wird die Bemessungsgrundlage der Einkommen- und Körperschaftsteuer vermindert und ein – allerdings nur vorübergehender – Steuervorteil eingeräumt. Oft wird den Unternehmen auch erlaubt, einen bestimmten Prozentsatz ihrer Investitionsausgaben von der Steuerschuld abzuziehen. Damit eng verwandt sind Investitionsprämien.

Die Erhöhung der Investitionsneigung kann auch erreicht werden, wenn der Staat sich am Risiko der Investitionen beteiligt. Hierfür eignet sich der sog. Verlustausgleich, durch den Verluste, die im Zusammenhang mit der Vornahme von Investitionen entstanden sind, bei der Einkommen- und Körperschaftsteuer mit Gewinnen der gleichen Periode saldiert werden können. Mitunter wird auch zugelassen, Verluste mit Gewinnen früherer Perioden (Verlustrücktrag) oder späterer Perioden (Verlustvortrag) zu verrechnen. Eine Erhöhung der Risikobereitschaft wird auch von einer Verlagerung von den direkten zu den indirekten Steuern erwartet. Hierbei wird ähnlich wie im Falle der steuerlichen disincentive-Wirkungen beim Arbeitsangebot argumentiert. Wiederum wäre die konsequente Folgerung, von der Einkommensteuer zur allgemeinen Ausgabensteuer überzugehen.

Ferner kann der Staat die Investitionsneigung erhöhen, wenn er durch seine Ausgaben dazu beiträgt, daß wichtige Vorleistungen für private Investitionen zur Verfügung gestellt werden (Verkehrs-, Energiebereich). Schließlich tragen auch die öffentlichen Investitionen unmittelbar zur Erhöhung des Produktionspotentials bei.

Die jährliche Steigerung des Sozialprodukts ist weniger auf die Erhöhung des Arbeitseinsatzes und des Kapitals zurückzuführen als vielmehr auf den technischen Fortschritt. Seine Entwicklung und Einführung in den Produktionsprozeß setzt in der Regel Investitionen voraus. Diese sind besonders risikoreich; denn nur wenige Innovationen führen zu marktfähigen Produkten und zu wirtschaftlichem Erfolg. Daneben fallen gerade bei solchen Investitionen positive externe Effekte an. Forderungen nach staatlichen Maßnahmen, vor allem Steuererleichterungen und Subventionen, erscheinen deshalb vertretbar. Darüber hinaus kommt die Gewährung von Darlehen, Bürgschaften und Garantien in Frage. Unmittelbar kann der Staat den technischen Fortschritt aber auch fördern, wenn er Ausgaben für die Grundlagenforschung übernimmt, Investitionen in Bildungs- und Forschungseinrichtungen finanziert oder Ausgaben für Lehr- und Forschungspersonal tätigt.

6.3. Finanzpolitik als Verteilungspolitik

6.3.1. Ziele der Verteilungspolitik

Finanzpolitische Instrumente haben – gewollt oder ungewollt – meist auch Wirkungen auf die Einkommens- und Vermögensverteilung, die beide eng miteinander verbunden sind: Das Vermögen ist eine Einkommensquelle; andererseits werden

Vermögen vor allem aus gesparten Einkommen gebildet. Maßnahmen zur Beeinflussung der Einkommensverteilung wirken deshalb auch stets auf die Vermögensverteilung und umgekehrt. Im folgenden wird ausschließlich auf die Einkommensverteilung eingegangen (Beitrag H).

Eines der Hauptprobleme der Verteilungspolitik liegt in der Festlegung der Verteilungsnorm. Zwar wird weithin akzeptiert, daß Einkommensunterschiede vermindert werden sollen; welches Ausmaß dabei aber anzustreben ist, kann wissenschaftlich nicht definiert, sondern nur politisch fixiert werden. Immerhin lassen sich für die Nivellierung gewisse – wenn auch quantitativ nicht exakte – Grenzen markieren: Aus wachstumspolitischen Gründen darf die Umverteilung nicht so weit getrieben werden, daß Leistungsanreize und Eigeninitiative zum Erliegen kommen.

Zu klären ist auch, von welchem Verteilungskonzept auszugehen ist, von der funktionalen oder der personellen Einkommensverteilung. Im ersten Fall fragt man, wie das Volkseinkommen auf die Anbieter von Produktionsfaktoren verteilt wird. Da sich diese Verteilung im Marktprozeß ergibt, ist die Rede von marktmäßiger oder primärer Einkommensverteilung. Das Volkseinkommen und seine Verteilung werden im wesentlichen durch die Höhe und Zusammensetzung der Gesamtnachfrage bestimmt; somit beeinflussen auch die öffentlichen Ausgaben und Einnahmen die funktionale Verteilung.

Wenn allerdings vom Einfluß der Finanzpolitik auf die Verteilung gesprochen wird, ist meist die personelle Verteilung gemeint. Dabei wird nach der Höhe der Einkommen gefragt, die einzelnen Personen oder Gruppen (z. B. Haushalten) – gleichgültig, aus welchen Quellen – zufließen. Diese Verteilung ergibt sich als Primärverteilung ebenfalls aus dem Marktprozeß; sie kann aber durch staatliche Maßnahmen verändert werden. Man spricht von Redistributions- oder Umverteilungspolitik (Beitrag H-1.1.).

6.3.2. Finanzpolitische Instrumente der Verteilungspolitik

Gegenstand der Umverteilung können zunächst die Nettoeinkommen oder die verfügbaren Einkommen sein. Da man letztere erhält, wenn vom Volkseinkommen die direkten Steuern abgezogen und die Transferzahlungen hinzugezählt werden, kann offenbar eine Redistribution zunächst durch Gestaltung dieser beiden Budgetposten erreicht werden.

Sofern die Unterschiede in der Höhe der Nettoeinkommen mit Hilfe der direkten Steuern verringert werden sollen, müssen die hohen Einkommen relativ stärker belastet werden als die niedrigen. Diesem Zweck dient die (direkt) progressive Einkommensteuer. Daneben sind Abzüge bei der Ermittlung der Bemessungsgrundlage (Freibeträge) und Abzüge von der Steuerschuld (tax credits) üblich, die im Ergebnis – soweit für alle Steuerpflichtigen gleiche Abzugsbeträge gelten – den Beziehern niedriger Einkommen relativ größere Steuererleichterungen bringen (indirekte Progression). Ob die gewünschte Einkommensumverteilung durch die progressive Einkommensteuer allerdings erreicht wird, hängt entscheidend davon ab, in welchem Umfang es den Beziehern hoher Einkommen gelingt, dieser Steuer auszuweichen oder sie zu überwälzen (s. Abschnitt 4.2.3.).

Die angestrebten Verteilungswirkungen werden bei den Unterstützungszahlungen (z. B. Sozialhilfe, Wohngeld) in der Regel erreicht, da der objektive Tatbestand für die Zahlung festliegt und die subjektive Bedürftigkeit überprüft wird. Allerdings kann die Erhöhung des verfügbaren Einkommens durch Transferzahlungen zu einer Reduktion des Leistungseinkommens führen, wenn infolge der Transfers der Anreiz genommen wird, durch Teilnahme am Wirtschaftsprozeß im bisherigen Umfang selbst Einkommen zu erzielen.

Mit dem Konzept der negativen Einkommensteuer, das vor allem in den USA diskutiert und im Staate New Jersey praktiziert worden ist, versucht man, die zahlreichen Transferzahlungen systematisch mit der Einkommensteuer zu verknüpfen, um ein einheitliches System von Unterstützungszahlungen zu schaffen, das Bedürftigkeitsprüfungen überflüssig macht und die Anreize erhält, selbst Einkommen zu erzielen. Die verschiedenen Vorschläge (vgl. GREEN, 1967) lassen sich auf folgenden Grundtyp reduzieren: Es wird ein Einkommensbetrag Y_o festgelegt, bei dem weder Steuern zu zahlen sind noch Transfers geleistet werden. Wird dieses Einkommen überschritten ($Y > Y_o$), fallen Steuern an; wird es dagegen nicht erreicht ($Y < Y_o$), so wird die Differenz $Y_o - Y$ ganz oder – um Leistungsanreize zu erhalten – zum Teil als Transfer gezahlt. Die Pläne für eine negative Einkommensteuer werfen eine Reihe bisher ungelöster Probleme auf: Die Höhe des Einkommensbetrages Y_o und der Tarif müssen bestimmt werden, was aber nur möglich ist, wenn man die angestrebten verteilungspolitischen Ziele kennt. Außerdem zeigen sich Konflikte zwischen den Zielen Sicherung des Existenzminimums und Erhaltung von Leistungsanreizen.

Bisher ging es nur um die Verteilung der Nominaleinkommen. Letzten Endes soll aber eine Umverteilung der Realeinkommen erreicht werden. Diese können auch über die indirekten Steuern und die Subventionen beeinflußt werden, sofern dadurch die Preise verändert werden. Damit wird allerdings erneut die Frage der Inzidenz sowohl der indirekten Steuern (Mehrwertsteuer und spezielle Verbrauchsteuern) als auch der Subventionen aufgeworfen. Unter der Annahme, daß die Mehrwertsteuer überwälzt wird und daß für die Bezieher niedriger Einkommen höhere Konsumquoten gelten als für die Bezieher hoher Einkommen, führt die Mehrwertsteuer zu einer vergleichsweise stärkeren Belastung der niedrigen Einkommen. In diesem Fall wäre die oben erwähnte Umgestaltung des Steuersystems (Verlagerung von den direkten zu den indirekten Steuern) verteilungspolitisch bedenklich. Ob jedoch mit einer solchen Regressivwirkung gerechnet werden muß, ist sowohl für die Mehrwertsteuer als auch für die speziellen Verbrauchsteuern umstritten. Empirische Untersuchungen kommen zu unterschiedlichen Ergebnissen. Das kann allerdings nicht überraschen, da die Resultate entscheidend von den Annahmen hinsichtlich der Überwälzung und der Verbrauchsgewohnheiten sowie von der konkreten Ausgestaltung der Steuern (z. B. den Steuersatzdifferenzierungen) abhängen.

Ähnliche Probleme ergeben sich bei der Ermittlung der Verteilungswirkungen der Subventionen (s. Abschnitt 3.2.2.). Auch dabei stellt sich die Frage der Überwälzung (wenngleich mit umgekehrtem Vorzeichen) und der Konsumgewohnheiten. Empirische Untersuchungen liegen bisher nur in Ansätzen und lediglich für einzelne Subventionsarten vor.

Wenn (oder soweit) die indirekten Steuern und die Subventionen nicht überwälzt werden, stellen sie Einkommensverluste bei den Steuerzahlern bzw. Einkommensgewinne bei den Subventionsempfängern dar. In diesem Fall beeinflussen diese Budgetposten die Verteilung der Nominaleinkommen und sind insoweit den direkten Steuern und den Transferzahlungen gleichzustellen.

Neben der Änderung der Nominal- und Realeinkommen könnte schließlich noch ein weiterer Zusammenhang betrachtet werden: Die einzelnen Wirtschaftssubjekte ziehen in unterschiedlichem Maße Nutzen aus dem Angebot an Kollektivgütern. Dadurch wird die Einkommensverteilung beeinflußt, sofern man – was allerdings umstritten ist – den Einkommensbegriff sehr weit faßt und auch solche Nutzen einbezieht. Ein überzeugender Nachweis, welche Einkommensbezieher stärker oder schwächer an den Nutzen der Kollektivgüter partizipieren, läßt sich allerdings nicht erbringen.

Schließlich kann der Einfluß aller Budgetposten auf die Verteilung, also die Budgetinzidenz, ermittelt werden. Empirische Untersuchungen liegen für die USA (GILLESPIE, 1965) und für die Bundesrepublik (HAKE, 1972) vor. Sie zeigen insgesamt eine Umverteilung zugunsten der Bezieher niedriger Einkommen. Diese profitieren also von der Staatstätigkeit; mit wachsendem Einkommen sinken diese Vorteile jedoch. Bezieher hoher Einkommen werden schließlich netto belastet. Dabei ergibt sich, daß es für die mittleren Einkommensschichten trotz vieler Einzelmaßnahmen praktisch keine Redistribution gibt; sie zahlen also selbst für die Vorteile, die sie aus der Staatstätigkeit ziehen. Die Erklärung liegt wohl darin, daß eine Vielzahl von Redistributionsmaßnahmen existiert, die sich gegenseitig neutralisieren, weil die betroffenen Personen einmal zu den Begünstigten und dann wieder zu den Belasteten gehören. Eine Umverteilung spielt sich nur zwischen den Beziehern hoher und denen niedriger Einkommen ab. Dieses Ergebnis könnte möglicherweise aber auch mit geringerem Aufwand erreicht werden.

Kommentierte Literaturhinweise

Die im vorangegangenen Aufsatz diskutierten Fragen werden in nahezu allen Lehrbüchern der Finanzwissenschaft behandelt. Auf zwei deutschsprachige sei empfehlend hingewiesen: RICHARD A. MUSGRAVE/PEGGY B. MUSGRAVE/LORE KULLMER (1975-1978) und HORST ZIMMERMANN/KLAUS-D. HENKE (1975, 2. A. 1978). Beide Werke bringen neben den theoretischen Grundlagen auch die institutionellen Regelungen für die Bundesrepublik. Aus der Vielzahl der englischsprachigen Lehrbücher sind als Einführung und Überblick besonders CARL S. SHOUP (1969) und JOHN F. DUE/ANN F. FRIEDLAENDER (1954, 6. A. 1977) geeignet.

Das grundlegende Werk für die finanztheoretische Diskussion ist auch heute noch RICHARD A. MUSGRAVE (1959; deutsche Übersetzung 1966, 2. A. 1969); in diesem Werk werden neben der Rechtfertigung staatlicher Tätigkeit die Wirkungen der öffentlichen Finanzen im einzelnen analysiert.

Eine geschlossene Darstellung über die öffentlichen Ausgaben liegt bis heute nicht vor. Über die wesentlichen Probleme informieren die Arbeiten von HANS FECHER (1977), GEROLD KRAUSE-JUNK (1977, 1) und KONRAD K. LITTMANN (1977).

Die Grundprobleme der Besteuerung behandelt KURT SCHMIDT (1979). Die umfassendsten Werke auf diesem Gebiet sind die Arbeiten von GÜNTER SCHMÖLDERS (1951, 4. A. 1965), HEINZ HALLER (1964, 2. A. 1971) und FRITZ NEUMARK (1970). Die Fragen der öffentlichen Verschuldung werden in einem von EWALD NOWOTNY (1979) herausgegebenen Band behandelt. Zu Problemen des Debt Managements informiert ein Gutachten des WISSENSCHAFTLICHEN BEIRATS BEIM BUNDESMINISTERIUM DER FINANZEN (1979).

Die Theorie des Finanzausgleichs basiert auf der Arbeit von WALLACE E. OATES (1972). Zu Einzelproblemen können insbesondere JAMES M. BUCHANAN (1950), RICHARD A. MUSGRAVE (1961) und CHARLES M. TIEBOUT (1961) herangezogen werden. Die mit dem Finanzausgleich eng verbundenen Fragen der internationalen Finanzordnung sind in einem Überblick bei ROLF PEFFEKOVEN (1978) behandelt worden; eine ausführliche Diskussion – auch mit Bezug auf die Entwicklungspolitik – findet sich bei RICHARD A. MUSGRAVE (1969).

Die Grundlagen der Finanzpolitik werden bei GÜNTER SCHMÖLDERS (1955, 3. A. 1966) und HEINZ HALLER (1957, 5. A. 1972) diskutiert. Speziell zu den Fragen der fiscal policy kann die Arbeit von KLAUS MACKSCHEIDT/JÖRG STEINHAUSEN (1973, 3. A. 1978) sowie ein von KLAUS MACKSCHEIDT (1977) herausgegebener Sammelband empfohlen werden.

Im übrigen werden alle im vorangegangenen Aufsatz angesprochenen Themen in entsprechenden Beiträgen in den Neuauflagen des Handbuchs der Finanzwissenschaft und des Handwörterbuchs der Wirtschaftswissenschaft ausgiebig behandelt; dort findet der Leser auch weiterführende Literatur.

Symbolverzeichnis

In das Verzeichnis wurden außer den Symbolen, die in mehreren Beiträgen eine einheitliche Bedeutung haben, auch diejenigen Standardsymbole aufgenommen, die nur in einem Beitrag verwendet werden. Symbole, die spezifische Sachverhalte einzelner Beiträge kennzeichnen, sind an Ort und Stelle definiert. Dies gilt auch für die Fälle, in denen sich eine abweichende Verwendung desselben Symbols in verschiedenen Beiträgen nicht vermeiden ließ. So bezeichnet beispielsweise c generell die durchschnittliche Konsumquote, im Beitrag D symbolisiert c jedoch die Barzahlungsquote des Publikums. Definitionsgleichungen sind durch „:=" gekennzeichnet (z. B.: $Y := C+I$). Ableitungen nach der Zeit werden durch einen Punkt über dem Symbol für die zeitabhängige Größe markiert (z. B.: $dP/dt := \dot{P}$); partielle Ableitungen einer Funktion (F) in bezug auf ihre Argumente werden in der Reihenfolge der Funktionsargumente mit $F_1, F_2, \ldots$ bezeichnet.

1. Allgemeine Regeln und Zeichen:

Angebotsgrößen:	hochgestelltes s
	(z. B.: $M^s :=$ Geldangebot)
Nachfragegrößen:	hochgestelltes d
	(z. B.: $M^d :=$ Geldnachfrage)
Erwartungsgrößen:	gekennzeichnet durch *
	(z. B.: $i^* :=$ erwarteter Nominalzins)
exogene Größen:	generell durch einen Querstrich über dem Symbol
	(z. B.: $\overline{M} :=$ exogen gegebenes Geldangebot)
Wachstumsraten:	generell durch g, speziell g mit Suffix
	(z. B.: $g_Y :=$ Wachstumsrate des Sozialprodukts)

2. Großbuchstaben:

A	Vermögen
B	Basisgeld
$B^P + B^B$	Bargeldumlauf (Bargeld des Publikums + Bargeldhaltung der Banken)
BP	Zahlungsbilanzsaldo
C	Ausgaben für Konsumgüter
D	Abschreibungen
D_1	Sichteinlagen
D_2	Termineinlagen
D_3	Spareinlagen
DD	Nachfragekurve
E	Gleichgewicht
ER	Überschußreserven der Banken bei der Zentralbank
Ex	Export
Ex-Im	güterwirtschaftlicher Beitrag des Auslandes
F,f	Funktionssymbole
G	Staatsausgaben
GD	verzinsliche Staatsschuld

GNP	Bruttosozialprodukt zu Marktpreisen
I	Ausgaben für Investitionsgüter (netto), Nettoinvestition
Im	Import
K	Kapitalstock, Kapitalbestand
KR	Kreditvolumen
L	Liquiditätspräferenz
M	Geldmenge
M1	Tausch-Geldmenge (Bargeld und Sichteinlagen)
M2	Quasigeldmenge (M1 + Termingelder bis unter 4 Jahren)
M3	M2 + Spareinlagen mit gesetzlicher Kündigungsfrist
M^d	Geldnachfrage
M^s	Geldangebot
N	Beschäftigungsniveau, Beschäftigungsmenge des Faktors Arbeit
N^d	Arbeitsnachfrage
NA	Nettovermögen des privaten Sektors
P	Preisniveau
P_{Im}	Preisniveau der Importgüter
P_{Ex}	Preisniveau der Exportgüter
P_k	Preis pro Einheit Realkapital
Q	Gewinn
R	Gesamterlös des Unternehmens
RR	Pflichtreserven der Banken bei der Zentralbank
S	Ersparnis
SS	Angebotskurve
T	Steuern
TR	gesamte Reservehaltung der Banken bei der Zentralbank
U	Nutzen
V	Umlaufgeschwindigkeit des Geldes
W	Nominallohn-Niveau
Y	Volkseinkommen, Produktionsmenge, Sozialprodukt
Y^d	gesamtwirtschaftliche Nachfrage
Y^s	gesamtwirtschaftliches Angebot

3. *Kleinbuchstaben:*

c	durchschnittliche Konsumquote (C/Y)
c'	marginale Konsumquote
d	Differential (totale Ableitung)
e	Wechselkurs
ex	Exportvolumen
f,F	Funktionssymbol
g	Wachstumsrate für alle Größen
g_K	Wachstumsrate des Kapitals
g_N	Wachstumsrate der Arbeit
g_P	Inflationsrate
g_Y	Wachstumsrate des Sozialprodukts
g_π	Wachstumsrate des technischen Wissens (technischer Fortschritt)

i	Zinssatz (nominal)
im	Importvolumen
k	Kassenhaltungskoeffizient
m	durchschnittliche Importquote (Im/Y)
m'	marginale Importquote
m_{Suffix}	Multiplikator (z. B. m_I = Investitionsmultiplikator)
p	Preis eines Gutes
q	Relativer Marktwert des Realkapitals
r	Realzinssatz
s	durchschnittliche Sparquote (S/Y)
s'	marginale Sparquote
tot	Terms of trade
u	Arbeitslosenquote
w	Nominallohnsatz
x	Mengeneinheit eines gehandelten Gutes
z	Zollsatz

4. Griechische Buchstaben

α	Produktionselastizität
β	Akzelerator
δ	Differential (partielle Ableitung)
η	Nachfrageelastizität
η_y	Einkommenselastizität der Nachfrage
ϰ	Kapitalkoeffizient (K/Y)
λ	Skalenelastizität
π	technisches Wissen
Θ	Periodenlänge
ν	Arbeitskoeffizient (N/Y)
ϱ	Arbeitsproduktivität

Literaturverzeichnis

A. Deutschsprachige Lehrbücher der Volkswirtschaftslehre

Bartling, H.; F. Luzius, Grundzüge der Volkswirtschaftslehre. Einführung in die Wirtschaftstheorie und Wirtschaftspolitik, 2. A., München (Vahlen) 1979.
Bernholz, P., Grundlagen der politischen Ökonomie, 2 Bde., Tübingen (Mohr) 1972.
Brandt, K., Einführung in die Volkswirtschaftslehre. Eine Vorlesung zum Verständnis wirtschaftlicher Zusammenhänge, 3. A., Freiburg i. Br. (Rombach) 1972.
Dahl, D., Volkswirtschaftstheorie und Volkswirtschaftspolitik, Wiesbaden (Gabler) 1968.
Ehrlicher, W.; u. a., Kompendium der Volkswirtschaftslehre, Bd. 1, 5. A., Bd. 2, 4. A., Göttingen (Vandenhoeck & Ruprecht) 1975.
Ertel, R., Volkswirtschaftslehre, München (Oldenbourg) 1979.
Gahlen, B., u. a., Volkswirtschaftslehre. Eine problemorientierte Einführung, Tübingen (Mohr) 1977.
Häuser, K., Volkswirtschaftslehre, Frankfurt a. M. (Fischer) 1967.
Hax, K., T. Wessels, Hg., Handbuch der Wirtschaftswissenschaften, Band II: Volkswirtschaft, 2. A., Köln (Westdeutscher) 1966.
Heertje, A., Grundbegriffe der Volkswirtschaftslehre, 2. A., Berlin (Springer) 1975.
Heertje, A., Volkswirtschaftslehre, Berlin (Springer) 1970/71.
Helmstädter, E., Wirtschaftstheorie, 2 Bde., München (Vahlen) 1976/79.
Henrichsmeyer, W.; O. Gans; I. Evers, Einführung in die Volkswirtschaftslehre, Stuttgart (Ulmer) 1978.
Heuss, E., Grundelemente der Wirtschaftstheorie. Eine Einführung in das wirtschaftstheoretische Denken, Göttingen (Vandenhoeck & Ruprecht) 1970.
Külp, B., Grundfragen der Wirtschaft. Eine Einführung in die Sozialökonomie, Köln (Bachem) 1967.
Kyrer, A.; W. Penker, Elementare mikro- und makroökonomische Theorie, Opladen (Westdeutscher) 1974.
Lipsey, R. G., Einführung in die positive Ökonomie, Köln (Kiepenheuer & Witsch) 1973.
McConnell, C. R., Volkswirtschaftslehre, 2 Bde., Köln (Bund) 1975.
Meinhold, W., Grundzüge der allgemeinen Volkswirtschaftslehre, 4. A., München (Hueber-Holzmann) 1972.
Paulsen, A.; R. Schilcher, Allgemeine Volkswirtschaftslehre, 10. A., Berlin (de Gruyter) 1977.
Preiser, E., Nationalökonomie heute. Eine Einführung in die Volkswirtschaftslehre, 11. A., München (Beck) 1973.
Samuelson, P. A., Volkswirtschaftslehre, 2 Bde., Köln (Bund) 1975.
Sauermann, H., Einführung in die Volkswirtschaftslehre, 2 Bde., Wiesbaden (Gabler) 1960.
Schneider, E., Einführung in die Wirtschaftstheorie, 4 Bde., Tübingen (Mohr) 1969.
Siebert, H., Einführung in die Volkswirtschaftslehre, 1. Band, 5. A., Stuttgart (Kohlhammer) 1976, 2. Band, 4. A., Stuttgart (Kohlhammer) 1977.
Stobbe, A., Gesamtwirtschaftliche Theorie, Berlin (Springer) 1975.

STOBBE, A., Volkswirtschaftslehre: Volkswirtschaftliches Rechnungswesen, 4. A., Berlin (Springer) 1976.
WOLL, A., Allgemeine Volkswirtschaftslehre, 6. A., München (Vahlen) 1978.

B. Zitierte und kommentierte Literatur

ABBING, P. J. R. (1978), The ethical justification of income inequalities, in: W. KRELLE; A. F. SHORROCKS, Hg. (1978), S. 59–77.

ACKLEY, G. (1959), Administered prices and the inflationary process, in: American Economic Review, 59, S. 419–430.

ACKOFF, R. L. (1972), Towards a system of systems concepts, in: J. BEISHON; G. PETERS, Hg. (1972), S. 83–90.

ADEBAHR, H. (1972), Der direkte internationale Preiszusammenhang. Rückblick auf eine deutsche Diskussion, in: Zeitschrift für Wirtschafts- und Sozialwissenschaften, 92, S. 657–674.

ADEBAHR, H. (1978), Währungstheorie und Währungspolitik, Berlin (Duncker & Humblot) 1978.

ALBERS, W. (1961), Staatsverschuldung und Geld- und Kreditpolitik, in: Finanzarchiv, N. F., 21, S. 25–46.

ALBERS, W. (1972), Hg., Besteuerung und Zahlungsbilanz, Berlin (Duncker & Humblot) 1972.

ALBERS, W. (1977, 1), Ziele und Bestimmungsgründe der Finanzpolitik, in: F. NEUMARK, Hg. (1977, 1), S. 123–163.

ALBERS, W. (1977, 2), Transferzahlungen an Haushalte, in: F. NEUMARK, Hg. (1977, 1), S. 861–957.

ALBERS, W.; u. a. (1977 ff.), Hg., Handwörterbuch der Wirtschaftswissenschaft, lfd. Jge., Tübingen (Mohr) 1977 ff.

ALCHIAN, A.; H. DEMSETZ (1973), The property rights paradigm, in: Journal of Economic History, 33, S. 16–27.

ALCHIAN, A.; B. KLEIN (1973), On a correct measure of inflation, in: Journal of Money, Credit and Banking, 5, S. 173–191.

ALEXANDER, S. S. (1952), Effects of a devaluation on a trade balance, in: International Monetary Fund Staff Papers, 2, S. 263–278.

ALEXANDER, S. S. (1959), Effects of a devaluation: A simplified synthesis of elasticity and absorption approaches, in: American Economic Review, 49, S. 22–42.

ALEXANDER, V.; H. E. LOEF (1975), Die Messung sozialer Kosten der Inflation. Eine theoretische und empirische Problemanalyse, in: P. HARBUSCH; D. WIEK, Hg. (1975), S. 179–193.

ANDEL, N. (1969), Zur Diskussion über Musgraves Begriff der „merit wants", in: Finanzarchiv, N. F., 28, S. 209–213.

ANDEL, N. (1977, 1), Subventionen, in: W. ALBERS; u. a., Hg. (1977), Bd. 7, S. 491–510.

ANDEL, N. (1977, 2), Nutzen-Kosten-Analysen, in: F. NEUMARK, Hg. (1977, 1), S. 475–518.

ANDO, A.; F. MODIGLIANI (1963), The „life cycle" hypothesis of saving: Aggregate implications and tests, in: American Economic Review, 53, S. 55–84.

ARROW, K. J. (1951), Social choice and individual values, New York (Wiley) 1951.

ARROW, K. J. (1962), The economic implications of learning by doing, in: Review of Economic Studies, 29, S. 155–173.

ARROW, K. J.; u. a. (1961), Capital-labor substitution and economic efficiency, in: Review of Economics and Statistics, 43, S. 225–250.

ARROW, K. J.; S. KARLING; P. SUPPES, (1960), Hg., Mathematical methods in the social sciences, Stanford (University) 1960.
ASHBY, W. R. (1956), An introduction to cybernetics, London (Chapman & Hall) 1956.
ATKINSON, A. B. (1970), On the measurement of inequality, in: Journal of Economic Theory, 2, S. 244–263.
ATKINSON, A. B. (1971), The distribution of wealth and the individual life-cycle, in: Oxford Economic Papers, 23, S. 239–254.
ATKINSON, A. B.; J. E. STIGLITZ (1972), The structure of indirect taxation and economic efficiency, in: Journal of Public Economics, 1, S. 97–119.
AUJAC, H. (1950), Inflation as the monetary consequence of the behaviour of social groups: A working hypothesis, in: International Economic Papers, 4, S. 109–123.
AUKRUST, O. (1970), Prim I: A model of the price and income distribution mechanism of an open economy, in: Review of Income and Wealth, 16, S. 51–78.
AUKRUST, O. (1977), Inflation in the open economy: A Norwegian model, in: L. B. KRAUSE; W. S. SALANT (1977), S. 107–153.

BACH, G. L. (1958), The new inflation. Causes, effects, cures, 3. A., Providence (Brown University) 1973.
BACH, G. L.; A. ANDO (1957), The redistributional effects of inflation, in: Review of Economics and Statistics, 39, S. 33–47.
BACKHAUS, J.; T. EGER; H. G. NUTZINGER (1978), Hg., Partizipation in Betrieb und Gesellschaft, Frankfurt (Campus) 1978.
BAILEY, M. J. (1956), The welfare cost of inflationary finance, in: Journal of Political Economy, 64, S. 93–110.
BAILEY, M. J. (1962), National income and the price level, New York (McGraw-Hill) 1962.
BALASSA, B. (1963), An empirical demonstration of comparative cost, in: Review of Economics and Statistics, 45, S. 231–238.
BALASSA, B. (1964), The purchasing-power parity doctrine: A reappraisal, in: Journal of Political Economy, 72, S. 584–596.
BALASSA, B. (1965), Tariff protection in industrial countries: An evaluation, in: Journal of Political Economy, 73, S. 573–594.
BALASSA, B. (1967), Trade creation and trade diversion in the European common market, in: Economic Journal, 77, S. 1–31.
BALASSA, B. (1972), Der „Neue Wirtschaftsmechanismus" in Ungarn, in: H. H. HÖHMANN; M. KASER; K. C. THALHEIM, Hg. (1972), S. 181–214.
BALASSA, B. (1974), Trade creation and trade diversion in the European common market: An appraisal of the evidence, in: Manchester School of Economic and Social Studies, 42, S. 93–135.
BALASSA, B.; D. M. SCHYDLOWSKY (1972), Domestic resource costs and effective protection once again, in: Journal of Political Economy, 80, S. 63–69.
BALDWIN, R. E. (1969), The case against infant – industry tariff protection, in: Journal of Political Economy, 77, S. 295–305.
BALDWIN, R. E. (1970), Nontariff distortions of international trade, Washington (Brookings) 1970.
BALL, R. J.; P. DOYLE (1969), Hg., Inflation. Selected readings, Harmondsworth (Penguin) 1970.
BARRO, R. J. (1974), Are government bonds net wealth?, in: Journal of Political Economy, 82, S. 1095–1117.
BARRO, R. J.; S. FISCHER (1976), Recent developments in monetary theory, in: Journal of Monetary Economics, 2, S. 133–167.

BARRO, R. J.; H. I. GROSSMAN (1976), Money, employment and inflation, Cambridge (University) 1976.
BAUMOL, W. J. (1952), The transactions demand for cash: An inventory theoretic approach, in: Quarterly Journal of Economics, 66, S. 545–556.
BAUMOL, W. J. (1957), Speculation, profitability and stability, in: Review of Economics and Statistics, 39, S. 263–271.
BAUMOL, W. J.; D. F. BRADFORD (1970), Optimal departures from marginal cost pricing, in: American Economic Review, 60, S. 265–283.
BECKER, G. S. (1964), Human capital, New York (National Bureau of Economic Research) 1964.
BEISHON, J.; G. PETERS (1972), Hg., Systems behavior, London (Harper & Row) 1972.
BERNHOLZ, P. (1975), Grundlagen der Politischen Ökonomie, Bd. 2, Tübingen (Mohr) 1975.
BERNHOLZ, P. (1979), Grundlagen der Politischen Ökonomie, Bd. 3, Kapitalistische und sozialistische Marktwirtschaft, Tübingen (Mohr) 1979.
BHAGWATI, J. (1958), Immiserizing growth: A geometrical note, in: Review of Economic Studies, 25, S. 201–205.
BHAGWATI, J. (1969, 1), On the equivalence of tariffs and quotas, in: J. BHAGWATI (1969, 2), S. 248–265.
BHAGWATI, J. (1969, 2), Trade, tariffs and growth, London (Weidenfels) 1969.
BHAGWATI, J. (1969, 3), Hg., International trade, 2. A., Harmondsworth (Penguin) 1970.
BHAGWATI, J.; T. N. SRINIVASAN (1973), The general equilibrium theory of effective protection and resource allocation, in: Journal of International Economics, 3, S. 259–282.
BHARADWAJ, R. (1962), Factor proportions and the structure of Indo-U.S. trade, in: Indian Economic Journal, 10, S. 105–116.
BLAICH, F.; u. a. (1971), Hg., Wirtschaftssysteme zwischen Zwangsläufigkeit und Entscheidung, Stuttgart (Fischer) 1971.
BLINDER, A. S. (1973), A model of inherited wealth, in: Quarterly Journal of Economics, 87, S. 608–626.
BLINDER, A. S.; R. M. SOLOW (1973), Does fiscal policy matter?, in: Journal of Public Economics, 2, S. 319–337.
BLINDER, A. S.; R. M. SOLOW (1974), Analytical foundations of fiscal policy, in: A. S. BLINDER; u. a., Hg. (1974), S. 3–115.
BLINDER, A. S.; u. a. (1974), Hg., The economics of public finance, Washington (Brookings) 1974.
BLÜMLE, G. (1974), Theoretische Ansätze zur Erklärung der personellen Einkommensverteilung, in: G. BOMBACH; B. S. FREY; B. GAHLEN, Hg. (1974), S. 63–97.
BLÜMLE, G. (1975), Theorie der Einkommensverteilung. Eine Einführung, Berlin (Springer; Heidelberger Taschenbücher 173) 1975.
BLÜMLE, G. (1976), Zur Messung der personellen Einkommensverteilung, in: Schweizerische Zeitschrift für Volkswirtschaft und Statistik, 112, S. 45–65.
BÖHM, F. (1951), Die Aufgaben der freien Marktwirtschaft, München (Isar) 1951.
BÖSSMANN, E. (1979), Externe Effekte, in: Wirtschaftsstudium, 8, S. 95–98 und S. 147–151.
BOLZ, K. (1972), Hg., Ist eine gerechte Einkommensverteilung möglich?, 2. A., München (Goldmann) 1975.
BOMBACH, G. (1959, 1), Preisstabilität, wirtschaftliches Wachstum und Einkommensverteilung, in: Schweizerische Zeitschrift für Volkswirtschaft und Statistik, 95, S. 1–20.

Bombach, G. (1959, 2), Die verschiedenen Ansätze der Verteilungstheorie, in: E. Schneider (1959), S. 95–154.
Bombach, G. (1960), Kreislauftheorie und Volkswirtschaftliche Gesamtrechnung, in: Jahrbuch für Sozialwissenschaft, 11, S. 217–242 und S. 331–350.
Bombach, G. (1972), Neue Dimensionen der Lehre von der Einkommensverteilung, Basler Universitätsreden 66. Heft, Basel (Helbing & Lichtenhahn) 1972.
Bombach, G. (1973), Inflation als wirtschafts- und gesellschaftspolitisches Problem, Basel (Helbing & Lichtenhahn) 1973.
Bombach, G.; B. S. Frey; B. Gahlen (1974), Hg., Neue Aspekte der Verteilungstheorie, Tübingen (Mohr) 1974.
Bonus, H. (1978), Ordnungspolitische Aspekte öffentlicher Güter, in: E. Helmstädter, Hg. (1978), S. 49–82.
Borchert, M. (1977), Außenwirtschaftslehre – Theorie und Politik, Opladen (Westdeutscher) 1977.
Borchert, M. (1979), Bestimmungsgründe flexibler Wechselkurse, in: WiSt, Wirtschaftswissenschaftliches Studium, 8, S. 297–303.
Borner, S. (1975), Auf der Suche nach neuen Grundlagen der Wirtschaftspolitik, Diessenhofen (Rüegger) 1975.
Bornstein, M. (1962), Soviet price theory and policy, in: M. Bornstein; D. R. Fusfeld, Hg. (1970), S. 106–137.
Bornstein, M.; D. R. Fusfeld (1970), Hg., The soviet economy. A book of readings, 3. A., Homewood, Ill. (Irwin) 1970.
Boulding, K. E. (1950), Reconstruction of economics, New York (Wiley) 1950.
Bowley, A. L. (1920), The change in the distribution of national income 1880–1913, Oxford 1920.
Boyce, W. E.; R. C. Diprima (1977), Elementary differential equations and boundary value problems, 3. A., New York (Wiley) 1977.
Branson, W. H. (1972), Macroeconomic theory and policy, 2. A., New York (Harper & Row) 1979.
Branson, W. H. (1977), A „Keynesian" approach to worldwide inflation, in: L. B. Krause; W. S. Salant (1977), S. 63–92.
Branson, W. H.; J. M. Litvack (1976), Macroeconomics, New York (Harper & Row) 1976.
Branson, W. H.; J. Myrman (1976), Inflation in open economies: Supply-determined versus demand-determined models, in: H. Frisch (1976, 1), S. 17–46.
Bress, L. (1972), Die sozialistische Kritik an der Konzeption der Marktwirtschaft, in: D. Cassel; G. Gutmann; H. J. Thieme, Hg. (1972), S. 46–64.
Bress, L.; u. a. (1972), Hg., Wirtschaftssysteme des Sozialismus im Experiment. Plan oder Markt, Frankfurt/a.M. (Fischer Athenäum) 1972.
Bronfenbrenner, M. (1971), Income distribution theory, Chicago (Aldine-Atherton) 1971.
Bronfenbrenner, M. (1977), Ten issues in distribution theory, in: S. Weintraub (1977), S. 396–419.
Bronfenbrenner, M.; F. D. Holzman (1963), A survey of inflation theory, in: American Economic Review, 53, S. 593–661.
Brunner, K. (1970, 1), Eine Neuformulierung der Quantitätstheorie des Geldes. Die Theorie der relativen Preise, des Geldes, des Outputs und der Beschäftigung, in: Kredit und Kapital, 3, S. 1–30.
Brunner, K. (1970, 2), The „monetarist revolution" in monetary theory, in: Weltwirtschaftliches Archiv, 105, S. 1–29, deutsch: Die „Monetaristische Revolution" der Geldtheorie, in: P. Kalmbach, Hg. (1973), S. 70–103.

BRUNNER, K. (1971), A survey of selected issues in monetary theory, in: Schweizerische Zeitschrift für Volkswirtschaft und Statistik, 107, S. 1–146.
BRUNNER, K., (1972), Hg., Beihefte zu Kredit und Kapital, Heft 1, Proceedings of the First Konstanzer Seminar on Monetary Theory and Monetary Policy, Berlin (Duncker & Humblot) 1972.
BRUNNER, K. (1973), A diagrammatic exposition of the money supply process, in: Schweizerische Zeitschrift für Volkswirtschaft und Statistik, 109, S. 481–533.
BRUNNER, K. (1974), Zwei alternative Theorien des Geldangebotsprozesses: Geldmarkt- versus Kreditmarkttheorie, in: K. BRUNNER; H. G. MONISSEN; M. J. M. NEUMANN, Hg. (1974), S. 114–148.
BRUNNER, K. (1978), The political economy of inflation: A critique of the sociological approach and a reinterpretation of social facts. Paper presented at the Fifth Interlaken Seminar on Analysis and Ideology, Interlaken 1978.
BRUNNER, K. (1979), Alternative Erklärungen hartnäckiger Inflation und Anti-Inflationspolitik, in: A. WOLL (1979), Hg., S. 99–133.
BRUNNER, K.; A. H. MELTZER (1964), An alternative approach to the monetary mechanism, Printed for use of the Committee on Banking and Currency, Washington 1964.
BRUNNER, K.; A. H. MELTZER (1967), The meaning of monetary indicators, in: G. HORWICH, Hg. (1967), S. 187–217.
BRUNNER, K.; A. H. MELTZER (1969), Hg., Targets and indicators of monetary policy, San Francisco (Chandler) 1969.
BRUNNER, K.; A. H. MELTZER (1971), The uses of money: Money in the theory of an exchange economy, in: American Economic Review, 61, S. 784–805, deutsch: Die Verwendung von Geld: Geld in der Theorie einer Tauschwirtschaft, in: K. BRUNNER; H. G. MONISSEN; M. J. M. NEUMANN, Hg. (1974), S. 50–73.
BRUNNER, K.; A. H. MELTZER (1972), Money, debt and economic activity, in: Journal of Political Economy, 80, S. 951–977.
BRUNNER, K.; A. H. MELTZER (1978), Hg., The problem of inflation, Amsterdam (North Holland) 1978.
BRUNNER, K.; H. G. MONISSEN; M. J. M. NEUMANN (1974), Hg., Geldtheorie, Köln (Kiepenheuer & Witsch) 1974.
BRUNO, M. (1972), Domestic resource costs and effetive protection: Clarification and synthesis, in: Journal of Political Economy, 80, S. 16–33.
BUCHANAN, J. M. (1950), Federalism and fiscal equity, in: American Economic Review, 40, S. 583–599.
BUCHANAN, J. M.; CH. J. GOETZ (1972), Efficiency limits of fiscal mobility: An assessment of the Tiebout model, in: Journal of Public Economics, 1, S. 25–43.
BUCK, H. (1969), Technik der Wirtschaftslenkung in kommunistischen Staaten, Bd. II, Coburg (Neue Presse) 1969.
BUNDESMINISTERIUM DER FINANZEN (1979), Hg., Finanzbericht 1980, Bonn (Heger) 1979.
BURMEISTER, E.; A. R. DOBELL (1970), Mathematical theories of economic growth, London (Macmillan) 1970.
BURNS, A. F. (1957), Prosperity without inflation, New York (Fordham University) 1957.

CAGAN, PH. (1956), The monetary dynamics of hyperinflation, in: M. FRIEDMAN (1956, 1), S. 25–117.
CARSON, D. (1963), Hg., Banking and monetary studies, Homewood (Irwin) 1963.
CASPERS, R. (1978), Grundlagen der Preiserwartungstheorie, in: WiSt, Wirtschaftswissenschaftliches Studium, 7, S. 510–517.

CASPERS, R. (1979), Zur theoretischen und wirtschaftspolitischen Bedeutung von Stabilitätsbegriffen, in: H. J. THIEME (1979, 1), S. 17–29.
CASSEL, D. (1972), Das Problem der außenwirtschaftlichen Absicherung im gegenwärtigen Weltwährungssystem, in: WISU, Wirtschaftsstudium, 1, S. 25–30.
CASSEL, D. (1978), Einige Inkonsistenzen der Inflationsanalyse, in: WISU, Wirtschaftsstudium, 7, S. 538–544.
CASSEL, D.; G. GUTMANN; H. J. THIEME (1972), Hg., 25 Jahre Marktwirtschaft in der Bundesrepublik Deutschland. Konzeption und Wirklichkeit, Stuttgart (Fischer) 1972.
CASSEL, D.; H. MÜLLER (1975), Kreislaufanalyse und Volkswirtschaftliche Gesamtrechnung, Stuttgart (Fischer) 1975.
CASSEL, D.; M. SCHUBERT (1979), Außenwirtschaftlich induzierte Instabilitäten, in: H. J. THIEME (1979, 1), S. 187–202.
CASSEL, D.; H. J. THIEME (1974), Makroökonomische Stabilisierungsprobleme in der sozialistischen Marktwirtschaft Jugoslawiens, in: H. HAMEL, Hg. (1974), S. 135–178.
CASSEL, D.; H. J. THIEME (1976, 1), Hg., Einkommensverteilung im Systemvergleich, Stuttgart (Fischer) 1976.
CASSEL, D.; H. J. THIEME (1976, 2), Verteilungswirkungen von Preis- und Kassenhaltungsinflation, in: D. CASSEL; H. J .THIEME (1976, 1), S. 101–121.
CASSEL, D.; H. J. THIEME (1977), Einkommenspolitik. Kritische Analyse eines umstrittenen stabilitätspolitischen Konzepts, Köln (Kiepenheuer & Witsch) 1977.
CASSEL, G. (1918), Theoretische Sozialökonomie, Leipzig (Scholl) 1918.
CHACHOLIADES, M. (1978), International trade theory and policy, New York (McGraw-Hill) 1978.
CHAMBERLIN, E. H. (1933), The theory of monopolistic competition, 7. A., Cambridge/Mass. 1956.
CHAMBERLIN, E. H. (1936), Monopolistic competition and the productivity theory of distribution, in: Explorations in economics, New York (McGraw-Hill) 1936, S. 237–249.
CHENERY, H. B. (1952), Overcapacity and the acceleration principle, in: Econometrica, 20, S. 1–28.
CHISWICK, B. R. (1974), Income inequality: Regional analysis within a human capital framework, New York (National Bureau of Economic Research) 1974.
CHRIST, C. F. (1968), A simple macroeconomic model with a government budget restraint, in: Journal of Political Economy, 76, S. 53–67.
CLAASSEN, E.-M. (1970), Probleme der Geldtheorie, Berlin (Springer) 1970.
CLAASSEN, E.-M. (1974), Die Definitionskriterien der Geldmenge: M_1, M_2, ... oder M_x?, in: Kredit und Kapital, 7, S. 273–291.
CLAASSEN, E.-M. (1975), Der monetäre Ansatz der Zahlungsbilanztheorie, in: Weltwirtschaftliches Archiv, 111, S. 1–23.
CLAASSEN, E.-M. (1977, 1), Weltinflation bei flexiblen Wechselkursen, in: E.-M. CLAASSEN (1977, 2), S. 145–174.
CLAASSEN, E.-M. (1977, 2), Hg., Kompendium der Währungstheorie, München (Vahlen) 1977.
CLAASSEN, E.-M. (1978), Weltinflation, München (Vahlen) 1978.
CLAASSEN, E.-M. (1980), Grundlagen der makroökonomischen Theorie, München (Vahlen) 1980.
CLAASSEN, E.-M.; P. SALIN (1976), Hg., Recent issues in international monetary economics, Amsterdam (North-Holland) 1976.
CLARK, C. (1960), The conditions of economic progress, London (Macmillan) 1960.
CLARK, J. B. (1899), The distribution of wealth, New York 1908.

CLAUSSEN, P. (1977), Einführung in die Theorie der Inflation, Stuttgart (Kohlhammer) 1977.
COBB, C. W.; P. H. DOUGLAS (1928), A theory of production, in: American Economic Review (Papers and Proceedings), 18, S. 139–165.
CODDINGTON, E. A.; N. LEVINSON (1955), Theory of ordinary differential equations, New York (McGraw-Hill) 1955.
COMMISSION ON MONEY AND CREDIT (1963), Hg., Fiscal and debt management policies, Englewood Cliffs (Prentice Hall) 1963.
COOPER, C. A.; B. F.; MASSELL (1965), A new look at customs union theory, in: Economic Journal, 75, S. 742–747.
CORDEN, W. M. (1966), The structure of a tariff system and the effective protective rate, in: Journal of Political Economy, 74, S. 221–237, deutsch: Die Struktur eines Zollsystems und der effektiven Protektionsrate, in: H. G. LUCKENBACH, Hg. (1979), S. 43–71.
CORDEN, W. M. (1971), The theory of protection, Oxford (Clarendon) 1971.
CORDEN, W. M. (1972), Economies of scale and customs unions theory, in: Journal of Political Economy, 80, S. 465–475, deutsch: Steigende Skalenerträge und Zollunionstheorie, in: H. LUCKENBACH, Hg. (1979), S. 194–206.
CROUCH, R. L. (1972), Macroeconomics, New York (Harcourt, Brace) 1972.
CSIKÓS-NAGY, B. (1973), Socialist economic policy, Budapest (Akadémiai Kiadó) 1973.
CULBERTSON, W. P.; R. C. AMACHER (1978), Inflation in the planned economies: Some estimates for Eastern Europe, in: Southern Economic Journal, 45, S. 380–393.
CURWEN, P. J. (1976), Inflation, London (Macmillan) 1976.

DALTON, H. (1920), Some Aspects of the inequality of incomes in modern communities, London (Macmillan) 1920.
DAMUS, R. (1973), Entscheidungsstrukturen und Funktionsprobleme in der DDR-Wirtschaft, Frankfurt (Suhrkamp) 1973.
DARBY, M. R. (1976, 1), Macroeconomics. The theory of income, employment, and the price level, New York (McGraw-Hill) 1976.
DARBY, M. R. (1976, 2), Rational expectations under conditions of costly information, in: Journal of Finance, 31, S. 889–895.
DAVIS, H. T. (1938), The significance of the curve of income, Report of the Fourth Annual Research Conference on Economics and Statistics, Colorado Springs, (Cowles Commission for Research in Economics), 1938, S. 19–22.
DEARDORFF, A. V. (1979), Weak links in the chain of comparative advantage, in: Journal of International Economics, 9, S. 197–209.
DELHAES, K. VON (1978), Allokationsmängel als Ursache inflationärer Prozesse in Zentralverwaltungswirtschaften, in: Jahrbuch für Sozialwissenschaft, 29, S. 38–54.
DERNBURG, T. F.; D. M. MC DOUGALL (1960), Macroeconomics – The measurement, analysis, and control of aggregate economic activity, New York (McGraw-Hill) 1960; deutsch: Lehrbuch der Makroökonomischen Theorie, 2. A., Stuttgart (Fischer) 1974.
DEUTSCHE BUNDESBANK (1963), Die Entwicklung der Verbraucherpreise seit der Währungsreform, in: Monatsberichte der Deutschen Bundesbank, 12, Dezember, S. 12–25.
DEUTSCHE BUNDESBANK (1971), Die währungspolitischen Institutionen und Instrumente in der Bundesrepublik Deutschland, 2. A., Frankfurt a. M. (Deutsche Bundesbank) 1975.

DEUTSCHES INSTITUT FÜR WIRTSCHAFTSFORSCHUNG, Vierteljahrshefte zur Wirtschaftsforschung, Berlin (Duncker & Humblot) lfde. Jge.
DIAMOND, P. A.; J. A. MIRRLEES (1971), Optimal taxation and public production, in: American Economic Review, 61, S. 8–27 und S. 261–278.
DICKERTMANN, D.; A. SIEDENBERG (1973), Instrumentarium der Geldpolitik, 3. A., Düsseldorf (Werner) 1979.
DIMITRIJEVIÇ, D. (1972), Determinants of the money supply in Yugoslavia, in: K. BRUNNER, Hg. (1972), S. 273–316.
DINKEL, R. (1977), Der Zusammenhang zwischen der ökonomischen und politischen Entwicklung in einer parlamentarischen Demokratie. Eine Untersuchung mit Hilfe der ökonomischen Theorie der Politik, Berlin (Duncker & Humblot) 1977.
DOBIAS, P.; u. a. (1978), Jugoslawien: Eigentumsverhältnisse und Arbeiterselbstverwaltung, Bd. 2, Köln (Otto A. Friedrich-Kuratorium) 1978.
DODGE, N. T. (1975), Inflation in the socialist economies, in: G. C. MEANS u. a., Hg. (1975), S. 211–238.
DOMAR, E. D. (1946), Capital expansion, rate of growth, and employment, in: Econometrica, 14, S. 137–147, wieder abgedruckt in: J. E. STIGLITZ; H. UZAWA, Hg. (1969), S. 34–44; deutsch: Kapitalexpansion, Wachstumsrate und Beschäftigung, in: H. KÖNIG, Hg. (1968), S. 55–66.
DORFMAN, R.; P. SAMUELSON; R. SOLOW (1958), Linear programming and economic analysis, New York (McGraw-Hill) 1958.
DORNBUSCH, R. (1976), The theory of flexible exchange rate regimes and macroeconomic policy, in: Scandinavian Journal of Economics, 78, S. 255–275.
DORNBUSCH, R.; S. FISCHER (1978), Macroeconomics, New York (Mc Graw-Hill) 1978.
DORNBUSCH, R.; J. A. FRENKEL (1973), Inflation and growth: Alternative approaches, in: Journal of Money, Credit and Banking, 5, S. 141–156.
DORNBUSCH, R.; S. FISCHER; P. A. SAMUELSON (1977), Comparative advantage, trade and payments in a Ricardian model with a continuum of goods, in: American Economic Review, 67, S. 823–839.
DOWNS, A. (1957), An economic theory of democracy, New York (Harper & Row) 1957; deutsch: Ökonomische Theorie der Demokratie, Tübingen (Mohr) 1968.
DUE, J. F.; A. F. FRIEDLAENDER (1954), Government finance. Economics of the public sector, 6. A., Homewood (Irwin) 1977.
DÜRR, E. (1969), Hg., Geld- und Bankpolitik, 2. A., Köln (Kiepenheuer & Witsch) 1971.
DÜRR, E.; G. NEUHAUSER, (1975), Währungspolitik, Konjunktur- und Beschäftigungspolitik, Stuttgart (Fischer) 1975.
DUESENBERRY, J. S. (1949), Income, saving and the theory of consumer behavior, Cambridge (Harvard University) 1949.
DUESENBERRY, J. S. (1950), The mechanics of inflation, in: Review of Economics and Statistics, 32, S. 144–149.
DUESENBERRY, J. S. (1975), Worldwide inflation: A fiscalist view, in: D. I. MEISELMAN; A. B. LAFFER (1975), S. 113–124.
DUESENBERRY, J. S.; G. FROMM; L. R. KLEIN; E. KUH (1965), Hg., The Brookings quarterly econometric model of the United States economy, Chicago (Rand McNally) 1965.
DUWENDAG, D.; u. a. (1974), Geldtheorie und Geldpolitik, 2. A., Köln (Bund) 1977.

EARL, P. H. (1975), Hg., Analysis of inflation, Lexington (Health) 1975.
ECKSTEIN, A. (1971), Hg., Comparison of economic systems: Theoretical and methodological approaches, Berkeley (California University) 1971.

ECKSTEIN, O.; T. A. WILSON (1962), The determination of money wages in American industry, in: Quarterly Journal of Economics, 72, S. 379–414.

EDGREN, G.; K. O. FAXÉN; C. E. ODHNER (1973), Wage formation and the economy, London (Allen & Unwin) 1973.

EGER, T. (1978, 1), Partizipation, Dezentralisierung und regionale Disparitäten in Jugoslawien, in: J. BACKHAUS; T. EGER; H. G. NUTZINGER, Hg. (1978), S. 243–276.

EGER, T. (1978, 2), Gesellschaftseigentum und industrielle Organisationen in Jugoslawien, in: P. DOBIAS; u. a. (1978), S. 18–24.

EHLERT, W.; D. HUNSTOCK; K. TANNERT (1976), Geldzirkulation und Kredit in der sozialistischen Planwirtschaft, Berlin (0) (Die Wirtschaft) 1976.

EHRLICHER, W. (1963), Geldtheorie, in: Handwörterbuch der Sozialwissenschaften, Bd. 4, Stuttgart (Fischer) 1965, S. 231–258.

EHRLICHER, W. (1975, 1), Finanzwissenschaft, in: W. EHRLICHER; u. a., Hg. (1975, 2), S. 298–383.

EHRLICHER, W.; u. a. (1975, 2), Hg., Kompendium der Volkswirtschaftslehre, Bd. 2, 4. A., Göttingen (Vandenhoeck & Ruprecht) 1975.

EHRLICHER, W.; u. a. (1975, 3), Hg., Kompendium der Volkswirtschaftslehre, Bd. 1, 5. A., Göttingen (Vandenhoeck & Ruprecht) 1975.

EHRLICHER, W. (1975, 4), Geldtheorie, in: W. EHRLICHER; u. a., Hg. (1975, 2), S. 352–420.

EHRLICHER, W. (1977), Öffentliche Sachausgaben, in: F. NEUMARK, Hg. (1977, 1), S. 751–795.

EISERMANN, G.; u. a. (1977), Hg., Inflation ohne Ende. Wer verliert, wer gewinnt?, Freiburg (Herder) 1977.

ENGELS, W. (1976), Mehr Markt, Stuttgart (Seewald) 1976.

ENGELS, W.; H. SABLOTNY; D. ZICKLER (1974), Das Volksvermögen. Seine verteilungs- und wohlstandspolitische Bedeutung, Frankfurt/New York (Herder und Herder) 1974.

ERTEL, R. (1977), Inflationsphänomene ohne Preisniveauanstieg. Eine Übersicht, in: Zeitschrift für Wirtschafts- und Sozialwissenschaften, 2, S. 185–192.

ETHIER, W. (1971), General equilibrium theory and the concept of effective protection, in: H. G. GRUBEL; H. G. JOHNSON, Hg. (1971).

EUCKEN, W. (1940), Die Grundlagen der Nationalökonomie, Berlin (Springer) 1940.

EUCKEN, W. (1952), Grundsätze der Wirtschaftspolitik, Tübingen (Mohr) 1952.

EVANS, M. K. (1969), Macroeconomic activity. Theory, forecasting and control, New York (Harper & Row) 1969.

FECHER, H. (1977), Ausgaben, öffentliche, I: Ansätze zu ihrer Analyse, in: W. ALBERS; u. a., Hg. (1977), Bd. 1, S. 334–349.

FEDERAL RESERVE BANK OF BOSTON (1969), Hg., Controlling monetary aggregates, Conference Series No. 1, Boston 1969.

FEIGE, E. L.; D. K. PEARCE (1976), Economically rational expectations: Are innovations in the rate of inflation independent of innovations in measures of monetary and fiscal policy?, in: Journal of Political Economy, 84, S. 499–522.

FELS, G. (1969), Der internationale Preiszusammenhang, Köln (Heymann) 1969.

FELS, G. (1971), Spezialisierungsmuster in der Arbeitsteilung zwischen Industrie- und Entwicklungsländern, in: Die Weltwirtschaft, 1, S. 19–40.

FELS, G. (1972), The choice of industry mix in the division of labor between developed and developing countries, in: Weltwirtschaftliches Archiv, 108, S. 71–121.

FERBER, R. (1967), Hg., Determinants of investment behavior, New York (National Bureau of Economic Research) 1967.

FERGUSON, C. E. (1971), The neoclassical theory of production and distribution, Cambridge (University) 1971.
FISCHER, L.; P. WARNEKE (1974), Grundlagen der Internationalen Betriebswirtschaftlichen Steuerlehre, Berlin (Schmidt) 1974.
FISHER, I. (1911), The purchasing power of money, New York (Macmillan) 1911; deutsch: Die Kaufkraft des Geldes, Berlin (Duncker & Humblot) 1916.
FISHER, I. (1937), Income in theory and income taxation in practice, in: Econometrica, 5, S. 1–55.
FÖHL, C. (1953/54), Kritik der progressiven Einkommensbesteuerung, in: Finanzarchiv, N. F., 14, S. 88–109.
FÖHL, C. (1955), Diskussionsbeitrag, in: H. HALLER; W. KRELLE (1955), S. 51–61.
FOSTER, E. (1972), Costs and benefits of inflation, Minneapolis (Federal Reserve Bank of Minneapolis) 1972.
FRATIANNI, M.; K. TAVERNIER (1976), Hg., Bank credit, money and inflation in open economies, Beihefte zu Kredit und Kapital, H. 3, Berlin (Duncker & Humblot) 1976.
FREY, B. S. (1973), Inflation und Verteilung: Die Sicht der Ökonomischen Theorie der Politik, in: WiSt, Wirtschaftswissenschaftliches Studium, 2, S. 457–462.
FREY, B. S. (1976), Theorie und Empirie politischer Konjunkturzyklen, in: Zeitschrift für Nationalökonomie, 36, S. 95–120.
FRIEDMAN, M. (1953, 1) The case for flexible exchange rates, in: M. FRIEDMAN (1953, 4), S. 157–203.
FRIEDMAN, M. (1953, 2), Choice, chance, and the personal distribution of income, in: Journal of Political Economy, 61, S. 277–290.
FRIEDMAN, M. (1953, 3), Discussion of the inflationary gap, in: M. FRIEDMAN, (1953, 4), S. 251–262.
FRIEDMAN, M. (1953, 4), Essays in positive economics, Chicago (University) 1953.
FRIEDMAN, M. (1956, 1), Hg., Studies in the quantity theory of money, Chicago (University) 1956.
FRIEDMAN, M. (1956, 2), The quantity theory of money – a restatement, in: M. FRIEDMAN (1956, 1), S. 3–21; deutsch: Die Quantitätstheorie des Geldes: Eine Neuformulierung, in: M. FRIEDMAN, (1970, 3), S. 77–100.
FRIEDMAN, M. (1957), A theory of the consumption function, Princeton (University) 1957.
FRIEDMAN, M. (1959), A program for monetary stability, Fordham (University) 1959.
FRIEDMAN, M. (1968), The role of monetary policy, in: American Economic Review, 58, S. 1–17; deutsch: Die Rolle der Geldpolitik, in: M. FRIEDMAN (1970, 3), S. 135–156.
FRIEDMAN, M. (1969, 1), The optimum quantity of money, in: M. FRIEDMAN (1969, 2), S. 1–50; deutsch: Die optimale Geldmenge, in: M. FRIEDMAN (1970, 3), S. 9–76.
FRIEDMAN, M. (1969, 2), The optimum quantity of money and other essays, Chicago (Aldine) 1969; deutsch: M. FRIEDMAN (1970, 3).
FRIEDMAN, M. (1970, 1), The counter-revolution in monetary theory, London (Institute of Economic Affairs) 1970.
FRIEDMAN, M. (1970, 2), A theoretical framework for monetary analysis, in: Journal of Political Economy, 78, S. 193–238.
FRIEDMAN, M. (1970, 3), Die optimale Geldmenge und andere Essays, München (Moderne Industrie) 1970.
FRIEDMAN, M. (1971), Government revenue from inflation, in: Journal of Political Economy, 79, S. 846–856.
FRIEDMAN, M.; A. J. SCHWARTZ (1963), A monetary history of the United States 1867–1960, Princeton (University) 1963.

FRIEDMAN, M.; A. J. SCHWARTZ (1970), Monetary statistics of the United States, New York (Columbia University) 1970.
FRISCH, H. (1967), Hg., Beiträge zur Theorie der Einkommensverteilung, Berlin (Duncker & Humblot) 1967.
FRISCH, H. (1976, 1), Hg., Inflation in small countries, Berlin (Springer) 1976.
FRISCH, H. (1976, 2), Eine Verallgemeinerung des skandinavischen Modells der Inflation – mit einer empirischen Analyse für Österreich, in: Empirica, 2, S. 197–218.
FRISCH, H. (1977), Inflation theory 1963–1975: A „second generation" survey, in: Journal of Economic Literature, 15, S. 1289–1317; deutsch in: H. FRISCH; H. OTRUBA (1978), S. 8–53.
FRISCH, H.; H. OTRUBA (1978), Hg., Neuere Ergebnisse zur Inflationstheorie, Stuttgart (Fischer) 1978.
FÜRST, G. (1974) Hg., Stand der Einkommensstatistik, Sonderhefte zum Allgemeinen Statistischen Archiv, Heft 6, Deutsche Statistische Gesellschaft, Göttingen 1974.
FURUBOTN, E. G.; S. PEJOVICH (1970), Property rights and the behavior of the firm in a socialist state: The example of Yugoslavia, in: Zeitschrift für Nationalökonomie, 30, S. 431–454.
FURUBOTN, E. G.; S. PEJOVICH (1972), Property rights and economic theory: A survey of recent literature, in: Journal of Economic Literature, 10, S. 1137–1162.

GAHLEN, B.; u. a. (1971), Volkswirtschaftslehre. Eine problemorientierte Einführung, 9. A., München (Goldmann) 1976.
GAHLEN, B. (1973), Einführung in die Wachstumstheorie, Bd. 1, Makroökonomische Produktionstheorie, Tübingen (Mohr) 1973.
GAILLIOT, H. J. (1970), Purchasing power parity as an explanation of long-term changes in exchange rates, in: Journal of Money, Credit, and Banking, 2, S. 348–357.
GALBRAITH, J. K. (1967), The new industrial state, Boston (Deutsch) 1967; deutsch: Die moderne Industriegesellschaft, München (Droemer) 1968.
GANDENBERGER, O. (1970), Öffentlicher Kredit und Einkommensverteilung, in: Finanzarchiv, N. F., 29, S. 1–16.
GANDENBERGER, O. (1973), Zur Messung der konjunkturellen Wirkungen öffentlicher Haushalte, Tübingen (Mohr) 1973.
GEHRIG, B. (1978), Brauchen wir monopolistische Zentralbanken? in: Wirtschaft und Recht, S. 452–464.
GEIGANT, F.; u. a. (1972), Der Milliardenkreislauf. Volkseinkommen und Volksvermögen, München (Olzog) 1972.
GENBERG, H. (1976), A note on inflation rates under fixed exchange rates, in: M. PARKING; G. ZIS (1976, 1), S. 183–187.
GERLOFF, W. (1942), Die Öffentliche Finanzwirtschaft, Bd. 1: Allgemeiner Teil, 2. A., Frankfurt (Klostermann) 1948.
GERLOFF, W.; F. NEUMARK (1952), Hg., Handbuch der Finanzwissenschaft, Bd. 1, 2. A., Tübingen (Mohr) 1952.
GIBRAT, R. (1931), Les inégalités economiques, Paris (Recveil Sirey) 1931.
GIERSCH, H. (1977), Konjunktur und Wachstumspolitik in der offenen Wirtschaft, Wiesbaden (Gabler) 1977.
GIERSCH, H.; H. D. HAAS (1974), Hg., Probleme der weltwirtschaftlichen Arbeitsteilung, Berlin (Duncker & Humblot) 1974.
GILLESPIE, W. I. (1965), Effect of public expenditures on the distribution of income, in: R. A. MUSGRAVE, Hg. (1965), S. 122–168.
GINI, C. (1912), Variabilità e mutabilità, Bologna 1912.

GÖSEKE, G. (1974), DIW-Modell der Einkommensverteilung und -schichtung der privaten Haushalte in der BRD, in: G. FÜRST, Hg. (1974).
GOODWIN, R. M. (1951), The nonlinear accelerator and the persistence of business cycles, in: Econometrica, 19, S. 1–17.
GORDON, R. J. (1975), The demand for and the supply of inflation, in: Journal of Law and Economics, 18, S. 807–836.
GORDON, R.J. (1976), Recent developments in the theory of inflation and unemployment, in: Journal of Monetary Economics, 2, S. 185–219.
GRAY, H. P. (1965), Imperfect markets and the effectiveness of devaluation, in: Kyklos, 18, S. 512–529, deutsch: Unvollkommene Märkte und die Wirksamkeit der Abwertung, in: H. LUCKENBACH, Hg. (1979), S. 107–126.
GREEN, CH. (1967), Negative taxes and the poverty problem, Washington (Brookings) 1967.
GRÖNER, H.; H. D. SMEETS (1978), Zur neueren Entwicklung der Zahlungsbilanztheorie, in: Wirtschaftspolitische Chronik, 27, S. 93–127.
GRÖNER, H.; A. SCHÜLLER (1978), Hg., Internationale Wirtschaftsordnung, Stuttgart (Fischer) 1978.
GROSSMAN, G. (1966), Gold and the sword: Money in the soviet command economy, in: H. ROSOVSKY, Hg. (1966), S. 204–236.
GRUBEL, H. G. (1966), The anatomy of classical and modern infant industry arguments, in: Weltwirtschaftliches Archiv, S. 325–342.
GRUBEL, H. G. (1970), The theory of intra-industry trade, in: J. A. MCDOUGALL; R. H. SNAPE, Hg. (1970), S. 35–54.
GRUBEL, H. G. (1977), International economics, Homewood (Irwin) 1977.
GRUBEL, H. G.; H. G. JOHNSON, (1971), Hg., Effective tariff protection, Genf (GATT) 1971.
GRUBEL, H. G.; P. J. LLOYD (1975), Intra-industry trade: The theory and measurement of international trade in differentiated products, New York (Halstead) 1975.
GRUCHY, A. G. (1966), Comparative economic systems, 2. A., Boston (Houghton Mifflin) 1977.
GUTMANN, G. (1965), Theorie und Praxis der monetären Planung in der Zentralverwaltungswirtschaft, Stuttgart (Fischer) 1965.
GUTMANN, G. (1978), Marktwirtschaft, in: W. ALBERS; u. a., Hg. (1977 ff.), S. 140–153.

HAAVELMO, T. (1945), Multiplier effects of a balanced budget, in: Econometrica, 13, S. 311–318.
HABERLER, G. (1933) Der internationale Handel, Berlin (Springer) 1933.
HABERLER, G. (1937), Prosperity and depression, Geneva (League of Nations) 1937; deutsch: Prosperität und Depression, 2. A., Tübingen (Mohr) 1955.
HABERLER, G. (1974), Inflation as a worldwide phenomenon: An overview, in: Weltwirtschaftliches Archiv, 110, S. 179–193.
HABERLER, G. (1975), Economic growth and stability, Los Angeles (Nash) 1975; deutsch: Wirtschaftswachstum und Stabilität, Zürich (Moderne Industrie) 1975.
HÄUSER, K. (1967), Über Ansätze zur Theorie der Staatsausgaben, in: H. TIMM; H. HALLER, Hg. (1967), S. 36–67.
HAFFNER, F. (1968), Das sowjetische Preissystem. Theorie und Praxis. Änderungsvorschläge und Reformmaßnahmen, Osteuropa-Institut an der Freien Universität Berlin, Wirtschaftswissenschaftliche Veröffentlichungen, 29, Berlin 1968.
HAFFNER, F. (1977), Institutionelle Ursachen und Hemmnisse für inflationäre Prozesse in sozialistischen Planwirtschaften, in: Zeitschrift für Wirtschafts- und Sozialwissenschaften, 2, S. 95–129.

HAFFNER, F. (1978), Systemkonträre Beziehungen in der sowjetischen Planwirtschaft, Berlin (Duncker & Humblot) 1978.
HAGEMANN, M. (1974), Die jugoslawische Unternehmensverfassung und die Interessen der Beschäftigten, in: H. HAMEL, Hg. (1974), S. 41–62.
HAHN, F.; F. P. R. BRECHLING (1965), Hg., The Theory of Interest Rates, London (Macmillan) 1965.
HAITANI, K. (1971), Low wages, productive efficiency and comparative advantage, in: Kyklos, 24, S. 77–89.
HAKE, W. (1972), Umverteilungseffekte des Budgets, Göttingen (Vandenhoeck & Ruprecht) 1972.
HALLER, H. (1957), Finanzpolitik. Grundlagen und Hauptprobleme, 5. A., Tübingen (Mohr) 1972.
HALLER, H. (1964), Die Steuern. Grundlinien eines rationalen Systems öffentlicher Abgaben, 2. A., Tübingen (Mohr) 1971.
HALLER, H.; u. a. (1970), Hg., Theorie und Praxis des finanzpolitischen Interventionismus, Tübingen (Mohr) 1970.
HALLER, H.; W. KRELLE (1955), Lohnhöhe und Beschäftigung, Berlin (Duncker & Humblot) 1955.
HAMEL, H. (1971), Ungarn. Rezeption des sowjetischen Wirtschaftssystems nach 1945 und Transformation zur sozialistischen Marktwirtschaft 1968, in: F. BLAICH; u. a., Hg. (1971), S. 189–203.
HAMEL, H. (1974), Hg., Arbeiterselbstverwaltung in Jugoslawien, München (Beck) 1974.
HAMEL, H. (1977), Hg., Bundesrepublik Deutschland – DDR. Die Wirtschaftssysteme, 3. A., München (Beck) 1979.
HANSEN, B. (1951), A study in the theory of inflation, London (Kelley) 1951.
HANSMEYER, K.-H. (1977), Transferzahlungen an Unternehmen (Subventionen), in: F. NEUMARK, Hg. (1977, 1), S. 959–996.
HARBERGER, A. C. (1962), The incidence of the corporation income tax, in: Journal of Political Economy, 70, S. 215–240.
HARBUSCH, P.; D. WIEK (1975), Hg., Marktwirtschaft. Eine Einführung in das Konzept der freiheitlichen Wirtschaftsordnung, Stuttgart (Fischer) 1975.
HARROD, R. F. (1939), An essay in dynamic theory, in: Economic Journal, 49, S. 14–33, wieder abgedruckt in: J. E. STIGLITZ; H. UZAWA (1969), S. 14–33; deutsch: Ein Essay zur dynamischen Theorie, in: H. KÖNIG, Hg. (1968), S. 35–54.
HARROD, R. F. (1948), Towards a dynamic economics, 3. A., London (Macmillan) 1956.
HARTWIG, K.-H.; H. J. THIEME (1979), Schwankungen von Geldmenge, Umlaufgeschwindigkeit und Inflationsrate: Diagnose und Meßprobleme in unterschiedlichen Wirtschaftssystemen, in: H. J. THIEME (1979, 1), S. 97–115.
HASLINGER, F. (1978), Volkswirtschaftliche Gesamtrechnung, München (Oldenbourg) 1978.
HAWTREY, R. G. (1928), Trade and credit, London (Longman) 1928.
HAYEK, F. A. VON (1929), Geldtheorie und Konjunkturtheorie, Wien (Pichler) 1929.
HAYEK, F. A. VON (1967), Studies in philosophy, politics and economics, Chicago (University) 1967.
HAYEK, F. A. VON (1969, 1), Grundsätze einer liberalen Gesellschaftsordnung, in: F. A. VON HAYEK (1969, 2), S. 108–125.
HAYEK, F. A. VON (1969, 2), Freiburger Studien. Gesammelte Aufsätze, Tübingen (Mohr) 1969.
HAYEK, F. A. VON (1976) Denationalisation of money, London (Institute of Economic Affairs) 1976; deutsch: Entnationalisierung des Geldes, Tübingen (Mohr) 1977.

HEAD, J. G. (1962), Public goods and public policy, in: Public Finance, 17, S. 197–219.
HEAD, J. G. (1969), Merit goods revisited, in: Finanzarchiv, N. F., 28, S. 214–225.
HEDTKAMP, G. (1968), Lehrbuch der Finanzwissenschaft, 2. A., Neuwied (Luchterhand) 1977.
HEDTKAMP, G. (1974), Wirtschaftssysteme, München (Vahlen) 1974.
HELBERGER, C. (1974), Marxismus als Methode. Wissenschaftstheoretische Untersuchungen zur Methode der marxistischen politischen Ökonomie, Frankfurt a. M. (Fischer Athenäum) 1974.
HELBLING, H. H.; J. E. TURLEY (1975), A primer on inflation: Its conception, its costs, its consequences, in: Federal Reserve Bank of St. Louis Review, 57, Januar, S. 2–8.
HELLER, H. R. (1974), International monetary economics, Englewood Cliffs (Prentice Hall) 1974.
HELLER, H. R. (1975), Internationaler Handel. Theorie und Empirie, Würzburg (Physica) 1975.
HELMSTÄDTER, E. (1965), Investitionsquote und Wachstumsrate bei Harrod-neutralem Fortschritt, in: Jahrbücher für Nationalökonomie und Statistik, 178, S. 90–108.
HELMSTÄDTER, E. (1978), Hg., Neuere Entwicklungen in den Wirtschaftswissenschaften, Schriften des Vereins für Socialpolitik, N. F. Bd. 98, Berlin (Duncker & Humblot) 1978.
HEMMER, H. R. (1977), Außenhandel II: Terms of trade, in: W. ALBERS; u. a., Hg. (1977 ff.), S. 388–403.
HENSEL, K. P. (1954), Einführung in die Theorie der Zentralverwaltungswirtschaft, 3. A., Stuttgart (Fischer) 1979.
HENSEL, K. P. (1960), Wirtschaftliche Ordnungsformen und das Problem des Eigentums, der Leitung und Kontrolle, in: Moderne Welt, Heft 3/4, S. 330–350.
HENSEL, K. P. (1972), Grundformen der Wirtschaftsordnung. Marktwirtschaft – Zentralverwaltungswirtschaft, 3. A., München (Beck) 1978.
HENSEL, K. P. (1975), Über die sozialwissenschaftliche Bestimmung von Wirtschaftssystemen – Eine methodische Studie, in: H. SAUERMANN; E. J. MESTMÄCKER, Hg. (1975), S. 227–244.
HENSEL, K.P.; u. a. (1968), Die sozialistische Marktwirtschaft in der Tschechoslowakei, Stuttgart (Fischer) 1968.
HENSEL, K. P.; U. WAGNER; K. WESSELY (1972), Das Profitprinzip – seine ordnungspolitischen Alternativen in sozialistischen Wirtschaftssystemen, Stuttgart (Fischer) 1972.
HERBERG, H. (1969), On the shape of the transformation curve in the case of homogeneous production functions, in: Zeitschrift für die gesamte Staatswissenschaft, 125, S. 202–210.
HERDER-DORNEICH, P. (1972), Wirtschaftssysteme. Systemtheorie einer allgemeinen Mikroökonomik, Opladen (Westdeutscher) 1972.
HESSE, H. (1967), Strukturwandlungen im Welthandel 1950–60/61, Tübingen (Mohr) 1967.
HESSE, H. (1974), Hypothesen zur Erklärung des Warenhandels zwischen Industrieländern, in: H. GIERSCH; H. D. HAAS, Hg. (1974), S. 39–60.
HESSE, H. (1977), Außenhandel I: Determinanten, in: W. ALBERS; u. a., Hg. (1977 ff.), S. 364–388.
HETTLAGE, R. (1976), Inflation und soziale Desintegration, in: Wirtschaftsdienst, 56, S. 640–648.
HEUSS, E. (1965), Allgemeine Markttheorie, Tübingen (Mohr) 1965.
HICKS, J. R. (1932), The theory of wages, 2. A., London (Macmillan) 1963.

HICKS, J. R. (1937), Mr. Keynes and the „Classics". A suggested interpretation, in: Econometrica, 5, S. 147–159.

HICKS, J. R. (1950), A contribution to the theory of the trade cycle, Oxford (Clarendon Press) 1950.

HIRSCH, F.; J. H. GOLDTHORPE (1978), Hg., The political economy of inflation, London (Robertson) 1978.

HIRSCH, S. (1967), Location of industry and international competitiveness, Oxford (University) 1967.

HIRSCH, S. (1972), The United States electronics industry in international trade, in: L. T. WELLS, Hg. (1972), S. 39–52.

HIRSCH, S. (1974), Hypothesen über den Handel zwischen Entwicklungs- und Industrieländern, in: H. GIERSCH; H. D. HAAS, Hg. (1974), S. 69–88.

HIRSCH, S.; B. LEV (1971), Sales stabilization through export diversification, in: Review of Economics and Statistics, 53, S. 270–277.

HIRSHLEIFER, J. (1976), Price theory and applications, Englewood Cliffs (Prentice-Hall) 1976.

HOCHMAN, H. M; J. D. RODGERS (1969), Pareto optimal redistribution, in: American Economic Review, 59, S. 348–360.

HÖHMANN, H. H.; M. KASER; K. C. THALHEIM (1972), Hg., Die Wirtschaftsordnungen Osteuropas im Wandel, Bd. 1, Freiburg (Rombach) 1972.

HÖLZLER, H.; J. VAN ALMSICK (1976), Der Einfluß der Inflation auf die Verteilung von Einkommen und Vermögen, in: WiSt, Wirtschaftswissenschaftliches Studium, 5, S. 351–356.

HOFFMANN, W. G. (1957), Hg., Einkommensbildung und Einkommensverteilung, Schriften des Vereins für Sozialpolitik N. F. 13, Berlin (Duncker & Humblot) 1957.

HOFFMANN, W. G. (1965), Das Wachstum der deutschen Volkswirtschaft seit der Mitte des 19. Jahrhunderts, Berlin (Springer) 1965.

HOLESOVSKY, V. (1977), Economic systems. Analysis and comparison, New York (McGraw-Hill) 1977.

HOLZMAN, F. D. (1950), Income determination in open inflation, in: Review of Economics and Statistics, 32, S. 150–158.

HONDRICH, K. O. (1973), Theorie der Herrschaft, Frankfurt a. M. (Suhrkamp) 1973.

HOPPMANN, E. (1977), Marktmacht und Wettbewerb, Tübingen (Mohr) 1977.

HORVAT, B. (1969), Ogled v jugoslavenskom drustvu, Belgrad 1969; deutsch: Die jugoslawische Gesellschaft. Ein Essay, Frankfurt/M. (Suhrkamp) 1972.

HORWICH, G. (1967), Hg., Monetary process and policy: A symposium, Homewood (Irwin) 1967.

HOUTHAKKER, H. S. (1976), The calculation of bilateral trade patterns in a Ricardian model with intermediate products and barriers to trade, in: Journal of International Economics, 6, 251–288.

HOYER, W. H. (1978), Vermögenseffekte des Geldes. Theoretische Ansätze zur Rolle des Geldes als Vermögensobjekt im Wirtschaftsprozeß, Frankfurt (Lang) 1978.

HUFBAUER, G. C. (1970), The impact of national characteristics and technology on the commodity composition of trade in manufactured goods, in: R. VERNON, Hg. (1970).

INADA, K. (1963), On a two-sector model of economic growth: Comments and a generalization, in: Review of Economic Studies, 30, S. 119–127.

ISSING, O. (1967/68), Die Theorie des direkten internationalen Preiszusammenhangs, in: Jahrbücher für Nationalökonomie und Statistik, 181, S. 289–305.

Issing, O. (1974), Einführung in die Geldtheorie, 3. A., München (Vahlen) 1977.

Jackson, D.; H. A. Turner; F. Wilkinson (1972), Do trade unions cause inflation?, Cambridge (University) 1972.
Jansen, P. (1979), Ursachen von Preis- und Kassenhaltungsinflation, in: H. J. Thieme (1979, 1), S. 119–132.
Jarchow, H. J. (1973), Theorie und Politik des Geldes, I. Geldtheorie, 3. A., Göttingen (Vandenhoeck & Ruprecht) 1978.
Jarchow, H. J. (1974), Theorie und Politik des Geldes, II. Geldmarkt und geldpolitische Instrumente, 3. A., Göttingen (Vandenhoeck & Ruprecht) 1979.
Jeck, A. (1970), Wachstum und Verteilung des Volkseinkommens. Untersuchungen und Materialien zur Entwicklung der Einkommensverteilung in Deutschland 1870–1913, Tübingen (Mohr) 1970.
Johnson, H. G. (1950/51), Optimum welfare and maximum revenue tariffs, in: Review of Economic Studies, 18, S. 28–35; wieder abgedruckt in: H. G. Johnson, Hg. (1958).
Johnson, H. G. (1957), Factor endowments, international trade and factor prices, in: Manchester School of Economics and Social Studies, 25, S. 270–283.
Johnson, H. G. (1958, 1), Hg., International trade and economic growth, 5. A., London (Allen & Unwin) 1970.
Johnson, H. G. (1958, 2), Towards a general theory of the balance of payments, in: H. G. Johnson, Hg. (1958, 1), S. 153–168.
Johnson, H. G. (1963), Ein Überblick über die Inflationstheorie, in: Indian Economic Review, 6; wieder abgedruckt in: H. G. Johnson, Hg. (1969, 2), S. 115–154.
Johnson, H. G. (1965), The theory of tariff structure with special reference to world trade and development, in: H. G. Johnson; P. B. Kenen (1965), S. 9–29; wieder abgedruckt in: H. G. Johnson, Hg. (1971, 2), S. 307–330.
Johnson, H. G. (1967), Essays in monetary economics, London (Allen & Unwin) 1967, deutsch: H. G. Johnson (1969, 2).
Johnson, H. G. (1968, 1), Comparative cost and commercial policy theory for a developing world economy, Stockholm (Almqvist) 1968.
Johnson, H. G. (1968, 2), The gain from exploiting monopoly or monopsony power in international trade, in: Economics, 35, S. 151–156; wieder abgedruckt in: H. G. Johnson, Hg. (1971, 2), S. 168–176.
Johnson, H. G. (1968, 3), Probleme der Effizienz der Geldpolitik, in: Kredit und Kapital, 1, S. 127–151; wieder abgedruckt in: H. G. Johnson (1976, 1), S. 86–109.
Johnson, H. G. (1969, 1), Inside money, outside money, income, wealth and welfare in contemporary monetary theory, in: Journal of Money, Credit and Banking, 1, S. 30–45; deutsch: Innengeld, Außengeld, Einkommen, Vermögen und Wohlfahrt in der Geldtheorie, in: H. G. Johnson (1976), S. 110–132.
Johnson, H. G. (1969, 2), Beiträge zur Geldtheorie und Geldpolitik, Berlin (Duncker & Humblot) 1969.
Johnson, H. G. (1970, 1), A new view of the infant industry argument, in: I. A. Mc Dougall; R. H. Snape, Hg. (1970), S. 59–76.
Johnson, H. G. (1970, 2), Is there an optimal money supply?, in: Journal of Finance, 25, S. 435–445; deutsch: Gibt es eine optimale Geldversorgung?, in: H. G. Johnson (1976, 1).
Johnson, H. G. (1971, 1) Effective protection and general equilibrium theory, in: H. G. Johnson, Hg. (1971, 2), S. 367–391; deutsch: Effektive Protektion und die Theorie des allgemeinen Gleichgewichts, in: H. Luckenbach, Hg. (1979), S. 72–96.

JOHNSON, H. G. (1971, 2), Hg., Aspects of the theory of tariffs, London (Allen & Unwin) 1971.
JOHNSON, H. G. (1971, 3), The Keynesian revolution and the monetarist counter-revolution, in: American Economic Review, 61, S. 1–14; deutsch in: P. KALMBACH (1973), S. 196–216.
JOHNSON, H. G. (1972, 1) Inflation and the monetarist controversy, Amsterdam (North Holland) 1972; deutsch in: H. G. JOHNSON (1975), S. 27–56.
JOHNSON, H. G. (1972, 2), Further essays in monetary economics, London (Allen & Unwin) 1972; deutsch: H. G. JOHNSON (1976, 1).
JOHNSON, H. G. (1973), The theory of income distribution, London (Gray-Mills) 1973.
JOHNSON, H. G. (1975), Inflation – Theorie und Politik, München (Vahlen) 1975.
JOHNSON, H. G. (1976, 1), Beiträge zur Geldtheorie und Währungspolitik, Berlin (Duncker & Humblot) 1976.
JOHNSON, H. G. (1976, 2), Destabilizing speculation: A general equilibrium approach, in: Journal of Political Economy, 84, S. 101–108.
JOHNSON, H. G.; P. B. KENEN (1965), Trade and Development, Genf (Librairie Droz) 1965.
JONES, A. (1973), The new inflation. The politics of prices and incomes, Harmondsworth (Penguin) 1973.
JONES, R. W. (1956), Factor proportions and the Heckscher-Ohlin-Theorem, in: Review of Economic Studies, 24, S. 1–10.
JONES, R. W. (1961), Comparative advantage and the theory of tariffs: A multi-country, multi-commodity model, in: Review of Economic Studies, 28, S. 161–175.
JORGENSON, D. W. (1967), The theory of investment behavior, in: R. FERBER, Hg. (1967), S. 129–155.
JORGENSON, D. W. (1971), Econometric studies of investment behavior: A survey, in: Journal of Economic Literature, 9, S. 1111–1147.
JOSEPH, M. F. W. (1939), The excess burden of indirect taxation, in: Review of Economic Studies, 6, S. 226–231.

KALDOR, N. (1955, 1), An expenditure tax, London (Allen & Unwin) 1955.
KALDOR, N. (1955, 2), Alternative theories of distribution, in: Review of Economic Studies, 23, S. 94–100.
KALDOR, N. (1957), A model of economic growth, in: Economic Journal, 67, S. 591–624.
KALDOR, N. (1959), Economic growth and the problem of inflation, in: Economica, 26, S. 287–298.
KALDOR, N. (1976), Inflation and recession in the world economy, in: Economic Journal, 86, S. 703–714.
KALECKI, M. (1938), The determinants of distribution of the national income, in: Econometrica, 6, S. 97–112.
KALECKI, M. (1939, 1), The distribution of national income, in: M. KALECKI (1939, 2), S. 13–41; wieder abgedruckt in: M. KALECKI (1951), S. 197–220.
KALECKI, M. (1939, 2), Essays in the theory of economic fluctuations, London (Allen & Unwin) 1939.
KALECKI, M. (1951), Readings in the theory of income distribution, Homewood (Irwin) 1951, S. 197–220.
KALECKI, M. (1954), Theory of economic dynamics, London (Allen & Unwin) 1954.
KALMBACH, P. (1973), Hg., Der neue Monetarismus, München (Nymphenburger) 1973.

KARLIN, S. (1959), Mathematical methods and theory in games, programming and economics, Reading, Mass. (Addison-Wesley) 1959.

KATH, D. (1979), Das Geldmengenziel der Deutschen Bundesbank, in: WiSt, Wirtschaftswissenschaftliches Studium, 8, S. 455–460.

KATH, D.; N. EUBA (1975), Die makroökonomische Portfoliotheorie, in: WiSt, Wirtschaftswissenschaftliches Studium, 4, S. 458–464.

KEESING, D. B. (1965), Labor skills and international trade: Evaluating many trade flows with a single measuring device, in: Review of Economics and Statistics, 47, S. 287–294.

KEESING, D. B. (1967), The impact of research and development on United States trade, in: Journal of Political Economy, 75, S. 38–48, wieder abgedruckt in: P. B. KENEN; R. LAWRENCE, Hg. (1968), S. 175–189.

KEESING, D. B. (1971), Different countries' labor skill coefficients and the skill intensity of international trade flows, in: Journal of International Economics, 1, S. 453–460.

KEMP, M. C. (1960), The mill-bastable infant industry dogma, in: Journal of Political Economy, 68, S. 65–67.

KENEN, P. B. (1965), Nature, capital and trade, in: Journal of Political Economy, 73, S. 437–460.

KENEN, P. B. (1969), The theory of optimum currency areas: An eclectic view, in: R. A. MUNDELL; A. K. SWOBODA, Hg. (1969), S. 41–60.

KENEN, P. B.; R. LAWRENCE (1968), Hg., The open economy. Essays on international trade and finance, New York (Columbia) 1968.

KEYNES, J. M. (1936), The general theory of employment, interest and money, London (Macmillan) 1936.

KEYNES, J. M. (1940), How to pay for the war?, London (Macmillan) 1940.

KING, D. (1976), The performance of exchange rates in the recent period of floating: Exchange rates and relative rates of inflation, Research Paper No. 7613, New York (Federal Reserve Bank) 1976.

KLATT, S.; M. WILLMS (1975), Hg., Strukturwandel und makroökonomische Steuerung, Berlin (Duncker & Humblot) 1975.

KLAUS, J. (1974), Inflationstheorie, Darmstadt (Wissenschaftliche Buchgesellschaft) 1974.

KLEIN, B. (1974), The competitive supply of money, in: Journal of Money, Credit and Banking, 6, S. 423–453.

KLEIN, L. R. (1947), The Keynesian revolution, New York (Macmillan) 1947.

KLEIN, L. R.; A. S. GOLDBERGER (1955), An econometric model of the United States 1929–1952, Amsterdam (North-Holland) 1955.

KLEINEWEFERS, H. (1976), Absatz- und Bezugsstabilisierung durch geographisches Diversifikation im Außenhandel, in: Kyklos, 29, S. 39–62.

KLEPS, K. (1979), Inflation und Sparen. Eine theoretische, statistisch-empirische und wirtschaftspolitische Untersuchung, Berlin (Duncker & Humblot) 1979.

KLOTEN, N.; u. a. (1964), Hg., Systeme und Methoden in den Wirtschafts- und Sozialwissenschaften, Tübingen (Mohr) 1964.

KNAUFF, R. (1972), Reformen des Preissystems, in: L. BRESS; u. a., Hg. (1972), S. 221–274.

KNAUFF, R. (1977), Die Funktionsmechanismen der Wirtschaftssysteme, in: H. HAMEL, Hg. (1977), S. 93–169.

KNIRSCH, P. (1969), Strukturen und Formen zentraler Wirtschaftsplanung, Berlin (Duncker & Humblot) 1969.

KOBLITZ, H. G. (1971), Einkommensverteilung und Inflation in kurzfristiger Analyse, Berlin (de Gruyter) 1971.

KÖHLER, C. (1970), Geldwirtschaft, 2. A., Berlin (Duncker & Humblot) 1977.
KÖHLER, C. (1979), Zahlungsbilanz und Wechselkurs, Berlin (Duncker & Humblot) 1979.
KÖNIG, H. (1968), Hg., Wachstum und Entwicklung der Wirtschaft, Köln u. a. (Kiepenheuer & Witsch) 1968.
KÖNIG, H.; V. TIMMERMANN (1962), Ein ökonometrisches Modell für die Bundesrepublik Deutschland 1950–1960, in: Zeitschrift für die gesamte Staatswissenschaft, 118, S. 598–652.
KÖSTERS, W. (1977), Allokations- und Distributionseffekte der Inflation, in: WISU, Wirtschaftsstudium 6, S. 13–17.
KOMMISSION FÜR DIE FINANZREFORM (1966), Gutachten über die Finanzreform in der Bundesrepublik Deutschland, Stuttgart (Kohlhammer) 1966.
KONRAD, A. (1979), Zahlungsbilanztheorie und Zahlungsbilanzpolitik, München (Vahlen) 1979.
KOOPMANS, T. C.; J. M. MONTIAS (1971), On the description and comparison of economic systems, in: A. ECKSTEIN, Hg. (1971), S. 27–78.
KORNAI, J. (1971), Anti-equilibrium. On economic systems theory and the tasks of research, London (North-Holland) 1971.
KOURI, P. J. K. (1976), The exchange rate and the balance of payments in the short run and in the long run: A monetary approach, in: Scandinavian Journal of Economics, 78, S. 280–304.
KOYCK, L. M. (1954), Distributed lags and investment analysis, Amsterdam (North-Holland) 1954.
KRAUSE, L. B.; W. S. SALANT (1977), Hg., Worldwide inflation. Theory and recent experience, Washington (Brookings Institution) 1977.
KRAUSE-JUNK, G. (1977, 1), Abriß der Theorie von den öffentlichen Gütern, in: F. NEUMARK, Hg. (1977, 1), S. 687–711.
KRAUSE-JUNK, G. (1977, 2), Steuern, IV: Verteilungslehren, in: W. ALBERS; u. a., Hg. (1977), Bd. 7, S. 332–356.
KRAUSS, M. B. (1972), Recent developments in customs union theory: An interpretive survey, in: Journal of Economic Literature, 10, S. 413–434.
KRAVIS, I. B. (1956), Availability and other influences on the commodity composition of trade, in: Journal of Political Economy, 64, S. 143–155.
KRAVIS, I. B. (1959), Relative income shares in fact and theory, in: American Economic Review, 49, S. 917–949.
KRELLE, W. (1957), Bestimmungsgründe der Einkommensverteilung in der modernen Wirtschaft, in: W. G. HOFFMANN, Hg. (1957), S. 55–109.
KRELLE, W. (1959, 1), Grundlinien einer stochastischen Konjunkturtheorie, in: Zeitschrift für die gesamte Staatswissenschaft, 115, S. 472–494; wieder abgedruckt in: W. WEBER, Hg. (1967), S. 329–348.
KRELLE, W. (1959, 2), Volkswirtschaftliche Gesamtrechnung einschließlich input-output-Analyse mit Zahlen für die Bundesrepublik Deutschland, 2. A., Berlin (Duncker & Humblot) 1967.
KRELLE, W. (1962), Verteilungstheorie, Tübingen (Mohr) 1962.
KRELLE, W. (1968), Präferenz- und Entscheidungstheorie, Tübingen (Mohr) 1968.
KRELLE, W. (1969), Produktionstheorie, Tübingen (Mohr) 1969.
KRELLE, W. (1974), Erfahrungen mit einem ökonometrischen Prognosemodell für die Bundesrepublik Deutschland, Meisenheim am Glan (Hain) 1974.
KRELLE, W.; G. GABISCH (1972), Wachstumstheorie, Berlin (Springer) 1972.
KRELLE, W.; J. SCHUNK; J. SIEBKE (1968), Überbetriebliche Ertragsbeteiligung der Arbeitnehmer. Mit einer Untersuchung über die Vermögensstruktur der Bundesrepublik Deutschland, 2 Bde., Tübingen (Mohr) 1968.

KRELLE, W.; A. F. SHORROCKS, Hg. (1978), Personal income distribution, Amsterdam (North-Holland) 1978.
KROMPHARDT, J. (1972), Wachstum und Konjunktur, 2. A., Göttingen (Vandenhoeck & Ruprecht) 1977.
KRONROD, J. A. (1954), Den'gi v Sotsialisticheskom Obshchestve, 2. A., Moskau 1960; deutsch: Das Geld in der sozialistischen Gesellschaft. Theoretischer Grundriß, Berlin (O) (Akademie) 1963.
KRUEGER, A. O. (1972), Evaluating restrictionist trade regimes: Theory and measurement, in: Journal of Political Economy, 80, S. 48–62.
KRÜSSELBERG, H.-G. (1976), Aspekte der Einkommensverteilung: Theorie und Politik, in: D. CASSEL; H. J. THIEME, Hg. (1976, 1), S. 11–29.
KRUPP, H.-J. (1973), Sozialpolitisches Entscheidungs- und Indikatorensystem für die Bundesrepublik Deutschland (SPES), in: Allgemeines Statistisches Archiv, 57, S. 300–387.
KUBICA, J. (1976), Bestimmungsgründe der staatlichen Umverteilungstätigkeit, Bochum (Brockmeyer) 1976.
KÜHN, B. (1979), Rationale Erwartungen und Wirtschaftspolitik, Baden-Baden (Nomos) 1979.
KÜLP, B. (1974), Verteilungstheorie, Stuttgart (Fischer) 1974.
KÜLP, B. (1975), Wohlfahrtsökonomik I. Die Wohlfahrtskriterien, Düsseldorf (Werner) 1975.
KÜLP, B. (1978), Außenwirtschaftspolitik, Tübingen (Mohr) 1978.
KUNZ, D. (1977), Grenzen der Aussagefähigkeit von Preisindizes, in: Konjunkturpolitik, 23, S. 325–354.
KURIHARA, K. K. (1954), Hg., Post keynesian economics, London (Rutgers University) 1954.
KUSCHPÈTA, O. (1978), The banking and credit system in the USSR, Boston (Nijhoff) 1978.
KUZNETZ, S. (1946), National product since 1869, New York (National Bureau of Economic Reserarch) 1946.
KUZNETS, S. (1959), Quantitative aspects of the economic growth of nations, IV: Distribution of national income by factor shares, in: Economic Development and Cultural Change, 7, 1959.
KÝN, O.; W. SCHRETTL (1979), Hg., On the stability of contemporary economic systems, Göttingen (Vandenhoeck & Ruprecht) 1979.

LAIDLER, D. E. W. (1969), The demand for money: Theories and evidence, Scranton (International Textbook Co.) 1969.
LAIDLER, D. E. W. (1976), An elementary monetarist model of simultaneous fluctuations in prices and output, in: H. FRISCH, Hg., (1976, 1), S. 75–89.
LAIDLER, D. E. W.; A. R. NOBAY (1976), International aspects of inflation: A survey, in: E.-M. CLAASSEN; P. SALIN, Hg. (1976), S. 291–307; deutsch: Weltinflation bei festen Wechselkursen, in: E.-M. CLAASSEN (1977), S. 129–144.
LAIDLER, D. E. W.; J. M. PARKIN (1975), Inflation: A survey, in: Economic Journal, 85, S. 741–809.
LAVIGNE, M. (1974), The socialist economies of the Soviet Union and Europe, White Plains, N. Y. (Robertson) 1974.
LEIJONHUFVUD, A. (1968), On Keynesian economics and the economics of Keynes. A study in monetary theory, New York (Oxford University) 1968; deutsch: Über Keynes und den Keynesianismus, Köln (Kiepenheuer & Witsch) 1973.
LEIPOLD, H. (1976), Wirtschafts- und Gesellschaftssysteme im Vergleich, 2. A., Stuttgart (Fischer) 1980.

LEIPOLD, H. (1978), Assoziation versus Hierarchie: Zur Konkurrenzfähigkeit von Selbstverwaltungsunternehmen, in: J. BACKHAUS; T. EGER; H. G. NUTZINGER, Hg. (1978), S. 109–131.

LEONTIEF, W. (1936), Quantitative input and output relations in the economic system of the United States, in: Review of Economic Statistics, 1936, Vol. 18, S. 105–125.

LEONTIEF, W. (1953), Domestic production and foreign trade: The American capital position re-examined, in: Proceedings of the American Philosophical Society, 97; wieder abgedruckt in: J. BHAGWATI, Hg. (1969, 3), S. 93–139.

LERNER, A. P. (1933), The concept of monopoly and the measurement of monopoly, in: Review of Economic Studies, 1, S. 157–175.

LERNER, A. P. (1949), The inflationary process, in: Review of Economics and Statistics, 31, S. 193–200.

LERNER, A. P. (1958), Inflationary depression and the regulation of administered prices, in: The relationship of prices to economic stability and growth. Compendium of papers submitted by panalists appearing before the Joint Economic Committee, 85th Congress of the U.S., 2nd session, Washington 1958.

LERNER, A. P. (1967), Employment theory and employment policy, in: American Economic Review, Papers and Proceedings, 57, S. 1–18.

LEVINSON, CH. (1971), Capital, inflation, and the multinationals, London (Allen & Unwin) 1971.

LINDER, S. B. (1961), An essay on trade and transformation, New York (Wiley) 1961.

LIPSEY, R. G. (1960), The relation between unemployment and the rate of change of money wage rates in the United Kingdom, 1862–1957: A further analysis, in: Economica, 27, S. 1–31.

LITTLE, J. M. D. (1951), Direct versus indirect taxes, in: Economic Journal, 66, S. 116–120.

LITTMANN, K. K. (1957), Zunehmende Staatstätigkeit und wirtschaftliche Entwicklung, Köln (Westdeutscher) 1957.

LITTMANN, K. K. (1977), Ausgaben, öffentliche, II: Die „Gesetze" ihrer langfristigen Entwicklung, in: W. ALBERS; u. a., Hg. (1977), Bd. 1, S. 349–363.

LORENZ, D. (1967), Dynamische Theorie der internationalen Arbeitsteilung, Berlin (Duncker & Humblot) 1967.

LORENZ, M. O. (1905), Methods for measuring concentration of wealth, in: Journal of the American Statistical Association, 9.

LOUCKS, W. N. (1938), Comparative economic systems, 6. A., New York (Harper & Row) 1963.

LOWINGER, T. C. (1971), The neo-factor proportions theory of international trade: An empirical investigation, in: American Economic Review, 61, S. 675–681.

LUCAS, R. E. (1972), Expectations and the neutrality of money, in: Journal of Economic Theory, 4, S. 103–124.

LUCKENBACH, H. (1979), Hg., Theorie der Außenwirtschaftspolitik, Heidelberg (Springer) 1979.

LUHMANN, N. (1968), Zweckbegriff und Systemrationalität. Über die Funktion von Zwecken in sozialen Systemen, Tübingen (Mohr) 1968.

LUNDBERG, E. (1977), Hg., Inflation theory and anti-inflation policy, London (Macmillan) 1977.

LUSTGARTEN, S. (1975), Industrial concentration and inflation, Washington (American Enterprise Institute) 1975.

MAC DOUGALL, G. D. A. (1951, 1952), British and American Exports: A study suggested by the theory of comparative costs, I und II, in: Economic Journal, 61, S. 697–724 und 62, S. 487–521.

Machlup, F. (1960), Another view of cost-push and demand-pull inflation, in: Review of Economics and Statistics, 42, S. 125–139.

Machlup, F. (1978), Different inflations have different effects on employment, in: Banca Nazionale Del Lavoro, Quarterly Review, 127, S. 291–303.

Mackscheidt, K. (1973), Zur Theorie des optimalen Budgets, Tübingen (Mohr) 1973.

Mackscheidt, K. (1977), Hg., Budgetwirkungen und Budgetpolitik, Stuttgart (Fischer) 1977.

Mackscheidt, K.; J. Steinhausen (1973), Finanzpolitik I, Grundfragen fiskalpolitischer Lenkung, 3. A., Tübingen (Mohr) 1978.

Magee, S. P. (1973) Factor market distortions, production and trade: A survey, in: Oxford Economic Papers, 25, S. 1–36.

Magee, S. P. (1976), The empirical evidence of the monetary approach to the balance of payments and exchange rates, in: American Economic Review, 66, Papers and Proceedings, S. 163–170.

Malthus, Th. R. (1798), Essay on population, 1798.

Mansfeld, W. (1976), Inflationstheorie, 2. A., München (Florentz) 1978.

Marchall, J. (1953), Die Theorie der Verteilung bei den englischen Klassikern, in: Zeitschrift für Nationalökonomie, 14, S. 436–466.

Markowitz, H. (1952), Portfolio selection, in: Journal of Finance, 7, S. 77–91.

Markowitz, H. (1959), Portfolio selection – efficient diversification of investments, New York (Wiley) 1959.

Marshall, A. (1923), Money, credit and commerce, London (Macmillan) 1923.

Marx, K. (1859), Zur Kritik der politischen Ökonomie, Erstes Heft, Berlin (o) (Dietz) 1972.

Marx, K. (1867), Das Kapital. Kritik der politischen Ökonomie, Bd. I, Marx-Engels-Werke, Bd. 23, Berlin (o) (Dietz) 1969.

Marx, K. (1891), Der Bürgerkrieg in Frankreich, Marx-Engels-Werke, Bd. 17, Berlin (o) (Dietz) 1962.

Maynard, G.; W. von Ryjckeghem (1976), A world of inflation, London (Batsford) 1976.

McDougall, J. A.; R. H. Snape (1970), Hg., Studies in international economics, Amsterdam (North-Holland) 1970.

McKinnon, R. I. (1963), Optimum currency areas, in: American Economic Review, 53, S. 717–725.

McKinnon, R. I. (1979), Money in international exchange, Oxford (University) 1979.

McLure, Ch. E. (1967), Merit wants: a normatively empty box, in: Finanzarchiv, N. F., 27, S. 474–483.

McLure, Ch. E. (1975), General equilibrium incidence analysis, in: Journal of Public Economics, 4, S. 125–161.

Meade, J. E. (1951), The theory of international economic policy, Bd. I, The balance of payments, 6. A., London (Oxford University) 1962.

Meade, J. E. (1956), The theory of customs unions, Amsterdam (North Holland) 1956.

Meade, J. E. (1964), Efficiency, equality and the ownership of property, London (Allen & Unwin) 1964.

Meade, J. E. (1972), The theory of labour-managed firms and of profit-sharing, in: Economic Journal, 82, S. 402–428.

Meade, J. E. (1976), The just economy, Vol. 4: Principles of political economy, Albany (State University of New York) 1976.

Meadows, D. H.; u. a. (1972), The limits to growth. A report for the Club of Rome's project on the predicament of mankind, New York (Universe Books) 1972; deutsch: Die Grenzen des Wachstums, Stuttgart (DVA) 1972.

MEANS, G. C.; u. a. (1975), Hg., The roots of inflation, London (Franklin) 1975.
MEISELMAN, D. I. (1975), Worldwide inflation: A monetarist view, in: D. I. MEISELMAN; A. B. LAFFER, Hg., (1975), S. 69–112.
MEISELMAN, D. I.; A. B. LAFFER (1975), Hg., The phenomenon of worldwide inflation, Washington (American Enterprise Institute) 1975.
MEISSNER, W.; L. UNTERSEHER (1972), Hg., Verteilungskampf und Stabilitätspolitik, Stuttgart (Kohlhammer) 1972.
MELTZER, A. H. (1969), Controlling money, in: Federal Reserve Bank of St. Louis Review, 51, S. 16–24, deutsch: Kontrolle der Geldmenge, in: K. BRUNNER; H. G. MONISSEN; M. J. M. NEUMANN, Hg. (1974), S. 378–391.
MELTZER, A. H. (1971), Die Wiederherstellung vernünftiger ökonomischer Rahmenbedingungen, in: Kredit und Kapital, 4, S. 119–137.
MENGER, K. (1937), Hg., Ergebnisse eines Mathematischen Kolloquiums, Wien (Deuticke) 1937.
MESAROVIC, M.; E. PESTEL (1974), Menschheit am Wendepunkt, 2. Bericht an den Club of Rome zur Weltlage, Stuttgart (DVA) 1974.
METZLER, L. A. (1941), The nature and stability of inventory cycles, in: Review of Economics and Statistics, 23, S. 113–129.
MINCER, J. (1958), Investment in human capital and personal income distribution, in: Journal of Political Economy, 66, S. 281–302.
MINCER, J. (1970), The distribution of labor incomes. A survey, with special reference to human capital approach, in: Journal of Economic Literature, 8, S. 1–26.
MINCER, J.; S. POLACHEK (1974), Family investments in human capital: earnings of women, in: Journal of Political Economy, 82, S. 76–108.
MINHAS, B. S. (1962), The homohypallagic production function, factor intensity reversals, and the Heckscher-Ohlin-Theorem, in: Journal of Political Economy, 60, S. 138–156.
MITRA, A. (1954), The share of wages in national income, The Hague (Central Planbureau) 1954.
MODIGLIANI, F.; R. BRUMBERG (1954), Utility analysis and the consumption function: an interpretation of cross section data, in: K. K. KURIHARA, Hg. (1954), S. 388–436.
MOLITOR, B. (1973), Verteilungswirkungen der schleichenden Inflation, in: Hamburger Jahrbuch für Wirtschafts- und Gesellschaftspolitik, 18, S. 74–94.
MONTANER, A. (1967), Hg., Geschichte der Volkswirtschaftslehre, Köln (Kiepenheuer & Witsch) 1967.
MONTIAS, J. M. (1976), The structure of economic systems, New Haven (University) 1976.
MÜCKL, W.; R. HAUSER (1975), Die Wirkungen der Inflation auf die Einkommens- und Vermögensverteilung. Zwei Literaturstudien, Göttingen (Schwartz) 1975.
MÜLLER, N. W. (1976), Anspruchsverhalten sozialer Gruppen und Inflation, Köln (Bund) 1976.
MUNDELL, R. A. (1960), The monetary dynamics of international adjustment under fixed and flexible exchange rates, in: Quarterly Journal of Economics, 74, S. 227–257.
MUNDELL, R. A. (1961), A theory of optimum currency areas, in: American Economic Review, 51, S. 656–665.
MUNDELL, R. A. (1962), The appropriate use of monetary and fiscal policy for internal and external stability, in: International Monetary Fund Staff Papers, 9, S. 70–79.
MUNDELL, R. A. (1971), Monetary theory: Inflation, interest and growth in the world

economy, Pacific Palisades (Goodyear Publishing) 1971; deutsch: Geld- und Währungstheorie, München (Vahlen) 1976.

MUNDELL, R. A.; A. K. SWOBODA (1969), Hg., Monetary problems of the international economy, Chicago (University) 1969.

MUSGRAVE, R. A. (1959), The theory of public finance, New York (McGraw-Hill) 1959; deutsch: Finanztheorie (1966), 2. A., Tübingen (Mohr) 1969.

MUSGRAVE, R. A. (1961), Approaches to a fiscal theory of political federalism, in: NATIONAL BUREAU OF ECONOMIC RESEARCH, Hg. (1961), S. 97–122.

MUSGRAVE, R. A. (1965), Hg., Essays in fiscal federalism, Washington (Brookings) 1965.

MUSGRAVE, R. A. (1969), Fiscal systems, New Haven (Yale University) 1969.

MUSGRAVE, R. A.; P. B. MUSGRAVE; L. KULLMER (1975–1978), Die öffentlichen Finanzen in Theorie und Praxis, Bde. 1–4, Tübingen (Mohr) 1975–1978.

MUTH, F. (1961), Rational expectations and the theory of price movements, in: Econometrica, 29, S. 315–335.

MYHRMAN, J. (1976), Balance-of-payments adjustments and portfolio theory: A survey, in: E.-M. CLAASSEN; P. SALIN, Hg. (1976); deutsch: Strom-Bestands-Ansätze des internen und externen Gleichgewichts, in: E.-M. CLAASEN, Hg. (1977, 2), S. 75–106.

NATIONAL BUREAU OF ECONOMIC RESEARCH (1961), Hg., Public finances: Needs, sources, and utilization, Princeton (University) 1961.

NEUBAUER, W. (1972), Strategien, Techniken und Wirkungen der Geld- und Kreditpolitik, Göttingen (Vandenhoeck & Ruprecht) 1972.

NEUBERGER, E.; J. DUFFY (1976), Comparative economic systems: A decision-making approach, Boston (Allyn & Bacon) 1976.

NEUMANN, J. VON (1937), Über ein ökonomisches Gleichungssystem und eine Verallgemeinerung des Brouwerschen Fixpunktsatzes, in: K. MENGER, Hg. (1937).

NEUMANN, M. J. M. (1971), Zwischenziele und Indikatoren der Geldpolitik, in: Kredit und Kapital, 4, S. 398–420.

NEUMARK, F. (1951), Zum Problem der Klassifikation der Steuerformen, in: F. NEUMARK; H. SAUERMANN, Hg. (1951), S. 60–84.

NEUMARK, F. (1952), Theorie und Praxis der Budgetgestaltung, in: W. GERLOFF; F. NEUMARK, Hg. (1952), S. 554–605.

NEUMARK, F. (1961), Wirtschafts- und Finanzprobleme des Interventionsstaates, Tübingen (Mohr) 1961.

NEUMARK, F. (1970), Grundsätze gerechter und ökonomisch rationaler Steuerpolitik, Tübingen (Mohr) 1970.

NEUMARK, F. (1977, 1), Hg., Handbuch der Finanzwissenschaft, Bd. 1, 3. A., Tübingen (Mohr) 1977.

NEUMARK, F. (1977, 2), Steuern, I: Grundlagen, in: W. ALBERS; u. a., Hg. (1977), Bd. 7, S. 295–309.

NEUMARK, F. (1979), Hg., Handbuch der Finanzwissenschaft, Bd. 2, 3. A., Tübingen (Mohr) 1979.

NEUMARK, F.; H. SAUERMANN (1951), Hg., Beiträge zur Geld- und Finanztheorie, Tübingen (Mohr) 1951.

NIEHANS, J. (1959), Die Wirkung von Lohnerhöhungen, technischen Fortschritten, Steuern und Spargewohnheiten auf Preise, Produktion und Einkommensverteilung, in: E. SCHNEIDER, Hg. (1959).

NIEHANS, J. (1969), Money in a static theory of optimal payment arrangements, in: Journal of Money, Credit and Banking, 1, S. 706–726.

NIEHANS, J. (1970), Die Geldnachfrage in einer ‚dynamischen' Optimierungstheorie des Zahlungssystems, in: Schweizerische Zeitschrift für Volkswirtschaft und Statistik, 106, S. 129–148.

NIEHANS, J. (1978), The theory of money, Baltimore (Johns Hopkins University) 1978.

NITTKA, U. (1979), Das Finanzierungssystem der Europäischen Gemeinschaften, Bochum (Brockmeyer) 1979.

NORDHAUS, W. D. (1975), The political business cycle, in: Review of Economic Studies, 42, S. 169–190; deutsch: Der politische Konjunkturzyklus, in: H. J. RAMSER; B. ANGEHRN (1977), S. 133–157.

NORTH, D. C.; R. P. THOMAS (1973), The rise of the western world. A new economic history, Cambridge/Mass. (University) 1973.

NOVE, A. (1979), Inflation in communist countries, in: D. F. HEATHFIELD, Hg., Perspectives on Inflation. Models on Policies, London, New York (Longman) 1979, S. 217–230.

NOWOTNY, E. (1974), Hg., Löhne, Preise, Beschäftigung. Die Phillips-Kurve und ihre Alternativen, Frankfurt a. M. (Fischer Athenäum) 1974.

NOWOTNY, E. (1979), Hg., Öffentliche Verschuldung, Stuttgart (Fischer) 1979.

NUTZINGER, H. G. (1974), Die Stellung des Betriebes in der sozialistischen Wirtschaft, Frankfurt a. M. (Campus) 1974.

OATES, W. E. (1972), Fiscal federalism, New York (Harcourt) 1972.

OBERENDER, P. (1978), Okunsches Gesetz, in: WiSt, Wirtschaftswissenschaftliches Studium, 7, S. 283–285.

OECD (1970), Hg., Inflation. The present problem, Paris (OECD) 1970.

OECD (1971), Hg., Present policies against inflation, Paris (OECD) 1971.

OKUN, A. M. (1975, 1), Equality and efficiency, The big tradeoff, Washington (Brookings) 1975.

OKUN, A. M. (1975, 2), Inflation: Its mechanics and welfare cost, in: Brookings Papers on Economic Activity, S. 351–390.

OPPENHEIMER, F. (1910), Theorie der reinen und politischen Ökonomie, Berlin 1923.

OPPENHEIMER, F. (1922), Großgrundeigentum und soziale Frage, Jena 1922.

OTT, D. J.; A. F. OTT (1965), Budget balance and equilibrium income, in: Journal of Finance, 20, S. 71–77.

OTT, D. J.; A. F. OTT; J. H. YOO (1975), Macroeconomic theory, New York (Mc Graw-Hill) 1975.

OULTON, N. (1976), Inheritance and the distribution of wealth, in: Oxford Economic Papers, 28, S. 86–101.

PARETO, V. (1895), La courbe de la repartition de la richesse, in: Giornale degli economiste, 1895; wieder abgedruckt in: V. PARETO (1896).

PARETO, V. (1896), Recueil publie par la faculté de droit, Lausanne 1896.

PARETO, V. (1897), Cours d'economie politique, Bd. 2, Lausanne 1897.

PARETO, V. (1927), Manuel d'economie politique, Paris 1927.

PARKIN, M. (1976), Inflation in the world economy: 1958–1975, Guildford (University of Surrey) 1976.

PARKIN, M.; G. ZIS (1976, 1), Hg., Inflation in open economies, Manchester (University) 1976.

PARKIN, M.; G. ZIS (1976, 2), Hg., Inflation in the world economy, Manchester (University) 1976.

PARSONS, T. (1972), The system of modern societies, Englewood Cliffs (Prentice Hall)

1972; deutsch: Das System moderner Gesellschaften, München (Juventa) 1972.
PASINETTI, L. (1962), Rate of profit and income distribution in relation to the rate of economic growth, in: Review of Economic Studies, 29, S. 267–279.
PATINKIN, D. (1972, 1), Money and wealth, in: D. PATINKIN (1972, 2), S. 168–194; deutsch: Geld und Vermögen, in: K. BRUNNER; H. G. MONISSEN; M. J. M. NEUMANN, Hg. (1974), S. 154–179.
PATINKIN, D. (1972, 2), Studies in monetary economics, London (Harper & Row) 1972.
PEACOCK, A. T.; J. WISEMAN (1961), The growth of public expenditure in the United Kingdom, Princeton (University) 1961.
PEFFEKOVEN, R. (1972), Das Bestimmungs- und Ursprungslandprinzip bei Steuern im grenzüberschreitenden Verkehr, in: W. ALBERS, Hg. (1972), S. 33–64.
PEFFEKOVEN, R. (1976), Einführung in die Grundbegriffe der Finanzwissenschaft, Darmstadt (Wissenschaftliche Buchgesellschaft) 1976.
PEFFEKOVEN, R. (1978), Internationale Finanzordnung, in: H. GRÖNER; A. SCHÜLLER, Hg. (1978), S. 123–140.
PEFFEKOVEN, R. (1979), Persönliche allgemeine Ausgabensteuer, in: F. NEUMARK, Hg. (1979), S. 417–452.
PELCOVITS, M. D. (1976), Quotas versus tariffs, in: Journal of International Economics, 6, S. 363–370.
PEN, J. (1971), Income distribution, 2. A., Harmondsworth (Penguin) 1973.
PEN, J. (1974), Das politische Element in unseren grafischen Darstellungsweisen, in: G. BOMBACH; B. S. FREY; B. GAHLEN, Hg. (1974), S. 3–26.
PETER, H. (1967), Zur Geschichte, Theorie und Anwendung der Kreislaufbetrachtung, in: A. MONTANER, Hg. (1967), S. 374–410.
PHELPS, E. S. (1961), The golden rule of accumulation; a fable for growthmen, in: American Economic Review, 51, S. 638–643; deutsch: Die goldene Regel der Akkumulation: Eine Fabel für Wachstumstheoretiker, in: H. KÖNIG, Hg. (1968), S. 358–365.
PHELPS, E. S. (1968), Money wage dynamics and labor market equilibrium, in: Journal of Political Economy, 76, S. 678–711; wieder abgedruckt in: E. S. PHELPS (1979), S. 29–62.
PHELPS, E. S.; u. a. (1970), Microeconomic foundations of employment and inflation theory, London (Macmillan) 1970.
PHELPS, E. S. (1972), Inflation policy and unemployment theory. The cost benefit approach to monetary planning, London (Macmillan) 1972.
PHELPS, E. S. (1979), Studies in macroeconomic theory, Bd. 1, Employment and inflation, New York (Academic Press) 1979.
PHILLIPS, A. W. (1954), Stabilisation policy in a closed economy, in: Economic Journal, 64, S. 290–323.
PHILLIPS, A. W. (1958), The relation between unemployment and the rate of change of money wage rates in the United Kingdom, 1861–1957, in: Economica, 25, S. 283–299.
PIGOU, A. C. (1912), Wealth and welfare, London (Macmillan) 1912.
PIGOU, A. C. (1917), The value of money, in: Quarterly Journal of Economics, 32, S. 38–65.
PIGOU, A. C. (1941), Employment and equilibrium, 2. A., London (Macmillan) 1949.
POHMER, D. (1970), Leistungsfähigkeitsprinzip und Einkommensverteilung, in: H. HALLER; u. a., Hg. (1970), S. 135–167.
POHMER, D. (1977), Wirkungen finanzpolitischer Instrumente, in: F. NEUMARK, Hg. (1977, 1), S. 193–346.

POLLACK, H. (1979), Steuertarife, in: F. NEUMARK, Hg. (1979), S. 239–266.
POOLE, W. M. (1970), Optimal choice of monetary policy instruments in a simple stochastic macromodel, in: Quarterly Journal of Economics, 84, S. 197–216.
PORTES, R. (1977), The control of inflation: Lessons from East European experience, in: Economica, 44, S. 109–130.
POSNER, M. V. (1961), International trade and technical change, in: Oxford Economic Papers, 13, S. 323–341.
PREISER, E. (1949), Besitz und Macht in der Distributionstheorie, in: E. SALIN, Hg. (1949); wieder abgedruckt in: E. PREISER (1957).
PREISER, E. (1957), Bildung und Verteilung des Volkseinkommens, Göttingen (Vandenhoeck & Ruprecht) 1957.
PREISER, E. (1964), Wachstum und Einkommensverteilung, Heidelberg (Carl Winter) 1964.
PÜTZ, TH. (1975), Hg., Studien zum Inflationsproblem, Berlin (Duncker & Humblot) 1975.

RABENAU, K. (1974), Die wirtschaftspolitische Bedeutung der effektiven Protektion, in: Wirtschaftsdienst, 6, S. 315–319.
RAMSER, H. J.; B. ANGEHRN (1977), Hg., Beschäftigung und Inflation, Stuttgart (Fischer) 1977.
RAMSEY, F. P. (1928), A mathematical theory of saving, in: Economic Journal, 38, S. 543–559; wieder abgedruckt in: J. E. STIGLITZ, H. UZAWA, Hg. (1969), S. 424–445.
RAU, R.; u. a. (1977), Das RWI-Konjunkturmodell. RWI-Papiere, Nr. 6, Essen 1977.
RAU, R. (1979), Das RWI-Konjunkturmodell. RWI-Papiere, Nr. 9, Essen 1979.
RAWLS, J. A. (1971), A theory of justice, Cambridge (Harvard University) 1971.
RAWLS, J. A. (1974), Some reasons for the maximin criterion, in: American Economic Review, 64, S. 141–146.
RETTIG, R.; D. VOGGENREITER (1977), Makroökonomische Theorie, Tübingen (Mohr) 1977.
RICARDO, D. (1817), On the principles of political economy and taxation, London 1817.
RICHTER, R.; U. SCHLIEPER; W. FRIEDMANN (1973), Makroökonomik, 3. A., Berlin (Springer) 1978.
RIECHEL, K. W. (1978), Economic effects of exchange-rate-changes, Lexington, Mass. (Heath & Co.) 1978.
RIETER, H. (1971), Die gegenwärtige Inflationstheorie und ihre Ansätze im Werk von Thomas Tooke, Berlin (de Gruyter) 1971.
ROBERTSON, D. H. (1926), Banking policy and the price level. An essay in the theory of the trade cycle, London (King) 1926.
ROBINSON, J. (1933), The economics of imperfect competition, London (Macmillan) 1933.
RÖPKE, W. (1947), Repressed inflation, in: Kyklos, 1, S. 242–253.
ROHWEDDER, J. (1976), Handelsumlenkung bei der Erweiterung einer Zollunion, in: Weltwirtschaftliches Archiv, 112, S. 711–718.
ROSE, H. (1967), On the non-linear theory of the employment cycle, in: Review of Economic Studies, 34, S. 153–173.
ROSE, K. (1964), Theorie der Außenwirtschaft, 7. A., München (Vahlen) 1978.
ROSE, K. (1965), Hg., Theorie der internationalen Wirtschaftsbeziehungen, Köln (Kiepenheuer & Witsch) 1965.

Rose, K. (1966), Freihandel, Optimalzoll und wirtschaftlicher Wohlstand: Eine geometrische Analyse, in: Weltwirtschaftliches Archiv, 96, S. 38–51.
Rose, K. (1967), Einkommens- und Beschäftigungstheorie, in: W. Ehrlicher; u. a., Hg. (1975, 3), S. 183–245.
Rose, K. (1971, 1), Grundlagen der Wachstumstheorie: Eine Einführung, 3. A., Göttingen (Vandenhoeck & Ruprecht) 1977.
Rose, K. (1971, 2), Die Theorie des direkten internationalen Preiszusammenhangs bei anomaler Reaktion der Leistungsbilanz. Bemerkungen zu einem Aufsatz von Issing, in: Zeitschrift für Nationalökonomie, 31, S. 219–227.
Rosovsky, H. (1966), Hg., Industrialization in two systems: Essays in honor of Alexander Gerschenkron, New York (Wiley) 1966.
Rothschild, K. W. (1957), Der Lohnanteil am Gesamteinkommen. Einige Bemerkungen zu einem umstrittenen Problem, in: Weltwirtschaftliches Archiv, 78, S. 157–202.
Rothschild, K. W. (1967), Thema und Variationen, Bemerkungen zur Verteilungsformel Kaldors, in: H. Frisch, Hg. (1967).
Rothschild, K. W. (1973), Politische und ökonomische Aspekte der permanenten Geldentwertung, in: K. W. Rothschild; H.-J. Schmahl, Hg. (1973), S. 33–58.
Rothschild, K. W.; H.-J. Schmahl (1973), Hg., Beschleunigter Geldwertschwund, Hamburg (Weltarchiv) 1973.
Roy, A. D. (1950), The distribution of earnings and of individual output, in: Economic Journal, 60, S. 489–505.
Rutledge, J. (1974), A monetarist model of inflationary expectations, Lexington (Heath) 1974.

Sachverständigenrat zur Begutachtung der Gesamtwirtschaftlichen Entwicklung (1964 ff.), Jahresgutachten, lfd. Jge., Mainz (Kohlhammer) 1964 ff.
Sahota, G. S. (1978), Theories of personal income distribution: A survey, in: Journal of Economic Literature, 14, S. 1–55.
Salant, W. S. (1977), International transmission of inflation, in: L. B. Krause; W. S. Salant (1977), S. 167–265.
Salin, E. (1949), Hg., Synopsis, Festgabe für A. Weber, Heidelberg 1949.
Salin, P. (1977), Theorie des optimalen Währungsgebiets, in: E.-M. Claassen, Hg. (1977, 2), S. 177–200.
Samuelson, P. A. (1939), Interactions between the multiplier analysis and the principle of acceleration, in: Review of Economic Statistics, 21, S. 75–78, deutsch: Wechselwirkungen zwischen der Multiplikatoranalyse und dem Akzelerationsprinzip, in: W. Weber, Hg. (1967), S. 235–241.
Samuelson, P. A. (1947), Foundations of economic analysis, Cambridge (Harvard University) 1947.
Samuelson, P. A. (1954), The pure theory of public expenditure, in: Review of Economics and Statistics, 36, S. 387–389.
Samuelson, P. A.; R. M. Solow (1960), Analytical aspects of anti-inflation policy, in: American Economic Review, 50, S. 177–194.
Santomero, A. M.; J. J. Seater (1978), The inflation-unemployment tradeoff: A critique of the literature, in: Journal of Economic Literature, 16, S. 499–544.
Sargent, T. J. (1973), Rational expectations, the real rate of interest, and the natural rate of unemployment, in: Brookings Papers on Economic Activity, S. 429–472.
Sargent, T. J. (1979), Macroeconomic theory, New York (Academic Press) 1979.
Sargent, T. J.; N. Wallace (1975), Rational expectations and the theory of economic policy, Minneapolis (Federal Reserve Bank) 1975.

SARGENT, T. J.; N. WALLACE (1976), Rational expectations and the theory of economic policy, in: Journal of Monetary Economics, 2, S. 169–183.
SAUERMANN, H.; E. J. MESTMÄCKER (1975), Hg., Wirtschaftsordnung und Staatsverfassung, Festschrift für F. Böhm zum 80. Geburtstag, Tübingen (Mohr) 1975.
SAVING, T. R. (1967), Monetary policy targets and indicators, in: Journal of Political Economy, 75, S. 446–456.
SCHENK, K. E. (1978), Hg., Ökonomische Verfügungsrechte und Allokationsmechanismen in Wirtschaftssystemen, Berlin (Duncker & Humblot) 1978.
SCHMIDT, K. (1964), Zur Geschichte der Lehre von den Kollektivbedürfnissen, in: N. KLOTEN; u. a., Hg. (1964), S. 335–362.
SCHMIDT, K. (1965), Zu einigen Theorien über die relative Ausdehnung der öffentlichen Ausgaben, in: Finanzarchiv, N. F., 24, S. 193–208.
SCHMIDT, K. (1966), Entwicklungstendenzen der öffentlichen Ausgaben im demokratischen Gruppenstaat, in: Finanzarchiv, N. F., 25, S. 213–241.
SCHMIDT, K. (1970), Kollektivbedürfnisse und Staatstätigkeit, in: H. HALLER; u. a., Hg. (1970), S. 3–27.
SCHMIDT, K. (1979), Grundprobleme der Besteuerung, in: F. NEUMARK, Hg. (1979), S. 119–171.
SCHMIDT, K.; E. WILLE (1970), Die mehrjährige Finanzplanung. Wunsch und Wirklichkeit, Tübingen (Mohr) 1970.
SCHMITT-RINK, G. (1975), Wachstumstheorie, Tübingen (Mohr) 1975.
SCHMITT-RINK, G. (1978), Verteilungstheorie, Tübingen (Mohr) 1978.
SCHMÖLDERS, G. (1951), Allgemeine Steuerlehre, 4. A., Berlin (Duncker & Humblot) 1965.
SCHMÖLDERS, G. (1955), Finanzpolitik, 3. A., Berlin (Springer) 1966.
SCHNEIDER, D. (1979), Bezugsgrößen steuerlicher Leistungsfähigkeit und Vermögensbesteuerung, in: Finanzarchiv, N. F., 37, S. 26–49.
SCHNEIDER, E. (1947–1952), Einführung in die Wirtschaftstheorie, Tübingen (Mohr), I. Teil, 14. A., 1969; II. Teil, 13. A., 1972; III. Teil, 12. A., 1973.
SCHNEIDER, E. (1957), Einkommen und Einkommensverteilung in der makroökonomischen Theorie, in: L'industria, Milano II, S. 256–268; englisch: Income and income distribution in macroeconomic theory in: International Economic Papers, 8 (1958), S. 111–121.
SCHNEIDER, E. (1959), Hg., Einkommensverteilung und technischer Fortschritt, Berlin (Duncker & Humblot) 1959.
SCHNEIDER, E. (1968), Zahlungsbilanz und Wechselkurs, Tübingen (Mohr) 1968.
SCHNEIDER, H. K.; C. WATRIN (1973), Hg., Macht und ökonomisches Gesetz, Berlin (Duncker & Humblot) 1973.
SCHNEIDER, H. K.; W. WITTMANN; A. WÜRGLER (1975), Hg., Stabilisierungspolitik in der Marktwirtschaft, Berlin (Duncker & Humblot) 1975.
SCHNITZER, M. (1972), East and West Germany: A comparative economic analysis, New York (Praeger) 1972.
SCHUBERT, M. (1980), Preisindizes als Inflationsindikatoren. Theoretische Grundlagen, methodische Probleme und praktische Anwendung in der Bundesrepublik Deutschland, Diss., Duisburg 1980.
SCHÜLLER, A. (1977), Konkurrenz der Währungen als geldwirtschaftliches Ordnungsprinzip, in: Wirtschaftspolitische Chronik, 26, S. 23–50.
SCHULTZ, TH. W. (1961), Investment in human capital, in: American Economic Review, 51, S. 1–17.
SCHULTZ, TH. W. (1963), The economic value of education, New York (Columbia University) 1963.

SCHULTZE, CH. L. (1959), Recent inflation in the United States, Study Paper No. 1, Washington (Joint Economic Committee) 1959.

SCHULTZE, CH. L. (1960), Creeping inflation – causes and consequences, in: Business Horinzons, 3, S. 65–77.

SCHUMANN, J. (1968), Input-Output-Analyse, Berlin (Springer) 1968.

SCHUMANN, J. (1977), Außenhandel III: Wohlfahrtseffekte, in: W. ALBERS; u. a., Hg. (1977 ff), S. 403–426.

SCHUMPETER, J. A. (1911), Theorie der wirtschaftlichen Entwicklung, 6. A., Berlin (Duncker & Humblot) 1964.

SCHWARTZ, A. (1973), Secular price change in historical perspective, in: Journal of Money, Credit and Banking, 5, S. 243–269.

SCHWARZ, B. (1974), Inflation (Deflation) in zentral geleiteten Volkswirtschaften – dargestellt am Beispiel Polens, in: C. WATRIN, Hg. (1974), S. 121–161.

SCOTT, A. D. (1964), The economic goals of federal finance, in: Public Finance, 19, S. 241–288.

SEN, A. (1973), On economic inequality, Oxford (Clarendon) 1973.

SENF, P. (1977), Kurzfristige Haushaltsplanung, in: F. NEUMARK, Hg. (1977, 1), S. 371–425.

SEVERIN, J. (1972), Sinn und Unsinn in den Auseinandersetzungen um die Lohnquote, in: K. BOLZ, Hg. (1972), S. 19–49.

SHERMAN, H. J. (1976), Stagflation: A radical theory of unemployment and inflation, New York (Harper & Row) 1976.

SHOUP, C. S. (1969), Public finance, Chicago (Aldine) 1969.

SIEBERT, H. (1977), Außenhandelstheorie, 2. A., Stuttgart (Fischer) 1977.

SIEBKE, J. (1972), Der Zusammenhang zwischen Preisniveauentwicklung und Beschäftigungsgrad: Die Phillips-Kurve, in: Jahrbuch für Sozialwissenschaft, 23, S. 289–300.

SIEBKE, J. (1975), Die Berücksichtigung der Budgetbeschränkung des Staates in dem Keynesianischen Makrosystem, in: Wirtschaftsstudium, S. 490–493, S. 528–540.

SIEBKE, J.; M. WILLMS (1974), Theorie der Geldpolitik, Heidelberg (Springer) 1974.

SIEBKE, J.; M. WILLMS (1975), Geldpolitik und Vermögenseffekte, in: S. KLATT; M. WILLMS, Hg. (1975), S. 323–340.

ŠIK, O. (1967), Plan und Markt im Sozialismus, Wien (Molden) 1967.

ŠIK, O. (1971), Demokratische und sozialistische Markt- und Planwirtschaft, Zürich (Die Arche) 1971.

ŠIK, O. (1972), Der Dritte Weg. Die marxistisch-leninistische Theorie und die moderne Industriegesellschaft, Hamburg (Hoffmann & Campe) 1972.

SILBER, W. L. (1970), Fiscal policy in IS-LM-analysis. A correction, in: Journal of Money, Credit, and Banking, 2, S. 461–472.

SLUTZKY, E. (1937), The summation of random causes as the source of cyclic processes, in: Econometrica, 5, S. 105–146.

SMITH, A. (1776), An inquiry into the nature and causes of the wealth of nations, 5. A., 3 Bde., (Strahan & Cade II) 1789; deutsch: Der Wohlstand der Nationen. Eine Untersuchung seiner Natur und seiner Ursachen, München (Beck) 1974.

SMITH, W. L. (1969), A neo-keynesian view of monetary policy, in: FEDERAL RESERVE BANK OF BOSTON, Hg. (1969), S. 105–126; deutsch: Geldpolitik aus neo-keynesianischer Sicht, in: P. KALMBACH, Hg. (1973), S. 104–129.

SNYDER, C. (1937), The pareto curve and its significance for our time, in: Report of the Third Annual Research Conference on Economics and Statistics, Cowles Commission for Research in Economics, Colorado Springs, S. 60–62.

SOHNS, R. (1976), Theorie der internationalen Arbeitsteilung, Stuttgart (Fischer) 1976.

SOLOW, R. M. (1956), A contribution to the theory of economic growth, in: Quarterly Journal of Economics, 70, S. 65–94; wieder abgedruckt in: J. E. STIGLITZ; H. UZAWA (1969), S. 58–87, deutsch: Ein Beitrag zur Theorie des wirtschaftlichen Wachstums, in: H. KÖNIG, Hg. (1968), S. 67–96.

SOLOW, R. M. (1960), Investment and technical progress, in: K. J. ARROW; u. a. (1960), S. 89–104; wieder abgedruckt in: J. E. STIGLITZ; H. UZAWA, Hg. (1969), S. 156–171.

SOLOW, R. M. (1962), Comment on the golden rule, in: Review of Economic Studies, 29, S. 255–257; wieder abgedruckt in: J. E. STIGLITZ; H. UZAWA, Hg. (1969), S. 446–448.

SOLOW, R. M. (1969), Price expectations and the behavior of the price level, Manchester (University) 1969.

SOLOW, R. M. (1971), Wachstumstheorie, Göttingen (Vandenhoeck & Ruprecht) 1971.

SOLTERER, J. (1958), Freiheit und Gesetz in der Einkommensverteilung, in: ORDO, 10, S. 271–289.

SPIETHOFF, A. (1955), Die wirtschaftlichen Wechsellagen. Aufschwung, Krise, Stokkung, Tübingen (Mohr) 1955.

STADLBAUER, J. (1977), Die Messung der realen Einkommens- und Vermögensverteilung, Köln (Bund) 1977.

STALIN, J. W. (1952), Ekonomiçeskie problemy socializma v SSR, Moskau 1952; deutsch: Ökonomische Probleme des Sozialismus in der UdSSR, Berlin (O) (Dietz) 1953.

STATISTICAL OFFICE OF THE UNITED NATIONS, Yearbook of National Accounts Statistics, New York (United Nations) lfde. Jge.

STATISTISCHES AMT DER EUROPÄISCHEN GEMEINSCHAFTEN, Volkswirtschaftliche Gesamtrechnungen – ESVG, Luxemburg lfde. Jge.

STATISTISCHES BUNDESAMT, Statistisches Jahrbuch für die Bundesrepublik Deutschland, Stuttgart (Kohlhammer) lfde. Jge.

STATISTISCHES BUNDESAMT, Volkswirtschaftliche Gesamtrechnung, Fachserie 18, Reihe 1, Stuttgart (Kohlhammer) lfde. Jge.

STATISTISCHES BUNDESAMT, Wirtschaft und Statistik, Stuttgart (Kohlhammer) lfde. Jge.

STAVENHAGEN, G. (1957), Geschichte der Wirtschaftstheorie, 4. A., Göttingen (Vandenhoeck & Ruprecht) 1969.

STEIN, J. L. (1961), Destabilizing speculation activity can be profitable, in: Review of Economics and Statistics, 43, S. 301–302.

STEINHERR, A.; J. RUNGE (1978), The evolution of West Germany's structure of foreign trade from 1962 to 1972, in: Zeitschrift für die gesamte Staatswissenschaft, 134, S. 301–326.

STEINMANN, G. (1979), Inflationstheorie, Paderborn (Schöningh) 1979.

STERN, R. M. (1962), Britisch and American productivity and comparative costs in international trade, in: Oxford Economic Papers, 14, S. 275–296.

STERN, R. M. (1973, 1), The balance of payments. Theory and economic policy, London (Macmillan) 1973.

STERN, R. M. (1973, 2), Tariffs and other measures of trade control: A survey of recent developments, in: Journal of Economic Literature, 11, S. 857–888.

STERN, R. M. (1976), Some evidence on the factor content of West Germany's foreign trade, in: Journal of Political Economy, 84, S. 131–142.

STIGLER, G. J.; J. K. KINDAHL (1970), The behavior of industrial prices, New York (Columbia University) 1970.

STIGLITZ, J. E.; H. UZAWA (1969), Hg., Readings in the modern theory of economic growth, Cambridge u. a. (M. I. T.) 1969.

STOBAUGH, R. B. (1972), The neotechnology account of international trade: The case of petrochemicals, in: L. T. WELLS, Hg. (1972), S. 83–105.
STOBBE, A. (1966), Volkswirtschaftslehre I. Volkswirtschaftliches Rechnungswesen, 4. A., Berlin (Springer) 1976.
STOLPER, W.; K. ROSKAMP (1961), Input-output table for East Germany with applications to foreign trade, in: Bulletin of the Oxford Institute of Statistics, 23, S. 379–392.
STREETEN, P. (1962), Wages, prices and productivity, in: Kyklos, 15, S. 723–731.
STREISSLER, E. (1973), Die schleichende Inflation als Phänomen der politischen Ökonomie, Zürich (Schultheiss) 1973.
STREISSLER, E.; u. a. (1976), Zur Relativierung des Zieles der Geldwertstabilität, Göttingen (Schwartz) 1976.
STRIGEL, W. H. (1972), Konjunkturindikatoren aus qualitativen Daten, IFO-Studien, 18., S. 185–214.
STRÖBELE, W. (1979), Inflation. Einführung in Theorie und Politik, München (Oldenbourg) 1979.
STÜTZEL, W. (1960), Ist die schleichende Inflation durch monetäre Maßnahmen zu beeinflussen?, in: Beihefte zur Konjunkturpolitik, H. 7, Berlin (Duncker & Humblot) 1960, S. 10–43.
SWAN, T. W. (1956), Economic growth and capital accumulation, in: Economic Record, 32, S. 334–361; wieder abgedruckt in: J. E. STIGLITZ; H. UZAWA (1969), S. 88–115.
SWOBODA, A. K. (1977), Monetary approaches to worldwide inflation, in: L. B. KRAUSE; W. S. SALANT (1977), S. 9–62.

TATEMOTO, M.; S. ICHIMURA (1969), Factor proportions and foreign trade – the case of Japan, in: Review of Economics and Statistics, 41, S. 442–446.
TATOM, J. A. (1976), The welfare cost of inflation, in: Federal Reserve Bank of St. Louis Review, 58, S. 9–22.
TELSER, L. G. (1959), A theory of speculation relating profitability and stability, in: Review of Economics and Statistics, 41, S. 295–302.
THIEME, H. J. (1972), Geld- und fiskalpolitische Prozeßsteuerung in der Marktwirtschaft – Alternative Stabilisierungskonzepte?, in: D. CASSEL; G. GUTMANN; H. J. THIEME, Hg. (1972), S. 230–250.
THIEME, H. J. (1974, 1), Wirtschaftspolitik in der sozialen Marktwirtschaft, 2. A., Bad Harzburg (Wissenschaft, Wirtschaft und Technik) 1976.
THIEME, H. J. (1974, 2), Ansatzpunkte zu einer Theorie der Inflationsbekämpfung, in: WISU, Wirtschaftsstudium, 3, S. 531–535.
THIEME, H. J. (1977), Makroökonomische Instabilitäten – Erscheinungsformen, Ursachen und Konzepte ihrer Bekämpfung, in: H. HAMEL, Hg. (1977), S. 212–283.
THIEME, H. J. (1978), Inflation in westlichen Marktwirtschaften und östlichen Planwirtschaften, in: List Forum, 9, S. 290–309.
THIEME, H. J. (1979, 1), Hg., Gesamtwirtschaftliche Instabilitäten im Systemvergleich, Stuttgart (Fischer) 1979.
THIEME, H. J. (1979, 2), Probleme der Definition und Messung von Inflation im System zentraler Planung, in: K.-E. SCHENK, Hg., Lenkungsprobleme und Inflation in Planwirtschaften, Berlin (Duncker & Humblot) 1980, S. 45–70.
THORNTON, J. (1976), Hg., Economic analysis of the soviet-type system, Cambridge (University) 1976.
THORP, W. L.; E. QUANDT (1959), The new inflation, New York (McGraw-Hill) 1959.
TICHY, G. J. (1976), Konjunkturschwankungen. Theorie, Messung, Prognose, Berlin (Springer) 1976.

TIEBOUT, CH. M. (1956), A pure theory of local expenditures, in: Journal of Political Economy, 64, S. 416–424.
TIEBOUT, CH. M. (1961), An economic theory of fiscal decentralization, in: NATIONAL BUREAU OF ECONOMIC RESEARCH, Hg. (1961), S. 79–96.
TIMM, H. (1961), Das Gesetz der wachsenden Staatsausgaben, in: Finanzarchiv, N. F., 21, S. 201–247.
TIMM, H.; H. HALLER (1967), Hg., Beiträge zur Theorie der öffentlichen Ausgaben, Berlin (Duncker & Humblot) 1967.
TINBERGEN, J. (1956), On the theory of income distribution, in: Weltwirtschaftliches Archiv, 77, S. 155–175.
TINBERGEN, J. (1973), Actual, feasible and optimal income inequality in a three-level education model, in: The Annals of the American Academy of Political and Social Science, Philadelphia 1973.
TINBERGEN, J. (1975), Income distribution, analysis and policies, Amsterdam (North-Holland) 1975.
TINBERGEN, J. (1978), Equitable distribution: Definition, measurement, feasibility, in: W. KRELLE; A. F. SHORROCKS, Hg. (1978), S. 35–50.
TOBIN, J. (1956), The interest-elasticity of transactions demand for cash, in: Review of Economics and Statistics, 38, S. 241–247; deutsch: Die Zinselastizität der Nachfrage nach Transaktionskasse, in: K. BRUNNER; H. G. MONISSEN; M. J. M. NEUMANN, Hg. (1974), S. 91–102.
TOBIN, J. (1958), Liquidity preference as behavior towards risk, in: Review of Economic Studies, 25, S. 65–86.
TOBIN, J. (1961), Money, capital and other stores of value, in: American Economic Review, 51, S. 26–37.
TOBIN, J. (1963, 1), An essay on the principles of debt management, in: COMMISSION ON MONEY AND CREDIT, Hg. (1963), S. 143–218; deutsch: Grundsätze der Geld- und Staatsschuldenpolitik, Baden-Baden (Nomos) 1978.
TOBIN, J. (1963, 2), Commercial banks as creators of „money", in: D. CARSON, Hg. (1963), S. 408–417; deutsch: Geschäftsbanken als „Geld"-Schöpfer, in: K. BRUNNER; H. G. MONISSEN; M. J. M. NEUMANN, Hg. (1974), S. 104–113.
TOBIN, J. (1965), The theory of portfolio selection, in: F. HAHN; F. P. R. BRECHLING, Hg. (1965) S. 3–51.
TOBIN, J. (1969, 1), A general equilibrium approach to monetary theory, in: Journal of Money, Credit and Banking, 1, S. 15–29; deutsch: Ein allgemeiner Gleichgewichtsansatz zur Geldtheorie, in: K. BRUNNER; H. G. MONISSEN; M. J. M. NEUMANN, Hg. (1974), S. 219–234.
TOBIN, J. (1969, 2), Monetary semantics, in: K. BRUNNER; A. H. MELTZER, Hg. (1969), S. 165–174.
TOBIN, J. (1972), Inflation and unemployment, in: American Economic Review, 62, S. 1–18.
TREVITHICK, J. A.; C. MULVEY (1975), The economics of inflation, 3. A., London (Robertson) 1978.
TRIPLETT, J. E. (1975), The measurement of inflation: A survey of research on the accuracy of price indexes, in: P. H. EARL, Hg. (1975), S. 19–82.
TURVEY, R. (1951), Some aspects of the theory of inflation in a closed economy, in: Economic Journal, 61, S. 531–543.
TYSON, L. D. (1977), The Yugoslav inflation: Some competing hypotheses, in: Journal of Comparative Economics, 1, S. 113–146.

UZAWA, H. (1961), Neutral inventions and the stability of growth equilibrium, in: Review of Economic Studies, 28, S. 117–124; wieder abgedruckt in: J. E. STIGLITZ; H. UZAWA, Hg. (1969), S. 137–144.

Uzawa, H. (1963), On a two-sector model of economic growth II, in: Review of Economic Studies, 30, S. 105–118; wieder abgedruckt in: J. E. Stiglitz; H. Uzawa, Hg. (1969), S. 411–424.

Vanek, J. (1972), The general theory of labor-managed economies, Ithaca, N. Y. (Cornell University) 1972.
Vanek, J. (1975), Marktwirtschaft und Arbeiterselbstverwaltung, Frankfurt a. M. (Campus) 1975.
Vaubel, R. (1972), Die Pläne für eine europäische Parallelwährung, in: Die Weltwirtschaft, 2, S. 136–153.
Vaubel, R. (1976, 1), Real exchange-rate changes in the European Community: The empirical evidence and its implications for european currency unification, in: Weltwirtschaftliches Archiv, 112, S. 429–470.
Vaubel, R. (1976, 2) Freier Wettbewerb zwischen Währungen?, in: Wirtschaftsdienst, 56, S. 422–428.
Vaubel, R. (1978), Strategies for currency unification, Kieler Studien, 156, Tübingen (Mohr) 1978.
Vernon, R. (1966), International investment and international trade in the product cycle, in: Quarterly Journal of Economics, 80, S. 190–207.
Vernon, R. (1970), Hg., The technology factor in international trade, New York (Columbia) 1970.
Viner, J. (1950), The customs union, Issue, New York (Stevens) 1950.
Vogt, W. (1968), Theorie des wirtschaftlichen Wachstums, Berlin (Vahlen) 1968.

Wagener, H.-J. (1979), Zur Analyse von Wirtschaftssystemen. Eine Einführung, Berlin (Springer) 1979.
Wagner, A. (1876), Grundlegung der politischen Oekonomie, Theil I: Grundlagen der Volkswirtschaft, 2. Halbband, 3. A., Leipzig (Winter) 1893.
Wagner, A. (1880), Lehrbuch der politischen Oekonomie, Bd. 6: Finanzwissenschaft, Teil 2: Theorie der Besteuerung. Gebührenlehre und allgemeine Steuerlehre, 2. A., Leipzig (Winter) 1890.
Wagner, A. (1972), Die Wachstumszyklen in der Bundesrepublik Deutschland. Eine komparativ-dynamische Komponentenanalyse für die Jahre 1951–1970, Tübingen (Mohr) 1972.
Wagner, U. (1977), Inflation im Sozialismus, Erscheinungsformen und Ursachen, in: G. Eisermann; u. a., Hg. (1977), S. 72–91.
Walter, N. (1972), Europäische Währungsintegration, Kartell-Lösung versus Eurowährung, in: Die Weltwirtschaft, 1, S. 41–51.
Walters, A. A. (1971), Consistent expectations, distributed lags and the quantity theory, in: Economic Journal, 81, S. 273–281.
Ward, B. N. (1958), The firm in Illyria: Market syndicalism, in: American Economic Review, 48, S. 566–589.
Watrin, C. (1974), Hg., Struktur- und stabilitätspolitische Probleme in alternativen Wirtschaftssystemen, Berlin (Duncker & Humblot) 1974.
Weber, M. (1920), Die protestantische Ethik und der Geist des Kapitalismus, Tübingen (Mohr) 1934.
Weber, W. (1967), Hg., Konjunktur- und Beschäftigungstheorie, 2. A., Köln u. a. (Kiepenheuer & Witsch) 1969.
Weintraub, S. (1959), Forecasting the price level, income distribution, and economic growth, Philadelphia (Chilton) 1959.

WEINTRAUB, S. (1977), Modern economic thought, Philadelphia (University) 1977.

WEIZSÄCKER, C. C. VON (1962), Wachstum, Zins und optimale Investitionsquote, Tübingen (Mohr) 1962.

WELLS, L. T. (1972), Hg., The product life cycle and international trade, Boston (Division of Research) 1972.

WENIG, A. (1975), Beschäftigungsschwankungen, Einkommensverteilung und Inflation, in: Zeitschrift für die gesamte Staatswissenschaft, 131, S. 1–42.

WESTPHAL, U. (1968), Die importierte Inflation bei festem und flexiblem Wechselkurs, Tübingen (Mohr) 1968.

WHALEN, E. L. (1966), A rationalization of the precautionary demand for cash, in: Quarterly Journal of Economics, 80, S. 314–324.

WICKSELL, K. (1896), Finanztheoretische Untersuchungen nebst Darstellung und Kritik des Steuersystems Schwedens, Jena (Fischer) 1896.

WICKSELL, K. (1898), Geldzins und Güterpreise, Jena (Fischer) 1898.

WICKSTEED, P. H. (1894), An essay on the coordination of the laws of distribution, London 1932.

WIENERS, K. (1969), Geldpolitik und Wirtschaftswachstum, Freiburg (Rombach) 1969.

WILCZYNSKI, J. (1978), Comparative monetary economics, London (Macmillan) 1978.

WILLEKE, F.-U. (1975), Marktmacht und Inflation, in: TH. PÜTZ, Hg. (1975), S. 9–73.

WILLETT, TH.; R. SWEENEY (1976), The international transmission of inflation: Mechanisms, issues and evidence, in: M. FRATIANNI; K. TAVERNIER, Hg. (1976), S. 441–517.

WILLGERODT, H.; u. a. (1972), Wege und Irrwege zur europäischen Währungsunion, Freiburg (Rombach) 1972.

WILLIAMSON, J.; A. BOTTRILL (1971), The impact of customs unions on trade in manufactures, in: Oxford Economic Papers, 23, S. 323–351.

WILLMS, M. (1972), Grundprobleme der europäischen Währungsintegration, in: Weltwirtschaftliches Archiv, 108, S. 43*–50*.

WILLMS, M. (1976), Die ökonomische Bedeutung der Devisenreserven der Zentralbanken, in: Wirtschaftsdienst, 56, S. 306–309.

WILLMS, M. (1977, 1), Der monetäre Zahlungsbilanzanpassungsprozeß in einem ökonometrischen Modell für die Bundesrepublik Deutschland, in: Zeitschrift für Nationalökonomie, 37, S. 83–108.

WILLMS, M. (1977, 2), Die Determinanten des Wechselkurses, in: WISU, Wirtschaftsstudium, 8, S. 462–469.

WISSENSCHAFTLICHER BEIRAT BEIM BUNDESMINISTERIUM DER FINANZEN (1976), Gutachten zur Aussagefähigkeit staatswirtschaftlicher Quoten, in: Bulletin des Presse- und Informationsamtes der Bundesregierung, Nr. 90, S. 849–862.

WISSENSCHAFTLICHER BEIRAT BEIM BUNDESMINISTERIUM DER FINANZEN (1979), Gutachten zur Schuldenstrukturpolitik des Staates, Bonn (Stollfuss) 1979.

WISSENSCHAFTLICHER BEIRAT BEIM BUNDESMINISTERIUM DER FINANZEN (1980), Gutachten zum Begriff der öffentlichen Investitionen, erscheint demnächst.

WOLL, A. (1969), Die Theorie der Geldnachfrage, in: Zeitschrift für die gesamte Staatswissenschaft, 125, S. 56–81.

WOLL, A. (1975), Das Phillips-Theorem. Eine empirische Studie zum Zielkonflikt zwischen Vollbeschäftigung und Preisniveaustabilität in der Bundesrepublik Deutschland, 1952–1972, in: TH. PÜTZ, Hg. (1975), S. 101–174.

WOLL, A. (1979), Hg., Inflation. Definitionen, Ursachen, Wirkungen und Bekämpfungsmöglichkeiten, München (Vahlen) 1979.

WOLL, A.; G. VOGL (1976), Geldpolitik, Stuttgart (Fischer) 1976.

WOLTER, F. (1977), Factor proportions, technology and West German industry's international trade patterns, in: Weltwirtschaftliches Archiv, 113, S. 250–267.

WÜRGLER, H. (1973), Inflation als Machtproblem, in: H. K. SCHNEIDER; C. WATRIN, Hg. (1973), S. 697–720.

ZAPF, W. (1972), Zur Messung der Lebensqualität, in: Zeitschrift für Soziologie, 1, 1972, S. 353–376.

ZAPF, W. (1974), Hg., Soziale Indikatoren, Konzepte und Forschungsansätze, Bde. I, II, Frankfurt (Herder) 1974.

ZAPF, W. (1975), Hg., Soziale Indikatoren, Konzepte und Forschungsansätze, Bd. III, Frankfurt (Campus) 1975.

ZAPF, W. (1976), Sozialberichterstattung: Möglichkeiten und Probleme, Göttingen (Schwartz) 1976.

ZAUBERMAN, A. (1951), Gold in Soviet economic theory and policies, in: American Economic Review, 41, S. 879–890.

ZAWADSKI, K. K. F. (1965), The economics of inflationary process, London (Weidenfeld and Nicolson) 1965.

ZIERCKE, M. (1970), Die redistributiven Wirkungen von Inflationen, Göttingen (Vandenhoeck & Ruprecht) 1970.

ZIMMERMANN, H.; K.-D. HENKE (1975), Einführung in die Finanzwissenschaft, 2. A., München (Vahlen) 1978.

ZOHLNHÖFER, W. (1975), Eine politische Theorie der schleichenden Inflation, in: H. K. SCHNEIDER; W. WITTMANN; A. WÜRGLER, Hg. (1975), S. 534–553.

Stichwortverzeichnis

Ablaufpolitik, monetäre 179, 182 ff.
Absorptionsansatz 202
Abwertung 146, 152
adding-up problem, s. Aufsummierungsproblem
Äquivalenzprinzip 457 f., 484 f.
Aktivität, ökonomische 51 f., 55 f., 63 f.
Akzelerator, Zusammenwirken von Multiplikator und 287 ff.
Akzeleratorprinzip 99
Allokation 421, 427 f., 444, 460 f., 473 ff.
Analyse, komperativ-dynamische 318
Angebot, gesamtwirtschaftliches 77 ff., 88, 126, 136, 138
Angebotsdruck
– autonomer 240, 246 ff., 256, 258, 262
– erwartungsinduzierter 253, 255 f., 264
– verteilungskampfinduzierter 250 ff., 262, 264
Angebotsdrucktheorie 235, 246 ff., 266 f.
Angebotsfunktion, gesamtwirtschaftliche 127, 132
Anpassungsflexibilität 4, 11, 25 f., 33 f., 38 f., 44
Arbeiterrentabilität 43 f.
Arbeiterselbstverwaltung 41 ff.
Arbeitsangebot 76, 129 f., 138
Arbeitslosenquote 237 f., 239 ff., 245 f.
– natürliche 240, 245 f., 249 f., 259, 263 ff.
– tatsächliche 237 f., 239 ff., 245 f., 249 f., 259, 263 ff.
Arbeitslosigkeit 77, 127, 139
– freiwillige 129
– friktionelle 129 f.
– natürliche 130 f.
– strukturelle 129 f.
Arbeitsmarkt 76, 125 ff., 131, 134, 136, 138, 142
Arbeitsproduktivität 349 f., 358
– Änderungsrate 237, 239 f., 248
Arbeitsteilung 3 f., 6, 8
Arbeitsvermögen 345, 361 ff.
Arbeitswertlehre, Marxsche 34
Arbitrage 208 ff.
Aufgaben, öffentliche, Verteilung 473 ff., 479 f.
Aufsummierungsproblem 349
Aufwertung 143, 146 f., 151 f.
Ausgaben, öffentliche 422, 438 ff.
– Entwicklung 445 ff.

– Planung 449 ff.
Außenhandel
– Gewinne aus 373, 381
– intersektoraler 371 ff., 397, 399
– intrasektoraler 374 ff., 397, 399

Bargeld 100 f., 159, 163, 170 f., 173 f.
Bargeldhaltung 35 f., 39
Bedürfnisse 3, 5 f., 10, 13, 17, 31
Beschäftigungsmenge 75 f., 125 ff., 129, 132, 134 ff., 138, 142
Besteuerung
– Grundsätze 457 ff.
– optimale 461
– Probleme 454 ff.
– Ziele 453
Betrieb, Volkseigener (VEB) 29 ff.
Bilanzierung, naturale und monetäre 31 ff.
Bonds (festverzinsliche Wertpapiere, verzinsliche Staatsschuld) 102, 104 f., 113, 116, 118, 136, 166 ff., 173, 175, 178, 188 f.
Boom, s. Konjunkturzyklus
Bretton-Woods-System 217 f., 261
Bruttoeinkommensprinzip 19, 42 ff.
Bruttoinlandsprodukt 63 f., 69
Bruttoproduktionswert 63, 68 f.
Bruttosozialprodukt 60 ff.
– zeitliche Entwicklung 277, 305
Budget, s. Haushalt, öffentlicher
Budgetdefizit 113 ff., 452, 487
Budgetpolitik 486
Budgetumfang 432 f.

Cambridge-Gleichung 240
Cambridge-Schule 164
ceiling, s. Oberschranke der konjunkturellen Entwicklung 289 ff.
CES-Produktionsfunktion, s. Produktionsfunktion
clay-clay-Modell, s. Jahrgangskapitalmodell
Cobb-Douglas-Produktionsfunktion, s. Produktionsfunktion, linear-homogen
Crowding-out-Effekt 117 ff., 122, 124 f., 149, 442, 487

debt management 469
deficit spending 487
Deflation 179
– Definition 225
Deflatoren der volkswirtschaftlichen Gesamtrechnung 228 ff.

Depression, s. Konjunkturzyklus
Devisen 148 f.
Devisenbilanz 142, 144 ff., 152, 197 ff., 205 f.
Devisenmarkt 145, 149 f., 197, 199 f., 205, 207 ff.
Dienstleistungsbilanz 193 ff.
Differentialrente 347
disincentive-effect 467, 491
Diskontstaffel 190
displacement effect 447
Disproportionen, gesamtwirtschaftliche 28, 35 f., 39, 45 f.
Distribution 435 f., 442 f., 475
Dreiecksarbitrage, s. Arbitrage

economies of scale, s. Skaleneffekte
Effekte, externe 427, 429, 442, 444, 450 f., 474 f., 478, 492
EG-Agrarmarktordnung 407, 409, 417
Eigentumsformen 7 f., 12 f., 24 ff., 41 ff.
Eigentumsrechte, Theorie (Property Rights) 8
Einkommen, gesamtwirtschaftliches, s. Sozialprodukt
Einkommen, reales 126, 128, 132, 136
Einkommenseffekt 112, 126, 128
Einkommenselastizität der Exporte 369
Einkommenshypothese
– absolute 81
– Lebenszeit- 95
– permanente 95 f.
– relative 94 f.
Einkommenskonto 54, 57 ff.
Einkommenspolitik 138 f.
Einkommensteuer, negative 494
Einkommensverteilung 63 ff.
– funktionelle 335 f., 338 ff., 346 ff.
– personelle 337 f., 343 ff., 361 ff.
Einnahmen, öffentliche 422 ff., 452 ff.
– Verteilung 475 ff., 480 f.
Elastizitätsansatz 201 f.
Endnachfrage 63 f., 68
Entscheidungstheorie 5, 10 ff.
Erfolgsindikator 15 f., 18 f., 25, 34 ff., 40, 42
Ergebnisrechnung 18 f., 33 ff., 42 f.
Ersparnis 57 ff., 60 ff., 75, 81 f., 85 f., 88 ff., 96, 106, 144
Erwartungen 81, 97 f., 101 f.
Erwartungsbildung 252 ff., 266
Erwartungstheorie 13, 17 ff., 24
EWG 375, 417
Ex-ante-Analyse 86
Ex-post-Analyse 86
excess burden 460
Export 142 ff., 150, 152
Exportsubvention 409, 415

Faktorpreisausgleichs-Theorem 392
Faktorproportionen-Theorem 389 ff.
Finanzausgleich
– internationaler 482 ff.
– nationaler 479 ff.
– Ziele und Systeme 472 ff.
Finanzbedarf 472, 478 f.
Finanzen, öffentliche 419 ff.
Finanzgewalten, intermediäre 423
Finanzierungskonto 59, 64
Finanzkraft 472, 478 f.
Finanzmarkttheorie 211 f.
Finanzplan 449 f.
Finanzpolitik (s. a. Fiskalpolitik) 422, 485 ff.
– als Konjunkturpolitik 436 f., 443 ff., 470, 475, 486 ff.
– als Verteilungspolitik 435 f., 443 ff., 451, 467, 470 f., 492 ff.
– als Wachstumspolitik 437, 443 ff., 467, 490 ff.
– Instrumente 438 ff., 452 ff.
Finanzstatistik 423 ff.
Finanztheorie 422
Fiskalpolitik (s. a. Finanzpolitik) 72, 109 ff., 114, 116 f., 120, 122 f., 131 f., 134 ff., 138, 140, 144, 147 ff., 486 ff.
floor, s. Unterschranke der konjunkturellen Entwicklung 289 ff.
Föhlsches Steuerparadoxon 465 f.
Fortschritt
– neutraler technischer 353
– technischer 161, 348, 352 f.
– technischer, Arten 314 ff.
free rider, s. Trittbrettfahrer
Freihandel 370 ff., 380, 411, 413, 417
Freihandelszone 370, 417
Friedman-Phelps-Hypothese 264
Fundamentalpsychologisches Gesetz 82 f.
Funktionalprinzip 439 f.

GATT 412, 416
Geld, Formen und Arten 157 ff., 170
Geldangebot (Geldschöpfung) 76, 100, 104 ff., 111, 114, 117, 132 ff., 136, 142, 145, 148, 157, 170 ff., 179 ff., 185, 187 ff.
Geldbasis (Zentralbankgeldmenge) 100 f., 113, 145, 167, 170 ff., 176 ff., 184 f., 187 ff.
Geldbasiskonzept 172, 185 f.
Geldbegriff 158 ff., 162
Geldfunktionen 157 ff., 162 ff.
Geldhaltung, s. Kassenhaltung
Geldillusion 101, 129, 168
Geldmarkt 76, 100 ff., 109, 111, 116, 125, 131 f., 134 ff., 142, 145, 169, 175 ff., 184
Geldmenge (Geldvolumen, Geldaggregate) 77, 100 f., 102, 104, 108, 111, 113 ff., 122,

136, 140, 145, 147, 149 f., 157, 162 ff., 170, 175 ff., 179 ff., 185 ff., 189 f.
– Definition 162 f., 172
Geldnachfrage 76, 100 ff., 108 f., 116, 118, 120, 124, 137 f., 157, 160, 163 ff., 170, 173, 175 ff., 182, 186 f., 190
– reale 101, 133
Geldpolitik 77, 111 ff., 116, 120, 122 ff., 131 f., 134 ff., 138, 140, 147 ff., 152, 179 ff., 187 ff.
– diskretionäre 184, 187
– Instrumente 182 ff., 188 ff.
– regelgebundene 185 f.
– Träger 179
– Ziele 182 ff.
Geld- und Finanzsystem 12, 27, 35 f., 44 ff.
Geldversorgung
– Komponenten 171
– optimale 179 ff.
– Steuerung 179, 182 ff.
Geldverwendung 157 ff., 189
Geldwert 159, 162, 166, 168, 180 ff., 185, 187, 226, 271
Gesamtrechnung, volkswirtschaftliche 63 ff.
Gewinndruck 235, 239 f., 247, 251
Gewinnmaximierungshypothese, s. Gewinnprinzip
Gewinnprinzip 13, 18 ff., 40
Gewinnquote 335, 356 f.
GIBRAT-Verteilung 359 f.
GINI-Konzentrationsmaß 343 f.
Gleichbehandlung, steuerliche 459 f.
Gleichgewicht
– Arbeitsmarkt– 126, 129 ff., 138
– außenwirtschaftliches (externes) (s. a. Zahlungsbilanzgleichgewicht) 146 ff.
– dynamisches 312 f.
– Eindeutigkeit eines dynamischen 313
– Existenz eines dynamischen 313
– Stabilität eines dynamischen 313
– Geldmarkt– 100, 104 f., 107, 109, 111, 147 f.
– gesamtwirtschaftliches 76 ff., 100, 105 f., 108 ff., 134, 138, 147 f., 150
– Gütermarkt– 84, 106 ff., 111, 143 f., 150, 152, 178 f., 186
– inflatorisches 241, 255 ff., 259, 261
– monetäres 176 f., 186
– Stabilität 86, 127, 139
– Unterbeschäftigungs– 77, 127, 137 ff.
– Vollbeschäftigungs– 77, 129, 134 f., 138 f., 150
– Zahlungsbilanz– 145 f., 148, 150, 152, 198
Gleichgewichtsbedingung 80, 83, 91, 104, 134
Gleichgewichtseinkommen 81, 86 ff., 105, 111, 118, 122, 132 ff., 152

Goldene Regel der Akkumulation 317 f.
Grenzleistungsfähigkeit der Investition 97
Grenzleistungsfähigkeit des Kapitals 168, 176, 187
Grenzproduktivität 99
Grenzproduktivitätstheorie 349 ff., 357 ff.
GRESHAMsches Gesetz 219
Grundbilanz 198 f.
Grundorganisation der vereinten Arbeit (GOVA) 42 f.
Güter
– demeritorische 431
– meritorische 431 ff., 444, 458, 474
– öffentliche 5, 22 ff., 27, 429 ff., 448
– private 430, 448
– spezifisch öffentliche 429 ff.
Güterangebot 79, 84, 108, 125
Güterarbitrage, s. Arbitrage
Güterknappheit 3 f., 6, 11 ff., 21, 31, 38
Gütermarkt 76, 88, 91, 105 f., 108, 111, 125, 131 f., 134 ff., 142, 145, 175 f., 182, 184 ff.
Güternachfrage 79, 84, 108, 116 f., 122 f.

HAAVELMO-Theorem 94, 109, 487
Handelsbilanz 195 ff., 200
Handelspräferenzen, s. Zollpräferenzen
HARVARD-Barometer 281 f.
Haushalt
– konjunkturneutraler 487
– öffentlicher 51, 56 ff., 63 f., 424, 449 f.
– privater 52, 56 ff., 63 f.
Haushaltsplan 422 ff., 449 f.
Haushalts- und Unternehmenstheorie, neoklassische 8, 17 f., 20 f.
Hebel, ökonomischer 37
human capital, s. Arbeitsvermögen

Import 142 ff., 151 f.
Import, Kapital- 145 f.
Importquote, marginale 144
incentive-effect 467
Indikatoren
– monetäre 184 f., 187
– soziale 305
Inflation
– akzelerierte 181, 232 ff., 252, 258, 263 f.
– Allokationseffekte 265 ff.
– Beschäftigungseffekte 263 ff.
– Definition 225 ff.
– dezelerierte 232 ff., 258, 264
– Einkommenseffekte 263 ff.
– Erscheinungsform 227
– galoppierende 232, 234
– gemischte 227, 231, 234
– Geschwindigkeit 179, 232
– gestoppte 226, 227
– heimische 231 f., 234

– Hyper- 187 f., 232, 234, 262
– importierte 242 f.
– Kassenhaltungs- 227, 229, 231 ff., 234
– Kosten und Nutzen 263
– Messung 227 ff.
– offene 234
– Preis- 227 ff.
– schleichende 232, 234, 262
– stabilisierte 232 ff., 238, 258 f., 264 f.
– steady-state- 233 f., 241
– trabende 232, 234, 262
– Umverteilungseffekte 268 ff.
– unvollständig antizipierte 233 f., 244, 253
– versteckte (verdeckte) 226, 230, 234
– vollständig antizipierte 233 f., 244, 253, 264 f., 267, 269
– Wachstumseffekte 265 ff.
– Wohlfahrtskosten 267 f.
– zurückgestaute 226 f.
Inflationsantizipation 233, 240 f., 252 ff., 258 f., 266, 272
Inflationsarten 231 ff.
Inflationsbekämpfung, Kosten 258, 264
Inflationserklärung 234 ff.
Inflationserwartungen 233, 253 ff., 264
Inflationsindikatoren 227
Inflationsphasen 232 ff., 257 ff.
Inflationsprozeß 183, 185
Inflationsrate 177 f., 185
– antizipierte 240, 253 ff.
– erwartete 253 ff.
Inflationssteuer 267, 269 f.
Inflationsursachen 241 ff.
Inflationsverursachung
– Gewinndrucktheorie 235, 247
– monetaristische Theorie 235, 244 f.
– politische Theorie 235, 243, 259
Inflationswirkungen 258 f., 262 ff.
Inflationszyklen 257, 259
Inflatorische Lücke 236
Informationskosten 8, 13, 17, 25, 160 ff., 181
Inländerkonzept 51, 62 f.
Inlandskonzept 51, 62 f.
Input-Output-Analyse 67 f., 378, 392
Interdependenz, universale 3 ff., 13, 20
Internalisierung 428, 444
Internationale Arbeitsteilung
– komplementäre 371, 374
– optimale 380 f.
– Produktzyklushypothese 401 ff., 405
– Raumwirtschaftsmodell 375 f.
– Substitutionsmodell 371, 373, 375 f., 401
– substitutive 371 ff., 375
– Verfügbarkeitsmodell 374
Investition 55 ff., 60 ff., 75, 77, 79 ff., 83 ff., 88, 91 f., 96 ff., 106 ff., 122 f., 125, 136 f., 140, 144, 288, 306, 311, 321

– autonome 81, 88 f., 288
– Einkommenseffekt 306 f.
– induzierte 288
– Kapazitätseffekt 306 f.
– Lager- 79 ff., 84, 86 ff., 91, 108
– öffentliche 426, 440, 442, 471
Investitionsfunktion
– Akzelerator 99
– KEYNESsche 97 f.
– Neoklassische 98 f.
Investitionsgüter 175 ff.

Jahrgangskapitalmodell 320 ff.
JUGLAR-Zyklen, s. Konjunkturzyklus, Länge

KALDOR-Verteilungsformel 356 f.
Kapitalbewegungen, internationale 204, 211 f.
Kapitalbilanz (Kapitalverkehrsbilanz) 142, 145, 194, 196, 198 ff., 204
Kapitalintensität 349, 353
Kapitalkoeffizient, erforderlicher 308
Kapitalmobilität, vollständige 211
Kapitalstock 96, 99, 126 f.
Kapitalströme, internationale 144 f., 147 f., 152
Kartellwährung 217 f., 220
Kassenhaltung 101, 104 f., 107, 112, 116 f., 122, 140
Kassenhaltungsinflation
– Definition 227
– Messung 229, 231 ff.
– Umverteilungseffekte 271 f.
– Ursachen 270 f.
Kassenhaltungskoeffizient 164 f., 227, 229, 231
Kassenhaltungsmotive 165 f., 178
Kaufkraft, s. Geldwert
Kaufkraftparitätentheorie 209 ff.
Keynesianismus 77, 98, 132, 134, 139 f., 144
KITCHIN-Wellen, s. Konjunkturzyklus, Länge
Knappheitsindikator 14, 21 f., 31 ff., 38, 45
Komparative Kostenunterschiede
– HABERLER-Version 382 f., 388
– RICARDO-Version 378 ff.
Komparative Statik 76, 87, 99, 122
KONDRATIEFF-Schwankungen 281, 302
Konjunktur 180, 182, 184 f., 187
Konjunkturindikator 281 f.
– des Sachverständigenrates 282 f.
Konjunkturprognosen 283
Konjunkturschwingungen, endogene 287 ff.
Konjunkturtheorie 277 f., 284 ff.
– mathematische 294 ff.
– neue politische Ökonomie 303 f.
– rein monetäre 284 f.
– SCHUMPETERsche 286 f.

- stochastische 300 ff.
Konjunkturzyklus 83, 98, 122, 280
- Länge 281, 302
- Phasen 280 f.
Konkurrenzwährung 214, 218 ff.
Konkursunfähigkeit sozialistischer Betriebe 36, 39, 44 f.
Konsum 77, 79, 81 ff., 85, 89, 91 ff., 94 f., 106, 116, 124 f., 140
- privater 58, 60 f.
- staatlicher 60 f.
Konsumfunktion (s. a. Einkommenshypothese) 82 f., 84, 94 ff., 142
Konsumgüter 175
Konsumquote
- durchschnittliche 82 f., 89, 94, 96
- marginale 82 f., 86 f., 89, 91, 96, 144
Kontensystem 54, 63 ff.
Konto der übrigen Welt 54 f., 59 f., 63 f.
Kosten-Nutzen-Analyse 450 ff.
Kostendrucktheorie 235, 247 f.
Kredit
- außerplanmäßiger 36, 44
- Definition 162
- öffentlicher 440, 452 f., 467 ff.
Kreditänderungskonto 54, 59 f.
Kreditangebot (Kreditschöpfung) 170 ff.
Kreditarten 162
Kreditaufnahme des Staates 94, 114, 116, 123
- Arten 467 ff.
- Grenzen 471 f.
- Rechtfertigung 469 f.
Kreditmarkt 169, 175 ff.
Kreditmenge (Kreditvolumen) 169 f., 173 f., 176 f.
Kreditnachfrage 157, 162, 165, 169 f., 175 ff.
Kreislaufanalyse 52 f.
Kursarbitrage, s. Arbitrage

Lagerinvestition, s. Investition
LASPEYRES-Effekt 230
LASPEYRES-Index 228 ff.
Lebensdauer, ökonomische 322
Leistungsanreizsystem, s. System, Motivations- und Kontroll-
Leistungsbilanz 142, 144 f., 193 ff., 198 ff.
- normale Reaktion 201
Leistungsbilanzmultiplikator 203
Leistungsfähigkeitsprinzip 457 ff., 484 f.
Leistungsmotivation, s. System, Motivations- und Kontroll-
Liquiditätseffekt 112, 122
Liquiditätsfalle 103 f., 120, 122, 124, 137, 140
Liquiditätsneigung 102 f., 104 f.
Liquiditätspräferenzfunktion, s. Geldnachfrage

Liquiditätspräferenztheorie 165 ff., 169
Lohn, natürlicher 347
Lohndruck
- autonomer 240 f., 248 ff., 262
- verteilungskampfinduzierter 251, 262
Lohnfonds 347
Lohnniveau
- Nominal- 132, 135 ff., 139
- Real- 126, 132, 134, 138
Lohnpolitik
- aggressive 248
- produktivitätsorientierte 358
Lohnquote 335, 338 ff., 350 f., 353, 358
- bereinigte 339 f.
- ergänzte 340
Lohnsatzänderung 248, 251, 262
Lohnsatz
- Nominal- 129, 139 f.
- Real- 127, 129 f., 135, 138, 140
Lohnstopp 226
LORENZ-Kurve 343 f.

Macht, wirtschaftliche 4, 15, 25 f., 38, 46
Märkte, s. Arbeits-, Geld-, Güter-, Vermögensmarkt
Marginalprinzip 348 f.
MARKOV-Prozeß 360
Marktausschlußprinzip 429 ff.
Marktfunktionen 20 ff., 26, 41, 45
Marktkoordination, s. Marktfunktionen und System, Motivations- und Kontroll-
Marktunvollkommenheit 427 f.
Marktversagen 427 ff., 435 ff.
MARSHALL-LERNER-Bedingung 146, 207
Mehrwertrate 348 f.
merit goods, s. Güter, meritorische
merit wants 428
Ministerialprinzip 439
Monetarismus 124
Monopolgrad 354 f.
Monopolgradtheorie 338, 354 f.
Monopolwährung 214, 216 f., 220
Motivationstheorie 15 f.
Multiplikator, s. a. Akzelerator
- Ausgaben- 90
- Begriff 172
- Budget- 94
- effekt 87 ff., 93 f., 109, 112 ff., 119 f., 124
- Export- 144
- Geld- 172 ff.
- Investitions- 87 ff., 92
- Kredit- 174
- Leistungsbilanz- 144
- Staatsausgaben- 92 f., 94, 111, 116, 119, 144
- Steueraufkommens- 93

Nachfrage
- effektive 84, 86 f., 90
- Export- 143, 146, 149, 151 f.
- gesamtwirtschaftliche 77 ff., 84, 86, 88, 90 f., 94, 99, 105, 111, 125, 129, 132 f., 135 ff., 140, 142
- Import- 143, 146
Nachfragesog
- autonomer 245 f., 256
- erwartungsinduzierter 253, 256 f.
- verteilungskampfinduzierter 252
Nachfragetheorie
- monetäre 235, 241, 244 ff.
- nichtmonetäre 235, 241, 242 ff., 246
Neo-Faktorproportionen-Theorem 393 ff.
Neoklassik 78, 98, 129, 132, 134 ff., 138
Neoquantitätstheorie 167 f., 185, 235, 244 f.
Nettosozialprodukt 60 ff.
Nettovermögensposition gegenüber Ausland 199
von Neumann-Modell 323, 324 ff.
von Neumann-Wachstumspfad 326, 328
Nicht-Rivalität 429 f.
Niveaugrenzprodukt, s. Skalenerträge
Nutzenmaximierungshypothese 13, 17

Oberschranke der konjunkturellen Entwicklung 289 ff.
Opfertheorien 459 f.
Opportunitätskosten
- marginale 382 f., 385, 388, 391, 396
- volkswirtschaftliche 382
Ordnungsformen 10 ff., 16
Ordnungspolitik 27, 40 f.
Ordnungstheorie 8, 10 ff., 16 f., 26 f.
Organisationsstruktur 9, 14, 28 ff., 38 f., 42 ff.

Paasche-Index 228 ff.
Parallelpolitik 470, 488
Parallelwährung 181 f., 220
Pareto-Verteilung 341 ff.
Pasinetti-Paradox 356
Phasendiagramm 295, 312
Phillips-Kurve 291 f., 304
- modifizierte 237 ff., 246, 255, 264 f.
- originäre 237
Physiokraten 347
Pläne, weiche 37
Planerfüllungsprinzip 19, 36 f., 39
Plankennziffer 31 ff.
Planning-Programming-Budgeting-System 452
Planung
- dezentrale 14 f., 17 ff., 40 ff.
- zentrale 14 f., 28 ff.
Planungsperiode 14, 17, 31 f.

Poincaré-Bendixson-Theorem 295
policy mix 151
Portfoliostruktur (Vermögensstruktur) 167 ff., 173, 178, 189
Portfoliotheorie 167 ff., 176 ff., 184
Prämiensystem 36 f.
Prebisch-Singer-These 405 f.
Preise
- administrierte 15, 22, 34, 38 ff., 45, 247 ff.
- Angebots- 230, 239, 246 ff.
- Markt- 14, 20 ff., 40 f., 45
- relative 249, 266, 268
- Transaktions- 230
- Weltmarkt- 248
Preisfunktionen 21 f., 38
Preisindex 228 ff.
- der Lebenshaltung 228 ff.
- des Bruttosozialprodukts 228 f.
Preisinflation
- Definition 227
- Messung 228 ff.
Preisniveau 75, 77 ff., 96, 104, 125 ff., 132 f., 134 ff., 138, 140, 142 f., 226 ff., 233, 240 f.
- Güter- 157, 164, 167 ff., 178 ff.
- des Realkapitals 167 ff., 176 ff.
Preisniveaustabilität 233, 245 f.
Preisniveausteigerung 225, 227, 236 ff., 241, 243, 249, 266 f.
Preiszusammenhang, direkter internationaler 248, 260 f.
Primärverteilung 336
Produktionselastizität 350 ff.
Produktionsfunktion 349 ff., 357
- gesamtwirtschaftliche 99, 126 f., 132, 134 f., 138
- linear-homogene 350 ff., 383 f., 390
- neoklassische 390
- überlinear-homogene 385 f.
- unterlinear-homogene 385
- Walras-Leontief- 379
Produktionskonto 54 f., 60 ff.
Produktionsmitteleigentum 7 f., 25, 28, 38, 40 f., 45
Produktzyklus 399, 402
Profitrate 347 ff.
Prognose, ex-ante 299
Prognose, ex post 299
Protektionsmus 370 f., 407, 417
- diskriminierender 416 f.
- nicht-tarifärer 407
- tarifärer 407
putty-clay-Modell, s. Jahrgangskapitalmodell
putty-putty-Modell, s. Jahrgangskapitalmodell

Quantitätsgleichung 164
Quantitätstheorie 77 f., 120, 235, 244

Ratchet Effekt 95
Realausgaben 440 ff., 486 f.
Rechnungswesen, volkswirtschaftliches 51 ff.
Rechnungszusammenhang, gesamtwirtschaftlicher 13 f., 20 f., 31 ff.
Refinanzierung 171 ff., 188 ff.
Reserveguthaben 162, 170 f., 188 ff.
Rezession, s. Konjunkturzyklus
Risiko 166 f., 170, 176, 182
– des Finanzvermögens 166 f., 177 f.
– des Sachvermögens 166 f., 177 f.
ROBERTSON-lag 288
ROBINSON-Bedingung 201

Sekundärverteilung 336
Sichteinlagen 100 f., 162 f., 172 f., 189
Skaleneffekte, s. a. Skalenerträge, steigende 385, 399, 414
Skalenerträge
– konstante 349, 351 f., 378 f., 382, 384, 390, 400
– sinkende 382, 385, 400
– steigende 382, 385, 395 ff.
social disturbances 447
social goods, s. Güter, spezifisch öffentliche
social wants 428
Sozialethik 15
Sozialprodukt 75 f., 78 ff., 108 f., 118 ff., 122, 125 ff., 132, 134, 139, 142, 145 ff., 148 f., 151 f.
– Entstehungsrechnung 62 f.
– Verteilungsrechnung 62 f.
– Verwendungsrechnung 62 f.
Spareinlagen 162 f., 165, 189
Sparen, s. Ersparnis
Sparfunktion 83, 87, 91
Sparparadoxon 89
Sparquote
– durchschnittliche 83, 89, 95
– marginale 83, 88, 92
– optimale 315 ff.
Spekulationsmotiv 101, 107
spillover-Effekte 474 ff.
Staatsausgaben 77, 90 f., 94, 106, 109, 111, 113, 115, 117 ff., 122, 124 f., 132, 135 f., 140, 144
Staatsnachfrage 91 f., 94, 109, 116, 120, 122 f.
Staatsquote
– allgemeine 424 ff., 446, 488
– spezielle 426 f.
Staatstätigkeit
– Rechtfertigung 427 ff.
– Umfang 422 ff.
Staatsverbrauch 426, 440, 486
Staatsverschuldung 113 ff., 119, 124 f.
Stabilisatoren

– automatische 488 f.
– formelgesteuerte 489
Stabilisierung 436 f., 443 ff., 470, 475, 486 ff.
Stabilitätspolitik 123, 125
Stagflation 251 f.
steady-state-Wachstum, s. Gleichgewicht, dynamisches und Inflation, steady-state
Steuer (s. a. Besteuerung) 90 ff., 94, 109, 114, 118 ff., 124, 144
– direkte 57 f., 60 f.
– indirekte 55, 57 f.
Steuerarten 454 ff., 493 f.
Steueraufkommen
– endogenes 111
– exogenes 93 f.
Steueraufkommensfunktion 91
Steuerausweichung 462 f.
Steuerbemessungsgrundlage 454
Steuereinholung 467
Steuergerechtigkeit 458 ff.
Steuerhoheit 476
Steuerinzidenz 454, 463, 466 f., 494
Steuerlehre, Grundbegriffe 454 ff.
Steuerobjekt 454
Steuersatz 90, 93
– marginaler 91, 93, 115 f., 119 f.
Steuersubjekt 454
Steuersystem 456
Steuertarif 454 f.
Steuerträger 454
Steuerüberwälzung 454, 456, 463, 479, 495
Steuerverteilung 457 ff.
Steuerwirkungen 462 ff.
stop and go-Politik 489
Strukturtheorie 235, 249
Substitutionselastizität 352 f.
Subventionen 440, 444 f., 494
Swapsatz 209
System
– kulturelles 5 f., 11 f., 16
– politisches 5, 11 f., 40
– Motivations- und Kontroll- 6, 10 ff., 15 ff., 24 ff., 36 ff., 42 f.
– Planungs- und Koordinations- 6, 10 ff., 17 ff., 28 ff., 41 f.
Systemtheorie
– allgemeine 4 ff., 9
– marxistische 7 ff.
Systemvergleich 7, 45

technological gap trade 400, 403
Tendenzbefragungen 283
Termineinlagen 162 f., 165, 172 f., 189
terms of payments 198
terms of trade 143 f., 146, 370, 372, 381, 403 ff., 409, 412
time lags, s. Verzögerungen

Tonnenideologie 38
Totalmodelle, ökonometrische 297
Trade-Off 185, 237
Transaktionskosten 8, 13, 17, 25, 160 f., 165
Transaktionsmotiv 101, 107
Transferzahlungen 55, 57, 59 f., 90, 440, 443 ff., 493 f.
Transformationskurve 383 ff., 396, 398
Transmissionstheorie 175 ff., 183 f.
Trend, s. Wachstumspfad, langfristiger
Trittbrettfahrer 429 f.
Turnpike-Theorem 326 ff.

Überinvestitionstheorien 285 f.
– monetäre 285
– nichtmonetäre 285 f.
Übertragungsbilanz 193 ff.
Umlaufgeschwindigkeit des Geldes 240, 243 f., 256 f.
Umwelt, sozialökonomische 4, 9 ff., 20
Unterbeschäftigung 130 f., 138 ff., 150, 178, 182
Unterkonsumtionstheorien 286
Unternehmen 51, 55, 57 f., 63 f.
Unternehmensformen 12, 18, 27 ff., 42
Unterschranke der konjunkturellen Entwicklung 289 ff.
Utilitarismus 337

Variable
– endogene 145, 298, 311
– exogene 76, 87, 298, 311
– makroökonomische 75 f.
– Niveau- 76, 78, 99, 134
Vererbung 363 f.
Verfügungsrechte 4, 7 f., 14, 24 ff., 28, 40, 45
Vermögen, Sach-(Realkapital) 4, 8, 10, 12, 24 ff., 96, 116, 144, 157, 159, 162, 165 ff., 173, 175 ff., 179, 184 f.
– Netto- 116 f.
– Finanz- 162, 165 ff., 173, 175 ff., 185
Vermögensänderungskonto 54, 58 ff., 64
Vermögenseffekt 96, 117 f., 178, 487
Vermögensmarkt 102, 109, 111
Vermögensverteilung 336 f., 345 f., 364
Verteilungsgerechtigkeit 337 f.
Verteilungskampf 258, 264
Verteilungskampftheorie 235, 250 ff.
Verteilungsmaße 344 f.
Verteilungsproblem 4, 44, 46
Verursacherprinzip 8, 22, 25
Verzögerungen 447 f., 489
Volkseinkommen 60 ff.
Volkswirtschaftliche Gesamtrechnung 75, 79, 86, 423 ff., 456
Volkswirtschaftsplan 14, 31

Vollbeschäftigung 75, 77, 129, 132, 134, 137, 139 f., 240, 245 f., 259
Vollbeschäftigungseinkommen 127, 129, 139, 182, 186, 235 ff.
Vollbeschäftigungsgleichgewicht 235 ff., 245
Vorleistung 55 f., 60 f., 63 f., 68
Vorsichtsmotiv 101, 107

Wachstum 278, 304 f.
– gleichgewichtiges 307, 312 f., 323
– Grenzen 329 ff.
– instabiles 309
– optimales 319 f.
– stabiles 309
Wachstumsfaktor 292, 325
Wachstumspfad
– gleichgewichtiger 301, 316, 318 f.
– langfristiger 277, 305
– optimaler 317, 323, 328
Wachstumsrate 277, 278 f.
– befriedigende 308 f.
– gleichgewichtige 307 f.
– natürliche 309
– Sozialprodukts- 183, 185
– tatsächliche 307 f.
Wachstumstheorie 278, 305, 306 ff.
– neoklassische 306, 310 ff.
– postkeynesianische 306 ff.
Währungsgebiet, optimales 214 ff.
Währungsspekulation 213 f.
Währungssystem, Europäisches 197, 217 f.
Währungssysteme 214 ff.
WAGNERsches Gesetz 446 f.
Wechselkurs 143, 145, 147, 149, 181, 372, 380, 386, 392
– fester 145, 147, 149 f., 200, 207, 214 ff.
– flexibler 145, 147, 152, 197, 200, 207, 214 ff.
Wechselkursdeterminanten 207 ff.
Wechselkurserwartungen
– adaptive 213
– rationale 213
Wechselkursmechanismus 200 ff.
Weltinflation 231 f., 234, 259 ff.
– monetäre Erklärung 260 f.
– nichtmonetäre Erklärung 262
Weltpreisniveau 260
Weltwirtschaft bei festen Wechselkursen 260
Wertgesetz-Debatte 34
Wertpapiere, s. Bonds
Wertschöpfung 55 f., 63 f.
Werttheorie 157
Wettbewerb 22, 24 ff.
– politischer 5, 23 f., 27
– sozialistischer 37
Wirtschaftskreislauf 52 f.
Wirtschaftsordnung 10 ff.

Wirtschaftsverfassung 10 ff.
Wohlfahrt 160, 180
Wohlfahrtstheorie 336

Zahlungsbilanz 142, 145 f., 148 ff., 152
– Definition 193
– monetäre Theorie 205 f.
– Restposten 197 f.
Zahlungsbilanzanpassung
– Einkommensmechanismus 202 f.
– Geldmengen-Preismechanismus 205 f.
– Zins-Kredit-Mechanismus 203 ff.
Zentralbank 94, 100, 104, 114, 123, 145, 148, 150
Zentralbankgeldmenge, s. Geldbasis
Zielbeziehungen 437 f., 442, 489
Zielprojektionen 450
Zielsetzung
– fiskalische 453, 457 ff.
– nichtfiskalische 453, 456, 461 f.
Zins 160, 165 ff., 173 ff., 179, 181, 184 ff.
– Effektiv- 101
– Real- 122, 132, 134, 136, 140, 142
Zinsarbitrage, s. Arbitrage
Zinseffekt 178

Zinselastizität
– der Geldnachfrage 120, 124, 134, 137 f.
– der Investitionsnachfrage 122 f., 124, 134, 137 f.
– der Kapitalströme 147, 152
Zinsniveau 76, 100, 102, 104 f., 108 f., 111, 120, 122 f., 125, 133 f., 136 f., 139 f., 144, 149 f., 151 f.
Zinssatz 97, 99, 104, 106 f., 112, 114, 117, 119, 122, 140, 142, 145 f., 148
Zinsstrategie 172, 186 ff.
Zoll 376
– Effektiv- 410 ff.
– Erziehungs- 413 ff.
– Gleit- 407
– Optimal- 413
– Prohibitiv- 409
– spezifischer 407
– Wert- 407
Zollpräferenzen 371, 417
Zollunion 370 f., 417
Zuweisungen 477
Zwangseinnahmen 421
Zweckbindung 457 f.
Zwischenziel (target), monetäres 183 ff., 190